Texts and Studies in Ancient Judaism

Texte und Studien zum Antiken Judentum

Edited by
Martin Hengel and Peter Schäfer

106

Jan Dochhorn

Die Apokalypse des Mose

Text, Übersetzung, Kommentar

Mohr Siebeck

JAN DOCHHORN, geboren 1968; 1989–96 Studium der evangelischen Theologie in Münster und Tübingen; 2003 Promotion in Göttingen; derzeit wissenschaftlicher Mitarbeiter an der Universität Tübingen.

ISBN 3-16-148255-7
ISSN 0721-8753 (Texts and Studies in Ancient Judaism)

Die Deutsche Bibliothek verzeichnet diese Publikation in der Deutschen Nationalbibliographie; detaillierte bibliographische Daten sind im Internet über *http://dnb.ddb.de* abrufbar.

© 2005   Mohr Siebeck Tübingen.

Das Buch wurde von Gulde-Druck in Tübingen auf alterungsbeständiges Werkdruckpapier gedruckt und von der Buchbinderei Josef Spinner in Ottersweier gebunden.

Vorwort

Diese Arbeit wurde mit dem Rigorosum am 2. 7. 2003 als Dissertation von der Evangelisch-theologischen Fakultät der Georg-August-Universität Göttingen angenommen. Erstreferent war Prof. Dr. Reinhard Feldmeier, Zweitreferent Prof. Dr. Hans-Jürgen Becker. Für die Drucklegung habe ich die Arbeit an einigen Stellen umgearbeitet.

Ich danke Herrn Prof. Dr. Reinhard Feldmeier für die engagierte Betreuung meiner Arbeit. Er hat mir außerdem als Assistenten viel Freiraum für meine Dissertation gegeben und mir beruflich auf vielfache Weise geholfen. Besonderer Dank gilt auch Herrn Prof. Dr. Hermann Lichtenberger (Tübingen), der meine Forschungen an den frühjüdischen Schriften von Anfang an begleitet und gefördert hat. Mit Dankbarkeit denke ich auch an Herrn Prof. Dr. Hans-Peter Müller (Münster) (†), der zu einem guten Teil die Finanzierung dieses Dissertationsprojektes ermöglicht hat: Von 1998–2002 war ich bei ihm im Rahmen eines Projektes zur phönizisch-punischen Religion beschäftigt. Von 1997–1998 war ich Stipendiat im Rahmen des Graduiertenkollegs »Die Bibel – ihre Entstehung und ihre Wirkung« an der Eberhard-Karls-Universität Tübingen; für diese Förderung danke ich dem damaligen Sprecher, Prof. Dr. Bernd Janowski (Tübingen). Für die Aufnahme dieser Arbeit in die Reihe »Texte und Studien zum antiken Judentum« danke ich Herrn Prof. Dr. Martin Hengel (Tübingen) und Herrn Prof. Dr. Peter Schäfer (Princeton). Für Ermunterung und Förderung meiner wissenschaftlichen Arbeit möchte ich nicht zuletzt auch Prof. Dr. Friedrich Avemarie (Marburg), Prof. Dr. Jörg Frey (München) und Prof. Dr. Gerbern S. Oegema (Montreal) meinen Dank aussprechen. Auch die gute Betreuung dieses Buches durch den Mohr-Verlag, speziell durch Herrn Dr. Henning Ziebritzki, soll nicht unerwähnt bleiben.

Mein Dank gilt auch einigen Freunden, die für diese Arbeit Zeit aufgewendet haben. Herr Prof. Dr. Henning Drecoll (Tübingen) hat sämtliche griechischen Zitate des Dissertationsexemplars überprüft; sollten sich hier noch einige Fehler finden, so habe ich sie nachträglich wieder eingebracht. Dr. Frances Back, Dr. Joachim Jeska, Dr. Jürgen Kalms (†), Dr. Dirk Schwiderski und Vikar Bernhard Ziegler haben unter großem Zeitaufwand bei der Suche nach Fehlern und Argumentationslücken geholfen und mich an vielen Stellen auf hilfreiche Weise kritisiert. Herr Stud. theol. Malte Rosenau hat das Stemma (S. 657) graphisch gestaltet und mir damit in einer wichtigen Angelegenheit geholfen. Besonders beigestanden hat mir auch meine Mutter, indem sie die ganze Arbeit vor der Drucklegung noch einmal durchgelesen hat.

Ich widme diese Arbeit meinen Eltern als Dank für die vielfältige Unterstützung, die sie mir mit großer Selbstverständlichkeit haben zukommen lassen.
Außerdem widme ich sie dem ehemaligen Schulleiter des Gymnasium Ulricianum in Aurich, Herrn OStD i. R. Claus Goldbach, bei dem ich Latein und
Hebräisch gelernt habe und der mir viel Gutes auf den Weg gegeben hat.

Göttingen, 8. 12. 2004

Meinen Eltern
und Claus Goldbach
gewidmet

Inhaltsverzeichnis

Einleitung

Kommentar

Anhang

Abkürzungsverzeichnis

α	Aquila
ቢ	äthiopische Bibel
achm	achmimisch
Akk.	Akkusativ
al.	alii
Anm.	Anmerkung
arm	altarmenisch
äth	altäthiopisch
BHG	F. HALKIN: Bibliotheca Hagiographica Graeca (Subsidia Hagiographica), Brüssel ³1957
boh	bohairisch
CANT	M. GEERARD: Clavis Apocryphorum Novi Testamenti (Corpus Christianorum o.Z.), Turnhout 1992
CAVT	J.-C. HAELEWYCK: Clavis Apocryphorum Veteris Testamenti (Corpus Christianorum o.Z.), Turnhout 1998
CCSL	Corpus Christianorum, Series Latina
cf.	confer
cj.	conjecit / conjecerunt
CSEL	Corpus Scriptorum Ecclesiasticorum Latinorum
Cod.	Codex
Codd.	Codices
cum varr.	cum variationibus
Dat.	Dativ
def.	deficit / deficiunt
d.h.	das heißt
E	Einleitung
emend.	emendavit / emendaverunt
etc.	et cetera
f.	folgend (eine Zähleinheit)
fajj	fajjumisch
fem.	femininum
ff.	folgend (mehrere Zähleinheiten)
𝔊	Septuaginta
Gen.	Genitiv
Gen. abs.	Genitivus absolutus
gr	griechisch
θ	Theodotion
hapl.	haplographisch
hebr.	hebräisch
ht.	(Omission durch) Homoioteleuton
i.d.R.	in der Regel
K	Kommentar
kopt	koptisch
lat	lateinisch
𝔐	masoretischer Text (steht gewöhnlich für hebräische Bibelüberlieferung)

masc.	masculinum
m.E.	meines Erachtens
m.W.	meines Wissens
MPG	Patrologiae Cursus Completus, Series Graeca, Accurante J.-P. MIGNE
MPL	Patrologiae Cursus Completus, Series Latina, Accurante J.-P. Migne
Nom.	Nominativ
Nom. abs.	Nominativus absolutus
neutr.	neutrum
o.g.	oben genannt
om.	omittit / omittunt
p.	pagina
par.	mit synoptischen Parallelen
Pl.	Plural
pp.	paginae
Ps-	Pseudo-
rell.	reliqui
S.	Seite
s.	siehe
ᑭ	Peschitta
σ	Symmachus
sah	sahidisch
sg.	Singular
s.o.	siehe oben
sq.	sequit
s.u.	siehe unten
syr	syrisch
trsp.	transponit / transponunt
u.a.	unter anderem
usw.	und so weiter
𝔒	Vulgata
v.a.	vor allem
vgl.	vergleiche
z.B.	zum Beispiel

Zu den Kürzeln für die Primärquellen vgl. den »Schlüssel zur Primärliteratur« (S. 575–580).

Einleitung

Kapitel I

Hinführung

Die Apokalypse des Mose, nach der lateinischen Namensform Apocalypsis Mosis im Folgenden durch das Kürzel Apc Mos repräsentiert[1], ist eine Erzählung über das Leben Adams und Evas nach der Vertreibung aus dem Paradies und gehört zu einer Gruppe von Schriften, die eben dieses Thema behandeln und einander inhaltlich nahestehen. Sie werden in der vorliegenden Arbeit *Adamdiegesen* genannt.[2]

Zu ihnen gehören neben der Apc Mos drei einander sehr ähnliche Werke, deren bekanntestes die lateinische Vita Adae et Evae (Vit Ad [lat]) ist, die seit Beginn der Forschung an den Adamdiegesen synoptisch mit der Apc Mos verglichen wird – gewöhnlich in der von MEYER 1878 veröffentlichten Textform (Vit Ad [lat^me]). Diese drei Werke sollen hier als *Adamviten* bezeichnet und unter dem Kürzel Vit Ad geführt werden; neben der Vit Ad (lat^me) sind eine armenische (Vit Ad [arm]) und eine georgische Version (Vit Ad [georg]) zu nennen; beide stehen der Apc Mos näher als Vit Ad (lat^me) und sollten bei der synoptischen Arbeit stärker berücksichtigt werden als bisher. Dies gilt auch für eine neuentdeckte Fassung der lateinischen Version, die nach dem Pariser Kodex, in dem man sie gefunden hat, hier unter dem Kürzel Vit Ad (lat^p) aufgeführt werden soll. Neben der Apc Mos und den Adamviten gehören zu den Adamdiegesen ein slavisches Adambuch (Lib Ad [slav]) sowie Fragmente aus der koptischen Überlieferung, unter ihnen ein unveröffentlichtes arabisches Fragment aus einem koptischen Kloster. Von der Apc Mos existiert

---

[1] Der Titel »Apokalypse des Mose« ist gegen den zur Zeit vorherrschenden Trend beizubehalten, da er sachlich der Superscriptio entspricht, die ein originärer Bestandteil der Apc Mos ist, vgl. K I.

[2] Die neuerdings oftmals verwendete Bezeichnung »primary Adam books« oder »primary Adam literature«, die vor allem der Unterscheidung der Adamdiegesen von »sekundärer Adamliteratur« (Schatzhöhle, Testament Adams, Adamapokalypse) dient, halte ich für ungeeignet, da sie eine Abhängigkeit der letzteren von der ersteren suggeriert. Dies ist bei der Schatzhöhle wahrscheinlich, kaum jedoch bei der gnostischen Adamapokalypse (NHC V,5), die mit den Adamdiegesen nur wenige inhaltliche Berührungspunkte gemein hat. Daneben vermittelt diese Bezeichnung auch die problematische Konnotation, daß es ursprünglich keine andere Adamliteratur als die Adamdiegesen gab.

auch eine Übersetzung ins Armenische (Apc Mos [arm]), die nicht mit der Vit Ad (arm) verwechselt werden darf.[3]

Eine wissenschaftliche Diskussion über die Adamdiegesen gibt es im wesentlichen erst seit der Editio prima der Apc Mos durch TISCHENDORF (1865) sowie der Veröffentlichung der Vit Ad (lat^me) durch MEYER (1878).[4] Strittig war v.a. das Verhältnis der Adamdiegesen zueinander sowie die religionsgeschichtliche Verortung ihrer Überlieferungen bzw. der einzelnen Schriften. Stammen die Adamdiegesen bzw. Apc Mos und Vit Ad (lat^me), auf die sich die Diskussion lange Zeit beschränkte, von einer gemeinsamen Grundschrift ab oder ist eines dieser Werke als der Ahn der Familie zu bestimmen? Oder greifen sie allesamt auf mündliche Adamüberlieferung zurück, so daß hier weniger ein literarkritisches als vielmehr ein überlieferungsgeschichtliches Problem vorliegt? Kann eine der Adamdiegesen, etwa die Apc Mos, als ein jüdischer Text klassifiziert werden oder geht wenigstens ein hypothetisches »Uradambuch« auf das Judentum zurück? Oder haben wir es hier mit frühchristlicher Literatur zu tun?

Zu beiden Problembereichen hat sich bisher kein Konsens eingefunden.[5] Bei der synoptischen Fragestellung ist allerdings ein gewisser Fortschritt unübersehbar, sind doch v.a. seit der Veröffentlichung der Vit Ad (georg) im Jahre 1964 immer wieder Texte publiziert worden (zuerst Vit Ad [arm], dann Vit Ad[lat^p]), so daß man sich über Mangel an Material für eine Literargeschichte der Adamdiegesen kaum beschweren kann. Einen wesentlichen Fortschritt stellte eine Dissertation von NAGEL aus dem Jahre 1972 dar, die allerdings unveröffentlicht blieb und daher nur unzureichend rezipiert wurde.[6] NAGEL hat eine Abhängigkeit der Vit Ad (lat^me) und der Vit Ad (georg) von der Apc Mos auf textkritischem Wege nachgewiesen; die Adamviten teilen, wie er beobachtet, mit der Handschriftengruppe A-AC-Ath-C sekundäre Lesarten und können daher nicht älter sein als der Archetyp der Apc Mos. Zugleich stellte er fest, daß der Lib Ad (slav) auf den Subarchetyp II (*II) der Apc Mos zurückgeht, der durch die Textzeugen Va und P[1] repräsentiert wird. Die Apc Mos (arm) wies er dem Subarchetypen III (*III) der Apc Mos (gr) zu (näheres s.u. in E II,3). Auf diese Weise konnte er die Apc Mos

---

[3] Über die Editionen zu den Adamdiegesen vgl. den Schlüssel zur Primärliteratur im Anhang, über Editionen und handschriftliche Überlieferung ferner die Angaben in E II,1–3.

[4] Über einige wenige Erwähnungen der Apc Mos in der Forschungsliteratur vor 1865 vgl. TISCHENDORF: Apocalypses, p. X.

[5] Zur älteren Forschungsdiskussion vgl. M.E. STONE: A History of the Literature of Adam and Eve (Society of Biblical Literature. Early Judaism and its Literature 3), Atlanta, GA 1992.

[6] M. NAGEL: La vie grecque d'Adam et d' Ève. Apocalypse de Moïse. Diss. Strassbourg 1972. (3 Bände, maschinenschriftlich vervielfältigt in Lille 1974, nicht veröffentlicht)

als die älteste der Adamdiegesen bestimmen. Die Rekonstruktion ihres Textes sollte v.a. aufgrund der Handschriften D und St erfolgen, die seines Erachtens einen wesentlich älteren Texttyp bieten als die Zeugengruppen, von denen die Adamviten, der Lib Ad (slav) und die Apc Mos (arm) derivieren. Zu einer Edition der Apc Mos durch NAGEL kam es allerdings nicht mehr, da dieser vorzeitig verstarb. Immerhin stammt aus seiner Hand jedoch der Lesetext in der Pseudepigraphenkonkordanz von DENIS, die 1987 veröffentlicht wurde.[7] Im gleichen Jahr erschien eine – kritischen Ansprüchen leider nicht ganz genügende – Editio minor von BERTRAND, welche auf den Kollationen von NAGEL beruht.[8] Eine Editio maior von TROMP ist im Entstehen begriffen; auch dieser Kommentar bietet eine Editio maior, die allerdings – anders als voraussichtlich die Ausgabe von TROMP – bei den griechischen Textzeugen fast ausschließlich auf die Kollationen NAGELs zurückgreift und nur in Ausnahmefällen auf eigene Kollationen. Dafür wurden die Apc Mos (arm), die Adamviten, der Lib Ad (slav) und die koptischen Fragmente eingearbeitet, was in NAGELs Kollation noch nicht geschehen war.

Mit NAGELs Ergebnissen hätte man weiterarbeiten können, beruhen sie doch immerhin auf einer gründlichen Sichtung des gesamten damals veröffentlichten Bestandes, den gerade NAGEL durch Kollation mehrerer bisher unerforschter griechischer Textzeugen erheblich erweitert hatte. Doch im Grunde sind nur DE JONGE und TROMP in ihrer Einleitung zu den Adamdiegesen diesen Weg gegangen, indem sie die Priorität der Apc Mos als gesichert ansehen und die Adamviten von dieser herleiten.[9] Sie haben auch die Vit Ad (arm) in dieses Bild eingeordnet, die in der Tat wie Vit Ad (georg) und Vit Ad (lat) mit A-AC-Ath-C sekundäre Lesarten gemeinsam hat.[10]

Weit weniger wurde NAGEL bei anderen Forschern aufgenommen. STONE, der sich v.a. um die armenische Adamüberlieferung verdient gemacht, aber auch die literarischen und religionsgeschichtlichen Fragen um die Adamdiegesen aufgearbeitet hat, läßt die Arbeit NAGELs in seiner »History of the Literature of Adam and Eve« (1992) so gut wie unberücksichtigt und scheint sie auch in späteren

---

[7] A.-M. DENIS / Y. JANSSENS: Concordance grecque des Pseudépigraphes d'Ancien Testament. Concordance, corpus des textes, indices, Louvain-la-Neuve 1987. Auf S. 815–818 findet sich der von NAGEL erstellte Lesetext, mit dem auch in der Konkordanz gearbeitet wird.

[8] D.A. BERTRAND: La vie grecque d'Adam et Ève. Introduction, texte, traduction et commentaire (Recherches intertestamentaires 1), Paris 1987. Zur Kritik an BERTRAND vgl. E II,1.

[9] M. DE JONGE / J. TROMP: The Life of Adam and Eve (Guides to Apocrypha and Pseudepigrapha o.Z.), Sheffield 1997, 28–44.

[10] Zur textkritischen Bedeutung der Vit Ad (arm) vgl. auch J. DOCHHORN: Adam als Bauer oder: die Ätiologie des Ackerbaus in Vita Adae 1–21 und die Redaktionsgeschichte der Adamviten, in: G.A. ANDERSON et al. (Hrsgg.): Literature on Adam and Eve. Collected Essays, Leiden etc. 2000, 315–346, speziell 318, Anm. 9.

Publikationen nicht zu rezipieren; er tendiert immer mehr zu der Annahme, daß die Vit Ad (arm) den ältesten Überlieferungsbestand repräsentiert.[11]

Eine – allerdings eher widersprüchliche – Rezeption der Ergebnisse NAGELs läßt sich bei ANDERSON sowie bei MEISER/MERK beobachten. Ersterer geht in einem neueren Beitrag zur Literargeschichte der Adamdiegesen zwar auf die textkritischen Ergebnisse NAGELs ein, gründet aber seine literarkritische Arbeit dann erklärtermaßen auf narratologische Beobachtungen, die seines Erachtens in eine andere Richtung weisen (Vit Ad 1–21 gehören für ihn zum ursprünglichen Bestand der Überlieferung).[12] Ähnlich verfahren MEISER/MERK in der Einleitung zu ihrer deutschen Übersetzung der Apc Mos und der Vit Ad (lat[me]): Im Abschnitt zur Textkritik werden die Ergebnisse NAGELs rezipiert, im Abschnitt zur Literarkritik sind auf einmal ganz andere Beobachtungen wichtig; die literarkritischen Implikationen der These NAGELs werden noch nicht einmal erwähnt.[13]

ELRIDGE wiederum referiert die Ergebnisse NAGELs, stuft aber die Zeugen A-AC-Ath-C höher ein als dieser, ohne ihnen allerdings unbedingte Priorität zukommen lassen zu wollen. Was die Filiation der Adamviten anbetrifft, so entscheidet er sich schließlich für die Annahme, daß die Apc Mos und die Adamviten von einer gemeinsamen Grundschrift derivieren. Die textkritische Evidenz spielt dabei kaum noch eine Rolle.[14]

---

[11] Dies deutet sich bereits in der Einleitung zu seiner Übersetzung der Vit Ad (arm) an, vgl. M.E. STONE (Übers.): The Penitence of Adam, Translated (Corpus Scriptorum Christianorum Orientalium 430, Scriptores Armeniaci 14), Louvain 1981, XVI, v.a. aber zeigt es sich in idem: The Angelic Prediction in the Primary Adam Books, in: G.A. ANDERSON et al. (Hrsgg.): Literature on Adam and Eve. Collected Essays, Leiden etc. 2000, 111–131, speziell 131.

[12] G.A. ANDERSON: The Original Form of the Life of Adam and Eve. A Proposal, in: idem et al. (Hrsgg.): Literature on Adam and Eve. Collected Essays, Leiden etc. 2000, 215–231.

[13] M. MEISER / O. MERK: Das Leben Adams und Evas (Jüdische Schriften aus hellenistisch-römischer Zeit 2,5), Gütersloh 1998.

[14] Vgl. M.D. ELRIDGE: Dying Adam with his Multiethnic Family. Understanding the Greek Life of Adam and Eve (Studia in Veteris Testamenti Pseudepigrapha 16), Leiden etc. 2001, 75–100 (Textkritik), 100–133 (Literarkritik). Bezeichnenderweise entgeht es ELRIDGE, daß er bei dem Lemma °9,3m eine Lesart von A-AC-Ath-C als sekundär einstuft, die auch in den Adamviten bezeugt ist (vgl. ELRIDGE 97 – dort mit einer anderen Zählung, der zufolge die Lesart zu Apc Mos 9,5 gehört). Das müßte seiner Filiationsthese eigentlich entgegenstehen. Überhaupt ist die textkritische Arbeit bei ELRIDGE nicht eben gründlich. So wird z.B. der Archetyp der Zeugen D, St und AV (bei ELRIDGE DSV) im 14. Jh. angesiedelt, obwohl D aus dem 11. und St und AV aus dem 13. Jh. stammen (ELRIDGE 88). Der Subarchetyp *III wird mit dem einfachen Argument für unwichtig erklärt, daß er sekundäre Züge aufweise (83–84). Das gilt schlechterdings für jeden Zeugen und schließt keineswegs eine Vorlage aus, die konservativeren Zeugengruppen überlegen ist! Als Beispiel wird die Vertauschung von Apc Mos 25 und 26 genannt; diese findet sich tatsächlich in einigen Zeugen von *III, aber nicht in allen; sie fehlt in *IIIa (vgl. °24,1/26,4A). Damit kann sie nicht auf *III zurückgehen, sofern man nicht mit Kontamination in *IIIa rechnet.

Einen in der Methodik vergleichbaren Weg geht schließlich auch KNITTEL, der in seiner 2002 erschienenen Arbeit[15] einzelne Perikopen der Apc Mos untersucht. Er folgt in der Textrekonstruktion den Thesen NAGELs (vgl. S. 75–83) und legt seinen Exegesen dementsprechend eigenständig rekonstruierte Texte zugrunde, die weitgehend auf D und St basieren (S. 82–83). Im Hinblick auf die synoptische Fragestellung nimmt er zwar – ähnlich wie NAGEL – eine Priorität der Apc Mos an (35–45), bezieht sich dabei aber nicht auf dessen textkritische Arbeit. Es bleibt einem jeweils im Anschluß an die Einzelexegesen vorgenommenen synoptischen Vergleich überlassen, immer wieder neu die Priorität der Apc Mos nachzuweisen. Diese Positionierung des synoptischen Vergleichs beruht auf der methodischen Vorentscheidung, daß »ein Text« und in diesem Fall die einzelnen Adamdiegesen (bei Knittel »Versionen«) »in erster Linie aus sich selbst heraus zu verstehen ist« (S. 45) und synoptische Beobach-tungen daher kein Prärogativ für die Auslegung der einzelnen Adamdiegesen, etwa auch der Apc Mos, schaffen dürften.

Von einer Klärung der literargeschichtlichen Problematik hängt nun al-lerdings doch einiges ab. Es geht immerhin um die Frage, ob die Arbeit an den Adamdiegesen von einem Grundtext ausgehen kann, welcher auch immer dies sei, oder ob wir es mit mehreren Ausprägungen einer letztlich unzugänglichen Überlieferung zu tun haben, sei diese mündlich oder schriftlich. Auf die Apc Mos bezogen heißt dies: Ist sie der Grundtext der Adamdiegesen oder ein sekundäres Elaborat? Im ersteren Fall ist ein synoptischer Vergleich mit par-allelen Passagen in den Adamviten oder im Lib Ad (slav) fast ausschließlich rezeptionsgeschichtlich bedeutsam, im letzteren Fall ist er für die Interpretation der Apc Mos selbst methodisch dringend geboten; schließlich könnte die Apc Mos, wo sie unverständlich erscheint, aus einem Text verderbt sein, der sich mit Hilfe der anderen Adamdiegesen rekonstruieren ließe; und wenn kein Verderb-nis vorliegt, so wäre vielleicht mit Hilfe der synoptischen Parallelen eine redak-tionelle Tendenz in der Apc Mos zu bestimmen. Sollte diese aber der Grundtext sein, so müßten wir mit einer schwierigen Passage ohne Rückgriff auf die Adamviten zu Rande kommen, und redaktionelle Tendenzen wären, wenn denn eine Redaktion überhaupt angenommen werden müßte, anders zu ermitteln als durch einen synoptischen Vergleich.

Der eigentliche Mangel der literargeschichtlichen Arbeit an den Adamdiegesen besteht darin, daß man das für die synoptische Fragestellung wichtigste Ergebnis

---

[15] TH. KNITTEL: Das griechische ‚Leben Adams und Evas'. Studien zu einer narrativen Anthropologie im frühen Judentum (Texte und Studien zum antiken Judentum 88), Tübingen 2002. Vgl. meine Rezension in: Theologische Literaturzeitung 129 (2004), 146–148.

NAGELs nicht wirklich ernst genommen hat (sieht man einmal von TROMP und DE JONGE ab). Sollte es nämlich zutreffen, daß die Adamviten mit den Zeugen A-AC-Ath-C sekundäre Lesarten gemeinsam haben, *dann ist die literargeschichtliche Fragestellung auf dem Wege textkritischer Arbeit gelöst.* Die Adamviten sind dann von der Apc Mos literarisch abhängig und es verbietet sich methodisch grundsätzlich, einmal den einen und ein andermal den anderen Text für ursprünglicher zu halten, wie dies etwa bei ANDERSON oder ELRIDGE geschieht.

Die vorliegende Abhandlung unternimmt den Versuch, die These NAGELs für die Arbeit an der Apc Mos fruchtbar zu machen. Sie arbeitet, NAGEL folgend, mit der relativ optimistischen Annahme, daß die Filiation der Adamdiegesen auf dem Wege der Textkritik geklärt und der Grundtext der Apc Mos der Ausgangspunkt der anderen Adamdiegesen ist. Den Nachweis soll eine – in den Kommentar integrierte – Edition der Apc Mos mit einer Einleitung (E II) und einem Apparat erbringen, der alle textkritisch bedeutsamen Varianten verarbeitet und dabei auch die Adamviten und das slavische Adambuch einbezieht. Anders als bei Beginn des Projektes angenommen erwies es sich freilich als notwendig, die textkritische Arbeit NAGELs an mehreren Punkten zu revidieren, dies wird in E II zu erläutern sein. Bestätigt aber hat sich die Vermutung, daß die Adamviten und der Lib Ad (slav) von der Apc Mos abhängig sind.

Die auffällige Affinität zwischen dem Sondergut der Adamviten und Überlieferungen der Apc Mos, die für eine besondere Ancienniät speziell von Vit Ad 1–21 in Anspruch genommen wurde (s.o. zu ANDERSON [vgl. Anm. 12]), mußte freilich ebenfalls erklärt werden. Dies ist in E II,7 und E III,5d versucht worden, und zwar im Sinne eines evolutiven Modells: Genauso wie die Adamviten ein Derivat der Apc Mos sind und damit die Apc Mos weiterentwickeln, so stellt auch ihr Sondergut eine Fortentwicklung von Ansätzen dar, die sich bereits in der Apc Mos finden – und in besonderem Maße in Interpolationen des Subarchetypen *Ia, von dem sowohl A-AC-Ath-C als auch die Adamviten abhängig sind.

Was die religionsgeschichtliche Fragestellung betrifft, so ist die Forschungssituation ähnlich problematisch. Herrschte bis in die 80er Jahre des letzten Jahrhunderts die Auffassung vor, daß die Apc Mos oder das »Uradambuch« eine jüdische Schrift aus dem 1. Jh. n. Chr. sei, so bricht sich in neuerer Zeit die Überzeugung Bahn, daß wir es bei den Adamdiegesen mit christlichen Schriften zu tun haben. Am entschiedensten votieren DE JONGE und TROMP für diese Sicht[16], ähnlich auch STONE, zumindest seitdem er die Vit Ad (arm), von ihm »Penitence of Adam« genannt, in armenischen Bibliotheken entdeckt hat.[17] Auch

---

[16] Vgl. DE JONGE / TROMP: Life, 65–77 sowie M. DE JONGE: The Christian Origin of the Greek Life of Adam and Eve, in: G.A. ANDERSON et al. (Hrsgg.): Literature on Adam and Eve. Collected Essays, Leiden etc. 2000, 347–363.

[17] Zu STONEs Einschätzung der Vit Ad (arm) vgl. die in Anm. 11 genannte Literatur. An beiden Stellen argumentiert STONE mit der unbestreitbar christlichen Weissagung über die Taufe

ANDERSON geht offenbar zu dieser Wertung über. Während er in einem älteren Beitrag über die Teufelsfallsgeschichte (Vit Ad 11–17) in dieser ein jüdisches Schema von der Verwerfung des Älteren zugunsten des Jüngeren verwirklicht sah, ohne eine christliche Provenienz der Adamviten zu erwähnen[18], entnimmt er in einem jüngeren Beitrag derselben Perikope deutliche Anzeichen für eine christliche Provenienz der Adamdiegesen. Seiner Überzeugung nach wird dort Hes 28 auf den urzeitlichen Teufelsfall gedeutet; hierfür gebe es nur christliche Parallelen.[19] Einen Sonderweg geht ELRIDGE, der die Adamdiegesen auf eine jüdische Grundschrift zurückführt, in der Apc Mos aber Spuren einer christlichen Bearbeitung ausfindig macht.[20] Allein MEISER/MERK und KNITTEL halten an dem älteren Konsens einer jüdischen Provenienz der Apc Mos wie der Adamdiegesen überhaupt fest.[21]

Es bedarf wohl kaum näher erörtert zu werden, daß diese Situation nicht gerade befriedigend ist. Von einer Klärung der religionsgeschichtlichen Problematik hängt schließlich ebenfalls einiges ab. So dürfte insbesondere für die neutestamentliche Wissenschaft von Interesse sein, ob die Apc Mos dem Judentum zugeordnet werden kann, denn in diesem Falle hätte man einen weiteren Zeugen für das mit dem frühen Christentum zeitgenössische Judentum gefunden (wobei dann freilich immer noch über die Datierung der Apc Mos zu reden wäre!). Doch auch für eine andere Fragestellung ist die religionsgeschichtliche Verortung der Apc Mos bzw. der Adamviten relevant. Die Apc Mos und die Adamviten sind Manifestationen einer theologischen und exegetischen Konzeptualisierung der biblischen Adamüberlieferung, die Gen 2–3 v.a. als Geschichte über eine Urzeitkatastrophe in den Blick nimmt. Sie weisen damit Affinitäten zu einer protologisch orientierten Anthropologie auf, die von der Adamüberlieferung ausgehend die Grundbefindlichkeiten der menschlichen Existenz analysiert und überwiegend negativ wertet; sie hat sowohl für das Christentum (Erbsün-

---

Christi im Jordan in Vit Ad 42 (//Apc Mos 13,3–5), doch diese ist m.E. sekundär. An ihrer Stelle stand ursprünglich eine auf Apc Mos 13,3–5 basierende Weissagung, die christianisiert wurde, als die Vit Ad in christlichen Kreisen Aufnahme fand, vgl. E II,3 und das Lemma °13,3/5B.

[18] Vgl. G.A. ANDERSON: The Exaltation of Adam and the Fall of Satan, Journal of Jewish Thought and Philosophy 6 (1997), 105–134 = idem et al. (Hrsgg.): Literature on Adam and Eve. Collected Essays, Leiden etc. 2000, 83–110.

[19] Vgl. G.A. ANDERSON: Ezekiel 28, the Fall of Satan, and the Adam Books, in: idem et al. (Hrsgg.): Literature on Adam and Eve. Collected Essays, Leiden etc. 2000, 133–147, speziell 146–147.

[20] Vgl. ELRIDGE 233–264 (religionsgeschichtliche Verortung der ursprünglichen Adamschrift im nichtchristlichen Judentum) und 49–50; 99 (»christianizing redaction«). ELRIDGE macht v.a. die »Schlußdoxologie« in 43,4 und die Wendung ἁμαρτία τῆς σαρκός namhaft. Vgl. hierzu K X,10 und K XI,18, wo beide als genuine Bestandteile der Apc Mos erwiesen werden.

[21] Vgl. MEISER / MERK 764–769 und KNITTEL 63–69.

denlehre) als auch für die Gnosis eine erhebliche Rolle gespielt (vgl. etwa die
Genesisauslegung des Apokryphon Johannis, der Hypostase der Archonten oder
der titellosen Schrift vom Ursprung der Welt, hier De Origine Mundi genannt).
Sie findet aber auch in jüdischen Schriften wie dem 4. Esra und dem 2. Bar
Niederschlag. Damit soll nicht gesagt sein, daß die Apc Mos und die Adamviten
vorrangig das Ziel einer an Adam orientierten Anthropologie verfolgten, doch
unbestreitbar werden sie für die Geschichte der soeben skizzierten Adamanthro-
pologie und damit wohl auch für eine Geschichte des spätantiken kosmologi-
schen Pessimismus nicht ohne Bedeutung sein. Die vorliegende Untersuchung
kann diesen Beitrag nicht leisten, möglicherweise aber die Voraussetzungen
dafür schaffen, indem sie neue Evidenz für eine religionsgeschichtliche Verortung der Apc Mos beibringt. Es kann vorweggenommen werden, daß in dieser
Arbeit die Apc Mos genauso wie die Adamviten einem griechischsprachigen
und schriftgelehrten palästinischen Judentum nichtchristlicher Prägung zugeordnet wird, das in der Zeit um die Wende vom ersten zum zweiten nach-
christlichen Jahrhundert zu verorten ist (vgl. E IV).

Neue Evidenz für die religionsgeschichtliche Positionierung der Apc Mos
kann indessen nur durch eine neue Methode erarbeitet werden, denn die bisherige Forschungsdiskussion trägt nun gewiß nicht deshalb aporetische Züge, weil
es deren Akteuren an religionshistorischen Kenntnissen mangelte. Es hat sich
nämlich bis *dato* ein durchaus ansehnlicher Bestand an Parallelstellen gesammelt, die für oder gegen eine jüdische Provenienz der Apc Mos oder der Adamviten ins Feld geführt werden, doch ist mit ihnen offenbar noch nichts entschieden. Dies hat mit drei – allgemein insgesamt anerkannten – Grundtatsachen
zu tun: **1.** Relativ unstrittig ist, daß die Apc Mos keine klar erkennbar christlichen Theologumena aufweist. Dies verhält sich bei den Adamviten anders, doch
können dort die eindeutig christlichen Passagen (v.a Vit Ad 42) relativ leicht
isoliert werden, so daß auch in den Adamviten ein Grundtext ohne christliche
Spezifika greifbar ist. **2.** Unstrittig ist auch, daß sich für vieles in den Adamdiegesen jüdische (rabbinische) Parallelen nachweisen lassen, für vieles aber auch
christliche; manche Motive sind auch nur in christlichen Texten bezeugt (so die
Waschung im acherusischen See, vgl. Apc Mos 37,3). **3.** Genauso ist man sich
einig in der Überzeugung, daß die christliche Kirche in großem Umfang jüdische Traditionen rezipiert hat.

Doch speziell an dem letzten Punkt liegt nun auch die methodische Soll-
bruchstelle: Hat die christliche Kirche jüdische Traditionen rezipiert, so können einerseits ausschließlich christlich belegte Motive nicht gegen eine jüdische Provenienz der Apc Mos ins Feld geführt werden, andererseits können
aber Motive, die nur in jüdischen Texten Parallelen finden, nicht gegen einen
christlichen Verfasser sprechen, der von jüdischer Überlieferung abhängig ist.

Eine Entscheidung bleibt damit dem Belieben des Forschers überlassen. Es kommt im Wesentlichen darauf an, ob man sich – einerseits – eine frühchristliche Schrift vorstellen kann, die von Adam handelt, ohne auch nur eine einzige Silbe über Christus zu verlieren, oder ob man es – andererseits – methodisch für zulässig hält, eine Gruppe von Schriften, die ausschließlich in christlichen Kirchen überliefert ist, dem frühen Judentum zuzusprechen. Entscheidet man sich bei der erstgenannten Frage für die »naheliegende« Antwort, so ist damit die Gefahr einer neoorthodoxen Projektion verbunden, d.h. man geht das Risiko ein, frühchristlichen Schriftstellern grundsätzlich einen christologischen Prinzipialismus zu unterstellen, wie man ihn vielleicht selber pflegt oder einmal gepflegt hat. Läßt man sich hingegen bei der zweiten Frage vom rezeptionsgeschichtlichen Befund beeindrucken, so nimmt man dafür erhebliche methodologische Schwächen in Kauf. Denn aus den Bedingungen der Rezeption eines Textes kann man allenfalls bei sicherer Evidenz auf dessen Produzenten schließen, sonst müßte man wohl auch einen Großteil der Septuaginta und der klassischen Literatur Griechenlands auf die alte Kirche zurückführen. Man sollte auch bedenken, daß dies auch für das 1. Henochbuch oder das Jubiläenbuch gelten würde, hätte uns nicht das für die Judaistik günstige Klima am Toten Meer den Fund von Qumran ermöglicht. Nicht unwesentliche Aspekte des nachqumranischen Judentums würden auf diese Weise durch ein methodisches Präjudiz in den Bereich der Nichtexistenz überführt. Es kommt hinzu, daß einer solcherart für das Christentum »gewonnenen« Schrift auch ein geeigneter Kontext in der frühen Kirche zugewiesen werden muß; auch muß ihre Intention dahingehend bestimmt werden, daß die Abfassung durch einen Christen plausibel wird.

Einen Versuch in diese Richtung unternehmen DE JONGE / TROMP. Ihnen zufolge ist die Apc Mos eine auf mündlichen jüdischen Traditionen basierende Schrift, die von einem Christen mit dem Ziel erstellt wurde, eine nicht-gnostische, kirchlich approbierte Interpretation der biblischen Adamüberlieferung zu kodifizieren. Doch wären dann nicht klare Anzeichen einer antignostischen Polemik zu erwarten? Die wenigen Passagen, die sich so auslegen ließen (vgl. etwa Apc Mos 8,1; dazu K VIII), reichen kaum aus. Und was sollen die Überlieferungen über eine Aufnahme Adams in den Himmel (Apc Mos 33,2–37,6) oder seine Beerdigung gegen die gnostische Genesisauslegung ausrichten, zumal mit dieser Fülle an Details? Auch fragt man sich, ob die Apc Mos als christliches Kompendium frühjüdischer (und zugleich kirchlich akzeptabler) Adamüberlieferung nicht letztlich doch nur negativ beschrieben ist. Im Grunde bleibt sie, derart verstanden, ein von Christen angelegtes Sammelbecken überwiegend frühjüdischer mündlicher Adamüberlieferung. Doch wenn die Überlieferungen jüdisch sind, warum darf es dann die Apc Mos nicht sein? Ist die Übernahme einer jüdischen Schrift durch kirchliche Kreise wirklich so undenkbar, wenn die (christliche) Rezeption mündlicher jüdischer Überlieferungen in der Apc Mos immerhin zugegeben wird? Und in welchem sozialen Kontext sollte denn die mündliche Überlieferung stattgefunden haben? Handelt es sich um Folklore oder um Schultradition, um esoterische oder um exoterische Überlieferung? Und nicht zuletzt: Wo stammt sie her, mit welchen Absichten wurde erzählt, und gibt es etwas, das diese Überlieferungen, mindestens aber

Teile davon, miteinander verbindet, abgesehen davon, daß sie sich nun in einem angeblich kompilatorischen Text »wiederfinden«?[22]

Die für eine christliche Verfasserschaft in Geltung gebrachten rezeptionsgeschichtlichen Argumente sind also wenig zwingend, wenngleich grundsätzlich nicht in Abrede gestellt werden soll, daß die fast durchgehende Skepsis DE JONGEs hinsichtlich der jüdischen Identität griechischer Pseudepigraphen auch heilsame Wirkungen auf die judaistische Forschung entfalten kann. Dennoch ist das Argument, daß eine frühchristliche Schrift wohl etwas mehr christliches Profil zeigen müßte, insgesamt schwerwiegender. Dem Leser wird nicht entgehen, daß es auch in dieser Arbeit eine Rolle spielt (vgl. E IV,5).

Damit wäre freilich noch keine methodische Innovation gegeben. In der Tat aber hat die bisherige Diskussion Defizite, auf die mit diesem Beitrag reagiert werden soll. Bei allem Interesse an Parallelen ist nämlich die Apc Mos selbst nur unzureichend zu Wort gekommen; man hat ihre Eigenart weniger in den Blick genommen als die der verglichenen Texte. Für die religionsgeschichtliche Forschung ergibt sich damit der Nachteil, daß man zwar im begrenzten Maße die Apc Mos durch andere Texte erhellen kann, kaum jedoch andere Texte durch die Apc Mos, denn dazu müßte man mehr darüber wissen, was diesen Text eigentlich »im Innersten« zusammenhält, wenn es denn so etwas gibt. Die von ELRIDGE vorgelegte narratologische Analyse der Apc Mos kann durchaus als Reaktion auf dieses Problem verstanden werden, doch insgesamt verfolgt er einen völlig anderen Ansatz als diese Arbeit.

Ausgangspunkt des hier vorgelegten Versuchs, die Apc Mos stärker in ihrer Eigenart zur Geltung kommen zu lassen, ist eine Frage, die in der Sekundärliteratur bisher nur wenig berücksichtigt wurde, mit Ausnahme eines Beitrags von ANDERSON, dem diese Arbeit somit entscheidende Impulse verdankt: Warum wird in der Apc Mos über Adam und Eva so vieles erzählt, was man auf den ersten Blick nicht im Bibeltext findet? War der Bibeltext nicht verbindlich, wollte

---

[22] Die gleiche These wie bei TROMP / DE JONGE findet sich bei DE JONGE: Christian Origin (vgl. Anm. 16). Dort diskutiert DE JONGE auch Parallelen in der christlichen antignostischen Literatur, die freilich die Apc Mos als Ganze nicht erklären können. Interessant ist der Hinweis auf Theophil, Ad Autolycum II,20–29 als Beispiel einer christlichen Auslegung von Gen 2,8–3,19 ohne spezifisch-christliche Momente (ibidem 357ff). Doch die genannte Passage enthält, wie DE JONGE selbst konstatiert, durchaus Allusionen an neutestamentliches Schrifttum, vgl. die Similien bei MARCOVICH 67–82. Ein gutes Beispiel sind unter anderem die Ausführungen über den λόγος ἐνδιάθετος und προφορικός (II,22), die zum einen ein deutliches christologisches Interesse bezeugen und zum anderen in II,22,4 einen klaren Anklang an Kol 1,15 enthalten, indem der λόγος dort πρωτότοκος πάσης κτίσεως genannt wird. Abgesehen davon ist II,20–29 Bestandteil einer insgesamt eindeutig christlichen Schrift, während die Apc Mos für sich selber steht.

man es besser wissen? Oder wollte man sich einfach durch fiktive Erzählungen unterhalten oder auch belehren, ohne damit die biblische Überlieferung in Frage zu stellen, etwa so, wie Dürrenmatt den letzten Kaiser von Rom auf literarischem Wege zu einem großen Hühnerzüchter machen kann, während gleichzeitig außer Frage steht, daß er weder groß noch Hühnerzüchter war?[23] Oder aber war man der Überzeugung, daß man etwas erzählte, was der Bibeltext selbst enthielt und sich demjenigen erschließt, der ihn etwas genauer zu lesen versteht?

Angeregt durch einen Beitrag ANDERSONs über die Überlieferungen der Adamviten zur Buße Adams[24] und zusätzlich bestärkt durch die Ergebnisse einer eigenen Detailstudie zu Apc Mos 24[25] habe ich mir vorgenommen, es mit der letztgenannten Hypothese zu probieren. Es wurde also vermutet, daß die Apc Mos auf exegetischen Voraussetzungen basiert, die sich durch einen konsequent durchgeführten Vergleich mit der biblischen Überlieferung erschließen. Zu diesem Zweck war zunächst einmal der Grundtext der Apc Mos zu sichern, denn weder die Ausgabe BERTRANDs noch der Lesetext von NAGEL in der Pseudepigraphenkonkordanz von DENIS schienen hinreichend Sicherheit zu bieten; abgesehen davon bedurfte ja auch die synoptische Frage einer Klärung, die nur auf textkritischem Wege erreichbar schien (s.o. S. 2ff). Der so gewonnene Grundtext mußte dann Abschnitt für Abschnitt in seiner Oberflächenstruktur beschrieben werden; dabei konnten modernere narratologische Ansätze nicht berücksichtigt werden, hierfür ist auf ELRIDGE zu verweisen. Dieser Nachteil ist hier durch ein spezifisches Merkmal der Gattung Kommentar ausgeglichen: Es wurden sehr viel stärker, als dies bei ELRIDGE der Fall ist, Details der nicht eben unkomplizierten Oberflächenstruktur der Apc Mos in den Blick genommen. Der auf diese Weise erstellte und beschriebene Text konnte dann auf seine exegetischen Voraussetzungen befragt werden, und zwar, wie ich meine, mit einem Ergebnis, das die o.g. Vermutung bestätigt. Die Apc Mos ist in der Tat eine exegetische Erzählung, d.h.

---

[23] Vgl. Dürrenmatts Bühnenstück »Romulus der Große«. Ein um die biblische Vorlage unbekümmertes Erzählen kann für die parabiblische Literatur des frühen Judentums und Christentums nicht ausgeschlossen werden. Ein Beispiel ist die Langrezension des Testaments Abrahams (Test Abr A). Dort wird Abraham 999 Jahre alt (Test Abr 1,1), während ihm die biblische Vorlage nur 175 Jahre zumißt (Gen 25,7), und seine Frau Sarah, die nach Gen 23 schon längst gestorben sein müßte, erlebt seine letzten Tage. Test Abr A ist vermutlich als eine Satire zu werten; dies wird u.a. herausgearbeitet bei D.C. ALLISON, JR.: Testament of Abraham (Commentaries on Early Jewish Literature), Berlin, New York 2003.

[24] G.A. ANDERSON: The Penitence Narrative in the Life of Adam and Eve, Hebrew Union College Annual 63 (1992), 1–38.

[25] J. DOCHHORN: »Sie wird dir nicht ihre Kraft geben«. Adam, Kain und der Ackerbau in 4Q 423 2₃ und Apc Mos 24, in: C. HEMPEL etc. (Hrsgg.): The Wisdom Texts from Qumran and the Development of Sapiential Thought (Bibliotheca Ephemeridum Lovaniensium 149), Leuven 2002, 351–364.

in ihr manifestiert sich exegetische Arbeit in erzählerischer Umsetzung. Zugrunde liegt hebräische Bibelüberlieferung, doch auch die Septuaginta wurde einbezogen, speziell, wenn es darum ging, den biblischen Bezugstext zu markieren. Das Ergebnis diente weniger der Unterhaltung oder erzählerischen Belehrung als vielmehr der Erklärung des Bibeltextes; dementsprechend ist der jeweilige exegetische Grundgedanke wichtiger als narrative Anschaulichkeit. Man kann daher die Apc Mos auch als theologische Lehrerzählung mit speziell exegetischer Ausrichtung beschreiben. Wahrscheinlich steht sie damit nicht allein; zumindest bei der koptisch erhaltenen Narratio Joseph und dem Testament Hiobs sind vergleichbare Beobachtungen möglich[26], daneben ist die Frage zu stellen, ob darüber hinaus die Kategorie lehrhaften Erzählens nicht auch auf einen Großteil der nichtexegetischen frühjüdischen Erzählliteratur angewandt werden kann, der es ja ebenfalls oft an Anschaulichkeit mangelt.

Die Apc Mos ist also das Ergebnis methodischer exegetischer Arbeit am hebräischen und griechischen Bibeltext. Schon dies läßt eine Charakterisierung der Apc Mos als Kompendium vorwiegend frühjüdischer, zuvor mündlicher Adamüberlieferung als unzureichend erscheinen, denn in dem Fall wäre das gesammelte Material wohl auch hinsichtlich seiner Voraussetzungen heterogener. Unterstützt wird diese Einschätzung durch Überblicke über die gesamte Erzählung sowie gattungskritische Beobachtungen, die ebenfalls zeigen, daß hier nicht nur ein Sammler am Werk war (E III,1–4). Literarkritische Analysen (E III,5) vertiefen dieses Ergebnis in diachroner Hinsicht: Planvoll komponiert wurde auch schon, bevor der Endtext der Apc Mos bzw. der rekonstruierte Archetyp entstand. Die Apc Mos kann so als Ergebnis fortschreitender Arbeit an biblischer Adamüberlieferung innerhalb ein- und derselben Schule dargestellt werden; auch die Vit Ad, deren Grundtext freilich noch zu ermitteln wäre, ist diesem Prozeß entwachsen, allerdings etwas später als die Apc Mos. Ein derart zu beschreibendes literarisches Produkt kann relativ problemlos im frühen Judentum Palästinas verortet werden (E IV). Wenn die Ergebnisse dieser Untersuchung sich in ihren wesentlichen Momenten als tragfähig erweisen sollten, wird die Apc Mos nicht nur für die Entwicklungsgeschichte theologischer Konzepte (Adamspekulationen etc.) von Bedeutung sein, sondern auch für die Geschichte der Schriftauslegung wie der Hermeneutik überhaupt. Speziell über (Vor-) Geschichte und Voraussetzungen der rabbinischen Haggada ließe sich aufgrund der Apc Mos einiges in Erfahrung bringen. Doch diese Arbeit ist anderen zu überlassen.

---

[26] Zur Narr Jos vgl. J. DOCHHORN / A.K. PETERSEN: Narratio Ioseph: A Coptic Joseph-Apocryphon, Journal for the Study of Judaism 30 (1999), 431–463. Zum Test Hiob muß ich einen Nachweis hier schuldig bleiben, geplant ist eine Einleitung im Supplementband zu den »Jüdischen Schriften aus hellenistisch-römischer Zeit«, der speziell die exegetische Methodik des Test Hiob in den Blick nehmen soll.

Kapitel II

Zum Text

1. Vorbemerkungen

Wie in der Hinführung bereits mitgeteilt wurde, liegt der Kommentierung in dieser Arbeit ein eigenständig rekonstruierter Text zugrunde. Dieser wird in Einzelperikopen dargeboten, die jeweils den Kommentarabschnitten vorangestellt werden; ihnen folgt ein textkritischer Kommentar (überschrieben mit »zum Text«), der nach in E II,10 dargelegten Regeln zu entschlüsseln ist. Die Gründe für dieses in einem Kommentar eigentlich unübliche Verfahren wurde in der Hinführung bereits angedeutet: Die synoptische Frage erschien anders als auf dem Wege eingehender textkritischer Arbeit nicht lösbar und für diese wiederum bieten die Ausgaben von TISCHENDORF, CERIANI und BERTRAND sowie der Lesetext NAGELs in der Pseudepigraphenkonkordanz von DENIS keine wirklich sichere Grundlage.

Für die Ausgabe TISCHENDORFs versteht sich diese Einschätzung von selbst und hat etwas mit dem Alter der Ausgabe zu tun (sie erschien 1865!): Sie basiert lediglich auf 4 Textzeugen (A B C D); mehr waren dem Herausgeber damals nicht bekannt. Von diesen vieren wird der letztgenannte kaum genutzt (vgl. E II,2 zu D). Ab Apc Mos 36,3 basiert die Edition im Wesentlichen nur noch auf dem Zeugen B, der unglücklicherweise in besonderem Maße zu freier Textgestaltung tendiert (vgl. E II,2 zu B). Mit dem Leitzeugen A (bis 36,3) hat TISCHENDORF indes die beste ihm mögliche Wahl getroffen, auch wenn er den – oft überschätzten – Zeugen D durchaus öfter hätte gebrauchen sollen. Von diesem Zeugen hat CERIANI 1868 eine Ausgabe gemacht, die natürlich erst recht nicht als Grundlage für die kritische Arbeit dienen kann.

Die Ausgabe BERTRANDs bleibt indessen hinter den 1987 gegebenen Möglichkeiten zurück.[1] Ein Blick in den Abschnitt »La présente Édition« (BERTRAND 47–49) verrät, daß BERTRAND eine konsistente Methodik weitgehend fehlt. Mit guten Gründen weist er darauf hin, daß keinem Zeugen vorbehaltlos vertraut werden könne (vgl. E II,6), aber die daraus abgeleitete Zielsetzung, einen »übersetzbaren Text ohne die von TISCHENDORF einfach abgedruckten Widersprüchlichkeiten zu etablieren« (47:» fournir un texte traduisible, sans les incohérences partout répercutées de TISCHENDORF«), deutet dann doch eine Resignation angesichts der einem Textkritiker gestellten Aufgabe an, nach der ältesten Überlieferung zu suchen bzw. zwischen älterer und jüngerer Überlieferung zu differenzieren. Wenn er daraufhin kundgibt (S. 47–48), tendenziell dem Text der besseren Zeugen (nach BERTRAND – ganz wie bei NAGEL – D St AV) folgen zu wollen, diesen aber im Bedarfsfalle

---

[1] BETRAND ist schon öfter kritisiert worden, vgl. die Rezension von M.E. STONE in Critical Review of Books in Religion 2 (1990), 333–336 (non vidi) und STONE: History, 8; MEISER/MERK 751; KNITTEL 14–15.

nach dem Text schlechterer Zeugen zu verbessern, verstärkt sich nur der Eindruck, es mit einem pragmatischen Eklektiker zu tun zu haben, der aus einer katastrophalen Überlieferung irgendwie »das beste« (was auch immer das ist!) zu machen versucht. Diese Kritik gilt – wohlgemerkt – nicht dem Eklektizismus an sich, wohl aber einem Eklektizismus, der ohne erkennbare Methode verfährt. Woher soll man denn wissen, ob der Text des »schlechteren Zeugen« nicht eine Korrektur des schwer verständlichen Textes in den besseren Zeugen ist? Man kann das nur ausschließen, wenn man ein Stemma der Textzeugen hat – BERTRAND hat keines. Problematisch ist dann auch die Gestaltung des Apparats: Er ist rein negativ. Wie sehr der Leser dadurch im Dunkeln gelassen werden kann, zeigt sich etwa in 12,2, wenn BERTRAND dort κοίτην liest. Dem Apparat ist zu entnehmen, daß D St A AC Ath C Va P¹ σκηνήν lesen; daß die anderen Zeugen ausfallen und nur B κοίτην liest, erfährt man hingegen nicht (vgl. °12,2e). Daß gerade B sehr viele Sonderlesarten hat, sei hier nur am Rande vermerkt. Wenig überzeugend ist schließlich auch die Auswahl der Varianten: BERTRAND verspricht seinem Leser, ihn mit inhaltlich irrelevanten Lesarten in Ruhe lassen zu wollen (S. 48–49), etwa mit orthographischen Varianten, Tempusvarianten, Pronominalisierungen bzw. Renominalisierungen, Synonymvarianten etc. Für den Leser bedeutet das freilich, daß er dem Herausgeber in vielen Fällen einfach blind vertrauen muß. Abgesehen davon liegt hier eine irrige Gleichsetzung von inhaltlicher und textkritischer Relevanz vor: Für die dem Textkritiker aufgegebene textgeschichtliche Arbeit kann gerade unwichtiges sehr wichtig sein! Unwichtig sind dann schon eher rezeptionsgeschichtlich interessante, aber isolierte Sonderlesarten. Hätte z.B. BERTRAND die Lesart κοίτην von B in Apc Mos 12,2 einfach ignoriert (auch im Apparat!), dann wäre das sicher für eine Editio minor kein Schade gewesen; leider hat er sie sogar in den Haupttext aufgenommen.

Bei aller Kritik an BERTRAND ist – ganz abgesehen von seiner gelehrten Kommentierung – auch das Weiterführende an seiner Arbeit nicht zu unterschlagen. Sein Mißtrauen gegen die Textzeugen ist – wie angedeutet – gut begründet (vgl. E II,6). Ich bin seinen Lesungen nicht selten gefolgt, öfter jedenfalls, als ich es ursprünglich für möglich gehalten habe; wenn seine textkritischen Entscheidungen in meinen textkritischen Kommentaren ziemlich umfänglich dokumentiert werden, so geschieht dies auch in der Absicht, eben diesen Sachverhalt aufzuzeigen (die Fehlentscheidungen werden freilich ebenfalls dokumentiert!). Viele von BERTRANDS Kritikern neigen dazu, allzu starr den von NAGEL etablierten Leitzeugen D St AV zu folgen (so etwa MEISER/MERK und KNITTEL); auch ich bin in früheren Publikationen so verfahren. Ein besonders krasser Fall liegt in °16,3b vor, wo sowohl MEISER/MERK als auch KNITTEL und ich selbst auf NAGELs beste Zeugen hereingefallen sind, die NAGEL an dieser Stelle nur falsch notiert hat! BERTRAND war auch hier bestrebt, einen »lesbaren« Text zu bieten – und hat sich richtig entschieden.

Auch der von NAGEL für die Pseudepigraphenkonkordanz von DENIS erstellte und postum veröffentlichte Lesetext zur Apc Mos bietet für die Arbeit am Text der Apc Mos keine Grundlage, einfach deswegen, weil er keine Edition ist. Er ist allerdings hinsichtlich der in ihm getroffenen textkritischen Entscheidungen nicht zu unterschätzen, und zwar gerade deshalb, weil er – wie etwa KNITTEL zutreffend vermerkt (S. 15) – nicht »der Klassifizierung der Handschriften in der Dissertation NAGELs« folgt, sondern »Lesarten aus verschiedenen Handschriftenfamilien nebeneinander« bietet. Dies geschieht in NAGELs Lesetext tatsächlich. Man hat deshalb daran gezweifelt, daß es dem leider zu früh verstorbenen NAGEL darum gegangen wäre, der Pseudepigraphenkonkordanz einen Grundtext der Apc Mos zur Verfügung zu stellen, und so nehmen DE JONGE und TROMP – und mit ihnen KNITTEL (S. 15) – an, daß er wohl danach gestrebt habe, alles in seinen Text aufzunehmen, was er als ältere Überlieferung angesehen habe (DE JONGE / TROMP: Life, 33). Aber DENIS hat STONE noch im Juli 1990 mitgeteilt, daß NAGEL seinen Lesetext als sein letztes Wort zum griechischen Text der Apc Mos angesehen habe (STONE: History, 8 – dort Anm. 9), und man wird diese Aussage wohl ernst nehmen müssen. Sie ist auch ohne weiteres nachvollziehbar: NAGEL

wird bei seiner fortgesetzten Arbeit an der Überlieferung zu einer neuen Einschätzung der
*Ia–Zeugen gekommen sein (s. hierzu E II,3 [S. 35]), wahrscheinlich dahingehend, daß der Text
von Subarchetyp *Ia auf einer Stufe mit der gesamten anderen Überlieferung steht. So erklärt es
sich, daß sich in NAGELs Lesetext zahlreiche *Ia–Lesarten finden. Auch die vorliegende Arbeit
kommt zu dieser Einschätzung der *Ia–Überlieferung und hat darum zahlreiche *Ia–Lesarten in
den Haupttext aufgenommen, zuweilen jedoch andere als NAGEL. Insgesamt aber steht der hier
rekonstruierte Text dem von NAGEL ziemlich nahe.

Der dem Kommentar zugrundeliegende Text wurde anhand der von NAGEL
veröffentlichten Kollation[2] rekonstruiert (NAGEL, Vol. III), daneben wurde auf
sämtliche in Druckausgaben zugänglichen Versionen zurückgegriffen. Die von
NAGEL für die griechischen Zeugen verwendeten Sigel wurden beibehalten, damit
ein Vergleich mit seiner Kollation nicht unnötig erschwert würde;[3] allerdings steht
hier für St St, für Aν' An₁, für Aθ Ath, für Aν'' An₂ und für Bρ Br. Die Kollation
NAGELs ist nicht ohne Fehler. Darum wäre eine durchgehende Revision seiner
Notate nach den Manuskripten wünschenswert gewesen, doch dies konnte hier
nicht geleistet werden. Stichprobenartig wurden allerdings NAGELs Angaben zu D
an der Ausgabe CERIANIs überprüft[4]; für die Zeugen Pa, B und C sind an ausgewählten Stellen die Handschriften konsultiert worden.[5] Leider konnten Manuskripte, derer NAGEL nicht habhaft werden konnte (vgl. idem I,XI), auch hier nicht
in die Arbeit einbezogen werden (zu ihnen vgl. E II,3).

Basiert so die textkritische Arbeit, was die griechischen Zeugen betrifft, fast
ausschließlich auf den Vorarbeiten NAGELs, so mußte hinsichtlich der Übersetzung (ApcMos[arm]) und der derivativen Texte (Adamviten, slavisches Adam-

---

[2] Eine Kollation von 14 Handschriften hat J.L. SHARPE: Prolegomena to the Establishment
of the Critical Text of the Greek Apocalypse of Moses, Ann Arbor, Michigan 1969 vorgelegt.
Sie wird hier nicht ausgewertet, da die Handschriften SHARPEs auch alle von NAGEL kollationiert
wurden.

[3] SHARPE verwendet eigene Sigel. BERTRAND hat die Sigel NAGELs ohne guten Grund durch
lateinische Großbuchstaben ersetzt (Synopse der Sigel: STONE: History, 10; MEISER/MERK
743–744; KNITTEL 75–77). MEISER/MERK folgen den Sigeln NAGELs. TROMP, der eine neue
Ausgabe vorbereitet, übernimmt die Sigel BERTRANDs. Doch damit wird der Vergleich mit Nagels
Synopse unnötig erschwert. Die Arbeit mit dieser lohnt sich nämlich auch dann, wenn eine gute
Ausgabe vorliegt – es sei denn, TROMP veröffentlicht neben seiner Edition auch seine Kollationen.
Für die Sigel NAGELs spricht im übrigen, daß sein System viel eher ausbaufähig ist als das von
BERTRAND gewählte: Wir wissen, daß es mindestens 4 bisher unausgewertete Handschriften gibt,
für die bereits jetzt keine lateinischen Buchstaben mehr zur Verfügung stehen.

[4] Der Text CERIANIs ist freilich mit NAGEL II,3 (dort Anm. 6) abzugleichen, wo NAGEL
stillschweigende Korrekturen CERIANIs vermerkt.

[5] Aufgrund der genannten Zeugen lassen sich in °Superscr. w-w; °16,3b; °17,5k; °21,1h;
°34,1k; °38,2h; °43,3g klar Fehler NAGELs nachweisen; ein Verdacht regt sich in °14,2/3B;
°23,5e; °33,4f. Gravierend sind °16,3b und °21,1h, wo NAGEL offenkundig für mehrere Zeugen
den Text einzutragen vergessen hat.

buch) das Material erst noch erschlossen werden, denn NAGEL hat die nicht-
griechischen Zeugen nicht in seine Kollation in Band III aufgenommen. Abgesehen davon hat sich die Materialbasis erweitert: NAGEL hat VitAd(lat^me), Vit
Ad(georg), LibAd(slav), ApcMos(arm) und die koptischen Fragmente (Sah,
Fajj) diskutiert, inzwischen sind auch VitAd(arm) und VitAd(lat^p) bekannt
geworden. Diese Texte wurden sämtlich im textkritischen Kommentar berücksichtigt. Dabei konnten die lateinischen, koptischen und armenischen Texte im
Original verglichen werden; für die georgischen und slavischen mußte auf
Übersetzungen zurückgegriffen werden. Hinsichtlich ihrer Auswertung wurde
nach dem Grundsatz verfahren, daß sie nur dann als Textzeugen gelten, wenn
sie nicht paraphrasieren, d.h. wenn sichere Rückschlüsse auf ihre griechische
Vorlage möglich sind. Außerdem wurde eine Unterscheidung zwischen der
ApcMos(arm) einerseits und den Adamviten sowie dem slavischen Adambuch
andererseits getroffen: Erstere ist eine Übersetzung und wurde daher vollständig
zu Rate gezogen; letztere sind tiefgreifende Umarbeitungen – sie werden nur
diskutiert, sofern sie für die Rekonstruktion derjenigen Subarchetypen notwendig sind, von denen sie ausweislich gemeinsamer Leitfehler derivieren, im Falle
der Adamviten betrifft dies *Ia, im Falle des slavischen Adambuchs *II und *Ia;
gerade LibAd(slav) aber konnte wegen seiner stark paraphrasierenden Textgestaltung nur höchst selten berücksichtigt werden. Die beiden koptischen
Fragmente indes wurden wegen ihres geringen Umfangs überall da verwertet,
wo ihnen überhaupt etwas zu entnehmen war, dies v.a. mit dem Ziel, zu klären,
ob sie eine koptische Version der Apc Mos oder aber der Vit Ad bezeugen. Die
Indizien weisen deutlich auf die Vit Ad (vgl. S. 57; 60). Es sollte nicht unerwähnt bleiben, daß es ein unediertes arabisches Fragment aus koptischer
Überlieferung gibt (Hamburger Staatsbibliothek, suppl. 26), das hier nicht
eingearbeitet werden konnte.

Von der Apc Mos und mehr noch von der Vit Ad sind zahlreiche jüngere
Texte abhängig, so die Schatzhöhle[6] oder das mittelirische Epos Saltair na

---

[6] Die Schatzhöhle (Caverna Thesaurorum – Cav Thes) ist eine Bibelnacherzählung aus
christlicher Perspektive (von der Schöpfung bis zum Pfingstereignis); sie entstammt der syri-
schen Kirche – Edition: Su–Min Rɪ: La Caverne des Trésors. Les deux recensions syriaques
(Corpus Scriptorum Christianorum Orientalium 486, Scriptores Syri 207), Louvain 1987;
Übersetzung: Su–Min Rɪ: Le Caverne des Trésors. Les deux recensions syriaques (Corpus
Scriptorum Christianorum Orientalium 487, Scriptores Syri 208), Louvain 1987 (französisch)
und C. BEZOLD: Die Schatzhöhle, Leipzig 1888 (deutsch – aufgrund einer [jetzt veralteten]
Ausgabe in demselben Band); Einleitung und Literatur: STONE: History, 90–93. Vor allem Cav
Thes 2–4 (BEZOLD 3–7) weist vielfach inhaltlich Berührungen mit den Adamdiegesen auf,
speziell mit Vit Ad. So wird Adam von den Tieren (BEZOLD 4) und den Engeln (ibidem)
angebetet (vgl. Vit Ad 44 [16] und Vit Ad 13–15), und der Satan wird aus dem Himmel ver-

Rann.[7] Besonders zahlreich sind auch Nachwirkungen in der koptischen Literatur, v.a. im Lib Inst Mich, im Lib Inst Abb sowie in den Myst Joh[8]; auch die

---

stoßen, weil er diese Anbetung verweigert (BEZOLD 4–5, vgl. Vit Ad 11–17). Zum Zwecke der
Verführung Evas (BEZOLD 6) nimmt er dann in der Schlange Wohnung (vgl. Apc Mos 16,5 par)
und wartet den Zeitpunkt ab, da Eva allein ist (vgl. Apc Mos 7,2 par). Diese wird, kaum hat sie
gegessen, entblößt (vgl. Apc Mos 20,1 par), sucht Blätter, um ihre Scham zu bedecken (vgl Apc
Mos 20,4–5 par), und verführt erst dann Adam (vgl. Apc Mos 20,5bff par). Vielfach erscheint
Cav Thes mit Vit Ad kongenial. So bringt etwa ihre Teufelsfallsüberlieferung die Proskynese der
Tiere und der Engel vor Adam in Zusammenhang, obwohl diese in Vit Ad an verschiedenen
Stellen erwähnt werden.
[7] Saltair na Rann ist ein mittelirisches Versepos, das in Canto 4–12 eine Erzählung vom
Leben Adams und Evas bietet (Edition: D. GREENE / F. KELLY: The Irish Adam and Eve Story
from Saltair na Rann, Vol 1: Text and Translation, Dublin 1976). Man stand früher vor dem
Problem, daß sich hier sowohl Überlieferungen aus der Apc Mos als auch aus Vit Ad (lat)
fanden, erstmalig wird dies erörtert bei R. THURNEYSEN: Saltair na Rann, Revue Celtique 6
(1883–1885), 96–109; ein Überblick über die Forschungsdiskussion findet sich bei B. O.
MURDOCH: The Irish Adam and Eve Story from Saltair na Rann, Vol 2: Commentary, Dublin
1976, 33–35. Seitdem die Vit Ad (arm) und die Vit Ad (georg) bekannt geworden sind, kann in
Erwägung gezogen werden, daß Saltair na Rann eine Version der Vit Ad (lat) vorgelegen habe,
die noch wie Vit Ad (arm. georg) einen Paralleltext zu Apc Mos 15–30 enthielt. Eine solche hat
man inzwischen gefunden (herausgegeben von PETORELLI, in dieser Arbeit unter dem Sigel Vit
Ad [lat^p] verzeichnet); nun wäre zu prüfen, wie sie sich zu den Überlieferungen in Saltair na
Rann verhält. Weiteres über Adamüberlieferungen in der irischen Kirche s. bei STONE: History,
112–115 und M. MCNAMARA: The Apocrypha in the Irish Church, Dublin 1975.
[8] Nach dem Lib Inst Mich (Liber Institutionis Michael) trat Michael an die Stelle des
Teufels, der ursprünglich der erste Engel war und des Himmels verwiesen wurde, weil er sich
weigerte, Adam anzubeten (Lib Inst Mich § 3), vgl. die Teufelsfallsgeschichte in Vit Ad 11–17
– C.D.G. MÜLLER: Die Bücher der Einsetzung der Erzengel Michael und Gabriel (Corpus
Scriptorum Christianorum Orientalium 225 [Text]; 226 [Übersetzung]), Louvain 1962; sogar
eine altnubische Version hat sich erhalten (allerdings fragmentarisch): G.M. BROWNE: An Old
Nubian Version of the Liber Institutionis Michael, in: W. GODLEWSKI (Hrsg.): Coptic Studies.
Acts of the Third International Congress of Coptic Studies, Warsaw, 20–25 August 1984,
Varsovie 1990, 75–79.
Eine ähnliche Struktur weist Lib Inst Abb auf, nur daß hier Abbatôn, der Todesengel, an die
Stelle des Teufels tritt; außerdem werden neben Vit Ad 11–17 (vgl. pp. 30–34) auch Motive aus
Apc Mos 15–20 par übernommen (vgl. pp. 36–39) – E.A.W. BUDGE: Coptic Martyrdoms etc. in
the Dialect of Upper Egypt, London 1914, 225–249 (Text), 474–496 (Übersetzung).
Am deutlichsten von den Adamviten abhängig ist Myst Joh (Mysteria Johannis – vgl. M.
GEERARD: Clavis Apocryphorum Novi Testamenti [Corpus Christianorum o.Z.], Turnhout 1992,
Nr. 333); Einleitung, Edition und Übersetzung: E.A.W. BUDGE: Coptic Apocrypha in the Dialect
of Upper Egypt, London 1913, XXXII–XLI; 59–74; 241–257. In Myst Joh, pp. 8–12 wird eine
Ätiologie des Ackerbaus gegeben, die an Vit Ad 1–21 anschließt; Anklänge an Apc Mos 7 par
und 20 par finden sich fernerhin auf pp. 21–23. Zu Myst Joh als rezeptionsgeschichtlichem
Zeugnis der Adamviten vgl. auch J. DOCHHORN: Warum gab es kein Getreide im Paradies? Eine
jüdische Ätiologie des Ackerbaus in Ev Phil 15, Zeitschrift für die neutestamentliche Wissenschaft 89 (1998), 125–133, speziell 131–133.

reichhaltige armenische Adamüberlieferung[9] läßt Einflüsse erkennen. Diese sekundären Zeugnisse werden hier ebenfalls herangezogen, sofern sie aussagekräftig sind.

Nachfolgend werden zunächst die Textzeugen aufgelistet (II,2), sodann werden sie eingehender präsentiert, v.a. hinsichtlich ihres textkritischen Werts und ihrer Stemmaposition (II,3). Das Resumée in II,4 entfaltet dann die Textgeschichte überblicksartig; am Ende dieses Abschnittes findet sich ein Stemma der Textzeugen. Die anschließenden Abschnitte (II,5–9) erläutern dieses Ergebnis aus unterschiedlichen Perspektiven. So zeigt II,5 die wichtigsten Prinzipien auf, anhand derer zwischen primären und sekundären Lesarten differenziert wurde. II,6 erörtert dann die methodisch deutlich schwierigere Arbeit mit den ältesten Varianten. Die Überlieferung der Apc Mos geht letztlich auf zwei Subarchetypen zurück (*Ia und *Ib), deren Lesarten nur noch gegeneinander abgewogen werden können. II,7 zeigt anschließend auf, wie sich aus der Überlieferung von *Ia die Adamviten entwickelten; hier wird also textkritische und synoptische Arbeit miteinander verbunden. In II,8 geht es dann um den Archetyp (*I), der zwar ausweislich der Abhängigkeit der Adamviten von *Ia dem frühjüdischen Entstehungsmilieu der Apc Mos entstammt (anders als bei vielen anderen parabiblischen Schriften aus kirchlicher Überlieferung!), aber dennoch nicht mit dem Urtext identisch ist. Er muß an einigen Stellen koniziert werden. Der Abschnitt II,9 erläutert dann schließlich grammatische Probleme, die notwendigerweise entstehen, wenn anhand einer ungepflegten (und ursprünglich akzentfreien!) Überlieferung ein normierter

---

[9] Aus der armenischen Adam–Literatur ist in letzter Zeit v.a. durch die Arbeiten STONES vieles bekannt geworden, vgl. J.-C. HAELEWYCK: Clavis Apocryphorum Veteris Testamenti (Corpus Christianorum o.Z.), Turnhout 1998, Nr. 16–38; 48–50; 58; 77; 81. Unter ihnen sind die bekannteren die Schriften, die PREUSCHEN 1900 zusammen mit Apc Mos (arm) übersetzte, vgl. E. PREUSCHEN: Die apokryphen gnostischen Adamschriften aus dem Armenischen übersetzt und untersucht, in: W. DIEHL et al. (Hrsgg.): Festgruß B. STADE zur Feier seiner 25jährigen Wirksamkeit als Professor, Gießen 1900, 165–252, diese entsprechen HAELEWYCK, Nr. 20 (Mors Adae); Nr. 16–17, 48, 58 (ein Zyklus aus vier zusammenhängenden Werken); 18; 19. PREUSCHEN hat die von ihm übersetzten Adamschriften auf »ophitische Kreise« zurückgeführt; diese These war von Anfang an umstritten. Sie wird noch geteilt von G.R. CARDONA: Sur le Gnosticisme en Arménie: Les livres d'Adam, in: U. BIANCHI (Hrsg.): Le Origini dello Gnosticismo. Colloquio di Messina 13–18 Aprile 1966, Leiden 1967, 645–648, weiteres hierzu s. bei W. L. LIPSCOMB: The Armenian Apocryphal Adam Literature (Armenian Texts and Studies 8), University of Pennsylvania 1990, 8–12. LIPSCOMB bietet eine neue Edition des »Zyklus der vier Werke« und der unter HAELEWYCK Nr. 18 und 19 genannten Traktate. Für Nr 18 (Historia Paenitentiae Adae et Evae) hat er eine literarische Abhängigkeit von Apc Mos (arm) feststellen können (ibidem 70–82), für den Zyklus der vier Werke nur inhaltliche Berührungspunkte mit der Apc Mos (vgl. 82ff). Zum Zyklus der vier Werke existiert eine bisher unedierte georgische Übersetzung, vgl. die Angaben bei HAELEWYCK, Nr. 16–17, 48 und 58.

griechischer Text erstellt werden soll, der immer auch ein Konstrukt ist. Abschnitt II,10 gibt dann die notwendigen Gebrauchsanweisungen für die Benutzung des textkritischen Kommentars, der sich jeweils an die in Text und Übersetzung dargebotenen Perikopen anschließt.

2. Textzeugen

Die nachfolgende Liste der Zeugen ist nach der Reihenfolge der griechischen Zeugen in NAGELs Kollation geordnet; Versionen und derivative Texte sind unmittelbar nach den ihnen am nächsten verwandten griechischen Zeugen eingefügt. Sekundäre Textzeugen wie Myst Joh werden hier nicht aufgeführt, da nachfolgend auch nicht der Versuch unternommen wird, ihnen eine Stemmaposition zuzuweisen. Es werden zunächst die Zeugen genannt, die berücksichtigt wurden, sodann diejenigen, die nicht eingesehen werden konnten. Aufgeführt werden jeweils Handschriftensignaturen, Katalogreferenzen (in Auswahl) und weitere bibliographische Angaben – auch diese ohne den Anspruch auf Vollständigkeit.

a) Berücksichtigt:

D: Mailand, Bibliotheca Ambrosiana, C 237 Inf. (11. Jh.), 78v–84r. *Referenzen*: A. MARTINI / D. BASSI: Catalogus Codicum Graecorum Bibliothecae Ambrosianae, Tomus II, Mailand 1906, Nr. 890 (C 237 Inf.) (S. 992–993). *Textkritische Evaluation*: NAGEL I, 1–7; II, 1–11; *Edition*: A.M. CERIANI: Monumenta Sacra et Profana ex Codicibus praesertim Bibliothecae Ambrosianae, Vol. V: Opuscula et Fragmenta Miscella Magnam Partem Apocrypha, Mailand 1868, 19–24.

St: Straßburg, Bibliothèque Nationale et Universitaire, 1913 (olim graecus 19) (13. Jh.), 68r–76r. *Referenzen*: C. WELZ: Descriptio Codicum Graecorum (Katalog der kaiserlichen Universitäts- und Landesbibliothek in Strassburg), Straßburg 1913, Nr. 19, § 9 (S. 49–55, speziell S. 51); E. WICKERSHEIMER: Strasbourg (Catalogue général des manuscrits des bibliothèques publiques. Départements 47), Paris 1923, Nr. 1913 (grec 19) (S. 394–396, speziell 396); C. VAN DE VORST / H. DELEHAYE: Catalogus Codicum Hagiographicorum Graecorum Germaniae Belgii Angliae (Subsidia Hagiographica 13), Brüssel 1913, Nr. 188, § 13 (S. 148–151, speziell S. 149). *Textkritische Evaluation*: NAGEL I, 7–14; II, 11–21.

AV: Athos, Monê Batopediou, 422 (olim 368) (13. Jh.), 13v–20v. *Referenzen*: S. EUSTRATIADES / ARCADIOS VATOPEDINOS: Catalogue of the Greek Manuscripts in the Library of the Monastery of Vatopedi on Mt. Athos (Harvard Theological Studies 11), Cambridge 1924, Nr. 422, § 4 (S. 81–86, speziell 81). *Textkritische Evaluation*: NAGEL I, 15–20; II, 21–30.

An$_2$ (NAGEL: Aν''): Ankara, Türk Tarih Kurumu, 60 (olim Konstantinopel, Hellênikos Philologikos Syllogos 60) (16. Jh.), 40–76. An$_2$ ist ein Teil des dort gebotenen Textes, nämlich Apc Mos 14,3–43,4; ihm geht Apc Mos 1,1–17,2 in einer anderen Textgestalt voraus, die An$_1$ genannt wird

(Supplementierung, noch dazu fehlerhaft, da sich 14,3–17,2 überlappen). *Referenzen zu An₂ und An₁ (= An)*: P. MORAUX: Bibliothéque de la Société Turque d'Histoire. Catalogue des manuscrits grecs (Fonds du Syllogos) (Türk Tarih Kurumu Yayinlarindan 12, Reihe 4), Ankara 1964, S. 93–99 (non vidi); D.-M. SARROS: Κατάλογος τῶν χειρογράφων τοῦ ἐν Κωνσταντινουπόλει Ἑλληνικοῦ Φιλολογικοῦ Συλλόγου, Ἐπετηρὶς Ἑταιρείας Βυζαντινῶν Σπουδῶν 8 (1931), 173–177; F. HALKIN: Bibliographia Hagiographica Graeca I (Subsidia Hagiographica o.Z.), Brüssel ³1957, Nr 25c (S. 6). *Textkritische Evaluation*: NAGEL I, 20–27; II, 30–41.

Pa: Paris, Bibliothèque Nationale de France, gr. 395 (olim Colbertinus 6249; Regius 3440³) (15.–16. Jh.), 126v–131v. *Referenzen*: H. OMONT: Inventaire sommaire des manuscrits grecs de la Bibliothèque Nationale et des autres bibliothèques de Paris et des départements (Bibliothèque Nationale o.Z.), Paris 1898, Nr 395 (S. 41). *Textkritische Evaluation*: NAGEL I, 27–33; II, 41–47.

AH: Andros, Monê tês Hagias, 13 (17. Jh.), 170r–180v. *Referenz*: SP.-P. LAMBROS: Κατάλογος τῶν ἐν τῇ κατὰ τὴν Ἄνδρον μονῇ τῆς Ἁγίας κωδικῶν, Ἐπετηρὶς τοῦ Φιλολογικοῦ Συλλόγου Παρνάσσου 2 (1898), 250–252. *Textkritische Evaluation*: NAGEL I, 33–37; II, 47–56.

B: Wien, Österreichische Nationalbibliothek, theol. graec. 247 (14. Jh.), 310v–318r. *Referenzen*: H. HUNGER / W. LACKER / C. HANNICK: Codices Theologici 201–337 (Katalog der griechischen Handschriften der Österreichischen Nationalbibliothek, Teil 3/3; Museion. Veröffentlichungen der Österreichischen Nationalbibliothek, Neue Folge 1), Wien 1992, Nr. 247, § 36 (S. 161–169, speziell 167); Petri LAMBECII Hamburgensis Commentariorum de Augustissima Bibliotheca Caesarea Vindobonensi Liber Quintus. Editio Altera Studio et Opera Adami Francisci Kollarii Equitis Hungarii de Keresztény, Consiliarii Actualis Aulici, Aug. Bibliothecae Directoris et Academiae Scientiarum Elegantiorumque Literarum Theodoro-Palatinae Socii Extraordinarii, Wien 1778, Nr. 210, § 41 (S. 45–65, speziell 64–65). *Textkritische Evaluation*: NAGEL I, 37–46; II, 57–68.

A: Venedig, Biblioteca San Marco, gr. II, 42 (olim Nanianus LXIII) (13. Jh.), 49r–57v. *Referenzen*: E. MIONI: Bibliothecae Divi Marci Venetiarum Codices Graeci Manuscripti, Vol I: Codices in Classes a Prima usque ad Quintam Inclusi, Pars Prior: Classis I – Classis II, Codices 1–120, Rom 1967, Nr. 42, § 9 (S. 141–144, speziell 142); J.A. MINGARELLI: Graeci Codices Manu Scripti apud Nanios Patricios Venetos Asservati, Bologna 1784, Nr. LXIII, § IX (S. 101–114, speziell 102). *Textkritische Evaluation*: NAGEL I, 52–54; II, 72–77.

AC: Athos, Monê Kônstamonitou, 14 (15. Jh.), 221–237. *Referenz*: SP.-P. LAMBROS: Catalogue of the Greek Manuscripts on Mount Athos I, Cambridge 1895, Nr. 450 (S. 37). *Textkritische Evaluation*: NAGEL I, 54–59; II, 77–85.

Ath (NAGEL: Αθ): Athen, Nationalbibliothek, 286 (1518 n. Chr.), 122v–136v. *Referenz*: F. HALKIN: Catalogue des manuscrits hagiographiques de la Bibliothèque nationale d'Athènes (Subsidia Hagiographica 66), Brüssel 1983, Nr. 286, § 13 (S. 31–32, speziell 32). *Textkritische Evaluation*: NAGEL I, 59–63; II, 85–91.

C: Wien, Österreichische Nationalbibliothek, hist. graec. 67 (13. Jh.), 4r–8v, 16r–17v. *Referenzen*: H. HUNGER: Katalog der griechischen Handschriften der Österreichischen Nationalbibliothek, Teil I: Codices Historici, Codices Philosophici et Philologici (Museion. Veröffentlichungen der Österreichischen Nationalbibliothek, 4. Reihe 1), Wien 1961, Nr. hist. graec. 67, § 3 (S. 75–77, speziell 75); Petri LAMBECII Hamburgensis Commentariorum de Augustissima Bibliotheca Caesarea Vindobonensi Liber Octavus. Editio Altera Studio et Opera Adami Francisci Kollarii Equitis Hungarii de Keresztény, Consiliarii Actualis Aulici, Aug. Bibliothecae Directoris et Academiae Scientiarum Elegantiorumque Literarum Theodoro-Palatinae Socii Extraordinarii, Wien 1782, Nr. 33, § 2 (S. 748–758, speziell 749). *Textkritische Evaluation*: NAGEL I, 63–66; II, 91–100; J. DOCHHORN: Warum der Dämon Eva verführte. Über eine Variante in Apc Mos 26,2 – mit einem Seitenblick auf Narr Zos (gr) 18–23, in: H. LICHTENBERGER / G.S. OEGEMA (Hrsgg.): Jüdische Schriften in ihrem antik-jüdischen und urchristlichen Kontext (Studien zu den jüdischen Schriften aus hellenistisch-römischer Zeit 1), Gütersloh 2002, 347–364.

VitAd(arm): *Edition*: M. E. STONE: The Penitence of Adam, Edited (Corpus Scriptorum Christianorum Orientalium 429, Scriptores Armeniaci 13), Louvain 1981. *Englische Übersetzung*: M.E. STONE: The Penitence of Adam, Translated (Corpus Scriptorum Christianorum Orientalium 430, Scriptores Armeniaci 14), Louvain 1981. Die Übersetzung STONEs ist abgedruckt bei G.A. ANDERSON / M.E. STONE (Edd.): A Synopsis of the Books of Adam and Eve (Society of Biblical Literature. Early Judaism and its Literature 5), Atlanta, GA 1994.

VitAd(georg): *Edition*: C. K'URCIK'IDZE: Adamis Ap'ok'rip'uli Chovrebis K'art'veli Versia, P'ilologiuri Dziebani 1 (1964), 97–136; Tsiala KURTSIKIDZE (dieselbe!): Georgian Version of "Life of Adam" (Old Georgian Apocryphal Texts 1), Tiflis 2003 (nicht nur ein Abdruck der ersten Ausgabe!). *Französische Übersetzung* (basierend auf der ersten Ausgabe): J.-P. MAHÉ: Le Livre d'Adam Georgien, in: R. VAN DEN BROEK / M.J. VERMASEREN (Hrsgg.): Studies in Gnosticism and Hellenistic Religions Presented to Gilles Quispel on the Occasion of his 65th Birthday (Études préliminaires aux religions orientales dans l'empire Romain 91), Leiden 1981, 227–260. Die Übersetzung von Mahé ist abgedruckt bei G.A. ANDERSON / M.E. STONE (Edd.): A Synopsis of the Books of Adam and Eve (Society of Biblical Literature. Early Judaism and its Literature 5), Atlanta, GA 1994. *Textkritische Evaluation*: NAGEL I, 113–211 (zu VitAd[georg] und VitAd[lat^me]); II, 155–222 (dito); J.-P. MAHÉ: Notes philologiques sur la version géorgienne de la Vita Adae, Bedi Kartlisa 41 (1983), 50–65.

VitAd(lat^me): *Edition*: W. MEYER: Vita Adae et Evae (Abhandlungen der königlich-bayrischen Akademie der Wissenschaften. Philosophisch-philologische Classe 14), München 1878, 185–250. *Deutsche Übersetzungen*: C. FUCHS: Das Leben Adams und Evas, in: E. KAUTSCH (Hrsg.): Die Apokryphen und Pseudepigraphen des Alten Testaments, Band II: Die Pseudepigraphen des Alten Testaments, Tübingen 1900, 506–528; O. MERK / M. MEISER: Das Leben Adams und Evas (Jüdische Schriften aus hellenistisch-römischer Zeit 2,5), Gütersloh 1998. Der lateinische Text von *Meyer* ist abgedruckt bei: G.A. ANDERSON / M.E. STONE (Edd.): A Synopsis of the Books of Adam and Eve (Society of Biblical Literature. Early Judaism and its Literature 5), Atlanta, GA 1994. Zu weiteren Editionen, die nur gelegentlich benutzt wurden, s. E II,3. *Textkritische Evaluation*: NAGEL I, 113–211 (zu VitAd[georg] und VitAd[lat^me]); II, 155–222 (dito).

VitAd(lat^p): *Edition*: J.P. PETORELLI: Vie latine d'Adam et d'Ève. La recension de Paris, lat. 3832, Archivum Latinitatis Medii Aevi 57 (1999), 5–52. Keine Übersetzung vorhanden. Zum Verhältnis dieser Rezension zu VitAd(lat^me) s. E II,3. *Textkritische Evaluation*: J.-P. PETORELLI: Deux témoins latins singuliers de la Vie d'Adam et Ève: Paris, BNF, Lat. 3832 & Milan, B. Ambrosiana, O 35 Sup., Journal for the Study of Judaism 33 (2002), 1–27.

Fajj: *Edition*: J. LEIPOLDT: Ägyptische Urkunden aus den königlichen Museen zu Berlin, herausgeben von der Generalverwaltung. Koptische Urkunden, Band 1, Berlin 1904, Nr. 181 (S. 171). Keine Übersetzung vorhanden. Der Text wird samt einer von mir angefertigten deutschen Übersetzung in E II,3 (S. 55–57) wiedergegeben. *Textkritische Evaluation*: NAGEL II, 102.

Sah: *Edition*: W.E. CRUM: Catalogue of the Coptic Manuscripts in the Collection of the John Rylands Library, Manchester / London 1909, Nr. 84 (S. 40). Englische Übersetzung daselbst. Der Text wird samt einer von mir angefertigten deutschen Übersetzung in E II,3 (S. 58–59) wiedergegeben. *Textkritische Evaluation*: NAGEL II, 101–104.

Va: Vatikan, Bibliotheca Apostolica Vaticana, gr. 1192 (15. Jh.), 9r–15v. *Referenzen*: P. CANART / V. PERI: Sussidi bibliografici per i manoscritti greci della Biblioteca Vaticana (Studi e testi 261), Città del Vaticano 1970, 553; HAGIOGRAPHI BOLLANDIANI / P.F. DE CAVALIERI: Catalogus Codicum Hagiographicorum Graecorum Bibliothecae Vaticanae, Brüssel 1899, Nr. 1142, § 1 (S. 116–117, speziell 116). *Textkritische Evaluation*: NAGEL I, 81–86; II, 112–118; J.R. LEVISON: The Exoneration and Denigration of Eve in the Greek Life of Adam and Eve, in: G.A. ANDERSON et al. (Hrsgg.): Literature on Adam and Eve. Collected Essays (Studia in Veteris Testamenti Pseudepigrapha 15), Leiden etc. 2000, 251–275.

P¹: Patmos, Kloster des Apostels und Evangelisten Johannes, 447 (16. Jh.), 344v–351r. *Referenz*: J. SAKKELION: Πατμιακὴ βιβλιοθήκη, ἤτοι ἀναγραφὴ τῶν ἐν τῇ βιβλιοθήκῃ τῆς κατὰ τὴν νῆσον Πάτμον γεραρᾶς καὶ βασιλικῆς μονῆς τοῦ Ἁγίου Ἀποστόλου καὶ Εὐαγγελίστου Ἰωάννου τοῦ Θεολόγου τεθησαυρισμένων χειρογράφων τευχῶν, Athen 1890, Nr. 447, § 23 (S. 201–202, speziell 202). *Textkritische Evaluation*: NAGEL I, 86–90; II, 118–124; J.R. LEVISON: The Exoneration and Denigration of Eve in the Greek Life of Adam and Eve, in: G.A. ANDERSON et al. (Hrsgg.): Literature on Adam and Eve. Collected Essays (Studia in Veteris Testamenti Pseudepigrapha 15), Leiden etc. 2000, 251–275.

LibAd(slav): *Edition und deutsche Übersetzung*: V. JAGIČ: Slavische Beiträge zu den biblischen Apokryphen (Denkschriften der kaiserlich-österreichischen Akademie der Wissenschaften. Philosophisch-historische Classe 42), Wien 1893, 1–104. Deutsche Übersetzung abgedruckt bei G.A. ANDERSON / M.E. STONE (Edd.): A Synopsis of the Books of Adam and Eve (Society of Biblical Literature. Early Judaism and its Literature 5), Atlanta, GA 1994. *Textkritische Evaluation*: NAGEL I, 90–112; II, 124–154; É. TURDEANU: Apocryphes Slaves et Roumains de l'Ancien Testament (Studia in Veteris Testamenti Pseudepigrapha 5), Leiden 1981, 75–144.

P²: Patmos, Kloster des Apostels und Evangelisten Johannes, 672 (16. Jh.), 26r–37r. *Referenz*: J. SAKKELION: Πατμιακὴ βιβλιοθήκη, ἤτοι ἀναγραφὴ τῶν ἐν τῇ βιβλιοθήκῃ τῆς κατὰ τὴν νῆσον Πάτμον γεραρᾶς καὶ βασιλικῆς μονῆς τοῦ Ἁγίου Ἀποστόλου καὶ Εὐαγγελίστου Ἰωάννου τοῦ Θεολόγου τεθησαυρισμένων χειρογράφων τευχῶν, Athen 1890, Nr. 672, § 4 (S. 265–266, speziell 265). *Textkritische Evaluation*: NAGEL I, 220–228; II, 224–229.

J²: Jerusalem, Bibliothek des griechisch-orthodoxen Patriarchats, Sammlung aus dem Kloster Timios Stauros, 69 (15. Jh.), 168v–182r. *Referenzen*: A. PAPADOPOULOS-KERAMEUS: Ἱεροσολυμιτικὴ βιβλιοθήκη ἤτοι κατάλογος τῶν ἐν ταῖς βιβλιοθήκαις τοῦ Ἁγιωτάτου Ἀποστολικοῦ τε καὶ Ὀρθοδόξου Πατριαρχικοῦ Θρόνου τῶν Ἱεροσολύμων καὶ Πάσης Παλαιστίνης ἀποκειμένων ἑλληνικῶν κωδίκων, Band III: Κατάλογος τῶν ἐκ τοῦ Μοναστηρίου τοῦ τιμίου Σταυροῦ μετακομισθέντων κωδίκων εἰς τὴν ἐν Ἱεροσολύμοις βιβλιοθήκην, St. Petersburg 1897, Nr. 69, § 8 (S. 125–126, speziell 126); K.W. CLARK: Checklist of Manuscripts in the Libraries of the Greek and Armenian Patriarchates in Jerusalem Microfilmed for the Library of Congress, 1949–1959, Washington 1953, 14. *Textkritische Evaluation*: Nagel I, 228–229; II, 229–233.

J³: Jerusalem, Bibliothek des griechisch-orthodoxen Patriarchats, Sammlung aus dem Kloster Timios Stauros, 58 (16. Jh.), 28r–49r. *Referenzen*: A. PAPADOPOULOS-KERAMEUS: Ἱεροσολυ-

μιτικὴ βιβλιοθήκη ἤτοι κατάλογος τῶν ἐν ταῖς βιβλιοθήκαις τοῦ Ἁγιωτάτου Ἀποστολικοῦ τε καὶ Ὀρθοδόξου Πατριαρχικοῦ Θρόνου τῶν Ἱεροσολύμων καὶ Πάσης Παλαιστίνης ἀποκειμένων ἑλληνικῶν κωδίκων, **Band III**: Κατάλογος τῶν ἐκ τοῦ Μοναστηρίου
τοῦ Τιμίου Σταυροῦ μετακομισθέντων κωδίκων εἰς τὴν ἐν Ἱεροσολύμοις βιβλιοθήκην,
St. Petersburg 1897, Nr. 58, § A 3 (S. 117–118, speziell 117); K.W. CLARK: Checklist of
Manuscripts in the Libraries of the Greek and Armenian Patriarchates in Jerusalem Microfilmed
for the Library of Congress, 1949–1959, Washington 1953, 14 (nur Auflistung der Handschrift!). *Textkritische Evaluation*: Nagel I, 230–234; II, 233–241.

An₁ (NAGEL: Αν'): Ankara, Türk Tarih Kurumu, 60 (olim Konstantinopel, Hellênikos Philo-
logikos Syllogos 60) (16. Jh.), 40–76. An₁ ist ein Teil des dort gebotenen Textes, nämlich Apc
Mos 1,1–17,2; auf ihn folgt Apc Mos 14,3–43,4 in einer anderen Textgestalt, die An₂ (NAGEL:
Αν'') genannt wird, s. o. unter An₂. *Textkritische Evaluation*: NAGEL I, 234–237.

ApcMos(arm): Edition: Č. S. YOVSÊP'EANC' (Ed.): Ankanon girk' č'in ktakaranoy (T'angaran
č'in eu nor naxneac' 1) (= Apokryphe Bücher des Alten Testaments [Schatz alter und neuer
Väter 1), Venedig 1896, 1–23. (Kürzel: YOV.). *Deutsche Übersetzung*: E. PREUSCHEN: Die
apokryphen gnostischen Adamschriften aus dem Armenischen übersetzt und untersucht, in:
W. DIEHL et al. (Hrsgg.): Festgruß B. STADE zur Feier seiner 25jährigen Wirksamkeit als
Professor, Gießen 1900, 165–252, speziell 168–186. *Weitere Editionen und Übersetzungen* s. in
E II,3. *Textkritische Evaluation*: NAGEL I, 237–254; II, 242–265.

Br (NAGEL: Βρ): Brescia, Biblioteca Queriniana, A III 3 (16. Jh.), 103v–107r. *Referenz*: E.
MARTINI: Catalogo di manoscritti Greci esistenti nelle biblioteche Italiane, Vol. I, Parte I,
Mailand 1893, Nr. A III 3, § 25 (S. 225–241, speziell 229). *Textkritische Evaluation*: NAGEL I,
263–266; II, 273–276; J. TROMP: The Story of Our Lives. The qz-Text of the Life of Adam and
Eve, the Apostle Paul, and the Jewish-Christian Oral Tradition Concerning Adam and Eve, New
Testament Studies 50 (2004), 206–223..

S¹: Sinai, Katharinenkloster, graec. 530 (15. Jh.), 207v–215v. *Referenzen*: A. EHRHARD: Überlieferung und Bestand der hagiographischen und homiletischen Literatur der griechischen Kirche
von den Anfängen bis zum Ende des 16. Jahrhunderts, Band III/2 (Texte und Untersuchungen
52), Leipzig / Berlin 1952, 770; V. GARDTHAUSEN: Catalogus Codicum Graecorum Sinaïticorum, Oxford 1886, 129 (nur summarische Beschreibung des Kodex ohne Hinweis auf die Apc
Mos). *Textkritische Evaluation*: NAGEL I, 262–268; II, 276–283; J. TROMP: The Story of Our
Lives. The qz-Text of the Life of Adam and Eve, the Apostle Paul, and the Jewish-Christian Oral
Tradition Concerning Adam and Eve, New Testament Studies 50 (2004), 206–223.

J¹: Jerusalem, Bibliothek des griechisch-orthodoxen Patriarchats, Sammlung aus der Laura Saba,
418 (14. Jh.), 137v–144v. *Referenz*: A. PAPADOPOULOS-KERAMEUS: Ἱεροσολυμιτικὴ βιβλιοθήκη ἤτοι κατάλογος τῶν ἐν ταῖς βιβλιοθήκαις τοῦ Ἁγιωτάτου Ἀποστολικοῦ τε καὶ
Ὀρθοδόξου Πατριαρχικοῦ Θρόνου τῶν Ἱεροσολύμων καὶ Πάσης Παλαιστίνης ἀποκειμένων ἑλληνικῶν κωδίκων, **Band II**: Κατάλογος κωδίκων ἐκ τῆς λαύρας μετενεχθέντων
Σάβα τοῦ ἡγιασμένου καὶ νῦν ἐν τῇ πατριαρχικῇ τῶν Ἱεροσολύμων βιβλιοθήκῃ κατακειμένων, ἐν τόπῳ κεχωρισμένῳ, St. Petersburg 1894, Nr. 418, § 16 (S. 536–539, speziell
537–538). *Textkritische Evaluation*: NAGEL I, 269–277; II, 283–289.

E¹: Paris, Bibliothèque Nationale de France, gr. 1313 (olim Colbertinus 4768; Regius 3003⁶)
(15. Jh.), 18r–32r. *Referenzen*: HAGIOGRAPHI BOLLANDIANI / H. OMONT: Catalogus Codicum
Hagiographicorum Graecorum Bibliothecae Nationalis Parisiensis, Brüssel / Paris 1896,
Nr. 1313 (S. 108); H. OMONT: Inventaire sommaire des manuscrits grecs de la Bibliothèque

Nationale et des autres bibliothèques de Paris et des départements, Paris 1898, Nr. 1313 (S. 297); F. HALKIN: Manuscrits grecs de Paris. Inventaire hagiographique (Subsidia Hagiographica 44), Brüssel 1968, Nr. 1313, § 1 (S. 153–154, speziell 153). *Textkritische Evaluation*: C. FUCHS: Das Leben Adams und Evas, in: E. KAUTSCH (Hrsg.): Die Apokryphen und Pseudepigraphen des Alten Testaments, Band II: Die Pseudepigraphen des Alten Testaments, Tübingen 1900, 506–528, speziell 506–507; NAGEL I, 277–287; II, 289–299.

S^3: Sinai, Katharinenkloster, graec. 1937 (17. Jh.), 2r ff. *Referenz*: V.-N. BENEŠEVIĆ: Catalogus Codicum Manuscriptorum Graecorum qui in Monasterio Sanctae Catharinae in Monte Sina Asservantur, Tomus III, Pars I: Codices Numeris 1224–2150 Signati, St. Petersburg 1917 (Nachdruck: Hildesheim 1965), Nr. 1937 (S. 276). *Textkritische Evaluation*: NAGEL I, 288–291; II, 299–303.

AD: Athos, Monê Dochiariou, 114 (16. Jh.), 103v–104v. *Referenz*: S. LAMBROS: Catalogue of the Greek Manuscripts on Mount Athos, Vol. I, Cambridge 1895, Nr. 2788, § 11 (= Βιβλιοθήκη Μονῆς Δοχειαρίου, Nr. 144, § 11) (S. 249–250). *Textkritische Evaluation*: NAGEL I, 291–293; II, 303–307.

E^2: Montpellier, École de Médecine, H 405 (15. Jh.), 49r–60v. *Referenzen*: Catalogue général des manuscrits des bibliothèques publiques des départements publié sous les auspices du ministre de l'instruction publique, Tome I, Paris 1849, Nr. 405, § 3 (S. 444–447, speziell 444); H. OMONT: Catalogue des manuscrits grecs des départements, Paris 1886, Nr. 66 (Montpellier: Nr. 405) (S. 49–50, speziell 49); H. OMONT: Inventaire sommaire des manuscrits grecs de la Bibliothèque Nationale et des autres bibliothèques de Paris et des départements, Tome I, Paris 1898, Nr. 72 (Montpellier: Nr. 405) (S. 375). *Textkritische Evaluation*: C. FUCHS: Das Leben Adams und Evas, in: E. KAUTSCH (Hrsg.): Die Apokryphen und Pseudepigraphen des Alten Testaments, Band II: Die Pseudepigraphen des Alten Testaments, Tübingen 1900, 506–528, speziell 506–507; NAGEL I, 294–301; II, 307–318.

b) Nicht berücksichtigt (nähere Angaben in E II,3)

Is: Istanbul, Μετόχιον Παναγίου Τάφου, 586 (15. Jh.), 259v–286r.

S^2: Sinai, Katharinenkloster, graec. 1936 (17. Jh.), 184r–218r.

AK (mein Sigel): Athen, Bibliothek Alexios Kolybas, 164 (15. Jh.), 114r–124v.

Ja (mein Sigel): Iaşi, Biblioteca sf. Metropolii a Moldovei, 49 (10. Jh.) (verlorengegangen).

Ar (mein Sigel): Staats- und Universitätsbibliothek Hamburg, Koptische Fragmente, Supplementa, 26 – 2 Blätter (15. Jh.).

3. Erläuterungen zu den Textzeugen

NAGEL hat in Band I und II seiner Dissertation ausführliche kodikologische und textkritische Informationen zu den ihm zugänglichen Textzeugen gegeben; diese können in dieser Arbeit weder wiedergegeben noch in extenso diskutiert werden. Vielmehr sind hier die Zeugen lediglich hinsichtlich ihres textkritischen

Stellenwerts zu profilieren. Die Darstellung orientiert sich dabei an der von NAGEL vorgenommenen Gruppierung der Zeugen. Diese ist folgendermaßen zu skizzieren: D und St bilden eine Gruppe (D-St), AV steht für sich allein, es folgt die Gruppe An_2-Pa-AH, darauf B, das ebenfalls für sich alleine steht. Eine markante Gruppe bilden A-AC-Ath-C, sie gehen auf eine alte Rezension (Rezension I') zurück; von dieser Textform derivieren auch die Adamviten (VitAd [arm], VitAd[georg], VitAd[lat^me], VitAd[lat^p]) und Rezension II, die von Va-P^1 und LibAd(slav) bezeugt wird. Den Abschluß bildet die größte Zeugengruppe, die Zeugen der Rezension III, unter denen P^2-J^2-J^3-An_1 an erster Stelle zu nennen sind; mit ihnen hängt ApcMos(arm) zusammen, aber nicht so eng, daß sie einfach dieser Unterfamilie zugeordnet werden könnte. Es folgen Br-S^1 (=Rezension III') und J^1-E^1-S^3-AD-E^2.

Die Gruppierung NAGELs muß an keiner Stelle revidiert werden, sieht man einmal von dem Zeugen B ab (s.u.). Anders verhält es sich freilich mit der textgeschichtlichen Verortung der Familien: Nach NAGEL gehen vom Archetyp zwei Überlieferungszweige aus, zum einen D-St, zum anderen die übrigen Zeugen. In der zweiten Gruppe hat AV einen sehr hohen Stellenwert, weiterentwickelte Formen des von ihm bezeugten Texttyps repräsentieren An_2-Pa-AH, B und Rezesion I' (bezeugt durch A-AC-Ath-C); von der letztgenannten stammen wiederum die Adamviten und Rezension II (bezeugt durch Va-P^1 und LibAd [slav]) ab. Von einem AV und B nahestehenden Texttyp leitet sich auch Rezension III ab; deren Text ist insgesamt wenig wertvoll. Ihre besten Zeugen sind P^2-J^2-J^3-An_1 und ApcMos(arm); Br-S^1 (=Rezension III') bieten einen mit älterer Überlieferung kontaminierten und stark überarbeiteten, J^1-E^1-S^3-AD-E^2 wiederum einen erheblich gekürzten Text, den sie auf je unterschiedliche Weise weiterverarbeiten. Diese Rekonstruktion der Überlieferungsgeschichte, die NAGEL leider an keiner Stelle zusammenfassend formuliert (auch ein Stemma hat er nicht erstellt), wird vielfach zu korrigieren sein.[10]

Auch in der Terminologie sind Modifikationen vonnöten. So wird hier auf den Begriff Rezension verzichtet, da die spezifischen Leitfehler der einzelnen Zeugengruppen keineswegs immer rezensioneller Natur sind. Stattdessen ist hier von Subarchetypen die Rede, von denen freilich einige, wie sich zeigen wird, in der Tat Merkmale rezensioneller Gestaltung aufweisen. Sie werden jeweils mit einem Stern (*) gekennzeichnet. Für NAGELs Rezension I' steht hier *Ia, für Rezension

---

[10] NAGELs Theorie wird übernommen und referiert von MEISER/MERK 742–751, außerdem von BERTRAND 43–45 und DE JONGE/TROMP 31–35. Bei TROMP, Cain 277–279 erscheint sie in modifizierter Form (mit neuer Bewertung v.a. von Ath [=L]), vgl. das (etwas vereinfachte) Stemma auf S. 279.

II *II, für Rezension III *III und für Rezension III' *IIIa. Der Archetyp wird *I
genannt; mit ihm übereinstimmende Überlieferung heißt*I-Überlieferung.

SHARPE, dessen Arbeit ich nicht einsehen konnte, gruppiert den Auskünften MEISER/MERKs
(S. 751–754) und STONEs (History 11) zufolge die von ihm untersuchten Zeugen in 4 Familien
– nach den hier verwendeten Sigeln: A-AC (=A) | D-St-Ath-AV-An-P² (=D) | B-E¹-E²-Br (=C)
| Va-P¹ (=F). C ist nicht zu verorten.[11] Die Familie A repräsentiere möglicherweise den ursprüng-
lichen Umfang der Apc Mos (A-AC brechen in 36,3 ab, vgl. °36,3d), die Familie D sei sekundär
gegenüber den Familien A und C. Familie F (=*II!) biete den kürzesten Text, habe aber die
wesentlichen Momente der Erzählung bewahrt. Es scheint, daß SHARPE sich bei der Klassifizierung der Handschriften vom Umfang und von der gestalterischen Tendenz der Zeugen hat
bestimmen lassen, nicht aber, wie es nötig wäre, von gemeinsamen Leitfehlern. Daher finden
sich bei ihm A-AC einerseits und Ath andererseits in unterschiedlichen Gruppen, während so
unterschiedliche Zeugen wie Ath und P², die beide den gleichen Umfang haben, zusammen-
stehen. Besonders frappant ist die Bewertung der Tatsache, daß A-AC in 36,3 abbrechen.

a) Berücksichtigte Textzeugen

D-St: Diese Zeugen sind unverkennbar miteinander verwandt, denn sie stehen
fast immer zusammen und teilen zahlreiche Sonderlesarten, vgl. etwa °1,2a;
°1,2c; °1,2d; °3,3e; °5,2a; °5,5g; °7,1p; °7,2b; °8,1f; °9,3e; °10,3b; °12,1c;
°12,2a; °13,1c; °17,1k; °40,1/2C. Sie erfreuen sich allgemein hoher Wertschätzung. So stehen sie bei NAGEL nicht zufällig an erster Stelle; sie gehen für ihn
unabhängig von allen anderen Zeugen auf den Archetyp zurück (vgl. I,27).
KNITTEL und MEISER/MERK folgen deshalb D und St bis in die unwahrschein-
lichste Sonderlesart; so übernehmen sie etwa einen eindeutigen Fehler wie die
völlig agrammatische Auslassung von ἀγγέλου in °17,1k, MEISER und MERK
darüber hinaus auch die durch ein Homoioteleuton verursachte Omission in
°40,1/2C. TROMP teilt die Auffassung NAGELs in einem älteren Aufsatz (Cain,
279), vertritt neuerdings aber die Ansicht, daß D-St neben AV B *III und *Ia
unabhängig auf den Archetyp zurückgingen, so daß also die Überlieferung der
Apc Mos nach ihm in drei Hauptzweige zerfällt (Edition, 204–205). Auch bei
diesem textgeschichtlichen Modell gehen D und St weiterhin unabhängig von
den anderen Zeugen auf den Archetyp zurück.

Diese allgemein verbreitete Einschätzung von D-St ist dringend revisionsbedürftig. Dies kann an dieser Stelle freilich nur skizzenhaft aufgezeigt werden
– unter Rückgriff auf später darzulegende textgeschichtliche Sachverhalte (vgl.
v.a. die Erörterungen zu A-AC-Ath-C und zu P²[etc]). Die Notwendigkeit einer

---

[11] Den Auskünften bei MEISER/MERK 752 ist zu entnehmen, daß bei SHARPE der Zeuge B für
C steht und umgekehrt. Sie teilen nämlich mit, laut SHARPE (S. 190.202) breche B in 38,1 ab.
Doch der hier mit B bezeichnete Kodex (Wien, theol 247) ist vollständig, nicht aber der andere
Wiener Kodex (hist 67), der bis 33,1 reicht (nicht 38,1!).

Revision und damit einer Herabstufung von D-St ergibt sich weniger aus dem Charakter ihrer zahlreichen Sonderlesarten, die sich nicht selten eindeutig als Fehler erweisen lassen (°3,3e; °7,2b; °8,1f; °12,1c; °17,1k; °40,1/2C), oder auch als Glättungen (°1,2a [nach dem Bibeltext!], °13,1c [simplifizierte Angelologie]), denn damit ist noch nicht ausgeschlossen, daß D und St unabhängig von allen anderen Zeugen auf den Archetyp zurückgehen. Entscheidend ist vielmehr die Tatsache, daß D und St mit anderen Zeugen signifikante Fehler gemeinsam haben. Dies ist etwa dann gegeben, wenn die Zeugen A-AC-Ath-C Sonderlesarten bieten, die aufgrund des Makrokontextes als ursprünglich anzusehen sind (so in °6,1e; °8,1d; °20,4b; °20,5c). In diesem Falle stehen, wie noch näher zu erläutern sein wird, D und St mit allen nicht auf *Ia zurückgehenden Zeugen in einer Gruppe, die von *Ib abstammt, einen *Ia gegenüberstehenden Subarchetypen, der *Ia zwar häufig überlegen ist, aber eben auch nicht immer. Eine Verbundenheit von D-St mit anderen Zeugen ist darüber hinaus auch dann gegeben, wenn auf *Ia zurückgehende Zeugen mit Zeugen der *III-Überlieferung zusammengehen und dabei einen Text etablieren, der sich aus Gründen der inneren Kritik als der ursprüngliche erweist, so etwa in °8,2c; °10,2f; °25,1e; °29,5a; °33,2e. In diesem Falle stehen D und St mit AV An_2-Pa-AH B in einer Gruppe, die von einen Subarchetypen *Ib^1 abstammt, der seinerseits wie *III von *Ib deriviert und dabei seinem Konkurrenten *III keineswegs durchgängig überlegen sein muß. Eine dritte Kategorie stellen all diejenigen Sonderlesarten dar, die D und St speziell mit B teilen (siehe unten zu B). Durch diese erweisen sich D und St zusammen mit B als Teil einer Untergruppe der *Ib^1-Familie. Innerhalb dieser Untergruppe wiederum bilden sie ausweislich ihrer zahlreichen nicht mit B geteilten Sonderlesarten eine Subgruppe, was dann eben auch heißt, daß sie mitunter von B aufgewogen werden können.

Mit der Unmittelbarkeit von D-St zum Archetyp ist es also nichts. Wenn sie trotzdem einigermaßen gute Textzeugen darstellen, so ergibt sich dies aus dem Umstand, daß *Ib gewöhnlich konservativer als *Ia und *Ib^1 gewöhnlich konservativer als *III ist. Auch innerhalb der D-St B-Gruppe sind D-St in der Regel die besseren Zeugen. So nimmt es nicht Wunder, daß es dann eben doch eine Sonderlesart von D-St gibt, die eindeutig ursprünglich ist, nämlich das kontextwidrige ἧς °7,1p, das die übrigen Zeugen zu οὗ verbessert haben – mit Ausnahme von P^1, das διὰ τοῦτο statt δι' ἧς liest. Doch hier ist die ursprüngliche Lesart derart korrekturanfällig und das Ergebnis der Korrektur derart naheliegend, daß stemmatologische Schlußfolgerungen sich von vornherein verbieten (näheres dazu s. unter E II,5 [S. 82–83]).

Was nun die beiden Zeugen im einzelnen betrifft, so fällt D vor allem durch sein hohes Alter auf. D entstammt dem 11. Jahrhundert und ist damit der älteste erhaltene Textzeuge zur Apc Mos; der Zeuge Ja ist zwar älter, aber leider nicht mehr erhalten (vgl. S. 75). D ist schon seit längerem in der Diskussion. Schon

TISCHENDORF hat diesen Zeugen benutzt, allerdings nur sporadisch.[12] Näher bekannt ist er, seitdem CERIANI 1868 seinen Text veröffentlicht hat (s. E II,2 [S. 21]). Seit CERIANI wird D auch allgemein ein hoher textkritischer Rang beigemessen; schon er glaubte, daß D wertvoller sei als die anderen von TISCHENDORF verwendeten Zeugen (CERIANI 19). CERIANI hat einige Zeilen noch lesen können, die ca 100 Jahre später für NAGEL unleserlich gewesen sind; NAGEL hat die betroffenen Passagen in seiner Kollation nach CERIANI ergänzt; die Ergänzungen sind bei NAGEL durch Klammern markiert (vgl. NAGEL I,2). Der hohen Einschätzung von D bei CERIANI folgte auch FUCHS (S. 507) und später NAGEL; nur SHARPE hat sie nicht geteilt (vgl. MEISER/MERK 752). Bei MEISER/MERK findet sich dann die Auskunft, daß D die »wichtigste und beste HS (sc. Handschrift)« sei (dort S. 746).

Eine solche Bewertung läßt sich, wie oben erwiesen, schon für die D-St-Gruppe nicht halten, erweist sich aber auch schon beim Vergleich von D und St als fragwürdig. So hat D eine Fülle von Sonderlesarten, vgl. etwa °3,3a; °3,3f; °4,2c; °8,1h; °8,1k; °8,2a; °8,2c; °9,1d; °9,2i; °14,3d; °15,3b; °17,1n; °37,1a; °39,1f und darüber hinaus die Umstellung von τῇ νυκτὶ ταύτῃ in 2,2, ἀπ' αὐτοῦ statt ἀπὸ σοῦ in 6,2; πόσοι statt πῶς σοι in 6,3 und nicht zuletzt die metaplastischen Akkusative μητέραν (7,2), εἰκόναν (10,3; 12,1) und πατέραν (13,6). St hat nicht annähernd soviele Spezifika, doch vgl. immerhin °11,3c und λέγειν statt ἐλέγχειν in 11,3 sowie υἱῶ (sic Cod.) statt νῦν in 13,3. Anders als D ist St auch vollständig – in D fehlen Apc Mos 18,1–36,1. St erscheint damit D tendenziell überlegen. Auch hier muß D also in seiner Bedeutung relativiert werden.

Sein hohes Alter kann D vor einer derart tiefgreifenden Umbewertung nicht bewahren, denn es ist insgesamt grundsätzlich unstrittig, daß mit dem Alter eines Textzeugen noch nicht notwendigerweise ein Präjudiz für dessen textkritischen Wert gegeben ist, zumal dann, wenn auch der älteste Zeuge von der vermutlichen Entstehungszeit des Urtextes durch beinahe tausend Jahre getrennt ist.

AV: Der Text dieses Zeugen wurde durch NAGEL bekannt gemacht, auch SHARPE hat ihn benutzt. Er zeichnet sich durch zahlreiche Sonderlesarten, insbesondere Kürzungen aus (vgl. NAGEL I,16–17), so etwa in der Superscriptio (vgl. °m-m), wo AV den Vorgang der Offenbarung der Apc Mos vereinfacht darstellt, in ähnlicher Weise glättet er die Exposition der Eva-Erzählung (°15,2/3A) und den Fluch über Eva (°25,3/4A). Charakteristisch ist auch, daß er Apc Mos 32ff.

---

[12] TISCHENDORF hat nur den Anfang und das Ende von D abgeschrieben (p. XI), benutzt hat er D für die Superscriptio, Apc Mos 1; 2,1; 43 (vgl. den Apparat in der Ausgabe TISCHENDORFs und NAGEL II,2–3 [Anm. 6]).

zu einer Ich-Erzählung Evas umgestaltet (vgl. °32,1a); im Grundtext sind nur Apc Mos 33,2–34,1 (kontextwidrig) aus der Perspektive Evas berichtet. Nicht alle Umgestaltungen von AV werden im textkritischen Kommentar notiert.

Wo AV nicht Lesarten bietet, die ihn von allen anderen Zeugen isolieren, kann er von hoher Bedeutung sein. NAGEL (I,19) weist ihm die Funktion zu, Sonderlesarten von D und St zu korrigieren; MEISER/MERK entwerfen in Anlehnung von NAGEL eine Skizze (S. 747), nach der D und St auf der einen Seite und AV auf der anderen Seite auf einen gemeinsamen »Vorfahren« zurückgehen, »der mutmaßlich weiter zurückgreifend auf einen Archetyp schließen läßt«. An dieser Darstellung bleibt unklar, anhand welcher Kriterien von dem gemeinsamen Vorfahren auf den Archetyp zu schließen sei. Kommen hier die anderen Zeugen ins Spiel? Die nachfolgende Untersuchung wird zeigen, daß D-St und AV (neben An_2-Pa-AH B) tatsächlich auf einen gemeinsamen Vorfahren zurückgehen (nämlich *Ib[1]), doch dieser darf keineswegs so hoch angesiedelt werden, wie dies bei MEISER/MERK geschieht, sondern steht als Zeuge für *Ib mit *III in Konkurrenz, während *Ib wiederum mit *Ia konkurriert.

NAGEL vermerkt – trotz einer deutlich spürbaren Tendenz, AV gewissermaßen als einen »neutralen« Text zu klassifizieren – eine gewisse Nähe von AV zu B und vor allem zu *III; ein Text vom Typ AV B könne die Vorlage voon *III gewesen sein (so NAGEL I,19). Die von NAGEL namhaft gemachten gemeinsamen Fehler von AV und B (NAGEL II,29 [Anm. 67]) sowie von AV und *III (NAGEL II,29–30 [Anm. 69]) reichen allerdings für eine solche Annahme keineswegs aus; von den für einen Konnex von AV und *III genannten 7 gemeinsamen Sonderlesarten fallen beispielsweise 5 schon deshalb aus, weil sie nur Teile des Zeugenspektrums von *III betreffen (vgl. °17,1c, wo nur AV B und J[1]-E[1]-S[3]-E[2] ὁ ὄφις hinzufügen). Allein die von AV und allen *III-Zeugen geteilte gemeinsame Sonderlesart ὅς (statt οὗτος) in °3,2h ließe sich tatsächlich geltend machen, wäre sie nicht so naheliegend. Indessen kann natürlich nicht geleugnet werden, daß AV und *III auch sonst übereinstimmen, aber dies betrifft entweder originäre Lesarten oder bezieht auch andere Zeugen (v.a. D-St An_2-Pa-AH B) mit ein und begründet daher keine besondere Nähe zwischen AV und *III.

An_2-Pa-AH: Diese Zeugen zeichnen sich durch den gemeinsamen Leitfehler aus, daß sie erst mit Apc Mos 14,3 einsetzen. Damit korreliert der Befund, daß sie alle die traditionelle Superscriptio durch andere Superscriptiones ersetzt haben (vgl. °Superscr. a-a.b-b). Am markantesten ist die von Pa; sie schreibt die Apc Mos Johannes Chrysostomus zu (°Superscr. b-b); von ihr deriviert die von AH, die jedoch Chrysostomus nicht mehr erwähnt (°Superscr. b-b). An_2 geht andere Wege: Dieser Text ist Teil der Handschrift An, in der die Apc Mos von der Superscriptio bis zu Vers 14,2 (und darüber hinausgehend fehlerhaft 14,3–17,2) mit einem Text nach dem von P^2-J^2-J^3 bezeugten Typus supplementiert worden ist (=An_1); zu Beginn des nicht-supplementären Textes (An_2) aber findet sich ein Titel: Περὶ τῆς παραβάσεως τοῦ 'Αδὰμ καὶ Εὔας (vgl. °Superscr. °a-a), den der Schreiber genauso mechanisch aus seiner Vorlage übernommen haben dürfte, wie er fehlerhaft 14,2–17,2 doppelt – aus je unterschiedlichen Vorlagen – abgeschrieben hat.

Der von An_2-Pa-AH bezeugten Revision dürfte die Absicht zugrundegelegen haben, einen Text zu schaffen, der mit der Sündenfallerzählung in Gen 3 zumindest am Anfang korreliert. Gen 3 fand als Lesetext für den »Sonntag der Butterwoche« (κυριακὴ τῆς τυρινῆς) Verwendung[13], mit diesem ist die Apc Mos auch sonst in den Handschriften gelegentlich assoziiert.[14] Mit dem Sonntag der Butterwoche steht aber auch eine pseudochrysostomische Homilie über den Beginn des Osterfastens, die Vertreibung Adams und über die bösen Frauen[15] im Zusammenhang, an deren Superscriptio die von Pa und (etwas schwächer) die von AH anklingt (vgl. °b-b). Auch diese Homilie korreliert – in ihrem zweiten Teil – mit Gen 3. Mit ihr wurde die Apc Mos offenbar verwechselt, als sie in der Vorlage von Pa-AH Johannes Chrysostomus zugeschrieben wurde. Daß es sich um eine Verwechslung handelt, legt die schmale Bezeugung dieser Chrysostomus-Pseudepigraphie nahe, desgleichen die Tatsache, daß sie in AH revidiert wurde. Handelt es sich um eine Verwechslung, dann dürfte sie freilich kaum auf die An_2-Pa-AH zugrundeliegende Revision zurückgehen; einem Revisor ist eine etwas bewußtere Textwahrnehmung durchaus zuzutrauen. Die von ihm gewählte Überschrift könnte die in An_2 bezeugte sein.

Abgesehen von vielen Sonderlesarten geht die Gruppe An_2-Pa-AH im wesentlichen mit D-St AV B zusammen. NAGEL (I,27) sieht ihre Vorlage in der Nähe von AV und B. Diese Einschätzung muß hier insoweit modifiziert werden, daß B

---

[13] Mit dem Montag nach dem Sonntag der Butter- oder Käsewoche beginnt das 40-tägige Osterfasten; an diesem wird der Vertreibung Adams aus dem Paradies gedacht, vgl. H.-G. BECK: Kirche und theologische Literatur im byzantinischen Reich (Byzantinisches Handbuch im Rahmen des Handbuchs der Altertumswissenschaft 2,1), München 1959, 254–255. Für das Profil des Gottesdienstes sind die liturgischen Anweisungen im Triodion aufschlußreich, vgl. Τριώδιον κατανυκτικὸν περιέχον ἁπᾶσαν τὴν ἀνήκουσαν αὐτῷ ἀκολουθίαν τῆς ἁγίας καὶ μεγάλης Τεσσαρακοστῆς ἀπὸ τῆς κυριακῆς τοῦ τελώνου καὶ τοῦ φαρισαίου μέχρι τοῦ ἁγίου καὶ μεγάλου Σαββάτου μετὰ τῶν κατ' ἦχον τριαδικῶν ὑμνῶν καὶ φωταγωγικῶν στιχερῶν τε καὶ καθισμάτων διαφόρων ἐν τῷ τέλει, "Εκδοσις τῆς 'Αποστολικῆς Διακονίας τῆς 'Εκκλησίας τῆς 'Ελλάδος, Athen 1960, 65–72.

[14] So in St (vgl. NAGEL I,8), AV (vgl. NAGEL I,15) und A (vgl. NAGEL 1,52).

[15] Vgl. Ps-Chrys, Λόγος εἰς τὴν ἀρχὴν τῆς ἁγίας Τεσσαρακοστῆς καὶ εἰς ἐξορίαν τοῦ 'Αδὰμ καὶ περὶ πονηρῶν γυναικῶν (In Genesim Sermo 3), MPG 56,525–538.

zusammen mit D-St eine Gruppe bildet. An₂-Pa-AH steht also nur an der Seite von AV. Eine nähere Zusammengehörigkeit mit AV kann indes nicht erwiesen werden; D-St B, AV und An₂-Pa-AH bezeugen also unabhängig voneinander *Ib[1].

B: Schon TISCHENDORF hat diesen relativ leicht zugänglichen Zeugen für seine Edition benutzt; ab Apc Mos 36,3 basiert sie fast ausschließlich auf ihm.[16] Von TISCHENDORF stammt auch das Sigel B, freilich hat er es nicht konsequent verwendet. Aus seiner Praefatio (vgl. p. XI–XII) läßt sich nämlich indirekt schließen, daß mit B der Wiener Kodex theol. graec. 247 bezeichnet werden soll; tatsächlich aber wird dieser Kodex in TISCHENDORFs Apparat abgesehen von Apc Mos 1,1–6,1 fast durchgängig mit C notiert; dieses Sigel war eigentlich dem anderen Wiener Kodex zugedacht (hist. graec. 67). Auch FUCHS erweist sich von TISCHENDORFs Notierung abhängig (S. 506–507). NAGEL hat auf diesen Fehler hingewiesen (I,38) und die Sigla B und C einheitlich nach den in der Praefatio von TISCHENDORF genannten Vorgaben verwendet.

Der Zeuge B weist – wie AV – ungemein viele Sonderlesarten auf, die keinesfalls alle im textkritischen Kommentar Niederschlag gefunden haben. Anders als AV kürzt B seine Vorlage jedoch kaum; B neigt eher zur Paraphrase (vgl. NAGEL I,40–44). Häufig werden Wörter durch Synonyma ersetzt (Beispiele bei NAGEL I,40). Einige der »Konjekturen« von B hat BERTRAND übernommen (vgl. etwa °12,2e; 15,2f; °15,3a).

Aufgrund der zahlreichen Änderungen in B fällt es schwer, diesen Text stemmatisch zu verorten. NAGEL sieht dies ebenfalls so (I,45), findet aber Anhaltspunkte für eine gewisse Nähe zu AV und An₂-Pa-AH, vor allem aber für eine gemeinsame Vorlage mit *III. Für letztere Annahme führt er immerhin 22 gemeinsame Fehler von B und Zeugen des Subarchetypen *III auf (II,67–68 [Anm. 176]). Von diesen entfällt etwa die Hälfte, weil sie jeweils nur einen Teil der *III-Zeugen betreffen, vgl. etwa Apc Mos 20,4, wo B E¹-E² εὕρισκον, die Mehrheit der *III- und *I-Zeugen hingegen εὗρον bieten. Hier liegt die Annahme näher, daß *III wie der Grundtext gelesen hat und B und E¹-E² zufällig übereinstimmen. Wenig überzeugend sind auch so unspezifische gemeinsame Varianten wie ἧς statt ὅτι in °10,3e (auf diese Attractio relativi konnte man auch unabhängig voneinander kommen) oder gemeinsames ἀλλά für σὺ δέ in °13,6a, erst recht gemeinsames ἀρχάγγελος für ἄγγελος in °14,1a. Wirklich signifikant ist allenfalls die auffallend ähnliche Textgestaltung in °26,1a (B: στραφεὶς δὲ πρὸς τὸν ὄφιν ἐν ὀργῇ μεγάλῃ; *III: καὶ στραφεὶς πρὸς τὸν

---

[16] C setzt mit 33,1, A mit 36,3 aus; nur gelegentlich hat TISCHENDORF D zu Rate gezogen (vgl. E II,3, Anm. 12).

ὄφιν εἶπε; txt: μετὰ δὲ τὸ εἰπεῖν μοι ταῦτα εἶπε τῷ ὄφει ἐν ὀργῇ μεγάλῃ λέγων). Hier mag in beiden Fällen Apc Mos 25,1 eingewirkt haben (στραφεὶς δὲ πρός με ὁ κύριος λέγει), so daß unabhängig voneinander ähnliche Texte entstanden sind.

Aussagekräftiger sind die Fehler, die B mit D-St verbinden. Ich habe folgende ausfindig gemacht: °2,4b; °3,3b; °9,1a; °9,2c; °10,3b; °11,2d; °11,2g; °12,2a; °17,5e; °21,5a; °23,4d; °27,2d; °32,4a; °37,5f; °40,2g; °43,4h; signifikant sind z.B. °9,2c (τοῦ πόνου statt τῆς νόσου), die Übereinstimmung in der Wortfolge in °11,2g und nicht zuletzt °37,5f, wo vielleicht die gemeinsame Vorlage von D-St B φοβερᾶς hinzugesetzt hat. B ist damit – wie bereits dargelegt wurde – in der Nähe von D-St zu verorten.

A-AC-Ath-C: Diese Zeugen nehmen nicht nur textkritisch, sondern auch forschungsgeschichtlich eine Schlüsselstellung ein: Bereits TISCHENDORF hat A und C für seine Edition verwendet, dabei diente A ihm als Leitzeuge – bis 36,3, da er dort aussetzt. C spielt bei ihm eine geringere Rolle, abgesehen davon hat er C und B über weite Strecken miteinander verwechselt (s.o. zu B). FUCHS hat die Bedeutung der Zeugen A und C relativiert; sie bieten ihm zufolge »zahlreiche Erweiterungen und Änderungen« (S. 597). Auch SHARPE hat alle vier Zeugen gekannt. NAGEL kommt das Verdienst zu, die besondere Bedeutung dieser Gruppe erkannt und weitgehend zutreffend bestimmt zu haben.

A-AC-Ath-C weisen – wie schon FUCHS in Bezug auf A und C feststellte (s.o.) – gegenüber den anderen Zeugen eine nicht geringe Anzahl von Sonderlesarten[17] auf, und zwar fast durchweg dahingehend, daß sie kurze Phrasen oder Passagen bieten, die in den anderen Zeugen fehlen – allerdings nicht in allen. Diese Sonderlesarten finden nämlich sehr häufig Entsprechungen in den Adamviten. NAGEL hat dies für VitAd(georg) und VitAd(lat^me) nachweisen können (I,155–159), für VitAd(arm) und VitAd(lat^p) gilt dies, wie der textkritische Kommentar zeigen wird, gleichermaßen. Auch in *II (bezeugt durch Va-P[1] und LibAd[slav]) finden sich Entsprechungen (vgl. NAGEL I,75–79). Nach NAGELs Auffassung sind diese Sonderlesarten fast durchweg sekundär (I,51, mögliche Ausnahmen werden in II,70–71 [Anm. 4] genannt); damit ist dann für ihn auch erwiesen, daß die Adamviten von der Apc Mos abhängig sind (vgl. insbesondere I,114). Die Entsprechungen zwischen A-AC-Ath-C und den Adamviten sowie *II deuten für NAGEL darauf hin, daß sowohl Vit Ad als auch *II von einem Text des Typs A-AC-Ath-C abhängig seien. Dieser wiederum habe seinen Ort in der Nähe von AV An₂-Pa-AH B, also in der

---

[17] Vgl. die Auflistung bei NAGEL I,48–50.

zweiten, neben D-St vom Archetyp ausgehenden Traditionslinie (I,50–51). Da die Adamviten von dem A-AC-Ath-C-Text abhängig seien, komme diesem ein hohes Alter zu. NAGEL setzt ihn vor dem 3. Jh. n. Chr. an (I,47) und führt ihn auf ein jüdisches Milieu zurück (I,51). Eine klare Bezeichnung hat NAGEL für diesen Text nicht finden können; bei MEISER/MERK 745ff heißt er Familie I', hier *Ia (**Ia**).

Die Ergebnisse NAGELs haben sich für diese Arbeit als weitgehend tragfähig erwiesen, bedürfen allerdings einiger Revisionen. An erster Stelle ist die weitgehend negative Wertung der von A-AC-Ath-C, Adamviten und *II bezeugten Sonderlesarten zu nennen. Manche von ihnen passen einfach zu gut zum Makrokontext, um als sekundär gelten zu können (vgl. °6,1e; °8,1d; °20,5c), und bei einigen überschüssigen Passagen dieser Gruppe läßt sich zeigen, daß sie in den anderen Zeugen haplographisch bedingt ausgefallen sind (so °20,4b; °20,5c). Erstaunlicherweise hat offenbar auch NAGEL seine Meinung in dieser Sache geändert: In seinen in der Pseudepigraphenkonkordanz von DENIS veröffentlichten Lesetext hat er mehrfach Passagen aus A-AC-Ath-C aufgenommen (vgl. E II,1 [S. 16–17]), so etwa auch die »jüdische Apokalypse« in 13,3–6, die er in seiner Dissertation (I,51) noch nachdrücklich als sekundär einstuft (vgl. °13,3/5B). Doch bleiben immer noch genügend eindeutig sekundäre Sonderlesarten, die auch von den Adamviten und *II geteilt werden, um die Ergebnisse NAGELs – insbesondere was die textgeschichtliche Verortung der Adamviten betrifft – als gesichert gelten zu lassen (vgl. E II,6, wo u.a. die sekundären Varianten von *Ia aufgelistet werden).

Problematisch ist auch die etwas zu einfache Annahme, *II und Adamviten seien von einem Text des Typs A-AC-Ath-C abhängig. Nicht alle der eindeutig sekundären Sonderlesarten von A-AC-Ath-C finden in den Adamviten und in *II eine Entsprechung, oft gehen Vit Ad oder *II mit den anderen Zeugen (z.B. D-St) zusammen (vgl. etwa °18,1d.e; °18,5b; °23,4e; °29,5c (καὶ σπέρματα versus ἀρώματα); °29,6b; °33,4d). Dies könnte im Einzelfall damit erklärt werden, daß Varianten auch wieder verschwunden sind, nötigt aber generell zu dem Schluß, daß A-AC-Ath-C eine Fortentwicklung des A-AC-Ath-C, den Adamviten und *II zugrundeliegenden Texttyps, also *Ia, darstellen. Dazu paßt auch, daß sie an einigen Stellen klar eine sekundäre Weiterentwicklung von *Ia-Überlieferung bezeugen, vgl. °33,4e, wo A-Ath das unverständliche °εἰς θάρσος (wohl für *ἄνθρακας) lesen. Sie bezeugen *Ia dennoch zuverlässiger als die Adamviten und *II, weil sie im Allgemeinen weder kürzen und paraphrasieren wie *II, noch den Text so tiefgreifend umarbeiten wie die Adamviten.

Noch eine weitere Beobachtung ist geltend zu machen: Gelegentlich geht *II, wenn A-AC-Ath-C und die Adamviten gemeinsame sekundäre Sonderlesarten haben, mit den anderen Zeugen zusammen (so etwa in °16,3c; °32,3c; °33,3c; °40,2d). Dies nötigt zu dem Schluß, daß auch die A-AC-Ath-C und den Adamviten zugrundeliegende Textform eine Weiterentwicklung desjenigen Texttyps ist, auf dem alle drei Gruppen basieren. Umgekehrt bedeutet dies für *II, daß sie von einer Tradition deriviert, die sich von diesem Texttyp abgespalten hat, bevor sich aus ihm die A-AC-Ath-C und den Adamviten zugrundeliegende Textform entwickelt hat.

So läßt sich der textgeschichtliche Prozeß, der zu der Ausbildung der drei genannten Gruppen führte, folgendermaßen charakterisieren: Allen drei liegt ein variierter Text zugrunde, dem fortan das Kürzel *Ia gelten soll. Von diesem spaltete sich zuerst ein Überlieferungszweig (*Ia¹) ab, von dem später *II ausging. Aus einem zweiten Überlieferungszweig entstand diejenige Textform, auf welche A-AC-Ath-C und die Adamviten zurückgehen; ihr wird hier das Sigel *Ia² zugewiesen. Aus ihr entstand einerseits Vit Ad (gr) und andererseits der Grundtext von A-AC-Ath-C, in dieser Arbeit mit dem Sigel *Ia²ᐟ² bezeichnet (*Ia²ᐟ¹ steht für die Vorlage von Vit Ad [gr])[18].

Was die Herkunft des Subarchetypen *Ia betrifft, so ist die Position Nagels ebenfalls zu revidieren: Eine Abhängigkeit von einem Texttyp aus einer Traditionslinie AV An₂-Pa-AH B ist kaum mehr anzunehmen, wenn man auch nur für einige Sonderlesarten der *Ia Ursprünglichkeit in Anspruch nimmt: Sie müßten dann gleich mehrfach verschwunden sein, und zwar mit immer demselben Ergebnis! Abgesehen davon ist das hohe Alter der *Ia-Überlieferung zu bedenken. Von daher liegt es näher, daß *Ia sich unabhängig von allen anderen Zeugen von dem gemeinsamen Archetyp abgespalten hat, und zwar sehr früh. Da alle anderen Zeugen gemeinsame Fehler gegenüber *Ia aufweisen, dürften diese ihrerseits auf eine gemeinsame Grundform zurückgehen, die nicht mit dem Archetyp aller Handschriften identisch ist; diese soll hier mit dem Sigel *Ib bezeichnet werden.

Was A AC Ath C nun im Einzelnen angeht, so ist zunächst eine engere Zusammengehörigkeit von A und AC zu vermerken: Beide teilen den Leitfehler, daß sie in 36,3 abbrechen (vgl. °36,3d) und haben auch sonst gemeinsame Fehler (prägnant: °31,3i), die sich dadurch als solche erweisen, daß Ath-C mit den anderen Zeugen zusammengehen. Gegenüber A erweist sich AC i.d.R. als

---

[18] Das Sigel *Ia²ᐟ¹ ist eher der Systematik geschuldet: Es ist wahrscheinlich, daß Vit Ad nicht unmittelbar auf *Ia² beruht, sondern auf einem Intermedium (eben *Ia²ᐟ¹), doch näher identifizieren ließe sich dieses allenfalls, wenn es gelänge, Abweichungen der Vit Ad von *Ia² zu bestimmen, die nicht auf die Redaktion der Vit Ad zurückgehen können. Denkbar wäre dies, wenn man eine genaue Kenntnis von deren redaktionellen Strategie gewinnen könnte. Dies kann in der vorliegenden Arbeit nicht geleistet werden.

sekundär; es weist zahlreiche Sonderlesarten auf, die sich bei anderen Zeugen der Gruppe A-AC-Ath-C nicht finden und außerhalb dieser nur vereinzelt oder gar nicht. Diese Sonderlesarten werden hier nur selten berücksichtigt. Aus dem überwiegend sekundären Charakter von AC ist nun allerdings nicht der Schluß zu ziehen, daß AC eine Kopie von A darstelle, dagegen spricht doch eine nicht ganz unbeträchtliche Zahl von Lemmata, bei denen AC sich gegenüber A als überlegen erweist, vgl. etwa °21,6b; °23,2b; °24,2a; °24,2c; °27,2e; °28,3f; °33,2e; °35,2k und °36,3c. Besonders signifikante Belege für die Wichtigkeit auch dieses vergleichsweise unzuverlässigen Textzeugen sind die Lemmata °24,2a, wo AC der einzige griechische Urtext-Zeuge ist, und °24,2i, wo der Text des Archetypen aus A und AC ermittelt werden muß, die beide den Grundtext auf je unterschiedliche Weise entstellt haben.

Gegen A-AC stehen oft Ath-C zusammen; sie teilen auch Fehler (vgl. etwa °27,1a; °27,2a; °28,1b; °28,3g; °29,4b), freilich nicht so markante wie A-AC in °36,3d. Gelegentlich hat C auch mit A-AC gemeinsame Fehler (gegen Ath, das dann *Ia$^{2/2}$ alleine bezeugt, siehe dazu weiter unten), doch diese bezeugen eher eine konservative Tendenz in Ath als eine gemeinsame Vorlage für A-AC C, denn A-AC und C können etwa durchaus unabhängig darauf gekommen sein, das von Ath in °18,3d bezeugte ursprüngliche ἀνεῳχθήσονται in das gewöhnliche ἀνοιχθήσονται abzuändern. C ist im übrigen nur fragmentarisch erhalten; es enthält einige markante Sonderlesarten; z.B. eine in den Text geratene umfangreiche ehemalige Marginalglosse (°26,2d), die Material aus dem Protevangelium Jacobi und der *Vit Ad (gr) verarbeitet.

Von unzweifelhaft herausragender Bedeutung ist Ath. Dieser Zeuge deckt als einziger in der Gruppe A-AC-Ath-C den Text der Apc Mos weitgehend vollständig ab. Doch nicht nur für diese Textform ist er wichtig: Oftmals, gerade an schwierigen Stellen, läßt sich erweisen, daß einzig Ath den Grundtext bewahrt hat, so etwa in °35,3e und °40,2c. Abgesehen davon fällt Ath durch ein merkwürdiges Koalitionsverhalten auf, das auch NAGEL (I,62) bemerkt hat: Es geht vielfach – gegen die anderen Zeugen seiner Gruppe – mit Zeugen zusammen, die nicht von *Ia derivieren, und zwar vor allem mit D-St, aber auch mit Zeugen des Subarchetypen *III. Diese Koalitionen können im Einzelfall zufällig sein (so etwa in °31,2e [St Ath]), oftmals aber sind die derart attestierten Varianten klar als der Grundtext zu bestimmen – und zwar auch bei Koalitionen von Ath mit *III, vgl. etwa °25,1e und °29,5a. NAGEL hat mehrere Ursachen für dieses Phänomen in Erwägung gezogen, u.a. eine Kontamination von Ath mit fremder Überlieferung (I,62), doch dies ist aus noch zu erörternden Gründen unwahrscheinlich (vgl. E II,5). Viel häufiger wird Ath, wenn es mit familienfremden Zeugen zusammengeht, den Grundtext nicht nur der Apc Mos, sondern auch von *Ia$^{2/2}$, *Ia^2 und *Ia bezeugen (so etwa in °15,2f [gegen A und *II!], °17,3d und °18,3d). Wir haben es hier mit einem ausgesprochen konservativen Text zu tun. Es wäre allerdings verkehrt, bei jeder Übereinstimmung zwischen Ath und *Ib-Zeugen gleich den Urtext gesichert zu sehen; dies gilt insbesondere dann, wenn Ath gegen eine Koalition von A-AC-C und *II steht, vgl. °27,4b und °32,4b, wo die Übereinstimmung von *Ib und Ath leicht auch zufällig sein kann. Auch wird nicht jede Koalition von D-St und Ath gleich für den Urtext stehen, dies zeigt sich etwa in °42,8f und °43,3m.

VitAd: Die Vita Adae et Evae ist in lateinischer, georgischer und armenischer Sprache erhalten (Vit Ad [arm.georg.lat$^{p.m}$]); die drei Versionen unterscheiden sich nicht unerheblich in der Textgestaltung, so daß eine Rekonstruktion der Uradamvita (*Vit Ad) schwer fallen dürfte. Ihr Aufriß, dem Vit Ad (georg) am nächsten kommt, ist allerdings klar erkennbar: Der im wesentlichen unveränderte Bestand von Apc Mos ist am Anfang durch Vit Ad 1–21 (Nahrungssuche Adams und Evas, Buße, Teufelsfallsgeschichte, Geburt Kains) erweitert; Apc Mos 13,3–5 ist durch eine Weissagung der Taufe Jesu im Jordan ersetzt (Vit Ad 42,2–4), welche diese als eine Taufe Adams am Leibe Jesu Christi (Christus als neuer Adam) aufgefaßt zu haben scheint. Dieser Text dürfte eine christliche Interpolation sein; der Redaktor der Vit Ad war mit ziemlicher Sicherheit genauso Jude wie derjenige der Apc Mos, dazu s. E III,5d.

Festzuhalten ist auch, daß *Vit Ad auf Griechisch abgefaßt war. Es wäre anderenfalls kaum erklärbar, wie die drei Adamviten von der griechischen Apc Mos abhängen könnten. Zudem liegt es nahe, bei einer Schrift, die sowohl auf Latein als auch in orientalischen Sprachen überliefert ist, an eine griechische Grundschrift zu denken; dies ist ein bei den Apokryphen des Alten Testaments durchaus gewöhnlicher Fall; nicht selten ist dabei eine griechische Version als Grundtext oder mindestens als intermediärer Text nachweisbar, aber fast oder ganz verloren (vgl. etwa 4. Esra, Lib Jub).[19] Auch Gräzismen in den Versionen[20]

---

[19] Zur Überlieferung des Lib Jub und des 4. Esra s. HAELEWYCK: Clavis, Nr. 132; 180. Das Jubiläenbuch wurde aus dem Hebräischen ins Syrische und ins Griechische übersetzt, vom Griechischen derivieren die lateinischen Fragmente und die äthiopische Version, vgl. O.S. WINTERMUTE: Jubilees, in: J.H. CHARLESWORTH: The Old Testament Pseudepigrapha, Vol 2, New York etc. 1985, 35–142, speziell 41–43. Was das 4. Esrabuch betrifft, lassen sowohl die lateinische Fassung als auch die orientalischen Versionen Gräzismen oder Fehlübersetzungen aus dem Griechischen erkennen, vgl. B.M. METZGER: The Forth Book of Ezra, ibidem, Vol 1 (1983), 517–559, speziell 519–520.

[20] Zu Gräzismen in der Vit Ad (georg) vgl. MAHÉ: Livre, 229–230. Für Vit Ad (lat^{me}) verweist H.F.D. SPARKS: The Apocryphal Old Testament, Oxford 1984, 143 auf transliterierte griechische Wörter im lateinischen Text; auf eine griechische Vorlage deuten auch die zwei Possessivattribute in Vit Ad (lat^{me}) 14 hin, die auf griechische Genitivi comparativi zurückgeführt werden können: *non adorabo ... posteriorem meum* (< μου). *in creatura illius* (< ἐκείνου)

weisen in diese Richtung und nicht zuletzt einige griechische Überreste der Vit Ad, v.a. in der umfänglichen Interpolation in *II, vgl. °29,6k. Es finden sich aber auch andere Spuren der griechischen Vit Ad. Hier ist insbesondere die Christusweissagung in Desc Inf (gr) 3 = Ev Nik (gr) 19 zu nennen, doch auch bei der Interpolation der Handschrift C in Apc Mos 26,2 dürfte die griechische Vit Ad im Hintergrund stehen (vgl. °26,2c). Aus diesen Gründen wird in dieser Arbeit die Grundschrift der Adamviten Vit Ad (gr) genannt. Ihre Vorlage deriviert ausweislich der Erörterungen zu A-AC-Ath-C von *Ia; ihr ist das Sigel *Ia$^{2/1}$ zugeordnet.

Lange Zeit war die Vit Ad nur in der von MEYER im Jahre 1878 veröffentlichten speziellen Ausprägung des lateinischen Textes bekannt (VitAd[lat^{me}]). In den einschlägigen neusprachlichen Apokryphensammlungen hat man daher gewöhnlich Apc Mos und Vit Ad (lat^{me}) in Übersetzung synoptisch nebeneinandergestellt[21], auch MEISER/MERK verfahren noch so. Dies Vorgehen erscheint obsolet, seitdem 1964 durch K'URCIK'IDZE auch die Vit Ad (georg) zugänglich wurde; erst recht gilt dies nach der Herausgabe der Vit Ad (arm) und der Vit Ad (lat^p). Überholt sind auch Hypothesen, denen zufolge Vit Ad und Apc Mos beide Abkömmlinge eines ursprünglich hebräischen Adambuches sind. Solche und ähnliche Ansichten haben sich lange halten können;[22] m.E. sind sie durch den von NAGEL erbrachten Nachweis einer literarischen Abhängigkeit der Vit Ad von der Apc Mos erledigt.[23]

Die Vit Ad ist breit überliefert; insbesondere zur Vit Ad (lat) ist das Material fast unüberschaubar. Die nachfolgende Übersicht kann nur eine vorläufige sein, da speziell zur Vit Ad (lat) der editorische Prozeß noch alles andere als abgeschlossen ist.

VitAd(arm): Der Herausgeber STONE hat 3 Handschriften verwendet: Jerusalem, Armenisches Patriarchat, 1458 (17. Jh.), 380–431 (=A); ibidem, 1370 (17. Jh.), 127–150 (=B); Erevan, Matenadaran, 3461 (anno 1662), 66r–87v (=C); sie werden hier A^{va}; B^{va} und C^{va} genannt. Die Edition ist den Prinzipien

---

prius sum. Für VitAd(arm) nennt STONE, CSCO 430, XIII einen Gräzismus (Vit Ad [arm] 44 [20] // Apc Mos 20,5b: »kac'i« = »ich stand« stehe für gr. ἔστην, das itazistisch aus *ἔστην verlesen sei), doch in Apc Mos 20,5b ist ἔστην ursprünglich, vgl. °20,5d.

[21] Vgl. die Übersetzungen von FUCHS (1900); WELLS (1913); HAMMERSHAIMB (1970); FERNANDEZ MARCOS (1983); JOHNSON (1985) und SACCHI (1989).

[22] Vgl. etwa J. KAUFMANN: Art. Adambuch, in: Encyclopedia Judaica 1 (Berlin 1932), 788–792, der ein hebräisches oder aramäisches Adambuch als Grundlage für Vit Ad und Apc Mos annimmt. Ein Forschungsüberblick zur synoptischen Kritik der Adamdiegesen findet sich bei STONE: History, 61–70.

[23] So auch DE JONGE/TROMP 35–37.

der Reihe (Corpus Scriptorum Christianorum Orientalium) entsprechend eine diplomatische: Sie gibt die einzige vollständig erhaltene Handschrift (A) wieder, doch werden orthographische Irregularitäten korrigiert. Gelegentlich werden allerdings auch morphematisch ursprünglichere Formen, noch seltener überlegene Lesarten der anderen Handschriften übernommen (vgl. STONE X–XI). Schon häufiger werden im Apparat Lesarten von B^{va} und C^{va} als die besseren bezeichnet. Die von STONE geleistete kritische Arbeit wird hier im textkritischen Kommentar stellenweise fortgesetzt. Eine Datierung der armenischen Übersetzung aufgrund sprachlicher Indizien wird von STONE nicht vorgenommen (S. XIII–XIV).

Vit Ad (arm) steht Vit Ad (georg) näher als Vit Ad (lat) in allen ihren Ausprägungen; dies zeigt sich an gemeinsamem Sondergut, vgl. dazu den Abschnitt über Vit Ad (georg). Sie erweist sich aber auch in einer vergleichsweise konservativen Tendenz gerade im Schlußabschnitt (Apc Mos 31–43 par), wo die lateinische Überlieferung stark kürzt. Doch auch Vit Ad (arm) behält hier den ursprünglichen Stoff nicht so getreulich bei wie Vit Ad (georg): Eine Parallele zu Apc Mos 33,2–37,6 fehlt. Da Vit Ad (georg) Armenismen aufweist (s.u.), ist grundsätzlich denkbar, daß Vit Ad (georg) und Vit Ad (arm) auf einen gemeinsamen armenischen Archetyp zurückgehen (der seinerseits von Vit Ad [gr] abstammt); nicht auszuschließen ist aber auch, daß ihnen zwei unabhängige armenische Übersetzungen aus einander nahestehenden griechischen Vorlagen zugrundeliegen.

VitAd(georg): Beide Ausgaben von K'URCIK'IDZE basieren auf 5 Handschriften, von denen vier einer Langrezension, eine dagegen einer Kurzrezension zuzuordnen sind. Die Textzeugen sind in beiden Ausgaben mit unterschiedlichen Sigeln bezeichnet. *Langrezension*: Institut des Mss. de la RSS de Géorgie à Tbilissi, A 153 (17. Jh.) (alt: A; neu: B); ibidem, H 433 (17. Jh.) (alt: B; neu: C); ibidem, H 881 (17. Jh.) (alt: C; neu: D); Musée d'Histoire et d'Ethnographie de Qut'ais, 128 (15. Jh.) (alt: Q; neu: A); *Kurzrezension*: Institut des Mss. de la RSS de Géorgie à Tbilissi, S 5173 (alt: ohne Sigel; neu: E) (17. Jh.). K'URCIK'IDZE verweist auch auf die Handschrift Musée géorgien de Littérature, 186. Zu diesen Angaben vgl. MAHÉ: Livre, 227, Anm. 8 und KURTSIKIDSE: Version, 28.29). Bei MAHÉ: Livre, 227 finden sich auch Hinweise auf frühere Erwähnungen der Vit Ad (georg). Die Kurzrezension ist, insoweit sie kürzer ist, sekundär, bewahrt aber z.T. ältere Lesarten (MAHÉ: Livre, 230).

Die georgische Version der Vita Adae et Evae hat den umfangreichsten Text; ihr Aufriß dürfte im wesentlichen dem der Vit Ad (gr) entsprechen. Sondergut findet sich v.a. in Vit Ad (georg) 23 (3); so wird etwa Kain der Mord an Abel durch Dämonen vorgeführt.[24] Andere Besonderheiten hat Vit Ad (georg) mit Vit Ad (arm) gemeinsam. Beispielsweise haben beide ähnliche Ausweitungen in 44 (16), 3a–c; Vit Ad (lat[P]) ist hier nicht so ausführlich. Die armenische und georgische Version teilen auch einen Hinweis auf das Kreuz Christi in 44 (26). Da hier Vit Ad (lat[P]) als Zeuge aussetzt, kann nicht entschieden werden, ob sie hier eine weitere christliche Interpolation in Vit Ad (gr) bezeugen oder aber gemeinsames Sondergut haben. Auf jeden Fall aber stehen Vit Ad (georg) und Vit Ad (arm) einander im Vergleich zur lateinischen Version relativ nahe, auch wenn mit dem Erscheinen von Vit Ad (lat[P]) die gemeinsamen Differenzen zu Vit Ad (lat) nicht mehr so augenfällig sind wie zuvor.

Zur Nähe zwischen Vit Ad (georg) und Vit Ad (arm) paßt der Befund, daß Vit Ad (georg) Armenismen aufweist. Es wäre zu prüfen, ob dies auf eine gemeinsame armenische Vorlage beider Versionen hindeuten könnte. Mit größerer Sicherheit aber darf angenommen werden, daß zwischen Vit Ad (georg) und Vit Ad (gr) ein armenisches Zwischenglied steht; dann aber dürfte die Übersetzung noch vor 607 n. Chr. (Trennung zwischen Armenien und Georgien) stattgefunden haben, vgl. MAHÉ: Livre, 229–230. Weiteres s. bei J.-P. MAHÉ: Notes philologiques sur la version géorgienne de la Vita Adae, Bedi Kartisla 41 (1983), 50–65.

VitAd(lat): Zur lateinischen Version der Vit Ad sind 107 Handschriften bekannt.[25] Die bisherigen Editionen decken jeweils nur einen Teil der Überlieferung ab und können daher kaum für den Grundtext der Vit Ad (lat) stehen.[26] Im Einzelnen sind folgende Editionen zu nennen:

1. W. MEYER: Vita Adae et Evae (Abhandlungen der königlich-bayrischen Akademie der Wissenschaften. Philosophisch-philologische Classe 14), Mün-

---

[24] Eine Strukturparallele findet sich im Zusatztargum zum Fragmententargum (nach Cod. Oxford 318) zu Gen 4,7, vgl. M. GINSBURGER (Hrsg.): Das Fragmententhargum (Targum jeruschalmi zum Pentateuch), Berlin 1899, 71–72. Dort wird Kain der Mord durch einen Raben vorgeführt. Etwas nähere Parallelen finden sich gerade in der georgischen Literatur, aber auch in islamischen und anderen Traditionen, vgl. CH. BÖTTRICH: »Die Vögel des Himmels haben ihn begraben«. Überlieferungen zu Abels Bestattung und zur Ätiologie des Grabes (Schriften des Institutum Judaicum Delitzschianum 3), Göttingen 1995, 37–39.

[25] Von 107 Handschriften ist bei J.-P. PETORELLI: Vie latine d'Adam et d'Ève. La Recension de Paris, BNF 3832, Archivum Latinitatis Medii Aevi 57 [1999], 5–52, speziell 15 die Rede. Es existieren zwei Auflistungen von Textzeugen, die beide nicht vollständig sind und sich teilweise ergänzen: NAGEL II, 155–158 (69 Zeugen) und M.E.B. HALFORD: The Apocryphal Vita Adae et Evae. Some Comments on the Manuscript Tradition, Neuphilologische Mitteilungen 82 (1981), 417–427 (73 Zeugen).

[26] Vgl. hierzu HALFORD: Comments, 418 und STONE: History, 18–19.

chen 1878, 185–250. Diese Ausgabe basiert auf 11 Münchener Handschriften, die MEYER drei Rezensionen zuordnet;[27] daneben veröffentlicht er als Zeugen einer vierten Rezension im Anhang einen Text aus einem Pariser Kodex (Bibliothèque Nationale de France, lat. 5327, 83–87), dem ältesten bisher bekannten primären Textzeugen der Vit Ad (lat) und der Adamdiegesen überhaupt (vgl. MEYER 218–219; der Text findet sich auf S. 245–250). Den Vorzug gibt MEYER fast durchgehend der Rezension I (idem 220). MEYERs Text ist bis heute der Textus receptus zur Vit Ad.

Charakteristisch für diesen Text sind ein Bericht Adams an seinen Sohn Seth über Adams Entrückung in das Paradies der Gerechtigkeit (eingeschoben nach Apc Mos 5,1 par) sowie der Ausfall von Apc Mos 15–30 par; Spuren davon finden sich aber noch in Vit Ad (lat[me]) 44. Dazu kommt eine letzte Rede Evas an ihre Kinder, die der Vit Ad (lat[me]) einen neuen pseudepigraphen Rahmen gibt (Vit Ad [lat[me]] 49–50): Sie prophezeit ihren Kindern, daß Gott im Laufe der Geschichte seinen Zorn zunächst durch Wasser (die Sintflut) und dann durch Feuer über die Menschen ergehen lassen werde und fordert sie daher auf, das Leben Adams und Evas auf lehmenen und steinernen Tafeln niederzuschreiben (der Stein überlebt die Sintflut, der Lehm wird durch das Feuer gehärtet); daraufhin fertigt Seth die Tafeln an (Vit Ad [lat[me]] 51).[28]

---

[27] Vgl. MEYER 209–219. S-T-M (=I) | 17-5-9-3 (=II) | 4-15-18-2 (=III). Zum Typ I rechnet er 4 weitere Exemplare, die er nicht benutzt hat (S. 209), zum Typ II gehören 10 volkssprachliche Übersetzungen und Bearbeitungen (S. 210–214), außerdem vielleicht auch 3 Handschriften aus Wien und eine aus Graz (S. 210₁), dem Typ III sind auch eine Wiener Handschrift und ein in drei Predigtsammlungen erhaltenes Exzerpt zuzurechnen (S. 214₁), ferner ein Inkunabeldruck (S. 215) und Lutwins Adam und Eva (S. 216–218).

[28] Die Überlieferung von den lehmenen und den steinernen Tafeln ist, was die lehmenen Tafeln anbelangt, etwas unlogisch. Wenn die Wasserkatastrophe zuerst kommt, dann sind die lehmenen Tafeln vernichtet und können nicht mehr gebrannt werden!

Die nächste Parallele zu Vit Ad (lat[me]) 49–50 findet sich in Jos, Ant I,70–71 (NIESE I,17): Weil Adam zwei Weltuntergänge vorausgesagt hatte, den einen durch Feuer und den anderen durch Wasser (man beachte die Reihenfolge!), legen die Kinder Adams (Kain und Abel ausgenommen) ihr astronomisches Wissen auf steinernen und lehmenen Tafeln nieder. Dies geschieht mit dem Ziel, daß nach Vernichtung der Lehmtafeln durch das Wasser wenigstens die steinernen überdauern. Die oben erwähnte logische Schieflage in Vit Ad (lat[me]) ist hier vermieden, dafür bleibt allerdings unklar, wozu die Lehmtafeln überhaupt gut sind.

Im Hintergrund dieser Überlieferungen dürfte die Erfahrung stehen, daß man im Orient gelegentlich auf rätselhafte Inschriften stößt. Schon in der Antike haben diese faszinierend gewirkt, vgl. etwa die Überlieferung über Kainan in Lib Jub 8,3, der in einem Felsen Aufzeichnungen der Vorväter über die Geheimlehren der Wächterengel findet und sie abschreibt. Auch sonst wird Wissen besonderer Art gerne auf geheimnisvolle Inschriften zurückgeführt, so etwa von Euhemeros, der seine »panchäische Überlieferung« über die urgeschichtlichen Hintergründe des kosmogonischen Mythos auf einer mit »panchäischen Buchstaben« beschriebenen goldenen

Diese Merkmale sah man früher als typisch für die Vit Ad (lat) an, da sie auch von den anderen im Anschluß bekannt gewordenen Textformen geteilt werden, doch die Veröffentlichung der VitAd(lat^P) hat gezeigt, daß dem nicht so ist; allenfalls bei Vit Ad 49–50 besteht Unsicherheit, da Vit Ad (lat^P) gerade gegen Ende stark verkürzt ist.

Der Text von Rezension II zeichnet sich durch eine apokalyptische Passage im Bericht Adams an seinen Sohn aus (29a–d) und durch ein Supplement zur Erzählung von den Tafeln Seths (Vit Ad [lat] 51a–d). Rezension III folgt Rezension II weitgehend, hat aber Zusätze in Vit Ad (lat) 2.23.30.31 und v.a. allem in 42.43.44.48; letztere arbeiten die Legende von der Auffindung des Kreuzesholzes ein. MEYER druckt diese Zusätze nicht ab, auch nicht im Apparat.[29] Außerdem fehlt in Rezension III das Supplement der Rezension II in 51a–d (vgl. MEYER 215).

2. C. HORSTMANN: Nachträge zu den Legenden 10, Archiv 79 (1887), 459–470. Diese Ausgabe basiert auf einer Oxforder Handschrift, die auch in MOZLEYs Ausgabe eingearbeitet ist.

3. L. KATONA: Vita Adae et Evae, Magyar tudomanyos akademia 18,10, Budapest 1904 (non vidi). Diese Ausgabe basiert auf zwei Inkunabeln; der Text wird durch MEYER abgedeckt.

4. J.H. MOZLEY: The Vita Adae et Evae, Journal of Theological Studies 30 (1929), 121–149. MOZLEY hat die englische Überlieferung der Vit Ad (lat) untersucht und fünf Textformen ausfindig gemacht (I: A R C L E F J I'; II: D Q; III: W; IV: B; V: zwei Inkunabeln des Britischen Museums, vgl. idem, 121–122), von denen II, III und V Entsprechungen bei MEYER finden, I und IV hingegen Texte *sui generis* sind. Auf Textform I (repräsentiert v.a. durch A = Arundel 326) basiert der Haupttext, IV (B = Balliol 228) wird im Apparat verzeichnet; dort ist auch der Text MEYERs berücksichtigt.

Stele im Jupitertempel von Panchaia findet (Euhemeros bei Diodor, Hist VI,1,6–7 bei Euseb, Praep Ev II,2,57 [WINIARCZYK T 36 = S. 27], vgl. DOCHHORN: Inschriftenfund), ähnlich auch Philo Byblius, dessen Sanchuniathon seine Erkenntnisse über die Urgeschichte der Menschheit schriftlichen Aufzeichnungen entnimmt, die in den »Adyta der Ammunäer« verborgen waren (Philo bei Euseb, Praep Ev I,9,26, vgl. DOCHHORN: Sanchuniathon, 137–138). Für Vit Ad (lat^{me}) 49–50 besonders interessant ist schließlich der Traktat NHC VII/5, der ausweislich der Superscriptio ⲦϢⲞⲘⲦⲈ ⲚⲤⲦⲎⲐⲎ ⲚⲦⲈ ⲤⲎⲐ (»die drei Stelen des Seth«) heißt, vgl. weiterhin den pseudepigraphen Rahmen der Schrift in NHC VII,118,10–24. Der Inhalt der Stelen ist freilich nicht narrativer oder weisheitlicher Natur; es handelt sich um Gebete.

[29] Zur Verquickung von Vit Ad und Kreuzesholzlegende vgl. W. MEYER: Die Geschichte des Kreuzesholzes vor Christus (Abhandlungen der königlich-bayrischen Akademie der Wissenschaften, Philosophisch-historische Klasse 16), München 1882, 102–166.

Die Arundel-Gruppe (in dieser Arbeit gelegentlich verwendetes Kürzel: VitAd[lat^{mo}]) weist Sonderlesarten auf, die auf älterer Überlieferung basieren (vgl. MOZLEY 122–123), aber auch einige sekundäre Momente, so die Zusätze, die auch Rezension II bei MEYER hat (29a–d; 51a–d = MOZLEY, § 52–53), sowie einen Bericht von einer Beobachtung, die Seth machte, als er ins Paradies blickte: Er sah dort in der Krone eines Baumes (des Lebensbaumes?) Maria mit einem gekreuzigten Knaben sitzen (Vit Ad [lat^{mo}] 43.45). Vor allem aber hat sie zahlreiche Anhänge, die nicht mehr mit der Erzählung verknüpft sind, sondern anderweitiges Wissen über Adam und Eva beibringen: Adam ist nach 40 Tagen ins Paradies eingetreten, Eva nach 80 (vgl. Lib Jub 3,9); er blieb dort sieben Jahre und herrschte über die Tiere (MOZLEY, § 54 – zu den 7 Jahren vgl. Lib Jub 3,15)[30]; es folgt die Adam Octipartitus-Tradition (ibidem, § 55)[31], eine Tradition über die Erschaffung Adams in Bethlehem, dem Mittelpunkt der Erde (ibidem § 56)[32] und eine Tradition über die Benennung Adams nach den vier Himmelsrichtungen (ibidem, § 57)[33].

Die Handschrift B hat ähnliche Zusätze an anderen Stellen, arbeitet aber auch die Kreuzesholzlegende ein (vgl. v.a. MOZLEY, 139ff).

---

[30] In MOZLEY, § 54.55 dürften Nachwirkungen des Lib Jub (lat) vorliegen, dessen Fragmente bei A.-M. CERIANI: Monumenta Sacra et Profana 1,1, Mailand 1861, 15–62 veröffentlicht sind. In der Ausgabe VANDERKAMS, der auch die Fragmente der nicht-äthiopischen Versionen aufnimmt (258ff), sind diese beiden Zeugnisse nicht berücksichtigt.

[31] Die Adam-Octipartitus-Tradition führt sieben oder 8 zentrale Organe Adams auf 7 bzw. 8 »Organe« des Kosmos zurück (Fleisch von der Erde; Blut vom Tau etc.); damit gibt sie der Vorstellung vom Menschen als Mikrokosmos Ausdruck. Sie ist weit verbreitet, insbesondere in volkstümlicher Überlieferung (Quaestiones et Responsiones, Einlagen bei rumänischen Hochzeiten etc.) und sehr variabel. Der älteste Beleg, vielleicht auch der Ausgangspunkt, ist 2. Hen 30,8. Vgl. Chr. BÖTTRICH: Adam als Mikrokosmos. Eine Untersuchung zum slavischen Henochbuch (Judentum und Umwelt 59), Frankfurt a.M. etc. 1995; M. FÖRSTER: Adams Erschaffung und Namensgebung. Ein lateinisches Fragment des s.g. slawischen Henoch, Archiv für Religionswissenschaft 11 (1908), 477–529; H.L.C. TRISTRAM: Der ‚homo octipartitus' in der irischen und altenglischen Literatur, Zeitschrift für celtische Philologie 34 (1975), 119–153 und die Literatur bei HAELEWYCK, Clavis, Nr. 10.

[32] Die Erschaffung Adams wurde in jüdisch-christlicher Tradition vielfach am Mittelpunkt der Erde (Tempelberg, Golgatha, hier Bethlehem) verortet, vgl. dazu JEREMIAS: Golgotha, 34ff). Die Motivation ist eine ähnliche wie in der Adam-Octipartitus-Tradition: Adam und der Kosmos sollen korreliert werden. Daß hier die Wahl auf Bethlehem fiel, mag mit Lk 3,38 zusammenhängen (Christus wie Adam stammen direkt aus Gott).

[33] Die Herleitung des Namens Adam von den vier Himmelsrichtungen beruht auf dem Griechischen (A: ’Ανατολή; Δ: Δύσις; A: ”Αρκτος; M: Μεσημβρία); auch hier geht es um den Makrokosmos-Mikrokosmos-Gedanken. Der wahrscheinlich älteste Beleg, vielleicht auch der Ausgangspunkt, ist 2. Hen 30,13–14; ein sehr altes Zeugnis findet sich in Ps-Cyprian, De Montibus Sina et Sion 4. Die Literatur ist dieselbe wie zur Adam-Octipartitus-Tradition, vgl. Anm. 31.

5. S. H. THOMSON: A Fifth Recension of the Latin Vita Adae et Evae, Studi Medievali 6 (1933), 271–278 veröffentlicht Huntington, MS 1342, f. 4a–15b, das dem bei MEYER 215 genannten Inkunabeldruck nahesteht (vgl. Anm. 27). Hier ist einem erheblich umgestalteten Text aus der Tradition von MEYERS Rezension III eine Einleitung vorangestellt, welche die Erschaffung Adams und Evas nach dem Sturz Lucifers, deren Versetzung ins Paradies und deren Fehltritt erzählt – und zwar weitgehend nach Gen 2–3.

6. G. EIS: Beiträge zur mittelhochdeutschen Legende und Mystik. Untersuchungen und Texte (Germanische Studien 161), Berlin 1935, 241–255 veröffentlicht Admont, 25, f. 270v–272v und Zwettl, 13, 221–223 (letzteres die Grundlage des Textes). Der Text entspricht weitgehend dem von MEYER, zu dem Zusatz der Rezension II in 29a–d findet sich keine Entsprechung, wohl aber zu dem in 51a–d.

7. J.-P. PETORELLI: La vie latine d'Adam et Ève, Archivum Latinitatis Medii Aevi 56 (1998), 5–104 hat eine süddeutsche Rezension der Vit Ad (lat) zugänglich gemacht, die auf 14 Handschriften beruht (die Textzeugen: S. 18–23; der Text: S. 41–62), auch diese ändert an dem von MEYERS Text gebotenen Bild nicht viel. Etwas anders verhält es sich mit dem anderen a.a.O. veröffentlichten Text aus Milano, Bibliotheca Ambrosiana, O 35 sup (14. Jh.), 95r–99v (Sigel: Ma), der freilich nur Kapitel 1–23 umfaßt und daher für unsere Belange nicht so wichtig ist (Textzeuge: 69–70, Text: 72–77). Er steht, wie PETORELLI ein Jahr später konstatiert hat, dem Text von Bibliothèque Nationale de France, lat. 3832 (12. Jh.), 181–192 nahe (vgl. idem, Vie latine d'Adam et d'Ève. La Recension de Paris, BNF 3832, Archivum Latinitatis Medii Aevi 57 [1999], 5–52); mit der Entdeckung des letztgenannten Zeugen hat sich die Forschungslage freilich entscheidend verändert; dieser ist im Folgenden zu besprechen.

8. J.-P. PETORELLI: Vie latine d'Adam et d'Ève. La Recension de Paris, BNF 3832, Archivum Latinitatis Medii Aevi 57 [1999], 5–52. Einziger vollständiger Textzeuge ist Paris, Bibliothèque Nationale de France, lat. 3832 (12. Jh.), 181–192; daneben tritt für Vit Ad (lat) 1–23 Mailand, Bibliotheca Ambrosiana, O 35 sup (14. Jh.), 95r–99v; diesen Zeugen hatte PETORELLI ein Jahr zuvor ediert, s.o. Dieser Text, hier Vit Ad (latP) genannt, zeigt, daß der größere Teil der Besonderheiten, welche die bis dato bekannten Textformen der Vit Ad (lat) von den anderen Adamviten und der Apc Mos unterscheiden, Ergebnis eines innerlateinischen Transmissionsprozesses sind: Vit Ad (latP) hat wie Vit Ad (arm) und Vit Ad (georg) ein Korrelat zu Apc Mos 15–30, außerdem bleiben dort wie in Apc Mos und Vit Ad (arm.georg) die Kapitel 25–29 der Vit

Ad (lat^me) aus, ebenso die testamentarische Rede Evas in 49–50, s.o. Auch andere Archaismen lassen sich beobachten: In der Teufelsfallsgeschichte von Vit Ad (lat^P) fehlt wie in Vit Ad (arm.georg) eine zweite Aufforderung Michaels, Adam anzubeten, sowie die nachfolgende Drohung des Teufels, seinen Thron über die Gestirne des Himmels zu setzen und Gott gleich zu sein (Vit Ad [lat^me] 15, vgl. Jes 14,13); damit ist eine der Teufelsfallsgeschichte fremde Assoziation mit dem Luzifermythos auch für Vit Ad (lat) als sekundär erwiesen. Außerdem hat Vit Ad (lat^P) anders als die anderen Textformen der Vit Ad (lat) ein Korrelat zu Apc Mos 3 – genauso wie die armenische und georgische Version. Als konservativ erweist sich Vit Ad (lat^P) auch mit der Beibehaltung von Apc Mos 31–33.37 par. Doch auch sekundäre Züge lassen sich beobachten: So begründet in Vit Ad (lat^P) eine Sondergutpassage, warum der Teufel sich zuerst an Eva und nicht an Adam versuchte: Der Geist Gottes ist nur Adam eingehaucht worden. Über eine merkwürdige Erweiterung der Christusweissagung in Vit Ad (lat) 42 wird unten noch zu reden sein. Sekundär ist auch die Auslassung von Apc Mos 25–28 par (der Fluch über Eva und die Schlange, ein großer Teil der Austreibung aus dem Paradies). Auf mechanische Ursachen wird man zurückführen müssen, daß Apc Mos 41–43 par fehlen; der Text endet recht abrupt mit dem Satz: *Afferte corpus Abel filii eius aliasque tres sindones ei praeparate, quoniam in sepulcro erit ex quo exilibit corpus eius de terra.*

Von der Vit Ad (lat) sind zahlreiche volkssprachliche Adaptionen der Adamüberlieferung abhängig. Die meisten verarbeiten nur Teile der Vit Ad (lat) und kombinieren deren Traditionen mit anderen Überlieferungen, vorzugsweise mit der Kreuzesholzlegende. Die folgende Liste orientiert sich an MEYER 211–214; 216–218 und B.O. MURDOCH: The Irish Adam and Eve Story from Saltair na Rann, Vol II, Dublin 1976, 26ff.

1.. AD. BORGNET (Ed.): Ly Myreur des histors. Chronique de Jean des Preis, dit d'Outremeuse (Collection de chroniques Belges inédites o.Z.), Brüssel 1864, Vol. I, 308–322 (mit der Kreuzesholzlegende verbunden).

2. Paris, BNF, français 95: Französische Übersetzung von Andrius, vgl. MEYER 211. Übersetzung in modernes Französisch: A. PAUPHILET: La vie terrestre d'Adam et d'Ève, Revue de Paris 5 (1912), 213–224 (non vidi).

3. The story of the Holy Rood aus Harleian 4196; Edition: R. MORRIS: Legends of the Holy Rood, Symbols of the Passion and Cross Poems (Early English Text Society, Original Series 46), London 1871. Vgl. MEYER 211.

4. Canticum de Creatione aus Oxford, Trinity College 57, 156ff. Editionen: C. HORSTMANN: Canticum de Creatione, Anglia 1 (1878), 287–331; idem: Sammlung altenglischer Legenden, Heilbronn 1878, 124–138. Vgl. MEYER 211 und F. BACHMANN: Die beiden Versionen des me. Canticum de Creatione. Eine Untersuchung über Sprache, Dialekt, Metrik und Verhältnis der beiden Versionen zu einander und zu ihrer Quelle, Diss. Rostock, Hamburg 1891.

5. Eine Prosaversion des Canticum de Creatione in Egerton 876, 321ff; Harleian 4775; Bodleian 596, 1ff – Edition: C. HORSTMANN: Nachträge zu den Legenden 3, Archiv 74 (1885), 345–365. Vgl. MEYER 212.

6. Auchinleck Canticum (ein fragmentarisches mittelenglisches Gedicht) – Edition: C. HORST-MANN: Sammlung altenglischer Legenden, Heilbronn 1878, 139–147. Vgl. MEYER 212. Das Verhältnis zum Canticum de Creatione behandelt F. BACHMANN: Versionen (s.o.).

7. The lyff of Adam and Eve aus Vernon fol. 393. Edition: C. HORSTMANN: Sammlung altenglischer Legenden, Heilbronn 1878, 220–227 und N.F. BLAKE: Middle English Religious Prose (York Medieval Texts o.Z.), London 1972, 103–118. Vgl. MEYER 212–213.

8. Vit Ad (altengl) 25–29a in Harleian 1704, Edition: TH. WRIGHT: The Chester Plays, Vol. I, London 1843, 239-240 (der Text ist dort in einer Anmerkung wiedergegeben), vgl. MEYER 213.

9. Eine Adam-Erzählung aus dem Whetley Manuscript (British Museum, Add. 39574) – Edition: M. DAY: The Wheatley Manuscript, London 1921, 76–99.

10. Fioretti della Bibia hystoriati § 30–45 (=Vit Ad 1–21); § 47 (=Vit Ad 23); § 57–66 (=Vit Ad 25–35), dazu ist die Kreuzesholzlegende eingearbeitet (non vidi). MEYER hat eine Ausgabe aus Venedig (1515) eingesehen, vgl. idem, 213.

11. Die Prosaversion eines deutschen Adambuches, nach einer Hamburger Handschrift (Cod. ms. 8 in Scrinio fol.), die aus dem Besitz des bekannten Hauptpastors GOETZE stammt, verglichen mit drei weiteren Handschriften aus Wien und Berlin sowie mit Auszügen aus der gereimten Vorlage aus den sog. »Schwellhandschriften« der pseudorudolfianischen Weltchronik: H. VOLLMER: Ein deutsches Adambuch (Gelehrtenschule des Johanneums zu Hamburg, Progr. Nr. 951), Hamburg 1908 (mit einer erstaunlich konfusen Einleitung: I–VI). Vgl. die Notate bei MEYER, 213–214.

12. Eine Bearbeitung von Vit Ad (lat) 1–21; 24 in VON DER HAGENS »Gesamtabenteuern« – FR. H. VON DER HAGEN (Ed.) Gesamtabenteuer. Hundert altdeutsche Erzählungen: Ritter- und Pfaffen-Mären, Stadt und Dorfgeschichten, Schwänke, Wundersagen und Legenden, von Jakob Appet, Dietrich von Glatz, dem Freudenleeren, Heinz dem Kellner, Jansen Enenkel, Heinrich und Johannes von Freiberg, Hermann Fressant, dem Hufferer, Konrad von Würzburg, Niemand, Rafold, Rüdiger dem Hunthover, Rüdiger von Müner, Ruprecht von Würzburg, Sibot, dem Stricker, Volrat, dem Vriolsheimer, Wernher, dem Gartener, Herrand von Wildonie, dem Zwingäuer und anderen, Band 1, Tübingen / Stuttgart 1850 (Nachdruck: Darmstadt 1961), 5–16, vgl. MEYER, 214.

13. Eine Interpolation in der Weltchronik des Rudolf von Ems, die von der bei Von der Hagen wiedergegebenen Adaption abhängig ist – H. FISCHER (Ed.): Die Buße Adams und Evas, Germania 22 (1877), 316–341.

14. Abschnitte in den von MERZDORF herausgegebenen Historienbibeln (=Vit Ad [lat] 19–21), die von der Interpolation bei Rudolf von Ems abhängig sind, vgl. J. FR. L. TH. MERZDORF: Die deutschen Historienbibeln des Mittelalters, Band 1 (Bibliothek des Litterarischen Vereins in Stuttgart 100), Tübingen 1870, 120–121. Dazu s. MEYER 214.

15. Lutwins Adam und Eva, s. W. MEYER / K. HOFMANN (Edd.): Lutwins Adam und Eva, zum ersten Male herausgegeben (Bibliothek des Litterarischen Vereins in Stuttgart 153), Tübingen 1881. Vgl. MEYER, 216–218.

16. Die Reimpaarsprüche des Hans Folz – H. FISCHER (Ed.): Hans Folz, die Reimpaarsprüche (Münchener Texte und Untersuchungen zur deutschen Literatur des Mittelalters 1), München 1961, 150–163.

17. Die Prosaübersetzung der Vit Ad (lat), die sich Hans Folz für seine poetische Version anlegte (In MS Weimer Q 522), vgl. MURDOCH, 29, speziell 29_{63}.

18. Eine dramatisch inszenierte Version der Bußerzählung findet sich in einem spätmittelalterlichen italienischen Werk – V. DE BARTHOLOMAEIS (Ed.): Laude drammatiche e rappresentazioni sacre, Florenz 1943, III, 191–208 (non vidi).

19. Ebenfalls eine dramatisch inszenierte Version der Bußerzählung bietet das bretonische Werk »Ar formation an den hac he vue – E. BERNARD: La création du monde. Mystère Breton, Revue Celtique 9 (1888), 149–207; 322–353; 10 (1889), 192–211; 414–455; 11 (1890), 254–317. Zur Beziehung zwischen diesem Werk und der Vit Ad vgl. A. LE BRAZ: La théatre Celtique, Paris 1905, 279–281.

20. Die Adamüberlieferungen des mittelirischen Versepos Saltair na Rann (Canto 4–12) – D. GREENE / F. KELLY: The Irish Adam and Eve Story from Saltair na Rann, Vol 1: Text and Translation, Dublin 1976. Dies ist mit Sicherheit die textkritisch bedeutsamste Adaption, da sie wie Vit Ad (lat^p) Parallelen zu Apc Mos 15–30 aufweist, vgl. E II,1 Anm. 7.

Eine textkritische Aufarbeitung dieser äußerst reichhaltigen Überlieferung kann in dieser Arbeit nicht geleistet werden. Im textkritischen Kommentar werden daher als Repräsentanten der Überlieferung regelmäßig nur der Haupttext von MEYER (Vit Ad [lat^{me}]) und der Text von Paris, Bibliothèque Nationale de France, lat. 3832 (Vit Ad [lat^p]) zitiert. Varianten bei MEYER oder der von MOZLEY veröffentlichte Text der Arundelgruppe (Vit Ad [lat^{mo}]) wurden nur in Ausnahmefällen herangezogen.

Für die Rekonstruktion der Apc Mos von entscheidender Bedeutung ist die Tatsache, daß Vit Ad (gr) mit Sicherheit weit älter ist als alle handschriftlichen Zeugen der Apc Mos. Wo sich also eine Lesart für Vit Ad (gr) sichern läßt (was freilich wegen des stark paraphrasierenden Charakters der Übersetzungen nicht immer leicht fällt), haben wir es also mit sehr alter Überlieferung zu tun.

Für das hohe Alter der Vit Ad (gr) spricht allein schon die Tatsache, daß die älteste Handschrift, welche die Adamdiegesen überhaupt bezeugt, der Codex Paris, Bibliothèque Nationale de France, lat. 5327 (8. Jh.), die Vit Ad (lat) in einer stark veränderten und deutlich sekundären Textfassung bietet. Es muß also vor dem 8. Jh. Zeit für eine längere textgeschichtliche Entwicklung angesetzt werden.

Mit diesem Befund geht eine merkwürdige Sonderlesart der Vit Ad (lat^p) konform, die sowohl in den anderen Textzeugen der Vit Ad (lat) als auch in den orientalischen Parallelrezensionen fehlt: Die bereits angesprochene Christusweissagung (Vit Ad 42) ist auf charakteristische Weise verändert, es heißt dort: ... *in novissimis diebus, quando completi fuerunt ab Adam usque in institutionem consulis sub constantino imperatore, anni accc lxxxii. Tunc quidem ueniet altissimus super terram dominus deus filius dei* ... (»in den jüngsten Tagen, wenn vollendet sind von Adam bis zur Einsetzung eines Konsuls unter Kaiser Konstantin 5382 [?] Jahre. Dann nämlich wird der Höchste auf die Erde kommen, der Herr Gott, der Sohn Gottes...«). Offenkundig wird hier das Erscheinen Christi datiert, und zwar in die Zeit Konstantins; es dürfte Konstantin der Große (306–337, Alleinherrscher: 324–337) gemeint sein, unter dem das Christentum zur herrschenden Religion wurde. Damit ist aber für den Interpolator nicht mehr – wie im Ausgangstext – von der ersten Ankunft Christi die Rede, sondern von der zweiten Parusie. Diese ist freilich unter Konstantin nicht eingetreten. Damit aber legt sich die Schlußfolgerung nahe, daß diese Sonderlesart vor dem von ihr genannten Datum entstanden sein dürfte. Es muß also schon vor diesem Zeitpunkt eine Vit Ad (lat) gegeben haben. Wann dieser genau anzusetzen ist, kann hier nicht geklärt werden; jedenfalls lag er im 4. Jh. Es ist auch immerhin denkbar, daß die Herrschaft Konstantins Endzeithoffnungen wie die hier genannten bei christlichen Schreibern provozieren konnte.[34] Somit stehen starke Indizien dafür, daß es schon im 4. Jh. eine Vit Ad (lat) gegeben hat. Natürlich ist damit auch für Vit Ad (gr) das 4. Jh. als Terminus ante quem gesichert.

Es sollte hier nicht unerwähnt bleiben, daß es mit dem sog. Decretum Gelasianum (Decr Gel)[35], das u.a. die kanonischen Bücher (Kap. 2) sowie approbierte Kirchenschriftsteller (Kap. 4) und schließlich apokryphe, d.h. kirchlich unzulässige Bücher auflistet (Kap. 5), wahrscheinlich ein weiteres Zeugnis für die Existenz der Vit Ad in früher Zeit gibt. Unter dem Namen des Papstes Gelasius (492–496) ist dieses Werk nur in Teilen der Überlieferung tradiert, ein älterer Überlieferungszweig spricht es Papst Damasus (366–384) zu, teilweise erscheint es auch unter dem Namen des Papstes Hormisdas (514–523), vgl. hierzu VON DOBSCHÜTZ 135ff und 339. Trotz des kirchenoffiziellen Anspruchs dürfte es sich ursprünglich um eine Privatarbeit gehandelt haben (ibidem 348; 355), die aber nichtsdestoweniger große Bedeutung erlangte, weil sie in der pseudogelasianischen Fassung ab der karolingischen Zeit in kirchlichen Rechtssammlungen Aufnahme fand (ibidem 184–194), schließlich auch im Decretum Gratianum (ibidem 192). Es dürfte in der ersten Hälfte des 5. Jh. n. Chr. abgefaßt sein (ibidem 348ff). In Decr Gel 5,6 (Z. 297) wird nun ein *Liber, qui appelatur* (sic!) *paenitentia Adae* als *apocryphus* bezeichnet (es geht der *Transitus sanctae Mariae* voran, es folgt der *Liber de Ogia nomine gigante qui post diluvium cum draco-*

---

[34] In welchen Kreisen derartige Hoffnungen entstanden sein könnten, kann hier nicht geklärt werden. Die Darstellung bei H. LIETZMANN: Geschichte der Alten Kirche, Band 3, Berlin 1953, 154–173 über den »Geist der konstantinischen Zeit« bietet keine Anhaltspunkte. Der am ehesten apokalyptisch beeinflußte Autor, Laktanz, bezeugt gerade keine Naherwartung, sondern setzt die zweite Parusie 200 Jahre nach seiner Zeit an (Div Inst VII,25,5), vgl. LIETZMANN, a.a.O. 170.

[35] E. VON DOBSCHÜTZ (Hrsg.): Das Decretum Gelasianum de Libris Recipiendis et non Recipiendis (Texte und Untersuchungen 3,8,4 [=38,4]), Leipzig 1912.

ne ab hereticis pugnasse perhibetur). Mit der *paenitentia Adae* kann die Vita Adae et Evae gemeint sein (so auch VON DOBSCHÜTZ 304–305): Vergleichbare Titel begegnen in der Überlieferung (München, lat 4756, 214ff. [Sigel bei MEYER: 4]: *Penitentia Adam et Eva*; Müchen, lat. 18406, 264ff. [MEYER: 18]: *De penitentia Adae*; Vit Ad (arm): »apašxarout'iun naxahaurn meroy adamay« [«Buße unseres Vorvaters Adam«]); sie legen sich nahe, da die Erzählung mit der Buße Adams einsetzte (akronymische Titulatur). Die Verwerfung der Paenitentia Adae als »apokryph« hat freilich wenig Erfolg gehabt, doch dies gilt auch für andere Werke, die sich auf der schwarzen Liste dieses wohl etwas engstirnigen Autors finden, vgl. etwa die geradezu atemberaubende Reihe abzulehnender Schriften in Decr 5,7, wo sich unter anderem die *Historia Eusebii Pamphili* (die Kirchengeschichte?), Werke des Tertullian, des Laktanz, des Cyprian, des Viktorin von Pettau und des Faustus von Reji finden – von allen diesen Schriftstellern haben sich Werke erhalten.

Es gibt indessen Anzeichen dafür, daß die Vit Ad (gr) noch um einiges früher entstanden ist. Das erste ist etwas unsicher: Die oben erwähnte Christusweissagung ist – selbstverständlich ohne die besagte Interpolation – auch im Descensus ad Inferos belegt (Desc Inf [gr] 3 = Ev Nik [gr] 19), und zwar verbunden mit der vorhergehenden Erzählung von der Paradieswanderung Seths (vgl. Vit Ad 35–41 // Apc Mos 9–13). Desc Inf ist – wie die meisten apokryphen Schriften des frühen Christentums – schwer zu datieren, doch immerhin geht die in ihm zum Ausdruck gebrachte Vorstellung von der Hadesfahrt Christi bis ins 2. Jh. n. Chr. zurück, was allerdings nicht bedeuten muß, daß auch Desc Inf in dieser Zeit entstanden ist.[36] Etwas verläßlicher erscheint ein anderes externes Zeugnis:

---

[36] Desc Inf schließt sich Mt 27,52–53 an (Auferstehung der Heiligen aus ihren Gräbern nach dem Todesschrei Christi) und schildert, wie Christus nach seinem Tod im Hades erscheint und Patriarchen, Propheten, Märtyrer (!) und Vorväter herausführt. Die konstitutiven Elemente der Descensus-Vorstellung (Hadesfahrt, Befreiung der Toten, insbesondere der Heiligen des Alten Bundes) erscheinen hier breit entfaltet und amplifiziert. Belege zu diesem Mythologem sind bei O. DE GEBHARDT / A. HARNACK: Hermae Pastor Graece Addita Versione Latina Recentiore e Codice Palatino (Patrum Apostolorum Opera, Rec. GEBHARDT / HARNACK / ZAHN 3), Leipzig 1877, 232–233 (Apparat) gesammelt. Die für das NT aufgeführten Stellen sind z.T. unsicher. So bedürfte es etwa der Erörterung, ob die Auferstehung der Heiligen in Mt 27,52–53 auch eine Hadesfahrt voraussetzt; Röm 10,7 und Eph 4,9 wiederum sind problematisch, weil sie zwar eine Hadesfahrt bezeugen mögen, nicht aber eine Befreiung der Toten. Von einer Predigt Christi an die »im Gefängnis« (ἐν φυλακῇ) eingeschlossenen Geister der Sintflutgeneration berichtet 1. Petr 3,19 im Rahmen einer Tauftypologie; in 1. Petr 4,6 ist dann von einer Evangeliumsverkündigung an die Toten die Rede. Undeutlich ist auch Ign, Magn 9,2, wenn dort mitgeteilt wird, die Propheten seien im Geist Jesu Jünger gewesen und hätten ihn als Lehrer vorhergesehen; daher habe er sie von den Toten auferweckt. Der beste Zeitpunkt für diese Tat wäre sicher eine Höllenfahrt nach der Kreuzigung, doch das steht nicht im Text. Noch weniger klar sind Ign, Trall 9,1; Ign, Philad 9,1. Als ein weiterer Beleg ist Ev Petr 41–42 zu nennen, wo der Auferstandene Christus von einer Himmelsstimme gefragt wird, ob er den Entschlafenen (κοιμω-μένοις) gepredigt habe und diese Frage bejaht – freilich muß man in 41 mit BENNETT und GEBHARDT ΚΟΙΝΩΜΕΝΟΙϹ zu ΚΟΙΜΩΜΕΝΟΙϹ verbessern, vgl. E. KLOSTERMANN (Hrsg.): Apocrypha 1: Reste des Petrusevangeliums, der Petrus–Apokalypse und des Kerygma Petri (Kleine

In § 15 des Philippus-Evangeliums, einer gattungsmäßig schwer bestimmbaren Sammlung von Sprüchen (Exzerpten?), die in Nag-Hammadi aufgefunden wurde (NHC II,51,29–86,19, speziell 55,7–15) und wahrscheinlich auf das 2./3. Jh. n. Chr. zurückgeht[37], wird die Ätiologie des Ackerbaus in Vit Ad 1–21 vor dem Hintergrund der Brotrede (Joh 6) spiritualisierend revidiert; hierzu habe ich mich an anderem Ort ausführlicher geäußert.[38] So spricht einiges dafür, daß die Vit Ad bereits im 2. Jh. nach Chr. existiert hat. Auch die weite Verbreitung der Teufelsfallsgeschichte, welche die Feindschaft des Teufels gegen die Menschen damit erklärt, daß der Teufel sich weigerte, Adam als das Ebenbild Gottes nach dessen Erschaffung anzubeten, deutet auf eine frühe Abfassung der Vit Ad: Sie begegnet z.B. in der Apokalypse des Sedrach, den Fragen des Bartholomäus

---

Texte für Vorlesungen und Übungen 3), Berlin 1933, 6. Hier ist freilich wieder von den Folgen der Totenpredigt nicht die Rede. Eine merkwürdige Variante zu diesen Vorstellungen findet sich in Herm, Sim 9,16,5, wo von einer Totenpredigt der entschlafenen Apostel und Lehrer die Rede ist. Insgesamt finden sich also in den früheren Texten Anklänge an den Descensus-Mythos, wie er im Desc Inf ausgeführt ist, aber man tappt doch noch weitgehend im Dunkeln.

Breiter belegt sind Vorstellungen von der Hadesfahrt Christi dann ab der zweiten Hälfte des 2. Jh., HARNACK (a.a.O.) nennt zahlreiche Belege aus Irenäus, Clemens etc; wichtig ist, daß auch Marcion sie geteilt hat. Frühestens in dieser Zeit könnte der Desc Inf entstanden sein. Genauere Auskünfte erhält man in der Sekundärliteratur leider nicht: A. HARNACK, Geschichte der altchristlichen Literatur bis Eusebius, Leipzig ²1958, Band I, 21–24, speziell 22 möchte den Desc Inf nicht vor Euseb verorten, W. BIEDER: Die Vorstellung von der Höllenfahrt Christi, Zürich 1949, 191 votiert für das 2./3. Jh., J. KROLL: Gott und Hölle (Studien der Bibliothek Warburg 20), Berlin 1932, 83–95, speziell 84–85 ebenfalls. Ein wichtiges Indiz für die Datierung liefert C. SCHMITT: Gespräche Jesu mit seinen Jüngern nach der Auferstehung (Texte und Untersuchungen 3,13 [=43]), Leipzig 1919, 575, Anm. 2: Die πύλαι αἰώνιοι von Ps 24,7 werden in Desc Inf 5,3 auf die Tore der Hölle bezogen, zur Zeit des Irenäus aber deutete man sie auf die Himmel (vgl. Iren, Dem 84; Adv Haer IV,33,13). Letztgenannte Vorstellung dürfte ursprünglicher sein, da sie mit der alten Assoziation von Tempel und Himmel harmoniert.

[37] Zum Text vgl. B. LAYTON (Text) / W.W. ISENBERG (Übersetzung): The Gospel According to Philipp, in: B. LAYTON (Hrsg.): Nag Hammadi Codex II,2–7, Vol 1 (Nag Hammadi Studies 20), Leiden 1989, 142–215. Bei LAYTON / ISENBERG fehlt eine Paragraphenzählung, hier ist H.-M. SCHENKE: Das Evangelium nach Philippus, in: W. SCHNEEMELCHER (Hrsg.): Neutestamentliche Apokryphen, Band 1: Evangelien, Tübingen 1990, 148–173 (deutsche Übersetzung!) zu folgen. Wegen seiner diplomatischen Wiedergabe der Zeilengliederung praktisch ist W.C. TILL (Hrsg.): Das Evangelium nach Philippus (Patristische Texte und Studien 2), Berlin 1963 (die Partition ist freilich nach SCHENKE zu modifizieren, außerdem ist die Zählung der Seiten von NHC II überholt). In seiner Einleitung zum Ev Phil (bei LAYTON, a.a.O. 131–139, speziell 134–135) identifiziert ISENBERG das Ev Phil als eine Sammlung von Exzerpten aus einer christlich-gnostischen Sakramentskatechese, die in der zweiten Hälfte des 3. Jh. komponiert wurde. SCHENKE, a.a.O. 151 votiert für die zweite Hälfte des zweiten Jh. und bestimmt Ev Phil als Florilegium (Gattungsparallele: Die Excerpta ex Theodoto des Clemens von Alexandria); er lehnt es ab, für dieses eine Quelle zu supponieren.

[38] J. DOCHHORN: Warum gab es kein Getreide im Paradies? Eine jüdische Ätiologie des Ackerbaus in Ev Phil 15, Zeitschrift für die neutestamentliche Wissenschaft 89 (1998), 125–133.

(Quaestiones Bartholomaei) und in der Schatzhöhle (Cav Thes), des weiteren in
der koptischen Literatur, besonders in der koptischen Magie, und nicht zuletzt
auch im Koran sowie im Ginza der Mandäer.[39] Diese Belege lassen zwar nicht

---

[39] Belege für die Teufelsfallsgeschichte nach Vit Ad 11–17 (die Liste ist nicht chronologisch,
sondern an Religion und Sprache der Tradenten orientiert; entlegenere Werke werden mit
Ausgabe genannt): I *christlich*: Ia *griechisch*: **1)** Apc Sedr 5,2–3; **2)** Qu Barth 4,52–57; **3)** Did
Chr 22–25, vgl. F. NAU (Hrsg.): Une didacalie de Notre-Seigneur Jésus-Christ (ou: Constitutions des Saints Apotres), Revue de l'Orient Chrétien 12, 225–254; **4)** Palaea Historica (gr),
VASSILIEV p. 189 (Teufelsfallsgeschichte als häretisch abgelehnt, vgl. Anm. 42); **5)** Iesu Conten-
tio cum Diabolo 3, vgl. R. CASEY / A. THOMSON: A Dialogue between Christ and Devil, The
Journal of Theological Studies, N.S. 6 (1955), 49–65 und GEERARD: Clavis § 84 (das Werk ist
griechisch und slavisch erhalten); **6)** Athanasius, Quaestiones ad Antiochum 10 (MPG 28,597-
710, speziell 603/604 C) (Teufelsfallsgeschichte als häretisch abgelehnt); Ib *slavisch*: **7)** 3. Bar
(slav) – nur in der Kurzrezension, der Text findet sich bei: R. STICHEL: Die Verführung der
Stammeltern durch Satanael nach der Kurzfassung der slavischen Baruch-Apokalypse, in: R.
LAUER / P. SCHREINER (Hrsgg.): Kulturelle Traditionen in Bulgarien. Bericht über das Kolloquium der Südosteuropa-Kommission, 16.–18. Juni 1987 (Abhandlungen der Akademie der
Wissenschaften in Göttingen, Philologisch-Historische Klasse, 3. Folge 177), Göttingen 1989,
116–128, speziell 118; **8)** Erzählung vom Tiberias-Meer (bogomilisch), vgl. JAGIĆ: Beiträge,
44–46, speziell 46; **9)** eine weitere Kosmogonie (bogomilisch), vgl. ibidem, 47–48; **10)** noch
eine slavische Kosmogonie, vgl. A. POPOV: Buch der Schöpfung des Himmels und der Erde (in
russisch), Moskau 1881, p. 2 (non vidi) – Übersetzung der betreffenden Passage: J.-M. ROSEN-
STIEHL: La Chute de l'Ange. Origines et Développement d'une Légende. Ses Attestations dans
la Littérature Copte, in: J.É. MÉNARD: Ècritures et traditions dans la littérature Copte. Journée
d'Études Coptes, Strassbourg 28. Mai 1982 (Cahiers de la Bibliothèque Copte 1), Louvain 1983,
37–60, speziell 51; Ic *koptisch*: **11)** Lib Inst Mich 3 (vgl. E II,1, Anm. 8); **12)** Lib Inst Gabr 9
(vgl. E II,1, Anm. 8); **13)** Lib Inst Abb 30–34 (vgl. E II,1, Anm. 8); **14)** Myst Joh 8 (vgl. E II,1,
Anm. 8) – nur ein Anklang: Sonne und Mond warfen sich täglich vor Adam nieder, der Teufel
wurde neidisch auf Adams Glorie (ⲉⲟⲟⲩ); **15)** Johannes von Parallos, De Michael et Libris
Haereticis (Fragmente: Paris, BNF, copte 131[1] und Wien, ÖNB, K 9831–9838, speziell K
9837–9838) – Edition: A. VAN LANTSCHOOT: Fragments coptes d'une homélie de Jean de
Parallos contre les hérétiques, in: Miscellanea Giovanni Mercati, Vol I (Studi e testi 121), Città
del Vaticano 1946 (nach Paris, Bibliothèque Nationale de France,), speziell 316–318 (Text);
325–326 (Übersetzung) (Widerlegung der Teufelsfallsgeschichte und der auch in Lib Inst Mich
und anderswo bezeugten Auffassung, Michael sei an des Teufels Stelle getreten), auch vgl.
C.D.G. MÜLLER: Die Engellehre der koptischen Kirche, Wiesbaden 1959, Text 77; **16)** Peter
von Alexandrien, De Contemptu Rerum Mundanarum etc. – sahidisches Fragment bei W.E.
CRUM: Texts Attributed to Peter of Alexandria, The Journal of Theological Studies 4 (1903),
387–397, speziell 395–397 (nach Paris, BNF, copte 131[5], f. 38), bohairischer Text: Codex
Vaticanus Copticus 61, 82–116v (Codexbestandteil aus dem 10. Jh.), dazu A. VAN LANT-
SCHOOT: Codices Coptici Vaticani Barberiani Borgiani Rossiani, Tomus I: Codices Coptici
Vaticani, Rom 1937, 420–421, vgl. auch MÜLLER: Engellehre, Text 85; **17)** Historia Seditionis
Satanae: A. VAN LANTSCHOOT: Un Texte Palimpseste de Vat. Copte 65, Le Muséon 60 (1947),
261–268, vgl. MÜLLER (a.a.O.), Text 115 und HAELEWYCK, Clavis, Nr. 13; **18)** Ps-Gregor, Hom
Diab Mich 1,4 – G. LAFONTAINE: Une homélie copte sur le diable et sur Michel attribuée à
Grégoire le Théologien, Le Muséon 92 (1979), 37–69 (die ganze Homelie dient der Widerle-

notwendigerweise auf Kenntnisnahme der Vit Ad schließen; mit einiger Sicherheit kann dies nur für Schriften behauptet werden, die neben der Teufelsfallsgeschichte auch andere Motive aus den Adamviten übernommen haben, so etwa Lib Inst Abb, Myst Joh, Cav Thes, Saltair na Rann, vgl. E II,1, Anm. 6–8. Mindestens indirekt, oftmals sicher auf dem Wege mündlicher Überlieferung, werden aber auch die anderen Belege letztlich von der Vit Ad ihren Ausgang genommen haben, denn aus der Theologie der Vit Ad, speziell der ihres Redaktors, läßt sich die Teufelsfallsgeschichte am ehesten erklären (vgl. E III,5d).

---

gung der Lehre von der Einsetzung Michaels und lehnt auch die Teufelsfallsgeschichte ab); **18)** Ps-Chrys, In Michaelem, übersetzt bei CRUM: Texts (s. Nr. 16), 396, Anm. 3; **19)** Mart Georg: Text: I. BALAESTRI / H. HYVERNAT: Acta Martyrum II (Corpus Scriptorum Christianorum Orientalium 86, Scriptores Coptici 6), Louvain 1924, 304–305; Übersetzung: I. BALAESTRI / H. HYVERNAT: Acta Martyrum II (Corpus Scriptorum Christianorum Orientalium 125, Scriptores Coptici 15), Louvain 1950, 303–304. Der Teufel erzählt die Teufelsfallsgeschichte, Georg widerlegt ihn; **20)** Theodosius, De Michaele, London, British Museum, Ms. Oriental 7021, 19–25 // Ms. Oriental 6781, 15–19 – Edition: E.A.W. Budge: Miscellaneous Coptic Texts in the Dialect of Upper Egypt, London 1915, 321–431, speziell 332–339; **21)** *koptische Magie:* Lobpreis Michaels, Zeile 34–43, vgl. A. KROPP: Der Lobpreis des Erzengels Michael, Brüssel 1966, dazu J. VAN DER VLIET: Satan's Fall in Coptic Magic, in: M. MEYER / P. MIRECKI (Edd.): Ancient Magic and Ritual Power (Religions in the Graeco-Roman World 125), Leiden 1995, 401–418, speziell 406–408; Id *syrisch:* **22)** Cav Thes 3,1–7; **23)** I.-B. CHABOT: Chronicon ad A.D. 1234 Pertinens. I. Praemissum est Chronicon Anonymum ad A.D. 819 Pertinens, Curante Barsaum, A (Corpus Scriptorum Christianorum Orientalium 81), Louvain 1920, 29 – Übersetzung: CSCO 109, Louvain 1937, 19; **24)** Jakob von Edessa: R. SCHRÖTER: Erster Brief Jakob's von Edessa an Johannes den Styliten, Zeitschrift der deutschen Morgenländischen Gesellschaft 24 (1870), 261–300, speziell 270 (Text), 275 (Übersetzung) – Widerlegung der Teufelsfallsgeschichte, die unter dem Namen des Jakob von Serug umherlaufe; **25)** Barhebraeus: M. ALBERT: Le Candélabre du Sanctuaire de Grégoire Abou'lfarag dit Barhebraeus (Patrologia Orientalis 30), Paris 1961, 286 (von Jakob von Edessa abhängig); Ie *armenisch:* **26)** Eznik von Kolb: L. MARIÈS / CH. MERCIER: Eznik de Kolb, De Deo (Patrologia Orientalis 28), Paris 1959, 434–435 (Text), 569 (Übersetzung); II *jüdisch* (wohl aus christlichen oder muslimischen Quellen): **27)** Eldad Ha-Dani (EPSTEIN, S. 66); **28)** Bereschit Rabbati p24f: CH. ALBECK: Midrash Bereschit Rabbati, ex Libro R. Mosis Haddarschan, Collectus e Codice Pragensi, Jerusalem 1967, p. 67, teilweise übersetzt bei: P. SCHÄFER, Rivalität zwischen Engeln und Menschen (Studia Judaica 8), Berlin 83; **29)** R. MARTIN: Pugio Fidei Adversus Mauros et Judaeos, Leipzig 1667, 563 gibt vor, auf Moses Haddarschan zurückzugreifen, aber der Text weicht stark ab, vgl. M. GRÜNBAUM: Beiträge zur vergleichenden Mythologie der Haggada, Zeitschrift der deutschen morgenländischen Gesellschaft 31 (1877), 183–359, speziell 233; III *muslimisch:* **30)** Koran 2,30–39; 7,11–24; 15,26–43; 17,61–65; 18,50; 20,115–123; 38,71–85; IV *mandäisch:* **31)** Rechter Ginza 1,88 und 2,23 – Übersetzung: M. LIDZBARSKI: Ginzâ. Der Schatz oder das grosse Buch der Mandäer (Quellen der Religionsgeschichte 13,4), Göttingen-Leipzig 1925 (Neudruck: Göttingen 1978), 16 und 34. MEYER, Vita 200 und 225 verweist auf diese Stellen mit Bezugnahme auf M. NORBERG (Ed): Codex Nasareus, Lund 1815-1816, 27 und 67. NORBERG ging davon aus, daß der ihm vorliegende mandäische Text in verderbtem Syrisch abgefaßt sei; seine Ausgabe ist nur noch wissenschaftshistorisch bedeutsam.

Es hat den Anschein, daß die Vit Ad weit mehr rezipiert wurde als die Apc Mos.[40] Dementsprechend ist die Vit Ad in den orientalischen Kirchen sowie in der Kirche des Abendlandes besser vertreten[41] als die Apc Mos; letztere hat nur in der armenischen Kirche (neben der Vit Ad!) Aufnahme gefunden. In der griechischen Kirche verhält es sich interessanterweise umgekehrt. Im Grunde ist es aber nicht weiter erstaunlich, daß dort die Vit Ad verdrängt wurde: Die griechische Kirche hat sich im Laufe der Zeit als wenig »apokryphenfreundlich« erwiesen; nicht ohne Grund sind wir, wenn es um die Rekonstruktion der Literatur des vorrabbinischen Judentums geht, in starkem Maße auf die Literaturen des christlichen Orients angewiesen. Ein Motiv für die Verdrängung läßt sich allenfalls vermuten: Die Erzählung von der Buße Adams könnte Anstoß erregt haben, weil sie das Erlösungshandeln Christi hätte relativieren können; ein Anathematismus ist freilich nur für die Teufelsfallsgeschichte belegt – in der Palaea Historica (gr)[42], doch die Teufelsfallsgeschichte ist auch in der griechischen Kirche nicht völlig unterdrückt worden (vgl. Anm. 39). Daß die Apc Mos überlebt hat, dürfte vor allem daran liegen, daß sie nicht mit einer Buße Adams einsetzt, sondern mit der Vertreibung Adams aus dem Paradies; so konnte sie im Zusammenhang mit dem Sonntag der Butterwoche Verwendung finden, an dem der Vertreibung Adams aus dem Paradies gedacht wurde (vgl. E II,3 [S. 32]).

---

[40] Für die Apc Mos zeugt allerdings wahrscheinlich Orig, Princ III,2,1, vgl. E IV,2.

[41] Auf die Verbreitung der Vit Ad (lat) mag sich auch auch positiv ausgewirkt haben, daß sie teilweise mit der Kreuzesholzlegende verquickt wurde, so in der Mehrzahl der bei MEYER, Vita 210–214 genannten volkssprachlichen Adaptionen sowie in Rezension III der Vit Ad (lat), wo Elemente dieser Sage interpoliert wurden (ibidem 215).

[42] Der Begriff Palaea bezeichnet ostkirchliche Bibelnacherzählungen. Überliefert ist die sog. Palaea Interpretata (nur slavisch), die auch Polemiken und Kommentare enthält, sowie die überwiegend erzählerische Palaea Historica (griechisch und slavisch), vgl. hierzu F. STEGMÜLLER: Repertorium Biblicum Medii Aevi, Tomus I, Madrid 1940, Nr 126. Letztere ist mir in griechischer Version zugänglich; sie reicht von der Trinitätslehre und der Schöpfung bis zum Propheten Habakuk. Die Palaea Hist (gr) ist herausgegeben bei A. VASSILIEV: Anecdota Graeco-Byzantina 1, Moskau 1893, 188-292; diese Ausgabe basiert auf zwei Handschriften (VASSILIEV L), weitere drei werden vom Herausgeber genannt, aber nicht ausgewertet (ibidem L-LI). In Paris habe ich einen Kodex ausfindig gemacht (BNF, gr 37, 45r-204v), der zumindest in der Palaea-Version der Historia de Melchisedec (Hist Melch - vgl. HAELEWYCK, Clavis Nr. 95) den Text VASSILIEVs an vielen Stellen verbessern helfen kann. H. OMONT: Inventaire sommaire des manuscrits grecs de la Bibliothèque Nationale, Tome 1, Paris 1886, 7-8 hat nicht erkannt, daß auf den genannten Seiten die Palaea Hist wiedergegeben wird. Die Palaia Hist ist eine wichtige Quelle für die Überlieferung frühjüdischer oder potentiell frühjüdischer Traditionen. So enthält sie die bereits erwähnte Hist Melch; in der slavischen Version findet sich die Scala Jacob, eine frühjüdische Apokalypse (vgl. HAELEWYCK, Clavis, Nr. 102); vgl. zu diesem Thema D. FLUSSER: Palaea Historica. An Unknown Source of Biblical Legends, in: J. HEINEMANN / D. NOY (Edd.): Studies in Aggadah and Folk Literature (Scripta Hierosolymitana 22), Jerusalem 1971, 48-79. Der Anathematismus findet sich im Abschnitt über die Schöpfung (VASSILIEV 189): Τινὲς δὲ λέγουσιν, ὅτι διὰ τὸ μὴ προσκυνῆσαι τὸν παρὰ θεοῦ πλασθέντα ἄνθρωπον ἀπε(ρ)ρίφη [sc. ὁ διάβολος]· καὶ ληροῦσιν τὰ τοιαῦτα ἀνάθεμα (»Einige aber sagen, daß er [sc. der Teufel] verstoßen wurde, da er den von Gott geformten Menschen nicht angebetet habe; und denen, die solches schwatzen, gilt das Anathema«).

Fajj / Sah: Es haben sich zwei koptische Fragmente erhalten, die Passagen aus den Adamdiegesen abdecken, ein fajjumisches (Fajj), das mit Apc Mos 27–29 korreliert, und ein sahidisches (Sah), das mit Apc Mos 31–32 parallel geht. Beide Fragmente sind in Handschriftenkatalogen wiedergegeben, aber noch nicht endgültig veröffentlicht; hier werden die Texte in Anlehnung an die Kataloge präsentiert, mit einigen Emendationen (durch Unterstreichung markiert), die freilich unter dem Vorbehalt der Einsichtnahme in das Original stehen. Jeweils im Anschluß soll versucht werden, sie textgeschichtlich zu verorten.

Fajj: ist durch LEIPOLDT bekannt gemacht worden.[43] Seiner Beschreibung nach weist das Fragment (Berlin, kopt 181) – Herkunft und Alter sind unbekannt – eine Höhe von 12 cm und eine Breite von 24 cm auf, der obere und untere Rand fehlt, es hat sich eine recto- und eine verso-Seite mit je zwei Spalten erhalten. Eine Zeile umfaßt ausweislich der beigefügten Schriftprobe ca. 15 Zeichen; dieser läßt sich auch entnehmen, daß die Spatien zwischen den Wörtern von LEIPOLDT stammen, die Interpunktion hingegen dem Kodex. LEIPOLDT hat unsichere Lesungen durch Punkte unter den Buchstaben markiert. Durch physische Zerstörung (Löcher) bedingten Textverlust hat er durch eckige Klammern ([ ]) gekennzeichnet; die ungefähre Anzahl der verlorenen Schriftzeichen ist dabei durch Punkte wiedergegeben. An einer Stelle hat LEIPOLDT Text innerhalb der Klammern ergänzt; dies wird ohne gesonderte Markierung übernommen. Ich habe ebenfalls Ergänzungsvorschläge gemacht, die durch Unterstreichung gekennzeichnet sind. Dabei habe ich an einigen Stellen die durch LEIPOLDT vorgenommene Worttrennung verändert, ohne dies zu markieren. Die Berührungspunkte mit der Apc Mos sind auch LEIPOLDT nicht entgangen, er verweist auf TISCHENDORFs Ausgabe.

Recto, Spalte 1 (// Apc Mos 28,3–4)

1		1		
2		2		
3		3		
4	]	4	]	
5	[. . . . .]ⲡⲉ	5 [	] xx	
6	[. . . . . .]Ⲙ̣Ⲛ[. .]Ⲛⲉⲉ	6 [	] xx [	] xxx

---

[43] J. LEIPOLDT: Bruchstück einer Moseapokalypse (fajjumisch), in: Aegyptische Urkunden aus den koeniglichen Museen zu Berlin, herausgegeben von der Generalverwaltung. Koptische Urkunden, Band 1, Berlin 1904, Nr. 181 (S. 171).

7 [. .]ⲉⲍⲉ ⲡϢⲏⲛ ⲉⲧ[. .]
8 [. .]ⲉⲩ ⲉⲧⲃⲏⲏⲧⲕ ⲭⲉ
9 [ⲛⲛⲉ]ⲕⲟⲩⲱⲙ ⲉⲃⲁⲗ ⲛ̄
10 [ⲍⲏ]ⲧϥ ⲛⲕⲉⲗⲁⲧⲙⲟⲩ
11 [. .]Ϣⲁⲉⲛⲉⲍ· ⲁⲗⲗⲁ ⲍⲓ
12 [. . .]ⲛ ⲁⲕϢⲁⲛⲓ ⲉⲃⲁⲗ
13 [. . .]ⲙⲡⲉⲓⲙⲉ ⲛⲕϢⲟ[. .]
14 [. .ⲍⲓ]ⲭⲉⲛ [ⲡ]ⲕⲉⲍⲓ
15 [. . . . .]ⲉⲍⲉ[
16 [

7 [   ] xxx Baum, welcher [ ]
8 [   ] xx deinetwegen, damit
9 [du nicht] issest [vo]n
10 ihm und unsterblich werdest
11 [ ] in Ewigkeit. Aber, siehe,
12 [ ] x wenn du gehst von
13 [ ] diesem Ort, so daß du xx [
14 [a]uf [der] Erde
15 [   ] xxx [
16 [

Recto, Spalte 2 (//Apc Mos 29,1–2)

1 [. . . . .]ⲭⲟⲩⲉ[.]
2 [. . ⲁⲅⲅ]ⲉⲗⲟⲥ ⲉⲧⲣⲟⲩⲍⲉ
3 [. . . . ⲙ]ⲙⲁⲛ ⲉⲃⲁⲗ ⲍⲉⲙ
4 ⲡⲡⲁⲣ[ⲁ]ⲇⲓⲥⲟⲥ· ⲁⲩⲱϢ
5 ⲉⲃⲁⲗ ⲉⲩⲭⲱ· ⲛ̄ⲍⲉⲛ
6 ⲥⲙⲏ ⲛⲍⲁ† ⲭⲉ ⲙⲁⲁϢ
7 ⲉⲃⲁⲗ ⲕⲁⲧⲁⲧⲕⲉⲗⲉⲩϲⲓϲ
8 ⲙⲫ†· ⲁⲩⲱ ⲁⲁⲇⲁⲙ ⲡⲉ
9 ⲧⲉⲛⲓⲱⲧ ⲁϥⲗⲓⲙⲓ ⲉⲍⲟⲩ̄
10 ⲉⲍ̇ⲗⲉⲩ ⲛⲛⲉⲁⲅⲅⲉⲗⲟⲥ
11 ⲡⲉⲭⲉⲩ ⲛⲏϥ ⲭⲉ ⲁⲍ[. .]
12 ⲟⲩⲛ[.] ⲉⲧⲉⲛ[.]ⲉ̇ϥ[. .]
13 ⲛⲏⲛ[.]ⲁ̣[
14 ⲭ[
15 [

1 [   ] xxxx [ ]
2 [Eng]el, daß sie werfen
3 [u]ns aus dem
4 Par[a]dies. Sie riefen
5 aus und sprachen mit
6 fürchterlicher Stimme: »Geht
7 hinaus, entsprechend dem Befehl
8 Gottes!« Und Adam, eu-
9 er Vater, weinte vor
10 den Engeln.
11 Sie sprachen zu ihm: »Wa[s   ]
12 xxx [ ] welches xx [ ] xxx [   ]
13 xxx [ ] x [
14 x [
15 [

Verso, Spalte 1 (// Apc Mos 29,3)

1 [
2 ⲉ̣[
3 ⲁϢⲉⲉⲁ[
4 ⲛⲉⲉⲓⲛⲧ̣ⲓ[
5 ⲡⲁⲗⲓⲛ[
6 ⲁϥⲱϢ ⲉⲃⲁⲗ[
7 ⲉⲛⲉⲁⲅⲅⲉⲗⲟⲥ ⲉϥⲭⲱ
8 ⲙⲙⲁ̣ⲥ ⲭⲉⲛⲁⲭⲓⲥ[ⲉⲩⲉ]

1 [
2 x [
3 xxxxx [
4 xxxxxx [
5 wiederum [
6 rief (Adam) aus [
7 vor den Engeln und sprach
8 dieses: »meine Gebie[ter],

9 ⲉϣϫⲉ̣ⲧ̣ⲉ̣ⲧ̣ⲛ̣[.]ⲁⲛϩ ϫ̣ⲉ̣	9 wenn ihr [ ] xxx xx
10 ⲗ̣[. .]ⲁⲓ ⲉⲓⲉϩⲃ̣[.]ⲗⲁⲡ[.]ⲁ̣	10 x [ ] xx xxxxx [ ] xxx [ ] x
11 ⲅⲁⲣⲡⲟⲥ· ⲛ̣ⲕⲛ̣ⲧⲉ̣ ⲉ̣	11 Frucht der Feige, zu
12 ϫⲱⲱⲗⲉ ⲛⲉ̣ⲉⲛ̣ⲕ̣[ⲛ]ⲧ̣ⲉ̣	12 sammeln xxx F[e]igen
13 ⲛⲅⲁⲣⲡⲟⲥ ⲛⲥϯⲛⲟⲩ	12 Früchte des Wohlge-
14 ⲃⲓ ϫⲉⲕⲉⲕ̣ⲉⲓϣ[.]ⲛⲗⲁ̣	14 ruchs xxxxxxxx [ ] xxx
15 [.]ⲓⲛ̣[. . . . .]ⲉ[. .]ⲉⲧⲁ	15 [ ] xx [ ] x [ ] xxx
16 [. . . . .]ⲩ	16 [ ] x
17 [	17 [

Verso, Spalte 2 (// Apc Mos 29,6)

1	1
2	2
3	3
4	4
5	5
6 [	6 [
7 [. .]ⲟⲩ̣ⲁ[	7 [ ] xxx [
8 [.]ϣ̣ⲓ̣ⲛ· ⲟⲩⲕⲁⲥⲓⲁ[	8 [ ] xxx Kasia [
9 ⲁ̣ϥⲧⲉⲓⲧⲟⲩ ⲛ̣ⲛⲁ[	9 er gab sie den [
10 ⲡⲁⲗⲓⲛ ⲁⲛ ⲁ̣ϥϫ̣[	10 wiederum xxx [
11 ϫ̣ⲉ ⲛⲛⲟⲩϣⲟⲩϩⲏ[ⲛⲓ	11 xxx Weihrau[ch,
12 ⲉϥⲥⲁⲡⲧ ϩⲉⲛⲟ̣ϣ̣[	12 der wertvoll, xxxxx [
13 ⲙ̄ⲛϩⲉⲛ̣ⲕⲗⲁⲧⲟⲥ̣[	13 mit Zweigen [
14 ⲁⲩⲱ ⲟⲩⲗ̣ⲓ̣ⲃⲁⲛⲟⲥ ⲓ[	14 und Weihrauch x [
15 ⲟⲩⲭⲁⲗ[ⲃⲁ]ⲛⲉ ⲁϥⲧ̣[	15 Gal[ba]num xxx [
16 [. . . . . .]ⲩ[	16 [ ] x [
17 [	17 [

Anmerkungen:
r1$_9$ [ⲛⲛⲉ]ⲕⲟⲩⲱⲙ : LEIPOLDT: [. . . .]ⲕⲟⲩⲱⲙ. **r1**$_{14}$ [. . ϩⲓ] ϫⲉⲛ [ⲡ]ⲕⲉϩⲓ : LEIPOLDT: [. . . .]ϫⲉⲛ[.]ⲕⲉϩⲓ. **r2**$_2$: ⲉⲧⲣⲟⲩϩⲉ : LEIPOLDT: ⲉⲧⲣⲟⲩⲇⲉ (wohl Lesefehler). **r2**$_8$: LEIPOLDT bestätigt die Form ⲁⲁⲇⲁⲙ durch interlineares »sic!«. **v1**$_5$ Das große ⲡ kennzeichnet eine Initiale. **v2**$_{11}$ ϫ̣ⲉ ⲛⲛⲟⲩϣⲟⲩϩⲏ[ⲛⲓ : LEIPOLDT: ϫ̣ⲉⲛⲛⲟⲩϣⲟⲩϩⲓ̣[. **v2**$_{15}$ ⲟⲩⲭⲁⲗ[ⲃⲁ]ⲛⲉ : LEIPOLDT: ⲟⲩⲭⲁⲗ[. .]ⲛⲉ.

Dem Text läßt sich aufgrund seines fragmentarischen Zustandes nicht viel entnehmen; $r2_{10-11}$ erlaubt aber immerhin die Schlußfolgerung, daß Fajj wie die Adamviten kein Korrelat zu ἔτι ὢν ἐν τῷ παραδείσῳ hat, vgl. °29,2b; freilich teilen auch Pa J^1-E^1-E^2 diese Eigenschaft.

Sah: Der Text des sahidischen Fragments (Manchester, John Rylands Library, copt 84) ist durch CRUM[44] bekannt gemacht worden. Es umfaßt eine Seite, recto und verso je einspaltig beschrieben, der Umfang beträgt 5 x 13½ cm. Es geht, wie schon CRUM feststellte, mit Apc Mos 31/32 parallel. Was die Konventionen betrifft, gilt das zu Fajj Gesagte; die darüber hinaus verwendeten gedoppelten Klammern ⟦ ⟧, mit denen Athetesen markiert werden, stammen von mir.

Recto (// Apc Mos 31,2–4)

1	]ⲁ	1	] x
2	[. . .] ⲉ ⲦⲚⲀⲢⲔⲈ	2	[ ] x. »[Wie v]iele weitere
3	[Ⲟ]ⲨⲎⲢ ⲚⲢⲞⲘⲠⲈ	3	Jahre werde [ic]h
4	[Ⲉ]ⲒⲞⲚⲌ· ⲘⲠⲢⲌⲈⲠ	4	leben müssen? Verbirg
5	[Ⲡ]ⲌⲰⲂ ⲈⲢⲞⲒ ⲠⲀ	5	[e]s nicht vor mir, mein
6	[Ⲭ]ⲞⲈⲒⲤ ⲀⲆⲀⲘ	6	[Ge]bieter Adam,
7	[Ⲡ]ⲤⲰⲦⲠ ⲚⲦⲈ	7	[o] Erwählter
8	[Ⲡ]ⲚⲞⲨⲦⲈ· ⲦⲞ	8	[G]ottes.« Da-
9	[ⲦⲈ Ⲁ]ⲆⲀⲘ ⲠⲈ	9	[raufhin] spr[ach] [A]dam
10	[ⲬⲀϥ] ⲚⲈⲨⲌⲀ ⲬⲈ	10	zu Eva
11	⟦[ⲬⲀ]ϥ ⲚϬⲒ ⲀⲆⲀⲘ	11	{[spra]ch Adam
12	ⲠⲈⲬⲀϥ ⲬⲈ⟧ ⲈⲒϢⲀ	12	sprach}: »Wenn ich
13	ⲘⲞⲨ ⲘⲠⲢ[Ⲭ]ⲰⲌ	13	sterbe, [ber]ühre mich nicht
14	ⲈⲢⲞⲒ ⲘⲠⲀⲘⲀ	14	an meinem Ort
15	⟦ⲠⲀⲘⲀ⟧ ϢⲀⲚⲦⲈ	15	{meinem Ort}, bis
16	ⲠⲬⲞⲈⲒⲤ ⲦⲚⲚⲞ	16	der Herr (jemanden) sen-,
17	ⲞⲨ ⲚϥϢⲀⲬⲈ ⲚⲘ	17	det, damit er rede mit
18	ⲘⲎⲦⲚ ⲈⲦⲂⲎ	18	euch um
19	ⲎⲦ· ⲚϥⲚⲀⲞⲂϢϥ	19	meinetwillen; er wird meiner
20	ⲄⲀⲢ ⲀⲚ ⲈⲢⲞⲒ· ⲀⲆ	20	nämlich nicht vergessen, son-
21	ⲆⲀ ϥⲚⲀϢⲒⲚⲈ Ⲛ	21	dern wird suchen,

Verso (// Apc Mos 31,4–32,2)

1	ⲦⲀⲘⲞ ⲈⲢⲞⲒ ⲬⲈ Ⲛ	1	mich zu unterweisen, denn
2	ⲦⲤⲞⲞⲨⲚ ⲀⲚ Ⲛ	2	ich weiß nicht,
3	ⲐⲈ ⲈⲦⲚⲀⲀⲠⲀⲚ	3	wie ich begeg-

---

[44] CRUM, W. E.: Catalogue of the Coptic Manuscripts in the Collection of the John Rylands Library, Manchester / London 1909, 40 = Ms. Nr 84.

4	ⲦⲀ ⲘⲘⲞⲤ ⲈⲠⲀⲈⲤ	4 nen soll xxxx dem
5	ⲠⲞⲦⲎⲤ ⲘⲠⲦⲎ	5 Herrn des
6	ⲢϤ ⲬⲈ ⲈⲚⲈϤⲚⲀ	6 Alls, ob
7	ⲀⲠⲒⲀⲒ ⲚⲀⲒ ⲚⲞⲒ	7 Gott mir zürnen
8	ⲠⲚⲞⲨⲦⲈ ⲬⲈ Ⲛ	8 oder sich
9	ⲚⲈϤⲚⲀⲚⲀ ⲜⲀⲢⲞⲒ·	9 meiner erbarmen wird.«
10	ⲦⲞⲦⲈ ⲀⲤⲦⲰⲞⲨⲚ	10 Da stand sie auf
11	Ⲣ . . Ⲙ . . [	11 x x [
12	ⲚⲀ ⲘⲚ ⲦⲘⲚ[Ⲧ]	12 Erbarmen und Gr[ö-
13	ⲚⲞϬ ⲦⲘⲈⲦ[Ⲁ]	13 ße »ich be-
14	ⲚⲞⲒ⟦ⲀⲚⲀⲒ⟧ ⲬⲈ Ⲁ[Ⲓ]	14 reue {xxxx}, denn [ich] habe
15	ⲠⲀⲢⲀⲂⲀ ⲘⲠ[ⲈⲔ]	15 mich vergangen vo[r]
16	ⲘⲦⲞ ⲈⲂⲞⲖ· Ⲧ[ⲦⲰ]	16 dir, ich [fle-]
17	ⲂⲜ ⲘⲘⲞⲔ ⲠⲈⲒ[ⲰⲦ]	17 he dich an, o Va[ter],
18	ⲚⲢⲈϤϢ[ⲀⲚⲜⲦⲎϤ Ⲧ]	18 erbar[mender, ich]
19	ⲘⲈⲦⲀⲚⲞ[Ⲓ . . . .]	19 bereu[e][45]

Anmerkungen:

r₁₁₋₁₂ ⟦[ⲬⲀ]ϥ ⲚⲞⲒ ⲀⲀⲀⲘ 12 ⲠⲈⲬⲀϥ ⲬⲈ⟧ : CRUM: [. .] ϥ ⲚⲞⲒ ⲀⲀⲀⲘ 12 ⲠⲈⲬⲀϥ ⲬⲈ. Athetese von mir – dittographisch bedingte Wiederholung von Redeeinleitungsformeln. Dittographien begegnen in diesem Text gehäuft. **r₁₅** ⟦ⲠⲀⲘⲀ⟧ : CRUM kennzeichnet diese Dittographie durch »sic!«. **v₁** ⲦⲀⲘⲞ : CRUM schlägt ⲦⲀⲀⲤ als Lesung vor. Aber da Adam im Folgenden von seinem Unwissen redet, ist das semantische Umfeld für eine Vokabel wie ⲦⲀⲘⲞ [unterweisen] durchaus vorhanden. Zu den Hintergründen von ⲦⲀⲘⲞ vgl. °31,4b. **v₄** ⲘⲘⲞⲤ bereitet Probleme: 1. funktioniert die Konstruktion nur, wenn ⲀⲠⲀⲚⲦⲀ transitiv ist; dafür gibt es aber vom Griechischen her keine Handhabe. 2. fehlt ein Referenzwort. **v₁₃₋₁₄** ⲦⲘⲈⲦ[Ⲁ] 14 ⲚⲞⲒ⟦ⲀⲚⲀⲒ⟧ : CRUM: Ⲧ ⲘⲈⲦ[Ⲁ] 14 ⲚⲞⲒⲀ ⲚⲀⲒ (»give me repentance«). Gegen die Textauffassung CRUMs spricht, daß der Imperativ zu Ⲧ (»geben«) gewöhnlich ⲘⲀ lautet, nicht Ⲧ (WESTENDORF: Handwörterbuch, 85; 218). Außerdem legt die Vorlage, die vor allem durch rhetorische Wiederholungen geprägt ist, einen Parallelismus ⲦⲘⲈⲦⲀⲚⲞⲒ – ⲦⲦⲰⲂⲜ (»ich bereue – ich flehe«) nahe. ⲀⲚⲀⲒ (CRUM: -Ⲁ ⲚⲀⲒ) dürfte daher ein dittographisch bedingtes Textverderbnis sein (ⲘⲈⲦⲀⲚⲞⲒⲀⲚⲀⲒ). **v₁₉** ⲘⲈⲦⲀⲚⲞ[Ⲓ . . . .] : CRUM: ⲘⲈⲦⲀⲚⲞ[ⲒⲀ ⲚⲀⲒ], vgl. °v₁₃₋₁₄.

---

[45] Übersetzung von CRUM:

] how many years I have to live. Hide not the thing from me, my lord Adam, elect of God. Then Adam said unto Eve [

] Adam. He said: "When I die, touch me not in my place, until the Lord send and speak with you (pl.) concerning me. For he will not forget me, but will seek [

] gave it (?) me. For I know not the manner of my meeting with the ruler (δεσπότης) of all, whether God will threaten (ἀπελεῖν[sic! – J. DOCHHORN]) me or whether He will have mercy on me. Then [Eve] arose [

] mercy (?) and greatness. Give me repentance (μετάνοια), for I have transgressed (παραβαί-νειν) before Thee. I beseech Thee, merciful father (?), give me repentance [

Sah läßt zwei Leitfehler erkennen, die eine stemmatische Verortung erlauben (vgl. °31,4k.m): Beide sind Sonderlesarten der Adamviten: So hat es in v_2 wie diese mit ϯⲤⲞⲞⲨⲚ (»ich weiß«) die 1. Sg., alle aktiven Zeugen der Apc Mos außer ApcMos(arm) hingegen haben die 1. Pl. (οἴδαμεν). Auch ⲈⲠⲀⲈⲤ-ⲠⲞⲦⲎⲤ ⲘⲠⲦⲎⲢϤ in v_{4-6} dürfte ausweislich VitAd(arm.georg) eine Sonderlesart der Adamviten sein.[46]

Sowohl Fajj als auch Sah weisen also Vit Ad - Sonderlesarten auf. Dies legt den Schluß nahe, daß beide Fragmente einer *Vit Ad (kopt) sind. Daß eine koptische Übersetzung der Vit Ad in der Tat existiert hat, ist auch deswegen anzunehmen, weil mehrere koptische Schriften erkennbar Überlieferungen aus der Vit Ad bezeugen, so vor allem Myst Joh und Disc Abb (vgl. E II,1, Anm. 8). In welchem Dialekt diese Vit Ad (kopt) ursprünglich abgefaßt war, läßt sich kaum abschließend bestimmen; die Tatsache, daß abgesehen von Fajj und der fajjumischen Version des Lib Inst Mich alle Residuen sahidisch sind, deutet jedoch auf ein sahidisches Original hin. Es bleibt abzuwarten, ob sich noch mehr Reste der Vit Ad (kopt) auffinden lassen; schon jetzt ist aber erkennbar, daß sie in der koptischen Kirche durchaus nicht ohne Einfluß war, vgl. die Angaben zur koptischen Sekundärüberlieferung in E II,1, Anm. 8 sowie zu den koptischen Derivaten der Teufelsfallsgeschichte in Vit Ad 11–17 in E II,3, Anm. 39.

Va-P¹: Diese beiden Zeugen gehen zusammen mit Lib Ad (slav) auf den bereits in den Ausführungen zu A-AC-Ath-C genannten Subarchetypen II zurück. Das auffälligste Merkmal dieses Subarchetypen ist die stark kürzende Tendenz, die freilich nichts daran ändert, daß *II im wesentlichen den Aufbau der Apc Mos beibehalten hat. Die Kürzungen haben dennoch zur Folge, daß Va und P¹ häufiger als alle anderen Zeugen ausfallen. Zu beachten ist freilich, daß Va und P¹ vielfach auch eigenständig kürzen und umarbeiten (vgl. etwa °29,6k), so daß eine Rekonstruktion von *II schwer fallen dürfte; sie wird hier auch nicht angestrebt. Im textkritischen Kommentar werden nur die wichtigeren Sonderlesarten von Va und P¹ vermerkt; eingehend berücksichtigt werden beide Codices nur, wenn ihre Lesarten auch außerhalb der *II-Gruppe belegt sind.

Abgesehen von den Kürzungen fällt *II durch eine umfangreiche Interpolation aus Vit Ad (gr) 1–10 in °29,6k auf, die NAGEL – wohl kaum mit Recht – in seinen Lesetext aufgenommen hat. Diese Interpolation ist gegenüber den Adamviten eindeutig sekundär, dies ist in °29,6k näher dargelegt. Daß nur ein Teil des Vit Ad

---

[46] VitAd(lat^p) hat *dominus deus et pater*, das von dem Titel »Herr des Alls« abgeleitet werden kann, allerdings nicht mit Sicherheit. Auf jeden Fall aber steht es diesem näher als dem Korrelat in der Apc Mos (τοῦ ποιήσαντος ἡμᾶς).

(gr) - Sonderguts übernommen wird, erklärt sich aus der gegen Ende des Zusatzes erkennbaren Intention des Interpolators: Er wollte schildern, wie Adam und Eva ein zweites Mal verführt wurden; damit wird auch verstehbar, warum der Zusatz hier, nach der Erzählung von der »ersten Verführung« eingefügt wird.

Wo Va und P[1] nicht ausfallen, zeigt sich, daß der ihnen gemeinsame Grundtext, *II, von *Ia abhängig ist. In den Ausführungen zu A-AC-Ath-C wurde die Stemmaposition von *II bereits dahingehend bestimmt, daß *II von einer Überlieferung deriviert, die sich eher von *Ia abgezweigt hat als die anderen *Ia-Zeugen (*Ia[1]).

LibAd(slav): Das slavische Adambuch wird in dieser Arbeit nach der deutschen Übersetzung von JAGIĆ benutzt. Diese hat freilich, abgesehen davon, daß es sich um eine Übersetzung handelt, kaum den Wert eines kritischen Textes, denn JAGIĆ läßt nicht im einzelnen erkennen, wie seine Übersetzung zustandekommt – er teilt lediglich mit, sie gründe sich auf eine »lectio emendata et correcta des slavischen Textes, die sich bald mit voller Bestimmtheit, bald mit großer Wahrscheinlichkeit aus den kritischen Erwägungen einzelner Texte ergibt.« (S. 17). Damit kann man – bei allem Zutrauen – nicht viel anfangen, denn einen kritischen slavischen Text bietet JAGIĆ nicht. Dieser steht auch heute noch aus.

JAGIĆ nennt neun Textzeugen (S. 4–5), vier gehen auf eine Langrezension und fünf auf eine (sekundäre) Kurzrezension zurück, die dennoch textkritisch nicht ohne Wert ist; zu Einzelheiten vgl. idem 4–17. Im Anhang (S. 83–99) veröffentlicht er den Text eines Zeugen der Langrezension (Sigel: m) – mit Lesarten eines anderen Zeugen dieser Rezension im Apparat (Sigel: belgr. nov.); beigefügt ist eine lateinische Übersetzung. Dieser Text ist in °Superscr. a-a herangezogen worden.

Einen wesentlichen Fortschritt in der Erfassung des Überlieferungsbestandes stellt die Arbeit von TURDEANU zum rumänischen Adambuch dar. TURDEANU listet 8 Zeugen der Langrezension auf (S. 82–89; Stemma: S. 90), für die Kurzrezension nennt er 9 Manuskripte (S. 93–96), von denen 2 einer mittelbulgarischen, 5 einer russischen und 2 einer ukrainischen Familie zuzuordnen sind; von der Kurzrezension stammen auch zwei rumänische Übersetzungen ab; die erste ist in drei Abschriften erhalten (S. 104–109), die zweite in zwei Abschriften (S. 109–110). Zu beachten ist, daß kein Zeuge des Lib Ad (slav) älter ist als das 15. Jh. Von ihnen ist ein größerer Teil in Druckausgaben zugänglich, auf diese verweist neben TURDEANU (loc. cit.) HAELEWYCK (S. 4–5).

Lib Ad (slav) beruht auf *II, laut NAGEL (I,102) steht es P[1] näher als Va. An einigen Stellen hat es gegen Va und P[1] ursprüngliche Lesarten von *II bewahrt (NAGEL I,107–112; vgl. °7,1m, °22,4a), doch insgesamt ist sein textkritischer Wert durch seine stark paraphrasierende Textgestaltung erheblich eingeschränkt. Fallen schon die anderen *II-Zeugen häufig aus, so gilt dies also erst recht für Lib Ad (slav): Es findet nur sehr selten Verwendung, und zwar wenn es als Zeuge für *II klar bestimmbar und zugleich unentbehrlich ist.

Lib Ad (slav) hat seine griechische Vorlage vielfach umgestaltet und erweitert. Zu Beginn hat es einen Abschnitt formuliert, der die absolute Herrschaft Adams und Evas über die Tiere im Paradies zum Inhalt hat (§ 1). Von der Paradieswanderung (Apc Mos 9–13) kehrt Seth – anders als in der Apc Mos und in *II – nicht mit leeren Händen zurück, sondern mit drei Zweigen (von der Fichte, der Zeder und der Zypresse), aus denen Adam sich einen Kranz windet (§ 16–17). JAGIĆ (S. 24–25) stellt dieses Motiv mit Legenden zusammen, die um das Holz des Kreuzes Christi zentriert sind; mit der sog. Kreuzesholzlegende ist auch die Parallele in Vit Ad (lat) kontaminiert worden (vgl. E II,3, Anm. 29). Die tiefgreifendste Umgestaltung betrifft die in *II aus Vit Ad (gr) 1–10 interpolierte Passage (°29,6k, vgl. § 28–39). Sie ist durch eine Ätiologie des Ackerbaus erweitert (§ 30–32), die mit der der Adamviten nichts gemein hat (zu letzterer vgl. E III,5d); es folgt die Legende vom Cheirographon (§ 33–34)[47] sowie die Erzählung von der Buße Adams und Evas im Jordan bzw. im Tigris (§ 35–39), die von der Vorlage vor allem darin abweicht, daß Eva hier dem Versuch des Teufels, sie zur Unterbrechung ihrer Buße zu bewegen, standhält. Aus welchen Gründen letztgenannte Änderung vorgenommen wird, vermag ich nicht zu erkennen.

P²-J²-J³-An₁ ApcMos(arm) Br-S¹ J¹-E¹-S³-AD-E²: Diese Zeugen zeichnen sich durch zahlreiche gemeinsame Leitvarianten aus, die sich deutlich als Ergebnisse rezensioneller Tätigkeit erweisen. V.a. fallen längere Passagen ins Auge, in denen sie einen in starkem Maße umgearbeiteten Text bezeugen, so °14,3a, °15,1a, °16,1/3A, °42,3/8A; nur selten haben sie eine größere Omission gemeinsam (so in °24,2/3F). Vor allem an diesen Stellen zeigt sich, daß sie von einer eigenständigen Rezension derivieren, die einen hier ***III** genannten Subarchetyp hervorgebracht hat. Es ist aber auch nicht zu verkennen, daß diese Zeugen stark voneinander abweichen (vgl. v.a. °42,3/8A). Als enger zusammengehörig erweisen sich P²-J²-J³-An₁; ihnen steht die ApcMos(arm) nahe. Daneben sind die Textfamilien Br-S¹ und J¹-E¹-S³-AD-E² zu unterscheiden. Der Subarchetyp von Br-S¹ weist starke Spuren rezensioneller Gestaltung auf und wird hier ***IIIa** genannt. Ansonsten wird noch zu klären sein, wie diese Textfamilien stemmatisch zu verorten sind.

Schon NAGEL hat die genannten Zeugen auf eine Grundform zurückgeführt, die er »texte III« nennt; er führt ihn ebenfalls auf eine Rezension zurück und hat auch die genannten Textfamilien erhoben. Insoweit werden seine Hypothesen hier aufgenommen, sie haben sich bewährt. Größerenteils problematisch aber sind die Auffassungen, die NAGEL zur Textgeschichte und zum Textwert der *III-Überlieferung geäußert hat: NAGEL nimmt an, daß *III im Wesentlichen durch P²-J²-J³-

---

[47] Die Cheirographon-Legende, wahrscheinlich eine narrative Amplifikation zu Kol 2,14, handelt von einem Vertrag (χειρόγραφον) zwischen Adam und dem Teufel, durch den Adam sich und seine Kinder dem Teufel auslieferte. Vgl. M.E. STONE: The Legend of the Cheirograph of Adam, in: G.A. ANDERSON et alii (Edd.): Literature on Adam and Eve (Studia in Veteris Testamenti Pseudepigrapha 15), Leiden etc. 2000, 149–166 und G. MEGAS: Das χειρόγραφον Adams. Ein Beitrag zu Col 2,13–15, Zeitschrift für die neutestamentliche Wissenschaft 27 (1928), 305–320.

An₁ und ApcMos(arm) bezeugt werde (I,220). *IIIa hingegen sei einerseits durch *I-Überlieferung und andererseits durch apokryphe Traditionen interpoliert (I,219, vgl. I,255–263). J¹ wiederum biete eine von *IIIa unabhängige Ausprägung des *III-Textes, welche diesen teilweise erweitert, v.a. aber kürzt (insbesondere in den Schlußkapiteln). E¹-S³-AD hätten die von J¹ bezeugte Textform erweitert, E² wiederum die von E¹⁽ᵉᵗᶜ⁾ bezeugte gekürzt (I,219–220). Der Textwert von *III sei insgesamt gering (I,219); *III basiere auf einem AV und B nahestehenden Text (I,218) und stamme wahrscheinlich aus dem 11. Jahrhundert, in dem auch sonst hagiographische und apokryphe Literatur vielfach revidiert worden sei, vgl. etwa das Werk des Symeon Metaphrastes (I,300–301), der im 10. Jh. Heiligenviten gesammelt und bearbeitet hat[48]; wie dieses sei der Subarchetyp *III nachträglich durch Texte kontaminiert worden, die er eigentlich habe verdrängen wollen – so in *IIIa (I,300). Ihre Verbreitung verdanke *III vor allem Kopisten, die mit Kreta in Zusammenhang stünden (I,299–300).

Problematisch an dieser Einschätzung ist v.a. die Kontaminationshypothese bezüglich *IIIa. In der Tat stimmt *IIIa oftmals gegen die anderen *III-Zeugen mit Textformen überein, die nicht von *III derivieren, doch sind es keineswegs immer dieselben. Auch NAGEL bemerkt, daß *IIIa sowohl mit *II und *Ia als auch mit D-St AV etc übereinstimmen kann (I,257). Aber wieviele Codices müßte der Rezensent dann eingesehen haben, um seinen Text mit »älterer Überlieferung« zu kontaminieren? Und vor allem: Wie erklärt es sich, daß er so unscheinbare Lesarten wie etwa ἀγγέλοις αὐτοῦ in °27,1c (gegen P²⁽ᵉᵗᶜ⁾: ἁγίοις αὐτοῦ ἀγγέλοις τοῦ) aus seiner zweiten Vorlage eingetragen haben soll? Unbefriedigend ist auch NAGELs Erklärung für die wichtigste Variante, bei der *IIIa gegen die anderen *III-Zeugen mit allen übrigen Zeugen zusammengeht: In °24,1/26,4A haben P²⁽ᵉᵗᶜ⁾ ApcMos(arm) J¹⁽ᵉᵗᶜ⁾ die Reihenfolge der Flüche verändert (alt: Adam - Eva - Schlange, neu: Adam - Schlange -Eva), *IIIa hingegen hat die ursprüngliche Reihenfolge. Laut NAGEL (I,256–257) hat der Rezensent von *IIIa sich hier wieder von seiner zweiten Vorlage beeinflussen lassen. Aber warum ergänzt dieser dann nicht auch die Lücke in °24,2/3F, die allen *III-Zeugen gemeinsam ist? Und warum kehrt er, wenn die Reihenfolge in ihrer ersten Vorlage ihn irritiert haben sollte, nicht gleich zur biblischen Sequenz zurück (Schlange - Eva - Adam), wo er doch auch sonst, wie weiter unten zu zeigen ist, so viel Biblisches eingearbeitet hat? Die Kontaminationsthese ist also wenig plausibel. Viel näher liegt die Annahme, daß der Subarchetyp *IIIa, wenn

---

[48] Die Werke des Symeon Metaphrastes finden sich in MPG 114–116; weiteres s. bei A. ERHARDT: Die Legendensammlung des Symeon Metaphrastes und ihr ursprünglicher Bestand, in: Festschrift CAMPO SANTO, Rom 1897, 46–82 und idem: Forschungen zur Hagiographie der griechischen Kirche, Römische Quartalsschrift 11 (1897), 67–205.

er gegen die anderen *III-Zeugen mit von *III unabhängigen Textformen übereinstimmt, sowohl für den Archetyp als auch für den ursprünglichen Text von *III steht. Eine zufällige Übereinstimmung kann freilich nicht ausgeschlossen werden (vgl. etwa °7,2a.d: Sowohl *IIIa als auch D und P^1 zeigen sich durch Prot Ev Jac 13,1 beeinflußt); man wird also auch in dieser Sache von Fall zu Fall entscheiden müssen. Dennoch kann wohl kaum Zweifel daran bestehen, daß *IIIa gelegentlich *III treuer überliefert als die anderen *III-Zeugen (so etwa in °1,3f; °20,3c; °24,1/26,4A; °27,1c; °40,6c; °42,3h.v).

Textgeschichtlich ist dieser Befund von enormer Tragweite: Wenn alle anderen *III-Zeugen einen so signifikanten Fehler wie den in °24,1/26,4A gegen *IIIa und die übrigen Textformen gemeinsam haben, bedeutet dies, daß die *III-Überlieferung grundsätzlich in zwei Basisgruppen zerfällt, nämlich *IIIa auf der einen und P^2-J^2-J^3-An_1 ApcMos(arm) J^1-E^1-S^3-AD-E^2 auf der anderen Seite. Der ihnen zugrundeliegende Subarchetyp soll hier **IIIb** genannt werden. Welcher Überlieferungszweig jeweils *III besser bezeugt, wird im Einzelfall zu entscheiden sein. Entscheidendes Kriterium ist dabei Übereinstimmung oder Ähnlichkeit mit der Überlieferung anderer Zeugen. Sobald diese mit guten Gründen für *I reklamiert werden kann, ist sie auch die ursprüngliche Überlieferung von *III (der Rezensent hat in diesem Fall seine Vorlage nicht verändert, so stark die Umgestaltungen in einigen *III-Zeugen auch sein mögen!). Zumeist ist es nicht die *IIIa-Überlieferung, für die aufgrund dieses Kriteriums zu votieren ist, sondern die der anderen Basisgruppe; und hier sind vor allem P^2-J^2-J^3-An_1 ApcMos(arm) die treuesten Zeugen; wie $J^{1(etc)}$ sich zu ihnen verhalten, wird noch zu klären sein. So hat NAGEL also nicht ganz unrecht, wenn er $P^{2(etc)}$ (und neben diesen ApcMos[arm]) als die primären *III-Zeugen bestimmt, doch ist nachdrücklich festzuhalten, daß nicht jede Änderung, die in diesen begegnet, auf *III zurückgeht. Diese Regeln sind grundsätzlich auch dort anzuwenden, wo *III den ursprünglichen Text so stark umarbeitet, daß ein Vergleich mit anderer Überlieferung fast oder ganz unmöglich wird: Zumeist wird P^2-J^2-J^3-An_1 der Vorzug zu geben sein, insbesondere wenn sie nicht alleine stehen, doch unter Umständen können Br und S^1 alle anderen Zeugen aufwiegen.

Auch die Einschätzung des Textwerts von *III durch NAGEL ist revisionsbedürftig. *III stimmt nämlich gar nicht so selten mit Zeugen aus *I-Überlieferung gegen andere *I-Zeugen überein. Dabei fällt auf, daß *III sehr häufig mit D-St AV An_2-Pa-AH B bzw. einzelnen Zeugen aus diesem Ensemble gegen *Ia zusammengeht (vgl. etwa °5,3b; °10,3a; °17,1g etc.), umgekehrt aber oftmals auch mit *Ia gegen die genannten Zeugen einen Text bietet, der sich aus inneren Gründen als der ursprüngliche erweist (so °8,2c; °10,2f; °25,1e; °29,5a; °33,2e etc.). Dieser Befund ist von enormer textgeschichtlicher Relevanz. Durch ihn ist nämlich gesichert, daß D-St AV An₂-Pa-AH B gemeinsame Leitfehler haben, also auf eine gemeinsame Vorlage zurückgehen, die nicht mit *I identisch ist; sie soll hier mit dem Sigel ***Ib¹** bezeichnet werden. Für den Subarchetypen *III bedeutet dies wiederum, daß er auf eine von *Ib¹ unabhängige Vorlage zurückgehen muß. Da andererseits *III die für *Ia so typischen Sonderlesarten nicht hat (°5,3b etc.), kann diese Vorlage auch nicht auf *Ia-Überlieferung basieren. Sie muß vielmehr mit der *Ib¹ näher verwandt sein. Dies erweist sich vor allem daran, daß *III mit *Ib¹ auch dann gegen *Ia zusammengeht, wo *Ia-Sonderlesarten aus inneren Gründen als ursprünglich zu bestimmen sind (°6,1e; °8,1d; °13,1d; °13,3/5B etc.). So ist also als Vorlage von *III ein Text zu bestimmen, der von *Ib deriviert, ohne von *Ib¹ abhängig zu sein, er soll hier ***Ib²** genannt werden. Dieser Text wies auf jeden Fall archaische Züge auf und dürfte ausweislich seiner relativ ursprungsnahen Stemmaposition ziemlich alt gewesen sein. Es kann freilich nicht ausgeschlossen werden, daß einige der Sonderlesarten von *III auch schon auf ihn zurückgehen; er muß sich nicht in jeder Hinsicht gegenüber *Ib konservativ verhalten haben. Auffälligerweise hat er außerhalb von *III keine Spuren hinterlassen.

Was schließlich das Alter von *III betrifft, können nur Vermutungen angestellt werden. Es spricht nicht viel dafür, daß dieser Text auf die Zeit des Symeon Metaphrastes zurückgeht. Die zum Teil beträchtlichen Unterschiede zwischen den *III-Zeugen lassen nämlich erwarten, daß seine Überlieferung einige Zeit hatte, sich zu entfalten. Außerdem ist nicht einzusehen, warum es nicht schon vor dem Mittelalter paraphrasierende Textumgestaltung gegeben haben sollte. Mindestens die Vit Ad (lat), freilich eine Übersetzung, bezeugt einen solchen Vorgang schon für die späte Antike. Ein Indiz für ein hohes Alter von *III ließe sich vielleicht auch der Apc Mos (arm) entnehmen, die wie andere Übersetzungen der armenischen Literatur auch der Spätantike entstammen könnte. Doch dafür müßte die Apc Mos (arm) eingehender untersucht und editorisch breiter aufgearbeitet werden, was hier nicht geleistet werden kann.

Auf ein hohes Alter von *III deutet auch die Tatsache, daß sich, von *III abgesehen, keine *Ib²-Überlieferung erhalten hat. Zieht man die zahlreichen rezensionellen Änderungen in *III in Betracht, so könnte man diesen Befund damit erklären, daß *III mit der Absicht verfaßt wurde, eine als ungenügend empfundene Vorlage zu verdrängen. Diese Vorlage aber war nicht irgendein Text, sondern der einzige erhaltene *Ib²-Zeuge. Dies ließe ich mit Überlieferungsvernichtung erklären, die etwa im frühmittelalterlichen Ostrom mit der Minuskeltranskription stattgefunden hat (vgl. E II,4 [S. 77–78]), aber eben auch damit, daß *Ib² noch nicht sehr oft abgeschrieben worden war. Dann aber müßte die rezensionelle Gestaltung von *III wirklich sehr früh stattgefunden haben – möglicherweise noch in dem frühjüdischen Entstehungsmilieu der Apc Mos (hierzu vgl. E III,5,3; E IV). Ob dies so war, ließe sich vielleicht aufgrund einer Analyse der Leitvarianten von *III ermitteln, die hier indessen nicht geleistet werden kann.

Die starken Differenzen zwischen den *III-Zeugen sind bereits angesprochen worden. Im Folgenden gilt es, ihre jeweilige textgeschichtliche Position, nach Textfamilien geordnet, näher zu bestimmen:

P²-J²-J³-An₁: Diese vier Zeugen decken mit Ausnahme von An₁ die gesamte Apc Mos ab. Sie sind mit Sicherheit die konservativsten *III-Zeugen; dies zeigt sich daran, daß sie von allen *III-Zeugen am meisten mit *I-Überlieferung übereinstimmen. Dies ist genausowenig mit Kontamination zu erklären wie im Falle von *IIIa, das ebenfalls recht häufig gegen die anderen *III-Zeugen mit *I-Tradition zusammengeht (s.o.), freilich keineswegs so oft wie P²⁽ᵉᵗᶜ⁾. Anderenfalls müßte man erklären, warum diese »Kontaminationen« gerade Passagen betreffen, wo *III in seine Vorlage nicht gestaltend eingegriffen hat. Der Konservatismus von P²⁽ᵉᵗᶜ⁾ darf jedoch nicht über die zahlreichen Sonderlesarten dieser Gruppe hinwegtäuschen, als Beispiele seien °1,3g; °2,2e; °2,4c; °4,1a; °5,4c; °5,5f; °40,3e; °40,5a genannt.

P²⁽ᵉᵗᶜ⁾ heben sich zunächst einmal durch ihren starken Zusammenhalt von den anderen Zeugen ab. Keine andere Textfamilie ist so uniform wie diese. Dennoch weist auch sie Antagonismen auf: Es ist zwischen P² und J²-J³-An₁ zu differenzieren. Dabei läßt P² eine insgesamt etwas konservativere Tendenz erkennen als J²⁽ᵉᵗᶜ⁾, vgl. etwa °1,2e; °3,1a; °8,1h; °38,3e, doch in °10,1c und °38,4a z.B. verhält es sich umgekehrt.

J³ wird von NAGEL (I,230) und An₁ von TROMP (Cain, 277, Anm. 2) als Kopie der Handschrift J² identifiziert. In der Tat ist der Grad der Übereinstimmung frappierend. Doch ist, was An₁ betrifft, immerhin auf °8,1g zu verweisen, wo An₁ mit P² gegen J²-J³ den richtigen Text bietet – vielleicht auch zufällig, denn es geht nur um einen Artikel. J³ wiederum bezeugt in °31,3e mit ἀπ ἐμοῦ gegen P² und J² (ἀπ᾽ ἐμέ) den ursprünglichen Text. Freilich kann J³ hier auch sekundär seine Vorlage korrigiert haben. Erst recht frappierend ist °8,2c: Dort bezeugen J³-(An₁) mit ApcMos(arm) *IIIa E¹-S³ gegen P² und J² den ursprünglichen Text. Freilich geht es auch hier nur um μου, das in P² J² fehlt. Es scheint mir jedoch aufgrund der genannten Fälle opportun, die Frage, ob J³ und An₁ Abschriften von J² sind, offenzulassen.

Zu An₁ ist das über An₂ Mitgeteilte zu vergleichen: Mit dem Sigel An₁ wird der erste Teil der Handschrift An bezeichnet; er reicht von der Superscriptio bis 17,2. Darauf folgt ein Text, der Pa-AH nahesteht; er reicht von Apc Mos 14,3ff bis zum Ende. Es ist also ein Text vom Typ An₂-Pa-AH durch einen Text vom Typ J²-J³ ergänzt worden, dabei wurde eine Passage (14,3–17,2) fälschlich zweimal abgeschrieben.

Wahrscheinlich hat der Kopist sich allzusehr auf das dem Supplement zugrundeliegende Original konzentriert und zwischenzeitlich vergessen, wann er die Vorlage zu wechseln hatte. An einer bestimmten Stelle, die m.E. genau benannt werden kann (°17,1n, s.u.), hat er diesen Fehler bemerkt und dann zunächst die Supplementvorlage weiter abgeschrieben, doch mit der Absicht, so schnell wie möglich zur Vorlage von An₂ zu wechseln. Diese Gelegenheit ergab sich nach καὶ λέγει μοι in 17,2b, vgl. °17,2d. Um die Sache ein wenig abzurunden, fügte er dort die sonst in keiner Handschrift belegte Wendung τὰ ῥήματα ταῦτα hinzu und ging nun dazu über, die

Vorlage von An₂ abzuschreiben. Um den Text an der richtigen Stelle fortzusetzen, fehlte ihm freilich die gedankliche Flexibilität; die Anweisung lautete schließlich, die Vorlage von An₂ von Anfang an zu kopieren! Ähnlich agieren schlechte Schüler auch noch heute.

Die Handschrift An bietet damit einen der wenigen Fälle von Kontamination in der Überlieferung zur Apc Mos; bezeichnenderweise kommt es aber gerade nicht zur Vermischung von Texttypen, im Gegenteil: Selbst in Apc Mos 14,3–17,2, das versehentlich zweimal abgeschrieben wurde, läßt sich eine Beeinflussung des einen Textes durch den anderen nur an einer einzigen Stelle als wahrscheinlich erweisen, und dort hängt die Ursache direkt mit dem Wechsel der Vorlage zusammen:

In °17,1n lesen sowohl An₂ als auch An₁ καὶ οἱ ἄγγελοι, während P²-J²-J³ οἱ ἅγιοι ἄγγελοι haben. Diese Übereinstimmung läßt sich, wenn sie nicht auf bloßem Zufall beruhen sollte, folgendermaßen erklären: Der Kopist wußte, daß er irgendwann die Vorlage zu wechseln hatte. An dieser Stelle riskierte er einmal einen Blick in die Vorlage von An₂ und stellte fest, daß er bereits mehr abgeschrieben hatte als er sollte. Er wandte sich wieder der Supplementvorlage zu, übernahm aber unwillkürlich die Lesart der Vorlage von An₂ und schrieb daraufhin die Supplementvorlage weiter ab, allerdings mit dem Bestreben, bei der nächsten passenden Gelegenheit zu wechseln. Diese Gelegenheit sah er nach καὶ λέγει μοι in 17,2b, vgl. °17,2d.

Eigentlich müßte eher An₂ durch An₁ beeinflußt sein, da der säumige Kopist in 14,3–17,2 zuerst das Original von An₁ und dann das von An₂ abgeschrieben hat, so daß er das von An₁ noch im Gedächtnis gehabt haben könnte. Doch offenbar hat er noch nicht einmal unbewußt »mitgedacht«.

ApcMos(arm): Die armenische Übersetzung der Apc Mos ist editorisch bisher nur unzureichend aufgearbeitet. Laut STONE (History, 12) sind bisher 8 Handschriften ermittelt: Venedig, San Lazaro, 729, 633 und Erevan, Matenadaran, 1475 (olim Ejmiajin 1631), 706, 4618, 1978, 4196 und 6686.[49] Nur die drei ersten sind bisher textkritisch verwertet, in der Ausgabe von YOVSÊP'EANC'[50], dort mit armenischen Sigeln bezeichnet, die den lateinischen Buchstaben A B G entsprechen. In dieser Arbeit werden die Sigel Aᵃ (=Venedig 729), Bᵃ (=Venedig 633) und Cᵃ (=Ejmiajin 1631 // Erevan 1475) verwendet (das hochgestellte a steht für ApcMos[arm]). Die Ausgabe von YOVSÊP'EANC' (im Folgenden mit YOV abgekürzt) basiert in erster Linie auf Aᵃ, doch gelegentlich notiert sie Lesarten von Bᵃ und Cᵃ im Apparat; und es läßt sich zeigen, daß vor allem Bᵃ, aber auch Cᵃ der griechischen Überlieferung zumeist näher stehen.

---

[49] Zu den 5 letztgenannten vgl. H.S. ANASYAN: Haykakan Metenagitout'iun (= Armenische Bibliographie), Vol I, Erevan 1959, 1.238 (non vidi).

[50] S. YOVSÊP'EANCH': Ankanon girk' č'in ktakaranoy (T'angaran č'in eu nor naxneac' 1) (= Apokryphe Bücher des Alten Testaments [Schatz alter und neuer Väter 1], Venedig 1896, 1–23.

Dies hat bereits NAGEL festgestellt[51], allerdings nicht aufgrund des armenischen Textes bei YOV, sondern anhand der Übersetzungen von PREUSCHEN und CONYBEARE (s.u.); hier wird auf die Ausgabe von YOV direkt zurückgegriffen. Im textkritischen Kommentar wird des öfteren vermerkt, daß der Text von YOV nach den von ihm mitgeteilten Varianten der Zeugen B^a bzw. C^a zu ändern ist. Dies kann freilich eine weitergehende editorische Erschließung keineswegs ersetzen.

Es wäre auch einmal interessant, sich dem anonymen armenischen Kommentar zur ApcMos(arm) zuzuwenden, auf den LÜDTKE verwiesen hat.[52] Dieser findet sich nach den bei LÜDTKE aufgenommenen Angaben von YOVSÊP'EANC' (S. 311, Anm.) in der Handschrift A^a; er hat ihn allerdings nicht abgedruckt. Nur selten wird ein apokrypher Text kommentiert[53], ein solches – rezeptionsgeschichtlich einmaliges – Dokument sollte man sich nicht entgehen lassen.

Die ApcMos(arm) ist mehrfach in moderne Sprachen übersetzt worden, nämlich von CONYBEARE, ISSAVERDENS und PREUSCHEN.[54] Von einem gewissen textkritischen Wert ist die Übersetzung CONYBEARES; sie ist älter als die Ausgabe von YOV und basiert auf dem Zeugen C^a, von dem CONYBEARE ein Photo angefertigt hat (idem, S. 219). CONYBEARE kann also als Zeuge für den

---

[51] Vgl. NAGEL I, 239. NAGEL hat die drei Textzeugen näher diskutiert in II, 243–245 (Anm. 56) (A^a), II,245–247 (Anm. 57) (B^a), II,250–251 (Anm. 65) (C^a).

[52] W. LÜDTKE: Georgische Adam-Bücher, Zeitschrift für die alttestamentliche Wissenschaft 38 (1919/20), 155–168, speziell 155–156 (Anm. 4).

[53] Eine nur scheinbare Ausnahme stellen die zahlreichen Kommentare zu Pseudepigrapha in der äthiopischen Kirche dar, denn die betroffenen Schriften gelten dort als kanonisch; vgl. hierzu R.W. COWLEY: Ethiopian Biblical Interpretation (University of Cambridge Oriental Publications 38), Cambridge 1988, 436. 454–472. Überliefert sind ein Geez-Kommentar zum 1. Henoch (Fragmente, vgl. COWLEY 436) und Andemta-Kommentare (amharisch) zu Lib Jub (COWLEY 457), 4. Esra (ibidem), 3. Mkk der äthiopischen Kirche – nicht zu verwechseln mit dem 3. Makkabäerbuch der Septuaginta! – (idem 458), Prophetia Jeremiae ad Paschur – zu dieser vgl. HAELEWYCK, Clavis, Nr. 228 – (COWLEY 460) und 4. Baruch (idem 461). Zur Kanonizität des letztgenannten Pseudepigraphons vgl. die Überschrift von 4. Baruch (äth): ተረፈ ፡ ነገር ፡ ዘባሩክ ፡ ዘኢኮነ ፡ ጉቡአ ፡ ዘአመ ፡ ይጸውዉ ፡ ባቢሎን ፡ (»Rest der Erzählung von Baruch, *nicht apokryph*, als sie nach Babylon exiliert wurden«) – Text: A. DILLMANN: Chrestomathia Aethiopica, Leipzig 1866, 1–15, speziell 1.

[54] F.C. CONYBEARE: On the Apocalypse of Mose, The Jewish Quarterly Review 7 (1895), 216–235; J. ISSAVERDENS: The Uncanonical Writings of the O.T. found in the Armenian Mss. of the Library of St. Lazarus, Venedig 1901, 21–42 (non vidi); E. PREUSCHEN: Die apokryphen gnostischen Adamschriften aus dem Armenischen übersetzt und untersucht, in: W. DIEHL, R. DRESCHER et al.: Festgruß Bernhard STADE zu seiner 25jährigen Wirksamkeit als Professor, Gießen 1900, 165–252, speziell 168–186.

Text von C^a herangezogen werden; von dieser Möglichkeit ist im textkritischen Kommentar gelegentlich Gebrauch gemacht worden. Die Übersetzung von ISSAVERDENS basiert auf der Ausgabe von YOV, hat aber keinen textkritischen Apparat. Philologisch wertvoll ist ohne Zweifel die Übersetzung PREUSCHENS, der den Text von YOV übersetzt (S. 166) und auch die von YOV mitgeteilten Lesarten in Anmerkungen wiedergibt. Es soll an dieser Stelle nicht unterschlagen werden, daß der armenische Text von C^a in Auszügen auch in einem Beitrag von MARR[55] zugänglich ist; diesen habe ich aber nicht einsehen können.

Was die textgeschichtliche Position der ApcMos(arm) betrifft, hat schon NAGEL festgestellt, daß sie mit P^2-J^2-J^3-An_1 zusammengeht (vgl. I, 243ff). In der Tat wird auch der textkritische Kommentar zeigen, daß ApcMos(arm) in der Regel $P^{2(etc)}$ als Zeuge für den Grundtext oder für *III sekundiert. Entscheidender für eine stemmatische Verortung sind freilich gemeinsame Fehler. Solche führt NAGEL ebenfalls auf (I,244), freilich überzeugt die Liste dort nicht durchgehend.[56] Dennoch wird man der Einschätzung NAGELs folgen dürfen: Gemeinsame Sonderlesarten, die sich durch ein Zusammengehen von *I-Überlieferung und sämtlichen anderen *III-Zeugen gegen $P^{2(etc)}$ und ApcMos(arm) als Fehler erweisen lassen, begegnen tatsächlich – besonders markant ist °42,8m, dazu gesellt sich °26,2g. Daneben gibt es zahlreiche gemeinsame Lesarten, für die durch ein Zusammengehen von *IIIa und *I-Überlieferung gesichert werden kann, daß sie nicht von *III derivieren, bei denen zugleich jedoch $J^{1(etc)}$ ausfallen, so daß sie auch von *IIIb abstammen könnten. Diese Konstellation läßt sich in °28,4h; °33,2/3I (Anm. °a-a; °b-b; °d-d); °40,3c; °40,5g; °40,6c; °40,7f; °41,1b; °41,2d; °42,2a (Anm. °a-a); °43,1b belegen.

Es ist also gesichert, daß ApcMos(arm) und $P^{2(etc)}$ zusammengehen, dennoch träfe die Annahme nicht zu, daß ApcMos(arm) von dieser Gruppe abhängig wäre. $P^{2(etc)}$ haben nämlich eine größere Menge gemeinsamer Sonderlesarten, die durch Koalitionen von ApcMos(arm) mit anderen Zeugen von *IIIb, *III und *I als gruppenspezifische Fehler erwiesen werden. Solche Fehler sind beispielsweise in °Superscr. c-c; °1,3f; °1,3g; °2,2e; °4,1a; °5,4c; °5,5f; °43,4d belegt.

---

[55] N. MARR: Iz lětnej poězdki v Armeniju. Zemětki i izvlečenija iz armjanskich rukopisej, in: Zapiski vostočnago otdelenija imperatorskago russkago archeologičeskago obščestva 5 (1890), 227–236, vgl. NAGEL II,247 (Anm. 58).

[56] So wird z.B. die dort genannte gemeinsame Sonderlesart in der Superscriptio (vgl. °Superscr. i-i) auch von J^1 geboten, sie wird also auch für Rez IIIb stehen. Außerdem fallen Rez IIIa und E^1-S^3-AD-E^2 als Textzeugen aus, weil sie die Superscriptio grundlegend umgestalten, so daß die genannte Sonderlesart auch auf Rez III zurückgehen könnte.

Somit kann festgehalten werden, daß ApcMos(arm) und P[2(etc)] voneinander unabhängig sind, aber auf eine gemeinsame Vorlage zurückgehen, die nicht mit *IIIb identisch ist, von dieser jedoch deriviert. Sie soll hier ***IIIb[1]** genannt werden, die Vorlage von ApcMos(arm) erhält das Sigel ***IIIb[1/1]**, die von P[2(etc)] das Sigel ***IIIb[1/2]**.

Br-S[1]: Die Stemmaposition von Br-S[1] bzw. ihrer Vorlage *IIIa ist bereits bestimmt worden: Sie geht unmittelbar, unabhängig von allen anderen *III-Zeugen, auf *III zurück. Es wurde auch vermerkt, daß *IIIa den Text von *III i.d.R. weniger treu bezeugt als die besten Zeugen von *IIIb (P[2(etc)] und ApcMos [arm]). Dies hat mit tiefgreifenden Umarbeitungen zu tun, die *IIIa an seiner Vorlage vorgenommen hat. Diese müssen hier nicht alle besprochen werden; charakteristisch sind beispielsweise die Umarbeitung der Superscriptio (°Superscr. b-b), die Vereinfachung des schwierigen Textes in °17,1/2A sowie der Verführung Adams durch Eva (°21,1/4A). Daneben fällt die Einarbeitung biblischer (etwa °7,1d; °18,5d; °24,2e; °27,1e) und apokrypher (vgl. °1,3d; °7,2a; °13,6d; °14,1b) Traditionen ins Auge. Nicht jede inhaltlich interessante Sonderlesart ist freilich apokryph: Die 73 Engel jedenfalls, die Adams Leiche laut Br in °40,2m für das Begräbnis vorbereiten, verdanken ihre Existenz einem Rechtschreibfehler, und es hat sie ausweislich des Zeugen S[1] in *IIIa auch noch nicht gegeben.

Gegen Ende der Apc Mos weist *IIIa zunehmend eine konservative Tendenz auf: Es häufen sich Fälle, in denen *IIIa gegen *IIIb-Überlieferung für *III (und gelegentlich auch für den Grundtext) steht, vgl. °40,2k; °40,3c; °40,5e; °40,5g; °40,6c; °41,1b; °42,2c; °42,2g etc. Dies wird kein Zufall sein: Es gibt in der Überlieferung zur Apc Mos allgemein eine Tendenz, gerade gegen Ende zu kürzen, so v.a. in Vit Ad (lat) und J[1(etc)], aber auch in Vit Ad [arm], das Apc Mos 33,2–37,6 ausläßt. Darin manifestiert sich ein Desinteresse, dem bei einer Rezension, die so stark umgestaltet wie *IIIa, ein Hang zu bloßem Kopieren entsprechen könnte.

J[1]-E[1]-S[3]-AD-E[2]: Von diesen Zeugen stehen nur J[1] E[1] und E[2] über den ganzen Text hinweg zur Verfügung. AD ist ein Fragment (es deckt Apc Mos 1,1–7,2 ab, vgl. Nagel I, 291). Bei S[3] setzt ab 18,2 der Film aus, den Nagel benutzen konnte (idem II, 299[88]). S[3] ist möglicherweise eine Kopie von S[2], dessen Nagel nicht habhaft werden konnte (idem I,289). Doch auch die anderen Zeugen sind über weite Passagen hinweg nicht für die Rekonstruktion des Textes verwendbar, weil sie Auslassungen haben oder erheblich kürzen. Diese Tendenz kulminiert gegen Ende (vgl. °40,1/3A [Kürzung]; °40,3/42,2A [om.]; °42,3/8A [Kürzung]; °43,1/4A [Kürzung]). Nicht jede der Umgestaltungen in J[1(etc)] wird im textkritischen Kommentar berücksichtigt.

Was die textgeschichtliche Position von $J^{1(etc)}$ betrifft, ist vor allem in Erinnerung zu rufen, daß diese Gruppe mit $P^{2(etc)}$ und ApcMos(arm) von *IIIb deriviert, deren Überlieferung jedoch stark variiert. Dies schließt freilich nicht aus, daß $J^{1(etc)}$ gegen *IIIb$^{1/2}$ oder sogar gegen *IIIb^1 originäre *IIIb- bzw. *III-Überlieferung bezeugt. Insgesamt bieten $J^{1(etc)}$ aber einen gegenüber *IIIb^1 deutlich sekundären Text, der seinerseits in sich stark uneinheitlich ist. Hinsichtlich der Differenzen innerhalb der Gruppe kann dabei die Einschätzung NAGELs (I,219–220) weitgehend übernommen werden: J^1 kürzt die ihm überkommene Überlieferung, während die Gruppe E^1-S^3-AD wiederum einen J^1 nahestehenden Text erweitert, wobei freilich zu AD festzuhalten ist, daß dieser Zeuge nur Partien abdeckt, in denen beide Tendenzen noch nicht so deutlich zum Tragen kommen. E^2 schließlich kürzt einen Text vom Typ E^1-S^3-AD. Diese Konstellation wird sinnenfällig beispielsweise in °19,3a; °21,1e; °28,3b; °32,2q, wo sich deutlich ein Gefälle von J^1 über E^1 zu E^2 zeigt. Gleichzeitig läßt sich zumindest für das von Verhältnis J^1 und E^1-S^3-AD-E^2 klar erweisen, daß letztere Gruppe nicht einfach von J^1 abhängig ist, denn gelegentlich bilden $E^{1(etc)}$ mit $P^{2(etc)}$ gegen J^1 eine Koalition, vgl. etwa °18,5/19,1I (Anm. °b-b, °d-d), wo J^1 klar ein singuläres Verderbnis hat, weiterhin vgl. °27,2d; °27,3a; °32,2o. Weit häufiger jedoch steht J^1 mit $P^{2(etc)}$ gegen $E^{1(etc)}$ zusammen und bezeugt dann entweder den Grundtext, *III oder *IIIb.

Insgesamt kann also $J^{1(etc)}$ auf eine Grundform zurückgeführt werden, die von Rez IIIb deriviert und der J^1 am nächsten steht; sie wird hier ***IIIb^2** genannt. Von dieser hat sich neben J^1 eine E^1-S^3-AD-E^2 vorausliegende Grundform abgespalten (hier ***IIIb$^{2/2}$**), die gegenüber J^1 meist sekundär ist, gelegentlich aber auch bessere Lesarten bietet (J^1 kann das Sigel ***IIIb$^{2/1}$** zugewiesen werden). Innerhalb der Gruppe E^1-S^3-AD-E^2 nimmt E^1 eine führende Stellung ein, so daß noch einmal zwischen E^1 und S^3-AD-E^2 zu differenzieren ist. Dies zeigt sich beispielsweise in °1,3f. Am weitesten hat sich E^2 von ***IIIb$^{2/2}$** entfernt, doch kann es auch einmal E^1 überlegen sein (so wohl in °21,4b).

$J^{1(s)}$: Die stemmatische Verortung von J^1 wird durch ein merkwürdiges Phänomen erschwert: J^1 hat nicht nur mit $E^{1(etc)}$, sondern gelegentlich auch mit $P^{2(etc)}$ gemeinsame Sonderlesarten, die sich aufgrund einer Gegenkoalition von $E^{1(etc)}$ mit ApcMos(arm) oder gar mit *I-Zeugen als gegenüber *IIIb und *III sekundäre Fehler klassifizieren lassen. Dieser Fall ist in °11,2a; 11,3b; °12,1c; °12,2b; °13,1a; °13,2f; °13,6a; °13,6f belegt; in °7,1c; °10,2c; °15,1a (Anm. °b-b) verhält es sich ähnlich, nur daß dort P^2 auf die Gegenseite wechselt, so daß also die ungewöhnliche Affinität v.a. zwischen J¹ und J²-J³-An₁ besteht. J¹ changiert damit zwischen unterschiedlichen Lagern. Ein solches Verhalten ist ein deutliches Indiz für Kontamination.

Und in der Tat läßt sich zeigen, wie und warum J¹ kontaminiert wurde: Hierzu ist zunächst einmal zu konstatieren, daß die merkwürdigen Übereinstimmungen zwischen J¹ und J²⁽ᵉᵗᶜ⁾ nur in einem bestimmten Abschnitt begegnen, nämlich Apc Mos 7–15. Auf diesen Abschnitt kann sich also die Suche nach kontaminiertem Text beschränken. Dabei fällt jedoch auf, daß °7,1c (J²-J³-An₁ J¹: +καὶ ἐρῶ σοι) relativ isoliert ist – und passend dazu geht J¹ in Apc Mos 7–8 ansonsten wie gewohnt mit E¹⁽ᵉᵗᶜ⁾ zusammen. Die Übereinstimmung zwischen J¹ und J²⁽ᵉᵗᶜ⁾ in °7,1c wird also zufällig sein. Dies trifft für die anderen Belege jedoch nicht mehr zu – sie begegnen gehäuft. An dieser Stelle kommt nun eine Beobachtung NAGELs zum Tragen (vgl. idem I,270–271): Ihm zufolge sind nämlich in J¹ die Seiten 139–140 – sie decken Apc Mos 9,3–15,2 ab – von zwei Händen beschriftet worden, die einen deutlich anderen Duktus zeigen als die anderen Seiten von J¹; v.a. ist ihre Schrift wesentlich größer. NAGEL nimmt an, daß sich hier zwei Kopisten genötigt sahen, den Text einer beschädigten Seite auf zwei Seiten zu reproduzieren (I, 271), doch mindestens genauso nahe liegt die Erklärung, daß durch den Ausfall einer Seite bedingter Textverlust nach einer anderen Handschrift beglichen, daß J¹ also in Apc Mos 9,3–15,2 supplementiert wurde – und zwar nach einem Text des Typs J²-J³-An₁! Zu dieser Annahme fügt sich, daß J¹ in 9,3–15,2 tatsächlich strikt mit J²-J³-An₁ zusammengeht – und schon in °16,1/3A (vgl. v.a. Anm. °t-t) ändert sich das! Dabei ist die Übereinstimmung mit J² weitgehender als mit J³ und An₁ – diese haben immerhin an zwei Stellen (°13,1a; °13,2c) einen etwas anderen Text.

So muß also die Vorlage des Supplements in nächster Nähe zu J² gestanden haben. Das paßt auch gut – sowohl J¹ als auch J² befinden sich in Jerusalem. Auszuschließen ist auch nicht, daß J² selbst die Vorlage des Supplements war: Zwar ist J¹ älter als J²; dies muß aber gerade nicht für das Supplement gelten. Um diese Frage zu klären, ist jedoch eine eingehendere paläographische und kodikologische Untersuchung des Supplements vonnöten. Zu bedenken ist immerhin, daß J¹ an einer Stelle (°13,6b) einen Fehler von J² nicht hat, doch gerade hier kann auch eine Korrektur vorliegen. Dennoch scheint es opportun, eine Unabhängigkeit des Supplements von J² nicht auszuschließen. Daher wird J¹ auch da, wo es supplementiert ist, als Textzeuge geführt, allerdings mit einem anderen Sigel (**J¹⁽ˢ⁾**) und in abweichender Positionierung (direkt nach J²).

Nicht berücksichtigte Textzeugen

Is (Istanbul, Μετόχιον Παναγίου Τάφου, 586 (15. Jh.), 259v–286r.): Diese Handschrift befindet sich nach NAGEL II, 240 gegenwärtig in Athen, ist aber unzugänglich, vgl. D. HARFLINGER / J. WIESNER: Die griechischen Handschriften des Aristoteles und seiner Kommentatoren, Scriptorium 18 (1964), 238–257, speziell 242₄, ferner A. EHRHARD: Überlieferung und Bestand der hagiographischen und homiletischen Literatur der griechischen Kirche von den Anfängen bis zum Ende des 16. Jahrhunderts, Band I–III (Texte und Untersuchungen 50–52), Leipzig / Berlin 1937–1952, speziell III (1957), 860. Katalogisiert ist sie unter der Nummer 586 bei A. PAPADOPOULOS-KERAMEUS: Ἱεροσολυμιτικὴ Βιβλιοθήκη ἤτοι κατάλογος τῶν ἐν ταῖς βιβλιοθήκαις τοῦ ἁγιωτάτου ἀποστολικοῦ τε καὶ καθολικοῦ ὀρθοδόξου πατριαρχικοῦ θρόνου τῶν Ἱεροσολύμων καὶ πάσης Παλαιστίνης ἀποκειμένων ἑλληνικῶν κωδίκων, Tom. 5, 1915 (Nachdruck: Brüssel 1963), 127–129. Sie hat eine Superscriptio, die der von P²-J²-J³-An₁ J¹ nahesteht und im Folgenden nach den Angaben von PAPADOPOULOS-KERAMEUS wiedergegeben wird – anmerkungsweise mit den Abweichungen der verwandten Zeugen: Βίος καὶ πολιτεία Ἀδὰμ καὶ Εὔας τῶν πρωτοπλάστων, ᵃἀποκαλυφθείς ᵃ ἐκ ᵇπαραστάσεως ᵇ Θεοῦ ᶜδι᾽ᶜ ἀρχαγγέλου ᵈᵈ ᵉτῷᵉ ᶠΜωϋσεῖ ᶠ τῷ θεράποντι αὐτοῦ, ὅτε καὶ τὰς πλάκας τῆς διαθήκης ἐδέξατο.[57] Wie die Anmerkung zeigt, geht Is am meisten mit J² und J³ zusammen, gehört also wahrscheinlich zur Gruppe J²-J³-An₁.[58] Sie hat aber Sonderlesarten (°b-b, °c-c), die vermuten lassen, daß sie deren Text weniger treu wiedergeben als die anderen Zeugen dieser Gruppe. PAPADOPOULOS-KERAMEUS gibt auch das Incipit von Is wieder: Ἀδὰμ καὶ Εὔας τῶν πρωτοπλάστων. Hier teilt Is deutlich einen Leitfehler von P²-J²-J³-An₁, indem αὕτη ἡ διήγησις fehlt (vgl. °1,1c), das sowohl ApcMos(arm) (nach Aᵃ, vgl. °Superscr. a-a, Anm.) als auch die anderen Zeugen von *III bieten. Hier bestätigt sich die von der Superscriptio her gewonnene Einschätzung.

Von einer Segensformel, die in der Gruppe P²⁽ᵉᵗᶜ⁾ nur in An₁ fehlt, verlautet bei PAPADOPOULOS-KERAMEUS nichts, doch wird man diesen Mangel nicht mit Sicherheit auf den Kodex zurückführen können.

---

[57] **a-a** P²-J²-J³-An₁: wie Is; J¹: ἀποκαλυφθεῖσα. **b-b** P²-J²-J³-An₁ J¹: προστάξεως. **c-c** P²-J²-J³-An₁ J¹: διὰ τοῦ. **d** P²-J²-J³-An₁: wie Is; J¹: Μιχαήλ. **e-e** P²-J²-J³-An₁: wie Is; J¹: καί. **f-f** P² An₁: Μωσῇ; J²-J³ J¹: Μωϋσῇ.

[58] Vgl. NAGEL II, 240, der sie P²-J²-J³-An₁ zuordnet.

S² (Katharinenkloster, graec. 1936 [17. Jh.], 184r–218r): Vgl. NAGEL II, 299–300 (Anm. 88.89), der diese Handschrift als Vorlage von S³ einstuft. Die Seitenangaben bei NAGEL (I,XI: 184r–193r) sind nach dem Katalog zu korrigieren, vgl. V.-N. BENEŠEVIĆ: Catalogus Codicum Manuscriptorum Graecorum qui in Monasterio Sanctae Catherinae in Monte Sina Asservantur, Tomus III, Pars I: Codices Numeris 1224–2150 Signati, St. Petersburg 1917 (Nachdruck: Hildesheim 1965), 275–276, speziell 275. Superscriptio und Inscriptio lauten den Angaben von BENEŠEVIĆ zufolge genauso wie in S³; eine Segensformel, die S³ bietet, fehlt bei BENEŠEVIĆ allerdings, doch das wird nicht unbedingt dem Kodex geschuldet sein.

AK (Athen, Bibliothek Alexios Kolybas, 164 [15. Jh.], 114r–124v): Vgl. NAGEL I, XI. Katalogisiert ist diese Handschrift bei SP. P. LAMPROS: Κατάλογος τῶν κωδίκων τῶν ἐν ᾿Αθήναις βιβλιοθηκῶν πλὴν τῆς ᾿Εθνικῆς Γ᾽· Κώδικες τῆς βιβλιοθήκης ᾿Αλεξίου Κολυβᾶ, Νέος ῾Ελληνομνήμων 15 (1921), 272–289, speziell 278–281.[59] Ph. K. MPROUMPOULIDIS: Παλαιογραφικά. Οἱ κώδικες ᾿Αλεξ. κολυβᾶ, Ἀθηνᾶ 65 (1961), 244–248 weist darauf hin, daß dieser Kodex neben anderen der Bibliothek Alexios Kolybas inzwischen im Βυζαντινὸν Μουσεῖον lagere. Ich habe einen Brief an das Museum gerichtet, aber keine Antwort bekommen.

Laut LAMPROS (S. 279) ist Apc Mos in AK folgendermaßen überschrieben: Βίος καὶ πολιτεία ᾿Αδὰμ καὶ Εὔας τῶν πρωτοπλάστων, das Incipit lautet Αὕτη ἡ διήγησις τοῦ βίου ᾿Αδὰμ καὶ Εὔας. Erstere Wendung entspricht dem Anfang der Superscriptio in P²-J²-J³-An₁, letzterem der Inscriptio in *IIIa. Eine Deutung dieses Befundes steht natürlich unter dem Vorbehalt einer Einsichtnahme in die Handschrift, soll hier aber dennoch versucht werden: Ziemlich sicher scheint, daß AK zur *III-Überlieferung gehört. Erstaunlich ist nur das Schwanken zwischen *IIIb- und *IIIa-Tradition. Man kann dieses auch dahingehend qualifizieren, daß AK in der Superscriptio einen Fehler von *IIIa (die völlige Umgestaltung der Superscriptio) nicht mitvollzieht, in der Inscriptio hingegen einerseits einen Fehler von *IIIb (die Omission in °1,1c) nicht hat, andererseits jedoch eine Sonderlesart von *IIIa. Dies legt die Vermutung nahe, daß AK eine Vorstufe von *IIIa bezeugen könnte. In diesem Falle wäre dieser Zeuge von allergrößter Wichtigkeit.

---

[59] Der Katalog der Bibliothek Alexios Kolybas ist in einer Folge von Artikeln erschienen, von denen der angegebene nur einer ist; alle Artikel finden sich verzeichnet bei: J.-M. OLIVIER: Répertoire des bibliothèques et des catalogues de manuscrits grecs de Marcel Richard (Corpus Christianorum o.Z.), Turnhout ¹³1995, 115 (Nr. 464).

Ja (Iaşi, Biblioteca sf. Metropolii a Moldovei, 49 [10. Jh.] [verlorengegangen]):
Vgl. NAGEL I, XI und II, 40.[60] Dieser Kodex ist katalogisiert bei C. ERBICEANU:
Manuscrise vechi aflate in biblioteca sf. Metropolii a Moldovei, Revista Teologica 3 (1885/6), 14–16; 19–24; 27–31; 41–46; 49–52; 55bis–58; 68–72; 75–80;
81–84 (codd. I–X. XII–XIX. XXI–XLVII. XLIX–LX) (non vidi).[61] Laut einer
vor dem zweiten Weltkrieg datierten Mitteilung bei ERHARD: Überlieferung I,
35 ist der Inhalt der Bibliothek verschwunden.

Ar (Staats- und Universitätsbibliothek Hamburg, Koptische Fragmente, Supp-
lementa, 26 – 2 Blätter [15. Jh.]): Ein arabisches Fragment aus koptischer
Überlieferung – vgl. O.H.E. KHS-BURMESTER: Koptische Handschriften I. Die
Handschriftenfragmente der Staats- und Universitätsbibliothek Hamburg I
(Verzeichnis der Orientalischen Handschriften in Deutschland 21,1), Wiesbaden
1975, S. 305 (Suppl. 26 e cod. Monast. S. Pishoi [Ägypten], fol. 1–2, [15. Jh.]).
TROMP / DE JONGE (S. 17) teilen mit, daß dieses Fragment vermißt werde; ich
habe jedoch ein Photo erhalten können. Eine Edition steht noch aus.

4. Überblick zur Textgeschichte (vgl. das Stemma im Anhang)

Die Analyse der Textzeugen hat gezeigt, daß die gesamte Überlieferung zwei
Grundformen zuzuordnen ist, deren eine (*Ia) die Gruppe A-AC-Ath-C, die
Adamviten und *II hervorgebracht hat, während die andere (*Ib) von D-St AV
An$_2$-Pa-AH B auf der einen Seite und der *III-Überlieferung auf der anderen
Seite repräsentiert wird.

Beide Familien zerfallen in Unterfamilien: Von *Ia hat sich zum einen die dem
Subarchetypen *II zugrundeliegende Textform (*Ia^1) abgespalten, zum anderen
die Vorlage, auf der Vit Ad und A-AC-Ath-C basieren (*Ia^2). Vit Ad hat *Ia^2 bzw.
seine hypothetische Vorlage *Ia$^{2/1}$ stark umgestaltet, die Vorlage von A-AC-Ath-C
(*Ia$^{2/2}$) ist dagegen vergleichsweise konservativ. Allerdings lassen sich durchaus
Sonderlesarten in A-AC-Ath-C finden, die ausweislich von Koalitionen der

---

[60] NAGEL verweist auf DENIS, Introduction 4, der dort feststellt, daß Incipit und Desinit
dieser Handschrift denen der Codices B und C entspricht. Doch sowohl Anfang und Ende der
Codices B und C unterscheiden sich stark voneinander, außerdem hat TISCHENDORF, auf den
DENIS notwendigerweise zurückgreift, diese beiden Codices verwechselt.

[61] Der Katalog der Bibliothek von Iaşi ist in einer Folge von Artikeln über griechische
Handschriften in Rumänien erschienen, näheres s. bei J.-M. OLIVIER: Répertoire des biblio-
thèques et des catalogues de manuscrits grecs de Marcel Richard (Corpus Christianorum o.Z.),
Turnhout [13]1995, 56 (Nr. 280).

Adamviten mit *II oder mit *I-Überlieferung weder auf *Ia noch auf *Ia^2 zurückgehen können und daher *Ia$^{2/2}$ zugeschrieben werden müssen.

Von *Ib deriviert einerseits die gemeinsame Vorlage von D-St AV An$_2$-Pa-AH
B (*Ib^1), zum anderen die Vorlage von *III (*Ib^2). Die *Ib^1-Überlieferung zerfällt
in drei Gliederungen (D-St B / AV / An$_2$-Pa-AH), die *III-Überlieferung in zwei
(*IIIa / *IIIb). Von *IIIa derivieren Br und S^1, von *IIIb P^2-J^2-J^3-An$_1$ ApcMos(arm)
einerseits und J^1-E^1-S^3-AD-E^2 andererseits. Die gemeinsame Vorlage von P$^{2(etc)}$
und ApcMos(arm) heißt *IIIb^1; die von ApcMos(arm) heißt *IIIb$^{1/1}$, die von P$^{2(etc)}$
*IIIb$^{1/2}$. Die gemeinsame Vorlage von J$^{1(etc)}$ hat das Sigel *IIIb^2; die davon deri-
vierende Vorlage von E$^{1(etc)}$ wird *IIIb$^{2/2}$ genannt; mit ihr steht J^1 auf einer Ebene,
dem daher theoretisch das Sigel *IIIb$^{2/1}$ zugewiesen werden kann.

Von der bei NAGEL entfalteten Einschätzung der Überlieferungssituation (der
sich MEISER/MERK und bisher weitgehend auch TROMP anschließen) weicht
diese Sicht der Dinge in mehreren Punkten ab. Wichtig sind vor allem die
folgenden:

1. *Ia deriviert nicht von einer durch AV An$_2$-Pa-AH B bezeugten Überlieferung, sondern ist von allen anderen Traditionen unabhängig. Diese stammen
ihrerseits aus einer von *Ia unabhängigen Tradition (*Ib).

2. *II und Vit Ad sind nicht von A-AC-Ath-C abhängig, sondern sind –
neben dieser Gruppe – eigenständige Zeugen von *Ia.

3. D-St repräsentieren eine zuverlässige Überlieferung, keineswegs aber
gehen sie unabhängig von aller anderen Überlieferung direkt auf den Archetyp
zurück.

4. *III deriviert nicht von einer durch AV und B repräsentierten Überlieferung, sondern geht unabhängig von allen anderen *Ib-Zeugen auf *Ib zurück.
*III ist textkritisch somit weit bedeutender, als NAGEL es angenommen hat.

5. *IIIa ist nicht durch *I-Überlieferung kontaminiert, sondern bietet, wo sie
mit von *III unabhängigen Zeugen übereinstimmt, gewöhnlich den ursprünglichen Text von *III.

Würde man NAGELs Einschätzung Folge leisten, müßte die Rekonstruktion
des Grundtextes v.a. auf D-St AV An$_2$-Pa-AH B basieren. Doch dann würde
man – nach der hier vorgetragenen textgeschichtlichen Theorie – nicht den
Grundtext, sondern im Großen und Ganzen *Ib^1 rekonstruieren. Erstaunlicherweise ist NAGEL selbst jedoch durchaus anders vorgegangen, als er seinen
Lesetext für die Pseudepigraphenkonkordanz von DENIS präsentierte. Dieser
nimmt in starkem Maße *Ia-Lesarten auf, sogar die umfängliche Passage in
°29,6k, die nur in *II bezeugt ist.

Es wird in dieser Arbeit weitgehend darauf verzichtet, die Stationen der Textgeschichte näher zu datieren. Festzuhalten ist hier lediglich, daß der Archetyp nicht im Mittelalter anzusetzen ist, sondern zeitnah zur Entstehung der Apc Mos, die im 1./2. Jh. n. Chr. zu vermuten ist (vgl. E IV). Die relative Anciennität des Archetypen ergibt sich aufgrund des hohen Alters der Vita Adae et Evae und damit der Subarchetypen *Ia^2 und *Ia, von denen die Vit Ad deriviert. Damit stellt sich die Überlieferungslage bei der Apc Mos wesentlich anders dar als etwa bei Joseph und Aseneth, wo die gesamte Überlieferung auf einen um 500 n. Chr. zu datierenden Archetyp zurückgeht, der also wesentlich später anzusetzen ist als die Entstehung von Joseph und Aseneth, vgl. BURCHARD: Joseph und Aseneth, 33–34.

Auch in einer anderen Beziehung gestaltet sich die Textgeschichte bei der Apc Mos anders als bei Joseph und Aseneth. Den Auskünften BURCHARDs zufolge geht die gesamte griechische Überlieferung (mitsamt derjenigen fast aller Versionen) bei Joseph und Aseneth auf zwei Minuskelhandschriften zurück, die im Zuge der Minuskeltranskription des 9./10. Jh. angefertigt worden waren (S. 26–28); alle andere Überlieferung hat also die Schranke der Minuskeltranskription nicht passiert. Alles, was sich – ausgehend von diesen zwei Subarchetypen – an Gruppenbildung noch ereignet hat, ist demzufolge ein Angelegenheit des Mittelalters. Im Falle der Apc Mos müssen jedoch mindestens drei Handschriften die Schranke der Minuskeltranskription passiert haben. Dabei handelt es sich zunächst um einen Vorfahren der Zeugen A-AC-Ath-C, die letztlich (wie die Adamviten) auf den spätantiken Subarchetypen *Ia^2 zurückgehen. Doch auch ein Vorfahr von Va-P^1 und Lib Ad muß diese Schranke passiert haben, denn *II geht unabhängig von *Ia^2 auf *Ia zurück. Ob *II nun nach der Minuskeltranskription entstanden ist oder davor, kann hier dahingestellt bleiben und läßt sich auch schwer klären, da die für *II kennzeichnende Kontamination durch Überlieferung aus den Adamviten (vgl. °29,6k) auch im Textzeugen C (13. Jh.) zu beobachten ist (vgl. °26,2c). Nicht zuletzt muß schließlich auch mindestens ein Exemplar der Familie *Ib transkribiert worden sein, denn *Ib geht ja ebenfalls unabhängig von *Ia^2 und *Ia auf *I zurück. Da *Ib jedoch im Vergleich zu *Ia eher einen besseren als einen schlechteren Text bietet, dürfte diesem Subarchetypen kaum eine lange Transmissionsgeschichte vorausgegangen sein; es gibt also Gründe, ihn ebenfalls in der Spätantike zu verorten. Ob dies auch für den Subarchetypen *III zutrifft, der auf jeden Fall kurz nach der Didfferenzierung zwischen *Ib^1 und *Ib^2 entstanden sein muß (vgl. S. 63), mag hier dahingestellt bleiben; in dieser Angelegenheit kann vielleicht eine Analyse der Sonderlesarten von *III weiterhelfen.

Im textkritischen Kommentar wird gelegentlich auf Majuskelfehler verwiesen. Damit wird die
Entstehung einzelner Varianten erklärt. Eine Auswertung dieser Befunde für die Textgeschichte
kann hier nicht geleistet werden.

5. Methodisches zur textkritischen Arbeit

Für die Edition eines antiken Textes ist eine Rekonstruktion seiner Rezeptionsbedingungen entscheidend. So ist es zum Beispiel nicht ohne Bedeutung,
ob ein Text bekannt war und offiziell in Geltung stand oder nicht. Bei einem
bekannten Text (etwa aus dem Neuen Testament) ist damit zu rechnen, daß die
Schreiber ihren Text zumindest teilweise im Kopf hatten, vielleicht auch
andere Codices als ihre Vorlage einsahen; damit sind einerseits sinnentstellen-
de Verderbnisse unwahrscheinlich, andererseits Kontamination und Mischles-
arten wahrscheinlich.[62] Selbstverständlich ist die Überlieferung eines Textes
auch eher stabil, wenn er v.a. für Gebildete von Interesse war. So ist etwa die
Anzahl der Fehler in der Überlieferung eines ausweislich der handschriftlichen
Überlieferung nicht besonders oft abgeschriebenen, dafür aber prominenten
Autors wie Euseb eher gering; dies zeigt schon ein kurzer Blick in den Apparat
etwa der Ausgabe der Praeparatio Evangelica von MRAS (die sicher fast alle
Varianten notiert). Es bedarf keiner großen Phantasie, sich vorzustellen, daß
die Rezeptionsbedingungen der Apc Mos durchaus andere waren als die des
Neuen Testaments oder des Euseb. Dies zeigt denn auch ein Blick in die
Textzeugen selbst:

Als CERIANI 1868 den Text des Ambrosianus C 237 Inf. (=D) veröffentlichte,
vermerkte er in seiner Vorrede, er habe bisher selten einen Text gesehen, der
derart fehlerhaft kopiert worden sei (S. 19: »Paucos enim hucusque vidi libros
Graecos, quae adeo corrupte fuerint descripti«). Er hat die anderen Textzeugen

---

[62] Zur methodischen Relevanz der Rezeptionsbedingungen vgl. auch TROMP: Edition,
192–193, vgl. auch S. 198, wo Kontamination im Falle der Apc Mos als unwahrscheinlich
erachtet wird.
    Was das Neue Testament anbetrifft, äußern sich Kurt und Barbara Aland (K. ALAND / B.
ALAND: Der Text des Neuen Testaments, Stuttgart [2]1989) nicht zu der Frage, inwiefern sich die
Rezeptionsbedingungen des neutestamentlichen Schrifttums von dem anderer antiker Litera-
tur(en) unterscheiden, differenzieren aber zwischen den Rezeptionsbedingungen etwa der
Evangelien und der Paulusbriefe, die schon relativ früh kanonische Geltung erlangten, und
einiger katholischer Briefe sowie der Apc Joh, deren Kanonizität noch lange umstritten war, vgl.
iidem 58-59. Bei der letztgenannten Gruppe ist die Überlieferung relativ uneinheitlich (insbesondere im Judasbrief). Literatur zur neutestamentlichen Textkritik: E.J. EPP / G.D. FEE
(Edd.): Studies in the Theory and Method of New Testament Textual Criticism (Studies and
Documents 45), Grand Rapids, Michigan 1993, 360-399.

nicht gesehen: Wenigstens AV B AC Va P¹ J¹ E¹ S³ E² hätten ihm gezeigt, daß die Verwahrlosung, die in D zu konstatieren ist, bei weitem überboten werden kann. Doch selbst in Codices, die einen relativ stabilen Text bieten (D St A Ath P² J² J³ An₁), begegnen jede Menge Fehler. Vor allem ist jeder Textzeuge durch Omissionen entstellt, die zumeist durch Homoioteleuta bedingt, also rein mechanisch verursacht sind. Den Schreibern ist der dadurch entstandene Sinnverlust offenkundig nicht bewußt geworden.[63] Auch fallen die unzähligen Orthographievarianten ins Auge, die oftmals zu weiteren Fehlern führten, da sie die Identifikation von Wörtern erschweren konnten. So wird etwa in °19,3f aus dem »Gift der Schlechtigkeit« (ἰὸν τῆς κακίας) in der armenischen Übersetzung ein »Sprößling der Schlechtigkeit«, weil man ἰόν mit υἱόν verwechselte – diese Schreibung ist in griechischen Zeugen auch tatsächlich belegt (in B und AC). Daneben begegnen nicht selten schlichtweg sinnlose Zeichenkombinationen, die sogar für ganze Textfamilien charakteristisch sind, so etwa †τελεῖ μόνος für *ἀνελεημόνως in (P²)-J²-J³-An₁ (°2,2e) oder †εἰς θάρσος† in A-Ath (°33,4e), das wahrscheinlich für *ἀνθράκας steht.

Neben unwillkürlich entstandenen Varianten sind auch willkürliche Veränderungen des Textes zu vermerken, freilich etwas seltener: Hier dominieren vor allem Omissionen, insbesondere gegen Ende; speziell VitAd(arm) Vit Ad(lat) J¹-E¹-E² streichen die Überlieferung über das postmortale Ergehen Adams erheblich zusammen. An₂-Pa-AH wiederum lassen Apc Mos 1–14 aus, um mit der Paradieserzählung einsetzen zu können. Erhebliche Kürzungen bei grundsätzlicher Beibehaltung des Grundbestandes lassen sich in AV und den *II-Zeugen feststellen. Daneben begegnet in der Überlieferung der Typus der stilistisch, aber nicht inhaltlich umgestaltenden Paraphrase, der vor allem durch B und *III bezeugt ist. Insgesamt ist indessen eine Tendenz zur Kürzung zu beobachten.

Doch auch Zusätze lassen sich feststellen. Hier sind an erster Stelle die noch zu diskutierenden Interpolationen von *Ia zu nennen, doch auch in *IIIa und in E¹-S³-AD finden sich oftmals Interpolationen. Neben Zusätzen begegnen auch am Kontext orientierte Variantenbildungen, wenn etwa D-St in °1,2c ἐξῆλθαν statt ἀνῆλθεν lesen (es ging nicht nur Adam, und sie gingen aus dem Paradies; das Motiv der Rückkehr in den Osten wurde nicht mehr verstanden, vgl. den Kommentar zur Stelle!). Zusätze und Kontextabgleichungen sind häufig dem Bibeltext, v.a. Gen 2–3, geschuldet (vgl. etwa °7,3b; °8,1k; °9,2i; °34,1k).

---

[63] Dies wird vor allem sinnenfällig, wo die Schreiber anstandslos Partien übernehmen, die durch Omissionen sinnlos geworden sind, vgl. etwa P²-J²-J³-An₁, die in °1,1c allesamt mit einem beziehungslosen Genitivattribut Ἀδάμ καὶ Εὔας τῶν πρωτοπλάστων einsetzen – in der Vorlage ist vorausgehendes αὕτη ἡ διήγησις ausgefallen.

Gelegentlich läßt sich Einfluß apokrypher Traditionen feststellen, v.a. in *IIIa (so °1,3d; °7,2a; °13,6d / °14,1b). Eine gezielte Einarbeitung christlicher Theologumena ist nur ausgesprochen selten zu beobachten, am deutlichsten sind noch die Bezugnahme auf die Christusweissagung des Descensus ad Inferos in °13,6d / °14,1b (*IIIa) sowie die Aufnahme von Joh 6,33 in °34,1d (C) und das einem Schreiber vielleicht unwillkürlich aus der Feder geflossene χριστοῦ in °21,6c (AV) – es ist aus θεοῦ entstanden, was bei der Verwendung von Nomina sacra (in °21,6c fast durchgängig bezeugt) nicht wirklich verwundert (χυ < θυ). Insgesamt darf das theologisch-inhaltliche Moment bei der Variantenbildung nicht überschätzt werden.

Passend dazu lassen sich äußere Anzeichen für eine aufmerksame Textbeobachtung durch Kopisten nur selten beobachten. NAGEL notiert an keiner Stelle Korrekturen von zweiter Hand! Auch Marginalglossen sind kaum belegt: Nur in Va hat wahrscheinlich der Schreiber Marginalglossen verfaßt – wohl mit dem Ziel, Änderungen an der Vorlage zu begründen (vgl. °37,5e; °41,1c; °43,3c). Für °26,2c kann angenommen werden, daß in der Vorlage von C eine Marginalglosse in den Text eingearbeitet wurde; frappant ist hier allerdings vor allem, wie wenig Rücksicht dabei auf den Kontext genommen wurde.

Der Zustand der Überlieferung zeigt, daß die Rezeptionsbedingungen der Apc Mos alles andere als günstig für eine stabile Überlieferung waren. Die Schreiber waren, wie die vielen Orthographiefehler zeigen, ungebildet; die unwillkürlichen Omissionen, der häufigste Fehlertyp, verraten, daß sie auch unaufmerksam waren und ihren Text nicht kannten – sonst hätten sie den Textausfall wohl häufiger bemerkt. Die Vielzahl der Kurzrezensionen (AV *II J¹ E²) läßt vermuten, daß auch ökonomische Bedingungen die Transmission des Textes beeinflußten: Zuviel Schreibmaterial und Zeit durfte er nicht in Anspruch nehmen, also wurde er gekürzt.

Für die textkritische Arbeit ist dieser Befund von einiger Bedeutung. Für einen Text, der unbekannt war und unaufmerksam kopiert wurde, ist Kontamination von Überlieferung unwahrscheinlich. So ist also für den Fall, daß in unterschiedlichen Familien gleiche Lesarten begegnen, nicht mit Wanderung von Varianten zu rechnen, sondern entweder mit dem Zufall (gewisse Varianten lliegen einfach nahe!) oder eben mit einer gemeinsamen Vorlage.

Zudem ist zu beachten, daß bei einer allgemeinen Tendenz zur Kürzung das Lectio-brevior-Prinzip nur höchst eingeschränkt zur Geltung kommen kann.[64] Es verhält sich eher umgekehrt: Passagen, die nur sporadisch, dafür aber in ein-

---

[64] Vgl. hierzu auch TROMP: Edition, 193: »Wenn man in Fall des *Lebens Adams und Evas* [gemeint ist die Apc Mos – J.D.] immer die kürzere Lesart bevorzugen würde, bliebe nur wenig von der ganzen Schrift übrig.«

ander nicht nahestehenden Familien belegt sind, werden mit großer Wahrscheinlichkeit auf den Urtext zurückgehen, denn wie sollten Schreiber unabhängig voneinander auf denselben »Zusatz« kommen? Aus diesem Grunde wurde etwa in °40,2d eine sowohl in *II (bezeugt durch P¹) als auch in *III (bezeugt durch P²-J²-J³) tradierte Passage aufgenommen; die Übereinstimmung im Wortlaut war einfach zu deutlich, als daß man hier mit kontextbedingten Zusätzen hätte argumentieren können. Die genannte Variante ist eines der wichtigsten Argumente für die stemmatische Verortung von *II und *III;[65] ein ähnlicher Fall begegnet in °10,2f. Aus ähnlichen Gründen wurde auch in °42,3h eine von *Ia, ApcMos(arm) und *IIIa (=*III) freilich nicht ganz wortgleich überlieferte Passage aufgenommen (ἐκινήθησαν πάντα τὰ φυτὰ ...), zumal hier auch noch gezeigt werden kann, warum sie anderswo ausfiel (aufgrund der Ähnlichkeit von ἐκινήθησαν und ἐκοιμήθησαν). Auch hier kann D-St AV etc wieder ein gemeinsamer Leitfehler nachgewiesen werden. Ähnliche Fälle begegnen in °40,6c und °42,3v. Besonders aufschlußreich ist in diesem Zusammenhang auch °42,8f: Hier lassen ausgerechnet die sich so oft als konservativ erweisenden Zeugen D-St AV Ath eine Wendung aus, die aber durch andere Zeugen hinreichend als ursprünglich gesichert ist (freilich ohne daß deren Text besonders einheitlich wäre!). Gerade hier zeigt sich die Notwendigkeit einer eklektischen Auswertung der Textzeugen.

Es darf freilich nicht übersehen werden, daß bestimmte, einander nahestehende Sonderlesarten auch durch den Kontext bedingt sind oder sich aus anderen Gründen als sekundär bestimmen lassen können. So ist zum Beispiel zu Beginn der Erzählung vom Überfall des Tieres auf Seth in °10,1a sowohl in *Ia als auch ApcMos(arm) und *IIIa der Zusatz πορευομένων αὐτῶν belegt. Das Zusammengehen von *Ia- und *Ib-Zeugen wäre an sich Grund genug, die Variante als ursprünglich anzusehen, zumal kein *Ia-Zeuge die Kurzversion bietet, doch hier schien es mir unerfindlich, warum *Ib¹ und P²⁽ᵉᵗᶜ⁾ diese Wendung hätten streichen sollen, und umgekehrt lag es einfach nahe, die vom Kontext her bekannte Tatsache, daß Eva und Seth auf dem Wege waren, durch ein Allerweltswort wie πορεύεσθαι noch einmal in Erinnerung zu rufen.

Schwieriger gestaltet sich die Lage schon in °32,2m: Hier geht ein Riß durch alle Textfamilien: C VitAd(arm) VitAd(latᵖ) *II ApcMos(arm) *IIIa und E¹-E² bezeugen die Wendung ἥμαρτον εἰς τὰ σεραφίμ (an ἥμαρτον εἰς τὰ χερουβίμ anschließend), St B A-AC-Ath VitAd(georg) P²-J²-J³ J¹ hingegen lassen sie aus. Man könnte hier nach dem Grundsatz verfahren, daß ähnlichlautende »Zusätze«, die über mehrere Familien hinweg bezeugt sind, zumal wenn sowohl *Ia- als auch *Ib-Überlieferung betroffen ist, ursprünglich sein müssen, wenn nicht die Erwähnung von Seraphim

---

[65] Da hier D-St AV etc sowie Ath und Vit Ad einen gemeinsamen Fehler gegen *III und * II haben, ist damit zu rechnen, daß die Vorlage von *III unabhängig von der durch D-St AV etc bezeugten Tradition und die Vorlage von *II unabhängig von der durch Ath und VitAd bezeugten Tradition ist. *III und *II sind somit gegenüber D-St AV etc bzw A-AC-Ath-C und VitAd stemmatisch nicht sekundär; die Tatsache, daß sie aufgrund ihrer paraphrasierenden oder kürzenden Tendenz zumeist einen (auf je unterschiedliche Weise!) sekundären Text bezeugen, darf darüber nicht hinwegtäuschen.

nach den Cherubim so nahe läge und zudem die Formulierung ἥμαρτον εἰς τὰ σεραφίμ sich nicht geradezu von selbst anböte, da schon der gesamte Kontext so gestaltet ist. In diesem Falle habe ich mich einmal entschlossen, nach den allgemein bevorzugten Verfahren der Textkritik zu entscheiden: Ich habe dem kürzeren Text den Vorzug gegeben und die Zeugen gewägt: Generell läßt sich nämlich feststellen, daß innerhalb der Gruppe A-AC-Ath-C der Zeuge C tendenziell weniger Gewicht hat als die Zeugen A, AC und Ath, daß VitAd(georg) konservativer ist als VitAd(arm) (die immerhin das Korrelat zu Apc Mos 33,2–37,6 ausläßt!), daß auch VitAd(lat) eher frei mit der Überlieferung umgeht, und daß *II eher umgestaltet als etwa A-AC-Ath. Hinzu kommt, daß P²⁽ᵉᵗᶜ⁾ sicher konservativer sind als *IIIa und J¹ tendenziell einen älteren Stand der Überlieferung repräsentiert als E¹.

Ein interessanter Fall liegt in °12,2b vor: Das Tier verspricht Seth, sich von ihm zurückzuziehen, mit den Worten: Ἰδού, ἀφίσταμαι ἀπὸ τῆς εἰκόνος τοῦ θεοῦ. Statt τοῦ θεοῦ lesen sämtliche Zeugen des Subarchetypen *III τοῦ θεοῦ τοῦ ἀοράτου oder τοῦ ἀοράτου θεοῦ. Ihnen gesellen sich Va und VitAd(latᵖ) bei, zwei *Ia-Zeugen. Auch hier wurde dem kürzeren Text der Vorrang gegeben, doch nicht wegen seiner Kürze: Es ist eher anzunehmen, daß sich die Schreiber hier (unbewußt?) von Kol 1,15 beeinflussen ließen. Ein ähnlicher Fall begegnet in °7,2d. Dort haben D B P¹ und *IIIa ähnliche Sonderlesarten, die andeuten, daß der Teufel Eva, als er sie verführen wollte, allein vorfand. *IIIa gestaltet hier den Text insgesamt stärker um (vgl. °7,1a), B und P¹ sind auch sonst für einen freien Umgang mit der Überlieferung bekannt und der Zusatz in D findet in dem ihm nahe verwandten Zeugen St keine Entsprechung. Es spricht also wenig dafür, daß D B P¹ *IIIa hier ursprüngliche Überlieferung repräsentieren. Die frappierend ähnlichen Zusätze erklären sich vielmehr von Prot Ev Jac 13,1 her. Es waren nicht nur Bibeltexte, die den Schreibern gelegentlich zu Innovationen verhalfen. Auch prominente Apokryphen konnten bei Neuerungen Pate stehen.

Bei einer stark fehlerhaften Überlieferung stößt naturgemäß auch das Lectiodifficilior-Prinzip an seine Grenzen. Auch Fehler können einen Text »schwieriger« machen. Daher erscheint es z.B. wenig sinnvoll, wie MEISER/MERK (S. 827) in °17,1k D-St zu folgen, die ἀγγέλου auslassen, so daß der sinnlose Satz τότε ὁ Σατανᾶς ἐγένετο ἐν εἴδει entsteht. Hier wird ein bloßer Flüchtigkeitsfehler vorliegen, der wohl dadurch begünstigt wurde, daß das Wort ἄγγελος in 17,1.2 gehäuft vorkommt. Ebensowenig sinnvoll wäre es, in 22,2 mit St AV und anderen ἔλθατέ μου εἰς τὸν παράδεισον statt ἔλθατε μέτ' ἐμοῦ εἰς τὸν παράδεισον (B *Ia *III) zu lesen (vgl. °22,2b), auch wenn hier eine »schwierige«, d.h. korrekturbedürftige Wortstellung vorliegt. Aber die Schreiber haben auch ganz andere syntaktische Monstrositäten nicht »korrigiert«; um so häufiger dagegen haben sie sich haplographische Omissionen zuschulden kommen lassen, und so wird es auch hier sein. An dieser Stelle zeigt sich übrigens wieder, wie gefährlich es sein kann, die Textrekonstruktion vorrangig auf D St und AV zu stützen.

Doch auch nach dem klassischen Lectio-difficilior-Prinzip kann bei Gelegenheit verfahren werden, und diesmal zugunsten von herkömmlich für wertvoll gehaltenen Zeugen: In °7,1o schließt sich in D-St an μὴ ἐσθίειν ἐξ αὐτοῦ (sc. τοῦ φυτοῦ) der Relativsatz δι' ἧς καὶ ἀποθνήσκομεν an. Dieser ist offenkundig beziehungslos, die anderen Zeugen (AV A-AC-Ath-C [=*Ia]

Va [=*II] P²-J²-J³-An₁ [=*III] J¹-E¹-S³-E²) haben denn auch δι' οὗ καὶ ἀποθνήσκομεν (vgl. °7,1o.p). Nun stellt sich die Frage, ob die anderen Zeugen nach dem Nahkontext korrigiert haben, oder ob ein Fehler in D-St vorliegt. Dieser könnte allenfalls durch die Dublette in °7,1k bedingt sein, die in D-St δι' ἧς καὶ ἀποθνήσκω lautet. Doch der Abstand ist relativ groß. Dennoch müßte man sich wohl für diese Lösung entscheiden, wenn sich nicht von D-St her erklären ließe, warum es überhaupt in °7,1k und °7,1o zur Dublettenbildung kommt: Δι' ἧς καὶ ἀποθνήσκομεν stammt aus Sir 25,24 𝕲 und ist ursprünglich eine Randnotiz gewesen, die sich auf τὴν μητέρα ὑμῶν bezog; ein unkonzentrierter Schreiber hat sie in °7,1o falsch eingearbeitet, danach wurde an die richtige Stelle (°7,1k) hineinkorrigiert, und so stand denn zweimal δι' ἧς καὶ ἀποθνήσκομεν im Archetyp. In °7,1o wurde diese Wendung in den meisten Zeugen nach dem Nahkontext zu δι' οὗ καὶ ἀποθνήσκομεν verbessert, in D-St allerdings nicht; hier zeigt sich deutlich eine konservative Tendenz in D-St. An deren Stemmaposition ändert das freilich wenig. Es lag einfach sehr nahe, ἧς zu οὗ zu korrigieren; dies kann mehrfach passiert sein, dem Stemma zufolge mindestens dreimal: In *Ia, *Ib² oder *III und in AV (das ist keineswegs zu oft!). Im übrigen fand ein analoger Vorgang auch in °7,1k statt: Dort lesen die meisten Zeugen (D-St AV B A-AC Va P¹ P²-J²-J³-An₁ [=*III] ApcMos[arm]) ἀποθνήσκω, Ath-C (=*Ia) und LibAd(slav) (=*II) hingegen ἀποθνήσκομεν, das nach den hier angestellten Überlegungen die ursprüngliche Lesart sein müßte (vgl. °7,1m). Und tatsächlich läßt sich auch ein guter Grund dafür finden, daß die meisten Zeugen ἀποθνήσκω lesen: In 7,1ff erzählt Adam von sich selbst; es bot sich also an, die 1. Sg. auch hier zu schreiben. Umgekehrt ist es unwahrscheinlich, daß ein Schreiber ἀποθνήσκω zu ἀποθνήσκομεν abgeändert hätte, weil weiter unten in °7,1o ἀποθνήσκομεν steht. Schreiber blicken in der Regel nicht nach vorne. Im übrigen fällt auch hier die Wahl auf einen Zeugen, der allgemein konservative Tendenzen aufweist: Ath. Zudem muß die Abwandlung von ἀποθνήσκομεν zu ἀποθνήσκω nach dem in dieser Arbeit verwendeten Stemma gar nicht häufig geschehen sein, nämlich in *Ib, A-AC, Va und P¹.

In der Diskussion zu °7,1k.m und °7,1o.p sind einige Grundsätze erwähnt worden, die auch sonst eine gewichtige Rolle spielen: Varianten, die sich vom Nahkontext her erklären lassen, sind gewöhnlich sekundär; primär hingegen sind Varianten, die zum Makrokontext passen (vgl. etwa °8,1d). Dies liegt daran, daß am ehesten der Autor einen Gesamtplan seines Textes hat. Zudem ist zu bedenken, daß sowohl die Lektüre als auch das Kopieren eines antiken Textes vergleichsweise schwierig ist, so daß ein Schreiber, zumal ein unerfahrener, kaum das gesamte Werk im Auge haben wird. Seine Textwahrnehmung ist notwendigerweise punktuell; und da ein Text (anders als ein Bild oder Diagramm) prinzipiell zumeist linear strukturiert ist, weiß er eher das Vorhergehende als das Folgende. Daher ist auch die Regel aufzustellen, daß Varianten, die sich vom Vorhergehenden her erklären lassen, eher sekundär sind, während Varianten, die mit dem Folgekontext korrelieren, tendenziell auf den Grundtext zurückgehen (dies Prinzip wird wirksam in °20,5c). Zu beachten ist dabei, daß einem Schreiber auch eher das unmittelbar Vorhergehende präsent ist als etwa Passagen, die er schon länger hinter sich hat.

Diese Regeln gelten freilich nicht für Rezensionen: Weitreichende Umarbeitungen eines Textes, belegt für AV, B, VitAd, *II, *III, *IIIa, *IIIb[2] und *IIIb[2/2], sind gewöhnlich stärker kontextorientiert. Freilich greifen auch diese oftmals nur punktuell ein. So verändert etwa VitAd vor allem am Anfang und in Apc Mos 16 und 29, alles andere wird entweder übernommen oder paraphrasiert; hier gelten eher wieder die oben aufgestellten Regeln.

Die Rekonstruktion des Grundtextes wird also insgesamt nach einem eklektischen Verfahren vorgenommen werden müssen. Sich auf Leitzeugen (wie etwa D-St Ath) zu verlassen, brächte nur mäßigen Erfolg; entscheidend ist weder die Zahl noch das Gewicht der Zeugen, sondern die jeweilige Verteilung der Varianten. Als ursprünglich zu werten sind Lesarten, die entweder breit verteilt sind oder, wenn dies nicht der Fall ist, wenigstens relativ leicht vom Stemma her als Grundtextlesarten zu bestimmen sind: So ist etwa eine von *II und *IIIa gegen alle anderen bezeugte Variante eher ursprünglich als eine von D-St AV und J[1(etc)] bezeugte, denn im ersteren Fall muß der Grundtext nur dreimal abgeändert worden sein (in *Ib[1], *Ia[2] und *IIIb), im letzteren sehr viel häufiger (mindestens in der Vorlage von An[2(etc)], B, *Ia, *IIIb[1], *IIIa und *IIIb[2/2]). Wollte man allein die Zeugen gewichten, müßte man wohl umgekehrt verfahren!

Neben die äußere Kritik muß eine an die Rezeptionsbedingungen der Apokalypse des Mose angepaßte innere Kritik treten. Dabei ist darauf zu achten, daß die jeweiligen Hypothesen zur Genese von Lesarten mit dem Stemma konform gehen müssen; innere und äußere Kritik sind also zu verzahnen. Im folgenden soll an drei vergleichsweise schwierigen Lemmata gezeigt werden, wie dies gelingen kann:

Vorwegzunehmen ist eine Erläuterung des von mir entworfenen Systems zur Stemmatisierung von Lesarten: Bei schwierigen Lemmata, zu denen eine Vielzahl von Varianten überliefert oder die Verteilung der Varianten erklärungsbedürftig ist, wird die Genese der Lesarten durch Buchstabenfolgen erläutert, die in Klammern nach den Varianten zu stehen kommen: (a) bezeichnet die Grundtextvariante, (ba) die aus dem Grundtext entstandene Variante b, (ca) die aus dem Grundtext entstandene Variante c, (dba) die aus b enstandene Variante d, (adba) die aus d entstandene Variante a, also eine zufällig wiederhergestellte Grundtextlesart, (cdba) eine aus d entstandene Variante c. Welcher Buchstabe einer Variante zugeordnet wird, entscheidet sich, sobald es nicht der Buchstabe a ist, allein an der Reihenfolge der Notierung der Varianten; (ba) ist also nicht näher am Urtext als (ca). Dagegen ist (dba) weiter als die anderen genannten Varianten vom Urtext entfernt, da die Variante b zwischen d und dem Grundtext liegt. Noch weiter sind (adba) und (cdba) vom Grundtext entfernt. Im Falle von (adba) und (cdba) ergeben sich Besonderheiten bei der Variantennotierung, die durch folgendes hypothetisches Beispiel demonstriert werden sollen: D-St AV A-AC | E²: ’Αδάμ (a|adba). Die Zeugen vor dem Balken haben den Grundtext überliefert, E² hingegen hat eine sekundär wiederhergestellte Grundtextlesart. Analoges gilt, wenn etwa (cba|cdba) notiert ist.

Ebenfalls – allerdings nur ansatzweise – zu erläutern ist das hier praktizierte System der Identifikation von Subarchetypenlesarten: Wenn etwa A-(AC)-Ath (=*Ia): ὁ πατὴρ ὑμῶν ’Αδάμ notiert ist, dann lesen A und Ath und mit leichten Abweichungen auch AC ὁ πατήρ ὑμῶν ’Αδάμ und stehen damit zugleich für den Subarchetypen *Ia. Nähere Erklärungen sind in E II,10 zu finden. Nun kann die Erörterung der beispielhaften Lemmata folgen:

1. °1,3f (der apokryphe Name Kains): D-St (AV) Ath ApcMos(arm) J¹: ’Αδιάφωτον (sq. BERTRAND und TROMP: Cain, 278–279) (ba); B: Διάφορον (ca); A-AC (=*Ia) (VitAd[arm]) (VitAd[georg]) (VitAd[latᴾ]) (VitAd [latᵐᵉ]) (Br)-(S¹) ([=*IIIa] =*III): Διάφωτον[66] (sq NAGEL) (a); C | S³-AD: Διάφατον (da|dgba); P¹: διάβα (< διάβατον (ht., vgl. TROMP: Cain, 279₈) (ea); P²-J²-J³-(An₁): ’Αδιάφωνον (fba); E¹: ’Αδιάφατον (gba); E²: ῎Αφατον (hdgba); Va: def. Aufgrund des Variantenspiegels kommen als Grundtextlesarten nur ’Αδιάφωτον, das BERTRAND und TROMP bevorzugen (sq = sequunt), und das von NAGEL präferierte Διάφωτον in Betracht. Ausschlaggebend für meine Entscheidung war die Annahme, daß es nahe lag, den apokryphen Namen Kains sekundär mit einem Alpha privativum zu versehen, weil Kain eine negative Gestalt ist und ’Αδιάφωτον an »Dunkelheit« denken läßt (vgl. ApcMos[arm]), Διάφωτον hingegen, wie die Adamviten zeigen, an »Licht«, was man mit der Zeit als unpassend empfunden haben könnte. Also ist Διάφωτον ursprünglich.

Die Zuordnung der Varianten zum Stemma fällt mit dieser Entscheidung nicht sonderlich schwer: *Διάφωτον wurde sowohl von *Ib¹ als auch von *Ia und *Ib² / *III anstandslos übernommen. In der *Ib¹-Überlieferung wurde es daraufhin jedoch zweimal (in der Vorlage von D-St und in derjenigen von AV) zu ’Αδιάφωτον und einmal zu Διάφορον (B) abgewandelt, in der *Ia-Überlieferung einmal zu ’Αδιάφωτον (Ath) und einmal zu διάβατον (so in der Vorlage von P¹). Innerhalb der *III-Tradition behielt *IIIa es bei, während *IIIb, bezeugt durch ApcMos(arm) (=*IIIb¹) und J¹ (=*IIIb²), es zu ’Αδιάφωτον veränderte. Dieses wiederum verwandelte sich in P²⁽ᵉᵗᶜ⁾ (=*IIIb¹ᐟ²) zu ’Αδιάφωνον, während es in E¹ (=*IIIb²ᐟ²) zu ’Αδιάφατον entstellt wurde. Dieses wurde im Folgenden zu Διάφατον (in S³-AD) verkürzt, das schließlich seinerseits zu ῎Αφατον verstümmelt wurde (in E²), da man δι- fälschlich als δε identifizierte.[67]

Die Gegenprobe erweist die Richtigkeit dieser Entscheidung: Würde man ’Αδιάφωτον als ursprünglich ansetzen, dann gestaltete sich die Lage in der *Ib¹-Familie etwas leichter (nur eine

---

[66] VitAd(latᴾ) 21: *eratque ut stella lucidus*; VitAd(latᵐᵉ) 21: *et erat lucidus*; VitAd(arm) 21: »es war die Farbe seines Leibes wie die Farbe der Sterne«; VitAd(georg) 21: »l'apparence de celui-ci était comme celle des étoiles«. Allen Adamviten liegt eine Auslegung des Namens Διάφωτος zugrunde, die schon *Vit Ad (gr) vorgenommen hatte.

[67] °1,3f gibt damit Anhaltspunkte für eine Hierarchisierung von E¹-S³-AD-E²: E² ist abhängig von der durch S³-AD bezeugten Lesart, dieser wiederum liegt die von E¹ zugrunde. E¹ ist somit der Leitzeuge der Gruppe E¹-S³-AD-E², S³-AD-E² sind von einer gegenüber E¹ tendenziell sekundären Überlieferung abhängig, E² entwickelt die von S³-AD bezeugte Überlieferung weiter.

– allerdings etwas umfänglichere – Änderung in B), in der von *III vergleichbar (eine Änderung in *IIIa), in dem von *Ia ausgehenden Überlieferungszweig hingegen wesentlich komplizierter: Man müßte annehmen, daß Ἀδιάφωτον in P¹, *VitAd(gr), der Vorlage von A-AC und schließlich in C sein Alpha privativum verloren haben müßte. Es kommt hinzu, daß die Varianten von B C und P¹ relativ unmittelbar auf Διάφωτον zurückgeführt werden können, nicht aber auf Ἀδιάφωτον.

2. °24,1/2G (der Fluch über Adam). An ἐπικατάρατος ἡ γῆ schließen sich folgende Varianten an, die nun im Hinblick auf übergreifende Strukturen zu analysieren sind (ob nach δώσει sein σοι steht, ist also ein anderes Thema, vgl. °24,2a): St AV (B): ἕνεκα σοῦ· ἐργάσῃ δὲ αὐτήν, καὶ οὐ δώσει τὴν ἰσχὺν αὐτῆς (ba); An₂-Pa | Br-S¹ (=*IIIa) E²: ἐν τοῖς ἔργοις σου (cba|ca); (A)-(AC)-(Ath) (=*Ia) (VitAd[arm]) (VitAd[georg]) (VitAd [latᴾ]): ᵃἐν τοῖς ἔργοις σουᵃ, ᵇᶜἡνίκα ἐργάζῃ αὐτήνᶜ. ᵈκαὶ οὐ δώσει σοι τὴν ἰσχὺν αὐτῆςᵈᵇ⁶⁸ (da); P²-J²-J³ (=*III): ἕνεκα σοῦ· ἐργάσῃ αὐτὴν καὶ οὐ δώσει τὴν ἰσχὺν αὐτῆς (sq. BERTRAND, NAGEL) (a); ApcMos(arm): »in deinen Werken, denn du wirst sie bearbeiten, und sie wird nicht ihre Kraft geben« (ea); J¹-E¹: ἐν τοῖς ἔργοις σου, καὶ οὐ δώσει τὴν ἰσχὺν αὐτῆς (fa). Es lag nahe, den Fluch über Adam nach Gen 3,17 𝔊 zu revidieren. Daher sind Varianten, die ἐν τοῖς ἔργοις σου in den Text bringen, als sekundär zu betrachten. Damit bleiben nur noch die Lesarten von St⁽ᵉᵗᶜ⁾ (=*Ib¹) und P²⁽ᵉᵗᶜ⁾ (=*III / *Ib²), von denen letztere vorzuziehen ist, da die Ergänzung von δέ in einem eigentlich explikativ zu verstehenden Satz wenig sinnvoll erscheint. Hier zeigt sich wieder der relativ hohe Wert von *III.

Eine Komplikation zeigt sich in der *Ia-Überlieferung: A-AC-Ath und VitAd gehen zusammen auf einen Text zurück, der sich nicht allein damit erklären läßt, daß ἐν τοῖς ἔργοις σου hinzugefügt wurde. Daneben ist offenbar auch ἕνεκα σοῦ zu ἡνίκα verlesen worden – eindeutig ein Verderbnis, wie die fehlerhafte Apodosis καὶ οὐ δώσει κτλ. zeigt. Ein solcher Text wird nicht auf die Arbeit eines Revisors wie des in *Ia tätigen Rezensenten zurückgehen. Dagegen ist gut denkbar, daß dieser – wie auch sonst – seinen Text interpolierte, hier mit ἐν τοῖς ἔργοις σου, und der so überlieferte Text im Laufe der Überlieferungsgeschichte entstellt wurde. Dies muß relativ rasch geschehen sein, denn schon der spätantike Subarchetyp *Ia² weist die hier zur Rede stehende Korruptele auf.

3. °42,5e (Gebet Evas): Eva begründet ihren Wunsch nach einer Beisetzung an Adams Seite mit dem Satz ‹οὖ γὰρ ἔκτῃ ‹ἡμέρᾳ› ᾑρές με ἐκ τῶν μέλων σου. Für ‹οὖ γὰρ ἔκτῃ ‹ἡμέρᾳ› finden sich folgende Varianten: D: ἐξ οὖ (sq. BERTRAND, NAGEL) (bca); St An₂-AH Ath (=*Ia): ἐξ †ῆς† (ca); P²-J²-J³ (=*III) ApcMos (arm) J¹-E¹-E²: σὺ γάρ (da); AV B Va P¹ Br S¹: def. Indiskutabel ist die Entscheidung BERTRANDs und NAGELs für D. Selbst wenn man annimmt, daß D-St unmittelbar auf den Archetyp zurückgehen, müßte zweimal ohne jeden Grund οὖ zu ῆς verlesen worden sein – ein paläographisch völlig unwahrscheinlicher Vorgang. Mit dem von mir vorgelegten Stemma müßte dieser sich dreimal ereignet haben. Wahrscheinlicher ist, daß sämtliche Varianten von einem bereits verderbten Archetyp derivieren: Aus ursprünglichem ΟΥ ΓΑΡ ΕΚΤΗ ΗΜΕΡΑ wurde durch haplographisch bedingten Textausfall ΟΥ ΓΑΡ ΕΚΤΗ (so der Archetyp). Dieser Text entwickelte sich in *Ia und *Ib¹ zu ΕΞ ΗC, in Rez Ib² / *III zu ΟΥ ΓΑΡ; in beiden Fällen hat man οὖ γάρ als οὐ γάρ mißverstanden. Ohne eine hohe Einschätzung

---

⁶⁸ Varianten: **a-a** A-AC-Ath VitAd(georg) VitAd(latᴾ): ἐν τοῖς ἔργοις σου; VitAd(arm): »auf der Erde«. **b-b** VitAd(latᴾ): om.. **c-c** A-AC: ἡνίκα γὰρ ἐργάζῃ αὐτήν; Ath VitAd(georg): ἡνίκα ἐργάζῃ αὐτήν; VitAd(arm): »du wirst auf ihr arbeiten«. **d-d** A: καὶ οὐ δώσει τὴν ἰσχὺν αὐτῆς; AC VitAd(arm): καὶ οὐ δώσει σοι τὴν ἰσχὺν αὐτῆς; Ath: οὐ δώσει δὲ τὴν ἰσχὺν αὐτῆς; VitAd(georg): »elle ne produira pour toi aucun fruit«.

des Textes von *III wäre dieses Szenario nicht möglich. Bedeutsam ist auch, daß hier konjiziert werden muß; dies wird noch zu diskutieren sein (vgl. E II,8).

6. Die ältesten Varianten

Eine textkritisch besonders diffizile Situation ergibt sich bei den Varianten, die den Unterschied zwischen den beiden Subarchetypen *Ia und *Ib markieren. Diese sind die ältesten Varianten. Die in dieser Hinsicht relevanten Lemmata, geordnet entsprechend den im textkritischen Apparat getroffenen Entscheidungen, sind:

1. Zusätze in *Ia: °2,4a; °5,3b; °9,2a; °10,1a; °14,2d; °15,3h; °16,1e; °16,2b; °16,2d; °16,2f; °16,3e; °17,5b; °18,1b; °18,5e; °20,2b; °20,2f; °22,3e; °29,5c; °32,3a; °33,5a; °34,1c. Diese Lesarten sind sämtlich durch ein Zusammengehen von A[(etc)] und *II gesichert; fast durchweg werden sie auch von den Adamviten bezeugt.

2. Streichungen in *Ib: °6,1e; °8,1d; <u>°8,2h</u>; °12,2c; °13,3/5B; °20,4b; °20,5c; <u>°22,1a</u>; <u>°23,3f</u>; <u>°23,5g</u>; <u>°24,2g</u>; <u>°24,3b</u> <u>°31,2g</u>; <u>°37,6e</u>. Bei den unterstrichenen Lemmata versagt *II als Zeuge; bei den nicht unterstrichenen ist *Ia durch A[(etc)] und *II, fast immer auch durch die Adamviten gesichert.

3. Streichungen in *Ia: °37,4b.

4. Zusätze in *Ib: °31,2a.

5. Variae lectiones, bei denen *Ia sekundär ist: °9,1b; °10,3a; °16,2a; °17,1g; °27,4b; °29,2b; °32,4b; °34,1i; °43,4e.

6. Variae lectiones, bei denen *Ia primär ist: °3,3d; °7,1m; °13,1d; °15,1b; °21,1b.

7. Zusätze in *Ia-Überlieferung, die wahrscheinlich auf *Ia zurückgehen, bei denen aber *II als Zeuge versagt: °18,5f; °19,1a; °19,1e; °19,2d; °19,3c; °23,5d; °24,1/2G; °25,1d; °25,3d; °33,1h; °33,4c; °33,4e; °38,4a; °39,1c; °39,3a.

8. Sekundäre Variae lectiones, die wahrscheinlich auf *Ia zurückgehen, obwohl *II als Zeuge versagt: °19,1f; °31,3g; °39,1b.

Auszuschließen sind die zahlreichen Sonderlesarten von A[(etc)], vgl. °18,1d.e; °18,5b; °23,4e; °29,5c (ἀρώματα statt καὶ σπέρματα); °29,6b; °31,3i; °33,4d, erst recht die Sonderlesarten von Ath (ab 36,3 der einzige *Ia²/²-Zeuge) gegen Ende der Apc Mos, vgl. °39,1d; °39,1f; °40,4k; °40,6g; °42,5b. Auszuschließen ist auch ein Fall wie °29,3e, wo A[(etc)] (mit Pa-AH) ἐνέγκω lesen, während *II προσενέγκω hat und *Ib ἀνενέγκω. Hier steht zu vermuten, daß *Ia wie *Ib ἀνενέγκω hatte und die *Ia-Zeugen auf je unterschiedliche Weise den Text geändert haben. Auch °16,3a kann hier keine Berücksichtigung finden: Hier findet sich in A[(etc)], Vit Ad (georg) und im Lib Inst Abb der Hinweis, daß die Schlange von Eva gefüttert wurde, doch die Mehrheit der Adamviten und *II gehen hier mit *Ib. Wahrscheinlich legte die Erwähnung des »Taumel-lolchs Adams« den Gedanken an eine Fütterung der Schlange durch Eva einfach nahe.

Das sicher interessanteste Lemma, das hier nicht mit der Gruppe der ältesten Varianten in Zusammenhang gebracht wird, ist °19,3i: Dort geht es um die Vergiftung der Frucht des verbotenen Baumes durch die Schlange. Das Gift wird daraufhin als das »Gift der Begierde« bezeichnet, und an das Stichwort »Begierde« schließt sich nun ein Syntagma an, das in den Textzeugen unterschiedlich überliefert ist: St AV (VitAd[arm]) (=*Ia) P²-J²-J³ (=*III) J¹-(E¹) lesen ἐπιθυμία γάρ ἐστι πάσης ἁμαρτίας, bieten also eine Apposition, welche das »Gift der Begierde« als »Begierde nach jeglicher Sünde« qualifiziert. Alle anderen Zeugen schließen jedoch eine allgemeine Sentenz über die Begierde als Wurzelsünde an, allerdings auf durchaus unterschiedliche Weise: An₂-(Pa) haben ἐπιθυμία γάρ ἐστι πᾶσα ἁμαρτία, B hat ἐπιθυμία γάρ ἐστι ῥίζα καὶ ἀρχὴ πάσης ἁμαρτίας, A-(AC)-Ath-C lesen ἐπιθυμία γάρ ἐστι κεφαλὴ πάσης ἁμαρτίας (sq. BERTRAND, NAGEL) und ApcMos(arm) schließlich liest »kʻanzi cʻanoutʻiunn ê afaȷnord amenayn mełacʻ« (»denn die Begierde ist Anführer aller Sünden«). VitAd(georg) VitAd(latᴾ) Va P¹ LibAd(slav) Br S¹ E²: entfallen als Textzeugen. BERTRAND und NAGEL schließen sich A[(etc)] an; doch die Koalition von VitAd(arm) und St AV etc zeigt, daß dies keine *Ia-Lesart gewesen sein dürfte. Außerdem scheint unerklärlich, warum die Mehrheit der *Ib-Zeugen in einer so griffigen Maxime wie der in A[(etc)] bezeugten das Wort κεφαλή hätten streichen sollen (nach dem hier entwickelten Stemma hätte das außerdem mehrfach geschehen müssen, nämlich in *Ib¹ und in *Ib², Rez III oder Rez IIIb, dazu in VitAd[arm]) oder seiner Vorlage.

Die Übersicht über die ältesten Varianten zeigt, daß in der Mehrzahl der Lemmata *Ia Material hat, das in *Ib fehlt; nur an zwei Stellen ist *Ib länger (°31,2a; °37,4b) – in beiden Fällen geht es um das Wort καί. Wenn *Ia den längeren Text bietet, kann dies entweder bedeuten, daß *Ia interpoliert, oder aber, daß *Ib gekürzt hat. In der Regel liegt, wie die Übersicht erkennen läßt, eine Interpolation in *Ia vor.

Dies erweist sich z.T. daran, daß die überschüssigen Passagen von *Ia im Kontext schlecht verankert sind, so etwa die Erwähnung einer Gebetsstätte Adams in °5,3b: Es gibt im Kontext keine Signale, die mit einer solchen Gebetsstätte Adams irgendwie im Zusammenhang stünden; es wird auch nicht klar, was sie mit der Krankheit Adams zu tun haben sollte: Befindet sich etwa Adams Krankenlager »in dem Haus, da er Gott anzubeten pflegte«?

Kontextwidrig, allerdings eher syntaktisch als gedanklich, ist auch °19,3c, das indes nicht mit völliger Gewißheit auf *Ia zurückgeführt werden kann (vgl. den Ordnungspunkt 7 in der obigen Liste): Hier teilt Eva durch die Wendung καὶ ἐπέβη ἐπ' αὐτό mit, daß die Schlange auf den Baum gestiegen sei (um die Frucht zu vergiften). Doch von dem Baum (ξύλον) ist nur im entfernten Kontext die Rede, so daß die pronominale Referenz von αὐτό deutlich gestört ist. Wahrscheinlich ist eine Marginalnotiz des in *Ia tätig gewordenen Rezensenten, die als Zufügung gedacht war, vom Kopisten ungeschickt eingearbeitet worden – ein ähnlicher Fall läßt sich für *Ia auch in °16,2f nachweisen.

Ähnlich störend ist der Überschuß in °39,3a, der freilich ebenfalls nicht mit letzter Sicherheit auf *Ia zurückgeführt werden kann: Adam soll in der Endzeit

auf dem Thron seines Verführers Platz nehmen; über diesen teilt nun *Ia zusätzlich mit, daß er seinen Thron innegehabt habe, bevor er hochmütig geworden
sei. Dann aber müßte der Thron des Teufels in der erzählten Gegenwart vakant,
der Teufel also schon gestürzt sein, und dann wiederum wäre es unverständlich,
warum in Apc Mos 39,3 gerade für die Zukunft ein Sturz des Teufels vorausgesagt wird.

Ein besonderer Fall liegt in °15,3h; °16,2f ; °18,1b vor. Diese Passagen
zeigen ein besonderes Interesse an dem Verhältnis zwischen Mensch und Tier:
In °15,3h wird noch einmal verdeutlichend festgehalten, daß Adam und Eva
jeweils die ihnen zugeordneten Tiere behüteten. Das hier verwendete Verb
τηρέω kontrastiert mit dem im Kontext verwendeten φυλάττω; hier verrät sich
die Hand des Interpolators. °16,2f spricht von einer Proskynese der Schlange
vor Adam; die Phrase wirkt im Kontext deplaziert (wahrscheinlich wurde sie
an falscher Stelle eingetragen) und erweist sich damit als sekundär. In °18,1b
vergleicht die Schlange Adam und Eva mit unwissenden Tieren, auch hier
wird – indirekt – der Rangunterschied zwischen Mensch und Tier zum Thema.
In den genannten Fällen gibt sich eine gezielte, konzeptionell motivierte
Überarbeitung der Vorlage durch *Ia zu erkennen, also eine Revision, die
insbesondere Apc Mos 15–16 im Blick hatte. Passend dazu finden sich auch in
°16,1e und °16,2b Zusätze von *Ia, die freilich inhaltlich weniger ins Gewicht
fallen.

Andere Überschüsse in *Ia erweisen sich ganz einfach als kontextbedingte
Glossen. Dies gilt z.B. für °2,4a; °10,1a; °16,2b; °17,5b; °20,2b. Hier gilt die
Regel, daß eine Streichung dieser – zumeist sehr kleinen – Syntagmen un-
erklärlich wäre.

Doch nicht überall sind die Überschüsse in *Ia sekundär. Gelegentlich läßt
sich erweisen, daß ein Homoioteleuton die Ursache für einen Textausfall in *Ib
war, so in °20,4b und °20,5c. Mit exegetischer Arbeit am Bibeltext, grundsätzlich ein typisches Merkmal der Autoren der Apc Mos (vgl. E III,4,2; IV,3), läßt
sich der Überschuß von *Ia in °12,2c begründen; der kürzere Text in *Ib kann
umgekehrt damit erklärt werden, daß man Seth nicht mit einer Verletzung aus
der Szene entlassen wollte. An manchen Stellen zeigen Spuren im Kontext, daß
*Ib Text ausgelassen hat, dies betrifft v.a. die Prophetie in °13,3/5B, vgl. °13,6a.
Ein ähnlicher Fall liegt in °23,3f vor: Gott fragt Adam, womit sein Wissen, daß
er nackt sei, zusammenhänge – mit folgenden Worten: ...εἰ μὴ ὅτι ἐκατέλιπας
τὴν ἐντολήν μου, ἣν παρέδωκά σοι τοῦ φυλάξαι αὐτήν. In *Ib fehlt ἣν
παρέδωκά σοι; in (AV) (=*Ib¹) und P²(etc) (=*III *Ib²) ergibt sich damit aber der
sinnlose Text ... εἰ μὴ ὅτι ἐγκατέλιπας τὴν ἐντολήν μου τοῦ μὴ φυλάξαι
αὐτήν. Erklärbar wird er, wenn man annimmt, daß ein Schreiber ἣν παρέδωκά
σοι gestrichen hat, weil es ihm tautologisch erschien (Gebote werden nun

einmal gegeben!). Er hat freilich nicht die Folgen bedacht, aber das tut auch ein Interpolator nur selten.

Bei den Variae lectiones, bei denen es um Änderungen, nicht um Zusätze geht, ist prinzipiell ähnlich zu verfahren wie bei den Zusätzen. So stört in °17,1g die Lesart von *Ia die Makrosyntax, während in °29,2b die Logik der Erzählung betroffen ist: Laut *Ia äußert Adam seine letzte Bitte an die Engel dort bereits außerhalb des Paradieses, laut St, das hier *Ib repräsentieren dürfte, befindet er sich noch innerhalb desselben. Daß dies so sein muß, ergibt sich aus Apc Mos 29,6. Wäre Adam bereits außerhalb des Paradieses gewesen, müßte dort nicht mitgeteilt werden, daß er nach Empfang der vier Spezereien aus dem Paradies herausging. In anderen Fällen läßt sich weniger klar entscheiden; beispielsweise wird in °9,1b nur noch die Überlegung weiterhelfen, daß tendenziell eher *Ia als *Ib in den Text eingegriffen hat.

Von den Zusätzen, die nicht mit letzter Sicherheit auf *Ia zurückzuführen sind, gilt ähnliches wie für die *Ia-Zusätze, nur daß sie nicht so sicher bezeugt sind. In ihrer Mehrheit werden sie wohl auf *Ia zurückgehen, da sie ein ähnliches Profil aufweisen. Dies zeigt sich paradigmatisch an °19,3c und °39,3a, die bereits diskutiert wurden. Für die Variae lectiones, für die *II als Zeuge versagt, gilt Analoges.

Es bleibt noch zu klären, ob den Archetypen der beiden Textfamilien ein bestimmtes Profil zugeschrieben werden kann: Für *Ib wird dies weitgehend verneint werden müssen. Verräterisch ist schon, daß einige der *Ib-Sonderlesarten rein mechanisch erklärt werden können (durch Homoioteleuta). Inhaltlich motiviert sind allerdings mit einiger Wahrscheinlichkeit die Omissionen in °13,3/5B und °37,6e. Beide haben gemeinsam, daß sich ein technischer Grund für die Auslassung (etwa ein Homoioteleuton) nicht finden läßt, dafür aber haben die ausgelassenen Passagen inhaltlich etwas gemeinsam: Ihnen kann eine Zukunftshoffnung entnommen werden, die unterschiedslos alle Nachfahren Adams betrifft. Möglicherweise nahm man hier einen störenden Heilsuniversalismus wahr, der weder zwischen Sündern und Gerechten noch etwa zwischen den Völkern und Israel zu differenzieren schien. Insgesamt aber wäre es wohl verfehlt, im Falle von *Ib von einer Bearbeitung zu sprechen. Die *Ib-Varianten müssen dementsprechend keinesfalls nur auf eine Hand zurückgehen; es sind größerenteils Verderbnisse, die im Verlauf der Überlieferung entstanden sein können.

Ein planvolles Vorgehen läßt sich hingegen ziemlich klar in *Ia erkennen. Die *Ia-Varianten sind über den ganzen Text verteilt, weisen eine beträchtliche Dichte auf und haben fast durchgängig ein gemeinsames Profil: Es handelt sich um kurze Zusätze, entweder Kontextglossen oder inhaltlich motivierte Interpolate, die gelegentlich auch den Gesamtzusammenhang stören. Mindestens in °15,3h; °16,2f; °18,1b läßt sich auch ein übergreifendes Interesse erkennen, das mehrere Interpolationen bestimmt hat. Hinter den Sonderlesarten von *Ia steht also mit

Sicherheit eine bestimmte Person. Das bedeutet freilich nicht, daß jede *Ia-Variante auf diese zurückgeführt werden müßte: Für die Hinzufügung von Pronomina, die weder schaden noch wirklich erforderlich sind, so geschehen in °17,5b, °20,2b und °25,1d, bedarf es keines intelligenten Interpolators; und in °22,3e findet sich mit dem Zusatz von ἐστηρίζετο, der wohl durch Aberratio oculi bedingt ist (vgl. Apc Mos 22,4), sogar ein veritabler Fehler, der vielleicht eher einem unaufmerksamen Kopisten als einem Bearbeiter zuzuschreiben ist.

7. *Ia, Vit Ad und das Milieu, das die Apc Mos hervorbrachte

Zu *Ia ist ein interessantes rezeptionsgeschichtliches Phänomen namhaft zu machen. Es läßt sich nämlich zeigen, daß das Sondergut der Vit Ad in besonderem Maße auf Passagen beruht, denen auch schon *Ia gesteigerte Aufmerksamkeit hat zukommen lassen. So wird in Vit Ad 44 (15–16) ausgerechnet Apc Mos 15–16 stark erweitert und umgearbeitet; dieser Abschnitt hat schon *Ia mehr als andere interessiert (vgl. S. 89), und zwar, wie erwiesen wurde, deshalb, weil dort die Rangdifferenz zwischen Mensch und Tier erkennbar wird. Eine besondere Rolle spielt in Apc Mos 15–16 die den Menschen vom Tier unterscheidende Nahrung. Das gleiche läßt sich nun aber auch über die Geschichte von der Nahrungssuche Adams und Evas in Vit Ad 1–21 (22) sagen, die den Rahmen des Vit Ad-Sondergutes abgibt: Das Problem Adams und Evas besteht dort v.a. darin, daß sie keine den Menschen angemessene Nahrung finden wie eben die des Paradieses, sondern nur solche, die für die Tiere bestimmt ist (Vit Ad 4). Doch nicht nur in der Geschichte von der Nahrungssuche spielt das Nahrungsmotiv eine entscheidende Rolle. Auch die Parallele zu Apc Mos 16, Vit Ad 44, hat dieses Moment stark ausgebaut, indem dort von einer Fütterung der Tiere durch Adam berichtet wird. Dabei wird in allen drei erhaltenen Versionen deutlich, daß die Tiere eine gegenüber der des Menschen inferiore Nahrung bekommen.[69]

Der rezeptionsgeschichtliche Zusammenhang zwischen *Ia und Vit Ad ist noch etwas enger, denn auf Apc Mos 15–16 beruht nicht nur die Geschichte von der Nahrungssuche, auch die Teufelsfallsgeschichte (Vit Ad 11–17) ist ohne Apc Mos (15–)16 nicht denkbar, und zwar speziell in der von *Ia gebotenen Form. Die Teufelsfallsgeschichte läuft nämlich, wie das Ende (Vit Ad 16) zeigt, auf eine Beantwortung der Frage hinaus, wieso der Teufel den Beschluß faßte, Adam aus dem Paradies zu vertreiben. Um genau diesen Ratschluß des Teufels

---

[69] Dies gilt auch für die lateinische Version: In Vit Ad (lat^p) 44 (16) fragt der Teufel die Schlange: *Vel quare manducas de manibus eius?* Diese Frage beruht deutlich auf Apc Mos 16,3: Διὰ τί ἐσθίεις ἐκ τῶν ζιζανίων τοῦ Ἀδάμ; *manibus* ist aus *zizanibus* verderbt.

geht es nun aber auch in Apc Mos 16,3. So kehrt Apc Mos 16,3 wörtlich in Vit Ad (lat^me) 16 wieder, wenn es dort heißt: *... et feci te expelli per eam* (sc. *Evam*) *de delitiis laetitiae tuae, sicut ego expulsus sum de gloria mea*, vgl. Apc Mos 16,3, wo der Teufel zur Schlange sagt: Ἀνάστα καὶ ποιήσωμεν αὐτὸν ἐκβληθῆναι ἐκ τοῦ παραδείσου, ὡς καὶ ἡμεῖς ἐξεβλήθημεν δι' αὐτοῦ. *Ia hatte διὰ τῆς γυναικὸς αὐτοῦ hinter ἐκβληθῆναι, vgl. °16,3e; damit ist die Übereinstimmung mit Vit Ad (lat^me) 16 noch größer.

Noch eine weitere Passage aus Apc Mos 15–16 ist für die Teufelsfallsgeschichte wichtig, und diese existiert nur in *Ia: Der Teufel verliert seinen himmlischen Status, weil er sich weigert, Adam wie die anderen Engel die Proskynese zu erweisen, und zwar mit der Begründung, er sei der ältere. Genau dies Argument kehrt in Vit Ad 44 (16) wieder, wo der Teufel die Schlange fragt, warum sie – wie alle Tiere – Adam anbete, der doch jünger sei als sie. Der Zusammenhang mit der Teufelsfallsgeschichte ist ersichtlich; offenbar soll die Unterordnung der Engel mit derjenigen der Tiere assoziiert werden. Genauso klar erkennbar ist, daß das Proskynesemotiv in Vit Ad 44 (16) nur auf einen Zusatz von *Ia in °16,2f zurückgehen kann, wo der Teufel der Schlange vorwirft, sie erweise Adam als einem geringeren (ἐλαχιστότερον) die Proskynese. So beruht letztlich das Hauptmotiv der Teufelsfallsgeschichte, die Weigerung des Teufels, vor Adam niederzuknien, auf einem Interpolat von *Ia in °16,2f.

Dazu hat noch ein zweites Interpolat von *Ia für die Teufelsfallsgeschichte eine Rolle gespielt: In Apc Mos 39 wird Adam verheißen, er werde dereinst auf dem Thron seines Verführers Platz nehmen, dieser aber werde dahin geworfen, wo Adam sich nun befinde. Über den Teufel heißt es nun in einem Zusatz in °39,3a, er habe auf diesem Thron gesessen, »bevor er hochmütig geworden sei« (πρὶν γενέσθαι αὐτὸν ἐν ὑπερηφανίᾳ). Daß diese Stelle bei der Ausformung der Teufelsfallsgeschichte nicht unbeteiligt gewesen sein wird, legt sich nahe: Die Vorstellung, daß der Teufelsfall bereits stattgefunden habe, ist beiden Texten gemeinsam.

Vit Ad hat also an mehreren Stellen die in *Ia geleistete Arbeit aufgenommen und fortgesetzt. Dies wird kaum ein Zufall sein; dagegen spricht allein schon die Häufung der Übereinstimmungen. Eher dürfte der Grund darin zu suchen sein, daß *Ia und Vit Ad einem gemeinsamen Milieu angehören, das sich um die Apc Mos herum konstellierte: Man trug an die Apc Mos bestimmte Fragen heran und wurde diesen zuerst durch Interpolation (*Ia) und dann durch umfängliche narrative Inventionen (Vit Ad) gerecht. Die Fragen betrafen v.a. die Rangdifferenz zwischen Mensch und Tier (und – in der Vit Ad – zwischen Mensch und Engeln) sowie – damit zusammenhängend – die Ernährung des Menschen.

Beide Fragen hatten aber auch schon in der Apc Mos selbst Niederschlag gefunden, so vor allem in Apc Mos 24,3 (urzeitliche Herrschaft des Menschen über die Tiere) und in Apc Mos 29,5.6, wo Adam bei seiner Vertreibung neben Spezereien für ein Räucheropfer auch »andere Samen zu seiner Ernährung« (ἕτερα σπέρματα εἰς διατροφὴν αὐτοῦ) ausgehändigt werden. Offenkundig wußte bereits der Verfasser dieser Erzählung, daß Adam nach dem Paradies einer speziellen Nahrung bedurfte, die es auf der Erde noch nicht gab, und zwar des Getreides, aus dem das Brot hergestellt wird. Der Redaktor von Vit Ad 1–22 hat diesem Wissen umfangreich Ausdruck gegeben.

Damit ist auch schon die Apc Mos an dem Zusammenhang zwischen *Ia und Vit Ad beteiligt, und so läßt sich der Schluß ziehen, daß das Milieu, in dem die Apc Mos entstand, dasselbe war wie das von *Ia und Vit Ad. Apc Mos, *Ia und Vit Ad sind somit Zeugen eines lebendigen Traditionszusammenhanges: Text und Leser sind noch in stärkerem Maße als gewöhnlich eine Einheit; wir können hier beobachten, wie sich ein Text innerhalb seines Ursprungsmilieus weiterentwickelt hat. Innerhalb dieses Milieus traten, nachdem die Apc Mos fertiggestellt war, bestimmte Fragen generell anthropologischer Natur, die bereits in der Apc Mos Niederschlag gefunden haben, immer mehr in den Vordergrund und bewirkten so eine allmähliche Akzentverlagerung, die schließlich zur Entstehung der Vit Ad führte.

Dieser Zusammenhang wird bestätigt durch die Tatsache, daß das Sondergut der Vit Ad im wesentlichen die gleiche Substruktur aufweist wie die Erzählungen in der Apc Mos: Im Hintergrund stehen auch hier exegetische Beobachtungen, die denen, die in der Apc Mos ihren Niederschlag gefunden haben, sehr ähnlich sind (vgl. E III,5d).

Wenn Apc Mos, *Ia und Vit Ad demselben Milieu angehören, verbietet es sich, einen größeren zeitlichen Abstand zwischen diesen drei Textformen anzusetzen. Der Subarchetyp *Ia und Vit Ad werden also nicht wesentlich später entstanden sein als die Apc Mos. In den gemeinsamen Milieuzusammenhang gehört natürlich auch *Ia[2] als die Vorlage von Vit Ad. So hat also ein großer Teil der Variantenbildung schon sehr früh stattgefunden; dies ist ein für die Transmissionsgeschichte von Texten nicht ungewöhnlicher Vorgang: Auch die meisten der im Apparat von NA[27] verzeichneten abweichenden Lesarten sind sehr alt.[70]

Während so *Ia in einem Strom lebendiger Überlieferung steht, die schließlich in Vit Ad ihre letzte Gestalt gewann, lassen sich in *Ib nur Fehler und Streichungen erkennen, die nichts mit dieser Überlieferung zu tun haben. Möglicherweise ist *Ib ein von den Angehörigen des Ursprungsmilieus der Apc Mos beiseitegelegter Text, der seine Transmission milieufremden Lesern verdankt.

---

[70] Dies gilt insbesondere dann, wenn die abweichenden Lesarten durch alte Papyri, alte Übersetzungen (koptisch, lateinisch, syrisch) oder Zitate bei Clemens, Origenes etc. belegt sind.

8. Konjekturen

*Ia und *Ib gehen auf einen gemeinsamen Archetyp zurück. Dieser muß nicht mit dem Text der Apc Mos identisch sein, d.h. er kann Überlieferungsfehler enthalten. Auf der anderen Seite jedoch lassen die enge Milieuverwandtschaft von Apc Mos, *Ia und Vit Ad vermuten, daß der Abstand zwischen der Apc Mos und dem Archetyp sehr gering gewesen sein muß: Entstammen Apc Mos und *Ia demselben Milieu, so muß dies erst recht für die Apc Mos und den Archetyp, von dem *Ia ja abhängig ist, gelten. Doch selbst in dem Falle, daß der Archetyp mit dem »Autorenexemplar« der Apc Mos identisch gewesen sein sollte, sind Devianzen vom intendierten Text nicht auszuschließen – auch »Autoren« machen Fehler; erst recht gilt dies, wenn der Text abgeschrieben wird.[71] Schon darum ist es methodisch geboten, mit der Notwendigkeit von Konjekturen zu rechnen; auch daß Text irreparabel verderbt ist, darf nicht ausgeschlossen werden.

Dies gilt umso mehr, als vielfach die älteste rekonstruierbare Überlieferung nicht der Archetyp ist: In °31,2h etwa hat *Ib eine Lücke, und von den *Ia-Zeugen stehen nur Ath und VitAd(georg) zur Verfügung. Der einzige griechische Textzeuge ist damit Ath, und dieser muß in °31,2i verbessert werden. Schon *Ia²/² kann aber den richtigen Text gehabt haben, erst recht *Ia oder der Archetyp.

In dieser Arbeit sind dementsprechend auch einige Konjekturen vorgenommen worden, und zwar in °3,2g; °6,1d; °7,1k; °7,1o; °8,1f; °9,3n; °20,4g; °25,1h; °31,2i; °33,4b; °38,4g; °39,1g; °39,2e; °40,4d; °41,2f; °42,3q; °42,5e; in drei Fällen (°1,3f; °1,3h; °2,2c) wurde der Text als verderbt markiert. Konjekturen wie Korruptelenkennungen werden jeweils im Einzelfall begründet; Korruptelen werden durch Kreuze († †), Zusätze und Änderungen durch spitze Klammern (‹ ›), Athetesen durch eckige Klammern ([ ]) gekennzeichnet. Anders als üblich werden auch dann Konjekturen angezeigt, wenn Teile der Überlieferung sekundär den richtigen Text wiederhergestellt haben (so in °8,1f und °39,1g), denn Konjekturen sind grundsätzlich Verbesserungen an der ältesten rekonstruierbaren Überlieferung. Ungewöhnliche Konjekturkennungen mögen auch in °39,2e und °42,1f vorliegen: Dort läßt die Überlieferung vermuten, daß im Archetyp καθήσω statt καθίσω bzw. ἐπαγγέλομαι statt ἐπαγγέλλομαι stand. Letzte Sicherheit läßt sich gerade hier nicht erreichen, doch prinzipiell darf nicht

---

[71] Einen instruktiven Überblick darüber, wie sich das Abschreiben auf die Transmission von Texten auswirken konnte, bietet K. JUNACK: Abschreibpraktiken und Schreibergewohnheiten in ihrer Auswirkung auf die Textüberlieferung, in: E.J. EPP / G.D. FEE: New Testament Textual Criticism, Essays in Honour of B.M. METZGER, Oxford 1981, 277–295.

unterschlagen werden, daß der Archetyp nicht notwendigerweise ein orthographisch korrekter Text gewesen sein muß.

Grundsätzlich wurde auch strikt vermieden, bei einer im Ganzen verderbten Überlieferung auf Textzeugen zurückzugreifen, die einen lesbaren Text bieten, der aber aus äußeren wie inneren Gründen nicht der ursprüngliche gewesen sein kann. So wurde darauf verzichtet, in °25,1h mit Ath καμάτοις zu lesen; stattdessen wurde καμάτοις ματαίοις rekonstruiert (gegen BERTRAND und NAGEL); ähnliches gilt für °42,5e, wo BERTRAND und NAGEL D folgen. Auf jeden Fall ist eine Konjektur besser als schlecht begründeter Eklektizismus, auch wenn man sich auf »wertvolle« Zeugen stützen zu können meint.

Alles in allem erscheint der Archetyp wenig verderbt. Am schwerwiegendsten sind sicher die entstellten apokryphen Namen Kains und Abels (°1,3f, °1,3h, °2,2c), offenbar hat man schon in frühester Zeit nicht mehr verstanden, was ihr Erfinder mit ihnen gemeint hat. Im Kommentar habe ich eine Lösung vorgeschlagen, doch scheue ich mich davor, diese in den Text aufzunehmen.

Ein sehr interessantes Verderbnis, das ebenfalls nur im Kommentar zur Sprache kommt, liegt in Apc Mos 17,1b–2a vor (vgl. °17,1f; °17,2b). Hier ist eine Marginalglosse in den Text eingearbeitet worden, doch dies ereignete sich, wie die von Apc Mos 17,1b–2a abhängige Schilderung in Apc Mos 7, 2 zeigt, bevor Apc Mos 15–30 als Quellenschrift der Apc Mos Verwendung fand. Auf einen vergleichbaren Irrtum geht das Verderbnis in °7,1o zurück; auch zwei *Ia-Interpolationen sind offenbar falsch positioniert worden (°16,2f; °19,3c, vgl. E II,6 [S. 88]). Interpolatoren sind, wie hier zu erkennen ist, nicht notwendigerweise identisch mit Kopisten.

9. Textkritik und Grammatik

Textkritische Arbeit sieht sich notwendigerweise auch mit Fragen der Grammatik konfrontiert. Hier ist zu klären, wie in dieser Sache methodisch verfahren wurde, ohne daß dabei eine vollständige Erfassung der sprachlichen Phänomene geleistet werden könnte.

Ein Problem besonderer Art stellt die Orthographie dar. Bei griechischen Textausgaben ist diese üblicherweise bei aller Treue gegenüber dem Anspruch der Grundtextsicherung vor allem normgerecht: Es wird, den Regeln einer nicht nur deskriptiven Grammatik entsprechend, konsequent die Worttrennung durchgeführt; daneben werden durchgängig Akzente und andere Lesezeichen gesetzt, die in einem antiken Text so nicht gestanden haben können. Zumeist ist auch der Graphembestand normalisiert, üblicherweise ungeachtet der Tatsache, daß der Grundtext auch Itazismen oder andere graphematische Irregularitäten aufgewiesen haben kann. Insofern ist der »Grundtext« in einer griechischen Textausgabe zu einem guten Teil eher ein ideales Gebilde denn eine rekonstruierte historische Gegebenheit.

Dies wird auch bei dem hier rekonstruierten Text nicht anders sein: Auch dieser ist mit Akzenten versehen; die üblichen Regeln der Worttrennung werden eingehalten. Daneben aber wurde der Überlegung Rechnung getragen, daß der Grundtext auch orthographische Anomalien enthalten haben könnte. So wurde, wo die Überlieferung geradezu einheitlich auf eine solche Anomalie hinausläuft, diese auch in den Haupttext aufgenommen. Dies betrifft v.a. unaugmentierte Aoriste wie etwa ὀργίσθη in °8,1b oder ὁρίσθη in °28,3e, die sicher v.a. der o/ω-Indifferenz in der nachklassischen Aussprache geschuldet sind. Auf einen Itazismus läuft die Überlieferung m.E. in °39,2e hinaus (καθήσω statt καθίσω); hier wurde aber, weil die Zuordnung zum Lexem καθίσω nicht verdunkelt werden sollte, καθίσω mit Konjekturkennung (καθ‹ί›σω) in den Haupttext aufgenommen.

Nur ausnahmsweise freilich kann die Überlieferung auf einen derartigen Fehler zurückgeführt werden. In allen anderen Fällen, wo dies nicht möglich ist, wurde die normale Orthographie verwendet. Aus diesem Grunde werden hier auch Formen vermieden, die selbst bei BERTRAND, der in starkem Maße nach normativen Gesichtspunkten in die Überlieferung eingegriffen hat, im Haupttext erscheinen, so v.a. die 2. Sg. med. auf -ει, für die hier durchgängig -η steht, da die Itazismen in den Handschriften es m.E. unmöglich machen, mit Sicherheit zu behaupten, daß der Grundtext die »koinetypische« Form hatte. Daher steht beispielsweise in Apc Mos 24,2 nicht wie bei BERTRAND und NAGEL ἔσει, sondern ἔση (so schon TISCHENDORF).

Analog wurde in der Frage des Ny ephelkystikon entschieden, allerdings eher aus praktischen Gründen: Das bewegliche Ny wird hier ausschließlich zum Zwecke der Hiatvermeidung gesetzt, die Schreibung der Handschriften wird also weder berücksichtigt noch im Apparat vermerkt. Dies mag eine Schwäche sein; wahrscheinlich hat der Grundtext das Ny ephelkystikon etwas häufiger gehabt als der hier dargebotene Text. Hätte ich allerdings auch diese Problematik berücksichtigt, so wäre die Anzahl der Lemmata, die schon jetzt nicht ganz unbeträchtlich ist, explosionsartig angestiegen; es wäre dann auch der Blick für wichtigere Varianten verstellt worden. So muß also die Verwendung des Ny ephelkystikon in der Apc Mos ungeklärt bleiben.

Die Unzuverlässigkeit der Orthographie in der handschriftlichen Überlieferung führte an einigen Stellen zu Interpretationsproblemen. Der gravierendste Fall liegt in °17,5k vor, wo ich mich für ἐπὶ θανάτῳ ἀποθανεῖσθαι statt ἐπεὶ θανάτῳ ἀποθανεῖσθε entschieden habe; ausweislich der abweichenden Varianten dürften die Kopisten allerdings ἐπεί κτλ. gelesen haben. Gelegentlich war auch zwischen unterschiedlichen Flexionskategorien zu entscheiden, v.a. zwischen dem Konjunktiv des Aorists und dem Futur, die in der Aussprache nicht immer zu differenzieren waren, vgl. etwa °9,3h. Ähnlich verhält sich die Sache in °15,1d, wo zwischen ἀναγγέλλω und ἀναγγελῶ zu wählen war; die Opposition -λλ-/-λ-, für die Verba liquida nicht ohne Belang, wurde im nachklassischen Griechisch immer unsicherer. Erst recht natürlich konnten die Kopisten ἐγκαταλιπεῖν und ἐγκαταλείπειν kaum mehr auseinanderhalten (vgl. °30,1e). Ich habe in diesen Fällen die zum Kontext passende Form gewählt. Eine Alternative zu diesem Vorgehen sehe ich nicht, aber hier ist durchaus ein hermeneutisches Problem gegeben: Nicht immer kann man sich sicher sein, daß die grammatischen Kategorien, zwischen denen hier differenziert wird, damals noch aktiv waren. Speziell was die Unterscheidung zwischen Konj. Aor. und Futur betrifft, ist dies zweifelhaft.

Der größere Teil der grammatisch relevanten Varianten betrifft freilich nicht die Graphematik, sondern Morphologie und Syntax, und hier fällt es methodisch wesentlich leichter, normative Textgestaltung zu vermeiden. Textkritisch gelten in dieser Sache prinzipiell die gleichen Grundsätze wie sonst auch: Für den Grundtext kann durchaus mit sprachlichen Phänomenen gerechnet werden, die der Normalgrammatik zuwiderlaufen; umgekehrt wäre es fatal, bei einem derart fehlerhaft überlieferten Text wie der Apc Mos den Irregularitäten grundsätzlich den Vorzug zu geben.

So konnten etwa, was die *Nominalflexion* betrifft, Akkusative wie μητέραν (D in °7,1g) durchweg ausgeschlossen werden; sie begegnen gehäuft in D (7,2: μητέραν; 12,1: εἰκόναν; 13,6: πατέραν), hierzu hat sich schon CERIANI (S. 20) geäußert. Umgekehrt mußte die metaplastische Form τείχεων in °17,1e (Einfluß von i-Stämmen wie πόλις!) in den Text aufgenommen werden. Bei den *Pronomina* ist die wichtigste Irregularität das in Koiné-Texten freilich keineswegs ungewöhnliche enklitische με nach der Präposition πρός, das BERTRAND mit geradezu bewundernswürdiger Gründlichkeit durch ἐμέ ersetzt hat, obwohl die Überlieferung hier ganz eindeutig für πρός με spricht (vgl. °5,2e; °16,1d; °21,1g; °23,5c; °25,1c; °34,1h). Daneben wurde an einer Stelle (°24,3f) – gegen TISCHENDORF, BERTRAND und NAGEL – für das Relativpronomen τῶν anstatt des regulären ὦν votiert, das dort nur von B bezeugt wird. Zwar verwendet die Apc Mos ansonsten die reguläre Form; an der betreffenden Stelle steht das Relativpronomen jedoch in einem invertierten Relativsatz (καὶ τῶν ἐκυρίευες θηρίων, ἐπαναστήσονται σοι »und die Tiere, derer du Herr warst, werden sich gegen dich erheben«), in dem eine Verwechslung von Relativpronomen und Artikel sicher besonders leicht fiel. Ein solcher Vulgarismus darf für den Verfasser der Apc Mos (oder von Apc Mos 15–30) nicht von vornherein ausgeschlossen werden, zumal er schon vorchristlich belegt ist (DIETERICH: Untersuchungen, 198–199).

Die *Morphologie des Verbums* ist bei den Formen des *Präsensstamms* im Allgemeinen die gewöhnliche. Auffällig ist nur ein zu einem Präsensstamm mutierter schwacher Aorist in °8,1f (κρύβεσ‹θ›ε setzt *κρύβω voraus), der Normalgrammatik hätte *κρύπτεσθε entsprochen, das möglicherweise in der gemeinsamen Vorlage von D-St gestanden hat. Eine metaplastische Form begegnet in °19,1g (δίδεις statt δίδως – Einfluß der thematischen Konjugation auf die athematische). Interessant ist sicher das Imperfekt ἐφύλασσα in °15,2h

(Einfluß des sigmatischen Aorists, sicher begünstigt durch das Sigma von φυλάσσω), das immerhin von (D)-St AV Ath bezeugt wird, doch hier ist dem in B A-AC (=*Ia) Va-P¹ (=*II) bezeugten ἐφύλαττον der Vorzug zu geben, weil die attizistische Form mit -ττ- an anderen Stellen die besser belegte ist (vgl. °15,2d.h; °17,3d; °28,3g).

Gravierender sind die Besonderheiten in der Morphologie des *Aorists*, und zwar sowohl im ursprünglichen Text als auch in der Überlieferung. Betroffen ist u.a. das *Augment*. So kann etwa schon im Grundtext das temporale Augment schwinden (°8,1b: ὀργίσθη) oder bei Komposita ein doppeltes Augment entstehen (°20,1d: ἠνεῴχθησαν); letztere Form findet ein Pendant in dem irregulären Futur ἀνεῳχθήσονται in °18,3d, das ebenfalls ursprünglich ist. Die Handschriften stellen diesen Vulgarismen viele weitere an die Seite, die gewöhnlich nur bei ausgeprägterer Bezeugung in den Apparat aufgenommen werden; so wurde etwa in 21,2 die von St gebotene Variante zu κατήγαγον nicht aufgenommen (der Codex liest αἰκατήγαγων [graphematisch bereinigt: ἐκατήγαγον]). Relegiert, aber durchaus erörtert, wurde auch die von A-Ath (E¹) bezeugte Form ἐδέσθην (von αἰδοῦμαι) in °23,2f. St und AC lesen stattdessen αἰδέσθην, so daß nicht ganz klar ist, ob eine augmentlose Form vorliegt oder aber ein falsches syllabisches Augment, das durch eine fehlerhafte Interpretation des anlautenden αι- evoziert wurde (αι wurde bekanntlich schon früh wie ε ausgesprochen); vielleicht ist auch mit beiden Faktoren zu rechnen. Obwohl möglicherweise schon *Ia diesen Fehler hatte, ist dennoch der regulären Form der Vorzug gegeben worden: Sie ist durch AV An₂-Pa und *III bezeugt; wäre die irreguläre Form die ursprüngliche gewesen, hätten die Kopisten die reguläre wohl kaum so zielsicher rekonstruieren können – in der Regel reagieren sie jedenfalls wenig kompetent auf solche Herausforderungen (vgl. etwa °8,1b, wo ein simpler Rechtschreibfehler die gesamte Überlieferung durcheinandergebracht hat).

Abgesehen vom Augment haben vor allem *Metaplasmen* die Morphologie des Aorists destabilisiert. In mehreren Fällen mußte einer mit Endungen des schwachen Aorists ausgestatteten Form des starken Aorists der Vorzug gegeben werden, so zum Beispiel in °8,2b (ἐγκατέλιπας), °22,2a (ἔλθατε) und °40,2g (ἐνέγκαντες). Auch in umgekehrter Richtung vermischten sich die Konjugationen; so steht in °42,5f ἦρες statt ἦρας, das in den Codices freilich ebenfalls bezeugt ist.

Auch der *Aorist des Passivs* und der *Wurzelaorist* auf -ην ist morphologisch instabil: Abgesehen vom Augment bereitete in erster Linie die 3. Sg. Schwierigkeiten. Vor allem durch die scheinbar analoge Form ἦν (3. Sg. Impf. von εἰμι) bedingt wurde die 3. Sg. zunehmend mit auslautendem -ν ausgestattet. Allerdings konnte dieser Fehler durchgehend relegiert werden, so etwa in °20,4i, wo An₂ A Br-S¹ (=*IIIa) κατερρύην statt des mit St Pa Ath (=*Ia) und *IIIb wesentlich besser bezeugten κατερρύη lesen. Vergleichbar ist die Situation in °23,4b, wo ἐμνήσθη und volkssprachliches ἐμνήσθην miteinander konkurrieren. Natürlich war durch das epenthetische -ν in der 3. Sg grundsätzlich eine Verwechslung mit der gleichlautenden 1. Sg. möglich geworden; dies hat sich in dem *Ia-Zusatz in °19,3c ausgewirkt, wo die Form ἐπέβη deswegen zum Unsicherheitsfaktor werden konnte.

Zur *Syntax*, die sicher einer eingehenderen Untersuchung bedürfte, sollen hier nur zwei Besonderheiten zur Sprache kommen, zum einen die zahlreichen Inkongruenzen und zum anderen der Nominativus absolutus: *Inkongruenzen* begegnen schon im Grundtext, sie betreffen dort sowohl *Genus* (°10,1d; °11,1c) als auch *Kasus* (°22,1a) und *Numerus* (eine Constructio ad sensum mit Neutr. Pl. und pluralischem Prädikat in °22,3e); sie können aber auch sekundär entstehen (°15,2f). Mit ihnen fällt die Apc Mos nicht aus dem Rahmen des frühjüdischen und frühchristlichen Schrifttums, besonders aus der Apc Joh sind solche Phänomene bekannt.[72] Zu beachten ist im Übrigen, daß die beiden Genusinkongruenzen inhaltlich begründet sind (vgl. die Exegese zu 10,1 und 11,1).

Gravierender ist das Phänomen des Nominativus absolutus, d.h. eine Verbindung eines Nominativs mit einem Partizip, deren Subjekt ein anderes ist als das des übergeordneten Prädikats; diese Konstruktion steht damit an der Stelle eines Genitivus absolutus. Solche Nominativi absoluti können in der Überlieferung durchaus sekundär entstehen, vgl. °17,1c ([E¹]-[S³]-E²) °17,2a (J¹), °38,4c (An₂) und °43,1c (B).

Auch der Variantenkomplex in 3,3 gehört dazu: Hier habe ich als ursprünglichen Text ταῦτα εἶπεν ὁ θεὸς τῷ ἀγγέλῳ αὐτοῦ. Ἀδὰμ δὲ ἐφύλαξε τὸ ῥῆμα (»dies sagte Gott zu seinem Engel. Adam aber bewahrte das Wort«) rekonstruiert (er entspricht dem von Ath). Die Zeugen D-St B haben an dessen Stelle Nom. abs.-Konstruktionen in unterschiedlicher Ausführung, vgl. z.B. St: ταῦτα εἰπὼν ὁ θεὸς τῷ ἀρχαγγέλῳ αὐτοῦ Ἀδὰμ διεφύλαξε τὸ ῥῆμα (»nachdem Gott dies zu seinem Erzengel gesagt hatte, bewahrte Adam das Wort«). Der hohe Wert von St mag dazu verleiten, diesem Text Urtextnähe zuzusprechen – vielleicht auch unter Berufung auf das Lectio difficilior-Prinzip, denn die syntaktisch einfachere Konstruktion hat ja ohne Zweifel der von mir als ursprünglich bestimmte Text. Doch ein Blick auf J¹-E¹-S³-AD-E², die nun gewiß nicht im Verdacht besonderer Ursprünglichkeit stehen, belehrt eines Besseren: Auch diese haben komplizierte Partizipialkonstruktionen, unter denen die von E² einem Nom. abs. am nächsten kommt: ταῦτα εἰπὼν ὁ ἀρχάγγελος τῷ Ἀδὰμ καὶ ἐφύλαξε τὸ ῥῆμα (»nachdem der Erzengel dies zu Adam gesagt hatte – und er [sc. Adam] bewahrte das Wort«). Solche Partizipialkonstruktionen können also auch sekundär entstehen; offenbar lag es nahe, εἶπεν zu εἰπὼν zu ändern, ohne die notwendigen Folgekorrekturen vorzunehmen. Partizipialkonstruktionen waren

---

[72] Vgl. etwa Apc Joh 4,8, wo sich Kasus- und Genusinkonzinnitäten häufen: Καὶ τὰ τέσσαρα ζῷα, ἓν καθ᾽ ἓν αὐτῶν ἔχ<u>ων</u> ἀνὰ πτέρυγας ἕξ, ... γέμ<u>ουσιν</u> ὀφθαλμῶν, καὶ ἀνάπαυσιν οὐκ ἔχουσιν .. λέγ<u>οντες</u>.

auch sonst nicht unbeliebt, so haben z.B. auch in °40,4d viele Zeugen eine Partizipialkonstruktion geschaffen, aber sie haben es zumeist unterlassen, die Partikel ἀλλά zu streichen, die neben anderen Indizien verrät, daß hier einmal zwei Hauptsätze einander gegenüberstanden.

Nicht überall sind jedoch die Nominativi absoluti sekundär. Hier ist an erster Stelle °19,3k zu nennen. Diese Passage handelt von dem Moment, da Eva unter dem Einfluß ihres Verführers, der Schlange, vom Baum aß. In Apc Mos 19,3 heißt es: ...τότε ἦλθε (sc. ὁ ὄφις) καὶ ἔθετο ἐπὶ τὸν καρπόν, ὃν ἔδωκέ μοι φαγεῖν, τὸν ἰὸν τῆς κακίας αὐτοῦ, τοῦτ' ἐστὶ τῆς ἐπιθυμίας, ἐπιθυμία γὰρ ἐστὶ πάσης ἁμαρτίας, ᵏκαὶ κλίνας τὸν κλάδον ἐπὶ τὴν γῆν ἔλαβονᵏ ἀπὸ τοῦ καρποῦ καὶ ἔφαγον. Die Frage ist, wer das Subjekt zu κλίνας ist; es kommen Eva oder die Schlange in Frage. Sollte dies Eva sein, so müßte man hier eine Genusinkongruenz annehmen, die keine Parallele in der Apc Mos fände: Die in °10,1d und °11,1d belegte ist klar semantisch bedingt und betrifft nicht das Femininum. Außerdem hätte der Verfasser in Apc Mos 15–30 auch sonst reichlich Gelegenheit gehabt, eine Unkenntnis des Femininums beim Partizip unter Beweis zu stellen, ist aber diesen Beweis schuldig geblieben. Damit fällt Eva als Subjekt aus. Ist also die Schlange das Subjekt, so ist gleichwohl durch das vorhergehende καί ausgeschlossen, daß κλίνας sich auf das vorhergehende ἦλθε bezieht, das im übrigen weit entfernt ist. So bleibt keine andere Möglichkeit als die, daß mit καὶ κλίνας ein neuer Satz beginnt, desssen Subjekt zunächst – in der Partizipialkonstruktion – das des vorhergehenden ist, dann aber wechselt. Damit liegt ein Nominativus absolutus vor.

Diese Lösung des syntaktischen Problems findet eine Entsprechung auf der semantischen Ebene: Daß nicht Eva, sondern die Schlange den Ast herunterbiegt, paßt zum einen zu der im Kontext stark herausgestellten Passivität Evas bei der Verführung (vgl. die Exegese zu Apc Mos 17,2bff), zum anderen fügt es sich auch zu der Tatsache, daß die Schlange sich auf den Baum begeben hat (vgl. 20,3): Auf dem Ast sitzend neigt sie diesen zur Erde, damit Eva – bei minimaler Initiative – schließlich doch zu ihrer Frucht gelangt. Nicht zuletzt sollte auch erwähnt werden, daß auch die Parallele in 21,5, wo Eva Adam dazu bewegt, von der Frucht zu essen, einen Nominativus absolutus aufweist: Καὶ τότε ταχέως πείσασα αὐτὸν ἔφαγεν (»und dann, nachdem ich ihn rasch überzeugt hatte, aß er«). Hier ist die Konstruktion klar erkennbar, dafür ist die Überlieferung weniger sicher, vgl. °20,5b.

Der Nominativus absolutus ist im Neuen Testament nicht bezeugt – abgesehen von Hebr 10,1, wenn dort statt δύναται (so NA²⁷ mit 𝔓⁴⁶ D*.² H 1739 etc) das äußerlich etwas besser bezeugte δύνανται (ℵ A C D¹ P 33 81 etc) zu lesen ist. Diskutiert wird diese Stelle als Beleg für den Nom. abs. bei MOULTON 356, doch dort wird dieser Terminus im weiteren Sinne verwendet (bedeutungsgleich mit Nominativus pendens), daher passen die beiden anderen Belege, die MOULTON aufführt (Phil 1,30 und 1. Thess 2,11f), hier nicht. Ansonsten findet das hier erörterte Problem in den neutestamentlichen Grammatiken keine Erörterung. MAYSER II,3, §157 B1 (S. 63) führt Beispiele aus der klassischen Literatur und aus unliterarischen Papyri an, vgl. auch KÜHNER-GERTH II,2, §493,4 (S. 108). Eine Sichtung des Materials in der biblischen und nachbiblischen Literatur wäre wünschenswert. Hier seien zwei weitere Zeugnisse genannt – aus der pseudoathanasianischen Rezension der Historia de Melchisedech (nach DOCHHORN: Editiones): ἀπερχόμενος οὖν ὁ Μελχισεδὲκ ἔννοια θεϊκὴ ἐπῆλθεν αὐτῷ κατὰ τὴν ὁδόν (3,1), und etwas weiter unten (5,7): καὶ βαλόντες κλῆρον ἔλαχεν ἡ βασίλισσα. Sie stehen natürlich unter dem Vorbehalt einer editorischen Aufarbeitung der Historia de Melchisedech.

10. Zur Gestaltung des Haupttexts und des Apparats

Die vorliegende Arbeit bietet keine klassische Textausgabe, sondern einen Kommentar mit kritisch gesichertem Text.[73] Die Gestaltung des Textteils entspricht daher den Erfordernissen eines Kommentars: Er ist in Perikopen unterteilt, die wiederum in Absätze und Sinnzeilen gegliedert und mit einer nebenstehenden Übersetzung versehen sind, die sich soweit wie möglich an den jeweils gegenüberliegenden Sinnzeilen orientiert. An jede Perikope schließt sich ein textkritischer Kommentar an und danach ein inhaltlicher Kommentar.

Der textkritische Kommentar führt die Varianten in apparattypischer Notierung auf. Dargeboten werden alle Varianten, die textgeschichtlich relevant sind, auch dann, wenn sie inhaltlich nicht viel bedeuten mögen. Sonderlesarten einzelner Zeugen werden nur dann notiert, wenn sie aus inhaltlichen, rezeptionsgeschichtlcihen oder grammatischen Gründen interessant erscheinen. Orthographisch sind die Varianten grundsätzlich normalisiert; wird der Orthographie der Codices Rechnung getragen, so sind die Sigla mit ^{cod} erweitert (z.B. A^{cod}). Der Bezug zwischen Haupttext und Varianten wird durch Lemmakennzeichnungen (hochgestellte Buchstaben) im Haupttext hergestellt, die sich, um die Versangaben erweitert, im textkritischen Kommentar wiederholen. Weicht der Text in Teilen der Überlieferung ab oder wird er partiell gestrichen, so klammern die Buchstaben das betroffene Lemma ein, Hinzufügungen werden durch ' ' und einen nachfolgenden hochgestellten Buchstaben gekennzeichnet, Marginalnotizen durch ' ' + hochgestellten Buchstaben + mg. So entspricht also dem Lemma ^cκἀγώ^c in Apc Mos 15,1 im textkritischen Kommentar der Abschnitt **15,1c** (fettgedruckt), dem Lemma ''^d in demselben Vers der Abschnitt **15,1d** und dem Lemma ''^e_{mg} in 37,5 der Abschnitt **37,5e**. Verweise auf Lemmata oder deren

---

[73] Eine Textausgabe wird von TROMP vorbereitet und wird vermutlich noch vor dieser Arbeit erscheinen.

Kommentierung werden mit einem ° gekennzeichnet (etwa °15,1d); damit ist ausgeschlossen, daß auf einen Teilvers rekurriert wird.[74]

Die Notierung der Lesarten orientiert sich an der Reihenfolge der Textzeugen nach der in E II,2 abgedruckten Liste. Das hat die Konsequenz, daß die Haupttextlesart nicht notwendigerweise an der ersten Stelle stehen muß. Die Lesarten werden durch Semikola voneinander abgetrennt, innerhalb der Semikola werden zuerst die Zeugen genannt, dann hinter einem Doppelpunkt der griechische Text bzw. om. (=omittit/omittunt), trsp. (=transponit/transponunt) oder txt. (=Haupttext); an diesen können sich (in Klammern) Erläuterungen anschließen, teilweise folgen mehrere Klammern aufeinander. Die Textzeugen werden durchgehend einzeln aufgeführt, und zwar vollständig. Welche gerade zur Verfügung stehen, ist einer jeweils an die Perikope anschließenden Auflistung der aktiven und der fehlenden Textzeugen zu entnehmen; für die ApcMos(arm) werden dort die Seitenzahlen in der Ausgabe von YOVSÊP'EANC' angegeben. Fallen Textzeugen aus, die aufs Ganze gesehen in der betroffenen Perikope aktiv sind, werden diese im Anschluß an alle anderen Textzeugen vermerkt und mit dem Kürzel def. (=deficit / deficiunt) versehen (Beispiel: AV Va E²: def.); für die Adamviten, Lib Ad(slav) und ApcMos(arm) wird freilich nur in Ausnahmefällen def. notiert.

Als Teil eines textkritischen Kommentars erweisen sich die Notate zu den Lemmata zum einen durch gelegentliche Erläuterungen zu den Varianten (dazu s.u.), zum anderen aber durch ein apparatkonformes Auswertungssystem. So werden Textzeugen, die miteinander verwandt sind und dies auch im gegebenen Fall zu erkennen geben, durch Bindestriche miteinander verbunden (Beispiel: A-AC-Ath-C). Wenn eine Handschrift eine Subvariante bietet, die keiner weiteren Erörterung bedarf, wird sie eingeklammert – Beispiele: A-(AC)-Ath-C, oder D-(St) B AV (An₂)-(Pa).

Anhand des letzten Beispiels sind Mißverständnisse auszuschließen: Die Klammer sagt nicht mehr und nicht weniger, als daß der betreffende Zeuge einen von der Variante, die er grundsätzlich bezeugt, leicht abweichenden Text hat. Werden mehrere Zeugen eingeklammert, heißt das also nicht, daß sie auf die gleiche Weise abweichen; sind sie durch einen Bindestrich als Gruppe gekennzeichnet, muß dies ebenfalls nicht bedeuten, daß ihre Subvarianten identisch sind.

Zum Auswertungssystem gehört auch die Notierung von Subarchetypen. Die formale Kennzeichnung der Subarchetypen erfolgt durch (=   ). Das Lemma °1,2a mag das Verfahren veranschaulichen. Dort habe ich mich für ἔλαβε als

---

[74] Das von mir verwendete Verfahren der Lemmakennzeichnung entspricht weitgehend dem des Biblischen Kommentars zum Alten Testament, dort wird es allerdings auf die Übersetzungen angewandt. Wichtige Anregungen hat auch die Ausgabe der »Schriften des Urchristentums« von WENGST gegeben.

Text entschieden. Im Kommentar zum Lemma steht: D-St: ἔγνω δέ (vgl. Gen 4,1 ⑤); AV: παρέλαβε; A-AC-Ath-C (=*Ia) Va (=*II) P²-J²-J³-An₁ (=*III) ApcMos(arm) Br-S¹ (=*IIIa) J¹: ἔλαβε; E¹-S³: ἔλαβε δὲ ὁ; AD-E²: ἔλαβε δέ; B: def. Die Zeugen A-AC-Ath-C haben also ἔλαβε und bezeugen damit nicht nur den Haupttext, sondern auch *Ia. In gleicher Weise bezeugen Va *II, P²⁽ᵉᵗᶜ⁾ *III und Br-S¹ *IIIa. Damit sind alle Subarchetypen genannt, deren Varianten wegen ihres stark rezensionellen Charakters durchgängig – wo immer es geht – identifiziert werden. Auf die anderen Subarchetypen wurde nur im Ausnahmefall verwiesen. Notiert werden die Subarchetypen jeweils nach den Zeugen bzw. Zeugenkonglomeraten, die sie am ehesten vertreten; für *Ia sind dies in der Regel A-AC-Ath-C oder einzelne aus dieser Gruppe, für *III in der Regel P²-J²-J³-An₁ oder einzelne aus dieser Gruppe; haben aber beispielsweise P²-J²-J³-An₁ eine gruppenspezifische Sonderlesart, können auch die Notierungen ApcMos (arm) (=*III) oder Br-S¹ (=*IIIa *III) begegnen.

Ein Sonderfall tritt ein, wenn ein Subarchetyp mit Sicherheit eine Subvariante bezeugt, wie in folgendem (theoretischen) Beispiel: P²-J²-J³ (=*III) (Br)-(S¹) (=[*IIIa]) J¹: καὶ εἶπεν ὁ κύριος πρὸς τὸν ᾿Αδάμ. Hier haben (Br)-(S¹) von der Hauptvariante leicht abweichende Texte (die nicht notwendigerweise identisch sein müssen). Sie lassen erkennen, daß auch *IIIa nicht genau die Hauptvariante hatte, daher erscheint *IIIa innerhalb der mit einem Gleichheitszeichen versehenen Klammer (=   ), die sie als Subarchetyp kennzeichnet, in einer weiteren Klammer, die auf eine Subvariante deutet. Falsch wäre es, aus der Einklammerung von *IIIa einerseits und ihrer Zeugen andererseits zu folgern, daß ihre Subvarianten genau übereinstimmten, vgl. dazu die bereits erfolgten Ausführungen zur Kennzeichnung von Subvarianten. Gelegentlich begegnet auch die Notierung (Br)-(S¹) (=[*IIIa] Rez III); in diesem Falle ist der durch Br-S¹ bezeugte Subarchetyp *IIIa der beste *III-Zeuge, bietet aber nicht genau den Text von *III.

Es gibt zwei Typen von Lemmata. Den größten Teil machen Lemmata mit positiver Bezeugung aus, oftmals aber werden auch nur Abweichungen vom Haupttext notiert. In diesen Fällen wird also nur eine negative Bezeugung geboten. Dies Verfahren wird grundsätzlich angewandt, wenn von der Variantenbildung nur ein klar abgrenzbarer Teil der Überlieferung betroffen ist, etwa wenn Br-S¹ (=*IIIa) eine Sonderlesart bieten. Eine Mischform von positiver und negativer Bezeugung stellt die Notation mit rell. (= reliqui) dar – diese mag folgendes (theoretische) Beispiel verdeutlichen: A-AC: ἐγώ; Ath-C (=*Ia) et rell: txt. In diesem Falle haben A-AC die Sonderlesart ἐγώ; dieser stehen schon in der eigenen Gruppe (A-AC-Ath-C) die Zeugen Ath-C entgegen, die zusammen mit den übrigen Zeugen den Haupttext (txt = textus) vertreten. Dadurch ist klar, daß nicht A-AC, sondern Ath-C den Text von *Ia bieten. Diese Notationsform dient also der Identifikation von Gruppen und Subgruppen, in diesem Fall der Subgruppe A-AC.

Das Kürzel rell. weist die gängigen Eigenschaften von Sammelsigeln auf. Man darf ihm nicht entnehmen, daß alle anderen Textzeugen den Haupttext haben, wohl aber ausreichend viele. Diese Unschärfe ist vertretbar, da es bei dieser Notationsform nicht um die Sicherung des Haupttextes, sondern um die Darbietung von Sonderlesarten und die Identifikation von Zeugengruppen geht. In dem Falle, daß die Haupttextzeugen stärker voneinander abweichen, aber dennoch gegen die Sonderlesart den Haupttext bezeugen, wird nach folgendem (theoretischen) Beispiel notiert: A-AC: ἐγώ; Ath-C et rell: txt cum varr (=textus cum variationibus).

Die meisten Lemmata werden nach dem hiermit erläuterten Verfahren gestaltet; bei einigen treten Kommentare hinzu. Diese können sich entweder an das Gesamt der Varianten anschließen oder aber jeweils an einzelne Varianten. Im letztgenannten Falle erscheinen sie grundsätzlich in Klammern hinter den Varianten. Es kann sich dabei um kurze Erläuterungen handeln oder um Parallelstellen, Literaturangaben etc.; bisweilen werden auch Subvarianten erläutert. Gelegentlich werden auch Kürzel verwendet, welche die Entstehung der Variante erklären, nämlich ht. (Homoioteleuton), hapl. (Haplographie), ditt. (Dittographie). Es können mehrere Klammern aufeinander folgen, die Reihenfolge ist nicht formalisiert .

Eine Ausnahme stellt die Darstellung der Variantengenese durch kleine Buchstaben dar: Sie muß ganz am Ende stehen. Diese ist bereits in E II,5 (S. 84–85) erläutert worden. Sie erfolgt überall da, wo das Verhältnis der Varianten zueinander diskussionswürdig oder problematisch erscheint. Ihr kommt die Funktion eines textgeschichtlichen Kommentars zu einzelnen Lemmata zu. Sie soll die Verzahnung von innerer und äußerer Kritik erleichtern, indem mit ihr auch immer die Intention einer Verifizierung des Stemmas verbunden ist.

Abschließend ist auf den gar nicht selten vorkommenden Fall zu verweisen, daß mehrere durchaus voneinander abweichende Zeugen auf eine Ursprungsvariante zurückgeführt werden können und eine Markierung der Abweichungen durch Klammern unzureichend wäre, weil die Abweichungen zu weit gehen. In diesem Fall werden zwar Klammern verwendet (gelegentlich mit der Folge, daß alle Zeugen eingeklammert sind), aber die Subvarianten werden ebenfalls aufgeführt, und zwar in einer Anmerkung zur Variante, die grundsätzlich genauso strukturiert ist wie der textkritische Apparat. Betroffen sind von diesem Verfahren v.a. Varianten der Subarchetypen. Zu beachten ist, daß in einem solchen Apparat nicht nur die Zeugen für die Variante eine Rolle spielen, sondern gelegentlich auch *I-Überlieferung: Für die Rekonstruktion eines Subarchetypen sind nicht nur die von ihm abhängigen Zeugen von Belang, sondern auch die Zeugen, die Aufschluß über seine Vorlage geben können.

Kapitel III

Inhalt, literarischer Charakter und Redaktionsgeschichte

1. Inhalt: Schematische Darstellung

Dem Kommentar liegt folgende Gliederung zugrunde:

I. Präskript (Superscr. – 1,1a)
    I,1. Superscriptio
    I,2. Inscriptio (1,1a)
II. Adams und Evas Aufenthalt im Osten (1,1b–1,2)
III. Geburt Kains und Abels (1,3)
IV. Der Brudermord (2,1–3,1)
V. Verheißung und Geburt Seths (3,2–4,2)
VI. Erkrankung Adams (5,1–3)
VII. Gespräch am Sterbebett: Was ist mit Adam? (5,4–6,3)
VIII. Ätiologie der Krankheit Adams (7–8)
IX. Die Paradieswanderung Seths und Evas (9–14)
X. Bericht Evas über den Betrug des Feindes (15–30)
    X,1. Introduktion (15,1)
    X,2. Adam und Eva im Paradies. Der Teufel betritt das Paradies (15,2–3)
    X,3. Der Teufel verführt die Schlange (16,1–17,1a)
    X,4. Zwischenstück: Satan als Engel (17,1b–17,2a)
    X,5. Die Schlange verführt Eva (17,2b–20,5a)
    X,6. Eva verführt Adam (20,5b–21,6)
    X,7 Gerichtstheophanie im Paradies (22)
    X,8. Verhör (23)
    X,9. Verurteilung Adams (24)
    X,10. Verurteilung Evas (25)
    X,11. Verurteilung der Schlange (26)
    X,12. Ausweisung Adams und Evas aus dem Paradies (27–29)
    X,13. Schlußparänese (30)
XI. Der Tod Adams und Evas (31–43)
    XI,1. Dialog zwischen Adam und Eva am Sterbebett (31)
    XI,2. Sündenbekenntnis Evas (32,1–2)
    XI,3. Intervention des Engels der Menschheit (32,3–33,1)

XI,4. ‚Synchoresis' Adams (33,2–37,6)

XI,5. Interzession Michaels (38,1)

XI,6. Theophanie vor der Leiche Adams (38,2–39,1a)

XI,7. Rede Gottes vor dem unbestatteten Leichnam Adams (39,1b–39,3)

XI,8. Vorbereitungen zur Bestattung Adams (40,1–2)

XI,9. Der Leichnam Abels (40,3–5)

XI,10. Aushebung des Grabes für Adam und Abel in der Gegend des Paradieses (40,6)

XI,11. Grabbeigaben und Beerdigung Adams und Abels (40,7)

XI,12. Grabrede Gottes für Adam (41)

XI,13. Versiegelung des Grabmals durch Gott (42,1)

XI,14. Abschluß der Theophanie (42,2)

XI,15. Tod Evas (42,3–8)

XI,16. Bestattung Evas (43,1–2)

XI,17. Anweisung zur sechstägigen Trauer (43,3)

XI,18. Abschluß (43,4)

2. Inhalt: Synthetische Darstellung

Die ausführliche Superscriptio (in den Handschriften gewöhnlich rubriziert und damit hervorgehoben) präsentiert die nachfolgende Schrift als eine Offenbarung des Mose über das »Ergehen und den Lebenswandel« (διήγησις καὶ πολιτεία) Adams und Evas, die Mose im Zusammenhang mit der Übergabe der Gesetzestafeln auf dem Sinai durch Vermittlung des Erzengels Michael zuteil wurde. Der besondere Autoritätsanspruch der Superscriptio findet in der Erzählung kein explizites narratives Korrelat. Die knappere Inscriptio (1,1b), welche die Schrift als »Erzählung« (διήγησις) über Adam und Eva bezeichnet, markiert den Beginn der Handlung. Diese setzt darauf ein mit dem Ausgang Adams und Evas aus dem Paradies (//Gen 3,22–24). Das gesamte Geschehen findet dementsprechend nach diesem Zeitpunkt statt; was sich vorher ereignete (Gen 2–3), wird über Rückblenden »vergegenwärtigt« (7–8, 15–30). Die Apc Mos ist also näherhin eine Erzählung über Ergehen und Lebenswandel Adams nach dem Ausgang aus dem Paradies; der Kopfteil gibt jedoch nichts von dieser Eingrenzung der Perspektive auf die Zeit *post paradisum* zu erkennen.

Was nun das Leben Adams und Evas nach dem Paradies betrifft, findet eine Fokussierung auf dessen Ende statt. Alles andere wird nur knapp berichtet (1–4): Nach seinem Ausgang aus dem Paradies (1,12b //Gen 3,22) siedelt sich Adam mit Eva im Osten an und bleibt dort 18 Jahre und zwei Monate (1,2).

Daraufhin wird seine Frau schwanger und gebiert Kain und Abel (1,3 //Gen 4,1–2); beide haben neben ihren biblischen auch merkwürdige apokryphe Namen, die wahrscheinlich aus griechischen Übersetzungen der hebräischen Namen verderbt sind. Anschließend wird der Brudermord berichtet (2,1–3,1 //Gen 4,3ff), freilich in durchaus eigenartiger Ausprägung: Vom Grund des Mordes wird nichts explizit mitgeteilt, auch wird nicht das Geschehen selbst berichtet, sondern ein Wahrtraum Evas über das Geschehen und anschließend die Auffindung der Leiche Abels durch die Eltern. Auf diese Weise bleibt der Erzähler bei Adam und Eva; über die Kinder wird nur im Hinblick auf die Eltern berichtet; zugleich wird so gesichert, daß Adam und Eva überhaupt von der Sache erfuhren, was im Bibeltext nicht explizit gesagt wird. Es schließt sich eine Perikope über Seth an (3,2–4,2 //Gen 4,25; 5,3). Dessen Geburt wird durch den Engel Michael verheißen. Seth soll an die Stelle Kains treten; ihm soll – wenn der Text hier richtig rekonstruiert ist – Adam offenbaren, was er »zu erleiden« (ὅσα πονέσῃς) hat (3,2), vgl. Apc Mos 7–8, wo Adam Seth eine Ätiologie seiner Krankheit erzählt. Seine Geburt wird von Adam als Erfüllung der Verheißung gedeutet; er beschließt, zusammen mit Eva Gott »Lob und Opfer« (δόξαν καὶ θυσίαν) zu geben.

In 5,1–3 leitet die Erzählung zum Ende des Lebens über; zunächst ist Adam betroffen. Es wird summarisch festgestellt, daß Adam 30 Söhne und dreißig Töchter gezeugt hat (//Gen 5,4). Er wird krank und ruft seine Kinder zusammen, da er sie vor seinem Tode (//Gen 5,5) sehen will. Es schließt sich ein Gespräch zwischen Adam und seinen Kindern an (5,4–6,3), bei dem Seth die führende Rolle auf Seiten der Kinder innehat. In diesem Gespräch lehnt Adam ein Angebot Seths ab, ihm eine Frucht aus dem Paradies zu bringen (6,1–3a). Es läuft schließlich auf die Frage Seths hinaus, wie es zu Adams Erkrankung gekommen ist (6,3b). Diese Frage wird in 7–8 beantwortet: Adam erzählt von dem Vergehen der Erzeltern im Paradies (//Gen 3) und der darauf erfolgenden Bestrafung; berichtet wird freilich nur, der Frage entsprechend, daß Adam bestraft wird – mit 70 Krankheiten, die seinen gesamten Körper betreffen (8,2).

Auf die Erzählung Adams über die Ursache seiner Krankheit folgt die Geschichte von der Wanderung Seths und Evas zum Paradies (9–14). Zunächst schließt sich ein Dialog zwischen Adam und Eva am Sterbebett Adams an (9,1–3), in dem Eva ihre Schuld bekennt und sich bereit erklärt, die Hälfte der Leiden Adams zu übernehmen (9,2). Adam reagiert mit einer Anweisung an Eva, sie solle zusammen mit ihrem Sohn Seth zum Paradies wandern, um von dort »Öl des Erbarmens« (ἔλαιον τοῦ ἐλέου) zu holen, damit er von seiner Krankheit genesen könne (9,3); sie solle auch davon berichten, wie sie (Adam und Eva) zuvor »getäuscht« (ἠπατήθημεν) wurden. Die erste Weisung überrascht, da Adam zuvor ein ganz ähnliches Anerbieten Seths abgelehnt hatte (6,1–3a), die zweite verweist auf Apc Mos 15,1. Seth und Eva machen sich auf, und während ihrer Wanderung wird Seth von einem wilden Tier überfallen, dem er jedoch erfolgreich standhält (10–12), anders als seine Mutter, die den Vorwürfen des Tieres wegen ihres Fehltritts im Paradies nichts entgegensetzen kann. Seth verläßt die Szene allerdings als ein Verwundeter (12,2). Vor dem Paradies angekommen, bitten Seth und Eva um das Öl, darauf wird Seth vom Erzengel Michael eine abschlägige Antwort beschieden: Dieses Öl könne er »jetzt« ($\nu\tilde{\upsilon}\nu$) nicht erhalten, doch dem »jetzt« steht eine umso bessere Zukunft »am Ende der Zeiten« ($\dot{\epsilon}\pi$’ $\dot{\epsilon}\sigma\chi\dot{\alpha}\tau\omega\nu$ $\tau\tilde{\omega}\nu$ $\kappa\alpha\iota\rho\tilde{\omega}\nu$) entgegen, die Seth in einer kleinen Endzeitprophetie (13,3–5) geschildert wird. Der Engel weist Seth an, zu seinem Vater zurückzukehren; dieser werde noch drei Tage leben (vgl. 31,1), und Seth werde den schrecklichen Aufstieg seiner Seele schauen (13,6). Dieser Weisung entsprechend kehren Seth und Eva zu Adam zurück (14,1), worauf Adam Eva vorwirft, sie habe über alle Menschen den Tod gebracht (14,2), und sie auffordert, zu erzählen, wie sie beide das Gebot Gottes übertreten hätten (14,3).

Es folgt ein umfangreicher Bericht Evas über das Geschehen im Paradies (15–30 //Gen 3), eingeleitet mit der Ankündigung, sie werde berichten, »wie uns der Feind verführte« ($\pi\tilde{\omega}\varsigma$ $\dot{\eta}\pi\dot{\alpha}\tau\eta\sigma\epsilon\nu$ $\dot{\eta}\mu\tilde{\alpha}\varsigma$ $\dot{\delta}$ $\dot{\epsilon}\chi\theta\rho\dot{\delta}\varsigma$) (15,1). Gemeint ist der Teufel, der im Folgenden (15–21) als der eigentliche Akteur der Handlung erscheint, anders als 14,3 noch vermuten ließ, wo eher auf das Fehlverhalten Adams und Evas abgehoben wurde. Zu Beginn wird die Situation geschildert, die der Teufel durch seine Intervention stört: Adam und Eva bewachen arbeitsteilig das Paradies (//Gen 2,15); ihnen sind, nach Geschlechtern getrennt, die Tiere zur Obhut übergeben (15,2–3). Der Teufel dringt in den Paradiessektor Adams ein (15,2), um, wie aus 16,1 hervorgeht, die Schlange (//Gen 3,1) aufzusuchen. Diese bewegt er zunächst, sein »Gefäß« bzw. »Werkzeug« ($\sigma\kappa\epsilon\tilde{\upsilon}o\varsigma$ bedeutet beides!) zu werden (16,5), damit er durch sie zu den Menschen sprechen (//Gen 3,1) könne. Die Schlange überwindet darauf die Mauer des Paradieses (17,1a). Ein Bericht über die Teilnahme des Teufels am himmlischen Gottesdienst drängt sich störend dazwischen (17,1b–17,2a). Es folgt das Gespräch zwischen Eva und der Schlange, welches damit endet, daß Eva die Frucht zu sich nimmt (17,2b–20,5a //Gen 3,1–6.7). Anschließend verführt Eva Adam (20,5b–21,6 //Gen 3,6.7). Darauf erscheint Gott als majestätischer Richter im Paradies (22 //Gen 3,8), verhört Adam und Eva (23 //Gen 3,9–13) und spricht das Urteil – zunächst über Adam (24 //Gen 3,17–19), dann über Eva (25 //Gen 3,16) und schließlich über die Schlange (26 //Gen 3,14–15); die Reihenfolge der biblischen Vorlage ist also umgekehrt. Dann vertreibt er Adam und Eva aus dem Paradiese (27–29 //Gen 3,22–24); in diesem Zusammenhang verheißt er Adam die Auferstehung (28,4) und ordnet an, daß Adam auf dessen Bitte hin Spezereien für ein Räucheropfer sowie »weitere Samen zu seiner Ernährung« (καὶ ἕτερα σπέρματα εἰς διατροφὴν αὐτοῦ) aus dem Paradiese mitgegeben werden (29). Die Erzählung Evas schließt mit einer paränetischen Weisung an die Kinder ab (30): Sie sollen »sich in Acht nehmen, daß sie das Gute nicht verlassen«.

An den Rückblick Evas schließt sich die Erzählung vom Tod Adams und Evas an (31–43). Sie wird eingeleitet durch einen Dialog zwischen Adam und Eva (31), der vor allem das Schicksal Evas nach dem Tod Adams betrifft. Eva fragt Adam, wie lange sie ihn zu überleben habe und was mit ihr nach seinem Tod geschehen werde, und Adam versichert ihr, daß sie nicht lange nach ihm sterben und neben ihm begraben werde (31,2–3a); außerdem solle ihn nach seinem Tode niemand anrühren, bis ein Engel Weisung hinsichtlich seiner erteile (31,3b), denn Gott werde sich um das von ihm selbst gebildete »Gefäß« (σκεῦος) kümmern (31,4a). Zudem solle Eva beten, bis er seinen Geist in die Hände Gottes gebe, da das Verhalten Gottes gegenüber ihnen beiden ungewiß sei (31,4b). Daraufhin bekennt Eva ihre Sünde (32,1–2), und es erscheint der Engel der Menschheit und fordert sie auf, ihre »Buße« (μετάνοια) zu beenden, denn Adam habe seinen Körper verlassen und sie könne den Aufstieg seines Pneuma zu seinem Schöpfer beobachten (32,3–4). Durch diese Mitteilungen des Engels ist die Bedingung für das in 31,3b erteilte Berührungsverbot aufgehoben; dementsprechend legt Eva, wahrscheinlich dem Brauch entsprechend (vgl. K XI,3 [S. 454]), dem Verstorbenen die Hand aufs Gesicht (33,1).

Die Ankündigung des Engels muß sich auf den nachfolgenden Abschnitt beziehen (33,2–37,6); dort ist allerdings von einem Pneuma Adams nicht die Rede. Berichtet wird vielmehr, daß ein Lichtwagen, gezogen von vier Adlern, am σῶμα Adams erscheint (33,3, vgl. 34,1; 35,2) und Adam auf die Fürbitte von Engeln (verbunden mit einem Räucheropfer) das Erbarmen Gottes zuteil wird (37,2), woraufhin – nach einer Reinigung im Acherusischen See (37,3–4a) – Adam von Gott selbst in die Hand genommen (37,4b) und schließlich dem Erzengel Michael übereignet wird, der ihn ins Paradies im dritten Himmel verbringt (37,5–6a). Daraufhin staunen alle Engel über die »Begnadigung« (συγχώρησις) Adams und seiner Nachkommen, die hier mit dem Ende der Perikope in den Blick genommen werden (37,6b).

Man könnte meinen, die Geschichte sei hiermit zu einem Abschluß gelangt, doch dies ist nicht der Fall: Michael legt Fürbitte für Adam ein (38,1). Daraufhin erscheint Gott – auf seinem Thronwagen vom Himmel her kommend und das Paradies durchquerend – schließlich (nochmals!) vor dem σῶμα Adams (38,2–39,1a). Er hält vor dem unbestatteten Adam eine Leichenrede (39,1b–3), in der er Adam eine Wiedereinsetzung in seine ursprüngliche Herrschaft verheißt. Dann wird das σῶμα Adams durch Engel zur Bestattung zugerüstet (40,1–2), im Anschluß daran die Leiche Abels (40,3–5), die bisher nicht beerdigt werden konnte. Beide Leichname werden »in die Gegend des Paradieses« (εἰς τὰ μέρη τοῦ παραδείσου) verbracht, wo ihr Grab ausgehoben wird (40,6); sie werden mit Wohlgerüchen aus dem Paradies in der Erde versenkt (40,7). Gott hält eine Grabrede für Adam, in der er ihm die künftige Auferstehung verheißt (41), versiegelt das Grabmal für die sechs Tage bis zum Tod Evas (42,1) und kehrt schließlich mit seinen Engeln in den Himmel zurück (42,2). Eva aber klagt über das Entschlafen Adams; sie weiß nicht, wo er sich befindet, und bittet darum, an seiner Seite beigesetzt zu werden; schließlich stirbt sie (42,3–8). Da erscheint Michael und unterweist Seth, wie er Eva bestatten (κηδεύειν) soll (43,1a), woraufhin drei Engel kommen und sie am »Ort« (τόπος) Adams beerdigen (43,1b). Sodann ergeht die allgemeine Weisung Michaels an Seth, jeden Menschen so zu bestatten (κηδεύειν) – bis zum Tag des Gerichts (43,2). Schließlich sagt er ihm, sie (Seth und seine Geschwister?) sollten nicht mehr als sechs Tage trauern (43,3). Nach diesen Anweisungen kehrt Michael in den Himmel zurück, das dreifache Halleluja und das Dreimalheilig zur Ehre Gottes, des Vaters singend (43,4).

3. Die Apc Mos als einheitlicher Text

Der Inhaltsüberblick läßt ahnen, daß es sich bei der Apc Mos um ein planvoll strukturiertes Werk handelt. Sie ist klar erkennbar eine Erzählung über das Ergehen Adams und Evas nach der Vertreibung aus dem Paradies; der Erzählstoff ist dementsprechend nach der Abfolge der von der Bibel her bekannten Ereignisse im Leben Adams und Evas nach der Vertreibung angeordnet: Adam und Eva verlassen das Paradies (1,1b–2 //Gen 3,22ff), bekommen zwei Kinder, mit denen sie nicht recht glücklich werden (1,3ff //Gen 4,1ff), danach Seth (3,2ff //Gen 4,25; 5,3) und schließlich weitere Söhne und Töchter (5,1 //Gen 5,4). Dann stirbt Adam (5,2ff //Gen 5,5).

Die letztgenannte Nachricht muß den gesamten übrigen Erzählstoff tragen, und diese Aufgabe wird nicht ohne Geschick bewältigt. Dem Tod geht eine Erkrankung voraus, die Nachfahren versammeln sich um das Sterbebett (5,1–3), und es sind dann Gespräche am Sterbebett, zunächst zwischen Adam und seinen Nachkommen (5,4–6,3; 7–8), sodann zwischen Adam und Eva (9; 14,2–3; 31), die das Erzählmaterial strukturieren. So führen Fragen der Nachkommen nach Wesen und Grund von Adams Leiden die erste Rückblende, die Ätiologie der Krankheit (7–8), herbei. Im Anschluß an diese verweist Adam wieder auf seinen gegenwärtigen Zustand, der schon in 5,4 zur Debatte stand (typische Inclusio), nur daß jetzt Eva mit einem Schuldbekenntnis darauf eingeht (9,2). Dieses ermöglicht Adam, Eva und Seth auf eine Wanderung zum Paradies zu schicken. Nachdem sie von dieser ergebnislos zurückgekehrt sind, findet wieder ein Gespräch zwischen Adam und Eva statt (Apc Mos 14,2–3), das – wie schon 9,2 – die Schuld Evas zum Thema hat (erneut eine typische Inclusio). Nach der auf diese Weise eingeleiteten Erzählung Evas über das Paradiesgeschehen (15–30), der zweiten Rückblende, sprechen wieder Adam und Eva miteinander (31). Diesmal geht es um das Ergehen Evas nach dem Tod Adams – eine geschickte Überleitung zum letzten Erzählkomplex, der Geschichte vom Tod und postmortalen Ergehen Adams und Evas (31–43). Adam kündigt Eva eine Beisetzung an seiner Seite an, und dies geschieht dann auch tatsächlich – nach dem Tod und der Beerdigung Adams (42,3ff). Die Überlieferungen zum Tod Adams werden also eingerahmt von Passagen, die den Tod Evas zum Thema haben – hier haben wir eine typische Ringkonstruktion, ein in der Antike durchaus geläufiges kompositorisches Stilmittel.[1]

Ähnlich gerahmt ist auch das Material in 5,1–14,2: Zu Beginn spricht Adam von seinem baldigen Tod (5,2), doch dazwischen ist nur von seiner Krankheit die Rede, nicht ohne daß auch die Hoffnung auf Genesung eine Rolle spielt (v.a. in 9–14). Mit den Hinweisen auf den Tod (13,6; 14,2) ist dann zum einen sicher, daß es nun keinen Ausweg mehr gibt, zum anderen ist damit ein Rückbezug auf 5,2 gegeben, der zusätzlich für Kohärenz sorgt.

Zu erwähnen bleibt, daß die beiden Rückblenden, die thematisch partiell miteinander konkurrieren, durch zwei einander sehr ähnliche – in der Überlieferung allerdings verderbte – Vorankündigungen (3,2; 9,3 – vgl. °3,2g; °9,3m) weiter verankert werden; auch hier verrät sich eine um Strukturierung bemühte Textgestaltung.

Die aufgezeigten Kohärenzfaktoren schließen nicht aus, daß in der Apc Mos nicht auch Widersprüche zu konstatieren wären, die eine literarkritische Erklärung nahelegen, vgl. E III,5a. Sie lassen aber den Schluß zu, daß die Apc Mos einheitlich ist, d.h. auf absichtsvolle Gestaltung durch ein literarisch tätiges Subjekt zurückgeht – entweder einen Autor oder einen Redaktor. Interpolationen sind damit noch nicht in Abrede gestellt, vgl. E III,5a (S. 135). Auf jeden Fall aber lohnt es sich, nach dem literarischen Charakter der Apc Mos zu fragen. Dies soll in den nachfolgenden drei Abschnitten geschehen.

---

[1] Zur Ringkomposition in der antiken Literatur vgl. A.A. VAN OTTERLO: Untersuchungen über Begriff, Anwendung und Entstehung der griechischen Ringkomposition (Mededel. Nederl. Akad. Wetensch., N.R. 7, Afd. Letterkunde), Amsterdam 1944, 131–176.

4. Der literarische Charakter der Apc Mos

a) Die Apc Mos als Testament bzw. als De Morte-Erzählung

Das dominierende Thema in der Apc Mos ist eindeutig der Tod Adams und Evas, v.a. der Adams. Schon in Apc Mos 5 ist vom baldigen Tod Adams die Rede; und um die Begleitumstände dieses Todes geht es dann bis zum Ende. Mit dieser Eigenschaft steht die Apc Mos nicht allein: Das frühe Judentum und die altchristliche Literatur hat eine ganze Menge an Texten hervorgebracht, in denen der Tod der jeweiligen Hauptfigur für die Handlung konstitutiv ist. Der Grund hierfür ist darin zu suchen, daß in der antiken Welt neben Herkunft und Zeugung bzw. Geburt[2] auch die Art des Sterbens als besonders charakteristisch für eine Persönlichkeit galt.[3]

Abgesehen von Märtyrererzählungen, die hier nicht berücksichtigt werden sollen[4], haben frühes Judentum und Christentum diesem besonderen Interesse am Tod v.a. in Erzählungen über Gestalten der biblischen Tradition Ausdruck verliehen, die gemeinhin als »Testamente« bezeichnet werden. Charakteristisch für die Testamentenliteratur[5] ist, daß der Protagonist in der Todesstunde seine Nachkommen zu sich ruft und ihnen letzte Worte auf den Weg gibt. Diese sind gewöhnlich paränetischer Natur, so v.a. in den Test XII; daneben kann jedoch auch ein autobiographischer Rückblick treten (vgl. Test Jos, Test Hiob). Über das letztgenannte Moment trägt die Testamentenliteratur auch einem hermeneu-

---

[2] Zur Bedeutung der Herkunft vgl. etwa das Geschlechtsregister in Mt 1,1–17 oder die Angaben des Josephus über seine Abstammung in Jos, Vita 1–6, dazu s. St. MASON: An Essay in Character: The Aim and Audience of Josephus' Vita, in: F. SIEGERT / J. U. KALMS (Hrsgg.): Internationales Josephus-Kolloquium Münster 1997 (Münsteraner Judaistische Studien 2), 31–77, speziell 57 (mit Belegen). Zur Bedeutung von Zeugung und Geburt vgl. Plutarch, Quaestiones Convivales VIII,1,2 (Plato als Abkömmling einer geschlechtlichen Vereinigung des Apoll mit einer menschlichen Frau), Ex 2,1–10 (Kindheitsgeschichte des Mose), Lk 1–2 (Geburt und Kindheit von Jesus und Johannes) sowie das Protevangelium Jacobi (Geburt Marias, Geburt Jesu).

[3] Daß der Tod als charakteristisch galt, zeigt etwa die Gestalt des Sokrates. Ohne seinen Tod und seine bei Plato zu Literatur gewordene letzte Rede wäre er philosophiegeschichtlich wohl kaum so wirksam geworden. Beispielhaft ist auch die Vorstellung vom schlimmen Tod des Gottesfeindes, vgl. hierzu W. NESTLE: Legenden vom Tod der Gottesverächter, Archiv für Religionswissenschaft 33 (1936), 246–269.

[4] Das Spezifikum von Martyrien ist ein gewaltsamer Tod aus Glaubens- oder Weltanschauungsgründen. Hierum geht es in der Apc Mos nicht. Schon das frühe Judentum kennt Märtyrererzählungen, etwa im Danielbuch, in 2. Mkk 7 oder in der Abrahamüberlieferung des Liber Antiquitatum Biblicarum (Ps-Philo, Lib Ant Bib 6), vgl. hierzu J.W. VAN HENTEN (Hrsg.): Die Entstehung der jüdischen Martyrologie (Studia Post-Biblica 38), Leiden 1989.

[5] Zur Testamentenliteratur vgl. E. VON NORDHEIM: Die Lehre der Alten, Bd 1–2 (Arbeiten zur Literatur und Geschichte des hellenistischen Judentums 13.18), Leiden 1980.1985.

tischen Bedürfnis Rechnung: Es kann auf diese Weise an der Auslegung biblischer Texte gearbeitet werden (besonders spürbar in Test Hiob[6]). In vielen Erzählungen, die als Testamente bezeichnet werden, spielen die Mitteilungen an die Nachkommen indes nur eine Nebenrolle; dafür treten dort die Begleitumstände des Todes in den Vordergrund (so in Test Abr, Test Isaac, Test Jacob).[7] In diesem Falle ist es sicher angemessener, von »De Morte-Erzählungen« zu sprechen, ihnen können auch Werke wie die Dormitio Mariae[8] und die Erzählung vom Tod des Zimmermanns Joseph zugeordnet werden (hier nach DE LAGARDE »De Morte Josephi« genannt).[9]

---

[6] Das Test Hiob deutet – anders als das biblische Hiobbuch – das Leiden Hiobs als Folge der Hinwendung des Heiden Jobab (später Hiob genannt) zum wahren Gott (er hat damit den Teufel auf den Plan gerufen, der ihn bekämpft). Ermöglicht wird diese Transformation durch exegetische Arbeit – v.a. an der Rahmenerzählung des biblischen Hiobbuches. So geht etwa die Überlieferung, daß der Teufel die Stadt Hiobs in Gestalt des Perserkönigs angreift (Test Hiob 17), auf eine kreative Auswertung der hebräischen Vorlage von Hiob 1,17 𝔊 zurück (in Hiob 1,17 𝔊 steht ἱππεῖς anstelle von כשדים in 1,17 𝔐; ἱππεῖς dürfte auf פרשים zurückgehen, das man in der Tat mit Persern in Zusammenhang bringen konnte), vgl. hierzu M. DELCOR: Le Testament de Job, la prière de Nabonide et les traditions targoumiques, in: S. WAGNER (Hrsg.): Bibel und Qumran. Beiträge zur Erforschung der Beziehungen zwischen Bibel- und Qumranwissenschaft, Hans Bardtke zum 22.9.1966, Berlin 1968, 57–74, speziell 66. Zu den exegetischen Grundlagen des Test Hiob vgl. meine demnächst erscheindende Einleitung in »Jüdische Schriften aus hellenistisch-römischer Zeit, Band VI,3«.

[7] Test Abr ist das am weitesten verbreitete von diesen drei Testamenten; mehrere griechische Rezensionen und zahlreiche Übersetzungen sind bezeugt, vgl. HAELEWYCK: Clavis, Nr. 88. Es wird in der griechischen Überlieferung partiell als »Testament« (διαθήκη) tituliert, so v.a. in der Langrezension (vgl. SCHMIDT 96). Was Test Isaac und Test Jacob betrifft, ist die Bezeichnung »Testament« wohl eine moderne Konvention; in der koptischen Überlieferung, der sie entstammen, firmieren sie unter einem passenderen Titel, vgl. Test Isaac (sah) Superscr. (KUHN 228): **ⲡⲁⲓ̈ⲡⲉ ⲡⲓ̈ ⲉ̄ⲃⲟⲗ ϩⲛ̄ⲥⲱ̄ⲙⲁ ⲛⲓ̈ⲥⲁⲁⲕ ⲡ̄ⲡⲁⲧⲣⲓ̈ⲁⲣⲭⲏⲥ** (»dies ist der Ausgang des Patriarchen Isaak aus dem Leib«).

[8] Die Dormitio Mariae (Edition: TISCHENDORF, Apocalypses Apocryphae, 94–112) mag hier als Beispiel für zahlreiche Überlieferungen vom Tod Marias gelten (für die griechischen Kirche vgl. das bei HALKIN: BHG III,123–174 passim gesammelte Material). Sie weist zahlreiche Motivparallelen zur Apc Mos auf, vgl. etwa das θυμίαμα der Jünger, die φωνὴ φοβερὰ ὡς ἅρματων, die Gegenwart des himmlischen Heeres und die Seraphim um das Haus der Maria nahe der Todesstunde in Dorm Mar 26 mit der Szenerie in Apc Mos 33,2–5 sowie die Christophanie in Dorm Mar 38 mit der Theophanie in Apc Mos 38,2–39,1a. Hier ist freilich vor allem zu vermerken, daß mit der Versammlung der Apostel am Wohnort Marias (Bethlehem) anläßlich ihres Todes (Dorm Mar 5ff) ein Motiv der Testamentenliteratur nachklingt (Versammlung der Nachkommen).

[9] Die Erzählung von Joseph, dem Zimmermann (sahidischer, bohairischer und arabischer Text bei DE LAGARDE, Aegyptiaca, 1–37; arabischer Text mit lateinischer Übersetzung bei THILO, Codex 1–61) handelt großenteils vom Tod Josephs (Kapp. 12–32 bei THILO); herausgestellt wird v.a. das Todesleiden Josephs. Bestimmend ist der Gedanke, daß der Tod auch an einem frommen Menschen nicht vorübergeht.

Doch die Grenzen zwischen De Morte-Erzählungen und Testamenten sind fließend: Selbst in den Test XII, die v.a. paränetische Weisungen und autobiographische Erzählungen der Patriarchen enthalten, spielen die Umstände des Todes und der Bestattungsort eine Rolle; in Test Hiob tritt dies Moment deutlicher hervor (vgl. Test Hiob 52), in der Apc Mos noch deutlicher: Hier halten sich das Interesse an den Auskünften Adams und Evas (Apc Mos 7–8; 15–30) und an ihrem Tod (Apc Mos 31–43) in etwa die Waage. Sie weist damit sowohl Züge der Testamentenliteratur als auch der De Morte-Schriften auf.[10]

Als Werk der Testamentenliteratur zeigt sich die Apc Mos durch die Versammlung der Nachkommen in Apc Mos 5. Diese findet sich in jedem der 12 Patriarchentestamente, so auch in Test Hiob 1,2. Auch daß der Protagonist dem Tode nahe ist (Apc Mos 5,2), kann als typisch gelten. Eine besondere Bewandtnis hat es mit seinem Gesundheitszustand: Daß Adam krank ist (Apc Mos 5,2), findet laut Apc Mos 7–8 seine Ursache in einem früheren Vergehen, qualifiziert also das vorherige Leben Adams in negativer Weise. Daß dies Moment mindestens zum Potential der Gattung »Testament« gehört, zeigen die Patriarchentestamente: Einige Patriarchen, deren Leben weniger rühmlich war, erkranken vor ihrem Tod (Test Ruben 1,2; Test Sim 1,2), andere bleiben gesund (Test Levi 1,2; Test Is 7,9; Test Naphthali 1,1–4; Test Aser 1,2).

Charakteristisch für die Testamentenliteratur sind indes vor allem die letzten Worte des Protagonisten. In der Apc Mos stehen wir dabei vor dem merkwürdigen Befund, daß eigentlich Adams Tod im Vordergrund steht, Adam selbst aber nur eine kurze Rede hält (Apc Mos 7–8), während die längere Eva zukommt (Apc Mos 15–30). Dazu entsprechen die Mitteilungen Adams gar nicht so sehr den Gepflogenheiten der Testamentenliteratur; er bietet nur eine Ätiologie seiner Krankheit, ohne daß eine Paränese folgt. Eva hingegen gibt einen inhaltlich vielseitigen Rückblick auf die Ereignisse im Paradies und läßt diesen in einer paränetischen Weisung ausklingen (Apc Mos 30), vgl. Test Hiob, das ebenfalls einen Lebensbericht (Test Hiob 2–44) mit einer Paränese (Test Hiob 45) abschließt. Ein wesentlicher Grund für diese »Unregelmäßigkeit« liegt gewiß in der Auffassung von der Rolle Evas, wie sie vor allem im Kontext von Apc Mos 15–30 zum Ausdruck kommt (vgl. v.a. Apc Mos 11–12; 14 und 32): Eva ist die Hauptschuldige für die Katastrophe im Paradies, also liegt es nahe, daß gerade sie davon berichtet. Es wird sich allerdings zeigen, daß es für diese Besonderheit auch eine literarkritische Erklärung gibt.

Als De-morte Schrift erweist sich die Apc Mos durch die umfängliche Schilderung von Adams und Evas Tod. Wie in der Dormitio Mariae gilt das Hauptinteresse dabei dem postmortalen Ergehen der Sterbenden, weniger der Art, wie

---

[10] Als Werk der Testamentenliteratur wird die Apc Mos bei MEISER/MERK 769 qualifiziert.

diese auf den Tod reagieren (so in Test Abr; Môta Musê; De Morte Josephi).[11] Stärker als in anderen De Morte-Erzählungen tritt aber in der Apc Mos das Moment der Bestattung hervor (v.a. in 31; 38ff), die – ebenfalls eine Besonderheit – unter der Leitung Gottes, und zwar nicht ohne seine direkte Beteiligung, vorgenommen wird, vgl. etwa die Versiegelung von Adams Grab durch Gott (42,1).

Die Bestattung durch Gott selbst oder unter Gottes direkter Anleitung ist auch in Überlieferungen um den Tod des Mose bezeugt, vgl. Ps-Philo, Lib Ant Bib 19,16; mSoṭa 1,9; bSoṭa 14a; PRE 17,1. Eine frühjüdische De Morte-Erzählung zu Mose hat sich freilich nicht erhalten, abgesehen wohl von der Assumptio Mosis, deren Ende jedoch fehlt.

Weist die Apc Mos also Gattungsmerkmale sowohl eines Testaments als auch einer De Morte-Erzählung auf, so ist jedoch nicht zu verkennen, daß sie mit diesen Kategorien nicht vollständig erfaßt ist. Immerhin gibt es ja auch die ersten 4 Kapitel, welche die wesentlichen Stationen des Lebens Adams und Evas abdecken – Ausgang aus dem Paradies, Geburt von Kain und Abel etc. Bekannt sind diese Ereignisse aus der Bibel, auch deren Reihenfolge ist von der Bibel her vorgegeben. In ihrem Aufriß orientiert sich die Apc Mos also an der biblischen Überlieferung über Adam und Eva. Dies ist, wie der folgende Abschnitt zeigen wird, keine nur akzidentielle Eigenschaft der Apc Mos.

b) Die Apc Mos als exegetische Erzählung

Nicht nur der Aufbau der Apc Mos orientiert sich an der biblischen Überlieferung über Adam und Eva, auch sonst sind die Kongruenzen unübersehbar: Apc Mos 1,1b–5,3 ist im wesentlichen eine an ausgewählten Schwerpunkten ausgerichtete Nacherzählung von Gen 3,22–5,3; erst recht gilt dies für die Rück-

---

[11] Das Test Abr verhandelt erst im letzten Kapitel das postmortale Schicksal Abrahams (Test Abr A 20), widmet sich aber dem Leben nach dem Tode im Rahmen einer Himmelsreise Abrahams vor dem Tod (vgl. v.a. das Totengericht in Test Abr A 13). Unzweifelhaft steht jedoch im Vordergrund die über lange Zeit hinweg erfolgreiche Weigerung Abrahams, seine Seele abzugeben (so in Test Abr A 7,12; 15,10; 16,16); dieses Motiv begegnet auch in Apc Sedr 9,3ff und Apc Esdr 6,3ff sowie in Überlieferungen über den Tod des Mose, vgl. S.E. LOEWENSTAMM: The Death of Moses, in: G.W.E. NICKELSBURG: Studies in the Testament of Abraham (Society of Biblical Literature. Septuagint and Cognate Studies 6), Missoula, Montana 1972, 185–217, speziell 205–207. LOEWENSTAMM vertritt die Auffassung, daß das Test Abr von solchen Überlieferungen um den Tod des Mose abhängig sei, vgl. idem: The Testament of Abraham and the Texts Concerning Moses' Death, in: ibidem, 219–225. Die Schrift Môta Musê (Tod des Mose) hat diese Tradition nicht, behandelt aber ebenfalls v.a. die Reaktion des Mose auf den bevorstehenden Tod. Sie stammt aus der Überlieferung der Falascha. Edition: J. FAÏTLOVITCH: Mota Musê (La mort de Moïse). Texte éthiopien, traduit en Hébreu et en Francais, annoté et accompagné d'extraits arabes, Paris 1906. Zu De Morte Josephi s. Anm. 9.

blenden in 7–8 und 15–30; beide sind an Gen 3 orientiert. Hiermit zeigt sich eine gewisse Nähe der Apc Mos zur Rewritten-Bible-Literatur.[12] Diese wird bestätigt durch die Superscriptio der Apc Mos, die sich, wie noch näher zu erörtern sein wird (vgl. E III,4c), an die des Lib Jub anlehnt, eines klassischen Vertreters der Rewritten-Bible-Literatur. Dieses Signal wird den Lesern nicht verborgen geblieben sein, denn der Lib Jub war ziemlich verbreitet.[13]

Dennoch wäre es wohl unzutreffend, die Apc Mos ohne weiteres der Gattung »Rewritten Bible« zuzuordnen: Sie hat nämlich auch Passagen, deren biblischer Bezug nicht auf den ersten Blick erkennbar ist (5,4–6,3; 9–14; 31–43). Zudem arbeitet die Technik der Rückblenden dem Moment einer linearen Korrelation mit dem Bibeltext entgegen; und letzteres ist typisch für die Rewritten-Bible Literatur. Außerdem ist der biblische Bezugstext der Apc Mos nicht eben umfangreich: Werke der Rewritten-Bible-Literatur hingegen decken größere Abschnitte der Heiligen Schrift ab.

Auf jeden Fall trifft aber zu, daß die Apc Mos wesentlich durch den Bezug auf Biblisches bestimmt ist. Doch wird biblische Überlieferung nicht einfach repetiert, sondern neu erzählt. Wir erfahren, daß Adam und Eva sich nach dem Ausgang aus dem Paradies im Osten angesiedelt hatten und dort 18 Jahre und 2 Monate wohnten (Apc Mos 1,2); wir lernen die griechische Übersetzung der Namen Kains und Abels kennen (Apc Mos 1,3), und beim Brudermord, der uns durch einen Traum Evas, also nicht direkt mitgeteilt wird, trinkt nicht die Erde,

---

[12] Unter den Gattungsbegriff »Rewritten Bible« sind hier Nacherzählungen biblischer Geschichte zu fassen, die gewöhnlich mehr als ein biblisches Buch abdecken, so etwa der Lib Jub (//Gen 1 – Ex 12), Ps-Phil, Lib Ant Bib, partienweise auch Jos, Ant, und aus dem christlichen Bereich die Schatzhöhle (Cav Thes) und die Palaia.

[13] Ein eindrücklicher Beleg für Bekanntheit und Wertschätzung des Lib Jub findet sich in CD 16,3–4, wo er explizit erwähnt wird – unter dem Titel ספר מחלקות העתים ליובלהם ובשבועותהם (»Buch von der Einteilung der Zeiten nach ihren Jubiläen und [Jahr-]Wochen«). Auch Paulus hat den Lib Jub vielleicht gekannt: Wie K.-H. OSTMEYER: Satan und Passa in 1. Korinther 5, Zeitschrift für Neues Testament 9 (2002), 38–45 dargelegt hat, ist die Übergabe des Inzestuösen an den Satan »zur Vernichtung« (εἰς ὄλεθρον) in 1. Kor 5,5 im Zusammenhang mit der Passahtypologie in 1. Kor 5,6–8 zu verstehen: Die Gemeinde ist durch Christus, das Passahlamm, geschützt; der Ausschluß eines Gemeindegliedes bedeutet seine Vernichtung, weil draußen der Würgeengel (Ex 12,23: ὀλεθρεύων, vgl. ὄλεθρος in 1. Kor 5,5!) umhergeht, der hier mit dem Satan identifiziert ist. Und diese Eigenheit, die sich vom Bibeltext her nicht ohne weiteres nahelegt, teilt Paulus mit Lib Jub 49,2, wo die Tötung der Erstgeburt den Streitkräften Mastemas obliegt. Eine Spätfolge jüdischer und judenchristlicher Hochschätzung des Lib Jub mag dessen Kanonizität in der äthiopischen Kirche sein, vgl. hierzu A. DILLMANN: Über den Umfang des Bibelcanons der abyssinischen Kirche, Jahrbücher der biblischen Wissenschaft 5 (1852–1853), 144–151. Zur Rezeption des Jubiläenbuchs vgl. auch O.S. WINTERMUTE: Jubilees, in: J.H. CHARLESWORTH (Ed.): The Old Testament Pseudepigrapha 2, New York etc 1985, 35–142, speziell 49–50.

wie in Gen 4,11, das Blut Abels, sondern Kain (Apc Mos 2,2); er muß es aber wieder ausspucken (Apc Mos 2,3). Diese Modifikationen aber sind nicht einfach Erzeugnis einer freien Phantasie, welche »die Geschichte auch einmal anders« erzählen wollte: Zum Teil decken sie einen Informationsbedarf (man möchte gerne wissen, wohin sich Adam und Eva nach dem Ausgang aus dem Paradies begaben und was die Namen Kain und Abel bedeuten), zum Teil erklären sie offene Fragen (wie erfuhren Adam und Eva vom Brudermord?), zum Teil werden auch Probleme behoben (wie kann Abels Blut »nach Rache schreien«, wenn es »bedeckt« ist, d.h. wenn die Erde es aufgetrunken hat?). Es werden also Lücken des Bibeltextes gefüllt und Fragen beantwortet, die sich offenbar bei der Lektüre stellten; daneben werden Anstöße erzählerisch bewältigt oder – wie es scheint – sogar revidiert.

Diese Art des Umgangs mit dem Bibeltext findet sich auch anderswo in der Apc Mos: So wird die irritierende Tatsache, daß die Schlange sprechen konnte (Gen 3,1), damit erklärt, daß aus ihrem Mund der Teufel sprach (Apc Mos 16,5), und der Eid, den die Schlange Eva abnahm (Apc Mos 19,1–3), macht versteh-bar, warum Eva ihren Mann verführte, obwohl sie doch die Folgen ihrer Gebots-übertretung sofort bemerkte; so sieht es jedenfalls der Erzähler (vgl. Apc Mos 20,1) – unter dem Einfluß des Lib Jub, wie noch auszuführen sein wird. Man könnte den genannten Beispielen weitere an die Seite stellen. Insgesamt zeigt sich: Durchgehend wird problemorientiert am biblischen Text gearbeitet, die Probleme werden aber nicht durch Kommentierung gelöst, sondern durch Narration; wir haben es also mit narrativer Exegese zu tun. Was zunächst wie eine freie Amplifikation biblischer Überlieferung aussieht (etwa der Eid Evas), ist in Wirklichkeit Antwort eines aufmerksamen Lesers auf Fragen, die der Bibeltext aufwarf.

Doch wie kam man zu den Antworten? Ein wesentliches Anliegen meines Kommentars besteht darin, nachzuweisen, daß sie in der Regel nicht etwa frei erfunden sind, sondern sich sorgfältiger exegetischer Arbeit verdanken. Es sind also – in den Augen des jeweiligen Erzählers – Antworten, die der biblische Text selber gibt, wenn man ihn genau in den Blick nimmt. Und der biblische Text, der dabei in den Blick genommen wurde, ist auffälligerweise fast durchgängig der hebräische: Daß z.B. Adam und Eva sich nach ihrem Ausgang aus dem Paradies im Osten ansiedelten (Apc Mos 1,2), erfährt man mit Sicherheit nicht aus der Septuaginta, wo Gott Adam »gegenüber« (ἀπέναντι) vom Paradies wohnen läßt (Gen 3,24 𝕲), man kann es aber dem hebräischen Korrelat zu ἀπέναντι (מקדם) entnehmen, da dieses auch »im Osten« bedeuten kann; eine rabbinische Parallele (Ber R 21,9) zeigt, daß diese Auslegung auch anderswo existiert hat. Bei den jüngeren griechischen Übersetzern und in der Septuagintaüberlieferung ist eine entsprechende Textauffassung nicht überliefert. Auch daß Eva der Schlange einen

Eid geschworen hat, wird man der Septuaginta nicht entnehmen können, wohl
aber dem hebräischen Bibeltext, wenn man diesen nur genauer ansieht: In Gen
3,13 𝔐 antwortet die Frau auf die Frage Gottes, warum sie Adam verführt habe,
mit folgenden Worten: הַנָּחָשׁ הִשִּׁיאַנִי (»die Schlange hat mich betrogen«); dem wird
im vormasoretischen Text הִשִּׁיאַנִי הנחש entsprochen haben. Dieses kann man aber
auch anders lesen, nämlich הַנָּחָשׁ הִשִּׁיאַנִי (»die Schlange hat mich schwören lassen«).
Auch hier gibt es keine Überlieferung bei den Revisoren und Konkurrenten der
Septuaginta, die eine solche Idee hätte inspirieren können.

Ein weiteres Beispiel für die exegetische Arbeit an hebräischer Bibeltext-
überlieferung ist die Vorstellung, daß der Teufel durch den Mund der Schlange
sprach (16,5). Möglich ist dies, weil sie »Gefäß« und »Werkzeug« des Teufels
geworden ist; das in Apc Mos 16,5 verwendete Wort σκεῦος bedeutet beides.
Dieses Wort ist aber nicht ohne Grundlage im hebräischen Text: Es findet sein
Korrelat in dem hebräischen Wort עשׂה in Gen 3,1, freilich nur dann, wenn man
den Kontext außer Acht läßt. Wie diese Exegese im einzelnen funktioniert, ist
dem Kommentar zu entnehmen, hier interessiert ein spezielles Moment: Sie ist
nicht möglich ohne den hebräischen Bibeltext, genausowenig aber ohne die
griechische Sprache: Nur wenn man für עשׂה das griechische Korrelat σκευάζειν
wählt, kann man auf die Idee kommen, die Schlange sei σκεῦος des Teufels
gewesen, und nur mit diesem Wort ist der Grundgedanke von Apc Mos 16,5 zu
verwirklichen, daß der Teufel die Schlange einerseits inspiriert (also in ihr ist),
andererseits aber instrumentalisiert (und damit ihres Subjektcharakters beraubt).
Exegese und Theologie setzen hier also aktive Kenntnis sowohl der hebräischen
als auch der griechischen Sprache voraus. Für das Griechische zeigt sich das
daran, daß עשׂה in der Septuaginta nirgends sonst mit σκευάζειν wiedergegeben
wird; der Exeget ist hier also unabhängig vom sprachlichen Milieu des biblischen Griechisch. Zugleich zeigt sich hier deutlich, daß die Apc Mos von Anfang an auf Griechisch konzipiert ist.

Erstaunlicherweise ist jedoch auch der Gebrauch der Septuaginta in der Apc
Mos mehrfach nachzuweisen, beispielsweise in Apc Mos 4,2 oder Apc Mos
41,2. Ein besonderer Fall begegnet in Apc Mos 16, von dem schon im Hinblick
auf die Benutzung hebräischer Bibelüberlieferung die Rede war: In Apc Mos 16
wird Gen 3,1 𝔊 (ὁ δὲ ὄφις ἦν φρονιμώτατος πάντων τῶν θηρίων τῶν ἐπὶ
τῆς γῆς) aufgenommen (vgl. 16,2, wo der Teufel zur Schlange sagt: ἀκούω,
ὅτι φρονιμώτερος εἶ ὑπὲρ πάντα τὰ θηρία), d.h. in unmittelbarer Umgebung
einer auf Exegese am hebräischen Bibeltext beruhenden narrativen Einheit
findet sich eine Wendung aus der Septuaginta. Sie wird allerdings in leicht
revidierter Form zitiert – statt φρονιμάτατος + Gen bietet die Apc Mos φρονιμώτερος ὑπέρ. Parallelen bei den Septuagintarevisoren finden sich nicht; da
der Erzähler jedoch im unmittelbaren Kontext Kenntnis des hebräischen Textes

beweist, legt sich die Vermutung nahe, daß er hier die Septuaginta eigenhändig an diesen angepaßt hat – und in der Tat entspricht die Konstruktion mit Komparativ und ὑπέρ dem hebräischen Korrelat (‏מִן‎- + ‏עָרוּם‎) stärker als die (sprachlich bessere) Konstruktion in der Septuaginta. Der Exeget hat also nicht nur Septuaginta und hebräischen Bibeltext nebeneinander benutzt, sondern diese auch kritisch miteinander verglichen.

In der Apc Mos wird, wie die vorhergehenden Beispiele zeigen, gründlich auf die Bibel Bezug genommen, und zwar sowohl auf die Septuaginta als auch auf den hebräischen Text. Dies wurde bisher nur für Passagen gezeigt, die eng mit dem Bibeltext korrelieren, doch läßt sich nachweisen, daß auch diejenigen Abschnitte, für die dies scheinbar nicht gilt, nicht einfach Erzeugnisse einer frommen Phantasie sind, sondern Ergebnisse exegetischer Arbeit. So beruhen, wie der Kommentar im Einzelnen zeigen wird, die Erzählungen um die Grablegung Adams (Apc Mos 38ff) fast durchgehend auf einer Auslegung von Gen 3,19b, und zwar speziell des hebräischen Schlüsselwortes ‏שׁוּב‎. Diesem wird beispielsweise nicht nur eine Verheißung Gottes entnommen, daß Adam in seine ursprüngliche Herrschaft wiedereingesetzt werde (Apc Mos 39,1b–3), sondern auch eine zweite Verheißung, nämlich die einer Auferstehung (Apc Mos 41). Daß Gott sich zweimal an den bereits verstorbenen Adam wendet, entspricht dabei der Zweigliedrigkeit der Gottesrede in Gen 3,19b (»bis daß du zurückkehrest zur Erde, denn von ihr bist du genommen, / denn du bist Staub und sollst zum Staub zurückkehren«), und daß er Verheißungen gibt, läßt sich aus dem Bedürfnis herleiten, aus dem eigentlich eher verhängnisvollen Bibeltext eine Botschaft abzuleiten, die über das Verhängnis hinausweist. Wieder gehen Irritation bei der Lektüre (diesmal ist es eine emotionale) und detailorientierte exegetische Arbeit Hand in Hand.

In ähnlicher Weise lassen sich auch exegetische Hintergründe für Apc Mos 9–14 und Apc Mos 33,2–37,6 nachweisen, und desgleichen auch für Apc Mos 6,1–6,3a. Der Kommentar wird zeigen, daß an letztgenannter Stelle vor allem eine kritische Revision der Septuaginta anhand des hebräischen Bibeltextes im Hintergrund steht: Der Exeget nahm Anstoß daran, daß sein griechischer Bibeltext ‏עֶצֶב‎ bzw. ‏עִצָּבוֹן‎ in Gen 3,16.17 mit λύπη (»Kummer«) wiedergegeben hat (so 𝔊); »Krankheit« erschien ihm passender. Dementsprechend fragt Seth seinen Vater angesichts seines bedauerlichen Zustands, ob er »Kummer« leide, weil er sich an die Früchte des Paradieses erinnere, und macht ihm das Angebot, eine solche Frucht zu holen, erhält aber von Adam die Auskunft: »Nicht, mein Sohn, ich habe vielmehr Krankheit und Leiden«. Hier wird also Revisionsarbeit in narrativer Form betrieben; Textkritik und Narration gehen ineinander.

Die Apc Mos ist also ein Text, der exegetische Probleme narrativ löst; sie ist somit wie ein Kommentar ein Metatext. Der Bezug zur Vorlage bleibt aber, anders als bei einem Kommentar, implizit. Zum metatextuellen Charakter der

Apc Mos gehört, daß vieles an der Apc Mos ohne die Vorlage unverständlich wäre. Schon am Anfang zeigt sich das, wenn die Erzählung damit einsetzt, daß Adam und Eva das Paradies verlassen. Wer Adam und Eva sind und was sie mit dem Paradies zu tun haben, wird als bekannt vorausgesetzt.

Vor allem aber ist die Apc Mos geprägt durch narrative Inventionen, die auf exegetischer Arbeit basieren. Vergleichbares ist man auch sonst aus frühjüdischer Erzählliteratur zu biblischen Sujets sowie aus der rabbinischen Literatur gewohnt[14]; es würde allerdings den Rahmen dieser Arbeit sprengen, Parallelen zur exegetischen Methodik *in extenso* aufzuarbeiten. Im wesentlichen habe ich mich darauf beschränkt, inhaltlich affine Auslegungen zu Gen 2–3 – auch aus der christlichen und gnostischen Literatur – zum Vergleich heranzuziehen; dabei mögen gelegentlich auch Übereinstimmungen oder Differenzen in der Methodik sichtbar werden.

Die auslegungsgeschichtlichen Parallelen sollen vor allem zeigen, daß der jeweils zugrundeliegende biblische Text auch von anderen antiken Lesern so oder ähnlich wahrgenommen wurde, wie es für die Apc Mos rekonstruiert worden ist. In aller Regel wird dabei die Frage nach überlieferungsgeschichtlichen Zusammenhängen nicht gestellt, da diese den Rahmen der Arbeit sprengen würde, doch vgl. E IV,3 (S. 164–165) zu den Parallelen zwischen Vit Ad 1–21 und Ber R 20,10 sowie Apc Mos 40,3–5 und Ber R 22,9, wo erwogen wird, daß die rabbinische

---

[14] Die an biblischen Sujets orientierten Erzählungen des Judentums weisen eine große Vielfalt an Überlieferungen auf, die das Panorama der von der biblischen Literatur geschaffenen Welt erheblich bereichern. Viele dieser Überlieferungen werden von neuzeitlichen Lesern als »folkloristisch« empfunden, manche auch als »mythisch«, etwa wenn es um apostatische Engel oder den Satan geht. Oft vermutet man hierbei pagane Einflüsse. Auch für die Apc Mos mag sich das anbieten, doch die Ergebnisse dieser Arbeit zeigen, daß der eigentlich »mythogene« Faktor, so »unbiblisch« die betreffenden Traditionen auf den ersten Blick scheinen, der Bibeltext ist. Und selbst wenn die Apc Mos (ursprünglich) paganes Gedankengut aufnimmt, wird man ihren Intentionen wohl eher gerecht, wenn man vorrangig dem biblischen Bezug Aufmerksamkeit widmet. So wird etwa, wenn in Apc Mos 16,5 der Teufel durch den Mund der Schlange spricht, damit gewiß eine zeittypische Vorstellung aufgenommen, die auch pagane Hintergründe haben mag: Der Gedanke der Inspiration durch eine personfremde Geistmacht war damals geläufig (vgl. das Material bei J. TAMBORNINO: De Antiquorum Daemonismo [Religionsgeschichtliche Versuche und Vorarbeiten 7,3], Gießen 1909), und ebenso verbreitet war die damit verbundene Tendenz, Lebenswirklichkeit bzw. die durch Texte abgebildete Lebenswirklichkeit dämonologisch zu deuten (vgl. hierzu K Xa). Von daher war man leicht zu der Annahme geneigt, daß hinter der Schlange eigentlich der Teufel steckte und daß der Teufel das in der Schlange wirksame Subjekt war. Dementsprechend gibt es auch Parallelen zu Apc Mos 16,5, die diese Vorstellung zum Ausdruck bringen – etwa 3. Bar 9,7, wo die Schlange als ἔνδυμα (»Kleid«) des Teufels bezeichnet wird. Doch der Aufweis dieser Parallele wird Apc Mos 16,5 noch nicht wirklich gerecht. Charakteristisch für diesen Text ist nämlich, was ihn von 3. Bar 9,7 unterscheidet: Die Schlange ist hier nicht ἔνδυμα, sondern σκεῦος des Teufels. Gerade daran hängt, wie der Kommentar zeigen wird, nämlich sehr viel, u.a. eine Erklärung für die offenbar als rätselhaft überflüssig empfundene Auskunft in Gen 3,1 𝔐, daß Gott die Schlange – wie die Tiere des Feldes überhaupt – »erschaffen« (עשׂה) habe.

Tradition im Milieu der Adamdiegesen ihren Ausgang genommen haben könnte. Doch es muß anderen überlassen bleiben, die Plausibilität dieser Annahme zu überprüfen.

Speziell bei der rabbinischen Literatur ist nämlich die überlieferungsgeschichtliche Forschung in mehrfacher Hinsicht erschwert. Dies ist zunächst durch die ungeklärten Probleme der Textgeschichte verursacht. Bei Ber R etwa, auf das am allermeisten Bezug genommen wird, weichen die Textzeugen stark voneinander ab. Diese Situation hat hier wie bei anderen rabbinischen Textcorpora zu der Frage geführt, ob überhaupt jemals ein Urtext existiert habe, anhand dessen trennscharf zwischen Textgeschichte und Redaktionsgeschichte unterschieden werden könnte.[15] Doch auch wenn man eine Abkehr vom Urtextparadigma nicht mitvollziehen will, wird die Lage nicht unbedingt übersichtlicher: Es existiert zwar eine kritische Ausgabe aus der ersten Hälfte des 20. Jh. (von THEODOR / ALBECK), doch diese ist revisionsbedürftig, weil sie den ältesten Textzeugen, Codex Vaticanus Ebraeus 60, und neuere Genizafunde nicht berücksichtigt; auch abgesehen davon wäre, das Urtextparadigma vorausgesetzt, der bereits von THEODOR und ALBECK berücksichtigte Codex Vaticanus Eberaeus 30, der gemeinhin als die beste Zeuge gilt, eine bessere Grundlage für die Edition gewesen als der von den Hrsgg. favorisierte Codex Londinensis, British Museum, Add. 27169 (vgl. STEMBERGER, Einleitung 276–278). Aus praktischen Gründen wird in dieser Arbeit freilich weiterhin mit der Edition von THEODOR und ALBECK gearbeitet, die immerhin den größten Teil der Überlieferung aufgearbeitet hat.

Neben die textkritische Problematik gesellt sich die synoptische: Zahlreiche Ber R-Passagen, auch viele der in dieser Arbeit genannten, verfügen über Parallelen in anderen rabbinischen Textcorpora. Diese können bei einer überlieferungskritischen Analyse nicht übergangen werden. Da jedoch auch die Handschriften von Ber R so stark differieren, kann beim synoptischen Vergleich nicht nur ein »Urtext« oder ein repräsentativer Zeuge neben die Parallelüberlieferungen gestellt werden, vgl. als Beispiel die Analyse zu Ber 59,4 und Parallelen bei BECKER, Sammelwerke 134–148; 198–205, die neben jAbZar 3,1, jPea 1,1 und bKet 17a auch drei Ber R-Textzeugen umfaßt.

---

[15] Für eine Abkehr vom Urtext-Paradigma in der rabbinischen Literatur steht v.a. Peter SCHÄFER, vgl. idem: Research into Rabbinic Literature: An Attempt to Define the Status Quaestionis, Journal of Jewish Studies 37 (1986), 139–152, speziell 146–152; idem: Once again the Status Quaestionis of Research in Rabbinic Literature: An Answer to Chaim Milikowsky, Journal of Jewish Studies 40 (1989), 89–94. Zu Ber R ist jetzt H.-J. BECKER: Die großen rabbinischen Sammelwerke Palästinas. Zur literarischen Genese von Talmud Yerushalmi und Midrash Bereshit Rabba (Texte und Studien zum antiken Judentum 70), Tübingen 1999 zu vergleichen. Auch BECKER folgt dem von SCHÄFER gewiesenen Weg, vgl. S. 1–8: »Es ist nicht einfach so, daß »Urtext« und »Endredaktion« der Sammelwerke schwer zu eruieren sind; vielmehr stehen sie wegen der Fluidität der Textüberlieferung bzw. der mangelnden redaktionellen Identität als Konzepte in Frage« (S. 2). Begründet wird die Fluidität mit der »prinzipiellen Unabgeschlossenheit und Offenheit« (S. 6) von Ber R und jerusalemer Talmud: Als Kommentare zur Schrift bzw. Mischna sind sie an einem externen Bezugstext orientiert und grundsätzlich ergänzbar; zugleich kann das in ihnen arrangierte Material auch anders kontextualisiert werden. Damit erklärt sich auch die starke Diffusion von Überlieferung zwischen beiden Corpora. Unter solchen Transmissionsbedingungen unterscheiden sich Schreiber und Redaktoren nur »graduell, nicht prinzipiell« (5). Am Urtextparadigma festhalten will C. MILIKOWSKY: The Status Quaestionis of Research in Rabbinic Literature, Journal of Jewish Studies 39 (1988), 201–211. Auch diese Arbeit hält am Urtextparadigma fest, allerdings in Bezug auf die Apc Mos, die unter anderen Transmissionsbedingungen überliefert wurde (vgl. E II).

Das hiermit entworfene Bild von der Apc Mos als exegetischer Erzählung bedarf freilich noch einer Ergänzung. Es läßt sich nämlich nachweisen, daß in der Apc Mos nicht nur mit dem Bibeltext gearbeitet wurde. Auch Texte, die genauso wie die Apc Mos auf den Bibeltext bezogen sind, haben gelegentlich Anregungen gegeben; der Metatext orientiert sich also an anderen Metatexten. Hier ist an erster Stelle der Lib Jub[16] zu nennen. Wie der Kommentar erweisen wird, hat dieses mehrfach im Hintergrund gestanden, v.a. an der Superscriptio, die sich weitgehend am pseudepigraphischen Rahmen des Lib Jub orientiert, aber auch in Apc Mos 20,4–5, wo das Moment, daß Eva zuerst nackt wurde (und daher ihre Scham bedeckte) und dann Adam verführte, derart selbstverständlich vorausgesetzt wird, daß man es wohl auf Lib Jub 3,21 zurückführen muß. Dieses Moment hat tiefgreifend auf Apc Mos 15–30 eingewirkt; v.a. ist dadurch der Eid Evas in Apc Mos 19,1–3 nötig geworden, aber auch die in 15,2–3 stark hervorgehobene räumliche Trennung von Adam und Eva arbeitet darauf zu. Deutlich wahrnehmbar ist der Einfluß des Lib Jub auch in Apc Mos 24. Auch in der Grablegungserzählung hat der Lib Jub seine Spuren hinterlassen: Die Überlieferung über die Leiche Abels in 40,3–5 ist nicht verständlich ohne die von Lib Jub 4,29 herzuleitende Präsupposition, daß Adam (und damit nicht Abel!) der erste ist, der beerdigt wurde.

Neben Lib Jub tritt aber auch ein anderer Text: Die literarkritische Analyse in E III,5a wird zeigen, daß Apc Mos 15–30 zu einer älteren Schicht gehört und bei der Abfassung von Apc Mos 7–8 und 9–14 eine wesentliche Rolle gespielt hat.

c) Das Selbstzeugnis der Apc Mos

Für die Beschreibung des literarischen Charakters einer Schrift ist von nicht unerheblicher Bedeutung, wie sie sich selbst präsentiert. Speziell bei den sogenannten Apokryphen und Pseudepigraphen ist dies der Fall. Diese weisen

---

[16] Der Lib Jub ist zur Zeit der Auseinandersetzungen zwischen traditionalistischen und hellenistischen Strömungen im 2. Jh. v. Chr. entstanden und ist gegen assimilatorische Bestrebungen im frühen Judentum gerichtet. Sein Ziel besteht darin, die Geltung der Thora als eines universalen Gesetzes auch für die Zeit vor der Sinaioffenbarung nachzuweisen und damit die Thora gegen den Vorwurf zu verteidigen, sie stehe am Anfang eines israelitischen Sonderweges, der das Volk zu seinem Unglück von anderen Völkern isoliere. Zum historischen Ort und zur theologischen Intention des Lib Jub s. J.C. VANDERKAM: The Origins and Purposes of the Book of Jubilees, in: M. ALBANI / J. FREY / A. LANGE (Edd.): Studies in the Book of Jubilees (Texte und Studien zum antiken Judentum 65), Tübingen 1997, 3–24. Edition des äthiopischen Textes sowie der hebräischen, griechischen, syrischen und lateinischen Fragmente: J.C. VANDERKAM: The Book of Jubilees. A Critical Text (Corpus Scriptorum Christianorum Orientalium 510), Louvain 1989.

mehrheitlich einen pseudepigraphen Rahmen auf; nicht der eigentliche Autor steht dann für den dargebotenen Inhalt ein, sondern eine Persönlichkeit der Vergangenheit. Gerade bei Offenbarungsschriften, vor allem wenn sie Weissagungen enthalten (etwa 4. Esra; 2. Bar, Ass Mos), spielt dies eine wichtige Rolle: Wenn eine solche Persönlichkeit Ereignisse prophezeit (und deutet!), die zwischen ihr und der Zeit der Leser stattgefunden haben, dann kommt auch allem, was sie darüber hinaus mitteilt, erhebliche Autorität zu.

Auch die Apc Mos gibt sich ausweislich ihrer Superscriptio, die originär zum Text gehört, als Offenbarungsschrift; der Offenbarer ist Mose. Er tradiert weiter, was ihm Gott durch Vermittlung des Erzengels Michael auf dem Sinai offenbarte. Der Inhalt der Offenbarung ist indes für Offenbarungsschriften nicht eben typisch: Es werden zwar Weissagungen über die Endzeit (Auferstehung: Apc Mos 13,3–5; 28,4; 41; endzeitliche Wiederherstellung der Herrschaft Adams: Apc Mos 39) geboten, doch keine von ihnen wird durch den für apokalyptische Prophezeiungen so typischen »impliziten Weissagungsbeweis« gestützt (gewöhnlich eine Geschichtsprophetie, die bis an die Zeit des Lesers heranreicht und damit die Richtigkeit der Endzeitweissagung bestätigt, deren Erfüllung auch für den Leser noch aussteht). Die Offenbarung der Apc Mos ist vielmehr völlig »unapokalyptisch«: Unter dem Namen des Mose werden hier Erzählungen über das Leben Adams und Evas nach der Vertreibung aus dem Paradies dargeboten, die auf exegetischer Arbeit am biblischen Text beruhen. Geoffenbart werden also exegetische Erzählungen, Exegese wird als Offenbarung präsentiert.

Die Wahl des Tradenten der Offenbarung ist dabei keineswegs zufällig: Mose galt in frühjüdischer und neutestamentlicher Zeit als Verfasser der Thora[17], also auch von Gen 3–5. Offenbart wird hier also eine Auslegung von Teilen der Thora, die auf deren Verfasser selbst zurückgeht – allerdings nicht in der Weise, daß dieser eigens Exegese betrieben hätte, vielmehr ist die Auslegung Mose von Gott mitgeteilt worden. Dem Verfasser der Thora wird also die Auslegung seines eigenen Textes offenbart. Die gleiche Legitimationsstruktur weist schon Lib Jub auf; von ihm ist die Superscriptio der Apc Mos abhängig (vgl. K I,1).

---

[17] Zu Mose als Verfasser der Thora bzw. des Pentateuch vgl. v.a. Jos, Ap I,39, wo explizit von den fünf Büchern Moses die Rede ist, welche die Zeit von der »Menschenentstehung« (ἀνθρωπογονία) bis zum Tod des Mose abdeckten. Weitere Belege sind z.B. Philo, Op Mundi 1–2; Mk 1,44; 7,10; 10,3.4; 12,26; Lk 16,29; 24,27; Röm 10,5.19. Interessant ist Joh 7,22–23: Dort heißt es einerseits, daß Mose die Beschneidung verordnet habe (vgl. Gen 17,10ff; in Lev 12,3 wird sie eher vorausgesetzt), andererseits wird aber korrigierend festgestellt, sie stamme »nicht von Mose, sondern von den Vätern«. Läuft diese Korrektur, deren Kontextbezug unklar ist, auf eine Leugnung der Autorschaft des Mose für bestimmte Passagen der Thora, etwa die präsinaitischen Perikopen, hinaus?

Vielleicht findet diese Struktur auch in der rabbinischen Lehre von der mündlichen und der schriftlichen Thora eine Parallele.[18] In jedem Falle ist letztlich Gott die Quelle der Auslegung, Exegese ist Offenbarung.

Schwer zu klären ist, inwieweit es in der Apc Mos ein Autoritätsgefälle zwischen Auslegung und ausgelegtem Text gibt. Allerdings fällt auf, daß in der Superscriptio Mose die Gesetzestafeln aus der Hand Gottes empfängt, während ihm die Apc Mos durch den Erzengel Michael ausgerichtet wird. Zumindest die Gesetzestafeln sind also stärker gottunmittelbar als die Apc Mos. Ob die Gesetzestafeln aber metonymistisch für die Thora und damit für den Pentateuch stehen, kann hier nicht geklärt werden.

5. Literarkritik und Redaktionsgeschichte

a) Analyse

Die planvolle Komposition und die im gesamten Werk gleichermaßen angewandte narrativ-exegetische Technik schließen nicht aus, daß in der Apc Mos unterschiedliche Schichten und Quellen zu differenzieren sind. Denn Redaktoren müssen weder planlos arbeiten, noch muß das von ihnen zusammengefügte Material in Herkunft und Eigenart völlig unterschiedlich sein. Und in der Tat lassen sich in der Apc Mos einige Diskongruenzen feststellen, die eine literarkritische Analyse nahelegen.

An erster Stelle ist zu beobachten, daß die Erzählung der Eva in Apc Mos 15–30 in mindestens einer Hinsicht mit ihrer näheren Umgebung diskongruiert. So macht Adam in Apc Mos 14,2, das, wie noch zu zeigen sein wird, ein unauslöslicher Teil von Apc Mos 9–14 ist, Eva den Vorwurf, sie habe den Tod über alle Menschen gebracht. Apc Mos 15–30 aber scheint den Tod keineswegs als Folge des Vergehens der Eva aufzufassen. Dies wird vor allem in der Transformation des Fluches über Adam (Gen 3,17–19) in Apc Mos 24 deutlich: Während nämlich der Gottesfluch in Gen 3,17–19 mit einem Hinweis auf den

---

[18] Zur Lehre von der mündlichen Thora vgl. G. STEMBERGER: Der Talmud, München [2]1987, 55ff. (mit Literatur!) und P. SCHÄFER: Text, Auslegung und Kommentar im rabbinischen Judentum, in: J. ASSMANN / B. GLADIGOW (Hrsgg.): Text und Kommentar (Beiträge zur Archäologie der literarischen Kommunikation 4), München 1995, 163–186, speziell 167–169, für den das Konzept der mündlichen Thora darauf hinausläuft, »daß ... die Auslegung der Rabbinen in demselben Sinne Offenbarung ist wie die schriftliche Tora, die Mose am Sinai übergeben wurde« (S. 168). Illustrativ ist die von ihm auf S. 167 zitierte Haggada aus bMenahot 29b: Mose empfängt, in den Himmel entrückt, die Thora und wird dabei auch auf visionärem Wege in den Unterricht des Rabbi Aqiba versetzt. Er versteht nichts, ist aber beruhigt, als R. Aqiba, von Schülern bei einem »Lehrgegenstand« (דבר אחד) nach dem Autoritätsgrund seiner Ausführungen befragt (רבי מנין לך: »Rabbi, woher hast du das?«), die Antwort gibt: »(Dies ist) eine Halakha des Mose vom Sinai« (הלכה למשה מסני).

Tod Adams endet (3,19b: »bis du zurückkehrst zur Erde etc.«), wird dieser in Apc Mos 24 gerade ausgespart. Wahrscheinlich hat der Exeget den in 3,19b erwähnten Tod nicht als zum Inhalt des Fluches dazugehörig empfunden, sondern vielmehr als zeitliche Begrenzung der Fluchfolgen: Adam soll ein mühevolles Leben haben – bis er stirbt. Dazu paßt, daß Gott Adam in Apc Mos 28,3 die Frucht des Lebensbaums nicht etwa verweigert, damit Adam in Zukunft dem Tod unterworfen sei, sondern damit er *nicht unsterblich* sein werde. Adam war also auch vor der Ausweisung aus dem Paradies sterblich; der Tod ist nicht auf das Vergehen Adams und Evas zurückzuführen. Dies sieht Apc Mos 14,2 anders.

Eine Differenz zeigt sich eventuell auch bei den Adressaten. Zwischen Apc Mos 14,3 und 15,1 besteht zwar Übereinstimmung: Adam fordert Eva auf, sich an »alle Kinder und Kindeskinder« (πάντα τὰ τέκνα ἡμῶν καὶ τὰ τέκνα τῶν τέκνων ἡμῶν) zu wenden; dies tut Eva dann auch. Unterschiede gibt es jedoch in Apc Mos 30,1 und 31,1. Eva nennt ihre Adressaten in 30,1 τεκνία, in 31,1 aber heißt es, sie habe »inmitten ihrer Söhne« (ἐν μέσῳ τῶν υἱῶν αὐτῆς) geredet. Ausschließlich an seine Söhne wendet sich auch Adam in Apc Mos 5,2, dementsprechend heißt es in Apc Mos 9,1, er habe zu seinen Söhnen geredet; in Apc Mos 6,2 nennt er seine Zuhörer freilich τεκνία. Man kann diesen Befund dahingehend interpretieren, daß in der Apc Mos υἱός und τέκνον/τεκνίον promiscue in der Bedeutung »Sohn« verwendet werden, denkbar ist aber auch eine andere Lösung: Eva wandte sich mit ihrer Erzählung (Apc Mos 15–30) an »alle Kinder und Kindeskinder«, ohne die Töchter besonders zu erwähnen, aber auch ohne sie auszuschließen; die für den Kontext zuständigen Autoren waren hingegen der Auffassung, Empfänger der testamentarischen Mitteilungen am Sterbebett könnten nur die Söhne sein (so Apc Mos 5,2; 9,1; 31,1). Doch dies nahmen sie genauso selbstverständlich an, wie Eva selbstverständlich die Töchter einbezog, daher rieben sie sich auch nicht an der Anrede »alle Kinder und Kindeskinder« in 15,1, sondern übertrugen sie auch noch auf die (später formulierte) Aufforderung Adams in Apc Mos 14,3. Aus dem gleichen Grund konnte Adam auch seine Söhne in Apc Mos 6,2 (wie Eva die Gesamtheit ihrer Kinder in 30,1) τεκνία nennen.

Apc Mos 15–30 ist mit seiner Auffassung vom Tod im Vergleich zu Apc Mos 14,2 konservativ: Die in Apc Mos 14,2 zum Ausdruck gebrachte Interpretation von Gen 3 als Ätiologie des Todes bricht sich erst im frühen Judentum Bahn, und zwar eher in späteren Texten (vgl. E IV,4 [S. 167–170]). Wenn Apc Mos 15–30 dieser innovativen Lektürestrategie nicht folgt, so legt sich die Annahme nahe, daß sie ein vergleichsweise alter Text ist. Diese Annahme findet ihre Bestätigung darin, daß einige Perikopen der Apc Mos sich besser verstehen lassen, wenn man sie als Auslegung von Teilen der Erzählung der Eva begreift. Dies gilt vor allem für Apc Mos 7–8, das wie Apc Mos 15–30 eine Nacherzählung von Gen 3 darstellt. Im Einzelnen wird diese Abhängigkeit in K VIII (S. 238–240) begründet werden, hier mag ein Beispiel genügen: Daß der »Feind« Eva die Frucht gab, kann man Gen 3,6 nicht entnehmen; man kann aber darauf kommen, wenn man Apc Mos 18,5 und 19,3 liest: In 18,5 verspricht die Schlange Eva, sie werde ihr die Frucht geben (δεῦρο, δώσω σοι), in 19,3 wird diese

Frucht mit dem Relativsatz ὃν ἔδωκέ μοι φαγεῖν qualifiziert (danach muß Eva allerdings – wie im Bibeltext – selber zugreifen).

Ebenso ist auch Apc Mos 9–14 von Apc Mos 15–30, speziell aber von dem zweiten Teil des Fluches über Adam (Apc Mos 24,2b–3) abhängig: Ein schwer erklärbares Merkmal von Apc Mos 9–14 besteht darin, daß hier eine Geschichte von der Wanderung Seths und Evas zum Paradies mit einer zweiten Erzählung kombiniert ist, die von einem Überfall eines Tieres auf Seth berichtet (Apc Mos 10–12). Einsichtig wird diese Junktur von Apc Mos 24,2b–3 her. Dort stehen zwei Motive nebeneinander, die für die beiden Erzählstränge in Apc Mos 9–14 konstitutiv sind: Zum einen die κάματοι (»Mühen/Beschwerden«) Adams (24,2), die in 9–14 den Anlaß für die Paradieswanderung Seths und Evas abgeben (vgl. 9,1), zum anderen der Aufstand der Tiere (24,3: dort allerdings gegen Adam), der in 10–12 eine Parallele hat. Bestätigt wird diese Erklärung dadurch, daß Schlüsselwörter von 24,2b–3 auch in 9–14 an zentraler Stelle begegnen: Adams Zustand wird in 9,1 mit dem Wort κάματοι bezeichnet, dieses findet sich auch in 24,2. Interessanterweise stehen für Adams Notlage im Kontext von 9,1 andere Wörter, nämlich νόσον (5,2.4.5; 6,3; 8,2; 9,3), πόνος/πόνοι (5,5; 6,3; 8,2) und πληγαί (8,2); damit verstärkt sich der Eindruck, daß in 9,1 auf Apc Mos 24,2 Bezug genommen wird. Schließlich schickt Adam Eva und Seth los (9,3), um von seiner Krankheit »genesen« (ἀναπαύειν) zu können – auch ἀναπαύειν findet sich in 24,2. Es bietet sich sogar an, die ganze Geschichte von der gescheiterten Mission Evas und Seths als narrative Umsetzung von κάμη καὶ μὴ ἀναπαύου in Apc Mos 24,2 zu verstehen. Sie schildert dann die Unentrinnbarkeit der in 24,2 angekündigten Beschwerden, indem sie einen Versuch Adams, diese zu beheben, scheitern läßt. In ähnlicher Weise setzt auch die von dieser Geschichte eingerahmte Erzählung vom Überfall des Tieres (Apc Mos 10–12) den in Apc Mos 24,3 vorhergesagten Aufstand der Tiere narrativ um.

Der Verfasser von Apc Mos 9–14 hat damit den mit ἔσῃ δὲ ἐν καμάτοις πολυτρόποις (24,2) eingeleiteten Teil des Gottesfluches in Apc Mos 24 auf das Lebensende Adams bezogen, vielleicht v.a. durch μὴ ἀναπαύῃ in 24,2 angeregt.

Ein weiteres literarkritisch relevantes Phänomen ist die auffällige Tendenz zur Dublettenbildung in der Apc Mos. Eine ist im Grunde schon zur Sprache gekommen: Apc Mos 7–8 und 15–30 decken gleichermaßen Gen 3 ab, tun dies aber unter unterschiedlichen Perspektiven: In Apc Mos 15–30 erzählt Eva, wie die Erzeltern vom »Feind« verführt wurden, in Apc Mos 7–8 erzählt Adam, wie es zu seiner Krankheit kam. Dabei ist 7–8, wie aufgewiesen wurde, deutlich abhängig von 15–30. Es kann also nicht davon die Rede sein, daß hier beziehungslos nebeneinander existierende Überlieferungen zusammengestellt worden wären. Dieser redaktionelle Akt betrifft vielmehr Texte, von denen der eine von Haus aus mit dem anderen zu tun hatte.

Von Dublettenbildung ist auch das Gespräch am Sterbebett Adams in 5,4–6,3 betroffen. Dieses fällt durch eine besonders inkohärente Struktur auf: Zuerst fragt Seth Adam, warum er krank sei (5,4), daraufhin könnte eigentlich die Ätiologie der Krankheit Adams (7–8) einsetzen. Es folgt jedoch etwas anderes: Adam sagt zu seinen Kindern, also nicht nur zu Seth, *daß* er krank sei (5,5a), woraufhin die Kinder fragen, was Krankheit und Leiden sei (5,5b) – sie wissen also nicht zu identifizieren, was Seth fraglos richtig benannt hatte. Seth ist demnach kompetenter als seine Geschwister, doch dann stellt er selber eine Frage, die ähnlich wie die seiner Geschwister den Zustand Adams falsch einschätzt (6,1–3a): Er will von Adam wissen, ob er vielleicht »Kummer« empfinde, weil er die Früchte des Paradieses vermisse, und bietet ihm an, eine Frucht vom Paradies zu bringen. Adam weist das Anerbieten zurück mit der Begründung, er sei krank – damit ist impliziert, daß er nicht »Kummer« leide, also auch keine Frucht aus dem Paradies brauche, die einem solchen Kummer abhelfen könnte. Daraufhin fragt Seth, wie schon einmal zu Beginn, auf welche Weise Adam zu seiner Krankheit gekommen sei (6,3b).

Fraglos ist es vor allem 6,1–3a, das irritiert: Es disharmoniert mit 5,4, insofern Seth dort Adams Befinden auf Anhieb richtig als Krankheit diagnostiziert, hier aber eine Frage stellt, deren Beantwortung durch Adam erkennen läßt, daß Seth Adams Zustand fälschlich als »Kummer« identifiziert hat. Außerdem ist gerade dieser Abschnitt die oben angekündigte Dublette: Sie ist ein Gegenstück zu Apc Mos 9–14. Dort weist Adam Seth (mit Eva) gerade zu dem an, was er Seth hier untersagt: Seth und Eva sollen zum Paradies gehen, um Adam etwas zur Behebung seines Leidens zu bringen, allerdings nicht eine Frucht, sondern Öl. Die Mission schlägt allerdings fehl. Im Effekt stimmen damit beide Erzählungen überein; in beiden Fällen kommt vom Paradies keine Hilfe. Das eine Mal aber scheint Adam dies von vornherein zu wissen, das andere Mal gerade nicht.

Die Diskongruenz, die durch das Nebeneinander beider Erzählungen entsteht, ist in diesem Falle beträchtlich. Es ist daher kaum anzunehmen, daß sie von ein und demselben Autor für die Apc Mos formuliert oder auch nur von einer Redaktion gleichzeitig übernommen worden wären. Eine von beiden muß also später eingefügt worden sein. Da Apc Mos 9–14 keine Probleme im Kontext bereitet, wohl aber 6,1–3a, fällt die Wahl ohne weiteres auf 6,1–3a. Dann aber läßt sich folgendes Szenario rekonstruieren: Als gegeben ist ein Text vorauszusetzen, der Apc Mos 9–14 bereits enthielt. Er hatte auch Apc Mos 5,4, das als Einleitung zu Apc Mos 7–8 fungierte. Ein späterer Bearbeiter hat dann 6,1–3a eingearbeitet. Zu diesem Zwecke hat er die durch 6,1–3a von 7–8 getrennte Frage Seths (5,4) in 6,3b wiederholt (Inclusio) und zusätzlich 5,5 eingefügt, um der unkundigen Frage Seths durch eine ähnlich unkundige Frage aller Söhne vorzuarbeiten, so daß nun Seth, der anderswo in der Apc Mos als Inhaber eines speziellen Wissens fungiert (vgl. Apc Mos 3,2; 36; 38,4; 42,3; 43,1.2), nicht so alleine mit seiner dummen Frage dasteht. Der exegetische Charakter dieses Implements sowie seine motivische Nähe zu Apc Mos 9–14 zeigt freilich, daß es sich nicht um einen der Apc Mos von Haus aus fremden Text handelt.

Von den in E III,4b (S. 119) angesprochenen exegetischen Grundlagen her läßt sich vielleicht auch erklären, warum nochmals auf das Motiv der Paradieswanderung zurückgegriffen wurde: Apc Mos 6,1–3a soll v.a. den aus der Septuaginta stammenden unrichtigen Begriff »Kummer« (λύπη) für den Zustand Adams korrigieren, genau dieser aber wird in Apc Mos 9,1 anstandslos verwendet – dort sagt Adam: Τί ποιήσω, ὅτι ἐν μεγάλῃ λύπῃ εἰμί). Möglicherweise hat gerade diese Stelle den Anstoß gegeben, eine zweite Geschichte von einer Paradieswanderung Seths zu formulieren, die begrifflich korrekter war. Doch warum hat man dann 9,1 nicht geändert? Vielleicht sind 6,1–3a und 9–14 auch unabhängig voneinander entstanden, also im engeren Sinne des Wortes Dubletten.

Ein weiterer Fall von Dublettenbildung betrifft Apc Mos 31–43. Hier fällt auf, daß Adam nacheinander an zwei unterschiedlichen Orten seine letzte Ruhe findet, zuerst im Paradies des dritten Himmels (37,5–6), dann in der Gegend des Paradieses (40,6–7), gemeint ist ausweislich 40,7 nicht das Paradies selbst (die Engel müßten die Grabbeigaben nicht aus dem Paradies holen, wenn schon das Grab dort gelegen wäre), sondern ein Ort in der Nähe des Paradieses, an dem Gott Staub zur Erschaffung Adams genommen hatte (40,6). Auf den ersten Ruheort läuft die in 33,2–37,6 berichtete Begnadigung Adams hinaus, auf den zweiten die mit der Interzession Michaels in 38,1 einsetzende Beerdigung Adams (38,1–42,3), an die sich die Beerdigung Evas (42,3–43,4) anschließt. Die Beerdigung Adams und Evas wird aber auch schon in Apc Mos 31 angekündigt, allerdings nur als ein Moment unter vielen (31,3). Dieser Befund läßt vermuten, daß zwei ursprünglich nicht aufeinander bezogene Erzählungen, nämlich Teile von Apc Mos 31 und Apc Mos 38ff auf der einen Seite und Apc Mos 33,2–37,6 auf der anderen Seite sekundär miteinander verbunden wurden.

Bestätigt wird diese Vermutung durch mehrere Indizien, die zeigen, daß Apc Mos 33,2–37,6 ursprünglich nicht in seinen gegenwärtigen Kontext gehört hat. So wird das in 33,2–37,6 berichtete Geschehen in 32,4 als Aufstieg von Adams πνεῦμα zu seinem Schöpfer angekündigt. In 33,2–37,6 ist jedoch an keiner Stelle vom πνεῦμα die Rede. Dagegen weist vieles darauf hin, daß vielmehr der Leib (σῶμα) Adams betroffen ist: Der Lichtwagen (Gottes Throngefährt) bleibt in der Nähe des Ortes stehen, an dem Adam »lag« (33,3: ἔκειτο); so würde man kaum von Adams Pneuma reden! In Apc Mos 33,5 wird Adam von den Engeln als Gottes Händewerk bezeichnet, auch dies hat eine stark leibliche Konnotation, vgl. Gen 2,7, das den Menschen als leibliches Wesen im Blick hat. Vgl. auch 34,1, wo Eva Seth auffordert, er solle sich »vom Körper« (ἐκ τοῦ σώματος) seines Vaters erheben, ferner 35,2, wo Eva schaut, wie der »Körper« (σῶμα) Adams »auf dem Antlitz« (ἐπὶ πρόσωπον) liegt. Auch die Waschung im Acherusischen See in 37,3 paßt besser auf das σῶμα als das πνεῦμα, ebenso die Aufnahme Adams durch die Hand Gottes (37,4). Man wird daher konstatieren können, daß in Apc Mos 33,2–37,6 ursprünglich Adam in seiner Leiblichkeit gemeint war: Theophanie, Räucheropfer, Engelfürbitte, Begnadigung, Waschung, Aufnahme durch die Hand Gottes und Verbringung ins himmlische Paradies betrafen Adam, wie er als Verstorbener auf der Erde lag, nicht aber sein Pneuma.

Weitere Diskongruenzen zeigen, daß Apc Mos 33,2–37,6 ursprünglich nicht nur vom gegenwärtigen Kontext unabhängig war, sondern auch einem anderen Kontext angehörte. Dies zeigt etwa die Aufforderung Evas an Seth, vom Leichnam seines Vaters fortzugehen (34,1). Daß Seth sich in der Nähe des Verstorbenen aufgehalten habe, kann Apc Mos 31,1–33,1 nicht entnommen werden, es wird also auf Fremdkontext referiert. Das gleiche gilt für den in 33,4 unvermittelt erwähnten Räucheraltar.

Wie der Fremdkontext beschaffen gewesen sein könnte, ist schwer zu bestimmen, einen Anhaltspunkt gibt aber eine weitere Inkonzinnität: In 33,3–34,1 redet Eva unvermittelt in der 1. Sg und spricht ihre Nachkommen an (vgl. 33,3: ὁ πατὴρ ὑμῶν ᾿Αδάμ). Dieses Phänomen wird man ähnlich erklären können wie die Schwankungen der Erzählperspektive in der Interpolation von *II in Apc Mos °29,6k: Dieser Text ist aus Vit Ad 1–10 interpoliert; er ist überwiegend, da er an Apc Mos 15–30 anschließt, in der Perspektive Evas erzählt, aber die neutrale Erzählperspektive der Vit Ad hat sich an einigen Stellen erhalten. Umgekehrt dürfte hier ein ursprünglich in der Eva–Perspektive erzähltes Stück ungenügend an die neutrale Erzählperspektive des Kontextes angepaßt worden sein. Dann aber war Apc Mos 33,2–37,6 ursprünglich genauso eine Erzählung Evas an ihre Nachkommen wie Apc Mos 15–30. Die Vermutung liegt auf der Hand, daß sie mit Apc Mos 15–30 auch literarisch im Zusammenhang gestanden haben könnte. Und in der Tat sprechen dafür einige interessante Übereinstimmungen zwischen beiden Textblöcken, die allerdings nur Apc Mos 33,2–37,6 und 27–29 betreffen. So ist in beiden Erzählungen von einem Räucheropfer die Rede (vgl. Apc Mos 29), und in beiden Texten spielt die Fürbitte der Engel für Adam eine gewichtige Rolle (vgl. 27.29), auch das Gottesappellativ ᾿Ιαήλ (29,4; 33,5 – sonst nirgends belegt) gehört zu den Gemeinsamkeiten, ebenfalls das Wort συγχωρέω (27,3; 33,5; 35,2), das in 33–37 ein Schlüsselwort ist und – abgesehen von 29,4 – in der Apc Mos ansonsten nirgends vorkommt. Es ist also sehr wahrscheinlich, daß Apc Mos 33,2–37,6 und Apc Mos 15–30 einmal zu ein und derselben Quellenschrift gehörten; dabei dürfte es sich – ausweislich der Eva-Perspektive – um ein Testament Evas gehandelt haben.

Dieses Test Eva kann durchaus eine Vorgeschichte gehabt haben. So fällt auf, daß Apc Mos 15–30 nichts von einem himmlischen Paradies weiß – anders als Apc Mos 33,2–37,6, vgl. speziell 37,5. Vielleicht deutet das darauf hin, daß Apc Mos 15–30 und 33,2–37,6 unterschiedlichen Alters sind; am ehesten ist dann Apc Mos 15–30 der ältere Text. Aus diesem Grunde ist in der vorliegenden Arbeit nur ausnahmsweise vom Test Eva, dafür aber sehr viel häufiger von Apc Mos 15–30 und Apc Mos 33,2–37,6 als älteren Quellenstücken die Rede.

Es stellt sich nun allerdings die Frage, wie es zu dem Nebeneinander von Apc Mos 33,2–37,6 und der Grablegungsgeschichte in 31; 38ff kommen konnte. Hier führt ein Moment weiter, das bereits angedeutet wurde: In 32,4 wird Apc Mos 33,2–37,6 als Aufstieg von Adams πνεῦμα zu Gott angekündigt. Dieses Motiv findet in Apc Mos 33,2–37,6 keine Entsprechung, kann aber als Teil einer redaktionellen Strategie verstanden werden, Apc Mos 33,2–37,6 einzubinden: Diese Passage sollte sich auf das πνεῦμα Adams beziehen, die Grablegungsüberlieferung dann auf das σῶμα. Für die Verbindung beider Erzählungen ist also eine Redaktion zuständig, die von einer dichotomistischen Anthropologie geprägt ist. Da die Grablegungsüberlieferung und Apc Mos 33,2–37,6 nicht originär zusammengehören, müßte diese Redaktion nur in Teilen von 31–32; 38–43 aufzufinden sein, am ehesten in der Rahmung von Apc Mos 33,2–37,6. Hier kommt neben Apc Mos 32,4 auch 31,4b in Frage, das ebenfalls dichotomistisch orientiert ist. Dort fordert Adam Eva auf, zu beten, bis er sein Pneuma in die Hände dessen übergebe, der ihm dieses Pneuma seinerseits einmal gegeben habe (»ἕως ἀποδώσω τὸ πνεῦμά μου εἰς τὰς χεῖρας τοῦ δεδωκότος μοι αὐτό). Die zitierte Wendung kann als ein im Sinne der dichotomistischen Redaktion formuliertes Summar von Apc Mos 33,2–37,6 verstanden werden: Auch dort geht es um die Hände Gottes: Gottes Rechte nimmt Adam, das Werk der Hände Gottes, auf (37,4).

Wenn sowohl 31,4b als auch 32,4 dieser Redaktion zuzuordnen sind, liegt es nahe, ihr auch die Stücke dazwischen und gegebenenfalls auch Kontextpassagen zuzuschreiben. Passend dazu läßt sich in der Tat zeigen, daß 31,3b, 31,4–32,4 und 33,1 eine bruchlose Sequenz bilden, die auf einen Erzähler zurückgeführt werden kann: Adam weist Eva an, daß ihn nach seinem Tod niemand *berühren* solle, bis ein *Engel* komme und etwas über ihn sage (31,3b); weiterhin fordert er sie auf, zu *beten*, bis er seinen *Geist* Gott übergebe (31,4). All dieses findet dann in 32 eine Entsprechung: Eva geht hinaus, so daß Adam nach dem Tod nicht von ihr *berührt* wird, und *betet* (32,1–2); daraufhin erscheint ein *Engel*, der über Adam sagt, daß er gestorben sei und daß sein *Geist* sich zu seinem Schöpfer emporhebe. Mit dieser Mitteilung des Engels entfällt auch das Berührungsverbot von 31,3b, denn dieses sollte nur gelten, bis ein Engel etwas über Adam sagen würde. Darum kann Eva ihre Hand auf Adams Gesicht legen (33,1).

Neben den Dichotomismus tritt mit dem Gebet ein starkes Interesse an der Schuld Evas, dies hat die Redaktion mit Apc Mos 9–14 gemeinsam, wo dieses Motiv sowohl am Anfang und am Ende (9,2; 14,2) als auch in der Erzählung vom Überfall des Tieres auf Seth (11,1–3) eine gewichtige Rolle spielt. Apc Mos 9–14 gehört, wie bereits erwiesen wurde, zu den späteren Schichten in der Apc Mos; zumindest ist es von Apc Mos 15–30 genauso abhängig wie die Redaktion in Apc Mos 31,4b–32,4 von Apc Mos 33,2–37,6. Dieser dürfte auch Apc Mos 38,1a zuzuordnen sein (μετὰ δὲ τὴν ἐσομένην χαρὰν τοῦ Ἀδάμ), das auf Apc Mos 33,2–37,6 zurückverweist; charakteristischerweise wird die Begnadigung Adams hier nicht – wie in Apc Mos 37,6 – mit dem Terminus συγχώρησις bezeichnet, sondern mit χαρά.

Sind damit Apc Mos 31,4b–32; 33,2–37,6; 38,1a ausgeschieden, bleibt als Kern die Grablegungserzählung. Schließt man, wie unten darzulegen sein wird, auch Apc Mos 31,1 aus (vgl. S: 83–84), so bleibt ihr Apc Mos 31,2–3a (bis καὶ αὐτὴ τεθήσῃ εἰς τὸν τόπον τὸν ἐμόν) zugehörig; dort wird der Tod und die Beerdigung Adams sowie die Bestattung Evas an der Seite Adams angekündigt (vgl. 42,3ff). Der größere Teil der Grablegungserzählung findet sich freilich in 38,1b – 43, das eine insgesamt stimmige Sequenz bildet: Es wird berichtet, wie Gott sich um Leichenpflege und Bestattung des verstorbenen Adam kümmert; Objekt der Fürsorge ist ausschließlich Adams Leib. Dieser jedoch steht für die Persönlichkeit als ganze. So ist ganz selbstverständlich der tote »Leib« (σῶμα) im Blick, wenn Gott Adam zwei Ansprachen widmet (39,1bff; 41), nicht etwa das Pneuma Adams. In 41,1 wird sogar berichtet, daß der Leib Adams aus der Erde auf den Ruf Gottes antwortet. Die Grablegungserzählung ist also wie Apc Mos 33,2–37,6 im Vergleich zu der dichotomistischen Redaktion anthropologisch konservativ.

Die Grablegungserzählung weist bei alledem jedoch auch Unstimmigkeiten auf, die freilich nicht sehr tief gehen. So wird in 31,2–3a Tod und Beerdigung Adams angekündigt, in 38,1bff ist dann aber nur von der Beerdigung die Rede. Dies kann relativ einfach damit erklärt werden, daß eine der Grablegungserzählung ursprünglich inhärente Sterbeszene durch Apc Mos 33,2–37,6 ersetzt wurde. Eine weitere Spannung betrifft Apc Mos 38,4 (vgl. 42,3b). Dort hatte die Durchquerung des Paradieses durch Gott zur Folge, daß von diesem Wohlgerüche ausströmten, die alle Menschen außer Seth betäubten. Dadurch konnte allein Seth die in Apc Mos 39ff berichteten Ereignisse schauen; nur er wußte also den Ort, an dem Adam begraben war. Hier soll eindeutig Seth hervorgehoben werden, vergleichbare Tendenzen zeigen sich auch in Apc Mos 34–35, desgleichen auch in Apc Mos 3,2–4,2; 6,2; 10ff. Man fragt sich allerdings, warum Seth eigentlich noch hinsichtlich der Bestattung Evas unterwiesen werden sollte, wenn er doch zuvor gesehen hat, wie die Engel bei Adam verfuhren, oder ist bei Eva etwa anders vorzugehen? Doch wahrscheinlich ist das eine Frage, die vom Erzähler allzuviel Präzision erwartet. Genügend Anhaltspunkte für eine Ausscheidung von Apc Mos 38,4; 42,3b gibt es jedenfalls nicht; im Gegenteil: Das Motiv von der exklusiven visionären Teilhabe Seths paßt gut zum Unwissen Evas hinsichtlich ihrer eigenen Zukunft (vgl. 31,2–3a und 42,3ff): Was Eva fehlt, wird Seth im besonderen Maße zuteil.

Somit dürfte an der Grablegungsgeschichte kaum etwas einer späteren Schicht zuzuweisen sein; doch gibt es Ausnahmen, und zwar – für redaktionelle Arbeit durchaus nicht untypisch – gegen Ende. So dürfte der Schlußabschnitt (43,4) zumindest teilweise der dichotomistischen Redaktion zuzuordnen sein, da die Bezeichnung Gottes als Vater an das Gebet der Eva in 32,1–2 gemahnt. Auch das Schlußgebet der Eva in 42,8 (ὦ θεὲ τῶν ἁπάντων, δέξαι τὸ πνεῦμά μου) und die anschließenden Sterbenotiz (καὶ παρέδωκε τὸ πνεῦμα αὐτῆς, vgl. 31,4b), könnte durch diese Redaktion beeinflußt sein, da sich auch hier Anzeichen eines anthropologischen Dualismus finden. Doch spricht auch einiges dafür, daß die Redaktion diese Wendungen in der Grablegungsgeschichte vorfand und sich von ihnen zu einer dichotomistischen Relecture der gesamten ihr vorliegenden Überlieferung vom Tod Adams und Evas anregen ließ (vgl. K XI,15 [S. 559]).

Sekundär wird auch das Gebet Evas in 42,5–7 sein; dies zeigt nicht nur die in der Apc Mos singuläre Bezeichnung von Adams Leib als σκήνωμα (42,6), die ebenfalls dichotomistischen Einschlag aufweist, sondern auch die deutliche Störung, die dieses Gebet im Kontext verursacht: In 42,4a wird berichtet, Eva habe um die Beisetzung an der Seite Adams »gebetet« (προσηύξατο), es folgt die Wendung μετὰ δὲ τὸ τελέσαι αὐτὴν τὴν εὐχὴν λέγει (42,4b), und dann folgt das Gebet in 42,5–7, das genau die Bitte zum Inhalt hat, die in 42,4a referiert wird, nur daß jenes Gebet doch schon beendigt sein sollte! Wie schon an anderen Stellen haben wir es mit Dublettenbildung zu tun. An das eingeschobene Gebet schließt sich eine Phrase an, die deutlich an dessen redaktionelle Einleitung in 42,4b erinnert: Μετὰ δὲ τὸ εὔξασθαι αὐτήν (42,8) – eine typische redaktionelle Inclusio. Damit ist freilich noch nicht gesagt, daß das Gebet in 42,5–7 von der in 31,4b–32,4 wirksamen Redaktion implementiert wurde: Zwar läßt diese gleichermaßen anthropologischen Dualismus wie Interesse am Gebet erkennen, doch pflegt sie nicht derart deutliche Spuren zu hinterlassen. Die hier zu konstatierende redaktionelle Technik (Dublettenbildung, Inclusio, stagnierende Narration) erinnert eher an die Hand, die für die Einfügung von 6,1–3a zuständig ist.

Auf diese Hand dürfte auch Apc Mos 43,3 zurückgehen. Dort erhält Seth eine Anweisung, die Zeit der Trauer auf sechs Tage zu begrenzen. Diese Anweisung ist nicht unpassend; eine Trauerhalacha im Zusammenhang mit dem ersten Tod liegt nahe, vgl. auch den Hinweis auf den νόμος τοῦ πένθους beim Tod Simeons (Test Sim 9,1). Doch die Begründung (Gott und die Engel freuen sich mit der gerechten Seele, die von der Erde scheidet) läßt vermuten, daß hier ein späterer Zusatz vorliegt. Freilich dürfte auch hier die dichotomistische Redaktion ausscheiden, denn immerhin wird Eva hier – wenigstens implizit – als Gerechte bezeichnet, während die dichotomistische Redaktion v.a. an der Schuld Evas interessiert ist (vgl. 32,1–2). Zu der in 42,5–7 wirksamen Redaktion paßt 43,3 hingegen sehr gut, indem hier wie dort die Zeitspanne von 6 Tagen eine wichtige Rolle spielt.

Es spricht einiges dafür, daß die dichotomistische Redaktion, die Apc Mos 33,2–37,6 und 31,2–3a; 38,1bff zu einer Einheit verbunden und die Grablegungserzählung vor allem gegen Ende ein wenig erweitert hat, mit derjenigen Redaktion identisch ist, welche die Apc Mos als Ganzes konzipiert hat. Sie soll hier Endredaktion genannt werden; zu bedenken ist freilich, daß in Apc Mos 5,4–6,3 und Apc Mos 42,4–8; 43,3 eine noch spätere Hand wirksam geworden ist, die den Grundbestand allerdings nicht wesentlich verändert hat. Die Identität der dichotomistischen Redaktion mit der Endredaktion erweist sich v.a. dadurch, daß ein ganz entscheidender Querverweis auf Apc Mos 31ff, nämlich 13,6, ebenfalls von der Terminologie des Leib-Seele-Dualismus geprägt ist. Der Erzengel Michael sagt dort zu Seth, er solle zu seinem Vater zurückkehren, denn dieser habe nur noch drei Tage zu leben; wenn seine »Seele« (ψυχή) aus ihm herausgehe, werde er ihren »schrecklichen Weg nach oben« (τὴν ἄνοδον αὐτῆς φοβεράν) schauen. Das erinnert, was die Anthropologie betrifft, an Apc Mos 31,4b und 32,4, doch mit den drei Tagen ist auch ein Verweis auf Apc Mos 31,1 geschaffen, dem eindeutig die Funktion zukommt, von Apc Mos 15–30 zur Erzählung vom Tod Adams und Evas überzuleiten. Dafür aber konnte nur eine Redaktion sorgen, die mehr im Blick hatte als nur den Tod Adams und Evas, so daß auch Apc Mos 31,1 der Endredaktion zuzuordnen ist.

Apc Mos 31,1 weist jedoch nicht nur auf Apc Mos 13,6 zurück, sondern auch auf die Sterbebettszene, die für Apc Mos 5,1ff konstitutive Bedeutung hat. Dies wiederum erlaubt die Schlußfolgerung, daß es die Endredaktion war, die den Erzählkomplex geformt hat, der mit der Erkrankung Adams einsetzt und in der Ätiologie der Krankheit in Apc Mos 7–8 endet; daß sie dabei mit Apc Mos 7–8 ein bereits vorformuliertes Traditionsstück übernahm, ist nicht auszuschließen, aber weder beweisbar noch notwendig: Zwischen Apc Mos 5,1–8,3 gibt es keine Umstimmigkeiten, sieht man einmal von den sekundären Zusätzen in Apc Mos 5–6 ab (dazu s. S. 127–128). Ähnlich bruchlos gestaltet sich Apc Mos 1–4; auch der Übergang von 1–4 zu 5ff ist unproblematisch. So liegt es nahe, auch in 1–4 die Endredaktion am Werk zu sehen; sie kann auch hier ältere Traditionen übernommen haben, doch Unstimmigkeiten, die das zwingend nahelegen, sind nicht auszumachen. Zu bemerken ist jedoch, daß Apc Mos 2,1–3,1 und Apc Mos 40,3–5 in der exegetischen Arbeit stark aufeinander bezogen sind, die Bedeutung dieser Tatsache wird noch zu erklären sein (vgl. E III,5b [S. 138]).

Es bleibt nur noch die Frage, welche Position Apc Mos 9–14 zukommt. Dieses Stück ist eindeutig spät: Es ist von Apc Mos 15–30 abhängig und weist ideologische Affinitäten zur Endredaktion auf, sowohl was den Dichotomismus als auch das Interesse an der Schuld Evas betrifft (vgl. v.a. Apc Mos 13,6 und 31,4; 32,4 sowie 9,2; 11 und 32,1–2); seine Abhängigkeit von Apc Mos 15–30 teilt es übrigens mit Apc Mos 7–8, das ebenfalls von der Endredaktion formuliert sein kann. Es kommt hinzu, daß Apc Mos 13,6, ein wichtiger redaktioneller Querverweis, im Kontext überhaupt nicht stört. Dies alles sind Momente, die nahelegen, daß Apc Mos 9–14 als Ganzes auf die Endredaktion zurückgeht.

Dagegen könnten Unebenheiten in Apc Mos 14 sprechen: Hier fällt auf, daß 14,2 und 14,3 recht hölzern mit fast derselben Wendung eingeleitet werden (14,2: λέγει δὲ Ἀδὰμ τῇ Εὔα; 14,3: λέγει Ἀδὰμ τῇ Εὔα), und dies, obwohl Adams Rede gar nicht durch eine Entgegnung Evas unterbrochen wurde. Wenn hier nicht Textausfall zu supponieren ist (etwa ein nochmaliges Schuldbekenntnis Evas, vgl. 9,2), dann könnte hier ein Anzeichen redaktioneller Arbeit vorliegen: Apc Mos 14,2 schlösse dann die vorredaktionelle Erzählung von der Paradieswanderung ab, indem es mit deren Mißerfolg die Unausweichlichkeit des Todes konstatiert und damit unstreitig einen Höhepunkt erreicht; in Apc Mos 14,3 setzte dann der Redaktor ein, der Apc Mos 15–30 mit dem Vorhergehenden verbinden wollte. Dann aber müßte 9,1–14,2 ein etwas älteres Quellenstück sein.

Doch dieser Lösung widerrät, daß Apc Mos 14,2 als unauslöslicher Teil der Paradieswanderungsgeschichte nicht nur eine Funktion in Bezug auf Apc Mos 9–14 hat, sondern auch in Bezug auf die vorhergehenden Kapitel und die Apc Mos als Ganzes: Es weist auf Apc Mos 5,2 zurück, wo schon einmal vom Tod Adams die Rede war (typische Inclusio) und führt nicht nur 9–14, sondern Apc Mos 1–14 auf einen Höhepunkt zu: Der Tod Adams steht nun außer Zweifel, jetzt muß nur noch erklärt werden, warum das so ist (15–30) und wie er vonstatten ging (31–43).

Aus diesem Grunde legt es sich nahe, daß Apc Mos 9–14 vom Endredaktor formuliert wurde. So erklärt es sich auch, daß in Apc Mos 9 die Überleitung von Apc Mos 7–8 zur Erzählung von der Paradieswanderung bruchlos geschieht. Die Unebenheit zwischen 14,2 und 14,3 steht dem nicht ernsthaft entgegen: Der Redaktor stand vor der Aufgabe, einen Übergang von seiner eigenen Erzählung zu einem umfangreichen Stück fremden Gutes zu gestalten – das muß ihm nicht notwendigerweise leichter gefallen sein als wenn er zwei von einem anderen Autor formulierte Überlieferungseinheiten übernommen hätte! Dabei ging er dann folgendermaßen vor: Er wiederholte in 14,3 die Einleitungsformel der abschließenden Worte Adams in 14,2 und nahm zusätzlich Material aus 15,1 auf, das unmittelbar anschließt. Er gestaltete den Übergang also mit Fugenmaterial aus den beiden Erzählkomplexen, die er verbinden wollte.

An die literarkritisch zu erschließende Textentstehung schließt sich die textkritisch rekonstruierbare Textüberlieferung an. Eine Zwischenposition nehmen indes Interpolationen ein, die der Archetyp sicher bezeugt, die aber als sekundäre, postredaktionelle Zusätze auszuscheiden sind. Zu diesen sind nicht zu rechnen die redaktionell eingefügten Partien in Apc Mos 6,1–3a; 42,5–7 und 43,3, denn hier ist deutlich redaktionelle Arbeit zu erkennen; Interpolationen sind nicht mit derartigen Umgestaltungen verbunden. Zu nennen sind hier lediglich die Zusätze in Apc Mos 7,1 (vgl. °7,1k.o) und Apc Mos 17,1b–2a. Erstere gehen auf eine Marginalglosse zurück, die ideologisch der Endredaktion nahesteht (vgl. Apc Mos 14,2); sie wird also demselben Milieu entstammen, ähnlich wie etwas später *Ia und Vit Ad, vgl. E II,7. Anders verhält es sich mit der letztgenannten Interpolation: Diese hat bereits bei der Abfassung von Apc Mos 7,2 vorgelegen, muß also hinzugefügt worden sein, als Apc Mos 15–30 noch nicht in die Apc Mos eingearbeitet war. Hier befinden wir uns erst recht an der Schnittstelle von Textkritik und Literarkritik.

b) Synthese

Im Einzelnen ist der redaktionsgeschichtliche Prozeß folgendermaßen zu rekonstruieren: Als älteste Überlieferungsschicht kann ein Testament Evas (Test Eva) identifiziert werden, das Apc Mos 15–30 und 33,2–37,6, aber – ausweislich einiger Blindmotive in 33,2–37,6 – auch andere (verlorengegangene) Texte umfaßt haben muß. Warum man sich entschlossen hat, Test Eva zu beseitigen und Teile davon zu verwerten, ist schwer zu ermitteln. Zu beobachten ist auf jeden Fall, daß sowohl 15–30 als auch 33,2–37,6 in einigen Fragen konservativere Standpunkte vertreten als die Endredaktion, etwa in der Anthropologie (kein Leib-Seele Dualismus), aber auch in der Sicht des Todes (der Tod ist nicht Folge der Sünde Adams und Evas).[19] Abweichende Positionen gab es vielleicht auch in der Wertung von Evas Schuld; gerade die Endredaktion hebt diese stark hervor, doch auch Apc Mos 21 geht nicht unbedingt schonend mit Eva um, so daß diesem Moment nicht allzuviel Bedeutung beigemessen werden sollte. Grundsätzlich sollte bedacht werden, daß diese Differenzen eine Verwertung von Apc Mos 15–30 und 33,2–37,6 nicht ausgeschlossen haben; sie dürften der Endredaktion also höchstwahrscheinlich entgangen sein. Damit aber wird es

---

[19] Der Tod ist eindeutig nicht Folge der Sünde Adams und Evas in Apc Mos 15–30, vgl. E III,5a (S. 124–125). In 33,2–37,6 ist zwar von einer συγχώρησις (Begnadigung) die Rede, die der Aufnahme Adams durch die Hand Gottes vorausgeht, doch diese hebt weder den Tod auf, noch wird ein Vergehen, das sie nötig gemacht hat, explizit genannt oder gar als Ursache des Todes ausgemacht.

unwahrscheinlich, daß ein theologischer Dissens die Ursache für eine Verwerfung des Test Eva gewesen ist.

Über den tatsächliche Grund für die Verwerfung des Test Eva läßt sich eine plausible, nicht aber zwingend beweisbare Überlegung anstellen: Es fällt auf, daß Apc Mos 33,2–37,6 zwar Mitteilungen über den Tod Adams macht, nicht aber über den der Eva (kein Wunder, wenn aus der Eva-Perspektive berichtet wird!). Möglicherweise hatte Test Eva noch keine exegetisch tiefer begründete Überlieferung zum Tod der Protagonistin; darin hätte es eine Parallele in den Test XII, die sich nur am Rande mit den Umständen des Todes der jeweils am Sterbebett redenden Patriarchen befassen. Irgendwann aber bemerkte man, daß der Bibeltext in Gen 3,16.19 mit dem gemeinsamen Stichwort שׁוּב bzw. תְּשׁוּבָה durchaus ein Signal bot, das für diese Frage von Bedeutung war: Eva sollte mit dem Tod zu ihrem Manne zurückkehren, wie dieser zum Ort seiner Erschaffung zurückkehren sollte (vgl. K XI,1 [S. 447–448]). Mit dieser Beobachtung waren aber nicht nur neue Erkenntnisse zum Tod Evas, sondern auch eine neue Sicht von Adams Tod verbunden: Der Ort seiner Erschaffung kann unmöglich das Paradies im dritten Himmel sein! So formulierte man also – im übrigen unter Rückgriff sowohl auf den Lib Jub als auch auf Apc Mos 15–30 (vgl. etwa Apc Mos 40,3–5 // Lib Jub 4,25; Apc Mos 39,1 // 21,2; 23,3) – die Grablegungserzählung, die dieser neuen Entdeckung narrativ entsprach. Eine Zeit lang mag diese neben dem Test Eva überliefert worden sein, denn auf die Endredaktion kann sie nicht zurückgeführt werden, da sie genausowenig wie Apc Mos 33,2–37,6 dichotomistische Tendenzen aufweist. Im übrigen stand sie Apc Mos 33,2–37,6 insofern nahe, als hier wie dort der Rekapitulationsgedanke eine tragende Rolle spielte (vgl. K XI,4 [S. 494]).

Mag das soeben vorgestellte Szenario nicht nachweisbar sein, so wird doch mit einiger Sicherheit festgestellt werden können, daß die Grablegungserzählung älter ist als die Endredaktion und zudem mit der vom Test Eva gebotenen Version von Adams Tod konkurrierte. Entscheidend aber ist, daß sie auch mit dem Test Eva als Ganzem konkurrierte: Da sie das Schicksal Evas stark berücksichtigte (Evas postmortales Ergehen bildet den Rahmen der Erzählung), dürfte sie von Anfang an in neutraler Perspektive erzählt worden sein. Damit aber war sie in das Test Eva nicht integrierbar. Zugleich aber wollte man offenkundig auf größere Teile dieser Schrift nicht verzichten, auf 15–30 wohl deshalb nicht, weil man es viel zu interessant fand (immerhin greift ja neben Apc Mos 7–8 und 9–14 auch die Grablegungserzählung auf diese Perikope zurück!), und 33,2–37,6 sah man, wie 38,1 zeigt, wahrscheinlich als eine Erzählung an, die eine künftige χαρά Adams wirksam begründete; der Grablegungsgeschichte fehlte ein derart eindrucksvoller Akt der Begnadigung.

Aus den genannten Gründen entschloß man sich zu einer tiefgreifenden Reorganisation und zugleich einer Erweiterung des bereits vorhandenen Überlieferungsmaterials: Indem man auf Konzepte einer dualistischen Anthropologie zurückgriff, wurde eine Nebeneinanderstellung von Apc Mos 33,2–37,6 und der Grablegungserzählung möglich. Da letztere in neutraler Perspektive erzählt war, ergab sich die Notwendigkeit, auch alles andere in dieser Perspektive zu gestalten. So verzichtete man auf die Eva-Pseudepigraphie und schrieb das neue Werk Mose zu. Da mit diesem Namen aber auch ein starker exegetischer Anspruch verknüpft war (vgl. E III,4c), legte es sich nahe, die Gesamtkonzeption der Apc Mos noch etwas stärker am Aufriß der biblischen Erzählung zu orientieren, ähnlich wie dies beim Lib Jub gegeben war, von dem die Superscriptio abhängig ist. Aus diesem Grunde hat die Endredaktion dem Gesamtwerk die Kapitel 1–14 vorangestellt.

Bei dieser Entscheidung dürfte aber auch ein anderes Moment eine Rolle gespielt haben, das zugleich erklärt, warum nicht auch das in Gen 2 berichtete (Erschaffung Adams etc.) einbezogen wurde, und darüber hinaus für die Geschichte der Adamdiegesen von entscheidender Bedeutung ist: Wie oben festgestellt wurde, sind sowohl Apc Mos 7–8 als auch Apc Mos 9–14 von der Endredaktion verfaßt worden – beide unter Zuhilfenahme von Apc Mos 15–30. Für Apc Mos 9–14 wurde bereits konstatiert, daß diese Perikope – sowohl was den Überfall des Tiers als auch was die Unabwendbarkeit von Adams Krankheit betrifft – im wesentlichen eine (an Apc Mos 24 anknüpfende) narrative Umsetzung des Fluches über Adam ist, d. h. daß sie an den Folgen des Fluches interessiert ist. Ein ähnliches Interesse kann aber auch im Zusammenhang mit Apc Mos 7–8 festgestellt werden: Dieser Text ist eine Ätiologie der soeben aktuell gewordenen Krankheit Adams und knüpft damit ebenfalls an den Fluch über Adam an. Auch hier geht es also um die Korrelation zwischen erzählter Gegenwart und dem Gottesfluch in der Vergangenheit. Übrigens fällt auf, daß in beiden Fällen auf die Fluchfolgen mit einer gewissen Hilflosigkeit reagiert wird: Angesichts der Krankheit Adams fragt Seth nach deren Grund (5,4); offenbar handelt es sich nicht gerade um ein vertrautes Phänomen. Angesichts des Überfalls des Tiers reagiert Eva konsterniert; auch dies scheint keineswegs erwartet gewesen zu sein, obgleich man es dem Fluch Gottes hätte entnehmen können (vgl. Apc Mos 24,3).[20] Diese narrative Tendenz setzt sich in den Adamviten fort, dazu s. E III,5d. Hier mag erst einmal die Feststellung genügen, daß die Endredaktion ein offenkundiges Interesse daran hatte, welche Folgen die Strafurteile Gottes im Leben der Erzeltern konkret zeitigten. Der Bericht in Apc Mos 15–30

---

[20] ANDERSON hat dieses Moment mit dem Begriff »strategy of discovery« bezeichnet (vgl. idem, Penitence Narrative 22.25).

genügte nicht mehr, es mußte demonstriert werden, wie das nachparadiesische Leben der Erzeltern angesichts einer derartigen Vergangenheit geartet war, und so formulierte man Apc Mos 1–14.

Bei der Abfassung von Apc Mos 1–14 durch die Endredaktion wird freilich auch die Tatsache eine Rolle gespielt haben, daß man noch Material hatte, das unterzubringen war. Dies gilt v.a. für Apc Mos 2,1–3,1. Die Erzählung vom Brudermord stellt, wie der Kommentar erweisen wird, eine Fortsetzung der in Apc Mos 40,3–5, also im Rahmen der Grablegungserzählung geleisteten exegetischen Arbeit dar. Wer für diese verantwortlich ist, wird schwer zu klären sein; die Endredaktion ist nicht auszuschließen. Auf jeden Fall zeigt sich hier, daß nicht nur Apc Mos 15–30 neue narrative Inventionen anregte, sondern auch die Grablegungserzählung. Freilich ist diese hier weniger Vorlage als vielmehr Anstoß für erzählerische Gestaltung gewesen.

An die Endredaktion schloß sich eine weitere Redaktion an, die Apc Mos 6,1–3a; 42,5–7 und 43,3 eingefügt hat (vgl. S. 127–128; 132–133). Sie stand der Apc Mos, speziell der Endredaktion, ideologisch nahe. Der so entstandene Text wurde interpoliert (°7,1k.o.), allerdings fehlerhaft. Auch diese Interpolation weist inhaltlich eine Affinität zur Endredaktion der Apc Mos auf (vgl. S. 135). In derart erweiterter Form wurde dieser Text zum Ausgangspunkt der gesamten handschriftlichen Überlieferung. Doch mit dem Archetyp ist der Prozeß der Überarbeitung der Apc Mos durch der Endredaktion nahestehende Rezipienten noch nicht zu Ende gelangt; wie in E II,7 gezeigt wurde, stehen *Ia und Vit Ad (gr) der Apc Mos ebenfalls gedanklich nahe. Es war in E II,7 von einem Milieu die Rede gewesen, das die Apc Mos, *Ia und die Vit Ad nacheinander hervorgebracht hat. In den folgenden Kapiteln (E III,5b.c) wird es darum gehen, diese Feststellung in redaktionsgeschichtlicher Perspektive zu vertiefen. Zunächst soll es dabei um die Apc Mos selbst gehen, sodann soll ein Ausblick auf *Ia und v.a. die Adamviten gegeben werden.

c) Die Apc Mos als Produkt eines Milieus

Charakteristisch für die Quellen und Schichten in der Apc Mos ist die offenkundige Affinität zwischen den verarbeiteten Texten sowie den Quellen und den Redaktionen: In allen begegnen die zuvor geschilderte exegetische Methodik, in den meisten läßt sich Einfluß des Lib Jub feststellen, so für die Endredaktion in der Superscriptio, für das Test Eva in Apc Mos 20,4–5 und für die Grablegungserzählung in Apc Mos 40,3–5. Daneben gibt es Motivparallelen. Beispielsweise haben Apc Mos 33,2–37,6 und die Grablegungserzählung das Rekapitulationsmotiv gemeinsam, und die für die Implementation von Apc Mos 6,1–3a, 42,5–7 und 43,3 verantwortliche Redaktion hat wie die Endredaktion ein Interesse an dem Motiv der Paradieswanderung sowie an Gebeten der Eva und dichotomistischer Anthropologie. Besondere Beachtung verdient, daß die Affinität auch zwischen den Redaktionen und den redigierten Texten besteht. Dies gilt nicht nur für die Endredaktion sondern auch für die nachfolgende Redaktion, welche die Apc Mos um 6,1–3a, 42,5–7 und 43,3 erweitert hat, außerdem auch für die Interpolation in °7,1k.o, die mit der Schuldzuweisung an Eva ganz auf der Linie der Endredaktion liegt, von der auch der von dem Interpolator erweiterte Text stammt..

Literatursoziologisch ist dieser Befund nicht ohne Bedeutung. Offenbar ist der Kontakt zwischen überlieferten Texten und Redaktionen bei der Apc Mos nicht derart beschaffen, daß ein späterer Redaktor einen ihm geistig fremden Text adaptiert hat, vielmehr scheinen Texte wie Redaktionen demselben Milieu anzugehören. Prägend für dieses Milieu ist eine spezielle Art des Umgangs mit dem biblischen Text und ein besonderes Interesse für die biblische Adamüberlieferung. Es wird sich am ehesten um einen Kreis von exegetisch geschulten Theologen handeln, dem hier mit einem gewissen Vorbehalt die Bezeichnung »Schule« zugelegt werden soll. Der Vorbehalt bezieht sich darauf, daß wohl kaum zu ermitteln sein wird, wie diese »Schule« institutionell beschaffen war, ob sie etwa Anschluß an andere Institutionen hatte, in denen religiöse Überlieferungen gepflegt wurden. Hier könnte eine Erforschung der Institutionengeschichte derjenigen religiösen Richtung weiterhelfen, welcher die Apc Mos nach meiner Überzeugung zuzuordnen ist (s. E I; IV), also des frühen Judentums.

d) Apc Mos, *Ia und Vit Ad (gr) als Produkte desselben Milieus*

Der Milieuzusammenhang, der Quellen und Redaktionen der Apc Mos umfaßt, schließt auch *Ia und Vit Ad (gr) mit ein. Daß sie alle drei Produkte eines kontinuierlichen Traditionsprozesses sind, wurde bereits im Rahmen der Textkritik erwiesen (vgl. E II,7): Ihnen allen eignet ein Interesse an der postparadiesischen Ernährung des Menschen und – damit zusammenhängend – an einer Rangdifferenz zwischen Mensch und Tier. Dabei ist zu konstatieren, daß diese beiden Themenkomplexe von der Apc Mos über *Ia bis zu Vit Ad (gr) fortschreitend ausgebaut wurden: Was in der Apc Mos *in nuce* vorhanden ist, erscheint in Vit Ad (gr) voll entfaltet; neben die Rangdifferenz zwischen Tieren und Menschen ist dabei – in der Teufelsfallsgeschichte – die zwischen Engeln und Menschen getreten.

Im Folgenden soll es darum gehen, weitere Momente beizubringen, die zeigen, daß Apc Mos, *Ia und Vit Ad (gr) demselben Milieu angehören. Für *Ia ist nur hinzuzufügen, daß dieser Subarchetyp seine ideologische Nähe zur Apc Mos mit einem anderen Interpolator gemein hat, nämlich dem, der in °7,1k.o wirksam geworden ist. Für Vit Ad kann weit mehr namhaft gemacht werden.

Es läßt sich nämlich nachweisen, daß das Sondergut von Vit Ad weitestgehend auf denselben Basisstrukturen beruht wie die Überlieferungen der Apc Mos, und zwar in vierfacher Hinsicht. So gründet es wie jene auf narrativexegetischer Auslegung des hebräischen Bibeltextes und führt zumindest an einer Stelle eine exegetische Idee weiter, die schon in der Apc Mos narrativ produktiv geworden war. Zudem nimmt es wie die Endredaktion der Apc Mos mehrfach Bezug auf Apc Mos 15–30, verarbeitet also neben dem Bibeltext auch narrative Auslegungen desselben; in diesen Zusammenhang gehört auch, daß es wie alle Schichten der Apc Mos auch auf das Jubiläenbuch zurückgreift. Speziell mit der Endredaktion verbindet das Sondergut auch ein spezielles Interesse, die Folgen des Gottesfluches als Ereignisse im Leben Adams und Evas darzustellen, auf welche diese mit Unkenntnis reagieren.

Dies ist im Folgenden zunächst am erzählerischen Rahmen von Vit Ad 1–21 zu demonstrieren, also an der Erzählung von der Buße und Nahrungssuche Adams und Evas. Glücklicherweise kann gerade hier auf Vorarbeiten zurückgegriffen werden: So hat schon ANDERSON nachgewiesen, daß diese Erzählung auf einer Exegese von Gen 3,18b–19a 𝔐 beruhe[21], dort heißt es: ‏ואכלת את־עשׂב השׂדה‎ 19 ‏בזעת‎ ‏אפיך תאכל לחם‎ (»Und du sollst das Gras des Feldes essen; 19 im Schweiß deines Angesichts sollst du Brot essen«). Diese Stelle hat den frühjüdischen Auslegern Verständnisschwierigkeiten bereitet, weil nicht klar schien, was Adam denn nun essen sollte: Gras des Feldes oder Brot? Aus diesem Grunde kam man auf die Idee, daß Gott Adam zuerst Gras, dann aber Brot zugewiesen habe; die Begründung fand man in ‏בזעת אפיך‎ (»im Schweiße deines Angesichtes«), das man auch mit »aufgrund der Aufregung in deinem Gesicht« übersetzen kann.[22] So kam man auf die Idee, daß Gott Adam zuerst verdammt habe, Gras zu essen; darauf habe dieser Anzeichen der Erregung im Gesicht gezeigt, so daß Gott ihm schließlich das Brot als Nahrung zugewiesen habe. Diese exegetische Narration findet sich in Ber R 20,10 (daneben in bPes 118a sowie im Fragmententargum und in Targ Ps Jon zu Gen 3,18) – und in Vit Ad 1–21. Dort allerdings ist sie aus der Sphäre des (zukunftsbezogenen) Fluches in die Gegenwart des Lebens

---

[21] G.A. ANDERSON: The Penitence Narrative in the Life of Adam and Eve, Hebrew Union College Annual 63 (1992), 1–38, speziell 5–20, vgl. auch J. DOCHHORN: Warum gab es kein Getreide im Paradies? Eine jüdische Ätiologie des Ackerbaus in Ev Phil 15, Zeitschrift für die neutestamentliche Wissenschaft 89 (1998), 125–133, speziell 128–131 und idem: Adam als Bauer oder: die Ätiologie des Ackerbaus in Vita Adae 1–21 und die Redaktionsgeschichte der Adamviten, in: G.A. ANDERSON et al. (Edd.): Literature on Adam and Eve. Collected Essays, Leiden etc. 2000, 315–346, speziell 339–346.

[22] Nach G.H. DALMAN: Aramäisch-neuhebräisches Handwörterbuch zu Targum, Talmud und Midrasch, Göttingen 1938 (Nachdruck: Hildesheim 1987), 127b bedeutet ‏זיעה‎ II »Aufregung«.

von Adam und Eva transponiert: Sie finden Gras als Nahrung vor und beginnen, um eine angemessene Nahrung zu erhalten, eine Buße, die hier für die Erregung des Angesichts steht (vgl. die in Vit Ad [arm.georg] 8,3–9,1 erwähnten Trauerriten). Im Verlauf dieser Buße, die Eva nicht erfolgreich zu Ende führt, wird Adam im Jordan vom Erzengel Michael mit Saatgut versorgt und in den Grundfertigkeiten des Ackerbaus unterwiesen (Vit Ad [arm.georg] 20; Vit Ad [lat^{p/mc}] 22); damit erreicht die Buße also ihr Ziel.

Schon hier zeigt sich, daß die Erzählung von der Nahrungssuche und der Buße Adams und Evas in Vit Ad 1–21 auf der gleichen exegetisch-narrativen Methode beruht wie die meisten Erzählungen der Apc Mos. Wie diese ist sie anhand des hebräischen Bibeltextes entwickelt worden. Doch daneben läßt sich erweisen, daß hier eine exegetische Idee weiterentwickelt wurde, die bereits in der Apc Mos aktiv war: Bisher wurde nicht erörtert, daß sowohl in Ber R 20,10 (samt Parallelen) als auch in Vit Ad 1–21 die Unangemessenheit des Grases als Subsistenzbasis auch begründet wird: Gras sei das Futter der Tiere, dem Menschen gebühre eine andere Nahrung (vgl. Vit Ad 4) – hier kommt das Thema der Rangdifferenz zwischen Mensch und Tier ins Spiel, das schon oftmals angesprochen wurde. Auf diese Begründung konnte man, wie ich anderenorts nachgewiesen habe[23], allerdings nur kommen, weil man über das Stichwort השדה in Gen 3.18b חI eine Verbindung zu Gen 3,1 חI herstellen konnte, wo die Wendung חית השדה (»Getier des Feldes«) begegnet: Dort ist also das Feld mit den Tieren assoziiert, hier mit dem Gras; das sah man als guten Grund, hier das Gras mit den Tieren zu verbinden. Auf einer Junktur von Gen 3,18b und Gen 3,1 aber beruht nun auch die Apc Mos 16 zugrundeliegende Idee, daß die Schlange sich vor der Verführung Adams außerhalb des Paradieses aufgehalten habe, freilich hat man hier die Brücke von Gen 3,1 zu 3,18b geschlagen und nicht umgekehrt wie in Vit Ad 1–21: Die Schlange lebte der in Apc Mos 16 wirksamen exegetischen Idee zufolge außerhalb des Paradieses, weil sie ein Tier des Feldes war, denn das Feld war ausweislich Gen 3,18b der Ort, von dessen Gras sich Adam nach seiner Vertreibung aus dem Paradies zu ernähren hatte – also befindet sich das Feld außerhalb des Paradieses und die Schlange ebenso. Damit ist Vit Ad 1–21, was die exegetischen Voraussetzungen betrifft, gewissermaßen das Komplement zu Apc Mos 16; dies ist umso erstaunlicher, als Apc Mos 16 der ältesten Schicht der Adamdiegesen angehört, während Vit Ad 1–21 den Schlußpunkt des Traditionsprozesses markiert, der Apc Mos, *Ia und Vit Ad hervorbrachte.

Doch Apc Mos 15–30 und der Rahmen von Vit Ad 1–21 teilen nicht nur eine wichtige exegetische Idee; die Beziehungen zwischen beiden Texten sind darüber hinaus wohl auch durchaus literarischer Art. So ist es gewiß kein Zufall,

---

[23] Vgl. DOCHHORN: Bauer, 342–343.

daß Adam in Vit Ad 44 (29),6 anders als in Apc Mos 29,6 kein Saatgut aus dem Paradies mit auf die Erde nimmt (vgl. °29,6c) – die Adamviten haben für dessen Bereitstellung ja die Erzählung von der Nahrungssuche und Buße Adams und Evas. Wenigstens hier wird deren Verfasser Apc Mos 15–30 in den Blick genommen haben. Angesichts dessen werden auch die inhaltlichen Übereinstimmungen zwischen Apc Mos 16 und der Nahrungssucheerzählung in Vit Ad 1–21 nicht allein auf der gemeinsamen exegetischen Grundlage beruhen. Wenn das Paradies in beiden Texten nicht nur der ursprüngliche Aufenthaltsort des Menschen ist, sondern auch die Stätte einer dem Menschen angemessenen Ernährung, durch sich die Adam von den Tieren unterschied, dann muß der Verfasser von Vit Ad 1–21 auf diese Idee nicht allein aufgrund der beiden Texten gemeinsamen Junktur von Gen 3,1 und Gen 3,18b gekommen sein.

Neben Apc Mos 15–30 dürfte in Vit Ad 1–21 an einer Stelle auch der Lib Jub als Hintergrundtext eine Rolle gespielt haben: Adam bekommt während seiner Buße im Jordan vom Erzengel Michael nicht nur Saatgut, sondern wird auch in den Grundfertigkeiten des Ackerbaus unterwiesen (Vit Ad [arm.georg] 20,1; Vit Ad [lat^{p/me}] 22,2). Das ist weit mehr, als man Gen 3,18b–19a entnehmen kann, mag die Exegese noch so erfinderisch sein. Aber man konnte darauf von Lib Jub 3,15.35 her kommen: Aus diesen Stellen geht hervor, daß Adam von den Engeln den Ackerbau lernte – allerdings im Paradies.

Schließlich, doch nicht zuletzt sei darauf verwiesen, daß die Rahmenerzählung von Vit Ad 1–21 mit der Endredaktion (und der ihr nachfolgenden Redaktion) auch die Tendenz teilt, die Folgen des Gottesfluches narrativ darzustellen, und zwar dergestalt, daß Adam und Eva diese zunächst einmal als ein überraschendes Moment wahrnehmen. Daß sie auf der Erde keine paradiesische Nahrung finden, sondern Gras, trifft sie unvorbereitet (Vit Ad 2ff), und genauso wissen auch die Nachkommen Adams mit seiner Krankheit wenig anzufangen (5,4–6,3), und Adam muß die Ankündigung Gottes, daß er »leiden und keine Ruhe finden« werde (Apc Mos 24,2) erst einmal anhand der ergebnislosen Mission Seths und Evas nacherleben (Apc Mos 9–14) – das wäre nicht nötig gewesen, wenn er auf die Fluchfolgen innerlich vorbereitet gewesen wäre.

Die aufgezeigten Affinitäten zwischen dem Sondergut der Adamviten und den Überlieferungen der Apc Mos finden weitere Parallelen in den anderen Passagen des Sonderguts, die hier freilich nicht so ausführlich diskutiert werden können. So dürfte, wenn Adam Gott ausgerechnet mit einer Buße im Jordanwasser umstimmt, sicher Jos 3,16 𝔐 im Hintergrund stehen: Dort heißt es, das Wasser des Jordans hätte sich beim Durchzug der Israeliten »zu einem Wall aufgerichtet, sehr fern bei Adam, der Stadt« (קמו נד־אחד הרחק מאד באדם העיר) – auch in Vit Ad 8 // Apc Mos (*II) 29,11 bildet das Wasser einen Wall um Adam (vor allem in *II!); freilich geht es diesmal um den Menschen Adam, nicht die Stadt. Auf die Septuaginta kann diese narrativ-exegetische Invention im Übrigen nicht zurückgehen; denn statt מאד באדם מאד liest diese σφόδρα σφοδρῶς (zugrunde liegt die Qerê-Lesart מאד מאדם, in der man fälschlich ein doppeltes מְאֹד identifizierte).

Für das Scheitern der Buße Evas ist kein exegetischer Anhaltspunkt auszumachen, es paßt aber zu einer gerade in der Endredaktion der Apc Mos manifesten Tendenz, Evas Schuld und Versagen hervorzuheben (vgl. Apc Mos 10,2; 11,1–3; 32,1–2). Daß sie vom Teufel in Engelsgestalt verführt wurde, wird sicher mit der Verwandlung des Teufels in einen Engel bei der ersten Verführung Evas zusammenhängen (17,1b–17,2a); schon die Endredaktion der Apc Mos hat mit Apc Mos 7,2 auf diese Passage zurückgegriffen. Ihre Rätselhaftigkeit hat offenbar immer wieder anregend gewirkt; daß sie durch einen Transmissionsfehler bedingt ist (vgl. K X,4), hat dabei offenkundig nur wenig gestört: So entsteht durch Zufall Unsinn, und aus dem Unsinn entsteht Sinn.

Auch die Teufelsfallsgeschichte (Vit Ad 11–17) paßt in dieses Bild: Wie bereits unter E II,7 begründet wurde, beruht sie in starkem Maße auf Passagen in Apc Mos 16 und Apc Mos 39,3; eine besondere Rolle spielten dabei Interpolationen von *Ia. Aufgrund dieser Voraussetzungen wußte der Erzähler von einem urzeitlichen Teufelsfall (vgl. °39,3a) und von einer Proskynese der Tiere vor Adam (vgl. °16,2f); ferner wußte er, daß der Teufel Adam aus dem Paradies vertreiben wollte, weil jener selbst zuvor um Adams willen vertrieben worden war (Apc Mos 16,3). Alle diese Momente kehren in der Teufelsfallsgeschichte wieder: Die Motivation des Teufels für die Vertreibung Adams aus dem Paradies ist sein eigener Fall um Adams willen, vgl. Vit Ad 16, das sich – v.a. in Vit Ad (lat^me) – deutlich an Apc Mos 16,3 (par Vit Ad 44 [16,3]) anlehnt (...*et dolo circumveniebam mulierem tuam et feci te expelli per eam de delitiis laetitiae tuae, sicut ego expulsus sum de gloria mea*), und anstelle der Proskynese der Tiere findet sich die der Engel (Vit Ad 14). Daß die Proskynese der Tiere und die der Engel für den Verfasser von Vit Ad zusammenhingen, kann man aus seinen Zusätzen in Vit Ad 44 (16),2–3 erkennen: In allen drei Adamviten versucht der Teufel, die Schlange von der Verehrung Adams mit der Begründung abzuhalten, sie sei die ältere Kreatur; mit dem gleichen Argument verweigert der Teufel seine eigene Proskynese (Vit Ad 14). Ohne die von Apc Mos 15–30 und *Ia geleistete Vorarbeit wäre die Teufelsfallsgeschichte also kaum denkbar.

Doch genauso konstitutiv sind andere Voraussetzungen, die strukturell gleichfalls denen von Erzählungen der Apc Mos ähneln. Wenn hier den Engeln im Grunde die gleiche Position zugewiesen wird wie den Tieren (sie sind älter, aber geringer), so kann dies unter anderem daran liegen, daß ausweislich des auch in der Apc Mos gerne verwendeten Jubiläenbuchs die Engel gleichermaßen wie die Tiere eher erschaffen wurden als der Mensch (vgl. Lib Jub 2,2). Daß sie

Adam untergeordnet waren und ihn anbeten mußten, konnte man wiederum aus καὶ προσκυνησάτωσαν αὐτῷ πάντες υἱοὶ θεοῦ in Dtn 32,43 𝕲 (oder aus dessen hebräischer, masoretisch nicht tradierten Vorlage?) schließen, sofern man geneigt war, diesen Satz auf einen von Gott aktuell zum Herrscher eingesetzten Kosmokrator zu beziehen (vgl. Hebr 1,6!). Eine Einsetzung in ein Herrscheramt aber findet in Vit Ad 11–17 tatsächlich statt: mit der Erschaffung Adams zum Ebenbild Gottes (Vit Ad 13: Kombination aus Gen 1,26–27 und Gen 2,7), sobald man den Ebenbildtitel als Herrschertitel versteht (vgl. Apc Mos 10,3; 12,1.2). Zu bedenken ist auch, daß schon in der Bibel im Zusammenhang mit der Menschenschöpfung indirekt auch von Engeln die Rede ist, wenn man die Gottesrede in Gen 1,26 an die Engel gerichtet sein läßt (vgl. Ber R 8,4b–5). So gibt es also durchaus Anlässe, die Engel als Adam untergeordnete Wesen in die mit der Erschaffung Adams gegebene Szenerie einzubringen.

Was schließlich die Geschichte von der Geburt Kains betrifft (Vit Ad 18–21), so können auch hier dieselben Momente aufgezeigt werden, die Vit Ad 1–21 als Ganzes in seiner narrativ-exegetischen Methodik als Fortsetzung der Apc Mos, speziell der von der Endredaktion formulierten Passagen ausweisen: Die Geburt ist für Eva beinahe tödlich; gerettet werden kann sie nur durch eine Bitte Adams (so v.a. Vit Ad 21,2). Dies ist nach ANDERSON: Penitence, 23–25 eine narrative Umsetzung von וְאֶל־אִישֵׁךְ תְּשׁוּבָתֵךְ, das in der hebräischen Vorlage von Gen 3,16b 𝕲 (καὶ πρὸς τὸν ἄνδρα σου ἡ ἀποστροφή σου) gestanden haben dürfte (Gen 3,16b 𝔐 liest וְאֶל־אִישֵׁךְ תְּשׁוּקָתֵךְ; die Variante תְּשׁוּבָתֵךְ für תְּשׁוּקָתֵךְ ist allerdings auch noch den Rabbinen bekannt gewesen, vgl. Ber R 20,7). Man hat diesen Satz offenbar dahingehend verstanden, daß Evas Buße, also ihre Hinwendung zu Gott in der Not ihrer Niederkunft, nur »um ihres Mannes willen« erfolgreich sein konnte (vielleicht erleichtert durch eine אֶל־תִּקְרָא-Lesung: עַל statt אֶל), daß es also der Fürbitte Adams bedurfte. Darauf konnte man nur vom hebräischen Text her kommen, denn die Septuaginta bot dafür keine Voraussetzungen – ἀποστροφή läßt sich kaum im Sinne von »Buße«, »Hinwendung zu Gott« verstehen und πρός + Akk. ist mit Sicherheit nicht kausal. Damit aber hat Vit Ad 18–21 die gleiche hebräische Grundlage wie Apc Mos 25; auch da spielt וְאֶל־אִישֵׁךְ תְּשׁוּבָתֵךְ eine entscheidende Rolle (freilich ist dort auch die 𝔐-Lesart וְאֶל־אִישֵׁךְ תְּשׁוּקָתֵךְ einbezogen worden). Wieder also wird in Vit Ad 1–21 ein exegetisches Unternehmen fortgesetzt, das in Apc Mos 15–30 begonnen wurde.

Doch dabei bleibt es nicht: Charakteristisch für die Geburt Kains in Vit Ad 18–21 ist, daß sie für Eva beinahe tödlich verlaufen wäre. Darauf konnte man von der erwähnten hebräischen Wendung nicht kommen, auch sonst bietet Gen 3,16 dafür keinen unmittelbar erkennbaren Anhaltspunkt. In Apc Mos 25,2 aber heißt es: Καὶ ἐν μίᾳ ὥρᾳ ἔλθῃς τοῦ τεκεῖν καὶ ἀπολέσῃς τὴν ζωήν σου. So dürfte Vit Ad 18–21 also auch literarisch von Apc Mos 25 abhängig sein.

Wie die Erzählung von der Nahrungssuche und Buße Adams und Evas setzt Vit Ad 18–21 schließlich seine Vorlagen nach einem auch schon in der Endredaktion der Apc Mos angewandten Verfahren um: Der Gottesfluch wird von den Betroffenen nacherlebt, ohne daß diese um die Ursache des Erlebten wissen. Auch hier erweist sich die Erzählung von der Geburt Kains als Produkt der für die Adamdiegesen konstitutiven exegetisch-narrativen Methode.

Einmal mehr ist also der Nachweis erbracht, daß Apc Mos, *Ia und Vit Ad ein- und demselben Milieu angehören. Darüber hinaus läßt sich feststellen, daß dieses Milieu auch sämtliche Schichten der Apc Mos umfaßte. Schon in E II,7 wurde festgestellt, daß dieses Milieu eine Gruppe exegetisch versierter Theologen gewesen sein muß, also eine »Schule«. Die beiden vorhergehenden Kapitel haben diese Einschätzung bestätigt und vertieft: Diese Theologen verfügten sowohl über griechische also auch über hebräische Sprachkenntnisse, sie arbeiteten sowohl mit der Septuaginta als auch mit hebräischem Bibeltext (der nicht immer mit 𝔐 übereinstimmen mußte). Von Anfang an diente ihnen auch der Lib Jub als Bezugstext. Mit der Zeit kam aber ein zweiter Bezugstext hinzu, nämlich Apc Mos 15–30. Der Grund ist ohne weiteres einsichtig: Apc Mos 15–30 ist innerhalb der Schule entstanden und bot eine fortlaufende Auslegung des für die Adamdiegesen entscheidenden Referenztextes (Gen 3). Damit konnte es als schulinterner Arbeitstext fungieren, auf dessen Ergebnisse man bei Bedarf, wenn man neue Entdeckungen zu Gen 3 machte, zurückgreifen konnte.

Der damit aufgedeckte Zusammenhang ist durchaus bedeutungsvoll: Die Redaktionsgeschichte der Adamdiegesen vermittelt uns einen Einblick in die Genese von exegetisch-narrativen Überlieferungen; wir können ein Komplex von zunächst merkwürdig anmutenden Traditionen in *statu nascendi* beobachten. Wir haben einen Blick in die Werkstatt der Gruppe genommen, welche die Adamdiegesen hervorgebracht hat; vielleicht wird uns damit auch ermöglicht, literarische Prozesse im frühen Judentum insgesamt besser zu verstehen, insbesondere was die anonyme und pseudepigraphe Literatur betrifft.

e) Diachronische Textanalyse: das hermeneutische Problem

Wenn, wie die Literarkritik gezeigt hat, Grund zu der Annahme besteht, daß die Apc Mos eine Vorgeschichte hat, steht die Kommentierung vor einem hermeneutischen Problem: Es kann dann nämlich nicht mehr davon ausgegangen werden, daß jedes Signal des Textes in gleicher Weise beabsichtigt ist. Die Endredaktion hat ältere Quellenstücke aufgrund bestimmter Überlegungen eingebaut; rekonstruierbar sind diese Überlegungen zumindest partiell anhand redaktioneller Passagen. Der eingearbeitete Text hat aber des öfteren Momente, die mit den Absichten des Redaktors nicht in Verbindung gebracht werden können; erst recht gilt dies für ideologisch differente Aspekte (im Falle von Apc Mos 15–30 beispielsweise eine abweichende Einschätzung des Todes). Speziell hier ergibt sich der Verdacht, daß der Redaktor sie übersehen hat. Dies aber bedeutet, daß zumindest das Nebeneinander zweier einander widersprechender Vorstellungen nicht als beabsichtigt gelten kann. Darüber hinaus aber ist wahrscheinlich, daß der Redaktor vieles an dem von ihm übernommenen Text nicht bemerkte oder es anders verstand, als es intendiert war, ohne daß wir diese Textauffassung des Redaktors rekonstruieren könnten.

Für die Kommentierung bedeutet dies, daß eine Orientierung am Endtext methodisch ausgesprochen problematisch wäre: Man würde einen Sinn rekonstruieren, den es nie gegeben hat: Was sollte es etwa bedeuten, wenn in Apc Mos 34,1 unangekündigt Seth in der Erzählung auftaucht? Es bedeutet nicht mehr, als daß die Endredaktion nicht aufgepaßt hat. Oder was hat es zu sagen, von der Apc Mos als Ganzem her betrachtet, wenn Adam in Apc Mos 28 Gott ohne Erfolg um die Frucht des Lebensbaums bittet? Versucht Adam hier, den über ihn und alle Menschen verhängten Tod noch einmal zu verhindern? Denkbar ist es, aber das wäre geraten; wir wissen nicht, was der Endredaktor dachte, als er diesen, seinen Intentionen nicht ganz konformen Text übernahm. Wir können aber rekonstruieren, was der Verfasser seiner Quelle dachte: Der Tod ist selbstverständlich, eine Überwindung dieser Gegebenheit liegt nicht in Gottes Interesse – jedenfalls vorerst nicht, denn am Tag der Auferstehung wird Adam die Frucht des Lebens bekommen. Um diese endzeitliche Auferstehung geht es dem Verfasser von Apc Mos 15–30 bzw. des Testaments der Eva; hier liegt die entscheidende Neuerung gegenüber dem Bibeltext. An einer Ätiologie des Todes ist ihm jedoch nicht gelegen.

Noch virulenter wird diese Problematik bei Interpolationen. Sollen wir etwa in 7,1 dem Nebeneinander zweier wortgleicher Wendungen, das auf fehlerhafte Verarbeitung derselben Marginalglosse zurückgeht (vgl. °7,1k.o), eine besondere Bedeutung abgewinnen? Oder sollte man sich darüber Gedanken machen, wie Apc Mos 17,1ff zu verstehen war, nachdem in Apc Mos 17,1b–2a eine Marginalglosse implementiert wurde? Im ursprünglichen Text war klar, daß in 17,2bff die Schlange mit Eva sprach, nach der Einfügung der Marginalglosse könnte es – zumindest bis Apc Mos 17,4 – auch der Satan in Gestalt eines Engels sein. Wir werden niemals in Erfahrung bringen können, ob der Interpolator sich das so vorgestellt hat, sofern er sich denn überhaupt über den Kontxt seiner Interpolation Gedanken gemacht hat.

Erst recht prekär gestaltet sich die Lage bei Textformen, die außerhalb des Test Eva, Apc Mos und Vit Ad (gr) umfassenden Schulzusammenhangs stehen: Es hat Versuche gegeben, eine Theologie der von Vit Ad (gr) derivierenden, aber wesentlich später anzusetzenden Vit Ad (lat^me) zu erheben – üblicherweise in Gegenüberstellung zur Apc Mos.[24] Aber wie sollte man die Theologie eines Textes bestimmen, der mehrfach redigiert, mehrfach ohne sonderliche Rücksicht auf den Kontext interpoliert und schließlich an vielen Stellen ganz einfach durch Textverderbnisse entstellt wurde, die ihrerseits oft zu neuen narrativen Inventionen führen konnten? Es wäre fatal, hier allzu schnell mit planerischer Gestaltung, mit einer durch neue theologische Impulse notwendig gewordenen »relecture« zu rechnen. Das entropische Moment darf bei Transmissionsprozessen nicht unterschätzt werden.

Für die Kommentierung ergibt sich aus dieser Situation die methodische Notwendigkeit, jeweils nach den Absichten desjenigen Autors zu fragen, der den auszulegenden Abschnitt verfaßt hat. Es wird dementsprechend beispielsweise in Apc Mos 15–30 nicht nach den Absichten des Endredaktors gefragt werden, zumal Spuren der Endredaktion innerhalb dieses Quellenstücks nicht nachweisbar sind. Affine Passagen in Apc Mos 1–14; 31ff sind daher wie Parallelen zu behandeln; freilich als sehr nahestehende Parallelen. Gelegentlich sind sie auch rezeptionsgeschichtliche Zeugnisse. Den theologischen Absichten der Endredaktion ist im Rahmen der Literarkritik Rechnung getragen worden; sie werden natürlich auch bei der Kommentierung derjenigen Abschnitte zu Worte kommen, die von der Endredaktion verfaßt sind.

Die hier aufgestellten hermeneutischen Grundsätze sind anhand der Adamdiegesen entwickelt und können nur unter Vorbehalt für andere Texte fruchtbar gemacht werden. Denkbar ist dies bei anderen Zeugnissen antiker »evolved literature« vor allem dann, wenn deren Redaktionen erwiesenermaßen nur schwach in das redigierte Material eingegriffen haben. Nicht überall ist das der Fall: Die redaktionsgeschichtliche Arbeit am Neuen Testament zeigt gewöhnlich, daß die im Neuen Testament tätigen Redaktoren, etwa die Evangelisten, ihre Überlieferungen stärker gestalten; eine primär endtextorientierte Textanalyse kann hier eher brauchbare Ergebnisse zutage fördern als bei der Apc Mos, deren Endredaktion in 33,2–37,6 nachweislich noch nicht einmal die Erzählperspektive an den neuen Kontext angepaßt hat.

6. Zwischenergebnis

Die Apc Mos kann bestimmt werden als vorläufiges Ergebnis der Arbeit eines Kreises von Theologen, die sich exegetisch mit der biblischen Adamüberlieferung befaßten, freilich nur unter der Perspektive, daß Adam das paradiesische

---

[24] Vgl. etwa M. MEISER: Sünde, Buße und Gnade in dem Leben Adams und Evas, in: G. ANDERSON et al. (Hrsgg.): Literature on Adam and Eve. Collcted Essays (Studia in Veteris Testamenti Pseudepigrapha 15); Leiden etc 2000, 297–313 (Apc Mos: 300–305; Vit Ad [lat^me]: 306–312), vgl. speziell ibidem, S. 299: »Die Apokalypse Moses ruft die Menschen auf, sich von allem Bösen fernzuhalten und verspricht dem Menschen, daß seine Sehnsucht nach Überschreitung der lebenseinschränkenden Faktoren jenseits der Todesgrenze nicht ungehört bleibt, die Vita Adae et Evae (=Vit Ad [lat^me] - J.D.) ist ein Ruf zur Buße.«

Leben verloren hatte; Erschaffung und einstmalige Lebensbedingungen Adams wurden allenfalls beiläufig in den Blick genommen. Die Exegese wurde vorrangig am hebräischen Bibeltext betrieben, zugleich aber wurde die Septuaginta benutzt, die allerdings gelegentlich revidiert (16,1), gelegentlich auch kritisiert und korrigiert wurde (5,4–6,3, vielleicht auch 41,2). Neben den Bibeltexten berücksichtigte man von Anfang an das Jubiläenbuch; dazu gesellte sich in den späteren Schichten Apc Mos 15–30, das offenbar als interne Arbeitsgrundlage fungierte. Die Abfassungssprache war durchweg das Griechische, dessen man sich auch zu exegetischen Zwecken nicht ohne Geschick bediente, wobei man auch über die Grenzen des Septuagintawortschatzes hinausgehen konnte (vgl. Apc Mos 16,5). Literarisch fand die Arbeit des Kreises zunächst Niederschlag im Test Eva, sodann in der Grablegungserzählung und daraufhin in der von der Endredaktion erstellten Fassung der Apc Mos, die, an einigen Stellen erweitert, schließlich zum Archetyp sämtlicher Textzeugen weiterentwickelt wurde. Dieser wurde später, ebenfalls innerhalb des genannten Kreises, interpoliert und korrigiert (*Ia) sowie schließlich zur Vit Ad umgearbeitet, die gewissermaßen die »Ausgabe letzter Hand« der von den Verfassern der Adamdiegesen angestrebten »Adam-Monographie« darstellt.

Im Verlaufe dieses literar- wie textkritisch rekonstruierbaren Prozesses fanden einige Akzentverlagerungen statt. So änderte sich mit der Zeit das Erkenntnisinteresse. Stand nämlich am Anfang eine fortschreitende Auslegung von Gen 3 (Apc Mos 15–30) sowie das postmortale Ergehen Adams im Vordergrund (33,2–37,6), so widmete sich die Endredaktion vor allem dem Leben Adams und Evas nach der Vertreibung (1–14), und zwar schwerpunktmäßig unter der Fragestellung, wie sich die Flüche Gottes in Gen 3,14ff ausgewirkt haben. Diese Fragestellung blieb auch nach der Endredaktion aktiv; das gesamte Sondergut der Vit Ad ist davon geprägt. Dieses zeigt allerdings auch ein spezielles Interesse an der Ernährung Adams und Evas nach der Vertreibung aus dem Paradies, das freilich auch in den älteren Schichten der Adamdiegesen schon spürbar war (vgl. 16,3; 29,6). Auch sonst sind einige Verschiebungen zu konstatieren. So ist in Apc Mos 15–30 und wohl auch in 33,2–37,6 (vgl. E III,5b, Anm. 19) der Tod nicht als Folge der Gebotsübertretung im Paradies verstanden, doch schon in der Grablegungserzählung deutet sich diese Auffassung an (vgl. 39,1b–3), erst recht jedoch kommt sie in der Endredaktion zum Ausdruck (14,2). Doch nicht nur die Ursache, auch das Wesen des Todes wird in der Endredaktion neu konzeptualisiert. Während sowohl Apc Mos 33,2–37,6 als auch die Grablegungserzählung eine monanthropologische Deutung des Todes erkennen lassen, gilt der Endredaktion der Tod als Trennung von Leib und Seele (vgl. 13,6; 31,4; 32,4); erst diese dichotomistische Anthropologie macht die Verbindung beider ursprünglich konkurrierenden Erzählungen vom Tod Adams möglich.

Kapitel IV

Der historische Ort der Apc Mos

1. Vorbemerkungen

Aus der in E III erarbeiteten Charakterisierung der Apc Mos sowie ihres Entstehungsmilieus (vgl. E III,6) ergeben sich mehrere Anhaltspunkte für ihre Verortung, die im Folgenden zu entfalten sind. Nach einem kurzen Blick auf äußere Indizien für die Datierung, welche die in E II,3 erwähnten rezeptionsgeschichtlichen Zeugnisse für die Adamviten ergänzen (§2), sind hier an erster Stelle die mit der exegetischen Arbeit verbundenen Implikationen zu nennen: Die Apc Mos ist gewissermaßen an der Grenze zwischen der Septuaginta und der hebräischen Bibelüberlieferung entstanden und damit zugleich an der Grenze zwischen der hebräischen und der griechischen Sprache. Es wird zu fragen sein, in welchem historischen Kontext ein solches Phänomen denkbar ist (§ 3). Daneben sind auch inhaltliche Aspekte der Apc Mos zur Datierung heranzuziehen; schwerpunktmäßig soll erörtert werden, welcher religionsgeschichtliche Stellenwert der Tatsache zukommt, daß Gen 3 in den Adamdiegesen als Bericht über eine urzeitliche Katastrophe gelesen wird. (§ 4). Ein Resumée schließt diese Untersuchung ab (§5).

2. Äußere Indizien

Ein Terminus *post* quem ist die Verwendung des Lib Jub durch Apc Mos und Vit Ad. Der Lib Jub ist in der Mitte des 2. Jh. v. Chr. anzusetzen.[1] Er wurde schon früh in der Damaskusschrift zitiert (vgl. CD 16,3–4), fand aber auch danach Aufnahme. So wurde es möglicherweise von Paulus als Autorität abgesehen, bekanntermaßen aber in der äthiopischen Kirche[2]. Es muß ziemlich verbreitet gewesen sein, wie nicht zuletzt Zitate bei Epiphanius (De Mensuribus 22) und Hieronymus (Ep 127,18) belegen. Aus diesem Grunde kann von der Rezeptionsgeschichte des Lib Jub her kein Anhaltspunkt gewonnen werden.

---

[1] Zur Datierung des Lib Jub vgl. K. BERGER: Das Buch der Jubiläen (Jüdische Schriften aus hellenistisch-römischer Zeit II,4), Gütersloh 1983, 298–300 (300: 145–140 v. Chr.).

[2] Zur Rezeption des Lib Jub in CD, bei Paulus und in der äthiopischen Kirche vgl. E III,4,2, Anm. 13. Zum Verhältnis von Lib Jub und CD vgl. BERGER, Jubiläen 295.

Für den Terminus *ante* quem sind hier zunächst einmal alle Indizien heranzuziehen, die in E II,3 (S. 48–54) für die Vit Ad das 2. Jh. als spätestmöglichen Entstehungszeitraum haben bestimmen helfen. Da die Vit Ad von der Apc Mos abhängig ist, aber demselben Milieu angehört, dürfte die Apc Mos früher als jene entstanden sein, freilich nur wenig früher.

An dieser Stelle sind Indizien zu ergänzen, die eine Rezeption der Apc Mos belegen oder aber schwer einer der beiden Schriften zuzuordnen sind. Hier ist vor allem das Zeugnis des Origenes in der Übersetzung von Rufin von Bedeutung, das freilich mit einiger Unsicherheit belastet ist. In De Princ III,2,1 (*De contrariis potestatibus*) heißt es: *Et primo quidem in Genesi serpens Evam seduxisse perscribitur: de quo serpente in Ascensione Moysi, cuius libelli meminit in epistola sua Iudas, Michahel archangelus cum diabolo disputans de corpore Moysi ait a diabolo inspiratum serpentem causam extitisse praevaricationis Adae et Evae* (»Und zuerst wird in der Genesis die Schlange ausführlich als Verführer Evas geschildert. Über diese Schlange sagt Michael in der Ascensio Mosis, welche Judas in seinem Brief erwähnt, im Streit mit dem Teufel über den Leib des Mose, daß die Schlange die Gebotsübertretung Adams und Evas verursacht habe, weil sie vom Teufel inspiriert gewesen sei«). Hier wird die Nachricht, daß die Schlange vom Teufel inspiriert gewesen sei, einer Ascensio Mosis zugeschrieben. Der betreffende Text ist verloren, vielleicht ist er identisch mit der Assumptio Mosis, deren Schlußteil nicht mehr erhalten ist (er wird vom Tod des Mose gehandelt haben).[3] In einer solchen Schrift könnte dieser Hinweis auf die Paradiesschlange wohl gestanden haben, aber näher liegt vielleicht eine andere Erklärung der Passage bei Origenes, die sich aufgrund der Beobachtung ergibt, daß die Nachricht von der Inspiration der Paradiesschlange durch den Teufel eine Parallele in Apc Mos 16,5 findet. Möglicherweise hat Origenes die Ascensio Mosis mit der Apc Mos verwechselt bzw. beide Schriften in der Erinnerung miteinander vermengt; dies wäre vor allem dann gut denkbar, wenn die Apc Mos unter dem Titel Ἀποκάλυψις Μωυσέως kursierte (vgl. K Ia).[4] In diesem Falle kann Origenes als Beleg für eine Rezeption der Apc Mos in der ersten Hälfte des 3. Jh. genommen werden;

---

[3] Zum verlorengegangenen Ende der Ass Mos vgl. J. TROMP: The Assumption of Moses. A Critical Edition with Commentary (Studia in Veteris Testamenti Pseudepigrapha 10), Leiden etc 1993, 270–285.

[4] Auch TROMP: Assumption, 274 bezieht die Nachricht bei Origenes, De Princ II,1 auf die Apokalypse des Mose. In einem neueren Aufsatz versucht er, für sie einen Platz im verlorengegangenen Ende der Ass Mos zu finden, vgl. idem: Origen on the Assumption of Moses, in: F. GARCÍA MARTÍNEZ / G.P. LUTTIKHUIZEN (Edd.): Jerusalem, Alexandria, Rome. Studies in Ancient Cultural Interaction in Honour of A. Hilhorst (Supplements for the Journal for the Study of Judaism 82), Leiden etc. 2003, 323–340.

zu einem Terminus ante quem im 2. Jh. würde ein solches rezeptionsgeschichtliches Zeugnis gut passen.

Weitere Belege stammen aus späterer Zeit und könnten auch auf die Vit Ad zurückgehen. Aus dem
4. Jh. n. Chr. hat sich in der christlichen Nekropole El Bagawāt (Ägypten) ein Freskenzyklus
erhalten, der die Paradiesszene z.t. in Anlehnung an Apc Mos 15ff schildert.[5] So findet sich dort
wie in Apc Mos 17,1a die Schlange an der Paradiesmauer, und daß sie sich um den verbotenen
Baum, dargestellt als Weinstock, windet, paßt gut zu Apc Mos 19,3; 20,3, wo die Schlange den
Baum besteigt (gegen TROJE, AΔAM 9, der, gestützt auf Apc Mos 20,5b nach dem Text bei
TISCHENDORF, den verbotenen Baum der Apc Mos als Feigenbaum identifiziert[6] und daher diese
Szene nicht von der Apc Mos herleiten will). Dieses rezeptionsgeschichtliche Zeugnis wird
vielleicht mit den Zeugen der Vit Ad (kopt) als Beleg für eine Rezeption der Adamdiegesen in
Ägypten zusammengestellt werden dürfen, vgl. E II,1 (S. 18–19), II,2 (S. 23–24), II,3 (S. 55–60).
Auch der sog. Cotton-Zyklus von Illustrationen zur Septuaginta, dessen ältester Zeuge um 500 in
Alexandria entstanden sein dürfte, könnte auf eine ägyptische Rezeption der Apc Mos oder der Vit
Ad hinweisen. Dort wird in einer Szene dargestellt, daß Adam einen Paradiessektor bewacht, wäh-
rend Eva verführt wird (vgl. Apc Mos 17 ff). Außerdem gibt die Schlange die Frucht Eva mit dem
Mund – wohl um sie zu vergiften (möglicherweise eine Interpretation von Apc Mos 19,3).[7]

Auch auf Texte, die mit dem Sonntag der Käsewoche (ἑβδομὰς τῆς τυρίνου oder τῆς
τυροφάγου) assoziiert sind, könnte die Apc Mos eingewirkt haben, in diesem Falle wohl
tatsächlich die Apc Mos, da deren Rezeption im Zusammenhang mit der Käsewoche bezeugt ist
(vgl. E II,1). An erster Stelle ist ein altes Kontakion zu nennen[8], das wohl noch vor der Wir-
kungszeit des Meloden Romanos (537–555) datiert werden muß, vgl. MAAS 12. Es ist mit τῇ
κυριακῇ τῆς τυροφάγου überschrieben und lautet in der 13. Strophe (Wiedergabe ohne Berücksichtigung des Metrums): Λοιπὸν Σατὰν ἀγάλλεται γυμνώσας με τῆς δόξης μου· ἀλλ' οὐ
χαίρεται ἐν τούτῳ· ἰδοὺ γὰρ ὁ θεός μου ἐνδύει με (MAAS 18), vgl. hierzu Apc Mos 20,1–2;
21,6; 39. Die Berührungspunkte können aber auch motivgeschichtlich bedingt sein. Auch die
Übereinstimmungen zwischen der Apc Mos und der pseudochrysostomischen Homilie zu Gen
3 (MPG 56,525–538), mit der die Apc Mos in der Handschrift Pa sogar verwechselt wurde (vgl.

---

[5] Vgl. L. TROJE: AΔAM und ΖΩΗ. Eine Szene der altchristlichen Kunst in ihrem religionsgeschichtlichen Zusammenhange (Sitzungsberichte der Heidelberger Akademie der Wissenschaften, Philosophisch-historische Klasse, Jahrgang 1916, Abh. 17), Heidelberg 1916, 5–11.
Der Zyklus ist ediert bei W. DE BOCK: Matériaux pour servir à l' archéologie chrétienne, St.
Petersburg 1901.
[6] Zum Text von TISCHENDORF in Apc Mos 20,5b vgl. °20,5c. Die Identifikation des
verbotenen Baums mit dem Weinstock leitet TROJE von 1. Hen 32,4 ab (vgl. ibidem 9–10), doch
vgl. auch 3. Bar 4,8. In der Apc Mos wird der verbotene Baum nicht näher identifiziert.
[7] Vgl. M. BERNABÒ: Pseudepigrapha and Medieval Illustrated Manuscripts of the Septuagint.
Prolegomenous Reflections, Journal for the Study of the Pseudepigrapha 14 (1996), 85–90,
speziell 88. Der Cotton-Zyklus ist nach der sog. Cotton-Genesis benannt (London, British
Museum, Cotton. Otho B.VI = Codex D bei WEVERS, der, ganz der strenge Philologe, die
Illustrationen freilich mit keiner Silbe erwähnt, vgl. idem 10–12). Der Codex, wahrscheinlich um
500 n. Chr. in Alexandria entstanden, ist durch einen Brand in der Bibliothek von Sir Robert
Cotton 1731 verstümmelt worden, aber die Illustrationen sind auch anderswo bezeugt, denn
Bibelillustrationen wurden genauso kopiert und tradiert wie Texte. Ein prominenter Zeuge sind
die Mosaiken im Atrium von San Marco in Venedig; dort (und anderswo) findet sich auch die
oben diskutierte Szene.
[8] P. MAAS: Frühbyzantinische Kirchenpoesie, Bd. I: Anonyme Hymnen des V.–VI.
Jahrhunderts (Kleine Texte für Vorlesungen und Übungen 52), Berlin 1931, 16–20.

E II,3 [S. 31–32])[9], lassen beide Erklärungen zu, desgleichen die Berührungspunkte zwischen der Apc Mos und den liturgischen Texten zur Käsewoche im Triôdion.[10]

Die Belege für eine Rezeption der Apc Mos lassen also keinen anderen Terminus ante quem zu als denjenigen, den wir bereits über die Bezeugung für die Vita Adae gewonnen haben. Der Terminus ante quem muß demnach im 2. Jh. gelegen haben. Nimmt man den Lib Jub als Terminus post quem hinzu, so kann der Entstehungszeitraum auf die Periode von der Mitte des 2. Jh. v. Chr. bis in das 2. Jh. n. Chr. eingegrenzt werden. Im Folgenden wird anzustreben sein, die Apc Mos über ihre exegetische Methodik und Sprache sowie ihren theologischen Gehalt präziser – auch religionsgeschichtlich und geographisch – zu verorten.

3. Sprachlichkeit und exegetische Methodik

Steht die Apc Mos, wie in E IV,1 resümiert wurde, an der Grenze zwischen der griechischen und der hebräischen Bibelüberlieferung und damit an der Grenze zwischen griechischer und hebräischer Sprache, so erschwert dies von vornherein jeglichen religions- und kulturgeschichtlichen Schematismus. Es ist auch heute leider immer noch üblich, schwer verortbare Schriften des Judentums und Christentums der späten Antike nach Kategorien wie hellenistisch oder semitisch/orientalisch bzw. Diaspora oder Mutterland zu beurteilen, obgleich speziell die Forschungen zur Hellenisierung Palästinas derartige Unterscheidungen schon länger fragwürdig erscheinen lassen. Im jüdischen Palästina war, wie Inschriften und andere Zeugnisse des Alltagslebens zeigen, das Griechische durchaus geläufig[11]; auch literarische Texte in griechi-

---

[9] Vgl. etwa MPG 56,530, wo Gottvater πατὴρ τῶν φώτων genannt wird (ähnlich Apc Mos 36,3), und 56,531, wo die Schlange als »Werkzeug« (ὄργανον) und »Kleid« (ἔνδυμα) des Teufels bezeichnet wird (ähnlich Apc Mos 16,5).

[10] Vgl. etwa im Triôdion auf S. 68a die mit Σ beginnende Strophe: Στολήν με ἐνέδυσας, θεούφαντον Σωτήρ· ... ἐγὼ δέ σου παρεῖδον τὴν ἐντολήν ... καὶ γυμνὸς καθωράθην ὁ ταλαίπωρος (ähnlich Apc Mos 20,1–2; 21,6), ferner auf S. 70b die mit Ο beginnende Strophe, wo Adam beklagt, der Verzehr der Frucht habe ihn dem Paradies »entfremdet« (ἠλλοτρίωσεν), vgl. Apc Mos 21,6.

[11] Zur Verbreitung des Griechischen in Palästina s. M. HENGEL: Judentum und Hellenismus. Studien zu ihrer Begegnung unter besonderer Berücksichtigung Palästinas bis zur Mitte des 2.Jh.s v. Chr. (Wissenschaftliche Untersuchungen zum Neuen Testament 10), Tübingen ²1973, 108–120 (eher die frühere Zeit betreffend); E. SCHÜRER: The History of the Jewish People in the Age of Jesus Christ (175 B.C. – A.D. 135). A New English Version Revised and Edited by G. VERMES / F. MILLAR / M. BLACK, Vol. II, Edinburgh 1979, 72–80; K. TREU: Die Bedeutung des Griechischen für die Juden im römischen Reich, Kairos 15 (1973), 125–144 (mit ausgiebiger Berücksichtigung Palästinas). Eine erste Orientierung zur Forschungsdiskussion bietet J.

scher Sprache hat das palästinische Judentum hervorgebracht.[12] Die »Graezität« der Apc Mos schließt also Palästina als Ort der Herkunft keineswegs aus. Man wird sich aber auch der Frage stellen müssen, ob umgekehrt ihre »Hebraizität« eine Herleitung aus der Diaspora unmöglich macht. Im Folgenden wird es darum gehen, beide Seiten der Apc Mos näher zu erörtern und historisch, so gut es geht, zu kontextualisieren. Dabei soll zunächst in den Blick genommen werden, was unmittelbar sichtbar ist, nämlich die griechische Sprachgestalt der Apc Mos; sodann sollen ihre hebräischen Hintergründe diskutiert werden. Im Anschluß an das Sprachliche ist der hermeneutische Aspekt des in der Apc Mos praktizierten Grenzgangs zwischen hebräischer und griechischer Bibelüberlieferung zu erörtern.

In ihrem Verhältnis zur Septuaginta zeigt die Apc Mos, wie in E IV,1 festgehalten wurde, nicht nur die Bereitschaft zu Kritik und Revision, sondern auch eine gewisse Fähigkeit, sich des Griechischen unabhängig von den Vorgaben des Bezugtextes zu bedienen. Hier verrät sich eine nicht unerhebliche griechische Sprachkompetenz. In diese Richtung weisen auch Besonderheiten der

---

REDONDO: The Greek Literary Language of the Hebrew Historian Josephus, Hermes 128 (2000), 420-434, speziell 420-422. Wie geläufig das Griechische war, zeigen beispielsweise die zahlreichen griechischen Ossuar- und Grabinschriften (Angaben bei SCHÜRER-VERMES, History, Vol. II, 75-76, Anm. 253) sowie die Verbreitung griechischer Namen bei Juden, s. die Liste ibidem 74, Anm. 249 und die Namen von Jerusalemer Juden im Kolophon zur Septuaginta-Version des Estherbuchs (Esther 10,3*l* ⑥: Λυσίμαχος Πτολεμαίου, wahrscheinlich gehört auch Δοσίθεος dazu); auch in der Überlieferung zu den 12 Jüngern Jesu in Mk 2,16-19 begegnen zwei griechische Namen: Ἀνδρέας und Φίλιππος [2,18]).

[12] Zu literarischen Erzeugnissen des palästinischen Judentums in griechischer Sprache vgl. HENGEL: Hellenismus, 161–183, der Ps-Eupolemos, Eupolemos und das Werk des Jason von Kyrene anführt, von dem sich mit dem 2. Mkk eine Epitome erhalten hat. Jason stammt freilich aus der Diaspora. In 2. Mkk 1,1–9 ist aber immerhin aus dem Jahre 124 v. Chr. ein griechischer Brief der Juden in Jerusalem an ihre ägyptischen Brüder erhalten (vgl. HENGEL 186), der durchaus gehobenen literarischen Ansprüchen genügt (man vergleiche die zahllosen Optative, die in der Koinê gar nicht mehr gebräuchlich waren!). Ein griechisches Elaborat aus Palästina, das zugleich hebräischen Hintergrund hat und zumindest darin der Apc Mos vergleichbar ist, stellt die Septuaginta-Version des Estherbuches dar. Hier wird ein hebräisches Estherbuch, das dem masoretischen Text nahegestanden haben dürfte, übersetzt und zugleich im Stile hellenistischer Geschichtsschreibung ergänzt, vgl. hierzu E. BICKERMAN: Notes on the Greek Book of Esther, in: idem: Studies in Jewish and Christian History, Part One (Arbeiten zur Geschichte des antiken Judentums und des Urchristentums 9), Leiden 1976, 246–274. Zum griechischen Estherbuch hat sich ein Kolophon erhalten (Esther 10,3*l* ⑥), demzufolge das Werk, als »Purimbrief« (ἐπιστολὴ τῶν φρουραί) bezeichnet, von Λυσίμαχος Πτολεμαίος, »einem Einwohner Jerusalems« (τῶν ἐν Ἰερουσαλήμ), übersetzt und von einem gewissen Dositheos »eingeführt« wurde. Der Datumsangabe (ἔτους τετάρτου βασιλεύοντος Πτολεμαίου καὶ Κλεοπάτρας) ist zu entnehmen, daß die »Einführung« 78–77 v. Chr. stattgefunden haben muß, und zwar in Ägypten. Wie in 2. Mkk 1,1–9 versuchen also Juden Jerusalems ägyptische Juden zu der Übernahme eines in Palästina beliebt gewordenen Festes zu bewegen. Vgl. E. BICKERMAN: The Colophon of the Greek Book of Esther, in: ibidem 224–245, speziell 231–232, wo das Datum 78–77 v. Chr. begründet wird.

Lexik, die über den sprachlichen Bestand der Septuaginta hinausweisen, beispielsweise ἄνοδος für den Aufstieg der Seele nach dem Tod (13,6), σκήνωμα »Zelt« als beinahe lexematisierte Metapher für den Körper (42,6) sowie μεθιστάναι ἀπὸ τῆς γῆς für »sterben« (43,3). Die genannten Wörter lassen eine gewisse Vertrautheit mit griechischer Kultur erkennen (zu ἄνοδος vgl. etwa Plato, Politeia VII,517B, zu σκήνωμα K XI,15, Anm. 9 und zu μεθιστάναι τῆς γῆς die griechische Redewendung μ. τοῦ βίου oder μ. ἐκ τοῦ ζῆν, so 3. Mkk 6,12).[13] Erst recht gilt dies natürlich für den Hinweis auf die Ἀχερουσία λίμνη in 37,3, der freilich nicht vorrangig im Sinne einer kulturellen Überformung jüdischer Tradition durch griechische Weltanschauung verstanden werden muß, da die Vorstellung von Gewässern in der Unterwelt auch dem Judentum nicht fremd war (vgl. K XI,4, Anm. 26). Gelegentlich nimmt die Apc Mos auch den Sprachgebrauch von Kirchenschriftstellern vorweg, so etwa mit συγχωρέω / συγχώρησις in der Bedeutung »begnadigen / Begnadigung« (Apc Mos 27,3; 33,5; 35,2; 37,6), vgl. hierzu K XI,4 (S. 478). Ähnlich, aber mit bezeichnender Abweichung, verhält es sich bei πρωτόπλαστος als Eponym für Adam. Dieses ist ansonsten zwar ebenfalls nur bei Kirchenschriftstellern und im stark christlich beeinflußten Test Abr A belegt (11,9–11; 13,2.5), findet aber auch in Sap Sal 7,1; 10,1 eine Parallele, die sicher frühjüdisch ist (vgl. °Superscr. e). Hier zeigt sich, daß man Übereinstimmungen mit dem Sprachgebrauch von Kirchenväter nicht ohne weiteres als Anlaß nehmen kann, ein Pseudepigraph für christlich zu erklären. Die theologische Begrifflichkeit der Kirchenväter kann durchaus auf der des hellenistischen Judentums beruhen, ohne daß eine Vermittlung durch das NT stattgefunden hätte, und das hellenistische Judentum muß nicht notwendigerweise innerhalb der Grenzen des Septuaginta-Wortschatzes verblieben sein.

Die Elemente hellenistischer Bildung in der Lexik dürfen allerdings nicht über den allgemeinen Sprachcharakter der Apc Mos hinwegtäuschen. Die in E II,9 angeführten Spracheigentümlichkeiten lassen die Apc Mos insgesamt als Zeugen der Koinê erscheinen, darüber hinaus sind zahlreiche Vulgarismen zu konstatieren (Nominativi absoluti, ein Artikel als Relativpronomen, Genusinkonzinnitäten, Unregelmäßigkeiten im Augmentgebrauch). Die Verwendung der Koinê spricht nicht gegen literarische Bildung (vgl. etwa das Beispiel des Polybios). Viel eher schon gilt dies für die Vulgarismen, von denen zumindest einige (Artikel als Relativpronomen, Nominativi absoluti) weit über das hinausgehen, was man vom Neuen Testament her gewohnt ist.

---

[13] Weitere Anzeichen für den Einfluß griechischer Bildung in der Apc Mos werden bei M.D. ELRIDGE: Dying Adam with his Multhiethnic Family. Understanding the Greek Life of Adam and Eve (Studia in Veteris Testamenti Pseudepigrapha 16), Leiden etc 2001, 32–45 diskutiert.

Fraglich erscheint allerdings, ob man aufgrund der Vulgarismen tatsächlich schließen darf, daß die Verfasser der Apc Mos einfach über wenig Bildung verfügt hätten. Speziell die Analyse der exegetischen Hintergründe läßt ja eine nicht unbeträchtliche Sprachkompetenz erkennen: Die Verfasser beherrschten die hebräische Sprache und waren zu einem spielerischen Umgang mit dem Griechischen in der Lage. Wenn sie zugleich den Konventionen hellenistischer Literarizität wenig Aufmerksamkeit geschenkt haben, so kann dies darauf hindeuten, daß sie einem Milieu angehörten, in der griechische Bildung nicht so wichtig war wie eine tiefere Vertrautheit mit der Heiligen Schrift, speziell in ihrer Originalsprache. Man wird ein solches Milieu v.a bei der jüdischen Schriftgelehrsamkeit suchen müssen, die ohne weiteres über ein differenziertes Wissen und eine hohe gesellschaftliche Anerkennung verfügte[14], freilich ohne sich dabei in starkem Maße an griechischer Kultur zu orientieren. Daß jüdische Schriftgelehrte nicht griechischsprachig waren, ist damit keineswegs gesagt. Illustrativ ist hier das Beispiel des Paulus, von dem uns nur griechische Sprachzeugnisse erhalten sind, der aber, wo es um seine πεποίθησις ἐν σαρκί geht, nicht etwa auf griechische Bildung verweist, sondern sich als Jude und Pharisäer bekennt, der in der Befolgung des Gesetzes tadellos gewesen ist (Phil 3,4–6). Offenbar geht es ihm um andere Qualifikationen als diejenigen, die einem Griechen der Oberschicht von Bedeutung waren. Bei den Verfassern der Apc Mos könnte es ähnlich gewesen sein. Damit ist natürlich auch klar, daß sie stärker in einem jüdischen Milieu als in der griechischen Lebenswelt verankert waren.

Einen interessanten Kontrast bietet das Beispiel des Josephus. Dieser hat sich bei der Veröffentlichung des Bellum Judaicum einiger Mitarbeiter bedient, die der griechischen Sprache kundig waren (Jos, Ap I,50: χρησάμενός τισι πρὸς τὴν Ἑλληνίδα φωνὴν συνεργοῖς). Der Grund ergibt sich aus dem Kontext (Jos, Ap I,50–52): Josephus hat das Werk in Rom verfaßt und zunächst römischen Lesern und hellenistisch gebildeten Juden (I,51: ἀνδράσι καὶ τῆς Ἑλληνικῆς σοφίας μετεσχηκόσιν) zukommen lassen.

In der Sprache der Apc Mos lassen sich zwei Besonderheiten ausmachen, die auch für eine Datierung von Bedeutung sein können. So benutzt sie Apc Mos statt der Koinê-Form φυλάσσω durchgehend das attische φυλάττω (15,2; 17,3; 28,3, zu den textkritischen Problemen vgl. °15,2b). Dieser Sprachgebrauch bleibt im frühjüdischen und frühchristlichen Schrifttum ohne Parallele (vgl. Bauer, Wb. s.v. φυλάσσω [sp. 1731]), eine Ausnahme stellt lediglich ein griechisches Fragment der Apologie des Aristides dar (Pap. Oxyrhynchus 2486).[15]

---

[14] Über Bildung, Tätigkeit und Ansehen der Schriftgelehrten vgl. SCHÜRER / VERMES, History, Vol. II, 322–336. Zum Ansehen der Schriftgelehrten vgl. auch Mt 23,5–7.

[15] Vgl. H.J.M. MILNE: A New Fragment of the Apology of Aristides, The Journal of

Gelegentliche Attizismen sind freilich auch schon im Neuen Testament bezeugt (für -ττ- statt -σσ- vgl. BLASS-DEBRUNNER-REHOPF § 34,1b). Bei diesen Gelegenheitsattizismen dürfte es sich im NT gleichermaßen wie in der Apc Mos insgesamt um »gesunkenes Kulturgut« handeln; die Bemühungen von Sprachpuristen wirken sich gelegentlich eben auch bei Sprechern aus, die mit ihren Anliegen nur wenig oder gar nicht vertraut sind. Sie legen aber eine Datierung nach dem Aufkommen des Attizismus nahe. Der Einfluß attischer Vorbilder läßt sich schon in der Kanzlei von Pergamon beobachten, eine wirklich bedeutsame Bewegung wurde der Attizismus freilich erst mit der Zeitenwende: Erste Vertreter sind Caecilius von Kaleakte und Dionysius von Halikarnaß; beide gehören ins augusteische Zeitalter.[16] Die Verwendung einer attischen Form deutet also eher in das 1.–2. Jh. n. Cbr. als in die Zeit davor. Das gleiche gilt für den eindeutig belegten Itazismus in 39,2, wo der Archetyp καθήσω statt des korrekten καθίσω gelesen hat (vgl. °39,2e). Der Übergang von /ê/ zu /i/ in der Aussprache des η hat insgesamt später stattgefunden als der analoge Vorgang bei der Aussprache des ϵι; freilich stammen erste Belege schon aus Papyri des 2. Jh. v. Chr (vgl. BLASS-DEBRUNNER-REHKOPF § 24).[17]

Mindestens genauso wichtig wie das Griechisch der Apc Mos sind die Hebräischkenntnisse ihrer Verfasser. Die Apc Mos muß notwendigerweise in einem Milieu entstanden sein, in der man das biblische Hebräisch lesen und verstehen

---

Theological Studies 25 (1924), 73–77, speziell den Text auf S. 74.76, dort Zeile 31–32: τα προσταγματα του θυ ασφα/λως φυλαττουσιν.

[16] Zum Attizismus vgl. E. SCHWYZER: Griechische Grammatik, Band I: Allgemeiner Teil. Lautlehre. Wortbildung. Flexion (Handbuch der Altertumswissenschaft, Abt. 2, Teil 1, Band 1), München [5]1977, 130–131.

[17] Daß η später als ϵι wie ι ausgesprochen wurde, zeigt sich wohl auch daran, daß im Koptischen ϵι und ι gleichermaßen den Laut /i/ wiedergeben, während н für /ê/ steht. Ein Beleg für eine itazistische Aussprache des η ist möglicherweise auch ein Wortspiel mit ἄχρηστος und εὔχρηστος in Philemon 11. Zuvor hatte Paulus mitgeteilt, er habe Onesimus »in den Fesseln gezeugt« (Phlm 10); dies muß nach dem Kontext bedeuten, daß er ihn als Gefangener für den christlichen Glauben gewonnen habe. Der Name Onesimus kann von ὀνίνημι (»nützen«) abgeleitet werden, vgl. Philemon 20, wo ἐγώ σου ὀναίμην ἐν κυρίῳ wohl nicht ohne Bedacht gesagt ist (so schon BENGEL: Gnomon, 854). Mit den Worten ἄχρηστος und εὔχρηστος könnte, dieses Hintergrundwissen vorausgesetzt, also angedeutet sein, daß Onesimus, der »nützliche«, einmal »nutzlos« und »ohne Christus« war, nun aber, da er bekehrt ist, sowohl »christlich« als auch »nützlich« ist. Dies würde durchaus zur Argumentationslinie des Paulus im Philemonbrief passen. Fraglich ist allerdings, ob das Wortspiel einen Gleichklang von η und ι voraussetzt. Vielleicht funktioniert es sogar noch etwas besser, wenn die Grapheme ähnlich, aber doch unterschiedlich realisiert werden. In der exegetischen Literatur verhält man sich gegenüber der Möglichkeit, Phlm 11 »christologisch« zu deuten, eher zurückhaltend, vgl. schon die Diskussion bei H.A.W. MEYER: Brief an die Kolosser und an Philemon (Kritisch exegetischer Kommentar über das Neue Testament 9,2), Göttingen 1848, 182 (dort wird als Gewährsmann dieser Deutung der jesuitische Exeget Cornelius a Lapide [1567–1637] genannt). Vorsichtig zustimmend äußert sich H. HÜBNER: An Philemon. An die Kolosser. An die Epheser (Handbuch zum Neuen Testament 12), Tübingen 1997, 35.

konnte. Relativ unbestritten war eine solche Sprachkompetenz in Palästina gegeben; dies zeigen u.a. die Qumranfunde (Jubiläenbuch, Damaskusschrift, Sektenrolle, Kriegsrolle etc. sind in Hebräisch abgefaßt). Doch stellt sich die Frage, ob eine Kenntnis des Hebräischen, wie sie die Apc Mos zeigt, auch in der Diaspora denkbar ist. So entnimmt ZUNTZ dem einleitenden Satz der Passahomilie des Melito von Sardes (Mel, Hom Pasch 1: ἡ μὲν γραφὴ τῆς ἑβραϊκῆς ἐξόδου ἀνέγνωσται καὶ τὰ ῥήματα τοῦ μυστηρίου διασεσάφηται, πῶς τὸ πρόβατον θύεται καὶ πῶς ὁ λαὸς σώζεται »die Schrift des hebräischen Buches Exodus ist gelesen und die Worte des Geheimnisses sind erläutert, nämlich wie das Schaf geschlachtet und das Volk gerettet wird«)[18], daß man vor der Predigt des Bischofs Meliton nach der Art des palästinischen Synagogengottesdienstes den hebräischen Bibeltext im Kantillenenton verlesen und daneben die Übersetzung (den »Targum«) vorgetragen habe, freilich nicht in Aramäisch, sondern in Griechisch. ZUNTZ reklamiert diese Praxis generell für das Judentum der hellenischen Diaspora.[19] Das Gleiche zieht QUISPEL auch für das lateinische Judentum Karthagos in Erwägung; er erklärt damit u.a. die Übereinstimmungen zwischen Vetus Latina und hebräischem Bibeltext gegen die Septuaginta.[20] Doch die »Hebraismen« der Vetus Latina betreffen zunächst einmal ein anderes Milieu, eben das eines lateinischen Judentums, wenn man denn an jüdische Hintergründe der Vetus Latina glauben mag, und können vielleicht auch auf hebraisierende Revisionen der Septuaginta zurückgehen; auf diese Weise sind zumindest »Hebraismen« der koptischen Bibelübersetzung erklärt worden.[21] Abgesehen davon muß eine solche Rezitationspraxis, sieht man sie denn als gegeben an, noch nicht notwendigerweise echte Sprachkenntnis voraussetzen; ein illustratives Beispiel dafür gibt ZUNTZ mit seinem Hinweis auf die koptische Kirche (S. 309, Anm. 44), in der das

[18] Ausgabe: B. LOHSE (Hrsg.): Die Passa-Homilie des Bischofs Meliton von Sardes (Textus Minores 24), Leiden 1958, 11.

[19] Vgl. G. ZUNTZ: On the Opening Sentence of Melito's Paschal Homily, Harvard Theological Review 36 (1943), 299–315. Zur Auslegung von Mel, Hom Pasch 1 s. 299–306, zur Anagnose des hebräischen Bibeltextes 307–310. ZUNTZ erwägt gegen Ende des Artikels (313–315), daß Melito seine Predigt während seines Palästina-Besuches gehalten habe; damit nimmt er Mel, Hom Pasch 1 freilich die Beweiskraft für seine Anagnose-Theorie.

[20] Vgl. G. QUISPEL: African Christianity before Minucius Felix and Tertullian, in: J. DEN BOEFT / A.H.M. KESSELS (Edd.): ACTVS. Studies in Honour of H.L.W. NELSON, Utrecht 1982, 257–335. Zu den »Hebraismen« der Vetus Latina vgl. ibidem 257–265.

[21] BARTHÉLEMY leitet die »Hebraismen« der koptischen kleinen Propheten von der in Naḥal Ḥever aufgefundenen καίγε-Rezension der kleinen Propheten ab, welche die Septuaginta nach hebräischer Bibelüberlieferung korrigiert, vgl. D. BARTHÉLEMY O.P.: Les devanciers d'Aquila. Première publication intégrale du texte des fragments du ‚Dodécapropheton' trouvés dans le desert de Juda, précédée d'une étude sur les traductions et recensions grecques de la Bible réalisées au premier siècle de notre ère sous l'influence du rabbinat palestinien (Supplementa to Vetus Testamentum 10), Leiden 1963. Zustimmend die Rezension von R.A. KRAFT in Gnomon 37 (1965), 474–483, speziell 477.

Bohairische immer noch liturgische Sprache ist, aber auch von den gottesdienst-
lichen Akteuren nicht mehr verstanden wird (anders verhält es sich mit der
monophysitisch-syrischen Kirche, wie ich mich selbst überzeugen konnte).[22]
Rabbinische Überlieferungen geben zwar durchaus Anhaltspunkte für die Annahme, daß der hebräische Bibeltext zumindest partiell auch in griechischen
Synagogen benutzt wurde, doch sind sie nicht eindeutig. So wird in tMeg 2
überliefert, daß R. Meïr in Kleinasien keine hebräische Esther-Rolle vorgefunden
habe und sie daher aus dem Gedächtnis niedergeschrieben habe. Gesetzt den Fall,
daß diese Nachricht historische Realitäten des 2. Jh. n. Chr. reflektiert, so stellt
sich die Frage, ob R. Meïr den griechischen Synagogen zu etwas verhelfen wollte,
was sie vorher nicht hatten, oder ob lediglich ein temporärer Mißstand zu beseitigen war. In beiden Fällen aber hat es den Anschein, daß eine Anagnose des
hebräischen Textes für manche zumindest verzichtbar war. Ähnlich ambivalent ist
die u.a. in mSoṭa 7,1 überlieferte Tradition über R. Levi. Dieser bemerkte, daß in
Caesarea das Šĕmaʿ auf griechisch gesprochen wurde und wollte dagegen ein-
schreiten; daraufhin hat R. Jose ihn mit der Begründung zurückgehalten, daß es
genügen müsse, wenn das Šĕmaʿ überhaupt gesprochen werde. Geht es hier um
Rehebraisierung oder um die Aufhebung eines Mißstandes, der den Rabbi gewissermaßen überraschte? Die jüdischen Katakomben Italiens lassen für das 2./3. Jh.
jedenfalls keine aktive Kenntnis des Hebräischen vermuten: Die Inschriften sind
überwiegend in griechischer Sprache abgefaßt, einige in Latein; das Hebräische
jedoch begegnet nur in Formeln. Es wurde also geschätzt, aber nicht beherrscht.
Denkbar ist aber durchaus, daß man es im liturgischen Zusammenhang zu hören
gewohnt war, doch zwingend ist eine solche Annahme nicht.[23] Zu beachten ist bei
alledem, daß mit der Septuaginta ein Anspruch verbunden sein konnte, der über
den einer aus bloßen Praktikabiliätsgründen angefertigten Übersetzung weit
hinausging: Die sowohl im Aristeasbrief als auch bei Josephus (Ant XII,7ff; Ap
II,45–47) und Philo (Vit Mos II,26–44) bezeugte, also wohl ziemlich bekannte
Aristeas- bzw. Aristaios-Legende läuft darauf hinaus, daß die Septuaginta wie das
hebräische Original ein inspirierter Text war. Wird damit eine liturgische Lesung

---

[22] Ich habe die syrisch-monophysitischen Mönche in Enschede im Jahre 1991 besucht. Sie
beherrschen Deutsch und Niederländisch, unterhalten sich in Ṭurōyō, dem neusyrischen Dialekt der
syrischen Monophysiten (Jakobiten) aus dem Ṭur ʿAbdin, und rezitieren die Liturgie in Altsyrisch
mit westsyrischer Lautung. Sie verstehen die liturgischen Texte wohl allein schon deshalb, weil
Altsyrisch und Ṭurōyō miteinander verwandt sind. Die Kenntnis des Altsyrischen wird auch
bewußt gepflegt; so gibt der Bar-Hebräus Verlag, der von den monophysitischen Exilsyrern
getragen wird, Schulbücher für den Erwerb elementarer Altsyrisch-Kenntnisse durch Kinder und
Jugendliche heraus.

[23] Zu tMeg 2, mSoṭa 7,1 und den jüdischen Katakomben in Italien vgl. K. TREU: Die
Bedeutung des Griechischen für die Juden im römischen Reich, Kairos 15 (1973), 123–144,
speziell 134–135.

des Originals nicht grundsätzlich überflüssig? Insgesamt wird die These von einer Anagnose von hebräischen Bibeltexten in der Diaspora wohl einer gründlichen Überprüfung bedürfen. Erst recht unsicher erscheinen aber tiefergehende Kenntnisse des Hebräischen. Freilich reicht unser Wissen über die Diaspora auch nicht aus, um ein definitives Urteil in dieser Sache zu ermöglichen. Die ehrlichste Auskunft ist hier also ein *non liquet*. Damit müßte aber auch für die Apc Mos eine Abfassung in der Diaspora immer noch offengelassen werden, wenn auch Palästina als Ort der Entstehung insgesamt wahrscheinlicher sein mag.

Zusätzliche Anhaltspunkte für die Verortung der Apc Mos ergeben sich indes aus Besonderheiten der hebräischen Sprachauffassung des in der Apc Mos tätigen Kreises von Exegeten; freilich sind nicht alle gleich gewichtig. So zeigt etwa die Übersetzung des Namens הֶבֶל mit *ἀντέλαβε in Apc Mos 1,3 (vgl. K III [S. 198]), die auf einer Etymologie mit der Wurzel חבל beruht, daß die Unterschiede zwischen den Laryngalen in der Aussprache nicht mehr zu spüren waren; wie bei vielen אל־תקרא-Lesungen der Rabbinen sind Schwächung und Schwund von Laryngalen also zum Ausgangspunkt exegetischer Inventionen geworden. Dies verweist sicher in spätere Zeit, gibt aber kein genaues Kriterium für die Datierung ab, denn schon aus der Zeit um 100 v. Chr. gibt es Belege für die Verwechslung von ע und ח (vgl. MEYER § 22c), von א und ע (§ 22e) sowie schließlich für den Schwund von ע (vgl. MEYER § 22e). Erst recht wird man dieses Phänomen nicht durch Kontakt mit einer diesen Aussprachegewohnheiten zugrundeliegenden Kolloquialsprache (etwa dem zeitgenössischen Aramäisch in Palästina) erklären müssen, denn Aussprachetraditionen können sich durchaus auch über ihren Entstehungsort hinaus verbreiten – wie etwa die nichtklassische Palatalisierung des lateinischen [*c*] vor hellen Vokalen, die letztlich auf dem Vulgärlatein beruht, aber auch außerhalb des romanischen Sprachbereichs rezipiert wurde. Etwas signifikanter ist die Tatsache, daß in 5,3–6,4 und anderswo ein durch wahrscheinlich spielerische Verlesung von עצבון gewonnenes עצבין pluralisch aufgefaßt wurde. Hier wird die Pluralendung ־ין vorausgesetzt. Diese hat sich in späten Schriften des AT wie etwa Qoh und Cant erstmals bemerkbar gemacht und wird im Mittelhebräischen der Mischna[24] zum Normalfall. Am deutlichsten verweist die Apc Mos 33,2–37,6 zugrundeliegende אל־תקרא-Lesung

---

[24] Wenn hier das Hebräisch der Mischna als Mittelhebräisch bezeichnet wird, so liegt dem die Stratifikation der hebräischen Sprachgeschichte bei MEYER §5,1.7 zugrunde. Dieser unterscheidet zwischen Althebräisch, einer älteren (Qoh, Tob, Sir) und einer jüngeren Stufe des Mittelhebräischen (Mischna) sowie dem Neuhebräischen, dem Ivrit. Die jüngere Stufe des Mittelhebräischen wird oft auch Neuhebräisch genannt. Eine andere Stratifikation findet sich bei K. BEYER: Die aramäischen Texte vom Toten Meer samt den Inschriften aus Palästina, dem Testament Levis aus der Kairoer Geniza, der Fastenrolle und den alten talmudischen Zitaten, Band 1, Göttingen 1984, 49, Anm. 1.

וִיפר(ׁי)שׁו (*wajjaprišu*) für וִיפרדו auf mittelhebräischen Sprachhintergrund, denn sie setzt ein Hiphʻil von פרשׁ voraus, das erst im nachbiblischen Mittelhebräisch belegt ist (vgl. K XI,4 [S. 500–501]).

Wir haben also mehrere Indizien, die, allen voran das letzte, ihre natürlichste Erklärung darin finden müßten, daß die Verfasser der Apc Mos Kontakt mit dem lebendigen Sprachgebrauch eines nachbiblischen Hebräisch hatten. Ein solches kolloquiales Hebräisch aber dürfte es am ehesten in Palästina gegeben haben. Die Existenz eines lebendigen Hebräisch in nachbiblischer Zeit wird allerdings in der Forschung immer wieder bestritten, doch scheint sich die Auffassung durchzusetzen, daß in der Bevölkerung des hellenistisch-römischen Palästina nicht nur Aramäisch und Griechisch, sondern auch Hebräisch als Umgangssprache benutzt wurde.[25] Damit gäbe es auch eine Erklärung dafür, daß das Hebräisch der Mischna keinesfalls eine Repristination des biblischen Hebräisch darstellt, sondern Züge lebendigen Sprachwandels erkennen läßt. Es hat einige spezifische Merkmale mit dem biblischen Mittelhebräisch von Qoh und Cant gemein (die Pluralendung ין-, שׁ als Nota relativi), weist aber auch Neuerungen wie das Nitpaʻel auf.[26]

Es spricht also einiges dafür, daß es ein lebendiges Hebräisch in Palästina gegeben hat und daß die Verfasser der Apc Mos damit engeren Kontakt hatten. Wahrscheinlich war ihnen aber auch das im Palästina der Zeit Jesu sehr viel öfter gesprochene Aramäisch nicht fremd. Ein Anhaltspunkt dafür könnte Apc Mos 21 sein, wo wahrscheinlich mit dem aramäischen Wort für »Schlange« (חויא) gespielt wird, vgl. K X,6 (S. 357–358). Insgesamt weisen also die sprachlichen Befunde auf Palästina als Entstehungsort der Apc Mos. Sie lassen zugleich erkennen, daß die Apc Mos eher im 1./2. Jh. n. Chr. als in der Zeit davor abgefaßt wurde.

Auch die exegetische Methodik der Apc Mos paßt in dieses Bild. So ist eine Benutzung der Septuaginta in Palästina allein schon wegen der starken Hellenisierung wahrscheinlich; zusätzlich bestätigt wird dies durch die Tatsache, daß in Palästina zahlreiche Papyri mit griechischem Bibeltext gefunden wurden. Hier sind Fragmente aus Qumran zu nennen (4Q 119 = 4Q LXX Leva; 4Q 120 = 4Q LevpapLXXb; 4Q 121 = 4Q LXXNum; 4Q 122 = 4Q LXXDeut; 7Q 01 = 7Q ExLXX; 7Q02 = 7Q EpJerLXX), v.a. aber der Fund von Naḥal Ḥever (8Hev 1

---

[25] Zur Diskussion über den Fortbestand des Hebräischen als Volkssprache vgl. SCHÜRER / VERMES, History, Vol. II, 27 (Literatur in Anm. 112).

[26] Zum jüngeren Mittelhebräischen s. K. ALBRECHT: Neuhebräische Grammatik (Clavis Linguarum Semiticarum 5), München 1913 und M. SEGAL: A Grammar of Mishnaic Hebrew, Oxford ²1958.

= 8HevXII gr)[27], der das Bild von der Geschichte der griechischen Bibelüberlieferung erheblich verändert hat. Paläographisch ist die Rolle auf 50 v. – 50 n. Chr. zu datieren; sie wurde vermutlich im Zusammenhang mit den Bar Kochba-Wirren (um 135 n. Chr.) versteckt.[28] Sie enthält, wie BARTHÉLEMY nachgewiesen hat, einen revidierten Text der Septuaginta zu den kleinen Propheten. Die Revision gehört zu der sog. καίγε-Gruppe, die sich v.a. durch eine besondere Berücksichtigung der hebräischen Partikel גם auszeichnet und nach BARTHÉLEMY die Grundlage der Revisionen des Aquila und des Symmachus bildete. Er führt diesen Revisionstyp auf eine Schule von Exegeten zurück, die im 1. Jh. v. Chr. in Palästina tätig war. Die Apc Mos fügt sich gut in dieses Bild, denn auch sie revidiert an mehreren Stellen Septuagintatext nach hebräischer Überlieferung, daneben tritt sogar Kritik in narrativer Form (vgl. E III,4,2).

Eine Abhängigkeit der Apc Mos von revidierten Septuaginta-Texten oder Revisoren läßt sich allerdings nicht nachweisen. Wo Bibelzitate von der Septuaginta abweichen, stimmen sie, wie im Kommentar gezeigt werden wird, nicht mit späterer Septuagintaüberlieferung oder mit Theodotion, Aquila oder Symmachus überein; auch die exegetische Arbeit kann nicht auf Kenntnisnahme abweichender griechischer Bibelüberlieferung zurückgeführt werden, sondern beruht direkt auf dem hebräischen Text (vgl. E III,4,2). Die wahrscheinlichste Erklärung hierfür ist, daß Septuaginta-Text von den Verfassern der Apc Mos ad hoc nach hebräischer Überlieferung korrigiert wurde. In dieser Hinsicht stellt die Apc Mos im Wortsinne eine Parallele zu den Septuaginta-Revisionen dar, d.h. die Tendenz ist die gleiche, aber Berührungspunkte, die eine Abhängigkeit andeuten könnten, fehlen.

Allerdings läßt sich eine bezeichnende Ausnahme finden, die jedoch nicht auf einem unmittelbaren Bezug zum Bibeltext beruht: In Apc Mos 38,3 wird Gott κύριος στρατιῶν (»Herr der Heerscharen«) genannt. Dies ist die von Aquila gewählte Übersetzung für יהוה צבאות; die Septuaginta hat gewöhnlich κύριος παντοκράτωρ als Korrelat, Jes 𝕲 hat κύριος σαβαώθ, die καίγε-Rezension κύριος τῶν δυνάμεων (für κύριος kann das hebräische Tetragramm stehen). Mit dieser Übereinstimmung kann freilich nicht bewiesen werden, daß die Apc Mos von Aquila abhängig wäre; sie kann auf einem Wandel im theologischen Sprachgebrauch beruhen, der älter ist als die Übersetzung des Aquila. Bezeichnenderweise begegnet im nahen Kontext (38,2) das Wort σάλπιγξ, das

---

[27] Vgl. E. TOV / S.J. PALM: The Dead Sea Scrolls on Microfiche. A Comprehensive Facsimile Edition of the Texts from the Judean Desert. Companion Volume, Leiden 1993, 64.

[28] Vgl. R.A. KRAFT: Rez. zu BARTHÉLEMY: Devanciers, 475–476.

Aquila, wenn es שׁופר wiedergeben sollte, durch κερατίνη ersetzt hat.[29] Sicher aber weist eine solche Konvergenz mit Aquila, zumal sie eine theologisch bedeutsame Sache betrifft, in dessen Nähe; wir haben hier einen weiteren Hinweis darauf, daß die Apc Mos nicht allzu früh entstanden sein kann, denn Aquila dürfte etwa um 125. n. Chr gewirkt haben.

In dieselbe Richtung weist möglicherweise Apc Mos 29,6. Dort werden vier Spezereien aufgelistet (κρόκος, νάρδος, κάλαμος, κινάμωμον), die Cant 4,14 entnommen sind. In Cant 4,14 ᛉ finden sich dieselben Wörter, so daß schon die älteste Schicht der Apc Mos, die Kapitel 15–30, mit einiger Wahrscheinlichkeit von Cant ᛉ abhängig ist. Die griechische Übersetzung von Cant galt früher wegen ihrer Wörtlichkeit als sehr spätes Elaborat, es wurde sogar später als Aquila verortet; neuerdings sieht man sie als Teil der Καίγε-Gruppe, die schon früher aktiv gewesen sein dürfte (s.o., vgl. auch die Diskussion in K X,12, Anm. 25). Doch unbestreitbar ist die Aufnahme einer sehr wörtlichen griechischen Übersetzung eher ein Indiz für eine Spätdatierung. Es ist freilich der Vorbehalt anzumelden, daß die 4 in Cant 4,14 ᛔ genannten Spezereien kaum anders auf griechisch wiedergegeben werden könnten als es in Cant 4,14 ᛉ geschehen ist; wir haben hier also keinen absolut sicheren Beweis für eine Aufnahme der griechischen Version des Hohelieds. Außerdem ist das Zitat nur sehr kurz, und es kann nicht ausgeschlossen werden, daß Cant ᛉ eine ältere griechische Übersetzung revidiert, die verlorengegangen ist und in Cant 4,14 genauso lautete wie die Revision.

Ist die Apc Mos in Palästina zur Zeit des 1./2. Jh. entstanden, so würde eine gewisse Affinität ihrer exegetischen Methodik zu derjenigen der Rabbinen nicht überraschen. In der Tat lassen sich zahlreiche Parallelen finden. So basiert ein großer Teil der in der Apc Mos narrativ verwirklichten exegetischen Inventionen auf der auch bei den Rabbinen verbreiteten kombinatorischen Lektüre unterschiedlicher Bibelstellen. Für diese ist kennzeichnend, daß eine Passage durch eine andere erklärt oder amplifiziert wird, die im Wortlaut Übereinstimmungen aufweist; oft reicht schon ein einziges Wort. Auf dieser Methode basiert z.B. die in Apc Mos 16,1–17,1a zugrundeliegende Idee, daß die Schlange als Tier des »Feldes« (Gen 3,1a) ihren gewöhnlichen Aufenthaltsort außerhalb des Paradieses gehabt haben muß, da das »Feld« der Ort ist, von dem Adam sich nach seiner Vertreibung aus dem Paradies zu ernähren hat (3,18b). Ähnlich wird auch in Apc Mos 24,1–2 verfahren, wenn dort Gen 3,17 (»verflucht sei die Erde um deinetwillen«) durch Gen 4,12 erweitert wird (»und sie soll dir nicht ihre Kraft geben«); der Anknüpfungspunkt ist hebr. בעבודך (statt בעבורך [ᛔ]), das man mit

---

[29] Zur Lexik Aquilas vgl. J. REIDER / N. TURNER: An Index to Aquila (Vetus Testamentum, Supplementum 12), Leiden 1966.

תעבד in Gen 4,12 assoziieren konnte. Anders als im erstgenannten Falle wird Gen 3,17 hier allerdings durch Gen 4,12 nicht erläutert, sondern amplifiziert. Kombinatorische Lektüren haben auch das Motiv der Rückkehr Evas zu ihrem Manne ermöglicht (Gen 3,16 / 3,19b im Zusammenhang mit Gen 2,21–22) sowie die Vergiftung der Frucht des verbotenen Baumes durch das Gift der Begierde (Gen 3,6 / Ex 20,17 bzw. Dtn 5,21) sowie die zwischenzeitliche Lagerung der Leiche Abels auf einem Felsen (Apc Mos 40,5; aus Gen 4,10 / Hes 24,7–8); hier ist das Moment der Amplifikation besonders deutlich erkennbar. Eine gewisse Vorliebe für kontextnahe Parallelstellen ist nicht zu verkennen; hier zeigt sich möglicherweise ein gewisser Archaismus, der bei den Rabbinen nicht mehr zu konstatieren ist, die z.T. sehr weit auseinanderliegende Schrift-stellen aufeinander beziehen. Doch immerhin wird bei der Überlieferung über die Leiche Abels eine Thora-Stelle durch eine Stelle aus den Propheten erläutert; dieses für die rabbinische Homilie so kennzeichnende Verfahren findet sich also schon in der Apc Mos.

Neben der kombinatorischen Lektüre begegnen auch andere exegetische Methoden, welche die Apc Mos mit den Rabbinen teilt. Mehrfach lassen sich אל־תקרא-Lesungen rekonstuieren, so etwa in Apc Mos 2,1–3,1 (nicht die Erde sondern Kain trinkt Abels Blut; es wurde also in Gen 4,11 פצ(י)תה את־פיך statt פצתה את־פיה gelesen. אל־תקרא-Lesungen lassen sich auch für Apc Mos 33,2–37,6 und mit gewissen Einschränkungen auch für das Motiv des Eides der Eva (Apc Mos 19,1–3) ansetzen, wo der Graphembestand des biblischen Bezugswortes (Gen 3,13: השיאני) nicht verändert wurde, wohl aber die Aussprache, so daß es nicht mehr »die Schlange hat mich verführt« heißt, sondern »die Schlange hat mich schwören lassen«.

Das letztgenannte Beispiel ist auch deshalb besonders lehrreich, weil Gen 3,13 in seiner konventionellen Bedeutung ebenfalls Verwendung findet, und zwar innerhalb ein- und derselben
Schicht, vgl. Apc Mos 23,5. Hier zeigt sich, daß der Verfasser seine erzählerisch-kreative
Auslegung von Gen 3,13 in Apc Mos 19,1–3 keineswegs für die »eigentliche Bedeutung« des
Textes hielt, sondern für eine von mehreren möglichen Auslegungen, neben der die vom Septuagintatext repräsentierte konventionelle Bedeutung ebenfalls ohne weiteres Aufnahme finden
kann. Hier deutet sich möglicherweise der für die rabbinischen Kommentarwerke so kennzeichnende Pluralismus an, vielleicht aber auch ein Nebeneinander von »Literalsinn« und
haggadischer Auslegung, wie es sich etwa im Targ Ps Jon findet, der oft wörtliche Übersetzung
und erzählerische Tradition zum übersetzten Text nebeneinanderstellt.

Nicht unerwähnt bleiben sollte eine Parallele in der Methodik, die weniger den Erwartungen entsprechen dürfte, da man die betreffende Methode meines Wissens bei den Rabbinen bisher nicht beobachtet oder diskutiert hat. In Apc Mos 24,1–2 werden nicht nur zwei Bibelstellen kombiniert, sondern auch zwei Varianten. Neben בעבורך (Gen 3,17 M: »um deinetwillen«) findet dort nämlich auch die durch die den Lib Jub und die Septuaginta bezeugte, aber möglicherweise auch anderweitig bekannte Variante בעבוד(י)ך (»bei deiner Arbeit«) Verwendung. Es werden also zwei Varianten narrativ miteinander kombiniert. Dasselbe Verfahren begegnet auch in Apc Mos 25, etwas deutlicher erkennbar aber noch in einer rabbinischen Parallele zu Apc Mos 25, die in K X,10 diskutiert wird. Eine Subspezies dieser Methode stellt die spielerische, gelegentlich auch kritische Nebeneinanderstellung von Septuagintaüberlieferung und hebräischer Parallele dar, wie sie sich in Apc Mos 5,4–6,3 und möglicherweise auch in Apc Mos 41 findet; zu letztgenannter Stelle gibt es eine rabbinische Parallele, die m.E. zeigt, daß auch die Rabbinen diese Ausprägung des Spiels mit Varianten gekannt haben (vgl. KXI,12 [S. 545]).

Hier zeigt sich m.E. eine Haltung zu den Problemen der Textüberlieferung, die stark abweicht von einer ausschließlich an der Rekonstruktion eines Urtextes orientierten Textkritik. Varianten werden als Bereicherung, als zusätzliches Bedeutungspotential begriffen, nicht aber als Verderbnis. In diese Richtung geht auch die Technik der אל־תִּקְרָא-Lesung. Das rabbinische Judentum ist durch diese Auffassung freilich nicht an der Erarbeitung einer weitgehend homogenen Textüberlieferung gehindert worden. Die zahlreichen Ketîb / Qerê-Lesarten deuten allerdings an, daß man auch in späterer Zeit Varianten noch zu schätzen wußte. Man wird diesen Umgang mit Varianten freilich nicht als Sorglosigkeit im Umgang mit dem geheiligten Text deuten dürfen, eher zeigt sich hier ein Konservatismus, der das Überlieferte auch dann pflegen will, wenn es nicht ganz zu der Linie paßt, für die man sich entschieden hat. Konservatismus und »Orthodoxie« sind nicht immer dasselbe, Konservatismus und Pluralität schließen sich nicht immer aus.

Doch nicht nur formal geht die Exegese in der Apc Mos mit derjenigen der Rabbinen in vielem konform, auch materiale Parallelen lassen sich aufzeigen. So existiert in Ber R 22,9 eine Parallele zu Apc Mos 40,3–5, die insofern signifikant ist, als ihre Hintergrundlogik offenbar nur von Apc Mos 40,3–5 her eruiert werden kann. Damit spricht einiges dafür, daß die Apc Mos der ältere Text und die rabbinische Tradition in irgendeiner Weise von der Apc Mos abhängig ist. Interessanterweise findet ein Teil der in Ber R 22,9 niedergelegten Tradition auch in mSanh 4,5d Verwendung. Die Redaktionsgeschichte der Mischna ist schwer zu rekonstruieren (vgl. STEMBERGER: Einleitung, 138–144), und so wird man auch mSanh 4,5d kaum sicher datieren können, doch immerhin ist nicht auszuschließen, daß hier bereits recht früh, vielleicht im 2. Jh., eine Überlieferung Niederschlag gefunden haben kann, die wohl von der Apc Mos ihren Ausgang genommen hat. Auch dies wäre für eine historische Verortung der Apc Mos nicht unerheblich.

Eine interessante Parallele zu den Adamdiegesen insgesamt findet sich in Ber R 20,10; sie wird in E III,5d besprochen. Sie beruht auf einer kombinatorischen Lektüre von Gen 3,1a und Gen 3,18b und findet ihre nächste Entsprechung im narrativen Rahmen von Vit Ad 1–21. Auf derselben kombinatorischen

Lektüre beruht indes auch Apc Mos 16,1–17,1a, nur daß dort Gen 3,1a durch Gen 3,18b erläutert wird, während in Vit Ad 1–21 und Ber R 20,10 der umgekehrte Vorgang zugrundeliegt. Interessanterweise findet bei den Rabbinen nur die zeitlich spätere Invention eine Entsprechung; zudem liegt es bei ihnen als fertiges Ergebnis vor, während in den Adamdiegesen gerade im Zusammenhang mit dieser Exegese eine Entwicklungsprozeß zu beobachten ist, der nicht nur die Exegese betrifft, sondern auch theologisch-konzeptioneller Natur ist (Herausbildung einer Ätiologie des Ackerbaus). Auch hier hat man den Eindruck, daß die rabbinische Tradition jünger ist als die der Adamdiegesen; allerdings ist ein Abhängigkeitsverhältnis nicht so leicht nachweisbar, weil Ber R 20,10 auch ohne die Parallele in Vit Ad 1–21 verständlich ist.

Die Parallelen zwischen der Apc Mos und der rabbinischen Literatur sind eine zusätzliche Stütze für die bisher vorgenommenen Annahmen hinsichtlich des historischen Orts der Apc Mos. Sie ist in Palästina enstanden, und zwar, wie viele Indizien andeuten, im 1.–2. Jh. n. Chr. Kennzeichnend für ihren literarischen Charakter ist eine Symbiose von griechischer und hebräischer Sprache sowie ein Nebeneinander von griechischer und hebräischer Bibelüberlieferung, die an die Tätigkeit der Septuagintarevisoren erinnert. Speziell mit der hebräischen Bibelüberlieferung wird nach exegetischen Methoden verfahren, die auch bei den Rabbinen belegt sind. All dieses verweist auf ein Milieu von palästinischen Schriftgelehrten als kulturellen Hintergrund der Apc Mos. Damit wäre auch das unliterarische Griechisch erklärt: In diesem Umfeld galten andere Standards als in einer durch griechische Bildung geprägten Kultur. In solchen Kreisen ist wahrscheinlich auch die Καίγε-Rezension, auf jeden Fall aber die Revision des Aquila entstanden, zu der die Apc Mos eine interessante Parallelen aufweist. Zieht man in Betracht, daß der überwiegende Teil der datierungsrelevanten Befunde, v.a. auch die Parallele zu Aquila, eher einen geringen als einen großen Abstand zum Terminus ante quem (2. Jh. n. Chr.) nahelegen, so gibt es gute Gründe, eine Entstehung nach der Tempelzerstörung anzunehmen, von der in der Apc Mos freilich nirgends die Rede ist. Es ist nicht auszuschließen, daß von der Apc Mos her ein Beitrag für die Erforschung der Frühgeschichte der »rabbinischen Bewegung« geleistet werden kann (zu dieser vgl. STEMBERGER: Einleitung, 11;14–15).

4. Inhaltliche Aspekte

Ist die Apc Mos als (Zwischen-) Ergebnis einer narrativ-exegetischen Arbeit an biblischer Adamüberlieferung zu charakterisieren, so wird schon damit eine religionsgeschichtlich relevante Aussage gemacht. Die biblische Adamüberlieferung ist nämlich in der Religion Israels offenbar nicht immer Gegenstand eines stärkeren Interesses gewesen. Im Alten Testament sind Anspielungen an Gen 2–3 eine absolute Ausnahme (Hos 6,7; Jes 65,25)[30]; etwas häufiger begegnen Texte, die Gen 2–3 nahestehen (etwa Ps 8; Hes 28), aber nicht nachweisbar davon abhängig sind. Auch das Geschlechtsregister der Chronik, speziell 1. Chron 1,1, belegt nicht gerade eine Auseinandersetzung mit dieser Tradition. Erst recht untypisch ist das spezifische Interesse der Apc Mos an der Adam-überlieferung als Erzählung über eine urzeitliche Katastrophe; dies gilt nicht nur für das Alte Testament, sondern auch für das ältere Schrifttum des frühen Judentums. Wenn es in der jüdischen Literatur des 3.–1. Jh. v. Chr. die Vorstellung von einer Katastrophe in der Urzeit gegeben hat, so setzte man diese hauptsächlich mit dem Fall der Wächterengel vor der Sintflut an, so vor allem in der Henochüberlieferung, vgl. 1. Hen 6–11. Eine Ausnahme ist möglicherweise Sir 25,24, wenn dort tatsächlich der Tod auf Eva zurückgeführt werden sollte.[31]

Noch deutlicher wird der Abstand der Apc Mos zu früherer Literatur, wenn man bedenkt, daß die Urzeitkatastrophe in der Apc Mos wesentliche negative Aspekte der Conditio humana erklären soll. Dieses Moment tritt freilich erst in der Endredaktion deutlicher hervor, die den Tod (14,2) und die Sünde aller Menschen (32,2) auf die Tat Evas zurückführt. Die Endredaktion begreift somit die biblische Adamüberlieferung als Ätiologie des Widerständigen in menschlichem Tun und Ergehen; mit einem gewissen Vorbehalt, der gegenüber Begriffen einer systematischen Theologie in diesem Zusammenhang sicher nicht

---

[30] In Hos 6,7 ℳ heißt es: שם בגדו בי   והמה כאדם עברו ברית (»Und sie übertraten den Bund wie Adam; dort handelten sie treulos gegen mich«). Da שם (»dort«) ohne Beziehungswort bleibt, scheint der Text verderbt; er paßt auch nicht in den Kontext (Hos 6,7–11), in dem das normwidrigem Verhalten von Israeliten an jeweils unterschiedlichen Orten (Heiligtümern?) beklagt wird. Die philologischen Probleme sind behoben, wenn man בְּאָדָם statt כְּאָדָם liest und אדם als den am Jordan gelegenen Ort Adam identifiziert (vgl. Jos 3,16). Hos 6,7 spielte damit ursprünglich auf den Jordandurchzug der Israeliten an. Schon bei dieser Gelegenheit habe Israel sein Verhältnis zu Gott zerstört. Freilich ist ein Text mit בְּאָדָם nirgends mehr erhalten, auch 𝔊 (ὡς ἄνθρωπος), 𝔖 (ܐܝܟ ܒܪ ܐܢܫܐ »wie ein Mensch«), 𝔙 (*sicut Adam*) und 𝔗^Jon (כדריא »wie die Generationen«) stützen ℳ. Der anzunehmende »Lesefehler« muß also ziemlich alt sein. Ob er Hos 6,7 mit Gen 3 assoziiert, ist freilich nicht ganz sicher, immerhin hat von den Versionen nur 𝔙 einen solchen Bezug gesehen. Ebenfalls muß offen bleiben, ob es sich wirklich um einen Lesefehler handelt oder aber um eine alte אל־תקרא-Lesart, die ursprünglich gar nicht den Text verändern sollte (vgl. die entsprechende rabbinische Praxis), sondern nur eine neue semantische Valenz anzudeuten bestrebt war, etwa in dem Sinne, daß Israels Untreue derjenigen Adams entsprach.

In Jes 65,25c wird die Schilderung des endzeitlichen Tierfriedens (Jes 65,25) durch den Hinweis unterbrochen, daß die Schlange Staub als ihr Brot haben werde (ונחש עפר לחמו). Wahrscheinlich handelt es sich um eine Glosse, durch welche die Gültigkeit von Gen 3,14 gesichert werden soll. Wenn Gott die Schlange dort - als einziges der Tiere - verflucht hat, so kann dieser Fluch durch den zukünftigen Tierfrieden nicht aufgehoben werden.

[31] Dies wird bestritten von J. LEVISON: Is Eve to Blame? A Contextual Analysis of Sirach 25,24, The Catholic Biblical Quarterly 47 (1985), 617–623.

unangebracht ist, kann also konstatiert werden, daß sie Gen 2–3 als Antwort auf die Frage des *unde malum* interpretiert.

Dies aber ist keineswegs selbstverständlich. Zunächst einmal ist ein solcher Vorbehalt für eine urgeschichtliche Herleitung des Bösen zu konstatieren. Der biblischen Urgeschichte (Gen 1–11) wird ein Interesse am Ursprung des Bösen nicht abzusprechen sein, doch in den Schriften des AT findet sie damit kaum Entsprechungen. Auch im frühen Judentum deutet sie sich nur allmählich an. So berichtet die Wächterengelüberlieferung in 1. Hen 6–11 zwar von einer Katastrophe in der Urzeit, nimmt diese aber nicht als Ätiologie des Bösen. Allenfalls 1. Hen 8, wo der gefallene Engel Azazêl und seine Genossen den Menschen technische Fertigkeiten vermitteln, könnte man so verstehen, doch ist dieser Text besser als kulturkritische Ätiologie zivilisatorischer Errungenschaften zu lesen. In Lib Jub 10,1–14 lassen sich deutlicher Aspekte einer urgeschichtlichen Begründung des Bösen wahrnehmen. Dort ist von den bösen Geistern die Rede, die aus den Ehen der Wächterengel mit menschlichen Frauen stammen und die Nachfahren Noahs in die Irre leiten und plagen; ihr oberster Anführer ist Mastema. Auf ein Gebet Noahs befiehlt Gott, die bösen Geister zu binden, doch einer Bitte Mastemas folgend läßt Gott einen Teil der Geister frei, so daß sie weiter aktiv bleiben können. Gegen diese schreibt Noah medizinische Bücher, die er seinem Sohn Sem übermittelt. Zwar wird hier die Herkunft der Dämonen und indirekt wohl auch die Mastemas erklärt, doch im Vordergrund scheint nicht die Frage des *unde malum* zu stehen, sondern das Interesse an einer medizinischen Literatur unter dem Namen Noahs. Eindeutig um die Herkunft des Bösen geht es indes in der sog. Zwei-Geister-Lehre (1QS III,13–IV,26), doch diese bringt es gerade nicht mit Gen 2–3 in Verbindung, leitet es auch nicht aus menschlichem Versagen und letztlich auch nicht aus dämonischer Einwirkung ab, sondern aus der Allmacht Gottes.

Erst recht läßt sich eine Ätiologisierung von Gen 3 im Sinne der Frage des *unde malum* für die Frühzeit nicht belegen, es sei denn, man akzeptiert Sir 25,24 als einen vereinzelten Zeugen, doch zeigt sich hier auf keinen Fall eine gründliche Auseinandersetzung mit Gen 3 (s.o.). Sehr viel instruktiver ist Auslegung von Gen 3 im Jubiläenbuch (Lib Jub 3), insofern dieses aus dem Paradiesgeschehen zwar das Gebot der Schambedeckung ableitet (Lib Jub 3,30–31), aber in keiner Weise erkennen läßt, daß es in Gen 3 um einen »Sündenfall« oder eine katastrophale Verschlechterung der menschlichen Lebensbedingungen geht. Bezeichnenderweise tut Adam nach der Vertreibung aus dem Paradies dasselbe wie zuvor: Er beackert der Erde, wie er es im Paradies getan und von den Engeln gelernt hatte (3,35). Auch die Tierapokalypse in 1. Hen 85–90 erwähnt Adam und Eva zwar (85,3), beachtet Gen 3 aber überhaupt nicht. Es dürfte kein Zufall sein, daß Adam, indem er als weißer Farre präsentiert wird, einen Sonderstatus erhält (den auch Seth [85,9] und Noah [89,1] mit ihm teilen); bedeutsam ist hier aber vor allem, daß er diesen offenkundig nicht verliert.

Ein deutlicher Wandel in der Rezeption von Gen 2–3 läßt sich indessen für das 1. Jh. konstatieren. In dieser Zeit ist die biblische Adamüberlieferung gleich mehrfach als Antwort auf die Frage des *unde malum* gelesen worden. Relativ einfach zu datieren ist Röm 5,12–21, speziell Röm 5,12. Dort baut Paulus eine primär auf Christi Heilshandeln ausgerichtete Argumentation auf der Voraussetzung auf, daß durch einen Menschen, nämlich Adam, die Sünde in die Welt gekommen sei und durch die Sünde der Tod. Entscheidend ist, daß hier Tod und Sünde gleichermaßen von dem in Gen 3 berichteten Geschehen hergeleitet werden und daß diese Ätiologie zentraler Verhängnisse der Conditio humana nicht entwickelt, sondern als etwas Bekanntes aufgenommen wird.

Andere Fragen müssen ungeklärt werden, etwa ob hier bereits die Lehre von der Erbsünde oder gar der Erbschuld vertreten wird; beide Konzepte haben in der alten Kirche eine Rolle gespielt[32], sind aber wohl auch dem rabbinischen Judentum nicht völlig unbekannt.[33] Mit ähnlichen Ambivalenzen sind vergleichbare Aussagen in frühjüdischen Texten verbunden, die im übrigen zeigen, daß Paulus im Römerbrief nicht vorrangig auf eigene Lehre rekurriert (wie sollte er das bei den Römern auch tun?), sondern jüdische Überzeugungen aufgreift. So heißt es in 4. Esra 3,21: »mit einem bösen Herzen belastet hat nämlich ‚der erste Mensch / Adam als erster' (das Gebot) übertreten und ist besiegt worden – und mit ihm alle, die aus ihm geboren sind« (*Cor enim malignum baiulans primus Adam transgressus et victus est, sed et omnes, qui ex eo nati sunt*). Hier werden deutlich die Übertretung Adams und die aller Menschen parallelisiert, aber ob hier an einen naturhaften Zusammenhang gedacht ist, muß offen bleiben.[34] Vergleichbar ist 4. Esra 4,30, wo von einem »Korn des bösen Samens« (*granum seminis mali*) die Rede ist, das in Adams Herz gesät wurde und reichlich Ernte eingebracht hat. In 4. Esra 7,11–12 wird das beschwerliche Leben in diesem Äon auf das Strafgericht Gottes wegen der Übetretung Adams zurückgeführt

---

[32] Zur Lehre von der Erbsünde vgl. J. GROSS: Entstehungsgeschichte des Erbsündendogmas. Von der Bibel bis Augustinus, München 1960.

[33] Vgl. P. SCHÄFER: Adam in der jüdischen Überlieferung, in: W. STROLZ (Hrsg.): Vom alten zum neuen Adam. Urzeitmythos und Heilsgeschichte (Veröffentlichungen der Stiftung Oratio Dominica 13), Freiburg etc 1986, 69–93, speziell 73–81. SCHÄFER hebt die Momente hervor, die auf eine rabbinische Abwehr von Vorstellungen über Erbsünde und Erbschuld hinauslaufen. Für die Erbschuld mag dies zutreffen, doch steht die Tradition vom Schmutz, den die Schlange auf Eva und damit auf alle Götzendiener warf (bSchabb 145b/146a; bJeb 103b; bAbZara 22b, vgl. SCHÄFER 74–75) nicht doch einer Erbsündekonzeption nahe?

[34] Eine Klärung der Frage hängt u.a. davon ab, ob *primus Adam transgressus ... est* bedeutet, daß »Adam als erster« eine Übertretung begangen habe, oder ob »der erste Adam« (אדם הראשון) gemeint sei. Sowohl die Wortstellung als auch die syrische Parallele, wo ܐܕܡ ܩܕܡܝܐ (MAI 47) steht, sprechen für letzteres.

(*11: iudicatum est quod factum est, 12 et facti sunt introitus huius saeculi angusti et dolentes ...*); ähnlich ist wohl 4. Esra 7,116–121 zu verstehen. Dort wird auf jeden Fall das beschwerliche Leben der Menschen und der Tod auf Adam zurückgeführt; weniger sicher ist, ob er auch die Ursache für die Sünden der Menschen sein soll. Auch für den 4. Esra gilt, daß hier nicht genauer entfaltet werden kann, wie das durch oder mit Adam eingetretene Verhängnis gesehen wird, zumal hier auch noch die Frage hinzutritt, ob zwischen einem Standpunkt Esras und einem Standpunkt Gottes zu differenzieren ist. Es muß hier genügen, daß Sünde, Tod und darüber hinaus ein beschwerliches Leben mit Adam assoziiert werden. Speziell in der Hervorhebung der leidvollen Veränderung der gesamten gegenwärtigen Welt findet diese Stelle auch eine Parallele in Röm 8,20.

Mit denen des 4. Esra vergleichbare Probleme weist auch das zweite Baruchbuch auf, vgl. etwa 2. Bar 23,4, v.a. aber 2. Bar 54,14.19, wo offenbar der vorzeitige Tod von Adam abgeleitet wird, zugleich aber festgehalten wird, daß jeder einzelne seiner Nachkommen sich selbst zukünftige Pein oder Herrlichkeit erwählt hat. Auch ἐφ' ᾧ πάντες ἥμαρτον in Röm 5,12 kann in diesem Sinne verstanden werden. Eine Herleitung des Todes von dem in Gen 3 berichteten Geschehen ist im Übrigen auch in Sap Sal 2,23–25 bezeugt, das möglicherweise der älteste von den hier diskutierten Texten ist.

Die in der Apc Mos vertretene Auffassung von Sünde und Tod paßt in diese Szenerie; von E IV,3 her wissen wir ja auch, daß sie mit den aufgeführten Texten in etwa zeitgenössisch ist. Allerdings ist dieses Bild zu differenzieren: Die älteste Schicht in der Apc Mos sieht (Apc Mos 15–30), wie v.a. aus Apc Mos 28 hervorgeht, den Tod nicht als Folge der Sünde; Adam wird dort nicht mit dem Tod bestraft, vielmehr wird dafür gesorgt, daß er nicht unsterblich werde. Bezeichnenderweise wird in Apc Mos 15–30 auch nicht auf Gen 3,19b rekurriert, wo im Zusammenhang mit dem Gottesfluch über Adam von dessen Tod die Rede ist. Dies geschieht später – in der Grablegungserzählung (Apc Mos 39; 41). Begrifflich explizit wird der Tod aber erst in der Endredaktion auf das Paradiesgeschehen zurückgeführt (Apc Mos 14,2). Eine ähnliche Entwicklung läßt sich bei der Ätiologisierung der Sünde beobachten. In Apc Mos 15–30 wird berichtet, daß die Schlange die Frucht, von der später Eva und danach Adam aßen, mit dem »Gift der Begierde nach jeglicher Sünde« infizierte; dem entspricht in 28,3 die Rede von einem Krieg, den der Feind in Adam hineingelegt hat; vgl. auch die analoge Aussage über Eva in 25,4. Dies kann eine Ätiologie der Sünde implizieren, doch ist zu bedenken, daß diese Aussagen nur über Adam und Eva gemacht werden; von einer Vergiftung der gesamten Menschheit durch die Schlange ist nicht die Rede. Erst die Endredaktion weiß, daß sämtliche Sünde in der Welt durch Eva entstanden ist; vgl. Apc Mos 10,2 und 32,2.

Offen bleibt im übrigen auch hier, ob der Zusammenhang zwischen der Sünde der ersten Menschen und derjenigen der Menschheit erbmäßig vermittelt ist oder nicht. Unklar ist auch, wie viele an diesem Sündzusammenhang teilhaben. Höchstwahrscheinlich sind es nicht alle, denn in 10,2 sagt Eva, daß »alle, die gesündigt haben« (πάντες οἱ ἁμαρτήσαντες) sie wegen ihrer Gebotsübertretung verfluchen werden; die Annahme, daß ἁμαρτήσαντες antonomastisch für »Menschen« stünde, wäre wohl etwas künstlich.

Es läßt sich also feststellen, daß die Verfasser der Apc Mos die Ätiologisierung von Sünde und Tod anhand von Gen 3, die sie mit frühjüdischen und frühchristlichen Schriften des 1. Jh. n. Chr. teilen, nicht von Anfang an kannten, sondern erst mit der Zeit entwickelten. Dies kann vieles bedeuten: Sie könnten Pioniere einer anthropologischen Neuorientierung sein, sie könnten aber auch relativ traditionell geprägte Persönlichkeiten sein, die zeittypische Ideen mit einer gewissen Verzögerung rezipieren. Letzteres liegt insofern näher, als die in E IV,3 aufgeführten Indizien insgesamt darauf hindeuten, daß die Apc Mos später als die Briefe des Paulus entstanden ist. Für Paulus aber ist eine ganz ähnliche Konzeption wie diejenige, die im Entstehungsmilieu der Apc Mos offenbar nicht von Anfang an vorgelegen hat, selbstverständlich.

In einem Punkt freilich unterscheidet sich die von der Endredaktion entfaltete Lehre von Sünde und Tod von der des genannten zeitgenössischen Schrifttums. Als Hauptverantwortliche für Sünde und Tod wird Eva genannt, während Paulus, 4. Esra und 2. Bar hierbei grundsätzlich Adam in den Blick nehmen. Wohl kommt Paulus zwar in 2. Kor 11,3 auf die Verführung Evas durch die Schlange zu sprechen, doch geht es dort nicht um den Ursprung der Sünde und des Todes. Eine Parallele findet sich, sieht man von dem wesentlich älteren Sir 25,24 ab, erst in 1. Tim 2,14, das nachpaulinisch sein dürfte. Übrigens läßt sich auch im Hinblick auf die Schuld Evas bei den Verfassern der Apc Mos eine Entwicklung konstatieren: Apc Mos 15–30 zeigt kein Interesse an einer besonderen Schuld Evas (vgl. K X,2 [S. 304]), dies geschieht erst in der Endredaktion.

Es gibt zahlreiche weitere Momente, die ein inhaltliches Interesse an der Apc Mos begründen oder bei deren religionsgeschichtlicher Verortung helfen können. Es ist hier allerdings nicht der Platz, diese *in extenso* zu diskutieren, doch sollen hier wenigstens einige als Anregung für weitere, stärker theologisch und religionsgeschichtlich orientierte Forschungen an der Apc Mos erwähnt werden. Bedeutsam ist z.B. die Vorstellung vom Tod als Trennung von Leib und Seele, vgl. hierzu Apc Mos 13,6; 31,4; 32,4; 42,5–8; 43,3. Doch auch diese ist in den älteren Schichten (15–30; 33,2–37,6; Grablegungserzählung) noch nicht bezeugt, sondern erst in der Endredaktion (13,6; 31,4; 32,4) und in den Elaboraten eines späteren Bearbeiters (42,5–8; 43,3). Wie schon zuvor kann also die Entstehung oder Übernahme eines neuen theologischen Konzepts *in processu* beobachtet werden. Eine vergleichbare Deutung des Todes findet sich in Qoh

12,7; Sap Sal 16,14 und Ps-Phokylides 99–108; auch die Überlieferung um den Tod des Moses, die bei Clemens, Stromateis VI,132,1–3 bezeugt ist, kann hier genannt werden. Dort wird erzählt, Josua habe Moses, als er »aufgenommen« (ἀναλαμβανόμενον) wurde, »doppelt« (διττόν) gesehen, den einen mit den Engeln, den anderen der Bestattung im Gebirge gewürdigt. Vielleicht ist es wieder einmal Zeichen eines gewissen Traditionalismus, daß ein zeittypisches Konzept erst in den späteren Schichten der Apc Mos manifest wird. Ein weiteres religionsgeschichtlich interessantes Moment ist mit dem Adamgrab verbunden. Wir erfahren, daß Adam in der Nähe des Paradieses beerdigt wurde. Von Anklängen an die christliche Golgatha-Tradition[35] ist nichts zu spüren, das gleiche gilt für die rabbinische Überlieferung vom Adamgrab in Hebron, die auch von Hieronymus bezeugt und favorisiert wird.[36] Vielleicht erweist sich hier eine gewisse Anciennität der Apc Mos; beide Überlieferungskomplexe sind möglicherweise erst später entstanden, der erstgenannte ist darüber hinaus wohl auch rein christlich. Ähnliches läßt sich zu Apc Mos 40,3–5 sagen, das eine signifikant andere Überlieferung über die Leiche des ersten Erschlagenen bietet als der Großteil der späteren jüdischen Überlieferung (vgl. den Exkurs am Ende von K XI,9). Interessante Parallelen zur Bestattung Jesu lassen sich bei der Leichenpflege Adams beobachten (vgl. K XI,8); eine Abhängigkeit der einen von der anderen Überlieferung ist aber nicht erweisbar. Eine gewisse Zurückhaltung ist hinsichtlich der Rolle Seths in der Apc Mos angebracht. Zwar wertet Apc Mos 9–14 die biblische Überlieferung von der Adam-Ebenbildlichkeit Seths (Gen 5,3) dahingehend aus, daß Seth Ebenbild Gottes ist (Apc Mos 10,3; 12,1.2); außerdem wird dort die Weissagung über den Samen der Frau (Gen 3,15) auf Seth bezogen (vgl. K IX [S. 277–280]). Doch in beiden Fällen fehlt jegliches soteriologische oder messianische Interesse, wie es dann v.a. in der Gnosis er-

---

[35] Die wohl ältesten sicheren Belege für die christliche Überlieferung von dem Adamgrab auf Golgatha stammen von Origenes, vgl. Comm Mt 126 (zu Mt 27,32) (MPG 13,1777) (Caten. ms. Graec.): Περὶ τοῦ κρανίου τόπου ἦλθεν εἰς ἡμᾶς ὅτι Ἑβραῖοι παραδιδόασιν, ὅτι τὸ σῶμα τοῦ Ἀδὰμ ἐκεῖ τέθαπται, ἵνα, ἐπεὶ ἐν τῷ Ἀδὰμ πάντες ἀποθνήσκουσιν, πάλιν ἐν τῷ Ἀδὰμ πάντες ζωοποιηθῶσι sowie derselbe in der Übersetzung Rufins, Comm Mt 126 (MPG 13,1777): *ut in illo loco, qui dicitur Calvariae locus, id est locus capitis, caput humani generis resurrectionem inveniat.*
[36] Zum Adamgrab in Hebron vgl. bErub 53a: אמר ר׳ יצחק קרית הארבע זונת אדם וחוה אברהם ושרה (»R. Jiṣḥaq sagt: »Die Stadt der vier Ehepaare: Adam und Eva, Abraham und Sarah, Isaak und Rebekka, Jakob und Lea«). Die Überlieferung ist hier also mit einer Ätiologie des zweiten Namens der Stadt Hebron, קרית ארבע, verbunden, ähnlich bSoṭa 13a. Vgl. auch Ber R 58,8 und PRE 20,4; 36,5. Hieronymus referiert die Golgatha-Legende, vgl. Comm Eph III zu 5,14 (MPL 26,526); Epistel 46,3 (CSEL 54,332 Z. 1 ff); Ep 46,3, kritisiert sie aber, vgl. Comm Mt IV zu 27,33 (CCSL 77,270): *Favorabilis interpretatio et mulcens aurem populi, nec tam vera,* und vertritt die Überlieferung vom Adamgrab in Hebron, so in Comm Eph III zu 5,14 (MPL 22,526); Quaest Hebr in Gen zu 23,2 (MPL 23,1022); Onomasticon (KLOSTERMANN 7,11–14); Comm Mt IV zu 27,33 (CCSL 77,270); Ep 108,11,3 (CSEL 55,319).

kennbar ist. Wenigstens abschließend soll noch die in allen Schichten der Apc Mos präsente Vorstellung von einer Auferstehung der Toten (nach Alter geordnet: 28,4; 37,6 [?]; 41; 13,3–5) zur Sprache kommen. Sie ist freilich auch außerhalb der Apc Mos in jüdischen wie frühchristlichen Schriften derart verbreitet (vgl. Dan 12,2; Ps Sal 3,12b; 2. Mkk 7,9.11.14.23; 12,43–46; 1. Hen 51 [Bilderreden]; Lib Ant Bib 3,10; 4. Esra 7,32; 2. Bar 42,7; 50f; Or Sib IV,171–190; Test Hiob 4,9; die lateinische Grabinschrift der Regina in Rom = CIJ 576), daß sie kaum als Kriterium einer präziseren religionsgeschichtlichen Verortung taugt. Freilich diente sie in Apg 23,5–9 immerhin als Spezifikum des Pharisäismus im Unterschied zum Sadduzäismus. Daß aber die Auferstehungslehre eine Sondermeinung der Pharisäer war, wird man Apg 23,5–9 nicht entnehmen können, eher sah man deren Ablehnung als Sonderlehre der Sadduzäer, vgl. die Perikope von der Sadduzäerfrage (Mk 12,18–27 // Mt 22,23–33 // Lk 20,27–38).

5. Resumée

Die Untersuchungen zum historischen Ort haben ergeben, daß die Apc Mos als eine Schrift des palästinisch-jüdischen Milieus zu bestimmen ist; als Entstehungszeit ist das späte erste und das frühe zweite Jh. n. Chr. anzunehmen. Inhaltlich gibt die Apc Mos einem Interesse an der biblischen Adamüberlieferung als Ätiologie von Tod und Sünde Ausdruck, das auch in anderen Schriften aus dem 1./2. Jh. im jüdisch-christlichen Milieu mehrfach bezeugt ist. Eine christliche Verfasserschaft der Apc Mos legt sich angesichts dieses Befundes nicht nahe; es verhielte sich anders, wenn es wenigstens einen expliziten Verweis auf dasjenige gibt, was auch palästinische Judenchristen von ihrer Umwelt unterschieden hat, also vor allem die Gestalt Jesu Christi. Völlig unproblematisch ist dagegen eine Verortung der Apc Mos im nichtchristlichen Judentum Palästinas. Ein pharisäischer Hintergrund ist nicht auszuschließen, aber auch nicht definitiv zu beweisen. Dem sozialen Status nach dürften die Verfasser Schriftgelehrte gewesen sein.

Kommentar

I. Der Prolog

Ia. Hinführung

Die Apc Mos ist in den Handschriften ohne Titel überliefert, anders als bei-
spielsweise die Evangelien (Mk: älteste Form [nach ℵ B]: κατὰ Μάρκον), die
Apc Joh (älteste Form [nach ℵ A]: ᾽Αποκάλυψις ᾽Ιωάννου) oder 3. Bar (Titel:
᾽Αποκάλυψις Βαρούχ). Damit ist nicht notwendigerweise gesagt, daß es einen
solchen Titel nicht gegeben hätte: In De Principiis III,2,1 referiert nämlich
Origenes auf eine Schrift, nach der die Schlange, die Eva verführte, *a diabolo
inspiratum* gewesen sei. Er nennt sie *Ascensio Moysi* und hebt hervor, daß der
Apostel Judas sie zitiert habe (vgl. den Streit zwischen dem Erzengel Michael
und dem Teufel über die Leiche des Mose in Judas 9). Nun ist eine solche
Nachricht in einer Schrift über den Tod des Mose schwer denkbar, auch die
(allerdings nur fragmentarisch erhaltene) Ass Mos, die vielleicht mit der laut
Origenes in Judas 9 zitierten Schrift zusammenhängt, läßt sie vermissen.[1] So
könnte hier eine Verwechslung vorliegen – mit einer Schrift ähnlichen Titels,
die eine solche Überlieferung hatte, eben der Apokalypse des Mose, vgl. Apc
Mos 16,5. Sie müßte dann – ähnlich dem heutigen Titel – ᾽Αποκάλυψις Μωυσέως genannt worden sein. Anlaß für diese Namensgebung kann die Superscriptio[2], daneben vielleicht auch das Vorbild der Apc Joh gewesen sein.[3] Denk-

---

[1] Zur Ass Mos vgl. J. Tromp: The Assumption of Moses. A Critical Edition with Commentary (Studia in Veteris Testamenti Pseudepigrapha 10), Leiden 1993. Von der Ass Mos ist v.a. ein
lateinisches Fragment erhalten; dieses bricht gegen Ende ab. Darum fehlt der Bericht vom Tod
des Mose, vgl. Tromp, a.a.O., 270–285; zu De Principiis III,2,1 vgl. idem 274.

[2] Auch das Jubiläenbuch wurde nach einem Titel zitiert, der an dessen Superscriptio anknüpfte, vgl. CD 16,3–4 wo es ספר מחלקות העתים ליובליהם ובשבועותיהם (»Schrift von der Einteilung
der Zeiten nach ihren Jubiläen und Jahrwochen«) genannt wird; in der Superscriptio von Lib Jub
(äth) begegnen die Wendungen ነገረ ፡ ኩፋሌ ፡ መዋዕለት ፡ ሕግ (»Schrift von der Einteilung der
Tage des Gesetzes«) und ለተሳብኦቶሙ ፡ ለኢየቤልዎሳቲሦሙ (»um sie nach dem Siebenerschema in
ihre Jubiläen einzuteilen«).

[3] Die Superscriptio der Apc Joh (1,1–3, speziell 1,1) ist wahrscheinlich der älteste Beleg für
die Gattungsbezeichnung ἀποκάλυψις. Wenn auch Schriften so überschrieben werden, die
frühjüdischer Herkunft sind oder zumindest auf einer jüdischen Grundlage beruhen (3. Bar, Apc
Esra, Apc Sedr), so dürfte hier dennoch das Vorbild der Apc Joh eingewirkt haben (in keiner der
genannten Schriften kann derart sicher ein jüdischer Grundtext rekonstruiert werden wie etwa im
Falle der Apc Mos).

Nicht immer harmoniert eine solche Titulatur mit dem Inhalt: So hat der Zeuge E in Test Abr
B die Superscriptio: ᾽Αποκάλυψις ἀποκαλυφθεῖσα τῷ πατρὶ ἡμῶν ᾽Αβραὰμ ὑπὸ Μιχαὴλ

bar ist auch, daß ein solcher Titel außen an einer Schriftrolle angebracht war, welche die Apc Mos – vielleicht neben anderen Werken – enthielt (in Gestalt eines Sillybos bzw. Titulus)[4]; freilich wissen wir nicht, ob die Apc Mos in Rollen- oder in Kodexform überliefert wurde.[5]

Anstelle eines Titels übernimmt ein umfänglicher, zweigliedriger Prolog die Aufgabe, den Leser zu orientieren. Dieser umfaßt eine Superscriptio, die in den Handschriften gewöhnlich rubriziert ist und dadurch (zusammen mit Schmuckelementen) die Apc Mos gegen die jeweils vorhergehende Schrift abgrenzt, sowie eine Inscriptio, die den Beginn der Erzählung markiert. Durch das Nebeneinander von Superscriptio und Inscriptio erscheinen sowohl ein Gattungsbegriff (διήγησις) als auch die Protagonisten (Adam und Eva) gedoppelt.

Mehrgliedrige Prologe sind nicht die Regel, kommen aber vor. Ein frühes Beispiel ist der des Hoseabuches. Auf den Titel (ΩCHE) folgt eine erste Überschrift: (1,1 Λόγος κυρίου, ὅς ἐγενήθη πρὸς Ὡσηὲ τὸν τοῦ Βεηρὶ ἐν ἡμέραις Ὀζίου καὶ Ἰωαθὰμ καὶ Ἄχαζ καὶ Ἐζεκίου βασιλέων Ιουδά...), eine zweite Überschrift (1,2 Ἀρχὴ λόγου κυρίου πρὸς Ὡσηέ.) und schließlich der Beginn einer Erzählung (Καὶ εἶπεν κύριος πρὸς Ὡσηέ...); Doppelungen sind auch hier zu verzeichnen. Eine Parallele aus der pseudepigraphen Literatur bietet 3. Bar (gr): Dort folgt auf den Titel (Ἀποκάλυψις Βαρούχ) eine Superscriptio (Διήγησις καὶ ἀποκάλυψις Βαροὺχ περὶ ὧν κελεύματι θεοῦ ἀρρήτων εἶδεν. Εὐλόγησον δέσποτα) und eine in ihrer Funktion schwer bestimmbare Inscriptio (Ἀποκάλυψις Βαρούχ, ὅς ἐστιν ἐπὶ ποταμοῦ Γέλ., κλαίων ὑπὲρ τῆς αἰχμαλωσίας Ἱερουσαλήμ, ὅτε καὶ Ἀβιμελὲχ ἐπὶ Ἀγροίππα τὸ χωρίον τῇ χειρὶ θεοῦ διεφυλάχθη· καὶ οὗτος ἐκάθητο ἐπὶ τὰς ὡραίας πύλας, ὅπου ἔκειτο τὰ τῶν ἁγίων ἅγια). Wie in der Apc Mos erscheint hier nach der Superscriptio eine Segensformel.

τοῦ ἀρχαγγέλου περὶ τῆς διαθήκης αὐτοῦ· κύριε εὐλόγησον. Diese ist mit Sicherheit sekundär (selbst die Zeugen von Test Abr B haben stark abweichende Versionen, erst recht die von Test Abr A), und genauso sicher ist Test Abr keine Offenbarungsschrift! Genauso unangemessen erscheint der Gattungsbegriff ἀποκάλυψις bei der Titulatur des Prot Ev Jac in Papyrus Bodmer 5 (dem ältesten Textzeugen des Prot Ev Jac [4. Jh. n. Chr.]). Dort ist Prot Ev Jac mit Γένεσις Μαρίας. Ἀποκάλυψις Ἰακώβ überschrieben. Ἀποκάλυψις wurde im christlichen Kontext wohl ebenso unspezifisch als Gattungsbegriff verwendet wie ἐπιστολή.

[4] Der Sillybos, lat. Titulus oder Index genannt, war ein Streifen aus Pergament, der außen an der Rolle angebracht wurde und über den Inhalt der Rolle informierte, vgl. W. SCHUBART: Das Buch bei den Griechen und Römern Berlin / Leipzig ²1921, 104. Vergleichbares ist auch in Qumran aufgefunden worden, s. HENGEL, Evangelienüberschriften, 29–30 (dort Anm. 66).

[5] Für Werke der Literatur ist der Kodex, der aus Pergamentnotizheften entstanden ist, schon im 1. Jh. n. Chr. bei Martial belegt, vgl. hierzu E. PÖHLMANN: Einführung in die Überlieferungsgeschichte und in die Textkritik der antiken Literatur, Band I: Altertum, Darmstadt 1994, 79–86, speziell 79. Bei der Überlieferung des Neuen Testaments hat er von Anfang an dominiert, während er sich in der paganhellenischen Literatur nur langsam durchsetzte, vgl. HENGEL, Evangelienüberschriften, 41–42 (dort Anm. 97).

I,1. Superscriptio

^{abc}Διήγησις^{c d}καὶ πολιτεία^d Geschichte und Lebenswandel
᾿Αδὰμ ^eκαὶ ῾Εὔας^f, Adams und Evas,
τῶν πρωτοπλάστων^e der Ersterschaffenen,
^gἀποκαλυφθεῖσα^{g hik}παρὰ^k θεοῦⁱ offenbart von Gott her
^{mno}Μωυσῆ^o τῷ θεράποντι αὐτοῦ^{nh}, Mose, seinem Diener,
^pὅτε τὰς πλάκας als dieser die Tafeln
^qτοῦ νόμου τῆς διαθήκης^q des Gesetzes des Bundes
^rἐδέξατο ἐκ χειρὸς ^sαὐτοῦ^{srp}, aus seiner Hand empfing,
^{tu}διδαχθεῖσα^u übermittelt
^vὑπὸ τοῦ ἀρχαγγέλου ^wΜιχαήλ^{wtmb '' x}. durch den Erzengel Michael.
^yΚύριε εὐλόγησον^{ya}. Herr, segne!

- Zeugen: D St AV Pa AH B A AC Ath C Va P¹ P² J² J³ An₁ ApcMos(arm)^(S. 1, Anm. 1) Br S¹ J¹ E¹ S³ AD E²
- Zu VitAd(arm) VitAd(georg) VitAd(lat^p) VitAd(lat^{me}) LibAd An₂ AD vgl. °a-a.
- Pa AH P¹ Br S¹ E¹ S³ E² bezeugen für den Prolog völlig abweichende Textformen (vgl. °b-b); sie werden in °b-b – °x nur dann notiert, wenn sie noch Spuren der Grundform aufweisen.

Zum Text

a-a An₂: περὶ τῆς παραβάσεως τοῦ ᾿Αδὰμ καὶ Εὔας (»über die Gebotsübertretung Adams und Evas«) (Es folgt 15,1ff, voraus geht der Text von An₁ [ein Supplement][1]. In An [= An₁ + An₂] ist περὶ κτλ. also eine Zwischenüberschrift, doch in der Vorlage von An₂ könnte so die Überschrift gelautet haben – und darüber hinaus auch in der An₂-Pa-AH zugrundeliegenden Textform, da diese erst mit dem Bericht Evas über die Gebotsübertretung [Apc Mos 15ff] einsetzte; das Stichwort παράβασις könnte dabei Apc Mos 14,3 entnommen sein. Dann aber ist die von Pa-[AH] bezeugte Superscriptio [vgl. °b-b] nicht auf diese Textform zurückzuführen); VitAd(arm): »Buße unseres Vorvaters Adam«; VitAd(georg): »lecture sur Adam et Ève de la sortie du paradis«; VitAd(lat^p): om; VitAd(lat^{me}): *vita Adae et Evae* (so MEYER) (S: *incipit vita Adam et Aevae*; T recentiore manu: *penitentia Ade et Eve* [vgl. PETORELLI 1998, 41]; M: *de Adam et Eva* [in margine: *tractatulus de expulsione de paradiso Ade et Eve* {PETORELLI 1998, 41}]; 5 [2]: *de expulsione Adam et Eva de paradiso*; 4: *penitentia Adam et Eva*; 18: *de penitentia Adae*; 3: *vita ac legenda ac hystoria Ade et Eve etc.*; P: *incipit vita Ade et Eve* [MEYER 245]) (die Ziffern und Buchstaben bezeichnen Textzeugen bei MEYER); Vit Ad(lat^{mo}): *de expulsione Ade et Eve de paradiso* (C L: *vita protoplasti nostri Ade et Eve uxoris eius*; E: *de penitencia Ade*; D: *de lapsu et penitencia* [es existieren weitere Varianten]) (die Buchstaben bezeichnen Textzeugen bei MOZLEY); VitAd(lat^{sd}): *de Adam et Eua* (so PETORELLI) (In: *de penitentia primorum parentum Ade et Eve*; Fa: *incipit de vita Ade*; Va: *de expulsione Ade et Eve de paradiso* [in margine: *de morte Adam et Eve*]; Di: *incipit vita Ade et Eve transgressio*; Pn (?) Pg: *nota gesta de Adam et Eva*; Ad: *de eiectione Adam*; Ne Lh Zw Vd: om.) (die Kürzel bezeichnen Textzeugen bei PETORELLI); VitAd(lat^m): *penitentia Ade*; LibAd(slav): »sermo de Adam et Eva ab initio usque ad finem. demonstratio. Pater benedic« (Cod. m, vgl. JAGIĆ 83); AD: om. (vom Rubrizisten vergessen, vgl. NAGEL I,292). VitAd und LibAd[slav] haben den Prolog mit dem Hinweis auf die Mose-Pseudepigraphie offenbar nicht übernommen. **b-b** (D)-

---

[1] Vgl. hierzu NAGEL I,20–27 und E II,2 (S. 21–22) in dieser Arbeit.

(St) (AV) (B) (A)-(AC)-(Ath)-(C) (=*Ia) (Va) (=*II) (P²)-(J²)-(J³)-(An₁) (=*III) (ApcMos[arm])²
(J¹): txt cum varr; Pa-(AH): λόγος εἰς τὴν ἐξορίαν τοῦ ᾿Αδὰμ ᵃτοῦ ἐν ἁγίοις πατρὸς ἡμῶν
᾿Ιωάννου τοῦ Χρυσοστόμουᵃ³ (»Schrift über die Ausweisung Adams – von unserem heiligen
Vater Johannes Chrysostomus«) (es folgt Apc Mos 15,1ff) (vgl. °a-a); P¹: διήγησις παλαιὰ
περὶ τῆς πλάσεως τοῦ ᾿Αδάμ, τῆς ἐξορίας καὶ τοῦ θανάτου αὐτοῦ (»Alte Erzählung über
die Erschaffung Adams, die Ausweisung und seinen Tod«); Br-(S¹) (=*IIIa): ᵃλόγος ἀνεπί-
γραφος καὶᵃ διάθεσις ᾿Αδὰμ καὶ ᵇΕὔαςᵇ τῶν πρωτοπλάστων⁴ (»Anonyme Schrift und
Darlegung über Adam und Eva, die Ersterschaffenen«); (E¹)-S³-(E²): ἐξήγησις περὶ τῆς
ἐξορίας τοῦ ᾿Αδάμ, πῶς δὲ ἐξεβλήθη ἐκ τοῦ παραδείσου, καὶ περὶ τῆς μεταστάσεως
αὐτοῦ τοῦ ᾿Αδὰμ καὶ τῆς Εὔας (»Erzählung über die Ausweisung Adams, wie er aus dem
Paradies herausgewurfen wurde, sowie über den Tod von Adam selbst sowie der Eva«). Alle
Zeugen, die nicht die Grundtextform bieten, streichen den Hinweis auf die Verfasserschaft des
Mose (dies gilt auch für die unter °a-a genannten). Das ist rezeptionsgeschichtlich relevant: Es
bestand offenbar kein besonderes Interesse an der Mose-Pseudepigraphie.⁵ Von besonderer
Bedeutung ist die Zuweisung der Schrift an Johannes Chrysostomus in Pa. Die Wendung λόγος
εἰς τὴν ἐξορίαν τοῦ ᾿Αδάμ verrät, wie es dazu kommen konnte. Sie ist einer in E II,3 (S. 32)
besprochenen pseudochrysostomischen Homilie zum Sonntag τῆς τυροφάγου entlehnt (in

---

² ApcMos(arm): Aᵃ: »Dies ist die Erzählung vom Lebenswandel Adams und Evas, nachdem sie
aus dem Garten der Lieblichkeit herausgegangen waren, †wie die Erde der Trauer heißt†«; Bᵃ:
»Erzählung vom Lebenswandel Adams und Evas, der Protoplasten, welche offenbart wurde auf
Befehl Gottes durch Michael, den Erzengel (wörtl.: durch die Hand Michaels, des Erzengels) dem
großen Propheten Mose, der die von Gott geschriebenen Tafeln empfing, welche neu übersetzte
der geistbegabte Herr Simeon in Jerusalem«; Cᵃ: bei YOV. nicht verzeichnet, doch CONYBEARE (p.
218) verweist auf eine Marginalnotiz am Ende der Schrift: »Ye should know, brethren, that this
history of the first created was revealed at the command of God by Michael, the archangel, to the
first prophet, Moses. Glory to God«. Die Version von Cod. A entspricht der Inscriptio, die von B
und C der Superscriptio, dabei gibt B die Grundform getreuer wieder: Hinter »Lebenswandel«
(»warouc'n«) steht πολιτεία, hinter »auf Befehl« (»hramanaun«) ἐκ προστάξεως (vgl. P²[etc] in °i-i);
die Wendung »i jeᵗn Mik'ayeli« (wörtl. »durch die Hand Michaels«) ist idiomatisch (JENSEN,
Chrestomathie 159 s.v. »jeᵗn«), wird also nicht gr. ἐκ χειρός widerspiegeln, das in den anderen
*III-Zeugen nicht belegt und in den *I-Zeugen nicht mit Michael verbunden ist.
³ Varianten: **a-a** AH: τὸ πῶς ἐξορίσθη ἀπὸ τὸν παραδείσον. Für die Ursprünglichkeit der
von Pa gebotenen Textform (Zuweisung an Chrysostomus) spricht, daß die auch von AH bei-
behaltene Wendung λόγος εἰς τὴν ἐξορίαν τοῦ ᾿Αδάμ von dieser Zuweisung an Chrysostomus her eine gute Erklärung findet, s.o. Der An₁-Pa-AH zugrundeliegende Text wird freilich eine
andere Superscriptio gehabt haben, vgl. °a-a.
⁴ Varianten: **a-a** Br: λόγος ἀνεπίγραφος καί; S¹: ἀντίγραφος (vgl. Anm. 5). **b-b** Br: Εὔας;
S¹: ἔκβασις.
⁵ Dies wird u.a. deutlich in *IIIa. Die Wendung ᾿Αδὰμ καὶ Εὔας τῶν πρωτοπλάστων
gemahnt an die Grundtextform, *IIIa hat diese also gekannt. Dann aber ist mit ἀνεπίγραφος eine
polemische Absicht verbunden: Die Verfasserschaft des Mose, wie sie *IIIa vorgegeben war,
sollte bestritten werden. S¹ hat die mit diesem Wort verbundenen Voraussetzungen nicht mehr
gekannt und es durch das relativ konventionelle ἀντίγραφος ersetzt, vielleicht bedingt durch
einen Lesefehler (gerade Superscriptiones sind schwer lesbar). ᾿Αντίγραφος kennzeichnet den
nachfolgenden Text als Abschrift, es begegnet auch sonst in Superscriptiones (vgl. etwa die der
Test XII).

Genesim III, MPG 56, 525–538), welche folgendermaßen überschrieben ist: Λόγος εἰς τὴν ἀρχὴν τῆς ἁγίας Τεσσαρακοστῆς, καὶ εἰς ἐξορίαν τοῦ Ἀδάμ, καὶ περὶ πονηρῶν γυναικῶν. Wie bereits dargestellt wurde, ist die Apc Mos im Laufe der Überlieferungsgeschichte mit dieser Homilie eine Art Symbiose eingegangen[6] und stand wie diese im Zusammenhang mit dem Sonntag der »Butterwoche«. Als Folge dieser Symbiose hat sich nun in der Pa-(AH) zugrundeliegenden Rezension die (bei der Homilie ebenfalls nicht authentische) Autorschaft des Chrysostomus auf die Apc Mos übertragen. Damit ist hier ein Pseudepigraph einem Kirchenvater zugewachsen; das ist kein einmaliger Vorgang: Die bohairischen Testamente der drei Patriarchen Abraham, Isaak und Jakob sind ebenfalls einem Kirchenvater zugeschrieben, in diesem Falle Athanasius; noch Test Isaac (sah) kommt ohne diese pseudepigraphe Fiktion aus[7], erst recht Test Abr A und Test Abr B (gr).[8] Unter dem Namen des Athanasius hat sich auch ein Zweig der griechischen Überlieferung der Historia Melchisedek erhalten[9], ein anderer hat in der griechischen Palaea überlebt[10], bleibt also ohne den Schutz des Kirchenvaters, dasselbe gilt von den Versionen mit Ausnahme der armenischen.[11] Einen besonders krassen Fall stellt die äthiopische Überlieferung der Apokalypse des Johannes dar: Sie läuft unter dem Namen des Johannes Chrysostomus – hier steht sogar ein kanonischer Text unter dem Patronat eines Kirchenvaters.[12]

---

[6] Dies bezeugt auch die Superscriptio in B (vgl. °d-d) und vielleicht auch in E¹-S³-E² (vgl. die Wendung περὶ τῆς ἐξορίας τοῦ Ἀδάμ).

[7] Vgl. die Angaben bei J.C. HAELEWYCK: Clavis Apocryphorum Veteris Testamenti (Corpus Christianorum), Turnhout 1998, 57–58, Nr. 88. In der bohairischen Überlieferung sind die drei Patriarchentestamente in einer Handschrift vereinigt, in der Einleitung zum Test Abr wird der gesamte Komplex in der zweiten Hälfte der Superscriptio dem Athanasius zugeschrieben. Dieser habe die Schrift »offenbart« (ⲉⲧⲁϥⲟⲩⲟⲛ2ϥ ⲉⲃⲟⲗ), er habe sie in alten Aufzeichnungen der Apostel gefunden (ⲫⲁⲓ ⲉⲧⲁϥϫⲉⲙϥ ϧⲉⲛ 2ⲁⲛⲥⲩⲛⲧⲁⲅⲙⲁ ⲛ̅ⲁⲣⲭⲉⲟⲥ ⲛ̅ⲧⲉ ⲛⲉⲛⲓⲟ†ⲉⲑⲟⲩⲁⲃ ⲛ̅ⲁⲡⲟⲥⲧⲟⲗⲟⲥ), vgl. I. GUIDI: Il testo copto del Testamento di Abramo (Rendiconti della Reale Accademia dei Lincei. Classe di scienze morali, storiche e filologiche, Serie 5, Vol. 9), Rom 1900, 157–180, speziell 158. Die Auffindung von Überlieferungen der Apostel durch Bischöfe ist eine in der koptischen Literatur beliebte Pseudepigraphie-Konstruktion, vgl. z.B. den Liber Institutionis Abbaton, dessen Superscriptio ausführlich berichtet, wie Bischof Timotheus von Alexandria in Jerusalem auf die Überlieferung der Apostel zur Einsetzung des Todesengels stieß.

[8] Unter den Zeugen der Langrezension (Test Abr A) schreiben indessen einige das Test Abr Kirchenvätern zu: G nennt Johannes Chrysostomus, H Hesychius als Verfasser, vgl. F. SCHMIDT (Ed.): Le Testament grec d' Abraham (Texte und Studien zum antiken Judentum 11), Tübingen 1986, 96 (App.).

[9] Die pseudoathanasianische Version der Hist Melch ist zugänglich in MPG 28,523–530. Weitergehende editorische Vorarbeiten zu mehreren Versionen der Hist Melch finden sich bei J. DOCHHORN: Die Historia de Melchisedech (Hist Melch) – Einführung, editorischer Vorbericht und Editiones praeliminares (demnächst in: Le Muséon).

[10] Edition: A. VASSILIEV: Anecdota Graeco-Byzantina, Moskau 1893, 188–292. Die Historia Melchisedek findet sich dort auf den Seiten 206–211.

[11] Vgl. die Angaben bei J.C. HAELEWYCK: Clavis Apocryphorum Veteris Testamenti (Corpus Christianorum), Turnhout 1998, 64, Nr. 95.

[12] Edition: J. HOFMANN: Die äthiopische Übersetzung der Johannes-Apokalypse (Corpus Scriptorum Christianorum Orientalium 281, Scriptores Aethiopici 55), Louvain 1967, 1. Die Apc Joh ist dort überschrieben: ራእይ ለዮሐንስ ዘዮሐንስ አኪስቆጶስ ዘቆስጥንጥየ መጥረጳሊስ አም ሀለዎ ይሰደድ (»Offenbarung des Johannes, des Johannes, der Erzbischof von Konstantinopel war, als

Generell spiegelt sich in dieser sekundären Kirchenväter-Pseudepigraphie ein Wandel im Autoritätengefüge: Eine Rolle, die im frühen Judentum nur Gestalten aus der biblischen Überlieferung des Judentums, im frühen Christentum bald auch Apostel ausfüllten, konnten mit der Zeit schließlich Kirchenschriftsteller übernehmen. Parallelen dazu finden sich auch in der jüdischen Überlieferung, so fungiert etwa Rabbi Jišmael im 3. Hen als Offenbarungsempfänger.[13] **c-c** D-St AV B A-AC-Ath-C (=*Ia) Va-P^1 (=*II) ApcMos(arm) (=*III): διήγησις P^2-J^2-J^3-An$_1$ J^1 βίος (so entsteht die für hagiographische Prologe typische Formel βίος καὶ πολιτεία[14], als Folgekorrektur vgl. °g-g). **d-d** B: τοῦ μεγάλου θεόπτου Μωϋσέως περὶ τῆς πολιτείας (vgl. die Folgekorrektur in °n-n). Diese Variante verdankt sich genauso wie die Superscriptiones der Codices Pa-AH und vielleicht auch E^1-S^3-E^2 der Symbiose der Apc Mos mit der o.g. pseudochrysostomischen Homilie in Genesim III[15] (s. °b-b), vgl. die Einleitung des zweiten Abschnitts der Homilie (MPG 56, 528 unten): Ἀκούσωμεν οὖν ἐξ ἀρχῆς τῆς ἱστορίας ἣν ὁ θεόπτης Μωϋσῆς ταῖς μετέπειτα γενεαῖς ἐξηγήσατο, μᾶλλον δὲ ὁ Δεσπότης τοῦ Μωϋσέως, ὡς πατὴρ φιλόστοργος, ἡμῖν ἀπεκάλυψεν. Auch ohne den von B geschaffenen Bezug (kursiviert) sind die beiden Incipits einander ähnlich; in beiden Fällen ist von einer Apokalypse Gottes an Mose die Rede, freilich ist bei der Apc Mos nicht die Erzählung der Genesis gemeint. Doch das muß eine Assoziation beider Texte nicht ausschließen. **e-e** D-St: om; AV C: καὶ Εὔας (sq. BERTRAND); B A-AC-Ath (=*Ia) (Va) (=*II) P^2-J^2-J^3-An$_1$ (=*III) ApcMos(arm) Br-(S^1) (=*IIIa) J^1: καὶ Εὔας τῶν πρωτοπλάστων (sq. NAGEL). Zum Wort πρωτόπλαστοι vgl. die Bezeichnung πρῶτον πλάσμα für Adam in Apc Mos 40,5. In der alten Kirche wurde Adam oft πρωτόπλαστος, Adam und Eva oft πρωτόπλαστοι genannt, vgl. LAMPE s.v. πρωτόπλαστος (S. 1200–1201), doch mit christlichem Einfluß muß hier dennoch nicht gerechnet werden; die Belege sind zum einen sehr alt (u.a. werden schon bei Tatian [Or Graec 20,1] Adam und Eva πρωτόπλαστοι genannt), zum einen findet sich ein frühjüdischer Beleg für den Adam-Titel πρωτόπλαστος schon in Sap Sal 10,1 (wohl auch 7,1) und Test Abr A 11,9.10.11; 13,2.5 (sofern man für Test Abr A hier nicht christlichen Spracheinfluß supponieren möchte; die

---

er im Exil war«). Der Hinweis auf »Johannes, den Bischof der Metropolis Konstantinopel« wirkt nachgeschoben (siehe v.a. die Doppelung des Namens); er erweist sich damit als sekundär.

[13] Zum 3. Hen vgl. H. ODEBERG (Ed.): 3 Enoch. Cambridge 1928 (Nachdruck New York 1973) sowie als neue englische Übersetzung P.S. ALEXANDER: The Book of Enoch by Rabbi Ishmael the High Priest, in:J.H. CHARLESWORTH: The Old Testament Pseudepigrapha Vol I: Apocalyptic Literature and Testaments, New York etc. 1983, 223–315.

[14] Vgl. z.B. P. JOANNOU: Vie de S. Germain l'hagiorite par son contemporain le patriarche Philothée de Constantinople, Analecta Bollandiana 75 (1952), 35–115, speziell S. 50; A. PERTUSI: L'encomio di S. Anastasio martire persiano, Analecta Bollandiana 76 (1958), 5–63, speziell 32 (nach den Codices E und L); F. HALKIN: Les Actes apocryphes de Saint Héraclide de Chypre disciple de l'apotre Barnabé, Analecta Bollandiana 82 (1964), 133–169, speziell 139; M. AUBINEAU: Zoticos de Constantinople nourricier des pauvres et serviteur des lépreux, Analecta Bollandiana 93 (1975), 67–108, speziell 71; F. HALKIN: La vie abrégée de Saint Pachome dans le Ménologe impérial (BHG 1401b), Analecta Bollandiana 96 (1978), 367–381, speziell 368; F. HALKIN: Une vie inédite de Saint Pachome (BHG 1401a), Analecta Bollandiana 97 (1979), 5–55, xxx–287, speziell 6; F. HALKIN: La passion ancienne des Saints Julien et Basilisse (BHG 970–971), Analecta Bollandiana 98 (1980), 241–296, speziell 243 (nach der Handschrift Jerusalem 6, f. 328–329); TH. DETORAKIS: Vie inédite de Cosmas le Mélode (BHG 394b), Analecta Bollandiana 99 (1981), 101–116, speziell 105.

[15] Vgl. hierzu NAGEL I, 41; II, 63 (dort Anm. 163).

Fragmente von Lib Jub (gr) 3,28; 4,7 können hier wohl nicht gelten.[16] **f-f** Die Codices schreiben den Namen ЄYA durchgängig mit Spiritus lenis, so auch TISCHENDORFF, CERIANI, NAGEL und BERTRAND. Diese Schreibweise findet sich auch in älteren Bibelausgaben, so NESTLE[9] (1912) zu in 2. Kor 11,3. In neueren Bibelausgaben hingegen findet sich die Schreibung mit Spiritus asper, vgl. WEVERS (Gen 4,1) und NESTLE[25] sowie NA[26.27] (2. Kor 11,3). Zweifellos kann in diesem Falle nicht entscheidend sein, was die mittelalterlichen Codices schreiben – der Schwund des anlautenden -h- in der Aussprache (Psilose), abgeschlossen etwa im 5. Jh. n. Chr.[17], macht es unmöglich, eine Entscheidung aufgrund mittelalterlicher Konventionen zu treffen. Die Schreiber werden den Spiritus lenis allein schon deswegen in diesem Falle bevorzugt haben, weil im Griechischen die zahlreichen mit ευ- anlautenden Wörter (εὐαγγέλιον, εὐλογεῖν etc.) üblicherweise mit Spiritus lenis geschrieben wurden. Auf der anderen Seite ist fraglich, wie sicher man sein kann, daß ЄYA ursprünglich als [heu̯a] realisiert wurde. Dafür spricht, zumal bei Autoren, die wie diejenigen der Apc Mos des Hebräischen kundig waren, daß das hebräische Äquivalent mit einem Hauchlaut beginnt (חוה = ḥawwā, so die Masoreten, vielleicht auch ḥewwā, vgl. das -ε- bei ЄYA in ©). Zudem begegnen im Koptischen und im Lateinischen Schreibungen mit -h- im Anlaut (ϩЄYⲀ, HEVA), allerdings nicht durchgehend. Andererseits erscheint gerade im Koptischen oftmals ⁻ϩ⁻ im Anlaut griechischer Lehnwörter, auch wenn die entlehnten griechischen Wörter unbehaucht waren; und im Lateinischen gibt es Irregularitäten in der Verwendung des Graphems -H-, gerade bei Eigennamen.[18] So bleibt eine gewisse Unsicherheit. Daher wird die traditionelle Schreibung mit Spiritus lenis hier beibehalten. **g-g** P²-J²-J³-An₁: ἀποκαλυφθείς (im Anschluß an βίος, vgl. °c-c). **h-h** Ath: Μωϋσῆ τῷ θεράποντι τοῦ θεοῦ ὑπὸ τοῦ ἀρχαγγέλου Μιχαήλ (vgl. die Folgekorrektur in °t-t). Wesentlich ist, daß παρὰ θεοῦ gestrichen wurde. Nur noch Michael übermittelt die Apc Mos, die Gesetzestafeln erhält Mose hingegen in Ath ἐκ χειρὸς κυρίου. Vielleicht sollte so auch der Autoritätsanspruch der Apc Mos vermindert werden. Daß Offenbarungen durch Engel weniger gelten als unmittelbare Gottesoffenbarungen, dürfte aus Gal 3,19 und Hebr 2,2 bekannt gewesen sein. **i-i** (P²)-(J²)-(J³)-(An₁) ApcMos(arm) J¹: ἐκ προστάξεως θεοῦ ᵃδιὰᵃ τοῦ ἀρχαγγέλου ᵇΜιχαήλᵇ[19] (vgl. die Folgekorrektur). Diese Variante verdeutlicht das Verhältnis zwischen Gott und Michael, vgl. die andersgeartete Lösung des gleichen Problems in Ath (°h-h) und AV (°m-m). **k-k** D-St B A-AC (=*Ia): παρά; C: ὑπό; Va: ἐκ; Ath P² J² J³ An₁ J¹: def. **m-m** AV: τῷ Μωϋσῆ ὑπὸ τοῦ ἀρχαγγέλου Μιχαήλ. Das Nebeneinander von Gott und Michael wird vermieden und zugleich die Assoziation der Apc Mos mit der Sinaioffenbarung aufgehoben. Wie in Ath (°h-h) wird der Autoritätsanspruch der in der Apc Mos mitgeteilten Offenbarung relativiert. **n-n** B: om. (Folgekorrektur zu °d-d). **o-o** D-(St) (C) Va P² An₁: Μωσῆ (sq. BERTRAND); AV A-AC-Ath (=*Ia) J²-J³ (=*III) J¹: Μωϋσῆ/Μωυσῆ (sq. NAGEL). Zu den Namensformen ΜΩCHC und ΜΩYCHC, die auch in den Codices der

---

[16] Die bei DENIS, Concordance 928 einsehbaren griechischen Fragmente zu Lib Jub 3,28 und 4,2 (eher: 4,7!) kennen ebenfalls den Titel πρωτόπλαστοι für Adam und Eva, repräsentieren aber, wie ein Vergleich mit Lib Jub (äth) 3,28 und 4,7 zeigt, nicht den ursprünglichen Text; hier spiegelt sich wohl eher der Sprachgebrauch der Referenten – im Falle von Lib Jub 4,2 bzw. 4,7 ist dies Syncellus (vgl. A.A. MOSSHAMMER: Georgii Syncelli Ecloga Chronographica, Leipzig 1984, 8, Z.20–22), der seine Quellen keinesfalls wörtlich wiedergibt.

[17] Zur Psilose s. A. THUMB: Untersuchungen über den Spiritus asper im Griechischen, Straßburg 1888.

[18] Vgl. W.E. PLATER / H.J. WHITE: A Grammar of the Vulgate Being an Introduction to the Study of the Latinity of the Vulgate Bible, Oxford 1926, §60 (S. 43–44).

[19] Varianten: **a-a** ApcMos(arm) übersetzt διά idiomatisch mit »i jeṙn«, vgl. dazu Anm. 2. **b-b** P²-J²-J³-An₁: om; ApcMos(arm) J¹: txt (vgl. *I!).

Septuaginta und des NT changieren, vgl. BLASS-DEBRUNNER-REHKOPF §38₄: ΜΩCHC ist alexandrinische Transkription von מֹשֶׁה, ΜΩΥCHC berücksichtigt die ägyptische Aussprache – mit Halbvokal u̯.²⁰ Aufgrund dieses Halbvokals ist bei der Namensform ΜΩΥCHC die Schreibung Μωυσῆς (ohne Trema) vorzuziehen; in den Handschriften der Apc Mos überwiegt, sofern sie diese Variante bieten, freilich die Schreibung mit Trema. **p-p** D C: om (sq. BERTRAND) (ht. αὐτοῦ – αὐτοῦ!); St : τὸν δεξάμενον τὰς πλάκας τοῦ νόμου ἐκ χειρὸς αὐτοῦ; B Ath (=*Ia): ὅτε τὰς πλάκας τοῦ νόμου ἐδέξατο ἐκ χειρὸς αὐτοῦ; (A)-(AC): ὅτε τὰς πλάκας τοῦ νόμου τῆς διαθήκης ἐκ χειρὸς κυρίου ἐδέξατο; Va: ὅτε τὰς πλάκας τῆς διαθήκης ἐκ χειρὸς θεοῦ ἐδέξατο; P²-J²-J³-An₁ (=*III) J¹: ὅτε καὶ τὰς πλάκας τῆς διαθήκης ἐδέξατο; AV: def. Mit seiner partizipialen Konstruktion steht St allein und ist sicher sekundär; sie hat inhaltlich die Konsequenz, daß die Offenbarung des Gesetzes und der Apc Mos nicht mehr gleichzeitig sind; auch hier manifestiert sich implizite Kritik am Autoritätsanspruch der Apc Mos, vgl. °h-h, °m-m. **q-q** St B Ath: τοῦ νόμου (sq. NAGEL); A-AC (=*Ia): τοῦ νόμου τῆς διαθήκης; Va P²-J²-J³-An₁ (=*III) J¹: τῆς διαθήκης; D AV C: def. Sowohl διαθήκης als auch νόμου sind fest verankert, also hatte der Grundtext (wie *Ia) beide Wörter. Textausfall ist bei Genitivketten nicht unwahrscheinlich. **r-r** St: δεξάμενον ... ἐκ χειρὸς αὐτοῦ (vgl. °p-p); B: ἐδέξατο ἐκ χειρὸς αὐτοῦ, Ath: ἐδέξατο ἐκ χειρὸς κυρίου; A-AC: ἐκ χειρὸς κυρίου ἐδέξατο; Va: ἐκ χειρὸς θεοῦ ἐδέξατο; P²-J²-J³-An₁ (=*III) J¹: ἐδέξατο. (D) AV (C): def. Der haplographische Textausfall in D und C setzt voraus, daß in deren Vorlagen ἐδέξατο nicht hinter αὐτοῦ (oder κυρίου/κῡ) stand; diese Wortstellung ist auch durch (St) B Ath (=*Ia) gesichert (NAGEL liest freilich ἐκ χειρὸς αὐτοῦ ἐδέξατο). **s-s** St B: αὐτοῦ (a); A-AC-Ath: κυρίου (ba); Va: θεοῦ (cba); D AV C P² J² J³ An₁ J¹: def. Die Variante von A-AC-Ath ist eine Glättung (eine Renominalisierung, die das Verhältnis von Gott und Michael klarstellen soll: Die Gesetzestafeln empfing Mose von Gott). **t-t** Ath P²-J²-J³-An₁ (=*III) J¹: om. (Folgekorrekturen, zu Ath vgl. °h-h, zu *III °i-i). **u-u** (D)-St B A Va: διδαχθείς²¹ (sq. NAGEL); AC-C: διδαχθεῖσα (=*Ia) (sq.

---

²⁰ Der Variantenbildung liegt eine ō/ōu̯-Allophonie zugrunde, die mit dem Unterschied zwischen alexandrinischer und ägyptischer Aussprache assoziiert wurde. Illustrativ ist hier eine Mitteilung des Philo von Byblos bei Euseb, Praep Ev 1,9,24 über die Gestalt des Taautos: ὃν Αἰγύπτιοι μὲν ἐκάλεσαν Θωύθ, Ἀλεξανδρεῖς δὲ Θώθ, Ἑρμῆν δὲ Ἕλληνες μετέφρασαν (»diesen nannten die Ägypter Thôwt, die Alexandriner aber Thôt, die Griechen hingegen übersetzten [den Namen] mit ‚Hermes‘«). Auch die Namensform Μωσῆς wird damit, so sehr sie der masoretischen Aussprachetradition entspricht, nicht ausschließlich aus der biblischen Tradition zu erklären sein; sie kann auch etwas mit Aussprachedifferenzen zwischen unterschiedlichen ägyptischen Dialekten zu tun haben, die sich, v.a. da Vokale betroffen sind, durchaus auch auf die Artikulation des Griechischen übertragen haben können. Mit der Namensform Μωυσῆς ist eine Ätiologie des Mose-Namens verbunden, die sowohl bei Philo (Vit Mos 1,17) als auch bei Josephus (Ant 2,9,6; Ap 1,286) tradiert ist. Sie assoziiert den Namen mit dem ägyptischen Wort für Wasser (sahidisch ΜΟΟΥ, bohairisch ΜΩΟΥ [WESTENDORF 106–107]), vgl. Jos, Ap. 1,286: τὸ γὰρ ὕδωρ οἱ Αἰγύπτιοι μῶϋ καλοῦσιν (das Trema stammt von NIESE [vgl. ebda 48]), weiteres zu dieser Etymologie siehe bei J.G. GRIFFITHS: The Egyptian Derivation of the Name Moses, Journal of Near Eastern Studies 12 (1953), 225–231. Zu Μωσῆς/Μωυσῆς in der handschriftlichen Überlieferung zum NT vgl. schon G.B. WINER: Grammatik des neutestamentlichen Sprachidioms, Leipzig ⁵1844, §5,1ₕ (52–53), der konstatiert, daß Μωϋσῆς (sic!) gerade in den »vorzüglichsten« Handschriften belegt sei, aber erwägt, ob nicht doch diese »koptische« Form »der eigentlich üblichern [sic!]«, nämlich Μωσῆς »weichen sollte«.

²¹ Nach CERIANI liest der Zeuge D διδαχθεῖσα, nach NAGEL hingegen διδαχθῆς. NAGEL notiert in Band II, S. 3 (Anm. 6) , daß CERIANI an dieser Stelle vom Kodex abgewichen sei; dies

BERTRAND); AV Ath P² J² J³ An₁ J¹: def. Mit διδαχθείς würde Mose von Michael über das Sinaigesetz unterwiesen. Es wäre aber nicht einzusehen, welche Funktion eine solche Mitteilung hier haben sollte, wo es doch nicht um das Sinaigesetz, sondern um die Apc Mos geht. Erklärbar ist diese Variante durch die Orientierung der Schreiber am unmittelbaren Nahkontext: Das parallelstehende ἀποκαλυφθεῖσα war weit entfernt; näher lag es, das (in den Augen der Schreiber) gewissermaßen »verwaiste« *διδαχθεῖσα an ἐδέξατο (scil. Moses) anzuschließen. **v-v** D-St AC: παρά, AV B A-C (=*Ia) Va (=*II): ὑπό. Παρά dürfte aus °k-k übernommen sein. Inhaltlich ist es sinnvoll, zwischen παρά bei ἀποκαλυφθεῖσα und ὑπό bei διδαχθείς zu differenzieren: Gott ist der Ursprung der Offenbarung, aber sie wird nicht durch ihn selbst übermittelt; vom Erzengel Michael kann hingegen ohne weiteres gesagt werden, daß er logisches Subjekt des Vorgangs der Unterweisung ist. **w-w** Laut NAGEL fehlt Μιχαήλ in D; aber bei CERIANI steht es, so wird wohl nur eine unwillkürliche Omission bei NAGEL vorliegen; dies kommt bei ihm auch sonst vor (vgl. etwa °16,3b und E II,1, Anm. 5). MEISER/MERK übernehmen diese (wahrscheinlich spätneuzeitliche) Variante in den Haupttext. **x** St: τὰ ὑποτεταγμένα. Da St διδαχθείς und nicht διδαχθεῖσα liest (vgl. °u-u), ist unsicher, worin Mose vom Erzengel Michael unterwiesen wird. Der Zusatz stellt sicher, daß nicht das Sinaigesetz, sondern die Apc Mos gemeint ist. **y-y** D-St AV Ath (=*Ia): κύριε εὐλόγησον; Pa B C E¹: δέσποτα εὐλόγησον; A-AC P¹ An₁ Br: om; AH Va S¹ E²: εὐλόγησον δέσποτα; P²-J²-J³: εὐλόγησον πάτερ, S³: πάτερ εὐλόγησον. Die Bitte um göttlichen Segen am Ende einer Superscriptio ist durchaus typisch für hagiographische und homiletische Codices, entspricht also der Schreibertradition. Dabei sind mehrere Formeln üblich; sie enthalten alle εὐλόγησον, ansonsten variieren sie.[22] Die Nähe zur Schreibertradition provoziert den Verdacht, daß die Segensbitte dieser auch entstammt, also hier sekundär ist. Dafür könnte sprechen, daß mit A-AC und P¹ drei aus zwei unterschiedlichen Unterfamilien von *Ia (A[etc] und *II) stammende Zeugen keine Segensbitte haben; damit gibt es wenigstens Anzeichen dafür, daß zumindest der Subarchetyp *Ia, der dem Archetyp sehr nahestand, eine solche Formel nicht hatte. Dagegen spricht indessen, daß der zuverlässigste *Ia-Zeuge, Ath, eine Segensformel hat – und zwar die gleiche wie D-St AV. Ein solches Zusammenspiel von Ath (=*Ia) mit hervorragenden *I-Zeugen (sehr oft D-St, oft auch *III) begegnet häufiger und reicht üblicherweise – freilich auch nicht immer – für die Sicherung einer Lesart aus (vgl. E II und das Stemma). So wird das auch hier der Fall sein. Ansonsten müßten mehrere Schreiber unabhängig voneinander zufällig ein bewährtes und sehr typisches Variantenmuster erzeugt haben. Die Konventionalität der Segensbitte hat immerhin zur Folge gehabt, daß die Verteilung der Formeln auf die Textzeugen hier weniger als sonst der Gruppierung der Zeugen entspricht. Mehr als gewöhnlich dürften hier also gerade späte Kopisten eingegriffen haben, indem sie die ihnen geläufige Formel eintrugen. Manche haben sie offenbar auch gestrichen – auch dies ist nicht untypisch, denn keinesfalls alle homiletischen oder hagiographischen Werke sind mit einer Segensbitte in der Superscriptio ausgestattet.

---

gibt uns einige Sicherheit, daß wir es im gegebenen Fall nicht mit einem Kollationsfehler NAGELs zu tun haben.

[22] Besonders beliebt sind offenbar Formeln mit δέσποτα (δέσποτα εὐλόγησον; εὐλόγησον δέσποτα), geläufig ist auch einfaches εὐλόγησον; auch das hier am besten bezeugte κύριε εὐλόγησον kommt vor, aber seltener (etwa in dem Enkomion des Märtyrers Anastasius, vgl. A. PERTUSI: L'encomio di S. Anastasio martire persiano, Analecta Bollandiana 76 [1958], 5–63, speziell 32 [Codex B]). Die Formel δέσποτα εὐλόγησον dominiert auch in den Superscriptiones von Test Abr A und B (SCHMIDT 96; 56); immerhin hat der Codex D zu Test Abr B aber κύριε εὐλόγησον (SCHMIDT 56).

Inhalt und exegetische Hintergründe

Die Superscriptio orientiert den Leser über Inhalt und Provenienz der zur Lektüre anstehenden Schrift. Zunächst wird der Inhalt genannt: Es soll über die πολιτεία Adams und Evas erzählt werden; πολιτεία hat ursprünglich politische Bedeutung, kann aber v.a. in der späteren Literatur auch allgemein die Lebensweise bezeichnen[23]; letzteres wird hier gemeint sein. In dieser Bedeutung erscheint das Wort auch in hagiographischen Superscriptiones, dort allerdings mit βίος verbunden, vgl. °Superscr. c-c. Die Junktur mit Διήγησις ist weder üblich noch sonderlich geschickt, da auf diese Weise der nachfolgende Genitiv einmal als Gen. obj. und einmal als Gen. subj. zu lesen ist.[24] Die Gattungsbezeichnung διήγησις begegnet auch im Prolog des Lukasevangliums (Lk 1,1) und in hagiographischen Superscriptiones[25]. Ebenfalls findet sie sich in den Superscriptiones anderer frühjüdischer Schriften, freilich nirgends derart sicher ursprünglich wie hier.[26]

Die beiden nachfolgenden partizipialen Wendungen (ἀποκαλυφθεῖσα κτλ., διδαχθεῖσα κτλ.) betreffen die Provenienz der Schrift. Die Apc Mos wurde Mose offenbart, als dieser die »Tafeln des Gesetzes des Bundes« »aus der Hand Gottes« empfing. Zu beachten ist, daß die Offenbarung nicht *durch* Gott (mit Gott als Agens), sondern »von Gott her« (παρὰ θεοῦ) geschieht; Agens der Übermittlung des Offenbarungswissens ist der Erzengel Michael. Wenn zugleich mitgeteilt wird, daß Moses die Gesetzestafeln aus der Hand Gottes erhielt, könnte damit eine Abstufung zwischen den Gesetzestafeln und der Apc Mos intendiert sein (erstere stammen direkt von Gott, letztere leitet sich von

---

[23] Πολιτεία bezeichnet die Rechte und den Stand des Bürgers in der πόλις, die Amtsführung eines Politikers, die Verfassung, speziell die demokratische, und schließlich – bei späteren Schriftstellern – die Lebensweise, die Lebensführung, vgl. Passow, Wörterbuch II,1, 990a.

[24] Eine ähnliche Junktur von Gen. subj. und Gen obj. findet sich in der Superscriptio von Test Abr A (nach Ms. H): Διήγησις καὶ διαθήκη τοῦ δικαίου καὶ πατριάρχου Ἀβραάμ κτλ. (ähnlich in Ms. B), vgl. Schmidt, Test Abr, 96App. Auch bei εἰς ὑπακοὴν καὶ ῥαντισμὸν αἵματος Ἰησοῦ Χριστοῦ in 1. Petr 1,2 könnte eine solche Konstruktion vorliegen.

[25] Vgl. z.B. F. Halkin: Bibliotheca Hagiographica Graeca, Band I, Brüssel ³1957, Nr. 351b (zu Clemens Romanus, Nr. 7), S. 117: Αὕτη μὲν ἡ πλήρης οὐρανίου καὶ πνευματικῆς σοφίας διήγησις sowie F. Halkin, BHG, 8 und 343; daneben existieren ungezählte Belege, in denen das Verb διηγέομαι begegnet.

[26] Διήγησις findet sich in den Superscriptiones von Test Abr A (Mss. G H B Q) und Test Abr B (Mss. B F G), vgl. Schmidt, Test Abr, 83App und 96App, ferner in 3. Bar 1,1 (Picard, 3. Bar, 6App. – dort unsicher, weil nur zwei griechische Handschriften als Zeugen erhalten sind) sowie in den Zeugen 571 A CR O D von Jos As, vgl. Ch. Burchard (Ed.): Joseph und Aseneth (Pseudepigrapha Veteris Testamenti Graece 5), Leiden etc. 2003, 337–341; vgl. auch Ch. Burchard: Untersuchungen zu Joseph und Aseneth. Überlieferung – Ortsbestimmung (Wissenschaftliche Untersuchungen zum Neuen Testament 8), Tübingen 1965, 51–54.

Gott her, ist aber durch Michael vermittelt). Sicher ist dies freilich nicht, da keine weiteren Signale in diese Richtung deuten. Auf jeden Fall aber wird die Apc Mos als Offenbarungsschrift gekennzeichnet.[27]

Der Vorgang der Offenbarung wird durch die Verba ἀποκαλύπτω und διδάσκω benannt. Im Zusammenhang mit der Übermittlung ganzer Schriften sind diese nicht gerade geläufig. Für ἀποκαλύπτω kann als zeitnahe Sachparallele Apc Joh 1,1 genannt werden (dort steht allerdings ἀποκάλυψις). Ansonsten sind beide Verben nur allgemein mit Offenbarungsvorgängen konnotiert, v.a. bei Dan θ (2,19.22.28.29.30.47bis; 10,1; 11,35).[28] Διδάσκω steht oftmals für Unterweisungen von Engeln an Menschen, so in Apc Mos 43,1 (Michael belehrt Seth hinsichtlich der Totenpflege), vgl. auch Vit Ad 20,1 (wo freilich der griechische Text verlorengegangen ist), ferner 1. Hen 7,1; 8,1.3 etc. (Unterweisungen der gefallenen Engel); 10,3 (von Raphael) und die Epitome des Lib Jub bei Mich Cedr, Hist Comp (vgl. DENIS, Pseudepigrapha, 70).

An die Superscriptio schließt sich eine Segensformel an. Entsprechende Formeln sind in unterschiedlicher Ausführung nach hagiographischen und homiletischen Superscriptiones geläufig (vgl. °Superscr. y-y) und findet sich an dieser Stelle auch bei einigen Pseudepigraphen (3. Bar 1,1; Apc Esra 1,1; Apc Sedr Superscr.; Test Abr A B, vgl. 6₂); freilich ist unklar, ob sie in den genannten Schriften ursprünglich ist. Am ehesten ist sie hier als originär gesichert (vgl. Superscr. °y-y); sollte dies der Fall sein, wäre damit belegt, daß die Segensformel nach Superscriptiones jüdische Hintergründe hat. Eine Stütze für diese Annahme könnte Apc Joh 1,3 sein: Dort erscheint an entsprechender Stelle ein Makarismus, vielleicht ist hier ein bereits bestehendes Schema variiert.[29]

---

[27] Wenn in der Superscriptio der Apc Mos von einer Belehrung Moses durch Michael und von einer Übermittlung des Gesetzes an Mose die Rede ist, so sollte dies nicht zu einer vorschnellen Parallelisierung mit Acta 7,38.53; Gal 3,19; Hebr 2,2–3 verleiten (gegen BRAUN: Hebräer, 48), wo von einer Übermittlung des Gesetzes durch einen oder mehrere Engel an Mose die Rede ist. In Apc Mos Supersc. wird nämlich das Gesetz Mose direkt von Gott überreicht.

[28] Vgl. hierzu A. OEPKE: Art. ἀποκαλύπτω, Theologisches Wörterbuch zum Neuen Testament 3 (1938), 565–597, speziell 579.

[29] Überhaupt steht die Superscriptio der Apc Joh (1,1–3) derjenigen der Apc Mos sehr nahe. Beide legitimieren sich als Offenbarungsschriften; sie stammen von Gott, sind aber durch Mittler an einen menschlichen Empfänger gelangt (die Apc Joh durch Christus über einen Engel); beide kennen eine begriffliche Unterscheidung zwischen Offenbarung (Apc Mos: ἀποκαλύπτω; Apc Joh: ἀποκάλυψις) und Übermittlung (Apc Mos: διδάσκω; Apc Joh: σημαίνω). Zur Superscriptio der Apc Joh vgl. M. KARRER: Die Johannesoffenbarung als Brief. Studien zu ihrem literarischen, historischen und theologischen Ort (Forschungen zur Religion und Literatur des Alten und Neuen Testaments 140), Göttingen 1986, 86–100. KARRER bezeichnet Apc Joh 1,1–3 als »vortitulares Incipit«; gemeint ist eine überschriftartige, aber stärker ausgestaltete Phrase, die antike Verfasser ihren Werken in rezeptionslenkender Absicht voranstellten (ibidem 93). Vortitular ist es insoweit, als es nicht selbst Titel ist, wohl aber bei der Ausbildung von Titeln (etwa Ἀποκάλυψις Ἰωάννου) entscheidend beteiligt war. Dieser Gattungsbegriff kann genauso für die Apc Mos verwendet werden, hat aber terminologische Schwächen: Der Begriff »Incipit«

Die Superscriptio steht unter dem Verdacht, sekundär zu sein[30], zum einen, weil es naheliegt, bei einer Superscriptio den Einfluß der Rezeptionsbedingungen besonders hoch zu veranschlagen, zum anderen, weil die Mose-Pseudepigraphie in der Erzählung selbst keine Entsprechung zu finden scheint.[31]

Es spricht jedoch wenig dafür, die Superscriptio später anzusetzen als das Textkorpus. Am gewichtigsten ist der textkritische Befund: Die gleichen Regeln, die es ermöglichen, einen Grundtext der Apc Mos zu rekonstruieren, der keine christlichen Einsprengsel erkennen läßt, führen auch zum Grundtext der Superscriptio. Gewiß sind hier die Differenzen in der Überlieferung besonders groß, wie allein schon der Umfang des textkritischen Kommentars zeigt. Doch gerade diese Abweichungen können auch als indirekter Beleg für ein hohes Alter der rekonstruierten Grundform gewertet werden. Sie zeigen nämlich, daß die Rezeptionsbedingungen der Apc Mos der ursprünglichen Textgestalt ihrer Superscriptio zuwiderliefen, und zwar v.a. in inhaltlicher Hinsicht: Mehrere Textzeugen ersetzen die traditionelle Superscriptio durch eine neue, die keinen Hinweis auf eine Verfasserschaft des Mose bietet, vgl. °a-a und °b-b; besonders interessant ist die Superscriptio von Pa (vgl. °b-b), die das Werk dem Johannes Chrysostomus zuweist. Doch auch einige Textzeugen, welche die ursprüngliche Superscriptio mehr oder weniger wörtlich tradieren, lassen erkennen, daß gerade der Autoritätsanspruch Probleme bereitete, der durch die Mose-Pseudepigraphie und die Assoziation der Apc Mos mit der Sinaioffenbarung gegeben war, vgl. °h-h (Ath), °m-m (AV) und °p-p (St).

Auch das Verdachtsmoment, daß die Mose-Pseudepigraphie der Superscriptio im Textkorpus keine Entsprechung zu finden scheint, hält einer eingehenderen Überprüfung nicht stand. Sie wird zwar in der Tat narrativ nicht mehr aufgenommen, entspricht aber durchaus der inneren Ökonomie der Apc Mos als ganzer. Hier ist auf die exegetischen Grundlagen der Superscriptio wie der Apc Mos zu verweisen. Beide sind nämlich abhängig von einer Referenzschrift, die für das Entstehungsmilieu der Apc Mos von entscheidender Bedeutung war:

---

bezeichnet gewöhnlich den Beginn eines Textes (speziell in Repertorien, Handschriftenkatalogen und dergleichen), ganz gleich, wie dieser gattungskritisch zu bestimmen ist.

[30] BERTRAND, Vie 109: »Le titre proposé n'est que la reconstitution d'une forme déjà secondaire«.

[31] Gelegentlich knüpft sich an diese Beobachtung Kritik an dem von dem Erstherausgeber TISCHENDORFF gewählten Titel »Apocalypsis Mosis«, z.B. bei STONE, History, 6: »This name was given to it by C. von Tischendorff, presumably because one of the first manuscripts of this work which he discovered is presented as a revelation to Moses. In fact, however, this is a misnomer, since this mosaic attribution is to be found only in that single manuscript.« Wie STONE darauf kommt, daß nur eine Handschrift die Apc Mos als Offenbarung an Mose qualifiziere, ist mir freilich ein Rätsel. Selbst unter den Handschriften TISCHENDORFFs (A B C D) sind es alle vier!

dem Lib Jub (vgl. E III,4,b.c und E III,5,c.d). Für die Superscriptio der Apc Mos zeigt dies ein Blick auf die des Lib Jub:

ዝጉቱ ፡ ነገረ ፡ ኩፋሌ ፡ — Dies ist die Schrift von der Einteilung
መዋዕላተ ፡ ሕግ ፡ — der Tage des Gesetzes
ወለስምዕ ፡ ለግብረ ፡ ዓመታት ፡ — zum Zeugnis für das Werk der Jahre,
ለተሳብያቶሙ ፡ — um sie nach dem Siebenerschema
ለኢዮቤልውሳቲሆሙ ፡ — in ihre Jubiläen einzuteilen –
ውስተ ፡ ኩሉ ፡ ዓመታተ ፡ ዓለም ፡ — in allen Jahren des Weltlaufs,
በከመ ፡ ተናገሮ ፡ ለሙሴ ፡ — wie er es zu Mose gesagt hat
በደብረ ፡ ሲና ፡ — auf dem Berg Sinai,
አመ ፡ ዐርገ ፡ — als er hinaufgestiegen war,
ይነሥእ ፡ ጸላተ ፡ አብነ ፡ — um zu empfangen die Steintafeln
ሕግ ፡ ወትእዛዝ ፡ — des Gesetzes und Bundes
በቃለ ፡ እግዚአብሔር ፡ በከመ ፡ ይቤሎ ፡ — nach der Rede des Herrn, wie er sprach,
ይዐርግ ፡ — daß er steigen solle
ውስተ ፡ ርእሰ ፡ ደብር ፡ — auf den Gipfel des Berges.

Wie in der Superscriptio der Apc Mos wird hier die Mitteilung des Lib Jub mit der Offenbarung des Sinaigesetzes verbunden. Die Szene, an die angeknüpft wird, ist in beiden Fällen die Überreichung der steinernen Tafeln an Mose (vgl. Ex 31–34 passim und Dtn 4,13; 5,19; 9–10 passim). Wenn sie in Lib Jub »Tafeln des Gesetzes und des Bundes« genannt werden, so entspricht dies möglicherweise fast wörtlich der Wendung τὰς πλάκας τοῦ νόμου τῆς διαθήκης in der Apc Mos, sofern denn ትእዛዝ griechisch διαθήκη wiedergeben sollte, was gelegentlich der Fall sein kann; das Wort bedeutet eigentlich »Gebot«, kann aber auch »testamentum (sensu biblico)« meinen.[32]

Eine Differenz zwischen beiden Superscriptiones besteht insofern, als in der des Lib Jub nicht von einer vermittelnden Tätigkeit eines Engels die Rede ist. Ein Pendant dazu findet sich allerdings in Lib Jub 2,1, wo der »Engel des Angesichts« (መልእከ ፡ ገጽ) »in einer Gottesrede« (በቃለ ፡ እግዚአብሔር) Mose auffordert, das »Wort über die Schöpfung« (ነገረ ፡ ፍጥረት) niederzuschreiben – und daran anschließend ist dann nicht nur die Schöpfungsgeschichte, sondern der ganze Lib Jub als Mitteilung dieses Engels an Mose konzipiert. Durch die Wendung »in einer Gottesrede« ist ferner sichergestellt, daß der Inhalt der Offenbarung letztlich auf Gott selber zurückgeht. Genau Analoges behauptet die Superscriptio der Apc Mos. Sie ist eine »von Gott stammende Offenbarung« (ἀποκαλυφθεῖσα παρὰ θεοῦ); als Vermittler der Offenbarung fungiert wie im Lib Jub ein Engel. Vielleicht ist es in beiden Schriften auch der jeweils ranghöchste Engel. Diese Funktion wird man Michael in der Apc Mos kaum ab-

---

[32] Vgl. CHR. FR. A. DILLMANN: Lexicon Linguae Aethiopicae, Leipzig 1862–1865 (Nachdruck: Osnabrück 1970), s.v. ትእዛዝ §2cα (Sp.794).

sprechen können, vgl. insbesondere Apc Mos 22,1; 38,1, wo Michael den Engeln Befehle Gottes übermittelt.

Wenn sich die Superscriptio der Apc Mos mit ihrer Mose-Pseudepigraphie an die pseudepigraphe Rahmung des Lib Jub anlehnt, so übernimmt sie damit nicht einfach nur ein weiteres Motiv aus einem Text, auf den die Apc Mos auch sonst bezogen ist. Sie erhebt damit den Anspruch, daß die Apc Mos im wesentlichen genauso konstruiert ist wie der Lib Jub: Sie ist wie dieser eine Thora-Nacherzählung, die zugleich eine Offenbarungsschrift ist, deckt dabei allerdings einen kleineren Textabschnitt ab als der Lib Jub. Sie ist wie der Lib Jub eine offenbarte Metaerzählung zu einer thematisch abgegrenzten Passage der Thora. Weiteres zu dem mit der Superscriptio verbundenen Selbstzeugnis der Apc Mos findet sich in E III,4c.

I,2. Inscriptio (Apc Mos 1,1a)

1,1a [abc]Αὕτη ἡ διήγησις[c]   1,1a Dies ist die Erzählung
[d]Ἀδὰμ καὶ ''[e] Εὔας[db] ''[f].   von Adam und Eva

- Zeugen: D St AV B A AC Ath C Va P[1] P[2] J[2] J[3] An[1] ApcMos(arm)[(S. 1, Anm. 1)] Br S[1] J[1] E[1] S[3] AD E[2]
- Es fehlen: An[2] Pa AH VitAd(arm) VitAd(georg) VitAd([p]) VitAd (lat[me]) LibAd(slav)

Zum Text
1,1a ApcMos(arm) (nach A[a]): »Dies ist die Erzählung vom Lebenswandel Adams und Evas, nachdem sie aus dem Garten der Lieblichkeit herausgegangen waren, †wie die Erde der Trauer heißt†« (vgl. °Supscr b-b). **1,1b** B P[1]: om. (Vermeidung des Nebeneinanders von Superscriptio und Inscriptio). **1,1c** P[2]-J[2]-J[3]-An[1]: om. **1,1d** D-St AV A-AC-Ath-C (=*Ia) Va (=*II) ApcMos (arm): Ἀδὰμ καὶ Εὔας (ApcMos[arm] nach A[a], vgl. °1,1b) (a); P[2]-J[2]-J[3]-An[1] (=*III) J[1]: Ἀδὰμ καὶ Εὔας τῶν πρωτοπλάστων (ba); Br-S[1] (=*IIIa): τοῦ βίου Ἀδὰμ καὶ Εὔας τῶν πρωτοπλάστων (cba); (E[1])-(S[3])-AD-E[2]: τῶν πρωτοπλάστων Ἀδὰμ καὶ Εὔας (dba); B P[1]: def. **1,1e** E[1]-S[3]: τῆς; AD-E[2] et rell: txt. **1,1f** E[1]-S[3]-AD: ἐστίν; J[1] E[2] et rell: txt.

Inhaltlich teilt die Inscriptio nichts über die Superscriptio hinausgehendes mit, sie markiert lediglich den Beginn der Erzählung. Das nachfolgende μετὰ τὸ ἐξελθεῖν αὐτοὺς ἐκ τοῦ παραδείσου gehört zur nächsten Perikope – Ausgang aus dem Paradies und Ansiedlung im Osten gehören eng zusammen. D-St (vgl. °1,2a) ziehen es freilich zur Inscriptio, indem sie nach μετὰ τὸ ἐξελθεῖν κτλ. mit ἔγνω δέ fortfahren (δέ hat die Funktion einer Gliederungspartikel).

II. Adams und Evas Aufenthalt im Osten (Apc Mos 1,1b–1,2)

^GΜετὰ τὸ ἐξελθεῖν αὐτοὺς ἐκ τοῦ παραδείσου^b   Nach ihrem Ausgang aus dem Paradies
1,2 ^aἔλαβεν^a Ἀδὰμ ^bΕὔαν, τὴν γυναῖκα αὐτοῦ^b,   1,2 nahm Adam Eva, seine Frau,
καὶ ^cἀνῆλθεν^{c d}εἰς τὴν^d ἀνατολὴν   und ging zurück in den Osten
καὶ ^eἔμεινεν^e ἐκεῖ   und blieb dort
ἔτη ^fδέκα καὶ ὀκτὼ^f καὶ μῆνας δύο.^G   achtzehn Jahre und zwei Monate.

- Zeugen: D St AV B A AC Ath C VitAd(arm) VitAd(georg) VitAd(lat^p) VitAd(lat^{mc}) Va P¹
LibAd(slav) P² J² J³ An₁ ApcMos(arm)^(S. 1) Br S¹ J¹ E¹ S³ AD E².
- Es fehlen: An₂ Pa AH.

Zum Text

Zu °1,1b vgl. K I,2. **1,1/2G** B: μετὰ τὸ ἐξελθεῖν τὸν Ἀδὰμ ἀπὸ τοῦ παραδείσου· ἀπῆλθον
δὲ οἱ δύο ἀμφότεροι κατὰ τὴν ἀνατολὴν καὶ ἦσαν πενθοῦντες χρόνους λ'. Interessant ist
die Überlieferung von 30 »Zeiten der Trauer«; nur selten bietet B inhaltlich eigenartige Varianten. Eine Trauer Adams oder der Erzeltern nach Verlassen des Paradieses ist vielfach belegt, vgl.
etwa Vit Ad (arm. georg. lat) 1 und Apc Mos 29,7 in *II (siebentägige Trauer Adams und Evas).
1,2a D-St: ἔγνω δέ (vgl. Gen 4,1 ⑥); AV: παρέλαβε; A-AC-Ath-C (=*Ia) Va (=*II) P²-J²-J³-An₁
(=*III) ApcMos(arm) Br-S¹ (=*IIIa) J¹: ἔλαβε; E¹-S³: ἔλαβε δὲ ὁ; AD-E²: ἔλαβε δέ; B: def. **1,2b**
St Ath Va (=*II): Εὔαν (sq. NAGEL) (ba); D AV P¹: τὴν Εὔαν (cba); A-AC (=*Ia) P²-J²-J³-An₁
(=*III) ApcMos(arm) J¹: Εὔαν, τὴν γυναῖκα αὐτοῦ (sq. BERTRAND) (a); C Br-S¹ (=*IIIa) E¹-S³-
AD-E²: τὴν γυναῖκα αὐτοῦ (da); B: def. **1,2c** D-St: ἐξῆλθεν (bca⁷); AV A-Ath (=*Ia) P²-J²-J³-
An₁ (=*III): ἀνῆλθεν (a); B: ἀπῆλθον (vgl. °1,1/2G) (ca⁷); AC^(cod): ἐπορεύθεν (da); C Va (=*II):
ἦλθεν (ea); P¹: ἦλθον (fea); Br-S¹ (=*IIIa): κατῴκησεν (ga); J¹-E¹-S³-AD-E²: κατῆλθεν (ha).
Κατῆλθεν setzt voraus, daß der Osten tiefer gelegen war als das Paradies, vgl. die Tradition vom
Paradies auf dem Weltberg in der Erdmitte, der gewöhnlich mit dem Zion identifiziert wurde.[1]
Daß diese auch in byzantinischer Zeit fortwirken konnte, zeigt eine pseudochrysostomische
Homilie auf Adam, die Luk 10,30–31 (Ἄνθρωπός τις κατέβαινεν ἀπὸ Ἱερουσαλὴμ εἰς
Ἱεριχὼ κτλ.), d.h. den »Abstieg« von Jerusalem, auf die Vertreibung Adams aus dem Paradies
bezieht.[2] Vgl. auch *IIIa in °14,1b, wo die Rückkehr Seths und Evas vom Paradies mit dem
Wort κατέβησαν bezeichnet wird. Κατῴκησεν ist durch Gen 3,24 ⑥ induziert, nur daß ⑥
ursprünglich das kausative κατῴκισεν las, also nicht von einer Selbstansiedlung Adams berichtet, sondern von einer Ansiedlung Adams durch Gott. Doch κατῴκησεν ist auch in der
handschriftlichen Überlieferung zu Gen 3,24 ⑥ belegt, eindeutig in 75 318 59 sowie beim
Zeugen M zu Philo, De Cherubim 1[3]. **1,2d** D-St: πρός. **1,2e** D-St P¹: ἔμειναν (ba); AV Ath
ἔμενον (ca); A-AC-C (=*Ia) Va (=*II) P² (=*III) (ApcMos[arm]) J¹-E¹-S³-AD-E²: ἔμεινε

---

[1] Zu den mit dem Zionberg assoziierten Weltbergvorstellungen und der Identifikation Zion-
Paradies vgl. J. JEREMIAS: Golgotha (ΑΓΓΕΛΟΣ. Archiv für neutestamentliche Zeitgeschichte und
Kulturkunde 1), Leipzig 1926, 43–45; 51ff.

[2] Vgl. die Editio praeliminaris bei K.-H. UTHEMANN / R.F. REGTUIT, J.M. TEVEL (Edd.):
Homiliae Pseudo-Chrysostomicae. Instrumentum Studiorum, Vol. I, Turnhout 1994, 18–20,
speziell 19 = Nr IV (Sermo in Adam, nach Athen, Nationalbibliothek Nr. 313, ff. 177r–179v),
speziell Z. 39ff. in der Zählung der Ausgabe.

[3] Die genannten Zeugen sind eindeutig, weil sie nicht nur κατῴκησεν lesen, sondern auch
das nachfolgende αὐτόν auslassen – hier ist itazistische Verwechslung also auszuschließen. Zu
Philo vgl. L. COHN: Philonis Alexandri Opera Quae Supersunt, Vol I, Berlin 1896, 170.

(ApcMos[arm]: »еłеu« [»er war«: Aorist!]) (a); J²-J³-(An₁): ἔμενε (da); B Br S¹: def. **1,2f** D-St J²-J³-An₁: δέκα ὀκτώ; AV A-AC-Ath-C (=*Ia) Va-(P¹) (=*II) Br-(S¹) (=*IIIa *III) J¹-E¹-S³-E²: δέκα καὶ ὀκτώ; P² AD: ιη; B: def.

1. Zum Inhalt

Eine Angabe zu Zeit und Situation steht ganz am Anfang und soll uns mitteilen, womit die Geschichte, die hier erzählt werden soll, einsetzt: Mit dem Ausgang Adams und Evas aus dem Paradies. Alles, was in der Apc Mos erzählt werden wird, findet nach diesem Zeitpunkt statt; was davor war, erfahren wir nur über Rückblenden (Apc Mos 7–8; 15–30). Sowohl die Superscriptio als auch die Inscriptio haben nichts darüber verlauten lassen, daß nur der Teil des Lebens Adams und Evas nach dem Ausgang aus dem Paradies erzählt werden soll; damit ist eine gewisse Schwäche der Darstellung gegeben, die hier aber nicht diskutiert werden muß.

Die aktive Gestalt ist Adam: Er nimmt Eva mit sich, geht zurück in den Osten und bleibt dort 18 Jahre und zwei Monate. Daß Eva nicht als handelnde Person in den Blick kommt, deutet eine Überordnung Adams an, die auch anderweitig zum Ausdruck kommt, etwa wenn er als »Herr« (κύριος) Evas bezeichnet wird (Apc Mos 2,1), auch von Eva selbst (2,2), und wenn er ihre Träume deutet (2,4), ihr Anweisungen erteilt (2,4; 9,3; 14,3; 31,4) oder ihre Fragen beantwortet (31,2–4). Erstaunlicher ist indes, daß hier nicht Gott, sondern Adam als Akteur geschildert wird: *Er* geht in den Osten und bleibt dort. Passend dazu ist schon zu Beginn nicht von einer Vertreibung Adams und Evas, sondern von deren Ausgang aus dem Paradies die Rede. Daß Gott die Erstursache des Geschehens ist, wird damit wohl kaum bezweifelt, dennoch fällt die Formulierung auf.

Unklar ist auf den ersten Blick, ob die Menschen in den Osten hinaufgehen oder ob sie zurückkehren; ἀνέρχομαι kann beides bedeuten. Im erstgenannten Falle läge das Paradies tiefer als der Osten; dies läuft einer verbreiteten Vorstellung zuwider, derzufolge das Paradies auf einem hohen Berge gelegen ist, daher haben spätere Zeugen ἀνῆλθεν durch κατῆλθεν ersetzt, vgl. hierzu °1,2c. Im letztgenannten Falle wären die Menschen schon einmal im Osten gewesen. Erst die Analyse der exegetischen Hintergründe wird erweisen, daß hier eine Rückkehr in den Osten gemeint sein muß.

Der Aufenthalt im Osten ist auf 18 Jahre und 2 Monate terminiert; die Zeitangabe ist auffällig präzise. Die zeitliche Eingrenzung des Ostaufenthaltes impliziert, daß Adam und Eva den Osten auch wieder verlassen werden; im Folgenden wird eine solche Aktion freilich explizit nicht berichtet. Am einfachsten ist wohl die Annahme, daß die an die Nachricht vom achtzehnjährigen Aufenthalt im Osten anschließende Szene (Geburt Kains und Abels) auch zeitlich an die achtzehn Jahre und zwei Monate des Ostaufenthaltes anschließt;

dann wechselt (ohne daß dem Erzähler sonderlich daran gelegen war) mit der Szene auch der Ort. Damit ist freilich immer noch nicht mitgeteilt, wohin Adam und Eva denn nach den Jahren im Osten gehen. Wozu sie dort hingegangen sind, bleibt ebenfalls unklar.

2. Exegetische Hintergründe

Die Nachricht, daß Adam nach seinem Ausgang aus dem Paradies im Osten gewohnt habe, hat eine Entsprechung im hebräischen Bibeltext[4] zu Gen 3,24b; dort findet sich im Zusammenhang mit der Vertreibung aus dem Paradies das Wort מקדם (»östlich«). 𝔊 liest καὶ κατῴκισεν αὐτὸν ἀπέναντι τοῦ παραδεί-σου τῆς τρυφῆς καὶ ἔταξεν τὰ χερουβὶμ κτλ. (»und er [sc. Gott] siedelte ihn [sc. Adam] gegenüber vom Paradies der Wonne an und plazierte die Cherubim etc.«), übersetzt also מקדם mit ἀπέναντι; diese Textauffassung läuft Apc Mos 1,2 klar entgegen. Doch auch der von 𝔐 bezeugte Text kann nicht ohne weiteres als Ausgangspunkt von Apc Mos 1,2 ausgemacht werden: Dieser liest וישכן מקדם לגן־עדן את־הכרובים (»und er [sc. Gott] plazierte östlich des Garten Eden die Cheru-bim etc.«). Unschwer läßt sich erkennen, daß מקדם hier nicht den Aufenthaltsort Adams bezeichnet, sondern den der Cherubim. Anders verhielte es sich, wenn man וַיַּשְׁכֵן מִקֶּדֶם statt וַיַּשְׁכֵּן מִקֶּדֶם (𝔐) läse, allerdings bliebe dann את־הכרובים ohne syntaktische Anbindung. Doch eine solche Textauffassung hat es tatsächlich gegeben. In Ber R 21,9 begegnet folgende Exegese zu מקדם:

מקדם	»Im Osten« –
רב אמר	Rab sprach:
בכל מקום רוח מזרחית קולטת	An allen Stellen ist der Osten Freistatt:
אדם הראשון –	Adam, der erste Mensch:
ויגרש את האדם	»Und er vertrieb Adam,
וישכן מקדם לגן עדן	und er wohnte östlich vom Garten Eden« (Gen 3,24);
קין –	Kain:
ויצא קין מלפני י״י	»Und Kain zog fort von JHWH
וישב בארץ נוד קדמת עדן	und wohnte im Lande Nôd östlich von Eden« (Gen 4,16);
רוצח –	der Mörder:
אז יבדיל משה שלש ערים	»Damals sonderte Mose drei Städte ab
בעבר הירדן מזרחה שמש	jenseits des Jordans Richtung Osten« (Dtn 4,41).

Anhand von drei Beispielen wird hier eine Tendenz der östlichen Himmels-richtung konstatiert, zur Wohnstatt für Exilierte zu werden. Für unsere Zwecke interessant ist nur das erste: Darin ist ganz klar der Osten als Aufenthaltsort Adams gedacht, und zwar in Anlehnung an Gen 3,24. Dieses wird nur aus-

---

[4] Über Theodotion, Symmachus und Aquila existieren keine Überlieferungen, vgl. den App. bei WEVERS.

schnittweise zitiert, und dabei endet der Text gerade vor אֵת־הַכְּרוּבִים, das in 𝔐 das Objekt zu וַיַּשְׁכֵּן מִקֶּדֶם darstellt und der Textauffassung des rabbinischen Exegeten (wie auch der Apc Mos) zuwiderläuft. Der rabbinische Exeget hat also nach וַיַּשְׁכֵּן מִקֶּדֶם eine Zäsur gesetzt und dieses auf Adam bezogen, damit ist vorausgesetzt, daß er וַיַּשְׁכֵּן wie oben angedeutet als Qal aufgefaßt hat. Die mit dieser Lektüre verbundenen Kontextprobleme werden ihn wenig gestört haben – die frühjüdische und rabbinische Exegese ist weniger auf Kontextwahrnehmung denn auf punktuelle Textbeobachtungen ausgerichtet.

Zu bedenken ist freilich, daß die in Apc Mos 1,2 wie in Ber R 21,9 vorausgesetzte Deutung von וַיַּשְׁכֵּן syntaktisch unproblematisch ist, wenn man als Vorlage den hebräischen Text annimmt, der laut EIßFELDT (vgl. BHS, App. z.St.) der Septuaginta zugrundeliegt: וַיַּשְׁכֵּן מִקֶּדֶם לְגַן־עֵדֶן וַיָּשֶׂם אֵת־הַכְּרוּבִים. Ein solcher Text ist allerdings bisher nicht aufgetaucht. Im übrigen ist er auch mit dem Problem behaftet, daß für κατῴκισεν αὐτόν im hebräischen Text eigentlich וַיַּשְׁכְּנֵהוּ stehen müßte; offenbar geht EIßFELDT in dieser Angelegenheit eher von einer interpretierenden Übersetzung in 𝔊 aus. Diese kann aber auch bei καὶ ἔταξεν vorliegen.[5]

Von dem exegetischen Hintergrund für den Ostaufenthalt Adams und Evas her werden auch andere Merkmale dieser kurzen erzählerischen Notiz verstehbar: Daß die Menschen (speziell Adam) als Akteure erscheinen und nicht als Objekt von Gottes Handeln, erklärt sich damit, daß וַיַּשְׁכֵּן als Qal und nicht als Hipʻil aufgefaßt wird; Adam wird damit nicht von Gott angesiedelt, sondern siedelt sich selber an.[6] Wenn zunächst nur Adam als Subjekt der Handlung genannt wird,

---

[5] Die meisten Abweichungen der Septuaginta zur Genesis sind Interpretamente des Übersetzers, vgl. M. RÖSEL: Übersetzung als Vollendung der Auslegung. Studien zur Genesis-Septuaginta (Beihefte zur Zeitschrift für die alttestamentliche Wissenschaft 223), Berlin 1994; zu dieser Stelle vgl. S. 99 ibidem.

[6] Eine Zufallsparallele stellen wohl Varianten des bohairischen Bibeltextes zu Gen 3,24 dar, die hier nach der neuen Ausgabe von PETERS zitiert werden sollen (M.K.H. PETERS: A Critical Edition of the Coptic [Bohairic] Pentateuch, Vol. I: Genesis [Society of Biblical Literature. Septuagint and Cognate Studies 19], Atlanta, Georgia 1985): In Gen 3,24 Boh (A G) heißt es: ⲞⲨⲞϨ ⲀϤⲒ ⲀⲆⲀⲘ ⲈⲂⲞⲖ („Und Adam ging hinaus"). Ganz ähnlich und bedeutungsgleich sind die Varianten der Zeugen C F (ⲞⲨⲞϨ ⲀϤⲒ ⲚϪⲈ ⲀⲆⲀⲘ) und der Ausgabe von LAGARDE (ⲞⲨⲞϨ ⲀⲆⲀⲘ ⲀϤⲒ). Die Übereinstimmung mit dem Sprachgebrauch der Apc Mos läßt sich nicht leugnen, doch wahrscheinlich geht die Form ⲀϤⲒ auf älteres *ⲀϤϨⲒ („er [sc.] Gott warf hinaus") zurück, wie es die Zeugen B J lesen. PETERS hat letzteres in den Haupttext übernommen – wohl v.a. deswegen, weil es dem ἐξέβαλεν der Septuaginta entspricht, welche dem bohairischen Bibeltext zugrundeliegt. Der älteste bohairische Bibeltext überhaupt, der Papyrus Bodmer III, der neben dem größeren Teil des Johannesevangeliums auch Gen 1,1–4,2 überliefert hat, liest freilich ⲀⲨϨⲒ statt ⲀϤϨⲒ, was WEVERS mit iactus est wiedergibt, vielleicht aber auch griechischem *ἐξέβαλον entspricht (Einbeziehung der Engel!). Doch ist fraglich, ob überhaupt ein Zusammenhang zwischen Pap. Bodm. III (4. Jh.) und der ansonsten in mittelalterlichen Handschriften bezeugten bohairischen Bibelübersetzung besteht; PETERS bezieht ihn in seine Ausgabe mit ein und hat dafür Tadel empfangen; man sollte vorsichtshalber für Gen 1–4 auch

findet dies seinen Grund darin, daß auch וישכן nur Adam als Subjekt hat. Daß Adam sich nicht alleine im Osten niederläßt, sondern seine Frau mitnimmt, schließt der frühjüdische Exeget aus dem Kontext (vgl. Gen 4,1).

Von Gen 3,24, speziell וישכן מקדם her läßt sich auch festlegen, was mit ἀνῆλθεν gemeint ist: מקדם findet eine Entsprechung ganz zu Beginn der Paradiesgeschichte, nämlich in Gen 2,8. Dort heißt es: שם את־האדם ויטע יהוה אלהים גן־בעדן מקדם וישם (»und JHWH-Gott pflanzte einen Garten in Eden, im Osten, und setzte dort den Menschen hinein«). In diesem Satz ist מקדם schwer unterzubringen; die Versionen und Ausleger zeigen, wie sehr das Wort hier Verständnisprobleme bereitet.[7] Solche Widerstände im Text können Ansatzpunkt für Theoriebildungen sein. Im Falle der Apc Mos könnte die Tatsache, daß jenes auffällige מקדם einmal zu Beginn und dann einmal am Ende der Paradiesgeschichte auftaucht, und zwar beide Male in Verbindung mit Adam, zu der Schlußfolgerung geführt haben, daß מקדם den Aufenthaltsort Adams sowohl vor als auch nach der Paradiesepisode bezeichnet – und dann *kehrt* Adam mit der Vertreibung aus dem Paradies wieder dorthin *zurück*, von wo er ins Paradies versetzt worden war.

Daß er dort – im Osten – freilich nur eine gewisse Zeitspanne geblieben ist, erklärt sich aus einer anderen Beobachtung: Wenn in Gen 4,16 berichtet wird, daß Kain sich in die Gegend östlich von Eden (קדמת־עדן) zurückgezogen hat, muß er bzw. seine Eltern vorher woanders gewesen sein. Irgendwann muß also ein Umzug stattgefunden haben; die Apc Mos berichtet davon nicht explizit, setzt aber voraus, daß er geschieht. Daß in der Tat Gen 3,24 und 4,16 aufeinander bezogen wurden, legt auch die Parallele in Ber R 21,9 nahe. Dort erscheinen beide Texte nebeneinander als Beleg für ein und dieselbe Sache.

Schwer zu deuten bleiben die 18 Jahre und zwei Monate. Präzise Zeitangaben dieser Art finden sich des öfteren in der Rewritten-Bible-Literatur (vgl. Lib Jub, Lib Ant Bib), diese steht damit

---

den Text der alten Ausgabe von LAGARDE zu Rate ziehen: P. DE LAGARDE: Der Pentateuch koptisch, Osnabrück 1967 (Nachdruck der Ausgabe von 1867). Edition des Pap Bodmer III: R. KASSER: Papyrus Bodmer III. Évangile de Jean et Genèse I–IV,2 (Corpus Scriptorum Christianorum Orientalium 177. Scriptores Coptici 25), Louvain 1971, speziell 52. Zur Kritik an PETERS vgl. P. NAGEL: Coptology and Biblical Text Research (1980–1988), in: M. RASSART- DEBERGH / J. RIES (Edd): Actes du IVᵉ congrès copte. Louvain-la-Neuve, 5-10 Septembre 1988 II: De la linguistique au gnosticisme (Publications de l'Institut Orientaliste de Louvain 41), Louvain-la-Neuve 1992, 237–244, speziell S. 244.

[7] 𝔊 übersetzt מקדם mit κατὰ ἀνατολάς, versteht es also (wie die Apc Mos) im lokalen Sinne, für die Revisoren Aquila (ἀπὸ ἀρχῆθεν), Symmachus (ἐκ πρώτης) und Theodotion (ἐν πρώτοις) ist ein temporales Verständnis bezeugt (vgl. WEVERS, App.), so übersetzt auch die Vulgata: *in principio*. Das temporale Verständnis liegt auch Ber R 15,3 zugrunde, wo anhand des Lemmas מקדם diskutiert wird, ob das Paradies älter als die Erschaffung der Welt oder älter als Adam ist (insofern Adam am sechsten Tag erschaffen, das Paradies aber am dritten Tag gepflanzt wurde). Die erstgenannte Auslegung liegt wohl auch 4. Esra 3,6 zugrunde, dort heißt es: *Et induxisti eum in paradisum, quem plantavit dextera tua antequam terra adventaret*.

in der chronographischen Tradition hellenistischer und biblischer Geschichtsüberlieferung. Eine exegetische Begründung oder eine theologische Intention ist m.E. hier nicht auszumachen. Es läßt sich auch kaum feststellen, ob mit den 18 Jahren und zwei Monaten eine Zeit geschlechtlicher Enthaltsamkeit vor der Zeugung der beiden ersten Kinder angedeutet werden soll. Eine solche wird in Lib Jub 3,34 genannt, nur ist die Zeitdauer dort eine andere.

III. Geburt Kains und Abels (Apc Mos 1,3)

1,3 ''ᵃ Καὶ ἐν γαστρὶ ᵇεἴληφενᵇ ᶜΕὔαᶜ   1,3 Und Eva empfing
ᵈκαὶ ἐγέννησε δύο υἱούς,   und gebar zwei Söhne:
ᵉτὸν ᶠ†Διάφωτον†ᶠ, ᵍτὸν καλούμενονᵍ Κάιν,   Diaphotos, der Kain genannt wird,
καὶ τὸν ʰ†'Αμιλαβές†ʰ, τὸν καλούμενον "Αβελᵈᵉ.   Und Amilabes, der Abel genannt wird.

- Zeugen: D St AV B A AC Ath C VitAd(arm) VitAd(georg) VitAd(latᵖ) VitAd(latᵐᵉ) Va P¹ LibAd(slav) P² J² J³ An₁ ApcMos(arm)⁽ˢ· ¹⁾ Br S¹ J¹ E¹ S³ AD E².
- Es fehlen: An₂ Pa AH.

Zum Text
1,3a P²-J²-J³-An₁ (=*III) ApcMos(arm) (Br)-(S¹) ([=*IIIa]) J¹-(E¹)-(S³)-(AD)-(E²): ἔγνω δὲ 'Αδὰμ ᵃΕὔανᵃ, τὴν γυναῖκα αὐτοῦ¹ (vgl. Gen 4,1ⓖ). **1,3b** D-St B A-Ath-C (=*Ia) Va-P¹ (=*II) P²-J²-J³-An₁ (=*III) Br-S¹ (=*IIIa) J¹: εἴληφεν; AV AC E¹-S³-E²: ἔλαβεν; AD: def. Der Aorist ἔλαβεν ist sprachlich korrekter. In der Tat ist das Perfekt εἴληφα auffällig, zum einen in einer Erzählung, zum anderen, da es von Aoristformen umgeben ist. Doch auch das Perfekt konnte in der späten Koine gelegentlich als Erzähltempus verwendet werden, vgl. BL-DEBR-REHK § 343. Mit Vorliebe wurden in diesem Sinne Perfekta verwendet, die augmentierten Formen ähnlich sahen, so z.B. εἴρηκα, εἴληφα, vgl. BL-DEBR-REHK § 343,2 zur Apc Joh. In Papyri des 1. Jh. n. Chr. werden ausschließlich diese Formen im aoristischen Sinne verwendet.² **1,3c** D-St B C P¹: ἡ Εὔα (sq. BERTRAND); A-Ath (=*Ia) Va (=*II): Εὔαν (sq. NAGEL); AV AC P²-J²-J³-An₁ (=*III) ApcMos(arm) Br-S¹ (=*IIIa) J¹-E¹-S³-AD-E²: om. **1,3d** Br-S¹ (=*IIIa): καὶ ἐγέννησε διδυμάρια· τὸν 'Αμυλαβές, τὸν καλούμενον Κάιν, καὶ τὴν ἀδελφὴν αὐτοῦ· καὶ πάλιν συλλαβοῦσα ἔτεκε τὸν Διάφωτον, τὸν καλούμενον "Αβελ, καὶ τὴν ἀδελφὴν αὐτοῦ. καὶ ἦν "Αβελ ποιμὴν προβάτων καὶ Κάιν ἐπεργαζόμενος τὴν γῆν (»und sie brachte Zwillingspaare hervor: Amylabes, der Kain genannt wird, und seine Schwester; und wiederum ward sie schwanger und gebar Diaphotos, der Abel genannt wird, und seine Schwester. Und Abel war Hirte und Kain Ackerbauer«). Neben der Einarbeitung von Gen 4,2b ⓖ und der Vertauschung der apokryphen Namen Kains und Abels fällt auf, daß hier von Zwillingsschwestern Kains und Abels die Rede ist. Dabei werden Kain und Abel – anders als wahrscheinlich im Ausgangstext – nicht zur gleichen Zeit zur Welt gebracht; gleichzeitig mit ihnen geboren werden jeweils Zwillingsschwestern. Kain und Abel, auch Seth, werden in der jüdischen, christlichen und muslimischen Tradition auf verschiedenartigste Weise Schwestern beigesellt, vgl. etwa Lib Jub 4,1.8 (Awân [ᎯᎨᎧ] und Azurâ [ᎯᏳ᎐-]) und Lib Ant Bib 1,1 (Noaba neben Kain, Abel und Seth). In beiden Schriften handelt es sich freilich nicht um Zwillingsschwestern Kains und Abels. Je eine Zwillingsschwester wie hier werden Kain und Abel u.a. in

---

¹ Varianten: **a-a** P²-J²-J³-An₁ ApcMos(arm) J¹: Εὔαν; Br-S¹ (=*IIIa) E¹-S³-AD-E²: om.
² Vgl. dazu F. EAKIN: Aorists and Perfects in First Century Papyri, The American Journal of Theology 20 (1916), 266–273.

ARN 1,14; bJeb 62a; PRE 21,1; Cav Thes 5,19–20 (Übers. BEZOLD: S. 8); Confl Adae (TRUMPP 81₁₆₋₂₀ 83₄₋₅ [Übers.: DILLMANN, S. 67.68]) zugeschrieben.[3] **1,3e** Va: τὸν Κάϊν καὶ τὸν ˝Αβελ. **1,3f** D-St (AV) Ath ApcMos(arm) J¹: 'Αδιάφωτον (sq. BERTRAND und TROMP: Cain, 278–279) (ba); B: Διάφορον (ca); A-AC (=*Ia) (Vit[arm]) (VitAd[georg]) (VitAd[lat^p]) (VitAd[lat^{me}]) (Br)-(S¹) ([=*IIIa] *III): Διάφωτον⁴ (sq. NAGEL) (a); C | S³-AD: Διάφατον (da|dgba); P¹: διάβα (‹ διάβατον [hapl., vgl. TROMP: Cain, 279₈]) (ea); P²-J²-J³-(An₁): 'Αδιάφωνον (fba); E¹: 'Αδιάφατον (gba); E²: ˝Αφατον (hdgba); Va: def. Für eine Hinzufügung eines Alpha privativum gab es eine klare Motivation: Kain sollte damit negativ gekennzeichnet werden, zumal dem Namen Διάφωτος aufgrund seiner Affinität zu διαφωτίζω (»erleuchten«) eine positive Konnotation beigelegt werden konnte. Die Übersetzungen fassen den Namen durchweg als sinnhaltig auf: VitAd 21 deutet *Διάφωτος im Sinne von »sternenklar« (vgl. Anm. 4), ApcMos(arm) deutet *'Αδιάφωτος im Sinne von »lichtlos« (»anloys«) Vgl. die Diskussion dieser Variante in E II,5 (S. 86–87). **1,3g** D-St: τὸν λεγόμενον (sq. BERTRAND) (ba); B A-Ath (=*Ia) P¹ (=*II) ApcMos (arm) (=*III) Br-S¹ (=*IIIa) | E²: τὸν καλούμενον (sq. NAGEL) (a|aca); AV C J¹-E¹-S³-AD: καλούμενον (hapl.) (ca); AC P²-J²-J³-An₁: om; Va: def. **1,3h** D A (=*Ia) P¹ (=*II) J¹-E¹-S³-AD-E² (=*III): 'Αμιλαβές; St AV B Ath P²-J²-J³-An₁: 'Αμηλαβές; C: 'Αμιλαβέστατον; ApcMos(arm): »gutgesinnt« (»barexorh«) (*εὐλαβής); (Br)-(S¹) ([=*IIIa]): 'Αμυλαβές (vgl. °1,3d); AC Va: def.

An die Nachricht vom 18jährigen Ostaufenthalt Adams (Apc Mos 1,2) anschließend geht es nun um eine Schwangerschaft Evas und die Geburt zweier Söhne. Von einem Geschlechtsakt, der dieser Schwangerschaft vorausgegangen sein müßte, verlautet nichts – er wird allerdings auch nicht in Abrede gestellt. Er kann jedenfalls nicht im Paradies stattgefunden haben[5], denn von diesem leben

---

[3] Zu den Schwestern Kains, Abels und Seths vgl. das bei APTOWITZER, Kain, 115–118 zusammengestellte Material, ferner M. GRÜNBAUM: Neue Beiträge zur semitischen Sagenkunde, Leiden 1893, 67–70.

[4] VitAd(lat^p) 21b: *eratque ut stella lucidus*; VitAd(lat^{me}) 21,3: *Et erat lucidus*; VitAd(arm) 21,3: »es war die Farbe seines Leibes wie die Farbe der Sterne«; desgleichen Vit Ad (georg) 21,3: »l'apparence de celui-ci était comme celle des étoiles«. Allen Adamviten liegt eine Auslegung des Namens Διάφωτος zugrunde, die schon *Vit Ad (gr) vorgenommen hat.

[5] Apc Mos 1,3 scheint damit die Auffassung zu vertreten, daß es im Paradies keinen Geschlechtsverkehr zwischen Menschen gegeben habe; dies entspricht der Darstellung des paradiesischen Lebens in Apc Mos 15–30, speziell 15,2–3. Es gab zu diesem Thema unterschiedliche Auffassungen in der jüdischen und christlichen Tradition, vgl. hierzu G. ANDERSON: Celibacy or Consummation in the Garden? Reflections on Early Jewish and Christian Interpretations of the Garden of Eden, Harvard Theological Review 82 (1989), 121–148: Die Rabbinen sahen ihrer insgesamt positiven Sicht der Sexualität entsprechend das Paradies als Ort auch sexueller Begegnung; in der christlichen Tradition überwog eine zölibatäre Interpretation der Paradiesüberlieferung, durchaus in Übereinstimmung mit frühjüdischen Überlieferungen wie 2 Bar 56,5–6, wo jeglicher prokreativer Vorgang (Geschlechtsverkehr gleichermaßen wie Geburt, überhaupt Vermehrung) als Folge des Gebotsübertritts Adams gesehen wird. Der Lib Jub schließt Sexualität für die Zeit des Paradiesaufenthaltes gleichfalls aus, freilich nicht wegen eines zölibatären Ideals, sondern weil es das Paradies als Tempel ansah. Da ANDERSON vorrangig die Überlieferungen des syrischen Christentums untersucht, sei hier zur Illustration des zölibatären Standpunktes auf Prokop von Gaza, Comm Gen (Migne, Patrologia Graeca 87, 233_A) verwiesen, der zu Gen 4,1 vermerkt, daß Adam Eva »erkannt« habe im Sinne einer ehelichen Beziehung, die Ehe aber habe es im

die Eltern nun seit mehr als 18 Jahren getrennt. Es hat den Anschein, daß die beiden Söhne als Zwillinge gedacht sind; jedenfalls ist nicht von zwei Geburten, erst recht nicht von zwei Schwangerschaften die Rede.

Im Vergleich zum biblischen Text (Gen 4,1–2) fällt zunächst die Aussparung des Geschlechtsaktes auf (Gen 4,1 זוֹ: וְהָאָדָם יָדַע אֶת־חַוָּה אִשְׁתּוֹ [»und Adam erkannte Eva, seine Frau«]). Sodann wird in Gen 4,2 anders als hier von einer zweiten Geburt gesprochen (Gen 4,2 וַתֹּסֶף לָלֶדֶת [»und sie gebar abermals«]). Doch auch in Gen 4,2 können Kain und Abel durchaus als Zwillinge gedacht sein, denn von einer zweiten Schwangerschaft (oder gar einem zweiten Geschlechtsakt) wird nichts gesagt; und es gibt in der Tat sowohl in der rabbinischen als auch in der patristischen Literatur Belege dafür, daß man den Text so aufgefaßt hat.[6] Eine solche Exegese kann auch der Apc Mos zugrundeliegen, doch wird diese Textauffassung nicht gerade mit Nachdruck hervorgehoben.[7]

Paradies nicht gegeben. Schließlich habe der Heiland gesagt, daß in der Auferstehung keine Ehen gebe, und die Auferstehung sei eine Wiederherstellung dessen, aus dem wir herausgefallen seien. Damit sei die Sünde auch die Ursache des Vermehrungssegens.

[6] Für die jüdische Tradition ist hier auf V. APTOWITZER: Kain und Abel in der Agada, den Apokryphen, der hellenistischen, christlichen und muhammedanischen Literatur (Veröffentlichungen der Alexander Kohut Memorial Foundation 1) Wien / Leipzig 1922, 1 und 94 (Anm. 2) zu verweisen, der PRE 21,1 zitiert:

רבי יוסי אומר קין והבל תאומים היו	Rabbi Josê sagte: Kain und Abel sind Zwillinge,
שנאמר: ותהר ותלד את קין	Denn es heißt: *Und sie ward schwanger und gebar Kain.*
בההיא שעתא אוספת למילד	In genau dieser Stunde setzte sie das Gebären fort,
שנאמר ותוסף ללדת	denn es heißt: *Und sie setzte das Gebären fort*

Ausgangspunkt dieser Textauffassung ist also die Wendung וַתֹּסֶף לָלֶדֶת (»sie gebar nochmals / sie setzte das Gebären fort«); die gleiche Wendung wird auch in Ber R 22,3 in den Blick genommen, allerdings ohne daß Kain und Abel dort explizit als Zwillinge bezeichnet würden. Beachtenswert ist, daß auch in griechisch-byzantinischer Literatur diese Exegese vorgenommen wird, vgl. Procop von Gaza, Comm Gen ad Cap. 4,2 (MPG 87, 233D): Τινὲς ἀπὸ μιᾶς συλλήψεως ἄμφω τεχθῆναί φασι καὶ εἶναι διδύμους· καὶ προσέθηκε τοῦτο δηλοῦν (»Einige sagen, beide [sc. Kain und Abel] seien aus einer Schwangerschaft hervorgegangen, seien also Zwillinge; diese deute *,und sie setzte [das Gebären] fort'* an«). Prokop widerspricht dieser Auffassung nicht, hält sie aber offenbar nicht für allgemeingültig; er ist abhängig von der Catenenüberlieferung, vgl. die Catene zu Gen 4,1–2 – Edition: F. PETIT (Ed.): La chaîne sur la Genèse. Édition intégrale, Tome 2: Chapitres 4 à 11 (Traditio Exegetica Graeca 2), Louvain 1993, 6 (Nr. 486). Die Überlieferung wird in der Catenenüberlieferung Philo von Alexandria zugeschrieben, dies jedoch zu Unrecht (vgl. PETIT z. St.); sie geht auf Didymos von Alexandrien zurück, der bereits die Zuschreibung an Philo hatte. Es ist nicht auszuschließen, daß Didymos direkt oder indirekt von jüdischer Überlieferung abhängig ist; zu jüdischen Einflüssen bei Didymos vgl. D. LÜHRMANN: Alttestamentliche Pseudepigraphen bei Didymos von Alexandrien, Zeitschrift für die Alttestamentliche Wissenschaft 104 (1992), 231–249.

[7] APTOWITZER, Kain, 1 ist sich sicher, daß eine solche Exegese in Apc Mos 1,3 zugrundeliegt.

Ein signifikanter Unterschied zwischen der Apc Mos und dem biblischen Bezugstext besteht schließlich darin, daß in der Apc Mos sowohl die Deutung des Namens Kain durch Eva als auch die Nachricht über den von den Kindern ausgeübten Beruf ausgespart werden. Damit wird gerade das unterschlagen, was im biblischen Text für eine Profilierung der beiden Gestalten vor der Handlung sorgte, doch möglicherweise kam diese Aufgabe den beiden »apokryphen« Namen zu, die neben den biblischen genannt werden. Deren Deutung fällt allerdings schwer. Dementsprechend hat es zahlreiche Herleitungen, verbunden mit Konjekturen, gegeben, die aber aus unterschiedlichen Gründen nicht überzeugen.[8] Hier soll ein weiterer Versuch dieser Art vorgelegt werden, der freilich ebenfalls mit Unsicherheiten behaftet ist:

Ausgangspunkt ist die Beobachtung, daß der apokryphe Name Kains ein griechisches Gepräge zeigt, zugleich aber an keinen existierenden griechischen Namen erinnert. Er könnte daher aus einem griechischen Wort verderbt sein, daß als Namensäquivalent gedacht war, ohne selbst als Name gebräuchlich zu sein, also einer Übersetzung des Namens »Kain«. Ich schlage *διὰ φθόνον vor, zum einen aus paläographischen Gründen (ΔΙΑΦΩΤΟΝ ‹ ΔΙΑΦΘΟΝΟΝ), zum anderen aus inhaltlichen: Διὰ φθόνον (»wegen Neides«) kann auf einer ätiologischen Erklärung des Namen קין mit hebr. קנא (»eifersüchtig sein«) beruhen und könnte sich auf Gottes Motivation bei der Ablehnung von Kains Opfer beziehen: Gott nahm Anstoß an Kains Opfer, weil dieser auf seinen Bruder neidisch war oder weil er Gott nicht eigentlich gönnte, was er ihm gab; im letzteren Falle weist diese Übersetzung inhaltlich eine Affinität zu Gen 4,7 𝕲 auf (οὐκ, ἐὰν

---

[8] WALKER 565a, Anm. 1 will das bei ihm nach TISCHENDORF als ursprünglich angesetzte διάφωτον auf *διαφύτωρ oder *διαφυτευτής [lies διαφυτεύτης] (»Pflanzer«) und ᾽Αμη/ιλαβές auf *μηλατάς [lies μηλάτης] oder *μηλοβότης (»Schafhirt«) zurückführen, eine insofern ansprechende Vermutung, als sie den beiden Namen eine exegetische Grundlage verschaffen kann. Die Ähnlichkeit zwischen den überlieferten und den rekonstruierten Namensformen springt indes nicht so ins Auge. BERTRAND (S. 111) konjiziert ἀδελφοκτόνος und ἀμιλληθείς; die erste Namensform sieht der überlieferten allerdings nicht besonders ähnlich, die zweite schon eher, doch ändert sich hier einiges, wenn man bedenkt, daß doch eigentlich *ἀμιλληθέντα hätte gelesen werden müssen.

Einen eigenwilligen Vorschlag unterbreitet TROMP (Cain, 278–282): Er nimmt an, daß in Apc Mos 2,2 aus *ΑΙΜΑΑΒΕΛ durch Dittographie *ΑΙΜΑΑΙΜΑΑΒΕΛ entstanden sei, das anschließend zu *ΑΙΜΑΑΜΙΛΑΒΕΣ mutierte. ΑΜΙΛΑΒΕΣ sei später als geheimnisvoller Name verstanden worden, und daher habe man, um ihn zu integrieren, den Text sowohl in 2,2 als auch in 1,3 umgearbeitet (und für Kain den Namen ᾽Αδιάφωτος erfunden). Dieses Szenario setzt indes eine ungewöhnlich planvolle Arbeit mit dem überlieferten Text voraus. Kopisten oder Interpolatoren jedenfalls pflegen nicht so vorzugehen. Außerdem stellt sich die Frage, warum ein solcher Bearbeiter, wenn er schon Apc Mos 1,3 im Hinblick auf Apc Mos 2,2 umarbeitet, nicht auch dafür sorgen konnte, daß der apokryphe Name Kains auch in Apc Mos 2,2 zu stehen kommt: Warum verhält er sich in dieser Sache wieder gedankenlos wie ein Kopist?

ὀρθῶς προσενέγκῃς, ὀρθῶς δὲ μὴ διέλῃς, ἥμαρτες; »Hast du denn etwa nicht gesündigt, wenn du zwar ordnungsgemäß dargebracht, nicht aber ordnungsgemäß geteilt hast?«), sofern dieser Text tatsächlich dahingehend zu verstehen ist, daß Kain, indem er (wie Prometheus) nicht richtig teilte, Gott bei seinem Opfer etwas vorenthalten wollte.[9]

Analog könnte auch ᾽Αμιλαβές aus einem griechischen Wort verderbt sein, das etwas mit dem Opfer zu tun hat und zugleich den Namen Abel »übersetzt«. Hier bietet sich am ehesten ἀντέλαβε (»er [sc. Gott] hat entgegengenommen«) an. Ihm mag eine – freilich etwas künstliche – Etymologie mit hebr. חבל (»als Pfand nehmen«) zugrundeliegen.

Die »apokryphen« Namen bzw. Namensäquivalente werden den biblischen Nomina propria als die »eigentlichen Namen« vorgeschaltet. Dieses Verfahren ist nicht ganz untypisch für onomatologische Arbeit an der biblischen Überlieferung; auch in der Auslegungsliteratur zu Gen 4 gibt es eine Parallele: Im Apokr Joh (NHC III,31,7–21 par)[10] wird erzählt, der bösartige Demiurg Jaldabaoth habe Eva begattet und zwei Kinder gezeugt. Der eine, Jahwe (ΙΑΥΕ), das Bärengesicht, sei ein Ungerechter (ΑΔΙΚΟΣ) und über das Wasser und die Erde gesetzt, der andere, Elohim (ΕΛ-ωΕΙΜ), das Löwengesicht, sei gerecht (ΔΙΚΑΙΟΣ) und über Feuer und Wind gesetzt. Diese würden unter den Menschen bis auf den heutigen Tag Kain und Abel genannt. Hier ist klar die Absicht erkennbar, die »eigentlichen« Namen als esoterisches Wissen zu deklarieren, vielleicht auch den biblischen Text zu korrigieren (gnostische Protestexegese).

In der Apc Mos wird es im Unterschied zum Apokr Joh lediglich darum gegangen sein, den biblischen Namen ein semantisches Potential zu entnehmen, das zu der Erzählung paßt, in die sie eingebettet sind; dieses Verfahren begegnet im 4. Esra: Dort führt sich der Offenbarungsempfänger folgendermaßen ein (4. Esra [lat] 3,1): *Anno tricesimo ruinae civitatis eram in Babylone, ego Salathiel qui et Ezras, et conturbatus sum super cubili meo recumbens.* (»Im dreißigsten Jahre der Zerstörung der Stadt war ich in Babylon, ich, Salathiel, der ich auch Esra heiße, und wie ich mich auf mein Lager legte, geriet ich in Bestürzung«). Der aus der Bibel bekannte Esra heißt also eigentlich *Salathiel*, so die Namensform im lateinischen Text, vgl. ܫܠܬܐܝܠ in der syrischen und ሱታኤል (Sutâ'êl) in der äthiopischen Version.[11] Wahrscheinlich handelt es sich um einen Symbolnamen, der das eigentliche Wesen Esras zum Ausdruck bringen soll – nämlich so, wie es sich in der Apokalypse zu erkennen gibt: Er ist derjenige, der Gott »fragt« (hebr.: שאל); den divergierenden Namensformen wird also hebr. שאלתיאל zugrundeliegen.

---

[9] Zu diesem Verständnis von Gen 4,7 𝔊 vgl. M.S. ENSLIN: Cain and Prometheus, Journal of Biblical Literature 86 (1967), 88–90.

[10] M. WALDSTEIN / FR. WISSE (Edd.): The Apocryphon of John. Synopsis of Nag Hammadi Codices II,1; III,1; and IV,1 with BG 8502,2 (Nag Hammadi and Manichaean Studies 33), Leiden 1995, 136–141.

[11] Editionen – Lateinischer Text: R. WEBER OSB: Biblia Sacra Vulgata iuxta Vulgatam Versionem. Editio Tertia Emendata quam Paravit Bonifatius Fischer OSB, Stuttgart ³1983, 1931–1974, speziell 1934. Syrischer Text: A.M. CERIANI: Monumenta Sacra et Profana e Codicibus Praesertim Bibliothecae Ambrosianae, Tomus 5, Mailand 1868, 39–110, speziell 45. Aethiopischer Text: A. DILLMANN: Veteris Testamenti Aethiopici, Tomus Quintus quo Continentur Libri Apocryphi Baruch, Epistola Jeremiae, Tobith, Judith, Ecclesiasticus, Sapientia, Esdrae Apocalypsis, Esdrae Graecus, Berlin 1894, 153–193, speziell 153.

IV. Der Brudermord (Apc Mos 2,1–3,1)

2,1 ᵃΚαὶ μετὰ ταῦτα
ᵇἐγένοντο μετ' ἀλλήλων 'Αδὰμ καὶ Εὔαᵇ·
ᶜκοιμωμένων ᵈδὲᵈ αὐτῶνᶜᵃ
εἶπεν Εὔα τῷ ᶜκυρίῳ αὐτῆςᵉ 'Αδάμ·
2,2 κύριέ μου,
εἶδον ἐγὼ κατ' ὄναρ τῇ νυκτὶ ταύτῃ
τὸ αἷμα τοῦ υἱοῦ ᵃμουᵃ ᵇᶜ'Αμιλαβέςᶜ,
τοῦ ἐπιλεγομένου "Αβελᵇ,
βαλλόμενον εἰς τὸ στόμα Κάϊν,
τοῦ ἀδελφοῦ αὐτοῦ,
καὶ ᵈἔπιενᵈ αὐτὸ ᵉἀνελεημόνωςᵉ.
παρεκάλει δὲ αὐτὸν ''ᶠ
συγχωρῆσαι ᵍαὐτῷ ὀλίγον ἐξ αὐτοῦᵍ.
2,3 αὐτὸς δὲ οὐκ ᵃἤκουσενᵃ αὐτοῦ,
ἀλλ' ὅλον κατέπιεν ᵇαὐτόᵇ.
καὶ οὐκ ἔμεινεν ἐπὶ τὴν κοιλίαν αὐτοῦ,
ἀλλ' ἐξῆλθεν ᶜἔξωᶜ τοῦ στόματος αὐτοῦ.
2,4 εἶπε δὲ 'Αδὰμ ''ᵃ·
ἀναστάντες πορευθῶμεν
καὶ ἴδωμεν, τί ἐστι τὸ γεγονὸς αὐτοῖς,
μήποτε ᵇὁ ἐχθρὸς
πολεμῇ τιᵇ ᶜπρὸςᶜ αὐτούς.
3,1 πορευθέντες δὲ ἀμφότεροι
εὖρον πεφονευμένον τὸν "Αβελ
ᵃἀπὸᵃ χειρὸς Κάϊν τοῦ ἀδελφοῦ αὐτοῦ.

2,1 Und danach
kamen Adam und Eva zusammen;
wie sie aber schliefen,
sagte Eva zu ihrem Herrn Adam:
2,2 »Mein Herr!
Ich sah im Traum in dieser Nacht
das Blut meines Sohnes Amilabes,
der auch Abel genannt wird,
wie es sich im Munde
seines Bruders Kain befand;
und der trank es ohne Erbarmen.
Er aber bat ihn,
ihm ein wenig davon zu lassen.
2,3 Jener aber hörte nicht auf ihn,
sondern trank es ganz auf.
Und es blieb nicht in seinem Bauch,
sondern kam aus seinem Munde heraus.«
2,4 Adam aber sagte:
»Lasset uns aufstehen und gehen
uns nachsehen, was ihnen geschehen ist,
daß nicht etwa der Feind
gegen sie einen Krieg führe«.
3,1 Sie aber gingen – beide –
und fanden Abel: Ermordet
durch die Hand Kains, seines Bruders.

- Zeugen: D St AV B A AC Ath C VitAd(arm) VitAd(georg) VitAd(latᵖ) VitAd(latᵐᵉ) Va P¹ LibAd(slav) P² J² J³ An₁ ApcMos(arm)⁽ˢ· ¹⁻²⁾ Br S¹ J¹ E¹ S³ AD E².
- Es fehlen: An₂ Pa AH.

Zum Text

2,1a AV: καὶ μετ' ἀλλήλων γενόμενοι 'Αδὰμ καὶ Εὔα; B: μετὰ οὖν ταῦτα, κοιμωμένων ἀπ' ἀλλήλων. AV und v.a. B sind hier asketisch geprägt, vgl. °2,1b.c und Bᴇʀᴛʀᴀɴᴅ 112. **2,1b** D-St A-AC-Ath-(C) (=*Ia) (Va) (=*II): ἐγένοντο μετ' ἀλλήλων 'Αδὰμ καὶ Εὔα; P²-J²-J³-An₁ (=*III) (Br)-(S¹) ([=*IIIa]) J¹-E¹-S³-AD-E²: ἐν μιᾷ τῶν ἡμέρων. Vgl. °2,1a.c. **2,1c** AV E¹-S³-AD-E²: om. Vgl. °2,1.a.b. **2,1d** D-St A-AC-Ath-C (=*Ia): δέ; P²-J²-J³-An₁ (=*III) Br-S¹ (=*IIIa): om.; AV B Va P¹ J¹ E¹ S³ AD E²: def. **2,1e** D-St B A-AC-Ath-C (=*Ia): κυρίῳ αὐτῆς; AV Va-P¹ (=*II) P²-J²-J³-An₁ (=*III) Br-S¹ (=*IIIa) J¹-E¹-S³-AD-E²: om. **2,2a** D-St AV A-AC-Ath (=*Ia) Va (=*II) | J¹-E¹-S³-AD-E²: μου (a|aba); B C P¹ P²-J²-J³-An₁ (=*III) ApcMos(arm) Br-S¹ (=*IIIa): ἡμῶν (ba). **2,2b** D-St A-AC (=*Ia) P²-J²-J³-An₁ (=*III): 'Αμ. τοῦ ἐπιλεγομένου "Αβελ; AV: 'Αμ.; B Ath: 'Αμ. τοῦ ἐπικαλουμένου "Αβελ; C Br-S¹ (=*IIIa): om; Va: τοῦ λεγομένου "Αβελ (vgl. °1,3e); ApcMos(arm): »Abels«; J¹-E¹-S³-AD-E²: 'Αμ. τοῦ καλουμένου "Αβελ; P¹: def. **2,2c** D-St A-(AC) (=*Ia) J¹-E¹-S³-AD-E² (=*III): 'Αμιλαβές; AV B Ath P²-J²-J³-An₁: 'Αμηλαβές; C Va P¹ Br S¹: def. Vgl. °1,3h, dort ist die Verteilung der Varianten ähnlich. **2,2d** D-St AV A-AC-Ath (=*Ia) P²-J²-J³-An₁ (=*III) J¹: ἔπιεν; B Va-P¹ (=*II) E¹-S³-AD-E²: ἔπινε; Br-S¹ (=*IIIa): †ἔπινον†; C: def. **2,2e** (P²)-J²-J³-An₁: †τελεῖ μόνος†; AD⁽ᶜᵒᵈ⁾: ἀνηλεῶς; E²: om. **2,2f** P¹ P²-J²-J³-

An₁ (=*III) ApcMos(arm) Br-S¹ (=*IIIa) J¹-(E¹)-(S³)-(AD)-(E²): Ἄβελ. **2,2g** D J¹: ὀλίγον ἐξ αὐτοῦ; St AV A-Ath-(C) (=*Ia) P²-J²-J³-An₁ (=*III) Br-S¹ (=*IIIa): αὐτῷ ὀλίγον ἐξ αὐτοῦ; B: ἐξ αὐτοῦ ὀλιγον; AC: ἐξ αὐτοῦ αὐτῷ ὀλίγον; Va: αὐτῷ; P¹: αὐτῷ μικρόν; E¹-S³-AD-E²: ὀλίγον. **2,3a** D B: ἤκουεν (ba); St AV | A | P²-J²-J³-An₁ (=*III) Br-S¹ (=*IIIa) J¹-E¹-S³-AD-E²: ἤκουσεν (a|aca|a); AC-Ath-C: εἰσήκουσεν (ca); P¹ Va: def. **2,3b** D: αὐτοῦ; St (AV) (B) A (=*Ia) P²-J²-J³-An₁ (=*III) J¹-E¹-S³-AD: αὐτό; AC C E²: αὐτόν; Ath: om; Va P¹ Br S¹: def. **2,3c** D-St AV B Ath (=*Ia) (Va) (=*II) P²-J²-J³-An₁ (=*III) J¹-E¹-S³-AD-E²: ἔξω; A-AC C P¹: ἐκ; Br S¹: def. **2,4a** A-Ath-C (=*Ia) VitAd(arm) VitAd(georg) Va-(P¹) (=*II): τῇ Εὔα (ba); VitAd(latᵖ) Vit Ad(latᵐᵉ) | et rell.: txt (aba|a). **2,4b** D-St B (J¹)-E¹-S³-AD-E²: ὁ ἐχθρὸς πολεμῇ (sq. BERTRAND) (ba); AV Ath (=*Ia) P²-J²-J³-An₁ (=*III): ὁ ἐχθρὸς πολεμῇ τι (sq. NAGEL und TROMP, Cain 286) (a); A: πολεμῇ ὁ ἐχθρός τι (ca); C: ὁ ἐχθρὸς ἐλθὼν πολεμῇ (da); P¹⁽ᶜᵒᵈ⁾: πολεμεισι ὁ ἐχθρὸς (*πολεμῇ ⟨τ⟩ι ὁ ἐχθρός [=*II]) (ea); Va⁽ᶜᵒᵈ⁾: πολέμιος ἐχθρὸς (*πολεμῇ ὁ†ς† ἐχθρός) (fea); Br-S¹ (=*IIIa): ὁ ἐχθρός τι πολεμῇ (ga); AC: def. **2,4c** P²-J²-J³-An₁: περί. **3,1a** D-St B A-Ath (=*Ia) P² (=*III) J¹: ἀπό; AV C P¹ Br-S¹ (=*IIIa) E¹-S³-AD-E²: ἐκ (vgl. Gen 4,11 𝔊); J²-J³-An₁: ὑπό; AC-Va: διά.

Nachdem von der Geburt Kains und Abels berichtet worden war, folgt nun die Erzählung vom Brudermord. Dieser wird freilich nur insoweit aufgenommen, als er Adam und Eva betrifft – die Apc Mos bleibt streng im Rahmen der Intention, vom Leben Adams und Evas zu erzählen. Daher wird keine Erklärung für den Mord geliefert, wohl aber wird der Tathergang durch einen Wahrtraum Evas in die Perspektive der beiden Erzeltern einbezogen. Durch den Traum wird es Adam und Eva auch möglich, die Leiche Abels zu finden; damit wird auch die Folge des Mordes eine Angelegenheit Adams und Evas.

Der Abschnitt ist folgendermaßen gegliedert: Zunächst wird die Situation geschildert, in der Eva ihre visionäre Mitteilung bekommt (2,1). Sodann berichtet Eva den Wahrtraum ihrem Mann (2,2–3), der daraufhin den Traum als Hinweis auf einen Anschlag des Teufels gegen Kain und Abel deutet und den Beschluß faßt, Kain und Abel aufzusuchen (2,4). Dieser Beschluß wird in die Tat umgesetzt – mit der Folge, daß die Eltern den von Kain erschlagenen Abel finden (3,1).

Die Art, wie die Apc Mos hier ein biblisch überliefertes Ereignis neu erzählt, findet eine Parallele in 1Q GenAp 19,14–17. Dort wird der Erzählung von der Gefährdung der Sarah in Ägypten folgender Vorspann vorgeschaltet: »Und ich, Abram, hatte einen Traum in der Nacht beim Einzug ins Land Ägypten. Und ich schaute in meinem Traum [und siehe, da] war(en) eine Zeder und eine Dattelpalme, (15) eine [sehr schön]e, und sie spros[sen aus einer Wurzel],und Menschensö[hne] kamen und wollten die [Z]eder schlägern und entwurzeln und die Dattelpalme für sich allein lassen. (16) Da schrie die Dattelpalme auf und sprach: „Ihr dürft nicht die [Z]eder schlägern, denn wir kommen beide aus [ein]er Wur[zel!"]. Da wurde die Zeder dank der Dattelpalme übriggelassen (17) und nicht [geschlägert]. (leer) Da erwachte ich in der Nacht von meinem Schlaf und sagte zu meiner Frau: „Einen Traum (18) habe ich geträumt und [ich] ängstige mich [vor] diesem Traum." Sie sagte zu mir: „Erzähle mir deinen Traum, damit ich Bescheid weiß!", und ich begann ihr diesen Traum zu erzählen (19) [und ich erklärte] i[hr die

Bedeutung dieses] Traumes und sagte: „[...,] die mich töten wollen um dich übrig zu lassen. [Und nun,] das ist die ganze Wohltat (20), [welche du mir erweisen sollst:] An jenem Ort, an dem [wir sein werden, sag] über mich: ‚Er ist mein Bruder', dann werde ich dank deiner am Leben bleiben und meine Seele wird dank deiner gerettet."«[1]

Auch hier ist die divinatorische Situation die des Ehebettes. Ähnlich wie in der Apc Mos wird ein Traum mitgeteilt, der in allegorischer Weise die nachfolgenden Ereignisse vorwegnimmt; der Stil ist hier wie dort sowohl bildhaft als auch merkwürdig unanschaulich.[2] Anders als in der Apc Mos ist der Ausleger der Traumes auch der, der ihn träumt – aber in beiden Fällen wird die Frau vom Mann belehrt. Mit der Auslegung ist wie in der Apc Mos eine Handlungsanweisung verbunden. Die wohl wichtigste Übereinstimmung besteht wohl darin, daß in beiden Texten der Traum eine in bildhafter Rede präsentierte Vorwegnahme nachfolgender Ereignisse darstellt, die der Leser schon aus der Bibel kennt. Hierin spiegelt sich sowohl ein für das frühe Judentum auch sonst belegtes Interesse an divinatorisch-mantischen Phänomenen als auch ein Bedürfnis nach Deutung des biblisch Erzählten. Damit manifestiert sich Exegese in der Gestalt einer Textgattung, die eher für die prophetische Tradition typisch ist – Exegese gebärdet sich als Prophetie. Ein solches Miteinander von Exegese und Prophetie ist für Qumran auch in den Pescharim bezeugt[3] – was die Apc Mos betrifft, kommt es programmatisch in der Superscriptio zum Ausdruck (vgl. E III,4c und K I,1).

Was den Anfang des Abschnittes (2,1) betrifft, so ist zu beachten, daß er nicht ohne Verbindungsglied zum vorher Erzählten bleibt: Die Wendung μετὰ ταῦτα verbindet das Beieinanderliegen Adams und Evas mit der vorhergehenden Geburt. Damit wird ein Signal gegeben, das ein anderes Merkmal dieser Szene erklärt, welches auf den ersten Blick nur schwer integrierbar scheint: Adam wird nicht nur vom Erzähler, sondern auch von seiner Frau »Herr« genannt (2,1.2). Dem entspricht zwar das Autoritätsgefälle, das mit der Deutung des Traumes der Eva durch Adam und der nachfolgenden Handlungsanweisung Adams zum Ausdruck kommt, doch bleibt immer noch auffällig, daß gerade hier so viel Nachdruck auf das »Herr-Sein« Adams gelegt wird – der Titel κύριος für Adam ist in der Apc Mos ansonsten keineswegs allgegenwärtig (er begegnet in Apc Mos 9,2 und 21,3). Bedenkt man aber, daß hier ein nächtliches Beisammensein Adams und Evas auf eine Geburt folgt (durch μετὰ ταῦτα deutlich hervorgehoben!), dann läßt sich ein exegetischer Grund

---

[1] Übersetzung von: J. Maier: Die Qumran-Essener: Die Texte vom Toten Meer, Band I (Uni-Taschenbücher 1862), München 1995, 218.

[2] Den Vorgängen auf der Bildebene mangelt es erheblich an Logik, sie gewinnen erst von der Sachebene her einen Sinn; eine Veranschaulichung von Unanschaulichem durch bildhafte Rede ist gerade nicht intendiert. Eher soll durch die Bildlichkeit der Visionserzählung eine Aura des Geheimnisvollen vermittelt werden, die diese zur exklusiven Mitteilung macht. Die Gleichnistheorie des Markusevangeliums entspricht dieser Praxis esoterisch-parabolischer Rede (vgl. Mc 4,10–12). Sie ist im frühen Judentum und Christentum keine Seltenheit.

[3] Vgl. 1Q pHab, v.a. 1Q pHab 7,4–5, wo mitgeteilt wird, daß Gott dem Lehrer der Gerechtigkeit die Geheimnisse sämtlicher Prophetenworte kundgetan habe. Dem Lehrer der Gerechtigkeit wird also Textauslegung mit Offenbarungsanspruch zugeschrieben.

für dieses auffällige Textmerkmal finden: Nachdem sie Kinder geboren hat, liegt Eva mit ihrem Mann zusammen, er aber ist ihr Herr – das ist eine erzählerische Umsetzung des Gottesfluches in Gen 3,16, die im übrigen durchaus konform geht mit der Fassung des Gottesfluches, die sich in Apc Mos 25 findet, vgl. insbesondere Apc Mos 25,4: Στραφῇς δὲ πάλιν πρὸς τὸν ἄνδρα σου, ‹...› καὶ αὐτός σου κυριεύσει.[4]

Zu dieser Deutung würde es passen, wenn die Szene in Apc Mos 2,1 im Sinne eines Beischlafes verstanden würde. Daß der Text so verstanden werden kann, zeigen zumindest diejenigen Revisoren, die für die aszetizistischen Varianten in °2,1a–c verantwortlich ist – eben darum haben sie ja korrigierend eingegriffen! Man mag einwenden, daß ἐγένοντο μετ᾽ ἀλλήλων nicht nur sexuell konnotiert ist und κοιμᾶσθαι zwar eine solche Bedeutung haben kann, dann aber in der Regel in Kombination mit μετά + Gen. Doch die Textsignale, die auf Beischlaf hinweisen, sind wohl trotzdem deutlich genug – immerhin steht μετ᾽ ἀλλήλων im vorhergehenden Syntagma.

Der Wahrtraum schildert Kain als einen Blutsäufer, der Abels Blut trotz dessen inständiger Bitte, ihm doch etwas davon zu lassen, erbarmungslos auftrinkt. Er kann es jedoch nicht im Bauch behalten und muß es wieder ausspeien. Es fällt nicht schwer, den Bezug zwischen Bild- und Sachebene (das vom biblischen Text her bekannte Ereignis) herzustellen. Das Bild des Bluttrinkens steht auch sonst für Tötung (vgl. Hes 39,17–19); ermöglicht ist das durch die Gleichsetzung von Blut und Leben (נפש) in der biblischen Tradition (Gen 9,4; Lev 17,11.14; Dtn 12,23). Dennoch bleibt ein gewichtiges Moment der Allegorie zunächst unverständlich: Warum muß Kain das Blut wieder ausspeien?

Gerade die Sperrigkeit der Bildersprache läßt vermuten, daß hier theologische bzw. exegetische Notwendigkeiten im Hintergrund stehen. Doch an welche Elemente der biblischen Überlieferung über Kain und Abel knüpft Apc Mos 2,2–3 überhaupt an? Den Weg weisen die Schlüsselwörter der Erzählung. Dominierend sind zweifellos das Blutmotiv und die Motive »Mund« bzw. »trinken«. Beide finden sich wieder in Gen 4,10–11:

Gen 4,10–11 מ	Gen 4,10–11 ⑤
10 ויאמר	10 Καὶ εἶπεν ὁ θεός·
מה עשׂית	τί ἐποίησας;
קול דמי אחיך	φωνὴ αἵματος τοῦ ἀδελφοῦ σου
צעקים אלי מן־האדמה	βοᾷ πρός με ἐκ τῆς γῆς.
11 ועתה ארור אתה מן־האדמה	11 καὶ νῦν ἐπικατάρατος σὺ ἀπὸ τῆς γῆς,

---

[4] Die Bezeichnung «Herr» für den Gatten ist auch für Abraham in Gen 18,12 belegt, vgl. 1. Petr 3,5, wo Gen 18,12 explizit aufgenommen wird. In Apc Mos 2,1.2 läßt sich ein Einfluß aus Gen 18,12 freilich nicht nachweisen.

אֲשֶׁר פָּצְתָה אֶת־פִּיהָ   ἣ ἔχανεν τὸ στόμα αὐτῆς
לָקַחַת אֶת־דְּמֵי אָחִיךָ מִיָּדֶךָ   δέξασθαι τὸ αἷμα τοῦ ἀδελφοῦ σου ἐκ τῆς χειρός σου

Doch mit der Benennung des biblischen Referenztextes ergeben sich schon die Probleme: Nicht von Kain, sondern von der Erde wird dort gesagt, daß sie das Blut Abels getrunken habe. Kann der Exeget diese entscheidende Differenz übersehen haben?

Es gibt noch eine zweite Überlieferung über Abel in der Apc Mos, die uns hier einen wertvollen Hinweis gibt: In Apc Mos 40,3–5 wird erzählt, daß Kain vergeblich versucht habe, Abels Leichnam in der Erde zu verbergen. Die Erde habe sich geweigert, diesen anzunehmen. Schließlich hätten die Engel ihn »auf den Felsen« (ἐπὶ τὴν πέτραν) gelegt. Die Einzelexegese zur Stelle wird zeigen, daß diese Erzählung im wesentlichen auf Gen 4,10 𝔐 basiert. Dort sagt Gott, daß das Blut Abels »von der Erde aus« (מִן־הָאֲדָמָה) zu ihm schreie. Diese Nachricht wird in Apc Mos 40,3–5 mit dem biblischen Motiv von dem nach Vergeltung schreienden unbedeckten Blut des schuldlos Erschlagenen in Verbindung gebracht, speziell mit der Ausformung, die dieses Motiv in Hes 24,7–8 findet (daher der Felsen!). Abels Blut mußte also oberhalb der Erde geblieben sein. Da das Blut für die Person als ganze steht, konnte so die Vorstellung aufkommen, daß die Erde sich weigerte, Abels Leichnam aufzunehmen. Diese Interpretation von Gen 4,10 mußte natürlich mit dem Kontext diskongruieren, denn in Gen 4,11 wird ja gerade das Gegenteil berichtet, nämlich daß die Erde ihren Mund geöffnet habe, um Abels Blut zu trinken. Gen 4,11 bleibt denn auch in Apc Mos 40,3–5 unerwähnt.

An unserer Stelle wird Gen 4,11 nun gerade nicht verdrängt, sondern gezielt aufgenommen. Mit einer gewissen Berechtigung läßt sich also sagen, daß in Apc Mos 2,2–3 exegetische Arbeit fortgesetzt wird, die in Apc Mos 40,3–5 noch unerledigt blieb. Apc Mos 2,2–3 bietet die andere Seite der in Apc Mos 40,3–5 narrativ umgesetzten Auffassung, daß Abels Blut als das Blut eines unschuldig Erschlagenen notwendigerweise unbedeckt bleiben mußte: Es erzählt, wie nicht die Erde, sondern Kain das Blut Abels trank. Das Ziel der Erzählung ist das gleiche wie in Apc Mos 40,3–5: Abels Blut findet seinen Platz nicht *in*, sondern *auf* der Erde. Um zu diesem Ziel zu gelangen, konnte der Erzähler freilich auch nicht einfach behaupten, daß Kain das Blut Abels getrunken habe: Er trank es, aber er mußte es auch wieder von sich geben.

Doch so sehr der Ausleger auch genötigt war, Gen 4,10 in dem oben genannten Sinne aufzufassen, es bleibt ja das Problem, daß Gen 4,11 deutlich in eine andere Richtung weist. Konnte seine exegetische Arbeit tatsächlich nur darin bestehen, den Text einfach anders zu erzählen? Oder kann eine gewisse Regelhaftigkeit der Textarbeit festgestellt werden? In der Tat läßt sich eine hermeneutische Regel finden, die hier zum Zuge gekommen sein könnte: Aus der rabbinischen Literatur ist das Verfahren der אַל־תִּקְרָא-Lesung bekannt, das auf eine willkürliche Variantenbildung im Rahmen eines exegetischen Diskurses hinaufläuft, die im Übrigen nicht verbindlich im Sinne einer Emendation des heiligen Textes war. Eine solche אל־תקרא‎-Lesung kann auch hier vorgenommen worden sein. Und so mag die Lektüreanweisung hier lauten: Statt פצתה את־פיה‎ ist פציתה את־פיך‎ zu lesen.

Eine Parallele zu der hier rekonstruierten exegetischen Arbeit an Gen 4,10–11 bietet Hyp Arch (NHC II,91,21–30): »Und Gott sprach zu Kain: „Wo ist Abel, dein Bruder?" Er antwortete und sprach: „Bin ich etwa der Hüter meines Bruders?" Gott sprach zu Kain: „Siehe, die Stimme von deines Bruders Blut schreit zu mir. *Du hast mit deinem Munde Sünde getan, sie wird sich gegen dich wenden* (ⲁⲕⲣ̄ ⲛ[ⲟ]ⲃⲉ ⲛ̄ⲣⲱⲕ` ϥⲛⲁⲕⲟⲧϥ` ⲉⲣⲟⲕ)[5]. Jeder, der Kain tötet, wird siebenfach Rache auslösen. Du wirst klagend und zitternd sein auf der Erde"«.[6] Es ist unwahrscheinlich, daß mit der »Sünde des Mundes« etwas anderes als der Mord gemeint ist, denn die Strafandrohung (»sie wird sich gegen dich wenden«) findet eine Explikation in dem Satz »du wirst klagend und zitternd sein auf der Erde«, und dieser ist im biblischen Ausgangstext eindeutig auf den Mord gemünzt. Wie in der Apc Mos wird also der Mord an Abel mit dem Mund Kains in Verbindung gebracht. Bezeichnenderweise fehlt danach der Hinweis auf die Erde: Wie in Apc Mos 2,2–3 ist also das Mundmotiv auf Kain übertragen worden.

Auf den Traum Evas reagiert Adam mit einer Handlungsanweisung (2,4). Das Deuteelement findet sich nur in der damit verbundenen Befürchtung, der »Feind« könne gegen Kain und Abel kämpfen. Mit dem »Feind« (ἐχθρός) ist in der Apc Mos hier wie auch sonst (vgl. Apc Mos 7,2; 15,1; 25,4; 28,4) der Teufel gemeint. Der Titel ist auch sonst in der pseudepigraphen und frühchristlichen Literatur geläufig, vgl. z.B. Test Dan 6,3f; Test Hiob 47,10; Lk 10,19 = Mt 13,39. Er hat i.d.R. die Konnotation, daß der Teufel gegen den Menschen Krieg führt. Dieser Krieg besteht darin, daß der Teufel auf den Willen des Menschen Einfluß nimmt (in der Regel durch Täuschung oder Verführung), vgl. hierzu z.B. Test Hiob 47,10, wo Hiob den seinen Töchtern überreichten Gürteln folgende Wirkung zuspricht: »Wenn ihr diese habt, werdet ihr in keiner Weise mehr den Feind als Widersacher (ἀντιτασσόμενον) haben, aber *auch nicht mehr seine Begierden in euren Gedanken* (διανοίᾳ)«. Wie alt dieses Konzept ist, zeigt ein Blick auf die Zwei-Geister-Lehre aus Qumran (1Q S 3,13–4,26),

---

[5] Man beachte das Wortspiel ⲛⲣⲱⲕ - ⲉⲣⲟⲕ, welches die durchaus archaische Vorstellung, daß die begangene Sünde eine Wirkmacht sei, die sich gegen den Täter selbst wende, untermauert. Ob das koptische Wortspiel als Hinweis darauf gewertet werden kann, daß an dieser Stelle ein sekundäres Textelement vorliegt, das erst in der koptischen Überlieferung eingedrungen ist, kann hier nicht geklärt werden – es bedürfte dazu weiterer Indizien, denn auch ein koptischer Übersetzer kann ein solches Wortspiel hervorbringen.

[6] Edition der Hyp Arch mit englischer Übersetzung: R.A. BULLARD: The Hypostasis of the Archons, in: B. LAYTON: (Ed.): Nag Hammadi Codex II,2–7 together with XIII,2, Brit. Lib. Or. 4926(1), and P. Oxy 1, 654, 655, Volume I: Gospel According to Thomas, Gospel According to Philip, Hypostasis of the Archons, and Indexes (Nag Hammadi Studies 20), Leiden 1989, 219–259, speziell 246–247.

welche die Beeinflussung des Willens der Frommen zum Bösen mit der Anfeindung (משטמתו) des Engels der Finsternis in Verbindung bringt (1Q S 3,22–23). Für die Bewertung der Apc Mos als exegetischer Erzählung ist entscheidend, daß hier nicht nur eine dämonologische Deutung von Phänomenen der Erfahrungswelt, sondern auch auch eine Auslegung der Schrift in den Kategorien dämonologischer Wirklichkeitserklärung vorliegt. Dies ist ein für die Apc Mos wie auch andere frühjüdische Schriften signifikantes Phänomen (vgl. hierzu K Xa [S. 290], dort auch zum Begriff der dämonologischen Wirklichkeitserklärung).

Die Auffindung der Leiche Abels durch die Eltern (3,1) wird im biblischen Text explizit nicht berichtet. Es ist allerdings deutlich zu erkennen, daß sie durch die Vorlage inspiriert ist: Die Eltern finden Abel als von Kain getöteten vor – woran sie das sehen, wird freilich nicht mitgeteilt. Daß aber Abel von Kain getötet wurde, wußten die Eltern auch schon im biblischen Text: In Gen 4,25, das in der folgenden Perikope aufgenommen werden wird (vgl. insbesondere Apc Mos 4,2), benennen sie Seth als Ersatz für Abel, den »Kain getötet« hatte.[7] Der Wahrtraum und die anschließende Auffindung der Leiche Abels erklären, woher Adam und Eva das wissen konnten.

Eine biblische Reminiszenz findet sich möglicherweise in der Wendung ἀπὸ χειρός.[8] Da Gen 4,10–11 der Perikope auch sonst zugrundeliegt, könnte damit Gen 4,11b aufgenommen worden sein, wo Gott Kain vorwirft, die Erde habe das Blut Abels aus seiner Hand empfangen. Die Septuaginta liest ἐκ τῆς χειρός σου, das hebräische Äquivalent lautet מידך; die Apc Mos ist mindestens unabhängig von der Septuaginta, vielleicht sogar direkt vom hebräischen Text inspiriert: Es ist nicht auszuschließen, allerdings auch nicht zu beweisen, daß man die Präposition ἀπό mit Bedacht gewählt hat, nämlich um für das hebräische מן eine Entsprechung zu bieten; ὑπό wäre korrekter gewesen.[9]

---

[7] Nach Gen 4,25 wird dieser Deuteakt eigentlich von Eva vorgenommen, das wird aber in der Apc Mos anders gesehen, s.u..

[8] Diese biblische Reminiszenz haben zumindest diejenigen Kopisten bemerkt, die in Apc Mos 3,1 ἀπὸ χειρός nach Gen 4,11 ⅏ zu ἐκ χειρός korrigiert haben, vgl. °3,1a.

[9] In späteren Sprachstufen des Griechischen wird der Agens beim Passiv zunehmend nicht mehr mit ὑπό + Gen, sondern mit ἀπό + Gen bezeichnet, so auch im Neugriechischen, vgl. THUMB § 161,3. Vereinzelt ist dies schon im NT der Fall, so etwa in Lk 8,43; Acta 2,22; 15,4; Jak 5,4, vgl. BL-DEBR-REHK § 210,2 (mit z.T. zweifelhaften Belegen). In der Apc Mos bezeichnet i.d.R. ὑπό das Agens, vgl. 23,2; 33,2, doch möglicherweise hat man sich in 3,1 aus exegetischen Gründen der bereits bestehenden Alternativkonstruktion mit ἀπό bedient. Die Präposition ist in einigen Handschriften korrigiert worden, vgl. °3,1a und Anm. 8.

V. Verheißung und Geburt Seths (Apc Mos 3,2–4,2)

3,2 Καὶ λέγει ὁ θεὸς
Μιχαὴλ τῷ ἀρχαγγέλῳ ῾᾽ᵃ·
῾᾽ᵇ εἰπὲ τῷ Ἀδάμ,
ὅτιᶜ τὸ μυστήριον, ὃ ᵈοἶδαςᵈ ῾᾽ᵉ,
μὴ ἀναγγείλῃς Κάϊν, τῷ υἱῷ σου,
ὅτι ὀργῆς ᶠυἱόςᶠ ἐστιν.
ἀλλὰ μὴ λυποῦ,
δώσω σοι γὰρ ἀντ᾽ αὐτοῦ
ἕτερον υἱόν.
ᵍʰ‹τούτῳ›ʰ ⁱδηλώσῃς›ⁱ
ᵏπάνταᵏ, ᵐὅσα ῾᾽ⁿ ᵒπο‹νέ›σῃςᵒᵐ.
ᴾᵠσὺ δὲ μὴ εἴπῃς αὐτῷ μηδένᵠᵍ.
3,3 ᵃταῦτα ᵇεἶπενᵇ ᵒὁ θεὸς
τῷ ᵈἀγγέλῳᵈ αὐτοῦᶜᴾᵃ.
ᵉἈδὰμ δὲ ἐφύλαξεᵉ τὸ ῥῆμα
ἐν τῇ καρδίᾳ αὐτοῦ,
ᶠμετ᾽ αὐτοῦ καὶ ἡ Εὔαᶠ,
ἔχοντες τὴν λύπην
περὶ Ἄβελ, τοῦ υἱοῦ αὐτῶν.
4,1 ᵃᵇΜετὰ δὲᵇ ταῦτα ἔγνω Ἀδὰμ
τὴν γυναῖκα αὐτοῦᵃ.
καὶ ἐν γαστρὶ ἔσχε
καὶ ᶜἐγέννησε τὸν Σήθᶜ.
4,2 καὶ ᵃλέγειᵃ ᵇὁᵇ Ἀδὰμ τῇ Εὔᾳ·
ἰδού, ἐγεννήσαμεν υἱὸν
ἀντὶ Ἄβελ,
ὃν ἀπέκτεινε Κάϊν·
ᶜδώσωμεν δόξαν καὶ θυσίαν τῷ θεῷᶜ.

3,2 Und Gott sagte
zum Erzengel Michael:
»Sag Adam:
„Das Geheimnis, das du weißt,
teile nicht deinem Sohn Kain mit,
denn er ist ein Sohn des Zorns.
Aber trauere nicht,
denn ich gebe dir anstatt seiner
einen anderen Sohn;
diesem sollst du alles offenbaren,
was du erleiden sollst.
Du aber sage ihm nichts!"«
3,3 Dies sagte Gott
zu seinem Engel,
Adam aber bewahrte das Wort
in seinem Herzen,
mit ihm auch Eva,
und sie hielten Trauer
um ihren Sohn Abel.
4,1 Danach erkannte Adam
seine Frau.
Und sie wurde schwanger
und gebar Seth.
4,2 Und Adam sagte zu Eva:
»Siehe, wir haben einen Sohn gezeugt
anstatt Abels,
den Kain getötet hatte;
lasset uns Gott Ehre und Opfer geben!«

- Zeugen: D St AV B A AC Ath C VitAd(arm) VitAd(georg) VitAd(latᵖ) VitAd(latᵐᵉ) Va P¹
LibAd(slav) P² J² J³ An₁ ApcMos(arm)⁽ˢ·²⁻³⁾ Br S¹ J¹ E¹ S³ AD E².
- Es fehlen: An₂ Pa AH.

Zum Text

3,2a C J²-J³-An₁: αὐτοῦ. **3,2b** Ath: ἀπελθὲ καί. **3,2c** D-St A-AC-Ath-C (=*Ia) P²-J²-J³-An₁
(=*III) ApcMos (arm) J¹: ὅτι; AV Br-S¹ (=*IIIa) E¹-S³-AD-E²: om. **3,2d** D⁽ᶜᵒᵈ⁾: ὔδας; St⁽ᶜᵒᵈ⁾:
ἴδας; AV: οἴδατε; A-Ath-C (=*Ia) P²-J²-J³-An₁ (=*III) Br (=*IIIa) S³: οἶδας; AC Va S¹ J¹ E¹ E²:
εἶδας (durch Itazismus entstanden, aber keine Orthographievariante, sondern 2. Sg. Aor. Ind.
Akt. von ὁράω [metaplastisch für εἶδες], vgl. die nachfolgenden Varianten); P¹: ἑωράκατε;
ApcMos(arm): »teser« (»du sahest« [Aorist]) ‹ *εἶδας); AD: εἰσεώρακας; B: def. **3,2e** Br-S¹
(=*IIIa): εἰς τὸν Ἄβελ. Damit wird das Geheimnis Adams näher qualifiziert. Ist nun der Traum
in Apc Mos 2,2–3 gemeint? **3,2f** D-St AV B Ath (=*Ia) VitAd(arm) VitAd(georg) P¹ (=*II) P²-
J²-J³-An₁ (=*III) ApcMos(arm) J¹-E¹-S³-AD-E²: υἱός¹; A-AC C Br-S¹ (=*IIIa): om. (hapl: *ὀργῆς
ῡς?); Va: def. **3,2g** (D)-(St)(AV) (B) (A)-(AC)-(Ath)-(C) (=*Ia) (VitAd[arm]) (VitAd[georg])

---

[1] In ApcMos(arm) ist mit Bᵃ »na ê ordi korstean eu cʻasman« (»er ist Sohn des Verderbens
und des Zorns«) zu lesen; Aᵃ und YOV. haben »ordi ê korstean eu †cʻadam asa†« (» er ist Sohn
des Verderbens, und †zu Adam sage†«), vgl. YOV. 2, Anm. 9.

(VitAd[lat^p]) (Va)-(P^1) (=Rez II) (P^2)-(J^2)-(J^3)-(An$_1$) ([=*III]) (ApcMos[arm]): οὗτος δηλώσει σοι πάντα ὅσα ποιήσῃς. σὺ δὲ μὴ εἴπῃς αὐτῷ μηδέν^2 (a); Br-S^1 (=*IIIa): ἐν ᾧ παρακληθήσῃ (ba); J^1-(E^1)-(S^3)-(AD): ὃς ^{a}δηλήσει σοι^a πάντα, ^{b}ὅσα ποιήσῃς^{b3} (ca); E^2: om. (dca). Der überlieferte Text (zur Rekonstruktion vgl. °3,2h–q) paßt nicht: Zu erwarten ist, daß der an die Stelle Kains tretende Sohn, Seth, Offenbarungen Adams empfangen darf. Stattdessen übermittelt Seth Offenbarungen, die Adam befolgen soll, während er selbst seinem Sohn keine Weisungen geben darf. Diese Rolle spielt Seth nirgends in der Apc Mos, wohl aber teilt Adam ihm eine Ätiologie seiner Krankheit mit (Apc Mos 7–8). Supponiert man, daß hier darauf verwiesen wird, kann man οὗτος δηλώσει σοι πάντα ὅσα ποιήσῃς relativ einfach zu ‹τούτῳ› δηλώσ‹ῃς› πάντα ὅσα πονέσῃς verbessern. Vgl. °9,3m, wo ebenfalls ein leicht verderbter Satz mit δηλόω Verweisfunktion hat (diesmal mit Bezug auf Apc Mos 15–30): Offenbar haben die Schreiber schon früh diese Verklammerungen nicht verstanden, da sie vom Nahkontext her nicht erklärbar sind. **3,2h** D-St B A-AC-Ath (=*Ia) Va (=*II): †οὗτος† (sq. BERTRAND, NAGEL) (a); AV P^2-J^2-J^3-An$_1$ (=*III) ApcMos(arm) J^1-E^1-S^3-AD: ὃς (ba); C: ὅστις (ca); P^1: αὐτός (da); Br S^1 E^2: def. Vgl. °3,2g. **3,2i** D-St AV A-AC Ath (J^1) (AD): †δηλώσει† (sq. BERTRAND, NAGEL) (hapl. – außerdem schien wohl der Gedanke abwegig, daß der Sohn dem Vater etwas offenbaren solle) (ba); B C (=*Ia) VitAd(arm) VitAd(lat^p) Va-P^1 (=*II) P^2-J^2-J^3-An$_1$ (=*III) ApcMos(arm) (E^1)-(S^3): †δηλώσει σοι† (sq. TROMP, Cain 286) (a). Vgl. °3,2g. **3,2k** AC Ath: om. **3,2m** E^1-S^3-AD: om. **3,2n** Ath-(C) P^1: ἄν. **3,2o** D-St AV B VitAd(arm) (=*Ia) VitAd(georg) VitAd(lat^p) P^1 (=*II) P^2-J^2-J^3-An$_1$ (=*III) ApcMos(arm) J^1: †ποιήσῃς† (sq. NAGEL) (a); A-AC-Ath-(C): †ποιήσῃς αὐτῷ† (ba); Va: ἐποίησας (sq. BERTRAND) (ca); Br S^1 E^1 S^3 AD E^2: def. Vgl. °3,2g. **3,2/3P** AV P^1: om. **3,2q** D J^1-E^1-S^3-AD: om; AV P^1 Br S^1 E^2: def. **3,3a** Apc Mos(arm) nach B^a C^a: »zays asac'eal hreštakapetin Mik'ayeli hramanaun Astouacoy Adamay« (»indem dies der Erzengel Michael auf Befehl Gottes Adam sagte«); A^a: om. B^a und C^a dürften den armenischen Grundtext eher wiedergeben, vgl. den Haupttext. **3,3b** D-St ApcMos(arm) J^1-E^1-S^3-AD-E^2: εἰπών (damit entsteht in diesen Zeugen ein Nominativus absolutus, vgl. M. St: ταῦτα εἰπὼν ὁ ἄγγελος τῷ ἀρχαγγέλῳ αὐτοῦ 'Αδὰμ διεφύλαξε τὸ ῥῆμα oder J^1: ταῦτα εἰπὼν ὁ θεὸς τῷ ἀρχαγγέλῳ Μιχαὴλ καὶ ὁ ἀρχάγγελος τῷ 'Αδάμ, 'Αδὰμ δὲ ἐφύλαξε τὸ ῥῆμα [mit stehengebliebenem δέ, das die Konstruktion stört]; zu ApcMos[arm] vgl. °3,3a) (ba); B: λαλήσας (mit Umstellung, vgl. °3,3c; zur Syntax s.o. zu D-St etc.) (cba); A-AC-Ath-C (=* Ia) Va (=*II) P^2-J^2-J^3-An$_1$ (=*III) Br-S^1 (=*IIIa): εἶπε (a); AV P^1: def. **3,3c** D: ὁ ἄγγελος πρὸς τὸν 'Αδάμ (ba); (St) (A)-(AC)-Ath-(C) (=*Ia) (Va) (=*II): ὁ θεὸς τῷ ἀγγέλῳ αὐτοῦ (a); B: πρὸς τὸν 'Αδὰμ λαλήσας ὁ ἀρχάγγελος (zu λαλήσας vgl. °3,3b) (ca); P^2-J^2-J^3-An$_1$ (=*III) (ApcMos[arm]) (Br)-(S^1)

---

^{2} Varianten der Adamviten: VitAd(arm): »welcher (sc. Seth) meinem ersten Ebenbild gleich ist, und er wird dich aus mir heraus alle Erinnerungen lehren - und nicht, daß du ihm etwas sagest«; VitAd(georg): »et il ressemblera à mon image, et je lui enseignerai tout ce dont J'aurai memoire. Mais cela ne le fais connaître à personne sauf à Adam«; VitAd(lat^p): *inmagini* (sic!) *meae consimilem, tibique annuntiabit omnia que agere debes. Esto memor ne dicas unquam Euae et Cain*; ApcMos(arm): »welcher dir alles erzählen wird, was er tun wird; und du sage ihm nichts« (mit A^a ist »aŕneloc' ê« [»er wird tun« = *ποιήσει ‹ ποιήσῃ] zu lesen; B^a und C^a haben »aŕneloc' ic'em [»ich werde tun«], das sich nicht von der griechischen Vorlage herleiten läßt). Die Adamviten begründen die besondere Kompetenz Seths gegenüber Adam, die sie ihrer (verderbten) Vorlage entnommen haben, damit, daß er Gottes Ebenbild ähnlich ist (vgl. Gen 5,3).

^{3} Varianten: **a-a** J^1 AD: δηλήσει; E^1-(S^3): †δηλήσεισ‾ς† (‹ δηλήσει σοι [vgl. P$^{2(etc)}$: δηλώσει σοι]). Das zugrundeliegende *δηλάω steht wohl metaplastisch für δηλόω, vgl. K. DIETERICH: Untersuchungen zur Geschichte der griechischen Sprache von der hellenistischen Zeit bis zum 10. Jh. n. Chr. (Byzantinisches Archiv 1), Leipzig 1898, 229; **b-b** J^1: txt; E^1-S^3-AD: om. (vgl. °3m).

([=*IIIa]) (J¹)-(E¹)-(S³)-(AD)-(E²): ᵃᵇὁ θεὸς ᶜτῷ ἀρχαγγέλῳ αὐτοῦ Μιχαὴλᶜ καὶᵇ ὁ ἀρχάγγελος τῷ 'Αδάμᵃ⁴ (da); AV P¹: def. **3,3d** (D) | A-AC-Ath (=*Ia) VitAd(arm) VitAd(georg): ἀγγέλῳ (sq. TISCHENDORF) (vgl. Apc Mos 13,1–2, wo ebenfalls ὁ ἄγγελος αὐτοῦ und Μιχαὴλ ὁ ἀρχάγγελος nebeneinanderstehen) (aba|a); St C Va P²-J²-J³-An₁ (=*III) ApcMos(arm) Br-S¹ (=*IIIa) J¹-E¹-S³-AD-E²: ἀρχαγγέλῳ (sq. NAGEL, BERTRAND, TROMP: Cain, 286) (aus 3,2 übernommen) (ba); AV VitAd(latᵖ) VitAd(latᵐᵉ) P¹: def. **3,3e** (D)-St: 'Αδὰμ διεφύλαξε; AV: 'Αδὰμ καὶ Εὔα ἐφύλαξε; B: ἐφύλαξε; A-AC-Ath-C (=*Ia) (Va)-(P¹) (=*II) P²-J²-J³-An₁ (=*III) ApcMos(arm) J¹-E¹-S³: 'Αδὰμ δὲ ἐφύλαξε; Br-S¹ (=*IIIa): καὶ 'Αδὰμ καὶ Εὔα ἐφύλαξαν; AD: 'Αδὰμ ἐφύλαξε; E²: καὶ ἐφύλαξε. **3,3f** D: μετὰ ταῦτα καὶ ἡ Εὔα (ba); St (Ath) (=*Ia) Va (=*II): μετ' αὐτοῦ καὶ ἡ Εὔα (a); (B) A-AC: μετ' αὐτοῦ δὲ καὶ ἡ Εὔα (ca); C: ἡ δὲ Εὔα μετ' αὐτόν (da); P²-J²-J³-An₁: ὁμοίως δὲ καὶ ἡ Εὔα μετ' αὐτοῦ (fga); J¹-E¹-S³-(AD) (=*III): ὁμοίως καὶ ἡ Εὔα μετ' αὐτοῦ (ga); AV P¹ Br-S¹ (=*IIIa) | E²: om. (ha|hga). **4,1a** P²-J²-J³-An₁: om. **4,1b** D Va: καὶ μετά; St AV: μετά; B: μετὰ οὖν; A-AC-Ath-C (=*Ia) P¹ (=*II) Br-S¹ (=*IIIa *III) J¹-E¹-S³-AD-E²: μετὰ δέ. **4,1c** D-St AV A-AC-Ath (=*Ia) Va (=*II) P²-J²-J³-An₁ (=*III) ApcMos(arm): ἐγέννησε τὸν Σήθ; B C Br-S¹ (=*IIIa): ἔτεκε τὸν Σήθ; P¹: ἐγέννησεν υἱὸν καὶ ὑπονόμασεν τὸ ὄνομα αὐτοῦ Σήθ (vgl. Gen 4,25 𝔊); J¹-(E¹)-(S³)-(AD)-(E²): ἐγέννησεν υἱὸν καὶ ἐπωνόμασε τὸ ὄνομα αὐτοῦ Σήθ (vgl. Gen 4,25 𝔊). **4,2a** D-St AV B A-AC-Ath-C (=*Ia) Va (=*II): λέγει; P¹ P²-J²-J³-An₁ (=*III) Br-S¹ (=*IIIa) J¹-E¹-S³-AD-(E²): εἶπε. Es lag nahe, das Präsens durch einen Aorist zu ersetzen. **4,2b** D-St AV Br-S¹ (=*IIIa) J¹-E¹-S³-AD: om; B A-AC-Ath-C (=*Ia) Va-P¹ (=*II) P²-J²-J³-An₁ (=*III): ὁ. **4,2c** D: δοξάσωμεν τῷ θεῷ καὶ δώσωμεν λατρείαν αὐτῷ; P¹: ἀναστάντες δὲ δώσωμεν θυσίαν κυρίῳ τῷ θεῷ ἡμῶν, ἐπεὶ ἐγέννησας ἡμῖν υἱὸν τὸν Σήθ κατὰ πρόσταξιν τοῦ θεοῦ. καὶ ἐποίησαν οὕτως; ApcMos(arm): »jetzt lasset uns aufstehen und Gott Ehre und Lobpreis geben«; J¹: δώσωμεν αἶνον τῷ θεῷ καὶ δοξάσωμεν αὐτῷ; E¹-S³-AD: δώσωμεν αἶνον καὶ δόξαν τῷ θεῷ; E²: δώσωμεν αἶνον τῷ θεῷ. Alle Umgestaltungen abgesehen von P¹ tilgen den Opfergedanken.

1. Kontextbezug

In Apc Mos 3,2–4,2 wird mit Seth eine neue Gestalt in die Erzählung eingeführt, die nachfolgend eine wichtige Rolle spielen wird. Er fungiert in 5,4 ff als Sprecher der Nachkommen, auf dessen Frage (6,3) Adam von der Ursache seiner Krankheit berichtet (7–8). Apc Mos 3,2–4,2 ist damit stark auf den Folgekontext bezogen.

Innerhalb der Perikope deutet sich dieser Kontextbezug vor allem in 3,2–3 an. Allerdings ist gerade dort der Text schon im Archetyp in Unordnung geraten, ähnlich wie in 9,3 (vgl. °9,3m), wo der Archetyp ebenfalls eine Referenz auf Fernkontext fehlerhaft überliefert hat. Sicher überliefert ist immerhin die Kontextreferenz in 3,3, wo berichtet wird, daß Adam (und mit ihm Eva) die Worte Michaels »in seinem Herzen bewahrte« – 'Αδὰμ δὲ ἐφύλαξε τὸ ῥῆμα ἐν τῇ καρδίᾳ αὐτοῦ. Das Motiv des (nachdenkenden) Bewahrens ist in der biblischen

---

⁴ Varianten: **a-a** ApcMos(arm): »der Erzengel Michael auf Befehl Gottes«; Br-S¹ (=*IIIa): ὁ ἀρχάγγελος ἀποσταλεὶς ἐκ θεοῦ. **b-b** E²: om. **c-c** P²-J²-J³-An₁: τῷ ἀρχαγγέλῳ αὐτοῦ Μιχαὴλ; J¹: τῷ ἀρχαγγέλῳ Μιχαὴλ; E¹-S³-AD: Μιχαὴλ τῷ ἀρχαγγέλῳ αὐτοῦ; ApcMos(arm) Br S¹ E²: def.

Erzählliteratur auch sonst bezeugt und hat die Aufgabe, den Leser auf nachfolgende Ereignisse vorzubereiten, die durch eine vorhergehende Mitteilung prophetischer oder visionärer Art angedeutet worden waren, vgl. Gen 37,11, wo auf diese Weise die Bedeutung der Träume Josephs für den Fortgang der Erzählung angedeutet wird, und Dan 7,28, das ebenfalls auf eine Vision folgt und den Leser wohl anregen soll, über deren prophetische Bedeutung nachzudenken.[5]

Im Falle von Apc Mos 2,3 dürfte dieses Motiv die Bedeutung der Offenbarungsmitteilung Michaels für die nachfolgende Erzählung hervorheben. Diese läuft ja darauf hinaus, daß Kain ein bestimmtes Geheimnis nicht mitgeteilt werden soll, und daß an die Stelle Kains ein anderer Sohn treten soll, mit dem auf jeden Fall das Moment des Offenbarens ($\delta\eta\lambda\acute{o}\omega$) verbunden ist – leider ist der überlieferte Text hier verderbt. Trifft die in °3,2g näher begründete Emendation zu, die sich vor allem auf die Erzähllogik stützen kann, dann tritt dieser Sohn an die Stelle Kains als Offenbarungsempfänger – ihm, nicht Kain, soll Adam sein Geheimnis offenbaren, und dieses besteht in einer Auskunft darüber, was Adam alles erleiden werde ($\pi\acute{a}\nu\tau\alpha$ $\H{o}\sigma\alpha$ $\pi o\nu\acute{e}\sigma\eta\varsigma$). Das paßt zu Apc Mos 7–8, wo Adam auf die Frage Seths hin über die Ursache seiner Krankheit spricht und am Ende von den 70 Krankheiten berichtet, die Gott ihm aufgebürdet hat – für jedes Körperteil eine Krankheit (Apc Mos 8,2).

2. Gliederung

Die Perikope gliedert sich in zwei Teile: Eine Offenbarungsmitteilung an Adam, die Geburt eines Sohnes betreffend mit einer Nachricht über die Rezeption der Mitteilung bei Adam und Eva (3,2–3) und eine knappe Erzählung über die Geburt dieses Sohnes, in der dann auch dessen Name – Seth – genannt wird und die mit einer Deutung des Vorgangs durch Adam abschließt (4,1–2). Zwischen beiden Teilen läßt sich insofern eine Spannung ausmachen, als in der Offenbarungsrede Seth als Ersatz für Kain angekündigt wird, während Adam ihn in 4,2 als Ersatz für Abel prädiziert (das Schlüsselwort ist jeweils $\dot{a}\nu\tau\acute{i}$). Diese Spannung wird sich als der entscheidende Ansatzpunkt für die Rekonstruktion der in dieser Erzählung geleisteten exegetischen Arbeit erweisen.

---

[5] Dan 7,28 𝔐 steht Apc Mos 3,3 sprachlich näher als Gen 37,11 𝔐, insofern in Gen 37,11 𝔐 nur gesagt wird, daß Jakob »die Angelegenheit bewahrte« (ואביו שמר את־הדבר), während Daniel in dan 7,28 die Angelegenheit *in seinem Herzen* bewahrt (ומלתא בלבי נטרת). Dies ist in späterer Zeit offenbar die geläufige Formulierung für dieses Motiv; sie wird auch im Targ Ps Jon zu Gen 37,11 eingetragen (ואבוי נטר בליביה ית פתגמא [»und sein Vater bewahrte das Wort *in seinem Herzen*«]) und erscheint auch in Lk 2,19 und 2,51, vgl. 2,19: $\dot{\eta}$ $\delta\grave{e}$ $M\alpha\rho\iota\grave{\alpha}\mu$ $\pi\acute{a}\nu\tau\alpha$ $\sigma\upsilon\nu\epsilon\tau\acute{\eta}\rho\epsilon\iota$ $\tau\grave{a}$ $\dot{\rho}\acute{\eta}\mu\alpha\tau\alpha$ $\tau\alpha\tilde{\upsilon}\tau\alpha$ $\sigma\upsilon\mu\beta\acute{a}\lambda\lambda o\upsilon\sigma\alpha$ $\dot{e}\nu$ $\tau\tilde{\eta}$ $\kappa\alpha\rho\delta\acute{\iota}\alpha$ $\alpha\dot{\upsilon}\tau\tilde{\eta}\varsigma$. Auch bei Lukas steht das Motiv übrigens im Zusammenhang mit Offenbarungsmitteilungen, deutlich in 2,19 (vgl. 2,14) und weniger deutlich in 2,51, das vermutlich 2,49 als Offenbarungswort qualifiziert.

In der Feinstrukturierung ist v.a. 3,2–3 sowohl kunstvoll als auch problematisch: Die Rahmung der Offenbarungsrede ist konzentrisch (καὶ λέγει ὁ θεὸς μιχαὴλ τῷ ἀρχαγγέλῳ in 3,2 entspricht ταῦτα εἶπεν ὁ θεὸς τῷ ἀγγέλῳ αὐτοῦ); diese Konzentrik setzt sich innerhalb der Offenbarungsrede fort. Die aufgrund unklarer pronominaler Referenz irritierende Wendung σὺ δὲ μὴ εἴπῃς αὐτῷ μηδέν ist daher nicht auf Seth zu beziehen (was sinnlos wäre), sondern auf Kain: Sie knüpft an μὴ ἀναγγείλῃς Κάϊν, τῷ υἱῷ σου an.

3. Form

Der Form nach ist Apc Mos 3,2–4,2 ein Geburtssorakel mit anschließender Geburtserzählung und steht damit in einer seit langem etablierten Erzähltradition. Von Interesse erscheint hier vor allem das Geburtsorakel, denn dieses ist es, was die Apc Mos dem biblischen Bezugstext – soviel kann hier vorweggenommen werden – eindeutig voraus hat: Dort wird zwar über die Geburt Seths berichtet (Gen 4,25, vgl. Gen 5,3), und zwar nicht wesentlich knapper als in Apc Mos 4,1–2, aber eine Ankündigung der Geburt Seths gibt es weder dort noch im Lib Jub.

Das Geburtsorakel ist aus dem Alten Testament gut bekannt, vgl. etwa die Ankündigung der Geburt Isaaks in Gen 18,1–15 oder die des Simson in Jdc 13. Als Konstitutivum der Gattung kann die durch einen göttlichen Boten vollzogene Ankündigung der Geburt eines in irgendeiner Weise ausgezeichneten Menschen gelten; sie kann an den Vater oder die Mutter ergehen. Zumeist ist die Schwangerschaft aus menschlicher Sicht unwahrscheinlich; die Mutter oder die Eltern sind in der Regel unfruchtbar, sei es durch Alter oder durch Veranlagung. Mit der Ankündigung ist gewöhnlich die Anweisung verbunden, wie das Neugeborene zu benennen sei; die Anweisung kann an die Mutter gleichermaßen wie an den Vater ergehen; dementsprechend kann es der Vater wie auch die Mutter sein, die dem Kind dann den Namen geben. Gelegentlich wird die Namengebung ätiologisch begründet.

Die Gattung des Geburtsorakels war nicht nur in alttestamentlicher Zeit aktiv, sondern wurde in der Literatur des frühen Judentums sowie des frühen Christentums weiterhin gepflegt, vor allem in der parabiblischen Literatur, einmal, indem alttestamentliche Erzählungen wie etwa die Erzählung von der Ankündigung der Geburt Simsons nacherzählt wurden (Lib Ant Bib 42; Jos, Ant V,275–284), zum anderen, indem man neue Geburtsorakelerzählungen für biblische Personen erfand, deren Geburt in der biblischen Überlieferung noch nicht angekündigt worden war, vgl. etwa die Ankündigung der Geburt des Mose an Amram in Jos, Ant II,210–216; auch die Erzählung von der Geburt des Mose in Lib Ant Bib 9 weist Züge der Gattung auf, vgl. etwa das Traumorakel an Mirjam in Lib Ant Bib 9,10. Auch die frühchristliche Literatur kennt das Geburtsorakel, vgl. die Ankündigung der Geburt des Johannes in Lk 1,5–20 und derjenigen der Maria an Anna und Joachim in Prot Ev Jac 4. Einen speziellen Fall stellt das Geburtsorakel in Lk 1,26–38 dar, s.u.

Für die Interpretation von Apc Mos 3,2–4,2 ist vor allem entscheidend, worin es von anderen Geburtsorakeln und der mit ihnen verbundenen Tradition abweicht. Läßt man einmal beiseite, daß etwa Namengebung und Namensätiologie in dieser Perikope keine Rolle spielen, so fällt vor allem ein Moment ins Auge: Adam und Eva haben nicht das Problem, daß sie oder einer der beiden Partner unfruchtbar wären; sie haben auch schon Kinder gezeugt. Sie hatten sich auch nicht wegen eines aus anderen Gründen akuten Kinderwunsches an Gott gewandt; es ist Gott, der die Initiative übernimmt. Und in der Tat zeigt dann die Michael für Adam übergebene Botschaft in 3,2, daß es nicht in erster Linie darum geht, den Erzeltern einen Sohn zu verheißen. Es soll vielmehr ein neuer Sohn an die Stelle eines anderen, nämlich Kains, treten, weil dieser ein »Sohn des Zorns« (ὀργῆς υἱός) ist. Er soll an dessen Stelle vor allem als Empfänger eines Geheimnisses treten. Was dies bedeutet, ergibt sich vom Ende der Perikope her (4,2). Dort schließt Adam seine Deutung der Geburts Seth mit der Selbstaufforderung ab, Gott Ehre und Opfer zu geben (δώσωμεν δόξαν καὶ θυσίαν τῷ θεῷ). Wie sich noch zeigen wird, kann mit dem Opfer hier nur das Erstgeburtsopfer gemeint sein. Damit dürfte auch klar sein, warum Seth Kain als Geheimnisträger ersetzen soll: Für diese prominente Rolle kommt nur der Erstgeborene in Frage. Der eigentliche Zweck der Sohnesverheißung besteht also darin, Adam einen neuen Erstgeborenen anzukündigen, der die Rolle Kains übernehmen kann.

Das Geburtsorakel in 3,2 genießt, insofern es ohne das Unfruchtbarkeitsmotiv auskommt, eine Sonderstellung, steht damit aber im gattungsgeschichtlichen Zusammenhang nicht isoliert da. Es scheint, als habe die Gattung in der parabiblischen Literatur neue Verwendungsformen gefunden. So spielt Unfruchtbarkeit auch bei der Ankündigung der Geburt des Mose in Jos, Ant II,210–216 keine Rolle. Auch bei der Ankündigung der Geburt Jesu in Lk 1,26–38 fehlt das Motiv der Unfruchtbarkeit.

4. Inhalt

Sind mit den bisher erfolgten Erläuterungen die Grundlinien von Apc Mos 3,2–4,2 umrissen, so können nun einzelne Momente des Textes näher in den Blick genommen werden. Der erste auffällige Zug ist mit der konzentrischen Rahmung der Offenbarungsrede verbunden: Diese teilt nur mit, daß Gott Michael eine Botschaft für Adam übergeben habe, nicht jedoch, daß Michael sie ausgerichtet habe. Dies wird vorausgesetzt, denn auf ταῦτα εἶπεν ὁ θεὸς τῷ ἀγγέλῳ αὐτοῦ folgt Ἀδὰμ δὲ ἐφύλαξεν κτλ.. Der mit dieser erzählerischen Abreviatur erreichte Effekt ist ein mehrfacher: Zunächst einmal wird so gezeigt, daß Michael grundsätzlich nur das sagt, was Gott sagt, zum anderen wird eine direkte Kommunikation zwischen Gott und Adam vermieden.

Eine ähnliche Konstellation begegnet in Apc Mos 22,1–2, allerdings in noch etwas komplexerer Ausgestaltung. Dort hören Adam und Eva, wie Michael die Engel mit den Worten ruft: »So spricht der Herr: „Kommt mit mir ins Paradies und höret das Gericht, mit dem ich Adam richten werde!"« Hier wird nicht die Übermittlung der Botschaft durch Michael, sondern gerade umgekehrt deren Empfang vorausgesetzt, aber der Effekt ist insofern wieder der gleiche, als Michael nur das sagt, was Gott sagt, und seine Adressaten nicht unmittelbar mit Gott kommunizieren. Komplexer ist die Konstellation insofern, als hier Adam und Eva als Dritte hinzutreten – als Zuhörer einer indirekten Kommunikation zwischen Gott und den Engeln. So weit ist Adam in Apc Mos 3,2–3 von Gott nicht entfernt!

Das nächste auffällige Moment begegnet gleich zu Beginn der Offenbarungsrede: »Das Geheimnis, das du kennst...«. Daß Adam um ein Geheimnis weiß, das hier als ein bekanntes (mit bestimmtem Artikel) eingeführt wird, kann der Leser vom bisher Erzählten her nicht ahnen. Der Leser belauscht hier gewissermaßen ein Insidergespräch – in der Welt des Erzählten ist etwas bekannt, was in der Welt des Lesers noch unbekannt ist. Die Textüberlieferung bezeugt daher auch einiges Rätselraten.[6]

Doch in diesem Falle wird man vor allem weiterlesen müssen: Vom Folgekontext wird nämlich, wie schon oben angedeutet, sehr bald etwas klarer, worin dieses Geheimnis bestehen wird: Es soll Kain nicht mitgeteilt werden, wohl aber soll Adam Seth »alles offenbaren, was er erleiden solle« (⟨τούτῳ δηλώσῃς⟩ πάντα, ὅσα πο⟨νέ⟩σῃς, zur Rekonstruktion vgl. °3,2g). Daraus ergibt sich, daß der Inhalt des Geheimnisses in der Wendung πάντα ὅσα πονέσῃς zu suchen ist. Schon oben war erläutert worden, daß damit ein Bezug auf Apc Mos 7–8 gegeben ist, wo Adam auf die Frage Seths in 6,3 eine Ätiologie seiner Krankheit gibt; die Paradieserzählung in Apc Mos 7–8 mit ihrer besonderen Abzweckung auf eine Herleitung der Krankheit Adams ist also das Geheimnis, um das es in Apc Mos 3,2 geht. Dazu paßt eine Beobachtung grammatischer Art: πονέσῃς ist ein Aorist, es wird also nicht auf eine von Krankheit gezeichnete Zukunft, sondern auf eine einmalige Erkrankung Adams referiert, die allerdings – wie die Plurale πάντα und ὅσα andeuten – aus mehreren Gebrechen besteht. Gemeint ist eben diejenige, von der in 5,2ff erzählt und die in 7–8 erklärt wird; ihre Pluriformität ergibt sich v.a. aus Apc Mos 8,2, aber auch aus Wendungen wie πόνος πολύς in 5,5 und νόσον καὶ πόνους, die indes einer späteren Schicht angehören (vgl. E III,5a und K VII).

Apc Mos 7–8 steht in einer gewissen Spannung zu der Ankündigung in 3,2, insofern Apc Mos 7–8 zwar an Seth gerichtet ist (vgl. 7,1: εἶπε δὲ αὐτῷ [sc. Σήθ] ὁ ᾽Αδάμ), zugleich aber die

---

[6] Die Rezension hinter Subarchetyp *IIIa hat das Geheimnis offenbar im vorher Erzählten gesucht und ist – wie es scheint – bei der Traumoffenbarung in 2,1–3,1 fündig geworden, vgl. °3,2e. ApcMos(arm) überträgt die Wendung τὸ μυστήριον ὃ οἶδας mit »zxorhourd tesleand zor teser« (»das Visionsgeheimnis, welches du gesehen hast«), scheint in dem Geheimnis also eine Vision zu erkennen. »Xorhourd« steht hier in der Tat für »Geheimnis« und ist damit einfach Korrelat zu μυστήριον, die hermeneutische Arbeit des Übersetzers wird erkennbar in der Hinzufügung von »teslean«. Zu »xorhourd« als Korrelat zu μυστήριον vgl. N. N. BUZANDATZI (Bearbeitung), M. MINASSIAN (Hrsg.): Nor Bargirkʿ Haykazean Lezui / Nouveau dictionnaire d᾽Arménien ancien, Genf 1990, 976b (Tome III).

anderen Söhne implizit durch pluralische Anredeformen einbezieht, vgl. z.B. 7,1, wo Eva μητὴρ ὑμῶν genannt wird. In 9,1 heißt es dann, Adam habe zu seinen Söhnen gesprochen. Hier zeigt sich eine gewisse Schwäche der Darstellung, die sicher gattungsbedingt ist: Testamentarische Reden richten sich an eine Vielzahl von Hörern. Es bleibt aber dabei, daß Seth der Hauptadressat ist und nicht etwa Kain.

Das Verbot der Geheimnismitteilung an Kain wird damit begründet, daß dieser ein »Sohn des Zorns« (ὀργῆς υἱός) sei. Diese Wendung hat im vorliegenden Text gleich mehrere Bedeutungen, die sich wieder vor allem aus dem Folgekontext erschließen; diese Art der Leserlenkung ist offenbar typisch für Apc Mos 3,2–4,2.

1. Kain ist nicht mehr Adams Sohn, sondern der Sohn des Zorns: Es war bereits festgestellt worden, daß es in Apc Mos 3,2–4,2 in erster Linie um eine Neuregelung der Erstgeborenenschaft geht; dies zeigt sich vor allem an 4,2, wo an ein Erstgeburtsopfer gedacht sein muß. Damit liegt an dieser Stelle eine spielerische Antithese zweier Verwendungsweisen des Wortes »Sohn« (υἱός) vor, einmal der alltagssprachlichen (Kain als [ehemaliger] Sohn Adams) und dann der metaphorischen (Kain als Sohn des Zorns), von denen die letztere im semitischen Sprachbereich geläufig ist. Liegt hier also ein »Semitismus« vor, dann fällt allerdings zugleich die völlig unsemitische Wortstellung ins Auge (mit vorangestelltem ὀργῆς – das wäre in einer Constructus-Verbidnung niemals möglich!). Wahrscheinlich soll diese auch für das Griechische nicht ganz gewöhnliche Wortstellung den neuen »Vater« Kains in besonderem Maße hervorheben.

2. Kain ist dem Tod geweiht: Auf das Verbot der Geheimnismitteilung an Kain folgt die Weisung, nicht zu trauern (ἀλλὰ μὴ λυποῦ). Daß Adam damit nicht nur unbesorgt sein soll, zeigt sich wiederum am Folgekontext: In 3,3 wird nämlich berichtet, daß Adam um Eva um einen anderen Sohn durchaus trauerten, nämlich um Abel (ἔχοντες τὴν λύπην περὶ Ἄβελ, τοῦ υἱοῦ αὐτῶν). Hier ist λύπη eindeutig Totentrauer. Die Bezeichnung Kains als »Sohn des Zorns« dürfte also darauf hinauslaufen, daß Kain ebenfalls dem Tod anheimgegeben ist. Wahrscheinlich ist mit dem »Zorn« näherhin der Zorn Gottes gemeint[7]; dies ergibt sich jedenfalls aus der Parallele in 14,2, wo der Tod als ὀργή μεγάλη bezeichnet wird und damit vermutlich – in Aufnahme von Apc Mos 16,4; 18,2; 21,4 – als Ausdruck des göttlichen Zorns.

In Apc Mos 14,2 sagt Adam zu Eva: ἐπήνεγκας ἐφ᾽ ἡμᾶς ὀργὴν μεγάλην, ἥτις ἐστὶ θάνατος κτλ. (»du hast auf uns großen Zorn gebracht, nämlich den Tod usw.«). In Apc Mos

---

[7] Zur Verwendung von »Sohn des Zorns« im Sinne von »dem Zorn Gottes anheimgefallen« in Apc Mos 3,2 vgl. Eph 2,3 (...ἤμεθα τέκνα φύσει ὀργῆς), wo ὀργή wohl ebenfalls den Gotteszorn meint. Ähnlich wie in Apc Mos 3,2 haben wir auch hier einen »Semitismus« mit unsemitischer Wortstellung (Sperrung – auch das ist in einer Constructus-Verbindung nicht möglich).

16,4; 18,2; 21,4 steht der Hinweis auf den Zorn Gottes jeweils für die in Gen 2,17; 3,3 mit dem Essen der Frucht verbundene Todesstrafe (vgl. K X,5 [S. 341]); wahrscheinlich ist Apc Mos 14,2 von diesen Passagen abhängig und deutet sie (gegen den Willen des Erzählers in Apc Mos 15–30) im Sinne einer Herleitung des Todes aus der Gebotsübertretung im Paradies. Diese Auffassung ist typisch für die Endredaktion, die sich durch die Affinität zu Apc Mos 14,2 wohl auch in Apc Mos 3,2 zu erkennen gibt.

3. Kain hat aus Zorn getötet und hat sich daher für den Empfang von Geheimnissen disqualifiziert. Diese Deutung ergibt sich weniger aus dem Folgekontext, auch nicht aus Apc Mos 2,1–3,1, als vielmehr aus Gen 4,5.6 𝔐 und der daran anknüpfenden Kain-Haggada.[8] Dies wird im Zusammenhang mit den exegetischen Hintergründen näher zu entfalten sein.

Die Offenbarungsmitteilung geht an Adam, und dementsprechend hat sie zunächst einmal Adam im Herzen zu bewahren (3,3). Er ist ja auch derjenige, der sein Geheimnis später Seth mitteilen soll (Apc Mos 7–8). Aber dabei bleibt es nicht: Auch Eva wird in den Vorgang der Rezeption einbezogen: μετ᾽ αὐτοῦ καὶ ἡ Εὖα (»mit ihm auch Eva«). Damit ist eine inhaltliche Nuancierung verbunden, die wieder auf den Nahkontext verweist: Mit Eva kommt die Rede auf die Trauer der Erzeltern um Abel. Diese wiederum wird auffällig prononciert zur Sprache gebracht: Anstelle eines ebenfalls möglichen λυποῦντες steht ἔχοντες τὴν λύπην. Mit dieser etwas getrageneren Formulierung soll wohl ein Gegensatz zur vormalig angesprochenen hypothetischen Trauer um Kain aufgebaut werden; vor allem dem bestimmten Artikel dürfte diese Funktion vorkommen (die Trauer – eine Sache, von der bereits die Rede war – gilt nicht Kain, sondern Abel). Was es mit dieser besonderen Hervorhebung der Trauer um Abel auf sich hat, wird im Zusammenhang mit den exegetischen Hintergründen zu erläutern sein.

Dem Geburtsorakel entsprechend folgt eine Geburt, diesmal – anders als in Apc Mos 1,3 – unter expliziter Erwähnung eines vorhergehenden Geschlechtsaktes (4,1). Die Deutung des Geschehens bleibt Adam überlassen (4,2); er stellt fest, daß Adam und Eva einen Sohn »anstelle Abels« (ἀντὶ ῞Αβελ) gezeugt hätten. Die Hervorbringung des Kindes wird damit auf beide Eltern zurückgeführt; dies ist für den Folgekontext wichtig. Die Spannung, die dadurch entsteht, daß hier Seth an die Stelle Abels, in 3,2 aber an die Stelle Kains tritt, ist schon angedeutet worden; sie wird vor allem für die Analyse der exegetischen Hintergründe von Belang sein. Rezipientin der Interpretation des Geschehens durch Adam ist Eva. Ein ähnliches Kompetenzgefälle war in 2,1–3,1 zu beobachten.

---

[8] Zu Kains todbringendem Zorn vgl. auch Sap Sal 10,3 [s. S. 218] und Tert De Pat 5,16–17. Vielleicht steht diese Tradition auch in Did 3,2 im Hintergrund.

Wie dort (2,4!) ist mit der Deutung auch eine Handlungsanweisung verbunden: δώσωμεν δόξαν καὶ θυσίαν τῷ θεῷ (»lasset uns Gott Ehre und Opfer geben«). Diese Selbstaufforderung soll zeigen, daß Adam und Eva die Geburt Seths nicht als Ergebnis menschlichen Tuns verstehen, auch wenn Adam – übrigens in Abweichung von Gen 4,25 (s.u.) – sagt: »wir haben einen Sohn anstatt Abels gezeugt«. Daß dieser Sohn eine Gabe Gottes ist, war ja schon aus Apc Mos 3,2 bekannt. Dort ist genauso von einem göttlichen Geben (δώσω) die Rede wie hier von einem menschlichen (δώσωμεν δόξαν κτλ.); die Korrespondenz wird nicht zufällig sein.

Auffällig ist indes vor allem, daß Adam und Eva Gott ein Opfer geben wollen. Hier ist insbesondere von Bedeutung, daß in der Tat beide an diesem Opfer beteiligt sind, wie ja auch beide an der Hervorbringung des Sohnes beteiligt waren (s.o.), für den hier gedankt werden soll. Wäre nämlich nur von einem Opfer Evas die Rede, so könnte damit das in Lev 12,6–8 der Frau auferlegte Brand- und Sündopfer gemeint sein, mit dem die Frau sich von der Unreinheit nach der Geburt befreien soll. Doch hier ist von einem Gemeinschaftsopfer Adams und Evas die Rede, und dies paßt besser zu der in Ex 13,1–16 erteilten Weisung, den Anspruch Gottes auf die Erstgeburt (vgl. Ex 22,28b) durch die Opferung eines Tieres auszulösen. Wir haben es also mit einem Erstgeburtsopfer zu tun, und damit wird implizit noch einmal erkennbar, was schon in 3,2 angedeutet wird: Der neue älteste Sohn ist Seth.

Apc Mos 4,2 setzt ziemlich selbstverständlich voraus, daß es schon zur Zeit Adams Opfer gab. Dies ist auch in Apc Mos 29; 33–37 vorausgesetzt. Die Apc Mos steht hierin in der Tradition des Jubiläenbuchs, vgl. insbesondere Lib Jub 3,27.

5. Exegetische Hintergründe

Für die Rekonstruktion der in Apc Mos 3,2–4,2 geleisteten exegetischen Arbeit sind vor allem zwei bereits angesprochene Momente von Bedeutung, durch die der zweite Teil der Perikope in auffälliger oder gar widersprüchlicher Weise auf den ersten Teil bezogen ist. Wie auch sonst sind es damit speziell Lektürewiderstände, die den Leser auf die Fährte locken, die zu den exegetischen Hintergründen führt, vermutlich nicht nur den neuzeitlichen Exegeten, sondern auch den impliziten Leser der jeweiligen Erzählung.

Die beiden angesprochenen Momente sind die besondere Hervorhebung der Trauer um Abel (3,3) im Gegensatz zur (hypothetischen) Trauer um Kain (3,2) sowie die Feststellung Adams, daß ihr Sohn Seth an die Stelle Abels trete (4,2), während er in der Botschaft Gottes an Adam noch an die Stelle Kains tritt (3,2). Beiden Momenten kommt auf diese Weise ein besonderes Gewicht zu.

Ein Blick in den Lib Jub zeigt, daß sie beide dem Autor bereits vorgegeben waren. Sie finden sich in Lib Jub 4,7, und zwar in einer Konstellation, die derjenigen in Apc Mos 4,1–2 weitgehend entspricht, ohne daß allerdings von einer wörtlichen Zitation die Rede sein könnte: »Und Adam und seine Frau waren in Trauer um Abel vier Jahrwochen lang. Und im vierten Jahr der fünften Jahrwoche wurden sie froh. Und er erkannte ein zweites Mal seine Frau, und sie gebar ihm einen Sohn, und er nannte seinen Namen Seth, denn er sagte: „Gott hat uns einen anderen Samen auf der Erde erstehen lassen anstatt Abels, denn ihn hatte Kain getötet."« Hier finden sich wichtige Momente wieder, die auch für Apc Mos 3,2–4,2 kennzeichnend sind und Apc Mos 3,2–4,2 gleichermaßen vom biblischen Referenztext, der in Gen 4,25 zu suchen ist, unterscheiden. Adam und Eva trauern um Abel; davon steht in Gen 4 nichts. Sie tun es beide auch im Lib Jub; diesen Umstand hebt Apc Mos 3,3 besonders hervor. Nach der Trauer erfolgt die Zeugung Seths, auch diese Abfolge findet sich in Apc Mos 3,2–4,2; sie wird dort besonders hervorgehoben (4,1: μετὰ ταῦτα; in Gen 4,25 fehlt eine derartige temporale Konjunktion). Auf die Zeugung erfolgt sowohl in Lib Jub 4,7 als auch in Apc Mos 4,2 ein Deuteakt Adams; in Lib Jub 4,7 wird darüber hinaus berichtet, daß es Adam war, der den Namen gab. Das ist signifikant anders im größeren Teil der biblischen Überlieferung, wo Eva den Namen gibt und ihn nachfolgend deutet, vgl. 4,25 𝔊: καὶ ἐπωνόμασεν τὸ ὄνομα αὐτοῦ Σὴθ λέγουσα Ἐξανέστησεν γὰρ κτλ. und 4,25 𝔐: ותקרא את־שׁמו שׁת כי שׁת־לי וגו׳; nur die samaritanische Überlieferung liest ויקרא statt ותקרא und weist damit Adam die Namensnennung und die Namensätiologie zu, möglicherweise in Anlehnung an 5,3, wo Adam seinem Sohn Seth den Namen gibt (dort steht ויקרא); vermutlich liegt eine ähnliche Angleichung auch im Lib Jub vor und wurde von dorther auch durch die Apc Mos übernommen. Ein wichtiges verbindendes Moment zwischen Lib Jub 4,7 und Apc Mos 4,1–2 besteht fernerhin darin, daß Adam die Geburt Seths auf beide Eltern bezieht, indem er in 4,2 feststellt: »Wir haben einen Sohn gezeugt« (ἐγεννήσαμεν υἱόν). In Lib Jub 4,7 sagt Adam dementsprechend angesichts der Geburt Seths: »Gott hat *uns* Samen erstehen lassen« (አግአ ፡ ለነ ፡ እግዚአብሔር ፡ ዘርአ). Im biblischen Text hatte Eva die Geburt auf sich allein bezogen: »Gott hat *mir* Samen erstehen lassen«.

Es gibt freilich Momente, die Lib Jub 4,7 und Gen 4,25 gegen die Apc Mos gemeinsam haben, doch diese ändern wenig an der speziellen Beziehung zwischen Apc Mos und Lib Jub an dieser Stelle. So entspricht zwar der Deuteakt Adams in Apc Mos 4,2 der Namensätiologie in Gen 4,25 und Lib Jub 4,7, aber von einer Namensätiologie ist ansonsten nichts mehr zu merken. Dafür tritt der Dank und das Opfer hinzu, durch das Seth als Erstgeborener ausgewiesen wird. Daß dieses ein Gemeinschaftsopfer Adams und Evas ist, wird freilich durch Lib Jub insofern vorbereitet, als dort, wie bereits festgestellt wurde, die Hervorbringung des Sohnes auf beide Eltern bezogen wird.

Die Apc Mos bezieht sich hier also deutlich auf den Lib Jub als Referenztext; offenbar konnte der Lib Jub ohne weiteres für den biblischen Text einstehen. Diesen Referenztext wiederum erweitert die Apc Mos durch ein visionäres Geburtsorakel, das in besonderem Maße auf den Referenztext bezogen ist, ihn damit also wohl erklären soll. Inwiefern erklärt das Geburtsorakel den Referenztext, der in Apc Mos 3,3; 4,1–2 mehr oder weniger nacherzählt wird? Für die Beantwortung der Frage können wir erneut auf die zwei Spannungsmomente zwischen Apc Mos 3,2 und 3,3; 4,1–2 zurückgreifen: In beiden Fällen spricht das Geburtsorakel Kain bzw. seine Ersetzung durch Seth an, während in 3,3; 4,1–2 von Abel die Rede ist, und zwar tut es das auf eine besondere Weise: Es sorgt nämlich dafür, daß von Kain danach nicht mehr die Rede sein muß. Seth tritt an die Stelle Kains, also muß das danach nicht mehr gesagt werden; um Seths willen ist auch eine Trauer um Kain nicht mehr nötig, also muß nachher auch nicht um ihn getrauert werden. Es kann aber immer noch um Abel getrauert werden, und es kann auch immer noch festgestellt werden, daß Seth an die Stelle Abels tritt. Genau das geschieht im Referenztext der Apc Mos, nämlich Lib Jub 4,7. Offenbar löste er zwei Fragen aus, die in Apc Mos durch die Implementation eines Geburtsorakels beantwortet wurden: Warum trauern Adam und Eva um Abel und nicht um Seth? Die Antwort lautet: Eine Trauer um Kain war ihnen untersagt worden. Und warum sagt Adam, daß Seth an die Stelle Abels trete, wo Kain doch auch noch da war? Die Antwort lautet: Ihm war zuvor mitgeteilt worden, daß Kain nicht mehr sein Sohn war. Darum trat Seth nicht an die Stelle Kains, sondern an die Stelle Abels; wobei die Position, die Seth ersatzweise einnahm, näherhin als die des ältesten Sohnes bestimmt wurde.

Schwerer zu bestimmen ist, wie der Erzähler auf die Idee kommen konnte, seinen Referenztext durch ein Geburtsorakel zu erweitern. Es war bereits festgestellt worden, daß dies in der parabiblischen Literatur auch sonst geschieht, so hat etwa Josephus die Überlieferungen über die Geburt Moses durch ein Sohnesverheißungsorakel an Amram erweitert (Jos, Ant II,210–216). Möglicherweise aber hat er auch dieses Moment seinem Referenztext entnommen. Dieser enthielt nämlich – wie Gen 4,25 übrigens auch – ein bisher nicht erörtertes Stichwort, das in besonderem Maße narrative Inventionen herausfordert. Es ist in Lib Jub 4,7 davon die Rede, daß Adam seine Frau »erkannte« (äthiopisch: ወአእመራ »und er erkannte sie« [mit pronominaler Prolepse des Objekts]). Im hebräischen Grundtext dürfte ausweislich Gen 4,25a וַיֵּדַע עוֹד gestanden haben . Es läßt sich nun des öfteren die Beobachtung machen, daß יָדַע mit sexueller Bedeutung zum Ausgangspunkt narrativer Interpretation wurde, die an die Grundbedeutung des Verbs (»erkennen, wissen«) anknüpft. Ein gutes Beispiel bietet Targ Ps-Jon zu Gen 4,1, welches hebräisches וְהָאָדָם יָדַע אֶת־חַוָּה אִשְׁתּוֹ wiedergibt mit ואדם חכים ית חוה איתתיה דהיא איתעברא מן סמאל מלאכא (»und Adam erkannte Eva, [nämlich] daß sie schwanger war von dem Engel Samael«), also dem ידע einen Erkenntnisinhalt zuordnet. Auch hier könnte ידע auf ein Wissen gedeutet sein, das Adam im Zusammenhang mit der Geburt des Sohnes bekam; wo aber Wissen ist, liegt Offenbarung nicht fern.

Zu klären bleibt noch die Frage, wie man auf die Begründung kommen konnte, die eine vollständige Distanzierung Adams von Kain erforderlich machen sollte. Diese besteht ja laut Apc Mos 3,2 darin, daß Kain ein »Sohn des Zorns« sei. Die exegetische Grundlage für diese Prädizierung ist – wie bereits angedeutet wurde – in Gen 4,5.6 zu suchen. Dort ist von einem Zorn Kains vor seiner Mordtat die Rede, freilich nur im hebräischen Text (Gen 4,5: ויחר קין; 4,6: חרה לך) – anders als in der Septuaginta, die in Gen 4,5 ἐλύπησεν und in Gen 4,6 περίλυπος hat.[9] Der Zorn, um den es hier geht, ist der Zorn Kains; wir hatten oben festgestellt, daß in Apc Mos 3,2 von der Zornessohnschaft Kains auch dahingehend die Rede ist, daß er dem Zorn Gottes anheimgefallen ist – und zwar mit der speziellen Zuspitzung, daß er deswegen eigentlich schon wie ein Toter betrauert werden müßte, also dem Tod ausgeliefert ist. Diese spielerische Ausdeutung des Zornesmotivs legt sich nahe, sobald man mit dem Tun-Ergehen-Zusammenhang operiert; sie findet auch Parallelen in der frühjüdischen Kain-Haggada (vgl. Sap Sal 10,3)[10]. In der Hauptsache aber wird es wieder der Lib Jub sein, der diese Idee induzierte, denn er weiß – anders als die biblische Erzählung – von einem Tod Kains zu berichten: Er ist in den Trümmern eines einstürzenden Hauses umgekommen (Lib Jub 4,31). Begründet wurde dies schon im Lib Jub mit dem Tun Ergehen-Zusammenhang: Da er seinem Brunder mit einem Stein umgebracht habe, ist er auch durch einen Stein umgekommen – so geschah es »nach gerechtem Gericht« (ⵏⵀ·ⵕ·ⵃ : ⵕⵇ·ⵜ). Der Symmetrie von böser Tat und göttlichem Gerichtshandeln in Lib Jub 4,31 entspricht die Ambiguität der Wendung »Sohn des Zorns« in Apc Mos 3,2. Kain ist zürnender Mörder und vom Gotteszorn Getöteter zugleich.

---

[9] Die jüngeren griechischen Übersetzer liegen auf der Linie des hebräischen Textes zu Gen 4,5.6: Nach hexaplarischen Notizen der Handschrift 344 (10. Jh.) liest Aquila καὶ ὀργίλον τῷ [Κάϊν] statt καὶ ἐλύπησεν τόν [Κάϊν], Symmachus liest dieser Quelle zufolge καὶ ὠργίσθη [Κάϊν]. Ähnliches wie 344 bezeugt Theodoret von Kyros für Aquila; vgl. WEVERS App. z. St.

[10] In Sap Sal 10,3 heißt es über Kain: Ἀποστὰς δὲ ἀπ' αὐτῆς [sc. τῆς σοφίας] ἄδικος ἐν ὀργῇ αὐτοῦ ἀδελφοκτόνοις συναπώλετο θύμοις. (»Indem er, der Ungerechte, von der Weisheit Abstand nahm, ging er in seinem Zorn mit seinem brudermörderischen Wüten unter«). Auch hier wird der Gedanke, daß todbringender Zorn auf den Mörder zurückfällt, im Hintergrund stehen.

Der Tun-Ergehens-Zusammenhang wird auch in Hyp Arch, NHC II,91,26–27 auf Kain angewendet (*Du hast mit deinem Munde Sünde getan, sie wird sich gegen dich wenden* [ⲀⲔⲠ̄ Ⲛ[Ⲁ]ⲂⲈ Ⲛ̄ⲢⲰⲔ· ϤⲚⲀⲔⲞⲦϤ` ⲈⲢⲞⲔ]), wo das Wortspiel Ⲛ̄ⲢⲰⲔ - ⲈⲢⲞⲔ auf die Symmetrie von Tun und Ergehen hinweist; freilich fehlt hier eine Bezugnahme auf den Zorn Kains.

VI. Erkrankung Adams (Apc Mos 5,1–3)

5,1 Ἐποίησε δὲ ᾿Αδὰμ ᵃυἱοὺς τριάκοντα ᵇκαὶ θυγατέρας τριάκονταᵃ.	5,1 Adam aber zeugte dreißig Söhne und dreißig Töchter.
ἔζησε δὲ ᾿Αδὰμ	Adam aber lebte
ἔτη ἐνακόσια τριάκονταᵇ.	neunhundert und dreißig Jahre.
5,2 καὶ ᵃπεριπεσὼν εἰς νόσονᵃ	5,2 Und er wurde krank
ᵇἐβόησεᵇ ᶜφωνῇ μεγάληᶜ ᵈλέγωνᵈᵃ·	und schrie mit lauter Stimme:
ἐλθέτωσαν ᵉπρός μεᵉ	»Es sollen zu mir kommen
οἱ υἱοί μου πάντες,	alle meine Söhne,
ὅπως ὄψομαι αὐτοὺς	damit ich sie sehe,
ᶠπρὶν '᷂ᵍ ἀποθανεῖν μεᶠ '᷂ʰ.	bevor ich sterbe!«
5,3 καὶ συνήχθησαν πάντες,	5,3 Und sie kamen alle zusammen,
ᵃἦν γὰρ οἰκισθεῖσα ἡ γῆ	die Erde war nämlich bewohnt
εἰς τρία μέρηᵃ '᷂ᵇ.	zu drei Teilen.

- Zeugen: D St AV B A AC Ath C VitAd(arm) VitAd(georg) VitAd(latᴾ) VitAd(latᵐᵉ) Va P¹ LibAd(slav) P² J² J³ An₁ ApcMos(arm)⁽ˢ· ³⁾ Br S¹ J¹ E¹ S³ AD E².
- Es fehlen: An₂ Pa AH.

Zum Text

5,1a AV B: υἱοὺς καὶ θυγατέρας ἑξήκοντα. **5,1b** A-AC: om. (ht.); Ath ApcMos(arm): ἔζησε δὲ ᾿Αδὰμ ἔτη ἐνακόσια τριάκοντα (ht.); C P¹ J¹-E¹-S³-AD-E²: καὶ θυγατέρας τριάκοντα (ht.); Va: καὶ θυγατέρας τριάκοντα. ἔζησε δὲ ᾿Αδὰμ ἔτη πεντακόσια; VitAd(arm) VitAd(georg) (=*Ia) (VitAd[latᴾ]) (VitAd[latᵐᵉ]) LibAd(slav) (=*II) et rell: txt. **5,2a** D-St: περιέπεσεν εἰς νόσον (ba); AV A-(AC)-Ath-(C) (=*Ia) (Va)-P¹ (=*II): περιπεσὼν εἰς νόσον (a); P²-J²-J³-An₁ (=*III) Br-S¹ (=*IIIa): νοσήσας μικρόν (ca); J¹-E¹-S³-AD-E²: ἠσθένησε μικρόν (dca); B: def. **5,2b** D-St J¹-E¹-S³-AD-E²: καὶ ἐβόησε; AV C: βοήσας; A-(AC): καὶ βοήσας; Va: βοήσας δέ; B (Ath) (=*Ia) (P¹) (=*II) P²-J²-J³-An₁ (=*III) Br-S¹ (=*IIIa): ἐβόησε. **5,2c** D-St B An₁ Br-S¹ (=*IIIa) J¹-E¹-AD-E²: φωνὴν μεγάλην (ba); AV A-AC-Ath (=*Ia) Va (=*II) P²-J²-J³ (=*III) | S³: φωνῇ μεγάλη (a|aba); C P¹: def. **5,2d** D-St B Ath (=*Ia) P¹ (=*II) | E²: λέγων (a|aeda); AV: λέγει (ba); A-AC C Va: εἶπε (ca); P²-J²-J³-An₁ (=*III) Br-S¹ (=*IIIa) J¹-S³-AD: καὶ εἶπε (da); E¹: λέγων καὶ εἶπε (eda). Vgl. die Konstruktionen in °5,2b. **5,2e** Br: πρὸς ἐμέ (sq. BERTRAND); rell: πρός με. Im klassischen Griechisch werden nach Präpositionen die betonten Formen des Personalpronomens verwendet, doch gerade nach πρός wird diese Regel in der Koinê nicht mehr eingehalten, vgl. BL-DEBR-REHK § 279,1 und Mt 25,36; Mk 9,19; Acta 22,10. Vgl. °16,1d; °21,1g; °23,5c; °25,1c; °34,1h und E II,9 (S. 97). **5,2f** D-St: πρὶν ἢ ἀποθανοῦμαι (ba); AV: πρὶν ἀποθανεῖν (ca); B: πρὶν ἀποθάνω (Konj. Aor.!) (da); A-AC: πρὶν ἢ ἀποθανεῖν με (ea); Ath (=*Ia) P²-J²-J³-An₁ (=*III) Br-S¹ (=*IIIa) J¹-E¹-S³-AD-E²: πρὶν ἀποθανεῖν με (a); C: πρὶν ἀποθανοῦμεν (fa); Va: πρὶν ἀποθανοῦμαι (ga); P¹: πρὶν τοῦ ἀποθανεῖν με (ha). Πρίν + Inf. wird regulär nach affirmativen Sätzen gebraucht, vgl. KÜHNER-GERTH II,457ff., vgl. auch Apc Mos 28,2. Zu der von D-St C Va bezeugten Konstruktion πρίν + Ind. Fut. vgl. die bei PASSOW s.v. II,3,d (Bd II,2, 1075a) genannten Fälle, welche dort allerdings als itazistische Aberrationen erklärt werden. **5,2g** D-St A-AC: ἤ; AV B Ath-C (=*Ia) Va-P¹ (=*II) P²-J²-J³-An₁ (=*III) Br-S¹ (=*IIIa) J¹-E¹-S³-AD-E²: txt. In °28,2a ist ἤ nach πρίν etwas besser bezeugt, doch Apc Mos 28,2 gehört zu einer anderen Schicht. Πρὶν ἤ hat in der Koinê allgemein an Beliebtheit gewonnen, vgl. BL-DEBR-REHK §395,2 und A. TSCHUSCHKE: De πρίν Particulae apud Scriptores Aetatis Augusteae Prosaicos Usu, Diss. Breslau 1913. **5,2h** C: καὶ ἀπέστειλεν τὸν υἱὸν αὐτοῦ Σὴθ ἐπὶ πάντας τοῦ λαλῆσαι αὐτοῖς. Dieser Zusatz soll erklären, wie sich die Söhne versammeln konnten, obschon sie über die gesamte Erde verteilt waren (5,3).

Seth nimmt hier eine führende Rolle ein. **5,3a** E¹-(S³)-(AD)-E²: ἦν¹ γὰρ διαμερισμένοι εἰς τρία μέρη τῆς γῆς καὶ συνζευγμένοι ἀλλήλων (»sie waren nämlich verteilt auf die drei Teile der Erde und waren miteinander verheiratet«). Diese Variante macht explizit, was schon der Verfasser von Apc Mos 5,1-3 intendiert haben dürfte: Die in Apc Mos 5,1 genannten dreißig Söhne und Töchter sind zu je zehn Paaren auf die drei Weltgegenden verteilt. **5,3b** A-(AC)-(Ath)-(C) (=*Ia) (VitAd [arm]) (VitAd[georg]) (VitAd[latᵖ]) (VitAd[latᵐᵉ]) (Va) (=*II): ᵃᵇκαὶ ἦλθονᵇ πάντες ᶜἐπὶ τὴν θύραν τοῦ οἴκουᶜ ἐν ᾧ εἰσήρχετο ᵈεὔξασθαιᵈ τῷ θεῷᵃ² (»und sie kamen alle an die Tür des Hauses, in das er [sc. Adam] hineinzugehen pflegte, um zu Gott zu beten«). NAGEL übernimmt diese typische *Ia-Interpolation in den Haupttext, obwohl sie erkennbar nicht paßt: Die nachfolgenden Gespräche Adams und Evas mit den Nachkommen sind kaum in einem Gebetshaus denkbar, eher am Sterbebett – wie für die Testamentliteratur üblich. Daß die Gebetsstätte Adams an dem Ort liege, an dem später der Tempel stand, wird in dem Zusatz nicht gesagt; dies wird erst in Vit Ad (latᵐᶜ) 51a–b behauptet (Zusatz der Zeugen 3 5 9 17 Jean des Preis dit d' Outremeus): Dort heißt es über die zwei Tafeln, die Seth nach dem vorhergehenden Befehl der Eva anfertigte, daß Seth sie *in medio domus patri sui in oratorio, ubi orabat dominum* (51a) niedergelegt habe; Salomo habe sie aufgefunden und entziffert und von dem Engel des Herrn die Weisung erhalten, daß er am Platze des *oratorium, ubi Adam et Eva adorabant dominum*, den Tempel des Herrn, *id est domum orationis* (vgl. Mk 11,17par ʊ) errichten solle.

1. Gliederung und Inhalt

Nach einem summarischen Hinweis auf die Nachkommenschaft Adams (abgesehen von Kain, Abel und Seth, über die zuvor berichtet worden war) erfolgt in Apc Mos 5,1 die ebenfalls summarische Angabe seiner Lebensjahre. Beide Nachrichten werden knapp und spröde präsentiert, v.a. fällt die hölzerne Parallelität von ἐποίησε δέ und ἔζησε δέ ins Auge. Nachfolgend wird berichtet, daß Adam krank wurde. Wie aus der Einladung Adams an seine Söhne klar wird, weiß Adam, daß diese Krankheit mit seinem Tod enden wird (vgl. πρὶν ἀποθανεῖν με in Apc Mos 5,2). Die Einladung Adams ergeht nur an die Söhne, obgleich in Apc Mos 5,1 auch von Töchtern Adams die Rede war, offenbar sind nur männliche Nachkommen als Traditionsempfänger denkbar.³ Auf den Ruf

---

¹ Zu ἦν als Form für die 3. Pl. Impf. vgl. DIETERICH, Untersuchungen 224.

² Varianten: **a-a** VitAd(arm): »und sie versammelten sich zu ihm bei der Tür des Ortes, wohin †Eva† er hineinzugehen und vor Gott auf den Knien zu liegen pflegte« (lies mit Bᵛ Cᵛ: »ew žolowecʻan aṙ na i doufn teloy [teluoy?] our mtanêr †eua† eu yalautʻs kayr aṙ astouac«, vgl. STONE 9₁₁.₁₃. »eua« ist gegen STONE als Dittographie zu streichen); VitAd(georg): »et s' assemblèrent auprès d'Adam tous ses descendants, car ils s'étaient établis devant ses portes, dans le lieu qu'Adam avait fait (et) où il entrait et adressait des prières à Dieu«; VitAd(latᵖ): *ante lectum patris sui in oratorio, ubi adorabant dominum deum*; VitAd(latᵐᵉ): *ante conspectum eius coram oratorio, ubi adorabat dominum deum* (mit den Mss. 3 9 17 4 ist *adorabat* statt *adorabant* [Haupttext bei MEYER] zu lesen; auch VitAd[latᵐᵒ] hat *adorabat*). **b-b** Ath: καὶ ἦλθοσαν; C: καὶ ἀνελθόντες; Va: κατῆλθον. **c-c** AC: καὶ ἔστησαν παρὰ τὴν θύραν τοῦ οἴκου; C: ἔμπροσθεν αὐτοῦ. **d-d** C: προσεύξασθαι.

³ Elterliche (väterliche) Unterweisung wird auch in Dtn 6,7 nur an Söhne adressiert, ebenso die Abschiedsreden in Test XII, abgesehen vielleicht von Test Zabulon, wo die Kinder (τέκνα)

Adams hin versammeln sie sich (Apc Mos 5,3). Wie die Botschaft sie erreicht hat, teilt der Text nicht explizit mit; erst in der Handschrift C wird diese von Seth übermittelt (vgl. °5,2h).

Der Satz ἦν γὰρ οἰκισθεῖσα ἡ γῆ εἰς τρία μέρη ist der einzige, welcher der Szene etwas Farbe gibt, wohl kaum ohne Absicht: Er wird eine Hintergrundinformation vermitteln, ohne die das Geschehen nicht richtig verstanden wird. Ihm kommt also nicht begründende Funktion zu, sondern explizierende.[4] Von drei Bezirken der Erde ist die Rede, die bewohnt werden. Da die Zahl der Kinder präzise mit 30 Söhnen und 30 Töchtern beziffert wird, ist anzunehmen, daß sie die 3 Bezirke zu je 10 Paaren bewohnten, doch dies wird nicht ausdrücklich gesagt.[5] Unklar bleibt auf den ersten Blick, ob die Erde mehrere Bezirke hatte, von denen (nur) 3 bewohnt wurden, oder ob die gesamte Erde in 3 bewohnte Bezirke aufgeteilt war. Da man damals allgemein von einer Dreiteilung der (gesamten) Erde unter Noah wußte (s.u.), ist letztere Deutung vorzuziehen.

2. Exegetische Hintergründe

Der Hintergrund von Apc Mos 5,1–3 ist der summarische Bericht über Adam in Gen 5,3–5. Nachdem von seinem Sohn Seth schon die Rede war (vgl. Apc Mos 3–4), wird nun Gen 5,4–5 ausgewertet. Der zugrundeliegende Text lautet in der Septuagintafassung: 5,4 ... καὶ ἐγέννησεν (sc. Ἀδάμ) υἱοὺς καὶ θυγατέρας. 5,5 Καὶ ἐγένοντο πᾶσαι αἱ ἡμέραι Ἀδάμ, ἃς ἔζησεν, ἔτι ἐννακόσια τριάκοντα, καὶ ἀπέθανεν. Phraseologisch ist Apc Mos 5 offenbar von 𝔊 nicht abhängig (so heißt es z.B. ἐποίησεν statt ἐγέννησεν), aber das bedeutet nicht mehr, als daß der Verfasser sich bemühte, eigenständig zu formulieren. Abhängigkeit von hebräischer Textüberlieferung läßt sich hier genausowenig feststellen.

Apc Mos 5 hat seine Vorlage allerdings nicht nur referiert, sondern auch amplifiziert: Die Anzahl der Kinder wird in Gen 5,4 nicht beziffert; Apc Mos 5,1 hingegen weiß, daß es 30 Söhne und 30 Töchter waren. Wie konnte man auf diese Zahl kommen? BERTRAND (S. 114) verweist auf eine Übereinstimmung

---

Empfänger der letzten Worte Zabulons sind. In Test Hiob 1,2 hingegen sind sowohl die sieben Söhne als auch die drei Töchter Adressaten des scheidenden Hiob; dies findet eine Entsprechung in Test Hiob 46–50, wo gerade den drei Töchtern die Aufmerksamkeit gilt: Sie empfangen drei Gürtel, mittels derer sie u.a. in der Sprache himmlischer Mächte reden können. Innerhalb der Apc Mos gibt es, was die Adressierung der Abschiedreden betrifft, möglicherweise eine Spannung zwischen dem Test Eva (Apc Mos 15–30; 33,2–37,6), das vielleicht auch an die Töchter gerichtet war, und den endredaktionellen Schichten, zu denen auch Apc Mos 5,1–3 gehört, vgl. hierzu E III,5a.

[4] Dementsprechend wird γάρ hier explikativ verwendet, vgl. PASSOW s.v. γάρ (I, 535–537), der einen argumentativen und einen explikativen Gebrauch von γάρ unterscheidet.

[5] Explizit wird dieser Gedanke erst in E¹-S³-AD-E² zum Ausdruck gebracht, vgl. °5,3a.

dieser Nachricht mit Jdc 12,8–10, dort heißt es über den Richter 'Ibṣân (zitiert wird der in 𝔐 verwendete Konsonantentext mit deutscher Übersetzung):

8 וישפט אחריו את־ישראל	8 Und nach ihm richtete Israel
אבצן מבית לחם	Ibsan aus Bethlehem.
9 ויהי־לו שלשים בנים	9 Und er hatte dreißig Söhne,
ושלשים בנות	und dreißig Töchter
שלח החוצה	schickte er nach draußen,
ושלשים בנות	und dreißig Töchter
הביא לבניו מן־החוץ	führte er seinen Söhnen von draußen zu.
וישפט את־ישראל שבע שנים	Und er richtete Israel sieben Jahre.
10 וימת אבצן	10 Und Ibsan starb
ויקבר בבית לחם	und wurde in Bethlehem begraben.

Dieser Abschnitt ist wie Gen 5,3–5 Teil einer chronographischen Personenliste und teilt über den Richter 'Ibṣân Ähnliches mit wie Gen 5,3–5 über Adam; statt der Lebensjahre wird die Regierungszeit genannt. Eine besondere Parallelität zeigt sich weiterhin darin, daß in beiden Fällen die Nachkommen mit der Formel »Söhne und Töchter« bezeichnet sind, nur daß Jdc 12,9 anders als Gen 5,4 genaue Zahlenangaben macht und eine Formel »dreißig Söhne und dreißig Töchter« nur dann entsteht, wenn man die Satzgrenze zwischen den »Söhnen« und den »Töchtern« ignoriert.

Entscheidend ist aber wohl ein anderes Moment, nämlich die Auskunft, die der Text über die Verheiratung der Söhne und Töchter gibt: Dreißig Töchter habe 'Ibṣân »nach draußen geschickt« und dreißig Töchter seinen Söhnen »von draußen zugeführt«. Dabei ist insbesondere verwirrend, daß die Gattinnen der Söhne genauso »Töchter« (בנות) genannt werden wie ihre »nach draußen« geschickten Schwestern; »Frauen« (נשים) erschiene hier naheliegender![6] Hat 'Ibṣân etwa den Söhnen seine eigenen Töchter zu Frauen gegeben? Möglicherweise hat der Verfasser von Apc Mos 5,1–3 eine solche Textauffassung entwickelt und auf Gen 5,4–5 übertragen, weil auch dort von »Söhnen und Töchtern« die Rede ist. Wichtiger ist aber sicher noch ein anderer Grund: Bei Adams Söhnen und Töchtern wäre eine andere Form der Paarbildung auch gar nicht denkbar! Darum gilt: Was für 'Ibṣân zutrifft, trifft auch für Adam zu; also hatte Adam auch genauso viele »Söhne und Töchter« wie er.

Diese Vorstellung verstößt gegen das Inzesttabu, aber weil die Vermehrung der ersten Menschen anders kaum vorstellbar erschien, wurden in jüdischer und christlicher Tradition vielfach Geschwisterehen für die Menschen der Urzeit angenommen. Sehr alt sind Überlieferungen über Schwestern Kains, Abels oder Seths, die zumindest in Lib Jub 4 einen deutlichen Bezug zur Fortpflanzungsproblematik erkennen lassen: Eine Jahrwoche nach der Geburt Abels gebiert Eva

---

[6] Der Codex Alexandrinus liest denn auch γυναῖκας, während der Vaticanus – dem masoretischen Text entsprechend – θυγατέρας bietet.

eine Tocher namens Awân (4,1), noch eine Jahrwoche später Azurâ (4,8); Kain heiratet Awân (4,9), Seth Azurâ (4,11) – immerhin sind Ehen zwischen Zwillingen vermieden, vielleicht mit Absicht. In diesen Kontext passen auch die Nachrichten über die Ehen der ersten Urzeitpatriarchen Enos und Kenan in Lib Jub 4,13.14, die gleichfalls ihre Schwestern heiraten. Ein wichtiger exegetischer Hintergrund dieser Überlieferung wird Gen 4,17 sein, wo Kain eine Frau heiratet, ohne daß erkennbar wäre, woher diese kommt. In der rabbinischen und christlichen Überlieferung jedenfalls knüpfen die Überlegung über Geschwisterehen der Urzeit oft an Kain an, vgl. Sifra, Qiddušim 10 zu Lev 20,17: ‏חסד הוא ושמא תאמר, קין נשא את אחותו, תלמוד לומר חסד הוא, והעולם‎ ‏מתחלתו לא נברא אלא בחסד, שנאמר, כי אמרתי עולם חסד יבנה וגומר‎ (»*Es ist Gnade* [Lev 20,17]: Vielleicht sagst du: „Kain nahm seine Schwester!" Die Schrift lehrt: „Es ist Gnade." Überhaupt ist die Welt von Anfang an nicht anders geschaffen als in Gnade, denn es heißt: „Denn ich habe gesagt: Die Welt ist durch Gnade erbaut usw." [Ps 89,3]«). In Lev 20,17 wird eine sexuelle Verbindung eines Mannes mit seiner Schwester mit der Ausrottungsstrafe für den Mann sanktioniert; das Vergehen wird dabei als ‏חסד‎ bezeichnet. ‏חסד‎ bedeutet »Schande«, es gibt aber ein wesentlich häufigeres Homonym mit der Bedeutung »Gnade«. Diese »Gnade« deutete man im Sinne einer Duldung der Geschwisterehen durch Gott und konnte unter Verweis auf Ps 89,3 auch die Zeit der Duldung bestimmen: Die Zeit des Anfangs der Welt, als diese »erbaut« wurde. In dieser Zeit lebte auch Kain, über dessen Geschwisterehe man von der Überlieferung her wußte und die man wohl auch aus Gen 4,17 herauslesen konnte. Eine ähnliche Überlieferung, allerdings ohne explizite Bezugnahme auf Kain, findet sich in Targ Ps Jon zu Lev 20,17, dort mit einer Befristung dieser Gnade auf die Zeit bis zur Promulgation der Thora, vgl. auch Ber R 84,21 (bei ALBECK nur im Apparat!) und PRE 36,3 und 39,1, denen zufolge die Söhne Jakobs ihre (Zwillings-) Schwestern geheiratet hätten; vielleicht geht es hier um die Vermeidung von Mischehen, die in dieser Zeit tatsächlich nicht anders möglich gewesen wäre. Als christliche Belege vgl. etwa Epiph Haer 39,6 (HOLL / DUMMER 76–77), wo auf das Jubiläenbuch als Bezug genommen (39,6,1: ὡς δὲ ἐν τοῖς ᾽Ιωβηλαίοις εὑρίσκεται, τῇ καὶ λέπτῃ Γενέσει καλουμένῃ) und über die Geschwisterehen gesagt wird (39,6,2: τοῦ γὰρ ᾽Αδὰμ γεννήσαντος υἱοὺς καὶ θυγατέρας ἀνάγκη γέγονε κατ᾽ ἐκεῖνο (?) καιροῦ ἀδελφαῖς ταῖς ἰδίαις συναφθῆναι τοὺς παῖδας· οὐ γὰρ ἦν παράνομον τὸ τοιοῦτον, ἐπεὶ μηδὲν ἕτερον γένος ἦν (»Als aber Adam Söhne und Töchter gezeugt hatte, war es entsprechend jenem [?] eine Notwendigkeit des Augenblicks, daß die Söhne mit ihren eigenen Schwestern sich zusammentaten. Dies war nicht widergesetzlich, denn es gab keine andere Sippschaft«); Catena ad Gen 4,17 (PETIT, Nr. 555) (Diodor von Tarsus oder Theodor von Mopsuestia zugeschrieben) sowie Catena ad Gen 5,6–32 (PETIT, Nr. 585) (abhängig von Lib Jub 4); alle genannten christlichen Belege rekurrieren auf Kain und begründen die Geschwisterehen mit schlichter Notwendigkeit.[7]

Daß Adam auf diese Weise 30 Söhne und 30 Töchter zugeschrieben werden konnten, ermöglichte weitergehende Schlußfolgerungen: Man konnte diese Zahl mit der Tradition der Dreiteilung der Erde bzw. des bewohnten Landes in Verbindung bringen, die damals weit verbreitet war.[8] Sie basiert auf der Überliefe-

---

[7] Weitere Belege aus der rabbinischen und der christlichen Literatur finden sich bei APTOWITZER, Kain und Abel 7–10 und 115–120 (Anm. 41–56).

[8] Die Vorstellung von einer urzeitlichen Dreiteilung der Erde findet sich im Lib Jub (s.o.), aber auch in 1Q GenApokr 16–17. Auch in Or Sib III,110–114 und in 1 QM hat sie Niederschlag gefunden sowie in der christlichen Chronographie, s. J.M. SCOTT: The Division of the Earth in Jubilees 8,11–9,15 and Early Christian Chronography, in: M. ALBANI / J. FREY / A. LANGE

rung von den drei Söhnen Noahs und deren Nachkommen und ist damit im Kern eine Umsetzung der Völkertafel in Gen 10. Im Jubiläenbuch knüpft sie an die rätselhafte Notiz von der Aufteilung der Erde unter Peleg an (Gen 10,25); der Lib Jub bietet im Anschluß daran eine umfangreiche Weltkarte mit den Gebieten Japhets, Sems und Hams (Lib Jub 8,8–30, dazu gehört auch Lib 9,1–15 und 10,28–36). Da der Lib Jub auch sonst mehrfach der Apc Mos zugrunde liegt, ist anzunehmen, daß der Verfasser auch in diesem Falle seine Kenntnis aus dieser Schrift bezog. Damit hat er Adamüberlieferung durch Noahüberlieferung amplifiziert. Im Hintergrund steht der Gedanke, daß sowohl Adam als auch Noah Väter der Menschheit sind; dementsprechend finden sich Strukturen, die zur Zeit Noahs Geltung hatten, schon in der Zeit Adams.

Apc Mos 5,1–3 berichtet nicht nur summarisch vom Leben Adams, sondern deutet auch seinen Tod an. Dieses Moment entstammt gleichfalls Gen 5,3–5 (Gen 5,5: וימת [»und er starb«]. Doch zwischen das Leben und den Tod tritt ein retardierendes Moment, ohne das die Apc Mos an dieser Stelle bereits abgeschlossen wäre: die Krankheit Adams. Dies entspricht ziemlich genau den Testamenteröffnungssituationen in den Test XII – auch dort geht dem Tod und den ultima dicta der Patriarchen i.d.R. eine Krankheit voraus. Doch in diesem Falle liegt dem auch ein exegetisches Moment zugrunde, das sich im nachfolgenden Abschnitt klarer zu erkennen gibt und darum auch dort diskutiert werden soll.

VII. Gespräch am Sterbebett: Was ist mit Adam? (Apc Mos 5,4–6,3)

5,4[A] Εἶπε δὲ [b]αὐτῷ[b] Σήθ, ὁ υἱὸς αὐτοῦ· πάτερ Ἀδάμ, [c]τί σοί ἐστι νόσος[c];	5,4 Es sagte aber zu ihm Seth, sein Sohn: »Vater Adam! Warum bist du krank?«
5,5 [Ab]Καὶ λέγει[b] '·[c] '·[d]. [e]τεκνία μου[e], [f]πόνος[f] πολὺς [g]συνέχει με[g]. [hi]καὶ λέγουσιν αὐτῷ[i]·	5,5 Und er sagt: »Meine Kinder: Mich drückt schweres Leiden!« Und sie sagen zu ihm:

(Hrsgg.): Studies in the Book of Jubilees (Texte und Studien zum antiken Judentum 65), Tübingen 1997, 295–323. SCOTT nimmt als Ausgangspunkt dieser Traditionen ein apokryphes Noahbuch an (vgl. Lib Jub 8,12), das noch bei den christlichen Schriftstellern bekannt gewesen sei. Zu dieser Thematik siehe ferner J. FREY: Zum Weltbild im Jubiläenbuch, in: M. ALBANI / J. FREY / A. LANGE (Hrsgg.): Studies in the Book of Jubilees (Texte und Studien zum antiken Judentum 65), Tübingen 1997, 261–292, speziell 279–285; das geopolitische Konzept des Lib Jub ist von einigen Forschern mit der ionischen Weltkarte in Zusammenhang gebracht worden, dies lehnt FREY ab.

ᵏτί ἐστι πόνος καὶ νόσος^kh;

»Was ist Leiden und Krankheit?«

6,1 Καὶ ἀποκριθεὶς Σὴθ λέγει αὐτῷ·^A
^Aμὴ ἐμνήσθης, πάτερ,
τοῦ ᵇπαραδείσου^β,
ᶜἐξ ὧν ἤσθιες ᵈ‹καρπῶν›^d,
ᵉκαὶ ἐλυπήθης
ἐπιθυμήσας αὐτῶν^ee;
6,2 ἐὰν οὕτως ἐστίν,
ἀνάγγειλόν μοι,^A
ᵃκαὶ ἐγὼ^a πορεύσομαι
ᵇκαὶ ᶜἐνέγκω^c σοι καρπὸν
ᵈἀπὸ^d τοῦ παραδείσου.
ἐπιθήσω γὰρ^b κόπρον
ἐπὶ τὴν κεφαλήν μου
καὶ κλαύσομαι
καὶ προσεύξομαι·
καὶ εἰσακούσεταί μου κύριος
καὶ ᶜἀποστείλη^e τὸν ἄγγελον αὐτοῦ,
ᶠκαὶ ἐνέγκω σοι^f,
ἵνα καταπαύσῃ ὁ πόνος ἀπὸ σοῦ.
6,3 ᵃλέγει^a αὐτῷ ὁ Ἀδάμ·
οὐχί, υἱέ μου Σήθ,
ᵇἀλλὰ νόσον καὶ ᶜπόνους^c ἔχω.

Λέγει αὐτῷ Σήθ^b·
καὶ πῶς σοι ᵈἐγένοντο^d;

6,1 Und Seth hebt an und spricht zu ihm:
»Erinnertest du dich, Vater, etwa
des Paradieses,
der Früchte, von denen du aßest,
und wurdest bekümmert,
weil du nach ihnen Verlangen hattest?
6,2 Wenn das so ist,
sag's mir,
und ich ziehe los
und bringe dir eine Frucht
vom Paradies.
Ich werde nämlich Schmutz
auf mein Haupt legen
und weinen
und beten;
und Gott wird mich erhören
und seinen Engel schicken,
und ich werde dir etwas bringen,
damit dein Leiden aufhört.«
6,3 Adam sagt zu ihm:
»Nicht, mein Sohn –
Ich habe vielmehr Krankheit und Leiden«.

Seth sagt zu ihm:
»Und wie sind sie dir zuteilgeworden?«

- Zeugen: D St AV B A AC Ath C VitAd(arm) VitAd(georg) VitAd(latᵖ) VitAd(latᵐᵉ) Va P¹
LibAd(slav) P² J² J³ An₁ ApcMos(arm)^(S. 3-4) Br S¹ J¹ E¹ S³ AD E².
- Es fehlen: An₂ Pa AH.

Zum Text
5,4/5A Die Verse 5,4 und 5,5 sind in der Kollation Nagels 5,3 zugeordnet (Fehler?). **5,4b** D-St
(AV) (B) Ath-C (=*Ia) P²-J²-J³-An₁ (=*III) ApcMos(arm) Br-S¹ (=*IIIa): αὐτῷ; A-AC Va J¹-E¹-
S³-AD-E²: om; P¹: def. **5,4c** D-St AV Ath-C (=*Ia) Va (=*II): τί σοί ἐστι νόσος (a); B: τί
ἐστιν ὁ νόσος (ba); A-AC P¹: τί σοί ἐστιν ἡ νόσος (ca); P²-J²-J³-An₁: om. (da); ApcMos
(arm): »Was ist die Erkrankung deiner Krankheit« (ea); Br-S¹ (=*IIIa) (J¹): τί σοι νόσος (fa); E¹-
S³-AD-E²: τί ἐστιν ἡ σὴ νόσος (ga).*III = txt. **5,5/6,1A** J¹-E¹-S³-AD-E²: om. (damit wird das
Gespräch in 5,4–6,3 und 7–8 auf Adam und Seth eingegrenzt; vgl. °7,1h, wo dieselben Zeugen
Adam ausschließlich zu Seth reden lassen). **5,5b** D-St AV B A-AC-Ath (=*Ia) P¹ (=*II): καὶ
λέγει; C: λέγει; Va: εἶπε δέ; (P²)-J²-J³-An₁ (=*III) ApcMos(arm): καὶ ἀποκριθεὶς λέγει; Br-S¹
(=*IIIa): ὁ δὲ εἶπε; J¹ E¹ S³ AD E²: def. **5,5c** D-St AV B A-Ath (=*Ia) P¹ (=*II): txt; AC C Va
P²-J²-J³-An₁ (=*III) ApcMos(arm) Br-S¹ (=*IIIa): αὐτῷ; J¹ E¹ S³ AD E²: def. Die Zeugen, die
αὐτῷ hinzufügen, grenzen das Gespräch auf Adam und Seth ein, vgl. die Folgekorrekturen in
°5,5e und °5,5h. **5,5d** (AV) C P¹: ὁ Ἀδάμ. **5,5e** D-St (AV) (B) A-Ath (=*Ia) P¹ (=*II): τεκνία
μου; AC (Va): τεκνίον μου (vgl. °5,5c); P²-J²-J³-An₁ (=*III) (ApcMos[arm]) Br-S¹ (=*IIa):
τέκνον (hinter συνέχει με) (vgl. °5,5c); J¹ E¹ S³ AD E²: def. **5,5f** P²-J²-J³-An₁: φόβος; ApcMos
(arm) (=*III) Br-S¹ (=*IIIa) et rell: txt; P¹ J¹ E¹ S³ AD E²: def. **5,5g** D-St: με συνέχει (sq.
Bertrand); AV B A-AC-Ath-C (=*Ia) Va-P¹ (=*II) P²-J²-J³-An₁ (=*III) Br-S¹ (=*IIIa): συνέχει
με; J¹ E¹ S³ AD E²: def. **5,5h** AC C P²-J²-J³-An₁ (=*III) ApcMos(arm) Br-S¹ (=*IIIa): om.

(vgl. °5,5c) J¹ E¹ S³ AD E²: def. **5,5i** D-St AV (B) (A)-Ath (=*Ia) P¹ (=*II): καὶ λέγουσιν αὐτῷ; Va: καὶ λέγει αὐτῷ (vgl. °5,5c); rell: def. (vgl. °5,5h). **5,5k** D: τί ἐστι πόνος, τί ἐστι νόσος (bca); St: τί ἐστι πόνος καὶ τί ἐστι νόσος (ca); AV: τί ἐστι νόσος καὶ πόνος (da); B: τί ἐστι πόνος (ea); A-Ath (=*Ia) Va-(P¹) (=*II): τί ἐστι πόνος καὶ νόσος (a); rell: def. (vgl. °5,5h). **6,1/2A** ApcMos(arm):»Denkst du etwa an die Lieblichkeit und Anmutigkeit des Gartens Gottes und die mannigfaltige Verschiedenheit der Früchte, die du ständig aßest, und kommt wegen dieser Traurigkeit deine Krankheit?«; (J¹)-(E¹)-(S³)-(AD)-(E²): μὴ ᵃἐμνήσθης, πάτερ, τοῦ παραδείσουᵃ; Εἶπεν ᵇ'Αδάμᵇ· Ναί, τέκνον. Ὁ δὲ εἶπεν¹. **6,1b** VitAd(arm): »der Frucht des Gartens«; VitAd(georg): »du fruit de paradis«; VitAd(latᴾ): *de paradisy fructu*; VitAd(latᵐᵉ): *de fructu paradisi*; P²-J²-J³-(An₁): τοῦ παραδείσου καὶ τῶν ἐν αὐτῷ καρπίμων φυτῶν; ApcMos(arm): »die Lieblichkeit und die Anmutigkeit des Gartens Gottes und die mannigfaltige Verschiedenheit der Früchte«; Br-(S¹) (=*IIIa *III): τοῦ παραδείσου καὶ τῶν αὐτοῦ καρπῶν; J¹ E¹ S³ AD E²: def. **6,1c** D-St AV B A-AC-Ath-C (=*Ia) Va-(P¹) (=*II) P²-J²-J³-An₁ (=*III) (ApcMos[arm]): txt; Br-S¹ (=*IIIa): om; J¹-E¹-S³-AD-E²: def. **6,1d** Nachfolgend steht καὶ ἐλυπήθης ἐπιθυμήσας αὐτῶν (vgl. °6,1e). Für αὐτῶν ist aber ein stärkeres Beziehungswort als das Relativpronomen ὧν zu erwarten; und dies wirkt zudem syntaktisch isoliert. Daher ist nach 6,2 (ἐνέγκω σοι καρπόν) das Wort καρπῶν zu ergänzen. Ähnliche Ergänzungen begegnen sekundär auch in der Überlieferung, vgl. °6,1b. **6,1e** D-St AV B C P²-J²-J³-An₁ (=*III): καὶ ἐλυπήθης; (A)-(AC)-(Ath) (=*Ia) (VitAd[arm]) (VitAd[georg]) (Va)-(P¹) ([=*II]): ᵃκαὶ ἐλυπήθης ᵇἐπιθυμήσαςᵇ αὐτῶνᵃ². Αὐτῶν setzt ein Beziehungswort voraus, das schon im Archetyp ausgefallen sein muß (καρπῶν: vgl. °6,1d); daraus ergibt sich, daß *Ia hier den ursprünglichen Text hat. **6,2a** D | J¹-E¹-S³-AD-E²: ἐγώ (ba|bda); St: ἐγὼ δέ (cba); AV A-AC-Ath (=*Ia) Va (=*II): καὶ ἐγώ (a); B P²-J²-J³-An₁ (=*III) Br-S¹ (=*IIIa): κἀγώ (da); C: καί (ea); P¹: ὅπως (fa). **6,2b** E¹-S³-AD-E²: καί ἐπιθήσω; J¹ et rell: txt cum varr. **6,2c** Der Konj. Aor. ἐνέγκω ist in den Handschriften unumstritten, er steht, wie der Kontext zeigt, für ein Futur; Konj. Aor. und Futur werden des öfteren promiscue gebraucht, vgl. BL-DEBR-REHK § 363; 365; 369,2. Vgl. auch das nachfolgende ἐνέγκω. **6,2d** D AC Va-P¹ (=*II) An₁ Br-S¹ (=*IIIa): ἐκ; St AV B A-Ath-C (=*Ia) P²-J²-J³ (=*III) J¹: ἀπό; E¹ S³ AD E²: def. **6,2e** D-St B A-Ath (=*Ia) (P¹) (=*II) P²-J²-J³-An₁ (=*III) S¹ (=*IIIa) J¹: ἀποστείλῃ; AV AC C Va Br E¹-(S³)-E²: ἀποστελεῖ (sq. NAGEL, BERTRAND); AD: def. Konj. Aor. statt Futur, vgl.°6,2c. **6,2f** AC: καὶ ἐνέγκει μοι εὐωδίας ἐκ τοῦ παραδείσου καὶ φέρω σοι (vgl. Apc Mos 29, 3.6); C: καὶ ἐνέγκει μοι ἀπὸ τοῦ ξύλου ἐν ᾧ ῥέει τὸ ἔλεος (vgl. Apc Mos 9,3); P¹: καὶ ἐνέγκει σοι καρπόν; P²-J²-J³-An₁: καὶ ἐνέγκω σοι βρῶσίν τινα; ApcMos(arm): »und er (sc. der Engel) wird mein Begehr erfüllen, und ich werde dir von der Frucht des Gartens des Lebens Nahrung bringen« (mit Bᵃ ist das zweite »k'ez« zu streichen, vgl. YOV. 3₍₁₃₎); Br-S¹ (=*IIIa): καὶ ἐπιδώσει μοι βρῶσιν καὶ ἐνέγκω σοι; J¹: καὶ †ἐνέγκω με φωτὸν† καὶ φέρω σοι; E¹-S³-AD: καὶ ἐνέγκει μοι φυτὸν ἐκ τοῦ παραδείσου καὶ φέρω σοι; E²: καὶ ἐνέγκει μοι φυτὸν καὶ φέρω σοι. Alle diese Sonderlesarten außer die von P²⁽ᵉᵗᶜ⁾ füllen eine Lücke, die der Ausgangstext aus erzählökonomischen Gründen offen läßt: Der Engel wird natürlich losgeschickt, damit er Seth etwas bringe. **6,3a** D-St A E¹-S³-AD-(E²):

---

¹ Varianten: **a-a** J¹: ἐμνήσθης, πάτερ, τοῦ παραδείσου (=*III *I); E¹-S³-AD: τοῦ παραδείσου ἐμνήσθης καὶ ἀσθενεῖς, πάτερ; E²: τοῦ παραδείσου ἐμνήσθης. **b-b** J¹: 'Αδάμ; E¹-S³-(AD): ὁ 'Αδὰμ πρὸς αὐτόν; E²: om.

² Varianten: **a-a** A⁽ᶜᵒᵈ⁾: καὶ ἐλυπήθης ἐπιθυμῆσαι αὐτόν; AC⁽ᶜᵒᵈ⁾: καὶ ἐλυπήθης ἐπιθυμῶν αὐτά; Ath⁽ᶜᵒᵈ⁾: καὶ ἐλυπήθης αὐτῶ; VitAd(arm): »und aus Begierde bist du traurig geworden«; VitAd(georg): »et tu l'as désiré et tu t'affliges à cause de cela«; Va⁽ᶜᵒᵈ⁾: καὶ λυπηθεὶς ἐπεθύμησας αὐτῶ; P¹⁽ᶜᵒᵈ⁾: καὶ ἐπεθύμισας αὐτὸν καὶ ἐλυπήθεις. **b-b** A: ἐπιθυμῆσαι (ba); AC: ἐπιθυμῶν (ca); Ath: om. (da); Va-(P¹) (=*II): ἐπεθύμησας (ea).

καὶ λέγει; AV B Ath-C (=*Ia) P²-J²-J³-An₁ (=*III) ApcMos(arm) Br-S¹ (=*IIIa) J¹: λέγει; AC P¹: λέγει †δι† (*λέγει δέ); Va: def. **6,3b** E¹-S³-AD-E²: om; J¹ et rell: txt cum varr. **6,3c** D-St AV B P²-J²-J³-An₁ (=*III) Br-S¹ (=*IIIa) J¹: πόνους; A-AC-Ath-C (=*Ia) P¹ (=*II): πόνον (Anpassung an νόσου); Va E³ S³ AD E²: def. **6,3d** D-St AV B A-AC-C (=*Ia) P²-J²-An₁ (=*III): ἐγένοντο; Ath (P¹) J³ Br-S¹ (=*IIIa) J¹: ἐγένετο; E¹-S³-AD-E²: γένηται τοῦτο.

1. Zur Redaktionsgeschichte der Perikope

Wie in E II,5a (S. 127–128) nachgewiesen wurde, schloß sich in dem von der Endredaktion erstellten Text an die Versammlung der Nachkommen (5,1–3) ursprünglich lediglich die in 5,4 formulierte Frage Seths an, warum Adam krank sei. Daraufhin erhält Seth als Antwort die Ätiologie der Krankheit in Apc Mos 7–8. Dieses Szenario entspricht der in Apc Mos 3,2 erteilten Anweisung Gottes, daß Adam sein Geheimnis nicht Kain, sondern Seth kundtun soll.

Allerdings gibt es, wie sich in 7,1ff und vor allem in 9,1 zeigen wird, auch ein Moment, das dazu leicht in Spannung steht: Apc Mos 7–8 ist zwar an Seth gerichtet (vgl. 7,1: εἶπε δὲ αὐτῷ ὁ Ἀδάμ), bezieht aber andere Kinder mit ein; dies zeigen pluralische Anredeformen wie τὴν μητέρα ὑμῶν (=Eva) in 7,1; in 9,1 heißt es dann, Adam habe seine Rede an seine Söhne gerichtet. Diese Spannung ist, wie schon in K V (S. 212–213) festgestellt wurde, tragbar, denn es geht in 3,2 v.a. darum, daß Kain ausgeschlossen werden soll. Ihre Ursache dürfte formgeschichtlicher Natur sein: Testamentarische Reden sind gewöhnlich an eine Vielzahl von Hörern gerichtet (vgl. Test XII, Test Hiob etc), darum hat Adam in 5,1–3 alle seine Söhne versammelt – und dementsprechend kann hier nicht nur Seth allein berücksichtigt werden.

Die übrigen Bestandteile der Perikope gehen, wie in E III,5a ausgeführt wurde, auf eine spätere Redaktion zurück, die auch in Apc Mos 42,4–8 aktiv geworden ist. Ihr wesentliches Interesse bestand darin, den Dialog zwischen Adam und Seth in 6,1–3a einzufügen, wo Seth eine unkundige Frage stellt, die Adams Zustand (anders als in 5,4!) falsch einschätzt. Um diese erzählerisch einzubetten, hat die Redaktion die in 5,4 gestellte Frage Seths in 6,3b wiederholt und 5,5 hinzugesetzt; dort wollen die anderen Söhne wissen, was Krankheit und Leiden sei.[3] Sie vermögen also mit der Lage Adams noch weniger anzufangen als Seth; damit ist die Situation geschaffen, in der Seth seine irrige Analyse vorbringen kann, und die dann dementsprechend abschlägig beschieden wird. Dies ist die Passage, um deren Hinzufügung es dem späteren Redaktor zu tun war (6,1–3a), und diese ist im Folgenden inhaltlich zu diskutieren und auf ihre exegetischen Voraussetzungen zu befragen.

---

[3] Τί heißt in 5,5 eher »was« als »warum«, denn für die Bedeutung »warum« wäre ein stärkeres Verb als die bloße Kopula ἐστι zu erwarten. In 5,4 hingegen steht es für »warum«, weil ἐστι dort anders als hier durch σοι erweitert ist und damit zu einem Hauptprädikat gehört (εἶναι + Dativ bedeutet »haben«).

2. Zum Inhalt von 6,1–3a

Die Passage setzt mit einer Frage Seths an Adam ein (6,1: ἀποκριθείς markiert den Beginn der Rede – wie so häufig im biblischen Griechisch, vgl. BAUER-ALAND s.v. ἀποκρίνομαι §2 [187a]). Seth will wissen, ob Adam Kummer empfinde (6,1: μὴ ... ἐλυπήθης), weil er sich an die Früchte des Paradieses erinnert und ihrer begehrt habe (die Syntax der Frage ist etwas undurchsichtig: Wahrscheinlich ist ἐμνήσθης durch zwei nebeneinandergestellte Objekte ergänzt, zunächst den Genitiv τοῦ παραδείσου und dann den abhängigen Fragesatz ἐξ ὧν ἤσθιες ‹καρπῶν›). An diese in Frageform vorgetragene Situationsanalyse schließt sich ein Vorschlag an, der ihr entspricht: Wenn es so sei, wolle Seth zum Paradies gehen[4] und Adam etwas bringen, so daß sein Leiden (πόνος) aufhöre. Daraufhin gibt Adam seinem Sohn Seth eine abschlägige Antwort; der erste Teil (οὐχί, υἱέ μου Σήθ) bleibt in ihrem Bezug unklar, der zweite Teil (ἀλλὰ νόσον καὶ πόνους ἔχω) bezieht sich nicht auf den Vorschlag, zum Paradies zu gehen, sondern auf die falsche Situationsanalyse. Nicht Kummer ist es, was Adam quält, sondern νόσος καὶ πόνοι. Der inhaltliche Schwerpunkt der Perikope ist damit die Einschätzung von Adams Leiden.

Es ist hier nicht der Verlust der paradiesischen Nahrung, der Adam in seine bedauernswerte Lage gebracht hat. Die Ernährung Adams in der Zeit *post paradisum* gilt also nicht als Problem. Diese Sicht teilen sowohl die Apc Mos in ihren älteren Schichten als auch die Adamviten: In Apc Mos 29,5.6 heißt es, Adam habe auf seine Bitte um Räucherwerk für ein Opfer auch »weiteres Saatgut zu seiner Ernährung« (ἕτερα σπέρματα εἰς διατροφὴν αὐτοῦ) erhalten. In den Adamviten bekommt Adam dieses Saatgut nicht bei der Austreibung aus dem Paradies, sondern nach einer Buße, die sich an diese anschließt (Vit Ad 20,1). Beidesmal jedoch sorgte Gott schon unmittelbar nach der Katastrophe dafür, daß es Adam nicht an Nahrung mangelte. Der Lebensunterhalt ist Adam mit der Austreibung aus dem Paradies also nicht verlorengegangen. Hier zeigt sich eine differenzierte Sicht der Existenz des Menschen »nach der Katastrophe«: Es handelt sich um reduziertes Leben, aber doch fraglos um Leben.

3. Exegetische Hintergründe von 6,1–3a

Läuft der Dissens zwischen Seth und Adam auf eine Analyse der Situation Adams hinaus, die diese als Krankheit und Leiden, nicht aber als Trauer um die Früchte des Paradieses qualifiziert, so findet diese Gegenüberstellung (λύπη versus νόσος καὶ πόνοι) eine interessante Entsprechung in Gen 3,17. In der Septuagintafassung wird Adam dort von Gott angekündigt, er werde »die Erde in Trauer essen« (ἐν λύπαις φάγῃ αὐτήν). Dem entspricht in der hebräischen Überlieferung בעצבון תאכלנה (»in Mühsal wirst du sie essen«). Es ist unschwer zu erkennen, daß hebr. עצבון mit gr. λύπαι durchaus ungewöhnlich wiedergegeben

---

[4] Zu den inhaltlichen Implikationen der Paradieswallfahrt s. K IX.

wird; die gleiche Entsprechung findet sich übrigens auch im Fluch über Eva in
Gen 3,16. Wird hier nun Trauer als Erklärung für den Zustand Adams ausgeschlossen und im Gegensatz dazu mit Begriffen beschrieben, die hebr. עצבון viel
eher entsprechen, dann legt sich die Annahme nahe, daß hier in narrativer Form
eine durch die Septuaginta nahegelegte Interpretation von Gen 3,17 anhand des
hebräischen Textes revidiert wird. Wir haben es dann also mit einem narrativen
Seitenstück zu der Arbeit der Septuagintarevisoren zu tun, die wohl schon vor
Aquila und den anderen jüngeren griechischen Bibelübersetzern begonnen hat.
In diesem Falle läßt sich übrigens als Parallele die Version des Symmachos
benennen, die עצבון mit κακοπαθεία (»Leiden«, »Unglück«) wiedergibt, außer-
dem Theodotion, der für עצבון μόχθοι (»Mühsalen«, aber auch »Krankheiten«) als
Korrelat gewählt hat (vgl. WEVERS, App. zu Gen 3,17); beide sind erkennbar
Parallelen, nicht Vorlagen.

Eine für die Entstehungsgeschichte dieser narrativ umgesetzten Exegese
aufschlußreiche Parallele findet sich in Apc Mos 25,1 – im Fluch Gottes über
Eva. Dort werden Eva πόνοι ἀφόρητοι angekündigt – und die Wendung steht
hier deutlich für עצבון (Gen 3,16 ℳ!). Πόνοι steht auch in Apc Mos 6,3. Diese
Parallele zeigt, daß die Ausdeutung von עצבון auf körperliches Leiden schon in
den älteren Schichten der Apc Mos angelegt ist. Sie hat es letztlich ermöglicht,
die Apc Mos im Sinne der Testamentliteratur zu gestalten (vgl. E III,4a).

Nicht zuletzt bleibt zu verzeichnen, daß an beiden Stellen dem hebr. Singular
ein griechischer Plural entspricht – wie auch bei Theodotion. Dies mag seine
Ursache darin haben, daß man *עצביך las (ו und י waren leicht zu verwechseln, wie
die Qumranhandschriften erkennen lassen); eine solche Lesung wird schon dem
Plural λύπαις in Gen 3,16.17 ᵹ zugrundegelegen haben. Adam hat also mehrere
Krankheiten; dies wird für Apc Mos 7–8 noch eine wichtige Rolle spielen

Daß im Gespräch zwischen Adam und Seth die Nahrungsproblematik zur
Sprache kommt, könnte ebenfalls exegetisch begründet sein: In Gen 3,17 heißt
es, daß Adam sein Brot »in Mühsal« *essen* solle.

Exegetisch begründet ist auch die Adam von Seth unterstellte Begierde (ἐπιθυμήσας αὐτῶν [6,1]: Dies ist zwar nur in *Ia überliefert, aber ursprünglich,
vgl. °6,1e): Daß die Früchte des Paradieses begehrenswert sind, läßt sich nämlich Gen 2,9 entnehmen, wo die Bäume so bezeichnet werden – freilich nur im
hebräischen Text (נחמד – ᵹ hat ὡραῖον). Dasselbe Wort begegnet in Gen 3,6;
und an dieser Stelle, wo es ebenfalls mit ὡραῖον wiedergegeben wird, ist es zum
Ausgangspunkt eines interessanten Details in Apc Mos 19,3 geworden: Die
Schlange infiziert die Frucht, die sie Eva zu essen gibt, mit dem Gift der Begierde (ἐπιθυμία). Auch in dieser Sache ähnelt also die exegetische Arbeit in Apc
Mos 6,1–3a derjenigen in Apc Mos 15–30.

VIII. Ätiologie der Krankheit (Apc Mos 7–8)

7,1 ᵃΕἶπε δὲ αὐτῷ ᵇὁᵇ Ἀδάμᵃ·
‹›ᶜ ᵈᵉὅτεᵉ ἐποίησεν ἡμᾶς ὁ θεόςᵈ,
ἐμέ ᶠτεᶠ καὶ τὴν ᵍμητέραᵍ ʰὑμῶνʰ ‹›ⁱ,
ᵏ[δι’ ἧς καὶ ᵐἀποθνήσκομενᵐ]ᵏ,
ἔδωκεν ἡμῖν ⁿπᾶν φυτὸν
ἐν τῷ παραδείσῳⁿ·
περὶ ἑνὸς δὲ ἐνετείλατο ἡμῖν
μὴ ἐσθίειν ἐξ αὐτοῦ,
ᵒ[δι’ ᵖἧςᵖ καὶ ἀποθνήσκομεν]ᵒ.

7,1 Adam aber sagte zu ihm:
»Als Gott uns geschaffen hatte,
mich und eure Mutter,
[durch die wir auch sterben],
gab er uns jeden Baum
im Paradies;
bei einem aber gebot er uns,
nicht von ihm zu essen,
[durch die wir auch sterben].

7,2 ᵃἬγγισε δὲ ἡ ὥρα τῶν ἀγγέλων
ᵇτῶν διατηρούντωνᵇ τὴν μητέρα ὑμῶν
τοῦ ἀναβῆναι
καὶ προσκυνῆσαι ᶜτὸν κύριονᶜ, ‹›ᵈ
ᵉκαὶ ἔδωκενᵉ ᶠαὐτῇᶠ ᵍὁ ἐχθρόςᵍ ‹›ʰ,
καὶ ἔφαγεν ⁱἀπὸ τοῦ ξύλου,
ἐγνωκώς,
ὅτι οὐκ ᵏἤμηνᵏ ᵐἔγγισταᵐ αὐτῆς,
οὔτε οἱ ἅγιοι ἄγγελοιⁱᵃ.
7,3 ἔπειτα ‹›ᵃ ἔδωκε κἀμοὶ ᵇφαγεῖνᵇ.

7,2 Es nahte aber die Stunde der Engel,
die sich um eure Mutter kümmerten,
hinaufzugehen
und vor dem Herrn niederzuknien;
und der Feind gab ihr,
und sie aß von dem Baum,
denn er wußte,
daß ich nicht in ihrer Nähe war,
auch nicht die heiligen Engel.
7,3 Dann gab sie auch mir zu essen.

8,1 ᵃΚαὶᵃ ᵇὀργίσθηᵇ ἡμῖν ὁ θεός,
καὶ ἐλθὼν ἐν τῷ παραδείσῳ
ᶜὁ δεσπότηςᶜ
ᵈἔθηκε τὸν θρόνον αὐτοῦ
καὶᵈ ἐκάλεσέ ᵉμε
φωνῇ φοβερᾷᵉ λέγων·
Ἀδάμ, ποῦ εἶ,
καὶ ἵνα τί ᶠκρύβεσ‹θ›εᶠ
ἀπὸ ‹›ᵍ προσώπου μου;
ʰμὴ ⁱδυνήσεταιⁱ κρυβῆναι οἰκία
τῷ οἰκοδομήσαντι αὐτήνʰ ‹›ᵏ;
8,2 ᵃκαὶ λέγειᵃ·
ἐπεὶ ᵇἐγκατέλιπαςᵇ ᶜτὴν διαθήκην μου
καὶ τὴν ἐντολήν μου παρήκουσαςᶜ,
ᵈὑπήνεγκαᵈ ᵉτῷ σώματίᵉ σου
ᶠἑβδομήκονταᶠ πληγάς,
ᵍʰπρώτη νόσος πληγῆς
ὁ βιασμὸς τῶν ὀφθαλμῶν,
δεύτερον
πληγῆς ⁱτῆςⁱ ἀκοῆς ὁ πόνοςʰ,
καὶ οὕτως καθεξῆς πᾶσαι αἱ πληγαὶ
ᵏπαρακολουθοῦσαιᵏ ᵐτῷ σώματί σουᵐᵍ.

8,1 Und Gott erzürnte über uns
und der Herr
kam ins Paradies,
richtete seinen Thron auf
und rief mich
mit furchtbarer Stimme und sprach:
„Adam, wo bist du?
Und wozu verbergt ihr euch
vor meinem Angesicht?
Kann etwa das Haus verborgen bleiben
vor seinem Erbauer?"
8,2 Und er sagt:
„Weil du meinen Bund außer Acht gelassen
und auf mein Gebot nicht gehört hast,
bringe ich hiermit über deinen Körper
siebzig Plagen:
die erste Krankheit der Plage
ist die Schinderei der Augen,
das zweite
das Leiden der Plage des Gehörs,
und so nacheinander alle Plagen
deinen Körper entlang folgend."

- Zeugen: D St AV B A AC Ath C VitAd(arm) VitAd(georg) VitAd(latᵖ) VitAd(latᵐᵉ) Va P¹
LibAd(slav) P² J² J³ An₁ ApcMos(arm)⁽ˢ· ⁴⁻⁵⁾ Br S¹ J¹ E¹ S³ AD⁽ᵇⁱˢ ⁷ʼ¹⁾ E².
- Es fehlen: An₂ Pa AH AD⁽ᵃᵇ ⁷ʼ²⁾.

Zum Text

7,1a Va Br E¹-S³-AD-E²: om; J¹ et rell: txt cum varr. **7,1b** D-St A-AC-Ath (=*Ia): ὁ; AV B C P¹ P²-J²-J³-An₁ (=*III) S¹ (=*IIIa) J¹: om; Va Br E¹ S³ AD E²: def. **7,1c** P² (=*III) ApcMos(arm) Br-S¹ (=*IIIa): ἄκουσον, τέκνον συνετῶς; J²-J³-An₁ (J¹): ἄκουσον, τέκνον, συνετῶς, καὶ ἐρῶ σοι; E¹-S³-AD-E²: ἀλλ' ἄκουσον, τέκνον, συνετῶς (zu ἀλλ' vgl. °7,1a). **7,1d** Br-S¹ (=*IIIa): ἐποίησεν γὰρ ὁ θεὸς ἡμᾶς ἐκ χοός (vgl. Gen 2,7). **7,1e** D-St A-AC-C (=*Ia) P¹ (=*II): ὅτε; AV B: ὅτι; Ath: ὅταν; Va P²-J²-J³-An₁ (=*III) Br-S¹ (=*IIIa) J¹-E¹-S³-AD-E²: om; ApcMos(arm): »yoržam« (»zu der Zeit, da«, =ὅτε?). **7,1f** D-St P²-J²-J³ (=*III) J¹-E¹-S³-E²: τε; AV B A-AC-Ath-C (=*Ia) Va-(P¹) (=*II) An₁ Br-S¹ (=*IIIa) AD: om. **7,1g** D: μητέραν. Des öfteren begegnen bei D solche metaplastischen Akkusative, vgl. Apc Mos 7,2 (μητέραν), 12,1 (εἰκόναν), 13,6 (πατέραν), allerdings keineswegs konsequent (Apc Mos 13,2: πατέρα). Sie werden in der Ausgabe CERIANIS berücksichtigt[1], hier jedoch im folgenden nicht mehr vermerkt. **7,1h** E¹-S³-AD-E²: σου (Adam soll nur mit Seth reden, vgl. dieselben Zeugen in °5,5/6,1A). **7,1i** Ath J²-J³-An₁ ApcMos (arm): Εὔαν. **7,1k** (D)-(St) (AV) (B) (A)-(AC)-Ath-C (=*Ia) VitAd(georg) (Va)-(P¹) LibAd (slav) (=*II) (P²)-(J²)-(J³)-(An₁) ([=*III]) (ApcMos[arm]): txt cum varr; VitAd(arm) VitAd (latᵖ/ᵐ) Br-S¹ (=*IIIa) J¹-E¹-S³-AD-E²: om. Die Wendung δι' ἧς καὶ ἀποθνήσκομεν ist sowohl hier als auch in °7,1o für den Archetyp gesichert, dürfte aber an beiden Stellen sekundär sein, denn sie handelt vom Tod, während der Kontext den Ursprung der Krankheit erklärt. Sie wird auf eine Marginalnotiz zurückgehen, die sich auf τὴν μητέρα ὑμῶν bezog. Ihre Quelle ist Sir 25,24 ᵍ: Ἀπὸ γυναικὸς ἀρχὴ ἁμαρτίας καὶ δι' αὐτὴν ἀποθνήσκομεν πάντες.[2] Diese Glosse wurde zunächst von einem Abschreiber versehentlich auf den verbotenen Baum bezogen (vgl. °7,1o), allerdings unter Beibehaltung des im neuen Kontext grammatisch falschen ἧς (vgl. °7,1p). Kurz darauf (vielleicht *secunda manu* in derselben Abschrift) wurde sie hier, wo sie ursprünglich intendiert war, hineinkorrigiert. Vgl. E II,5 (S. 82–83). **7,1m** D-St AV B A-AC Va P¹ P²-J²-J³-An₁ (=*III) ApcMos(arm): ἀποθνήσκω; Ath-C (=*Ia) LibAd(slav) (=*II): ἀποθνήσκομεν (vgl. Sir 25,24 ᵍ, s. °7,1k). **7,1n** P²-J²-J³-An₁ (=*III) (ApcMos[arm]) (Br)-(S¹) ([=*IIIa]) (J¹)-(E¹)-(S³)-(AD)-(E²): ᵃᵇπᾶν φυτὸνᵇ ᶜἐν τῷ παραδείσῳᶜ ᵈἔχεσθαι μὲν καὶ ἀπολαβεῖν πάντωνᵈᵃ³. **7,1o** D-St: δι' ἧς καὶ ἀποθνήσκομεν; AV A-AC-Ath-C (=*Ia) Va (=*II) P²-J²-J³-An₁

---

[1] Vgl. CERIANI 20: »Servandae ullae formae, quae dialecto Alexandrinae tribui solent, ut μητέραν, εἰκόναν«. Zum Metaplasmus im Akkusativ Sg. der konsonantischen Deklination vgl. BL-DEBR-REHK § 46,1 und J. PSICHARI: Essai sur le grec de la Septante, Revue des Études Juives 55 (1908), 161–208, speziell 164–170. Vgl. auch DEBRUNNER: Geschichte II, § 174 (S. 110). Belegt sind solche Akkusative seit dem 2. Jh. v. Chr.

[2] Sir 25,24 ᵍ konnte sicher dahingehend verstanden werden, daß die Frau in der Urzeit den Tod über die Menschheit gebracht habe, auch wenn dies nach J. LEVISON: Is Eve to Blame? A Contextual Analysis of Sirach 25,24, The Catholic Biblical Quarterly 47 (1985), 617–623 nicht die Intention dieses Textes gewesen sein sollte. Auffällig ist, daß dem Akkusativ αὐτήν in Sirach 25,24 ᵍ ein Genitiv in Apc Mos 7,1a.b entspricht, der wahrscheinlich wie der ursprüngliche Akkusativ kausal aufzufassen ist: Διά + Gen kann, obgleich es in der Regel instrumentale Bedeutung hat, gelegentlich auch den Grund angeben, vgl. BAUER-ALAND s.v. A IV (Sp. 362).

[3] Varianten: **a-a** ApcMos(arm): »von jeder Frucht des Gartens zu essen und zu genießen«; (Br)-(S¹) (=*IIIa): καὶ ἔθετο ἡμᾶς ἐν τῇ τρυφῇ τοῦ παραδείσου πάσῃ τιμῇ τιμήσας ἡμᾶς καὶ παραγγείλας καὶ ἐντειλάμενος ἔχεσθαι μὲν καὶ μεταλαμβάνειν πάντων τῶν ἐν τῷ παραδείσῳ φυτῶν statt ἔδωκεν ἡμῖν πᾶν φυτὸν ἐν τῷ παραδείσῳ in *I. **b-b** P²-J²-J³-An₁ (Br)-(S¹) ([=*IIIa]): πᾶν φυτόν (=*I); J¹: πάντα; E¹-S³-AD-E²: πάντα τά. **c-c** AD: τοῦ παραδείσου. **d-d** P²-J²-J³-An₁: ἔχεσθαι μὲν καὶ ἀπολαβεῖν πάντων; (Br)-(S¹) (=*IIIa): ἔχεσθαι μὲν καὶ μεταλαμβάνειν πάντων; J¹: ἄρχεσθαι καὶ ἀπολαβεῖν πάντων; E¹-S³: ἄρχεσθαι ἀπολαβεῖν

(=*III) J¹: δι’ οὗ καὶ ἀποθνῄσκομεν; B: om; P¹: καὶ οὕτως παρέβημεν τὴν ἐντολὴν αὐτοῦ· διὰ τοῦτο ἀποθνῄσκομεν; ApcMos(arm): »Und er sagte zu mir: Wenn ihr von ihm esset, werdet ihr des Todes sterben« (vgl. Gen 2,17); Br-S¹ (=*IIIa): ἵνα μὴ φάγοντες ἐξ αὐτοῦ καὶ θανατωθῶμεν; E¹-(S³)-(AD)-(E²): δι’ οὗ, καὶ ἐὰν αὐτὸ ἀψώμεθα, αὐτῇ τῇ ὥρᾳ ἀποθνῄσκομεν. καὶ ἔδωκεν ἡμῖν καὶ δύο ἀγγέλους παραφυλάσσοντας ἡμᾶς (AD bricht nach ἀποθνῄσκομεν ab); Vit Ad(arm) VitAd(georg) VitAd(lat^{p/m}): def. Die Wendung ist sekundär, vgl. °7,1k. **7,1p** D-St: ἧς; AV A-AC-Ath-C (=*Ia) Va (=*II) P²-J²-J³-An₁ (=*III) J¹-E¹-S³-AD: οὗ; E²: ὅ; B P¹ Br S¹: def. ^Ἧς ist der Vorzug zu geben, vgl. °7,1k. **7,2a** Br-(S¹) (=*IIIa): ἤγγισεν δὲ ἡ ὥρα, καθ’ ἣν ^aἀνέβαινον^a ἐγὼ καὶ οἱ ἄγγελοι τοῦ ^bἀπενεγκεῖν^b τὴν ὠφειλομένην δοξολογίαν καὶ προσκύνησιν τῷ κυρίῳ. ἦλθον δὲ καὶ οἱ ἄγγελοι, οἱ τηροῦντες τὴν μητέρα ὑμῶν. ἡ δὲ μήτηρ ὑμῶν οὐκ ἀνῆλθε σὺν αὐτοῖς. ἐγνωκὼς δὲ τοῦτο ὁ ἐχθρὸς καὶ καταμόνας εὑρὼν αὐτὴν προσωμίλησεν αὐτῇ ἀπατήσας, καὶ δελεάσας ἔδωκεν αὐτῇ ἀπὸ τοῦ ξύλου, καὶ ἔφαγεν^4 (»Es nahte aber die Stunde, da ich und die Engel hineingingen, um dem Herrn die geschuldete Lobpreisung und Anbetung zu bringen. Es gingen aber auch die Engel, die eure Mutter bewachten. Eure Mutter aber ging nicht mit ihnen hinauf. Als dies der Feind bemerkte und sie alleine fand, sprach er mit ihr und täuschte sie; und nachdem er sie geködert hatte, gab er ihr von dem Baum, und sie aß«). Vgl. Prot Ev Jac 13,1 (Ὥσπερ γὰρ Ἀδὰμ ἦν ἐν τῇ ὥρᾳ τῆς δοξολογίας αὐτοῦ· καὶ ἦλθεν ὁ ὄφις καὶ εὗρεν τὴν Εὔαν μόνην καὶ ἐξηπάτησεν αὐτὴν κτλ.), insbesondere in der Textgestalt des Cod. Vatic. gr. 455: Ὥσπερ γὰρ ἐκεῖνος (sc. Ἀδάμ) ἐν τῇ ὥρᾳ τῆς δοξολογίας τοῦ θεοῦ μετὰ ἀγγέλων συνῆν, ἦλθεν ὁ ὄφις κτλ. (gemeinsame Anbetung Adams und der Engel).^5 **7,2b** D-St Va: τοὺς διατηροῦντας; AV P¹ (=*II *Ia) P²-J²-J³-An₁ (=*III) J¹-E¹-S³: τῶν διατηρούντων; A-AC-Ath-C: τῶν φυλασσόντων; B Br S¹ E²: def. **7,2c** D-St AV B A-AC-Ath-C (=*Ia) Va (=*II) | (J¹): τὸν κύριον (a|aba); P¹: αὐτὸν (ca); P²-J²-J³-An₁ (=*III) Br-S¹ (=*IIIa) E¹-S³-E²: τῷ κυρίῳ (ba). **7,2d** D: καὶ ηὗρεν αὐτὴν μόνην; St AV A-AC-Ath-C (=*Ia) Va (=*II): txt; B: καθὼς ἦν αὐτοῖς (sc. τοῖς ἀγγέλοις) τύπος. ἤμην δὲ ἐγὼ μακρὰν ἀπ’ αὐτῆς. γνοὺς δὲ ὁ ἐχθρός, ὅτι μόνη ὑπάρχει; P¹^(cod): κ- ευρων ἄ[δι]αν ὁ ἐχθρός ἐξηπάτησεν αὐτήν (=καὶ εὑρὼν ἰδίαν ὁ ἐχθρὸς ἐξηπάτησεν αὐτήν); P²-J²-(J³)-(An₁) (=*III) (ApcMos[arm]) (Br)-(S¹) ([=*IIIa] (J¹)-(E¹)-(S³)-(E²): καὶ ^abἀνερχομένων^b ^caαὐτῶν^ca ^cdἐγνωκὼς^f ^cgὁ ^chἐχθρὸς ^iὅτι οὐκ ἤμην ἐγγὺς αὐτῆς, οὐδὲ οἱ ἅγιοι ἄγγελοι^i, ^kπροσελθὼν καὶ προσομιλήσας^k ^mαὐτῷ^m ^nἐξηπάτησεν αὐτήν^n6. D und

---

πάντων; AD: ἄρχεσθαι; E²: ἀπολαβεῖν.

⁴ Varianten: **a-a** lies ἀνέβαινον (vgl. τοῦ ἀναβῆναι in *I *III). **b-b** lies ἀνενεγκεῖν.

⁵ Prot Ev Jac ist nach STRYCKER zitiert, der Cod. Vatic. gr. 455 nach I.C. THILO: Codex Apocryphus Novi Testamenti, Tomus I, Leipzig 1832, 161–273, speziell 223 App. Dieser Codex wird bei THILO als Vatic. A verzeichnet (vgl. THILO, p. LVI), bei STRYCKER wird er nicht berücksichtigt. Weiteres siehe bei J. DOCHHORN: Warum der Dämon Eva verführte. Über eine Variante in Apc Mos 26,2 – mit einem Seitenblick auf Narr Zos (gr) 18-23, in: H. LICHTENBERGER / G.S. OEGEMA (Hrsgg.): Jüdische Schriften in ihrem antik-jüdischen und urchristlichen Kontext (Jüdische Schriften aus hellenistisch-römischer Zeit. Studien 1), Gütersloh 2002, 347–364, speziell 356, Anm. 41 und K VIII, Anm. 15 (S. 243).

⁶ Varianten: **a-a** ApcMos(arm): »und als die Engel sich von ihr entfernten«; Br-S¹: def, vgl. °7,2a. **b-b** J³: ἐρχομένων. **c-c** E²: om. **d** E¹-S³: εἰς τοὺς οὐρανοὺς τοῦ προσεύξασθαι τῷ θεῷ αὐτῶν ὥσπερ ἦσαν διατεταγμένοι. **e** J¹: καί. **f-f** P²-J²-J³-An₁ ApcMos(arm) Br-S¹ (=*IIIa) J¹: ἐγνωκώς (ApcMos[arm]: »imac‘eal« [Part. Aor.]); E¹-S³-E²: ἔγνω. **g** Br-S¹ (=*IIIa): δὲ τοῦτο (vgl. °7,2a). **h** E¹-S³-E²: παμπονηρός. **i-i** P²-J²-J³-(An₁) (ApcMos[arm]): ὅτι οὐκ ἤμην ἐγγὺς αὐτῆς οὐδὲ οἱ ἅγιοι ἄγγελοι (vgl. *I); J¹: ὅτι οὐκ εἰσὶ μετ’ αὐτῆς; E¹-S³-E²: ὅτι οὐκ εἰσὶ μετὰ τὴν μητέραν ἡμῶν Εὔαν; Br S¹: def. (vgl. °7,2a). **k-k** Br-S¹: καὶ καταμόνας εὑρὼν

v.a. P¹ können wie schon *IIIa durch Prot Ev Jac 13,1 beeinflußt sein, vgl. °7,2a. Das sowohl in P¹ als auch in *III belegte ἐξηπάτησεν αὐτήν kann sowohl auf Prot Ev Jac 13,1 als auch auf 2. Kor 11,3 beruhen. *III hat *I-Material umgestellt (vgl. °7,2g, °7,2h, °7,2i) und erweitert. Alle Interpolationen verfolgen das Ziel, καὶ ἔδωκεν κτλ. besser vorzubereiten. **7,2e** D C (=*Ia) P²-J²-J³-An₁ (=*III) ApcMos(arm) J¹: καὶ ἔδωκε; St Va Br-S¹ (=*IIIa) E¹-S²-E²: ἔδωκε (nur in St geht keine Partizipialkonstruktion voran; zum Kontext vgl. °7,2d); AV: τότε ἔδωκε; B: δέδωκε (vorausgehend: γνοὺς δὲ κτλ., vgl. °7,2d); A-AC Ath: ἔδωκε δέ; P¹: def. **7,2f** D-St B A-Ath (=*Ia) P²-J²-J³-An₁ (=*III) Br-S¹ (=*IIIa) | E²: αὐτῇ (a|aba); AV AC C Va E¹-S²: αὐτήν (ba); P¹: def. **7,2g** D-St AV A-(AC)-Ath-C (=*Ia) Va (=*II): ὁ ἐχθρός; B P²-J²-J³-An₁ (=*III) ApcMos (arm) Br-S¹ (=*IIIa) J¹-E¹-S³-E²: trsp. (vgl. °7,2d). **7,2h** P²-J²-J³-An₁ (=*III) (ApcMos[arm]) Br-S¹ (=*IIIa) J¹-E¹-S³-E²: ἀπὸ τοῦ ξύλου (vgl. °7,2i). **7,2i** B P²-J²-J³-An₁ (=*III) ApcMos(arm) Br-S¹ (=*IIIa) J¹-E¹-S³-E²: trsp. (vgl. °7,2h). **7,2k** D (AC) Ath: εἰμί; St AV A-C (=*Ia) Va (=*II) (P²)-(J²)-(J³)-(An₁) ([=*III]): ἤμην (zu *III vgl. °7,2d); rell: def. (vgl. °7,2d.i). **7,2m** D-St AV Ath-(C) (=*Ia) Va (=*II): ἔγγιστα; A-AC (P²)-(J²)-(J³)-(An₁) ([=*III]): ἐγγύς (sq. BERTRAND) (zu *III vgl. °7,2d); rell: def. (vgl. °7,2k). **7,3a** P²-J²-J³-An₁ (=*III) (ApcMos[arm])⁷ J¹: ἐλθοῦσα; E¹-S³-E²: ἐλθοῦσα ἐκείνη. **7,3b** D AV A-Ath -(C) (=*Ia) P²-J²-J³-An₁ (=*III) J¹: φαγεῖν; St B AC P¹ ApcMos(arm) (Br)-(S¹) ([=*IIIa]) E¹-S³-E²: καὶ ἔφαγον (vgl. Gen 3,12 𝔊: ἡ γυνὴ ... αὕτη μοι ἔδωκε ἀπὸ τοῦ ξύλου, καὶ ἔφαγον). **8,1a** A-AC-Ath-C (=*Ia) (VitAd[arm]) (VitAd[georg]) VitAd(latᵖ) (Va)-P¹ (=*II): ὅτε δὲ ἐφάγομεν ἀμφότεροι; J¹-(E¹)-S³-E²: καὶ φαγόντες (es folgt: ὀργίσθη ἡμῖν - Nom. abs.). **8,1b** Statt ὀργίσθη schreibt BERTRAND das grammatisch korrekte ὠργίσθη, doch alle Handschriften haben den Kurzvokal. Da eine Unsicherheit hinsichtlich der Quantitäten schon früh (ab dem 3. Jh. v. Chr.)⁸ belegt ist, muß dieser Befund ernst genommen werden. **8,1c** AV B P¹: om; Va: ὁ θεός. **8,1d** D-St AV B P²-J²-J³-An₁ (=*III) Br-S¹ (=*IIIa) J¹-E¹-S³: om; A-AC-Ath-C (=*Ia) Va (=*II) LibAd(slav): ἔθηκε τὸν θρόνον αὐτοῦ καί; VitAd(arm) VitAd(georg) VitAd(latᵖ/ᵐᵉ) P¹ E²: def. (VitAd hat καὶ ἐλθὼν ... οἰκοδομήσαντι αὐτήν ausgelassen). Es lag nahe, ἔθηκε κτλ. zu streichen, da ein Hinweis auf den Thron Gottes in Apc Mos 7–8 deplaziert wirkt. Er erklärt sich aber von Apc Mos 22,4 her. Zur Abhängigkeit von Apc Mos 7–8 von Apc Mos 15–30 vgl. die Exegese. **8,1e** D-St Va (=*II *Ia) P²-J²-J³-An₁ (=*III) ApcMos (arm) (Br)-(S¹) ([=*IIIa]) (J¹)-(E¹)-(S³)-(E²): με φωνῇ φοβερᾷ; AV A: φωνῇ φοβερᾷ; (B) AC Ath: φωνὴν φοβεράν; C: ἡμᾶς φωνὴν φοβεράν; P¹: def. **8,1f** D-(St) †κρύπτε σε† (< κρύπτεσθε?) (ba); AV A-AC (=*Ia) P²-J²-J³-An₁ (=*III): κρύβεσαι (Aor. Inf. nach dem Muster ἀπολέσαι? Dann müßte aber - anders als in den Codices - κρυβέσαι akzentuiert werden) (sq. TISCHENDORF; BERTRAND cj. κρυβήσει) (a); B Ath-C E¹: κρυβῆσαι (Inf. Aor. nach dem Muster ποιῆσαι) (NAGEL cj. κρυβῇ σε) (ca); Va-P¹ (=*II) Br-S¹ (=*IIIa): ἐκρύβης (da). J¹: κρύβεσθαι (ea); S³: ἐγκρυβᾶσαι (fca); E²: †κρυβασ[α]† (gca). Die rätselhafte und daher oft korrigierte

---

αὐτὴν προσομίλησεν. **m-m** P²-J²-J³ Br (=*IIIa): αὐτῇ; An₁ E¹-S³-E²: αὐτῆς; S¹ J¹: αὐτήν. **n-n** P²-J²-J³-An₁ ApcMos(arm) J¹: ἐξηπάτησεν αὐτήν (ApcMos[arm] ist nach Bᵃ zu ergänzen, vgl. YOV. 4₈); Br-S¹ (=*IIIa): ἀπατήσας, καὶ δελεάσας (vgl. °7,2a); E¹-S³-E²: om.

⁷ In ApcMos(arm) ist der Text nach Cᵃ zu verbessern, vgl. YOV. 4₉. Statt ἔπειτα ἔδωκε κἀμοὶ φαγεῖν liest Aᵃ »eu toueal inj« (»und mir gebend«), Bᵃ »eu na et inj« (»et illa dedit mihi«), Cᵃ »eu da ekeal et inj« (»et ista veniens dedit mihi«). Die Pronomina »na« (Er-Perspektive) und »da« (Du-Perspektive - die Kinder werden angeredet, Eva ist ihre Mutter) unterstreichen den Subjektwechsel, sie sind aber nicht so stark wie ἐκείνη in E¹-S³-E², im Grunde auch nicht so stark wie die lateinischen Äquivalente »illa« und »ista«.

⁸ S. BL-DEBR-REHK § 28 sowie A. DEBRUNNER : Geschichte der griechischen Sprache II. Grundfragen und Grundzüge des nachklassischen Griechisch (Sammlung Göschen 114/114a), Berlin 1954 §160.187.

Ausgangsform *ΚΡΥΒΕϹΑΙ dürfte aus *ΚΡΥΒΕϹΘΑΙ verderbt sein. Dieses wird freilich eher für *κρύβεσθε (2. pl. präs. med.) stehen als für κρύβεσθαι - schon früh konnte αι an die Stelle von ε treten.[9] Die Pluralform ist durch die biblische Vorlage bedingt, wo sowohl von Adam als auch von Eva berichtet wird, daß sie sich versteckt hätten (vgl. Gen 3,8 Θ: καὶ ἐκρύβησαν). Sie irritiert dennoch, weil zuvor nur Adam von Gott angeredet wurde (᾿Αδάμ, ποῦ εἶ;) - sicher erklärt dies, warum sie so leicht verschwinden konnte. Zum Präsensstamm κρύβω (in der Koine sekundär aus dem Aor. pass. [ἐκρύβην] entwickelt) vgl. BL-DEBR-REHK § 73,1; 76,1. **8,1g** D C P¹ J²-J³ J¹: τοῦ; St AV B A-AC-Ath-C (=*Ia) Va (=*II) P²-An₁ (=*III) E¹-S³-E²: txt; Br S¹: def. **8,1h** D E²: om; St (B) Ath (=*Ia) (P¹) (=*II) P² (=*III): μὴ δυν. κρυβῆναι οἰκία τῷ οἰκοδομήσαντι αὐτήν; AV (Va) Br-S¹ ([=*IIIa]) E¹-S³: μὴ δυν. οἰκία κρυβῆναι τῷ οἰκοδομήσαντι αὐτήν; A-(AC) C J¹: μὴ δυν. οἰκία τῷ οἰκοδομήσαντι αὐτὴν κρυβῆναι; J²-J³-An₁: μὴ κρυβῆναι δυν. οἰκία τῷ οἰκοδομήσαντι αὐτήν. **8,1i** St AC J²-J³-An₁: δυνήσεται (sq. BERTRAND); AV B A-C (=*Ia) J¹ (=*III): δυνήσεται (sq. NAGEL); Ath: δύναται; P¹(cod): δύναιται (= δύνεται); Br-S¹ (=*IIIa): δυνῆσαι; E¹-S³: δύναται δέ; P² E²: def. **8,1k** D: οὐκ εἶπον σοι· ἐκ τοῦ ξύλου μὴ φάγῃς; καὶ εἶπον ἐγὼ πρὸς τὸν κύριον· ἡ γυνή, ἣν δέδωκάς μοι, αὐτή με ἔδωκεν ἀπὸ τοῦ ξύλου, καὶ ἔφαγον. Vgl. Gen 3,11-12 Θ, speziell nach Ms 75 (Oxford, Univ. College 52 [anno 1125]), doch dort steht δέδωκάς μοι für ἔδωκας μετ᾽ ἐμοῦ; hier steht zusätzlich für μοι der vulgärsprachliche Akkusativ. **8,2a** D: καὶ λέγει μοι ὁ κύριος; St AV A-Ath (=*Ia): καὶ λέγει; B P¹ (ApcMos [arm]): ἀλλ᾽; AC: λέγει αὐτῷ; C: καὶ λέγει μοι; Va: om; P²-J²-J³-An₁ (=*III) Br-S¹ (=*IIIa) J¹-E¹-S³: καὶ ταῦτα εἰπὼν πάλιν ἔφη μοι; E²: καὶ πάλιν εἶπέ μοι. **8,2b** D-St (Ath)-C (=*Ia) Va (=*II) P²-J²-J³-An₁ (=*III): ἐγκατέλιπας; AV A-AC P¹ Br-S¹ (=*IIIa) J¹-E¹-S³-E²: ἐγκατέλιπες (sq. BERTRAND). Zum Eindringen von Endungen des sigmatischen Aorists beim thematischen Aorist (nach Analogie des Aorists der Verba liquida) vgl. BLASS-DEBR-REHK § 81; von λείπω und seinen Komposita ist ein Aor. ἔλιπα ansonsten offenbar nicht belegt, wohl aber der sigmatische Aorist ἔλειψα, vgl. BL-DEBR-REHK § 75₂;101₄₉. **8,2c** D: τὴν διαθήκην μου καὶ τῷ ἐχθρῷ ἤκουσας (bca); St AV A-Ath-C Va: τὴν διαθήκην μου (ca); B AC: τὴν ἐντολήν μου (dca); VitAd(arm): »zouxtiu imow« (»meinen Bund«) [z + Instr.]) (ca); VitAd(georg): »mon commandement« (fa); VitAd(lat^p): mandata mea, et uerba mea quae statui tibi, non custodisti (ga); VitAd(lat^me): mandatum meum et verbum meum quod ^aconfortavi^a tibi non custodisti[10] (ha); P¹: τὴν διαθήκην μου καὶ τὰς ἐντολάς μου παρήκουσας (ia); P² J²: τὴν διαθήκην καὶ τὴν ἐντολήν μου παρήκουσας (ka); J³-(An₁) (=*III) (ApcMos[arm]) Br-S¹ (=*IIIa) E¹-S³: τὴν διαθήκην μου καὶ τὴν ἐντολήν μου παρήκουσας (a); J¹: τὴν διαθήκην μου παρήκουσας (ma); E²: με καὶ τὴν διαθήκην μου καὶ παρήκουσας (na). P¹ und VitAd(lat) können auf *τὴν διαθήκην μου καὶ τὴν ἐντολήν μου παρήκουσας (=*Ia) zurückgeführt werden, diesen Text hat auch *III, er ist damit als ursprünglich gesichert; vgl. auch Apc Mos 24,1 (ἐπειδὴ παρήκουσας τὴν ἐντολήν μου), ähnlich 25,1. **8,2d** D AV A-(C) (=*Ia) Va (=*II): ὑπήνεγκα; St: ἐπήνεγκα; B: προσάξω; AC: ἐπενεγκάτω (ditt.: *< ΕΠΗΝΕΓΚΑ ΤΩ ΤΩ ΓΩΜΑΤΙ); Ath (P¹): ὑπενέγκω; P²-J²-J³-An₁ (=*III) ApcMos(arm) Br-S¹ (=*IIIa) J¹-E¹-S³-E²: ἐπενέγκω. ῾Υπήνεγκα erschien offenbar korrekturbedürftig, weil der gemeinte Sachverhalt (»etwas über jemd. bringen«) gewöhnlich eher durch ἐπιφέρω (hier ἐπήνεγκα) zum Ausdruck gebracht wird, doch vgl. PASSOW s.v. ὑποφέρω § 3: ὑποφ. + θανασίμους πληγάς: von oben herab tödliche Hiebe beibringen (Plutarch, Eum 7). Problematisch erschien offenbar auch die präteritale

---

[9] ΑΙ als orthographische Variante für Ε begegnet bereits in Papyri des 2. Jh. v. Chr. (vgl. BLASS-DEBRUNNER-REHKOPF §25), könnte also auch schon im Grundtext der Apc Mos vorgekommen sein.

[10] Varianten: a-a Die Mss. S M haben confrotavi, andere Textzeugen haben mandavi oder statui.

Konnotation der Ausgangsform (die Krankheiten sollten ja erst später kommen!), daher die Varianten mit 1. Sg. Konj. Aor. (in prospektiver Bedeutung), doch der Aorist im Ausgangstext ist im Sinne performativer Rede zu verstehen (die Krankheiten sind mit dem Urteil Gottes Wirklichkeit). **8,2e** D-St (AC) C Va J¹-E¹-S³-E²: τὸ σῶμα (vulgärsprachlicher Akkusativ); AV B A-Ath (=*Ia) P²-J²-J³-An₁ (=*III) Br-S¹ (=*IIIa): τῷ σώματί. **8,2f** D (LibAd[slav]): ἑβδομήκοντα δύο (sq. BERTRAND); St AV (B) A-(AC)-Ath-C (=*Ia) VitAd(arm) VitAd(georg) VitAd(latᵐᵉ) Va (=*II) P²-J²-J³-An₁ (=*III) ApcMos(arm) Br-S¹ (=*IIIa) J¹: ἑβδομήκοντα; VitAd(latᵖ): XXI (< LXX); E¹-S³-E²: ἑβδομήκοντα δύο ἥμισυ (vgl. Dan 12,7; Apc Joh 12,14). Zwischen 70 und 72 schwankt die Überlieferung auch anderenorts, es handelt sich offenbar um austauschbare Versionen ein- und derselben Rundzahl, vgl. etwa die Variantenbildung in Lk 10,1. **8,2g** (Br)-(S¹) (=*IIIa): ᵃτὸᵃ ᵇπρῶτονᵇ μὲν ᶜτῶςᵗᶜ ἡ ὀδύνη τῶν ὀφθαλμῶν, δευτέρα πληγὴ ᵈτῆςᵈ ἀκοῆς, ᵉεῖταᵉ τῶν ᶠὀδόντωνᶠ, ἔπειτα τῆς κεφαλῆς, καὶ λοιμὸς τοῦ σώματος καὶ ᵍᵗβοημοὶᵗᵍ καὶ αἱ ʰλοιπαὶʰ ὅσαι ἐπάγονταί σοι ⁱκαὶⁱ καθεξῆς, ἕως τοῦ ἀποστρέψαι ᵏσεᵏ εἰς ᵐτῆνᵥᵐ γῆν, ἐξ ἧς ἐλήμφθης¹¹ (»und zuerst †gewissermaßen† das Leiden der Augen, die zweite Plage [ist die] des Gehörs, dann der Zähne, dann des Kopfes sowie Pest des Körpers †und Hilferufe[?]† und die übrigen (sc. Plagen), die dir auch sonst noch aufgenötigt werden , bis du zurückkehrst zur Erde, aus der du genommen bist«) (vgl. Gen 3,19 ⑤). **8,2h** D-St: πρώτη νόσος πληγῆς ὁ βιασμὸς τῶν ὀφθαλμῶν, δεύτερον πληγῆς ἀκοῆς; AV: πρώτη νόσος πληγῆς ὁ βιασμὸς τῶν ὀφθαλμῶν, δευτέρα πληγὴ †ἀκοή†; B: ἀφ᾿ οὗ ἃ ὁ πόνος τῶν ὀφθαλμῶν, δευτέρα τῆς ἀκοῆς; A: πρῶτος πόνος πληγῆς ὁ βιασμὸς τῶν ὀφθαλμῶν, δεύτερον πληγῆς τῆς ἀκοῆς ὁ πόνος; AC: πρῶτος πόνος πληγῆς βιασμὸς τῶν ὀφθαλμῶν, δεύτερον πληγῆς †τὴν ἀκοήν†; Ath: πρῶτον νόσος πληγῆς ὁ βιασμὸς τῶν ὀφθαλμῶν, δεύτερον πληγῆς τῆς ἀκοῆς ὁ πόνος; C: προστάσσω σοι ὀδόντας καὶ βιασμοὺς τῶν ὀφθαλμῶν πονεῖν, δεύτερον πληγὰς καὶ τῆς ἀκοῆς τὸν πόνον; Va: πρώτην πληγὴν ὁ πόνος ὁ βιασμὸς τῶν ὀφθαλμῶν, δεύτερον πληγὴν ἀκοῆς; P¹: πρῶτον πλείστοις πόνοις βιασμὸν τῶν ὀφθαλμῶν, δεύτερον κώφησις τῶν ὠτίων ὑμῶν; P²-J²-J³-An₁: πρώτη μὲν νόσος πληγῆς ὁ βιασμὸς τῶν ὀφθαλμῶν, δευτέρα δὲ πληγὴ ἀκοῆς; ApcMos(arm): die erste Krankheit deiner Plage die Bedrängnis der Augen, die zweite aber die Plage des Ohrs; Br-(S¹) (=*IIIa): τὸ πρῶτον μὲν †ὡς† ἡ ὀδύνη τῶν ὀφθαλμῶν, δευτέρα πληγὴ τῆς ἀκοῆς; J¹: καὶ πρῶτον μὲν νόσος πληγῆς οἱ βιασμοὶ τῶν ὀφθαλμῶν, δευτέρα †διάκοῆς† (< δὲ ἀκοῆς); E¹-S³: καὶ πρώτου μὲν νόσου πληγῆς οἱ βιασμοὶ τῶν ὀφθαλμῶν, δευτέρα δὲ ἀκοῆς; E²: καὶ πρῶτον μεν οἱ βιασμοὶ τῶν ὀφθαλμῶν, δευτέρα τῆς ἀκοῆς. Das relativ stabil bezeugte ὁ βιασμὸς τῶν ὀφθαλμῶν setzt als nominativisches Rhema ein nominativisches Thema voraus. Als solches ist πρώτη νόσος πληγῆς mit D-St (P²)-(J²)-(J³)-(An₁) relativ gut bezeugt. Die Varianten sind zumeist damit zu erklären, daß man die Junktur πρώτη - νόσος (fem.!) nicht mehr verstand. In der zweiten Phrase ist δεύτερον mit D-St A-AC-Ath-C (=*Ia) Va-P¹ (=*II) derart gut bezeugt, daß es wohl ursprünglich sein muß. Dieses aber setzt ein nominativisches Rhema als Gegenstück voraus. Als ein solches kommt πληγὴ (τῆς) ἀκοῆς nicht in Frage, da es relativ schlecht bezeugt ist im Vergleich zu πληγῆς (τῆς) ἀκοῆς, das sich in D-St A-AC-Ath (=*Ia) findet. Diese Wendung erfordert indessen ein nominativisches Beziehungswort, das sich in A-Ath-(C) (=*Ia) mit ὁ πόνος auch tatsächlich findet. Daß dieses in *Ib, *II und AC ausgefallen ist, kann man sich ohne weiteres denken, denn der nominale Komplex πληγῆς (τῆς) ἀκοῆς

---

¹¹ Varianten: **a-a** Br: τό; S¹: καί. **b-b** Br: πρῶτον; S¹: πρῶτ-. **c-c** So Codd., wahrscheinlich aus *νόσος verderbt (vgl. *III [°8,2h]). **d-d** Br: τῆς; S¹: om. (hapl., vgl. °8,2i). **e-e** Br: εῖτα; S¹: †εῖ†. **f-f** Br: ὀδόντων; S¹: †ὀδῶν† (ποδῶν?). **g-g** Br: βοημοί; S¹: βοημός. **h-h** Br⁽ᶜᵒᵈ⁾: λύπαι; S¹⁽ᶜᵒᵈ⁾: λυπαί (sc. λοιπαί). **i-i** Br: καί (vgl. *I!); S¹: om. **k-k** Br: σοι; S¹: σε. **m-m** Codd: om. (hapl.), inserui.

ὁ πόνος ist nicht eben übersichtlich. BERTRAND liest πρώτη νόσος πληγῆς ὁ βιασμὸς τῶν ὀφθαλμῶν, δευτέρα πλήγῆς τῆς ἀκοῆς, NAGEL πρῶτον νόσος πληγῆς ὁ βιασμὸς τῶν ὀφθαλμῶν, δεύτερον πληγῆς ἀκόης. **8,2i** D-St Va P²-J²-J³-An₁ S¹: om. (hapl.); A-(AC)-Ath-(C) (=*Ia) Br (=*IIIa *III) E²: τῆς; AV B P¹ J¹ E¹ S³: def. **8,2k** D Va (=*II *Ia): παρακολουθοῦσαι (a); St: παρακολουθοῦσι (ba); AV (P¹) (E¹)-S³-E² (=*III): παρακολουθῆσαι (sic Codd., entspricht *παρακολουθεῖσαι – hier ist das -θ- fälschlich als Aor.-Pass.-Morphem gedeutet worden) (cba); A-Ath (=*Ia): παρακολουθῶσι (da); AC-C P²-J²-J³-(An₁): παρακολουθήσουσι (eda); J¹: παρακολουθήσασαι (fcba); B Br S¹: def. **8,2m** D-St: τὸ σῶμα (vulgärsprachlicher Akkusativ) (bca); AV: τῷ σώματι (ca); B: τοῦ σώματος (dca); A-Ath Va: om. (ea); AC-C: σοι (fa); P¹: σοι τῷ σώματι ὑμῶν (ga); P²-J²-J³-(An₁) (=*III) J¹-E¹-S³-E²: τῷ σώματί σου (a).

1. Zum literarischen Charakter von Apc Mos 7–8

Apc Mos 7–8 entstammt der Endredaktion (vgl. E III,5a.b) und stellt eine Nacherzählung der Geschichte von der Gebotsübertretung im Paradies und von deren Bestrafung (Gen 2,15–17; 3,1–24) aus Adams Mund dar. Der Abschnitt deckt also thematisch denselben Bereich wie Apc Mos 15–30 ab; das hat zur Folge, daß beide Perikopen inhaltlich zum Teil kongruieren, zum Teil aber auch konkurrieren. Neben eine Darstellung der narrativen Struktur von Apc Mos 7–8 und die Rekonstruktion der zugrundeliegenden exegetischen Arbeit wird daher notwendigerweise auch ein Vergleich mit Apc Mos 15–30 treten müssen.

Grundsätzlich ist festzustellen, daß Apc Mos 7–8 im Vergleich zu Apc Mos 15–30 zum einen relativ knapp und zum anderen arm an inneren Widersprüchen ist. Man vergleiche allein, wie souverän die Erzählung das Problem der Integration des Teufels in die Paradiesgeschichte bewältigt, für welche die Erzählung der Eva mehr als zwei Kapitel (Apc Mos 15,1–17,1) benötigt – ohne dabei eine in sich schlüssige Lösung zu finden. Hier wird einfach erzählt, daß der Feind (der Teufel) Eva von der Frucht des verbotenen Baumes gab; das Verhältnis von Teufel und Schlange, das in Apc Mos 15,1–17,1 so sehr für Verwirrung sorgt, wird hier in keiner Weise thematisiert.

Sowohl die Knappheit als auch die Konsistenz der Perikope läßt sich unschwer aus ihrer Funktion erklären: Apc Mos 7–8 stellt eine Antwort Adams auf die Frage Seths dar, wie es bei ihm zu Krankheit und Schmerzen gekommen ist. Um diese Frage zu beantworten, bedarf es keiner ausführlichen Darstellung des Hergangs der Gebotsübertretung; es genügt ein Hinweis auf deren Folgen, speziell die eine Folge, auf die es hier ankommt: Krankheit; schon ein Hinweis auf die Vertreibung aus dem Paradies ist da verzichtbar. Während also Apc Mos 15–30 eine detaillierte narrative Ausdeutung von Gen 3 darstellt und daher mit zahlreichen exegetischen Problemen zu tun hat, die es nicht immer mit Leichtigkeit bewältigt, hat Apc Mos 7–8 so von Anfang an mit weniger Aufgaben fertig zu werden. Freilich weist auch Apc Mos 7–8 einige erzählerische Details auf, die über den Rahmen einer Ätiologie der Krankheit anhand von Gen 3 hinausweisen. Auch diese haben Anspruch auf Berücksichtigung, zumal sie, wie sich zeigen wird, einiges über die Entstehungsgeschichte des Textes verraten.

2. Zum Inhalt

Vers 7,1 bietet die Exposition. Sie greift weiter zurück als Apc Mos 15–30, indem sie auch auf die Erschaffung des Menschen, hier repräsentiert durch ἡμᾶς, rekurriert. Das zu ἡμᾶς appositionelle ἐμὲ τὲ καὶ τὴν μητέρα ὑμῶν hebt besonders die Erschaffung der Frau hervor. Damit ist ein problematisches Element in der Personenkonstellation (Gott – Mann – Frau) angedeutet: Da der Leser die biblische Vorlage kennt, dürfte das bei ihm Erwartungen geweckt und damit Spannung aufgebaut haben. Der Satz δι' ἧς καὶ ἀποθνήσκομεν macht diese Erwartungen explizit; er konnte als (relativ alter) Zusatz identifiziert werden (vgl. °7,1k). Nach der Erschaffung Adams und Evas kommt der Text unmittelbar auf das ihnen gegebene Gebot zu sprechen; jemandem, der die biblische Paradieserzählung nicht gekannt hätte, wäre das wohl kaum zu vermitteln gewesen. Auch hier ist δι' ἧς καὶ ἀποθνήσκομεν als Glosse zu streichen, vgl. und °7,1o.

Apc Mos 7,2–3 schildert das Vergehen der Erzeltern im Paradies. Hier fällt auf, daß Adams Beteiligung am Geschehen nur sehr am Rande erwähnt wird, obwohl nachfolgend in Apc Mos 8,2 ausschließlich von der Bestrafung Adams – mit Krankheit – die Rede ist. Dies läßt sich von der zentralen Intention der Perikope her nicht erklären. Offenkundig liegt neben dem Interesse an der Ursache des Phänomens Krankheit auch ein gewisses Interesse am Hergang der Gebotsübertretung und speziell an der Schuld Evas vor, der gerade die Endredaktion eine gesteigerte Aufmerksamkeit gewidmet hat (vgl. Apc Mos 10,2; 11,1–2; 14,2; 32,1–2). Besonderer Nachdruck liegt auf dem Moment, daß Eva, als ihr der Feind die Frucht gab, allein war. Weder die Engel noch Adam waren anwesend. Der Schwerpunkt liegt dabei auf der Abwesenheit der Engel, denn diese wird einleitend begründet und am Ende nochmals explizit hervorgehoben; die Abwesenheit Adams wird nur einmal festgestellt.

Die Darstellung der Verführungsszene ist sprachlich nicht ganz unproblematisch. Es ist nicht ganz klar, welches Subjekt dem partizipial regierten Syntagma ἐγνωκώς, ὅτι οὐκ ἤμην ἔγγιστα αὐτῆς zuzuordnen ist. Ihm geht ein Hauptsatz (καὶ ἔφαγεν ἀπὸ τοῦ ξύλου) voraus, in dem Eva das Subjekt ist. Inhaltlich aber spricht mehr dafür, daß ὁ ἐχθρος das Subjekt von ἐγνωκὼς κτλ. ist (der Feind näherte sich Eva, weil er wußte, daß Adam gerade abwesend war). Dann aber ist ἐγνωκώς nicht auf das vorhergehende Hauptprädikat ἔφαγεν, sondern auf das diesem vorausgehende ἔδωκεν in dem Satz καὶ ἔδωκεν αὐτῇ ὁ ἐχθρός zu beziehen. Es liegt also ein Fernbezug vor; dies ist für die Apc Mos nicht ungewöhnlich, vgl. Apc Mos 40,5. Καὶ ἔφαγεν κτλ. ist damit an καὶ ἔδωκεν κτλ. zwar parataktisch angeschlossen, logisch liegt jedoch Hypotaxe vor (mit καὶ ἔφαγεν κτλ. als untergeordnetem Satz in konsekutiver Bedeutung), vgl. hierzu den Abschnitt zur »volkstümlichen Koordination« bei BL-DEBR-REHK § 471.

Apc Mos 8,1 leitet zu der hier angesprochenen Folge der Gebotsübertretung über. Es wird von der Ankunft Gottes im Paradies erzählt; im Hintergrund steht Gen 3,8–9. Wichtig ist, daß – anders als in Gen 3,8 – die Motivation Gottes für sein Kommen explizit genannt wird: Gott zürnt über das Vergehen der beiden ersten Menschen und richtet seinen Thron im Paradies auf. Dann fragt er Adam, wo er sei, weiß aber doch schon, daß Adam und Eva sich versteckt haben, und teilt ihnen mit, daß sie das unmöglich können – »weil ein Haus seinem Erbauer nicht verborgen sein kann«. Offenbar hat der Erzähler ein gewisses Interesse an dem Motiv des Versteckens gehabt; auch dieses läßt sich von der zentralen Intention der Perikope her nicht erklären.

Apc Mos 8,2 präsentiert den Urteilsspruch Gottes: Weil Adam den Bund Gottes übertreten und auf sein Gebot nicht gehört hat, soll sein Leib mit 70 Krankheiten belastet werden, anfangend von den Augen und den Ohren über den ganzen Körper – es bleibt dem Leser überlassen, die Aufzählung sämtlicher Glieder, vom Kopf bis zu den Füßen, selbständig fortzusetzen (so geschehen in *IIIa, vgl. °8,2g). Dabei scheint vorausgesetzt, daß der Körper aus 70 Teilen besteht. Mit dieser Herleitung der Krankheit von dem Ungehorsam Adams gegen den Bund Gottes erreicht die Erzählung ihr Ende und zugleich ihren Skopos.

3. Apc Mos 7–8 und Apc Mos 15–30

Im Vergleich zu Apc Mos 15–30 fällt – wie angedeutet – v.a. die Konsistenz und Knappheit von Apc Mos 7–8 auf. Indes ist dies nicht alles, was sich über das Verhältnis beider Texte sagen läßt: Es war schon oben festgestellt worden, daß Apc Mos 7–8 einige Momente enthält, die sich von der Ätiologie der Krankheit als Perspektivpunkt der Erzählung her nicht erklären lassen. Und gerade bei diesen Zügen der Erzählung läßt sich nun die Beobachtung machen, daß sie Entsprechungen in Apc Mos 15–30 finden. Ganz besonders gilt dies für das in Apc Mos 7,2 so stark hervorgehobene Motiv von der Abwesenheit der Schutzengel bei der Begegnung Evas mit dem Teufel: Der Satz ἤγγισε δὲ ἡ ὥρα τῶν ἀγγέλων τῶν διατηρούντων τὴν μητέρα ὑμῶν τοῦ προσκυνῆσαι τὸν κύριον findet eine z.T. wörtliche Entsprechung in Apc Mos 17,1: Καὶ ὅτε ἀνῆλθον οἱ ἄγγελοι τοῦ θεοῦ προσκυνῆσαι. In Apc Mos 17,1 steht allerdings nichts davon, daß die zum Gottesdienst aus dem Paradies aufsteigenden Engel die Aufgabe gehabt hätten, Eva zu beschützen; umgekehrt fehlt in Apc Mos 7,2 das Motiv von der Verwandlung des Teufels in einen Engel. Dennoch ist aufgrund der Übereinstimmungen zwischen beiden Texten anzunehmen, daß einer der beiden zur Abfassung des anderen inspiriert hat. Von E III,5a her ist bereits bekannt, daß die Priorität Apc Mos 15–30 zukommt, doch dies ist nachfolgend im Einzelnen zu erweisen.

Eine Affinität zu Apc Mos 15–30 weist Apc Mos 7–8 auch in der Schilderung der Gebotsübertretung auf: Apc Mos 7,2b behauptet lapidar, der Feind habe Eva von der verbotenen Frucht zu essen *gegeben*. Damit weicht die Erzählung klar von der biblischen Vorlage ab; dort beredet die Schlange Eva, zu essen, und Eva greift selber zu. Aber von Apc Mos 18,5 und 19,3 her konnte man durchaus auf eine solche Idee kommen: In Apc Mos 18,5 sagt die Schlange zu Eva δεῦρο, δώσω σοι; in Apc Mos 19,3 wird die Frucht mit dem Relativsatz ὃν ἔδωκέ μοι φαγεῖν qualifiziert; nachfolgend wird allerdings erzählt, daß die Schlange den Ast des Baumes herunterbog und Eva die Frucht ergriff. Die Tatsache, daß Apc Mos 7,2 so lapidar – gegen den Bibeltext – berichtet, daß der Feind Eva die Frucht zu essen *gab*, läßt vermuten, daß der Erzähler hier auf Bekanntes zurückgriff – eben auf ein Wissen, daß er von Apc Mos 18,5 und 19,3 her hatte.

Dieser Befund läßt sich auch auf weitere Affinitäten beider Paradieserzählungen in der Apc Mos ausdehnen: Apc Mos 8,1b greift das Motiv vom Versuch Adams und Evas auf, sich vor Gott zu verstecken. Von der Ätiologie der Krankheit her läßt sich dieser Zug nicht erklären, wohl aber aufgrund von Apc Mos 23,1: Auch dort wird der Versuch Adams und Evas, sich zu verstecken, thematisiert, und zwar mit z.T. wörtlichen Übereinstimmungen. Besonders fällt die Affinität der Sätze μὴ δυνήσηται κρυβῆναι οἰκία τῷ οἰκοδομήσαντι αὐτήν in Apc Mos 8,1 und μὴ κρυβήσεται οἶκος τῷ οἰκοδομήσαντι in Apc Mos 23,1 ins Auge. Aber es gibt daneben einen wichtigen Unterschied, der auch den Grund dafür verrät, daß dieser Zug in Apc Mos 8,1 aufgegriffen wurde: In Apc Mos 23,1 fragt Gott Adam: Ἀδάμ, ποῦ ἐκρύβης, Apc Mos 8,1 hingegen zitiert wörtlich den Bibeltext – es heißt hier: Ἀδάμ, ποῦ εἶ. Die Analyse der exegetischen Hintergründe von Apc Mos 7–8 wird zeigen, daß man hier – angeregt durch die Vorlage in Apc Mos 23,1 – ein neues exegetisches Problem einer Klärung zugeführt hat. Die Notwendigkeit, eine Ätiologie der Krankheit anhand von Gen 3 zu formulieren, wurde so als Chance genutzt, eine exegetische Neuentdeckung unterzubringen, die in Auseinandersetzung mit der älteren exegetischen Erzählung entstanden ist.

Eine weitere wörtliche Übereinstimmung zwischen Apc Mos 7–8 und Apc Mos 15–30 findet sich in Apc Mos 8,2: Ἐπεὶ ἐγκατέλιπας τὴν διαθήκην μου καὶ τὴν ἐντολήν μου παρήκουσας hat wörtliche Entsprechungen in Apc Mos 23,3: Ἐγκατέλιπας τὴν ἐντολήν μου und 24,1: Ἐπειδὴ παρήκουσας τὴν ἐντολήν μου. Indem in Apc Mos 8,1 neben ἐντολήν auch διαθήκην steht, hat der Satz allerdings eine völlig neue Qualität gewonnen, da auf diese Weise ein neuer exegetischer Anknüpfungspunkt gewonnen ist, wie die Analyse der Apc Mos 7–8 zugrundeliegenden exegetischen Arbeit zeigen wird. Wieder hat der Erzähler seine Vorlage nicht nur benutzt, sondern auch kreativ weiterverarbeitet.

Auf eine solche kreative Auswertung der Vorlage in Apc Mos 15–30 ist auch das schon oben diskutierte Schutzengelmotiv in Apc Mos 7,2 zurückzuführen. Es war bereits gezeigt worden, daß dieses Motiv sich in Apc Mos 17,1, das nun eindeutig als Vorlage bestimmt werden kann, nicht fand. In Apc Mos 17,1 ist von einem himmlischen Gottesdienst der Engel die Rede, an dem Eva den Teufel in Gestalt eines Engels teilnehmen sieht. Die Passage steht im Kontext isoliert und wirkt daher rätselhaft. Wahrscheinlich ist es gerade diese Eigenschaft von Apc Mos 17,1 gewesen, die den Erzähler in Apc Mos 7,2 dazu verleitet hat, sich von Apc Mos 17,1 inspirieren zu lassen. Es wirkt hier also genau die Lektürestrategie fort, die auch bei der exegetischen Arbeit am Bibeltext immer wieder beobachtet werden kann: Widersprüche und Unebenheiten im Ausgangstext ziehen die Aufmerksamkeit des Auslegers an sich und regen ihn zu narrativen Problemlösungen an. Die narrative Interpretation von Apc Mos 17,1 in Apc Mos 7,2 löst dabei, wie unten darzustellen sein wird, zusätzlich auch Probleme, die sich anhand der biblischen Vorlage ergeben haben. So wirken narrative Bibelexegese und narrative Auslegung bzw. Fortführung exegetischer Narration Hand in Hand.

Neben den genannten gibt es weitere Übereinstimmungen zwischen Apc Mos 7–8 und Apc Mos 15–30: Περὶ ἑνὸς δὲ ἐνετείλατο ἡμῖν, μὴ ἐσθίειν ἐξ αὐτοῦ in 7,1 klingt an περὶ οὗ ἐνετείλατο ἡμῖν ὁ θεός, μὴ ἐσθίειν ἐξ αὐτοῦ in 17,5 an; καὶ ἐλθὼν ἐν τῷ παραδείσῳ ὁ δεσπότης in 8,1 ähnelt der Wendung καὶ ἦλθεν ὁ θεὸς εἰς τὸν παράδεισον in 22,3, und ἔθηκε τὸν θρόνον αὐτοῦ (8,1) schließlich wird in seiner änigmatischen Knappheit nur von 22,4 her verständlich.

4. Exegetische Voraussetzungen

Was die exegetische Arbeit betrifft, die Apc Mos 7–8 zugrundeliegt, ist die Situation hier dahingehend besonders strukturiert, daß Apc Mos nicht nur den biblischen Text als Voraussetzung hat, sondern auch einen Text, der seinerseits Ergebnis exegetischer Arbeit an der biblischen Ausgangsbasis ist, eben Apc Mos 15–30. Dies ist typisch für die Endredaktion, vgl. E III,5,b.d.

Apc Mos 7,1 basiert auf Gen 2,15–17. Dort heißt es, daß Adam in den Garten versetzt wurde, und daß Gott ihm verbat, vom Baum der Erkenntnis zu essen. Anschließend (2,18ff) ist von der Erschaffung der Frau die Rede. Hier jedoch wird explizit hervorgehoben, daß Gott zuerst Adam und Eva erschaffen (ἐμὲ τὲ καὶ τὴν μητέρα ἡμῶν) und dann beiden (ἡμῖν) das Gebot hinsichtlich des Baumes erteilt habe. Es ist also ein deutliches Interesse spürbar, Eva in das Geschehen einzubeziehen.

Wenn hier ausdrücklich die Erschaffung sowohl Adams als auch Evas der Gebotserteilung vorangeht, so dürfte der erste Menschenschöpfungsbericht in

Gen 1,26 im Hintergrund stehen. Dieser geht Gen 2,15–17 voran und hebt zudem wie Apc Mos 7,1 stark auf die Paarhaftigkeit des Menschen ab (Gen 1,26 𝔊: ἄρσεν καὶ θῆλυ ἐποίησεν αὐτούς). Der Anknüpfungspunkt für diese Operation dürfte in dem Rückbezug auf die Menschenschöpfung liegen, den Gen 2,15 selbst bietet, denn dort wird berichtet, daß Gott den Menschen, »den er geformt habe« (ὃν ἔπλασεν), in das Paradies versetzt (2,15) und ihm anschließend das Gebot erteilt habe. Ὃν ἔπλασεν bezieht sich freilich auf Gen 2,8; indem in Apc Mos 7,1 ἐποίησεν an die Stelle tritt, wird auch der Referenztext ausgewechselt: Das Verb ποιεῖν erscheint auch in Gen 1,26–27. Speziell die Arbeit mit diesem Signalwort macht es wahrscheinlich, daß an dieser Stelle exegetische Arbeit auf Septuaginta-Basis geleistet wurde.[12]

Ἐποίησεν ist auch eine alte Variante in Gen 2,15 – sie ist auf jeden Fall prähexaplarisch, da sie schon bei Philo (Legum Allegoria I,53 [COHN I,74,11])[13] belegt ist. Sie könnte also schon Apc Mos 7,1 zugrundegelegen haben, aber es ist unwahrscheinlich, daß die Apc Mos sie einfach nur übernommen hat. Eher wird man Apc Mos 7,1 als narratives Seitenstück zu dieser Septuagintarevision deuten dürfen. Vielleicht lag jener dieselbe exegetische Erwägung zugrunde.

Doch nicht nur wird Eva vor der Versetzung ins Paradies erschaffen, auch in die damit verbundenen Anweisungen wird sie, wie angedeutet, mit einbezogen. So sagt Adam: »Gott gab *uns* jeden Baum im Paradies« und läßt auch das Verbot an beide gerichtet sein (ἐνετείλατο ἡμῖν). In dieser Hinsicht geht Apc Mos 7,1 ähnlich vor wie die Septuaginta, die zwar in Gen 2,16 die Zuweisung der Bäume des Gartens allein auf Adam bezieht, in Gen 2,17 jedoch das Verbot anders als 𝔐 pluralisch formuliert (Gen 2,17 𝔊: οὐ φάγεσθε [»esset nicht«], vgl. Gen 2,17 𝔐: לֹא תֹאכַל [»iß nicht«]), obgleich es – auch in 𝔊 – immer noch ausschließlich an Adam gerichtet ist. Die Absicht dürfte in Apc Mos 7,1 wie in 𝔊 beidesmal die gleiche sein: Eine Relativierung der Schuld Evas sollte vermieden werden; schon oben war gezeigt worden, daß Apc Mos 7–8 an dieser Schuld durchaus gelegen war. Auch der exegetische Anhaltspunkt dürfte derselbe sein: In Gen 3,3 formuliert nämlich Eva das Verbot, vom Baum der Erkenntnis zu essen, pluralisch; damit ist vorausgesetzt, daß dieses auch

---

[12] Apc Mos 7,1 formuliert ansonsten jedoch sehr frei; so benutzt es für die Pflanzen im Paradies das Wort φυτόν (𝔊: ξύλον) sowie das Präsens ἐσθίειν statt – wie die Septuaginta – den Aorist φαγεῖν. Ohne Anhalt in 𝔊 ist auch die Verwendung des Verbs διδόναι, das vermutlich aus Apc Mos 18,5 stammt (s.o.). Ἐνετείλατο findet Entsprechungen in Gen 2,16, aber ein sicherer Hinweis auf Benutzung von 𝔊 ist das nicht, zumal an dieser Stelle auch Apc Mos 17,5 (περὶ οὗ ἐνετείλατο ὁ θεὸς μὴ ἐσθίειν ἐξ αὐτοῦ) einwirken dürfte.

[13] Im Kontext des Zitats bei Philo begegnet freilich auch ἔπλασεν.

ihr erteilt wurde. Die Septuaginta hat darum Gen 2,17 umformuliert; die Apc Mos hat darüber hinaus gefolgert, daß die Frau bereits erschaffen war, bevor der Mensch ins Paradies versetzt wurde und das Gebot hinsichtlich der Bäume erhielt.

Auch in der rabbinischen Tradition sind Gen 2,17 und 3,3 aufeinander bezogen worden, doch dort ging es um den Unterschied, daß Eva in Gen 3,3 über 2,17 hinaus auch ein Verbot, den Baum zu berühren, referiert (vgl. Gen 3,3 ‫מ‬: ‫בו‬ ‫תגעו‬ ‫ולא‬ ‫ממנו‬ ‫תאכלו‬ ‫לא‬ ‫אלהים‬ ‫אמר‬). Aus dieser Differenz wird gefolgert, daß Adam Gottes Verbot durch ein Berührungsverbot erweitert und es in dieser Form Eva mitgeteilt habe. Dieses Verhalten wird kritisiert, da so die Hauptsache von einer Nebensache verdeckt wurde und die Schlange einen Ansatzpunkt fand, Eva zu verführen: Sie habe nämlich Eva gegen den Baum geschleudert und sie gefragt, ob sie denn nun tot sei; damit sei auch die mit dem Verzehr der Frucht verbundene Todesdrohung nicht mehr plausibel gewesen, vgl. Ber R 19,3, ähnlich ARN 1,8.[14]

Die Schilderung der Gebotsübertretung in Apc Mos 7,2 weicht in zweierlei Hinsicht von der biblischen Vorlage ab. Zum einen erweitert sie diese durch das Motiv von der Abwesenheit der Schutzengel (und nebenbei Adams), zum anderen läßt sie den »Feind« Eva die Frucht geben.

Das Schutzengelmotiv ist, wie bereits erörtert, durch die Vorlage in Apc Mos 15–30 inspiriert (vgl. Apc Mos 17,1). Seine Funktion wiederum besteht in der Klärung eines exegetischen Problems, das auch sonst in der jüdischen und christlichen Exegese diskutiert wurde. Man stellte sich anhand von Gen 3,1–6 die Frage, wieso sich die Schlange mit Eva so ungestört hat unterhalten können.

In der Regel lautete die Frage dahingehend, wo denn Adam war und was ihn zu seiner (offenkundigen) Abwesenheit veranlaßt hatte. Dies ist der Fall in Ber R 19,3, wo zwei unterschiedliche

---

[14] Daß Ber R 19,3 und ARN 1,8 alte Überlieferung tradieren, wird durch Nachklänge dieser Tradition in der gnostischen Literatur erwiesen: In Hyp Arch, NHC II,90,2–4 entgegnet Eva der Schlange auf deren Frage nach dem göttlichen Gebot: OY MONON ΠЄΧΑϥ ΧЄ ΜΝΟΥϢΜ ΑΛΛΑ ΜΠΡΧϢϩ ЄΡΟϥ (»Er sagte nicht nur: „Iß [esset] nicht“, sondern auch: „Berühre[t] ihn nicht“«). Das Verbot, den Baum zu berühren, tritt merkwürdig stark hervor; es hat den Anschein, als laufe der Satz darauf hinaus. Im Kontext findet dies Moment jedoch keine Entsprechung – die jüdische Tradition wirkt nur noch nach, wird aber nicht mehr aktiv rezipiert (vielleicht hat man sie schon vergessen). Noch deutlicher an die jüdische Tradition klingt die Antwort Evas in Orig Mundi, NHC II,118,30–33 an: ΑϥΧΟΟC ΧЄ OY MONON ΧЄ ΜΠΡΟΥϢΜ ЄΒΟ[Λ Ν]ϩΗΤϥ ΑΛΛΑ ΜΠΡΧϢϩ ЄΡΟϥ ϢΙΝΑ Χ[Є ΝЄ]ΜΟΥ (»Denn er sagte nicht nur: „Iß nicht von ihm“ sondern „berühre ihn nicht, damit *du* nicht stirbst“«). Wenn die Textrekonstruktion LAYTONS, nach der hier zitiert wird, zutrifft, dann zeigt die Form ΝЄ]ΜΟΥ (= ΝΝЄΜΟΥ 2. sg.fem. fut. neg.), daß mit dem zitierten Befehl Gottes eindeutig nur Eva angeredet ist, was dem gegenwärtigen Kontext nicht entspricht, in der rabbinischen Überlieferung aber gut paßt (es handelt sich dann um die [falsche] Version des Befehls, die Adam an seine Frau weitergibt). Auch der zitierte Satz in Hyp Arch könnte so aufgefaßt werden, aber da dort nur negative Imperative erscheinen, spricht nichts gegen eine pluralische Auffassung der Verbformen.

Antworten präsentiert werden, nämlich zum einen, daß Adam, vom Geschlechtsverkehr mit Eva ermüdet, eingeschlafen war, und zum anderen, daß Gott Adam auf der Erde herumführte und ihm ackerbaufähige Gegenden zeigte. Auf die Abwesenheit Adams zielt auch Prot Ev Jac 13,1 [STRYCKER 124]:

...	...
μήτι ἐν ἐμοὶ ἀνεκεφαλαιώθη	hat sich etwa an mir
ἡ ἱστορία τοῦ ᾿Αδάμ;	die Geschichte Adams wiederholt,
ὥσπερ γὰρ ᾿Αδὰμ ἦν	wie nämlich Adam
ἐν τῇ ὥρᾳ τῆς δοξολογίας αὐτοῦ	in der Stunde seiner Anbetung war
καὶ ἦλθεν ὁ ὄφις	und die Schlange kam
καὶ εὖρεν τὴν Εὖαν μόνην	und Eva allein fand
καὶ ἐξηπάτησεν αὐτὴν	und sie verführte
καὶ ἐμίανεν αὐτήν,	und befleckte –
οὕτως κἀμοὶ συνέβη.	ist es so auch mir widerfahren?

Hier äußert Joseph angesichts der Schwangerschaft Marias die Befürchtung, bei ihm könnte sich die Geschichte Adams wiederholen, dessen Frau ebenfalls bei Abwesenheit des schützenden Mannes Opfer des Bösen geworden ist. Prot Ev Jac 13,1 wird des öfteren als Parallele zu Apc Mos 7,2 genannt (vgl. z.B. BERTRAND 116; MEISER/MERK 814). Es sind aber auch die Unterschiede zu beachten: Apc Mos 7,2 hebt eher auf die Abwesenheit der Engel, Prot Ev Jac 13,1 ausschließlich auf die Abwesenheit Adams ab. Da Prot Ev Jac 13,1 mit Apc Mos 7,2 lediglich das Stichwort ὥρα teilt, ist eine Abhängigkeitsbeziehung zwischen beiden Texten wohl auszuschließen.[15]

Anders als die bisher genannten Parallelen teilt Apc Esdr 2,7–17, speziell 2,13–15 mit Apc Mos 7,2 das Schutzengelmotiv, wendet dieses jedoch anders an. Im Rahmen einer durch die Theodizeeproblematik bestimmten Diskussion Esras mit Gott hält dieser Gott entgegen, wie denn der Mensch habe verführt werden können, da er doch durch Engel bewacht gewesen sei. Freilich ist zu beachten, daß dieser Text die o.g. Fragestellung, wie denn die Schlange so ungestört habe mit Eva reden können, nicht mehr durchblicken läßt; es geht der Apc Esdr nicht um Eva, sondern um den Menschen schlechthin, darum ist in der genannten Perikope nur von Adam die Rede.

Daß dann der »Feind« Eva die Frucht gibt, setzt zunächst eine Gleichsetzung von Teufel und Schlange voraus, wie sie in Apc Mos 15–30 noch nicht möglich war, aber anderswo durchaus belegt ist, vgl. z.B. Sap Sal 2,24 und Apc Joh 12,9 sowie K Xa, Anm. 1. Wahrscheinlich war es schlicht Desinteresse, das diese

---

[15] Nicht auszuschließen ist allerdings ein Einfluß von Prot Ev Jac auf die Textüberlieferung von Apc Mos 7,2, vgl. °7,2a.d. Eine Beeinflussung von Textüberlieferung von Prot Ev Jac 13,1 durch Apc Mos 7,2 könnte vorliegen, wenn der Codex Vaticanus gr. 455 ὥσπερ γὰρ ἐκεῖνος ἐν τῇ ὥρᾳ τῆς δοξολογίας τοῦ θεοῦ μετὰ ἀγγέλων συνῆν, ἦλθεν (vgl. THILO 223 App.) für ὥσπερ γὰρ ᾿Αδὰμ ἦν ἐν τῇ ὥρᾳ τῆς δοξολογίας αὐτοῦ καὶ ἦλθεν liest. Wir erhalten dort die zusätzliche Information, daß Adam mit den Engeln zusammen war. Der Vaticanus 455 wird bei THILO als Vatic. A verzeichnet (vgl. die Einleitung p. LVI). TISCHENDORF führt ihn unter dem Sigel Fᵇ an (vgl. die Einleitung ebenda p. XIX); die Variante wird bei ihm (S. 26) auch im Apparat berücksichtigt, allerdings ist dieser kaum nachvollziehbar. Bei STRYCKER bleibt diese Lesart unerwähnt.

narrativ unproblematische Lösung ermöglichte; der detailliertere (und ältere) Bericht in Apc Mos 15–30 ist notwendigerweise auch komplizierter.

Daß die Frucht Eva vom Feind *gegeben* wird, beruht z.T. auf der Vorlage in Apc Mos 15–30, zum anderen wird damit aber möglicherweise auch eine erzählerische Idee zum Ausdruck gebracht: In Gen 3,6 wird über Eva gesagt, daß sie Adam von der verbotenen Frucht *gab*. Hier gibt sowohl der Feind Eva (7,2) als auch Eva Adam (7,3) zu essen. Auf diese Weise werden beide Begegnungen in dieser Dreierkonstellation parallelisiert; genau dies ist auch offenkundig ein Anliegen der Vorlage in Apc Mos 15–20, nur daß dort die Begegnung zwischen Teufel und Schlange hinzutritt, die ebenfalls in diese Parallelität hineingenommen wird (zur Parallelität der Verführungsszenen in Apc Mos 15–21, vgl. v.a. Apc Mos 16,4; 18,2; 21,4: Alle drei Verführten äußern Furcht vor dem Zorn Gottes). Wahrscheinlich hat sich also hier der Erzähler von der Vorlage in Apc Mos 15–30 zu einer eigenständigen Analogiebildung anhand des Bibeltextes inspirieren lassen.

Apc Mos 8,1 schildert die Ankunft Gottes im Paradies. Wie in Apc Mos 22 ist diese explizit durch die Tat Adams und Evas motiviert: Gott kommt wie dort zum Gericht ins Paradies; dies zeigt speziell die nur von Apc Mos 22,4 her verständliche Wendung ἔθηκε τὸν θρόνον αὐτοῦ. Auch daß Gott zürnt (καὶ ὀργίσθη ἡμῖν ὁ θεός), könnte mittelbar auf Apc Mos 22 zurückgehen. Zwar ist davon dort nicht die Rede, wohl aber äußern in Apc Mos 16,4; 18,2; 21,4 die jeweils Veführten Angst vor dem Zorn Gottes; und sofern man diese Befürchtung in Apc Mos 22 erfüllt sieht, kann man auch bei der Lektüre von Apc Mos 22 an den Zorn Gottes denken.

Zum Motiv des Versteckens wurde schon im Rahmen des Vergleichs zwischen Apc Mos 7–8 und Apc Mos 15–30 festgestellt, daß Apc Mos 8,1 auf Apc Mos 23,1 beruht. Während Gott jedoch in Apc Mos 23,1 ’Αδάμ, ποῦ ἐκρύβης fragt, und somit der Versuch des Menschen, sich vor Gott zu verstecken, thematisiert wird, entspricht die Frage Gottes hier wörtlich Gen 3,9 𝕲 (’Αδάμ, ποῦ εἶ). Dadurch ergibt sich eine gewisse Akzentverlagerung. Indem Gott diese Frage stellt und zugleich mit den beiden anschließenden Sätzen zu erkennen gibt, daß es sinnlos sei, sich vor ihm zu verstecken, zeigt sich indirekt, daß hier etwas anderes zur Debatte steht als das Verhalten des Menschen: Es geht um das Wissen Gottes. Offenkundig sah man in der Frage »Adam, wo bist du« die gefährliche Implikation, daß Gott hier nicht Bescheid wußte, und versuchte diese so erzählerisch aus dem Wege zu räumen. Inspirierend hat zumindest bei der Problem*findung* die Vorlage in Apc Mos 23,1 gewirkt.

Die Frage »Adam, wo bist du« hat des öfteren Erörterungen über das Wissen Gottes provoziert, so schon bei Philo, Qu Gen (arm) I,45 oder bei Theophil, Ad

Autolycum II,26;27; vgl. auch die Catenenüberlieferung zu Gen 3,9[16], dabei wird durchgehend ein Unwissen Gottes abrogiert. Als Beleg für Gottes Unwissenheit wird sie hingegen in Testimonium Veritatis, NHC IX,47,18–23 gewertet, wo es heißt:»...und zum zweiten sagte er (sc. Gott): ‚Adam, wo bist du?' Gott aber hatte kein Vorwissen (ΠΡΟΓΝѠϹΙϹ), d.h. er wußte <es> nicht von vornherein.«[17] Eine solche polemische Verwertung des Textes durch gnostische Exegeten darf indessen nicht zu der Schlußfolgerung verleiten, daß sämtliche Autoren, die ein Unwissen Gottes an dieser Stelle in Abrede stellen, sich gegen eine derartige gnostische Interpretation der Stelle wehrten; dazu ist die mit der Stelle verbundene Diskussion um die Unwissenheit Gottes und die Widerlegung dieser Implikation zu weit verbreitet, abgesehen davon, daß sich eine apologetische oder antihäretische Motivation bei den meisten jüdischen und christlichen Autoren nicht erkennen läßt. Dies gilt auch für die Apc Mos: Nicht jeder Gedanke, den ein Theologe als abwegig wertet, wird notwendigerweise von einem seiner theologischen Gegner vertreten.[18]

’Αδάμ, ποῦ εἶ in Apc Mos 8,1 stimmt, wie erläutert, wörtlich mit der Frage in Gen 3,9 𝔊 überein. Es läßt sich also eindeutig Septuagintabenutzung nachweisen. Daß gerade hier wörtlich zitiert wird, ist kein Zufall: Damit soll auf die exegetische Problematik hingewiesen werden, die in Apc Mos 8,1 narrativ gelöst wird. Die Zitation dient also der Offenlegung exegetischer Strukturen. Hier zeigt sich, daß die Apc Mos für kritische Leser geschrieben wurde, denen eine problemorientierte Lektüre des biblischen Ausgangstextes vertraut war.

Der Urteilsspruch Gottes in Apc Mos 8,2 setzt eine Anwendung des Tun-Ergehen-Zusammenhanges auf das Phänomen Krankheit voraus. Dieser ist bereits alttestamentlich breit belegt (vgl. v.a. Dtn 28,23–24.27–28.35.59–61, dazu s.u.) und findet auch in frühchristlichen Texten Widerhall (positiv: 1. Kor 11,30; kritisch: Ev Joh 9,1–2). Schon im Kommentar zu Apc Mos 5,4–6,3 ist geklärt worden, daß die exegetische Grundlage für das Krankheitsmotiv in Gen

---

[16] Siehe F. PETIT (Ed.): La Chaîne sur la Genèse. Édition Intégrale I: Chapitres 1à 3 (Traditio Exegetica Graeca 1), Leuven 1991, Nr. 362, 363, 365, 367, 368. So heißt es z.B. in Nr. 362 (anonyme Überlieferung, teilweise Kyrill zugeschrieben): Πυνθάνεται οὐχ ἵνα μάθη – αὐτὴ (VL: αὕτη) γὰρ ἡ ἐρώτησις δείκνυσιν εἰδότα (»Er verlangt nicht Auskunft, um zu lernen – die Frage selbst [VL: Diese Frage] erweist ihn [schon] als kundig«).

[17] Koptischer Text: ΑΥѠ ΠΜΕϨϹΝΑΥ ΠΕΧΑϤ ΧΕ ΑΛΑΜ ΕΚΤѠΝ· ΠΝΟΥΤΕ ΛΕ Μ[Ν]ΤΑϤ ΜΜΑΥ ΝΤΠΡΟ<Γ>ΝѠϹΙϹ ΕΤΕ ΠΑΪ ΠΕ ΧΕ ΠΗ ΕϤϹΟΟΥΝ ΑΝ ΧΙΝ Ν̄ϢΟΡΠ̄ (PEARSON / GIVERSEN 162. 164).

[18] Daß die Apc Mos gnostische Genesisauslegung kennt und dagegen im Sinne einer »traditionellen« Gottesauffassung polemisiert, versucht A.M. SWEET, OSB: A Religio-Historical Study of the Greek Life of Adam and Eve, Diss. Notre Dame, Indiana 1992 zu erweisen, freilich ohne zu überzeugen. Man könnte erwarten, daß sie auch Apc Mos 8,1 als Beispiel heranzieht, aber ich bin bei ihr nicht fündig geworden.

3,17 zu suchen ist – und zwar im hebräischen Text: בעצבון תאכלנה (»unter Mühsal sollst du sie [sc. die Erde] essen«); עצבון – wahrscheinlich als עצבין gelesen – wurde schon in Apc Mos 25,1 mit πόνοις wiedergegeben (dort unter Rekurs auf Gen 3,16), so auch in Apc Mos 6,3 – assoziiert mit dem bedeutungsnahen νόσος; beide Wörter begegnen auch hier.

Daneben tritt allerdings noch ein zweiter exegetischer Bezug, wie der Vergleich von Apc Mos 7–8 und Apc Mos 15–30 zeigt. Dieser hat erwiesen, daß die Begründung des Urteilsspruchs in 8,2 (ἐπεὶ ἐγκατέλιπας τὴν διαθήκην μου καὶ τὴν ἐντολήν μου παρήκουσας) an 23,3 (ἐγκατέλιπας τὴν ἐντολήν μου) und 24,1 (ἐπειδὴ παρήκουσας τὴν ἐντολήν μου), anknüpft, s.o. S. 239. Doch über die Vorlage hinaus ist in Apc Mos 8,2 nicht nur das Gebot (ἐντολή), sondern auch der »Bund« (διαθήκη) Gottes von Adams Ungehorsam betroffen. Diese Änderung erscheint unauffällig, ist aber theologisch von einiger Bedeutung: Von einem Gebot Gottes an Adam (und Eva) ist in Gen 2,16; 3,11; 3,17 die Rede, von einem Bund Gottes mit Adam jedoch nicht. Der Begriff »Bund« (διαθήκη, ברית) spielt in der biblischen Überlieferung bekanntlich eine große Rolle, in Verbindung mit Gestalten wie Noah (Gen 9,9–17) und Abraham (Gen 15,18), vor allem aber mit Israel (vgl. etwa Dtn 5,2). Hier wird also Adamüberlieferung im Lichte biblischer Geschichtstraditionen reinterpretiert, ein ähnliches Verfahren war in Apc Mos 3,2–4,2 zu beobachten, wo das Sohnesverheißungsschema auf Gen 4,25 übertragen wurde.

Die weitreichenden theologischen Implikationen der Ergänzung von ἐντολή durch διαθήκη legen die Annahme nahe, daß sie mit Bedacht vorgenommen wurde, und das heißt im Falle der Apc Mos: mit exegetischer Grundlage. Und tatsächlich gibt es einen biblischen Text, den man dahingehend verstehen kann, daß dort von einem Bund Gottes mit Adam die Rede ist, nämlich Hos 6,7. Dort heißt es in 𝔐 שם בגדו בי   והמה כאדם עברו ברית (»und sie haben wie Adam den Bund übertreten; dort haben sie treulos an mir gehandelt«); 𝔊 hat αὐτοὶ δέ εἰσιν ὡς ἄνθρωπος παραβαίνων διαθήκην, ἐκεῖ κατεφρόνησέν μου (»sie aber sind wie ein Mensch, der den Bund übertritt; dort hat hat er mich mißachtet.«).

In 𝔐 wirft Gott Israel Bundesübertretung vor und vergleicht diese mit der Bundesübertretung Adams. So jedenfalls im vorliegenden Text. Da שם (dort) ohne Bezug zum vorhergehenden Satz bleibt bzw. im parallelen Stichos nicht, wie zu erwarten, eine Entsprechung findet, ist vorgeschlagen worden, statt כאדם (wie Adam) בָּאָדָם (bei Adam) zu konjizieren (vgl. den Apparat in der Biblica Hebraica Stuttgartensia); mit אדם wäre dann ein Ort am Jordan gemeint (vgl. Jos 3,16). Diese Konjektur scheint plausibel. Der vorliegende Text jedoch parallelisiert Israels Fehlverhalten mit dem Adams.

Diese Parallelisierung muß schon älteren Datums sein, da כְּאָדָם auch von der Septuaginta (ὡς ἄνθρωπος) indirekt bezeugt ist, im übrigen auch von der Peschitta (ܐܝܟ ܒܪ ܐܢܫܐ [»wie ein Mensch«]) und der Vulgata (sicut Adam), wobei freilich ein Bezug auf den ersten Menschen nur in der Vulgata erkennbar wäre; Septuaginta und Peschitta haben wahrscheinlich in כאדם einen

Artikel identifiziert und אדם als Gattungsbegriff aufgefaßt (sie haben also *kā'ādām* gelesen). In jedem Falle aber ist Hos 6,7 ein sehr alter Beleg für die Rezeption von Adamüberlieferung; wie alt er ist, läßt sich freilich nicht ermessen.

Es bleibt zu fragen, ob ein bloßes Schreiberversehen vorliegt, also unwillkürliche Assoziation von Hos 6,7 mit Gen 2–3 (die nichtsdestoweniger als eine Art von Rezeption zu betrachten wäre!), oder aber eine bewußte Textumgestaltung. In diesem Falle wäre indes auch die asyntaktische Positionierung von שם bewußt in Kauf genommen; und dies wäre im Grunde nur denkbar, wenn der altisraelitische (frühjüdische?) Emendator damit gerechnet hätte, daß der Leser auch den Ausgangstext der Korrektur, nämlich בְּאָדָם rekonstruieren kann. כְּאָדָם wäre dann also als ein alte אַל־תִּקְרָא-Lesart aufzufassen. Ziel wäre – wie bei den rabbinischen אַל־תִּקְרָא-Lesarten –, den Leser auf ein zusätzliches Bedeutungspotential der Stelle aufmerksam zu machen. Auch die andere Stelle im AT, an der die Ortschaft אדם auftaucht, wird in der Auslegungsgeschichte übrigens mit dem ersten Menschen assoziiert, und zwar in der Überlieferung von der Buße Adams und Evas in Vit Ad 4–10, vgl. G.A. ANDERSON: The Penitence Narration in the Life of Adam and Eve, Hebrew Union College Annual 63 (1992), 1–38, speziell S. 4 (Anm. 9) und BERTRAND 134 sowie DOCHHORN: Bauer, 317 (Anm. 5). Vielleicht ist es nicht ohne Bedeutung, daß es gerade die von der Apc Mos abhängigen Adamviten sind, in denen dieser analoge exegetische Vorgang stattfand. Gab es eine fest etablierte Praxis, Gen 3, Jos 3,16 und Hos 6,7 in Zusammenhang zu bringen?

Es ist anzunehmen, daß es durch Hos 6,7 dem Erzähler möglich wurde, über seine Vorlage in Apc Mos 23,3 hinaus Adam mit der Bundesüberlieferung in Verbindung zu bringen. Möglich war eine solche Operation allerdings nur angesichts des hebräischen Textes; die Septuaginta läßt, wie oben gezeigt wurde, eine Bezugnahme auf den ersten Menschen nicht zu, da sie כאדם mit ὡς ἄνθρωπος wiedergibt.

Ein Rekurs auf Hos 6,7 ist in Apc Mos 8,2 umso wahrscheinlicher, als von Hos 6 her auch ein weiteres Moment in diesem Text erklärt werden kann. Anders als in Apc Mos 6,3 wird hier nämlich für das Phänomen Krankheit auch der Begriff πληγή verwendet; die Unebenheiten in der Syntax gerade in 8,2 (vgl. °8,2h) können vielleicht damit erklärt werden, daß dem Erzähler daran gelegen war, auch dieses Wort einzubringen. Und dies könnte seinen Grund darin finden, daß im Kontext von Hos 6,7 ein Wort begegnet, auf das πληγή gut paßt: In Hos 6,1–2 heißt es:

1 לכו ונשובה אל־יהוה	1 Πορευθῶμεν καὶ ἐπιστρέψωμεν πρὸς κύριον τὸν θεὸν ἡμῶν,
כי הוא טרף וירפאנו	ὅτι αὐτὸς ἥρπακεν καὶ ἰάσεται ἡμᾶς,
יך ויחבשנו	πατάξει καὶ μοτώσει ἡμᾶς·
2 יחינו מימים	2 ὑγιάσει ἡμᾶς μετὰ δύο ἡμέρας,
ביום השלישי יקמנו	ἐν τῇ ἡμέρᾳ τῇ τρίτη ἀναστησόμεθα
ונחיה לפניו	καὶ ζήσομεν ἐνώπιον αὐτοῦ.

Die Verbform יך mag Probleme bereiten (man hätte eher ein Perfekt erwartet), stammt aber eindeutig von der Wurzel נכה (schlagen), die ohne weiteres mit dem Wort πληγή assoziiert werden kann und auch assoziiert wurde, vgl. HATCH-REDPATH s.v. πληγή (II, 1142bc).[19] Daß es

---

[19] Weiteres zur philologischen Erschließung von Hos 6,2–1, besonders zur Form יך siehe bei

auch hier um Krankheit geht, legt der Kontext nahe, freilich ohne daß dies für den hebräischen Text zwingend wäre, doch vgl. immerhin hebr. וירפאנו. ⅁ indes hat die Signale, die in Richtung Krankheit / Genesung gehen, verstärkt, indem es יחינו mit ὑγιάσει ἡμᾶς wiedergibt.

Dieser Text, speziell יך in 6,1, wird im Hintergrund stehen, wenn in Apc Mos von πληγαί die Rede ist – und zwar im Zusammenhang mit Krankheit. Apc Mos 8,2 nimmt damit dieselbe Ausdeutung des Textes vor wie auch die Septuaginta, allerdings ohne von ihr abhängig zu sein; zumindest fällt auf, daß πληγή und das Septuagintakorrelat zu יך (πατάξει) etymologisch nichts miteinander zu tun haben. Es mag gegen diese Herleitung eingewandt werden, daß Hos 6,1 von Hos 6,7 relativ weit entfernt sei, aber es gehört doch unzweifelhaft in denselben Kontext. Eine Stütze für die Annahme, daß hier tatsächlich Hos 6,1–2 im Hintergrund steht, ergibt sich aus einem weiteren – allerdings nicht ganz sicheren – Befund, der an gegebener Stelle eingehender behandelt werden soll: In Verbindung mit der Krankheit Adams ist in Apc Mos 13,6 von einer Frist von drei Tagen die Rede, innerhalb derer Adam sterben und in den Himmel aufsteigen soll. Es bietet sich an, dieses Motiv von Hos 6,2 her zu erklären.

Eine Schwierigkeit für die hier vorgeschlagene exegetische Herleitung von Apc Mos 8,2 könnte sich daraus ergeben, daß Apc Mos 8,2 – in Anlehnung an Apc Mos 23,3 – das Verb ἐγκαταλείπειν verwendet. Dieses entspricht in der Septuaginta eher עזב denn עבר (vgl. HATCH-REDPATH I,365–366), und so wird denn auch עברו in Hos 6,7 ⅁ mit παραβαίνων wiedergegeben. Doch kann dies zum einen mit der Vorlage in Apc Mos 23,3 erklärt werden, zum anderen kann die Apc Mos durchaus auch eine eigenständige Sprachauffassung haben. Zudem ist ἐγκαταλείπειν διαθήκην als Äquivalent zu עבר ברית auch in Jdc 2,20 und Dan 9,11 ⅁ belegt.

Die Strafe, die über Adam ergeht, besteht nicht in einer, sondern in 70 Krankheiten (einige Zeugen haben 72, vgl. °8,2f). Die Vielzahl ist ohne weiteres begründbar; das Bezugswort für das Krankheitsmotiv, עצבון in Gen 3,17 ℳ, war schon in Apc Mos 5,4–6,3 pluralisch aufgefaßt worden (man las עצבין). Die Zahl 70 indes muß auf externem Wissen beruhen: Der Verfasser dürfte an eine Liste von 70 Krankheiten entsprechend 70 Organen des menschlichen Körpers gedacht haben. Die Elemente dieser Vorstellung sind auch anderswo belegt, allerdings nicht kombiniert. Von 72 – allerdings nicht 70 – Krankheiten ist in der rabbinischen Literatur die Rede, vgl. das bei Ginzberg, Legends V,123 (Anm. 128) angesprochene Amulett mit der Aufschrift »And mayest Thou, O God, protect him against the seventy-two kinds of diseases, which afflict this world« und die 72 Todesarten in Test Abr A 20,2. Zu beachten ist, daß diese summarischen Aussagen zur Anzahl der Krankheiten keinen Bezug zur Gestalt

---

J. DOCHHORN: Auferstehung am dritten Tag? Eine problematische Parallele zu Hos 6,2, Zeitschrift für Althebraistik 11 (1998), 200–204, speziell 201 (Anm. 7).

Adams haben. 72 Arten des Aussatzes werden in bNega'im 1,4 und Seder Eliahu Rabba § 5 (FRIEDMANN 25) erwähnt. Eine Liste von 70 Organen wiederum begegnet im gnostischen Apokryphon des Johannes (NHC II,15,29–17,6 // NHC IV,24,22–26,16); sie beginnt wie hier mit dem Kopf und seinen Organen.

NHC II,15,29–17,6 bzw. NHC IV,24,22–26,16 nennen die Organe des menschlichen Körpers und die Namen der Engel, die sie erschufen. Diese Liste erscheint im Kontext eines Berichtes von der Erschaffung des Menschen; die Engel gehören zum Machtbereich des negativ bewerteten Demiurgen Jaldabaoth. Weitere Listen anthropologischen Inhalts schließen sich an (NHC II,17,7–19,10 bzw. NHC IV,26,17–29,18).

Für den gesamten anthropologischen Komplex NHC II,15,29–19,10 par gibt es in NHC III und im Papyrus Berolinensis 8502 (BG) keine Parallele; es besteht also der Verdacht, daß es sich um einen sekundären Einschub handelt. Vielleicht ist seine Quelle identisch mit dem in NHC II,19,8–10 genannten Buch des Zoroastros. Er ist auf jeden Fall selbst ein Komposittext; die Zahl von 365 Engeln in NHC II,19,3, die sich auf den gesamten Abschnitt zu beziehen scheint, läßt sich mit den vorhergehenden Angaben kaum in Einklang bringen; wahrscheinlich soll sie das disparate Material des Abschnittes auf eine Formel bringen. Für die Liste der 70 Organe bedeutet dieser Befund zum einen, daß sie älter ist als die Gesamtkomposition in NHC II,15,29–19,10 par, zum anderen, daß sie aus einem anderen Kontext stammt als das Apokryphon des Johannes. Vermutlich handelt es sich um eine ursprünglich selbständige Liste, die aufgrund der Vorstellung, daß der Körper aus 70 Organen besteht, zusammengestellt wurde (zu magischen Zwecken?). Diese Liste muß nicht unbedingt in gnostischen Kreisen entstanden sein, doch ist dies auch nicht auszuschließen; sicher wissen wir nur daß sie eine mit der Apc Mos gemeinsame Auffassung vom Aufbau des menschlichen Körpers hatte.

Die Vorstellung, daß der menschliche Körper 70 Organe hat, ist eine der zahlreichen Versuche in Kreisen des frühen Judentums und seines Umfeldes (Kirche, Gnosis etc.), den Körper des Menschen mit mathematischen Symbolen der Ganzheit zu assoziieren. Beliebt war dabei z.B. die Zahl 7 als Ausgangsbasis, vgl. hierzu die Listen in Test Rub 2–3 sowie die äußerst einflußreiche Überlieferung in Slav Hen 30,8–9, die Adam mit 7 Grundbestandteilen des Kosmos in Verbindung bringt (Makrokosmos-Mikrokosmos-Spekulation), zu dieser Tradition und der davon abhängigen Adam-Octipartitus-Überlieferung vgl. M. FÖRSTER: Adams Erschaffung und Namengebung. Ein lateinisches Fragment des s.g. slawischen Henoch, Archiv für Religionswissenschaft 11 (1908), 477–529 und CHR. BÖTTRICH: Adam als Mikrokosmos. Eine Untersuchung zum slavischen Henochbuch (Judentum und Umwelt. Realms of Judaism 59), Frankfurt a.M. etc. 1995. An der Makrokosmos-Mikrokosmos-Spekulation orientiert ist auch die rabbinische Überlieferung (vgl. u.a. Targ Ps Jon zu Gen 1,27), daß der Mensch aus 248 Gliedern und 365 Sehnen entsprechend der Anzahl der Gebote und Verbote der Thora erschaffen sei – hier wird der Mensch mit dem Jahr als Grundkonstituente der Zeit (365!) und der Thora als Grundordnung der Welt assoziiert. Vielleicht klingt diese Überlieferung auch in Apkr Joh, NHC II 19,3 nach – in diesem Falle wäre eine ältere Tradition, die an der Zahl 70 orientiert ist, sekundär durch eine jüngere, die von der Zahl 365 ausgeht, überformt worden.

Nicht ganz klar ist, ob die Vorstellung von den 70 Organen Adams ebenfalls auf einer Makrokosmos-Mikrokosmos-Spekulation beruht. Daß sie auf eine in biblischer Überlieferung beliebte Rundzahl zurückgreift, steht außer Frage. Gerade dies aber macht es schwer, die dieser Zahl zugrundeliegende Idee zu bestimmen. Am ehesten ist sie wohl von der Völkertafel in Gen 10 herzuleiten, wo ℳ 70 und 𝔊 72 Völker zählt; diese Tradition war durchaus aktiv, vgl. LAMPE s.v. γλῶσσα 2a, De Origine Mundi (NHC II,105,16) und die Confl Adae (Übersetzung: DILLMANN 116). In diesem Falle deutet die Zahl 70 an, daß in Adam sämtliche Völker der Erde keimhaft vorhanden waren.

IX. Die Paradieswanderung Seths und Evas (Apc Mos 9–14)

Anweisung Adams an Eva, mit Seth Öl aus dem Paradies zu holen (Apc Mos 9,1–3)

9,1 Ταῦτα ᵃδὲᵃ λέγων ὁ ᾿Αδὰμ
τοῖς υἱοῖς αὐτοῦ
ἀνεστέναξε ᵇμέγαᵇ καὶ εἶπεν·
τί ποιήσω,
ᶜὅτιᶜ ἐν μεγάλῃ ᵈλύπῃᵈ εἰμί;
9,2 Ἔκλαυσε δὲ ᶜᵃ ἡ Εὖα λέγουσα·
κύριέ μου ᾿Αδάμ,
ᵇἀναστὰςᵇ δός μοι
τὸ ἥμισυ ᶜτῆς νόσουᶜ σου,
καὶ ᵈὑπενέγκωᵈ ᵉαὐτήνᵉ,
ὅτι δι᾿ ᶠἐμὲᶠ
τοῦτό σοι γέγονεν,
ᶜᵍ δι᾿ ʰἐμὲʰ ἐν καμάτοις τυγχάνεις ᶜⁱ.
9,3 Εἶπε δὲ ᾿Αδὰμ τῇ Εὖα·
ἀνάστα καὶ πορεύου
μετὰ τοῦ υἱοῦ ἡμῶν Σὴθ
πλησίον τοῦ παραδείσου
καὶ ᵃἐπίθετεᵃ ᵇγῆνᵇ
ἐπὶ τὰς κεφαλὰς ὑμῶν
καὶ κλαύσατε δεόμενοι ᶜτοῦ θεοῦᶜ,
ὅπως σπλαγχνισθῇ ἐπ᾿ ᵈἐμοὶᵈ
καὶ ἀποστείλῃ τὸν ἄγγελον αὐτοῦ
ᵉεἰς τὸν παράδεισονᵉ
καὶ ᶠδώσῃᶠ μοι ἐκ τοῦ δένδρου,
ἐν ᾧ ῥέει τὸ ἔλαιον ἐξ αὐτοῦ,
ᵍκαὶ ἐνέγκῃς μοιᵍ,
καὶ ʰἀλείψωμαιʰ
καὶ ἀναπαύσωμαιⁱ ᵏἀπὸ τῆς νόσου μουᵏ·
ᵐκαὶ ⁿδηλώσ⟨ῃς⟩ⁿ ᵒτὸν τρόπονᵒ,
ᵖۊἐν ᾧۊ ἠπατηθῆμεν
ʳτὸ πρότερονʳᵖᵐ.

9,1 Wie Adam dies
seinen Söhnen sagte,
seufzte er laut und sagte:
»Was soll ich tun?
Denn ich habe großen Kummer.«
9,2 Eva aber weinte und sagte:
»Adam, mein Herr!
Steh auf und gib mir
die Hälfte von deiner Krankheit,
und ich will sie tragen,
denn durch mich
ist dir dieses geschehen;
durch mich leidest du Mühsalen.«
9,3 Adam aber sagte zu Eva:
»Steh auf und begib dich
mit unserem Sohne Seth
in die Nähe des Paradieses
und werfet Erde
auf eure Häupter
und weinet und bittet Gott,
auf daß er sich meiner erbarme
und seinen Engel
ins Paradies sende
und mir von dem Baume gebe,
von dem das Öl rinnt,
und du es mir bringest
und ich gesalbt würde
und von meiner Krankheit genäse;
und du sollst bekannt machen ,
auf welche Weise
wir zuvor getäuscht wurden.«

Überfall des Tieres auf Seth (Apc Mos 10–12)

10,1 Ἐπορεύθη δὲ Σὴθ καὶ ἡ Εὖα
εἰς τὰ μέρη τοῦ παραδείσου.
ᵃκαὶᵃ εἶδεν ᵇἡᵇ Εὖα ᶜτὸν υἱὸν αὐτῆςᶜ
ᵈκαὶ θηρίον πολεμοῦντα αὐτόνᵈ.
10,2 ᵃἔκλαυσε δὲ ᵇΕὖαᵇᵃ λέγουσα·
οἴμμοι, οἴμμοι, ὅτι ἐὰν ἔλθωᶜ
εἰς τὴν ἡμέραν τῆς ἀναστάσεως,
πάντες οἱ ἁμαρτήσαντες
ᵈκαταράσονταίᵈ ᵉμεᵉ λέγοντες·

10,1 Es begab sich aber Seth und Eva
in die Gegend des Paradieses.
Und Eva sah ihren Sohn
und ein Tier, das ihn bekämpfte.
10,2 Eva aber weinte und sprach:
»Weh mir, weh mir, denn wenn ich
zum Tag der Auferstehung komme,
werden alle, die gesündigt haben,
mich verfluchen und sagen:

ᶠἐπικατάρατος ἡ Εὔαᶠ,	„Verflucht sei Eva,
ᵍὅτι οὐκ ἐφύλαξενᵍ	denn sie hat das Gebot Gottes
τὴν ἐντολὴν τοῦ θεοῦ.	nicht eingehalten!"«
10,3 ᵃκαὶ εἶπε πρὸς τὸ θηρίονᵃ·	10,3 Und sie sagte zu dem Tier:
ᵇὦᵇ θηρίον πονηρόν,	»Du böses Tier!
ᶜοὐ ᵈφοβήσῃᵈ	Fürchtest du nicht
τὴν εἰκόνα τοῦ θεοῦ,	das Ebenbild Gottes,
πολεμῆσαι αὐτήνᶜ;	es zu bekämpfen?
πῶς ἠνοίγη τὸ στόμα σου;	Wie ward dein Mund geöffnet?
πῶς ἐνίσχυσαν οἱ ὀδόντες σου;	Wie wurden deine Zähne so stark?
πῶς οὐκ ἐμνήσθης	Wie erinnertest du dich nicht
τῆς ὑποταγῆς σου,	deiner Unterordnung –
ᵉὅτιᵉ πρότερον	daß du vormals
ὑπετάγης	untergeordnet wurdest
τῇ εἰκόνι τοῦ θεοῦ;	dem Ebenbild Gottes?«
11,1 Τότε τὸ θηρίον ἐβόησε ᵃλέγωνᵃ ·	11,1 Da rief das Tier und sprach:
ὦ Εὔα, οὐ πρὸς ἡμᾶς	»Eva, nicht gegen uns
ἡ πλεονεξία σου	richte deine Aggression,
οὔτε ὁ κλαυθμός,	auch nicht dein Klagen,
ἀλλὰ πρὸς σέ,	sondern gegen dich,
ἐπειδὴ ᵇἡ ἀρχὴ τῶν θηρίωνᵇ	dieweil die Herrschaft der Tiere
ἐκ σοῦ ἐγένετο.	von dir ihren Ausgang genommen hat.
11,2 πῶς ἠνοίγη τὸ στόμα σου,	11,2 Wie öffnete sich dein Mund
φαγεῖν ᵃᵇἀπὸ τοῦ ξύλουᵇ,	zu essen von dem Baum,
ᶜπερὶᶜ οὗ ἐνετείλατό σοι ὁ θεός,	bei dem Gott dir geboten hatte,
μὴ ᵈφαγεῖνᵈᵃ ᵉἐξᵉ αὐτοῦ;	nicht von ihm zu essen?
‛᾿ᶠδιὰ τοῦτο	Deshalb
ᵍκαὶ ἡμῶν αἱ φύσεις μετηλλάγησανᵍ.	wurden auch unsere Naturen geändert!
11,3ᵃ ᵇνῦν οὖν οὐ ᶜδυνήσῃᶜ	11,3 Und so wirst du jetzt nicht
ᵈὑπενεγκεῖνᵈ,	standhalten können,
ἐὰν ἀπάρξωμαι ἐλέγχειν ᵉσεᵉᵇ.	wenn ich beginne, dich zu überführen.«
12,1 ᵃΛέγειᵃ ὁ Σὴθ πρὸς τὸ θηρίον·	12,1 Seth sagt zum Tier:
ᵇκλεῖσαί σου τὸ στόμαᵇ καὶ σίγα	»Halt deinen Mund und schweige
καὶ ἀπόστηθι ᶜἀπὸ τῆς εἰκόνοςᶜ τοῦ θεοῦ	und entferne dich vom Ebenbilde Gottes
ἕως ᵈτῆςᵈ ἡμέρας τῆς κρίσεως.	bis zum Tage des Gerichts!«
12,2 Τότε λέγει τὸ θηρίον ᵃτῷ Σήθᵃ·	12,2 Da sagt das Tier zu Seth:
Ἰδού, ἀφίσταμαι	»Siehe, ich halte mich fern
ἀπὸ τῆς εἰκόνος ᵇτοῦ θεοῦᵇ.	vom Ebenbilde Gottes!«
ᶜΤότε ἔφυγε τὸ θηρίον	Da floh das Tier
καὶ ἀφῆκεν αὐτὸν πεπληγμένονᶜ	und ließ ihn verwundet zurück
ᵈκαὶ ἐπορεύθη εἰς τὴν ᵉσκηνὴνᵉ αὐτοῦᵈ.	und begab sich in seine Wohnstatt.

Seth und Eva vor dem Paradies

13,1 Ἐπορεύθη δὲ Σὴθ	13,1 Seth aber begab sich
μετὰ ᵃτῆς μητρὸς αὐτοῦ Εὔαςᵃ	mit seiner Mutter Eva
πλησίον τοῦ παραδείσου,	in die Nähe des Paradieses,
καὶ ἔκλαυσαν ‛᾿ᵇ δεόμενοι τοῦ θεοῦ,	und sie baten Gott unter Tränen,
ὅπως ἀποστείλῃ ᶜτὸνᶜ ἄγγελον αὐτοῦ	auf daß er ihnen seinen Engel sende

καὶ δώσῃ αὐτοῖς ᵈτὸ ἔλαιον τοῦ ἐλέουᵈ .   und ihnen das Öl des Erbarmens gebe.

13,2 Καὶ ἀπέστειλεν ὁ θεὸς ''ᵃ   13,2 Und Gott sandte

Μιχαήλ, τὸν ἀρχάγγελον ''ᵇ,   Michael, den Erzengel,

καὶ εἶπεν ᶜαὐτῷ·   und (der) sagte zu ihm:

Σήθᵉ, ἄνθρωπε τοῦ θεοῦ,   »Seth, Mann Gottes,

μὴ κάμῃς   Mühe dich nicht mehr,

εὐχόμενος ἐπὶ ᵈτῇ ἱκεσίᾳ ταύτῃᵈ   für dieses Anliegen zu beten –

περὶ τοῦ ξύλου,   den Baum betreffend,

ἐν ᾧ ῥέει τὸ ᵉἔλαιονᵉ,   von dem das Öl rinnt,

ᶠἀλεῖψαιᶠ τὸν πατέρα σου Ἀδάμ.   deinen Vater Adam zu salben.

13,3 ᴬ⁽¹³,⁵⁾οὐ γενήσεταί σοι νῦν ,   13,3 Es wird dir jetzt nicht zuteil werden,

ᴮ⁽¹³,⁵⁾ἀλλ᾿ ἐπ ἐσχάτων ᶜτῶν καιρῶνᶜ,   aber in den letzten Zeiten,

ᵈᵍὅτεᵈ ἀναστήσεται πᾶσα σὰρξ   wenn alles Fleisch auferstehen wird

ἀπὸ Ἀδὰμ   von Adam

ἕως τῆς ἡμέρας ᵉἐκείνης τῆς μεγάληςᵉ,   bis zu jenem großen Tag,

ὅσοιᶠ ἔσονται λαὸς ἅγιος.   welche ein heiliges Volk sein werden,

13,4 τότε ᵃαὐτοῖςᵃ δοθήσεται   13,4 Dann wird ihnen

πᾶσα εὐφροσύνη τοῦ παραδείσου,   alle Freude des Paradieses gegeben werden,

καὶ ἔσται ὁ θεὸς ᵇἐν μέσῳᵇ αὐτῶν.   und Gott wird in ihrer Mitte sein.

13,5 ᵃκαὶ οὐκ ἔσονται ἔτιᵃ   13,5 Und sie werden nicht mehr

ἐξαμαρτάνοντες ἐνώπιον αὐτοῦ,   sündigen vor ihm,

ὅτι ἀρθήσεται ᵇἀπ᾿ αὐτῶνᵇ   denn das böse Herz

ἡ καρδία ἡ πονηρά,   wird von ihnen genommen werden,

καὶ δοθήσεται ᶜαὐτοῖς καρδίαᵇ   und es wird ihnen ein Herz gegeben werden,

συνετιζομένη τὸ ἀγαθὸν   das unterrichtet ist über das Gute

ᵈκαὶᶜ λατρεύειν θεῷ μόνῳᵈᴬ⁽¹³,³⁾ ᴮ⁽¹³,³⁾.   und darüber, Gott allein zu verehren.

13,6 ᵃσὺ δὲ πάλιν πορεύουᵃ   13,6 Du aber begib dich wieder

πρὸς τὸν πατέρα σου,   zu deinem Vater,

ἐπειδὴ ἐπληρώθη   denn es hat sich erfüllt

τὸ μέτρον τῆς ζωῆς αὐτοῦ   das Maß seines Lebens

ᵇἴσον τριῶν ἡμερῶνᵇ·   in genau drei Tagen;

ἐξερχομένης δὲ τῆς ψυχῆς αὐτοῦ   wenn aber seine Seele aus ihm herausgeht,

μέλλεις θεάσασθαι   wirst du ihren schrecklichen

ᶜτὴν ἄνοδον αὐτῆς φοβεράνᶜ ''ᵈ.   Aufweg schauen.«

Rückkehr Seths und Evas und Gespräch am Krankenbett

14,1 Εἰπὼν δὲ ταῦτα ὁ ᵃἄγγελοςᵃ   14,1 Als der Engel das gesagt hatte,

ἀπῆλθεν ἀπ᾿ αὐτῶν.   ging er von ihnen fort.

ᵇˢἮλθε δὲ Σὴθ καὶ ᶜἡᶜ Εὔα   Seth aber und Eva kamen

εἰς τὴν σκηνήν, ὅπου ἔκειτο ὁ Ἀδάμᵇ.   in das Zelt, wo Adam lag.

14,2 Λέγει ᵃδὲᵃ Ἀδὰμ τῇ Εὔᾳ·   14,2 Adam aber sagt zu Eva:

ὦ Εὔα, τί ᴮᶜκατειργάσωᶜ ἐν ἡμῖν;   »O Eva, was hast du uns angetan?

''ᵈ ἐπήνεγκας ἐφ᾿ ἡμᾶς ὀργὴν μεγάλην,   Du hast auf uns großen Zorn gebracht,

ἥτις ἐστὶ θάνατος   nämlich den Tod,

κατακυριεύων παντὸς ᵉτοῦᵉ γένους ἡμῶν.   der über unser ganzes Geschlecht herrscht.«

14,3 ᵃᵇΛέγει Ἀδὰμ τῇ Εὔᾳᵇᴮ·   14,3 Adam sagt zu Eva:

ᶜκάλεσονᶜ ᵈπάντα τὰ τέκνα ἡμῶν   »Rufe alle unsere Kinder

καὶ τὰ τέκνα τῶν τέκνων ἡμῶνᵈ   und die Kinder unserer Kinder

καὶ ἀνάγγειλον αὐτοῖς   und teile ihnen mit,
τὸν τρόπον τῆς παραβάσεως ἡμῶν.[a]   wie wir das Gebot übertreten haben.«

- Zeugen: D St AV $An_2^{(ab\ 14,3)}$ $Pa^{(ab\ 14,3)}$ $AH^{(ab\ 14,3)}$ B A $AC^{(bis\ 13,2)}$ Ath C VitAd(arm) VitAd(georg) VitAd(lat^p) VitAd(lat^{me}) Va P^1 LibAd(slav) P^2 J^2 $J^{1(s)(9,3-15-2)}$ J^3 An_1 ApcMos(arm)$^{(S.\ 5-7)}$ Br S^1 $J^{1(bis\ 9,3)}$ E^1 S^3 E^2.
- Es fehlen: $An_2^{(bis\ 14,2)}$ $Pa^{(bis\ 14,2)}$ $AH^{(bis\ 14,2)}$ $AC^{(ab\ 13,2)}$ AD $J^{1(9,3-15,2)}$.

Zum Text

9,1a D-St B AC C: om; AV A-Ath (=*Ia) Va-P^1 (=*II) P^2-J^2-J^3-An_1 (=*III) Br-S^1 (=*IIIa) J^1-E^1-S^3-E^2: δέ. **9,1b** B A-AC-Ath (=*Ia) Va-P^1 (=*II): μεγάλως; C: def. **9,1c** D-St Ath (=*Ia) P^1 (=*II) P^2-J^2-J^3-An_1 (=*III) ApcMos(arm) Br-S^1 (=*IIIa) J^1-E^1-S^3-E^2: ὅτι; AV B A-AC C Va: om (sq. BERTRAND). **9,1d** D: ἀνάγκη; C: ἀνάγκη καὶ θλίψει. **9,2a** D-St B P^2-J^2-J^3-An_1 (=*III) Br-S^1 (=*IIIa) E^1-S^3-E^2: txt; AV A-AC-Ath-C (=*Ia) VitAd(lat^p) VitAd(lat^{me}) Va-P^1 (=*II) J^1: καί. **9,2b** D-St AV B Ath (=*Ia) Va (=*II) Br-S^1 (=*IIIa *III) J^1-E^1-S^3-E^2: ἀναστάς; A-AC C (P^1) P^2-J^2-J^3-An_1: ἀνάστα. **9,2c** D-St B: τοῦ πόνου; (AV) A-AC-C (=*Ia) Va-P^1 (=*II) P^2-J^2-J^3-An_1 (=*III) Br-S^1 (=*IIIa) J^1-E^1-S^3: τῆς νόσου; Ath: τοῦ νόσου; E^2: τῆς αἰτίας. **9,2d** A-AC: ἐπενέγκω. **9,2e** D-St P^2-J^2-J^3-An_1 (=*III) J^1: αὐτό (auf ἡμισύ zu beziehen); B: αὐτόν (auf vorhergehendes πόνου zu beziehen, vgl. °9,2c); A-AC-Ath (=*Ia) P^1 (=*II) (ApcMos[arm]) Br-S^1 (=*IIIa): αὐτήν (auf νόσον zu beziehen – Lectio facilior: Das Bezugswort τῆς νόσου ist weniger entfernt als das Bezugswort τὸ ἥμισυ in D-St etc.); Va: αὐτά; AV C E^1 S^3 E^2: def. **9,2f** D-St AV B A-AC-Ath-C (=*Ia) Va-P^1 (=*II) | Br: ἐμέ (a|aba); P^2-J^2-J^3-An_1 (=*III) S^1 (=*IIIa) E^1-S^3-E^2: ἐμοῦ (ba); J^1: def. **9,2g** D-St AV B A-AC-Ath-C (=*Ia): txt; Va: ὅτι; P^1 P^2-J^2-J^3-An_1 (=*III) ApcMos(arm) Br-S^1 (=*IIIa): καί; J^1 E^1 S^3 E^2: def. **9,2h** Br-S^1 (=*IIIa): ἐμοῦ. Noch kurz vorher (°9,2f) haben wesentlich mehr Zeugen ἐμέ zu ἐμοῦ abgewandelt – soviel zur Konsequenz der Schreiber und Rezensionen. **9,2i** D: δι' ἐμὲ ἐν ἱ/ύδρότητι τοῦ προσώπου σου τὸν ἄρτον ἐσθίεις· δι' ἐμὲ πάντα ὑπομένεις (vgl. Gen 3,18 𝔊). Zu ἱ/ύδρότητι statt ἱδρῶτι (𝔊*) vgl. °24,2b. **9,3a** D-St A-AC (=*Ia) Va (=*Ia) P^2-J^2-J^3-An_1 (=*III) Br-S^1 (=*IIIa) J^1-E^1-S^3: ἐπίθετε; AV Ath-C: ἐπίθεσθε; B: ἐπιθήσατε; P^1: πάσσατε; E^2: ἐπιτίθετε. **9,3b** D Va-P^1 (=*II): χοῦν; Br-S^1 (=*IIIa): νῦν (<γῆν). **9,3c** A-AC Va: τὸν θεόν; Ath-C (=*Ia) P^1 (=*II) et rell: txt. **9,3d** A-AC-Ath-C: ἐμέ; Va (=*II *Ia) et rell: ἐμοί; P^1: def. **9,3e** D-St: om. **9,3f** D-St AV B A-AC-Ath-C (=*Ia) Va-P^1 (=*II): δώσῃ; P^2-J^2-$J^{1(s)}$-J^3-An_1 (=*III) Br-S^1 (=*IIIa) E^1-S^3-E^2: ἐνέγκῃ. **9,3g** P^2-J^2-$J^{1(s)}$-J^3-An_1 (=*III) ApcMos(arm) Br-S^1 (=*IIIa) E^1-S^3-E^2: om. (vgl. °9,3f). **9,3h** BERTRAND: ἀλείψομαι, doch liegt Konj. Aor. näher: Trotz Subjektwechsels vor ἐνέγκῃς ist das Verb immer noch von ὅπως abhängig, daher erscheint es sinnvoll, die Reihe der Konjunktive, die auch mit ἐνέγκῃς nicht unterbrochen wurde, fortzusetzen. **9,3i** BERTRAND: ἀναπαύσομαι (vgl. °9,3h). **9,3k** A-AC-Ath-C Va: om; VitAd(arm) (=*Ia) VitAd(georg) VitAd(lat^p) VitAd(lat^{me}) P^1 (=*II) et rell: txt cum varr. **9,3m** A-AC-(Ath)-(C) (=*Ia) VitAd(arm) VitAd(georg) (Va)-(P^1) (=*II): καὶ δηλώσω σοι τὸν τρόπον ἐν ᾧ ἠπατήθημεν τὸ πρότερον[1] (sq. NAGEL); VitAd(lat^p) VitAd(lat^{me}) et rell: om. (sq. BERTRAND). So wie er überliefert ist, ist der Satz unsinnig: Adam wird Eva nicht mitteilen, wie sie beide getäuscht wurden, vielmehr wird Eva es ihren Kindern sagen (Apc Mos 15–30). Daher ist καὶ δηλώσ‹ῃς› κτλ. zu konjizieren. Derart rekonstruiert stellt der Satz eine redaktionelle Verklammerung mit Apc Mos 15,1 dar und wird kaum auf einen

---

[1] VitAd(arm): »und ich lehre dich dieses Gleichnis, daß wir von Zeit zu Zeit geködert wurden« (τρόπον falsch aufgefaßt); VitAd(georg): »Alors je te ferai savoir toute la façon dont nous fumes seduits«.

Interpolator zurückgehen. Vielmehr wird er in *Ib ausgelassen worden sein, weil er durch das Überlieferungsverderbnis unverständlich geworden war. **9,3n** A-AC-C (=*Ia) VitAd(arm) VitAd(georg) Va-P¹ (=*II): δηλώσω σοι; Ath: δηλώσει σοι; rell: def. (vgl. °9,3m). **9,3o** C: τῷ τόπῳ. **9,3p**: Ath: om. **9,3q** A-AC-C (=*Ia): ἐν ᾧ; Va: ὅν; P¹: οὗ; Ath et rell. (vgl. °9,3m.p): def. **9,3r** P¹: om. **10,1a** D-St AV B P²-J²-J¹(s)-J³-An₁ (=*III): καί; A-AC-Ath-(C) (=*Ia) VitAd(arm) (VitAd[georg]) VitAd(latᵖ) VitAd(latᵐᵉ) (Va)-P¹ (=*II): καί πορευομένων αὐτῶν (sq. NAGEL); ApcMos(arm): »und wie sie auf dem Wege gingen, da«; Br-S¹ (=*IIIa): καὶ πορευομένων αὐτῶν ἐξῆλθεν εἰς αὐτοὺς θηρίον καὶ ἐξεπήδησεν ἐπὶ τὸν Σήθ; (E¹)-S³-(E²): εἰσερχομένων ἐν τῇ ὁδῷ ὑπήντησεν αὐτοὺς θηρίον ἀγριῶδες καὶ ἀνήμερον, ἤγουν ὁ ἀντικείμενος διάβολος πολεμῶν μετὰ τοῦ υἱοῦ αὐτῆς Σὴθ ὡς ἰδέαν θηρίου. Die *Ia-Variante findet Entsprechungen v.a. in *IIIa, aber auch in ApcMos(arm) und E¹-S³-E². Sie ist freilich wenig spezifisch - auf die Wendung καὶ πορευομένων αὐτῶν konnten Interpolatoren auch unabhängig voneinander kommen, zumal wegen des vorhergehenden ἐπορεύθη. Außerdem ist kaum zu erklären, warum sie hätte ausfallen sollen. Daher ist sie als sekundär einzustufen. E¹ etc. identifizieren das Tier explizit mit dem Teufel, ein in der Rezeptionsgeschichte nicht unüblicher Vorgang, vgl. hierzu VitAd(lat) 38, wo Seth das wilde Tier, nachdem es in 37 mit der Schlange identifiziert worden war, u.a. mit den Worten *increpet te dominus deus* zurechtweist - ein deutliches satanologisches Signal, vgl. Sach 3,2; Jud 9. **10,1b** D-St B | P¹ | P²-J²-J¹(s)-J³-An₁ (=*III) S¹ (=*IIIa) E¹-S³: ἡ (a|aba|a); AV A-AC-Ath-C (=*Ia) Va (=*II): om. (ba); Br E²: def. **10,1c** D-St B A-AC-Ath (=*Ia) (VitAd[georg]) (VitAd[latᵖ]) Va (=*II): τὸν υἱὸν αὐτῆς; C J²-J¹(s)-J³-An₁ (=*III) E¹-S³: Σήθ, τὸν υἱὸν αὐτῆς; (P¹) P² ApcMos(arm): τὸν υἱὸν αὐτῆς Σήθ; AV Br S¹ E²: def. **10,1d** D-St A-AC-Ath-(C) (=*Ia) P²-J²-J¹(s)-J³-An₁ (=*III): καὶ θηρίον πολεμοῦντα αὐτόν; B: πολεμούμενον ὑπὸ θηρίου; Va: θηρίον πολεμούμενον; P¹ E¹-S³: πολεμοῦντα μετὰ θηρίου; AV Br S¹: def. Die Genusinkonzinnität θηρίον (Acc. sg. neutr.) - πολεμοῦντα (Acc. sg. masc.) ist ohne Zweifel ursprünglich. **10,2a** (D)-(St) AV A-AC-Ath (=*Ia) (Va) (=*II): ἔκλαυσε δέ Εὔα (a); B: ἔκλαυσε καὶ στενάξασα εἶπε statt ἔκλαυσε δὲ Εὔα λέγουσα (ba); C P¹ P²-J²-J¹(s)-J³-An₁ (*III) S¹ (=*IIIa) E¹-S³: καὶ ἔκλαυσε (ca); ApcMos(arm): »Eva weinte« (nach Bᵃ, vgl. YOV. 5₆) (dca); Br (E²): καὶ ἔκλαυσεν Εὔα (eca). **10,2b** D-St AC Va | E²: ἡ Εὔα (sq. BERTRAND); AV A-Ath (=*Ia) | Br: Εὔα (sq. NAGEL); C P¹ P² J² J¹(s) J³ An₁ S¹ E¹ S³: def. Zu C P¹ und den *III-Zeugen vgl. °10,2a. **10,2c** D-St B A-(AC) (=*Ia) VitAd(georg) P²-J²-J¹(s)-J³-An₁ (=*III) ApcMos(arm) (S¹) (E²): ὅτι ἐὰν ἔλθω; Ath-C P¹ Br E¹-S³: ὅτι ἀνέλθω; Va: ὅταν ἔλθω. *II dürfte wie *Ia gelesen haben. **10,2d** (D)-St (A)-AC-(Ath)-(C) (=*Ia) | E²: καταράσονται (a|acba); (B) (Va) P¹ P² (=*III) S³: καταράσσοντε (-σσ- und -ε als Orthographievarianten!) (ba); J²-J¹(s)-J³-An₁ E¹: †καταράσσοντες† (cba); Br-S¹: καταρόντες (dba); AV: def. **10,2e** D Ath-C P¹: μοι; St B A-AC (=*Ia) Va (=*II) P²-J²-J¹(s)-J³ (=*III) Br-S¹ (=*IIIa) E¹-S³-E²: με; AV An₁: def. **10,2f** D-St B A-AC-Ath-C VitAd(arm) VitAd(georg) VitAd (latᵖ) VitAd(latᵐᵉ) Va: om; P¹ (=*II *Ia) P²-J²-J¹(s)-J³-An₁ (=*III) ApcMos(arm) Br-S¹ (=*IIIa) (E¹)-(S³*)-(E²): ἐπικατάρατος² ἢ Εὔα; AV Lib Ad(slav): def. Daß hier P¹ und *III nicht zufällig übereinstimmen, ergibt sich daraus, daß in °10,2g Ath mit P¹ und *III zusammengeht, obwohl der Text in Ath damit unverständlich ist. Ath bezeugt so den Zustand des Textes unmittelbar nach Ausfall von ἐπικατάρατος ἡ Εὔα; die anderen von dieser Omission betroffenen Zeugen haben den Text durch Einfügung von (ἡ) Εὔα repariert. Die Omission ist leicht erklärbar: Nach καταράσονται erschien ἐπικατάρατος κτλ. – bei oberflächlicher Betrachtung – überflüssig. **10,2g** D-St (B): ὅτι οὐκ ἐφύλαξεν Εὔα (ba); A-(AC): ὅτι οὐκ ἐφύλαξεν ἡ Εὔα (ca); Ath (=*Ia) P¹ (=*II) P²-J²-J¹(s)-J³-An₁ (=*III) ApcMos(arm) (Br)-S¹ (=*IIIa) E¹-S³-E²: ὅτι οὐκ ἐφύλαξεν (a); C Va: ὅτι ἡ Εὔα οὐκ ἐφύλαξεν (da); AV: def. Vgl. °10,2f. **10,3a** D-St P²-J²-J¹(s)-J³-An₁ (=*III) Br-S¹ (=*IIIa): καὶ εἶπε πρὸς τὸ θηρίον; B: καὶ

---

² E¹-S³*-E² haben ἐπικαταράτη, S³(corr) ἐπικατάρατος.

ἐλάλησεν πρὸς τὸ θηρίον; A-AC-(Ath)-C (=*Ia) VitAd(arm) VitAd(georg) (VitAd[latᵖ]) (Vit
Ad[latᵐᵉ]) Va-(P¹) (=*II) (LibAd[slav]): ἐβόησεν δὲ ἡ Εὔα πρὸς τὸ θηρίον λέγουσα; Apc
Mos(arm): »und Eva blickte zu jenem Tier und sagte«; E¹-S³: καὶ στραφεὶς ἡ Εὔα εἶπε τὸ
θηρίον; E²: καὶ λέγει Εὔα τὸ θηρίον. **10,3b** D-St: ὦ σοι (ba) B: οὐαὶ σοί (cba); A-AC Va: ὦ
σύ (sq. BERTRAND) (da); AV Ath-C (=*Ia) VitAd(arm) VitAd(georg) VitAd(latᵖ) VitAd(latᵐᵉ)
P¹ (=*II) LibAd(slav) P²-J²-J¹⁽ˢ⁾-J³-An₁ (=*III) ApcMos(arm) Br-S¹ (=*IIIa) E¹-S³-E²: ὦ (sq.
NAGEL). **10,3c** (D)-St (VitAd[arm]) (=*Ia) (VitAd[georg]) (VitAd[latᵖ]) (VitAd[latᵐᵉ]) (Va)-(P¹)
([=*II]): οὐ φοβήσῃ τὴν εἰκόνα τοῦ θεοῦ, πολεμῆσαι αὐτήν (a); (AV) B A-(AC)-(C): οὐ
φοβήσῃ τὴν εἰκόνα τοῦ θεοῦ πολεμῆσαι (ba); P²-J²-J¹⁽ˢ⁾-J³-An₁ (=*III): οὐ φοβῇ σὺ τοῦ
πολεμεῖν τὴν εἰκόνα τοῦ θεοῦ (ca); Br-(S¹) (=*IIIa): πῶς οὐ φοβῇ σὺ πολεμῶν τὴν εἰκόνα
τοῦ θεοῦ (dca); (E¹)-S³-(E²): οὐ φοβῇ σὺ τὸν θεὸν καὶ πολεμεῖς τὴν εἰκόνα τοῦ θεοῦ (eca);
Ath: def. **10,3d** D-St B A (=*Ia) | E¹: φοβήσῃ (a|aca); AV C Va-P¹ (=*II): φοβεῖσαι (2. Sg. Präs.
med. – Analogiebildung nach φοβεῖται und πεφόβησαι, vgl. WINER § 13,2 [S. 86–87] und
DIETERICH: Untersuchungen, 249) (ba); P²-J²-J¹⁽ˢ⁾-J³-An₁ (=*III) Br (=*IIIa): φοβῇ σύ (ca); AC
| E²: φοβῇ (da|dca). **10,3e** D-St (AV) A-AC-Ath-C (=*Ia) Va-P¹: ὅτι; B P²-J²-J¹⁽ˢ⁾-J³-An₁: ἧς;
ApcMos (arm) Br S¹ E¹ S³ E²: def. **11,1a** B Va E¹: λέγον (sq. BERTRAND); D-St A-AC-Ath
(=*Ia) P¹ (=*II) P²-J²-J¹⁽ˢ⁾-J³-An₁ (=*III) S³: λέγων; AV Br-S¹ (=*IIIa): εἶπε; C E²: om. Die
Genusinkonzinnität ist ursprünglich, vgl. θηρίον – πολεμοῦντα in °10,1d. **11,1b** P²-J²-J¹⁽ˢ⁾-J³-An₁
(=*III) ApcMos(arm) (Br)-(S¹) ([=*IIIa]) (E¹)-(S³): ἡ ἀρχὴ τῆς ἀνατροπῆς τῶν θηρίων. Damit
ist wahrscheinlich »der Anfang der Revolution der Tiere« gemeint. ApcMos(arm) übersetzt:
»skizbn arjakman gazanac'« (»der Anfang der Befreiung der Tiere«).**11,2a** P²-J²-J¹⁽ˢ⁾-J³-An₁: om.
(ht.: φαγεῖν - φαγεῖν); ApcMos(arm) (=*III) Br-S¹ (=*IIIa) E¹-S³-E² et rell.: txt cum varr. **11,2b**
A-AC: om. **11,2c** D-St AV A-AC-Ath-C (=*Ia) Va: περί; B P¹ Br-S¹ (=*IIIa *III) E¹-S³-E²: om;
P² J² J¹⁽ˢ⁾ J³ An₁: def. **11,2d** D-St B: ἐσθίειν; AV A-AC-Ath-C (=*Ia) Va-P¹ (=*II) Br-S¹ (=*IIIa)
E¹-S³-E²: φαγεῖν; P² J² J¹⁽ˢ⁾ J³ An₁: def. (sie bezeugen abwer indirekt φαγεῖν, vgl. °11,2a). **11,2e**
D-St A-AC-Ath (=*Ia): ἐξ; B P¹ P²-J²-J¹⁽ˢ⁾-J³-An₁ (=*III) Br-S¹ (=*IIIa) E¹-S³-E²: ἀπ' (nach dem
vorhergehenden ἀπὸ ξύλου); C Va: def. **11,2f** P²-J²-J¹⁽ˢ⁾-J³-An₁ (=*III) (ApcMos[arm]) (Br)-(S¹)
([=*IIIa]) (E¹)-(S³): ἐπειδὴ οὖν σὺ τὴν ἐντολὴν τοῦ θεοῦ παρέβης; P¹ E²: ἔφαγες. **11,2g** D-St
(B): αἱ φύσεις ἡμῶν μετηλλάγησαν; AV (A)-(Ath) (=*Ia) (Va)-P¹ (=*II) P²-J²-J¹⁽ˢ⁾-J³-An₁
(=*III) Br-S¹ (=*IIIa): καὶ ἡμῶν αἱ φύσεις μετηλλάγησαν; AC: αἱ φύσεις μετηλλάγησαν;
ApcMos(arm): »da änderte sich unsere Natur zum Ungehorsam gegen den Menschen hin«; E¹-S³-
E²: καὶ ἡ ἐμὴ φύσις μετηλλάγη. **11,3a** Partition nach BERTRAND. NAGEL kennt nur 11,1 und
11,2. **11,3b** (D)-(St) (AV) (B) (A)-AC-Ath-(C) (=*Ia) (Va)-(P¹) (=*II): νῦν οὖν οὐ δυνήσῃ
ὑπενεγκεῖν, ἐὰν ἀπάρξωμαι ἐλέγχειν σε; (P²)-(J²)-(J¹⁽ˢ⁾)-(J³)-(An₁) (ApcMos[arm]) (=*IIIb
*III⁷) (E¹)-S³-(E²): ᵃεἰ ᵇοῦνᵇ ἀκούεις μου, ἡσύχασον· ἐπεὶ ᶜοῦᶜ δύνασαι ὑπενεγκεῖν ᶜᶜᵈ,
ᵉἐὰνᵉ ἀπάρξωμαι ἐλέγχειν σεᵃ³; Br-S¹: om. (darum ist unsicher, ob der P²⁽ᵉᵗᶜ⁾, ApcMos[arm]
und E¹⁽ᵉᵗᶜ⁾ zugrundeliegende Text auf *IIIb oder *III zurückgeht). **11,3c** D (ApcMos[arm]) S³-E²
(=*III): δύνασαι (ApcMos[arm]: »kares« [»du kannst« - Präs. Ind.]); St: δύνῃ; AV A-AC-Ath-C
(=*Ia) Va (=*II): δυνήσῃ; B P² J² J¹⁽ˢ⁾ J³ An₁ Br S¹ E²: def. **11,3d** D-St (B) AC-Ath-C (=*Ia) P¹
(=*II) E¹-S³ (=*III): ὑπενεγκεῖν; AV A: ἐπενεγκεῖν; Va P² J² J¹⁽ˢ⁾ J³ An₁ Br S¹ E²: def. **11,3e** D
AV C Va-P¹ (=*II): σοι; St B A-AC-Ath (=*Ia) E¹-S³-E² (=* III): σε; P² J² J¹⁽ˢ⁾ J³ An₁ Br S¹: def.

---

³ Varianten: **a-a** ApcMos(arm): »Und jetzt widerspreche mir fortan nicht, sondern höre. Denn
du kannst mir nicht widerstehen, wenn ich anfange, dich zu tadeln«; Br S¹: def. (sie lassen die
ganze Passage aus). **b-b** P²-J²-J¹⁽ˢ⁾-J³-An₁ (=*IIIb *III): οὖν (vgl. νῦν οὖν κτλ. in *I); E¹-S³-E²:
οὐκ; Br S¹: def. **c-c** ApcMos(arm) (=*IIIb *III): οὐ (vgl. *I); E¹-S³: οὖν; P² J² J¹⁽ˢ⁾ J³ An₁ Br S¹ E²:
def. **d** ApcMos(arm) (=*IIIb *III): txt. (vgl. *I); E¹-S³: σοι; P² J² J¹⁽ˢ⁾ J³ An₁ Br S¹ E²: def. **e-e**
ApcMos(arm) (=*IIIb *III): ἐάν (vgl. *I); E¹-S³: om.

12,1a D-St AV C (=*Ia) P²-J²-J¹(s)-J³ (=*III) E¹-S³-E²: λέγει; B Va: τότε λέγει; A-AC Ath An₁ Br-S¹ (=*IIIa): λέγει δέ; P¹: καὶ λέγει. *II kann wie *I gelesen haben. **12,1b** D-St AV A-AC-Ath-C (=*Ia): κλεῖσαί σου τὸ στόμα; B: κλεῖσαι τὸ στόμα σου; (Va)-P¹ (=*II) P²-J²-J¹(s)-J³-An₁ (=*III) (Br)-(S¹) (=*IIIa) E¹-S³-E²: κλεῖσον τὸ στόμα σου. Der Text von D-St etc. ist vorzuziehen: Medium ist bei κλείω ungebräuchlich, hier aber sinnvoll - das Tier soll seinen eigenen Mund schließen. Auch die Wortfolge (vorangestelltes σου) ist ungewöhnlich und daher wohl originär. **12,1c** (D)-St: ἀπὸ τὴν εἰκόνα; AV B A-AC-Ath-C (=*Ia) Va-P¹ (=*II) Br-S¹ (=*IIIa *III) E¹-S³-E²: ἀπὸ τῆς εἰκόνος; P²-J²-J¹(s)-J³-An₁: τῆς εἰκόνος. Der Akkusativ nach ἀπό wird hier kaum ursprünglich sein, vgl. Apc Mos 12,2 (ἀπὸ τῆς εἰκόνος τοῦ θεοῦ). Er kam erst in nachchristlicher Zeit in Gebrauch.[4] **12,1d** D-St AV A: om. (hapl: EΩϹΤΗϹ); B AC-Ath (=*Ia) Va (=*II) P²-J²-J¹(s)-J³-An₁ (=*III) Br-S¹ (=*IIIa) E¹-S³-E²: τῆς (vgl. Apc Mos 26,4: ἕως τῆς ἡμέρας τῆς κρίσεως); C P¹: def. **12,2a** D-St: πρὸς Σήθ; AV A-AC-Ath (=*Ia) Va (=*II) P²-J²-J¹(s)-J³-An₁ (=*III) (E¹)-(S³): τῷ Σήθ; B: πρὸς τὸν Σήθ; Br-S¹ (=*IIIa): om. Λέγειν wird in der Apc Mos vorzugsweise mit dem Dativ konstruiert (vgl. Apc Mos 3,2; 4,2; 5,5; 6,1 etc.), präpositionaler Anschluß mit πρός + Acc. begegnet nur in Apc Mos 12,1; 37,1. Wenn er an dieser Stelle in einigen Zeugen begegnet, kann Einfluß aus Apc Mos 12,1 vorliegen. **12,2b** D-St AV B A-AC (=*Ia) VitAd(arm) VitAd(georg) VitAd(latᵐᵉ) ApcMos(arm) (=*III) E¹-S³: τοῦ θεοῦ; VitAd(latᵖ): inuisibilis dei; Va Br-S¹ (=*IIIa): τοῦ ἀοράτου θεοῦ; P²-J²-J¹(s)-J³-An₁: τοῦ θεοῦ τοῦ ἀοράτου; Ath C P¹ E²: def. Bei den Varianten mit ἀοράτου bzw. inuisibilis liegt vielleicht Einfluß aus Kol 1,15 vor. **12,2c** D-St AV B P²-J²-J¹(s)-J³-An₁ (=*III) ApcMos(arm) E¹-S³-E²: om; A-AC-Ath (=*Ia) (VitAd[arm]) (VitAd[georg]) (Vit Ad[latᵖ]) (VitAd[latᵐᵉ]) (Va) (=*II): τότε ἔφυγε τὸ θηρίον καὶ ἀφῆκεν αὐτὸν πεπληγμένον; C P¹ LibAd(slav): def. Apc Mos 11-12 basiert auf Gen 3,15; dazu paßt, daß Seth verwundet wird, vgl. die Exegese. Umgekehrt lag es nahe, den Hinweis auf die Verwundung auszulassen, da sie den Sieg Seths relativiert. Die *Ia-Sonderlesart repräsentiert hier also den ursprünglichen Text. **12,2d** D-St (B) A-AC-Ath-(C) (=*Ia) Va-(P¹) (=*II) (ApcMos[arm]) (=*III): καὶ ἐπορεύθη εἰς τὴν σκηνὴν αὐτοῦ; P²-J²-J¹(s)-J³-An₁ E¹-S³-(E²): om; Br-S¹ (=*IIIa): καὶ ἀπέστη ἐξ αὐτοῦ. Obgleich ApcMos(arm) frei übersetzt (»und ich gehe in meine Wohnung« – Dialogisierung von Narration), besteht doch kein Zweifel, daß sie hier mit der *I-Überlieferung zusammengeht. Sie repräsentiert damit als einziger Zeuge den Subarchetyp *III. **12,2e** D-St A-AC-Ath-C (=*Ia) Va-P¹ (=*II): σκηνήν; B: κοίτην; ApcMos(arm): »bnakout'iun (»Wohnung«); P² J² J¹(s) J³ An₁ Br S¹ E¹ S³ E²: def. BERTRAND schließt sich B an. Wie sein Kommentar z. St. (S. 119) erweist, erschien ihm σκηνήν zu anthropomorph, er vermutet eine »contamination« von 14,1 her (ἦλθε δὲ Σὴθ καὶ Εὔα εἰς τὴν σκηνήν, ὅπου ἔκειτο ὁ Ἀδάμ). Aber »katachretische« Bezeichnungen von Tierbehausungen begegnen auch sonst, so z.B. in Ps 83,4 𝔊 (καὶ γὰρ στρουθίον εὗρεν ἑαυτῷ οἰκίαν), vgl. auch Mt 8,20 par (κατασκηνώσεις!). Im übrigen steht gerade B, wenn es um Wortwahl geht, unter Konjekturverdacht, vgl. NAGEL, Vie I, 40–41. **13,1a** D-St B: Εὔας; A-AC-Ath-C (=*Ia) P¹ (=*II) (ApcMos [arm]) (=*III) E¹-S³: τῆς μητρὸς αὐτοῦ Εὔας; Va: τῆς Εὔας; P²-J²-J¹(s)-(J³)-(An₁): Εὔας τῆς μητρὸς αὐτου; AV Br S¹ E²: def. **13,1b** A-AC-Ath-C: ἐκεῖ; VitAd(arm) (=*Ia) (VitAd[georg]) VitAd(latᵖ) VitAd(latᵐᵉ) Va-(P¹) (=*II) et rell: txt cum varr. **13,1c** D-St: om.

---

[4] Zum Akkusativ nach ἀπό vgl. G.N. HATZIDAKIS: Einleitung in die neugriechische Grammatik (Bibliothek indogermanischer Grammatiken 5), Leipzig 1892, Nachdruck: Hildesheim/Wiesbaden 1977, 224. Der älteste Beleg, den HATZIDAKIS bietet, ist Herm Vis 4,1 (ἀπὸ στάδιον), aber nach den Ausgaben von FUNK und LEUTZSCH steht dort (= Herm 22,5) ἀπὸ σταδίου, ohne daß Abweichungen im Apparat festzustellen sind. Zu beachten ist freilich der Hinweis von HATZIDAKIS auf derselben Seite, daß schon in vorchristlicher Zeit die ebenfalls separative Präposition ἐκ/ἐξ mit dem Akkusativ konstruiert werden konnte.

13,1d D-(St) AV C P²-J²-J¹⁽ˢ⁾-J³-An₁ (=*III) Br (=*IIIa): τὸ ἔλεος τοῦ ἐλαίου (ba); A-AC-Ath (=*Ia) VitAd(latᴾ) (VitAd[latᵐᵉ]) | B ApcMos(arm) S¹: τὸ ἔλαιον τοῦ ἐλέου⁵ (a|aba); Va: τοῦ ἐλαίου τὸ ἔλεος (ca); P¹: τὸ ἔλαιον αὐτοῦ (da); E¹-S³: τὸ ἔλεος ἐλαίου (eba). Schon *Ib hatte ΕΛΕΟC (wohl statt eines itazistischen *ΕΛΕΟΝ) – eine aufgrund der weiten Verbreitung des Wortes ἔλεος verständliche Fehlkorrektur⁶, vgl. °13,2e, wo einige Codices denselben Irrtum bezeugen – in einem Kontext, der diesen noch viel weniger gestattet (immerhin geht dort das Wort ῥέει [»fließt«] voraus). Zum Wortspiel ἔλαιον / ἔλεος vgl. z.B. Clemens Alex, Paed II,8,62,3 (STÄHLIN 194): τὸ ἔλαιον αὐτός ἐστιν ὁ κύριος, ἀφ' οὗ τὸ ἔλεος τὸ ἐφ' ἡμᾶς und Joh Chrys in Phil 1, Hom 4 (MPG 62,210) sowie Joh Chrys in Joh, Hom 13 (MPG 59,90); vgl. auch Joh Chrys in Matth, Hom 78 (MPG 58,711), wo ein Wortspiel von ἔλαιον mit ἐλεημοσύνῃ begegnet. Zur Syntax: Konkreta, näher bestimmt durch ein Abstraktum im Gen. qualitatis sind in 𝔊 wie im NT geläufig, sie sind hebräischen Konstruktusverbindungen nachempfunden, vgl. BL-DEBR-REHK § 165,1; zum Hebräischen vgl. MEYER § 97,4c. **13,2a** A-AC: πρὸς αὐτούς; Ath-C et rell: txt. **13,2b** D-St B A-AC-Ath (=*Ia) VitAd(arm) VitAd (georg) Va (=*II): txt; AV C (P¹) P²-J²-J¹⁽ˢ⁾-J³-An₁ (=*III) (ApcMos[arm]) (Br)-(S¹) ([=*IIIa]) E¹-S³: αὐτοῦ; E²: def. **13,2c** D-St P²-J²-J¹⁽ˢ⁾-J³-An₁ (=*III): αὐτῷ· Σήθ (vgl. die Fokussierung auf Seth in 10,1; 13,1) (a); AV B | P¹ | Apc Mos(arm) Br-S¹ (=*IIIa) E¹-S³-E²: τῷ Σήθ (sq. BERTRAND) (ba|bca|ba); A-AC (=*Ia) VitAd(arm) Va (=*II): αὐτοῖς τοὺς λόγους τούτους· Σήθ (ca); Ath: αὐτοῖς τοὺς λόγους τούτους (dca); C: αὐτοῖς· Σήθ (eca). **13,2d** D C Va An₁ Br-S¹ (=*IIIa): τὴν ἱκεσίαν ταύτην; St B A-Ath (=*Ia) P²-J²-J¹⁽ˢ⁾-J³ (=*III) E¹-S³: τῇ ἱκεσίᾳ ταύτῃ; AV AC E²: def. **13,2e** AV (C) Va: ἔλεος, vgl. °13,1d. **13,2f** D-St AV A-C (=*Ia) Va (=*II): ἀλείψαι; B: εἰς τὸ ἀλεῖψαι; Ath E¹-S³: τοῦ ἀλεῖψαι; P²-J²-J¹⁽ˢ⁾-J³-An₁: πρὸς τὸ ἀλεῖψαι; P¹ Br S¹ E²: def. *III wird wie *I gelesen haben. **13,3/5A** AV P¹ LibAd(slav): om. **13,3/5B** D-St B P²-J²-J¹⁽ˢ⁾-J³-An₁ (=*III) ApcMos(arm) Br-S¹ (=*IIIa) E¹-S³-E²: om; A-Ath-C (=*Ia) (VitAd[arm]) (VitAd[georg]) (VitAd[latᴾ]) (VitAd [latᵐᵉ]) Va (=*II): txt cum varr; AV P¹ LibAd(slav): def. (vgl. °13,3/5A). Die Adamviten sind nur insoweit Zeugen für den von *Ia gebotenen Text, als sie an seiner Stelle eine Prophetie haben, die ebenfalls mit *ἀλλ' ἐπ ἐσχάτῳ τῶν καιρῶν eingeleitet war, vgl. etwa VitAd(georg): »mais dans les derniers temps...«. Inhaltlich weicht sie allerdings völlig ab: Sie weissagt die Ankunft Christi und interpretiert dessen Taufe im Jordan als eine Taufe Adams (Christus als zweiter Adam!). Daß *Ia hier ursprünglich ist, ergibt sich aus ApcMos 13,6: Das dort mit Sicherheit genuine σὺ δὲ πάλιν impliziert eine Hinwendung zu Seth, die nur dann sinnvoll erscheint, wenn er zuvor aus dem Blick geraten ist. Dies kann aber nur der Fall sein, wenn °13,3/5B ursprünglich voranging. Die Passage ist zudem inhaltlich durchaus konkordant mit dem weiteren Kontext, vgl. v.a. Apc Mos 41,2, wo wie hier eine Auferstehung aller Adam-Nachkommen verheißen wird. Ein Grund für die Auslassung in *Ib könnte gewesen sein, daß die Auferstehungsweissagung zu universalistisch erschien. **13,3c** A-(C) (=*Ia) VitAd(georg): τῶν καιρῶν (sq. BERTRAND App.); Ath VitAd(latᴾ) VitAd(latᵐᵉ) Va: τῶν ἡμερῶν (sq. NAGEL). Die Junktur ἔσχατος - ἡμέραι ist konventionell (vgl. etwa Dtn 4,30; 8,16; 31,29; Jos 24,27; Jer 23,20; Hes 38,16 etc in 𝔊 und 2. Tim 3,1; Hebr 1,2 im NT. Im Gegensatz dazu ist die Junktur von ἔσχατος und καιρός durchaus nicht gängig, wohl aber möglich, vgl. Test Naphth 8,1. **13,3d**

---

⁵ VitAd(latᵐᵉ) 40 liest *oleum de arbore misericordiae suae*, VitAd(latᵐᵉ) 42 und der damit zusammenhängende Abschnitt in Ev Nic Pars II (Desc Inf [lat]) Rez A 3 *oleum misericordiae*.

⁶ Die Variante hat auf die Überlieferung zum griechischen Descensus ad Inferos eingewirkt, vgl. Codex B zu Desc Inf (gr) 3 (Ev Nic B [gr] 19) (TISCHENDORFF, Evangelia 325 App.). Desc Inf 3 erzählt von der Paradieswanderung Seths; in diesem Zusammenhang ist von einem δένδρον τῆς ἐλεημοσύνης die Rede. Codex B ergänzt hierzu: τοῦτ' ἔστι τὸ ἔλεος τοῦ ἐλαίου – vielleicht durch Apc Mos D-St etc. beeinflußt.

A C: τότε (sq. BERTRAND App., NAGEL); Ath (=*Ia) Va (=*II): ὅτε. Gegen τότε an dieser Stelle spricht, daß erst mit dem τότε in 13,4 eine Aussage verbunden ist, die zu οὐ γενήσεταί σοι νῦν in antithetischer Relation steht:»Jetzt« wird Seth das Öl verweigert,»dann« aber wird etwas gegeben, nämlich »alle Freude des Paradieses«. **13,3e** A-Ath (=*Ia): ἐκείνης τῆς μεγάλης (vgl. Apc Mos 37,6); C: τῆς συντελῆς; Va: ἐκείνης. **13,3f** A-Ath (=*Ia): ὅσοι; C: †ὦσοι αὐτοῖς†; Va: τότε. **13,4a** Ath: om. **13,4b** Va: ἀνὰ μέσον. **13,5a** A-Ath (=*Ia): καὶ οὐκ ἔσονται ἔτι; C: †ὅτι αὐτοὶ ἔσονται†; Va: καὶ οὐκέτι ἔσονται. **13,5b** A-Ath (=*Ia): ἀπ᾽ αὐτῶν ἡ καρδία ἡ πονηρά, καὶ δοθήσεται αὐτοῖς καρδία; C: †ἡ καρδία αὐτῶν†; Va: ἡ καρδία ἡ πονηρὰ ἀπ᾽ αὐτῶν, καὶ δοθήσεται. **13,5c** Va: om. **13,5d** A-Ath (=*Ia): καὶ λατρεύειν θεῷ μόνῳ; C: καὶ λατρεύειν μόνον θεῷ; Va: θεῷ λατρεύειν μον-. **13,6a** D-St (A)-(AC)-(C) (Vit Ad[arm]) (VitAd[georg]) (VitAd[latᵖ]) (VitAd[latᵐᶜ]) Va (=*II *Ia): σὺ δὲ πάλιν πορεύου (a); AV: { ? } πορεύου δέ (ba); B: ἀλλ᾽ ἐπίστρεψον (ca); P¹ | E²: ἀλλὰ πορεύου (da|dfa); P²-J²-J¹⁽ˢ⁾-J³-An₁: ἀλλὰ μᾶλλον (efa); Br-S¹ (=*IIIa *III) E¹-S³: ἀλλὰ μᾶλλον, πορεύου (fa). **13,6b** D-St A-Ath-C (=*Ia): ἴσον τριῶν ἡμερῶν (a); AV: ἴσω τριῶν ἡμερῶν (ba); B: καὶ ζήσει ἀπὸ τὴν σήμερον γ᾽ ἡμέρας καὶ ἀποθανεῖται (ca); Va: ὑπὸ δὲ τριῶν ἡμερῶν (da); P¹ Br-S¹ (=*IIIa) E²: om. (ea); P²-J²-J³-An₁: †ἵνα† τριῶν ἡμερῶν (fa); J¹⁽ˢ⁾: τριῶν ἡμερῶν (gfa); ApcMos(arm):»nach drei Tagen« (ha); E¹-S³: εἰς τρεῖς ἡμέρας (ia). *III dürfte wie *I gelesen haben. **13,6c** P¹: τὸ ὄνειδος αὐτοῦ φοβερόν; E¹-S³: τὴν ἄνοδον αὐτῆς πονηράν. Beide Varianten lassen eine negative Bewertung Adams erkennen, die wohl durch Röm 5,12 ff und die daran anschließende christliche Tradition inspiriert ist. **13,6d** (Br)-(S¹) (=*IIIa): μετὰ ᵃδὲ ταῦταᵃ ἴσον πέντε ᵇἡμερῶν καὶ ἥμισυᵇ καταβήσομαι ἐπ᾽ ᶜαὐτὸνᶜ δωρούμενος αὐτῷ τὸ ἔλεος τοῦ ἐλαίου καὶ τὸν καρπὸν τοῦ παραδείσου.[7] Vgl. die Auslegung dieser Prophetie in °14,1b. **14,1a** D-St A-(Ath)-C (=*Ia) Va (=*II) | Br: ἄγγελος (a|aca); P²-J²-J¹⁽ˢ⁾-J³-An₁ E¹-S³: ἀρχάγγελος τοῦ θεοῦ (bca); ApcMos(arm) (=*III) S¹ (=*IIIa): ἄγγελος κυρίου (ca). **14,1b** (Br)-(S¹) (=*IIIa): κατέβησαν δὲ Σὴθ καὶ ἡ μητὴρ αὐτοῦ λυπούμενοι πρὸς τὸν Ἀδάμ· 14,1α λυπούμενοι μὲν, ὅτι οὐδὲν ᵃἐκομίζοντοᵃ, ᵇχαιρόμενοι δὲ ἐπὶᵇ ᶜτὰς ἐλπίδαςᶜ αὐτῶν, ἐν τῷ λέγειν αὐτοῖς ᵈὁ θεόςᵈ· ὅτι ἐγὼ καταβήσομαι καὶ ᵉ«ἀλείψομαιᵉ αὐτόν. 14,1β διηγήσαντο οὖν ᶠπάνταᶠ τῷ Ἀδάμ· ὅτι ᵍτέλοςᵍ εἴληφεν ἡ ζωὴ αὐτοῦ καὶ ὅτι πρὸς τὸν θάνατον ʰπορεύσεταιʰ. 14,1γ τὰς δὲ πέντε ἡμέρας ἐκείνας καὶ ἥμισυⁱ εἶναι ᶦᵏ χιλιάδας πέντε καὶ πεντακόσια ἔτη, ἐν οἷς ὁ θεὸς σπλαγχνισθεὶς ἐλεήσει τὸ γένος τῶν ἀνθρώπων ἐπ᾽ ἐσχάτου τῶν ἡμερῶν. 14,1δ τὴν γὰρ ἡμέραν κυρίου φησὶ χίλια ἔτη.[8] (»Es gingen aber Seth und seine Mutter trauernd zu Adam herab. 14,1α Trauernd, weil sie nichts brachten, freudig aber angesichts ihrer Hoffnungen, hatte ihnen doch Gott gesagt: „Ich werde herabkommen und ihn <salb>en". 14,1β Sie erzählten nun Adam alles, nämlich daß sein Leben ein Ende genommen habe, und daß er dem Tode entgegengehe. 14,1γ Jene fünfeinhalb Tage aber seien 5 Jahrtausende und 500 Jahre, nach denen sich Gott des Geschlechtes der Menschen erbarmen werde am Ende der Tage. 14,1δ Der Tag Gottes nämlich, sagt er, entspreche 1000

---

[7] Varianten: **a-a** Br: δὲ ταῦτα; S¹: ταῦτα δέ. **b-b** Br: ἡμερῶν καὶ ἥμισυ; S¹: ἥμισυ ἡμερῶν. **c-c** Br: αὐτῷ; S¹: αὐτόν.

[8] Varianten: **a-a** Br: ἐκομίζοντο; S¹: ἐκόμιζον τῷ Ἀδάμ. **b-b** Br: χαιρόμενοι δὲ ἐπί; S¹: om. **c-c** Br: τὰς ἐλπίδας; S¹: τὴν ἐλπίδαν. **d-d** Codd: ὁ θεός, zu erwarten wäre τὸν θεόν. **e-e** Codd: ἄψομαι; BERTRAND: ἀλείψομαι (vgl. *IIIa in °13,6d: καταβήσομαι ἐπ᾽ αὐτὸν δωρούμενος αὐτῷ τὸ ἔλεος τοῦ ἐλαίου). **f-f** Br: πάντα; S¹: ταῦτα. **g-g** Br: τὸ τέλος; S¹: τέλος. **h-h** Br: πορεύσεται; S¹: πορεύεται. **i-i** Codd: ἐκείνας, †ὸ Ἀδάμ†; BERTRAND: ἐκείνας ἥμισυ; eher noch ist ἐκείνας καὶ ἥμισυ zu konjizieren, vgl. *IIIa in °13,6d: ἴσον πέντε ἡμερῶν καὶ ἥμισυ. Das vokativische ὁ Ἀδάμ paßt nicht zur indirekten Rede. Sicher ist es irgendwie dem μ- von *ἥμισυ zu verdanken. **k-k** Br: txt; S¹: αἱ (ditt.).

Jahren.«). Vgl. die Weissagung an Seth im Anschluß an die Paradieswanderung in Desc Inf (gr) 3 / Ev Nic (gr) 19: "Απιθι οὖν καὶ εἰπὲ τῷ πατρί σου, ὅτι μετὰ τὸ συντελεσθῆναι ἀπὸ κτίσεως κόσμου ἔτη πεντακισχίλια πεντακόσια, τότε κατέλθῃ ἐν τῇ γῇ ὁ μονογενὴς υἱὸς τοῦ θεοῦ ἐνανθρωπήσας, κἀκεῖνος ἀλείψει αὐτὸν τῷ τοιούτῳ ἐλαίῳ (»Geh nun fort und sage deinem Vater, daß nach Vollendung von 5500 Jahren von der Erschaffung der Welt an schließlich der eingeborene Sohn Gottes Mensch werden und auf die Erde herabkommen wird, und jener wird ihn [sc. Adam] mit jenem Öl salben«). Die biblische Grundlage für die Umrechnung von 5 1/2 Tagen in 5500 Jahre wird in 14,1δ angesprochen: Gemeint ist Ps 90,4, vgl. auch dessen Auslegung in 2. Petr. 3,8. **14,1c** D AV: om. (sq. BERTRAND); St A-C (=*Ia) Va-P¹ (=*II) P²-J²-J¹⁽ˢ⁾-J³-An₁ (=*III) E¹-S³-E²: ἡ; B Ath Br S¹: def. **14,2a** D Br-S¹ (=*IIIa): om; St AV A-Ath (=*Ia): δέ; C P¹ P²-J²-J¹⁽ˢ⁾-J³-An₁: ὁ; Va: δέ ὁ; B E¹ S³ E²: def. **14,2/3B** P¹: κατ- (hapl: κατειργάσω – κάλεσον? Kollationsfehler NAGELS? Die Omission beginnt und endet mit einem Zeilenwechsel bei NAGEL und wird in seiner Kollation nicht – wie sonst bei längeren Auslassungen üblich – gekennzeichnet). **14,2c** P²-J²-J¹⁽ˢ⁾⁽⁷⁾-J³-An₁: κατείργασας; Br-S¹ (=*IIIa *III) E¹-(S³)-E² et rell: txt. **14,2d** D-St AV P²-J²-J¹⁽ˢ⁾-J³-An₁ (=*III) Br-S¹ (=*IIIa): txt; B A-Ath-C (=*Ia) Va (=*II) E¹-S³-E²: καί; P¹: def. **14,2e** Ath-C: om; A (=*Ia) et rell: τοῦ; AC: def. **14,3a** (P²)-J²-J¹⁽ˢ⁾-J³-An₁ (=*III) (ApcMos[arm]) (Br)-(S¹) ([=*IIIa]) (E¹)-(S³)-(E²): ᵃἀπεκρίθη αὐτῷ ᵇἡᵇ Εὔα καὶ εἶπενᵃ· ᶜοἴμμοιᶜ, κύριέ μου, ὅτι ᵈἠπατήθηνᵈ ᵉπιστεύσασαᵉ τοῖς δολίοις ῥήμασι τοῦ ὄφεως ʼʼᶠ. ταῦτα δὲ ᵍεἰπούσηςᵍ αὐτῆς ʰπρὸς αὐτὸνʰ ʼʼⁱ ἤρξαντο ᵏοἴᵏ ἀμφότεροι ᵐκλαίειν πικρῶςᵐ ʼʼⁿ. καὶ ᵒμετὰ τὸ παύσασθαι ᴾαὐτοὺςᴾ ᑫτοῦ θρήνουᑫ ʳὑπὸʳ τῆς λύπης τῆς πολλῆς ˢνικηθεὶςˢ ὁ Ἀδὰμ ὕπνῳ ᵗκατενέχθηᵗᵒ.⁹ *III hat Apc Mos 14,3–16,3 umgestaltet, vgl. °15,1a; °15,2/3A; °16,1/3A. **14,3b** St (A)-Ath (=*Ia): λέγει Ἀδὰμ τῇ Εὔᾳ; AV: καὶ λέγει αὐτῇ (sq. BERTRAND); An₂-Pa-AH: ἐξεῖπεν Ἀδὰμ τῇ Εὔᾳ; B: καὶ λέγει πρὸς αὐτήν; C: καὶ λέγει αὐτοῖς; Va: λέγει πάλιν ὁ Ἀδάμ; D P¹ P² J² J¹⁽ˢ⁾ J³ An₁ Br S¹ E¹ S³ E²: def. **14,3c** (An₂)-Pa-AH: λάλησον. **14,3d** D: †καὶ τὰ τέκνα τῶν τέκνων ἡμῶν† (ht.) (ba); St A (=*Ia): πάντα τὰ τέκνα ἡμῶν καὶ τὰ τέκνα τῶν τέκνων ἡμῶν (a); AV: τὰ τέκνα ἡμῶν καὶ τὰ τέκνα τῶν τέκνων ἡμῶν (ca); An₂-Pa-AH | (Va): τὰ τέκνα ἡμῶν (dca| dfa); B: ἅπαντας τοὺς παῖδας ἡμῶν καὶ τοὺς παῖδας αὐτῶν (ea); Ath-C P¹ (=*II): πάντα τὰ τέκνα ἡμῶν (fa).

Wie in E III,5a (S. 126; 134–135) dargelegt wurde, ist Apc Mos 9–14 unter Bezugnahme auf Apc Mos 15–30, speziell auf den Fluch über Adam (Apc Mos 24), von der Endredaktion formuliert worden. Der redaktionellen Herkunft entspricht eine auffällig starke Bezogenheit auf den Kontext: Mehr als anderen Perikopen kommt Apc Mos 9–14 die Funktion eines Scharniers zu. Es knüpft an die Erkrankung Adams an und leitet, indem ein Versuch zu deren Behebung fehlschlägt, zu dessen Tod über, der in 13,6 und indirekt in 14,2 angekündigt

---

⁹ Varianten: **a-a** E²: καὶ ἡ Εὔα. **b-b** S¹: om. **c-c** P²-J²-J¹⁽ˢ⁾-J³-A₁ E¹: οἴμμοι; Br-S¹ (=*IIIa) S³-E²: οἴμοι. **d-d** E¹-S³: ἐπατήθην. **e-e** E¹-S³-E²: om. f Br-S¹ (=*IIIa): καὶ ἐπήνεγκα θάνατον ἐπὶ σὲ καὶ ἡμᾶς (nach Apc Mos 14,2). **g-g** Br-(S¹) (=*IIIa): εἰποῦσα (nachfolgend αὐτῆς, in S¹ als αὐτοῖς gelesen, vielleicht in beiden Codd. so verstanden, vgl. °h-h). **h-h** ApcMos(arm) Br-S¹ (=*IIIa) E²: om. (zu *IIIa vgl. °g-g). **i** E²: καί. **k-k** P²-J²-J¹⁽ˢ⁾-J³-An₁: οἱ; Br-S¹ (=*IIIa) E¹-S³-E²: om. **m-m** P²-J²-J¹⁽ˢ⁾-J³-An₁ E¹-S³: κλαίειν πικρῶς; Br-S¹ (=*IIIa): πικρῶς κλαίειν; E²: κλαίειν. **n** E¹-S³-(E²): μετὰ πολλῆς ὥρας. **o-o** E²: εὐθὺς κατενεχθεὶς ὁ Ἀδάμ. **p-p** E¹-(S³): αὐτοῖς. **q-q** E¹-S³: τοὺς θρήνους. **r-r** E¹-S³: ἀπό. **s-s** P² S³: κινηθείς (ba); J²-J¹⁽ˢ⁾-J³-An₁ ApcMos(arm): νικηθείς (a); Br-S¹ (=*IIIa): om. (ca); E¹: κλινηθείς (dba); E²: def. **t-t** E¹-S³-E²: κατενεχθείς.

wird. Damit wird die Erzählung vom Tod und postmortalen Schicksal Adams und Evas in Apc Mos 31ff vorbereitet; gerade 13,6 weist deutliche Anklänge v.a. an die redaktionellen Partien in 31–32 auf. Doch indem Apc Mos 9–14 zum Thema Tod hinleitet, ermöglicht es auch die Aufnahme von Apc Mos 15–30: Da Eva den Tod über die Menschen gebracht hat (14,2), liegt es nahe, daß auch sie von der Übertretung des Gottesgebotes im Paradies berichten soll (14,3); damit wird Apc Mos 15–30 implizit als Ätiologie des Todes eingeführt, freilich gegen den ursprünglichen Sinn dieses älteren Quellenstücks, vgl. E III,5a (S. 124–126).

1. Zum Inhalt

Apc Mos 9–14 gliedert sich in eine Rahmenerzählung, die von der ergebnislosen Paradieswanderung Evas und Seths handelt (Apc Mos 9,1–10,1a; 13–14), und eine darin eingeschlossene Erzählung vom Überfall eines Tieres auf Seth (Apc Mos 10,1b–12,2). Die Geschichte von der Paradieswanderung läßt sich ihrerseits in drei Abschnitte unterteilen: In Apc Mos 9,1–3 setzt sich das Gespräch am Sterbebett Adams fort; es läuft auf eine Weisung Adams an Eva und Seth hinaus, Öl des Erbarmens aus dem Paradies zu beschaffen, damit er von seiner Krankheit genesen könne (I). Es schließt die Erzählung von der Paradieswanderung an (II), die indessen ergebnislos verläuft (10,1–13,6), allerdings nicht ohne daß Seth eine bessere Zukunft am Ende der Zeiten verheißen würde (13,3–5); eingebettet ist die Geschichte vom Überfall des Tieres auf Seth (10,1b–12,2). Nach der Rückkehr Seths und Evas folgt nochmals ein Gespräch am Sterbebett (III), das jedoch erstmals nach Apc Mos 5,2 nicht die Krankheit, sondern den Tod zum Thema hat (14,1–3).

a) Der Anfang der Rahmenerzählung (9,1–9,3)

Apc Mos 9,1–3 setzt mit einem Resumée der vorhergehenden Erzählung ein: Adam schließt die Erzählung vom Ursprung seiner Krankheit (Apc Mos 7–8) mit einem Klageruf ab, der sein Befinden mit den Worten ἐν μεγάλῃ λύπῃ εἰμί beschreibt. Dies überrascht, da λύπη gewöhnlich einen psychischen Zustand (Trauer, Gram, Kummer) bezeichnet (vgl. D C in °9,1d, die λύπη durch ἀνάγκη ersetzen), kann aber als Hinweis auf die exegetische Grundlage erklärt werden (s.u.). Die Assoziation von Adams Zustand mit λύπη wird in Apc Mos 6,1–3a, einem späteren Implement, abgelehnt – möglicherweise im Hinblick auf diese Stelle (vgl. E III,5a [S. 127–128]).

Auf den Klageruf Adams reagiert Eva mit einer Selbstbezichtigung (9,2). Sie ist die erste dieser Art in der Apc Mos, wird aber nicht die einzige bleiben (vgl. Apc Mos 10,2; 32,2). Eva fordert Adam auf, ihr die Hälfte seiner Krankheit (νόσου) abzutreten, da er ihretwegen leiden müsse. Daß die Aufforderung Evas und die Begründung logisch zueinander passen, wird man bestreiten dürfen; eigentlich müßte Eva doch, wenn sie die Schuldige ist, die Straffolge alleine tragen. Die Aufforderung Evas paßt hingegen sehr viel besser zu der in der Erzählung vom Tod Adams und Evas (Apc Mos 31–43), speziell zu der in der vorredaktionellen Grablegungsgeschichte (31,2–3a; 38ff) so stark hervorgehobenen Motivik der Einheit Adams und Evas (vgl. Apc Mos 31,2–3; 42,3–7; 43,1); wahrscheinlich soll diese hier schon angedeutet werden, freilich auf Kosten der Erzähllogik. Schon die Tatsache, daß Eva sich hier selber anklagt, schafft eine Verbindung zur Sterbeerzählung (vgl. Apc Mos 32,2, das der Endredaktion zugewiesen werden muß); wenn nun auch das Motiv der Einheit Adams und Evas anklingt, wird kaum in Frage stehen, daß hier mit Bedacht Texte aufeinander bezogen werden.

Dies gilt noch für ein drittes Element: Die Begründung der Selbstbezichtigung Evas gliedert sich in zwei parallele Sätze (ὅτι δι' ἐμὲ τουτό σοι γέγονεν / δι' ἐμὲ ἐν καμάτοις τυγχάνεις). Der erste Satz hätte für die Erzählung ausgereicht, aber der zweite ist aus einem anderen Grunde notwendig: Das Wort καμάτοις verbindet diese Passage mit dem Gottesfluch über Adam in Apc Mos 24,2 (...ἔσῃ δὲ ἐν καμάτοις πολυτρόποις...); der Zustand Adams wird damit als Fluchfolge gekennzeichnet. Wie so oft dient die redaktionsgeschichtlich ältere Erzählung in Apc Mos 15–30 als Grundlagentext.

Der Aufforderung Evas an Adam, ihr die Hälfte seiner Qualen zu übergeben, entgegnet Adam seinerseits mit einer Aufforderung (9,3): Eva soll sich mit Seth in die Nähe des Paradieses begeben, dort sollen sie einen Bußritus vollziehen (indem sie sich Erde auf das Haupt streuen, vgl. 1. Makk 11,71; 2. Makk 10,25), damit Gott ihnen durch einen Engel Öl von einem Ölbaum zu seiner Heilung[10] zukommen lasse. Es schließt sich ein nur in Subarchetyp *Ia verderbt überlieferter Satz an (vgl. °9,3m), der dahingehend zu rekonstruieren ist, daß Adam Eva anweist, (nach dieser Mission) zu berichten, wie sie (Adam und Eva) ehedem getäuscht wurden – damit wird Apc Mos 15–30 angekündigt.

Es hat den Anschein, daß eine Wallfahrt zum Paradies unternommen werden soll. Damit stellt sich die Frage, ob das Paradies in Apc Mos 9–14 als Heiligtum gedacht ist. Der Zusammenhang Wallfahrt – Buße – Errettung durch Gottes Hilfe ist ja zumindest in alttestamentlicher Zeit mit dem Tempel assoziiert, hier mit dem Paradies. Zu beachten ist, daß auch der Lib Jub, der in der Apc Mos oftmals im Hintergrund steht, das Paradies bzw. den Garten Eden als Heiligtum

---

[10] Heilungen durch Auftragung von Öl sind auch in Mk 6,13 und Jak 5,14–15 belegt, an beiden Stellen begegnen zudem wie in Apc Mos 9,3 die Vokabeln ἔλαιον und ἀλείφω. In Jak 5,14–15 scheint allerdings weniger die Salbung als vielmehr das die Salbung begleitende Gebet im Vordergrund zu stehen; davon ist hier nichts zu merken.

sieht[11]; diese Sicht könnte hier nachgewirkt haben. Damit findet vielleicht auch eine Erklärung, was es mit dem rätselhaften Ölbaum im Paradies auf sich hat, der hier als eine offenbar bekannte Einrichtung präsentiert wird (...τοῦ δένδρου, ἐν ᾧ ῥέει τὸ ἔλαιον ἐξ αὐτοῦ)[12]: Wenn nun das Paradies als ein Heiligtum gedacht ist, legt es sich nahe, den Ölbaum mit der Menorah zu assoziieren; beide haben mit Öl zu tun.[13] Die Menorah wiederum ist ursprünglich ein stilisierter Lebensbaum und wurde auch später noch mit dem Lebensbaum konnotiert.[14] So legt sich also die Assoziation Ölbaum / Menorah / Lebensbaum[15] nahe, und dazu

---

[11] Zum Garten Eden als Tempel im Lib Jub s. Lib Jub 4,26, wo Eden als einer der vier Orte Gottes genannt wird. In Lib Jub 3 wird Eden implizit als Tempel dargestellt, vgl. J. VAN RUITEN: The Garden of Eden and Jubilees 3,1–31, Bijdragen 57 (1996), 305–317 sowie J.M. BAUMGARTEN: Purification after Childbirth and the Sacred Garden in 4 Q 265 and Jubilees, in: G.J. BROOKE (Hrsg.): New Qumran Texts and Studies. Proceedings of the First Meeting of the International Organization for Qumran Studies Paris 1992 (Studies on the Texts of the Desert of Judah 15), Leiden etc 1994, 3–10 und G. ANDERSON: Celibacy or Consummation in the Garden. Reflections on Early Jewish and Christian Interpretations of the Garden of Eden, Harvard Theological Review 82 (1989), 121–148, speziell 129–131.

[12] Ἐν ᾧ ῥέει τὸ ἔλαιον ἐξ αὐτου ist ein für hebraisierendes / aramaisierendes Griechisch typischer Relativsatz, vgl. BLASS-DEBRUNNER-REHKOPF §297₁. Im hebräischen Relativsatz z.B. ist i.d.R. ein pronominaler bzw. adverbieller Rückbezug auf das Beziehungswort des übergeordneten Satzes geboten, vgl. MEYER §115,4c. Dementsprechend steht hier ἐξ αὐτοῦ, das interessanterweise in Apc Mos 13,2 fehlt, wo sich nur ἐν ᾧ ῥέεει τὸ ἔλαιον findet, ohne daß auch nur ein einziger Textzeuge ἐξ αὐτοῦ hätte.

[13] Zur Assoziation von Öl/Ölbaum und Menorah vgl. die Vision des Sacharja von der Menorah und den zwei Ölbäumen in Sach 4 sowie J. VOß: Die Menorah. Gestalt und Funktion des Leuchters im Tempel zu Jerusalem (Orbis Biblicus und Orientalis 128), Freiburg etc. 1993, Abb. 27 (S. 106): Eine Öllampe, auf der eine Menorah abgebildet ist.

[14] Die Ursprünge der Menorah in der Lebensbaummotivik hat schon F. LUNDGREEN: Die Benutzung der Pflanzenwelt in der alttestamentlichen Religion (Beihefte zur Zeitschrift für die alttestamentliche Wissenschaft 14), Gießen 1908, 43–53 erwogen. Auch E.R. GOODENOUGH: Jewish Symbols in the Greco-Roman Period, New York 1953–1964 erwähnt mehrfach den Zusammenhang von Menorah und Lebensbaum, vgl. Vol 4 (1954), 45 und 92–93 (bezogen auf den Zohar!) sowie Vol 7 (1958), 125. Für die Assoziation der Menorah mit dem Lebensbaum auch in späterer Zeit spricht die Verwendung der Menorah in der Sepulkralkunst, vgl. hierzu W. WIRGIN: The Menorah as Symbol of After-Life, Israel Exploration Journal 14 (1964), 102–104. Bildevidenz für den Zusammenhang von Menorah und Lebensbaum findet sich bei J. VOß: Die Menorah. Gestalt und Funktion des Leuchters im Tempel zu Jerusalem (Orbis Biblicus und Orientalis 128), Freiburg - Göttingen 1993, S. 106ff (Abbildungen), insbesondere Abb. 26; 31; 40; 41; 42, welche die Menorah auf Grabsteinen oder Sarkophagen zeigen, sowie Abb. 37, ein Mosaik aus der Synagoge von Maon (6.–7. Jh. n. Chr.), das die Menorah in einer Paradiesszenerie – umgeben von Tieren und Weinranken – zeigt, vgl. hierzu W. WIRGIN: The Menorah as Symbol of Judaism, Israel Exploration Journal 12 (1962), 140–142, speziell 142, der die zwei Löwen um die Menorah als Cheruben deutet (vgl. Gen 3,24).

[15] Auch E.R. GOODENOUGH: Jewish Symbols in the Greco-Roman Period, Vol. 7, New York 1958, 127 sieht den Ölbaum in Apc Mos 9–14 als Lebensbaum. Zum Ölbaum als Lebensbaum

würde auch die heilende Wirkung des Öls gut passen. Wird damit in Apc Mos 9,3 vorausgesetzt, daß der Lebensbaum ein Ölbaum ist, bedeutet das indessen nicht notwendigerweise, daß eine solche Auffassung vom Lebensbaum auch Apc Mos 22,4 und 28,4 zugrundeliegen muß.[16]

---

vgl. W. WIRGIN: The Menorah as Symbol of Judaism, Israel Exploration Journal 12 (1962), 140–142, speziell 141, der auf die besondere Langlebigkeit des Ölbaums und den daraus resultierenden Volksglauben vom Ölbaum als Lebensbaum verweist; jüdische Belege zu dieser Vorstellung finden sich bei H.G. GAFFRON: Studien zum koptischen Philippusevangelium unter besonderer Berücksichtigung der Sakramente, Diss. Bonn 1969, 153–154; 341–344[99-110].

[16] Es existieren zwei Texte, in denen ebenfalls von einem Ölbaum im Paradies die Rede ist: In Ev Phil 91–92 , NHC II, 73,8–19 heißt es (Unterparagraphen und Interpunktion stammen von mir) 91,1 ⲫⲓⲗⲓⲡⲡⲟⲥ ⲡⲁⲡⲟⲥⲧⲟⲗⲟⲥ ⲡⲉⲭⲁϥ ⲭⲉ· 2 ⲓ̈ⲱⲥⲏⲫ ⲡ϶ⲁⲙϣⲉ ⲁϥⲧⲱϭⲉ ⲛ̅ⲛⲟⲩⲡⲁⲣⲁⲇⲉⲓⲥⲟⲥ, ⲭⲉ ⲛⲉϥϥⲣⲭⲣⲉⲓⲁ ⲛ̅϶ⲛ̅ϣⲉ ⲉ϶ⲟⲩⲛ ⲉⲧⲉϥⲧⲉⲭⲛⲏ. 3 ⲛ̅ⲧⲟϥ ⲡⲉⲛ-ⲧⲁϥⲧⲁⲙⲓⲟ ⲙ̅ⲡⲥⲧⲁⲩⲣⲟⲥ ⲉⲃⲟⲗ ϶ⲛ̅ ⲛ̅ϣⲏⲛ ⲛ̅ⲧⲁϥⲧⲟⲃⲟⲩ, ⲁⲩⲱ ⲡⲉϥϭⲣⲟϭ ⲛⲉϥⲟ-ϣⲉ ⲁⲡⲉⲛⲧⲁϥⲧⲟⲟϥ̅. 4 ⲛⲉ ⲡⲉϥϭⲣⲟϭ ⲡⲉ ⲓ̅ⲥ̅, ⲡⲧⲱϭⲉ ⲇⲉ ⲡⲉ ⲡⲉⲥ̅ⲧⲟⲥ, 92 ⲁⲗⲗⲁ ⲡϣⲏ(ⲛ) ⲙ̅ⲡⲱⲛ϶ ϶ⲛ̅ ⲧⲙⲏⲧⲉ ⲙ̅ⲡⲡⲁⲣⲁⲇⲉⲓⲥⲟⲥ ⲁⲩⲱ ⲧⲃⲉⲛ̅ⲭⲟⲉⲓⲧ ⲛ̅ⲧⲁⲡⲭⲣⲉⲓⲥⲙⲁ ϣⲱⲡⲉ ⲉⲃⲟⲗ ⲛ̅϶ⲏⲧⲥ̅, ⲉⲃⲟⲗ ϶ⲓⲧⲟⲟⲧϥ̅ ⲁⲧⲁⲛⲁⲥⲧⲁⲥⲓⲥ (»91,1 Philippos, der Apostel sprach: 2 Joseph, der Zimmermann pflanzte ein Paradies, denn er brauchte Holz für sein Handwerk. 3 Er war es, der das Kreuz schuf von den Bäumen, die er gepflanzt hatte, und sein Same hing von dem, das er gepflanzt hatte. 4 Sein Same war Jesus, die Pflanze aber das Kreuz. 92 aber der Baum des Lebens [ist] in der Mitte des Paradieses und der Ölbaum [ist er], von dem die Salbung gekommen ist; durch sie [sc. die Salbung?] [ist] die Auferstehung [gekommen]«). Für unsere Belange ist v.a. § 92 von Bedeutung: Der Text ist aufgrund seiner defizienten Syntax schwer verständlich, v.a. ist die hier entscheidende Frage schwer zu klären, ob der Lebensbaum mit dem Ölbaum identisch ist oder nicht. H.-M. SCHENKE: Das Philippus-Evangelium (Nag-Hammadi-Codex II,3). Neu herausgegeben, übersetzt und erklärt (Texte und Untersuchungen zur Geschichte der altchristlichen Literatur 143), Berlin 1997,438–439 nimmt brachyologische Diktion an und vermutet, daß nach ⲧⲃⲉⲛ̅ⲭⲟⲉⲓⲧ ein »ⲡⲉ« und nach ⲁⲧⲁⲛⲁⲥⲧⲁⲥⲓⲥ ein »ϣⲱⲡⲉ« logisch zu ergänzen ist. Der Auffassung SCHENKEs entsprechen in der Übersetzung die in eckige Klammern gefaßten Ergänzungen. Wenn sie zutrifft, sind Ölbaum und Lebensbaum identisch. Doch selbst in diesem Falle bleibt Ev Phil, NHC II, 73,8–19 eine problematische Parallelstelle, denn es ist nicht sicher, daß sie von der Apc Mos unabhängig ist: Die Tradition von der Salbung mit Öl des Ölbaumes im Paradies könnte auf Vit Ad 36–42 (Parallele zu Apc Mos 9–14), speziell Vit Ad 42 (die zu Apc Mos 13,3–6 parallele Weissagung) zurückgehen, also auf die Vit Ad in ihrer christlich erweiterten Form, die auch in Des Inf 3 (TISCHENDORF, Evangelia Apocrypha 325–326) rezipiert wurde. Daß die Vit Ad von den K-reisen, in denen das Ev Phil entstanden ist, gelesen wurde, zeigt schon Ev Phil 15, vgl. hierzu J. DOCHHORN: Warum gab es kein Getreide im Paradies? Eine jüdische Ätiologie des Ackerbaus in Ev Phil 15, Zeitschrift für die neutestamentliche Wissenschaft und die Kunde der älteren Kirche 89 (1998), 125–133. Eindeutig zwischen Lebensbaum und Ölbaum trennt 2. Hen 8,5 (Kurzrezension): »8,3 ...und der Baum des Lebens an jenem Ort, an dem der Herr ruht, wenn er hineingeht in das Paradies; und jener Baum ist unaussagbar an Schönheit des Wohlgeruchs. 8,5 Und der andere Baum daneben, ein Ölbaum, fließen lassend Öl immerdar.« (Übersetzung nach BONWETSCH), aber vom Ölbaum ist nur in der Kurzrezension, nicht in der Langrezension die Rede, er könnte also sehr spät in den Text eingedrungen sein (die Langrezension ist die ursprünglichere). Wenn 2. Hen[kr]

b) Der Überfall des Tieres auf Seth

Apc Mos 10,1a berichtet den Vollzug des von Adam erteilten Auftrags und schafft damit die Voraussetzung für die Erzählung vom Überfall des Tieres: Seth und Eva machen sich auf den Weg. Dabei ist zu beachten, daß hier Seth an erster Stelle genannt wird, während er in Apc Mos 9,3 noch als Begleiter Evas erscheint. Die Empathie des Erzählers wechselt zu Seth über; er ist ab hier die eigentliche Leitfigur. Dies bestätigt sich in Apc Mos 13,1a, wo 10,1a aufgenommen wird, sowie in Apc Mos 13,2–6, wo der Engel ausschließlich Seth anredet, und dann auch in Apc Mos 14,1, das ebenfalls die Abfolge Seth / Eva hat.

Mit καί wird in 10,1b dann die eine neue Handlungsabfolge eingeleitet, mit der man zunächst nicht unbedingt zu rechnen hatte: Die Rahmenerzählung wird unterbrochen durch die Erzählung vom Überfall des Tieres auf Seth. Dieser Überfall wird allerdings nicht unvermittelt, sondern als eine Wahrnehmung Evas präsentiert. Dies überrascht angesichts der Führungsrolle Seths in der Perikope, die sich mit der Nachordnung Evas in Apc Mos 10,1a angedeutet hatte, läßt sich aber aus deren exegetischen Voraussetzungen erklären (s.u.).

Die unmittelbare Reaktion Evas ist eine Selbstanklage (Apc Mos 10,2), stilgerecht eingeleitet durch geminiertes οἴμμοι. Eva äußert darin die Erwartung, daß am Tage der Auferstehung alle Sünder sie wegen ihrer Gebotsübertretung verfluchen werden. Hier ist die auch vom NT her bekannte frühjüdische Vorstellung vom Tag des Endgerichts vorausgesetzt, die auch in der Apc Mos eine Rolle spielt (vgl. 12,1; 26,4; 37,5: ἡμέρα τῆς κρίσεως).

Etwas ungewöhnlich ist nur, daß der Tag des Endgerichts als »Tag der Auferstehung« (ἡμέρα τῆς ἀναστάσεως) bezeichnet wird; diese Wendung findet in Apc Mos 43,2 eine Entsprechung, das redaktionsgeschichtlich älter ist, allerdings einen klaren Bezug auf den Gerichtsgedanken nicht erkennen läßt. Auferstehung und Totengericht sind aber auch sonst mit einander eng verbunden, vgl. etwa Apc Joh 20,13; Mt 12,41–42 par.

Inhaltlich ist der Kontextbezug der Klage Evas schwer zu ermitteln: Warum erwartet sie gerade jetzt, beim Tag der Auferstehung von den Sündern verflucht zu werden? Wahrscheinlich ist daran gedacht, daß Eva sich, da das Tier ihren Sohn überfällt, an ihren Fehltritt im Paradies erinnert und dabei einen freilich nicht näher spezifizierten Zusammenhang zwischen ihrer Sünde und allen nachfolgenden Sünden der Menschheitsgeschichte bemerkt. Dann aber müßte sie implizit auch wissen, daß das Verhalten des Tiers mit ihrem Fehltritt im Paradies etwas zu tun hat. Genau das stellt ihr das Tier in Apc Mos 11 vor Augen.

---

hier von der Vit Ad oder der Apc Mos abhängig sein sollte, so bezeugt er freilich eine Lektüre dieser Texte, die dem ursprünglichen Textsinn zumindest der Apc Mos zuwiderläuft.

Wenn es heißt, daß alle diejenigen, die gesündigt haben, Eva verfluchen werden, bleibt im übrigen unklar, ob es auch Menschen geben wird, die nicht sündigen. Erst recht kann nicht entschieden werden, ob die Sünde hier wie in 4. Esra 3,20 im Erbgang vermittelt oder (auch) Folge einer freien Entscheidung ist wie z.B. in 2. Bar 54,15.19. Der Tod freilich, den Eva laut Apc Mos 14,2 verschuldet hat, betrifft die gesamte Menschheit.

An die Selbstanklage schließt Eva eine Anklage gegen das Tier an, die in die Form einer Frage gekleidet ist (Apc Mos 10,3). Eva fragt das Tier, warum es sich nicht wie dereinst dem Ebenbild Gottes unterordne, sondern dieses bekämpfe; der Ebenbildtitel wird hier im Sinne eines Herrschaftsanspruchs gedeutet. Die neue Kampfbereitschaft des Tieres wird illustriert (Aufsperren des Maules [στόμα], es sind ihm starke Zähne gewachsen); die Entgegnung des Tieres in Apc Mos 11,1 wird freilich zeigen, daß diese Momente nicht nur illustrative Funktion haben. Theologisch bedeutsam ist, daß Seth hier implizit als Ebenbild Gottes bezeichnet wird; die vormalige Unterordnung des Tieres kann sich allerdings, wie aus dessen Antwort an Eva (Apc Mos 11) hervorgeht, nicht auf Seth beziehen, da sie in der Zeit vor dem Fall stattgefunden hat. Also dürfte Adam gemeint sein. Diesem ist in Apc Mos 24,3 der Aufstand der Tiere angekündigt worden, die er einst beherrschte (καὶ τῶν ἐκυρίευες θηρίων κτλ.); wieder einmal dürfte also Apc Mos 15–30 im Hintergrund stehen.

Der Gottesebenbildtitel wird in Apc Mos 33,5; 35,2 in Bezug auf Adam gebraucht und soll dort das Erbarmen Gottes gegenüber Adam begründen. In 10,3; 12,1.2 ist er auf Seth bezogen und legitimiert einen Herrschaftsanspruch Seths gegenüber dem Tier. Ähnlich begründet er in Vit Ad 13; 14 die Proskynese der Engel vor Adam, also die Herrschaft Adams über die Engel. Eva wird offensichtlich nicht mit diesem Prädikat belegt; in Apc Mos 10–12 wird ausschließlich Seth Ebenbild Gottes genannt. Allein in dem Zusatz des Subarchetyps *II nach Apc Mos 29,6 ist die Bezeichnung »Ebenbild Gottes« für Eva belegt (29,9, vgl. °29,6k, Anm. °29,9n), doch dieser Zusatz ist sekundär. Selbst für die Vit Ad (gr), aus deren Überlieferung er stammt, kann die Prädizierung Evas als εἰκὼν θεοῦ nicht als gesichert gelten, denn die Parallelen in Vit Ad (arm.georg.lat) 3 sind sich einig darin, daß sie keine Erwähnung der Gottesebenbildlichkeit Evas haben. Zu beachten ist, daß der Ebenbildtitel in der Apc Mos und in Vit Ad ausschließlich auf Personen bezogen ist; nirgends ist erkennbar, daß er als anthropologischer Terminus fungiert. Es wäre daher verfehlt, zu fragen, ob denn die Apc Mos von einem Fortbestand der Gottesebenbildlichkeit nach dem »Sündenfall« ausgeht.

Auf die Anklage Evas gibt das Tier eine Antwort, welche die Anklage auf die Klägerin selbst zurückfallen läßt (11,1–3). Das Verhalten, das sie am Tier beanstandet, geht auf ein analoges Verhalten ihrer selbst zurück (auch sie hat ihr στόμα geöffnet). Darum kann sich ihre Beschwerde nicht gegen das Tier richten, denn sie selbst ist die Ursache für die »Herrschaft der Tiere«: Durch ihre Gebotsübertretung ist die Natur (φύσις) der Tiere verändert worden. Unklar ist, ob die Rede von der Herrschaft der Tiere einen Anspruch des Tiers bezeichnet oder eine wirkliche Gegebenheit. Immerhin wird Seth des Tieres ja Herr! Auch die Wendung διὰ τοῦτο καὶ ἡμῶν αἱ φύσεις μετηλλάγησαν (11,2) ist erklärungsbedürftig: Deutet das καί vor ἡμῶν an, daß auch eine andere φύσις verändert worden ist? Es wäre dann an die φύσις Evas zu denken, bei der sich bei der Gebotsübertretung eine ähnliche Veränderung ereignet hat wie jetzt beim Tier.

Mit dem Nachsatz in 11,3 »Nun kannst du nicht standhalten, wenn ich anfange, dich zu widerlegen«, deutet das Tier an, daß es sich für den argumentativen Sieger hält. Möglich ist, daß der Leser mit diesem Satz darauf verwiesen werden soll, daß das Tier Eva im Grunde nichts anderes vorwirft als sie ausweislich ihrer Selbstanklage in Apc Mos 10,2 schon selbst wußte. Wenn sie selber weiß, daß das Tier Recht hat, kann sie ihm natürlich nichts entgegensetzen.

Der Satz οὐ πρὸς ἡμᾶς ἡ πλεονεξία σου οὔτε ὁ κλαυθμός, ἀλλὰ πρὸς σέ in 11,1 ist syntaktisch und semantisch schwierig[17]: Er hat kein Hauptprädikat und ist mit οὐ eingeleitet. Damit ist er weniger eine Aufforderung (dann wäre μή zu erwarten gewesen) als vielmehr ein argumentativer Hinweis: Das Tier sagt zu Eva, daß der logische Adressat ihrer Beschwerde nicht die Tiere sind, sondern sie selbst. Natürlich resultiert daraus die Aufforderung, das Tier nicht anzuklagen, sie wird aber nicht ausgesprochen.

Probleme bereitet auch das Wort πλεονεξία. Dieses kann hier nicht, wie gewöhnlich im NT, »Habsucht« meinen, auch nicht, wie in ⅏, »ungerechten Gewinn« (= בֶּצַע, vgl. Jdc 5,19 ⅏ (A); Ps 118[119],36; Jes 28,8; Jer 22,17). Beides ist v.a. deshalb ausgeschlossen, weil sich die πλεονεξία hier zumindest theoretisch auch gegen Eva selbst richtet. Also wird das Wort eine weniger spezielle Bedeutung haben; dies ist durchaus möglich, vgl. G. DELLING: Art. πλεονέκτης, πλεονεκτέω, πλεονεξία, Theologisches Wörterbuch zum Neuen Testament 6 (1959), 266–274, speziell 266–269: Bei Herodot VII,149,3 z.B. kann πλεονεξία Machthunger bezeichnen, bei Thucydides III,45,4 den Willen, den eigenen Vorteil durchzusetzen, der aus der ὕβρις der Macht kommt. Besonders illustrativ ist vielleicht Plato, Gorgias 508a, wo πλεονεξία eine Haltung beschreibt, die der κοινωνία bzw. der φιλία, κοσμιότης, σωφροσύνη und δικαιότης, mit anderen Worten der ἰσότης ... γεωμετρική entgegensteht, die Himmel und Erde, Menschen und Götter, also den κόσμος zusammenhalten, um derer willen dieser nicht ἀκοσμία und ἀκολασία, sondern κόσμος genannt werde. Πλεονεξία kann also allgemein eine Grenzüberschreitung meinen, dem entspricht in etwa unser Begriff »Aggression / Aggressivität«. Diesem Sprachgebrauch kommt möglicherweise Hab 2,9 ⅏ nahe: ὦ ὁ πλεονεκτῶν πλεονεξίαν κακὴν τῷ οἴκῳ αὐτοῦ τοῦ τάξαι εἰς ὕψος νοσσίαν αὐτοῦ τοῦ ἐκσπασθῆναι ἐκ χειρὸς κακῶν (»O, der schlechte Grenzüberschreitung [?] für sein Haus begehende, um in die Höhe sein Nest zu setzen, um sich der Hand der Bösen zu entziehen«).

Anschließend an den Dialog zwischen Eva und dem Tier meistert Seth auf unkomplizierte Weise die Situation: Er befiehlt dem Tier, den Mund zu schließen und zu schweigen[18] sowie vom Ebenbild Gottes Abstand zu nehmen bis zum

---

[17] Weil οὐ πρὸς ἡμᾶς κτλ. schwierig ist, übersetzt die ApcMos(arm) (YOV 6) auch eher frei: oč et‘ê i ménj ełeu skizbn agahout‘ean ayl i k‘ên (»Nicht daß von uns der Anfang der Habsucht ausging, sondern von Dir!«).

[18] Der Schweigebefehl findet eine Parallele in Mk 1,25: Φιμώθητι καὶ ἔξελθε ἐξ αὐτοῦ – dort an ein πνεῦμα ἀκάθαρτον gerichtet, vgl. auch Mk 1,34. In beiden Fällen wird Vollmacht demonstriert: Der Akteur (Seth, Jesus) unterdrückt den verbal artikulierten Herrschaftsanspruch einer nicht-menschlichen Macht. Der Schweigebefehl gehört bei Markus darüber hinaus in den

Tag des Gerichts. Das Tier fügt sich und gibt dieser Fügsamkeit in wörtlicher Rede Ausdruck (Umsetzung von Handlung in Dialog!) und flieht, hinterläßt Seth aber verwundet; der Sieg Seths ist also nicht total.

Warum sich Seth das Tier gefügig machen kann kann, wird nicht gesagt. Seth argumentiert zwar mit seiner Gottesebenbildlichkeit, aber auf diese hatte schon Eva verwiesen. Ein Blick auf die exegetischen Hintergründe zeigt, daß nach einem solchen Grund auch nicht gesucht werden muß: Auch in Gen 3,15, das hier narrativ umgesetzt wird (s.u.), ist der »Same der Frau« letztlich der Sieger.

Nicht auszuschließen ist allerdings, daß hier auch die Tradition von der besonderen Macht der Frommen über die Tiere einwirkt.[19] Immerhin wird Seth in 13,2 »Mann Gottes genannt«! Vielleicht ist dieser Tradition auch die pronncierte Gegenüberstellung von Evas Mißerfolg und Seths Überlegenheit gegenüber dem Tier geschuldet. Seth ist eben der »Mann Gottes« (13,2), während Eva am »Tag der Auferstehung« von den Sündern verflucht wird (10,2) und schon im Paradies das Gebot übertreten hat (11,1–3).

c) Die Fortsetzung der Rahmenerzählung

Apc Mos 13,1a nimmt die nach Apc Mos 10,1a unterbrochene Rahmenerzählung wieder auf. Der Wortlaut ist leicht variiert, aber die Wiederholung ist unverkennbar und damit auch das Signal an den Leser: Er muß seine Erinnerung aktivieren. In ähnlicher Weise korrespondiert Apc Mos 13,1b mit der Anweisung Adams in Apc Mos 9,3, deren Vollzug hier notiert wird.

Entsprechend der in Apc Mos 9,3 geäußerten Erwartung sendet Gott seinen Engel, der hier näher als der Erzengel Michael qualifiziert wird[20]. Er wendet sich, der schon in 10,1a zu beobachtenden Perspektivverlagerung entsprechend, ausschließlich an Seth und gibt diesem einen abschlägigen Bescheid (Apc Mos 13,2–3): Seth soll sich um das ihm aufgetragene Anliegen (ἱκεσία) »nicht länger mühen« (μὴ κάμῃς: egressiver Aorist); was er erstrebt, wird ihm »jetzt« (νῦν) nicht zuteil werden. Das Anliegen wird näher bezeichnet mit der Wendung: περὶ τοῦ ξύλου, ἐν ᾧ ῥέει τὸ ἔλαιον (»den Baum betreffend, von dem das Öl rinnt«).

Zusammenhang der Geheimnischristologie (dies wird v.a. von Mk 3,11–12 her klar).

[19] Von einer Herrschaft des Frommen über die Tiere ist etwa in Test Naphth 8,4 und Test Benj 5,2 die Rede; vgl. auch W.A. SCHULZE: Der Heilige und die wilden Tiere, Zeitschrift für die neutestamentliche Wissenschaft 46 (1955), 280–283. Sie weist Affinitäten zur Überlieferung vom Tierfrieden auf, vgl. Jes 11,6–8; 65,25. Beide Traditionen könnten in Mk 1,13 eine Rolle spielen.

[20] Für die Engelgestalt werden in Apc Mos 9–14 zwei Wendungen gebraucht: ὁ ἄγγελος τοῦ θεοῦ (Apc Mos 9,3 und 13,1) und Μιχαὴλ ὁ ἀρχάγγελος (Apc Mos 13,2). Michael wird also offenbar mit dem »Engel Gottes« (hebr. מלאך יהוה) identifiziert. Das ist sein sehr deutlicher Hinweis auf die exponierte Stellung Michaels. Inwieweit Michael traditionsgeschichtlich etwas mit dem מלאך יהוה zu tun hat, kann hier nicht erörtert werden.

Es scheint also mehr um den Baum als um das Öl zu gehen; wenn jener der Lebensbaum ist (s.o.), paßt das recht gut: Auf ihm ruht notwendigerweise aufgrund des biblischen Hintergrunds ein besonderes Interesse.

Doch mit dem »jetzt nicht« kontrastiert ein verheißungsvoller Ausblick in eine bessere Zukunft am Ende der Zeiten, der allerdings Seth, obwohl doch ihm etwas verweigert wird, nicht ausdrücklich betrifft und in dem auch Adam, um dessen Wohl es hier eigentlich geht, nur am Rande vorkommt. Vielmehr ist hier von der gesamten Menschheit die Rede: In den letzten Zeiten, wenn »alles Fleisch« (πᾶσα σάρξ) von Adam bis zu »jenem großen Tag« (ἕως τῆς ἡμέρας ἐκείνης τῆς μεγάλης) auferstehen wird, dann wird einem hier nicht ganz klar definierten Kollektiv (ὅσοι ἔσονται λαὸς ἅγιος – s.u.) alle »Freude« (εὐφροσύνη) des Paradieses gegeben werden, und Gott wird in ihrer Mitte sein. Sie werden auch nicht mehr sündigen vor Gott, weil ihr böses Herz durch ein Herz ersetzt werden wird, das über das Gute und die ausschließliche Verehrung des (wahren) Gottes unterrichtet ist.

Ὅσοι ἔσονται λαὸς ἅγιος (»welche ein heiliges Volk sein werden«) in 13,3, das auf πᾶσα σάρξ zu beziehen ist (Constructio ad sensum), kann explikativ oder exklusiv zu verstanden werden. Im ersteren Falle würde über »alles Fleisch von Adam bis zu jenem großen Tag« gesagt, daß es nach der Auferstehung ein heiliges Volk sein würden, im letzteren würde die Auferstehung allen Fleisches auf diejenigen eingeschränkt, die ein heiliges Volk sein werden. Die explikative Deutung (nach der ὅσοι κτλ. auch als relativischer Anschluß aufgefaßt werden kann) bietet sich an, weil πᾶσα σάρξ schon von Haus aus nicht exklusiv ist, und zudem aufgrund zweier Parallelen in der Apc Mos, die freilich früheren Schichten angehören, aber immerhin demselben Milieu entstammen: Apc Mos 37,6 (ebenfalls nur in *Ia erhalten, vgl. °37,6e) und 41,2; an letztgenannter Stelle wird die Auferstehung explizit für alle Menschen angekündigt.

Freilich ist der Vorbehalt anzumelden, daß ein »Heilsuniversalismus« in der Apc Mos zwar an nicht ganz unbedeutenden Stellen zum Vorschein zu kommen scheint, aber kaum propagiert oder argumentativ entfaltet wird. Welche Bedeutung er für die theologiegeschichtliche Verortung der Apc Mos hat, kann in diesem Rahmen leider nicht erörtert werden. Gegen einen solchen »Heilsuniversalismus« könnte auch die Verfluchung Evas durch die Sünder am Tag der Auferstehung in 10,2 sprechen, das immerhin wie 13,3 der Endredaktion entstammt. Warum sollten die Sünder Eva verfluchen, wenn sie hernach nicht die Folgen ihres sündigen Lebens zu tragen hätten? Explizit ist von einer Verurteilung der Sünder allerdings weder in 10,2 noch in 13,3 die Rede.

Die Weissagung Michaels ist in mehrfacher Hinsicht bemerkenswert: Erstmalig wird hier die Zeit Adams verlassen; die gesamte Geschichte und vor allem das Ende wird in den Blick genommen. Dementsprechend geht es hier nicht allein um die ersten Menschen, sondern die Menschheit überhaupt (πᾶσα σάρξ!); damit sind auch die Leser einbezogen, die bisher mit einem Geschehen konfrontiert worden waren, das außerhalb ihrer lag und mit ihren Lebensinteressen nirgends erkennbar korreliert wurde. Hier aber ist in die Vergangenheit die Zukunft und mittelbar auch die Gegenwart der Rezipienten integriert (insofern auch sie von der Verheißung betroffen sind). Dies kann in der Apc Mos durchaus geschehen, wenngleich nur selten (vgl. 14,2; 37,6; 41,2), und zwar vorzugsweise am Ende von Abschnitten (hier und 37,6), zumeist auch ohne erkennbare Vorbereitung. So ist in 33,2–37,6 durchgängig von der Begnadigung Adams die Rede, doch im letzten Satz wird die Begnadigung auch auf seine Nachfahren ausgedehnt. Ähnliches gilt für 41,2, wo es im Kontext nur um Adam geht; und auch hier verhält es sich so: Seth wird das heilende Öl für Adam verweigert, und geradezu unerwartet wird dies mit einem Ausblick auf die Zukunft der Menschheit kontrastiert.

Passend dazu fügt sich die Weissagung nur logisch in den Kontext, nicht aber narrativ: Statt daß speziell für Adams eine Verheißung ergeht, ist »alles Fleisch« betroffen, und von dem Ölbaum des Paradieses und seinem Öl ist gar nicht mehr die Rede, stattdessen von πᾶσα εὐφροσύνη τοῦ παραδείσου (13,4).

Nicht zuletzt ist zu vermerken, daß in diesem Ausblick auf die Endzeit ein Israelbezug nicht zu erkennen ist. Über die Identität des von Gottes Heilshandeln begünstigten Kollektivs erfährt man wenig; nicht einmal kann sicher ausgeschlossen werden, daß damit die ganze Menschheit gemeint sein könnte. Immerhin wird dieses Kollektiv ein »heiliges Volk« (λαὸς ἅγιος) sein. Damit wird auf Israel bezogene Terminologie aufgenommen, vgl. Dtn 7,6; 14,2.21; 26,19; 28,9 ⅁; zu beachten ist auch, daß λαός in der Septuaginta als Exklusivbegriff für Israel verwendet werden kann (im Gegensatz zu ἔθνη = גוים [»Heiden]).[21] Doch ob dieses »heilige Volk« nun Israel sein wird, erfahren wir hier nicht; der gesamtmenschheitliche Bezug der eschatologischen Ausblicke in Apc Mos 37,5.6; 41,2 spricht eher gegen eine solche Annahme oder zumindest dafür, daß eine nationalisraelitische Heilshoffnung kein besonderes Anliegen des Milieus war, in dem die Apc Mos entstand.

Es erweist sich an dieser Stelle und bei den anderen Ausblicken in die Zukunft, daß die Apc Mos ein apokalyptisches Weltbild durchaus kennt, so »unapokalyptisch« sie sich auch sonst geben mag. Nicht jede Schrift, die kein besonderes Interesse an einer Periodisierung und katastrophalen Zuspitzung der Geschichte erkennen läßt, darf also von vornherein von der »Apokalyptik« ausgeschlossen werden. Ohnehin scheint es zweifelhaft, ob die »Apokalyptik« eine Bewegung war, zu der man gehören oder nicht gehören konnte. Eher schon stellte sie ein zeittypisches Weltbild dar, an dem man mehr oder weniger partizipieren konnte; und wenn man eine exegetische »Monographie« über die biblische Adamüberlieferung schrieb, bediente man sich dieses Angebots eben nur am Rande, wenn es darum ging, den Blick für die größeren Zusammenhänge zu weiten.

---

[21] Zu λαός als Exklusivbegriff für Israel in der Septuaginta vgl. H. STRATHMANN: Art. λαός A–C, in: Theologisches Wörterbuch zum Neuen Testament 4 (Stuttgart 1942), 29–39, speziell 34–37.

Anstatt daß ihm für seinen Vater Öl gebracht wird, bekommt Seth von Michael die Anweisung, zu seinem Vater zurückzukehren, denn dieser habe noch drei Tage zu leben. Dann werde Seth den »Aufstieg« (ἄνοδος) seiner Seele (ψυχή) in den Himmel schauen.[22] Dies ist eindeutig ein Verweis auf die Erzählung vom Tod Adams (und Evas) in Apc Mos 31–43, vgl. v.a. die Aufnahme der Terminierung in Apc Mos 31,1. Besonders bemerkenswert ist die stark dichotomistische Begrifflichkeit: Leib und Seele sind klar getrennt. Diese Anthropologie findet eine Entsprechung in Apc Mos 31,4 und 32,4, die wie Apc Mos 9–14 der Endredaktion angehören, nicht jedoch in den älteren Erzählungen in Apc Mos 33,2–37,6 und Apc Mos 31; 38–43, von denen die erstgenannte erst auf der redaktionellen Ebene als Erzählung über das postmortale Schicksal der Seele Adams verstanden werden kann (vgl. E III,5a [S. 128–131]).

Die Entität, die sich vom Leib Adams löst, wird hier ψυχή genannt, in 31,4; 32,4 πνεῦμα (vgl. 42,8 über den Tod Evas), in 32,4 wird sie darüber hinaus mit Adam selbst identifiziert (»'Αδάμ ... ἐξῆλθεν ἐκ τοῦ σώματος αὐτοῦ). Eine festumrissene Terminologie für das, was man gewöhnlich »Seele« nennt, hat die Endredaktion der Apc Mos offenbar nicht.

Nach dem Mißerfolg ihrer Mission kehren Seth und Eva (man beachte die Reihenfolge!) in das Zelt[23] Adams zurück (Apc Mos 14,1). Daß Seth oder Eva die Botschaft Michaels ausrichteten, wird nicht mitgeteilt, wohl aber vorausgesetzt, sonst wäre die nachfolgende Anklage Adams gegen Eva (Apc Mos 14,2) ohne Bezug. Diese entspricht in der Tendenz den vorhergehenden Selbstbezichtigungen Evas, erreicht aber eine weitere, hernach nicht mehr überbotene Steigerung: Erst hier wird mitgeteilt, daß Eva durch ihr Verhalten den Tod verursacht hat.

Dieser wird näherhin als »großer Zorn« (ὀργὴ μεγάλη) qualifiziert. Vermutlich wird hier auf den Gotteszorn Bezug genommen, der den Tod bewirkt, vgl. die Bezeichnung Kains als »Sohn des Zorns« in Apc Mos 3,2 (mit der Exegese zur Stelle!) und Apc Mos 16,4; 18,2; 21,4, wo die jeweils Verführten (die Schlange, Eva, Adam) Furcht vor dem Zorn Gottes äußern, und zwar in Aufnahme der mit dem Essen der Frucht verbundenen Todesdrohung Gottes (Gen

---

[22] Von einem postmortalen ἄνοδος ist auch im Poimandres die Rede (vgl. CH I,24–26), dessen Individualeschatologie auffällig viele Parallelen in der Apc Mos findet: Der personale Kern des Mysten (Tat) legt den Körper ab (vgl. Apc Mos 32,4, wo gesagt wird, daß Adam seinen Körper verläßt) und steigt durch sieben Himmelssphären (vgl. Apc Mos 35,2) empor; in der achten freuen sich mit ihm die dort anwesenden (vgl. die Freude der Engel über die von der Erde abscheidende »gerechte Seele« in Apc Mos 43,3).

[23] Die Beiläufigkeit, mit der die Apc Mos auf das Zelt Adams zu sprechen kommt, zeigt an, daß man sich hier nicht so sehr für die zivilisatorischen Bedingungen des Lebens der Erzeltern interessierte; dies ändert sich jedoch spätestens in den Adamviten – auch die Überlieferung über die Hütte Adams in Vit Ad 1 dürfte Ausdruck eines solchen Interesses sein.

2,17; 3,3 // Apc Mos 17,5). Wenn hier der Tod als ein »großer Zorn« bezeichnet wird, liegt also metonymistische Rede vor, insofern die Ursache für das Verursachte steht.[24]

Der Tod wird außerdem dahingehend qualifiziert, daß er »über unser (s, Adams und Evas) ganzes Geschlecht herrscht« (κατακυριεύων παντὸς τοῦ γένους ἡμῶν). Mit γένος ἡμῶν ist vermutlich die Adam und Eva entstammende Menschheit gemeint, vgl. Apc Mos 41,2, wo Adam und dem gesamten Menschengeschlecht (γένος ἀνθρώπων) aus seinem Samen die Auferstehung verheißen wird. Vermutlich wird hier zu dieser Stelle ein Spannungsbogen aufgebaut. Auf jeden Fall aber wird auch hier – charakteristischerweise gegen Ende eines Abschnitts – der Blick von Adam und Eva auf die gesamte Menschheit und damit auch die Lebenswelt der Leser geweitet (s.o.). Diese ist gekennzeichnet durch die Macht des Todes, die durch die Vorsilbe κατα- in κατακυριεύων als eine Gewaltherrschaft ausgewiesen wird.[25]

Die Anklage gegen Eva läuft nicht zuletzt auch darauf hinaus, daß Adam den Tod akzeptiert, nachdem mit der Paradieswallfahrt Seths und Evas dessen Abwendung gescheitert ist. Damit wird ein Bogen zum Anfang des Erzählkreises um die Krankheit Adams geschlossen, denn schon dort (Apc Mos 5,2) hatte Adam zu erkennen gegeben, daß er um die Nähe seines Todes weiß. Die Krankheitserzählungen sind als retardierendes Moment dazwischengetreten, die damit gegebene Spannung ist nun aufgehoben.[26]

Die Anklage Adams mündet in die Aufforderung an Eva, über den Hergang der Gebotsübertretung (τὸν τρόπον τῆς παραβάσεως) im Paradies zu berichten; hiermit wird die vor der Entsendung Evas und Seths zum Paradies ergangene Anweisung aufgenommen (vgl. 9,3). Warum Eva berichten muß, ist vom Nahkontext her klar: Sie ist die Hauptschuldige. Dennoch wird die Gebotsübertretung als ein Vergehen sowohl Adams als auch Evas gekennzeichnet – durch das Wort ἡμῶν. Hier liegt eine gewisse Unebenheit vor, die aber für die Apc Mos als ganze und speziell die Texte der Endredaktion typisch ist. Die Schuld Evas wird in besonderem Maße hervorgehoben, aber nicht mit letzter Konsequenz, also dahingehend, daß die Schuld Adams völlig geleugnet würde.

---

[24] Die Bezeichnung des Todes als ὀργή und seine damit verbundene Assoziation mit dem Gotteszorn findet eine Entsprechung im Römerbrief, insofern auch dort der Zorn Gottes (Röm 1,18ff.) als ein solcher verstanden wird, der den Tod nach sich zieht.

[25] Zur Kennzeichnung des Todes als Herrscher über alle Menschen vgl. Sap Sal 1,14, wo von einem nicht schöpfungsursprünglichen ᾅδου βασίλειον ἐπὶ γῆς die Rede ist, sowie Röm 5,14 (... ἐβασίλευσεν ὁ θάνατος ἀπὸ ᾽Αδάμ...).

[26] Der (sehr früh anzusetzende) Interpolator in Apc Mos 7,1, der den Hinweis auf die Schuld Evas am Tod Adams eingebracht hat (vgl. °7,1k.o), hat den Spannungsbogen von Apc Mos 5,2 bis Apc Mos 14,2 durch die vorzeitige Erwähnung des Todes zerstört.

Gewichtiger ist ein anderes Moment: Während die Erzählung Adams in Apc Mos 7–8 eine Ätiologie der Krankheit darstellt, ist die nachfolgende Erzählung Evas durch die Einleitung (Apc Mos 14,2–3) wie auch die Positionierung im Gesamtwerk implizit als eine Ätiologie des Todes angekündigt. Es wird zu prüfen sein, ob sie dieser Bestimmung gerecht wird. Dabei wird sich zeigen, daß in Apc Mos 15–30 zwar vom Tod die Rede ist, daß der Text aber darin nicht seinen Skopus findet, jedenfalls dann nicht, wenn man ihn für sich genommen liest und nicht in der Perspektive der (End-)Redaktion, auf die wohl auch Apc Mos 14,2–3 zurückzuführen ist, vgl. E III,5a (S. 134–135).

2. Der exegetische Hintergrund

Da in Apc Mos 9–14 zwei Erzählungen ineinander verschachtelt sind, gestaltet sich die Suche nach dem exegetischen Hintergrund differenzierter. Es ist nach den biblischen Voraussetzungen sowohl der Erzählung von der Paradieswanderung als auch der Erzählung vom Überfall des Tieres zu fragen. Außerdem ist zu klären, ob nicht auch die Verklammerung beider Erzählungen auf exegetische Arbeit zurückgehen könnte. Daneben ist durchgängig zu berücksichtigen, daß nicht nur biblische Überlieferung, sondern auch Apc Mos 15–30 im Hintergrund steht.

a) Die Paradieswallfahrt

Die Geschichte der Paradieswallfahrt setzt damit ein, daß Adam seinen Zustand mit den Worten ἐν λύπῃ μεγάλῃ εἰμί charakterisiert; mit λύπη fällt ein Wort, das in 6,1–3a, einem sekundären Implement, als Bezeichnung für die Situation Adams abgelehnt worden war; es war in der Exegese zur Stelle dargelegt worden, daß diese Bezeichnung auf Gen 3,17 𝔊 beruht. Für λύπη bzw. λύπαι in Gen 3,17 𝔐 steht in Gen 3,17 𝔐 עצב bzw. עצבון, für letzteres las der Exeget, der 6,1–3a hervorgebracht hat, *עצבין und übersetzte dieses mit νόσος καὶ πόνοι. Wenn nun hier mit λύπη die Septuaginta aufgenommen wird, so bedeutet dies nicht notwendigerweise, daß der hier tätige Exeget (die Endredaktion) das hebräische Korrelat nicht im Auge gehabt hätte; es erschien ihm lediglich noch nicht notwendig, dessen Entsprechung in der Septuaginta zu korrigieren. Daß in der Tat hier auch der hebräische Text in den Blick genommen wurde, legt sich aufgrund einer anderen Stelle nahe: Eva kennzeichnet Adams Situation in Apc Mos 9,2 dahingehend, daß er »Mühsalen leide« (ἐν καμάτοις τυγχάνεις). Dies ist zum einen, wie festgestellt wurde (s.o.), eine wörtliche Aufnahme von Apc Mos 24,2, wo gleichfalls Gen 3,17 ausgelegt wird. Zum anderen aber kann dem Exegeten durchaus bewußt gewesen sein, daß καμάτοις für עצבין* steht; mindestens in Apc Mos 24,2 ist dies, wie noch nachzuweisen sein wird, der Fall.

Während also später (nach der Endredaktion, in 6,1–3a) λύπη und νόσος καὶ πόνοι gegenübergestellt wurden, stehen hier λύπη und κάματοι nebeneinander.

Der Analyse der Situation entspricht in Apc Mos 9–14 eine Weisung Adams, die auch ausgeführt wird: Eva und Seth sollen Öl zur Heilung der Krankheit aus dem Paradies holen. Diese Mission schlägt fehl, doch wird Seth über eine bessere Zukunft am Ende der Zeiten Mitteilung gemacht. Für die Bestimmung der exegetischen Hintergründe dieser Konstellation ist entscheidend, daß es sich bei dem Ölbaum, von dem das begehrte Öl stammt, um den Baum des Lebens handelt (s.o.). Daß dieses Öl für Adam nicht erhältlich ist und Adam folglich sterben muß, ist demnach als narrative Umsetzung von Gen 3,22 zu werten, wo die Vertreibung Adams aus dem Paradies damit motiviert wird, daß er nicht vom Lebensbaum essen und auf diese Weise ewiges Leben erlangen solle. Das Motiv der Wanderung dürfte aus Gen 3,24 stammen, wo vom Weg zum Baum des Lebens die Rede ist. Die exegetischen Bezüge erscheinen freilich dadurch verfremdet, daß in Gen 3,22 die Frucht des Lebensbaums gegessen wird, während hier sein Ertrag, das Öl, zur Salbung verwendet wird. Darin offenbart sich eine gewisse interpretatorische Freiheit, die jedoch kaum überraschen kann, wenn man bedenkt, daß die Vorstellung vom Lebensbaum als Ölbaum traditionell verwurzelt war (s.o.).

Auch der Ausblick auf eine Auferstehung am Ende der Zeiten dürfte mit Gen 3,22 zusammenhängen: Da die Verweigerung der Frucht des Lebensbaumes für den in Apc Mos 9–14 narrativ tätigen Exegeten zum Tod Adams führt, stellte sich bei ihm das Bedürfnis ein, der Todesperspektive eine Perspektive der Hoffnung entgegenzustellen. Dieses Phänomen begegnet in der Apc Mos häufiger, so in Apc Mos 41, dort auf Gen 3,19b angewendet: Mit dem Gen 3,19b entnommenen Hinweis auf den Tod korreliert dort eine Auferstehungsweissagung. Entscheidender für diesen Text ist, daß eine derartige Hoffnungsperspektive sich auch in Apc Mos 28 findet, denn dort wird – wie hier – Gen 3,22 ausgelegt: Adam wird entgegen seiner Bitte die Frucht des Lebensbaums vorenthalten, damit er nicht unsterblich werden könne. In Verbindung damit wird ihm die Auferstehung verheißen, dann solle ihm auch von der Frucht des Lebensbaums gegeben werden (28,4). Da Apc Mos 15–30 auch sonst als Quelle für Apc Mos 9–14 fungiert, ist durchaus denkbar, daß Apc Mos 28 für die Auferstehungsweissagung in 13,3–5 eine Rolle gespielt hat – und gleichermaßen für Apc Mos 9–14 als Ganzes: Hier wie dort wird Adam (bzw. Seth) die Frucht des Lebensbaumes verweigert, aber für die Endzeit verheißen. Der entscheidende Unterschied besteht darin, daß in Apc Mos 28 nicht über einen unsterblichen Adam der Tod verhängt, sondern einem sterblichen Adam die Unsterblichkeit vorenthalten wird. In Apc Mos 9–14 hingegen ist der Tod nicht ein »Naturphänomen«, sondern Folge der Gebotsübertretung im Paradies (14,2). Zu beachten ist, daß Tod und Auferstehung in 9–14 nicht wie in der Grablegungserzählung (31; 38–43, speziell 41) im Anschluß an Gen 3,19b thematisiert werden, sondern wie in Apc Mos 15–30, speziell 28, im Anschluß an Gen 3,22ff. Offenbar wird nur in der Grablegungsgeschichte Gen 3,19b als Todesfluch Gottes ausgelegt.

Das bedeutet nicht, daß der Verfasser von Apc Mos 9–14 die Grablegungsgeschichte nicht im Auge gehabt hätte: Insbesondere das Ölmotiv findet eine Entsprechung in Apc Mos 40,2, wo berichtet wird, daß Adam bei seiner Grablegung in Sindonen aus dem himmlischen Paradies gebettet und mit Öl gesalbt wird. Wie sich zeigen wird, interpretiert die Grablegungsgeschichte auf diese Art den Brauch der Totensalbung als Hinweis auf postmortales Leben (zumindest, was Adam betrifft!). Es ist denkbar, daß die Endredaktion diese »kontrafaktische« Umdeutung des Todes und seiner Bräuche hier vorbereiten wollte.

Apc Mos 13,3–5 ist in Anknüpfung an Gen 3,22 unter dem Einfluß von Apc Mos 28,4 verfaßt worden, doch wird die dort ergangene Verheißung hier nicht einfach reproduziert: Während es in Apc Mos 28,4 vor allem um die Auferstehung Adams geht und eine Auferstehung auch anderer Menschen nur vorausgesetzt wird, ist hier in erster Linie die allgemeine Totenauferstehung das Thema. Was dort nur angedeutet wird, wird hier also ausgemalt – mit Vorstellungen aus der prophetischen und apokalyptischen Tradition, die ihrerseits aus biblischer Überlieferung stammen, freilich ohne daß hier gezielt exegetische Arbeit geleistet würde; diese ist schon mit der Amplifikation von Gen 3,22 gegeben.

Die Idee der Totenauferstehung war, wie angedeutet, im Entstehungsmilieu der Apc Mos bereits etabliert, und zwar wohl eher in ihrer universalistischen Ausprägung (Apc Mos 28,4; 41,2); die Terminierung der Weltgeschichte mit »jenem großen Tag« war ebenfalls bekannt, vgl. Apc Mos 37,5 (dort ebenfalls gegen Ende einer Einheit), vgl. auch ἕως τῆς ἡμέρας τῆς κρίσεως in Apc Mos 26,4 und 12,1. Die Vorstellung von einem heiligen Volk, in dessen Mitte Gott wohnt (13,3/4), ist aus prophetischer Tradition überliefert (vgl. etwa Hes 43,7; Sach 2,14–15) und schon in Lib Jub aufgenommen worden (Lib Jub 1,17.27); an allen genannten Stellen ist sie deutlich auf die Anwesenheit Gottes im Tempel bezogen. Durch Sach 2,15 könnte auch die mit ὅσοι ἔσονται λαὸς ἅγιος κτλ. möglicherweise zum Ausdruck gebrachte Vorstellung von einem endzeitlichen Volk des Heils sein, das sich nicht notwendigerweise nur aus Israel rekrutiert (vgl. Sach 2,15 𝔊: καὶ καταφεύξονται ἔθνη πολλὰ ἐπὶ τὸν κύριον ἐν τῇ ἡμέρᾳ ἐκείνῃ καὶ ἔσονται αὐτῷ εἰς λαόν »und es werden viele Völker zum Herrn Zuflucht nehmen an jenem Tag, und sie werden ihm ein Volk sein«); der Lib Jub, auf den die Autoren der Apc Mos sonst so häufig zurückgegriffen haben, ist hier klar partikularistisch. Tempeltheologische Hintergründe dürfte auch die Ankündigung haben, daß dem um Gott zentrierten heiligen Volk die »Freude des Paradieses« zuteil wird – schon der Lib Jub hat das Paradies mit dem Tempel assoziiert, und dies spielt auch bei dem Ölbaummotiv in Apc Mos 9,3ff eine Rolle. Daneben ist auf Ps 36,9 𝔐 zu verweisen, wo es über die בְנֵי אָדָם heißt: וְנַחֲל עֲדָנֶיךָ תַשְׁקֵם / יִרְוְיֻן מִדֶּשֶׁן בֵּיתֶךָ (»sie sollen sich satt trinken am Fett deines Hauses, / und den Strom deiner *Genüsse* sollt du ihnen zu trinken geben«); das Haus Gottes und das Wort עֵדֶן sind hier also assoziiert.[27] Auch das Motiv von der

---

[27] Zur Eden-Motivik in Ps 36,9 vgl. G.A. ANDERSON: The Cosmic Mountain. Eden and its

Ersetzung der καρδία πονηρά durch eine καρδία συνετιζομένη τὸ ἀγαθόν ist in prophetischer Tradition vorgeprägt: Von einer Ersetzung eines steinernen Herzens durch ein fleischernes ist in Hes 11,19 und 36,26 die Rede, die Stein/Fleisch-Metaphorik ist hier nicht aufgenommen, die Grundidee aber schon, vielleicht hat auch Jer 31,31–34 𝔊 = Jer 38,31–34 𝔐 eingewirkt, das stärker moralisch konnotiert ist, aber nicht von einer Ersetzung der Herzen handelt. Hes 11,19; 36,26 ist auch in 2. Kor 3,1ff aufgenommen. Daß das zu ersetzende Herz καρδία πονηρά genannt wird, ist durch die genannten Bibelstellen nicht verursacht, doch vgl. 4. Esra 3,20–22, speziell 3,21 (zitiert in der lateinischen Version): *Cor enim malignum baiulans primus Adam transgressus et victus est, sed et omnes qui ex eo nati sunt* (»weil er mit einem schlechten Herzen belastet war, hat der erste Adam das Gebot übertreten und ist besiegt worden, aber auch alle, die aus ihm geboren sind.«), das freilich konzeptionell deutlich anders gelagert ist und weder Vorlage noch Derivat von Apc Mos 13,5 sein muß.[28]

Abschließend sei noch auf einen biblischen Text verwiesen, der ebenfalls im Hintergrund der Erzählung von der Paradieswallfahrt stehen dürfte, wenn wohl auch nicht mit letzter Sicherheit. Schon zum Plagenmotiv in Apc Mos 8,2 war Hos 6,1–2 als Hintergrundtext ausgemacht worden; er soll hier noch einmal wiederholt werden, doch reicht in diesem Falle die hebräische Version:

1 לכו ונשובה אל־יהוה	1 Lasset uns gehen und zu Jahwe zurückkehren,
כי הוא טרף וירפאנו	denn er hat zerrissen und wird uns heilen,
יך ויחבשנו	er hat geschlagen und wird uns verbinden.
2 יחינו מימים	2. Er wird uns beleben nach zwei Tagen,
ביום השלישי יקמנו	am dritten Tage wird er uns auferstehen lassen,
ונחיה לפניו	und wir werden vor ihm leben.

Dieser Text handelt nicht von Adam, sondern von den Ephraimiten, die sich falsche Hoffnungen auf den Gott Israels machen, nämlich dahingehend, daß er, der sie verletzt hat, sie auch heilen und nach drei Tagen (vom Krankenbett) aufstehen lassen werde. Dennoch gibt es gute Gründe für die Annahme, daß er für Apc Mos 9–14 gleichermaßen wie für Apc Mos 7–8 eine Rolle gespielt hat. Dafür spricht nicht nur die Nähe zu Hos 6,7, das in Apc Mos 8,1 verarbeitet wurde, sondern vor allem die Fülle an Motiven, die diesen Text mit Apc Mos

---

Early Interpreters in Syriac Christianity, in: G.A. ROBBINS: Genesis 1–3 in the History of Exegesis. Intrigue in the Garden (Studies in Women and Religion 27), New York / Queenston 1988, 187–224, speziell 195–196.

[28] R. KABISCH: Die Entstehungszeit der Apokalypse Mose, Zeitschrift für die neutestamentliche Wissenschaft 6 (1905), 109–134, speziell 132–133 sah einen Zusammenhang zwischen Apc Mos 13,5 und 4. Esra 3,20–22; für ihn war, sofern »eine Bekanntschaft des einen mit den Gedankengängen des anderen vorliegt, ... sicherlich Esra der spätere«, da dieser als der begrifflich arbeitende Theologe im Gegensatz zum legendarischen Erzähler der Apc Mos einem späteren Stadium angehört. Aber warum muß Narration älter sein als begriffliche Arbeit? Auch wenn man Narration »archaischer« finden mag, so ist das Archaische noch nicht notwendigerweise auch das Ältere.

7–8 und dann auch 9–14 verbinden. Wie in Hos 6,1 hat auch in Apc Mos 7–8 Gott Schläge bzw. Plagen (πληγαί) verteilt, und wie in Hos 6,2 schließt sich in Apc Mos 9–14 daran die Hoffnung an, daß von Gott auch die Heilung kommen werde (indem er Adam Öl vom Lebensbaum gebe). Doch damit hat sich die Liste der Gemeinsamkeiten noch nicht erschöpft: Auch die von Seth und Eva vor dem Paradies praktizierten Bußrituale (9,3; 13,1) lassen sich angesichts von Hos 6,1–2 erklären, speziell von נשובו (»lasset uns zurückkehren«) in 6,1 her, das offenbar im Sinne einer Buße verstanden wurde, so im übrigen auch in Apc Mos 25. Ähnlich findet auch das Motiv der Wanderung eine Erklärung vor dem Hintergrund von Hos 6,1: לכו bedeutet wörtlich »gehet«, auch wenn es hier lediglich den Adhortativ נשובו verstärkt. Die in Apc Mos 9–14 anklingende Wallfahrtsvorstellung findet ebenfalls einen Anhalt in Hos 6,1–2, zumal wenn man לכו in seiner vollen Bedeutung nimmt: Dann handelt Hos 6,1 von einem Gang zu Jahwe, verbunden mit einer Buße.

Nicht zuletzt läßt sich in Hos 6,2 auch ein Anknüpfungspunkt für die Adam gesetzte Frist von drei Tagen finden (13,6), auf die dann auch in Apc Mos 31,1 Bezug genommen wird. Von einer Dreitagesfrist ist auch in Hos 6,2 die Rede; dort soll nach der Vorstellung der Ephraimiten nach drei Tagen die Genesung erfolgen, die dort mit den Verben יחינו (»er wird uns beleben«) und יקמנו (»er wird uns aufrichten«) zum Ausdruck gebracht wird. Genau vom Gegenteil ist zunächst einmal in Apc Mos 13,6 die Rede: Adam wird sterben. Doch dabei bleibt es eben gerade nicht. An die Mitteilung über den nahenden Tod Adams schließt sich die Information an, daß Seth den »schrecklichen Aufweg« Adams zum Himmel sehen werde. Darin wird eine Hoffnung auf ein postmortales Leben angedeutet, die ohne weiteres durch die in 6,2 geäußerte Hoffnung, daß Gott »beleben« und »aufrichten« werde, evoziert werden konnte. Die durch die Verweigerung der Frucht des Lebensbaums (in Apc Mos 9–14: Öl) vor Augen geführte Todesperspektive kann also nicht zuletzt aufgrund von Hos 6,2 durch eine Perspektive auf Leben ergänzt werden.

Die hier praktizierte Auslegung setzt eine Dekontextualisierung des ausgelegten Textes und eine vollständige Nichtberücksichtigung sowohl seiner Syntax wie auch seiner Kommunikationsstruktur voraus. Es spielt keine Rolle mehr, daß sich hier die Ephraimiten selbst zu einem bestimmten Handeln ermutigen; von Akteuren, Adressaten und Pragmatik wird völlig abgesehen, und die 1. Pl., welche die Perikope geradezu dominiert, wird restlos ausgeblendet. Es bleiben allein die Wortbedeutungen, die nun auf Adam, Eva und Seth hingeordnet werden. Man könnte wohl kaum glauben, daß eine solche Form von Textwahrnehmung tatsächlich stattgefunden haben mag, wenn es nicht ausgerechnet in der Auslegungsgeschichte von Hos 6,1–2 eine prominente Parallele gäbe: Tertullian hat in Adv Iud 13,23 (KROYMANN, Corpus Christianorum. Series Latina 2,1339) diesen Text mit einer ganz ähnlichen Methodik, über die er im übrigen genauso wenig Rechenschaft ablegt, auf Christus bzw. seine Auferstehung nach drei Tagen bezogen: *Post resurrectionem eius* (sc. Christi) *a mortuis, quae die tertia effecta est, caeli eum receperunt secundum prophetiam <ab> Osee emissam huiusmodi: »ante lucem surgent ad me dicentes: „ eamus et revertamur ad dominum deum* *nostrum, quoniam ipse eripiet et liberabit nos post biduum in die tertia"*«. *Quae [est] resurrectio eius gloriosa de terra in caelum eum recepit* (»Nach seiner Auferstehung von den Toten, die am dritten Tage bewirkt wurde, nahmen ihn die Himmel auf nach der Prophetie des Hosea, die wie folgt lautet: »vor Tagesanbruch stehen sie auf und sagen: „Lasset uns gehen und uns zurückwenden zu dem Herrn, unserem Gott, denn er wird uns herausreißen und befreien nach zwei Tagen am dritten Tag."« Diese seine herrliche Auferstehung nahm ihn von der Erde in den Himmel auf«). Hier werden die Zeitangaben »nach zwei Tagen« und »am dritten Tage« auf Christi Auferstehung bezogen, obwohl doch im Ausgangstext ein pluralisches Kollektiv (»wir«) »herausgerissen« und »befreit« wird[29].

Die Auslegung von Hos 6,1–2 in Apc Mos 7–14 ist insofern auch religionsgeschichtlich interessant, als sie ein neues Licht auf das sehr alte Christuskerygma von 1. Kor 15,3–7 wirft, speziell auf ὅτι ἐγήγερται τῇ ἡμέρᾳ τῇ τρίτῃ κατὰ τὰς γραφάς in 1. Kor 15,4. Welche Schriftstellen hier gemeint sein könnten, ist eine vieldiskutierte Streitfrage; Hos 6,2 wird immer wieder mehr oder weniger zustimmend als möglicher Bezugstext genannt (vgl. etwa WEISS: 1. Korintherbrief, 348; LIETZMANN: 1. Korintherbrief, 77; LINDEMANN: 1. Korintherbrief, 331). Angesichts einer dekontextualisierenden und (schwerpunktmäßig auf Adam hin) personalisierenden Umsetzung von Hos 6,1–2 in der jüdischen Umwelt des Neuen Testamentes könnte man sich vielleicht etwas weniger daran stören, daß eine christologische Auslegung von Hos 6,2 kaum zu »Sinn und Kontext« des Prophetenwortes passe (so LINDEMANN). Es gibt damit vielleicht auch Anlaß, den patristischen Befund etwas stärker für die Exegese von 1. Kor 15,4 gelten zu lassen: Einiges spricht dafür, daß Tertullian in Adv Judaeos 13,23 eine Interpretation von Hos 6,2 bietet, die einer in 1. Kor 15,4 möglicherweise vorausgesetzten urchristlichen Interpretation von Hos 6,2 ziemlich nahe steht.

b) Der Überfall des Tieres

Der Überfall des Tieres auf Seth dürfte eine narrative Entfaltung von Gen 3,15 darstellen. Dafür spricht v.a. die Personenkonstellation der Erzählung: Es geht um Seth, Eva und ein Tier. Eine solche Konstellation liegt auch in Gen 3,15 vor. Auch das Handlungsgeflecht spiegelt getreu diese Vorlage wieder. Das Tier feindet Eva an, aber nur mit Seth kämpft es – so auch in Gen 3,15: Dort wird Feindschaft zwischen der Schlange und der Frau sowie zwischen der Schlange und dem Samen der Frau angekündigt, aber nur für die letztgenannte Feindschaftsbeziehung wird auch eine körperliche Auseinandersetzung angekündigt. Gleichzeitig ist die Feindschaft zwischen Schlange und dem Samen der Frau von der Feindschaft zwischen Schlange und Frau her begriffen; diese ist die logisch übergeordnete. Dem entspricht in Apc Mos 10–12 die Tatsache, daß Eva den Kampf zwischen Seth und dem Tier beobachtet. Auch einige erzähllogisch schwer erklärbare Details werden von Gen 3,15 her verständlich: Wenn das Tier zwar von Seth in die Schranken gewiesen wird, ihn aber verwundet zurückläßt, so dürfte

---

[29] An anderer Stelle (Adv Mar IV,43,1–2) ist Tertullian durchaus in der Lage, der Struktur von Hos 6,1–2 stärker gerecht zu werden; dort bezieht er Hos 6,2 auf die Frauen, die das Grab Jesu aufsuchen: Sie sind es, die »vor Tagesanbruch« aufstehen und sich dazu entschließen, ihren Herrn und Gott (mit Salböl) am Grab aufzusuchen.

dies eine Transformation des Kampfes in Gen 3,15 sein: Dort tritt der »Samen der Frau« der Schlange auf den Kopf und die Schlange beißt ihm in die Ferse; der menschliche Part siegt also, bleibt aber nicht unverwundet.[30] Die merkwürdige Terminierung von Seths Befehl ($\H{\epsilon}\omega\varsigma$ $\tau\H{\eta}\varsigma$ $\H{\eta}\mu\acute{\epsilon}\rho\alpha\varsigma$ $\tau\H{\eta}\varsigma$ $\kappa\rho\acute{\iota}\sigma\epsilon\omega\varsigma$) wiederum könnte aus Apc Mos 26 kommen (vgl. 26,4), wo ebenfalls Gen 3,15 umgesetzt wird: Wie so oft wird hier nicht nur der biblische Text, sondern auch dessen Auslegung durch Apc Mos 15–30 berücksichtigt.

Gen 3,15 ist in Apc Mos 10–12 freilich auf durchaus eigenwillige Weise transformiert worden. Zum ersten zeigt der Text, indem er die Wendung »Samen der Frau« auf Seth bezieht, Distanz zu einer messianischen Deutung, die sich v.a. im frühen Christentum findet[31], aber auch für das frühe Judentum nicht ausgeschlossen werden kann.[32] Mit der messianischen Deutung hat Apc Mos

---

[30] Strukturell ähnelt diese Umsetzung des Kampfes zwischen dem »Weibessamen« und dem Tier (3,15b) der Interpretation von Gen 3,15b in den palästinischen Targumim, sieht man zunächst von einer nachfolgenden, stärker eschatologisierenden Deutung ab, die in Anm. 32 diskutiert wird. Als Beispiel sei das Fragmententargum zitiert:

ויהא	Und es wird geschehen:
כד יהוון בנהא דאיתתא לעין באוריתא	Wenn die Söhne der Frau an der Thora arbeiten
ונטרין פיקודיה	und ihre Gebote halten,
<u>יהוון מתכוונין ומחיין יתך ברישך</u>	*werden sie sich anschicken und dir aufs Haupt schlagen,*
וקטלין יתך	und sie werden dich töten,
וכד ימנעון גרמיהון בניה דאיתתא	und wenn sich die Söhne der Frau zurückhalten,
דלא לעין באוריתא	so daß sie nicht an der Thora arbeiten
ודלא למיטור פיקודיה	und ihre Gebote nicht halten,
<u>תהוי מתכוין ונכית יתהון בעוקביהון</u>	*wirst du dich anschicken und sie an ihren Fersen verletzen,*
וממרע יתהון	und du wirst sie krank machen.
ברם לבניא דאיתתא יהוי אסו	Aber für die Söhne der Frau wird Heilung sein,
ולך לא יהוי אסו	und für dich wird keine Heilung sein,

Anders als in der Apc Mos ist die Auslegung nicht individualisierend; zudem geht sie von einer Tötung des (jeweiligen) Tiers aus, während die Apc Mos es bei einem totalen Sieg Seths beläßt. Parallel ist jedoch das Gefälle zwischen Mensch und Tier: Ersterer siegt vollständig oder tötet, letzteres kann den Menschen nur Schaden antun.

[31] Zur messianischen Deutung von Gen 3,15 (der Same des Weibes als der Messias) vgl. J. MICHL: Der Weibessame (Gen 3,15) in spätjüdischer und frühchristlicher Auffassung, Biblica 33 (1952), 371–401; 476–505. MICHL präsentiert die messianische Auslegung von Gen 3,15 bei Irenäus (479–496) und anderen Kirchenschriftstellern (504–505), kommt aber auch zu dem Ergebnis, daß sich »eine Deutung des Weibessamens auf den Messias« im Judentum um die Zeitenwende nicht nachweisen läßt (388), auch das NT bietet ihm zufolge eine derartige Auslegung noch nicht (401). Dieser Befund könnte für die Datierung der Apc Mos von Bedeutung sein, doch ist Vorsicht geboten, vgl. die nachfolgende Anmerkung.

[32] Hinweise auf eine messianische Ausdeutung des »Weibessamens« in Gen 3,15 im frühen Judentum gibt es eher selten; sie sind auch nicht explizit, sondern müssen erschlossen werden. Am deutlichsten ist noch eine Auslegung von Gen 4,25 in Ber R 23,5:

10–12 freilich die individuelle Deutung des »Samens der Frau« gemein; diese wird aber möglicherweise schon durch den hebräischen Text selbst nahegelegt und findet bereits in der Septuagintaversion eine Entsprechung.[33] Daß die Apc

ותקרא את שמו שת	*Und sie nannte seinen Namen Seth,*
כי שת לי אלהים זרע אחר וגו'	*denn »Gott hat mir einen anderen Samen gegeben usw.«*
ר' תנחומ' בשם שמואל כוזית	Rabbi Tanchuma im Namen Samuels des Kuzziten:
אותו זרע שקם ממקום אחר	»Diesen *Samen*, der von einem *anderen* Ort erstand.
אי זה הוא	Wer ist dieser?
זה מלך המשיח	Er ist der Messiaskönig!«

Hier wird vermutlich auf die Abstammung des Messias als Davidssohn von der Moabiterin Ruth angespielt, vgl. hierzu Mt 1,5 wie überhaupt die exponierte Stellung heidnischer Frauen in der Messiasgenealogie in Mt 1,1–16. Nicht auszuschließen ist, daß diese oder eine ähnliche Auslegung von Gen 4,25 letztlich hinter der messianischen Deutung des »Weibessamens« in Gen 3,15 steht; war eine solche Auslegung tatsächlich schon früh gegeben, dann ist ohne weiteres eine Übertragung derselben auf Gen 3,15 denkbar.

Ein besonderes Problem stellen die palästinischen Targumim zu Gen 3,15 dar. Diese deuten den »Samen der Frau« auf die gesamte Menschheit, also nicht messianisch. Dennoch enthalten sie einen Hinweis auf die Tage des Messias, der an עקב in der hebräischen Vorlage anknüpft und damit offenbar eine Deutung dieses Wortes im Sinne von »Endzeit« voraussetzt, wie sie sich auch im Targ Onk findet, vgl. Targ Ps-Jon: ועתידין הינון למעבד שפיותא בעיקבא ביומי מלכא משיחא »Und sie werden dereinst Zermalmung anrichten mit der Ferse in den Tagen des Königs Messias« (ähnlich Targ Neofiti und der Fragmententargum). Die Ausdeutung des Wortes עקב auf die Endzeit muß noch nicht zwangsläufig auf die Tage des Messias führen. Daher stellt sich die Frage, ob hier nicht eine messianische Interpretation des »Weibessamens« durchscheint. Beweisbar ist dies freilich nicht. Wahrscheinlich jedoch stellt dieser Satz eine alte Tradition zu Gen 3,15 dar, denn er findet möglicherweise eine Parallele in Röm 16,20, wo Paulus eine (endzeitliche) Zertretung des Teufels durch die von ihm angeschriebene Gemeinde herbeiwünscht, die freilich von Gott gewirkt wird, nicht von der Gemeinde.

[33] Nach J. COLLINS: A Syntactical Note (Genesis 3,15): Is the Woman's Seed Singular or Plural? Tyndale Bulletin 48 (1997), 139–148 weist die pronominale Repräsentation von זרע durch das singularische הוא in Gen 3,15 darauf hin, daß dort ein Individuum gemeint sei, das unter Aufbietung seiner körperlichen Unversehrtheit die Schlange besiegen wird. Er begründet dies damit, daß זרע auch sonst ein Individuum meint, wenn es durch ein singularisches Pronomen vertreten wird, dies ist z.B. in 2. Samuel 7,12–15 der Fall. In der Septuagintaübersetzung entspricht der Korrelation הוא - זרע eine Genusinkongruenz (σπέρμα – αὐτός), die wohl gerade durch ihre syntaktische Sperrigkeit darauf aufmerksam machen will, daß an dieser Stelle etwas Bedeutsames mitgeteilt wird. Sie macht die individuelle Deutung des Weibessamens explizit. COLLINS stellt fest (S. 144), daß die inkongruente Kombination σπέρμα – αὐτός in der Septuaginta auch sonst begegnet, wenn זרע und הוא aufeinander bezogen sind. R.A. MARTIN: The Earliest Messianic Interpretation of Genesis 3,15, Journal of Biblical Literature 84 (1965), 425-427 faßt die individuelle Deutung des »Weibessamens« in der Septuagintaübersetzung als messianisch auf und sieht Gen 3,15 ⅏ als älteste messianologische Auslegung von Gen 3,15 an, doch wird man individuelle und messianische Deutung nicht gleichsetzen dürfen, wie schon Apc Mos 10,1b-12,2 zeigt.

Eine nichtindividuelle Interpretation des »Weibessamens« bieten die Targumim. Am konsequentesten sind dabei Targ Ps Jon und das Fragmententargum: Beide interpretieren זרעה plura-

Mos hier die messianische Deutung nicht aufnimmt, erweist nicht zwingend, daß sie diese noch nicht kannte oder ablehnte. Es entspricht v.a. der in der Apc Mos deutlich zu spürenden Tendenz, die biblischen Nachrichten über die beiden ersten Menschen und ihre Familie auf diese selbst auszulegen.

Eine zweite wichtige Transformation von Gen 3,15 zeigt sich darin, daß die Schlange von Gen 3,15 offenbar als typischer Vertreter der Tiere insgesamt verstanden wurde: Es geht in Apc Mos 10–12 nicht um die Schlange, sondern um die Tiere überhaupt. Dies ist allerdings überraschend, gerade angesichts der Tendenz der Apc Mos, derart typisierende Auslegung des Bibeltextes nicht zu praktizieren.

Gerade zur Schlange läßt sich eine typisierende Tendenz in den Adamviten aufzeigen: In Apc Mos 16,2 ist in Subarchetyp *Ia von einer Proskynese der Schlange vor Adam die Rede, in Apc Mos 16,3 heißt es, daß die Schlange das »Unkraut Adams« esse. VitAd(arm) und Vit Ad(georg) machen daraus umfangreiche Schilderungen über die Proskynese und Fütterung der Tiere generell; auch Vit Ad (lat^P) geht in diese Richtung (vgl. °16,2f). Apc Mos 10–12 steht, da es der Endredaktion entstammt, diesen Texten durchaus nahe.

In diesem Zusammenhang ist zu erwähnen, daß Apc Mos 10–12 an zwei Stellen Genusinkongruenzen aufweist, die nicht einfach auf Mangel an Griechisch-kenntnis zurückzuführen sind, sondern auf exegetische Hintergründe des Textes verweisen: In Apc Mos 10,1 findet sich die agrammatische Wendung θηρίον πολεμοῦντα – einem Acc. sg. neutr. ist ein Adjektiv im Acc. sg. masc. bei-geordnet. In Apc Mos 11,1 heißt es: Τότε τὸ θηρίον ἐβόησε λέγων – wieder ist das Neutrum θηρίον mit einem Masculinum zusammengestellt. Wahrschein-lich sollen die beiden Masculina gerade dadurch, daß sie irritieren, Aufmerk-samkeit erregen: Es handelt sich um ein männliches Tier: (ὁ) ὄφις / נחש (masc.)

---

lisch (Targ Ps Jon: זרעית בנהא; Fragmententargum: [א]בנה) und haben auch für das singularische הוא pluralische Korrelate. Auch Targum Neofiti deutet זרעה pluralisch (בנה), gibt das הוא aber teilweise singularisch wieder, freilich ohne damit von der kollektiven Deutung des «Weibes-samens» abzuweichen. Dadurch entsteht eine Spannung im Text, die wahrscheinlich darauf beruht, daß man der Vorlage Rechnung tragen wollte: Die (scheinbare) Spannung zwischen kollektiv gedeutetem זרע und seinem singularischem pronominalen Repräsentanten sollte so vielleicht besonders hervorgehoben werden. Dies gilt auch für Targum Onkelos, welches זרעה mit (pluralischem) בנהא wiedergibt und das nachfolgende הוא mit הוא. K. KOCH: »Adam, was hast du getan?« – Erkenntnis und Fall in der zwischentestamentlichen Literatur, in: T. RENDTORF (Hrsg.): Glaube und Toleranz. Das theologische Erbe der Aufklärung, Gütersloh 1982, 211–242, speziell 227 und Anm. 41 will בנהא wegen des nachfolgenden הוא als Singular verstanden wissen (er liest bēnᵉhā), aber der Singular müßte doch בריה (vgl.die Parallele in Targ Neofiti) heißen! Schon MICHL, Weibessame 375, Anm. 1 weist darauf hin, daß בנהא oft fälschlich als Singular übersetzt wurde (so in der Londoner Polyglotte 1657: *filium eius*) und weist diese unter Be-zugnahme auf G. DALMAN: Grammatik des jüdisch-palästinischen Aramäisch, Leipzig 1894, 158f. zurück.

– die Schlange (sowohl im Hebräischen als auch im Griechischen ein maskulines Wort). Da es dem Verfasser aber nicht so sehr um die Paradiesschlange ging als vielmehr um die Tierwelt allgemein, durfte auch das allgemeine θηρίον nicht fehlen; daß dieses neutrisch war, traf sich gut: So konnte er über einen kalkulierten Grammatikfehler den Leser darauf aufmerksam machen, daß die Erzählung – bildlich gesprochen – einen genauso doppelten Boden hat wie die agrammatische Wendung zweigeschlechtig ist.[34]

Daß in Apc Mos 10–12 bzw. der Vit Ad -Parallele nicht nur für den impliziten, sondern auch für den real existierenden Leser an die Schlange zu denken war (freilich nicht unbedingt aufgrund der Genusinkonzinnität), zeigt Vit Ad (lat^me) 37 (Apc Mos 10,1par), dort heißt es: *Ecce subito venit serpens bestia et impetum faciens morsit Seth*; in VitAd(lat^me) 39 (// Apc Mos 12,1) spricht Seth dann zum Tier folgendermaßen: *Increpet te dominus deus, stupe, obmutesce: claude os tuum, maledicte inimice veritatis confusio perditionis.* An erstgenannter Stelle wird das Tier mit der Schlange identifiziert, an letztgenannter mit dem Teufel, denn *increpet te dominus deus* ist als an den Teufel gerichtetes Wort wohlbekannt, vgl. Sach 3,2 und Jud 9; dazu kommt exorzistischer Sprachgebrauch (*stupe, obmutesce*, vgl. v.a. Mk 1,25), der freilich schon in der Apc Mos durchscheint (κλεῖσαί σου τὸ στόμα καὶ σίγα). Zu beachten ist, daß die Deutung des Tiers auf die Schlange und den Satan in Vit Ad (lat^p) fehlt; es handelt sich also um eine innerlateinische Variante. In Vit Ad (arm) 39,1 sagt Seth zum Tier: xc'i beran k'o, o Satanay »dein Mund sei geschlossen, Satan« (so im Haupttext, BC lesen: xic' zberan k'o, o(w) Satanay »halt deinen Mund , Satan«, was vorzuziehen ist, da es dem griechischen Text nähersteht). Auch Subarchetyp *IIIb^{2/2} identifiziert das wilde Tier mit dem ἀντικείμενος διάβολος, vgl. °10,1a.

Es bleibt indessen zu erklären, was den Erzähler dazu veranlaßt haben könnte, die Aussagen über die Schlange in Gen 3,15 auf die Tierwelt allgemein zu beziehen. Auch dafür läßt sich ein Anhaltspunkt in seinen Vorlagen finden: In Apc Mos 24, dessen Bedeutung für Apc Mos 9–14 schon hervorgehoben wurde (s.o.), ist nämlich ebenfalls von einem Aufstand der Tiere schlechthin die Rede – hier allerdings gegen Adam gerichtet, vgl. 24,3b: Καὶ τῶν ἐκυρίευες θηρίων, ἐπαναστήσονταί σοι ἐν ἀκαταστασίᾳ, ὅτι τὴν ἐντολήν μου οὐκ ἐφύλαξας »und die Tiere, über die du herrschtest, werden sich gegen dich erheben in Widersetzlichkeit, denn du hast mein Gebot nicht gehalten«. Doch die Bezugnahme auf Adam in Apc Mos 24,3b kann auch ein merkwürdiges Moment in Apc Mos 10,3 erklären: Dort verweist Eva das Tier auf seinen vormaligen Gehorsam gegenüber dem Ebenbild Gottes – hier kann nur Adam gemeint sein.

---

[34] Eine Genusinkongruenz als Hinweis auf exegetische Hintergründe begegnet auch in Apc Joh 12,5: καὶ ἔτεκεν υἰὸν ἄρσεν; das Masculinum υἰόν verweist auf Jes 7,14: Ἰδοὺ ἡ παρθένος ἐν γαστρὶ ἕξει καὶ τέξεται υἰόν, das neutrische Adjektivattribut ἄρσεν auf Jes 66,7: ἐξέφυγεν (sc. ἡ ὠδίνουσα) καὶ ἔτεκεν ἄρσεν. Beide Stellen sind aufgrund von Stichwortassoziation (τέξεται) verknüpft worden, vgl. H. KRAFT: Die Offenbarung des Johannes (Handbuch zum Neuen Testament 16a), Tübingen 1974, 166.

Wenn dieser hier so unvermittelt zur Sprache kommt, dürfte dies Apc Mos 24,3b geschuldet sein. Daß diese Stelle hier tatsächlich im Hintergrund steht, zeigt sich schlußendlich auch daran, daß sie die Verklammerung der Paradieswanderung und der Geschichte vom Überfall des wilden Tieres erklären hilft, dazu s.u..

Apc Mos 10–12 deutet die Weissagung vom Kampf zwischen dem »Samen der Frau« und der Schlange auf einen Sieg des »Samens«. Dies wird verständlich, wenn man bedenkt, daß der »Samen« lediglich an der Ferse verletzt wird, die Schlange sich aber den Kopf zertreten lassen muß. Doch die Hauptursache dieser Interpretation besteht in der Konsequenz, die aus der Identifikation des »Samens der Frau« mit Seth zu ziehen ist: Wenn der »Samen der Frau« Seth ist, dann ist er das Ebenbild Adams (Gen 5,3!), also das Ebenbild Gottes (Gen 1,27), und dieses ist dazu bestimmt, über die Tiere zu herrschen (Gen 1,26). Aus dieser kombinatorischen Lektüre von Gen 3,15 mit 5,3, Gen 1,26.27 erklärt sich einerseits der Hinweis auf die ursprüngliche Unterordnung des Tieres unter das Ebenbild Gottes (vgl. v.a. Gen 1,26) und andererseits die Benennung Seths mit eben diesem Titel und dessen Anwendung als Herrschaftsinstrument in Apc Mos 12.

Diese kombinatorische Lektüre von Gen 3,15 mit 5,3 und 1,26.27 etc setzt die Auffassung voraus, daß die Übereinstimmung im Wortlaut zwischen שת את־שמו ויקרא כצלמו בדמותו ויולד (»und [Adam] zeugte nach seiner *Ähnlichkeit* und seinem *Ebenbild* [einen Sohn] und nannte seinen Namen Seth«) in Gen 5,3 und כדמותנו בצלמנו אדם נעשה (»lasset uns einen Menschen machen nach unserem *Ebenbild* wie unsere *Ähnlichkeit*«) in Gen 1,26 dahingehend zu verstehen sei, daß, was über Adam gesagt ist, auch auf Seth zu beziehen ist; die Affinitäten werden also gewissermaßen als »link« verstanden – die Aussage der (nach Auffassung des Interpreten) alludierten Textstelle darf »importiert« werden. Eine solche Textauffassung scheint in der Septuaginta geradezukonterkariert zu werden, insofern dort der zitierte Teilsatz in Gen 1,26 mit ποιήσωμεν ἄνθρωπον κατ᾽ εἰκόνα ἡμετέραν καὶ καθ᾽ ὁμοίωσιν und der in Gen 5,3 mit καὶ ἐγέννησεν κατὰ τὴν ἰδέαν αὐτοῦ καὶ κατὰ τὴν εἰκόνα αὐτοῦ καὶ ἐπωνόμασεν τὸ ὄνομα αὐτοῦ Σήθ übersetzt wird, so daß דמות einmal ὁμοίωσις (Gen 1,26) und das andere Mal ἰδέα (Gen 5,3) entspricht. Nun kann die beschriebene Lektüre von Gen 5,3 im Lichte von Gen 1,26 zwar auch auf den Septuagintatext zurückgehen, insoweit auch dort an beiden Stellen εἰκών begegnet, aber sie liegt dann jedenfalls nicht auf der Linie des Septuaginta-Übersetzers, der wohl gerade zwischen Seth und Adam differenzieren wollte. Da die Apc Mos den hebräischen Bibeltext kannte, ist es so doch wahrscheinlicher, daß sie hier von diesem ausging. Die Textauffassung der Apc Mos stellt im übrigen sowohl gegenüber dem griechischen als auch dem hebräischen Text insofern eine Verkürzung dar, als sie die Differenzierung zwischen Bild und Ähnlichkeit unterdrückt.

Es war schon bei der Darstellung des Inhalts darauf verwiesen worden, daß der Ebenbildtitel in Apc Mos 10–12 nur Seth und rückblickend Adam zukommt, Eva jedoch nicht. Auch diese Differenzierung hat exegetische Hintergründe, und zwar in einer der im Zusammenhang mit der Ebenbildthematik hier verarbeiteten Texte: Gen 1,27 – dort heißt es:

Gen 1,27 m

ויברא אלהים את־האדם בצלמו
בצלם אלהים ברא אתו
זכר ונקבה ברא אתם

Gen 1,27 &

καὶ ἐποίησεν ὁ θεὸς τὸν ἄνθρωπον,
κατ᾽ εἰκόνα θεοῦ ἐποίησεν αὐτόν,
ἄρσεν καὶ θῆλυ ἐποίησεν αὐτούς

Beide Texte stimmen in der Sache überein, nur daß & die Anadiplosis בצלם / בצלמו auflöst. Zu beachten ist außerdem, daß Gen 1,27 & את־האדם mit ἄνθρωπος wiedergibt, das Wort אדם also (wohl der ursprünglichen Aussageabsicht entsprechend) als Gattungsbezeichnung verwendet (daß האדם in Gen 1,27 m nicht Eigenname, sondern Gattungsbegriff ist, zeigt der Artikel, der bei einem Eigennamen ungebräuchlich wäre, vgl. MEYER §96,2a).

Gen 1,27 spricht von der Erschaffung des Menschen als Ebenbild Gottes (Gen 1,27ab) und erwähnt in diesem Zusammenhang dessen Zweigeschlechtigkeit (Gen 1,27c). Die alttestamentliche Wissenschaft der Gegenwart neigt (sicher unter dem Einfluß außerexegetischer Diskurse) dazu, die Aussage zur Zweigeschlechtigkeit in Gen 1,27c als Explikation der Ebenbildtitulatur in Gen 1,27ab zu verstehen (z.T. mit der Konsequenz, daß auch Gott hier zweigeschlechtig verstanden werden muß).[35] Apc Mos 10–12 hingegen scheint den Text anders aufzufassen. Sie setzt eine Zäsur zwischen Gen 1,27ab und Gen 1,27c – und der Anlaß dazu ist auch unschwer zu erkennen: Während in Gen 1,27ab vom Menschen im Singular (hebr. אתו, gr. αὐτόν) die Rede ist, erscheint in Gen 1,27c ein Plural zur Bezeichnung des Menschen (hebr. אתם, gr. αὐτούς). Diese Differenz regte den Exegeten dazu an, die Ebenbildlichkeit nur auf האדם zu beziehen und אדם nicht als Gattungsbezeichnung, sondern im Lichte der Adamüberlieferung in Gen 2,5 ff als Eigennamen zu verstehen[36], so daß dann nur noch Adam, nicht aber Eva, am Ebenbildtitel teilhat, und im Gefolge Adams auch Seth (vgl. Gen 5,3). Eine solche Exegese dürfte eher am hebräischen Text als an der Septuaginta vorgenommen worden sein, da die Septuaginta einer personalen Interpretation von Gen 1,27a stärker im Wege steht – sie hat, wie angedeutet, אדם mit ἄνθρωπος wiedergegeben.[37]

---

[35] Vgl. J.C. DE MOOR: The Duality in God and Man, in: J.C. DE MOOR (Ed.): Intertextuality in Ugarit and Israel. Papers Read at the Tenth Joint Meeting of the Society for Old Testament Study and het Oudtestamentisch Werkgezelschap in Nederland en België, Held at Oxford, 1997 (Oudtestamentische Studiën 40), Leiden etc. 1998, 112–125 (Forschungsstandpunkte: S. 111–114), der für eine geschlechtliche Dualität bei Gott in Gen 1,26–27 votiert. Er stellt seinem Artikel den Ausspruch einer der ersten feministischen Theologinnen voran, daß Gen 1,27bc als »a plain declaration of the existence of the female element in the Godhead, equal in power and glory with the masculine« zu verstehen sei, so E.C. STANTON: The Woman's Bible, New York 1895, 14.

[36] Daß אדם in Gen 1,27 trotz des voranstehenden Artikels als Eigenname aufgefaßt werden konnte, ist überraschend, findet aber rabbinische Parallelen, vgl. Ber R 8, wo im Zusammenhang mit der Menschenschöpfung mehrfach von אדם הראשון (Adam) die Rede ist.

[37] Paulus könnte vielleicht dieselbe Exegese von Gen 1,27 voraussetzen, wenn er die Ebenbildlichkeit exklusiv auf den Mann bezieht, vgl. 1. Kor 11,7: Ἀνὴρ μὲν γὰρ οὐκ ὀφείλει

Es ist anzunehmen, daß die hier geschilderte Exegese von Gen 1,27 von dem Hintergrund einer weitergreifenden Problematik her zu verstehen ist, nämlich der Tatsache, daß es offenbar zwei Menschenschöpfungsberichte (Gen 1,26–27 und Gen 2,5ff.) gibt. Diese galt es zu harmonisieren, und eine der Möglichkeiten bestand darin, Gen 1,27 als Kurzfassung der Erzählung in Gen 2,5 zu lesen. Und dafür schien der Text einen deutlichen Hinweis zu geben: Der Numeruswechsel zwischen Gen 1,27ab und Gen 1,27c machte es möglich, den Vers in zwei Hälften zu gliedern, die als zwei unterschiedliche Szenen einer Erzählung verstanden werden konnten, und zwar der nachfolgenden Menschenschöpfungs-erzählung (Gen 2,5ff): Gott erschuf zuerst Adam nach seinem Bilde (Gen 1,27ab im Lichte von Gen 2,7) und sorgte dann für die Geschlechterdifferenzierung (Gen 1,27c), indem er Eva erschuf (Gen 2,21ff.).

Genau diese Exegese dürfte sich auch in der Teufelsfallserzählung der Adamviten (Vit Ad 11–17, speziell 13) niedergeschlagen haben. Dort wird von der Erschaffung Adams (ausschließ-lich Adams!) zum Ebenbilde Gottes berichtet, und zwar indem Gen 1,26–27 und 2,7 kombiniert werden – als Beispiel sei VitAd(georg) 13 zitiert: (Der Teufel spricht): »...comme Dieu t'avait soufflé l' ésprit sur ton visage, tu avais l'image et la ressamblance de la divinité.«.[38]

Ein interessanter Kontrast zu dieser Auslegung findet sich in Ber R 8,1. Dort wird זכר ונקבה אתם ברא (»Mann und Frau schuf er sie«) dahingehend verstanden, daß Gott Adam ursprünglich ἀνδρόγυνος (אנדרוגינוס) erschaffen habe; nach einer anderen Tradition war er ursprünglich διπρόσωπος (דיפרוסופן) – Acc sg. masc. oder Nom. sg. neutr.?) und wurde dann von Gott auseinandergesägt, zu beiden Überlieferungen vgl. die Erzählung über die androgynen und aufgrund ihrer Vierbeinigkeit äußerst wendigen Urmenschen in Plato, Symposion 189c–191d, die Zeus auseinanderschnitt, weil sie den Himmel angreifen wollten.

κατακαλύπτεσθαι τὴν κεφαλὴν εἰκὼν καὶ δόξα θεοῦ ὑπάρχων· ἡ δὲ γυνὴ δὲ δόξα ἀνδρός ἐστιν (»Der Mann muß sein Haupt nicht verhüllen, da er Bild und Doxa Gottes ist. Die Frau aber ist die Doxa des Mannes«). Von Paulus unterscheidet sich Apc Mos 10–12 freilich darin, daß sie nur Seth und Adam erkennbar als Ebenbilder Gottes sieht, aber keinerlei Auskunft darüber erteilt, wem die Ebenbildlichkeit sonst noch zukommt. Paulus dagegen spricht sie generell dem Manne zu.

[38] VitAd(lat) ist leicht verderbt: ...quando insufflavit deus spiritum vitae in te factus est vultus et similitudo tua ad imaginem dei – die similitudo ist auf die falsche Seite geraten, ähnlich auch in VitAd(lat^p) und VitAd(lat^mo). VitAd(arm) bietet eine sehr interessante Variante – dort heißt es: »ibreu p'č'eac' Astouac zogin iur i jez arer dou znmanout'iun patkeri nora« (»Als Gott seinen Geist in euch [jez] blies, empfingest du die Ähnlichkeit seines Bildes«). Diese Variante wird freilich von STONE, der mit «you (2. Sg!)» übersetzt, nicht berücksichtigt. Entweder ist hier dem Editor oder dem Übersetzer STONE ein Lapsus unterlaufen. Dafür, daß hier im armenischen Text ein Fehler vorliegt (»jez« statt »k'ez« – vielleicht schon in der Textüberlieferung? Abwei-chende Lesarten vermeldet STONE hier nicht!), spricht immerhin die Tatsache, daß der Kontext auch in VitAd(arm) 13 die Ebenbildlichkeit exklusiv auf Adam bezieht, so bei der Präsentation Adams vor Gott, wo Gott zu Michael sagt: »Siehe, ich habe Adam in der Ähnlichkeit meines Bildes gemacht«. Man beachte auch den merkwürdigen Numeruswechsel gleich nach »jez«.

c) Die Verklammerung beider Erzählungen

Ein sicherlich nicht zu unterschätzender Grund für die Kombination von Apc Mos 9,1–10,1a; 13–14 und Apc Mos 10,1b–12,2 dürfte das volkstümliche Motiv vom Überfall eines Tieres auf den Protagonisten bei der Wanderung sein, wie es sich in der biblischen Literatur z.B. in Tobit 6,2 verwirklicht hat. Doch wird ein volkstümliches Motiv nicht notwendigerweise ohne Anlaß verwirklicht und dieser läßt sich tatsächlich ausmachen: Wie bereits angesprochen, kann die Ausweitung der Tradition vom Kampf des »Samens der Frau« mit dem »Samen der Schlange« in Gen 3,15 auf die Tierwelt generell von Apc Mos 24,3b her erklärt werden, wo von einem Aufstand der Tiere gegen Adam die Rede ist; auch die implizite Bezugnahme auf Adam als Herrscher der Tiere in Apc Mos 10,3 geht auf diese Stelle zurück. Ähnliches gilt für die Kombination der beiden Erzählungen: Apc Mos 24,3b gehört zur Auslegung des Gottesfluches über Adam in Gen 3,17–19; im unmittelbaren Nahkontext findet sich eine Amplifikation des עצבון-Motivs (Apc Mos 24,2b–3a). Von genau diesem Motiv aber geht der gesamte narrative Komplex in Apc Mos 5–14 (Krankheit Adams) aus, so auch Apc Mos 9–14.

Es kann also nachgewiesen werden, daß beide Konstituenten von Apc Mos 9–14 gleicherweise unter dem Einfluß von Apc Mos 24 entstanden sind, mehr noch: Auch ihre Verklammerung beruht auf dieser Perikope. Zugleich sind sie jedoch nicht ohne selbständige exegetische Arbeit u.a. an dem Text verfaßt worden, der Apc Mos 24 zugrunde liegt. Auch hier liegt also wieder ein Zusammenspiel von Exegese am Bibeltext und Arbeit an exegetisch-narrativen Texten älteren Datums vor, wie er schon des öfteren für die Apc Mos nachgewiesen wurde.

Wenn damit beide Konstituenten von Apc Mos 9–14 Anknüpfungspunkte in Apc Mos 24 haben, läßt dies für deren Entstehungsgeschichte die Folgerung zu, daß sie wohl kaum einmal selbständig existiert haben. Dafür spricht auch ein anderer Befund: Die Tatsache, daß nicht Seth allein, sondern Seth in Begleitung Evas zum Paradies geht, ist für die Ökonomie der Erzählung von der Paradieswallfahrt an sich nicht notwendig. Es nimmt daher nicht Wunder, daß Eva in Desc Inf 3 (TISCHENDORF: Evangelia Apocrypha, 325–326), wo es nur um die Paradieswanderung geht, ausfällt. Für Apc Mos 9–14 als ganzes ist Eva jedoch von tragender Bedeutung: Sie könnte sonst in Apc Mos 10–12 kaum die Rolle spielen, die ihr dort – v.a. aufgrund des biblischen Ausgangstextes – zukommt.

X. Der Bericht Evas über den Betrug des Feindes (Apc Mos 15–30)

Xa. Hinführung

1. Apc Mos 15–30 als abgrenzbare Einheit

Wie aus E III,5,a.b hervorgeht, ist Apc Mos 15–30 mit großer Wahrscheinlichkeit ein älteres Quellenstück, das ursprünglich mit Apc Mos 33,2–37,6 zu einem Testament der Eva gehörte, welches nicht vollständig in die Apc Mos aufgenommen worden ist. Es ist durchgängig als Rede Evas an ihre Nachkommen gestaltet, dies trifft ursprünglich auch für Apc Mos 33,2–37,6 zu (vgl. die Ich-Passagen in 33,3–34,1). Zugleich ist es eine in sich abgeschlossene Narration, da es eine Einleitung (15,1) und eine Schlußparänese (30,1) aufweist, welche wiederum mit der Einleitung korreliert; beide haben als ursprünglicher Bestandteil des Textes zu gelten, da sie, wie in Abschnitt 2 noch zu erörtern sein wird, mit dem Erzählkorpus theologisch kongruieren. Als abgeschlossene Narration erweist sich Apc Mos 15–30 auch durch seinen Gegenstand, denn Apc Mos 15–30 stellt eine fortlaufende Nacherzählung des Hergangs der Katastrophe im Paradies (Gen 3,1–24) dar; die Sequenzierung des biblischen Textes wird bis auf die Reihenfolge der Flüche (Gen 3,15–19 // Apc Mos 24–26) durchweg eingehalten; Gen 3,19b–21 bleibt allerdings unberücksichtigt. Schon dieser relativ kohärente Bezug auf eine Vorlage spricht dafür, daß Apc Mos 15–30 nicht nur in sich abgeschlossen, sondern auch einheitlich ist. Dies ist, wie noch nachzuweisen sein wird, in der Tat der Fall; lediglich in Apc Mos 17,1b–2a ist eine Interpolation zu exkludieren. Mit seiner linearen Umsetzung des Bibeltextes steht Apc Mos 15–30 mehr als alle anderen Passagen der Apc Mos der Gattung »Rewritten Bible« nahe, allerdings deckt es – anders als die Rewritten-Bible Literatur (z.B. Lib Jub) – nur einen relativ kleinen Teil der Bibel ab. In der Hauptsache ist es jedoch Teil eines Lebensberichts der Eva und insoweit typisch für die Testamentliteratur; wie bereits gezeigt wurde (E II,4a), kann in diesem Rahmen gleichfalls exegetische Arbeit an biblischer Überlieferung geleistet werden (vgl. insbesondere Test Hiob).

Da 15,1 und 30,1 ursprünglich zum Text gehören, ist Apc Mos 15–30 schon innerhalb des Test Eva eine in sich abgeschlossene Narration gewesen. Ob es damit auch älter ist als Test Eva, also diesem schon als Quelle vorlag, wird kaum zu klären sein. Jedenfalls wird man die Schlußparänese in 30,1 kaum als zwingenden Beweis dafür werten können, vgl. Test Hiob 27,7, wo eine Narration durch eine Paränese abgeschlossen wird, ohne daß dort an Quellenschichtung zu denken wäre.

2. Rahmung und zentrales Anliegen

Apc Mos 15–30 verfügt, wie angedeutet wurde, über einen Rahmen (15,1; 30,1). Diesem kann das zentrale Anliegen dieser Erzählung entnommen werden: Die

Einleitung in Apc Mos 15,1 kündigt nämlich die nachfolgende Erzählung als einen Bericht Evas darüber an, wie »der Feind« die beiden Erzeltern »verführt« hat (πῶς ἠπάτησεν ἡμᾶς ὁ ἐχθρός). Die Schlußparänese korreliert mit dieser Ankündigung (vgl. 30,1a: Νῦν ... ἐδήλωσα ὑμῖν τὸν τρόπον, ἐν ᾧ ἠπατήθημεν), erst recht jedoch die Narration in 15,2–29,6: Der Erzähler gibt sich alle Mühe, den Teufel, der in der biblischen Vorlage noch keine Erwähnung fand, in den Bericht von der Katastrophe im Paradies zu integrieren[1]. Zu diesem Zwecke

---

[1] Die Integration des Teufels in die Paradiesgeschichte ist im frühen Judentum und in der alten Kirche weit verbreitet; allerdings lassen sich kaum Belege finden, die klar erkennbar älter wären als Apc Mos 15–30; am ehesten mag dies für Sap Sal 2,23–24 gelten. Ältere Zeugnisse für eine Rezeption von Gen 2–3 erwähnen den Teufel nicht, vgl. Lib Jub 3; Jes 65,25; Hos 6,7; Sir 25,24 𝔊.

Unter den Texten, die den Teufel in der Paradiesgeschichte agieren lassen, finden sich mehrere Strategien einer Integration dieser Gestalt in das biblisch überlieferte Geschehen. Viele lassen einfach den Teufel im Paradies auftreten, ohne auf die Schlange einzugehen. Dieses Verfahren findet sich schon in Sap Sal 2,23–24, das den Tod auf den Neid des Teufels zurückführt und ihn damit als den Akteur der Verführung ansieht, ohne Einzelheiten zu klären. Auf ihn haben zahlreiche Kirchenschriftsteller zurückgegriffen, vgl. etwa 1. Clem 3,4; Cypr, Zel 5 und vielleicht auch Commodian, Instr I,35,1–2. Ohne detailliertere Angaben wird der Teufel auch in Apc Mos 7–8 und Vit Ad 16 als Subjekt des Anschlags gegen Adam eingeführt, vgl. K VIII. Eine Sonderstellung nimmt 1. Hen 69,6 ein, das zu den (in Qumran nicht bezeugten und daher wahrscheinlich später zu datierenden) Bilderreden gehört. Dort ist in einer Liste gefallener Wächterengel von einem Gâdre'êl (ܓܵܕܪܸܐܠ) als Verführer Evas die Rede. Wie diese Angabe mit der Tatsache harmoniert, daß die Wächterengel erst vor der Sintflut ihr böses Werk verrichteten, bleibt unklar, erst recht ist zweifelhaft, ob dieser Gâdre'êl etwas mit dem Teufel zu tun hat. Über die Schlange verlautet nichts; in dieser Sache geht 1. Hen 69,6 mit den hier verhandelten Texten konform. Nach 2. Hen 31,3–6 ist der Satan von Gott abgefallen, weil er die kosmische Herrschaft des Menschen nicht dulden wollte; er habe dann das Paradies betreten und Eva verführt. Mit dieser Stelle weist Tert, Pat 5,5–10 einige vielleicht nicht zufällige Berührungspunkte auf.

Andere Texte bemühen sich auf je unterschiedliche Weise, den Teufel mit der Schlange zu identifizieren. So verführte nach Apc Abr 23 Azazel die Erzeltern in Gestalt eines Drachen – sicher in Anlehnung an die biblische Schlange. Eine ähnliche hermeneutische Strategie bezeugt Apc Joh 12, wo der Teufel vor allem als Drache bezeichnet wird, aber auch als Schlange (vgl. 12,14–17). Mittelbar wird er dort auch mit der Paradiesschlange identifiziert, vgl. die Titulatur in 12,9, speziell den Titel »alte Schlange« (ὁ ὄφις ὁ ἀρχαῖος). Teufel und Schlange sind auch gleichgesetzt in Targ Ps Jon, Gen 3,4, wo die Schlange דלטור (»Denunziant«) genannt wird, vgl. den lateinischen Teufelstitel *delator* bei Tert, An 35,3 und Tert, Marc II,10,1 sowie den inhaltlich affinen Titel κατήγωρ (wohl besser κατήγορος zu lesen) in Apc Joh 12,10. Eine Identifikation von Teufel und Schlange liegt wohl auch vor in Vit Proph 12 (Habakuk),14 und 4. Makk 18,8 – möglicherweise ist »Schlange« hier einfach ein Titel. Dies gilt auf jeden Fall für Justin, Dial Tryph 124,3: Dort wird Ps 82,7 𝔊 auf die Paradiesgeschichte bezogen; der εἷς τῶν ἀρχόντων sei die »sogenannte Schlange« (ὁ κεκλημένος ὄφις), die wegen der Verführung Evas gefallen sei. Auch bei Tatian, Or Graec 7,2–3 könnte vorausgesetzt sein, daß ὄφις als Titel zu verstehen ist: Dort fällt das Wort ὄφις zwar nicht, doch ist von einem φρονιμώτερος παρὰ τοὺς λοιπούς die Rede (vgl. Gen 3,1), dem die Menschen διὰ τὸ πρωτόγονον (»weil er zuerst da war«) Folge leisteten, indem sie sich zum Götzendienst verführen ließen; der φρονιμώτερος sei deshalb als

wird zum einen der Verführung Evas durch die Schlange (Apc Mos 17,1b–20,3) eine Verführung der Schlange durch den Teufel (Apc Mos 16,1–17,1a) vorgeschaltet, zum anderen erscheint jede Verführung letztlich als das Werk des Teufels – bei der Schlange ohnehin, doch auch bei Eva, zu welcher der Teufel durch den Mund der Schlange spricht (Apc Mos 16,5; 17,4), und desgleichen auch bei Adam, da aus dem Munde seiner Frau ebenfalls der Teufel redet (Apc Mos 21,3). Auch sonst findet der Teufel in Apc Mos 15–30 des öfteren Erwähnung (vgl. Apc Mos 25,4; 28,4; 30,1), er spielt also eine gewichtige Rolle in der Erzählung. Wie in der Einleitung wird dabei sein Vorgehen v.a. durch die Schlüsselworte ἀπατᾶν/πλανᾶν (und Derivate) charakterisiert (vgl. 16,5; 23,5; 26,1; 30,1), seine Methode ist also der Betrug. Dementsprechend besteht sein Handeln v.a. in Täuschungsmanövern: Er zeigt sich Eva nicht in seiner eigentlichen Gestalt, sondern spricht durch den Mund der Schlange (Apc Mos 16,5; 18,1) und bedient sich der Schlange als Werkzeug (Apc Mos 16,5); in ähnlicher

---

δαίμων »erwiesen« (ἀποδείκνυται). 3. Bar 4,8 sieht Sam(m)ael als Akteur der Verführung, dieser hat freilich schon den Baum der Erkenntnis gepflanzt, dessen Frucht eben deswegen dem Adam untersagt wurde.

Eine weitere Gruppe von Texten faßt die Schlange – wie Apc Mos 15–30 – als Werkzeug des Teufels auf. So fungiert die Schlange in 3. Bar 9,7 als ἔνδυμα (Kleid) des Teufels. Diese Auffassung findet sich auch in der Palaea (VASSILIEV 190), in Mart Paul Jul 22 und in Ps-Chrys, Hom Gen 3 (MPG 56, 525–538, speziell 531: Ἐν ἐνδύματι τοῦ ὄφεως προσομιλεῖ τῇ γυναικὶ πρὸς τὸ δελεάσαι αὐτήν). Etwas allgemeiner redet von einer Einwohnung des Teufels in der Schlange Ps-Kaisarios, Erotapokriseis 133 (RIEDINGER 115₅₋₈), v.a. ist hier aber zu nennen Hyp Arch, NHC II,89,31–32 (LAYTON 242): ⲁⲥⲉⲓ ⲇⲉ ⲛ̅ϭⲓ ⲧ̅ⲡⲛⲉⲩⲙⲁⲧⲓ[ⲕⲏ ϩⲙ̅] ⲫⲁϥ ⲡⲣⲉϥⲧⲁⲙⲟ ⲁⲩⲱ ⲁϥⲧ[ⲁⲙⲟⲟⲩ... (»Es ging aber die geistliche [Frau] in die Schlange, den Lehrer hinein, und der unterwies sie [sc. die ersten Menschen]...«), nur daß hier nicht der Teufel in die Schlange eingeht, sondern die erkenntnisbringende geistliche Eva. Die in Apc Mos 16,5 vertretene Idee von der Schlange als σκεῦος findet sich auch in Narr Zos 20,3 und Ephr, Hymn Par 15,14 (Text: BECK, CSCO 78, 65; Übers.: BECK, CSCO 79,59) – beide Texte sind möglicherweise von der Apc Mos mittelbar abhängig. Dies gilt wohl auch für Cav Thes, Recensio Occidentalis 4,5, wo der Teufel in die Schlange hineinfährt und mit ihr zu den Mauern des Paradieses fliegt, vgl. Apc Mos 17,1, und erst recht für Lib Inst Abb 37 (BUDGE 237) sowie für Saltair na Rann (GREENE / KELLY 29ff), speziell 1153–1156 und 1177–1180, wo von einer Einwohnung des Teufels in der Schlange die Rede ist. Mittelbar abhängig von Apc Mos 16,5 ist vielleicht auch Ps-Gregor, Hom Michael 5,4 (LAFONTAINE 52), wo der Teufel in die Schlange hineingeht und diese als ⲟⲣⲅⲁⲛⲟⲛ agiert. Mit der Rede von der Schlange als σκεῦος ist, wie noch auszuführen sein wird, nicht nur der Gedanke einer Einwohnung des Teufels, sondern auch der einer Instrumentalisierung der Schlange verbunden; σκεῦος kann sowohl »Gefäß« als auch »Werkzeug« bedeuten, desgleichen das Wort ܡܐܢܐ, das bei Ephrem a.a.O. verwendet wird. Eine Instrumentalisierung der Schlange begegnet in anderer Form auch in rabbinischer Überlieferung, vgl. PRE 13,2, wo Sam(m)ael, auf der Schlange wie auf einem Kamel reitend, sich zu Eva begibt (daß die Schlange einst wie ein Kamel aussah, wird auch in Ber R 19,1 überliefert). Eine besondere Variante hinsichtlich des Verhältnisses von Teufel und Schlange entwickelt schließlich Act Thom 32: Dort geht es um einen Drachen, der u.a. auf Befehl und nach Anleitung seines Vaters, des Teufels, Eva verführt hat.

Weise ist in 21,3 der eigentliche Gesprächspartner Adams nicht Eva, sondern der Teufel.

Der Teufel ist die eigentlich treibende Kraft bei der Gebotsübertretung, bestraft aber werden nur diejenigen, deren böses Tun er verursacht hat. Dies wird vor allem durch den Bibeltext begründet sein (es gibt in Gen 3 keinen Fluch über den Teufel), doch auch inhaltlich ist dieser Befund nicht ohne Bedeutung. Der Teufel dient der Erklärung des Geschehens und damit des biblischen Textes, doch das eigentliche Interesse gilt weiterhin den Menschen und der Schlange bzw. den Akteuren des biblischen Textes. Dementsprechend erfährt man in Apc Mos 15–30 auch nur wenig über Identität und Herkunft des Teufels; allenfalls in 16,3 wird eine implizite Mitteilung gemacht, der entnomen werden kann, daß der Teufel einmal das Paradies bewohnte. Erst in den späteren Schichten der Adamdiegesen entwickelt sich eine Tendenz, nach Herkunft und Wesen des Teufels zu fragen, vgl. Apc Mos 39,3 in Subarchetyp *Ia (s. °39,3a) und vor allem die Teufelsfallserzählung der Adamviten (Vit Ad 11–17).

Mit der Einbeziehung des Teufels in die Paradiesgeschichte verbindet sich eine Konzeption vom guten und vom bösen Handeln, die freilich nicht diskursiv, sondern narrativ entfaltet wird. Ihr zentrales Stichwort ist φυλάττειν. Dies zeigt sich vor allem im Resumée Evas (30,1). Dort fordert Eva ihre Kinder auf, sich in Acht zu nehmen, das Gute nicht zu verlassen (ὑμεῖς δὲ φυλάξατε ἑαυτοὺς μὴ ἐγκαταλιπεῖν τὸ ἀγαθόν). Gutes Handeln ist also vornehmlich mit Wachsamkeit verbunden. Dementsprechend wird auch für Adam Wachsamkeit gegenüber dem Bösen zur Bedingung für eine künftige Auferstehung gemacht (28,4). Genau daran war er gescheitert, denn auch die Einhaltung des Gebots, das er übertreten hatte, wird mit dem Stichwort φυλάττειν bezeichnet (23,3; 24,3). Auch die den Erzeltern aufgetragene Bewachung des Paradieses (15,2; 17,3: wieder φυλάττειν) dürfte in diesen Zusammenhang gehören, denn mit ihr kontrastiert so augenfällig die Tatsache, daß der Teufel das Paradies betritt (15,3) und die Schlange von Eva in dieses hineingelassen wird (19,1), beides eine wichtige Voraussetzung für die nachfolgende Verführung, zuerst der Schlange, dann Evas.

Ist somit gutes Handeln vor allem als ein aktives Sich-in-Acht-Nehmen beschrieben, so wird bösen Handeln – vom Teufel abgesehen – vornehmlich in passivischen Kategorien dargestellt. Menschen und Schlange müssen zum Bösen bewegt werden, sie bewegen sich nicht eigenständig in diese Richtung. Die Initiative kommt von außen und gewinnt Macht über die Person, die schließlich das Böse tut. Die Schlange und Eva sind, während sie ihre Gesprächspartner verführen, vom Teufel inspiriert bzw. instrumentalisiert, die Gesprächspartner wiederum werden genau dadurch hinsichtlich der eigentlichen Identität ihres Gesprächspartners getäuscht. Darüber hinaus werden ihnen bei der Verführung falsche Versprechungen gemacht (vgl. etwa 18,3); auch hierin liegt ein Moment der Täuschung. Nicht zuletzt werden sie auch überredet, etwas zu tun, das sie zunächst gar nicht tun wollen (vgl. 16,4; 18,2; 21,4). Instrumentalisierung, Täuschung und Überredung haben gemeinsam, daß der von ihr Betroffene nicht wirklich freier Entscheidungsträger ist, weil er entweder fremdbestimmt oder aber von einer fremden Macht manipuliert ist. Von einer solchen Fremdeinwirkung ist in Bezug auf das Tun des Guten erstaunlicherweise nicht die Rede. Die Akteure des Guten sind zwar nicht autonom, weil Gott ihnen die Richtlinien vorgibt, aber keineswegs ist ihr Persönlichkeitszentrum von einer fremden Macht in Besitz genommen. Gutes Handeln hat also etwas mit Kontrolle über sich selbst zu tun; hier liegt ein stark freiheitliches Moment.

Die durch den Rahmen angedeuteten hermeneutischen, satanologischen, anthropologischen und theologischen Konzepte sind keineswegs singulär. So entspricht Apc Mos 15–30 einer im frühjüdischen und frühchristlichen Milieu weitverbreiteten Tendenz zur *dämonologischen Interpretation* widerständiger Lebenserfahrung.[2] An der Stelle der widerständigen Lebenserfahrung steht hier allerdings ein Text, dem eine dämonologische Wirklichkeitsdeutung von Haus aus fremd ist; er wird hier gewissermaßen in den Rahmen eines Weltbildes eingelesen, für das insbesondere die bedrohlichen Aspekte der Lebenswirklichkeit durch subjekthafte Geistmächte verursacht sind. Wir haben es also mit einer dämonologischen Interpretation biblischer Überlieferung zu tun – auch hierfür gibt es in der frühjüdischen Literatur Parallelen.[3]

---

[2] Gegen den Begriff der »dämonologischen Wirklichkeitsdeutung« könnte eingewandt werden, daß in der Apc Mos gar nicht von Dämonen, sondern nur vom Teufel die Rede ist. Doch es geht bei diesem Begriff um das allgemeinere Moment, daß Phänomene der Erfahrungswelt (Natur und Geschichte) auf personhafte Geistmächte zurückgeführt werden, die sich rangmäßig zwischen Gott und den Menschen ansiedeln, seien dies Dämonen, der Teufel oder Engel, vgl. hierzu K. KOCH: »Adam, was hast du getan?« Erkenntnis und Fall in der zwischentestamentlichen Literatur, in: T. RENDTORFF (Hrsg.): Glaube und Toleranz. Das theologische Erbe der Aufklärung, Gütersloh 1982, 211–242, speziell 222–226. KOCH stellt das frühjüdisch/frühchristliche Konzept einer transsubjektiven Sündenmacht in den Zusammenhang eines grundlegenden Wandels der Anthropologie in der Religion Israels: An die Stelle der prophetischen Monanthropologie (Ursache für alles moralisch relevante Handeln ist der Mensch bzw. seine absolut urteilsfähige Vernunft [לֵב]) sei ein durch Angelologie und Dämonologie geprägtes Weltbild getreten. Zu Teufel und Engel in der Apc Mos vgl. übrigens A. PIÑERO: Angels and Demons in the Greek Life of Adam and Eve, Journal for the Study of Judaism 23/24 (1992/1993), 191–214.

[3] Ein erstes Zeugnis einer dämonologischen Hermeneutik findet sich in 1. Chr. 21,1, das auf 2. Sam 24,1 basiert: Während dort Gott David aus Zorn über Israel zu einer Volkszählung anregt, ist es in 1. Chr. 21,1 der Teufel, der David dazu veranlaßt. Auf diese Weise wird der Anstoß beseitigt, daß Gott unmittelbar Böses bewirkt. Aus dem gleichen Grunde ist es in Lib Jub 48,2 Mastema, der Mose überfällt, nicht – wie im Ausgangstext (Ex 4,24) – Gott. Ähnlich ist auch Lib Jub 17,15–18 zu verstehen, wo die (verhinderte) Opferung Isaaks (Lib Jub 18,1–19) damit erklärt wird, daß Mastema Gott veranlaßt hat, Abraham zur Probe zu stellen (vgl. die Rahmenerzählung des Hiobbuchs!). Anders gelagert ist Lib Jub 48,9–19, insofern dort Mastema nicht die Funktion zukommt, Gott zu entlasten; vielmehr geht es dort darum, geschichtliche Vorgänge – hier Ereignisse um die Flucht aus Ägypten – im Hinblick auf ihre Hintergründe in der »unsichtbaren Welt« transparent zu machen: Hinter den ägyptischen Magiern, die mit Mose wetteifern, steht Mastema (48,9–10), dieser treibt die Ägypter zur Verfolgung der Israeliten an

Die Satanologie findet ebenfalls Vergleichstexte: Als »Feind« (ἐχθρός) wird der Teufel auch sonst bezeichnet, vgl. etwa Apc Mos 2,4; 7,2; Test Hiob 47,10; Lk 10,19 // Mt 13,39, auch der Hinweis auf die »Anfeindung« der Frommen durch den Engel der Finsternis in 1Q S 3,22–23 gehört in diesem Zusammenhang. Charakteristisch für die genannten Stellen ist auch, daß der Teufel nicht in erster Linie als Feind Gottes, sondern als *Feind des Menschen* agiert; ein Gott-Teufel-Dualismus ist also nicht gegeben, vielmehr eine Personalisierung widerständiger Lebens-erfahrung des Menschen im Sinne dämonologischer Weltdeutung. Auch die Art, wie sich die Feindschaft des Teufels am Menschen verwirklicht, ist in den genannten Texten dieselbe: Sie äußert sich in dem Versuch des Teufels, den Menschen zu einem Handeln zu veranlassen, das seinen Lebensinteressen entgegensteht, indem es Gottes Willen zuwiderläuft und in der Konse-quenz den Menschen von Gott trennt.

Daß die vom Teufel dafür aufgewendeten Mittel Täuschung und Betrug sind, ist ebenfalls nicht untypisch: Zahlreiche Texte zeigen, daß es im frühen Judentum und Christentum im Hinblick auf den Teufel eine breit entfaltete *Theorie der Täuschung* gab. Als paradigmatisch kann Narratio Joseph 16,1–15 gelten: Dort wird Gen 37,15–17 narrativ umgesetzt, wo berichtet wird, daß Joseph von einem Mann auf dem Feld umherirrend angetroffen wurde und von diesem erfuhr, wo seine Brüder waren. In der Narratio wird daraus eine völlig andere Szene: Der Teufel nimmt die Gestalt eines alten Mannes an, erscheint vor Joseph und schlägt ihm vor, ihn zu seinen Brüdern zu führen; dieser jedoch lehnt ab und identifiziert den alten Mann als denjenigen, der die Menschen »von den Vätern (s)einer Väter an *in die Irre führt*« (11–12: ⲠⲈⲦⲤⲰⲢⲘ̅ ⲬⲒⲚ Ⲛ̅ⲚⲈⲒⲞⲦⲈ Ⲛ̅ⲚⲀⲈⲒⲞⲦⲈ), vgl. Gen 37,15 ⅏: καὶ εὗρεν αὐτὸν ἄνθρωπος πλανώμενον ἐν τῷ πεδίῳ bzw. 37,15 𝔐: וימצאהו אִישׁ והנה תֹעֶה בשׂדה; es steht also gr. πλανᾶν oder das hebräische Korrelat תעה im Hintergrund. Dieser Text ist nebenbei ein weiteres Beispiel für die dämonologische Interpretation biblischer Texte (s.o.). Typisch für die Theorie der Täuschung ist er insofern, als er das Stichwort תעה (vgl. die »Irreführung« [תעות] durch den Engel der Finsternis in 1Q S III,21) oder πλανᾶν (vgl. etwa Apc Joh 12,9; 20,10 und Apc Mos 26,1, dort aber in Bezug auf die Schlange) mit dem Teufel zusammenbringt. In der Bedeutung von תעה bzw. πλανᾶν wird in Apc Mos 15–30 gewöhnlich ἀπατᾶν verwendet (so in 15,1; 23,4.5; 30,1, vgl. 3. Bar 4,8; Apc Sedr 4,6; Test Hiob 3,3; 3,6; 26,6). Bezeichnend ist auch das Motiv des Gestaltwandels: Der Teufel verbirgt seine eigentliche Identität und unterläuft so die Abwehr des Menschen: In Apc Mos 15–30 erreicht er dasselbe, indem er durch den Mund der Schlange (16.5; 18,1) bzw. Evas (21,3) spricht; er bedient sich hier also vermittels inspirativer Einwohnung eines Lebewesens als Instrument (vgl. Test Hiob 41,5; 3. Bar 9,7, daneben auch Ps-Chrys, Homiliae in Hiob 4 [MPG 575,31–38][4]). Doch auch von einem Gestaltwandel des Teufels ist in Apc Mos 15–30 die Rede, freilich in einer inter-

---

(48,12); und als die Israeliten die Ägypter um Gerätschaften erleichterten, wurde Mastema gebunden, damit er Israel nicht anklage (48,18). Soweit Beispiele aus Texten, die mit Sicherheit älter sind als Apc Mos 15–30; es ließen sich weitere anführen.

[4] In Ps, Homiliae in Hiob 4 (MPG 56, 575, 31–38) wird ἐμβλέψας in Hiob 2,10 ⅏, welches die Reaktion des Hiob auf die Rede der Frau gestisch untermauert, folgendermaßen ausgelegt: »Sie (sc. die Schrift) sagt: „Und indem er sie ins Auge faßte (ἐμβλέψας αὐτῇ), sprach Hiob". Sie sagt nicht: „Indem er sich ihr zuwandte". Warum? Kannte er denn seine eigene Frau nicht? ... Das „indem er in sie ins Auge faßte" zeigt, daß er nicht auf sie blickt, sondern auf den in ihr. Hiob faßte den Satan ins Auge«, der sich einst in der Schlange verborgen hatte, nun aber in der Frau redete.« Hier wird mit einigem Scharfsinn, den man so auch in jüdischer Haggada finden könnte, ein irritierendes Textmerkmal narrativ gedeutet. Möglicherweise liegt eine ganz ähnliche narrative Exegese desselben Textes auch Test Hiob 23–27 zugrunde, nur daß sich dort der Satan nicht in, sondern hinter der Frau befindet.

polierten Passage (17,1b–2a: Hier ist eine alte Marginalnotiz in den Text eingearbeitet worden, s. K X,4), wo von einer Verwandlung des Teufels in einen Engel die Rede ist – das Nebeneinander beider Methoden der Täuschung ist sicher kein Zufall, man sah sie als vergleichbar an (zum Gestaltwandel des Teufels vgl. auch Test Hiob 6,4; 23,1; 2. Kor 11,14). Nicht untypisch ist auch, daß der Teufel die Kommunikation mit seinem Opfer auf unverdächtige Weise beginnt, so in Apc Mos 17,2ff, vgl. Test Hiob 6,4, wo er als Bettler erscheint.

Auch die mit der Satanologie korrespondierende Anthropologie ist nicht untypisch für das frühjüdisch/frühchristliche Milieu: Böses Tun wird auch sonst auf einen Verlust an Handlungsfreiheit durch Einwirkung einer dämonischen Macht zurückgeführt, v.a. im Zusammenhang mit einer diabolischen Inspiration, so Apc Mos 16,5; 21,3, vgl. 3. Bar 9,7; Lk 22,3; Joh 13,27; Apg 5,3; einen Sonderfall stellt Test Hiob 26,6 dar, wo der Teufel hinter der Frau Hiobs steht und ihre Gedanken verwirrt, vgl. aber auch 1Q S 3,13–4,26, wo alles böses Handeln von Menschen auf den »Geist des Frevels« (3,18–19: רוח העול) bzw. den »Engel der Finsternis« (3,20–21: מלאך חושך) zurückgeführt wird. In diesen Zusammenhang gehört auch die den Menschen beherrschende Sündenmacht bei Paulus, freilich ist sie nur ansatzweise personhaft gedacht (vgl. Röm 3,9; 5,12.13; 6,6ff; 6,12ff; 7,8ff).

Die Relation zwischen Gott und dem bösen Handeln ist gleichfalls nicht ganz untypisch. Daß nicht der Mensch, sondern eine den Menschen steuernde böse Macht dieses kausiert, mindert die Schuld des Menschen vor Gott auch anderswo keineswegs. Wie Adam und Eva trifft auch Judas (Lk 22,22, vgl. Apg 1,16–20) sowie Ananias und Sapphira (Apg 5,1–11) selbstverständlich die Strafe für ihr Tun, ohne daß ihre Inspiration durch den Teufel schuldmindernd in Geltung gebracht würde. Offensichtlich liegt eine (implizite) *Theorie der Schuld* zugrunde, die Willensfreiheit nicht als Conditio sine qua non von Schuld bestimmt, sondern im Gegenteil gerade den Verlust von Selbstkontrolle durch das Einwirken einer fremden Macht als Bedingung für das Entstehen von Schuld sieht und diese in keiner Weise von den Konstituenten menschlichen Handelns her bemißt, sondern ausschließlich in Ansehung der Folgen. Dem modernen Schuldverständnis, wie es sich v.a. vor Gericht manifestiert (Alkohol und schlechte Kindheit als schuldmindernde Faktoren!), steht eine solche Sicht des Phänomens Schuld diametral entgegen. Besonders spürbar wird dies, wenn man sich mit frühjüdischen oder christlichen Texten auseinanderzusetzen hat, in denen sie sich mit einer prädestinatianisch-deterministischen Theologie verbindet. Dies ist im Grunde schon bei den Judasperikopen der Fall (vgl. etwa den Hinweis auf τὸ ὡρισμένον in Lk 22,22; einen Spezialfall stellt Joh 13,26–30 dar, wo es den Anschein hat, daß Jesus selbst die Inspiration des Judas durch den Satan bewirkt), v.a. aber gilt dies für 1Q S III,13–4,26 und Röm 9,14ff, speziell 9,22–23: In beiden Fällen trifft das Gottesgericht Menschen für Entscheidungen, die letztlich durch Gottes Willen selbst verursacht sind.

3. Gliederung und Kohärenz

Die Gliederung von Apc Mos 15,2–29,6 entspricht weitgehend der biblischen Vorlage: Apc Mos 15,2–3 bietet eine Exposition; es wird berichtet, wie der Teufel die Schlange im Paradies aufsuchte; im Zusammenhang damit wird die Situation im Paradies geschildert. Apc Mos 16,1–17,1a erzählt die Verführung der Schlange durch den Teufel, zur Abgrenzung der Perikope und ihren exegetischen Grundlagen vgl. die Einzelexegese. 17,1b–17,2a hat eine Sonderstellung, vgl. dazu die Ausführungen zu den Inkohärenzen in Apc Mos 15–30 weiter unten. In Apc Mos 17,2b–20,3 folgt die Verführung Evas durch die

Schlange, es schließt sich die Verführung Adams durch Eva an (20,4–21,6). Apc Mos 22–29 behandelt die Folgen der durch die Verführungen bewirkten Gebotsübertretung, zunächst die Ankunft Gottes als Strafrichter im Paradies (Apc Mos 22), sodann die Vernehmung Adams und Evas (Apc Mos 23), anschließend die Verfluchung zunächst Adams (24), dann Evas (25) und schließlich der Schlange (26); die Reihenfolge Schlange-Eva-Adam, wie sie sich in der biblischen Vorlage findet (Gen 3,14–19), wird also umgekehrt. Apc Mos 27–29 berichtet abschließend von der Vertreibung Adams und Evas aus dem Paradies.

Schon die relativ klare Gliederung verleiht der Erzählung einen hohen Grad an Kohärenz, und dieser Eindruck verstärkt sich durch eine Fülle weiterer Signale, welche die einzelnen Perikopen zusätzlich miteinander verbinden und zugleich die zentralen theologischen Intentionen der Erzählung hervortreten lassen. Ein wichtiges Motiv kündigt sich schon in der Einleitung (Apc Mos 15,1) an und ist bereits besprochen worden: Adam und Eva haben einen Feind, den Teufel, der durchgängig als der eigentliche Akteur des Geschehens dargestellt wird. Diesem dämonologischen Aussageinteresse ist auch eine weitgehend parallele Strukturierung der Verführungsszenen geschuldet, die in Apc Mos 16–21 für eine enge Vernetzung der Perikopen sorgt: Sowohl die Schlange, als auch Eva und Adam äußern, bevor sie willfahren, die Befürchtung, daß Gott ihnen zürnen könnte (16,4; 18,2; 21,4). Die Redewendung ist immer die gleiche: Φοβοῦμαι μήποτε ὀργισθῇ μοι ὁ θεός, und der Gesprächspartner des oder der Verführten ist auch immer derselbe, nämlich der Teufel, der mit der Schlange direkt (Apc Mos 16), mit Eva durch den Mund der Schlange (16,5; 17,4) und mit Adam durch den Mund Evas redet (21,3). Der Methode paralleler Strukturierung bedient sich die Erzählung auch bei den Gottesflüchen (vgl. die Urteilsbegründungen in 24,1; 25,1; 26,1 sowie ἔσῃ ἐν καμάτοις in 24,2b // 25,1b). Es lassen sich auch Verklammerungen zwischen den Verführungsszenen (16–21) und dem Gottesgericht (22–29) feststellen. So wird die Schlange sowohl in 16,5 als auch in 26,1 als σκεῦος des Teufels bezeichnet. Ein weiteres Beispiel stellt die Korrespondenz zwischen 19,2 und 22,3–4 dar: Eva beruft sich bei dem Schwur, durch den sie sich gegenüber der Schlange verpflichtet, auch ihrem Manne von der Frucht zu geben, auf den Thron des Herrn, die Cherubim und den Baum des Lebens (19,2) – alle drei begegnen wieder bei der Ankunft des richtenden Gottes im Paradies (22,3–4).

Neben den genannten Momenten der Kohärenz weist Apc Mos 15–30 freilich auch zahlreiche Unebenheiten auf, die an einigen Punkten Anlaß geben, die Einheitlichkeit des Textes in Frage zu stellen: Die erste Unebenheit betrifft den Aufenthaltsort der Schlange, bevor sie mit Eva ins Gespräch kam. In Apc Mos 15,3 wird berichtet, daß der Teufel den Paradiessektor Adams aufsuchte – dort befanden sich die männlichen Tiere. In Apc Mos 16,1 folgt dann die Mitteilung, daß der Teufel zur Schlange sprach. Man wird Apc Mos 15,3 also dahingehend auffassen können, daß der Teufel den Paradiessektor Adams aufsuchte mit der Absicht, sich dort mit der Schlange zu unterhalten. Die Schlange befindet sich also innerhalb des Paradieses. Das nachfolgende Gespräch zwischen Teufel und Schlange (16,1–5) – unzweifelhaft ein kohärenter Text – läßt nun allerdings den Eindruck aufkommen, daß es außerhalb des Paradieses stattfinde, sagt doch der Teufel in 16,3b zur Schlange: »Steh auf, sorgen wir, daß er herausgeworfen wird aus dem Paradies, *wie auch wir herausgeworfen worden sind um seinetwillen.*« Diese Aussage ist in der Tat nur sinnvoll, wenn sich die Schlange nicht (mehr) im Paradiese befindet. In dieselbe Richtung weist dann auch die Reaktion der Schlange in 17,1a: Sie hangelt sich durch die Paradiesmauer – wohl um mit Eva ein Gespräch anzufangen, vgl. 17,2bff. Diese Maßnahme wäre nicht nötig gewesen, hätte sich die Schlange von vornherein im Paradies aufgehalten. Wenn in 19,1 Eva der Schlange die Tür des Paradieses öffnen muß, zeigt dies ebenfalls, daß hier die Schlange nicht als Paradiesbewohner gedacht ist.

Es stellt sich die Frage, warum Eva ihr überhaupt auf diese Weise Zutritt verschaffen muß, wo die Schlange sich doch schon durch die Mauer hindurchgewunden hat (17,1a). Doch man wird hier wohl kaum zu einer befriedigenden Klärung kommen, vgl. die Einzelexegese. Gewisse Mängel gerade auf der Ebene der Imagination wird man ohnehin in Kauf nehmen müssen; sie gefährden noch nicht die Einheitlichkeit des Textes.

Wir haben es also mit einer gravierenden Differenz zwischen Apc Mos 15,3 und Apc Mos 16,3; 17,1a; 19,1 hinsichtlich des Aufenthaltsortes der Schlange zu tun. Sie lädt zu der Annahme ein, daß in Apc Mos 15–20 eine »tektonische Verwerfung« vorliege. Es wären eigentlich nur noch die miteinander verkanteten Ebenen abzugrenzen: Trotz der leichten Disharmonie zwischen Apc Mos 17,1a und 19,1 ist sicherlich unbestreitbar, daß sich in Apc Mos 16,1–20,3 (abgesehen von der noch zu diskutierenden Perikope vom Satan in Engelsgestalt [Apc Mos 17,1b–17,2a]) keine weiteren Brüche finden; der Text ist also ein einheitlicher Block. Genauso läßt sich 15,2–3 als eine Einheit ausmachen. Damit hätten wir es also mit zwei in einer entscheidenden Frage differierenden Textblöcken zu tun – die Nahtstelle wäre Apc Mos 16,1, das einerseits 15,3 fortsetzt (s.o.) und andererseits das Gespräch zwischen Teufel und Schlange einleitet.

Könnte sich damit einer der beiden Blöcke als Bestandteil einer anderen (früheren/späteren?) Schicht erweisen lassen? So sehr sich diese Lösung nahelegen mag, sie scheitert in beiden Fällen. So ist Apc Mos 15,2–3 durchaus in Apc Mos 15–30 verankert. Die Aufteilung des Paradieses findet nämlich auch in Apc Mos 20,4–5 und 22,3b Erwähnung; ferner gibt Apc Mos 15,2–3 eine gute Illustration zu der in 24,3 angesprochenen Herrschaft Adams über die Tiere.

Von Apc Mos 16,1–20,3 wird man genauso wenig behaupten können, daß es nicht genuiner Bestandteil von Apc Mos 15–30 wäre; ohne diesen Abschnitt fehlte ja ein ganz wichtiges Moment in der Nacherzählung von Gen 3, als welche sich Apc Mos 15–30 ansonsten beinahe lückenlos zu erkennen gibt.

Für die textinternen Differenzen hinsichtlich des Aufenthaltsortes der Schlange wird man also eine andere Erklärung finden müssen als eine literarkritische. Im Grunde läßt sich keine andere geben als diejenige, die schon für die Spannung zwischen Apc Mos 17,1a und 19,1 angeführt wurde: Der Erzähler vergißt gelegentlich, was er zuvor gesagt hatte. Ein wesentlicher Grund dieser Dispositionsschwäche besteht darin, daß er sich auf etwas anderes als auf die narrative Kohärenz konzentrierte: Es ging ihm um eine narrativ entfaltete Exegese seines Ausgangstextes, die wiederum mehr an auffälligen Textmerkmalen als am Kontextprinzip orientiert war.

Bei aller Diskongruenz auf der Ebene des Narrativ-Bildhaften läßt sich jedoch eine theologische Dissonanz keineswegs feststellen, im Gegenteil: Insbesondere Apc Mos 15,2–3 und Apc Mos 16,1–17,1a gehen durchaus miteinander konform. In beiden Texten geht es nämlich in der Hauptsache um die Schlange und in beiden Texten wird die Rangdifferenz zwischen Schlange respektive Tier und Mensch zur Sprache gebracht. Zwar werden jeweils unterschiedliche Aspekte beleuchtet, doch in der Sache besteht Übereinstimmung. Dieses Nebeneinander von imaginativen Diskongruenzen und theologischer Kongruenz läßt einmal mehr erkennen, daß es in der Apc Mos nicht so sehr um anschauliches Erzählen als vielmehr um theologisch-exegetische Arbeit geht; wir haben es mit einer *theologischen Lehrerzählung* zu tun. Es ist den Verfassern weniger an Bild und Handlung gelegen als vielmehr an den Konzeptionen, für welche sie stehen.

Eine weitere Unebenheit betrifft Apc Mos 16–20. Wie bereits ausgeführt wurde, besteht das zentrale Interesse des Berichts der Eva von den Ereignissen im Paradies darin, den Teufel in dieses Geschehen zu integrieren und es damit dämonologisch zu interpretieren. Gerade mit diesem ganz wesentlichen Kohärenzfaktor hängt aber auch eine gravierende Inkohärenz zusammen: Generell wird die Wirksamkeit des Teufels in Apc Mos 16–20 dadurch im Paradiesgeschehen untergebracht, daß die Schlange als dessen Gefäß/Werkzeug (σκεῦος) betrachtet wird; sie ist vom Teufel inspiriert. Dabei begnügt sich der Autor damit, den Vorgang der Inbesitznahme der Schlange durch den Teufel in Apc Mos 16,1–17,1a zu schildern und hernach nur noch einmal (Apc Mos 17,4) anzudeuten, daß die Schlange als Gefäß/Werkzeug des Teufels zu betrachten ist (ἀπεκρίθη ὁ διάβολος διὰ στόματος τοῦ ὄφεως [»Der Teufel antwortete durch den Mund der Schlange«]). In 18,1 heißt es dann nur noch τότε λέγει μοι ὁ ὄφις (»da spricht die Schlange«). Ab diesem Vers ist trotz unzureichender Kennzeichnung des Subjekts klar, daß die Schlange der Akteur

ist; dies zeigt sich v.a. an der Vergiftung der Frucht des verbotenen Baumes in
Apc Mos 19,3.

Doch neben dieser Art der Integration des Teufels existiert noch eine zweite:
In Apc Mos 17,1b–17,2a wird geschildert, wie sich der Satan in einen Engel
verwandelte. Die Störung, die dadurch im Text verursacht wird, ist erheblich: In
17,2b–17,3 hat man zunächst den Eindruck, der Gesprächspartner Evas sei der
Satan in Engelsgestalt, bis in 17,4 dann der Teufel durch den Mund der Schlange auf eine Einlassung Evas antwortet. Der Rückbezug zu 16,1–17,1a ist eindeutig, der Konnex mit Apc Mos 17,2b–3 unbezweifelbar; dies macht es immerhin möglich, die störende Passage genau einzugrenzen: Es handelt sich um
17,1b–2a, das darum auch im Kommentar als eigenständige Perikope behandelt
wird. Wie die Einzelexegese zeigen wird, ist 17,1b–2a größerenteils auf eine
ungeschickt interpolierte Marginalnotiz zurückzuführen; dabei muß der Text,
wie er nun vorliegt, schon vor der Einarbeitung von Apc Mos 15–30 in die Apc
Mos entstanden sein, da Apc Mos 7,2 erkennbar von ihm abhängig ist.

Auch wenn in Apc Mos 17,1b–2a eine Interpolation in den Text eingedrungen ist, muß doch
hervorgehoben werden, daß sich auf der inhaltlichen Ebene durchaus Kohärenzfaktoren zum
Kontext aufweisen lassen: Die Verwandlung des Satans in einen Engel und die Inspiration der
Schlange durch den Teufel mögen sich auf der imaginativen Ebene kaum vereinbaren lassen,
theologisch sind sie jedoch ohne weiteres kompatibel. In beiden Fällen handelt es sich nämlich
um Betrugsmanöver, durch die der »Feind« seine eigentliche Identität verschleiert. Sie passen
also beide in die in Apc Mos 15–30 narrativ entfaltete Theorie des Betruges, vgl. hierzu § 2
dieses Kommentarabschnittes.

Beide bisher diskutierte Unstimmigkeiten in Apc Mos 15–20 betreffen die
Schlange, beide lassen erkennen, daß es dem Autor nicht ganz leicht gefallen ist,
zu zeigen, wie das Böse zuerst an Eva und dann an Adam herangekommen ist.
Sehr viel leichter fällt dies dem Verfasser von Apc Mos 7–8; dort betritt einfach
der »Feind« das Paradies und verführt Eva in Abwesenheit Adams. Offenbar ist
hier das Projekt einer dämonologischen Interpretation der Paradiesgeschichte
erfolgreich zum Abschluß gebracht worden; der sehr viel umfangreichere Text
Apc Mos 15–30 zeigt noch die Schwierigkeiten der Anfangsphase: Als dieser
Text verfaßt wurde, waren Pioniere am Werk.

Weitere Unstimmigkeiten sind weniger gravierend: In Apc Mos 23,4 erinnert
sich Adam an ein Wort Evas (ἀκίνδυνόν σε ποιήσω παρὰ τοῦ θεοῦ), das diese
gar nicht geäußert hatte, es sei denn, man deutet 23,4 als eine Rekapitulation der
beschwichtigenden Entgegnung Evas auf die von Adam geäußerte Furcht vor
dem Zorn Gottes in 21,4 oder als Entfaltung des ταχέως πείσασα in 21,5, doch
beide Erklärungen wären wohl etwas gezwungen. Bei einem schlechten Erzähler
der Gegenwart wäre man schnell mit der Erklärung bei der Hand, er habe ein-

fach vergessen, was er einige Seiten zuvor geschrieben habe; bei einem Erzähltext der Antike rät uns der zeitliche Abstand und der damit verbundene Mangel an Vertrautheit mit antiker Textgestaltung zu methodischer Vorsicht, aber daß die Apc Mos nicht gerade ein Meisterwerk narrativer Konsistenz ist, wird man wohl doch konzedieren können, und damit ist auch die genannte Unebenheit einer – wenn doch unbefriedigenden, so doch wahrscheinlich richtigen – Erklärung zugeführt.

Dasselbe gilt wohl auch für die in Apc Mos 26,2–3 beschriebene Verstümmelung der Schlange: Dort kündigt Gott der Schlange an, ihr würden Hände und Füße abgenommen, außerdem Ohren und Flügel wie überhaupt alle Glieder, mit denen sie die Menschen geködert habe. Das einzige Körperteil, das im Zusammenhang mit der Verführung Evas explizit erwähnt wird, ist der Mund der Schlange (Apc Mos 17,4) – den behält sie weiterhin. 19,1 erweckt immerhin den Eindruck, als sei die Schlange hier als ein mindestens zweibeiniges Wesen gedacht, hier mag ein Bezug zu 26,2–3 durchaus gegeben sein. Doch von den Ohren der Schlange ist nirgends auch nur andeutungsweise die Rede, es sei denn, man sieht in der Tatsache, daß sie sich mit Eva unterhalten konnte, einen Hinweis auf Ohren. Ganz besonders gilt dies für die Flügel. Im übrigen wird, je vollständiger man sich die Schlange während der Versuchung Evas vorstellt, Apc Mos 17,1a problematisch: Wenn dort von der Schlange berichtet wird, sie habe sich durch die Paradiesmauer hindurchgewunden, sieht man sich doch genötigt, an die für ihre äußere Gestalt in dieser gefallenen Welt so kennzeichnende Fadenförmigkeit zu denken. Wahrscheinlich hat der Erzähler an all dies nicht gedacht; er war eben in erster Linie Exeget, nicht Poet, und wohl kaum der erste seiner Art, der einem literarisch ansprechenden Referenztext eine vergleichsweise zähflüssige Auslegung gegeben hat. Die nachfolgenden Analysen werden freilich zeigen, daß dieser Erzähler-Exeget auch über beträchtliche Stärken verfügte, sobald es um Elemente seiner Narration ging, die näher an der gedanklichen Seite seines Textes lagen, für die er sich vor allem interessierte: Er ist ein Meister des Dialogs, und er weiß recht gut, wie Verführung vonstatten geht.

X,1. Introduktion (Apc Mos 15,1)

15,1 ᵃΤότε λέγει ἡ Εὖα πρὸς αὐτούς·
ἀκούσατε, ᵇπάντα τὰ τέκνα μου
καὶ τὰ τέκνα τῶν τέκνων μουᵇ,
ᶜκἀγὼᶜ ᵈἀναγγελῶᵈ ὑμῖν,
πῶς ἠπάτησεν ἡμᾶς ὁ ἐχθρός ''ᵉᵃ.

15,1 Da sagt Eva zu ihnen:
»Höret, alle meine Kinder,
und die Kinder meiner Kinder,
und ich werde euch berichten,
wie uns der Feind betrogen hat!

- Zeugen: D-St AV An₂ Pa AH B A Ath C VitAd(arm) VitAd(georg) VitAd(latᵖ) Va P¹ Lib
Ad(slav) P² J² J¹⁽ˢ⁾ J³ An₁ ApcMos(arm)⁽ˢ·⁷⁾ Br S¹ E¹ S³ E²
- Es fehlen: AC VitAd(latᵐᵉ) AD J¹.
- Zu B P² J² J¹⁽ˢ⁾ J³ An₁ ApcMos(arm) Br S¹ E¹ S³ E² vgl. °15,1a; in °15,b-e werden sie nicht
notiert.

Zum Text

15,1a B: καὶ καλέσας αὐτοὺς ἤρξατο λέγειν πρὸς αὐτοὺς οὕτως; P²-(J²)-(J³)-(An₁) (=*III)
ApcMos(arm) Br-S¹ (=*IIIa) J¹-E¹-S³-E²: καθεζομένων ᵃδὲᵃ ᵇτῶν υἱῶν αὐτῶνᵇ ''ᶜ κύκλῳ ᵈτῆς
κοίτης τοῦ πατρὸς αὐτῶνᵈ ᵉκαὶ θρηνούντωνᵉ ''ᶠ εἶπεν ᵍαὐτοῖςᵍ ἡ Εὖα· ʰτεκνίαʰ μου, ὁ
πατὴρ ὑμῶν, ὡς ὁρᾶτεⁱ, ᵏἤδηᵏ ἐκλείπει, ἴσως ᵐκἀγὼᵐ μετ' αὐτοῦ. δεῦτε ⁿοῦνⁿ, ἀκούσατε,
καὶ °διηγήσωμαι° ὑμῖν τὸν φθόνον καὶ τὴν κακίαν τοῦ πονηροῦ, ᴾκαὶ ποίῳ ''q τρόπῳ
δελεάσας ʳἐστέρησενʳ ἡμᾶς ''ˢ τοῦ παραδείσου ᵗκαὶ τῆς αἰωνίου ζωῆςᵗᵖ.¹ *III hat Apc Mos
14,3–16,3 umgearbeitet, vgl. °14,3a, °15,2/3A und °16,1/3A. Zu ἴσως κἀγὼ μετ' αὐτοῦ finden
sich Anklänge in Apc Mos 31,3. **15,1b** D: πάντα τὰ τέκνα μου καὶ τὰ τέκνα τῶν τέκνων (ba);
St: πάντα τὰ τέκνα ἡμῶν καὶ τὰ τέκνα τῶν τέκνων ἡμῶν (aus 14,3) (ca); AV An₂-Pa-AH:
πάντα τὰ τέκνα ἡμῶν (dca); A-Ath-(C) (=*Ia) (VitAd[arm]) (VitAd[georg]) (VitAd[latᵖ]): πάντα
τὰ τέκνα μου καὶ τὰ τέκνα τῶν τέκνων μου (vgl. Apc Mos 30,1: νῦν οὖν, τεκνία μου) (sq
BERTRAND, NAGEL) (a); Va: πάντες οἱ παῖδες ἡμῶν (ea); P¹: μου τοὺς λόγους (fa). Die
Variante ca ist zweimal entstanden (in St und in der Vorlage von AV etc). **15,1c** D-St An₂ A-Ath-C
(=*Ia): κἀγώ; AV Pa-AH Va-P¹ (=*II): καί. **15,1d** (D)-St AV Pa (C) (Va)-P¹ (=*II *Ia): ἀναγγελῶ
(Futur – D: ἀναγγέλω: wie Präsens akzentuiert); An₁ Ath: ἀναγγείλω (Konj. Aor.); AH A:
ἀναγγέλλω (Präsens). **15,1e** (A)-Ath-(C): ἡμῶν²; Va-P¹ (=*II *Ia) et rell: txt.

---

¹ Varianten: **a-a** P²-J²-J¹⁽ˢ⁾-J³-An₁ ApcMos(arm) E¹-S³: δέ; Br-S¹ (=*IIIa): οὖν; E²: om. **b-b** J²-
J¹⁽ˢ⁾-J³-An¹: αὐτῶν τῶν υἱῶν; P² Br-(S¹) (=*IIIa): τῶν υἱῶν αὐτῶν; E¹-S³-E²: τῶν υἱῶν. **c** P²-J²-
J¹⁽ˢ⁾-J³-An₁ ApcMos(arm): txt; Br-S¹ (=*IIIa): καὶ κλαιόντων (vgl. °e-e); E¹-S³-(E²): καὶ τῶν
θυγατέρων αὐτοῦ. **d-d** P²-J²-J¹⁽ˢ⁾-J³-An₁ ApcMos(arm): τῆς κοίτης τοῦ πατρὸς αὐτῶν (Br)-S¹
(=*IIIa): μετὰ τῆς μητρὸς αὐτῶν; E¹-S³-E²: τῆς κλίνης αὐτοῦ. **e-e** P²-J²-J¹⁽ˢ⁾-J³-An₁ E¹-S³: καὶ
θρηνούντων; Br-S¹ (=*IIIa) E²: om. (zu *IIIa vgl. °c). **f** ApcMos(arm): »viel«; E¹-S³: πικρῶς. **g-g**
P²-J²-J¹⁽ˢ⁾-J³-An₁ Br-S¹ (=*IIIa): αὐτοῖς; E¹-S³-E²: αὐτούς. **h-h** P²-J²-J¹⁽ˢ⁾-J³-An₁ Br-S¹ (=*IIIa):
τεκνία; E¹-S³-E²: τέκνα. **i-i** P²-J²-J¹⁽ˢ⁾-J³-An₁ Br-S¹ (=*IIIa): ὁ πατὴρ ὑμῶν, ὡς ὁρᾶτε; Apc
Mos(arm): »siehe, euer Vater«; E¹-S³-E²: ὁρᾶτε, ὅτι ὁ πατὴρ ὑμῶν. **k-k** P²-J²-J¹⁽ˢ⁾-J³-An₁ Br-S¹
(=*IIIa): ἤδη; E¹-S³-E²: μετὰ τρεῖς ἡμέρας (vgl. Apc Mos 13,6). **m-m** P²-J²-J¹⁽ˢ⁾-J³-An₁ Br-S¹
(=*IIIa): κἀγώ; E¹-S³-E²: καὶ ἐγώ. **n-n** E²: om. **o-o** P²-J²-J¹⁽ˢ⁾-J³-An₁ Br-S¹ (=*IIIa): διηγήσομαι;
E¹-S³-E²: διηγήσω. **p-p** Br-S¹ (=*IIIa): om. **q** P²-J²-J¹⁽ˢ⁾-J³-An₁ Br-S¹ (=*IIIa): txt; E¹-S³-E²: δέ. **r-
r** P²-J²-J¹⁽ˢ⁾-J³-An₁ ApcMos(arm) Br-S¹ (=*IIIa): ἐστέρησεν; E¹-S³-E²: ἐξώρισεν. **s** S³-E²: ἐκ –
Folgekorrektur zu ἐξώρισεν (vgl. °r-r). **t-t** E²: om.
² Statt κἀγὼ ἀναγγελῶ ὑμῖν πῶς ἠπάτησεν ἡμᾶς ὁ ἐχθρός liest C κἀγὼ ἀναγγελῶ ἡμῖν
(aus *κἀγὼ ἀναγγελῶ ἡμῖν πῶς ἠπάτησεν ἡμᾶς ὁ ἐχθρὸς ἡμῶν [ἡμῖν steht für ὑμῖν]).

Apc Mos 15,1 ist ein für die Testamentliteratur typisches Formelement: Eva bittet ihre Nachommen um Aufmerksamkeit und berichtet nachfolgend aus ihrem Leben (vgl. v.a. Test Hiob 1,2). Untypisch ist freilich, daß sie nicht die Sterbende ist (vgl. Test XII, Test Hiob); auf dem Sterbebett liegt dem Kontext zufolge Adam. Nun wurde bereits geklärt, daß Apc Mos 15,1 originär zu einem älteren Test Eva gehört, dem Apc Mos 15–30 als Ganzes entnommen ist (vgl. E III,5a.b), und so ist durchaus denkbar, daß Apc Mos 15,1 und damit 15–30 insgesamt einmal von Eva auf dem Sterbebett gesprochen wurde.

Auch die Adressaten werden einmal andere gewesen sein als in der Apc Mos: Dem mit der Apc Mos als ganzer gegebenen Makrokontext zufolge richtet Eva sich nur an ihre Söhne (vgl. v.a. 31,1, aber auch 5,2 und 9,1). Doch mit der Adressierung πάντα τὰ τέκνα μου καὶ τὰ τέκνα τῶν τέκνων μου in 15,1 dürfte ursprünglich ein anderer Adressatenkreis gemeint gewesen sein: Zumindest die Enkel waren mit einbezogen, vielleicht aber auch Töchter und Enkelinnen, denn das Wort τέκνον kann auf beide Geschlechter referieren. Mit dem Test Hiob gibt es einen Beleg dafür, daß auch Töchter als Publikum bei einer Testamenterzählung vorstellbar waren, vgl. Test Hiob 1,2.[3]

Die Adressierung πάντα τὰ τέκνα μου καὶ τὰ τέκνα τῶν τέκνων μου begegnet auch in 14,3. Sie dürfte von der Endredaktion aus Apc Mos 15,1 übernommen worden sein. Eine Spannung zu der Beschränkung von Adams Adressatenkreis auf die Söhne in 5,2; 9,1 hat sie wahrscheinlich nicht wahrgenommen, da mit dem Wort τέκνα die Töchter nicht explizit genannt werden. Daß zuvor von Enkeln nicht die Rede war, hat sie offenbar ebenfalls nicht gestört.

Teile von Apc Mos 15,1 setzen vorhergehenden Kontext voraus (der Konjunktion τότε und dem Pronomen αὐτούς eignet ein rückbezügliches Moment). Diese müssen nicht vom Endredaktor stammen, denn auch im Test Eva dürfte dem Bericht Evas etwas vorausgegangen sein (wahrscheinlich eine Versammlung der Nachkommen).

---

[3] Neben den 7 Söhnen sind laut Test Hiob 1,2 auch die drei Töchter Hiobs angesprochen. Dies mag damit zusammenhängen, daß diese in Test Hiob 46–53 als Prophetinnen hervortreten (sie sprechen in der Sprache der Engel). Für diesen Abschnitt ist deshalb eine montanistische Abfassung vermutet worden (R. P. SPITTLER: Testament of Job, in: J. H. CHARLESWORTH (Ed.): The Old Testament Pseudepigrapha, Vol. 1, New York etc. 1983, 829–868, speziell 834). P.W. VAN DER HORST hält ihn für genuin jüdisch, vgl. IDEM: Images of Women in the Testament of Job, in: M. A. KNIBB / IDEM: Studies in the Testament of Job (Society for New Testament Studies. Monograph Series 66), Cambridge 1989, 93–116, speziell 106–116. Für den jüdischen Charakter dieses Abschnittes kann darauf verwiesen werden, daß auch in anderen jüdischen Texten Frauen als Prophetinnen agieren, vgl. den prophetischen Segen Rebekkas über Jakob in Lib Jub 25,11–23; zur Zungenrede vgl. auch Apc Soph 8,1–5.

X,2. Adam und Eva im Paradies, der Teufel betritt das Paradies (Apc Mos 15,2–3)

15,2 ^AἘγένετο
ἐν τῷ ^bφυλάττειν^b ἡμᾶς τὸν παράδεισον –
^{cd}ἐφυλάττομεν^d ἕκαστος^c ^eἡμῶν^e
τὸ ^fλαχόν τι^{f g}αὐτῷ^g
μέρος ἀπὸ τοῦ θεοῦ,
ἐγὼ δὲ ^hἐφύλαττον^h ἐν τῷ κλήρῳ μου
νότον καὶ δύσιν.

Es geschah,
als wir das Paradies bewachten –
ein jeder von uns bewachte,
was ihm zuteilgeworden war
als Sektor von Gott;
ich aber bewachte als mein Landlos
Süden und Westen.

15,3 Ἐπορεύθη δὲ ὁ διάβολος
εἰς τὸν κλῆρον τοῦ Ἀδάμ,
ὅπου ἦν τὰ ^aθηρία,
^bἐπειδὴ τὰ θηρία ἐμέρισεν ἡμῖν ὁ θεός^b –
τὰ ἀρσενικὰ πάντα
^cδέδωκε^{c d}τῷ πατρὶ^d ὑμῶν
καὶ τὰ θηλυκὰ ^eπάντα^e
^fδέδωκεν^{f g}ἐμοί^{gA e}h.

15,3. Es begab sich aber der Teufel
in das Landlos Adams,
(und zwar dorthin), wo die Tiere waren,
denn Gott hatte die Tiere aufgeteilt:
Alle männlichen
hatte er eurem Vater gegeben,
Und alle weiblichen
hatte er mir gegeben.

- Zeugen: D-St AV An₂ Pa AH B A Ath C VitAd(arm) VitAd(georg) VitAd(lat^p) Va P¹ LibAd(slav) P² J² J^{l(s)(bis 15,3, vgl. °15,2/3A, Anm. k)} J³ An₁ ApcMos(arm)^(S. 7) Br S¹ J^{l(vgl. °15,2/3A, Anm. k)} E¹ S³ E²
- Es fehlen: AC VitAd(lat^{me}) AD.
- Zu AV P² J² J^{l(s)} J³ An₁ ApcMos(arm) Br S¹ J¹ E¹ S³ E² vgl. °15,2/3A; in °15,2b-3h werden sie i.d.R. nicht notiert.

Zum Text

15,2/3A AV: 15,2 ἐμέρισεν ἡμῖν ὁ θεὸς τὸν παράδεισον, φυλάσσειν αὐτόν. καὶ τὸν μὲν Ἀδὰμ ^aἔλαχεν^a ἀνατολὴ καὶ ἄρκτος, ^bἔλαχον^b δὲ μετ᾽ αὐτοῦ καὶ πάντα τὰ ἀρσενικὰ θηρία. ἐγὼ δὲ ἐφύλασσα ἐπὶ τὸν κλῆρον μου νότον καὶ δύσιν, καὶ πάντα ^cἔλαχον^c μετ᾽ ἐμοῦ τὰ θηρία τὰ θηλυκά. 15,3 ἐπορεύθη δὲ ὁ διάβολος ἐν τῷ κλήρῳ τοῦ Ἀδάμ¹ (»Gott hatte das Paradies unter uns aufgeteilt, es zu bewachen. Und Adam war der Osten und der Süden zugefallen, ihm waren auch sämtliche männlichen Tiere zugefallen. Ich aber bewachte meinem Lose entsprechend Süden und Westen, und alle weiblichen Tiere waren mir zugefallen. Es ging aber der Teufel in den Losbezirk Adams«); (P²)-J²-J³-An₁ (=*III) (ApcMos[arm]) (Br)-(S¹) (=*IIIa) (J¹)-(E¹)-(S³)-(E²): ^{ab}καὶ ἤρξατο λέγειν ^cαὐτοῖς^{c d}οὕτως^{d. e}eb πλάσας ^fὁ φιλάνθρωπος καὶ ἐλεήμων θεὸς ^gἐμέ τε καὶ τὸν πατέρα ὑμῶν^g ἔθετο ἡμᾶς ἐν τῷ παραδείσῳ, δεσπόζειν καὶ ἀπολαβεῖν πάντων ^hτῶν ἐν αὐτῷ φυτῶν^{h.} ⁱἑνὸς δὲ μόνου φυτοῦ ^ek ἐκέλευσενⁱ ἀπέχεσθαι ^ema.² Das Ergebnis der Revision ist ein glatter Text, der ohne die

---

¹ Varianten: **a-a** Cod: †ἔλεγχεν†. **b-b** Cod: †ἔλεγχον†. **c-c** Cod: †ἔλαχον†.

² Varianten: **a-a** (Br)-(S¹) (=*IIIa): καὶ ἤρξατο διηγήσασθαι αὐτοῖς τὸ πῶς ἐπλάσθησαν ὑπὸ τοῦ θεοῦ, καὶ πῶς αὐτοὺς ἔθετο ἐν τῷ παραδείσῳ, καὶ ὅτι ἐνετείλατο αὐτοῖς ὁ θεὸς ἀπὸ παντὸς ξύλου τοῦ ἐν τῷ παραδείσῳ φάγεσθαι, ἑνὸς δὲ μόνου φυτοῦ ἐκέλευσεν ἀπέχεσθαι. **b-b** E²: om. **c-c** P² ApcMos(arm) S³: om. **d-d** E¹-S³: om. **e** E¹-S³: τεκνία μου. **f** E¹-S³-E²: ἡμᾶς, vgl. °g-g. **g-g** E¹-S³-E²: om. (Folgekorrektur zu °g-g). **h-h** P²-J²-(J^{l(s)})-J³-An₁ ApcMos(arm): τῶν ἐν αὐτῷ φυτῶν; E¹-S³: ὅσον φυτὸν καὶ καλόν, ὧν ἦν ἐν τῷ παραδείσῳ; E²: τῶν ἐν τῷ παραδείσῳ. **i-i** P²-J²-J^{l(s)}-J³-An₁ ApcMos(arm) (Br)-S¹ (=*IIIa): ἑνὸς δὲ μόνου φυτοῦ

Aufteilung des Paradieses in einen Adam- und Eva-Bezirk auskommt und die noch zu diskutie-
rende Unebenheit vermeidet, daß der Teufel im ursprünglichen Text zuerst die Schlange im
Paradies aufsucht (Apc Mos 15,3) und dann zu ihr so redet, als wären beide außerhalb des
Paradieses (vgl. v.a. Apc Mos 16,3). *III hat Apc Mos 14,3–16,3 umgearbeitet, vgl. °14,3d.
15,2b D-St A-Ath-C: φυλάσσειν; An₂-Pa-AH Va (=*II *Ia): φυλάττειν (ursprünglich, vgl.
°15,2d; °15,2h; °17,3d; °28,3g); B P¹: def. Zu den attischen Formen mit -ττ- in der Koine ab
dem 1. Jh. v. Chr. vgl. DEBRUNNER-SCHERER § 169. **15,2c** D-St: ἕκαστος; (B) A-Ath-(C) (=*Ia)
Va-(P¹) (=*II): ἐφυλάττομεν ἕκαστος; An₂-Pa-AH: om. Mit ἐφυλάττομεν ἕκαστος κτλ. war
eine parenthetische Erläuterung zu ἐν τῷ φυλάττειν intendiert. Manche Kopisten haben das
verkannt; die Kürzungen sollen eine scheinbare Tautologie vermeiden (»es geschah, als wir das
Paradies bewachten, bewachte jeder«). **15,2d** B: ἐν τῷ φυλάττειν; A-Ath (=*Ia) Va-P¹ (=*II):
ἐφυλάττομεν; C: ἐφυλάσσομεν (sq. BERTRAND); D St An₂ Pa AH: def. **15,2e** D-St An₂ Ath
(=*Ia): ἡμῶν; Pa-AH B A C Va-P¹ (=*II): om. **15,2f** D-St A Va-P¹ (=*II): λαχόντα; An₂-AH Ath
(=*Ia): λαχόν τι (sq. NAGEL); Pa: λαχοντ-; B: λαχόν (sq. BERTRAND); C: λάχοντ-. Das τι war
zahlreichen Kopisten unverständlich. Daher wichen sie auf das genusinkongruente λαχόντα aus,
das wohl weniger Schwierigkeiten bereitete, denn gerade beim Partizip sind solche Genusinkongruenzen in der Koine des öfteren belegt; neutrische Formen werden durch die entsprechenden
masculinischen ersetzt, vgl. DIETERICH: Untersuchungen, 207–208, dort auch Belege zur
Substitution femininer durch masculinische Formen. Besonders zu beachten ist ζῳδιον –
εχοντα aus Pap Leid II, V, pap 5ᵃ, Z.17f. (3./4. Jh.) [daselbst S. 208]. Vgl. auch τὸ τρίτον
ζῷον ἔχων in Apc Joh 4,7, obgleich diese Lesung zweifelhaft erscheint angesichts der allgemeinen ω/o-Indifferenz (die Aussprache der beiden Vokale fiel schon im 3.–2. Jh. v. Chr.
zusammen, vgl. BLASS-DEBRUNNER-REHKOPF §28). **15,2g** D-St An₂-Pa-AH Ath-C (=*Ia): αὐτῷ;
B A Va-P¹ (=*II): αὐτοῦ. **15,2h** (D)-St AV Ath: ἐφύλασσα; B A-C (=*I) Va-P¹ (=*II): ἐφύλαττον (sq. NAGEL); An₂-Pa-AH: om. BERTRAND liest ἐφύλασσον, doch dagegen sprechen die
attischen Formen im Kontext (vgl. °15,2b und °15,2d). Dies gilt auch für das metaplastische
ἐφύλασσα (Imperfekt mit einer Endung des sigmatischen Aorists)³. **15,3a** B: ἀρσενικά (sq.
BERTRAND). **15,3b** D: ἐμέρισεν ὁ θεός (ht.: ὅπου ἦν τὰ θηρία, ἐπειδὴ τὰ θηρία) (bca); St:
ἐπειδὴ τὰ θηρία ἐμέρισεν ὁ θεός (sq. BERTRAND, NAGEL) (ca); An₂-(Pa)-(AH): ἐμέρισεν
γὰρ ἡμᾶς ὁ θεός (ht., vgl. D) (dea); (A)-Ath (=*Ia): ἐπειδὴ τὰ θηρία ἐμέρισεν ἡμῖν ὁ θεός
(a); C: ἐμέρισεν ἡμᾶς ὁ θεός (ht., vgl. D) (ea); B Va P¹: def. **15,3c** D-St An₂-Pa-AH B A
(=*Ia): δέδωκε (sq. BERTRAND, NAGEL); Ath-C P¹: ἔδωκε; Va: def. Vgl. °15,3f. **15,3d** D-St A:
τὸν πατέρα (vulgärer Akkusativ)⁴; An₂-Pa B Ath-C (=*Ia) P¹ (=*II): τῷ πατρί; AH Va: def.

ἐκέλευσεν; E¹-S³: πλὴν ἕνα τῶν φυτῶν ἐκάλεσεν, ὃς ἦν ἐν μέσῳ τοῦ παραδείσου (bca); E²:
ἕνα δὲ τῶν φυτῶν ἐκάλεσεν (ca). **k** Ab hier setzt J¹⁽ˢ⁾ (das Supplement in J¹) aus und J¹ wieder
ein. **m** E¹-S³-E²: ἀπ’ αὐτοῦ.

³ Zum Einfluß der Endungen des schwachen Aorists auf das Imperfekt vgl. BLASS-DEBRUN-
NER-REHKOPF § 82, der auf ein in Ägypten 70–80 n. Chr. belegtes Imperfekt ἔλεγας verweist;
solche metaplastischen Imperfekta sind in alter Zeit allerdings sonst nur selten attestiert. Im
Neugriechischen haben sich die Endungen des schwachen Aorists nicht nur im starken Aorist,
sondern auch im Imperfekt vollständig durchgesetzt, vgl. THUMB §214; neugriechisch müßte die
hier diskutierte Form freilich ἐφύλαγα heißen. Für ἐφύλασσα ist zu fragen, ob nicht vielleicht
die Sigmata des Präsensstamms φυλάσσε/o die Übernahme von Endungen des starken (i.d.R.
sigmatischen!) Aorists gefördert haben könnten.

⁴ Zur Ersetzung des Dativs durch den Akkusativ vgl. J. HUMBERT: La disparution du dativ
grec (du Iᵉʳ au Xᵉ siècle), Paris 1930 (dazu A. DEBRUNNER in: Indogermanische Forschungen 51
[1933], 221–224), ferner HATZIDAKIS (Anm. 13), 220–222. Das von ihm auf S. 221 gebrachte

Vgl. °15,3g. **15,3e** D-St A-Ath (=*Ia): πάντα; An₂-Pa B C P¹: om; AH Va: def. **15,3f** D-St Pa:
δέδωκε; An₂ A-Ath-C (=*Ia) P¹ (=*II): ἔδωκε; AH B Va: def. Vgl. °15,3c. **15,3g** D-(St) An₂-
(Pa) A: ἐμέ⁵ (vulgärer Akkusativ, vgl. °15,3d) (ba); B Ath-C (=*Ia): ἐμοί (a); (AH) P¹: ἡμῖν
(ca); Va: def. **15,3h** D-St An₂-Pa-AH B: txt. (sq. BERTRAND) (a); (A)-(Ath)-C (=*Ia) (VitAd
[arm]) (VitAd[georg]) (VitAd[latᵖ]): καὶ ἕκαστος ἡμῶν ªτὰª ἑαυτοῦ ἐτήρει⁶ (statt τηρέω
steht im Kontext φυλάττω – hier zeigt sich der Interpolator) (sq. NAGEL, doch s. Anm. 6, dort
°a-a) (ba); P¹: καὶ ἐφυλάττομεν αὐτό (cba); Va: def. Dieser Zusatz ist eine von mehreren
Interpolationen von *Ia, die am Verhältnis zwischen Mensch und Tier interessiert sind, vgl.
°16,2f; °18,1b und E II,6 (S. 89). Auch sonst hat *Ia in Apc Mos 15ff eingegriffen, vgl.
°16,1e; °16,2b; °16,2d.

1. Zum Inhalt

Apc Mos 15,2–3 gliedert sich in drei Teile: Apc Mos 15,2 schildert die Situation, in der sich die nachfolgende Handlung ereignet (Adam und Eva bewachen
das Paradies, jeder seinen Bezirk). Mit 15,3a erfolgt der Beginn der Handlung
(der Teufel begibt sich in den Sektor Adams zu den Tieren). In 15,3b wird
erklärt, warum sich der Teufel zu den Tieren im Sektor Adams begibt: Die Tiere
waren aufgeteilt worden; Adam hatte die männlichen, Eva die weiblichen Tiere
erhalten. Und da, wie aus 16,1 hervorgeht, der Teufel mit der Schlange reden
wollte, mußte er sich notwendigerweise zu den Tieren in Adams Bezirk begeben, denn die Schlange ist ein männliches Tier, sowohl im Hebräischen (נחש)
als auch im Griechischen (ὁ ὄφις).

Um diese Begründung zu realisieren, muß der Leser freilich 16,1 in den Blick nehmen und
außerdem den soeben erläuterten, nicht ganz einfachen Hintergedanken erraten. Das war wohl
zu viel verlangt, wie die zahlreichen Textzeugen verraten, die den ganzen Abschnitt umgearbeitet haben (°15,2/3A).

Die Perikope berichtet, wie der Teufel als von außen kommendes störendes
Moment sich anschickt, das Leben Adams und Evas im Paradies aus der Ordnung zu bringen. Diese Ordnung besteht darin, daß Adam und Eva das Paradies
bewachen. Dies wird stark hervorgehoben, zweimal fällt das Schlüsselwort
φυλάττειν, u.a in prominenter Stellung am Anfang. Adam und Eva üben ihr

---

Beispiel für διδόναι mit Akk. als indirektem Objekt (Ex 31,6) ist allerdings zweifelhaft. Es heißt
dort: Καὶ ἐγὼ ἔδωκα αὐτὸν καὶ τὸν Ελιαβ ... καὶ παντὶ συνετῷ καρδίᾳ δέδωκα σύνεσιν.
Für αὐτόν steht im Hebräischen Text אתו, von den Masoreten אתו gelesen, von 𝕲 offenbar als אתו
verstanden. 𝕲 wollte also einen hebräischen »Akkusativ« wiedergeben.

⁵ Pa liest ἐμέν; diese Form wird gewöhnlich als Vorstufe des neugriechischen ἐμένα angesehen, vgl. THUMB §135,2. HATZIDAKIS: Einleitung 52 erklärt sie als Analogiebildung zu Akkusa-
tiven wie πατέραν, aber es ist zu erwägen, ob hier nicht das Νῦ ἐφελκυστικόν in die Nominalflexion übernommen wurde.

⁶ Varianten: **a-a** A Ath: τό (sq. NAGEL); C (=*Ia) VitAd(arm) VitAd(georg) VitAd(latᵖ): τά;
Va P¹ et rell: def.

Wächteramt auf eine bestimmte Weise aus: Das Paradies ist unter ihnen aufgeteilt (15,2), Eva hat den Süden und den Westen des Paradieses, Adam, so kann
der Leser erschließen (vgl. AV in °15,2/3A), den Norden und Osten erhalten;
das Wort κλῆρος läßt erkennen, daß im Hintergrund die Vorstellung des von
Gott zugewiesenen »Landloses« steht.[7]

Das Eindringen des Teufels ins Paradies steht im Gegensatz zur Wächter-
funktion Adams und Evas: Hätte Adam aufgepaßt, dann hätte der Teufel wohl
kaum eines seiner Tiere ansprechen können (zu dem Umstand, daß hier speziell
Adam in den Blick genommen wird, s.u.). Wahrscheinlich ist das Motiv des
Bewachens gerade deshalb so stark entfaltet worden, um diesen Gedanken zu
evozieren. Dafür spricht auch Apc Mos 15–30 als Ganzes. Φυλάττειν ist nämlich auch sonst in Apc Mos 15–30 ein Schlüsselwort: Am Ende der Erzählung
(Apc Mos 30,1) fordert Eva ihre Kinder auf, sich in Acht zu nehmen (φυλάξατε
ἑαυτούς); in Apc Mos 28,4 wird die Verheißung endzeitlichen Lebens für Adam
an die Bedingung geknüpft, daß er sich künftig vor allem Bösen hüte (ἐὰν
φυλάξῃς ἑαυτὸν ἀπὸ πάντος κακοῦ); in Apc Mos 24,3 wird der nachparadiesische Aufstand der Tiere damit begründet, daß Adam das Gebot Gottes nicht
eingehalten habe (ὅτι τὴν ἐντολήν μου οὐκ ἐφύλαξας). An allen Stellen wird
dieselbe Botschaft vermittelt, nämlich daß das Böse nicht geschieht, wenn man
sich davor in Acht nimmt, und genau darum geht es auch hier. Adam und Eva
haben zwar gewacht, aber es hat nicht ausgereicht; der Teufel ist nicht nur in das
von ihnen bewachte Paradies eingedrungen, sondern hat auch eines der Tiere
angesprochen, die sich unter der Obhut Adams befanden. Der Mensch verhält
sich also gegenüber dem Bösen passiv, entweder er nimmt sich in Acht und
wehrt es ab, oder er ist ihm ausgesetzt. Der Teufel aber erweist sich schon hier
als das eigentlich aktive Moment im Geschehen, zugleich deutet sich bereits die
Externalität des Bösen an: Das Böse stammt nicht aus dem Menschen; vielmehr
kommt es auf ihn zu und versucht in feindlicher Absicht, ihn für sich zu gewinnen.

---

[7] Mit dem Wort κλῆρος läßt der Text eine Reminiszenz an biblische Konzeptionen zur
Landnahme und Landverteilung erkennen; sowohl das Land Israel (vgl. u.a. Ex 6,8 𝕲; Num
33,53 𝕲) als Ganzes wie auch von Stämmen bzw. Untergruppen des Volks (Jud 1,3 𝕲 etc) oder
Einzelpersonen (Jos 24,31 𝕲) genutztes Land kann als κλῆρος bezeichnet werden; mit dieser
Begrifflichkeit ist die Vorstellung konnotiert, daß die Verfügungsgewalt über Grund und Boden
nicht eine Sache menschlicher Autonomie darstellt, sondern von Gott herzuleiten ist, vgl. J.
HERRMANN: Art. κλῆρος, in: Theologisches Wörterbuch zum Neuen Testament 3 (1938),
757–763, speziell 759[31-39].

Da κλῆρος in der Septuaginta sowohl das Los als auch das durchs Los zugeteilte Land
bedeuten kann, könnte ἐν τῷ κλήρῳ μου (15,2) auch »aufgrund meines Loses« bedeuten, aber
da nachfolgend von einem κλῆρον τοῦ Ἀδάμ (15,3) eindeutig im Sinne von »Landlos« die Rede
ist, sollte diese Bedeutung auch hier angenommen werden.

Von diesem Darstellungsinteresse her wird auch klar, warum der Teufel das Paradies betreten muß: Das Böse ist extern; es kann abgewehrt werden, wenn man nur wachsam ist. Dieser paränetischen Zielsetzung hat der Erzähler einiges an narrativer Plausibilität geopfert: In Apc Mos 16,1ff setzt er nämlich voraus, daß die Schlange gleichermaßen wie der Teufel sich außerhalb des Paradieses aufhält, hier aber sind beide innerhalb desselben, die Schlange wohl seit je, der Teufel dadurch, daß er eingedrungen ist. Es verbietet sich, diese Spannung literarkritisch aufzulösen; dies ist schon in K Xa (S. 293–295) nachgewiesen worden.

Die narrative Funktion des Abschnitts über die Zuweisung der Tiere ist schon erörtert worden: Er soll begründen, warum der Teufel gerade den Sektor Adams betritt. Damit ist freilich eine wichtige Implikation verbunden: Es wird auf diese Weise nämlich besonderer Nachdruck darauf gelegt, daß es der Sektor Adams war, den der Teufel betrat. Also ist es speziell Adam gewesen, der an dieser Stelle versagt hat. Eva hat, wie sich im Folgenden zeigen wird, ebenfalls einen nicht unerheblichen Anteil an der Katastrophe (vgl. 17,1ff), doch hier hat v.a. Adam gefehlt. Offenbar weist Apc Mos 15–30 die Schuld am verhängnisvollen Geschehen im Paradies nicht allein Eva zu, die Endredaktion verfährt hier deutlich anders (vgl. 9,1; 10,2; 11,1–3; 14,2; 32,1–2).

Daß in Apc Mos 15,3b Adam implizit beschuldigt wird, hat LEVISON beobachtet, der im übrigen auch schon Apc Mos 15–30 als ursprünglich selbständiges Quellenstück identifiziert hat.[8] Es geht allerdings zu weit, wenn LEVISON versucht, Apc Mos 15–30 als Selbstrechtfertigung der Eva zu lesen, die aus frauenfreundlicher oder gar »weiblicher« Perspektive verfaßt wäre: Daß Eva, als sie Adam verführte, vom Teufel inspiriert war (21,3), mindert ihre Schuld genauso wenig wie die der Schlange und entspricht dem Wunsch des Autors, böses Tun als Folge eines Verlustes an Handlungsautonomie zu erklären (vgl. K Xa); demselben Anliegen entspricht es, daß sie Adam aufgrund eines Eides verführte (19,1–2, vgl. K X,5). Auch die Anschuldigung Adams gegen Eva in 21,6 spricht eher dafür, daß dem Autor von Apc Mos 15–30 nicht an einer Entlastung Evas gelegen war: Dort wirft Adam Eva vor, daß sie ihn »von der Herrlichkeit Gottes entfremdet« habe. Wäre dies eine unberechtigte Anschuldigung (und eher Adam der Schuldige), dann hätte Adam korrigiert werden müssen; da dies nicht der Fall ist, dürfte hier wohl der Autor seine Meinung durch den Mund Adams kundtun. So wird man wohl eher festhalten müssen, daß der Autor von Apc Mos 15–30 beide Erzeltern als Schuldige sah, und so werden ja auch beide von Gott mit sehr ähnlichen Begründungen verurteilt (24,1; 25,1).

Die Zuweisung der Tiere an Adam und Eva geschieht ohne ausdrückliche Zweckbestimmung, zweifellos aber hat sie etwas mit der Bewachung des Paradieses zu tun. Das Verhältnis zwischen Menschen und Tieren ist somit ein geordnetes (*Ia macht dies explizit, indem dort von einer Bewachung der Tiere durch Adam und Eva die Rede ist, vgl. °15,3h). Diese Ordnung geht durch die

---

[8] J.R. LEVISON: The Exoneration of Eve in the Apocalypse of Mose15–30, Journal for the Study of Judaism 20 (1989), 135–150.

Gebotsübertretung verloren (Aufstand der Tiere gegen Adam: 24,3). Darin klingt das weitverbreitete Motiv des Tierfriedens an, vgl. Vergil, Ecl 4,18–45; Jes 11,6–8; Jes 65,25; Mk 1,13, ferner Apc Mos 10,3; Lib Ad (slav) 1 und Apc Sedr 6,2–3, die (direkt oder indirekt) von Apc Mos 15–30 derivieren und das Moment der Herrschaft über die Tiere in den Vordergrund stellen.

2. Exegetische Hintergründe

Den wichtigsten exegetischen Anknüpfungspunkt deutet das Schlüsselwort φυλάττειν an. Dieses verweist auf Gen 2,15 (𝔊), wo – genauso wie hier – die entscheidende Voraussetzung für das in Gen 3 berichtete Geschehen geschaffen wird. Es heißt dort: καὶ ἔθετο (sc. ὁ θεός) αὐτὸν (sc. τὸν ἄνθρωπον) ἐν τῷ παραδείσῳ ἐργάζεσθαι αὐτὸν καὶ φυλάσσειν (»und er [sc. Gott] setzte ihn ins Paradies, damit er es bearbeite und behüte«) Der hebräische Text (וינחהו בגן־עדן לעבדה ולשׁמרה) ist kongruent, doch die Stichwortübereinstimmung hinsichtlich des Verbs φυλάττειν (bzw. φυλάσσειν) läßt Septuagintaeinfluß an dieser Stelle annehmen. Auffällig ist freilich, daß von den beiden Zielbestimmungen der Einsetzung ins Paradies nur die zweite, nämlich die des Bewachens, nicht aber die des Bearbeitens umgesetzt wird. Diese selektive Textauswertung wiederholt sich in Apc Mos 17,3, wo Eva der Schlange mitteilt: ὁ θεὸς ἔθετο ἡμᾶς ὥστε φυλάττειν καὶ ἐσθίειν ἐξ αὐτοῦ (sc. τοῦ παραδείσου). Auch hier ist nur vom Bewachen die Rede, aber vom Bearbeiten (ἐργάζεσθαι) verlautet nichts. Der entscheidende Grund für diese Konzentration auf nur das eine Motiv dürfte in der Intention des Erzählers liegen, die bereits bestimmt worden ist: Wenn der Teufel das Paradies betrat, dann konnte er das nur deshalb, weil Adam eben nicht wachsam war. Um Wachsamkeit gegenüber dem Bösen aber ist es dem Erzähler zu tun.

Ein weiterer markanter Zug der Schilderung des Lebens im Paradies in Apc Mos 15,2–3 ist die Aufteilung des Paradieses unter Adam und Eva – und zwar in einander *gegenüber* liegende Sektoren (Eva – Süden *versus* Adam – Norden; Eva – Westen *versus* Adam – Osten; das Paradies ist also als Kreis zu denken, der durch Diagonalen geviertelt ist). BERTRAND (S. 121) führt diese Aufteilung auf eine Exegese des hebräischen Textes zu Gen 2,18.20 zurück, wo die Frau als Hilfe Adams charakterisiert wird – mit der zusätzlichen Spezifikation כנגדו (»ihm *gegenüber*«), das die Septuaginta mit κατ' αὐτόν (2,18) bzw. ὅμοιος αὐτῷ (2,20) wiedergibt, also dergestalt, daß dieser Aspekt in Apc Mos 15,2–3 auf keinen Fall auf den Septuagintatext zurückgeführt werden kann. Diese Idee ist ansprechend, zumal sie mit der auch sonst häufig in der Apc Mos zu beobachtenden Tendenz konform geht, erzählerische Inventionen aus dem hebräischen Bibeltext zu entwickeln und gleichzeitig die Septuaginta zu benutzen, wenn es um Zitate oder Allusionen an den Wortlaut der Schrift geht (φυλάττειν!), vgl. E III,4b.

Doch ist hier noch eine weitere exegetische Grundlage auszumachen: Wie bereits in K Xa angesprochen wurde, weist Apc Mos 15,2–3 Affinitäten zu Apc Mos 20,4–5 auf (S. 294), denn auch an jener Stelle ist von den Paradiessektoren die Rede. Und zwar wird dort berichtet, daß Eva, bevor sie Adam verführte, in ihrem Sektor nach Blättern suchte, um ihre Scham zu bedecken, und schließlich beim Feigenbaum fündig wurde. Diese Schilderung, die eine erhebliche Modifikation des Bibeltextes darstellt (vgl. Gen 3,7), findet eine Entsprechung in Lib Jub 3,21, wo Eva ebenfalls zuerst ihre Scham bedeckt und dann Adam verführt. Es ist – wie in der Exegese zu Apc Mos 20,4–5 gezeigt werden wird – anzunehmen, daß der Verfasser von Apc Mos 15–30 von dieser Stelle ausgehend den Schluß zog, daß Adam und Eva räumlich getrennt waren, bevor Eva Adam verführte. Er brauchte dann nur noch כנגדו in Gen 2,18 𝔐 im räumlichen Sinne zu interpretieren, um diese Entdeckung am Lib Jub narrativ anzureichern.

X,3. Der Teufel verführt die Schlange (Apc Mos 16,1–17,1a)

16,1 ᴬΚαὶ ἐλάλησε
τῷ ὄφει ὁ διάβολος λέγων ''ᵇ·
ᶜἀνάστα ᶜ, ἐλθὲ ᵈπρός με ᵈ ''ᵉ·
16,2 ᵃκαὶ ἀναστὰς ᵃ ᵇἦλθε πρὸς αὐτόν ᵇ.
Καὶ λέγει αὐτῷ ὁ διάβολος·
ἀκούω,
ὅτι ᶜφρονιμώτερος εἶ
ὑπὲρ πάντα τὰ θηρία ᶜ ''ᵈ
ᵉκαὶ ὁμιλῶ σοι ᵉ ''ᶠ·
16,3 διὰ τί ἐσθίεις
ἐκ τῶν ζιζανίων τοῦ 'Αδὰμ ''ᵃ
ᵇκαὶ οὐχὶ ᵇ ἐκ τοῦ ''ᶜ παραδείσου; ᴬ
ᵈἀνάστα καὶ δεῦρο,
καί ᵈ ποιήσωμεν αὐτὸν ἐκβληθῆναι ''ᵉ
ᶠἐκ ᶠ τοῦ παραδείσου,
ᵍʰὡς καὶ ἡμεῖς ʰ ἐξεβλήθημεν
ⁱδι' αὐτοῦ ⁱᵍ.
16,4 ᵃΛέγει αὐτῷ ὁ ὄφις·
φοβοῦμαι ''ᵇ,
μήποτε ὀργισθῇ μοι ᶜὁ θεός ᶜᵃ.
16,5 Λέγει αὐτῷ ὁ διάβολος·
ᵃμὴ φοβοῦ,
γενοῦ ᵃ μοι σκεῦος,
κἀγὼ λαλήσω διὰ ''ᵇ στόματός σου
ᶜῥήματα ᶜ
ᵈπρὸς τὸ ἐξαπατῆσαι ᵈ ᵉαὐτούς ᵉ.
17,1 ᴬᵇᶜΚαὶ εὐθέως ἐκρεμάσθη ᶜ
ᵈδιὰ ᵈ τῶν ᵉτείχεων ᵉ τοῦ παραδείσου ᵇ.

16,1 Und es sagte
der Teufel zur Schlange:
»Steh auf, komm zu mir!«
Und sie stand auf und kam zu ihm.
Und der Teufel sagt zu ihr:
»Ich höre,
daß du klüger bist
als alle Tiere,
und will mich mit dir unterhalten:
Weswegen issest du
von dem Lolch Adams
und nicht aus dem Paradies?
Steh auf und komm,
und sorgen wir, daß er herausgeworfen wird
aus dem Paradies,
wie auch wir herausgeworfen wurden
um seinetwillen.«
16,4 Die Schlange sagt zu ihm:
»Ich fürchte,
daß Gott mir zürne!«
16,5 Der Teufel sagt zu ihr:
»Fürchte dich nicht –
werde mir zum Gefäß/Werkzeug,
und ich werde durch deinen Mund
Worte reden,
um sie ganz und gar zu betrügen.«
17,1 Und sogleich hangelte sie sich
durch das Mauerwerk des Paradieses.

- Zeugen: D St AV An₂ Pa AH^(bis 16,3) B A AC^(ab 16,4) Ath C VitAd(arm) VitAd(georg) VitAd(lat^P)
Va P^(bis 16,3) Lib Ad(slav) P² J² J³ An₁ ApcMos(arm)^(S. 7-8) Br S¹ J¹ E¹ S³ E².
- Es fehlen: AD AC^(bis 16,4) AH^(ab 16,4) VitAd(lat^me) P^(ab 16,3).
- Zu AV P² J² J³ An₁ ApcMos(arm) Br S¹ J¹ E¹ S³ E² vgl. °16,1/3A; sie werden in °16,1a–3c i.d.R. nicht notiert.

Zum Text

16,1/3A (P²)-(J²)-(J³)-(An₁) (ApcMos[arm]) (Br)-(S¹) (=[*IIIa]) (J¹) (=*III) (E¹)-(S³)-(E²): 16,1 ὁ οὖν διάβολος ^aἰδών^a, ἧς ἐτύχομεν ^bτιμῆς^b ^cdπαρὰ^d τοῦ πλάσαντος ἡμᾶς θεοῦ^c, ἐφθόνησεν ^eἡμῖν^e καὶ ^fεὑρὼν τὸν ὄφιν^f ^gφρονιμώτατον ^hὄντα^h ^iὑπὲρ πάντα τὰ θηρία^ig ‹›k ^mnπροσελθών^n °ἐλάλησεν^o αὐτῷ ^pοὕτως^p· 16,2 ^qOἶδά σε ^rφρονιμώτατον ὄντα^r ὑπὲρ ^sπάντα τὰ θηρία^sm καὶ βούλομαι σοι θαρρῆσαι ^tπρᾶγμα^t καὶ συμβουλεύσασθαι^q.16,3 ‹›^u βλέπεις ^vπάντως, οἵας^v τιμῆς ἔτυχεν παρὰ ^wτοῦ^w θεοῦ ὁ ἄνθρωπος, ^xἡμεῖς δὲ ἀτιμίας^x;¹ *III hat Apc Mos 14,3–16,3 umgearbeitet, vgl. °14,3a. **16,1b** An₂: οὕτως; Pa-(AH): αὐτῷ οὕτως. **16,1c** D-St (B) A-Ath-C (=*Ia): ἀνάστα; AV An₂-Pa-AH Va: ἀναστάς (sq. BERTRAND); P¹: def. **16,1d** BERTRAND: πρὸς ἐμέ, vgl. °5,2e. **16,1e** A-Ath-(C) (=*Ia) (VitAd[arm]) (VitAd[georg]) VitAd(lat^P) (Va)-P¹ (=*II): ^abκαὶ^b εἴπω σοι ῥῆμα, ^cἕν^c ^dᾧ^d ^eὀφεληθῆς^ea². Vgl. °15,3h. **16,2a** D-St An₂-Pa B: καὶ ἀναστάς (sq. BERTRAND); A-Ath-C (=*Ia) VitAd(arm) VitAd(georg) (VitAd [lat^P]) Va-P¹ (=*II): τότε (Folgekorrektur zu °16,1e); AV AH: def. **16,2b** D-St B | P¹: ἦλθε πρὸς

---

¹ Varianten: Zu ApcMos(arm): Der Text ist an zwei Stellen nach Bᵃ zu korrigieren (vgl. YOV. 7₁₁.₁₂). **a-a** Br-S¹ (=*IIIa): εἰδώς. **b-b** P²-J²-J³-An₁ J¹: τιμῆς; E¹-S³-E²: ζωῆς; Br-S¹ (=*IIIa) τιμῆς καὶ δόξης. **c-c** E²: om. **d-d** E¹-S³: παρ᾽ αὐτοῦ. **e-e** P²-J²-J³-An₁ E²: ἡμᾶς (vulgärer Akkusativ, vgl. BAUER: Wörterbuch, s.v. φθονέω [Sp. 1710] zu Gal 5,26 v.l.; die dort genannte Parallele in Jos As 24,2 ist inzwischen in den Apparat gewandert, vgl. BURCHARD: Joseph und Aseneth, 290–291); Br-S¹ (=*IIIa) J¹-E¹-S³: ἡμῖν. **f-f** Br-(S¹) (=*IIIa): μὴ δυνάμενος αὐτὸς διελθεῖν ᾗ ἡμᾶς εὑρὼν τὸν ὄφιν. **g-g** (Br)-S¹ (=*IIIa): καὶ ἦν ὁ ὄφις φρονιμώτερος παντῶν τῶν ζώων τῶν ἐπὶ τῆς γῆς, vgl. Gen 3,1 𝔊 (variiert, u.a. mit der Variante φρονιμώτερος, vgl. WEVERS, App.). **h-h** P²-J²-J³ J¹: ὄντα; An₁ E¹-S³-E²: om; Br S¹: def. (vgl. °g-g). **i-i** P²-J²-J³ J¹: ὑπὲρ πάντα τὰ θηρία; Br-S¹ (=*IIIa): πάντων τῶν ζώων; An₁ E¹-S³: ὑπὲρ πάντων τῶν θηρίων; E²: om. **k** ApcMos(arm):»auf der Erde«; Br-S¹ (=*IIIa): τῶν ἐπὶ τῆς γῆς (vgl. °g-g) - aus Gen 3,1 𝔊. **m-m** An₁: om. (hapl). **n-n** E¹-S³: om; E²: def. **o-o** E¹-S³-E²: λέγει. **p-p** P²-J²-J³ Br-S¹ (=*IIIa) J¹: οὕτως; ApcMos(arm) E¹-S³-E²: om; An₁: def. (vgl. °m-m). **q-q** (P²)-(J²)-(J³)-(An₁) (ApcMos[arm]) (Br)-(S¹) ([=Rez IIIa]) (J¹): οἶδά σε φρονιμώτατον ὄντα ὑπὲρ πάντα τὰ θηρία καὶ βούλομαί σοι θαρρῆσαι πρᾶγμα καὶ συμβουλεύσασθαι, vgl. °m-m und °r-r bis °t-t; (E¹-S³-E²): βούλομαί σοι μυστήριον εἰπεῖν μέγα σήμερον. **r-r** P²-J²-J³: φρόνιμον ὄντα; Br-S¹ (=*IIIa): φρονιμώτερον; J¹: φρονιμώτατον ὄντα (vgl. φρονιμώτατον ὄντα in 16,1 *III); An₁ E¹ S³ E²: def. (vgl. °m-m, °q-q). **s-s** P²-J²-J³ J¹: πάντα τὰ θηρία; Br-S¹ (=*IIIa): πάντων τῶν θηρίων; An₁ E¹ S³ E²: def. (vgl. °m-m, °q-q). **t-t** P²-J²-J³-An₁ Br-S¹ (=*IIIa): πρᾶγμα; (ApcMos[arm]) J¹-(E¹)-(S³)-(E²) (vgl. °q-q): μυστήριον. **u** (E¹)-(S³)-(E²): τὸ δὲ ὄφις εἶπεν· ὁ ὄφις λέγει†. **v-v** P²: παντός, οἵας; J²-J³-(An₁) J¹: πάντως, οἵας; Br-S¹ (=*IIIa): †πάντας ποίας (sequ. τιμῆς)†; E¹-S³-E²: οἵας. **w-w** P²-J²-J³ Br-S¹ (=*IIIa): τοῦ; An₁ J¹-E¹-S³-E²: om. **x-x** P²-J²-J³-An₁ Br-S¹ (*IIIa) J¹: ἡμεῖς δὲ ἀτιμίας; (E¹)-(S³): βλέπεις κάλλος καὶ θείαν ἄμετρον, ἣν ὁ θεὸς ἐχαρίσατο; E²: om.

² Varianten: **a-a** VitAd(arm): »und ich sage dir ein Wort, das dir von Nutzen ist«; VitAd (georg): »et je t᾽ enseignerai une parole utile«; VitAd(lat^P): *et dicam tibi sermonem, in quo lucra habebis*; Va: καὶ εἴπω σοι ῥῆμα ἕν· ἔχεις ὀφεληθῆναι. **b-b** C: ὅπως. **c-c** Va: ἕν (vgl. °a-a). **d-d** Va: om. (vgl. °a-a). **e-e** A-Ath (=*Ia): ὀφεληθῆς (sic!); C: μέλος (lege: μέλλεις) ὀφεληθῆναι (sic!); Va-P¹ (=*II): ἔχεις ὀφεληθῆναι (sic!).

αὐτὸν (a|aca); An₂-Pa-AH: ὁ ὄφις ἦλθε πρὸς αὐτόν (ba); A-Ath-C (=*Ia) VitAd(arm) (VitAd [georg]) (VitAd[latᵖ]) Va (=*II): ἦλθε πρὸς αὐτὸν ὁ ὄφις (vgl. °15,3h) (ca). **16,2c** D AV Ath-C (=*Ia): φρονιμώτερος εἶ ὑπὲρ πάντα τὰ θηρία; St Va-P¹ (=*II): φρονιμώτερος εἶ παρὰ πάντα τὰ θηρία; An₂-Pa-AH: φρόνιμος εἶ ἀπὸ πάντων τῶν θηρίων; B A: φρονιμώτερος εἶ ὑπὲρ πάντων τῶν θηρίων. Zur Kennzeichnung des Verglichenen durch ὑπέρ + Acc. vgl. BLASS-DEBRUNNER-REHKOPF §185,3, dort auch zum konkurrierenden παρά + Acc.; ἀπό, allerdings – anders als in An₂Pa-AH – mit Akkusativ, ist die geläufige Nota comparati im Neugriechischen, vgl. THUMB §120. **16,2d** D-St AV An₂-Pa-AH B: txt. (sq. BERTRAND); A-(Ath)-(C) (=*Ia) (VitAd[arm]) (VitAd [georg]) (VitAd[latᵖ]) (Va)-(P¹) (=*II): ᵃᵇἐγὼ δὲ ἦλθονᵇ ''ᶜ κατανοῆσαί σε. εὗρον ᵈδέᵈ σε μείζονα ᵉπάντων τῶν θηρίωνᵉᵃ³ (sq. NAGEL). Vgl. °15,3h. **16,2e** D-St A-Ath-(C) (=*Ia) (Va) (=*II): καὶ ὁμιλῶ σοι; AV: λέγω σοι; An₂-Pa-AH: καὶ ἄκουσόν μου καὶ λαλήσω σοι; B⁽ᶜᵒᵈ⁾: καὶ διὰ τοῦτο σὺ βουλεύομέ σοι (= καὶ διὰ τοῦτο συμβουλεύωμαί σοι) (vgl. συμβουλεύσασθαι in *III [°16,1/3A] – eine wohl zufällige Übereinstimmung); P¹: def. **16,2f** D-St AV An₂-Pa-AH B: txt. (sq. BERTRAND); (A)-Ath-(C) (=*Ia) (VitAd[arm]) (VitAd[georg]) (VitAd[latᵖ]) (Va) (=*II): ᵃᵇὅμωςᵇ ''ᶜ ᵈπροσκυνεῖςᵈ τὸν ᵉἐλαχιστότερονᵉ ''ᶠ⁴ (vgl. Saltair na Rann 1145–1148); P¹: def. Das Sätzchen würde besser vor καὶ ὁμιλῶ σοι passen. Wahrscheinlich hat *Ia es am Rande etwas mißverständlich vermerkt, so daß sein Kopist es fehlerhaft übernommen hat (ähnlich in °19,3c). Vgl. °15,3h. **16,3a** D-St AV An₂-Pa-AH B VitAd(arm) VitAd(latᵖ) Va-P¹ (=*II *Ia): txt. (sq. BERTRAND); A-Ath-C VitAd(georg): καὶ τῆς γυναικὸς αὐτοῦ (vgl. Disc Abb 36–37; Saltair na Rann 1201–1204)⁵ (sq. NAGEL). Vgl.

---

³ Varianten: **a-a** VitAd(arm): »und ich kam, dich zu sehen, und fand dich unter allen Tieren, daß niemand deiner Intelligenz gleich ist« (nach Bᵛ Cᵛ zu korrigieren, vgl. STONE 15₁₀.₁₂); Vit Ad(georg): »et je suis venu pour faire l'essai de ta sagesse«; VitAd(latᵖ): *Veni, ut cognoscam sapientiam tuam, et qualis est sapientia tua.* **b-b** A-Ath Va (=*II): ἐγὼ δὲ ἦλθον; C: καὶ διὰ τοῦτο ἦλθον πρὸς σέ; P¹: καὶ ἦλθον. **c** A Va-P¹ (=*II): txt; Ath-C: τοῦ. **d-d** Ath: om. **e-e** A-C: πάντων τῶν θηρίων; Ath: ὑπὲρ πάντα τὰ θηρία; Va: τῶν θηρίων; P¹: παρὰ πάντων †λέγων†.

⁴ Varianten: **a-a** VitAd(arm): »,Wie auch Adam Nahrung gab allen Tieren, so auch du.' Und dann, als die Tiere gingen, um vor Adam niederzufallen, ging auch Satan mit ihnen und sprach zur Schlange: ,Weshalb fällst du vor Adam nieder jeden Morgen; du bist früher entstanden als er! Warum fällst du als der frühere vor dem späteren nieder? Es ist die Pflicht des kleinen/jungen, vor dem großen/alten niederzufallen! Weshalb fällst du nieder'« (nach Aᵛ); Vit Ad(georg): »,Car Adam donne de la nourriture à tous les muets animaux, ainsi aussi à toi. Quand donc tous les muets animaux viennent se prosterner avant Adam, de jour en jour et de matin en matin, chaque jour, toi aussi, tu vas te prosterner. Tu as été créé avant lui, grand (comme te) voici, et tu te prosternes devant ce petit!'«; VitAd(latᵖ): »,Adam tibi porrigit escas sicut omnibus bestiis, et ueniunt et adorant eum. Tu autem cum eis adoras Adam qui prior illo fuisti. Quare ergo maior minorem adorat?'«. Vgl. Saltair na Rann 1145–1148: »,Since you are more famous in battle, you were begotten first, you are more guileful in every way, o especially dear one, do not submit yourself to the junior'« (Übersetzung nach GREENE/KELLY 33). **b-b** Va: ὅπως (vgl °d-d). **c** C: διὰ τί. **d-d** A (Va): προσκυνήσεις (in Va ist προσκυνήσῃς intendiert); Ath-C: προσκυνεῖς. **e-e** ἐλαχιστότερον ist ein Komparativ zum Superlativ ἐλάχιστος, vgl. Eph 3,8 (ἐλαχιστοτέρῳ) und BLASS-DEBRUNNER-REHKOPF §61,2; **f** C: σου.

⁵ VitAd(georg) 44(16) 3e »et de son epouse«. Vgl. Lib Inst Abb 36 (BUDGE 236): ⲉⲩⳅⲁ ⲇⲉ ⲁⲥⲉⲓ ⲉⲥⲡⲁⲣⲁⲅⲉ ⲙ̄ⲡⲙ̅ⳅⲓⲧ ⲙ̄ⲡⲡⲁⲣⲁⲇⲉⲓⲥⲟⲥ· ⳅⲓⲧⲟⲩⲱϥ ⲙ̄ⲡⲭⲟⲗⲭⲗ̄ ⲉ·ⲭⲓ̈ ⲛ̄ⲛⲕⲁⲣⲡⲟⲥ ⲛ̄ⲛ̄ⲧⲃ̄ⲛⲟⲟⲩⲉ· ⲙⲛ̄ ⲛ̄ⲕⲉⳅⲱⲟⲛ ⲧⲏⲣⲟⲩ ⲉⲃⲟⲗ ⳉⲉ ⲁϥⲭⲟⲟⲥ ⲛ̅ϭⲓ ⲡⲁⲉⲓⲱⲧ ⲉⲧⲣⲉⲩ†́ ⲛⲁⲩ ⲉⲟⲩⲱⲙ ⲕⲁⲧⲁ ⲡⲉϥⲟⲩⲉⳅⲥⲁⳅ́ⲛⲉ· ⲉⲩⳉⲓ̈ ⲛ̄ⲧⲉⲩⲧⲣⲟⲫⲏ ⲛ̄ⲧⲟⲟⲧϥ̄ ⲛ̄ⲁⲇⲁⲙ· ⲙⲛ̄ ⲉⲩⳅⲁ (»Eva aber ging im Norden des Paradieses neben dem Zaun entlang, um

°15,3h. **16,3b** καὶ οὐχί wird von NAGEL nur für A-Ath-C Va-P¹ notiert, nicht jedoch für D-St AV An₂-Pa-AH B. BERTRAND und NAGEL nehmen es auf, MEISER/MERK weisen es ab (in wie gewohnt enger Anlehnung an D-St nach der Kollation NAGELS), auch ich selbst habe früher so entschieden (DOCHHORN: Bauer, 343–344). Doch καὶ οὐχί ist in D (CERIANI 22b), Pa (p. 127r, Z. 5) und B (p. 312v, Z. 19) durchaus nachweisbar; wie in °21,1h hat NAGEL wohl vergessen, für einen ganzen Block von Zeugen eine Passage in seine Kollation einzutragen. **16,3c** D-St AV An₂-Pa-AH B Va-P¹ (=*II *Ia): txt; A-(Ath)-(C) VitAd(arm) (VitAd[georg]): τοῦ καρποῦ⁶; VitAd(lat^P): def. **16,3d** D-St: ἀνάστα (bda); AV: δεῦρο, καί (ca); Pa-AH: ἀνάστα, καί (da); B: εἰ θέλεις, διανάστηθι, καί (eda); A-(Ath)-(C) (=*Ia) (VitAd[arm]) (VitAd[georg]) (Vit Ad([lat^P])) (Va) (=*II): ^abἀνάστα καὶ^b δεῦρο ''^ca, καί⁷ (a); (P²)-(J²)-(J³)-(An₁) (ApcMos[arm]) (Br)-(S¹) (=[*IIIa]) J¹ (=*III) (E¹)-(S³)-(E²): ^aἐπάκουσόν μου ''^b ^cκαὶ δεῦρο, καί^ca⁸ (fa); An₂ P¹: def. **16,3e** A-Ath-C (=*Ia) VitAd(lat^me) (Va) (=*II): διὰ τῆς γυναικὸς αὐτοῦ (vgl. VitAd [lat^me] 16, wo der Teufel in Aufnahme von Apc Mos 16,3 folgendes sagt: *et dolo circumveniebam mulierem tuam et feci te expelli per eam de delitiis laetitiae tuae, sicut ego expulsus sum de gloria mea*); VitAd(arm) VitAd(georg) Vit Ad(lat^P) et rell: txt; P¹: def. **16,3f** P²-J²-J³-An₁ Br: om; S¹ (=*IIIa *III) J¹ et rell: ἐκ. **16,3g** Br-S¹ (=*IIIa): om. **16,3h** (E¹)-(S³)-(E²): ὡς⟩ καὶ ἡμεῖς μέσον αὐτοῦ τοῦ παραδείσου ἐβαδίζαμεν, καὶ ἐκλαμπρότεροι τοῦ ἡλίου καὶ τῆς σελήνης ἐσόμεθα, †δευτορα† ἐξεπέσαμεν καί... (»wie auch wir inmitten des Paradieses wandelten, und wir waren glänzender als die Sonne. Danach fielen wir heraus und...«). Die Form ἐσόμεθα, eigentlich ein Futur, ist offenbar als Imperfekt intendiert. Dieser Zusatz macht explizit, was im Ausgangstext nur vorausgesetzt wird: Der Teufel und die Schlange waren einmal Bewohner des Paradieses. **16,3i** D-St AV A-(C) (=*Ia) Va (=*II) P²-J²-J³-An₁ (=*III) ApcMos(arm) J¹: δι' αὐτοῦ;⁹ An₂-Pa-(AH): ἐξ αὐτοῦ; B Ath: ἀπ' αὐτοῦ; (E¹)-(S³): om; P¹ Br S¹: def. **16,4a** J¹-E¹-S³-E²: om. (ht: λέγει - λέγει). **16,4b** P²-J²-J³-An₁ (=*III) ApcMos(arm) Br-S¹ (=*IIIa): τοῦτο πρᾶξαι; J¹(etc): def. **16,4c** D-St An₂-Pa Va (=*II *Ia): ὁ θεός (vgl. 18,2; 21,4) (a); B | A C: κύριος (ba|bca); AV Ath P²-J²-J³-An₁ (=*III) ApcMos(arm) Br-S¹ (=*IIIa): ὁ κύριος (ca);

---

die Früchte für das Vieh und alle anderen Tiere zu holen, denn mein Vater [Jesus spricht!] hatte gesagt, daß sie ihnen zu essen geben sollen nach seiner Weisung; so empfangen sie ihre Nahrung aus der Hand Adams und Evas«) und Saltair na Rann 1201-1204: »He (sc. Adam) leaves to me (sc. Eva), a pure festival, the feeding of the animals, when he himself goes in pure fame without fail to worship the Lord« (Übersetzung nach GREENE/KELLY 37).

⁶ Ath: τοῦ παραδείσου statt *ἐκ τοῦ καρποῦ τοῦ παραδείσου. Τοῦ καρποῦ dürfte um eine Zeile verrutscht sein (so NAGEL III, 101₁₀₉) – etwas weiter unten liest Ath: ἀνάστα καὶ δεῦρο †τοῦ καρποῦ†.

⁷ Varianten: **a-a** VitAd(arm): »nun, steh auf, komm zu mir und höre, was ich dir sage«; Vit Ad(georg): »mais viens et écoute moi«; VitAd(lat^P): *audi inquam consilium meum*. **b-b** A-Ath (=*Ia) (VitAd[arm]): ἀνάστα καί; C (VitAd[georg]): ἀλλά; Va: ἀναστάς; VitAd(lat^P): def. **c** A (=*Ia) Va (=*II): txt; Ath: †τοῦ καρποῦ† (vgl. °16,3c [Anm. 6!]); C (VitAd[arm]) (VitAd [georg]) (VitAd[lat^P]): ἐπακουσόν μου.

⁸ Varianten: **a-a** ApcMos(arm): »Jetzt höre auf mich und komm«. **b** Br-S¹ (=*IIIa): οὖν; **c-c** P²-J²-J³-An₁: δεῦρο καί (ba); ApcMos(arm) Br-S¹ (=*IIIa) E¹-S³-E²: καὶ δεῦρο (ca); J¹: καὶ δεῦρο καί (zu καί² vgl. *I) (a).

⁹ C liest δι' αὐτόν und stellt damit eine kausale Interpretation des διά sicher, die freilich schon im Ausgangstext intendiert gewesen sein dürfte, s. die Exegese. ApcMos(arm) hat *yalags* (»wegen«), faßt διά also ebenfalls kausal auf. Daß die Vorlage von ApcMos(arm) *αὐτόν las, ist angesichts der Tatsache, daß die anderen *III-Zeugen, wenn sie nicht ganz schweigen, αὐτοῦ lesen, unwahrscheinlich, kann aber nicht ausgeschlossen werden.

VitAd(arm) VitAd(georg) VitAd(lat^p) P¹: def. **16,5a** D-St (AV) An₂-Pa (B) A-AC-Ath (=*Ia): μὴ φοβοῦ· γενοῦ (a); C: μὴ φοβοῦ, μόνον γενοῦ (ba); Va: μὴ φοβοῦ, ἀλλὰ γενοῦ (ca); P²-J²-J³-An₁: μὴ φοβοῦ περὶ αὐτοῦ· σὺ γενοῦ (dea); ApcMos(arm) (=*III) Br-S¹ (=*IIIa) J¹: μὴ φοβοῦ περὶ τούτου, σὺ γενοῦ (ea); E¹-S³-E²: σὺ γενοῦ (fea). **16,5b** D-St AV An₂ B A-Ath-C (=*Ia) P²-J²-J³ (=*III) Br-S¹ (=*IIIa) S³: txt; Pa AC (Va) An₁ J¹ E¹: τοῦ; P¹ E²: def. **16,5c** D-St An₂ B A-AC-Ath (=*Ia) VitAd(arm) Va (=*II): ῥήματα (in VitAd[arm] ist mit [Bᵛ] Cᵛ »bans« statt »ban« [so Aᵛ] zu lesen, vgl. STONE 15₃₆); AV Pa: ῥῆμα; C: ἓν ῥῆμα (umgestellt); P²-J²-J³-An₁ (=*III) ApcMos(arm) Br-S¹ (=Rez IIIa) J¹-E¹-S³-E²: ῥῆμα ἕν (in ApcMos[arm] ist Bᵃ zu folgen, vgl. YOV. 8₃). **16,5d** (A)-(AC)-Ath-(C): ἐν ᾧ δυνήσῃ ἐξαπατῆσαι; Va (=*II *Ia) et rell: txt; VitAd(arm) VitAd(georg) VitAd(lat^p): def. **16,5e** A-AC-(Ath): αὐτόν; C Va: αὐτήν; VitAd (georg) (=*Ia) et rell: αὐτούς; VitAd(arm) Vit Ad(lat^p) P¹: def. **17,1/2A** (Br)-(S¹) (=*IIIa): καὶ εὐθέως ἦλθε πρὸς ἐμὲ ἐν τῷ παραδείσῳ. ὁ δὲ Ἀδάμ, ὁ πατὴρ ὑμῶν, οὐ παρῆν, ἀλλὰ σὺν τοῖς ἀγγέλοις ἀνῆλθεν προσκυνῆσαι τῷ κυρίῳ. ἐμὲ δὲ μόνην εὑρὼν λέγει (vgl. Apc Mos 7,2). **17,1b** Pa: καὶ εὐθέως ἐκρεμάσθη ἐπὶ τοῦ τραχήλου τοῦ ᵃ†ὄφι†ᵃ καὶ ᵇ†ἐπήγαν†ᵇ εἰς τὸν παράδεισον¹⁰ (»und sogleich hing er am Hals der Schlange, und sie gingen ins Paradies«) – phantasievolle Korrektur eines Textverderbnisses (τραχήλου < τείχου [vgl. °17,1e]). **17,1c** D-St An₂-Pa Va (=*II *Ia) P²-J²-J³-An₁ (=*III): καὶ εὐθέως ἐκρεμάσθη (a); AV J¹: καὶ εὐθέως ἐκρεμάσθη ὁ ὄφις (ba); B: εὐθέως οὖν ὁ ὄφις ἐκρεμάσθη (ca); A-AC-Ath-(C): καὶ ἐκρεμάσθη εὐθύς (da); (E¹)-(S³)-E²: σκευασθεὶς δὲ ἐντὸς τοῦ ὄφεως καὶ τῆς κοιλίας αὐτοῦ ὁ διάβολος εὐθὺς ἐκρεμάσθη ὁ ὄφις¹¹. (»nachdem sich der Teufel mit der Schlange, in ihren Bauch [hineingehend], verkleidet hatte, ließ sich die Schlange sofort herabhängen«) (eba); P¹ Br S¹: def. **17,1d** D-St P²-J²-J³-An₁: παρά (ba); A-AC-C (=*Ia) Va (=*II) J¹-E¹-S³-E² (=*III): διά (a); An₂-(Pa): ἐπί (zu Pa vgl. °17,1b) (ca); AV Ath: ἐκ (da); B: ἀπό (eba); P¹ Br S¹: def. Zu κρέμαμαι + διά vgl. 2. Kor 11,33 (καὶ διὰ θυρίδος ἐν σαργάνῃ ἐχαλάσθην διὰ τοῦ τείχους), wo ebenfalls eine Mauer vorkommt und ein Wort mit der Konnotation »hängen« (ἐχαλάσθην) mit διά kombiniert wird. Freilich ist dort auch von einem Fenster die Rede. **17,1e** An₂: τείχου (Metaplasmus); Pa: τραχήλου (vgl. °17,1b); B: τείχους; rell: τείχεων; BERTRAND: τειχῶν. Τείχεων ist Analogiebildung zu Formen wie πόλεων (daher nicht τειχέων!); solche Formen begegnen auch in 𝔊, vgl. THACKERAY § 10,21.

1. Zum Inhalt

Es ist bereits in K Xa (S. 293–295) dargelegt worden, daß Apc Mos 16,1–17,1a zwar an Apc Mos 15,2–3 anschließt, zugleich jedoch in Diskontinuität zur vorhergehenden Perikope steht, da sie anders als diese voraussetzt, daß die Schlange ihren gewöhnlichen Aufenthaltsort außerhalb des Paradieses hatte. Für sich genommen bietet Apc Mos 16,1–17,1a hingegen eine schlüssige Darstellung von der Verführung der Schlange.

Die Perikope beginnt damit, daß der Teufel die Schlange zu sich ruft (16,1). Die Schlange leistet dem Ruf des Teufels Folge (16,2a). Der Erzähler legt offenbar Wert darauf, die Vorbedingungen für das Gespräch genau zu klären – er will kein Moment des Vorgangs der Verführung unberücksichtigt lassen und

---

¹⁰ Emendationen: **a-a** lies ὄφεως. **b-b** lies ἐπῆλθαν?

¹¹ Anstelle eines Gen. abs. findet sich in E¹⁽ᵉᵗᶜ⁾ ein Nom. abs.. Diese Konstruktion ist in den Handschriften des öfteren belegt, vgl. etwa °3,3a.

zeigen, daß es völlig harmlos anfängt. Dieser Zug setzt sich auch bei den anderen Verführungen fort, vgl. insbesondere den Beginn der Verführung Adams durch Eva in 21,1, der Anklänge im Wortlaut aufweist. In 16,2b teilt der Teufel der Schlange mit, er höre, daß sie klüger sei als alle Tiere; wo er das hört, teilt er nicht mit; der Leser weiß es aus Gen 3,1. Der Teufel führt also Bibeltext im Munde – dem Leser zeigt dies, daß der Teufel sich ohne weiteres so geben kann wie sich das anständige Menschen nur wünschen können. Der Schlange wird gewiß auch gefallen haben, daß der Teufel ihr derlei Mitteilungen macht. Der Satz καὶ ὁμιλῶ σοι (»und ich will mich mit dir unterhalten«) wirkt nur scheinbar blaß – er bildet aber mit dem vorhergehenden eine logische Einheit: »Weil du ein so kluges Tier bist, will ich mich mit dir unterhalten.« Dem Leser wird hiermit angedeutet, daß es nun »zur Sache« geht.

Anknüpfungspunkt für das Vorhaben des Teufels, die Schlange für sich zu gewinnen, ist die Ernährungsproblematik. Der Teufel redet der Schlange ein, daß sie doch eigentlich Besseres zu sich nehmen könne als den »Lolch« (ζιζά-νια) Adams, nämlich Nahrung aus dem Paradies, wie sie – das ist vorausgesetzt – Adam zur Verfügung steht (16,3a). Die Strategie der Schmeichelei wird also fortgeführt: Natürlich hört man gern, man habe eigentlich etwas Besseres verdient.

Die Feststellung, daß sich die Schlange nicht aus dem Paradies ernähre, setzt etwas voraus, nämlich daß die Schlange außerhalb des Paradieses lebt.[12] Von

---

[12] Daß der Satan und die Schlange sich außerhalb des Paradieses aufhielten, bevor sie Eva verführten, kommt in späteren Texten deutlicher zum Ausdruck, die wohl alle mittelbar von Apc Mos 16–17,1a abhängig sind; vgl. Cav Thes, Rez Occ 4,5 (SU-MIN RI 31): ܪ̈ܠܝܐ ܐܠܗ ܘ ܟܘܬܪܟܐ ܪ̈ܚܫܐ ܐܠܩ ܕܥܠ ܡܚܬܪܬܐ ܘܚܕܐ ܒܗܠ ܐܠܦ (»Und Satan ging hinein und wohnte in der Schlange und ließ sie fliegen durch die Luft in die Gegend um das Paradies«), vgl. auch die Selbstvorstellung eines Drachen in Act Thom 32 (Übers.: DRIJVERS 316): »... Ich bin der, welcher durch den Zaun ins Paradies eingegangen und mit Eva alles geredet hat, was mir mein Vater auftrug, zu ihr zu reden.«. Eine ähnliche Szenerie ist auch vorausgesetzt bei Ephr, Hymn Par 3,4 (Übers. BECK 9) : Der Schlange war es unmöglich, das Paradies zu betreten, »denn weder den Tieren noch den Vögeln war es erlaubt, sich zu nähern – [auch nur] seinem äusseren Umkreis«, vgl. auch Ephr, Hymn Par 13,1–6 (Übers. BECK 50–51), speziell 13,3: Gott heiligte Adam, indem er ihn ins Paradies verbrachte und damit vom Wohnort der Tiere trennte. Auch in Lib Inst Abb, p. 36–37 (BUDGE 236–237) scheint eine solche Auffassung vorzuliegen. Dort heißt es, Eva sei im Norden des Paradieses am Zaun entlanggegangen (ⲉⲩⲁ ⲇⲉ ⲁⲥⲉⲓ ⲉⲥⲡⲁⲣⲁⲅⲉ ⲙ̄ⲡⲙ̄ϩⲓⲧ ⲙ̄ⲡⲡⲁⲣⲁⲇⲉⲓⲥⲟⲥ· ϩⲓⲧⲟⲩⲱϥ ⲙ̄ⲡⲭⲟⲗⲭ̄ⲗ̄), um dort Futter für die Tiere zu holen; der Satan habe neben dem Paradies (ϩⲓⲧⲟⲩⲱϥ ⲙ̄ⲡⲡⲁⲣⲁⲇⲉⲓⲥⲟⲥ) gelauert und sei im Moment der Fütterung, als er Eva allein sah, in die Schlange hineingegangen und habe Eva angesprochen. Die Darstellung funktioniert am besten, wenn man annimmt, daß Eva sich an der Innenseite des Zauns befand, die Tiere und Satan hingegen außerhalb. Daß Eva sich im Norden aufhält, könnte mittelbar auf Apc Mos 15,2–3 zurückgehen, wo die Schlange im Paradiessektor Adams verortet wird, d.h. im Norden oder Osten; freilich befindet sich in Apc

daher läßt sich dann auch die logisch anschließende Aufforderung des Teufels verstehen, dafür zu sorgen, daß Adam aus dem Paradies vertrieben wird (16,3b): Im Gegensatz zu Adam lebt und ernährt sich die Schlange außerhalb des Paradieses, und der Teufel schlägt ihr vor, dieses Verhältnis umzukehren.

In dieses Bild scheint nicht zu passen, daß die (außerparadiesische!) Nahrung der Schlange als »Lolch *Adams*« bezeichnet wird. *Ia und Vit Ad haben diese Wendung dahingehend verstanden, daß Adam die Schlange fütterte (vgl. °16,2f; °16,3a). Doch dies wirkt wenig plausibel. Warum sollte Adam die Schlange mit Futter versorgt haben, wo sich ihre Nahrung doch gerade dadurch auszeichnet, daß sie nicht im Paradies wächst, wo Adam sich aufhält, sondern in dessen Umgebung, wo die Schlange doch ohnehin schon ihr Leben fristet? Wir haben hier einen Lektürewiderstand, der vordergründig nicht erklärt werden kann – hier wird die Analyse der exegetischen Hintergründe weiterhelfen.

Auch die Tatsache, daß die Nahrung der Schlange näherhin als ζιζάνια qualifiziert wird, bedarf der Erörterung. Das Wort ζιζάνιον ist v.a. aus Mt 13,24–30; 13,36–43 bekannt. Seit LEWY: Fremdwörter, 52 (1895) scheint Einigkeit darüber zu bestehen, daß es sich um ein semitisches Lehnwort handelt (vgl. syr. ܙܝܙܢܐ [BROCKELMANN, Sp. 195a], mittelhebräisch זונין [DALMAN: Wörterbuch, Sp. 131a] und jüdisch-aramäisch זונא [ebenda und SOKOLOFF 174]). Es bezeichnet mit einiger Sicherheit Lolium temulentum (Taumelloch, Töberich), vgl. die Gleichsetzung mit αἷρα in Geoponica II,43 (BECKH 79); X,87,1 (BECKH 322); XIV,7,3 (BECKH 411); Suda Z, § 99 (ADLER II,510); Hesychius Lexicographus, § 5998 (s.v. ἔρρα [= αἷρα]) (LATTE II, 198). Taumellolch ist ein leicht begranntes Gras, das im Weizen häufig als Unkraut vorkommt, seltener in der Gerste. Dem Brot beigemengt verursacht es Übelkeit, findet jedoch als Tauben- und Hühnerfutter Verwendung, vgl. Geoponica XIV,1,5 (Beckh 406) und XIV,7,3 (Beckh 411). Zum Botanischen vgl. DALMAN: Arbeit und Sitte I, 407–409; II, 248–250; LÖW: Flora I, 723–729 und SPRENGER: Erntegleichnisse, 89–91. Weiteres zu Signifikant und Signifikat s. bei J. DOCHHORN: ζιζάνιον/ζιζάνια, demnächst in: Glotta.

Warum die Schlange nun gerade Taumellolch zu sich nimmt, läßt sich nicht sicher klären. Eine Rolle mag die Verwendung des Taumellochs als Tierfutter spielen (s.o.), vgl. die – allerdings sekundäre – Überlieferung von der Fütterung der Schlange durch Adam (und Eva) in den Adamviten, im Lib Inst Abb und in Saltair na Rann (s. °16,2f; °16,3a). Vielleicht war für den Autor von Apc Mos 15–30 auch die Entgegensetzung von Lolch und Weizen von Bedeutung. Diese ist im mediterranen Kulturraum weit verbreitet; sie verdankt sich der Tatsache, daß Lolch oft im Weizen vorkommt (vgl. schon Mt 13,24–30. 36–43).[13] In diesem Falle könnte die Mitteilung, daß die Schlange »Taumellolch« fressen mußte, v.a. auf die Rangdifferenz zwischen

---

Mos 15,2–3 die Schlange ursprünglich nicht außerhalb des Paradieses. Sehr deutlich erkennbar wird die gleiche Szenerie in Saltair na Rann 1105ff (GREEN / KELLY 29ff), wo ebenfalls die Vita Adae nachwirkt: Dort heißt es, Adam habe die Tiere außerhalb des Paradieses regiert (1109–1112), diese seien, um Adam zu ehren, vor das Paradies gekommen (1121–1124); Satan habe in der Schlange Wohnung genommen und sei so vor das Tor des Paradieses gegangen (1177–1180). Zu Lib Inst Abb und Saltair na Rann vgl. auch °16,3a.

[13] Häufig ist die Entgegensetzung von Weizen und Lolch mit der Annahme verbunden, der Lolch sei degenerierter Weizen, vgl. die Belege bei Dochhorn: ζιζάνιον/ζιζάνια, demnächst in: Glotta.

Adam und der Schlange abheben. Sie frißt – im Gegensatz zu Adam – eben nur Lolch, den man bei der Weizenernte möglichst aussortiert.

Besonders sinnvoll wäre diese Mitteilung freilich vor allem dann, wenn Adam im Paradies Weizen zur Verfügung gehabt haben sollte, und es spricht in der Tat auch einiges dafür, daß die Apc Mos sich das so vorgestellt hat. In Apc Mos 29,5.6 bekommt Adam nach seiner Vertreibung neben »Wohlgerüchen« auch »andere Samen zu seiner Ernährung« (29,6: ἕτερα σπέρματα εἰς διατροφὴν αὐτοῦ). Hier dürfte sich eine Ätiologie des Getreideanbaus andeuten, die mit der Voraussetzung arbeitet, daß es im Paradies Getreide gab und damit wohl auch Weizen als das wichtigste Brotgetreide.[14]

Der Teufel gibt seiner Aufforderung an die Schlange, mit ihm zusammen für die Vertreibung Adams aus dem Paradies zu sorgen, eine spezielle Legitimation: Zuvor seien sie, also er und die Schlange, schließlich auch »um Adams willen« (δι᾽ αὐτοῦ) herausgeworfen worden. Diese Aussage ist insofern aufsehenerregend, als sie voraussetzt, daß der Teufel und die Schlange einmal an einem besseren Ort waren; dem Kontext nach kann eigentlich nur das Paradies gemeint sein. Eine solche Auffassung ist m.W. in der frühjüdischen und frühchristlichen Literatur ohne Parallelen, läßt sich aber ohne größere Mühe exegetisch herleiten

---

[14] Sowohl der Hintergrund von Apc Mos 15–30 als auch das rezeptionsgeschichtliche Zeugnis sprechen für das Vorhandensein einer solchen Ätiologie. Im Jubiläenbuch, das in Apc Mos 15–30 wie in der Apc Mos überhaupt als Referenzschrift verwendet wird (s. E III,5d), betrieb Adam im Paradies gleichermaßen wie im Lande Elda, wo er nach der Vertreibung aus dem Paradies wohnte, Ackerbau (vgl. Lib Jub 3,16.35). Vom Getreide ist dort freilich noch nicht die Rede. Dies scheint erst in Apc Mos 29,5.6 von näherem Interesse zu sein. Erst recht gilt dies jedoch von den Adamviten, die u.a. aufgrund dieser Stelle eine eigene Ätiologie des Ackerbaus entwickelt haben, vgl. Vit Ad 1ff (s. dazu E II,7; E III,5d). Von besonderer Bedeutung ist in diesem Zusammenhang Vit Ad (arm.georg) 20 // Vit Ad (lat) 22, wo Michael Adam während seiner Buße im Jordan u.a. Saatgut zur Verfügung stellt. In Vit Ad (georg) 20 ist daraus ein mit göttlichem Siegel versiegeltes Samenkorn geworden.

Eine Vit Ad (georg) nahestehende Tradition dürfte Myst Joh 8–12 zugrundeliegen, wo der im Jordan büßende Adam ein Getreide- bzw. Weizenkorn (sahidisch ⲤⲞⲨⲞ kann »Weizen« und »Getreide« bedeuten, vgl. WESTENDORF 203) zukommen läßt, das aus dem Leib Gottvaters und Jesu Christi erschaffen und mit dem Siegel der Lichtäonen versiegelt wurde.

Eine ganz ähnliche Tradition hat auch in Ev Phil 15 (NHC II,55,6–14) Aufnahme gefunden, wo sie jedoch im gnostischen Sinne transformiert wird. Ev Phil 15 stellt das Vorhandensein von Weizen bzw. Getreide (ⲤⲞⲨⲞ) im Paradies gerade in Abrede; es habe dort – wie im Kosmos überhaupt – nur Früchte gegeben, von denen sich der Mensch genauso wie die Tiere ernährt habe (vgl. Gen 2,16; 3,2!). Damit ist das Paradies dem Kosmos im Hinblick auf Ernährung gleichgestellt. Doch dieser Aussage kommt lediglich dienende Funktion zu; sie soll den logisch übergeordneten Satz erläutern, daß es vor der Ankunft Christi im Kosmos überhaupt kein Brot gegeben habe; erst dieser habe das Brot vom Himmel gebracht (vgl. Ev Joh 6) und dem Menschen damit eine menschengemäße Nahrung gegeben. Menschengemäße Nahrung ist also nicht das irdische Brot, das Adam nach seiner Vertreibung aus dem Paradies anbauen konnte, sondern das »Brot vom Himmel«, das Christus, der Erlöser brachte. Zu Myst Joh 8–12 und Ev Phil 15 vgl. J. DOCHHORN: Getreide.

(s.u.). Ein besonderes Problem stellt indessen die Interpretation der Wendung δι᾽ αὐτοῦ dar: Ich habe sie mit »um seinetwillen« übersetzt und damit διά + Gen kausal aufgefaßt. Dies widerspricht dem allgemeinen Sprachgebrauch (i.d.R. hat διά + Gen. instrumentale, διά + Akk. kausale Bedeutung), findet jedoch mindestens zwei Parallelen im NT[15] und liegt hier v.a. inhaltlich näher. Die Konjunktion ὡς insinuiert nämlich, daß die Vertreibung der Schlange und des Teufels mit der von dem Teufel angestrebten Vertreibung Adams in einem gewissermaßen symmetrischen Entsprechungsverhältnis steht. Bei der Vertreibung Adams aber sind, wie die Wendung ποιήσωμεν αὐτὸν ἐκβληθῆναι zeigt, Schlange und Teufel nicht Vollstrecker, sondern Ursache der Ausweisung, und so ist es hernach ja auch geschehen (vgl. Gen 3,23–24 // Apc Mos 27–29). Also ist auch Adam nicht als Vollstrecker zu denken (wie es bei einer instrumentalen Interpretation des διά nötig wäre), sondern als Ursache. Diese Interpretation ist keinesfalls singulär: Sie ist in Apc Mos (arm) bezeugt, dessen Vorlage mit größter Sicherheit δι᾽ αὐτοῦ hatte (vgl. °16,3i), und wird indirekt durch C bestätigt, das αὐτοῦ zu αὐτόν korrigiert hat (ebenda).

Daß der Teufel und die Schlange um Adams willen herausgeworfen wurden (wohl aus dem Paradies), kann nicht von der Teufelsfallsgeschichte in Vit Ad 11–17 (speziell Vit Ad 16) hergeleitet werden, denn Vit Ad 11–17 ist literarisch von Apc Mos 16 abhängig (vgl. E III,5d). Außerdem ist die Szenerie dort anders, als sie hier vorausgesetzt wird: Die Schlange bleibt unerwähnt und der Teufel wird aus dem Himmel, nicht aus dem Paradies vertrieben.

Sachlich hat der Teufel die Schlange inzwischen für sich gewonnen, bleibt nur noch die Furcht vor dem Zorn Gottes zu überwinden (16,4), wie übrigens auch bei den beiden anderen Verführten (vgl. Apc Mos 18,2; 21,4). Der Teufel geht auf diesen Einwand der Schlange mit der Aufforderung ein, sie solle sich nicht

---

[15] Eine kausale Bedeutung von διά + Gen wird für zahlreiche Stellen des NT in Erwägung gezogen, vgl. schon WINER 451 (§ 51), der eine solche Interpretation generell ablehnt, für Röm 8,3 aber anscheinend gelten läßt. BLASS-DEBRUNNER-REHKOPF § 223 äußert sich zu dieser Frage nicht. BAUER, Wb. s.v. διά, § A IV (Sp. 362) nennt zwei Stellen (Röm 8,3; 2. Kor 9,13), an denen διά + Gen »kausale Bed[eutung] zu haben« »scheint«, an beiden spricht in der Tat viel dafür: In Röm 8,3 heißt es über das Gesetz: ἠσθένει διὰ τῆς σαρκός. Es kann wohl nur »wegen des Fleisches« schwach sein, kaum aber »durch das Fleisch« – ein instrumentales Adverbiale ist bei Zustandsverben unwahrscheinlich. In 2. Kor 9,13 rechnet Paulus damit, daß die Empfänger der Kollekte Gott διὰ τῆς δοκιμῆς τῆς διακονίας ταύτης loben (δοξάζοντες) – sie werden Gott kaum loben, *indem* sie den »positiven Effekt« (frei für δοκιμή) des sich in einer Geldzuwendung ausdrückenden Liebesdienstes wahrnehmen, sondern *weil* sie ihn wahrnehmen. Ähnlich interpretiert LIETZMANN, 2. Kor. die Stelle (S. 139); die Erklärung WINERs (S. 451), διά drücke hier »die Veranlassung aus, welche das δοξάζειν vermittelt«, wirkt dagegen eher gewunden. A. OEPKE: Art. Διά, in: Theologisches Wörterbuch zum Neuen Testament 2 (1935), 64–69, speziell 66–68 führt eine große Anzahl von Belegen für kausales διά + Gen. auf, die zu diskutieren hier nicht der Platz ist.

fürchten (16,5a). Die anschließende Forderung, sie solle sein Gefäß bzw. Werkzeug (σκεῦος) werden (16,5b), läßt sich als Begründung verstehen: Die Schlange braucht sich vor Gottes Zorn nicht zu fürchten, denn sie wird für das, was sie spricht, gar nicht verantwortlich sein, da der Teufel in ihr reden wird. Das Gottesgericht in Apc Mos 26, speziell 26,1, wo auf diese Stelle Bezug genommen wird, wird zeigen, daß es so einfach nicht geht: Man kann sich nicht damit herausreden, daß man im Moment der bösen Tat nicht Herr im eigenen Haus gewesen sei, denn gerade das macht böses Handeln für den Verfasser von Apc Mos 15–30 entscheidend aus (vgl. K Xa).

Nun fehlt nur noch, daß ein Erfolg der rhetorischen Bemühungen des Teufels vermeldet wird, ähnlich wie in den anderen Verführungsszenen, wo jeweils explizit erwähnt wird, daß das Opfer der Verführung dem Verführer zu Willen ist (vgl. Apc Mos 19,3; 21,5). Eine solche Erfolgsmeldung bietet der Text tatsächlich; nur die Kapiteleinteilung täuscht darüber weg: In 17,1a wird berichtet, daß die Schlange »sich durch das Mauerwerk (τείχη)[16] des Paradieses hindurchhangelt«. Der Sinn dieser Aktion besteht, wie Apc Mos 17,2bff zeigen wird, darin, ein Gespräch mit Eva möglich zu machen, denn zuvor befanden sich ja Schlange und Teufel außerhalb des Paradieses; und dieses ist durch »Mauerwerk« gesichert.[17] Im übrigen paßt das »Hindurchhangeln« recht gut zu der Gestalt, in der wir die Schlange heute kennen. Ab 19,1 wird sich der Erzähler darauf besinnen, daß die Schlange damals noch über weit mehr Körperteile verfügte als eine – zugegebenermaßen ungewöhnlich flexible – Wirbelsäule (vgl. Apc Mos 26).

---

[16] Ob mit dem Plural τείχη etwas anderes gemeint ist als mit dem Singular, ist schwer zu klären. Der Plural begegnet auch in Jos 6,5 𝔊, aber in Jos 6,20 𝔊 steht dann der Singular. Dies spricht für eine arbiträre Verwendung von Plural und Singular. Eindeutig eine Vielzahl von Mauern ist in Herm, Sim 8,7,3 und 8,8,3 gemeint (ein von Ringmauern umgebener Turm).

[17] Daß in Apc Mos 17,1a das Paradies Mauern hat, entspricht einer dem Wort παράδεισος seit je inhärenten Vorstellung, die mit seiner Herkunft aus dem Altiranischen zusammenhängt. Es ist anzunehmen, daß es aus dem Altpersischen entlehnt wurde, doch ein altiranisches Pendant ist uns nur in avestisch *pairi-daêza* (masc.) erhalten, und dieses Wort bedeutet »eine rings-, rundum gehende, sich zusammenschließende Umwallung, Ummauerung«, so C. BARTHOLOMAE: Altiranisches Wörterbuch, Straßburg 1904 (Nachdruck: Berlin 1979), 865. Gemeint sind nicht etwa ummauerte oder umwallte Parkanlagen, vgl. etwa die Beleg in Vendidad 5,49, doch diese Bedeutung hat möglicherweise das etymologisch verwandte Wort im Altpersischen gehabt. Der älteste griechische Autor, der das Lehnwort παράδεισος benutzt, ist Xenophon; bei ihm bezeichnet es die Parkanlagen persischer Könige (Belege bei LIDDLE-SCOTT s.v. [S. 1308a]); die Konnotation der Ummauerung / Umwallung schwingt mit, wenn er in Hist Graec IV,1,15 von περιειργμένοι παράδεισοι spricht, in denen sich wilde Tiere aufhalten. Von einem ummauerten παράδεισος ist auch in der Susanna-Erzählung die Rede, vgl. Susanna Θ 17–18 (der Garten ist durch Türen abschließbar), ferner in dem bei Epiphanius tradierten Fragment aus dem Apokryphon Ezechiels, wenn es dort nur mit Hilfe eines Kletterseils möglich ist, in den Garten (παράδεισος) eines Königs einzudringen, vgl. Epiph, Haer 64,70,5–17 (HOLL 516–517), speziell 64,70,9–10.

2. Exegetische Hintergründe

Die Spur zur biblischen Vorlage weist Apc Mos 16,2. Dort führt der Teufel Gen 3,1 im Munde, indem er zur Schlange sagt: ἀκούω, ὅτι φρονιμώτερος εἶ ὑπὲρ πάντα τὰ θηρία. Der Septuaguintatext (ὁ δὲ ὄφις ἦν φρονιμώτατος πάντων τῶν θηρίων) schimmert durch, doch die beiden Texte stimmen nicht ganz überein. Eine genaue Entsprechung findet sich auch in der sekundären Septuagintaüberlieferung nicht, immerhin haben einige Zeugen φρονιμώτερος statt φρονιμώτατος, doch keiner hat ὑπέρ als Nota comparati. Auch die Übersetzer Symmachus, Theodotion und Aquila gehen andere Wege (sie haben durchgängig πανοῦργος oder πανουργότερος statt φρονιμώτατος), sie stehen hier erst recht nicht im Hintergrund. Möglicherweise stellt die Wendung φρονιμώτερος ὑπέρ daher eine Korrektur nach 𝔐 dar; sie korreliert mit dem hebräischen ערום מ(ן) jedenfalls stärker als ihr Gegenstück in 𝔊. Wahrscheinlich hat der Verfasser von Apc Mos 15–30 den Septuagintatext eigenständig anhand der hebräischen Überlieferung korrigiert.

Auf die narratologische Funktion des Befundes, daß der Teufel hier die Bibel zitiert, ist bereits eingegangen worden, hier bleibt die exegetische Technik zu würdigen: Der Bibeltext wird einem Sprecher zugewiesen, er wird damit gewissermaßen dramatisch inszeniert. Ein solches Verfahren läßt sich in frühjüdischer, frühchristlicher und in der gnostischen Exegese auch sonst nachweisen[18]; in ihm manifestiert sich narrative Exegese in sinnenfälliger Gestalt.

---

[18] Als Beispiel für die dramatische Inszenierung biblischer Texte kann aus dem Bereich der Adamdiegesen die Teufelsfallsgeschichte in Vit Ad 11–17 angeführt werden: Die kohortative Aufforderung Gottes »lasset uns den Menschen nach unserem Ebenbild erschaffen« (wohl ursprünglich im Rahmen des Hofrats gesprochen) erscheint in Vit Ad 14 transformiert in eine Rede Gottes an den soeben erschaffenen Adam: *Feci te ad imaginem et similitudinem nostram.* Sodann ergeht aus dem Munde Michaels die Aufforderung an die Engel, Adam als das Ebenbild Gottes anzubeten (Vit Ad 14), auch hier wird biblische Überlieferung (Dtn 32,43: καὶ προσκυνησάτωσαν αὐτῷ πάντες υἱοὶ θεοῦ) einem neuen Sprecher zugewiesen. Zugleich wird auch der Adressat der eingeforderten Anbetung neubestimmt: Ursprünglich ist wohl Gott gemeint, jetzt Adam als sein Ebenbild. Als hermeneutisch interessante Parallele zu Apc Mos 16,1 kann PRE 13,2 genannt werden, wo Gen 3,1 folgendermaßen umgesetzt ist: לקח...סמאל את והיה Sammael ... nahm seinen Wagen (?) und kam herab und sah alle Geschöpfe, die der Heilige, gepriesen sei er, geschaffen hatte, und fand keines derart weise zum Bösen wie die Schlange, denn es steht geschrieben: Die Schlange war klüger usw.«). Eine Neuinszenierung der Einzugsliturgie in Ps 24 (Ps 23 𝔊), 7–10 findet sich in Desc Inf 5 (TISCHENDORFF 328): Die im Psalm ursprünglich auf die Tore des Tempels bezogenen Verse werden hier an den Toren des Hades gesprochen. Diese sind nun die »ewigen Tore«, die zu öffnen die Engel des Herrn befehlen, damit der Herr der Herrlichkeit einziehen könne. Der Hades fragt daraufhin: »Wer ist dieser Herr der Herrlichkeit?« (Ps 24,8a), worauf die Engel die auch im Psalm nachfolgende Antwort geben: »Der Herr, stark und mächtig etc.« (Ps 24,8b). Aufschlußreich ist auch Ps-Chrys, Hom Job 3

Scheinbar etwas schwerer ist exegetisch zu verorten, was Apc Mos 16,3 über die Szenerie zu erkennen gibt. Woher weiß der Autor, daß die Schlange außerhalb des Paradieses lebt und sich nährt, und daß Teufel und Schlange einmal innerhalb seiner Mauern geweilt haben? Es empfiehlt sich, einfach im Bibeltext weiterzulesen – und da zeigt sich, daß Apc Mos 16,3 sich sogar recht unkompliziert aus einer Wendung ableiten läßt, die in 16,2 noch unberücksichtigt geblieben war. In Apc Mos 16,2 fehlt zu θηρία nämlich das im biblischen Text unmittelbar folgende substantivische Attribut (𝔐 הַשָּׂדֶה, 𝔊 τῆς γῆς). Das wird kein Zufall sein, wird doch auf diese Weise ein Syntagma zerstört, das dem geübten Leser vertraut gewesen sein wird. Es dürfte also eine beabsichtigte Irritation vorliegen, die auf Tiefenstrukturen verweisen soll. Daß die Schlange als ein »Tier des Feldes« bezeichnet wird, ist nämlich in der Tat geeignet, eine gewisse Nachdenklichkeit hervorzurufen: Wenn die Schlange dem »Feld« zugeordnet ist, entstammt sie dann nicht einem anderen Bereich als dem Paradies? Dann müßte sie also von außerhalb kommen! Es scheint, daß Apc Mos 16,3 eine solcher Gedanke zugrundeliegt. Doch wie konnte man so sicher sein, daß »Feld« etwas bezeichnet, was nicht »Paradies« ist?

Man konnte in der Tat einen Anhaltspunkt finden – und der erklärt auch den merkwürdigen Befund, daß in Apc Mos 16,3 die Nahrung der Schlange als »Lolch *Adams*« bezeichnet wird. Auch in Gen 3,18b, wo es um die Verfluchung Adams geht, begegnet nämlich das Wort »Feld« (שָׂדֶה). Gott sagt dort zu Adam: וְאָכַלְתָּ אֶת־עֵשֶׂב הַשָּׂדֶה (»Und du wirst das Gras des *Feldes* essen«). Aus dieser Übereinstimmung kann man nun relativ unproblematisch die Schlüsse ziehen, die zu der Darstellung in Apc Mos 16,3 geführt haben dürften: Das Feld ist der Ort, an den Adam um seiner Gebotsübertretung willen vertrieben wurde, es muß sich also außerhalb des Paradieses befinden. Wenn aber Adam auf das Feld vertrieben wurde, muß auch die Schlange, wenn sie explizit als Tier des Feldes bezeichnet wird, dorthin vertrieben worden sein – und sie nimmt dort als Nahrung zu sich, was laut Gen 3,18b auch Adam zu sich nehmen wird: עֵשֶׂב (»Kraut« / »Unkraut«). Darum wird ihre Nahrung als »Lolch Adams« bezeichnet (zur näheren Spezifizierung des »Unkrauts« als »Lolch« s.o.). Und wenn schließlich

---

(MPG 570–575): In Hiob 2,14–19 werden die Katastrophen, die Hiobs Hausstand und Familie heimsuchen, jeweils durch einen Boten mitgeteilt. Der Prediger identifiziert diesen Boten durchgängig mit dem Teufel. Die Nachricht, daß Feuer vom Himmel gefallen sei (Hiob 2,15), illustriert dann, wie der Teufel Gott verleumdet, indem er durch den Hinweis auf den Himmel Gott zur Ursache des Brandes macht (Sp. 574₁₃₋₁₆). Auch in der Gnosis ist eine solche Technik belegt, dort oftmals verbunden mit einer oppositionellen Haltung gegenüber dem auszulegenden Text. Ein prominentes Beispiel findet sich in Hyp Arch, NHC II,86,30–31 (LAYTON 234), wo der Ausspruch Gottes aus Jes 45,6 (»ich bin Gott, außer mir keiner«) im Munde Samaels erscheint, vgl. Hyp Arch, NHC II,94,21–22 (LAYTON 252).

Adam um der Schlange willen vom Paradies auf das Feld gelangt ist, so kann man – nicht zwingend, aber narrativ sinnvoll – auch schließen, daß umgekehrt die Schlange um Adams willen dorthin exiliert wurde.

Daß die Vertreibung auch den Teufel betraf, mag verwundern, denn von ihm ist ja in Gen 3 nirgends die Rede. Hier hat der Exeget eine Aussage über die Schlange auch auf den Teufel bezogen; ob dem eine mehr oder weniger unwillkürliche Gleichsetzung von Teufel und Schlange zugrundeliegt, ist kaum zu entscheiden; sie ist in frühjüdischer und frühchristlicher Literatur ausgesprochen häufig belegt (vgl. K Xa, Anm. 1), auch in den späteren Schichten der Adamdiegesen (Apc Mos 7,2; Vit Ad 16); doch Apc Mos 15–30 geht ansonsten gerade nicht diesen Weg.

Auch um das Motiv von der Schlange als Werkzeug (σκεῦος) exegetisch herzuleiten, braucht man im Grunde nur die Schriftlektüre fortsetzen. Das nächste semantisch bedeutsame Wort ist עשׂה – und es läßt sich nicht verkennen, daß dieses eine gewisse Affinität zu σκεῦος hat, ist doch das Verb σκευάζειν mit עשׂה weitgehend bedeutungskongruent. Es fungiert allerdings in der Septuaginta an keiner Stelle als Äquivalent zu עשׂה, allein κατασκευάζειν begegnet gelegentlich in dieser Funktion (vgl. 2. Chr 32,5; Prov 23,5). Hier zeigt sich eine erhebliche sprachliche Autonomie gegenüber der Septuagintatradition, die erkennen läßt, daß der Verfasser sich auch außerhalb des sprachlichen Bezugsrahmens der biblischen Überlieferung bewegen konnte, wenn es ihm darauf ankam. Und hier kam es ihm darauf an, denn er brauchte ein Wort, das sich mit seiner dämonologischen Theorie in Verbindung bringen läßt – da bot sich σκεῦος als Derivat von σκευάζειν in geradezu idealer Weise an: Die Schlange umschloß den Teufel als den neuen Inhalt ihrer Persönlichkeit wie ein Gefäß – und dieser konnte sie nutzen wie ein Werkzeug, beide Bedeutungen sind diesem Worte zueigen.[19]

---

[19] Zur Vorstellung, daß ein Lebewesen, i.d.R. der Mensch schlechthin oder ein bestimmter Mensch, σκεῦος im Sinne von »Gefäß« für eine ihm innewohnende Wirkmacht sein kann vgl. etwa Test Napht 8,6 (DE JONGE 123) über denjenigen Menschen, der nicht das Gute tut: ...ὁ διάβολος οἰκειοῦται αὐτὸν ὡς ἴδιον σκεῦος (»der Teufel wird ihn bewohnen wie ein ihm gehöriges Gefäß«) und Herm, Mand 4,2–3 (LEUTZSCH 202–205), wo der Mensch entweder ein vom heiligen Geist bzw. dem Herrn oder aber vom Teufel bewohntes Gefäß (σκεῦος) ist. Diese Vorstellung ist zu unterscheiden von dem Gedanken, daß der Leib ein σκεῦος sei, das die Seele bzw. das personale πνεῦμα umschließe, so 4. Esra 7,88. Hier geht es nicht um die Herrschaft einer transsubjektiven Macht. Für Apc Mos 16,4 bedeutsam sind fernerhin Texte, in denen ein Lebewesen als σκεῦος in dem Sinne bezeichnet wird, daß es Werkzeug einer höheren Macht ist, vgl. hierzu Act 9,15. Von der Apc Mos abhängig sind wahrscheinlich die zahlreichen in K Xa genannten Texte, in denen die Schlange als σκεῦος des Teufels bezeichnet wird; hier ist von besonderem Interesse, daß auch das syrische Wort ܡܐܢܐ bei Ephr, Hymn Par 15,14 (BECK 65), wo gleichfalls das Verhältnis zwischen Teufel und Schlange erörtert wird, sowohl »Gefäß« als auch »Werkzeug« bedeuten kann, vgl. PAYNE SMITH s.v. ܡܐܢ (S. 247a).

Daß diese Herleitung tatsächlich stimmt und daß ihre theologischen Implikationen noch sehr viel weitreichender sind, erweist eine Gegenprobe mit Apc Mos 26,1. Dort wird der Schlange von Gott vorgeworfen, sie sei ein σκεῦος ἀχάριστον geworden, das die Menschen völlig getäuscht habe. Ein undankbares Gefäß/Werkzeug war die Schlange gewiß nicht gegenüber dem Teufel, eher wohl gegenüber Gott. Hier dürfte σκεῦος also – wie noch genauer an der betreffenden Stelle zu erörtern sein wird – mit einer schöpfungstheologischen Nuance versehen sein, in diesem Sinne wird es auch sonst oft gebraucht.[20] Das Wort wird also höchst ambivalent verwendet, es kennzeichnet sowohl die Indienstnahme der Schlange durch den Teufel als auch ihre Geschöpflichkeit im Verhältnis zu Gott. Diese Ambivalenz wiederum läßt sich anhand des hebräischen Bibeltextes erklären: In Gen 3,1 heißt es, daß Gott die Schlange »gemacht« (עשׂה) habe. עשׂה weist dort also auf die Geschöpflichkeit der Schlange, doch dieser Aspekt wird nicht in dem Äquivalent zu Gen 3,1 (Apc Mos 16,4) umgesetzt, sondern in Apc Mos 26,1, das zu Gen 3,14 in einem Entsprechungsverhältnis steht, und zwar speziell zu der Wendung כִּי עָשִׂיתָ זֹּאת (»weil du das getan hast«), in der gleichfalls eine Form von עשׂה begegnet; diesmal aber in einer Verwendung, die eher zu Apc Mos 16,4 paßt als zu Apc Mos 26,1, geht es hier doch nicht um die Geschöpflichkeit der Schlange, sondern um ihr böses Tun, also gewissermaßen den negativen σκεῦος-Aspekt.

Apc Mos 16,4 und 26,1 stehen also in Korrespondenz, weil auch ihre Referenzstellen korrespondieren – in den Augen des Verfassers von Apc Mos 15–30. Die Semantik der Referenzstellen wurde dabei jedoch ausgetauscht; die Bedeutung der einen wurde in die andere eingelesen und umgekehrt. Ermöglicht wurde diese Aktion durch das komplexe Bedeutungsspektrum des Wortes σκεῦος. Dadurch konnte ein theologischer Sachverhalt sprachspielerisch zum Ausdruck gebracht werden, der für den Verfasser von Apc Mos 15–30 im hebräischen Bibeltext mit dem Verb עשׂה in Verbindung stand. Die Schlange stand als Gefäß/Geschöpf in einem positiv konnotierten Abhängigkeitsverhältnis zu Gott, brachte sich jedoch als Gefäß/Werkzeug in ein neues Abhängigkeitsverhältnis, für das sie eine schwere Strafe auf sich zog.

Es braucht kaum erwähnt zu werden, daß dieses geistreiche Spiel kaum mit der Septuaginta denkbar gewesen wäre. Diese bietet als Entsprechungen zu עשׂה in Gen 3,1.14 Formen von ποιεῖν; sie wird den Verfasser also kaum zu seiner Idee inspiriert haben.

---

[20] Zur schöpfungstheologischen Verwendung von σκεῦος vgl. insbesondere Apc Mos 31,4. Gott wird sich um das ἴδιον σκεῦος, das er selbst geformt habe (ὃ ἔπλασεν) kümmern. Charakteristisch ist die Aufnahme des Motivs der Formung des Menschen, es stammt aus der metaphorischen Rede vom Schöpfergott als Töpfer, das im Zusammenhang mit dem Wort σκεῦος auch sonst aktiviert wird, vgl. Sap Sal 15,7–8 und Röm 9,21–23.

X,4. Zwischenstück: Satan als Engel (Apc Mos 17,1b–17,2a)

ᶠ[ᵍΚαὶ ὅτεᵍ ἀνῆλθον οἱ ἄγγελοι ʰτοῦ θεοῦ
προσκυνῆσαιʰ,
τότε ὁ ʲΣατανᾶςⁱ ἐγένετο
ἐν εἴδει ᵏἀγγέλουᵏ
καὶ ὕμνει τὸν θεὸν
ᴹκαθάπερ ⁿοἱ ἄγγελοιⁿ.]ᶠ
17,2 Καὶ ᵃπαρέκυψενᵃ ἐκ τοῦ τείχουςᴹ,
ᵇ[ᶜκαὶᶜ εἶδον αὐτὸν
ὅμοιον ἀγγέλου.]ᵇ

[Und als die Engel Gottes hinaufgingen,
um anzubeten,
da nahm Satan
die Gestalt eines Engels an
und lobpries Gott
wie die Engel.]
17,2 Und er lugte von der Mauer her,
[und ich sah ihn,
wie er einem Engel gleich war.]

- Zeugen: D-St AV An₂ Pa B A AC Ath C VitAd(arm) VitAd(georg)VitAd(latᵖ) Va P¹ Lib Ad(slav) P²-J²-J³-An₁ ApcMos(arm)⁽ˢ·⁸⁾ Br S¹ E¹ S³ E².
- Es fehlen: AH VitAd(latᵐᵉ) AD.
- Zu Br S¹ vgl. °17,1/2A. Sie werden i.d.R. nicht verzeichnet.

Zum Text
17,1f Teil eines Glossems, vgl. °17,2b und die Exegese **17,1g** D-St Pa P²-J²-J³-An₁ (=*III) ApcMos(arm) J¹: καὶ ὅτε (a); AV B ὅτε δέ (ba); An₂: ὅτε (ca); A-(AC)-Ath-(C) (=*Ia) Vit Ad(georg) VitAd(latᵖ) Va (=*II): περὶ ὥραν, ᵃὅτανᵃ¹ (da); E¹-S³-E²: καὶ ἐν τῇ ὥρᾳ, ὅταν (ea); P¹: def. *Ia schließt den Satz an den vorhergehenden an, allerdings zum Nachteil der Makrosyntax: Der Rückbezug des nachfolgenden τότε wird gestört. **17,1h** D-St AV B (A)-(AC) (=*Ia): τοῦ θεοῦ προσκυνῆσαι (a); An₂-(Pa) (Va): προσκυνῆσαι τὸν θεόν (ba); Ath-(C): τοῦ θεοῦ προσκυνῆσαι αὐτῷ (ca); P²-J²-J³-An₁ (=*IIIb *III⁷) J¹: τοῦ θεοῦ προσκυνῆσαι τῷ κυρίῳ (da); ApcMos(arm): »zur Proskynese Gottes, des Herrn« (nach Bᵃ, vgl. YOV. 8₅) (eda); (E¹)-(S³): ἐν τῷ οὐρανῷ, προσκυνῆσαι τῷ κυρίῳ, καθὼς ἔθος ἐστὶν αὐτοῖς (fda); E²: αἰνεῖσαι τῷ κυρίῳ (gda); P¹: def. E¹ und S³ machen explizit, daß die Stätte der Anbetung im Himmel ist und dieser an einem anderen Ort liegt als das Paradies. Ἀνῆλθον im Ausgangstext lief auf dieselbe Vorstellung hinaus. **17,1i** An₂-Pa: διάβολος (Anpassung an 15,3; 16,1.2.5). **17,1k** D-St: om. (durch Aberratio oculi, vgl. nachfolgendes ἄγγελοι) (sq. KNITTEL [S. 154]; MEISER/MERK [S. 827]); AV An₂-Pa B et rell: txt. **17,1/2M**: E²: om. Der irritierende Szenenwechsel zwischen himmlischem Gottesdienst und Paradiesmauer bleibt damit ausgespart. **17,1n** D: ἄγγελοι (ba); St AV B A-C (=*Ia) Va (=*II) J¹ (=*III): οἱ ἄγγελοι (a); An₂-Pa Ath An₁: καὶ οἱ ἄγγελοι (ca); P¹: ἄγγελος (da); P²-J²-J³: οἱ ἅγιοι ἄγγελοι (ea); E¹: ὑμνοῦσιν οἱ ἄγγελοι (fa); S³: ὑμνοῦσιν ἄγγελοι (gfa). **17,2a** D-St AC-Ath (=*Ia) | E¹-S³: παρέκυψε (sq. NAGEL) (a|aecba); AV An₂-Pa (A) (P¹): παρέκυψα² (sq. BERTRAND) (ba); B (C) P²-J²-J³-An₁ (=*IIIb *III⁷) (ApcMos[arm]): παρακύψασα (cba); Va: παρεγένετο πρός με (da); J¹: παρακύψας (ecba). Nach (ba) und (cba) beobachtet Eva von der Mauer her den Satan im himmlischen Gottesdienst; nach (a) (da) und (aecba) aber lugt Satan oder die Schlange von der Mauer her ins Paradies; (ecba) ist unsicher³.

---

¹ Varianten: **a-a** AC: ἐν ᾗ; C: ἐνάτην – vielleicht ein Anklang an Mk 15,34 par (Todesstunde Jesu). Der Tageszeit der Urzeitkatastrophe (ermöglicht durch die Abwesenheit der Engel) entspräche dann die Tageszeit der Erlösung.
² A und P¹ lesen ἐπαρέκυψα (doppeltes Augment). Belege zur Verdoppelung des Augments bei Verba composita in der Koine finden sich bei HATZIDAKIS 65–66 und DIETERICH 213.
³ Παρακύψας in J¹ kann als Prädikat eines Nominativus absolutus verstanden werden (καὶ

Als ursprüngliche Lesart kommt entweder παρέκυψα oder παρέκυψεν in Frage. Die diachrone Analyse der Perikope wird zeigen, daß παρέκυψεν die ursprüngliche Lesart sein muß. **17,2b** Teil eines Glossems, vgl. °17,1f. **17,2c**: B C P²-J²-J³-An₁ (=*IIIb *III⁷) ApcMos(arm) J¹: om. (Folgekorrektur zur Variante παρακύψασα, vgl. °17,2a).

Bereits in K Xa ist dargelegt worden, daß an dieser Stelle mit einer Interpolation zu rechnen ist (S. 296). Die Episode vom Satan als Engel zerstört die Handlungsabfolge. Ohne sie würde, nachdem die Schlange sich durch das Mauerwerk des Paradieses gehangelt hat (17,1a), völlig unproblematisch das Gespräch zwischen der Schlange und Eva in 17,2bff folgen. Einige Zeugen haben auf die Problematik mit einer Umarbeitung des Textes reagiert (vgl. °17,1/2A sowie °17,1/2M, vgl. auch die Varianten in °17,4a; °17,4b; °18,1a; °18,3a, die im Anschluß an diese Episode den Teufel als Gesprächspartner Evas beibehalten wollen). Abgesehen davon steht der Text schon dadurch isoliert da, daß in der Apc Mos nur hier der Teufel Σατανᾶς genannt wird.

Der Text ist so, wie er vorliegt, in der Tat kaum nachvollziehbar. Nachdem die Handlung in 17,1a an der Mauer des Paradieses stattgefunden hat (dort hängt jetzt die Schlange), erfolgt in 17,1b ein unvermittelter Szenenwechsel; es geht um einen Vorgang im Himmel: Zur Stunde, da die Engel Gott anbeten, verwandelt sich Satan in einen Engel und nimmt an der Zeremonie teil. In 17,2a aber ist der Erzähler wieder an der Paradiesmauer: Jemand lugt von der Mauer des Paradieses her. Aber wer ist es, und wozu tut er das? Wenn Satan von der Mauer her (in das Paradies) blickt, wie sollte er dazu in der Lage sein, wo doch gerade berichtet worden war, daß er in den Himmel gegangen ist? Und wenn die Schlange es tut, wozu sollte das erzählt werden, wo es doch gerade um einen Gottesdienst im Himmel mit Satan als Teilnehmer geht?

Der nachfolgende Satz jedenfalls teilt mit, daß Eva Satan als Engel sah. Wo sie ihn sah, wird nicht gesagt. Danach scheint jedoch ein Gespräch mit Satan zu beginnen; er müßte also spätestens jetzt an der Mauer sein. Aber wozu ist dann eigentlich berichtet worden, daß der Teufel in der Schlange Wohnung genommen habe (Apc Mos 16,4)? Im nachfolgenden Gespräch stellt das unbezeichnete Subjekt – im gegenwärtigen Text müßte es am ehesten Satan sein – Eva eine Frage (17,2b), diese antwortet (17,3), doch dann gibt *der Teufel* (jetzt nicht mehr Satan genannt!) eine Entgegnung aus dem Munde der Schlange – wir erinnern uns, sie hatte sich ja in 17,1a von der Paradiesmauer herabhängen lassen.

Welchen Sinn dieser Text in der uns erhaltenen Gestalt auch immer gehabt haben mag, er erklärt jedenfalls nicht, warum Eva gerade unbeobachtet war, als die Engel ihren Gottesdienst machten. Dieses Verständnis hat sich erst später entwickelt, zuerst in Apc Mos 7,2, das von dieser Passage abhängig sein dürfte (vgl. K VIII [238; 240]); *IIIa hat es auch hier eingetragen, vgl. °17,1/2A.

παρακύψας ἐκ τοῦ τείχους εἶδον αὐτὸν κτλ. »und als er sich von der Mauer her niederbeugte, sah ich ihn usw.«), dann ist der Teufel Subjekt. Vielleicht bezeugen E¹-S³ eine solche Auffassung (παρέκυψε beruht dann auf dem Bestreben, *παρακύψας zu vereindeutigen). Die Form παρακύψας kann aber auch durch den vulgärsprachlichen Genussynkretismus beim Partizip verursacht sein, vgl. HATZIDAKIS 144 und DIETERICH 207–208, dann wäre Eva als Subjekt intendiert.

Es bleibt also keine andere Wahl, als eine Interpolation zu vermuten. Doch auch mit dieser Lösung ergeben sich Schwierigkeiten: Apc Mos 17,1b–2a ist ja auch in sich uneinheitlich. Wir haben es mindestens mit einem abrupten Szenenwechsel vom Himmel (17,1b) an die Mauer des Paradieses (17,2a) zu tun. Zum Wenigsten der Teilsatz καὶ παρέκυψεν ἐκ τοῦ τείχους wirkt also störend.

Doch genau dieser Teilsatz läßt sich mit dem Makrokontext um so besser in Verbindung bringen. An der Mauer hängt ja laut 17,1a die Schlange; es würde sehr gut passen, wenn sie von dort aus zu Eva hin gelugt (17,2aα) und sie dann (17,2b) angesprochen hätte. Dann wäre auch das Variantenproblem geklärt: Παρέκυψεν – ohnehin mit D-St AC etc. gut bezeugt – ist die ältere Lesart.

Für das Interpolat bedeutet dies freilich, daß es in zwei Hälften zerfällt: 17,1b und 17,2aβ. Das wäre bei einer gezielt vorgenommenen Interpolation auch nicht undenkbar – auch bei *Ia läßt sich gelegentlich beobachten, daß Interpolationen von weiteren Einfügungen oder Korrekturen begleitet werden, die mit ihnen in Zusammenhang stehen, vgl. z.B. °16,2d und °16,2f – doch ist 17,1b–2a derart schwer zu verstehen, daß man kaum mit einer gezielten Interpolation rechnen mag. Als Alternative bietet sich eine Marginalnotiz an, die ungeschickt in den Text integriert wurde. Und hier ergibt sich in der Tat eine geradezu frappierende Möglichkeit, die Schwierigkeiten des Textes zu erklären. Liest man nämlich 17,1b und 17,2aβ als Einheit, dann hat man folgenden Text:

17,1b Καὶ ὅτε ἀνῆλθον	17,1b Und als die Engel Gottes
οἱ ἄγγελοι τοῦ θεοῦ	hinaufgingen,
προσκυνῆσαι,	um anzubeten,
τότε ὁ σατανᾶς ἐγένετο	da nahm Satan
ἐν εἴδει ἀγγέλου	die Gestalt eines Engels an
καὶ ὕμνει τὸν θεὸν	und lobpries Gott
καθάπερ οἱ ἄγγελοι,	wie die Engel,
17,2aβ καὶ εἶδον αὐτὸν	17,2bβ und *sie sahen* ihn,
ὅμοιον ἀγγέλου	wie er einem Engel gleich war.

In der Marginalnotiz hat also nicht Eva Satan in Gestalt eines Engels gesehen; vielmehr taten dies die Engel. Ein Ortswechsel fand demnach nicht statt, die Szene spielt ausschließlich im Himmel. Damit fehlt freilich auch ein Element, daß die Szene auf der Handlungsebene mit Apc Mos 16–17 verbindet, aber bei einer Marginalglosse ist das auch nicht zwingend notwendig: Sie gehört ja nicht von Haus aus zum Text, kann also auch Wissenswertes enthalten, das den Text erläutert, aber eben nicht ergänzt. In diesem Falle dürfte die Intention der Marginalie darin bestanden haben, Erläuterungen zur Gestalt des Teufels aus einer anderen Perspektive zu geben. Mit dem Teufel des Haupttextes hat der Satan der Glosse grundsätzlich gemeinsam, daß er sich nicht in seiner eigentlichen Gestalt zeigt. Möglicherweise wollte ihr Verfasser demonstrieren, daß dem betrügerisches Verhalten Satans auf Erden auch ein solches im Himmel entspricht – nicht nur Menschen, auch Engel werden betrogen. Eventuell hat er damit auch die Vorstellung verbunden, daß Satan sich auf jeweils betrügerische Weise Zugang zu ihm verschlossenen Bereichen verschafft: So wie er, indem er die Schlange sich zu seinem »Gefäß« macht, über die Paradiesmauer Einblick in das Innere des Paradieses gewinnt, so gelangt er auch in den Himmel, weil er die äußere Erscheinung eines Engels annehmen kann.

Der biblische Anknüpfungspunkt dürfte in Hiob 1,6 und 2,1 liegen, zumindest wäre die Randnotiz gut in der Lage, zu erklären, wie Satan unter die dort erwähnten »Söhne Gottes« (in der Septuaginta: die Engel) kommt. »Satan« (השׂטן) wird er übrigens nur im hebräischen Text genannt, die Septuaginta übersetzt mit διάβολος. Ist damit die Hiobsgeschichte der implizite Referenztext der Marginalnotiz, so ergeben sich freilich auch weitere Bezüge zu der von ihr narrativ kommentierten Eva-Erzählung. In beiden Geschichten wird ein Mensch vom Teufel in Gefahr gebracht; die Hioberzählung weiß um einen himmlischen Hintergrund dieses Geschehens, die Geschichte um Eva nicht, sowohl in Gen 3 als auch in Apc Mos 15–30. Vielleicht sollte dieses Defizit auf dem Wege eines marginalen Kommentars ausgeglichen werden – durch Verweis auf eine biblische Geschichte, in welcher der Teufel explizit erwähnt wird.

Die Einarbeitung der Marginalie in den Haupttext muß relativ früh erfolgt sein, auf jeden Fall noch bevor Apc Mos 15–30 zur Apc Mos erweitert wurde, da Apc Mos 17,1b–2a in der gegenwärtig vorliegenden Form in Apc Mos 7,1 vorausgesetzt ist (s.o.). Wahrscheinlich war man sich der zahlreichen theologischen Bezüge zwischen Text und Glosse bewußt, vielleicht hat man sie gerade deswegen integrieren wollen. Dennoch ist diese Maßnahme dem Bearbeiter sichtlich nicht leicht gefallen, was allerdings bei einer völlig handlungsfremden Szene nicht Wunder nimmt. Es galt ja, das in der Glosse geschilderte himmlische Geschehen irgendwie mit den Ereignissen an der Paradiesmauer in Verbindung zu bringen. Und da kam dem Bearbeiter ein folgenreiches Mißverständnis zur Hilfe: Er bezog den Satz καὶ εἶδον αὐτὸν ὅμοιον ἀγγέλου auf Eva, indem er εἶδον als 1. P. Sg. auffaßte. Dann mußte das von ihm berichtete Geschehen sich allerdings in der Nähe Evas abgespielt haben, und das dürfte ihm Grund genug gewesen sein, das Sätzlein von der himmlischen Szene abzutrennen und hinter dem Hinweis auf die Paradiesmauer in 17,2aα, in deren Nähe sich Eva befinden mußte, unterzubringen.

Die hier geschilderte Verwandlung des Teufels in einen Engel findet eine Parallele in 2. Kor 11,14, wo Paulus die täuschende Verwandlung der Pseudapostel in Apostel Christi mit der Verwandlung des Teufels in einen Lichtengel vergleicht, die für ihn offenbar häufiger vorkommt (μετασχηματίζεται: Präsens!). Ob Paulus von Apc Mos 17,1b–2a abhängig ist (oder auch von Apc Mos 7,2 oder Vit Ad 9, die auf dieser Stelle basieren, vgl. E III,5d [S. 143] und K VIII [S. 238; 240]), kann hier nicht geklärt werden.

X,5. Die Schlange verführt Eva (Apc Mos 17,2b–20,5a)

Καὶ λέγει μοι ''d·
ᵉσὺ εἶ ἡ Εὔα;ᵉ
ᶠκαὶ εἶπον αὐτῷᶠ·
ἐγώ εἰμι.
''ᵍκαὶ λέγει μοι·
τί ποιεῖς ʰἐν τῷ παραδείσῳʰ;
17,3 καὶ εἶπον ᵃαὐτῷᵃ·
ὁ θεὸς ἔθετο ᵇἡμᾶςᵇ,
ᶜὥστε ᵈφυλάττεινᵈ
καὶ ἐσθίειν ἐξ αὐτοῦᶜ.

17,4 ᵃ'Απεκρίθη ὁ διάβολος
ᵇδιὰ στόματος τοῦ ὄφεωςᵇᵃ·
ᶜκαλῶς ποιεῖτε,
ἀλλ' οὐκ ἐσθίετε ἀπὸ παντὸς φυτοῦ;ᶜ
17,5 κἀγὼ ᵃεἶπονᵃ ''ᵇ·
ᶜναίᶜ· ἀπὸ ᵈπάντωνᵈ ἐσθίομεν,
πάρεξ ᵉἑνὸςᵉ μόνου,
ὅ ἐστι ᶠἐν μέσῳᶠ τοῦ παραδείσου,
ᵍπερὶ οὗ ἐνετείλατο ʰἡμῖν ὁ θεόςʰ,
ἰμὴ ἐσθίειν ἐξ αὐτοῦⁱ
ᵏἐπὶ θανάτῳ ἀποθανεῖσθαιᵏᵍ.
18,1 ᵃτότε λέγει μοι ὁ ὄφιςᵃ·
ζῇ ὁ θεός, ὅτι λυποῦμαι περὶ ὑμῶν ''ᵇ.
ᶜ⁽¹⁸,³⁾οὐ γὰρ θέλω ὑμᾶς ἀγνοεῖν ''ᵈ.
ᵉδεῦρο οὖν καὶᵉ φάγε
καὶ ᶠνόησονᶠ τὴν τιμὴν τοῦ ξύλου.
18,2 ἐγὼ δὲ εἶπον ᵃαὐτῷᵃ·
φοβοῦμαι, ᵇμήποτεᵇ ὀργισθῇ μοι ᶜὁ θεόςᶜ,
καθὼς εἶπεν ἡμῖν.

18,3 Καὶ λέγει μοι ''ᵃ·
μὴ φοβοῦ ᶜ⁽¹⁸,¹⁾ ''ᵇ.
ἄμα γὰρ φάγῃς ''ᶜ,
ᵈἀνεωχθήσονταίᵈ σου οἱ ὀφθαλμοί,
καὶ ᵉἔσεσθε ὡς θεοὶ
γινώσκοντεςᵉ, ᶠτί ἀγαθὸν καὶ τί πονηρόνᶠ.
18,4 τοῦτο δὲ γινώσκων ὁ θεός,
ὅτι ἔσεσθε ὅμοιοι ᵃαὐτοῦᵃ,
ἐφθόνησεν ὑμῖν
καὶ εἶπεν·
οὐ φάγεσθε ᵇἐξᵇ αὐτοῦ.
18,5 σὺ ᵃδὲᵃ ᵇπρόσχεςᵇ
ᶜτῷ φυτῷᶜ
καὶ ὄψῃ ᵈδόξανᵈ ᵉμεγάληνᵉᵈ ''ᶠ.

Und sie sagt zu mir:
»Du bist Eva?«
Und ich sagte zu ihr:
»Ja«.
Und sie sagt zu mir:
»Was machst du im Paradies?«
17,3 Und ich sagte zu ihr:
»Gott hat uns eingesetzt,
um (es) zu bewachen,
und aus ihm zu essen«.

17,4 Der Teufel antwortete
durch den Mund der Schlange:
»Gut macht ihr das –
aber ihr eßt nicht von jedem Baum?«
17,5. Und ich sprach:
»Ja, von allen essen wir,
abgesehen allein von einem,
der mitten im Paradies ist,
zu dem uns Gott das Gebot gab,
nicht davon zu essen,
auf (die Gefahr), Todes zu sterben«.
18,1 Da sagt mir die Schlange:
»Sowahr Gott lebt, ihr dauert mich,
denn ich will nicht, daß ihr unwissend seid.
Komm nun und iß,
und erkenne den Wert des Baumes«.
18,2 Ich aber sagte zu ihr:
»Ich fürchte, daß Gott mir zürne,
wie er es uns gesagt hat.«

18,3 Und sie sagt zu mir:
»Fürchte dich nicht;
sowie du nämlich issest,
werden deine Augen geöffnet werden,
und ihr werdet wie Götter sein,
wissend, was gut und was böse ist.
18,4 Gott aber wußte,
daß ihr ihm gleich würdet,
und neidete es euch
und sprach:
,Esset nicht von ihm'.
18,5 Du aber richte deinen Sinn
auf den Baum,
und du wirst große Herrlichkeit sehen.«

`⸌᾿ᵍ H(19,3) I(19,1)k⸍`'Εφοβήθην δὲ ᵏ	Ich aber fürchtete mich,
λαβεῖν ἀπὸ τοῦ καρποῦ.	von der Frucht zu nehmen.
καὶ λέγει μοι·	Und sie sagt zu mir:
δεῦρο, ᵐδώσω σοι,	»Komm, ich gebe dir,
ἀκολούθει μοιᵐⁱ.	folge mir.«
19,1 ᵃἤνοιξα δέᵃ,	19,1 Ich aber machte (ihr) auf,
καὶ εἰσῆλθεν ᵇἔσω εἰςᵇ τὸν παράδεισονˡ	und sie ging ins Paradies
καὶ διώδευσεν ἔμπροσθέν μου.	und ging stracks hindurch, mir voran.
καὶ περιπατήσας ὀλίγον	Und wie sie etwas umhergegangen war,
ἐστράφη	wandte sie sich um
καὶ λέγει μοι·	und sagt zu mir:
ᶜᵈμεταμεληθεὶςᵈ	»Ich habe mich anders besonnen:
οὐ δώσω σοι φαγεῖν ⸌᾿ᵉ,	Ich werde dir nicht zu essen geben,
ᶠἐὰν μὴ ὀμόσῃς μοιᶠ,	es sei denn, du schwörst mir,
ᵍὅτι δίδειςᵍ καὶ τῷ ἀνδρί σουᶜ.	daß du auch deinem Manne gebest«.
19,2 ἐγὼ δὲ ⸌᾿ᵃ εἶπον αὐτῷ,	19,2 Ich aber sagte zu ihr:
ᵇὅτιᵇ οὐ γινώσκω,	»Ich weiß nicht,
ποίῳ ὅρκῳ ὀμόσω σοι·	mit welchem Eide ich dir schwören soll;
πλὴν, ὃ οἶδα, λέγω σοι·	allein, was ich weiß, sage ich zu dir:
μὰ τὸν θρόνον τοῦ δεσπότου	,Beim Thron des Herrn
καὶ τὰ χερουβὶμ ⸌᾿ᶜ	und den Cherubim
καὶ τὸ ξύλον τῆς ζωῆς,	und dem Baum des Lebens:
ὅτι δώσω καὶ τῷ ἀνδρί μου ⸌᾿ᵈ.	Ich werde auch meinem Manne geben.'«
19,3 ὅτε δὲ ἔλαβεν ἀπ᾿ ἐμοῦ	19,3 Als sie mir aber den Eid
τὸν ὅρκον,	abgenommen hatte,
ᵃᵇτότε ἦλθε ⸌᾿ᶜ ᵈκαὶ ἔθετοᵈ ἐπὶ τὸν καρπόν,	da ging sie und legte auf die Frucht,
ᵉὃν ἔδωκέ μοι φαγεῖνᵉ,	die sie mir zu essen gab,
τὸν ᶠἰὸνᶠ τῆς κακίας αὐτοῦ,	das Gift ihrer Schlechtigkeit,
τοῦτ᾿ ἐστὶ ᵍτῆς ἐπιθυμίαςᵍ ⸌᾿ʰ,	das ist (das Gift) der Begierde,
ἐπιθυμία γάρ ἐστι	und zwar der Begierde
πάσης ἁμαρτίαςⁱᵇ,	nach jeglicher Sünde,
ᵏκαὶ κλίνας τὸν κλάδον	und nachdem sie den Ast
ἐπὶ τὴν γῆν	zur Erde herabgebogen hatte,
ἔλαβονᵏ ἀπὸ τοῦ καρποῦ	nahm ich von der Frucht
καὶ ἔφαγονᵃᴴ.	und aß.
20,1 Καὶ ᵃἐνᵃ αὐτῇ τῇ ὥρᾳ	Und in derselben Stunde
ἠνεώχθησαν ᵇοἱ ὀφθαλμοί μουᵇ	wurden meine Augen geöffnet,
ᶜκαὶ ᵈἔγνωνᵈ,	und ich erkannte,
ὅτι γυμνὴ ἤμην τῆς δικαιοσύνης,	daß ich der Gerechtigkeit entkleidet war,
ᵉῆς ἤμην ἐνδεδυμένηᵉᶜ.	in die ich (zuvor) gehüllt war.
20,2 καὶ ἔκλαυσα λέγουσα ⸌᾿ᵃ·	20,2 Und ich weinte und sagte:
τί τοῦτο ᵇἐποίησαςᵇ ⸌᾿ᶜ,	»Warum hast du das getan,
ᵈὅτι ἀπηλλοτριώθηνᵈ	daß ich meiner Herrlichkeit
⸌᾿ᵉ τῆς δόξης μου ⸌᾿ᶠ;	entfremdet worden bin?«
20,3 ἔκλαιον δὲ καὶ περὶ τοῦ ὅρκου.	20,3 Ich weinte aber auch wegen des Eides.
ἐκεῖνος δὲ ⸌᾿ᵃ κατῆλθεν ᵇἐκᵇ τοῦ φυτοῦ	Jene aber ging herab vom Baum
καὶ ᶜἄφαντος ἐγένετοᶜ.	und verschwand.

20,4 Ἐγὼ δὲ ἐζήτουν
^aἐν τῷ μέρει μου^a φύλλα,
ὅπως καλύψω τὴν αἰσχύνην μου,
καὶ οὐχ εὗρον
^{bc}ἀπὸ ^dτῶν φυτῶν^d τοῦ παραδείσου,
ἐπειδή^c, ^eἅμα ἔφαγον^{eb},
^{fg}‹ἀπὸ› πάντων τῶν φυτῶν^g
^hτοῦ ἐμοῦ μέρους^h
ⁱκατερρύηⁱ τὰ φύλλα^f ‹‹^k,
παρὲξ ^mτοῦ σύκου μόνου^m.
20,5 λαβοῦσα δὲ ^aφύλλα ἐξ αὐτοῦ^a
ἐποίησα ^bἐμαυτῇ^b περιζώματα.

20,4 Ich aber suchte
in meinem Sektor Blätter,
um meine Scham zu bedecken,
und fand keine
an den Bäumen des Paradieses,
denn sowie ich gegessen hatte,
waren von allen Bäumen
meines Sektors
die Blätter abgefallen,
mit Ausnahme allein des Feigenbaums.
20,5 So nahm ich von ihm Blätter
und machte mir Schurze.

- Zeugen: D (bis 18,1) St AV An₂ Pa B A AC Ath C VitAd(arm) VitAd(georg) VitAd(lat^p) Va
P¹ LibAd(slav) P² J² J³ ApcMos(arm)^(S. 8-10) Br S¹ J¹ E¹ S³^(bis 18,2) E²
- Es fehlen: D^(ab 18,1) AH VitAd(lat^{me}) An₁^(ab 17,2b) S³ AD

Zum Text

17,2d An₁: τὰ ῥήματα ταῦτα. Danach bricht dieser Zeuge ab und An₂ setzt mit Apc Mos 15,1
ein. **17,2e** St B (Va)-P¹ (=*II *Ia) P²-J²-J³ (=*III): σὺ εἶ ἡ Εὔα (a); AV Ath (J¹): σὺ εἶ Εὔα (ba);
An₂: σὺ ἡ Εὔα (ca); Pa | C: σὺ Εὔα (dca|dba); E¹-S³-E²: σοὶ λέγω Εὔα (ea); D A AC Br S¹: def.
17,2f E¹-(S³)-(E²): ^aκαὶ ἐγὼ ἀποκριθεὶς ὡς νομιζομένη, ὅτι ἄγγελος θεοῦ ἐστίν, ^bκαὶ^b
εἶπον^{a1}. Hier liegt die Auffassung zugrunde, daß im Folgenden der Gesprächspartner Evas der
Satan in Engelsgestalt ist. Ursprünglich war die Schlange gemeint (vgl. K X,4). **17,2g** Bei
BERTRAND beginnt Apc Mos 17,3 hier, ich folge NAGEL. **17,2h** E¹-S³-E²: εἰς τὸν παράδεισον
τοῦτον; ApcMos(arm): »i draxti aydr« (»in diesem Garten«). **17,3a** E¹-S³-E²: om. **17,3b** D-St AV
An₂-(Pa) B A-AC-Ath (=*Ia) Va-P¹ (=*II): ἡμᾶς; C: ἡμᾶς ἐνταῦθα; P²-J²-J³: με ἐνταῦθα;
ApcMos(arm): A^a: »zis ast«; B^a: »zmez ast« (A: »mich hier«; B: »uns hier« – A wird ursprünglich
sein, da alle *III-Zeugen με lesen); Br-S¹ (=*IIIa): με ἐνθάδε; J¹: με ἐν τῷ παραδείσῳ; E¹-S³:
με ὧδε ἐν τῷ παραδείσῳ; E²: με. **17,3c** P²-J²-J³ (=*III) ApcMos(arm) Br-S¹ (=*IIIa) J¹-E¹-S³-
E²: om. **17,3d** D-St Pa A-AC C: φυλάσσειν; AV An₂ B Ath (=*Ia) Va-P¹ (=*II): φυλάττειν (vgl.
°15,2b; °15,2d; °15,2h; °28,3g); rell: def. (vgl. °17,3c). **17,4a** D-St (AV) (An₂)-(Pa) (B) (A)-AC-
(Ath)-(C) (=*Ia) (Va)-(P¹) (=[*II]): txt; P²-J²-J³ (=*III) ApcMos(arm)² Br-S¹ (=*IIIa) J¹: καὶ
λέγει μοι; E¹-S³-E²: καὶ πάλιν εἶπέ μοι; *III will Eva im Anschluß an 17,2a mit dem Satan in
Engelsgestalt reden lassen, aber in 18,1 führt auch sie die Schlange wieder in die Erzählung ein
(nicht allerdings J¹ und E¹ etc, vgl. °18,1a). **17,4b** Va-P¹ (=*II). om. Die Absicht ist die gleiche
wie die der *III in °17,4a. P¹ führt diese Tendenz in 18,1 weiter, vgl. °18,1a. **17,4c** P²-(J²)-(J³)
[=*III] ApcMos(arm) J¹-(E¹)-(S³)-(E²): ^aτί ὅτι^a εἶπεν ^b b ὁ θεός· οὐ μὴ φάγητε ἀπὸ παντὸς
‹‹^c ξύλου τοῦ ἐν τῷ παραδείσῳ.³ **17,5a** D-St An₂-(Pa) B C (=*Ia) P¹ (=*II) P²-J²-J³ (=*III) Br-

---

¹ Varianten: **a-a** E²: καὶ ἐγὼ εἶπον ὡς ἄγγελον θεοῦ; **b** S³: om. (grammatisch richtig); E¹:
καί (vgl. *III *I).

² ApcMos(arm): YOV. om.†; CONYBEARE 224: »And he saith to me« (=ApcMos[arm]*).
CONYBEAREs Text entspricht C^a, doch YOV. vermerkt keine Abweichung, obwohl das an dieser
verderbten Stelle durchaus angebracht gewesen wäre. Möglicherweise ist YOV. also entgangen,
daß sein Text hier verderbt ist – ein starkes Indiz für einen Druckfehler.

³ Varianten: **a-a** E¹-S³-E²: μή. **b-b** P²-J²-J³ ApcMos(arm): ὑμῖν; Br-S¹ (=*IIIa) J¹-E¹-S³-E²: txt.
c J²-J³ E¹-E²: τοῦ.

S¹ (=*IIIa): εἶπον; AV A-AC Va: λέγω; J¹-E¹-S³-E²: ἔφην; Ath: def. **17,5b** D-St AV B P²-J²-J³ J¹-E¹-S³-E² | P¹: txt. (sq. NAGEL) (a|aba); An₂-Pa A-AC-C (=*Ia) VitAd(arm) VitAd(georg) Vit Ad(latᵖ) Va (=*II) LibAd(slav) ApcMos(arm) Br-S¹ (=*IIIa): αὐτῷ (sq. BERTRAND) (ba); Ath: def. **17,5c** D-St AC P²-J²-J³ (=*III) Br-S¹ (=*IIIa) J¹-E¹-S³-E²: om. (nach Gen 3,2 ⑥); AV An₂ B A-C (=*Ia) VitAd(arm) VitAd(georg) Va-P¹ (=*II): ναί (sq. BERTRAND, NAGEL); ApcMos(arm): »οč aydpês ê« (»es ist nicht so«); Pa Ath: def. **17,5d** D-St A-AC-Ath (=*Ia) | E²: πάντων (a|aba); AV An₂ P²-J²-J³ (=*III) ApcMos(arm) (S¹) (=*IIIa) J¹: παντός (sq. BERTRAND) (nach 17,4) (ba); B C: παντὸς φυτοῦ (nach 17,4) (ca); Br: παντὸς ξύλου (dba); E¹-S³: παντὸς τοῦ ξύλου τοῦ ἐν τῷ παραδείσῳ (eba); Va P¹: def. **17,5e** D-St (B): om. **17,5f** D-St AV An₂-Pa B Va: μέσον (sq. BERTRAND, NAGEL); A-AC-Ath-C (=*Ia) P¹ (=*II) P²-J²-J³ (=*III) Br-(S¹) (=*IIIa) J¹-E¹-S³: ἐν μέσῳ; E²: def. **17,5g** Va-P¹ (=*II): om. **17,5h** A-(AC): ὁ θεὸς ἡμῖν; Ath (=*Ia) et rell: ἡμῖν ὁ θεός; C: ὁ θεός; Va P¹: def. **17,5i** E¹-S³-(E²): οὐ μὴ φάγητε ἀπ' αὐτοῦ. **17,5k** D-St An₂ A-(C) (=*Ia) | E¹-S³: ἐπεὶ/ὶ θανάτῳ ἀποθανεῖσθε/αι (zu E¹-S³ vgl.°17,5i) (a|aga); AV: ἐπεί, φησίν, θανάτῳ ἀποθανεῖσθε (ba); Pa: ἵνα μὴ θανάτῳ ἀποθανῆσθε (vgl. Gen 3,3 ⑥) (ca); B: εἶπεν γὰρ ἡμῖν, ἣν δ' ἂν ἡμέραν φάγεσθε ἐξ αὐτοῦ, θανάτῳ ἀποθανεῖσθε (in NAGELs Kollation fehlt θανάτῳ ἀποθανεῖσθε) (da); AC: εἰ δὲ καὶ ἐσθίετε, θανάτῳ ἀποθανεῖσθε (ea); Ath: ἐπειδὴ θανάτῳ ἀποθανεῖσθε (fa); P²-J²-J³ J¹-(E²): ἐπεὶ θανάτῳ ἀποθανούμεθα (sq. BERTRAND) (ga); ApcMos(arm): »wobei er uns sagte: Wenn ihr von ihm esset, werdet ihr des Todes sterben« (hga); Br-(S¹) (=*IIIa): ἵνα μὴ θανάτῳ ἀποθανούμεθα (iga). Der Grundtext hatte eine Konstruktion aus ἐπί + Inf. (θανάτῳ ἀποθανεῖσθαι). Die Varianten erklären sich damit, daß man itazistisch ἐπεὶ θανάτῳ ἀποθανεῖσθε (»weil ihr des Todes sterben werdet«) las (sq. TISCHENDORF, NAGEL). Dieser Text schien korrekturbedürftig – wegen der unvermittelt einsetzenden direkten Rede (vgl. AV B *III), oder weil er einen Bedingungssatz vermissen ließ (vgl. B AC). **18,1a** P¹: τότε λέγει ὁ διάβολος (vgl. °17,4b); J¹: τότε εἶπεν αὐτῇ (vgl. °17,4a); E¹-S³-(E²): τότε ἀποκριθεὶς εἶπέ μοι (vgl. °17,4a). **18,1b** A-(AC)-Ath-C (=*Ia) VitAd(arm) VitAd(georg) VitAd(latᵖ) (Va)-(P¹) LibAd(slav): ἄφτι ὡςᵃ ᵇκτήνηᵇ ἐστέ ''ᶜ⁴ (sq. NAGEL). Der Interpolator verrät sich durch das Wort κτήνη. In der Apc Mos wird θηρία verwendet (vgl. Apc Mos 26,1, wo das κτηνῶν des biblischen Referenztextes ausgespart bleibt). Vgl. die Interpolation von *Ia in °16,2f, die ebenfalls das Verhältnis Mensch - Tier thematisiert. Während dort der Teufel die Schlange dazu aufhetzt, den Rangvorteil des Menschen nicht anzuerkennen, wird dieser hier gegenüber dem Menschen in Abrede gestellt – mit dem vorgeblichen Ziel, ihn erst zu schaffen. Der Verführer verspricht dem Verführten also etwas, was dieser schon längst hat, bzw. gibt vor, etwas erreichen zu wollen, was er in Wirklichkeit beseitigen will. **18,1/3C:** Va-P¹ (=*II) LibAd(slav): om. Ausgelassen wird auch οὐ γὰρ θέλω ὑμᾶς ἀγνοεῖν; das Motiv der Unwissenheit ist aber mit der Variante ἀνόητοι in den mit °18,1b bezeichneten *Ia-Text eingetragen worden. **18,1d** An₂-Pa: περὶ τούτου; Aᶜᵒᵈ-Athᶜᵒᵈ: αὐτῷ (= αὐτό?); ACᶜᵒᵈ: ἑαυτῶν (= ἑαυτόν? - eine Anspielung an das antike Postulat der Selbsterkenntnis?); C: περὶ τοῦ τοιούτου φυτοῦ; VitAd(arm) Vit Ad(georg) (=*Ia) et rell: txt; Br-S¹ (=*IIIa): οὐ γὰρ θανάτῳ ἀποθανεῖσθε, ἀλλὰ μᾶλλον ζήσεσθε· καὶ διανοιχθήσονται ὑμῶν οἱ ὀφθαλμοί· καὶ ἔσεσθε ὡς θεοὶ γινώσκοντες καλὸν καὶ πονηρόν (vgl. Gen 3,4.5 ⑥); Va P¹: def. **18,1e** St AV An₂-Pa Vit Ad(georg) (=*Ia) VitAd(latᵖ) P²-J²-J³ (=*III) ApcMos(arm): δεῦρο οὖν καί; A-(AC)-(Ath)-(C): ἀλλὰ ἀνάστα ᵃκαὶᵃ δεῦρο ᵇοὖνᵇ ''ᶜ ᵈκαὶᵈ φάγε⁵; B Br-S¹ (=*IIIa) J¹-E¹-S³-E²: δεῦρο οὖν (sq. BERTRAND); Va P¹: def. **18,1f** Br-S¹: ὅρα; E¹-S³-E²: νόμισον; J¹ et rell: νόησον. **18,2a** A-AC Ath:

---

⁴ Varianten: **a-a** A-AC-Ath-C: (=*Ia): ὅτι ὡς; Va: διότι; P¹: ὡς (vgl. °c); *II wird ursprünglich wie *Ia gelesen haben. **b-b**: A-Ath-C (=*Ia) VitAd(arm) VitAd(georg): κτήνη; AC: σκοτεινοί; (Va)-P¹ (=*II) LibAd slav): ἀνόητοι (vgl. °18,1/3C); **c** P¹: γάρ (vgl. °a-a).

⁵ Varianten: **a-a** C: om. **b-b** A: οὖν; AC Ath-C: om. **c** C: ἐπάκουσόν μου. **d-d** AC: om.

om; C (=*Ia) VitAd(arm) VitAd(georg) VitAd(lat^p) et rell: txt; Va P¹: def. **18,2b** St AV An₂ A-AC-C (=*Ia) P²-J²-J³ (=*III) Br-S¹ (=*IIIa) J¹: μήποτε; B E¹-S³-E²: μήπως; Pa Ath: μή. **18,2c** AC: κύριος; Ath: ὁ κύριος; A-C (=*Ia) et rell.: ὁ θεός. **18,3a:** An₂-Pa Br-S¹ (=*IIIa): ὁ ὄφις; C: ὁ διάβολος. Die Hinzufügungen zeigen Unsicherheit hinsichtlich des Gesprächspartners der Eva; in C läßt sich deutlich erkennen, daß man keine Übersicht mehr hatte, denn in 18,1 spricht auch in C die Schlange. **18,3b:** J¹-E¹-S³: περὶ τούτου. **18,3c** C Va-P¹ (=*II): ἀπ᾽ αὐτοῦ; A-AC-Ath (=*Ia) VitAd(arm) VitAd(georg) et rell: txt. **18,3d** St AV An₂-Pa B Ath (=*Ia) P¹ (=*II) P²-J²-J³ (=*III) J¹-E¹: ἀνεῳχθήσονται; A-AC C Va E²: ἀνοιχθήσονται (sq. BERTRAND, NAGEL). BETRAND und NAGEL unterdrücken ein sprachgeschichtlich wichtiges Phänomen: Schon früh ist in der Koine eine Verschleppung des syllabischen Augments in von Haus aus unaugmentierte Formen belegt, vgl. HATZIDAKIS 63–64 und DIETERICH 214. Sie zeigt, daß man die Unterscheidung zwischen Simplex und Compositum nicht mehr durchzuhalten vermochte. Andere Irregularitäten beim Augment der Verba composita, die DIETERICH auf S. 212–213 bespricht, weisen in dieselbe Richtung, insbesondere die Voranstellung des syllabischen Augments. **18,3e** St (An₂)-Pa B (VitAd[arm]) (=*Ia) (VitAd[georg]) (Va)-(P¹) (=*II): ἔσεσθε ὡς θεοὶ γινώσκοντες (sq. NAGEL) (vgl. 18,4: ἔσεσθε ὅμοιοι αὐτοῦ) (a); AV A-(AC): ἔσεσθε ὡς θεοὶ ἐν τῷ γινώσκειν (ba); Ath: ἔσῃ ὡς θεὸς γινώσκων⁶ (genauso auch Gen 3,5 𝕲 nach Chrysostomos [MPG 59,615 und WEVERS, App. z. St.]) (ca); C: ἔσῃ ὡς θεὸς γινώσκουσα (sq. BERTRAND) (dca); P²-J²-J³ (=*III) (ApcMos[arm]) (J¹)-E¹-S³: ἔσῃ γινώσκουσα (ea). Es war aus kontextuellen Gründen jederzeit möglich, die Verheißung der Gottähnlichkeit auf Eva einzugrenzen. **18,3f** St Pa AC Va-P¹ (=*II) | J¹-E¹-E²: καλὸν καὶ πονηρόν (nach Gen 3,5 𝕲) (ba|bea); AV (B) A (=*Ia): τί ἀγαθὸν καὶ τί πονηρόν (sq. NAGEL) (a); An₂ | C: ἀγαθὸν καὶ πονηρόν (sq. BERTRAND) (ca|cda); Ath: τί ἀγαθὸν καὶ τί πονηρόν (da); P²-J²-J³ (=*III): τί καλὸν καὶ τί πονηρόν (ea); Br S¹: def. **18,4a** Br-(S¹) (=*IIIa): αὐτῷ; rell: αὐτοῦ. Zum Genitiv bei ὅμοιος vgl. Apc Mos 17,2 (ὅμοιον ἀγγέλου – freilich Teil einer alten Interpolation). Er begegnet des öfteren in den Pseudepigraphen (z.B. Test Abr A 15,15, Test Abr B passim, 3. Bar 3,1; 3,3, 10,3). Einheitlich durchgeführt ist dieser Sprachgebrauch indes nur in Test Abr B, das auch sonst zahlreiche vulgärgriechische Elemente aufweist. Vgl. BLASS-DEBRUNNER-REHKOPF §182,4. **18,4b** St AV An₂-Pa A-Ath (=*Ia): ἐξ; B AC C P²-J²-J³ (=*III) Br-S¹ (=*IIIa) J¹-E¹-E²: ἀπ᾽ (nach Gen 3,4.5 𝕲); Va P¹: def. **18,5a** St AV An₂-Pa B A-AC-Ath-C (=*Ia): δέ; Va-P¹ (=*II): μόνον; P²-J²-J³ (=*III) Br-S¹ (=*IIIa) J¹: οὖν; E¹-(E²): οὖν ἄκουσόν μου, Εὔα, καί. **18,5b** St^(cod.): †πρόσσειτ† (ba); AV An₂-Pa B Va-P¹ (=*II *Ia) P²-J²-J³ (=*III) Br-S¹ (=*IIIa): πρόσχες (a); A-AC-Ath: πρόσεχε (ca); C^(cod.): †πρὸσέλθωντ† (=πρόσελθον – Analogiebildung nach παίδευσον?) (dca); J¹-E¹: ἅψαι (ea); E²: φάγε (fa). **18,5c** St An₂ A (=*Ia) Va (=*II): τῷ φυτῷ; AV Pa B AC Ath P¹ P²-J²-J³ (=*III): τὸ φυτόν; Br-S¹ (=*IIIa): εἰς τὸ φυτόν; J¹-E¹ τοῦ φυτοῦ. Der Dativ ist durch Leitzeugen von *Ib¹, *Ia und *II belegt, die ansonsten Vulgarismen keinesfalls vermeiden. Daher ist er hier in den Haupttext aufzunehmen. Daß der Akkusativ so oft vertreten ist, ist dem allgemeinen Dativschwund in der Koine zuzuschreiben und legt sich hier besonders nahe, da durch den Zusammenfall der Vokalquantitäten und den Schwund des auslautenden -ν in der Aussprache τῷ φυτῷ und τὸ φυτόν nicht mehr unterscheidbar waren.⁷ **18,5d** Br-S¹ (=*IIIa): τί ὡραῖον εἰς ὅρασίν ἐστι καὶ καλὸν εἰς βρῶσιν (vgl. Gen 3,6 𝕲). **18,5e** A-(AC)-Ath-(C) (=*Ia) (VitAd

---

⁶ Eine Substitution des femininen (und neutrischen) Partizips durch das masculinische ist im vulgären Griechisch breit belegt, vgl. HATZIDAKIS 144 und DIETERICH 207-208.

⁷ Zum Dativschwund und seinen lautgesetzlichen Ursachen vgl. DIETERICH 151-152. Zur Dativsubstitution im Neugriechischen vgl. THUMB § 54: V.a. der Genitiv ersetzt den Dativ, daneben auch der Akkusativ (v.a. im Norden) und εἰς / σέ / ᾽ς + Akkusativ.

[arm]) (VitAd[georg]) (VitAd[latᵖ]) (Va)-P¹ (=*II): ᵃᵇμεγάληνᵇ ᶜπερὶ αὐτοῦᶜᵃ⁸. *Ia ergänzt περὶ αὐτοῦ und faßt damit die Eva verheißene »große Doxa« als Sphäre um den Baum auf; AC begreift sie als Doxa Gottes. **18,5f** (A)-(AC)-(Ath)-(C) (=*Ia) (VitAd[arm]) (VitAd[georg]): ᵃᵇἐγὼ δὲ ‘‘ᶜ ᵈπροσέσχονᵈ ᵉτῷ φυτῷᵉ ᶠκαὶᶠ εἶδον ᵍδόξαν μεγάλην περὶ αὐτοῦᵍᵇ. ʰⁱεἶπονⁱ δὲ αὐτῷ ὅτι ὡραῖόν ᵏἐστιν τοῖς ὀφθαλμοῖςᵏ ᵐκατανοῆσαιᵐʰᵃ⁹ (sq. NAGEL); rell: txt; Va P¹: def. Anders als im Kurztext kommt Eva hier der Aufforderung der Schlange nach, sich dem Baum zu nähern. Doch Eva müßte sich dann von der Mauer, wo das Gespräch stattfindet, abwenden und in den Garten begeben; in 19,1 heißt es aber, daß sie der Schlange das Paradies öffnet, ohne daß von einer Rückkehr Evas aus dem Garten berichtet worden wäre. Die Passage wird daher interpoliert sein. Sie weist Anklänge an Gen 3,6 auf (𝔊: καὶ εἶδεν ἡ γυνή, ὅτι καλὸν τὸ ξύλον εἰς βρῶσιν, καὶ ὅτι ἀρεστὸν τοῖς ὀφθαλμοῖς ἰδεῖν καὶ ὡραῖόν ἐστιν τοῦ κατανοῆσαι), das im Folgenden wesentlich raffinierter umgesetzt wird als hier (vgl. 19,3). Aus der Feststellung des Erzählers in Gen 3,6 ist hier eine Mitteilung Evas an die Schlange geworden – eine solche dialogisierende Umsetzung von Bibelzitaten begegnet in der frühen jüdischen und christlichen Literatur des öfteren (vgl. K X,3, Anm. 18). **18,5g** An dieser Stelle setzt Bertrand 18,6 an. **18,5/19,3H** (Va)-(P¹) (=*II): καὶ λαβοῦσα ἀπὸ τοῦ καρποῦ ἔφαγον; (Br)-(S¹) (=*IIIa): ᵃπειθοῦσαᵃ οὖν ἐγὼ τοῖς λόγοις αὐτοῦ ‘‘ᵇ, μᾶλλον ᶜδὲᶜ δελεασθεῖσα καὶ τῇ ἐπιθυμίᾳ χαυνωθεῖσα - λέγω γὰρ ὑμῖν, τέκνα μου, ὅτι πᾶσα ἁμαρτία ἐκ τῆς ἐπιθυμίας τίκτεται – λαβοῦσα τοίνυν ἀπὸ τοῦ καρποῦ ἔφαγον¹⁰ (Kurzfassung der Passage mit Allusion an Jac 1,15 – anknüpfend an 19,3 [ἐπιθυμία γάρ ἐστι πάσης ἁμαρτίας]). **18,5/19,1I** P²-J²-J³ (=*III) (ApcMos[arm]) (J¹) (E¹)-(E²): ᵃᵇἤνοιξα δέ, καὶ εἰσῆλθενᵇ ᶜἔσω εἰς τὸν παράδεισονᶜ ‘‘ᵈ. ᵉκαὶᵉ ‘‘ᶠ λέγει μοι· δεῦρο, ἀκολούθει μοι, καὶ δώσω σοιᵃ.¹¹ **18,5k** St: ἐφοβήθην δέ

---

⁸ Varianten: **a-a** VitAd(arm): »welche Herrlichkeit um den Baum ist«; VitAd(georg): »autour de lui sa magnificence«; VitAd(latᵖ): *quali gloria circumdata est*. **b-b** AC C: om. **c-c** AC: θεοῦ; C: αὐτοῦ; Va: ἐν αὐτῷ ἀπαστράπτουσαν.

⁹ Varianten: **a-a** VitAd(arm) (nach Bᵛ Cᵛ zu ergänzen, vgl. STONE, CSCO 429, S. 16 App.): »es ibreu hayecʻay i caṙn eu tesi zcaṙn zi mec pʻarkʻ êin šurǰ znovau, asem cʻna: bari ê caṙn eu hačoy tʻouecʻau yašs im« (»Als ich zum Baume blickte und sah, daß große Herrlichkeit um ihn war, sagte ich zu ihr (sc. der Schlange): ‚Gut ist der Baum und lieblich erscheint er meinen Augen‘«); Vit Ad(georg): »or moi, quand jʻeus vu autour de lui sa magnificence, alors je dis: ‚Cet arbre est bon et son fruit est remarquable à mes yeux‘«. **b-b** AC: om. (hapl: In AC steht vor der ausgelassenen Phrase jetzt δόξαν θεοῦ [vgl. °18,5e], in der vorausgehenden Überlieferung jedoch vermutlich δόξαν μεγάλην περὶ αὐτοῦ [vgl. A].). **c** C: ἀκούσασα τοὺς ἀπατηλοὺς λόγους αὐτοῦ. **d-d** A⁽ᶜᵒᵈ⁾: προσέσχον (= προσέσχών – Partizip: Dies ergibt sich aus °f-f; zur Ersetzung des Femininums durch das Maskulinum beim Partizip vgl. DIETERICH 207–208). **e-e** A: τῷ φυτῷ; Ath: τὸ φυτόν; C: τὸν φυτόν. **f-f** A: om. (vgl. °d-d). **g-g** A: δόξαν μεγάλην περὶ αὐτοῦ; Ath: δόξαν μεγάλην περὶ κύκλῳ αὐτοῦ; C: τὴν δόξαν αὐτοῦ. **h-h** C: καὶ κατανοήσας αὐτὸ ὅτι ὡραῖόν ἐστιν τοῖς ὀφθαλμοῖς καὶ διανοηθείση (zu κατανοήσας vgl. °c, διανοηθείση [Cod: διάνοηθήσοι] ist Analogiebildung zu den Feminina auf -η). **i-i** Ath: εἶπεν. **k-k** A-C: ἐστιν τοῖς ὀφθαλμοῖς; AC: τοῖς ὀφθαλμοῖς; Ath: τοῖς ὀφθαλμοῖς ἐστιν. **m-m** A: κατανοῆσαι; AC: τοῦ κατανοῆσαι; Ath: om; C: καὶ διανοηθεῖσα (vgl. °h-h).

¹⁰ Varianten: **a-a** Br⁽ᶜᵒᵈ⁾: †πισττοῦσα†; S¹⁽ᶜᵒᵈ⁾: ποιθοῦσα. **b** Br: †ἐγώ†. **c-c** Br: om. (hapl.).

¹¹ Varianten: **a-a** ApcMos(arm): »*Und als ich das von ihr [sc. der Schlange] Gesagte gehört hatte*, öffnete ich *die Tür* des Paradieses und ging in den Luxus-Garten hinein, *denn ich war draußen gewesen, als die Schlange mit mir geredet hatte. Sie aber sagte, wie sie hinter mir ging,* zu mir: ‚Folge mir, ich gebe dir *von der Frucht*‘.« Der *III-Text liegt zugrunde, ist aber durch explikative Glossen erweitert (kursiv). Eine Sonderstellung nimmt »*denn ich war draußen*

(sq. Bertrand, Nagel); AV: ἐφοβήθην ἐγώ; (An₂)-Pa: ἐφοβήθην γάρ; B: φοβηθεῖσα δὲ κἀγώ; A-AC-Ath-(C) (=*Ia⁷): καὶ ἐφοβήθην (vgl. *Ia in °18,5f – Folgekorrektur?); rell: def. (vgl. °18,5/19,3H; °18,5/19,1I). **18,5m** (St) A-AC-(C) (=*Ia): δώσω σοι, ἀκολούθει μοι (sq. Nagel) (a); AV B (P²)-(J²)-(J³) (=[*III]) (J¹)-(E¹)-(E²): ἀκολούθει μοι, καὶ δώσω σοι (sq. Bertrand) (ba); An₂-Pa: καὶ δώσω σοι (zu *III vgl. °18,5/19,1I) (ca?/cba?); Ath: δώσω σοι (da). **19,1a** St AV Pa P²-J²-J³ (=*III): ἤνοιξα δέ (a); An₂: ἤνοιξε δέ (ba); B: καὶ ἀνοιξάσης μου τὸν παράδεισον (ca); A-AC-Ath (=*Ia⁷) (VitAd[arm]) (VitAd [georg]) (VitAd[latᴾ]): ἤνοιξα δὲ αὐτῷ (da); C: ἤνοιξε δὲ αὐτός (ea); ApcMos(arm): »ich öffnete die Tür des Gartens« (fa); J¹-E¹-E²: om. (ga); Va P¹ Br S¹: def. An₂ und C machen den Teufel zum Subjekt. **19,1b** St AV An₂-Pa A (=*Ia) J¹ (=*III): ἔσω εἰς; AC: μέσον εἰς; Ath-C: εἰς; P²-J²-J³(codd): ἔσσω εἰς; B Va P¹ Br S¹: def. **19,1c** J¹: †ἐὰν δὲ μὴ ὁμόσῃς μοι, ὅτι δίδεις καὶ τῷ ἀνδρί σου†; E¹: ἐὰν μὴ ὁμόσῃς με, ὅτι δίδεις καὶ τῷ ἀνδρί σου 'Αδάμ, οὐκ ἀκολουθῶ σοι, οὐ συνοδεύω σοι· ἀλλ' οὐ μετέχεις ⟨μου συναυλίας⟩ (Ergänzung nach Nagel III, 136₁); E²: ἐὰν μὴ ὁμόσῃς, ὅτι δίδεις καὶ τῷ ἀνδρί σου, οὐ συνοδεύω σοι. **19,1d** St AV A-AC-Ath (=*Ia) P²-J²-J³ (=*III): μεταμεληθείς; An₂-Pa (B) (C): μετεμελήθην; Va P¹ Br S¹ J¹ E¹ E²: def. **19,1e** St AV An₂-Pa B P²-J²-J³ (=*III) ApcMos(arm): txt; (A)-(AC)-(Ath)-(C) (=*Ia⁷) (VitAd[georg]): ᵃταῦτα ᵇδὲᵇ ᶜεἶπενᶜ θέλωνᶜ εἰς τέλος δελεάσαι ''ᵈμεᵃ¹² (sq. Nagel); VitAd(arm) VitAd(latᴾ) Va P¹ Br S¹ J¹ E¹ E²: def. **19,1f** A-AC-Ath-(C) (=*Ia⁷) (VitAd[arm]) (VitAd[georg]): καὶ λέγει μοι· ὅμοσόν μοι (Folgekorrektur zur *Ia⁷-Sonderlesart in °19,1e – von Nagel nicht übernommen, obwohl er *Ia⁽⁷⁾ in °19,1e folgt. So entsteht bei ihm ein syntaktisch stark gestörter Text); VitAd(latᴾ) Va P¹: def. **19,1g** St AV A-Ath-C (=*Ia) P²-J²-J³ (=*III) J¹-E¹-E²: ὅτι δίδεις; An₂-Pa AC: ὅτι δώσεις; B: δοῦναι. Δίδεις ist irregulär (Analogiebildung nach der thematischen Konjugation – für δίδωμι in der Koine nicht ungebräuchlich, vgl. Dieterich 220–221). **19,2a** P²-J²-J³ (=*III) (ApcMos[arm]) J¹-(E¹): μὴ νοοῦσα τὸν δόλον αὐτοῦ καὶ τὴν ἀπάτην; E²: def. **19,2b** St A-Ath (=*Ia) P²-J² (=*III) ApcMos(arm): ὅτι; AV AC C (J³) J¹-E¹-E²: om; An₂ Pa B Va P¹ Br S¹: def. **19,2c** An₂-Pa: καὶ σεραφίμ; E¹: τὰ σεραφίμ τὰ ἐξαπτέρυγα τὰ πολυόμματα, καὶ μὰ τοὺς ἀγγέλους αὐτοῦ; E²: καὶ τὰ σεραφίμ καὶ μὰ τοὺς ἀγγέλους αὐτοῦ. **19,2d** A-AC-Ath-C (=*Ia² *Ia⁷) (VitAd [arm]): φαγεῖν; Va P¹: def. **19,3a** J¹: καὶ ἦλθε καὶ ἔθετο ἐπὶ τὴν χεῖραν μου τὸν καρπόν, καὶ ἔδωκέ μοι φαγεῖν τὸν ἰὸν τῆς κακίας αὐτοῦ, τοῦτ' ἐστὶν τὴν ἐπιθυμίαν· ἐπιθυμία γάρ ἐστι πάσης ἁμαρτίας. καὶ κλίνας τὸν κλάδον ἐπὶ τὴν γῆν καὶ ἔλαβον ἀπὸ τοῦ δένδρου καὶ ἔφαγον (a). E¹: ἦλθε καὶ ἔκλινε τὸν κλάδον, καὶ ἐγὼ ἔλαβον ἐν τῇ χειρί μου καρπόν, καὶ ἔδωκέ μοι φαγεῖν· τοῦτ' ἐστὶν τὴν ἐπιθυμίαν πάσης ἁμαρτίας, καὶ ἔφαγον τὸν κάρπον αὐτοῦ (ba); E²: ἦλθε καὶ ἔκλινε τὸν κλάδον, καὶ ἔδωκέ μοι καρπὸν, καὶ ἔφαγον, τοῦτ' ἐστὶν τὴν ἐπιθυμίαν πάσης ἁμαρτίας (cba). **19,3b** ApcMos(arm): »Da kam er, näherte sich dem Baum und nahm mir von der Frucht den

---

gewesen, als die Schlange mit mir geredet hatte« ein. Dieser Zusatz wäre nicht nötig gewesen, wenn nicht irrtümlicherweise Eva (statt der Schlange) in das Paradies ginge. Dieser Fehler kann auf die griechische Vorlage zurückgehen (εἰσῆλθον statt *εἰσῆλθεν [so *III], vgl. J¹ in °b-b), kann aber auch in der armenischen Überlieferung entstanden sein (»mtay« aus *»mtau«). **b-b** J¹: ἐγὼ δὲ εἰσῆλθον (vgl. die Folgekorrektur in °d-d und den analogen Fehler in der ApcMos[arm], s. °a-a); E¹-(E²): εἰσελθόντος δὲ αὐτοῦ. **c-c** (P²)-(J²)-(J³) J¹: ἔσω εἰς τὸν παράδεισον (zu P² etc. vgl. °19,1b); E¹: ἐντὸς τοῦ παραδείσου; E²: ἐν τῷ παραδείσῳ. **d-d** J¹: καὶ αὐτὸς μετ' ἐμοῦ (Folgekorrektur zu °b-b). **e-e** P²-J²-J³ J¹ E²: καί; E²: om. Nur in E² stimmt damit der Anschluß an den in E¹-E² vorhergehenden Gen.abs. (vgl. °b-b). **f** E¹: ὁδεύων.

¹² Varianten: **a-a** VitAd(georg): »mais lui, mes fils, commença de ruser avec moi«. **b** A-AC: δέ; C: μοι; Ath: om. **c-c** A: εἰπών, θέλων (ba); AC: εἰπόντος αὐτοῦ, θέλοντος (cba); Ath: εἶπεν (da); C: εἶπεν ὁ ἐχθρὸς, θέλων (ea); *Ia: εἶπε θέλων (a). **d** C: καὶ ἀπολέσαι.

Sprößling seiner Bosheit, d.h. die Begierde, denn die Begierde ist der Anführer aller Sünden«. Der »Sprößling seiner Bosheit« geht auf ein Verderbnis in der griechischen Überlieferung zurück (*υἱόν statt *ἰόν, vgl.°19,3d). **19,3c** (A)-(AC)-(Ath)-C (=*Ia² *Ia⁷) (VitAd[arm]) (VitAd[georg]) VitAd(latᵖ): ᵃκαὶ ᵇἐπέβη ᵇ ἐπ᾽ ᶜαὐτόᶜᵃ¹³ (»und sie [sc. die Schlange] stieg auf ihn [sc. den Baum«) (sq. NAGEL, doch vgl. Anm. °c-c); Va P¹ LibAd(slav) Br S¹: def; rell: txt. Gedanklich paßt καὶ ἐπέβη ἐπ᾽ αὐτό gut: Um ihr Gift auf die Frucht zu legen, steigt die Schlange auf den Baum. Syntaktisch aber stört es: Αὐτό hat nur ein sehr entferntes Referenzwort (ξύλον τῆς ζωῆς); läse man αὐτόν (vgl. Anm. °b-b), müßte es einem anderen Referenzwort (καρπόν) vorangehen, was für ein Pronomen ungewöhnlich ist. Wahrscheinlich hat *Ia dieses Syntagma am Rande etwas mißverständlich (und ohne Rücksicht auf den Kontext) notiert, so daß sein Kopist es fehlerhaft übernommen hat (ähnlich in °16,2f). **19,3d** A-(AC) (C): ἔθετο δέ; Ath (=*Ia) et rell: καὶ ἔθετο; Va P¹: def. **19,3e** St (B): om. **19,3f** B AC ApcMos(arm): υἱόν (zu ApcMos[arm] vgl. °19,3b). **19,3g** St AV An₂ (A)-(AC)-(Ath)-(C) (=*Ia): τῆς ἐπιθυμίας (zu Aᵉᵗᶜ vgl. °19,3h); Pa: τὰς ἐπιθυμίας; B P²-J²-J³ (=*III) ApcMos(arm) J¹: τὴν ἐπιθυμίαν (sq. BERTRAND); Br S¹ E¹ E²: def. **19,3h** A-AC-Ath-C: αὐτοῦ; VitAd(arm) (=*Ia) et rell: txt; Vit Ad(georg) VitAd(latᵖ) Va P¹ LibAd(slav): def. **19,3i** St AV (VitAd[arm]) (=*Ia) P²-J²-J³ (=*III) J¹-(E¹): ἐπιθυμία γάρ ἐστι πάσης ἁμαρτίας (VitAd[arm]: »das ist die Begierde nach Sünden, Ehebrüchen, Unzucht, Gier«); An₂-(Pa): ἐπιθυμία γάρ ἐστι πᾶσα ἁμαρτία; B: ἐπιθυμία γάρ ἐστι ῥίζα καὶ ἀρχὴ πάσης ἁμαρτίας; A-(AC)-Ath-C: ἐπιθυμία γάρ ἐστι κεφαλὴ πάσης ἁμαρτίας (sq. BERTRAND, NAGEL); ApcMos(arm): »kʻanzi cʻanoutʻiunn ê aṙajnord amenayn mełacʻ« (»denn die Begierde ist Anführer aller Sünden«); VitAd(georg) VitAd(latᵖ) Va P¹ LibAd(slav) Br S¹ E²: def. **19,3k** St: καὶ κλίνας τὸν κλάδον ἐπὶ τὴν γῆν ἔλαβεν (ba); AV: καὶ κλίνας μοι τὸν κλάδον ἐπὶ τῆς γῆς ἔλαβον (ca); An₂-Pa VitAd(arm) (=*Ia) (b) P²-J²-J³ (=*III) (ApcMos[arm]) (J¹): καὶ κλίνας τὸν κλάδον ἐπὶ τὴν γῆν ἔλαβον (a); A-Ath-(C): καὶ ἔκλινα τὸν κλάδον ἐπὶ τὴν γῆν καὶ ἔλαβον¹⁴ (da); E¹-(E²): καὶ ἔκλινεν τὸν κλάδον καὶ ἐγὼ ἔλαβον ἐν τῇ χειρί μου (ea); AC VitAd(georg) VitAd(latᵖ) Va P¹ LibAd(slav) Br S¹: def. Die Partizipialkonstruktion κλίνας - ἔλαβον ist problematisch: Mit Eva (= 1. Sg.f.) als Subjekt zu κλίνας wäre κλίνασα zu erwarten, mit der Schlange ein Gen. abs. (κλίναντος αὐτοῦ o.ä.). Doch beide Auffassungen sind volkssprachlich möglich; sowohl Nominativa absoluta als auch Genus-

---

¹³ Varianten: **a-a** A Ath: καὶ ἐπέβην ἐπ᾽ αὐτόν (dies bedeutet entweder »und ich stieg auf sie [sc. die Schlange] oder »und sie stieg auf sie [sc. die Frucht] – zur ersten Übersetzung vgl. ARN 1,10; Ber R 19,1 zu Gen 3,1; PRE 13,2 [die Schlange ähnelte ursprünglich einem Kamel]; die zweite setzt voraus, daß ἐπέβην als 3. Sg. aufzufassen ist [Analogiebildung nach ἦν oder Formen wie ἀνενεώθην für die 3. Sg. Aor. Pass., vgl. DIETERICH 249]); AC: καὶ ἐπέβη ἐπ᾽ αὐτόν (»und sie [sc. die Schlange] stieg auf sie [sc. die Frucht]«); C: καὶ ἐπέβη ἐπ᾽ αὐτό (»und sie [sc. die Schlange] stieg auf ihn [sc. den Baum]«); VitAd(arm): »und sie [sc. die Schlange] führte mich auf den / zu dem Baum«; VitAd(georg): »et m'y tint attaché«; VitAd(latᵖ): *ascendens ergo in eam* (sc. *arborem*) (»und indem sie [sc. die Schlange] auf ihn [sc. den Baum] stieg«). Grund der Variantenbildung ist zum einen die unsichere Referenz von *αὐτό, zum anderen die morphologische Instabilität der 1./3. Sg. Aor. Ind. von ἐπιβαίνω. **b-b** A Ath: ἐπέβην; AC-C (VitAd[arm]) (VitAd[georg]) VitAd (latᵖ): ἐπέβη. **c-c** A-AC Ath: αὐτόν (sq. NAGEL); C Vit Ad(arm) (VitAd[georg]) VitAd(latᵖ): αὐτό.

¹⁴ VitAd(arm): »und sie [die Schlange] bog den Ast des Baums herab bis zur Erde, und ich nahm« (mit Bᵛ ist *zost* statt *zosts* zu lesen, vgl. STONE 17₃₆); ApcMos(arm): »und sie [die Schlange] hängte sich an den Ast des Baumes der Erkenntnis und bog ihn zur Erde nieder, und ich nahm« (nach Bᵃ Cᵃ ist »eu« zu ergänzen, vgl. YOV. 10₁).

inkongruenzen bei Partizipialkonstruktionen sind in der vulgären Koine belegt.[15] In der Überlieferung sind denn auch beide Interpretationen von *κλίνας vertreten: Vit Ad(arm) und ApcMos(arm) lassen die Schlange den Ast zur Erde hinabbeugen, desgleichen St, indem dort ἔλαβο̲ν̲ zu ἔλαβε̲ν̲ emendiert ist. A[etc] hingegen schreiben diese Aktivität Eva zu. Die Parallele in Apc Mos 21,5 (Verführung Adams durch Eva) legt nahe, daß hier (wie dort) ein Nominativus absolutus mit dem Verführenden als Subjekt vorliegt. Dafür spricht auch, daß der Kontext auf eine Minimierung der Eigenaktivität der Verführten hinausläuft (vgl. die Exegese). BERTRAND übersetzt: »J'inclinai la branche vers la terre, pris <du fruit et mangeai>«. **20,1a** AC Va Br-S¹ (=*IIIa) J¹-E¹-E²: om. **20,1b** C Va-P¹ (=*II): μου οἱ ὀφθαλμοί; AC: ἡμῶν οἱ ὀφθαμοί; A-Ath (=*Ia) et rell: txt. **20,1c** (Br)-(S¹) (=*IIIa): καὶ εἶδον εὐθὺς τὴν ἐμὴν γύμνωσιν. καὶ τότε ἔγνων τὴν χάριν τοῦ θεοῦ, ἧς ἤμην ἐνδεδυμένη, καὶ ἔμαθον, ὅτι ἠπατήθην. **20,1d** St (AV) Pa P¹ J¹-E¹-E²: ἔγνω (Nasalschwund im Auslaut?)[16]; An₂ B A-Ath -C (=*Ia) Va (=*II) P²-J²-J³ (=*III) Br-S¹ (=*IIIa): ἔγνων; AC: def. **20,1e** Va-P¹ (=*II) LibAd (slav): om. **20,2a** P²-J²-J³ (=*III) (ApcMos[arm]) Br-S¹ (=*IIIa) J¹-(E¹)-(E²): πρὸς τὸν ὄφιν. **20,2b** St: ἐποίησα (sq. MEISER/MERK, doch vgl. 21,6: Dort ist die Reaktion des Verführten eine Anklage gegen den Verführenden, so wird es auch hier sein) (ba); B P²-J²-J³ (=*III) ApcMos (arm) Br-S¹ (=*IIIa) J¹-E¹-E²: ἐποίησας (a); A-Ath-(C) (=*Ia) VitAd(arm) (VitAd[lat^p]): ἐποίησάς μοι (ca); P¹ (=*II): ἐποίησας ἡμῖν (dca); Va: †ἐποίησα† ἡμῖν (edca); An₂ Pa AC: def. **20,2c** C: πλάνε; P²-J²-J³ (=*III) (ApcMos[arm]) Br-S¹ (=*IIIa) J¹-E¹-E²: πονηρώτατον ζῷον. **20,2d** St AV A-Ath (=*Ia): ὅτι ἀπηλλοτριώθην (a); An₂: πῶς ἀπηλλοτριώθην (ba); Pa: ὦ ἀπηλλοτριώθην (ca); B C P¹: καὶ ἀπηλλοτρίωσάς με (da); Va: σὺ ἀπηλλοτρίωσάς με (eda); P²-J²-J³ (=*III) (ApcMos[arm]) Br-S¹ (=*IIIa) J¹-E¹-E²: ὅτι ἠπάτησάς με, καὶ ἀπηλλοτριώθην (fa); AC: def. **20,2e** St: ἀπό; AV An₂ A-Ath-C: ἐκ BERTRAND, NAGEL); Pa B Va-P¹ (=*II *Ia) P²-J²-J³ (=*III) Br-S¹ (=*IIIa) J¹-E¹-E²: txt (ἀπαλλοτριόω + Genitivus separativus auch in 21,6 überlegen bezeugt [vgl. °21,6b], in 42,5 sogar unumstritten. In der Bedeutung »jmd. entfremden bzw. fremd sein« ist diese Konstruktion auch anderswo die gewöhnliche, vgl. PASSOW s.v. [I/1,295b: ἀπαλλ. τινά τινος] und LSJ s.v. ἀπαλλότριος [176b], ferner Jos, Ant IV,3; Sir 11,34; Test Benj 10,10; Test Hiob 7,4.10; 26,3; Eph 2,12; 4,18; 1. Clem 6,3; 14,2); AC: def. **20,2f** A-Ath-C (=*Ia) Va-P¹ (=*II): ἧς ἤμην ἐνδεδυμένη (Ergänzung nach 20,1; sie identifiziert Evas δόξα mit ihrer δικαιοσύνη) (sq. NAGEL); AC VitAd(arm) VitAd(georg) VitAd (lat^p): def. **20,3a** P²-J²-J³ ApcMos(arm) Br-S¹ (=*IIIa) J¹-E¹-E²: ταῦτα ἀκούσας. **20,3b** St B Ath: ἀπο; AV An₂-Pa A-C (=*Ia) P²-J²-J³ (=*III) J¹-E¹: ἐκ; AC Va P¹ E²: def. **20,3c** P²-J²-J³ J¹-E¹-E²: ἐγένετο ἄφαντος; Br-S¹ (=*IIIa *III) et rell: ἄφαντος ἐγένετο. **20,4a** An₂ Br-S¹ (=*IIIa): om. Durch diese Auslassung unterdrückt *IIIa die Unterteilung des Paradieses in Sektoren, vgl. °20,4h. Schon in Apc Mos 15,2-3 hatte *III dies Moment beseitigt (vgl. °15,2/3A), doch nur *IIIa hat diese Arbeit hier konsequent fortgesetzt. **20,4b** D-St AV An₂-Pa B P²-J²-J³ ApcMos (arm) Br-S¹ (=*IIIa) J¹-E¹-E²: om. (sq. BERTRAND, NAGEL) (ht, vgl. °20,4g); (A)-(Ath)-(C) (=*Ia) (VitAd[arm]) (VitAd [georg]) (Va)-(P¹) (=[*II]): ἀπὸ τῶν φυτῶν τοῦ παραδείσου, ἐπειδή, ἅμα ἔφαγον (sq. TISCHENDORF); AC VitAd(lat^p) LibAd(slav): def. **20,4c** (A)-(Ath)-C (=*Ia): ἀπὸ τῶν φυτῶν τοῦ παραδείσου, ἐπειδή; VitAd(arm) VitAd(georg) (=VitAd[gr]): ἀπὸ πάντων τῶν φυτῶν, ἐπειδή[17]; Va-P¹: om. (ht: ἀπὸ - ἅμα); AC VitAd(lat^p) LibAd(slav) et rell: def. **20,4d** A Ath: τὰ

---

[15] Zum Nom. abs. vgl. Apc Mos 21,5; zu Genusinkongruenzen beim Partizip HATZIDAKIS, 144; DIETERICH, 207–208.

[16] AV liest ἐγνῶ, der Zirkumflex könnte auf eine Linea nasalis in der Vorlage zurückgehen. Zum Ausfall des auslautenden -ν vgl. DIETERICH 88–91.

[17] In VitAd(arm) ist nach C^v »yamenayn tounks« zu ergänzen, vgl. »amenayn tounks« in A^v (so STONE 18₂₁).

φυτά; C: τῶν φυτῶν (=*Ia); rell: def. (vgl. °20,4b). **20,4e** A-Ath (=*Ia) VitAd(georg): ἅμα ἔφαγον; C: ἅμα †ἔφυγον†; Va: ἅμα δὲ ἐγὼ ἔφαγον ἀπὸ τοῦ ξύλου; P¹: †ἔφαγον†; AC VitAd(arm) VitAd(latᴾ) LibAd(slav) et rell: def. (vgl. °20,4b). **20,4f** ApcMos (arm): »denn die Blätter aller Bäume hielten nicht an meinem Körper« – dem Übersetzer leuchtete wohl (verständlicherweise) nicht ganz ein, warum die Blätter, weil sie zu Boden gefallen sind, unauffindbar gewesen sein sollen. Daher hat er das Motiv von den herunterfallenden Blättern anders verwendet. **20,4g** St AV P²-J²-J³ (=*III) (Br)-(S¹) (=[*IIIa]) J¹-E¹-E²: ἅπαντα γὰρ τὰ φυτά (sq. NAGEL) (ba); An₂-Pa: τῶν δένδρων γὰρ πάντων (cba); B: ἀπὸ πάντων γὰρ τῶν φυτῶν (dba); A-Ath-(C) (=*Ia) (Va) (P¹): πάντων τῶν φυτῶν (ea); *I: ‹ἀπὸ› πάντων τῶν φυτῶν (a); BERTRAND: πάντων γὰρ τῶν φυτῶν. Sowohl ἅπαντα als auch πάντων sind aus ἀπὸ πάντων entstanden (in B sekundär wiederhergestellt). Mit dieser Lesung erklärt sich auch der Textausfall in °20,4b. **20,4h** Br-S¹ (=*IIIa): om. (vgl. °20,4a). **20,4i** St Pa Ath (=*Ia) Va-P¹ (=*II) P²-J²-J³ (=*III) J¹-E¹-E²: κατερρύη; An₂ A Br-S¹ (=*IIIa): κατερρύην (zu -θην/ην in der 3. Sg. Aor. Passiv und vergleichbaren Formen vgl. DIETERICH 249); C⁽ᶜᵒᵈ⁾: ἐκατέρη (doppeltes Augment); AV⁽ᶜᵒᵈ⁾: κατερρυεν. **20,4k** P²-J²-J³ Br-S¹ (=*IIIa) J¹-E¹-E²: αὐτῶν. **20,4m** Σύκον (Feige) steht hier antonomastisch für συκῆ (Feigenbaum), P¹ E²: τῆς συκῆς μόνης (vgl. °20,5b). **20,5a** St AV Ath: φύλλα ἀπ' αὐτοῦ (nach εὗρον ἀπ' αὐτοῦ in 20,4) (ba); An₂ A (=*Ia): φύλλα ἐξ αὐτοῦ (a); Pa AC: ἐξ αὐτοῦ φύλλα (ca); C: μόνου τὰ φύλλα λαβοῦσα ἐξ αὐτοῦ statt λαβοῦσα ἐξ αὐτοῦ φύλλα (da); Va: ἐξ αὐτοῦ (ea); P¹: φύλλα τῆς συκῆς (vgl. °20,4m) (fa); P²-J²-J³ (=*III) J¹-E¹: ἀπ' αὐτοῦ (vgl. ba) (ga); Br-S¹ (=*IIIa): om. (hga); E²: ἀπ' αὐτῆς (vgl. °20,4m) (iga). **20,5b** St: ἑαυτήν; AV(C) J³: ἐμαυτήν; A-Ath (=*Ia) P²-J² (=*III): ἐμαυτῇ; AC: ἐποιήσαμεν ἑαυτοῖς περιζώματα statt ἐποίησα ἐμαυτῇ περιζώματα (vgl. ἐποίησαν ἑαυτοῖς περιζώματα in Gen 3,7 𝕲); Br: ἐξ αὐτῶν; S¹ (=*IIIa): ἑαυτῆς; An₂-Pa Β Va-P¹ (=*II) J¹-E¹-E²: om.

1. Gliederung und Inhalt

Als Ergebnis der Arbeit an der vorhergehenden Perikope ist hier festzuhalten, daß Eva, bevor 17,1–2 durch eine in den Text »gerutschte« Marginalglosse entstellt wurde, von der Schlange bzw. dem Teufel in der Schlange verführt wurde, nicht aber durch den Satan in Gestalt eines Engels. Dieser ursprüngliche Textsinn erschließt sich freilich erst aufgrund der im K X,4 vorgenommenen diachronen Analyse; rezeptionsgeschichtlich ist nachweisbar nur die erweiterte (bzw. entstellte) Textform relevant gewesen. Doch hier soll es um die ursprüngliche gehen, da nur diese auf einer Autorenintention beruht.

Der Abschnitt über die Verführung Evas ist ungleich länger als der über die Verführung der Schlange, auch die Perikope über Adams Verführung ist nicht so umfangreich. Die Ursache dafür liegt in der Grundstruktur von Apc Mos 15–30: Es wird dort Gen 3 ausgelegt, und auch dort nimmt die Verführung der Frau mehr Platz ein als die Adams; eine Verführung der Schlange durch den Teufel kommt dort gar nicht vor. In seiner Ausführlichkeit zeigt der Bericht die Verführung vor allem als einen rhetorisch komplizierten Prozeß. Die Verführte ist dabei in erster Linie passiv, in ihrer Passivität aber auch zögerlich: Anders als in den anderen Verführungsszenen muß der Verführer zwei »Angstschwellen« bei seiner »Klientin« überwinden (18,2; 18,5). Daß dies Gespräch so lange dauert, wird narrativ aufgrund der in 15,2–3 erwähnten Aufteilung des Paradieses zwischen Adam und Eva plausibel; beide sind also getrennt und Eva somit für die Schlange ohne weiteres in ein Gespräch zu verwickeln. Daß Adam Eva hätte schützen können, wenn er in der Nähe gewesen wäre, wird allerdings – anders als in Apc Mos 7,2 – nicht angedeutet.

Die Perikope läßt sich in 6 Unterabschnitte gliedern: Apc Mos 17,2b–3 (I) schildert die Aufnahme des Gespräches durch die Schlange; sie erkundet den Namen ihrer Gesprächspartnerin und will wissen, was sie im Paradies zu tun hat. Wie schon in Apc Mos 16,1 fängt das Gespräch zwischen Verführer und Verführtem mit einer Initiative des Verführers an, die zunächst völlig harmlos erscheint.

In 17,4–18,2 (II) weckt die Schlange in Eva das grundsätzliche Interesse, von dem verbotenen Baume zu essen; sie werde dann den besonderen Wert (τιμή) des Baums schon erkennen. Doch Eva äußert Furcht vor Gottes Zorn – ein Moment, welches diese Verführungsszene mit den beiden anderen verbindet (vgl. 16,4; 21,4).

Im nachfolgenden Abschnitt (18,3–5a [III]) entgegnet die Schlange dieser Furcht mit einer Aufforderung an Eva, daß sie sich nicht fürchten solle (auch dies eine Strukturparallele, vgl. 16,5; 21,4) und begründet dies mit dem Hinweis, (daß Adam und Eva mit dem Verzehr der Frucht »wie Götter« (ὡς θεοί) und daher zur Unterscheidung zwischen Gut und Böse befähigt sein würden; Gott aber habe ihnen die daraus resultierende Ähnlichkeit mit ihm selbst geneidet. Anschließend daran fordert sie Eva auf, sich dem Baume zuzuwenden; sie werde dann »große Herrlichkeit« (δόξα μεγάλη) sehen (18,5a). Diese Aufforderung ist durch den Hinweis der Schlange auf die τίμη des Baums in 18,1 vorbereitet, doch wird hier mit δόξα ein neuer Begriff verwendet, der später im Zusammenhang mit den Konsequenzen der Gebotsübertretung eine Rolle spielen wird, insofern Adam und Eva dort gerade δόξα verlieren (20,2; 21,6) bzw. von dieser getrennt werden (21,2). Was die Schlange hier verspricht, hat also irgendwie mit dem zu tun, was Adam und Eva später verlieren, weil sie ihr Folge geleistet haben (vgl. K X,6, Exkurs δόξα).

Doch Eva ist noch nicht ganz gewonnen: Sie fürchtet sich, von der Frucht zu nehmen (18,5b). Um die Überwindung dieses letzten Vorbehaltes geht es in Abschnitt IV (18,5b–19,3), der – schlußendlich – den Erfolg der Verführung vermeldet (19,3: καὶ ἔφαγον). Um Eva die ihr nahegelegte Handlung einfacher erscheinen zu lassen, bietet die Schlange ihr an, ihr die Frucht zu geben, was dann auch in die Tat umgesetzt wird: Eva öffnet der Schlange das Paradies[18],

---

[18] In Apc Mos 17,1a war berichtet worden, daß die Schlange sich durch die Mauer des Paradieses gehangelt habe; eigentlich hätte Eva ihr also das Paradies nicht mehr öffnen müssen.

wahrscheinlich ist an eine Pforte gedacht, und läßt sich schließlich von ihr die Frucht des Baumes reichen. Der Erzähler scheint sich die Szene dahingehend vorgestellt zu haben, daß die Schlange auf den Baum klettert, die Frucht mit dem Gift der Begierde nach Sünde vergiftet[19], den Ast mit der Frucht zur Erde biegt (zur Konstruktion vgl. °19,3k) und Eva so die Frucht gibt; anderenfalls würde nicht verständlich, warum die Schlange in 20,3 vom Baum heruntergeht. Wieder wird damit die Verführte als weitgehend passiv dargestellt; zugleich soll gezeigt werden, wie ihre Passivität nicht darüber hinwegtäuschen kann, daß sie schließlich eben doch etwas Verbotenes tut. Doch genau darum, die Verführte über ihre Verantwortlichkeit hinwegzutäuschen, ist es dem Verführenden zu tun, auch dies ist schon bekannt, vgl. Apc Mos 16,5.

In diese Sequenz ist nun ein Handlungselement eingewoben, das auf die nachfolgende Szene verweist: Es muß sichergestellt werden, daß Eva auch Adam mit der verbotenen Frucht versorgt, daher bindet die Schlange sie durch einen Eid (19,1b–19,2).

Warum eine solche Vorsichtsmaßnahme getroffen werden muß, erklärt sich aus dem nachfolgend Erzählten: Eva ißt zunächst allein von der Frucht und

---

Hier zeigt der Erzähler ein gewisses Ungeschick im imaginativen Bereich, vgl. hierzu K Xa.

[19] Indem hier sündhaftes Handeln als Folge einer Vergiftung aufgefaßt wird, deutet der Erzähler das Böse als von außen kommende Substanz; es wird externalisiert und materialisiert. Eine solche Auffassung ist auch sonst in der Überlieferung zu Gen 3 bezeugt, vgl. etwa Apc Sedr 5,5, wo es im Zusammenhang mit der Gebotsübertretung Adams über den Teufel heißt: Τίς δύναται πολεμεῖν ἀθεώρητον πνεῦμα; αὐτὸς δὲ ὡς καπνὸς εἰσέρχεται εἰς τὰς καρδίας τῶν ἀνθρώπων [καὶ] διδάσκει αὐτοὺς πᾶσαν ἁμαρτίαν (»Wer kann gegen eine unsichtbare Geistmacht kämpfen? Er selbst geht wie ein Rauch in die Herzen der Menschen und lehrt sie jegliche Sünde«), sowie eine rabbinische Überlieferung, derzufolge die Schlange Schmutz (זוהמא) in Eva hineingelegt hat, der bei den Götzendienern geblieben ist, bei Israel aber aufgehört hat (פסק), weil es am Sinai stand (bSchab 145b/146a; bJeb 103b; bAbZar 22b, vgl. P. SCHÄFER: Adam in der jüdischen Überlieferung, in: W. STROLZ (Hrsg.): Vom alten zum neuen Adam. Urzeitmythos und Heilsgeschichte [Veröffentlichungen der Stiftung Oratio Dominica 13], Freiburg etc., 69–93, speziell 74–75. In Qu Barth 4,58–59 schließlich erklärt der Teufel, wie er es bewerkstelligte, daß er Eva verführen konnte: Ἔλαβον φιάλην ἐν τῇ χειρί μου καὶ ἔξυσα τὸν ἱδρῶτα τοῦ στήθους μου καὶ τῶν μαλλῶν μου καὶ ἐνιψάμην εἰς τὰς ἐξόδους τῶν ὑδάτων, ὅθεν οἱ τέσσαρες ποταμοὶ ῥέουσιν, καὶ πιοῦσα ἡ Εὖα ἔτυχεν τῆς ἐπιθυμίας (»Ich nahm eine Schale in meine Hand, schabte den Schweiß meiner Brust und Haare ab und badete an der Wasserquelle, von der die vier Paradiesströme ausgingen, und Eva trank [aus den Strömen] und wurde so der Begierde teilhaftig«). Die Darstellung ist etwas unschlüssig (wozu das Bad, wenn er doch zuvor den Schweiß in einer Schale gesammelt hatte?), aber die Strategie der Substantialisierung und Externalisierung des Bösen ist klar erkennbar, weiteres zu dieser Stelle s. bei J. VAN DER VLIETH: Satan's Fall in Coptic Magic, in: M. MEYER / P. MIRECKI (Edd.): Ancient Magic and Ritual Power (Religions in the Graeco-Roman World 129), Leiden etc. 1995, 401–418, speziell 405 (dort koptische magische Papyri, welche dieselbe Vorstellung bezeugen).

erkennt auch zunächst allein die negativen Folgen (20,1–2); dies hat mit der räumlichen Trennung Adams und Evas zu tun, die passend dazu in 20,4–5a wieder erwähnt wird.

Mit dem Eid bestimmt die Schlange Evas Handeln auch über die gegenwärtige Situation hinaus; in die gleiche Richtung geht die auf den Eid folgende Vergiftung der Frucht durch die Schlange, durch die Eva nachhaltig dahingehend beeinflußt wird, daß sie eine Begierde zur Sünde bekommt.[20]

Daß hier ein Eid eine negative Rolle spielt, wird man nicht im Sinne einer fundamentalen Ablehnung des Eides verstehen können (so für die Essener bezeugt bei Josephus in Bell II,8,6, vgl. auch Mt 5,34 und Jac 5,12). Dazu müßte es korrespondierende Partien im Kontext geben, beispielsweise in der Gerichtsrede Gottes an Eva (Apc Mos 25). Da es in erster Linie darum geht, daß Eva sich durch den Eid ihrer Autonomie gegenüber dem Verführer auch über die Situation hinaus beraubt, steht der Text v.a. Sir 23,7–11 nahe, wo davon die Rede ist, daß der Eid den Schwörenden gefangennimmt (speziell 23,7). Wenn Eva in 19,2 Verlegenheit hinsichtlich der Eidesformel äußert, so mag im Hintergrund eine kritische Reflexion der Verwendung des Gottesnamens beim Eid stehen, wie sie etwa bei Philo, Spec Leg II,5 (WENDLAND 5,86) und in 2. Hen (lr) 49,1 bezeugt ist (hier könnte ein christlicher Zusatz vorliegen, der Text fehlt in 2. Hen (kr) 49,1), vgl. auch CD 15,1; Mt 5,34–37; Jac 5,12. Die Formel, die Eva schließlich wählt, zeigt jedenfalls das Bemühen, bei Gott zu schwören, ohne seinen Namen zu nennen. Außerdem steht sie in auffälliger Korrespondenz mit Apc Mos 22,3–4: Eva schwört beim Thron Gottes, den Cherubim und dem Baum des Lebens; in Apc Mos 22,3–4 kommt Gott auf dem Cherubenwagen ins Paradies, sein Thron wird am Baum des Lebens aufgestellt. Damit wird angedeutet, daß die Eidesformel durchaus wirksam ist, doch bestraft wird nicht die Nichteinhaltung des Eides, vielmehr die Illegitimität des Beeideten; hier deutet sich eine Relativierung der theologischen Verbindlichkeit des Eides an, wie sie etwa in CD 16,8.9 belegt ist, wo es heißt, daß jede eidliche Verpflichtung, die eine Abweichung vom Gesetz zum Inhalt hat, nicht ausgeführt werden soll.

Eva ißt, bevor sie Adam verführt, daher treten bei ihr auch die Folgen der Gebotsübertretung ein (Apc Mos 20,1–3 [V]), bevor sie Adam zu dem gleichen Tun anregt. Sie erkennt (20,1: καὶ ἔγνων), daß sie nackt ist, und zwar deshalb, weil sie der Gerechtigkeit, in die sie zuvor gewandt war, entblößt ist. Erkenntnis hat sie also bekommen, allerdings im Vergleich zu dem, was ihr versprochen worden war, beschämend wenig: Sie erkennt, daß sie etwas falsch gemacht hat.

---

[20] Mit der erläuternden Phrase ἐπιθυμία γάρ ἐστι πάσης ἁμαρτίας ist ausgeschlossen, daß ἐπιθυμία im sexuellen Sinne gemeint wäre, in diesem Sinne kann allenfalls die allgemeine Sentenz verstanden werden, die spätere Zeugen daraus gemacht haben (so etwa A: ἐπιθυμία γάρ ἐστι κεφαλὴ πάσης ἁμαρτίας), vgl. hierzu °19,3i. Die Vorstellung von einer Begierde, die sündhaftem Handeln zugrundeliegt, findet sich auch in Apc Abr 24,8 und Jac 1,15. In Röm 7,7–8 liegt, wenngleich die exegetischen Grundlagen nahezu die gleichen sein dürften wie in Apc Mos 19,3 (vgl. Anm. 29), eine etwas andere Konzeption vor. Auch in Röm 7 liegt gebotswidrigem Handeln die Begierde (ἐπιθυμία) zugrunde, doch wird dieses Handeln nicht wie in Apc Mos 19,3 mit dem Begriff »Sünde« (ἁμαρτία) qualifiziert. Dieser ist vielmehr reserviert für eine Macht, die wiederum die Begierde verursacht. »Sünde« ist also nicht das Ergebnis menschlichen Handelns, sondern dessen Ursache.

In 20,2 erhebt sie Anklage gegen die Schlange, daß sie ihretwegen ihrer Doxa entfremdet worden sei; Entblößung von der Gerechtigkeit und Entfremdung von der Doxa stehen also parallel; was speziell mit der Doxa gemeint ist, wird anderenorts zu klären sein (vgl. K X,6). Anschließend beklagt Eva ihren Eid – für den Leser ein Hinweis darauf, daß es auch zu einer Verführung Adams kommen muß. Die Schlange hingegen entzieht sich jeglicher Anklage, indem sie einfach verschwindet.

Da Eva zunächst allein das Gebot übertreten und ihre Entblößung erkannt hat, bedeckt sie auch, bevor sie Adam verführt, zunächst allein ihre Scham (Apc Mos 20,4–5 [VI]). Mit welcher Absicht sie dies tat, wird nicht gesagt; das Interesse des Erzählers ruht auf einem anderen Aspekt: Er erklärt, warum es der Feigenbaum war, von dem sie die Blätter nahm. Sie tat es deshalb, weil alle anderen Bäume in ihrem Sektor, ohne daß dafür ein Grund genannt würde (doch vgl. Apc Mos 22,3 und den Komm. z. St.), ihre Blätter hatten fallen lassen. Logisch ist diese Erklärung nicht, Eva hätte die Blätter ja von der Erde aufheben können. Die Exegese wird zeigen, welche Ratio ihr zugrundeliegt.

Wie schon in Apc Mos 16,1–17,1a ist dem Erzähler eine erstaunliche Subtilität in der Darstellung gesprächspsychologischer Prozesse zu attestieren. Schon die Frage, mit der die Schlange (der Verführer) das Gespräch einleitet (»Du bist Eva?«), offenbart großes Geschick. Sie ist so allgemein wie möglich; Eva wird gar nicht umhin können, sich darauf einzulassen. Die Frage ist auch nicht naiv, läßt sie doch immerhin erkennen, daß der Verführer weiß, wen er vor sich hat. Das ist wichtig: Wer sich schon am Anfang unwissend zeigt, wird kaum Gelegenheit haben, die für eine Verführung notwendige Dominanz zu erwerben. Die nachfolgende Frage: »Was machst du im Paradies?« scheint unverfänglich, lenkt aber die Unterhaltung in die richtigen Bahnen. Auf die Auskunft Evas reagiert der Verführer mit einem Lob (»gut macht ihr das!«); darüber freut man sich, sofern man nicht scharfsinnig genug ist, um zu bemerken, daß sich der Gesprächspartner gerade auf ein höheres Podest stellt. Auf das Lob erfolgt eine erstaunlich wohlinformierte Frage: »Aber ihr eßt nicht von jedem Baum?« – anders als in Gen 3,1b, wo die Schlange absichtlich naiv fragt, steuert sie hier gezielt auf den verbotenen Baum zu. Eva reagiert mit einer dementsprechenden Mitteilung. Nun wird es Zeit für den Verführer, die etwas gröberen Waffen rhetorischer Gesprächsführung in Anwendung zu bringen: Er beruft sich auf Gott (»Sowahr Gott lebt« – wie fromm er ist!), bekundet große Trauer über Adams und Evas Unwissen (emotionaler Appell!) und fordert Eva schließlich auf, von dem Baum zu essen.

Prinzipiell ist Eva für das Vorhaben gewonnen, doch sie äußert Furcht vor Gott, die der Verführer dann mit dem Hinweis auf den Statusgewinn ausräumt, der mit dem Verzehr der Frucht (angeblich) verbunden ist. Nun bleibt bei Eva nur noch die Furcht vor der Ausführung der Tat, worauf der Verführer sich erbietet, ihr die Aktivität abzunehmen. Damit gibt Eva freilich auch den letzten Rest an Autonomie aus der Hand, was der Erzähler symbolisch darin zum Ausdruck bringt, daß sie ihrem Gesprächspartner das Paradies öffnet. Entsprechend besitzergreifend wird denn auch sein Verhalten dargestellt: Er »ging stracks« (διώδευσεν) durch das Paradies – vor Eva her. Doch unmittelbar darauf ändert er sein Gebaren. Mit der Wendung περιπατήσας ὀλίγον wird eine weit weniger zielgerichtete Art der Fortbewegung angedeutet als mit διώδευσεν, er scheint sich nicht mehr so sicher zu sein. Und schließlich dreht er sich (zu Eva) um und deutet schon damit rein körperlich einen Gesinnungswandel an; es fällt auf, wie sehr der Erzähler seit der Öffnung des Paradieses mit Signalen der Körpersprache arbeitet. Er gibt den Gesinnungswechsel aber auch explizit zu erkennen (19,1: μεταμεληθείς) und teilt Eva mit, er werde ihr von der Frucht nicht geben, sofern sie sich nicht eidlich binde, auch ihrem Mann davon zu geben. Der Zeitpunkt für diese Forderung ist optimal gewählt: Jetzt will Eva die Frucht, und so kann der Verführer alles von ihr verlangen und ihr Handeln sogar über die gegenwärtige Situation hinaus binden. Nun muß Eva nur noch die Frucht verabreicht werden – und dabei führt, wie angekündigt, die Schlange ganz Regie: Sie biegt ihr einen Ast des verbotenen Baumes herab, Eva braucht nur noch zuzugreifen und zu essen.

Doch damit ändert sich freilich auch das im Gespräch entstandene Machtgefüge: So sehr der Betrüger auch Dominanz aufgebaut hat; sind erst einmal die Folgen des Betruges offenbar, ist es mit seiner Autorität vorbei. Damit ist für ihn der Zeitpunkt gekommen, für Fragen nicht mehr zur Verfügung zu stehen – er verschwindet. Doch hat er sich auf diese Situation gut vorbereitet, indem er Eva durch einen Eid festgelegt hat.

2. Exegetische Hintergründe

Die dialogisch subtile Stilisierung der Perikope läßt vermuten, daß wir es hier mit einer etwas freieren Umgestaltung der biblischen Vorlage (speziell Gen 3,1b–7) zu tun haben. Und in der Tat erlaubt sich der Erzähler einige Freiheiten gegenüber dem biblischen Text, zunächst fast nur in der Dialoggestaltung (17,3–18,5a), dann aber auch stärker inhaltlich (18,5bff), indem er Motive (den Eid Evas etc.) einarbeitet, die sich in Gen 3,1b–7 nicht finden. Eine detailliertere Analyse wird freilich zeigen, daß seine narrativen Inventionen großenteils exegetisch begründet sind und er sich dabei auffällig oft einer bestimmten Technik bedient: Er amplifiziert den Text mit Material aus Kontextpassagen, die sich auf Gen 3,1b–7 beziehen, entweder anaphorisch (2,15–17) oder kataphorisch (3,13).

Dieses Verfahren läßt sich schon im ersten Abschnitt (17,2b–3) beobachten: In Gen 3 hatte das Gespräch zwischen Frau und Schlange mit einer recht unvermittelten Frage der Schlange begonnen (Gen 3,1b: »Was ist damit, daß Gott gesagt hat: „Esset von keinem der Bäume des Gartens?"«). Dies irritiert, da hier die Schlange doch eine Frage stellt, die auf Kenntnis beruht, die sie erst einmal erwerben müßte. Im Bibeltext hat diese Kenntnis der Leser – und zwar aus Gen 2,15–16 (Versetzung Adams ins Paradies, Zuweisung der Baumfrüchte), und aus genau dieser Stelle stammen nun auch die Informationen, die Eva der Schlange auf ihre Frage, was sie im Paradies zu tun habe, mitteilt. Darauf weisen die Stichworte ἔθετο und φυλάττειν hin (Gen 2,15 ⅗: Καὶ ἔθετο αὐτὸν ἐν τῷ παραδείσῳ ἐργάζεσθαι αὐτὸν καὶ φυλάσσειν), desgleichen das Motiv des Essens (vgl. Gen 2,16–17). Während freilich im biblischen Text ursprünglich nur Adam ins Paradies versetzt wurde und das Gebot erhielt (die Frau ist noch nicht erschaffen), wird hier auch Eva einbezogen (ὁ θεὸς ἔθετο ἡμᾶς).[21] Außerdem ist, was dort nur Zielbestimmung der Versetzung ins Paradies ist, hier zur Wirklichkeit geworden: Adam und Eva bewachen das Paradies, wie es Gott ihnen geboten hat. Hiermit wird auch Apc Mos 15,2–3 wieder aufgenommen, wo ebenfalls schon Gen 2,16 umgesetzt worden war.

Zu beachten ist, daß die Schlange Eva eingangs nach ihrem Namen fragt (17,2b). Dies ist die erste Stelle, an der innerhalb der Erzählung Evas in Apc Mos 15–30 der Name Eva fällt. Im Bibeltext erhält die Frau erst in Gen 3,20, unmittelbar vor der Vertreibung, ihren Namen. Diese Passage ist in Apc Mos 15–30 nirgends umgesetzt worden, aber hier wirkt sie immerhin indirekt nach.[22]

Mit der darauf folgenden Antwort der Schlange (17,4), die den zweiten Abschnitt einleitet (17,4–18,2), ist die Erzählung an der Stelle angekommen, die in der biblischen Geschichte den Dialog zwischen der Schlange und der Frau einleitet (Gen 3,1b). Der Erzähler scheint sich dessen bewußt zu sein; die umfangreiche Renominalisierung (»Und es antwortete *der Teufel durch den Mund der Schlange*«) begegnet sicher nicht zufällig gerade hier. Da hier im biblischen Referenztext die Schlange erstmalig das Wort ergreift, möchte der Erzähler und

---

[21] In Gen 2,15–17 geht es nur um Adam; es ist aber zunächst Eva, die in Gen 3,1–7 gegen die dort gesetzte Ordnung Gottes verstößt. Diese Unstimmigkeit ist nicht unbeachtet geblieben, vgl. Gen 2,17 ⅗, wo das Verbot der Frucht des Lebensbaums pluralisch formuliert wird (οὐ φάγησθε ἀπ᾽ αὐτοῦ, dagegen 𝔐: לא תאכל ממנו) – in der Absicht, Eva einzubeziehen; auch in Apc Mos 7,1 zeigt sich dieses Bemühen. Zu einer abweichenden Lösung des Problems in Ber R 19,3 und anderen rabbinischen Texten vgl. den Kommentar zu Apc Mos 7,1.

[22] Gen 3,20 ist in der Auslegungsgeschichte keineswegs unberücksichtigt geblieben, vgl. hierzu etwa J. DOCHHORN: Die Menschen als »Kinder der Mutter der Lebenden« – eine etymologische Parallele zu כל־חי אם aus dem Altäthiopischen? Zeitschrift für Althebraistik 12 (1999), 2–20, speziell 16–19.

Exeget an dieser Stelle andeuten, wie der Referenztext zu lesen ist, nämlich im Lichte seiner dämonologischen Hermeneutik: Durch den Mund der Schlange spricht der Teufel. Gleichzeitig wird hier erkennbar, daß der Verfasser sich eines Unterschieds zwischen biblischem Text und dessen narrativer Auslegung bewußt war, indem er hier den biblischen Text gesondert markiert.

Die Rede der Schlange (Apc Mos 17,4: καλῶς ποιεῖτε, ἀλλ᾽ οὐκ ἐσθίετε ἀπὸ παντὸς φυτοῦ) korreliert mit Gen 3,1b (𝔊: τί ὅτι εἶπεν ὁ θεός· οὐ μὴ φάγητε ἀπὸ παντὸς ξύλου τοῦ παραδείσου;), doch sind Abweichungen festzustellen: Von einem Verbot Gottes ist in Apc Mos 17,4 nicht die Rede, nur von einer Praxis der Menschen, die diesem Verbot entspricht. Hiermit wird eine Tendenz fortgeführt, die sich schon bei der Umsetzung von Gen 2,15–17 in Apc Mos 17,3 angedeutet hat: Es wird geschildert, wie die Menschen den Absichten Gottes (zunächst) entsprechen.

Auch in einem anderen Punkt gibt es eine Abweichung, die allerdings auch schon 17,5 mitbetrifft: Im Bibeltext, speziell dem der Septuaginta, ist die Frage der Schlange in einer Hinsicht – wohl bewußt – mit einer Ambiguität belastet: Es bleibt offen, ob nach der Meinung der Schlange das Verbot Gottes, »von jedem Baum« des Paradieses zu essen, auf eine Tabuisierung aller Bäume oder aber die Tabuisierung eines bestimmten Baumes hinausläuft. Nur letzteres wäre sachlich richtig, aber es besteht die Möglichkeit, daß in der biblischen Erzählung die Schlange Eva die Gelegenheit geben wollte, sie hinsichtlich der Reichweite des Verbots zu korrigieren, um auf diese Weise das Verbot Gottes harmloser erscheinen zu lassen. Diese Offenheit sucht der nachbiblische Erzähler nach Kräften zu vermeiden: Hier stellt die Schlange eine mit οὐ eingeleitete Frage, für die eine bejahende Antwort zu erwarten ist, und dementsprechend gibt Eva in 17,5 auch eine mit ναί (»ja«) eingeleitete Antwort, die den Inhalt der Frage rekapituliert und klar erkennen läßt, daß die Schlange und Eva sich von Anfang an richtig verstanden haben: Das Verbot Gottes betraf, wie es ja auch sachlich zutrifft, nur einen bestimmten Baum. Man kann diese Operation mit der für Exegeten typischen Neigung erklären, semantische Lücken zu schließen, aber es läßt sich auch eine weitere Ursache finden: Die Schlange soll, wie der Folgekontext zeigt, die für den Verführer typische Dominanz aufbauen, und daher wird sie kaum eine dumme Frage gestellt haben, die Eva ohne weiteres korrigieren konnte.

Die Antwort Evas (17,5) korreliert mit Gen 3,2–3, ist jedoch keine wörtliche Wiedergabe dieses Textes, v.a. fällt aber der Import von Elementen aus Gen 2,15–17 auf – wie schon in 17,2b–3 greift damit die Schilderung der Situation im Paradies auf jene Passage zurück. Dies zeigt sich nicht nur daran, daß hier, anders als in Gen 3,3, wohl aber im Anschluß an Gen 2,16, explizit von einem Gebot Gottes die Rede ist (ἐνετείλατο, vgl. Gen 2,16 𝔊), sondern auch an der Wendung ἐπὶ θανάτῳ ἀποθανεῖσθαι, die sich weder von פֶּן תְּמֻתוּן in Gen 3,3 𝔐 noch von ἵνα μὴ ἀποθάνητε in Gen 3,3 𝕲 her erklären läßt, wohl aber in Gen 2,17 𝕲 (θανάτῳ ἀποθανεῖσθε) eine Entsprechung findet. Gerade ihre syntaktische Sperrigkeit (vgl. °17,5k) darf man wohl als Hinweis darauf nehmen, daß der Verfasser hier unbedingt diese Allusion an Gen 2,17 aufgenommen wissen wollte.

Auf die Antwort der Frau erfolgt eine Entgegnung der Schlange (18,1), für die sich in Gen 3,1b–7a, speziell in Gen 3,3/4, kein Korrelat ausmachen läßt: Die Schlange beklagt das Unwissen Adams und Evas und fordert Eva auf, vom Baum zu essen und seine τιμή zu erkennen. Die nachdrückliche Hervorhebung des Erkenntnismotivs kann eine Vorwegnahme von Gen 3,5b sein, dessen Assoziation mit dem Baum (νόησον τὴν τιμὴν τοῦ ξύλου) indessen kann nicht von dort stammen. Hier wird wieder einmal Gen 2,15–17 im Hintergrund stehen, speziell 2,17, wo der Baum als Baum der Erkenntnis bezeichnet wird. Es ist hier indessen die Schlange, die diesen Erkenntnisaspekt des Baumes zur Sprache bringt; dieses Moment wird seine Fortsetzung finden: Was der Bibeltext an Positivem über den Baum verlauten läßt, wird in Apc Mos 17,2b–19,3 entweder von der Schlange gesagt oder steht im Zusammenhang mit ihr.

Der logische Grund für die Implementation des Erkenntnisbaummotivs aus Gen 2,17 dürfte ebenfalls ein irritierendes Moment in der biblischen Leiterzählung sein: In Gen 3,4 folgt auf die Mitteilung der Frau über das Verbot Gottes und die damit verbundene Todesstrafe recht abrupt die Behauptung der Schlange, daß Adam und Eva keinesfalls sterben würden, wenn sie von dem Baum äßen (vgl. Apc Mos 18,3–4). Diese Antwort setzt etwas voraus, nämlich daß es überhaupt erwägenswert ist, so etwas zu tun. Dementsprechend wird in 18,1 eine solche Erwägung nachgetragen – und zwar nicht zufällig gerade von der Schlange, denn sie ist der aktive Part.

Doch noch ein Zweites setzt die Antwort der Schlange in Gen 3,4 voraus: Wird die Todesstrafe in Abrede gestellt, so hat das nur dann Sinn, wenn diese überhaupt gefürchtet wird. Daher äußert die Frau in Apc Mos 18,2 Furcht – allerdings Furcht vor dem Zorn Gottes, doch damit ist, wie aus dem Bericht Evas über das Verbot Gottes in 17,5 (ἐπὶ θανάτῳ ἀποθανεῖσθαι!) hervorgeht, die Todesstrafe gemeint.

Implizit wird hier der Zorn Gottes mit dem Tod assoziiert. Diesen Gedanken hat vor allem die Endredaktion weiter ausgeführt, vgl. Apc Mos 14,2 (der Tod als ὀργὴ μεγάλη) sowie Apc Mos 3,2 (Kain wird sterben – als »Sohn des Zorns«).

Erst dieser Äußerung der Furcht kann die Schlange Eva zu Beginn des dritten Abschnittes (18,3–5a) wie in Gen 3,4 entgegenhalten, daß es mit der Drohung Gottes nichts auf sich hat. In Apc Mos 18,3 wird dies durch ein einfaches μὴ φοβοῦ umgesetzt, die Aufeinanderfolge von »damit ihr nicht sterbet« (Gen 3,3) und »ihr werdet nicht sterben« (Gen 3,4) findet auf diese Weise eine Entsprechung in der Aufeinanderfolge von φοβοῦμαι und μὴ φοβοῦ in Apc Mos 18,2.3.

Hieran anschließend spricht nun die Schlange wie in Gen 3,5 von positiven Folgen des Verzehrs der Frucht (18,3–4), dabei scheint mehrfach der Text der Septuaginta durch, sowohl in der Wortwahl (ὀφθαλμοί, γινώσκοντες, πονηρόν) als auch in einer ganzen Wendung (ἔσεσθε ὡς θεοί), doch eine wörtliche Zitation liegt im Ganzen nicht vor. Spuren einer Revision liegen vielleicht in der Wendung τί ἀγαθὸν καὶ τί πονηρόν vor, wenn dort statt καλόν das eindeutiger moralisch konnotierte ἀγαθόν zu stehen kommt (𝔐 hat טוב, das sowohl ästhetisch als auch moralisch konnotiert ist). Die Veränderung der Konstruktion (τί ἀγαθὸν καὶ τί πονηρόν) soll wohl sicherstellen, daß dieses Wissen umfassend ist (καλὸν καὶ πονηρόν in 𝔊 läßt genauso wie das hebräische טוב ורע offen, ob wirklich alles Gute und Böse voneinander unterschieden werden kann). Die Differenzen bei der Zeitadverbiale (ἅμα [Apc Mos 18,3] : ἐν ᾗ ἂν ἡμέρᾳ [Gen 3,5 𝔊]) und im Numerus (φάγῃς [Apc Mos 18,3] : φάγητε [Gen 3,5 𝔊] etc.) schließlich dürften ihre Ursache im entfernteren Kontext haben: Eva ißt zunächst alleine (daher der Singular), und die Folgen ihres Tuns treten sofort ein (darum ἅμα, vgl. 20,1: ἐν αὐτῇ τῇ ὥρᾳ), und zwar bevor sie Adam ruft (20,4–5a; 21,1).

Der entscheidende Unterschied zum Bibeltext freilich ist die Einarbeitung des Gottesneidmotivs: Die Schlange unterstellt Gott, daß es eigentlich nur Neid gewesen sein kann, der ihn dazu bewog, den Erzeltern die Frucht des Baumes zu verbieten. Dieses Motiv begegnet im Zusammenhang mit Gen 3,5 vor allem in der gnostischen Literatur, allerdings mit dem bezeichnenden Unterschied, daß man dort dem Standpunkt der Schlange zustimmt.[23]

---

[23] Zur Gottesneidmotivik in der gnostischen Auslegung von Gen 3 vgl. Hyp Arch (NHC II,90,7–9 [Layton 242]): ⲁⲩⲱ ⲡⲉϫⲉ ϥⲁϥ ⲡⲣⲉϥⲧⲁⲙⲟ ϫⲉ ϩⲛ ⲟⲩⲙⲟⲩ ⲉⲧⲉⲧⲛⲁ- ⲙⲟⲩ ⲁⲛ ⲛ̄ⲧⲁϥϫⲉ ⲡⲁⲉⲓ ⲅⲁⲣ ⲛⲏⲧⲛ̄ ⲉϥⲣ̄ⲫⲑⲟⲛⲉⲓ (» Und es sprach die Schlange, der Unterweiser: Ihr werdet nicht sterben, dies hat er nämlich zu euch gesagt, weil er neidisch war«). Die positive Einschätzung der Schlange zeigt sich in dem Titel »Unterweiser«. Ähnlich wird Gen 3,5 umgesetzt in Orig Mundi (NHC II,118,33–119,7 [Layton 72]). In Test Ver (NHC IX,47,14–18 [Pearson 162]) wird Gott vom Verfasser des Traktats im Hinblick auf Gen 3,5 Neid vorgeworfen. Es ist unwahrscheinlich, daß der Verfasser von Apc Mos 15–30 das Gottes-neidmotiv aus der gnostischen Exegese übernommen hat; es wäre dann zu erwarten gewesen, daß er die Behauptungen der Schlange erzählerisch zu widerlegen sich bemüht hätte. Dies ist gegen A.M. Sweet OSB: A Religio-Historical Study of the Greek Life of Adam and Eve, Diss. Notre Dame, Indiana 1992, 92–93 festzuhalten, die neben anderen Motiven auch dieses Moment als Beleg für die These nimmt, die Apc Mos sei in dem Bemühen geschrieben, gnostischer Exegese eine »konventionelle Interpretation« von Gen 3 entgegenzustellen, vgl. den programma-tischen Satz auf S. 90: »It is our contention that the Bios has taken those elements of the Genesis story which have been ,distorted' in Gnostic tradition and incorporated them into a reworking of the Genesis story (in order) to reaffirm a ,conventional' reading of the biblical text«. Ein Beleg

Eine Formulierung fällt bei den Ausführungen der Schlange zum Neid Gottes besonders ins Auge: Gott habe, so die Schlange, befürchtet, die Menschen könnten ὅμοιοι αὐτοῦ werden. Diese Wendung korreliert offenkundig mit dem ὡς θεοί in der vorangehenden wörtlich zitierten Wendung aus Gen 3,5 Ⴇ, und wird als Interpretation desselben zu verstehen sein. So erklärt sich auch die wörtliche Zitation: Sie soll den Leser darauf verweisen, daß im Kontext exegetische Arbeit geleistet wird. In diesem Falle wird die Wahrnehmung des Lesers zusätzlich dadurch geweckt worden sein, daß mit dem Wort θεοί eine theologisch besonders merkwürdige Formulierung der Septuaginta aufgenommen wurde.[24] Die nachfolgende Interpretation darf denn auch als dogmatische Korrektur aufgefaßt werden, die vielleicht Polytheismus ausschließen, eher jedoch die Göttlichkeit Gottes sichern soll (ein ähnliches Anliegen zeigt sich in Apc Mos 23,1–2). Vielleicht hat die Möglichkeit einer singularischen Wiedergabe des hebräischen Korrelats (ח־: כאלהים) bei dieser Korrektur im Hintergrund gestanden.[25]

Die anschließende Aufforderung der Schlange an Eva, sich dem Baum zuzuwenden, um dort »große Herrlichkeit« zu sehen (18,5), korreliert mit Gen 3,6a, nur daß dort die Frau eine entsprechende Wahrnehmung selber macht, während sie ihr hier von der Schlange eingeredet wird. Die gleiche Tendenz konnte schon in 18,1 beobachtet werden.[26]

Auf die Darstellung der Vorzüge des Baumes folgt im biblischen Text die Mitteilung, daß die Frau von der Frucht des Baumes nahm und aß (Gen 3,6b Ⴇ: καὶ

---

für eine jüdische Rezeption des Gottesneidmotivs in der Auslegung von Gen 3,5 ist MHG Genesis zu Gen 3,5 (SCHECHTER 88), wo die Antwort der Schlange in Gen 3,5 dahingehend paraphrasiert wird, daß die Weisung Gottes nichts als »böses Auge« (עין רעה) sei, vielleicht auch Ber R 19,4: Dort argumentiert die Schlange, Gott habe von dem verbotenen Baum gegessen und danach die Welt geschaffen und habe ihn daraufhin den Menschen aus Konkurrenzneid verboten (וכל אינש ואינש סני בר אמנותיה): »Und jeder Mensch haßt seinen Handwerksgenossen«).

[24] Ὡς θεοί in Gen 3,5 Ⴇ gibt כאלהים im hebräischen Text wieder, möglicherweise wollte schon der Übersetzer die Einflüsterungen der Schlange mit dem Polytheismus assoziieren (so RÖSEL 91 unter Hinweis auf Gen 31,30.32; 35,2.4 Ⴇ), auf jeden Fall aber ist die Wendung später so verstanden worden, vgl. Philo, Quaest Gen (arm) 36 und Cat Gen 331 (anonym); 335 (Severian von Gabala); 336 (Theodor von Mopsuestia); 338 (Severus von Antiochien).

[25] Ein singularisches Verständnis von כאלהים in Gen 3,5 ist in Ber R 19,3 belegt (dort gegen eine polytheistische Auslegung gerichtet). Targ Ps-Jon gibt es mit כמלאכין רברבין (»große Engel«) wieder (vgl. Targ Onk: רברבין); dem liegt wohl die Vorstellung von den Jahwe untergeordneten אלהים-Wesen zugrunde. Die Peschitta hat ܐܠܗܐ (»Götter«), doch der Plural ist vom Singular (ܐܠܗܐ) nur durch die distinktiven Punkte unterscheidbar (vgl. C. BROCKELMANN: Syrische Grammatik, Leipzig 1960, §11 [S. 10–11]) und daher unsicher.

[26] Auch in Ber R 19,4 ist die Wahrnehmung Evas in Gen 3,6 auf diese Weise verstanden worden: הה׳ד ותרא האשה כי טוב וגו׳ ראת דבריו שלנחש (»Steht nicht geschrieben: ‚Und die Frau sah, daß gut etc.'? – sie sah die Worte der Schlange!«).

λαβοῦσα τοῦ καρποῦ αὐτοῦ ἔφαγεν, ‏ותקח מפריו ותאכל‎:‏‎). So schnell geht es im vierten Abschnitt (18,5b–19,3) nicht, doch auch dieser endet damit, daß Eva ißt. Doch dem ist ein retardierendes Moment vorgeschaltet, das indes deutlich auf dem biblischen Bezugstext basiert: Dort steht, Eva habe »von der Frucht genommen« (‏ותקח‎ bzw. καὶ λαβοῦσα). Auch hier folgt das Stichwort »von der Frucht nehmen« (18,5: ἐφοβήθην δὲ λαβεῖν ἀπὸ τοῦ καρποῦ) – übrigens mit deutlichen Anklängen an den Wortlaut der Septuaginta, doch geht es zunächst einmal darum, daß Eva (aus Furcht) *nicht* von der Frucht nehmen will. Erst die Bereitschaft der Schlange, ihr von der Frucht zu geben, macht es möglich, daß sie, nachdem die Schlange ihr eigens den Ast des Baumes herabgebogen hat, schließlich von der Frucht nimmt (19,3: ἔλαβον ἀπὸ τοῦ καρποῦ καὶ ἔφαγον).

Man wird so den gesamten Abschnitt (18,5–19,3) als erzählerische Amplifikation zu dem Motiv des Ergreifens der Frucht werten können, doch läßt sich die Frage kaum umgehen, was den Erzähler denn zu einer derart umfangreichen Ausgestaltung des an dieser Stelle so kargen Bibeltextes veranlaßt haben mag. Dafür läßt sich in 18,5–19,3 ein Anhaltspunkt gewinnen, und zwar in einem Motiv, das wie das Stichwort »nehmen« mehrfach hervorgehoben wird: Die Schlange »gibt« Eva von der Frucht, so gleich zu Beginn in 18,5b (δεῦρο, δώσω σοι) sowie in 19,3 (ἔδωκε μοι φαγεῖν). Sinnenfällig wird diese Aktivität der Schlange darin, daß sie den Ast mit der Frucht zur Erde hinabbiegt (19,3).

Daß die Schlange Eva die Frucht »gegeben« hat, wird in Gen 3,6 zwar nicht gesagt, aber in Apc Mos 18,5b–19,3 wird dennoch eine deutliche Spur zu der Bibelstelle gelegt, anhand derer man genau dieses annehmen konnte: In Apc Mos 19,1b–2 soll Eva schwören, daß auch sie die Frucht »geben« solle (19,2: ὅτι δίδεις καὶ τῷ ἀνδρί σου); und davon, daß sie dieses tut, ist in Gen 3,7 dann tatsächlich die Rede. Dort steht im Septuagintatext – ganz ähnlich wie in 19,2: καὶ ἔδωκεν καὶ τῷ ἀνδρὶ αὐτῆς. An beiden Stellen steht ein καί, welches mit besonderem Nachdruck hervorhebt, daß auch Adam einbezogen wird. Der hebräische Text in Gen 3,7 hat: ‏ותתן גַּם־לְאִישָׁהּ עמה‎, d.h. hier steht ‏גם‎ für καί. Gerade diese Partikel aber hat in der rabbinischen Exegese großes Interesse beansprucht; ihr inklusiver Charakter ist sehr oft zum Ansatzpunkt hermeneutischer Operationen geworden.[27] Und eine solche hermeneutische Operation wird auch hier stattgefunden haben. Das überschüssige ‏גם‎ in Gen 3,7 lud zu dem Schluß ein, daß nicht nur Eva »von der Frucht gab«, sondern vorher auch die

---

[27] Schon die sogenannte καί γε – Rezension der Septuaginta zeigt spezielles Interesse an der Partikel ‏גם‎, vgl. hierzu D. Barthélemy: Les devanciers d'Aquila (Vetus Testamentum. Supplementum 10), Leiden 1963. Ein Beispiel für die rabbinische Exegese ist die Auslegung von Gen 3,7 in Ber R 19,5: ‏וגם רבוי האכילה את הבהמה ...‎ (»Und ‏גם‎ bedeutet »Ausweitung«: Sie fütterte das Vieh etc.«). Daher sterben auch die Tiere, nur nicht der Phönix, der Eva nicht Folge leistete.

Schlange, freilich gegen den ursprünglichen Textsinn in Gen 3,7, nach dem נם nicht auf das Verb, sondern auf das indirekte Objekt zu beziehen ist. Es kann nicht mit letzter Sicherheit erwiesen werden, daß diese Exegese notwendigerweise an das hebräische גם anschloß, vielleicht hätte man so auch anhand des griechischen καί verfahren können; allerdings wird das Eidmotiv zeigen, daß gerade in Apc Mos 18,5b–19,3 zwingend mit Kenntnisnahme des hebräischen Textes gerechnet werden muß.

Mit dem Eid, den die Schlange Eva auferlegt, sind wir bei einem weiteren amplifizierenden Moment in Apc Mos 18,5–19,3. Auch dieses ist exegetisch begründet, wenngleich es schwerer nachzuweisen ist, da ein Zitat der Stelle, aus dem es gewonnen wurde, ausbleibt. Der Anknüpfungspunkt ist in diesem Fall eine Passage, die ebenfalls über die Aktivität der Schlange Auskunft gibt, allerdings erst *post factum*: Gen 3,13. Dort sagt die Frau über die Schlange, diese habe sie verführt. Die hebräische Wendung lautet הנחש השׁיאני – und man braucht diese nur etwas anders zu lesen, nämlich הנחש השׂיאני (שׂ und שׁ wurden in der damaligen Schrift nicht unterschieden!), und schon kann man ihr einen Hinweis auf einen Eid entnehmen, denn נשׁא (in Verbindung mit יד [»Hand«]) wird des öfteren verwendet, um den Gestus des Schwörens zu bezeichnen (vgl. Ex 6,8; Num 14,30; Neh 9,15). Sie bedeutet dann »die Schlange ließ mich schwören« (kausative Bedeutung wegen des Hip'ils). Es braucht wohl kaum gesondert hervorgehoben zu werden, daß eine solche exegetische Invention anhand des Septuagintakorrelats zu השׂיאני (ἠπάτησέ με) auf keinen Fall möglich gewesen wäre.

Gewiß wird der Verfasser diese Deutung nicht ungern dem hebräischen Text entnommen haben, denn er brauchte den Eid, weil sonst unerklärbar geblieben wäre, warum Eva ihren Mann verführte, obwohl sie schon längst die Folgen ihres Tuns bemerkt hätte. Doch auch ein speziell exegetisches Interesse dürfte diese Auslegung von Gen 3,13 m veranlaßt haben: Mit dieser »Lesart« ist ein bestimmtes irritierendes Textmerkmal in Gen 3,13 nämlich besser erklärt als mit der »gängigen« Deutung: Nachdem Adam mitgeteilt hatte, daß die Frau ihm von der Frucht gegeben hatte, fragt Gott die Frau: »Warum hast du *das* (זאת) getan?« Man wird diese Frage wohl kaum anders beziehen können, als auf die Verabreichung der Frucht an Adam; dafür jedoch bietet die Antwort der Frau nach der traditionellen »Lesart« keine besonders schlüssige Erklärung: »Die Schlange hat mich betrogen« – das ist doch eher die Ursache dafür, daß Eva selbst gegessen hat![28] Anders verhält sich die Sache jedoch, wenn man השׂיאני liest: Dann gab Eva Adam

---

[28] Die gleiche Beobachtung liegt auch MHG Genesis zu Gen 3,13 (SCHECHTER 93) zugrunde, nur kommt man dort zu einer anderen Lösung: »*Und Gott sprach zur Frau: Warum hast du dieses getan?* Der Heilige, gepriesen sei er, sprach zur Frau: „Es genügte dir nicht, daß du (selber) sündigtest, du hast (auch) deinen Mann zu sündigen veranlaßt". Sie sprach zu ihm: „Herr der Welt, die Schlange hat mich betrogen, und ich aß!" Der Heilige, gepriesen sei er, sprach: „Ihr alle seid Herren (eures) Tuns, dies hängt mit jenem und das eine mit dem anderen zusammen, ihr alle seid ausersehen zum Gericht!"«. Evas Antwort wurde, weil sie nicht zu passen schien, als Ausflucht angesehen.

von der Frucht, weil die Schlange sie zuvor *hat schwören lassen* – genau das geschieht in Apc Mos 18,5–19,3! Im übrigen bedeutet die Anwendung dieser Interpretation von Gen 3,13 in Apc Mos 19,1–2 keineswegs, daß nicht auch die konventionelle Auslegung von Gen 3,13, wie sie die Masoreten und die Septuaginta gleichermaßen bezeugen, für den Verfasser von Apc Mos 15–30 Verbindlichkeit hatte, vgl. Apc Mos 23,5, wo Gen 3,13 in der Septuagintafassung zitiert wird (ὁ ὄφις ἠπάτησέν με).

Während die Schlange Eva den Eid abnimmt, vergiftet sie die Frucht, die sie ihr hernach darreichen wird, und zwar mit dem Gift ihrer Schlechtigkeit, d.h. der Begierde, welche wiederum die Begierde nach jeglicher Sünde ist (Apc Mos 19,3). Der Erzähler bedient sich also, um die Natur dieses Giftes zu beschreiben, eines recht umfänglichen Nominalkomplexes, in dem das Wort ἐπιθυμία dominiert. Und dies geschieht nicht ohne Absicht, denn dieses Wort kennzeichnet die exegetische Grundlage dieser für die Theologie der Sünde so interessanten Episode: Es findet eine Entsprechung in Gen 3,6a, und zwar v.a. in נחמד, wahrscheinlich auch in האוה. Die Septuagintakorrelate beider Worte (ὡραῖος, ἄρεστος) sind in diesem Zusammenhang ohne Bedeutung; die hebräischen Worte hingegen basieren auf Wurzeln (חמד, אוה), die auch sonst für Begierde stehen, v.a. aber im Dekalog (wo sie von 𝕲 mit ἐπιθυμεῖν wiedergegeben werden!); zu חמד vgl. Ex 20,17 und Dtn 5,21; zu אוה Dtn 5,21. Den hier entscheidenden Aspekt, nämlich daß die in Gen 3,6a auf diese Weise »entdeckte« Begierde auf die Schlange (bzw. den in ihr wirkendenTeufel!) zurückgeht, konnte der Verfasser von Apc Mos 15–30 allerdings nur aufgrund einer exegetischen Maßnahme gewinnen, die er in dieser Perikope auch sonst schon in Anwendung gebracht hat: Er hat eine Aussage über den Baum in Gen 3,6a (Eva fand ihn begehrenswert) mit der Schlange assoziiert, ähnlich hat er schon in Apc Mos 18,5a die Schlange sagen lassen, was im Bibeltext (Gen 3,6) Eva am Baume wahrnahm.[29]

---

[29] Es spricht einiges dafür, daß Paulus in Röm 7,7–13 eine ganz ähnliche Exegese von Gen 3,6 voraussetzt. Seit je ist die Auffassung vertreten worden, daß die Passage über das Verhältnis von Gesetz, Sünde und Tod in Röm 7,7–13 auf Adam rekurriert (so etwa KÄSEMANN 183–190 – dort auch Literatur), da nur dieser ursprünglich Sünde, Gesetz und Tod nicht kannte und ein Gebot erhielt, bevor er sündigte. Dieses Gebot aber lautet bei Paulus »Du sollst nicht begehren« (Röm 7,7), und dafür kann es eigentlich nur an der oben bezeichneten Stelle einen Ansatzpunkt in Gen 3 geben. Paulus dürfte also wie der Verfasser von Apc Mos 15–30 in Gen 3,6 נחמד oder האוה auf Ex 20,17 bzw. Dtn 5,21 bezogen und von daher geschlossen haben, worin Evas Sünde bestand: in der Begierde. Diese ist bei Paulus wie in der Apc Mos extern bewirkt, in der Apc Mos von der Schlange, bei Paulus von der Sünde (vgl. 7,8: ἡ ἁμαρτία ... κατειργάσατο ἐν ἐμοὶ πᾶσαν ἐπιθυμίαν); wahrscheinlich steht für Paulus die Schlange für die Sündenmacht (vgl. Röm 7,11: ἡ ἁμαρτία ... ἠπάτησέν με – in 2. Kor 11,3 heißt es: ὁ ὄφις ἐξηπάτησεν Εὔαν!). Das Ich in Röm 7,7–13 nimmt damit eigentlich eher die Position der Eva ein als die Adams, doch ist zu beachten, daß in Röm 5,12–21 ausschließlich Adam als Verantwortlicher für den Tod genannt wird. Sollte die so zu rekonstruierende Exegese bei Paulus tatsächlich zugrundeliegen, wäre erneut zu prüfen,

Die Gebotsübertretung hat im fünften Abschnitt (20,1–3) – wie in der biblischen Vorlage – eine unmittelbare Folge (in der Apc Mos durch ἐν αὐτῇ τῇ ὥρᾳ hervorgehoben), und zwar die Erkenntnis der Nacktheit (Gen 3,7 // Apc Mos 20,1). Doch während diese im biblischen Text erst eintritt, nachdem auch Adam sich an der Frucht vergriffen hatte, ist hier zunächst nur Eva betroffen (dazu s.o.). Dies dürfte im Zusammenhang stehen mit einer Tatsache, die freilich erst in Apc Mos 20,4–5 wieder erkennbar wird: Adam und Eva sind räumlich getrennt, weil das Paradies in ihnen zugewiesene Gebiete aufgeteilt ist, vgl. Apc Mos 15,2–3, für das כנגדו in Gen 2,8 𝔐 als exegetische Grundlage ausgemacht worden ist.

An dieser Stelle interessant ist v.a. die neuartige Wendung, die dem biblischen Nacktheitsmotiv hier gegeben wird. Während in Gen 3,7 die Erkenntnis der Nacktheit nur dahingehend aufgefaßt werden kann, daß die beiden ersten Menschen etwas wahrnehmen, das auch zuvor der Fall gewesen ist (dies ergibt sich zwingend aus dem Konnex mit Gen 2,25), ist hier die Erkenntnis der Nacktheit Folge einer Veränderung im Bereich der Realität: Eva war zuvor mit Gerechtigkeit bekleidet[30], jetzt ist sie es nicht mehr, darum ist sie jetzt nackt. Diese Deutung konnte mit einer einfachen Erweiterung des Bibeltextes durch ein Interpretament zum Ausdruck gebracht werden: καὶ ἔγνων, ὅτι γυμνὴ ἤμην ist ein Ausschnitt aus Gen 3,7 𝔊 (umgesetzt in die 1. Sg.), τῆς δικαιοσύνης, ἧς ἤμην ἐνδεδυμένη ist eine targumartige Amplifikation. Warum es gerade Gerechtigkeit war, mit der Eva zuvor bekleidet war, ist unschwer einzusehen: Der Verfasser konnte es *e negativo* aus der Ursache der Nacktheit schließen. Ist nämlich die Nacktheit Folge der Gebotsübertretung, dann muß das zuvorige Bekleidetsein etwas damit zu tun gehabt haben, daß eine solche Gebotsübertretung noch nicht stattgefunden hatte. Eine solche Schlußfolgerung impliziert, daß Gerechtigkeit im Gegensatz zur Übertretung von Geboten stehe; daß der Verfasser von Apc Mos 15–30 eine solche Auffassung in der Tat hatte, geht aus Apc Mos 27,4–5 hervor, indem dort ἁμάρτημα (gemeint ist das Vergehen Adams) in 27,4 und δίκαιος (als Eigenschaftsbezeichnung Gottes) in 27,5 gegenübergestellt sind.

---

ob Paulus selbst mit dem hebräischen Bibeltext gearbeitet hat. Zum Schriftgebrauch bei Paulus vgl. D.-A. KOCH: Die Schrift als Zeuge des Evangeliums. Untersuchungen zur Verwendung und zum Verständnis der Schrift bei Paulus (Beiträge zur historischen Theologie 69), Tübingen 1986, der indes die Benutzung des hebräischen Texts durch Paulus ausschließt (57).

Eine der in Apc Mos 19,3 und bei Paulus bezeugten exegetischen Arbeit vergleichbare Umsetzung von Gen 3,6 liegt erstaunlicherweise bei Ps-Greg, Hom Mich 5,5 (LAFONTAINE 53) vor. Dort heißt es über die Schlange: ⲁϥⲧⲣⲉⲡϭⲏⲛ ⲇⲉ ϭⲱⲡⲉ ϩⲛ ⲟⲩⲉⲡⲓⲑⲩⲙⲓⲁ ⲛⲛⲁⲩ ⲉⲣⲟϥ ⲛⲛⲁϩⲣⲛ ⲛⲉⲥⲃⲁⲗ (»Sie bewirkte, daß der Baum in ihren Augen begehrenswert war«). Wirkt hier frühjüdische exegetische Überlieferung nach?

[30] Von Gerechtigkeit als einem Kleid ist auch sonst die Rede (vgl. etwa Jes 61,10; Hiob 29,14); hier erscheint die Metapher in Handlung umgesetzt, d.h. entmetaphorisiert.

Die in Apc Mos 20,1 narrativ umgesetzte Auslegung des Nacktheitsmotivs in Gen 3,7 setzt voraus, daß Gen 2,25 ignoriert wird. In der Tat findet diese Stelle in der Apc Mos keine eingehendere Beachtung (allenfalls in 23,2 könnte sie implizit vorausgesetzt sein). Ein Grund könnte darin bestehen, daß man es nicht zu Gen 3,1ff zugehörig sah, sondern mit Gen 3,1 den Beginn einer neuen Erzählung ansetzte. Daß man es auch anders sehen kann, zeigt die Ausgabe der Septuaginta zur Genesis von WEVERS, der 2,25 unter 3,1 subsumiert. Zu beachten ist, daß Gen 2,25 und 3,1 im Hebräischen durch ein Wortspiel (ערום - ערומים) assoziiert sind, doch damit muß 2,25 noch nicht Exordium zu 3,1ff sein; es kann auch eine Stichwortassoziation vorliegen, die separate Einheiten miteinander verbindet.

Der Verlust des »Gerechtigkeits-Kleides« wird von Eva in 20,2 mit einer Anklage an die Schlange kommentiert. Die Wendung τί τοῦτο ἐποίησας entspricht dabei wörtlich der Frage Gottes an Eva (vgl. Gen 3,13 ⅏; Apc Mos 23,5); die Übertragung auf einen anderen Adressaten (Schlange) deutet an, daß die Ursache für das Handeln beider Angesprochenen dieselbe ist. Da der Leser inzwischen weiß, daß hinter der Schlange der Teufel steht, kann er, wenn er das Schriftzitat realisiert, sich darauf vorbereiten, daß auch Evas Handeln durch den Teufel bestimmt ist – und so wird es ja auch in Apc Mos 21,3 geschildert.

Besonderes Interesse erregt die Wendung, mit der Eva in 20,2 ihren neuen Zustand beschreibt: ἀπηλλοτριώθην τῆς δόξης μου (»ich bin meiner Herrlichkeit entfremdet worden«), vgl. dazu K X,6, Exkurs δόξα.

Die Schlange reagiert auf die Anklagen Evas nicht, sondern verschwindet. In der biblischen Vorlage wird über den Verbleib der Schlange, nachdem Eva von der Frucht gegessen hatte, nichts mehr mitgeteilt; sie hatte ihre Rolle ja auch gespielt. Eine solche erzählerische Sparsamkeit konnte offenbar nicht toleriert werden – hier zeigt sich eine gewisse Scheu vor ungeklärten Fragen, die für die frühjüdische Exegese überhaupt charakteristisch ist.[31] Freilich weiß auch dieser Erzähler nicht, wo sich die Schlange in der Zeit zwischen der bösen Tat und dem Gottesgericht aufhielt; auf Spekulationen ohne exegetische Grundlage scheint er sich nicht einlassen zu wollen.

Daß Eva zunächst alleine von der Frucht ißt und alleine mit den Folgen konfrontiert ist, findet, wie gezeigt wurde, im sechsten Abschnitt seine Entsprechung darin, daß sie zunächst einmal ihre eigene Scham bedeckt, bevor sie Adam verführt. Dies läßt sich aus Gen 3,6–7 nicht ableiten; dort wird die Herstellung von Schurzen aus den Blättern des Feigenbaums als gemeinsame Aktion Adams und Evas dargestellt – das gleiche gilt schon für die Erkenntnis der Nacktheit.

---

[31] Vgl. B. HELLER: Die Scheu vor Unbekanntem, Unbenanntem in Agada und Apokryphen, Monatsschrift für Geschichte und Wissenschaft des Judentums 83 (1939), 170–184.

Dennoch gibt es exegetische Anhaltspunkte für diese Umgestaltung. Natürlich dürfte zunächst einmal die exegetisch durchaus begründete Untergliederung des Paradieses in Sektoren (vgl. Apc Mos 15,2–3), die hier ja nochmals angesprochen wird, diesen Zug begünstigt haben, aber hier tritt noch ein weiterer Hintergrundtext hinzu: Auch in Lib Jub 3,21 wird mitgeteilt, daß Eva ihre Scham bedeckte, bevor sie Adam zu essen gab. Wie aus Lib Jub 3,30–31 ersichtlich wird, steht diese Innovation des Lib Jub im Zusammenhang mit dem Bemühen, in der Geschichte von Adam und Eva das Gebot der Schambedeckung ätiologisch zu verankern. Von einem solchen Interesse ist freilich in Apc Mos 20,4–5 nichts zu spüren. Dennoch kann dieses Moment hier nicht einfach als inzwischen unverstandenes, traditionelles Relikt gewertet werden, im Gegenteil: Es steht in unmittelbarem Zusammenhang mit der ab Apc Mos 15,2–3 narrativ entfalteten räumlichen Trennung Adams und Evas; und weil es so gut in dieses Konzept paßte, dürfte es der Erzähler bewußt aus dem Lib Jub übernommen haben. Er hat damit eine Tendenz begründet, die sich auch in späteren Schichten der Apc Mos zeigt: Man hat sich in dem Milieu, in dem die Apc Mos entstand, offenbar gerne durch die Auslegung von Gen 3 im Lib Jub inspirieren lassen.

Auf den Lib Jub geht auch die Wendung ὅπως καλύψω τὴν αἰσχύνην μου zurück. Sowohl καλύπτω als auch αἰσχύνη kommen in Gen 3,7 𝔊 oder Gen 3,10–11 𝔊 nicht vor; auch ein Korrelat im hebräischen Bibeltext läßt sich nicht ausmachen. In Lib Jub 3,21 hingegen heißt es: ወከደነት ፡ ነፍረታ ፡ በቁጽል ፡ በለስ ፡ ዘተደሰ̈ ፡ (»und sie bedeckte zuerst ihre Scham mit Laub vom Feigenbaum«); dabei kann ወከደነት durchaus für eine Form von καλύπτω und ነፍረት für eine Form von αἰσχύνη stehen.[32]

Mit der Nachricht über die Bedeckung der Scham verwoben ist der Bericht von der Suche nach Material für die περιζώματα: Alle Bäume des Paradieses hatten mit der Gebotsübertretung ihre Blätter abgeworfen, nur der Feigenbaum nicht, dessen Blätter Eva dann schließlich nahm. Es ist unverkennbar, daß auf diese Weise erklärt werden soll, warum in Gen 3,7 die Wahl ausgerechnet auf den Feigenbaum fällt. Doch imaginativ plausibel ist diese Erklärung nicht: Eva hätte die abgefallenen Blätter anderer Bäume schließlich auch vom Boden absammeln können. Doch imaginative Präzision ist nicht die Sache des Autors von Apc Mos 15–30; wichtiger wird ihm die gedankliche Errungenschaft gewesen sein, die ihm möglich wurde, wenn er aus der Erwähnung der Blätter des Feigenbaums *e negativo* darauf schließen konnte, daß alle anderen Bäume im Sektor Evas keine mehr hatten: Die Folgen der Gebotsübertretung Evas betrafen nicht nur sie selbst, sondern bezogen ihre Lebensumgebung mit ein. Sie bekommen

---

[32] ከደነ steht für καλύπτω in Hes 16,8 𝔐, ነፍረት für αἰσχύνη in Nah 3,5 𝔐, vgl. hierzu CHR. FR. A. DILLMANN: Lexicon Linguae Aethiopicae, Lipsiae 1865 (Nachdruck: Osnabrück 1970), Sp. 627 s.v. ነፍረት, §3.

damit gewissermaßen kosmische Dimensionen. Die Übertretung des Gebots hat hier im übrigen eine Folge, die nicht durch den Fluch Gottes vermittelt wird und anders als die Fluchfolgen unmittelbar eintritt. Dies findet eine Entsprechung darin, daß Eva, sobald sie die Frucht aß, ihr Gerechtigkeits-Kleid verliert (Apc Mos 20,1); damit korreliert eine sofortige Entfremdung von der Doxa – über beides wird noch zu reden sein (vgl. K X,6). Von unmittelbaren Folgen der Gebotsübertretung ist in der Apc Mos und im Sondergut der Vit Ad ansonsten nicht die Rede, auch Apc Mos 11,2 bildet keine Ausnahme (s.u.).

Es gibt auch sonst Texte, welche Phänomene der Natur auf die Sünde der Erzeltern zurückführen, ohne ein Strafhandeln Gottes explizit zu erwähnen: Nach Ber R 10,4 sind mit der Sünde Adams die Laufbahnen der Planeten durcheinandergeraten, nach Ber R 12,6 (THEODOR/ALBECK 104) sind mit ihr die Dinge (דברים) mangelhaft geworden (נתקלקלו) – und dies wird sich nicht ändern, bis der Messias kommt. Häufiger werden derartige Phänomene indes mit einer Strafe Gottes in Zusammenhang gebracht, so in 3. Bar 9,5–7, wo die Mondphasen auf diese Weise erklärt werden: Der Mond habe Samael Licht gespendet, als jener sich, um Eva zu verführen, die Schlange zum Kleid machte. Auch hier sind immerhin nicht die Flüche Gottes in Gen 3,16–19 im Blick. Dies ist aber in 4. Esra 7,11–12 der Fall: Dort folgt auf die Gebotsübertretung Adams ein Gericht über die Schöpfung (7,11: *et iudicatum est quod factum est*), und infolgedessen sind die Wege dieses »Äons« (*saeculum*) eng, schmerzhaft, mühevoll usw. Auch in Röm 8,20 (τῇ γὰρ ματαιότητι ἡ κτίσις ὑπετάγη, οὐχ ἑκοῦσα ἀλλὰ διὰ τὸν ὑποτάξαντα) wird wahrscheinlich eine Bezugnahme auf den Fluch Gottes über Adam vorliegen (Gott hat um seinetwillen die Erde verflucht [Gen 3,17]; möglicherweise hat Paulus dies dahingehend verstanden, daß Gott damit die κτίσις der ματαιότης untergeordnet hat). Implizit gilt dies auch für Apc Mos 11,2, wenn dort das Tier Eva vorwirft, durch ihre Gebotsübertretung seien die »Naturen« (φύσεις) der Tiere »verändert worden« (μετηλλάγησαν). Das Passiv μετηλλάγησαν setzt ein logisches Subjekt voraus; dies wird Gott sein, zumal beim Überfall des Tiers letztlich Urteilsworte Gottes im Hintergrund stehen (Gen 15; Apc Mos 24,3, vgl. K IX [S. 277–284]). Erkennbar ist an allen Stellen ein Bedürfnis, kosmische Phänomene, die mindestens erklärungsbedürftig, zumeist aber auch lebensfeindlich sind, mit dem Vergehen der ersten Menschen zu korrelieren. Im Hintergrund steht ein Weltverständnis, das uns heute fremd geworden ist. Wir unterscheiden gewöhnlich zwischen der Sphäre der Naturprozesse und der Sphäre moralisch bewertbaren menschlichen Handelns; das neuartige Interesse für Umweltprobleme bildet nur eine scheinbare Ausnahme, denn dort geht es nur um den speziellen Fall, daß menschliches Handeln die Natur direkt verändern kann. In den genannten Texten wirkt aber der Mensch niemals direkt auf die Natur ein, vielmehr ändert sich diese von selbst oder durch ein Eingreifen Gottes in Folge eines menschlichen Fehlverhaltens.

Abschließend sind zwei Plurale in Apc Mos 20,5 zu erwähnen, die Details zur exegetischen Arbeit des Erzählers verraten: Mit Gen 3,7 𝔊 ist von φύλλα die Rede; in Gen 3,7 𝔐 (עלה) und Lib Jub 3,21 (ቈጽለ) begegnen Singulare. Hier zeigt sich Abhängigkeit von der Septuaginta. Auch das Wort περιζώματα stammt von dort, nur daß der Plural in Gen 3,7 𝔐 wohl die beiden Schurze Adams und Evas bezeichnet, hier aber wohl eine Vielzahl von Schurzen, die Eva sich macht. Aus Lib Jub 3,21 kann dieses Moment nicht stammen, auch nicht aus Lib Jub 3,22; dort ist von *einem* Schurz (ግልባቤ: Singular!) die Rede, den Adam sich macht.

X,6. Eva verführt Adam (Apc Mos 20,5b–21,6)

^cΚαὶ ^dἔστην^d ^eπαρὰ τὸ φύτον^e, | Und ich stellte mich an den Baum,
^fἐξ οὗ^f ἔφαγον^c | von dem ich gegessen hatte
21,1 ^{A(21,4)}καὶ ἐβόησα | 21,1 und rief
^{bc}φωνὴν μεγάλην^{cb} λέγουσα· | mit lauter Stimme und sagte:
Ἀδάμ, ^dἈδάμ^d, ποῦ εἶ; | »Adam, Adam, wo bist du?
^{ef}ἀνάστα, ἐλθὲ^f ^gπρός με^g, | Steh auf, komm zu mir,
καὶ δείξω ^hσοι μέγα μυστήριον^{he}. | und ich zeige dir ein großes Geheimnis.«
21,2 Ὅτε δὲ ἦλθεν ὁ πατὴρ ὑμῶν, | 21,2 Als aber euer Vater gekommen war,
εἶπον αὐτῷ | sagte ich zu ihm
λόγους παρανομίας, | Worte der Gesetzlosigkeit,
οἵτινες κατήγαγον ἡμᾶς | die uns von großer Herrlichkeit
ἀπὸ μεγάλης δόξης. | herabbrachten.
21,3 ἅμα γὰρ ^aἦλθεν^a, | 21,3 Sowie er nämlich kam,
ἤνοιξα τὸ στόμα μου, | öffnete ich meinen Mund,
καὶ ὁ διάβολος ἐλάλει. | und der Teufel redete;
^{B(21,5)c}Καὶ ἠρξάμην νουθετεῖν αὐτὸν | und ich begann, ihn zu unterweisen,
λέγουσα· | und sprach:
δεῦρο, κύριέ μου Ἀδάμ, | »Komm, Adam, mein Herr,
ἐπάκουσόν μου | schenk mir Gehör
καὶ φάγε ἀπὸ τοῦ καρποῦ τοῦ δένδρου, | und iß von der Frucht des Baumes,
οὗ εἶπεν ἡμῖν ὁ θεός, | von dem uns Gott gesagt hat,
τοῦ μὴ φαγεῖν ἀπ' αὐτοῦ, | daß wir von ihm nicht essen sollen –
καὶ ἔσῃ ὡς θεός.^c | und du wirst wie Gott sein«.
21,4 Καὶ ἀποκριθεὶς ὁ πατὴρ ὑμῶν | 21,4 Und euer Vater antwortete
εἶπεν· | und sprach:
φοβοῦμαι, μήποτε ὀργισθῇ μοι ὁ θεός. | »Ich fürchte, daß Gott mir zürne«.
Ἐγὼ δὲ εἶπον ''^a· | Ich aber sagte:
μὴ φοβοῦ ''^b, | »Fürchte dich nicht,
ἅμα γὰρ φάγῃς, | Sowie du nämlich issest,
ἔσῃ γινώσκων καλὸν καὶ πονηρόν^{A(21,1)}. | wirst du wissen um gut und böse«.
21,5 Καὶ ^aτότε^a | 21,5 Und dann,
ταχέως ^bπείσασα αὐτὸν^{B(21,3)} | nachdem ich ihn rasch überredet hatte,
^cἔφαγεν^b. | aß er.

Καὶ^e ἠνεῴχθησαν αὐτοῦ οἱ ὀφθαλμοί, | Und seine Augen wurden geöffnet
καὶ ἔγνω τὴν γύμνωσιν αὐτοῦ. | und er erkannte seine Entblößung.
21,6 καὶ λέγει μοι· | 21,6 Und er sagt zu mir:
ὦ γύναι πονηρά, | »O du böse Frau,
τί κατειργάσω ^aἐν ἡμῖν^a; | was hast du uns angerichtet?
ἀπηλλοτρίωσάς με | Du hast mich
''^b τῆς δόξης τοῦ θεοῦ^c ''^d | der Herrlichkeit Gottes entfremdet!«

- Zeugen: St AV An₂ Pa B A AC^(20,5b; 21,5-6) C^(bis 21,3) VitAd(arm)^(bis 21,2) VitAd(georg) VitAd(lat^p)
Va P¹ LibAd(slav) P¹ J² J³ ApcMos(arm)^(S.10-11) Br S¹ J¹ E¹ E²
- Es fehlen: D AH AC^(21,1-5) C^(ab 21,3) VitAd(arm)^(ab 21,3) VitAd(lat^{me}) An₁ S³ AD

Zum Text

20,5c D-St AV An₂-Pa B P²-J²-J³ (=*III) Br (=*IIIa) J¹-E¹-E²: om. (sq. BERTRAND) (ht.); (A)-(AC)-(Ath)-(C) VitAd(arm) (=*Ia) (VitAd[georg]) (VitAd[latᵖ]) (Va)-(P¹) (=*II) (LibAd[slav]): ᵃκαὶ ἔστην παρὰ τὸ φυτόν, ἐξ οὗ ἔφαγονᵃ¹ (sq. TISCHENDORF; NAGEL – doch s.u.) (inhaltlich paßt diese Sonderlesart hervorragend: Nachdem Eva sich Blätter aus ihrem Paradiesabschnitt gesucht hat, um ihre Scham zu bedecken, stellt sie sich nun an den Baum, von dem sie auch Adam zu essen geben will. TISCHENDORF rekonstruiert nach A: καὶ ἔστιν παρ᾽ αὐτῶν τῶν φυτῶν, ἐξ ὧν ἔφαγον, desgleichen BERTRAND, App., doch er liest ἔστι statt ἔστιν. Dieser Text ist unverständlich, möglicherweise aber enthält er die Botschaft, daß die Schurze von dem Baum stammen, von dem Eva gegessen hat, daß also der Baum der Erkenntnis ein Feigenbaum war [so BERTRAND 125] – wozu dann aber der Plural τῶν φυτῶν?. Die Identifikation von Erkenntnisbaum und Feigenbaum ist auch in jüdischer Tradition bezeugt, vgl. Ber R 15,7 [dort unter Hinweis auf die Bedeckung der Scham in Gen 3,7!]², doch das muß kein Argument für ihre Ursprünglichkeit in Apc Mos 20,5 sein, denn sie ist auch in der byzantinischen Kirche nicht unbekannt,³ kann also auch aus nichtjüdischer Quelle in den Text eingedrungen sein. NAGEL rekonstruiert nach Ath: καὶ ἔστι παρὰ τὸ φυτόν, ἐξ οὗ ἔφαγον. Was das bedeuten soll, kann ich nicht ergründen); S¹: ἐκ τῶν φύλλων (gehört zu 20,5a). **20,5d** A-C: ἔστιν (= ἔστην?; = ἔστιν? [sq. TISCHENDORF; BERTRAND, App. – legunt ἔστιν]) AC Ath: ἔστι (sq. NAGEL); VitAd(arm) (=*Ia) VitAd(georg) VitAd(latᵖ) LibAd(slav) (=*II): *ἔστην; P¹: ἠσθάμην; Va et rell: def. (vgl. °20,5c). **20,5e** A: παρ᾽ αὐτῶν τῶν φυτῶν (sq. TISCHENDORF; BERTRAND, App.); AC: παρ᾽ αὐτῶν τὸ φυτόν; Ath (=*Ia) VitAd(arm) VitAd(georg) P¹ (=*II) (LibAd[slav]): παρὰ τὸ φυτόν (sq. NAGEL); C: παρὰ τῶν φυτῶν; Va: ἐκ τοῦ φυτοῦ; rell: def (vgl. °20,5c). **20,5f** A P¹: ἐξ ὧν (sq. TISCHENDORF; BERTRAND, App.); AC: ὅ; Ath-C (=*Ia) VitAd(arm) VitAd(georg): ἐξ οὗ (sq. NAGEL); Va: ὅν; VitAd(latᵖ) et rell: def. (vgl. °20,5c). **21,1/4A** (Br)-(S¹) (=*IIIa): μετὰ δὲ ταῦτα ἦλθεν ὁ Ἀδὰμ ᵃμὴᵃ ἐπιστάμενος, ὧν ἔπραξα. ἐγὼ δὲ θελοῦσα καὶ αὐτὸν

---

¹ **a-a** A⁽ᶜᵒᵈ⁾: καὶ ἔστϊν παρ᾽ αὐτῶν τῶν φυτῶν ἐξ ὧν ἔφαγον; AC⁽ᶜᵒᵈ⁾: καὶ ἔστι παρ᾽ αὐτῶν τὸ φυτὸν ὅ ἔφαγον; Ath⁽ᶜᵒᵈ⁾: καὶ ἔστι παρὰ τὸ φῦτον ἐξ οὗ ἔφαγον; C⁽ᶜᵒᵈ⁾: καὶ ἔστϊν παρα τῶν φῦτῶν ἐξ οὗ ἔφαγων; VitAd(arm): »eu kac῾i aŕ caŕoyn yormê keray« (»und ich stand bei dem Baum, von dem ich gegessen hatte«); VitAd(georg): »et je restai près de l'arbre dont j' avais mangé«; VitAd(latᵖ): *et secus vitae arborem steti*; Va⁽ᶜᵒᵈ⁾: ἐκ τοῦ φυτοῦ ὃν ἤσθιον; P¹⁽ᶜᵒᵈ⁾: καὶ ἠσθάμην παρα τὸ φυτὸν ἐξ ὧν ἔφαγον; LibAd(slav): »und trat unter den Baum, von welchem ich gekostet«.

² Weiteres Material zur Identität des Erkenntnisbaums s. bei L. GINZBERG: Die Haggada bei den Kirchenvätern und in der apokryphischen Literatur, Monatsschrift für Geschichte und Wissenschaft des Judenthums 42 (1898), 537–550; 43 (1899), 17–22; 61-75; 117–125; 149–159; 217–231; 293–303; 409–416; 461–470; 485–504; 529–547, speziell 43 (1899), 122–125.

³ Die Vorstellung, der Baum der Erkenntnis sei ein Feigenbaum gewesen, findet sich sogar noch im Triôdion, vgl. Τριῴδιον. Κατανυκτικὸν περιέχον ἅπασαν τὴν ἀνήκουσαν αὐτῷ ἀκολουθίαν τῆς ἀϊδίας καὶ μεγάλης τεσσαρακοστῆς, Ἔκδοσις τῆς ἀποστολικῆς διακονι-ας τῆς ἐκκλησίας τῆς Ἑλλάδος, Athen 1960, 69a, wo es in einem Kommentartext heißt: Λέγουσι δὲ τίνες τὸ ξύλον ἐκεῖνο τῆς παρακοῆς εἶναι συκῆν, ὅτι γνόντες αὐτίκα τὴν γύμνωσιν, φύλλοις ἐκείνης χρησάμενοι, ἐσκεπάσθησαν («Es sagen aber einige, jenes Gewächs des Ungehorsams sei ein Feigenbaum gewesen, da sie, unmittelbar nachdem sie ihre Nacktheit erkannt hatten, sich mittels seiner Blätter bedeckten»). Der Feigenbaum muß der Baum der Versuchung sein, weil nur er sich in der unmittelbaren Nähe der Delinquenten befand, als diese mit den Folgen ihrer Tat konfrontiert waren: Ähnlich argumentiert auch Theodoret, Quaest in Gen 28 (MPG 80,125).

μεταλαβεῖν τῆς βρώσεως, ᵇτὸ μὲνᵇ, ἵνα μὴ μόνη ὀδυνηθῶ παρὰ τοῦ θεοῦ, ᶜτὸ δέ, ἵνα γνώσῃ καὶ αὐτὸς τὴν ᵈἀπατὴνᵈ ταύτηνᶜ, ἠρξάμην κἀγὼ προσφέρειν αὐτῷ λόγους ἀπατη-λοὺς ᵉπαρανομίας τοῦ ὄφεωςᵉ⁴ (»Danach kam Adam, ohne zu wissen, was ich getan hatte. Ich aber wollte, daß auch er [meiner] Speise teilhaftig werde, zum einen, damit nicht ich allein von Gott geplagt würde, zum anderen, damit auch er dieses Trugwerk kennenlerne, und so begann auch ich ihm betrügerische, ungesetzliche Worte der Schlange vorzutragen«). Der Rückverweis auf die Worte der Schlange zeigt, daß man die Parallelität der Verführungsszenen bemerkt hat (vgl. °21,3/5B; °21,4b und K Xa). **21,1b** St AV An₂-Pa B P²-J²-J³ (=*III) J¹-E¹: αὐτῇ τῇ ὥρᾳ (sq. BERTRAND, NAGEL); (A)-Ath-C (=*Ia) VitAd(arm) Va-(P¹) (=*II) LibAd(slav): φωνὴν μεγάλην; ApcMos(arm) E²: om; AC Br S¹: def. Φωνῇ μεγάλη paßt besser zum Kontext in Apc Mos 15ff: Adam und Eva sind räumlich voneinander getrennt, also muß Eva laut rufen. Αὐτῇ τῇ ὥρᾳ ist Folgekorrektur zu °20,5c: Nach dem Ausfall von καὶ ἔστην κτλ. in *Ib mußte 21,1ff neu mit dem Vorhergehenden verbunden werden. **21,1c** A P¹: φωνῇ μεγάλη; Ath-C Va (=*II): φωνὴν μεγάλην (vgl. ἐβόησαν φωνὴν φοβεράν in Apc Mos 37,1, das einer Apc Mos 15–30 nahestehenden Schicht entstammt); AC et rell: def. (vgl. °21,1b). **21,1d** St AV B A (=*Ia) P¹ (=*II) LibAd(slav) P²-J²-J³ (=*III) J¹-E¹: Ἀδάμ; An₂-Pa Ath-C VitAd(latᵖ) Va ApcMos(arm): om; VitAd(arm) VitAd(georg) Br S¹ E²: def. **21,1e** J¹: ἀναστὰς ἐλθὲ πρός με καὶ δείξω σοι μέγα μυστήριον (a); E¹-(E²): ἀναστὰς δὲ ὁ Ἀδὰμ ἦλθε πρός με, καὶ ἔδειξα αὐτῷ τοῦτο τὸ μέγα μυστήριον (ba). **21,1f** C: δεῦρο, ἐλθέ; Va-P¹ (=*II): ἀναστὰς δεῦρο. **21,1g** BERTRAND liest gegen die Handschriften πρὸς ἐμέ, vgl. °5,2e. **21,1h** Nach NAGEL haben nur P¹ und P²-J²-J³ (=*III) J¹ σοι μέγα μυστήριον, aber auch bei TISCHENDORF (S. 11, Z.15) begegnet diese Wendung, obgleich dieser nur A B C D kannte. Und in der Tat findet sie sich auch in Pa (128v, Z. 3: σοι μεγάλην μυστήριον), B (313v, Z. 11: σοι μέγα μυστήριων), C (8v, Z. 19: σοι μέγα μῠστήριον), LibAd(slav) und ApcMos(arm). Auslassungen ganzer Textblöcke begegnen bei NAGEL auch in °16,3b; °23,5e und °34,1k. Sie sind zumeist durch Seitenumbruch in den Kollationsunterlagen bedingt. Vgl. auch E II,1, Anm. 5 (S. 17). **21,3a** An₂: τοῦ ἐλθεῖν πρός με; Pa: τοῦ ἐλθῆναι πρός με (ἐλθῆναι: -θη- wurde als Aor.-Pass.-Morphem aufgefaßt!); C: τοῦ ἐλθεῖν αὐτὸν πρός με. **21,3/5B** (Va)-P¹ (=*II) (LibAd[slav]): καὶ ἠρξάμην νουθετεῖν αὐτὸν περὶ τοῦ ξύλου καὶ περὶ τῆς φρονήσεως, ἧς εἶπέ μοι ὁ διάβολος. Der Rückverweis auf die Verführung Evas (ἧς εἶπέ μοι ὁ διάβολος) zeigt, daß man die Parallelität der Verführungsszenen bemerkt hat (vgl. °21,1/4A; °21,4b und K Xa). **21,3c** (J¹)-(E¹): διὰ τί εἶπεν ᵃἡμῖνᵃ ὁ θεὸς τοῦ μὴ φαγεῖν ἀπ’ αὐτοῦ ᵇτοῦᵇ ξύλου; ᶜγινώσκων ἄν, ὅτι ᾖ δ’ ἂν ἡμέραν ἢ ὥραν φαγώμεθα ἀπὸ τοῦ ξύλουᶜ, ᵈγινόμεθαᵈ ὡς θεοί, γινώσκοντες καλὸν καὶ πονηρόν. ''ᵉ διὰ τοῦτο εἶπεν ἡμῖν ''ᶠ· ᾖ δ’ ἂν ἡμέραν φαγῆσθε, θανάτῳ ἀποθανεῖσθε⁵ (»Weswegen sagte Gott zu uns, daß wir nicht von eben diesem Baume essen sollten? Vielleicht, weil er wußte, daß wir an dem Tage, da wir von dem Baume äßen, wie Götter würden, Gut und Böse erkennend! Deshalb sagte er zu uns: „An dem Tage, da ihr esset, werdet ihr des Todes sterben!"«); E²: def. Der Interpolator bemüht sich, Eva etwas besser argumentieren zu lassen. **21,4a** B A-Ath (=*Ia⁷) (VitAd[georg]): αὐτῷ; Va P¹: def. **21,4b** E¹: ἐπὶ τοῦτο, ὥσπερ ὁ ὄφις ἐλάλησέ μοι τὸ πρότερον (der Interpolator verweist explizit auf Apc Mos 18,3, hat also die Symmetrie der Verführungsszenen bemerkt [vgl. °21,1/4A, °21,3/5B und K Xa]); E²: περὶ τοῦτο **21,5a** AV An₂-Pa A-Ath (=*Ia): τότε (sq. NAGEL); St B P²-J²-J³ (=*III) Br-S¹ (=*IIIa) J¹-E¹-E²: om. (sq. BERTRAND); Va P¹: def. **21,5b** St A-Ath (=*Ia): πείσασα αὐτὸν ἔφαγεν (a); AV: †ποιήσαςϯ

---

⁴ Varianten: **a-a** Br: μή; S¹: μηδέν. **b-b** Br: om, S¹: txt. **c-c** Br: om; S¹: txt cum var. **d-d** Br: def; S¹: ἀγάπην, lies ἀπατήν (vgl. ἠρξάμην κἀγὼ προσφέρειν αὐτῷ λόγους ἀπατηλούς). **e-e** Br: παρανομίας τοῦ ὄφεως; S¹: παραομοίους (sic!) τῷ ὄφει.
⁵ Varianten: **a-a** J¹: om; E¹: txt. **b-b** J¹: ϯτόϯ; E¹: txt. **c-c** E¹: ϯκαὶ ὁ διάβολος ἐὰν φαγώμεθαϯ. **d-d** J¹: γενώμεθα; E¹: γινόμεθα; **e** J¹: καί; E¹: txt. **f**: J¹: txt; E¹: ὁ θεός.

αὐτὸν ἔφαγεν (zur Supplementierung des Femininums durch das Masculinum beim Partizip vgl. DIETERICH 207–208) (ba); An₂-(Pa): ἐποίησα αὐτὸν φαγεῖν (cba); B:πεισθεὶς τοῖς λόγοις μου ἔφαγεν (da); P²-J²-J³:πείσασα αὐτὸν †ἐποίησα† καὶ ἔφαγεν (ea); ApcMos(arm): »nofa loueal patrołakan banic' imoc' eu čašakeac' i płtoy anti« (»er, hörend auf meine betrügerischen Worte, und er aß von der Frucht«) (Partizipialkonstruktion!) (fea); (Br)-(S¹) (=*IIIa): †ἐποίησα† αὐτὸν καὶ ἔφαγε καὶ αὐτὸς ἀπὸ τοῦ ξύλου (gea); J¹: †ποιήσασα† αὐτὸν ἔφαγεν (hea); E¹: †ἐποίησα† αὐτὸν καὶ ἔφαγεν (=*III) (iea); E²: ἔφαγεν (kea⁷/kiea⁷); Va P¹: def. **21,5c** (Va)-(P¹) (=*II): ὅπταν δὲ ἔφαγε καὶ αὐτός. **21,6a** St (An₂)-Pa A-AC (=*Ia) (P¹)⁶ P²-J²-J³ (=*III) Br-S¹ (=*IIIa) E¹-E²: ἐν ἡμῖν; (AV) Ath Va (J¹): ἐν ἐμοί. **21,6b** St AV A Ath: ἐκ; An₂ B AC (=*Ia) Va-P¹ (=*II) P²-J²-J³ (=*III) Br-S¹ (=*IIIa) J¹-E¹-E²: txt. (vgl. °20,2e); Pa: ἀπό. **21,6c** AV: χριστοῦ. **21,6d** Br-S¹ (=*IIIa): καὶ ἤρξατο καὶ αὐτὸς κλαίειν καὶ στενάζειν πικρῶς καὶ μάχεσθαι καὶ ὀνειδίζειν με.

1. Zum Inhalt

Die Verführung Adams durch Eva weist zahlreiche Parallelstrukturen zur Verführung Evas durch die Schlange auf; damit gibt der Verfasser seiner dämonologischen Deutung des Paradiesgeschehens Ausdruck, derzufolge der eigentliche Akteur der Gebotsübertretung der Teufel ist (K Xa). Am deutlichsten zeigt sich das in Apc Mos 21,3, wo der Teufel durch den Mund Evas redet, wie er zuvor durch den Mund der Schlange geredet hat, vgl. Apc Mos 16,5. Doch auch ein gravierender Unterschied fällt auf: Während die Schlange zweimal Befürchtungen Evas überwinden mußte (Apc Mos 18,2–3; 18,5–19,3), muß Eva nur einen Anlauf unternehmen (Apc Mos 21,4); darauf heißt es: Καὶ τότε ταχέως πείσασα αὐτὸν ἔφαγεν (»Und dann, nachdem ich ihn rasch überzeugt hatte, aß er«). Die Verführung Adams ist also weit weniger zeitaufwendig als die Evas. Dieser Unterschied gewinnt schon rein äußerlich darin Gestalt, daß Apc Mos 21 wesentlich kürzer ist als die vorangehende Perikope.

Offenbar hält der Verfasser von Apc Mos 15–30 Eva keineswegs für stärker verführbar als Adam; daß er ihr damit auch weniger Schuld als Adam zuschreiben will, läßt der Text indes nicht erkennen, begegnet doch in Apc Mos 21,6 eine heftige Anklage Adams an Eva, die der Kontext als zutreffend erweist. Allerdings fehlen in Apc Mos 15–30 aber auch die für die Apc Mos so kennzeichnenden Selbstanklagen Evas (vgl. Apc Mos 10,2; 32,1–2). Generell scheint Apc Mos 15–30 kein Interesse an einer genaueren Bestimmung des Schuldanteils von Frau und Mann bei der Urzeitkatastrophe im Paradies zu zeigen (vgl. K X,2 [S. 304]), wohl deshalb, weil als deren Ursache v.a. der Teufel avisiert wird, vgl. hierzu K Xa.

Die Verführung Adams beginnt damit, daß Eva sich an den Baum stellt, von dem sie gegessen hatte (20,5b), und Adam mit lauter Stimme ruft (Apc Mos 21,1). Das hebt noch einmal die räumliche Distanz zwischen beiden hervor, vgl. 15,2–3, 20,4–5a sowie die Tatsache, daß die Schlange und Eva sich in 17,2bff

---

⁶ P¹⁽ᶜᵒᵈ⁾: εἰς ἐμὰς, hat also mit ἐμάς eine neugriechische Form (Ngr. ἐμᾶς = Agr. ἡμᾶς), vgl. THUMB §134.

so ausführlich unterhalten konnten. Zugleich zeigt sich hier wie schon in 16,1; 17,2b–3 ein starkes Interesse des Erzählers, gerade die Anfänge des jeweiligen Betrugsmanövers in all ihrer Harmlosigkeit vor Augen zu führen. Mit αὐτῇ τῇ ὥρα wird hervorgehoben, daß Eva es nach der Bedeckung der Scham mit ihrem bösen Werk recht eilig hatte; dies wird nicht das einzige Textsignal in der Perikope bleiben, das auf eine besondere Schnelligkeit der Handlung verweist (vgl. ταχέως in 21,5). Wenn Eva ihren Mann mit den Worten »Adam, Adam, wo bist du?« herbeizitiert, erinnert dies den Leser an die Worte Gottes in Gen 3,9. Auch hier wird wieder Verführung durch Bibelworte getarnt (vgl. 16,1), ein Signal freilich, daß erzähllogisch weniger paßt als in der Kommunikation zwischen Autor und Leser. Daß damit tatsächlich eine Parallele zu der in Apc Mos 16,1 geschilderten Situation geschaffen werden soll, zeigt die nachfolgende Aufforderung Evas: Ἀνάστα καὶ ἐλθὲ πρός με – das sagt auch der Teufel zur Schlange in Apc Mos 16,1. Indem sie Adam ein »großes Geheimnis« zu zeigen verspricht, weckt sie seine Neugierde; zugleich wird mit dem Wort »zeigen« (δείκνυμι) ein semantisches Feld ([lehren/überreden]) aktiviert, das auch im Folgenden eine Rolle spielen wird (vgl. 21,3: νουθετέω; 21,5: πείθω), vgl. hierzu das weisheitliche Vokabular in der Verführung Evas (so von Seiten der Schlange in 18,1; 18,3).

In Apc Mos 21,2–3a wird eine Deutung der nachfolgenden Reden Evas an Adam vorausgeschickt: Es handelt sich um Worte der Gesetzlosigkeit, die durch den Teufel inspiriert worden sind. Wie durch den Mund der Schlange (Apc Mos 16,5) redet der Teufel also auch durch den Mund Evas. Diese ist also in gleichem Maße besessen wie die Schlange. Der Effekt der Worte wird dahingehend gekennzeichnet, daß sie Adam und Eva »von großer Herrlichkeit herabbrachten« (οἵτινες κατήγαγον ἡμᾶς ἀπὸ μεγάλης δόξης). Das erinnert zum einen an Apc Mos 18,5a, wo die Schlange Eva versprochen hatte, daß sie bei genauer Betrachtung des Baumes »große Herrlichkeit« (δόξαν μεγάλην) wahrnehmen werde, zum anderen an Apc Mos 20,2, wo Eva der Schlange nach der Verführung vorwirft, sie sei durch sie ihrer »Herrlichkeit« (δόξα) »entfremdet worden« (ἀπηλλοτριώθην). Der Leser wird sich denken dürfen, daß Verführer offenbar gerne etwas versprechen, was schon da ist und schließlich gerade durch die Verführung verloren geht.

Die nachfolgende Unterredung zwischen Adam und Eva (21,3a–4), deren Beginn durch καὶ ἠρξάμην νουθετεῖν αὐτὸν λέγουσα gekennzeichnet wird, ist weitgehend dem Gespräch zwischen Eva und der Schlange in Apc Mos 18,1–3 gleichgestaltet. Wie dort fordert die Verführende zunächst den Verführten auf, von dem verbotenen Baum zu essen, woraufhin letzterer Furcht vor Gottes Zorn äußert (mit der aus 16,4; 18,2 bekannten Phrase: Φοβοῦμαι, μήποτε ὀργισθῇ μοι ὁ θεός), die mit der gleichen Antwort wie in 16,5; 18,3 (μὴ φοβοῦ) und dem aus Apc Mos 18,3–4 bekannten Hinweis auf die positiven Folgen der Gebotsübertretung (Gottgleichheit) ausgeräumt wird.

Es schließt sich – wie in allen Verführungsszenen – eine »Erfolgsmeldung« an (21,5a, vgl. 17,1a; 19,3b), anders als in Apc Mos 18,5–19,3 allerdings ohne retardierendes Moment: Der Verführte tut, was man von ihm wünscht. Syntaktisch fällt 21,5a durch den grammatisch irregulären Nominativus absolutus auf; vielleicht ist es kein Zufall, daß dieser »Soloezismus« auch in der »Erfolgsmeldung« in Apc Mos 19,3b zu verzeichnen ist; die Parallelität in der syntaktischen Strukturierung mag die Parallelität auf semantischer Ebene hervorheben.

Wie in Apc Mos 20,1 schließt die Folge der Gebotsübertretung unmittelbar an. Der Sachverhalt ist ebenfalls derselbe, dementsprechend auch weitgehend der Wortlaut. Daß die Folge nicht Erkenntnis der Nacktheit ist, sondern die Entstehung von Nacktheit, kann freilich sehr viel einfacher als noch in 20,1 zum Ausdruck gebracht werden (durch das Wort γύμνωσις: »Entblößung«), weil die dort durch komplizierte Textgestaltung offengelegten exegetischen Tiefenstrukturen hier als bekannt vorausgesetzt werden können.

Auf die Entblößung reagiert Adam wie Eva in Apc Mos 20,2 mit einer Anklage gegen die Verführerin, die wie dort die »Entfremdung« von der δόξα zum Inhalt hat, freilich mit dem Unterschied, daß Eva eine Entfremdung von *ihrer* Doxa (ἀπηλλοτριώθην ἐκ τῆς δόξης μου), Adam jedoch eine Entfremdung von der Doxa *Gottes* beklagt (ἀπηλλοτρίωσάς με ἐκ τῆς δόξης τοῦ θεοῦ). Mit dem Stichwort Doxa wird auch 21,2 wieder aufgenommen. Was genau mit der Doxa Adams und Evas gemeint ist, ist im Anschluß an die Diskussion der exegetischen Hintergründe zu erörtern.

Es wird nicht erzählt, daß auch Adam seine Scham bedeckt habe. Wahrscheinlich setzt der Erzähler voraus, daß seine Leser dies *per analogiam* nach Apc Mos 20,4–5 ergänzen – aufgrund von Gen 3,7. Dafür spricht Apc Mos 22,3, wo berichtet wird, daß mit der Ankunft Gottes im Paradies die Bäume von Adams Paradiessektor »aufblühten«, erst danach wird das gleiche auch über die Bäume von Evas Paradiessektor gesagt. Diese Mitteilung setzt voraus, daß auch die Bäume Adams ihrer Blätter verlustig gegangen waren, so wie die Evas in Apc Mos 20,4–5a.

2. Exegetische Hintergründe

Es war bereits in der Inhaltsanalyse gezeigt worden, daß Eva Adam mit Worten aus Gen 3,9 herbeiruft. Der Grund liegt, wie dargelegt, in dem Bemühen des Erzählers, die Verführende dadurch, daß sie Bibelworte benutzt, vertrauenswürdig erscheinen zu lassen. Doch auch ein anderes Moment kann eine Rolle spielen: Der Ruf Gottes in Gen 3,9 vermittelt vor allem die Information, daß Adam gerade nicht da ist, wo Gott ist – auch hier soll die Abwesenheit Adams zum Ausdruck gebracht werden. Zitiert wird Gen 3,9 𝔊, in 𝔐 fehlt die Anrede Adams. Eine doppelte Anrede Adams ist freilich auch in 𝔊 nicht belegt; sie ist in der Apc Mos nicht unbeliebt, vgl. 41,1, das freilich einer anderen Schicht angehört.

Auf exegetische Arbeit dürfte auch der Satz zurückgehen, mit dem Eva die Neugierde Adams weckt: δείξω σοι μέγα μυστήριον. Hier wird ein weisheitlich konnotiertes Wortfeld aktiviert, das auch sonst in der Perikope eine Rolle spielt (s.o.). Im Hintergrund steht möglicherweise ein durch rabbinische und gnostische Parallelen belegtes Spiel mit den Worten חוה (hebr., »Eva«), חוא (aram., »zeigen [=δείκνυμι!], erzählen«; auch mittelhebr. belegt: חוה) und חויא/חוי/א (aram., »Schlange«). Die Pointe dieses Wortspiels besteht in einer Parallelisierung des Verhaltens der Schlange gegenüber Eva mit dem Evas gegenüber Adam.[7] Genau diese Parallelisierung aber findet in Apc Mos 21,2ff

---

[7] Belegt ist dieses Wortspiel in Ber R 20,11 zu Gen 3,20 (vgl. Jalqut Šim'oni 33 zu Gen 3,20):

ויקרא האדם שם אשתו חוה	*Und Adam nannte seine Frau Chawwa* (Gen 3,20)
נתנה כחיויתה	1. Er [sc. Gott] gab sie [Adam] als seine Unterweiserin
‹ומציתתה›	und sie sorgte dafür, daß er [auf sie] hörte,
כחויה	wie eine Schlange.
חוה לה	2. Er zeigte ihr,
כמה דורות איבדה	wie viele Generationen sie vernichtet hatte;
אמר ר׳ אחא	3. Rabbi Acha sprach:
חויה חויך	»Die Schlange ist deine Schlange
ואת חויה דאדם	und du bist die Schlange Adams.«

Die beiden letzten Midraschim bezeugen relativ leicht verstehbare Assoziationen von חוה (»Eva«) mit hebr. חוה (pi.) und aram. חויא. Besonders der dritte steht Apc Mos 21 nahe, da auch er das Verhalten Evas gegenüber Adam mit dem der Schlange gegenüber Eva parallelisiert.

Der erste Midrasch ist textlich äußerst problematisch, kann aber dahingehend rekonstruiert werden, daß hier der Name Evas sowohl mit aram. חוא (»unterweisen«) als auch mit dem aramäischen Wort für »Schlange« (חוי/ה/חויא) zusammengebracht wird: Die Lesarten im Apparat bei THEODOR/ALBECK (S. 195) sowie die traditionelle Ausgabe zeigen, daß man sich noch nicht einmal sicher war, ob es hebräisch oder aramäisch verfaßt ist. Mit THEODOR/ALBECK nehme ich einen aramäischen Grundtext an (gegen JASTROW 452b s.v. חוה, welcher der traditionellen Ausgabe folgt). Gegen Ende dürfte ein Überlieferungsverderbnis vorliegen: Statt des von mir konjizierten ומציתתה steht bei THEODOR/ALBECK im Haupttext מצתתה, für das auch SOKOLOFF (S. 197) keine Erklärung findet; es bietet sich an, יי vor תת zu ergänzen: יי könnte aufgrund der Ähnlichkeit zu dem nachfolgenden gedoppelten ת ausgefallen sein; abgesehen davon liest der textkritisch bedeutsame Cod. Vat. Ebr. 30 (bei THEODOR/ALBECK mit ו notiert) immerhin מציתתה (י und ו sind leicht zu verwechseln!). Die Form ist als Part. Pael. fem. von צות/ציתֿ + Pron. suff. 3. sg. masc. zu deuten (Bedeutung: »to cause to listen« [JASTROW 1272b]). Schwierig ist auch das Wort כחיויתה: THEODOR/ALBECK erläutern in ihrem hebräischen Kommentar (S. 195₂): כאשה תחוה דעת לו (»wie eine Frau soll sie ihm Wissen zeigen«). Dementsprechend habe ich das Wort mit »Unterweiserin« übersetzt (ähnlich FREEDMAN I, 169–170: »advisor«), aber wäre mit dieser Deutung nicht *כחויתה (=Part. qal. act. fem. von חוא + Pron. suff. 3. sg. masc.) sinnvoller? WÜNSCHE (S. 94) übersetzt »um sein Leben zu verherrlichen«, ausgehend von der traditionellen Ausgabe, die לחיותו bietet (=»für seinen Lebensunterhalt«, JASTROW 452b s.v. חיות: »for his

durchgängig statt; eine exegetische Anspielung mittels des Wortes δείκνυμι könnte den Leser darauf vorbereiten. Diese Annahme erscheint dadurch gestützt, daß weisheitliches Vokabular auch im Munde der Schlange begegnet (vgl. 18,1.3) – nicht nur Eva, auch die Schlange betätigte sich als »Unterweiser«.

Die Strategie der Parallelisierung wird damit fortgesetzt, daß in 21,2–3a mitgeteilt wird, Eva sei, als sie Adam verführte, vom Teufel inspiriert gewesen – genauso wie die Schlange (vgl. 16,5). Auch für dieses Moment läßt sich ein exegetischer Anhaltspunkt finden, so daß die Parallelisierung der Verführungssituationen damit exegetisch doppelt begründet erscheint: In Apc Mos 16,5 wird die diabolische Inspiration der Schlange durch das Wort σκεῦος zum Ausdruck gebracht. Es konnte gezeigt werden, daß der exegetische Hintergrund dafür in dem hebräischen Wort עשׂה in Gen 3,1a zu suchen ist; dies findet eine Bestätigung in Apc Mos 26,1 // Gen 3,14, wo ebenfalls σκεῦος mit einer Form von עשׂה korrespondiert – in der Wendung כי עשׂית זאת. Eine Form von עשׂה wird im he-

---

strength«); diese Lesart deriviert wahrscheinlich von der Variante כחיותה/כהיוותה, die ebenfalls belegt ist (aram. חיווּתא/חיותא bedeutet »Lebensunterhalt«, vgl. JASTROW 453a s.v.). Sollte diese Lesart die ursprüngliche sein, dann ist auch die Wurzel חיא (»leben« [=hebr. חיה]) in das Wortspiel mit einbezogen. Auch in diesem Falle wäre die Wurzel חוא (»unterweisen«) nicht unbeteiligt; sie steht ja semantisch hinter מצייתה. Zu beachten ist, daß der Midrasch auch an Gen 3,12 anschließt (האשׁה אשׁר נתתה עמדי הוא נתנה לי); darauf weist v.a. die Form נתנה (»Er [Gott] hat sie gegeben«) hin, die in der Überlieferung oft als Nipʻal (ניתנה) gelesen wurde, wodurch die sprachliche Identität des ganzen Satzes unsicher wurde – wohl der Hauptgrund für die Variantenbildung. Daß Gen 3,12 im Hintergrund steht, zeigt wohl auch die Struktur des Midrasch: Sein antithetischer Aufbau spiegelt möglicherweise die Abfolge der beiden Formen נתתה - נתנה in Gen 3,12 wider.

Eine narrativ-exegetische Überlieferung, welche die Ähnlichkeit von חוה (»Eva«), חויא (»Schlange«), חוא (»zeigen/unterweisen«) und חיא/חיה/חי/חים (»leben/lebend/Leben«) im vollen Maße narrativ umsetzt, findet sich in Hyp Arch, NHC II,88ff. Dort wird Gen 2–3 im gnostischen Sinne revidiert; bezeichnenderweise wird dabei die Unterweisung, die in der jüdischen Tradition (in Apc Mos 21 gleichermaßen wie in Ber R 20,11) negativ bewertet wird, als ein heilvolles Geschehen begriffen. Grundlegend für die Erzählung in Hyp Arch ist die Konzeption von der pneumatischen Frau, die mit dem Pneuma identisch ist, welches in dem von den Archonten erschaffenen, aber bewegungsunfähigen Adam einwohnt, so daß dieser lebendig wird und sich bewegt, vgl. Gen 2,7. Dieses Pneuma entnehmen die Archonten Adam, damit er ihre Hyle-Natur nicht erkennen kann; Adam wird dadurch ,psychisch', erhält aber eine pneumatische Frau (vgl. die Erschaffung der Frau in Gen 2,18–23), die er, als sie ihn mit dem Satz »Steh auf, Adam!« anredet, als diejenige identifiziert (vgl. Gen 2,23), die ihm das Leben gegeben hatte (vgl. נפשׁ חיה in Gen 2,7); er nennt sie Mutter der Lebenden (vgl. Gen 3,20: אם כל־חי). Die Archonten setzen dieser pneumatischen Frau nach, die vor ihnen flieht und sich in einen Baum (den Baum des Lebens: עץ החיים [vgl. Gen 2,9; 3,22]) verwandelt, den Archonten aber ein Schattenbild ihrer selbst zur Verfügung stellt, das sie beschmutzen (vgl. die Überlieferungen von der Zeugung Kains durch den Satan!). Daraufhin nimmt die pneumatische Frau in der Schlange (חויא!) Wohnung, die als »der Lehrer« (II,89,33: ⲡⲣⲉϥⲧⲁⲙⲟ) bezeichnet wird (חוא!), und sie unterweist die ,sarkische' Frau, von der Frucht zu nehmen.

bräischen Bibeltext jedoch nicht nur mit der Schlange, sondern auch mit der Frau in Zusammenhang gebracht, und zwar in Gen 3,13, wenn Gott sie dort fragt: עשׂית מה־זאת (»warum hast du das getan?«). Diese Übereinstimmung dürfte Anlaß genug gewesen sein, auch Eva als Werkzeug des Teufels darzustellen, zumal beide Syntagmen einander auch sonst sehr ähnlich sind.

Daß eine solche Exegese tatsächlich vorgenommen wurde, legt auch ein weiteres Textsignal in Apc Mos 15–30 nahe: Die Frage Gottes an Eva in Gen 3,13 wird in der Septuaginta mit τί τοῦτο ἐποίησας wiedergegeben; und genau diese Frage richtet in Apc Mos 20,2 Eva an die Schlange, im übrigen auch Gott an Eva in Apc Mos 23,5. Passend dazu findet sich ein weiterer Anklang an diese Wendung in Apc Mos 26,1 (// Gen 3,14), wo Gott die Schlange anklagt. Es kann also kein Zweifel daran bestehen, daß man die Korrespondenzen zwischen der Frage Gottes an die Frau (Gen 3,13) und der Verfluchung der Schlange (Gen 3,14) wahrgenommen hat und daß man sie narrativ ausgiebig für die Parallelisierung der Verführungsszenen genutzt hat.

Ein Unterschied zwischen den Verführungsszenen besteht freilich darin, daß Eva mit ihrer Arbeit schneller fertig wird als die Schlange. Dies mag der lapidaren Darstellung in Gen 3,7 geschuldet sein: Mehr als daß Eva auch ihrem Gatten die Frucht gab und daß dieser davon aß, wird dort ja nicht gesagt.

Auch die unmittelbaren Folgen der Gebotsübertretung entsprechen denen der Gebotsübertretung Evas, sowohl was die Entblößung (21,5b) als auch die Anklage des Verführten gegen den Verführenden (21,6) betrifft, vgl. Apc Mos 20,1–3: Adam erkennt, daß er nackt geworden ist und klagt die Verführerin an, sie habe ihn der δόξα θεοῦ entfremdet. Diese Parallelität ist der biblischen Vorlage geschuldet: Auch dort sind die unmittelbaren Folgen für Adam und Eva die gleichen (vgl. Gen 3,7).

Exkurs: δόξα

Mehrfach ist in Apc Mos 15–30 von einer δόξα die Rede, die vor der Gebotsübertretung mit Adam und Eva irgendwie im Zusammenhang steht, danach jedoch nicht. Der erste Beleg ist Apc Mos 20,2, wo Eva der Schlange vorwirft, sie sei (durch die Schlange) ihrer δόξα entfremdet worden (ἀπηλλοτριώθην τῆς δόξης μου); vorangegangen war die Entblößung Evas, die durch den Verlust des Gerechtigkeits-Kleides erklärt wird (20,1). Diese Konstellation findet ihre Parallele in Apc Mos 21,5–6: Dort erkennt Adam zuerst seine Entblößung und klagt dann seine Frau an, sie habe ihn der δόξα entfremdet. Allerdings wird diese hier nicht δόξα Adams, sondern δόξα θεοῦ genannt (21,6: ἀπηλλοτρίωσάς με τῆς δόξης τοῦ θεοῦ). Ein weiterer Beleg ist 21,2, wo es von den verführenden Worten der Eva heißt, sie hätten Adam und Eva »von großer δόξα herabgetrieben« (οἵτινες κατήγαγον ἡμᾶς ἀπὸ μεγάλης δόξης). Diese Stelle weist, wie in Abschnitt 1 dargestellt wurde, deutliche Anklänge an 18,5 auf, wo die

Schlange Eva sagt, sie werde »große δόξα« (δόξαν μεγάλην) sehen, wenn sie ihren Sinn auf den Baum richte. Auch hier, in 18,5, ist von δόξα die Rede, allerdings nicht von einer δόξα Adams oder Evas. Dennoch wird auch diese Stelle, wie sich gleich zeigen wird, nicht ohne Bedeutung für die Interpretation der mit Adam und Eva assoziierten δόξα sein.

In 20,2 und 21,6 ist man dazu verleitet, die δόξα als Aura zu deuten[8], weil zuvor jeweils von Entblößung die Rede war; so ist es jedenfalls im Subarchetypen *Ia geschehen, der Evas δόξα mit dem in 20,1 erwähnten Gerechtigkeits-Kleid identifiziert (vgl. °20,2f). Dagegen spricht jedoch das Verb ἀπαλλοτριόω: Wäre mit diesem eine imaginative Konnotation verbunden, dann würde es eine Vertreibung, nicht aber den Verlust eines Gewandes andeuten, eher jedoch bezeichnet es eine Vertreibung im übertragenen Sinne (darum das Korrelat »entfremden«). Daß Eva nach dem Verlust des Gerechtigkeits-Kleides die Entfremdung von der δόξα beklagt, ist also nicht im Sinne einer Identität von δόξα und δικαιοσύνη zu verstehen, vielmehr dahingehend, daß es sich um distinkte, logisch aber miteinander verbundene Gegebenheiten handelt: An ihrer Entblößung erkennt Eva, daß sie nun auch von ihrer Doxa getrennt ist. Die δόξα ist dabei mit ihrer Person verbunden, darum nennt Eva sie δόξα μου; damit ist jedoch nicht gesagt, daß sie nicht von anderswoher käme – nämlich von Gott: Deshalb nennt Adam sie δόξα θεοῦ (21,6); wären je unterschiedliche δόξαι gemeint, müßte dies wohl durch stärkere Signale angedeutet werden.

Doch noch nicht einmal eine besondere Verbindung der δόξα mit der Person Adams und Evas scheint für die δόξα-Konzeption von Apc Mos 15–30 kennzeichnend zu sein. Dagegen steht vor allem der Beleg in 21,2. Dort ist die δόξα als eine räumliche Gegebenheit gedacht, von der die Menschen »hinabgetrieben« (κατάγω) werden können. Passend dazu ist δόξα μεγάλη in 18,5 für Eva außerhalb ihrer selbst erkennbar. Beide Stellen lassen an die Umgebung Adams und Evas denken, und so wird in 21,2 schlicht das Paradies als ein durch δόξα prädizierter Ort gemeint sein. Dafür könnte 39,1 sprechen, wo κατάγω im Zusammenhang mit der Vertreibung aus dem Paradies verwendet wird (allerdings gehört 39,1 zu einer anderen Schicht – immerhin jedoch zu demselben Milieu!).

Es ist also in je unterschiedlicher Weise in Apc Mos 20–21 (und 18,5) von δόξα die Rede. Einerseits sind Adam und Eva mit δόξα ausgestattet (20,2; 21,6), andererseits ihre Lebenswelt (21,2). Der verbindende Grundgedanke könnte sein, daß nur derjenige, der von Gott δόξα hat, in einer von δόξα geprägten

---

[8] Als Aura deuten die δόξα z.B. S. BROCK: Jewish Traditions in Syriac Sources, Journal of Jewish Studies 29 (1978), 212–232, speziell 221–223 und L. VAN ROMPAY: Memories of Paradise. The Greek »Life of Adam and Eve« and Early Syriac Tradition, Aram 5 (1993), 555–570, speziell 556–558.

Umgebung weilen darf. Sobald also Adam und Eva ihre Entblößung erkannten, wußten sie, daß sie ihrer δόξα nicht mehr würdig waren und damit auch nicht mehr zu ihrer Umgebung paßten. Wie die δόξα genauer vorzustellen ist, kann dem Text nicht entnommen werden. 18,5 legt allerdings nahe, daß sie irgendwie sichtbar ist, vielleicht auch als (optischer) Gesamteindruck. Der Subarchetyp *Ia hat sie auch dort – wie in 20,2 – als Aura verstanden (vgl. °18,5e.f). Die Übersetzung mit »Herrlichkeit« entspricht dieser semantischen Offenheit.

Der biblische Anknüpfungspunkt für das Doxa-Motiv ist, wie die Assoziation mit den Folgen der Gebotsübertretung unschwer erkennen läßt, die Erkenntnis der Nacktheit in Gen 3,7, in der Apc Mos als Erkenntnis der Entblößung aufgefaßt. Mit dem Anknüpfungspunkt ist allerdings noch keine exegetische Grundlage gegeben, und ich habe auch keine ausfindig machen können. Daher ist anzunehmen, daß wir es hier mit Traditionswissen zu tun haben, und in der Tat läßt sich nachweisen, daß der Begriff δόξα und v.a. sein hebräisches Äquivalent כבוד schon vor der Apc Mos mit Adam assoziiert war: Der älteste Beleg ist sicher Sir 49,16, speziell in der hebräischen Fassung. In diesen Zusammenhang können auch drei Belege in sektentypischen Qumran-Texten gehören, die der endzeitlichen Heilsgemeinde die כבוד אדם zusprechen (1QS 4,23; 1QH 4,15 [olim 17,15]; CD 3,20), vgl. auch 4QpPs 37 3,1, wo eine נחלת אדם verheißen wird. Ausgangspunkt für die Vorstellung von einer כבוד Adams könnte Ps 8,6 sein, was allerdings voraussetzen würde, daß man die in Ps 8,5ff auf den »Menschen *qua genere*« (בן־אדם) bezogenen Aussagen speziell auf Adam bezog.

BROCK (Anm. 8) leitet die Aussagen der Apc Mos über die δόξα Adams und Evas von Gen 3,21 ab, wo von den Kleidern die Rede ist, die Gott den Erzeltern nach der Vertreibung aus dem Paradies gemacht hat. Dies setzt freilich voraus, daß die δόξα etwas ist, das Adam und Eva umgibt (eine Aura), bzw. daß sie identisch ist mit dem in 20,1 erwähnten Gerechtigkeits-Gewand. Dies ist die Auffassung von *Ia, nicht aber von Apc Mos 15–30. Als Beleg dafür, daß eine solche Exegese von Gen 3,21 existierte, führt BROCK Ber R 20,12 an, wo es heißt, in der Thora des Rabbi Meir habe statt כתנות עור (so Gen 3,21 𝔐: »Kleider aus Fell«) אֹור (sic!) כותנות (»Kleider aus Licht«) gestanden. Doch dieser Beleg ist höchst zweifelhaft. Der Kontext legt an dieser Stelle nämlich nahe, daß אור hier »Raute« heißt und nicht »Licht« – es geht um die Form, nicht um die Beschaffenheit der Kleider.[9] Ein etwas besserer Beleg für eine solche Exegese von

---

[9] In Ber R 20,12 heißt es: ויעש י״י אלהים לאדם ולאשתו כתנות עור וילבישם בתורתו של ר׳ מאיר — מצאו כתוב כותנות אור אילו בגדי אדם הראשון שדומין לפנס רחבים מלמטן וצרים מלמעלן — so lesen THEODOR/ALBECK (S. 196), der Text ist folgendermaßen zu übersetzen: »,Und Gott, der Herr, machte Adam und seiner Frau Kleider aus Fell und kleidete sie': In der Thora des Rabbi Meïr steht geschrieben: ,Kleider aus Licht' – das sind die Kleider Adams, die der Laterne/Fackel (gr. φανός) gleichen: unten weit und oben eng«. Zu פנס (aus gr. φανός), das insgesamt gut bezeugt ist (u.a. durch den Vaticanus Ebraeus 30 und Vat. Ebr. 60, der freilich פונס liest [Sp. 72b]), existiert indes die u.a. in der Ausgabe Wilna 1887 bezeugte Variante פנם/פינם (»Raute« – aus gr.

Gen 3,21 ist Targ Onk zu Gen 3,21, wo כתנות עור mit לבושין־דיקר (»Kleider der Ehre« (יקר = כבוד)) wiedergegeben wird; freilich ist unklar, ob יקר hier wirklich im Sinne einer Licht-Aura zu verstehen ist; in Targ Ps-Jon zu Gen 3,21, wo ebenfalls von לבושין־דיקר die Rede ist, liegt zumindest eine andere Auffassung vor. Dort heißt es, für die »Kleider der Ehre« sei der Schlange die Haut abgezogen worden. לבושין־דיקר werden hier also Kleider sein, die eine Ehrenstellung zum Ausdruck bringen. Dennoch ist nicht auszuschließen, daß die Übersetzung לבושין־דיקר ursprünglich einmal im Sinne eines »Doxa-Gewandes« konzipiert war; ihr könnte auch einmal eine אל־תקרא-Lesung אור für עור zugrundegelegen haben, die אור im Sinne von »Licht« verstanden hat, doch bleiben wir hier auf Spekulationen angewiesen. Auf keinen Fall aber kann eine solche Exegese Apc Mos 20–21 zugrundeliegen, denn Apc Mos 15–30 kennt weder eine Doxa als Licht-Aura, noch wird dort Gen 3,21 erwähnt.

Die Tradition vom Doxa-Gewand Adams ist sehr verbreitet[10], doch überzeugen nicht alle Belege. Einige sollen hier diskutiert werden: 1) In Ber R 11,2 lehrt R. Asi in der Frage, ob Adam schon am Sabbat (also einen Tag nach dem 6. Schöpfungstag) aus dem Paradies vertrieben wurde: אדם הראשון לא לן בכבודו – מה טעם אדם ביקר בל ילין (»Adam ‚übernachtete' nicht in seiner Kabod – welcher Beleg? ‚Adam übernachtet nicht in seiner Herrlichkeit' [Ps 49,13]«). Bereits dies kann im Sinne eines Doxa-Gewandes verstanden werden, erst recht gilt dies jedoch für die nachfolgende Mehrheitsmeinung: לן בכבודו מוצאי שבת נטל זיו ממנו וטרדו מגן עדן (»er ‚übernachtete' in seiner Kabod bis zum Ausgang des Sabbat; er [sc. Gott] nahm seinen Lichtglanz von ihm und vertrieb ihn aus dem Garten Eden«).[11] Hier ist die Kabod, in der Adam weilt, als Lichtglanz (זיו) aufgefaßt. Inter-

---

πήγανον); diese paßt besser zu der nachfolgenden Wendung (»unten weit und oben eng«), insofern es dort um die Form, nicht das Material der Kleider geht. Die Variante פנס wiederum paßt besser zum vorhergehenden אור, sofern man dieses regulär im Sinne von »Licht« auffaßt. Nach den Regeln der inneren Kritik müßte פנס/פיגם (»Raute«) vorzuziehen sein, weil Kopisten gewöhnlich vom vorhergehenden Kontext, nicht vom Folgekontext ausgehen. Dann aber muß אור notwendigerweise auf etwas anderes referieren als »Licht«. JASTROW (S. 32b) schlägt die Bedeutung »Raute« vor – unter Verweis auf אורה II (»herbs, esp. rocket«, vgl. 33a). Es wäre also zu übersetzen:»‚Und Gott, der Herr, machte Adam und seiner Frau Kleider aus Fell': In der Thora des Rabbi Meïr steht geschrieben: ‚Rauten-Kleider' – das sind die Kleider Adams, die der Raute (gr. πήγανον) gleichen: unten weit und oben eng«. Daß auf die Form der Kleider soviel Wert gelegt wird, könnte vielleicht mit der Tradition vom Priestertum Adams zusammenhängen, die traditionell mit Gen 3,21 verbunden ist, so anscheinend auch etwas weiter unten in Ber R 20,12: ובהם היו בכורות משתמשין (»und in diesen [Kleidern] pflegten die Erstgeborenen Tempeldienst zu leisten«, vgl. auch Lib Jub 3,26–27; 30–31, dazu EGO, Heilige Zeit 215–216). Wenn die Kleider unten weit waren, blieben die Beine am ehesten bedeckt (vgl. Ex 20,26). Zu den Lehnwörtern פנס und פנס/פיגם vgl. S. KRAUSS: Griechische und lateinische Lehnwörter im Talmud, Midrasch und Targum. Mit Bemerkungen von I. LÖW, Bd. II, Berlin 1899 (Nachdruck: Hildesheim 1987), 439 (פיגם und פיגם) und 465–466 (פנס).

[10] Zum Doxa-Gewand Adams vgl. A. KOWALSKI: »Rivestíti di Gloria«. Adamo ed Eva nel commento di Sant'Efrem a Gen 2,25, Cristianesimo nella storia 3 (1982), 41–60, der neben Belegen bei Ephraem auch weitere Belege aus der syrischen und der abendländischen Kirche sowie aus dem Judentum diskutiert, vgl. ferner BROCK und VAN ROMPAY (Anm. 8).

[11] Statt בכבודו ist in Ber R 11,2 an beiden Stellen כבוד עמו wesentlich besser bezeugt, doch gegen diese Lesart spricht das Psalmzitat. Vgl. jedoch Ber R 21,5, wo ebenfalls beide Varianten belegt sind und כבוד עמו von THEODOR/ALBECK bevorzugt wird. WÜNSCHE übersetzt nach כבודו עמו, bezieht aber כבודו auf Gott (S. 45: »Bei Adam verweilte Gottes Ehre nicht«). Gegen diese Übersetzung spricht jedoch das Psalmzitat gleichermaßen wie Ber R 21,5, wo כבודו sich ein-

essant ist diese Stelle auch, insofern sie eine Parallele zu dem in Apc Mos 15–30 zugrundeliegenden Gedanken darstellt, daß die Doxa zum Aufenthalt im Paradies berechtigt. Zu Ber R 11,2 sind Ber R 12,6 und 21,5 zu vergleichen; an ersterer Stelle geht es um den Lichtglanz, der Adam genommen wurde, an letzterer heißt es über Adam: לא לן כבודו עמו »seine Kâbôd übernachtete nicht mit ihm«; VL: לא) לא לן בכבודו) – diese Formulierung läßt indessen kaum an eine Aura denken (anders die allerdings nur schwach belegte Varia lectio, vgl. hierzu Ber R 11,2, das in Anm. 11 diskutiert wird). 2) Interessant ist Targ Ps-Jon zu Gen 3,7, bloß kann es nicht als Beleg für die Doxa-Vorstellung gelten: Hier ist von einem לבוש שופרא (»Fingernagelkleid«) die Rede, das Adam und Eva vor dem Verzehr der Frucht anhatten. BROCK möchte hierfür לבוש שופרא (»Schönheitskleid«) lesen und sieht einen Zusammenhang mit dem Doxa-Gewand, doch die Vorstellung, daß Adam und Eva in ein Fingernagelkleid gekleidet waren, ist auch anderweitig belegt, vgl. Ber R 20,12, wo es u.a. heißt, die Kleider Adams seien »glatt wie Fingernägel« (חלקים כצפורן) gewesen (allerdings auf Gen 3,21 bezogen!), ferner PRE 14,2 und – nicht zuletzt – Myst Joh 23; dort heißt es über Adam: ⲚⲦⲈⲢⲈϤⲞⲨⲰⲘ ⲆⲈ ⲈⲂⲞⲖ ϨⲘ ⲠϢⲎⲚ Ⲁ ⲠⲈϤⲤⲰⲘⲀ ⲤⲂⲞⲔ ⲀϤⲢⲔⲞⲨⲒ Ⲁ ⲦⲆⲒⲔⲀⲒⲞ-ⲤⲨⲚⲎ ⲈⲦ ⲦⲞ ϨⲒⲰⲰϤ ⲂⲰⲔ ⲀⲤⲔⲀⲀϤ ϢⲀⲦⲚ ϨⲦⲎϤ ⲚⲚϤⲦⲎⲎⲂⲈ ⲈⲦⲈ ⲚϤⲈⲒⲈⲒⲂ ⲚⲈ (»als er gegessen hatte von dem Baum, schwand sein Körper und wurde klein, und die Gerechtigkeit (ⲆⲒⲔⲀⲒⲞⲤⲨⲚⲎ), die über ihn gegeben war, ging fort und verließ ihn – bis auf die Spitze seiner Finger, also seine Fingernägel«), zur Verkleinerung Adams vgl. Ber R 12,6; 19,9, zur δικαιοσύνη Apc Mos 20,1 (wie auch sonst erweist sich Myst Joh geradezu als Kompendium frühjüdischer Überlieferungen). 3) In 3. Bar 4,16 heißt es, Adam sei durch den Verzehr der Frucht des verbotenen Baums (hier als Weinstock gedacht, vgl. 3. Bar 4,8ff) der δόξα Gottes entblößt worden (τῆς δόξης θεοῦ ἐγυμνώθη), und die Menschen, die Wein im Übermaß tränken, würden sich eine noch schwerere Übertretung zuschulden kommen lassen und sich von der δόξα Gottes entfernen (τῆς τοῦ θεοῦ δόξης μακρὰν γίνονται). Die erste Wendung faßt die δόξα eindeutig als Aura auf; sie könnte dennoch auf Apc Mos 21,6 oder der Vit Ad-Parallele beruhen; die zweite Wendung erinnert an Apc Mos 21,2. 4) In Tert, De Pudicitia 9,16 heißt es in einer Auslegung zu Lk 15,22: *uestem pristinam recipit, statum scilicet eum, quem Adam transgressus amiserat* (»das alte Gewand empfing er, d.h. jenen Stand, den Adam durch seine Übertretung verloren hatte«). Eine Parallele findet sich in dem Lied von der Perle aus den Thomasakten, sofern es sich bei diesem um eine Auslegung des Gleichnisses vom verlorenen Sohn (Lk 15,11–32) handelt, vgl. Act Thom 108,9–10; 113,97–99. Weitere Belege aus der abendländischen Kirche finden sich bei KOWALSKI (Anm. 10) 51₅₄, Belege aus den Schriften Ephraems ebda 43₁₁.₁₂; zur »Theologie des Gewandes« in der syrischen Kirche vgl. auch BROCK (Anm. 8), 221–223.

Die Herkunft der Vorstellung von einem Kabod/Doxa-Gewand Adams kann hier nicht erörtert werden. Interessant ist immerhin, daß sie in der Apc Mos ursprünglich nicht vertreten wurde, wohl aber in *Ia und vielleicht auch in Vit Ad (freilich fehlen eindeutige Belege in den Adamviten). Dies kann bedeuten, daß sie im Milieu der Adamviten entstand und sich von dort aus verbreitete; denkbar ist aber auch, daß sie von außen in dieses Milieu eindrang.

X,7. Gerichtsepiphanie im Paradies (Apc Mos 22)

22,1 Καὶ αὐτῇ τῇ ὥρᾳ ἠκούσαμεν τοῦ ἀρχαγγέλου Μιχαὴλ

22,1 Und in derselben Stunde hörten wir den Erzengel Michael

---

deutig auf Adam bezieht, ganz gleich, welche Lesart man bevorzugt. Unbestreitbar aber läßt die Variante כבודו עמו weniger an eine Aura denken als בכבודו.

ᵃσαλπίζοντος ἐν τῇ σάλπιγγι αὐτοῦ
καλῶν τοὺς ἀγγέλους λέγων·ᵃ·
22,2 τάδε λέγει κύριος·
ᵃἔλθατεᵃ ᵇμετ᾽ ἐμοῦᵇ εἰς τὸν παράδεισον
καὶ ἀκούσατε τοῦ κρίματος,
ἐν ᾧ ᶜκρινῶᶜ τὸν Ἀδάμ.
ᵈΚαὶ ὡς ἠκούσαμεν
τοῦ ἀρχαγγέλου σαλπίζοντος,
εἴπομεν·
ᵉἰδού, ὁ θεὸς εἰς τὸν παράδεισον ἔρχεταιᵉ
κρῖναι ἡμᾶς.
ᶠἐφοβήθημεν δὲ
καὶ ἐκρύβημενᶠᵈ.
22,3 ᵃΚαὶ ἦλθεν ὁ θεὸς εἰς τὸν παράδεισον
ἐπιβεβηκὼς ἐπὶ ἅρματος ᵇχερουβίμᵇ
καὶ οἱ ἄγγελοι, ὑμνοῦντες αὐτόν.
ᶜἐν ᾧ δὲ ἦλθενᶜ ὁ θεὸςᵃ ᶜᵈ,
ᵉἐξήνθησαν τὰ φυτὰ
ᶠτοῦ κλήρουᶠ τοῦ Ἀδὰμ
ᵍκαὶ τὰ ἐμὰ πάνταᵍᵉ.
22,4 ᵃΚαὶ ὁ θρόνος τοῦ θεοῦ ᵇἐστηρίζετοᵇ,
ὅπου ἦν τὸ ξύλον τῆς ζωῆςᵃ.

seine Posaune blasen,
wobei er die Engel rief und sprach:
22,2 »So spricht der Herr:
,Kommt mit mir ins Paradies
und höret das Gericht,
mit dem ich Adam richten werde!'«.
Und wie wir
den Erzengel posaunen hörten,
sagten wir:
»Siehe, Gott kommt ins Paradies,
uns zu richten!«.
Und so fürchteten wir uns
und versteckten uns.
22,3 Und Gott kam ins Paradies,
auf dem Cherubenwagen reitend,
und die Engel, ihn lobpreisend.
Während aber Gott kam,
erblühten die Bäume
von Adams Losgrund,
sowie die meinigen allesamt.
Und der Thron Gottes wurde aufgestellt,
wo der Baum des Lebens war.

- Zeugen: St AV An₂ Pa B A AC Ath VitAd(arm) VitAd(georg) VitAd(latᵖ) Va P¹ P² J² J³
ApcMos(arm)⁽ˢ· ¹¹⁾ Br S¹ J¹ E¹ E².
- Es fehlen: D AH C VitAd(latᵐᶜ) An₁ S³ AD.

Zum Text

22,1a St: σαλπίζοντος καὶ καλῶν τοὺς ἀγγέλους καὶ λέγων (bda); (AV) (An₂)-(Pa) (P²)-(J²)-
(J³) Br-S¹ (=*IIIa *III) J¹-(E¹)-(E²): σαλπίζοντος καὶ καλοῦντος τοὺς ἀγγέλους καὶ λέγοντος
(sq. BERTRAND, NAGEL) (cda); B (=*Ib): σαλπίζοντος καὶ καλῶν τοὺς ἀγγέλους λέγων (da);
A-(AC)-Ath (=*Ia): σαλπίζοντος ἐν τῇ σάλπιγγι αὐτοῦ καλῶν τοὺς ἀγγέλους λέγων (a);
VitAd(arm): »er blies die Trompete und rief alle Engel und sprach zu ihnen« (ea); Vit Ad(georg):
»(dieu) faisait sonner la trompette. Il avait appelé les anges en leur disant« (fa); Va: καλοῦντος
τοὺς ἀγγέλους λέγων (ga); P¹: καλοῦντος τοὺς ἀγγέλους καὶ λέγων (hga); LibAd(slav): »der
alle Engel zusammenrief und ihnen sagte« (iga?/ihga?). Λέγων wird oft inkongruent angeschlossen (im Nom Sg. masc., vgl. BLASS-DEBRUNNER-REHKOPF § 136,4₅), hier ist καλῶν in diese
Inkongruenz einbezogen worden. Gemildert wurde diese Härte dadurch, daß die Partizipien
σαλπίζοντος und καλῶν durch ἐν τῇ σάλπιγγι αὐτοῦ auf Abstand gehalten waren; als diese
Wendung, da scheinbar überflüssig, in *Ib wegfiel, ergab sich Korrekturbedarf. **22,2a** (St) An₂-
Pa A-Ath (=*Ia) P¹ (=*II) | E¹-E²: ἔλθατε (koinetypischer Metaplasmus!) (a|aba); AV B AC Va
P²-J²-J³ (=*III) Br-S¹ (=*IIIa) J¹: ἔλθετε (b). **22,2b** St AV (P¹) E¹-E²: μου (hapl: *ΕΛΘΑΤΕΜΕΤΕ-
ΜΟΥ); B A-AC-Ath (=*Ia) Va (=*II) P²-J²-J³ (=*III) ApcMos(arm) Br-S¹ (=*IIIa) J¹: μετ᾽ ἐμοῦ;
An₂ Pa: def. **22,2c** St AC Ath Br: κρινῶ; AV An₂-Pa B A P²-J²-J³ S¹: κρίνω. Ursprünglich ist
wohl das Futur intendiert gewesen. **22,2d** B Va-P¹: om; Br-S¹ (=*IIIa): καὶ ὡς ἠκούσαμεν
ταῦτα τοῦ ἀρχαγγέλου Μιχαήλ, ἐφοβήθημεν σφόδρα καὶ ἐκρύβημεν εἰς τὰς γονίας τοῦ
παραδείσου. **22,2e** St (AV) A-AC (=*Ia) P²-J²-J³ (=*III): ἰδού, ὁ θεὸς εἰς τὸν παράδεισον

ἔρχεται; An₂-Pa: ὅτι ἔρχεται ὁ θεὸς εἰς τὸν παράδεισον; Ath: ἰδού, ὁ θεὸς ἔρχεται εἰς τὸν παράδεισον; B Va P¹ Br S¹ J¹ E¹ E²: def. **22,2f** St (An₂) A-Ath (=*Ia) VitAd(georg) (Vit Ad(latᵖ) P²-J²-J³ (=*III) (ApcMos[arm]) (Br)-(S¹) (=[*IIIa]): txt; AC VitAd(arm): om; AV Pa B Va P¹ J¹ E¹ E²: def. **22,3a** J¹: καὶ ἐλθὼν ὁ θεὸς ἐν τῷ παραδείσῳ εἶπεν· ᾿Αδάμ, ποῦ εἶ; E¹: καὶ πορευθεὶς ἦλθον οἱ ἄγγελοι μετὰ τοῦ θεοῦ ἐν τῷ παραδείσῳ. καὶ ἐκάλεσεν ὁ θεὸς τὸν πατέραν ὑμῶν καὶ εἶπεν· ᾿Αδάμ, ποῦ εἶ; E²: καὶ εἶπεν ὁ θεός· ᾿Αδάμ, ποῦ εἶ; (vgl. Gen 3,9 𝔊). **22,3b** St An₂-Pa A-Ath (=*Ia) Br-S¹ (=*IIIa *III): χερουβίμ (vgl. 1. Chr. 28,18 𝔊: ἅρματος τῶν χερουβίμ, ähnlich Sir 49,8 𝔊); AV B AC Va-(P¹) (=*II) P²-J²-J³ ApcMos(arm): χερουβικοῦ (Gräzisierung: Das Wort ist in der Septuaginta, im NT und in den Apostolischen Vätern nicht bezeugt, wohl aber in dem christlich überarbeiteten Test Abr A, vgl. ἐπὶ ἅρματος χερουβικοῦ in Test Abr 9,8 [so zu lesen gegen SCHMIDT]; 10,1); J¹ E¹ E²: def. **22,3c** St P¹ (=*II *Ia) (ApcMos[arm]) (=*III): ἐν ᾧ δὲ ἦλθεν (a);¹ AV: ἐν δὲ τῷ εἰσόδῳ (ba); An₂-Pa: καὶ ἐν τῷ ἐλθεῖν (ca); A: ἐν ᾧ εἰσῆλθεν (dea); AC: καὶ ἐν ᾧ εἰσῆλθεν (fdea); Ath: ἐν ᾧ δὲ εἰσῆλθεν (ea); Va: ἅμα τοῦ ἐλθεῖν (ga); P²-J²-J³: καὶ ὡς διῆλθεν (δι < δέ) (ha); Br S¹: def. **22,3d** A-AC-Ath (=*Ia) VitAd(arm) VitAd (georg) VitAd(latᵖ) Va-P¹ (=*II): εἰς τὸν παράδεισον (nach dem vorhergehenden καὶ ἦλθεν ὁ θεὸς εἰς τὸν παράδεισον) (sq. NAGEL); rell: txt. **22,3e** St (An₂)-(Pa): ἐ. τὰ φυτὰ τοῦ κλήρου τοῦ ᾿Αδὰμ καὶ τὰ ἐμὰ πάντα; AV: ἐ. τὰ φυτὰ τὰ πάντα τοῦ παραδείσου; B: ἐ. τὰ φυτὰ τὰ ὅλα τοῦ παραδείσου καὶ τοῦ κλήρου τοῦ πατρὸς ὑμῶν καὶ τοῦ κλήρου τοῦ ἐμοῦ; A: ἐ. τὰ φυτὰ τά τε τοῦ κλήρου τοῦ ᾿Αδὰμ καὶ τοῦ κλήρου τοῦ ἐμοῦ πάντα ἐστηρίζοντο; AC: ἐ. τὰ φυτὰ πάντα τὰ ἐν τῷ κλήρῳ τοῦ ᾿Αδάμ; Ath: ἐ τὰ φυτὰ τά τε τοῦ κλήρου τοῦ ἐμοῦ πάντα ηὐτρεπίζοντο (hapl., vgl. A); VitAd(arm): »und es blühten alle Pflanzen des Gartens auf« (nach Aᵛ, vgl. STONE 18₁₄); Vit Ad(georg): »aussitôt tout arbre rejeta son feuillage«; VitAd(latᵖ): *omnia ligna protinus usque ad terram se humiliaverunt dominum adorantia*; Va: ἐ. τὰ φύλλα τοῦ κλήρου τοῦ ᾿Αδάμ καὶ τοῦ ἐμοῦ ἐστερεῖτο; P¹: ἐ. τὰ φυτὰ τοῦ κλήρου τοῦ ᾿Αδάμ ἐστεριζόντων; LibAd(slav): »die Bäume Adams blühten in großer Blüte auf, die Bäume meiner Hälfte waren welk geworden und mit abgefallenem Laub« (vgl. ἐστερεῖτο in Va); P²-J²-J³ (=*III?) (J¹)-(E¹): ἐ. τὰ φυτὰ τοῦ κλήρου τοῦ ᾿Αδὰμ ἀλλὰ μὴν καὶ τὰ ἐμὰ πάντα; ApcMos(arm): »zu derselben Zeit blühten alle Bäume auf, die um Adam waren und die um mich« (nach Aᵃ, gegen Bᵃ, vgl. YOV. 11₈); E²: τὰ φυτὰ πάντα (hapl., vgl. E¹); Br S¹: def. *Ia las: ἐ. τὰ φυτὰ τοῦ κλήρου τοῦ ᾿Αδὰμ καὶ τοῦ ἐμοῦ πάντα †ἐστηρίζετο† (ἐστηρίζετο ist durch Aberratio oculi aus 22,4 eingetragen worden). St hat als einziger Zeuge die ursprüngliche Lesung beibehalten. BERTRAND: ἐ. τὰ φυτὰ τοῦ κλήρου τοῦ ᾿Αδάμ καὶ τοῦ ἐμοῦ πάντα. NAGEL: ἐ. τὰ φυτὰ τοῦ κλήρου τοῦ ᾿Αδάμ καὶ τὰ ἐμὰ πάντα ἐστερεῖτο. **22,3f** St Va-P¹ (=*II *Ia) P¹-J²-J³ (=*III) J¹-E¹: τοῦ κλήρου; An₂-Pa: ἐπὶ τὸν κλήρον; B: καὶ τοῦ κλήρου; A-Ath: τά τε τοῦ κλήρου; AC: τὰ ἐν τῷ κλήρῳ; AV et rell: def. (vgl. °22,3e). **22,3g** St An₂-Pa: καὶ τὰ ἐμὰ πάντα (a); B: καὶ τοῦ κληροῦ τοῦ ἐμοῦ (ba); A: τά τε τοῦ κλήρου τοῦ ἐμοῦ πάντα ἐστηρίζοντο (cma); AC: om. (dcma?); Ath: τοῦ ἐμοῦ πάντα ηὐτρεπίζοντο (vgl. °22,3e) (ecma); Va: καὶ τοῦ ἐμοῦ ἐστερεῖτο (fma); P¹ †ἐστηρῖζοντων† (gma); P²-J²-J³ (=*IIIb *III?) J¹: ἀλλὰ μὴν καὶ τὰ ἐμὰ πάντα (ha); E¹: ἀλλὰ μὴν καὶ τὰ φυτὰ πάντα (iha); E²: τὰ φυτὰ πάντα (kiha); *Ia: καὶ τοῦ ἐμοῦ πάντα ἐστερίζετο (vgl. °22,3e) (m). **22,4a** Va-P¹: om; LibAd(slav) (≈*II ≈txt): »und der Thron Gottes erstand in der Mitte des Paradieses«. **22,4b** (A)-(AC)-Ath: ηὐτρεπίζετο (stilistische Korrektur im Anschluß an °22,3e); VitAd(arm):

---

¹ ApcMos(arm): »Und als der Herr, Gott, in den Garten ging« für ἐν ᾧ δὲ ἦλθεν ὁ θεός. Das entspricht nicht der Lesart von P²⁽ᵉᵗᶜ⁾.

»ark« (»er setzte«); VitAd(georg): »et l'on dressa des trônes« statt ὁ θρόνος τοῦ θεοῦ ἐστηρίζετο; VitAd(lat^p): *est positus*; LibAd(slav): »erstand«; Va P¹: def. (vgl. °22,4a). VitAd(gr),*II und
*Ia dürften wie der Haupttext ἐστηρίζετο gelesen haben.

Apc Mos 22 schildert das Erscheinen Gottes im Paradies im Anschluß an die
Gebotsübertretung. Es knüpft damit an Gen 3,8 an. Doch während Gott dort
nichts weiter als einen Spaziergang zu unternehmen scheint (vgl. hebr מתהלך =
𝕲: περιπατοῦντος), um sich im Abendwind (לרוח היום = 𝕲: τὸ δείλινον) zu
ergehen, ist diese Szene hier als solenne Gerichtstheophanie gestaltet, welche –
ganz anders als die biblische Vorlage – v.a. die Erhabenheit Gottes vor Augen
führt. Dabei sind sowohl Elemente aus der Hofstaatsvorstellung als auch Traditionen um den Thron bzw. den Cherubenwagen eingearbeitet, die den Text als
Zeugen einer wichtigen frühjüdischen Traditionslinie (Spekulationen um das
»Thronwagenwerk«) erscheinen lassen, die sich insbesondere im frühen Mittel-
alter reich entfaltet hat (Hekhalotliteratur, Merkabahmystik).[2] Das Interesse des
Erzählers besteht allerdings nicht in erster Linie darin, die Gott umgebende
himmlische Welt zu beschreiben; wir haben es hier ja auch nicht – wie in der
Hekhalotliteratur – mit einer Himmelsreise zu tun. Es geht darum, daß Gott im
Paradies erscheint, um den Menschen zu richten. Apc Mos 22 ist also v.a. eine
Theophanie; Parallelen, speziell zu 22,1–2, finden sich nicht ohne Grund in 1.
Thess 4,16 (wo es allerdings um eine »Christophanie« geht).

Auch in Apc Mos 33,2–37,6 und Apc Mos 38 begegnen Theophanieschilderungen, in denen
der Thronwagen Gottes eine Rolle spielt. Auch dort kommt Gott vom Himmel in einen nicht-
himmlischen Bereich (dort die Erde), um am Menschen rechtswirksam zu handeln, nur daß er
dort Adam nicht verflucht, sondern begnadigt (Apc Mos 33,2–37,6) bzw. einer Bestattung
würdigt, die eine Perspektive in Richtung Leben eröffnet (38ff) und damit den Fluch über
Adam ins Positive umwendet (vgl. speziell Apc Mos 41). Eine Himmelsreise, die entfernt an
die Hekhalotliteratur erinnert, findet sich innerhalb der Adamdiegesen nur in Vit Ad (lat^me)
25–29.

1. Zum Inhalt

Die Theophanie beginnt mit einem »Vorspiel im Himmel« (22,1–22,2a), das
Adam und Eva zwar nicht sehen, wohl aber hören. Dies setzt voraus, daß die
himmlische Welt im Paradies für menschliche Wahrnehmung durchlässig war.
Damit dürfte eine gewisse Nähe des Paradieses zum Himmel impliziert sein;
doch wie es genau zu verorten ist, erfahren wir nicht; auch der Kontext in Apc
Mos 15–30 gibt dafür nicht viel her. Auf jeden Fall aber wäre es methodisch

---

[2] Zur Bedeutung der Apc Mos für die Geschichte der Vorstellungen um den Thron Gottes
vgl. D.J. HALPERIN: The Faces of the Chariot. Early Jewish Responses to Ezechiels Vision
(Texte und Studien zum antiken Judentum 16), Tübingen 1988, 96–103.

fragwürdig, wollte man aus Texten, die explizite Aussagen zur »Paradiesgeographie« machen, ergänzen, was der Verfasser von Apc Mos 15–30 mitzuteilen nicht für nötig befunden hat.

Auch Apc Mos 37,5 und 40,1 sind nicht heranzuziehen; sie gehören späteren Schichten der Apc Mos an (vgl. E III,5a). Es ist dort von einem Paradies im dritten Himmel die Rede; mindestens in der Grablegungserzählung (31,2–3; 38ff) ist daneben auch ein irdisches bekannt (vgl. 40,6). In Apc Mos 15–30 deutet nichts darauf hin, daß von einem himmlischen Paradies die Rede wäre. Die Konzeption eines doppelten Paradieses ist in 2. Hen (lr) 8–9; 31 breit ausgeführt. In 31,2 heißt es beispielsweise über das irdische Paradies, der Himmel sei über ihm offen gewesen, so daß Adam und Eva die Lobpreisungen der Engel hören konnten; damit könnte man Apc Mos 22,1–2 erklären, aber das wäre eisegetisch.

Adam und Eva hören, daß Michael, der hier explizit »Erzengel« (ἀρχάγγελος) genannt wird, die Engel mit Hilfe eines Signalinstrumentes zusammenruft und ihnen – mit Botenformel (τάδε λέγει κύριος) – den Befehl Gottes mitteilt, mit ihm ins Paradies zu gehen und Zeugen seines Gerichtes über Adam zu werden; merkwürdigerweise wird nur Adam genannt.

Michael kommt hier offenbar die Rolle eines himmlischen Heroldes zu; diese Funktion nimmt er auch in Apc Mos 38,2 und in Vit Ad 14–15 wahr. Möglicherweise deutet dies darauf hin, daß der Verfasser von Apc Mos 15–30 sich Michael allen anderen Engeln übergeordnet dachte; dafür könnte auch der Titel »Erzengel« sprechen. Die späteren Partien der Apc Mos jedenfalls reservieren diesen Titel ausschließlich für Michael (vgl. Apc Mos superscr.; 3,2; 13,2; 37,4; 38,1; 40,1) und lassen andere Engel namentlich nur an einer Stelle auftreten (Apc Mos 40,2), sie werden dort allerdings – mit Michael zusammen – »große Engel« (μεγάλοι ἄγγελοι) genannt. Eine systematisch entfaltete Engellehre liegt in der Apc Mos freilich an keiner Stelle vor.

Ausdruck einer Transzendentalisierung der Gottesvorstellung ist, daß Adam und Eva, aber auch die Engel nicht hören, wie Gott seinen Befehl erteilt, sondern nur, wie Michael ihn übermittelt: Gott selber bleibt der unmittelbaren Wahrnehmung hier also entzogen; dies ändert sich erst, wo er als Richter tätig wird: In 23,1 beginnt ein unvermittelter Dialog zwischen Gott und Adam. Gott ist demnach grundsätzlich transzendent, kann aber auch in Erscheinung treten. Inhaltlich liegt der Schwerpunkt der Gottesrede auf der Gerichtsankündigung, wie das Polyptoton κρίματος – κρινῶ in 22,2a signalisiert, dem sich in 22,2b κρῖναι hinzugesellt. Wenn Gott den Engeln den Befehl übermitteln läßt, mit ihm ins Paradies zu kommen, kann damit vorausgesetzt sein, daß für das Gerichtsverfahren Zeugen nötig sind.

Die Vorgänge im Himmel lösen bei Adam und Eva Furcht aus; deswegen verstecken sie sich (Apc Mos 22,2b). Das Entsprechungsverhältnis von himmlischer Vorbereitung des Gerichts und der Reaktion der beiden Menschen wird durch zahlreiche miteinander korrespondierende Wendungen hervorgehoben, die 22,1–22,2a und 22,2b aufeinander beziehen (vgl. ἔλθατε μετ' ἐμοῦ εἰς τὸν παράδεισον // ἔρχεται εἰς τὸν παράδεισον; ἐν ᾧ κρινῶ τὸν 'Αδάμ // κρῖναι ἡμᾶς). Eine Differenz besteht freilich darin, daß in 22,2a nur Adam als Adressat des Gottesgerichts angekündigt wird, in 22,b aber mit Adam auch Eva das Gottesgericht auf sich zukommen sieht. Da im Folgenden auch Eva gerichtet wird (Apc Mos 25!), wird man der ausschließlichen Nennung Adams in 22,2a wohl kaum viel Gewicht beimessen können.

Apc Mos 22,3–4 berichten die Ankunft Gottes im Paradies. Er kommt, auf dem Cherubenwagen reitend, begleitet von Engeln, die ihn lobpreisen. Mit »Gott« (θεός), »Thron«-Wagen (ἅρμα, vgl. θρόνος in 22,4) und »Cherubim« (χερουβίμ) werden dabei drei Bezugsgrößen des Schwures der Eva in Apc Mos 19,2b genannt: Anders als vorgesehen erscheinen diese jedoch nicht, um eine Nichteinhaltung des Eides, sondern gerade die mit dem Eid versprochene Tat zu bestrafen.

Mit der Bezeichnung »Cherubenwagen« (ἅρμα χερουβίμ) sind zwei von Haus aus unterschiedliche Vorstellungen verschmolzen, nämlich die in Hes 1ff. erstmals entfaltete Tradition vom (Thron-)wagen und die Tradition von Gott als »Cherubenreiter«, vgl. hierzu etwa Ps. 18,11. Eine Verschmelzung beider Vorstellungen deutet sich allerdings schon in Hes 10,18–20 an, indem dort die Tiere der Vision in Hes 1 mit den Cheruben identifiziert werden; vollzogen scheint sie in 1. Chron 28,18, wo von einem »Cherubenwagen« (הַמֶּרְכָּבָה הַכְּרֻבִים 𝔐 // τοῦ ἅρματος τῶν χερουβίμ 𝔊) die Rede ist, ebenso in Sir 49,8 (𝔊: 'Ιεζεκιήλ, ὃς εἶδεν ὅρασιν δόξης, ἣν ὑπέδειξεν αὐτῷ ἐπὶ ἅρματος χερουβίν [»Hesekiel, der ein Gesicht der Herrlichkeit sah, die er ihm auf dem Cherubenwagen zeigte«]). Ein exegetischer Anknüpfungspunkt ist damit freilich nicht gegeben, der Verfasser greift auf Tradition zurück, genauso wie beim Lobpreis der Engel.

Das Verb ἐπιβαίνω begegnet sowohl in Ps 17,11 𝔊 (=18,11 𝔐) als auch in Hes 10,18 𝔊; in Ps 17,11 steht es für רכב (»reiten«), in Hes 10,18 für עמד (»stehen«). Ob Gott hier sitzt oder steht, muß daher offen bleiben. 'Επιβαίνω teilt auch in erster Linie etwas anderes mit, nämlich daß Gott auf dem Gefährt Platz genommen hat. Er befindet sich auf diesem also nicht habituell, sondern besteigt es zum Zwecke einer Amtshandlung außerhalb des Himmels.

Die Ankunft Gottes im Paradies hat zur Folge, daß die Bäume des Paradieses wieder »aufblühen« (ἐξήνθησαν). Mitgeteilt wird dies zuerst über den Sektor Adams, vielleicht deshalb, weil das Abfallen des Laubes in dessen Bezirk zuvor nicht erwähnt worden ist. Das Verb ἐξανθέω ist freilich etwas unscharf, insofern es doch wohl um Blätter geht, nicht um Blüten. Theologisch ist mit dem Aufsprießen der Bäume zum Ausdruck gebracht, daß Gottes Erscheinen im Gegensatz zum gesetzwidrigen Handeln Adams und Evas zu denken ist: Während deren Gebotsübertretung die Vegetation des Paradieses zerstört, erweckt Gott dessen Bäume wieder zum Leben. Daß dieses lebensschaffende Moment auch seinem Gerichtshandeln eignet, soll möglicherweise durch die Aufstellung von Gottes Thron am Lebensbaum (22,4) zum Ausdruck gebracht werden; auf jeden Fall ist dies ein Signal für das nachfolgende Gericht, vgl. Dan 7,9–10, aber auch Ps 89,14; 97,2, wo der Thron Gottes mit dem Gericht assoziiert ist.

Unklar ist, in welchem Verhältnis der Thron in Apc Mos 22,4 zu dem Cherubenwagen in 22,3a steht. Wahrscheinlich sind beide identisch; darauf weist zumindest das gewöhnlich mit dem Thron assoziierte Cherubenmotiv im Zusammenhang mit dem Wagen hin. Doch war dem Verfasser nicht daran gelegen, das Verhältnis von Thron und Cherubenwagen zu entfalten. Mit der Aufstellung des Throns am Lebensbaum nimmt er möglicherweise eine alte Tradition auf: Wie in K IX (S. 262–263) ausgeführt wurde, steht der Baum des Lebens im Zusammenhang mit der Menorah, die sich im Tempel in unmittelbarer Nähe zum Cherubenthron befand. Ob der Verfasser um die kulttheologischen Hintergründe dieser Tradition wußte, ist freilich schwer zu bestimmen: Er läßt, anders als der Lib Jub, kein Interesse an einer Analogisierung von Tempel und Paradies erkennen. Als Parallele kann 3. Hen 5,1 genannt werden (nach der Ausweisung Adams aus dem Paradies residierte die Schechina auf einem Cherub neben dem Lebensbaum).

2. Exegetische Hintergründe

Die Perikope beginnt wie Gen 3,8 mit einer akustischen Wahrnehmung (22,1a: ἠκούσαμεν; Gen 3,8 𝔊: ἤκουσαν); die Übereinstimmung der Wortwahl läßt vermuten, daß der Erzähler hier bewußt auf die Septuaginta Bezug nehmen wollte. Dieses tut er nicht selten, um den exegetischen Anknüpfungspunkt zu markieren (vgl. etwa Apc Mos 16,1 // Gen 3,1). Setzt man dieses Verfahren auch hier voraus, dann dürfte das Objekt zu ἠκούσαμεν in Apc Mos 22,1–2a dem Objekt zu ἤκουσαν in Gen 3,8 entsprechen, und dies läßt sich tatsächlich nachweisen: Das Objekt in Gen 3,8 ist φωνὴν κυρίου bzw. אֶת־קוֹל יהוה. Die Wendung קוֹל יהוה bedeutet generell »Stimme Jahwes«, in Gen 3,8 𝔐 aber muß קוֹל das Geräusch bedeuten, das die Schritte des Spaziergängers Gott im Paradies verursachten.[3] War man aber erst einmal, um diesen Anthropomorphismus zu

---

[3] In Gen 3,8 𝔐 heißt es: וישמעו את־קול יהוה מתהלך (»und sie hörten את־קול JHWHs, Gottes, der umherwandelte«). Da eine umherwandelnde Stimme schwer vorstellbar ist, wird hier קול das Geräusch bezeichnen, das JHWH durch sein Umherwandeln erzeugte. Die gleiche Bedeutung hat קול in 2. Sam 5,24 (בשמעך את־קול צעדה בראשי הבכאים [»wenn du das Geräusch des Einherschreitens {sc. Gottes} in den Wipfeln der Beka-Sträuscher hörst«]), in 1. Kön 14,8, wo es heißt: כשמע אחיהו את־קול רגליה באה בפתח (»wie Achijjahu das Geräusch ihrer Füße hörte an die Tür kommend« [der Bezug von באה ist unklar]) und in 2. Kön 6,32 (הלוא קול־רגלי אדניו אחריו [»ist nicht das Geräusch der Füße seines Herrn hinter ihm?«]). Anders als in Gen 3,8 ist in den Parallelen jedoch jeweils ein Wort für »Fuß« oder »Gehen« das Beiwort zu קול, nicht jedoch die Person, die das Geräusch des Gehens erzeugt.

vermeiden, zu der Annahme geneigt, daß hier die Stimme Gottes gemeint sein müsse, dann lag es auch nahe, daß Gott etwas gesagt habe, vgl. etwa Jes 6,8, wo ואשמע את־קול אדני אמר (»und ich hörte die Stimme des Herrn reden«) eine Gottesrede einleitet.[4] Dementsprechend sagt hier Gott etwas – zu seinen Engeln; freilich können Adam und Eva nicht direkt hören, wie Gott redet; sie hören nur, wie Michael die Rede Gottes an die Engel übermittelt, damit ist die Transzendentalität Gottes gesichert.

Möglicherweise war die Adressierung der Gottesrede an die Engel für den Verfasser durch לרוח gedeckt, vielleicht schon allein deshalb, weil לרוח hier plerophor erscheint – in Cant 2,17 und 4,6 (עד שיפוח היום ונסו הצללים [»bis daß der Tagwind weht und die Schatten weichen«]) bedeutet היום für sich allein genommen schon »Tagwind / Abendwind«. Der Septuaginta, die לרוח היום mit τὸ δείλινον (»am Abend«) wiedergibt, hätte der Verfasser von Apc Mos 15–30 eine solche Deutungsmöglichkeit nicht entnehmen können. Auch die Aufforderung Gottes an die Engel, *mit* ihm in das Paradies zu kommen, könnte mit der Partikel את einen exegetischen Anknüpfungspunkt haben. Die exegetisch-narrative Umsetzung von Partikeln ist in Apc Mos 15–30 nicht unüblich, vgl. die Auslegung des גם von Gen 3,7 in Apc Mos 18,5–19,3 (s. dazu K X,5 [S. 344–345]).

Gott kündigt seinen Engeln ein Gericht über Adam an (22,2a) und Adam und Eva sehen dementsprechend ein Gericht Gottes auf sich zukommen (22,2b). Die nachfolgenden Flüche Gottes (Apc Mos 24–26) werden also als Gottesgericht gedeutet. Ein solches Verständnis ist zwar naheliegend, sind die Flüche doch als Strafe gedacht, aber in Gen 3 fehlt Gerichtsterminologie – zumindest auf den ersten Blick. Denn der Verfasser hat sie offenbar gefunden; und wo er sie gefunden hat, erkennt man am ehesten an dem, was er in seine Erzählung *nicht* integriert hat: den Abendwind (רוח היום)[5]. Daß Gott einfach im Abendwind spazierenging, schien theologisch nicht denkbar, und da bot es sich offenbar an, היום als einen Hinweis auf das Gottesgericht zu deuten – entsprechend der insbesondere bei den Propheten (vgl. etwa Amos 5,18; Hes

---

[4] Möglicherweise liegt die Auffassung, daß קול in Gen 3,8 𝔐 auf eine Gottesrede referiert, schon Gen 3,8 𝔊 zugrunde, wo את־קול mit τὴν φωνήν (»die Stimme«) wiedergegeben wird. In diese Richtung geht vielleicht auch die durch Origenes, Chrysostomus und Severian von Gabala belegte Variante τῆς φωνῆς (vgl. WEVERS, App.): Der Genitiv bringt eher den Inhalt des Wahrgenommenen als die Wahrnehmung selbst zum Ausdruck und supponiert damit, daß Gott etwas Bestimmtes gesagt habe.

[5] Die Bedeutung »im Abendwind« für לרוח היום in Gen 3,8 𝔐 ist durch die Übersetzungen gedeckt, vgl. 𝔊 (τὸ δειλινόν [»am Abend«]) und ⅅ (*ad auram post meridiem* [»zum Windhauch am Nachmittag«]). Vgl. auch Theodotion (ἐν τῷ πνεύματι πρὸς κατάψυξιν τῆς ἡμέρας »im Winde zur Kühle des Tages«) nach Hieronymus, Quaest Hebr in Gen ad Gen 3,8 (MPL 23,991), der diese Übersetzung denen des Aquila und Symmachus vorzieht und sie erläutert mit den Worten *ut meridiano calore transacto refrigerium aurae spirantis ostenderet* (»[Theodotion hat so übersetzt], um die Kühlung des Windes nach der Hitze des Mittags anzuzeigen«). Die Nähe zwischen der Vulgata und dem Theodotion-Referat des Hieronymus ist unverkennbar.

13,5) geläufigen Rede vom »Tag Jahwes« (יוֹם־יהוה), vgl. auch die Wendung
היום ההוא (Jer 46,10 etc.), von der aus man sehr leicht auf eine Auslegung von
היום im Sinne der Gerichtsvorstellung kommen konnte. Der prophetischen
Rede vom »Tag Jahwes« eignet freilich eine eschatologische Konnotation, die
hier nicht aufgenommen ist. Doch daß היום auch als Hinweis auf ein nicht-
eschatologisches Gottesgericht verstanden werden konnte, zeigt Targ Hiob
1,6b und 2,1, wo das ויהי היום (»und es kam der Tag«, wohl im Sinne von »eines
Tages« zu verstehen) des hebräischen Ausgangstextes mit והוה יום דינא רבא
(»und es war der große Gerichtstag«) wiedergegeben wird.

Die Reaktion der beiden ersten Menschen auf das nahende Gottesgericht
besteht darin, daß sie sich fürchten und verstecken (ἐφοβήθημεν δὲ καὶ
ἐκρύβημεν). Beide Verben begegnen auch in der Septuaginta, kombiniert
allerdings nur in Gen 3,10 (καὶ ἐφοβήθην ... καὶ ἐκρύβην); in Gen 3,8 ⑹ ist nur
vom Verstecken die Rede. Da dieses Motiv jedoch sowohl in Gen 3,8 als auch
Gen 3,10 vorkommt, fühlte sich der Erzähler legitimiert, auch das Motiv der
Furcht in Gen 3,8 einzulesen.

Die Ankunft Gottes im Paradies (22,3–4) ist wie oben das Motiv der Stimme
Gottes durch Elemente des Vorstellungskreises um den Hofrat Gottes amplifiziert
worden, hier kommt – wie schon erwähnt – auch noch Material aus der
Merkabah- und Gottesthron-Motivik hinzu. Die Suche nach exegetischen Grundlagen fällt hier schwer; man wird eher mit Traditionen zu rechnen haben.

Der entscheidende Unterschied zwischen Gen 3,8 und der Theophanie in Apc
Mos 22,3–4 besteht freilich gar nicht so sehr darin, daß Gottes Auftritt im
Paradies hier so stark durch Attribute göttlicher Erhabenheit erweitert ist. Vor
allem ist zu vermerken, daß in Apc Mos 22 dieses Auftauchen Gottes im Paradies generell als eine Herabkunft aus dem Himmel verstanden wird. Damit wird
die in Gen 3,8 offengelassene Frage beantwortet, woher Gott denn kam, als er
sich im Paradies erging. Es wurde also – wie so oft in narrativer Exegese – eine
Lücke geschlossen.

Eine exegetische Grundlage hat auch die in 22,4 berichtete Aufstellung des
Gottesthrons am Lebensbaum: In Gen 3,8 wird berichtet, daß Adam und Eva
sich vor Gott »inmitten der Bäume des Paradieses« (בתוך עץ הגן, ⑹: ἐν μέσῳ τοῦ
ξύλου τοῦ παραδείσου) versteckten. Diese Ortsangabe konnte Irritationen
wecken, insofern sie an die Verortung des Lebensbaumes in Gen 2,9 erinnerte
(ועץ החיים בתוך הגן, ⑹: καὶ τὸ ξύλον τῆς ζωῆς ἐν μέσῳ τῷ παραδείσῳ).
Sollten Adam und Eva sich denn beim Lebensbaum versteckt haben? Das wäre
wohl recht dreist gewesen; zwar wurde hinsichtlich dieses Baumes kein Verbot
ausgesprochen, aber Gen 3,23, das in Apc Mos 28 aufgenommen wurde, scheint
eine Tabuisierung auch dieses Baumes vorauszusetzen (eine Unebenheit in Gen
2–3, die uns hier nicht zu beschäftigen hat). Man konnte indes einem solchen

Anstoß aus dem Wege gehen, indem man die Ortsadverbiale עֵץ בְּתוֹךְ הַגָּן (⅏: ἐν μέσῳ τοῦ ξύλου τοῦ παραδείσου) auf ein anderes Subjekt bezog – auf Gott, der schließlich auch unmittelbar vorher erwähnt wird. Eine solche exegetische Operation setzt freilich eine Nichtbeachtung der syntaktischen Strukturen in Gen 3,8 voraus, aber das ist bei der punktuellen Textwahrnehmung, wie sie beim Verfasser von Apc Mos 15–30 und im Milieu der Apc Mos überhaupt die Regel war, nicht weiter verwunderlich.

Daß sie in der Tat stattgefunden hat, deutet sich wahrscheinlich schon darin an, daß in Apc Mos 22,2b der Ort, an dem Adam und Eva sich verstecken, nicht genannt wird. Auch hier weist eine (für den Kenner ohne weiteres wahrnehmbare) Auslassung auf exegetische Arbeit gerade am ausgelassenen Syntagma hin.

X,8. Verhör (Apc Mos 23)

23,1 Καὶ ἐκάλεσεν ὁ θεὸς ᵃτὸν Ἀδάμᵃ λέγων·
Ἀδάμ, ᵇποῦ ἐκρύβηςᵇ
ᶜᵈνομίζωνᵈ,
ὅτι οὐχ εὑρίσκω σε;
μὴ ᶜκρυβήσεταιᵉ ᶠοἶκοςᶠ
τῷ οἰκοδομήσαντι ᵍαὐτόνᵞ;
23,2 Τότε ἀποκριθεὶς ὁ πατὴρ ὑμῶν
εἶπεν·
οὐχί, κύριέ ᵃμου,
οὐᵃ ᵇκρυβόμεθάᵇ σε
ᶜὡςᶜ νομίζοντες,
ὅτι ᵈοὐχ εὑρισκόμεθα ὑπὸ σοῦᵈ,
ἀλλὰ ᵉφοβοῦμαι,
ὅτι γυμνός εἰμι,
καὶ ᶠἠδέσθηνᶠ
τὸ κράτος σου, δέσποταᵉᶜ.
23,3 ''ᵃ Λέγει αὐτῷ ὁ θεός·
ᴮ⁽²³,⁵⁾τίς σοι ὑπέδειξεν,
ὅτι γυμνὸς εἶ,
ᵉεἰ μὴᵉ ᵈὅτιᵈ ᵉἐγκατέλιπαςᵉ τὴν ἐντολήν μου,
ᶠἣν παρέδωκά σοι
τοῦ φυλάξαι αὐτήνᶠ;
23,4 Τότε ᵃἈδάμᵃ ᵇἐμνήσθηᵇ τοῦ λόγου,
οὗ ᶜἐλάλησαᶜ ᵈαὐτῷᵈ ''ᵉ,
ὅτι ἀκίνδυνόν σε ποιήσω
παρὰ τοῦ θεοῦ ''ᶠ.
23,5 ᵃΚαὶ στραφεὶςᵃ ᵇᶜπρός μεᵉ εἶπενᵇ ''ᵈ.
ᵉτί τοῦτο ἐποίησας;
''ᶠ ᴮᵍἘμνήσθην δὲ κἀγὼ
τοῦ ῥήματος τοῦ ὄφεως

23,1 Und Gott rief Adam und sprach:
»Adam, wo hast du dich versteckt?
Glaubst du,
daß ich dich nicht fände?
Wird ein Haus
seinem Erbauer etwa verborgen sein?«
23,2 Da antwortete euer Vater
und sprach:
»Nein, mein Herr!
Wir verbergen uns nicht deshalb vor dir,
weil wir glaubten
daß wir von dir nicht gefunden würden,
vielmehr fürchte ich mich,
weil ich nackt bin,
und habe Scheu empfunden
vor deiner Kraft, Herr«.
23,3 Gott sagt zu ihm:
»Wer hat dir gezeigt,
daß du nackt bist –
es sei denn, du hast mein Gebot verlassen,
das ich dir übergeben habe,
es einzuhalten?«.
23,4 Da erinnerte sich Adam des Wortes,
das ich zu ihm gesagt habe, nämlich:
»Ich sorge dafür,
daß dir von Gott keine Gefahr droht«.
23,5 Und er wandte sich mir zu und sprach
»Weshalb hast du das getan?«
Aber auch ich erinnerte mich
des Wortes der Schlange

καὶ ᵍ εἶπον·   und sagte:
ὅτι ὁ ὄφις ἠπάτησέ με ᶜᶜᵍᴮ⁽²³,³⁾.   »Die Schlange hat mich betrogen«.

- Zeugen: St AV An₂ Pa B A AC Ath VitAd(arm) VitAd(georg) VitAd(latᵖ) Va⁽ᵇⁱˢ ²³,¹⁾ Pⁱ⁽ᵇⁱˢ ²³,³⁾
LibAd(slav) P² J² J³ ApcMos(arm)⁽ˢ· ¹¹⁻¹²⁾ Br S¹ J¹ E¹ E².
- Es fehlen: D AH C VitAd(latᵐᵉ)Va⁽ᵃᵇ ²³,⁴⁾ Pⁱ⁽ᵃᵇ ²³,¹⁾ An₁ S³ AD.

Zum Text

23,1a St AV An₂-Pa B A-AC-Ath (=*Ia) Va-P¹ (=*II): τὸν ᾽Αδάμ; P²-J²-J³ (=*III) ApcMos
(arm) J¹: τὸν πατέρα ὑμῶν ᾽Αδάμ; Br-S¹ (=*IIIa): τὸν πατέρα ὑμῶν; E¹-(E²): τὸν ᾽Αδὰμ ἐκ
δευτέρου (vgl. °22,3a). **23,1b** St A-AC-Ath (=*Ia) P²-J²-J³ (=*III) J¹-E¹-E²: ποῦ ἐκρύβης (a);
AV: ποῦ εἶ; ἐκρύβης (ba); An₂: ποῦ εἶ καὶ ἐκρύβης (cba); Pa: ποῦ εἶ; ποῦ ἐκρύβης (dcba);
(B) Va-P¹ (=*II) Br-S¹ (=*IIIa): ποῦ εἶ (da). Zu den Varianten mit ποῦ εἶ vgl. Gen 3,9 ⑥.
23,1/2C Va (=*II) (LibAd[slav]): ὃ δὲ εἶπεν· τῆς φωνῆς σου ἤκουσα περιπατοῦντος ἐν τῷ
παραδείσῳ καὶ ἐφοβήθην, ὅτι γυμνὸς ἤμην, καὶ ἐκρύβην; Br-S¹ (=*IIIa): καὶ ἀποκριθεὶς
εἶπεν· τῆς φωνῆς σου ἤκουσα, κύριε, καὶ ἐκρύβην, ὅτι γυμνός εἰμι, καὶ ἡδέσθην τοῦ
κράτους σου, δέσποτα. Vgl. Gen 3,10 ⑥. **23,1d** St AC Ath: νομίζεις; AV An₂ A (=*Ia) P²-J²-J³
(=*III) J¹-E¹-E²: νομίζων; Pa: ἐνόμιζες; B Va P¹ Br S¹: def. **23,1e** St AV An₂-Pa A-AC-Ath
(=*Ia) J¹ (=*III): κρυβήσεται; P²-J²-J³: κρύβεται; E¹-E²: κρυβηθήσεται; Va P¹ Br S¹: def. **23,1f**
AC Ath: οἰκία (nach Apc Mos 8,1?). **23,1g** St A: αὐτῷ (Schwund des Νῦ finale, vgl. DIETERICH
88–91); AV P²-J²-J³ (=*III) J¹-E¹-E²: αὐτόν; An₂-Pa: om; B AC Ath: αὐτήν (vgl. °23,1f – B liest
aber οἶκος). **23,2a** St P²-J²-J³ (=*III) ApcMos(arm): μου οὐ (a); AV (J¹): μου (hapl.) (ba); An₂
AC (=*Ia) VitAd(arm): οὐ (sq. BERTRAND, NAGEL) (hapl.) (ca); Pa A Ath | E¹-E²: om (dca|dba);
B Va Br S¹: def. **23,2b** St Pa A (=*Ia) P²-J²-J³ (=*III): κρυβόμεθα; AV An₂ Ath J¹-E¹-E²: κρυβού-
μεθα; B: ἀποκρυβούμεθα; AC⁽ᶜᵒᵈ⁾: κρυβήμεθα; Va Br S¹: def. **23,2c** An₂-Pa AC: om. **23,2d** St
Ath (=*Ia) P²-J²-J³ (=*III): οὐχ εὑρισκόμεθα ὑπὸ σοῦ (a); An₂-Pa: οὐχ εὑρίσκεις ἡμᾶς (ba);
A-AC: οὐχ εὑρισκόμεθα παρὰ σοῦ (ca); J¹-E¹: οὐχ εὑρισκόμεθα (da); E²: ἀπὸ προσώπου σου
φυγόμεθα (eda); AV B Va Br S¹: def. **23,2e** BERTRAND stellt – gegen die Überlieferung – die
Hauptverben um: Ἡιδέσθην ὅτι γυμνός εἰμι, καὶ φοβοῦμαι τὸ κράτος σου, δέσποτα, wohl
um eine glattere Zeitenfolge zu erreichen. **23,2f** St AC: αἰδέσθην; A-Ath (E¹): ἐδέσθην; AV An₂-
Pa (B) P²-J²-J³ (=*III) Br-(S¹) (=*IIIa) J¹: ἠδέσθην; Va E²: def. Wäre αἰ/ἐδέσθην (anlautendes /e/
wurde fälschlich als syllabisches Augment gedeutet) ursprünglich, dann hätte es wohl mehr
Fehler gegeben. **23,3a** St: καί. **23,3/5B** (Br)-(S¹) (=*IIIa): τί τοῦτο ἐποίησας παρακούσας τὴν
ἐντολήν μου. λέγει ᵃαὐτῷᵃ ὁ πατὴρ ὑμῶν· ἡ γυνή, ἣν δέδωκας μετ᾽ ἐμοῦ, αὕτη †μετ†
ἠπάτησέ με. ᵇκἀγὼ εἶπον· ὁ ὄφις ἠπάτησέ μεᵇ, καὶ ᶜἔφαγονᶜ.¹ **23,3c** BERTRAND liest ἥ,
aber εἰ μή ist gängiger als ἥ μή; auch in 3,11⑥ steht εἰ μή. **23,3d** St AV A-AC-Ath (=*Ia): ὅτι;
P²-J²-J³ (=*III) J¹-E¹-E²: om; An₂ Pa B Va Br S¹: def. **23,3e** St AV (A)-Ath (=*Ia) J¹ (=*III):
ἐγκατέλιπας (metaplastisch) (sq. NAGEL); (An₂)-Pa AC P²-J²-J³ E¹-E²: ἐγκατέλιπες (sq. BER-
TRAND). **23,3f** St An₂-Pa: τοῦ μὴ φυλάξαι αὐτήν (bca); (AV) P²-J²-J³ (=*III) J¹-E¹: τοῦ φυλάξαι αὐτήν (ca); (A)-(AC)-Ath (=*Ia) VitAd(arm) (VitAd[georg]) : ἣν παρέδωκα σοι τοῦ
φυλάξαι αὐτήν (a); ApcMos(arm): »das ich dir gegeben habe, und du hast es nicht bewacht«.
(die Ähnlichkeit mit *Ia fällt ins Auge, doch wird hier wohl nur der von P²⁽ᵉᵗᶜ⁾ bezeugte Text
paraphrasiert worden sein , denn hätte *III wie *Ia gelesen, dann hätte ἣν παρέδωκά σοι in der
*III-Überlieferung gleich zweimal ausfallen müssen: in der Vorlage zu P²⁽ᵉᵗᶜ⁾ und in der zu J¹⁽ᵉᵗᶜ⁾)
(dca); B Va Br S¹ E²: def. **23,4a** St An₂-Pa A-AC (=*Ia): ᾽Αδάμ; AV B Ath: ὁ ᾽Αδάμ; P²-J²-J³

---

¹ Varianten: **a-a** Br: αὐτῷ; S¹: om. **b-b** Br: om. (ht.); S¹: txt. **c-c** Br: †ἔφαγεν†; S¹: ἔφαγον.

(=*III) ApcMos(arm) J¹-E¹: ὁ πατὴρ ὑμῶν. **23,4b** St An₂-Pa AC-Ath (E¹): ἐμνήσθην (zum vulgärsprachlichen -ν in der 3. Sg. Aor. Pass. vgl. DIETERICH 249); AVA (=*Ia) P²-J²-J³ (=*III) J¹: ἐμνήσθη. **23,4c** Pa B AC J¹: ἐλάλησε (kontextwidrig); E¹: ἐλάλησεν αὐτῷ ὁ θεός statt ἐλάλησεν αὐτῷ. **23,4d** St B: πρὸς αὐτόν; AV A-AC-Ath (=*Ia) P²-J²-J³ (=*III) J¹-E¹: αὐτῷ; An₂: αὐτόν; Pa: αὐτοῦ. Die sekundären Varianten bezeugen unterschiedliche Formen der Dativsubstitution. **23,4e** A-AC-(Ath): ὅτε ἤθελον ἀπατῆσαι αὐτόν (sq. NAGEL); VitAd(arm) (=*Ia) VitAd(georg) et rell: txt. **23,4f** (An₂)-Pa: καὶ λέγει· ἡ γυνή, ἥν μοι δέδωκας, αὕτη μοι δέδωκε καὶ ἔφαγον (vgl. Gen 3,12 𝕲 – die Textform ist singulär). **23,5a** St AV An₂-Pa P²-J²-J³ (=*III) J¹: καὶ στραφείς; B: στραφείς; A-AC-Ath (=*Ia⁷): στραφεὶς δέ; E¹-E²: καὶ στραφεὶς ὁ Ἀδάμ (vgl. °23,5h). **23,5b** An₂-Pa: λέγει μοι ὁ κύριος; B: λέγει μοι. **23,5c** BERTRAND liest gegen die Überlieferung πρὸς ἐμέ, vgl. °5,2e. **23,5d** St AV | VitAd(arm) | P²-J²-J³ (=*III) ApcMos(arm) J¹: txt. (a|aba|a); A-AC-Ath (=*Ia⁷) VitAd(georg) E¹-E²: μοι; An₂ Pa B Br S¹: def. **23,5e** Nach NAGEL lesen St und AV nur -σας, doch davor wechselt in seiner Kollation die Seite; so wird auch der Rest der Wendung in St AV gestanden haben. Dieser Fehler ist für NAGEL typisch (vgl. °16,3b und °21,1h) **23,5f** BERTRAND setzt an dieser Stelle 23,5 an. **23,5g** St AV An₂-Pa B P²-J²-J³ (=* III) J¹-E¹-E²: κἀγώ (sq. BERTRAND, NAGEL); A-AC-Ath (=*Ia) VitAd(arm) VitAd(georg): ἐμνήσθην δὲ κἀγὼ τοῦ ῥήματος τοῦ ὄφεως καί (vgl. τότε Ἀδὰμ ἐμνήσθη κτλ. in 23,4; zu ῥήματος vgl. 16,5). **23,5h** E¹-E²: καὶ λέγει τῷ θεῷ· ἡ γυνή, ἥν μοι ἔδωκας, αὕτη μοι ἔδωκεν ἀπὸ τοῦ ξύλου, καὶ ἔφαγον. καὶ λέγει μοι ὁ θεός· διὰ τί τοῦτο ἐποίησας; κἀγὼ εἶπον· ὁ ὄφις ἠπάτησέ με. Vgl. °23,5a: Dort haben E¹-E² sichergestellt, daß Adam, nicht Gott, Eva fragt, warum sie »dieses getan« hat. Weil aber in Gen 3,13 Gott Eva diese Frage stellt, wird hier der Inhalt von Gen 3,12–13 nachgetragen.

Apc Mos 23 gibt das Gespräch zwischen Gott, Adam und Eva in Gen 3,9–13 wieder; die Erzählung folgt – wie generell in Apc Mos 15–30 – linear der biblischen Vorlage; freilich ist hier das Entsprechungsverhältnis besonders auffällig: 23,1 korreliert mit Gen 3,9, 23,2 mit Gen 3,10, 23,3 mit Gen 3,11, 23,4 mit Gen 3,12 und 23,5 mit Gen 3,13. Dies macht es möglich, Textanalyse und die Rekonstruktion der exegetischen Arbeit zu verbinden.

Apc Mos 23,1 nimmt die Frage Gottes an Adam auf (»Wo bist du?«), tritt aber durch eine Abwandlung (ποῦ ἐκρύβης statt ποῦ εἶ) und nachfolgend durch ein narratives Interpretament (νομίζων – αὐτοῦ) dem denkbaren Mißverständnis entgegen, daß Gott aus Unwissenheit gefragt habe: Gott muß sich nicht erst von Adam mitteilen lassen, daß dieser sich versteckt hat, auch kann er Adam vorhalten, daß er sich vergeblich versteckt, da es dessen Geschöpflichkeit widerspricht. Warum ein Geschöpf sich vor seinem Schöpfer nicht verstecken kann, wird durch ein Bildwort illustriert, über dessen imaginative Überzeugungskraft man unterschiedlicher Meinung sein kann: Ein Haus kann seinem Erbauer nicht verborgen sein.

Derlei Richtigstellungen zu Gen 3,9 sind in der frühjüdischen und frühchristlichen Literatur geläufig; besonders zu beachten ist Apc Mos 8,1, das von dieser Stelle abhängig sein dürfte (vgl. K VIII [S. 239]). Es gibt gnostische Texte, die aus Gen 3,9 umgekehrt auf eine Unwissenheit Gottes bzw. des Demiurgen schließen; es wäre indes verfehlt, darum zu vermuten, daß der Erzähler sich hier gegen eine gnostische Sicht der biblischen Urgeschichte wende (vgl. K VIII [S. 244–245]). Die Widerlegung einer These kann deren positiven Entfaltung durchaus historisch vorangehen, wie ja auch Gottesbeweise nicht notwendigerweise Folge, sondern auch Vorbote des Atheismus sein können.

Wie üblich wird auf die Bibelstelle mit Wendungen aus der Septuaginta verwiesen (καὶ ἐκάλε-σεν ὁ θεὸς τὸν Ἀδάμ ... Ἀδάμ, ποῦ); von dem ältesten Text der Septuaginta weicht das erste Syntagma allerdings dahingehend ab, daß κύριος vor ὁ θεός fehlt. Diese Abweichung ist nicht durch den hebräischen Text bedingt (אלהים יהוה :ℳ); der Erzähler könnte seine Vorlage frei wiedergegeben haben, könnte aber auch von 𝔊-Überlieferung abhängig sein. Einige Zeugen, u.a. die syro-palästinische Übersetzung, bieten nämlich ebenfalls ὁ θεός statt κύριος ὁ θεός. Die syro-palästinische Überlieferung beruht auf einem vorhexaplarischen Text (WEVERS 51); sollte deren Text sich hier nicht übersetzerischer Freiheit verdanken, wäre die Variante alt; Apc Mos 23,1 wäre indessen immer noch der älteste Beleg.

Apc Mos 23,2 gibt die Antwort Adams an Gott wieder (Gen 3,10). Wie dort teilt Adam Gott mit, warum er sich versteckt hat. Die Antwort Adams ist allerdings wie die Frage Gottes um Interpretamente erweitert.

Das erste Interpretament schließt ein Mißverständnis aus, das Gott bereits in seiner Frage angesprochen hatte: Adam sagt zu Gott, er und seine Frau hätten sich nicht in der Erwartung versteckt, daß Gott sie nicht auffinden könne. Damit ist nicht nur über Gott etwas gesagt, sondern auch über die beiden ersten Menschen: Weder die Allmacht Gottes ist anzuzweifeln, noch kann davon die Rede sein, daß Adam und Eva durch ihr Tun einem solchen Zweifel Ausdruck gegeben hätten. Mit einer fundamentalen Auflehnung gegen Gott ist also zumindest ihre Flucht ins Versteck nicht verbunden. Aber auch die Gebotsübertretung war nicht so charakterisiert worden – immerhin hat sowohl Eva (18,2) als auch Adam (21,4) vor der Verführung Furcht vor dem Zorn Gottes geäußert.

Das zweite Interpretament erläutert den auch im Bibeltext geäußerten Grund für den Versuch, sich zu verstecken: Adam sagt, er habe Furcht wegen seiner Nacktheit und erläutert diese Furcht – über den Bibeltext hinausgehend – als Scham (ἠδέσθην) vor der Kraft (κράτος) Gottes. Damit dürfte genau die Erhabenheit Gottes gemeint sein, die mit der vorhergehenden Theophanie (Apc Mos 22) zum Ausdruck gekommen ist.

Adam spricht hier nicht nur davon, daß er sich selbst versteckt habe (vgl. Gen 3,10: »ich habe mich versteckt«), sondern bezieht Eva mit ein (κρυβόμεθα), sicher im Anschluß an Gen 3,8 (»und sie versteckten sich«). Die 1.P. Pl. wird aber nicht durchgehalten; die positive Begründung dafür, daß er sich versteckt hat, gibt Adam nur im Hinblick auf sich selbst (φοβοῦμαι κτλ.).

Wie in Gen 3,11 läßt Gott in Apc Mos 23,3 erkennen, daß er weiß, warum Adam um seine Nacktheit weiß: Er hat gegen das göttliche Gebot verstoßen. Zu beachten ist, daß sich hier ein Verständnis der biblischen Vorlage Ausdruck verschafft, das in Apc Mos 20,1; 21,5b noch gezielt konterkariert wurde: Dort war die Folge der Gebotsübertretung nicht Erkenntnis der Nacktheit, sondern die Nacktheit selbst; hier hält sich der Erzähler ganz vorbehaltlos an das naheliegendere Verständnis. Dieser Befund ist für die Rekonstruktion seiner Hermeneutik von eminenter Bedeutung. Offenbar weiß er durchaus um den »Literalsinn« der biblischen Vorlage; er gibt ihm an dieser Stelle Ausdruck. Etwas weiter oben jedoch hat er eine narrative Auslegung des Bibeltextes präsentiert, der inhaltlich in eine deutlich andere Richtung weist. Er war also ohne weiteres bereit, dem Bibeltext unterschiedliche Sichtweisen ein und desselben Gegenstandes abzugewinnen, rechnet also beim Wort der Schrift grundsätzlich mit Polysemie und trägt dem auch durch Nebeneinanderstellung unterschiedlicher Interpretationen Rechnung. Die Erzählung gewinnt damit keinesfalls an Kohärenz, dafür ist aber eine noch größere Offenheit der Narration für die exegetischen Hintergründe gewährleistet. Die Diskongruenzen stellen zugleich sicher, daß die Schrift nicht durch ihre Interpretation abgelöst wird.

Referenztext ist 𝔊; dies zeigt die syntaktische Struktur (τίς – εἰ μή) sowie die Wendung ὅτι γυμνὸς εἶ. Statt ἀνήγγειλεν in 𝔊 steht hier allerdings ὑπέδειξεν; dies ist als Variante zu Gen 3,11 𝔊 nicht bezeugt, aber נגד Hiphil kann in 𝔊 neben dem bevorzugten ἀναγγέλλω auch ὑποδείκνυμι als Korrelat haben (vgl. 2. Chron 20,2; Esther 2,10.20; 3,4; 4,7; 8,1; Dan 9,23 𝔊; 10,21 𝔊; 11,2 𝔊), freilich nicht in der Thora. Vielleicht hat der Verfasser von Apc Mos 15–30 hier also den Septuagintatext nach der hebräischen Überlieferung korrigiert, möglicherweise in Anlehnung an den Sprachgebrauch späterer Septuagintaübersetzer.

Eine gewisse Freiheit gegenüber dem Bibeltext leistet sich der Erzähler in 23,3b: Dort fragt Gott nach der Gebotsübertretung anders als in Gen 3,11. Während dort der Vorgang referiert wird (»Hast du etwa von dem Baume gegessen ...«), tritt anstelle dessen hier die theologische Bedeutung des Vorgangs: »Hast du mein Gebot verlassen...?«). Die Verwendung des Wortes ἐντολή ist sicher durch ἐνετειλάμην in Gen 3,11 𝔊 nahegelegt, aber ansonsten handelt es sich bei der Wendung εἰ μὴ ὅτι ἐγκατέλιπας τὴν ἐντολήν μου, ἣν παρέδωκά σοι τοῦ φυλάξαι αὐτήν um eine freie Paraphrase, die dem zentralen paränetischen Anliegen des Verfassers von Apc Mos 15–30 Ausdruck verleiht: Sowohl ἐγκαταλείπω als auch φυλάττω begegnen nämlich in der paränetischen Schlußwendung (Apc Mos 30,1); φυλάττω ist darüber hinaus auch sonst ein wichtiges Schlüsselwort (vgl. Apc Mos 15,2; 17,3; 28,4), allerdings in je unterschiedlicher Bedeutungsnuancierung.

Die Reaktion Adams auf die prüfende Frage Gottes (Apc Mos 23,4) korreliert mit der in Gen 3,12, ist aber anders gestaltet. Adam sagt nichts zu Gott, sondern erinnert sich an das, was seine Frau ihm gesagt hatte. Dieses wird mit den

Worten ἀκίνδυνόν σε ποιήσω παρὰ τοῦ θεοῦ (»Ich sorge dafür, daß dir von Gott keine Gefahr droht«) wiedergegeben; das findet in Apc Mos 21 keine wörtliche Entsprechung, deckt sich aber mit der Aufforderung Evas an Adam, sich vor dem Zorn Gottes nicht zu fürchten (21,4). Man hat den Rückverweis auf Gen 3,6 in Gen 3,12b (vgl. 3,12b: »diese gab mir von dem Baume und ich aß« und 3,6: »und sie gab auch ihrem Manne neben ihr, und er aß«]) offenbar dahingehend ausgewertet, daß Adam sich an die verführerischen Worte Evas in Apc Mos 21 erinnert hat (das mit Gen 3,6 korreliert). Unterdrückt oder übersehen wurde indessen die implizite Schuldzuweisung Adams an Gott in Gen 3,12a (»die du mir gegeben hast«); wie schon in 23,2 läßt der Erzähler ein Interesse daran erkennen, daß Adam nicht als Aufrührer wahrgenommen wird.

Nachdem Gott Adam zur Rede gestellt hat, wendet er sich der Frau zu (Apc Mos 23,5 // Gen 3,13). Die stärkste Umgestaltung begegnet am Anfang: Mit καὶ στραφεὶς πρός με hat der Text seiner biblischen Vorlage ein gestisches Moment voraus. Das ist nötig geworden, weil in Apc Mos 23,4 dasjenige Moment in der Antwort Adams an Gott, das auf seine Frau verweist, unterschlagen worden ist. Auf die Frage Gottes (»warum hast du das getan«) erinnert Eva sich wie zuvor Adam an die Worte dessen, der sie verführt hat, in diesem Fall die Worte der Schlange. Der Parallelität der Verführungsszenen entspricht also ein paralleles Verhalten der Verführten im Verhör. Eine gewisse Differenz ergibt sich in der Wortwahl: Adam erinnert sich an den λόγος Evas (23,4), Eva an das ῥῆμα der Schlange (23,5). Zunächst haben wir es hier wohl einfach mit stilistischer Variatio zu tun, wahrscheinlich soll aber das Stichwort ῥῆμα auch einen Rückbezug zu 16,5 schaffen, wo der Teufel der Schlange ankündigt, er werde durch ihren Mund ῥήματα sagen, durch die Adam und Eva völlig verführt werden könnten. Ein solcher Rückbezug paßt an dieser Stelle sehr gut: Mit Apc Mos 16,5 befanden wir uns am Anfang des Geschehens, hier sind wir am Ende seiner dialogisch-narrativen Rekonstruktion vor Gericht.

Die Frage Gottes (τί τοῦτο ἐποίησας) und die Antwort Evas (ὁ ὄφις ἠπάτησέ με) sind wörtliche Zitate – aus der Septuaginta. Dies fällt insbesondere deshalb auf, weil beide Zitate im Kontext Ausgangspunkt für umfangreiche narrative Gestaltungen geworden waren, ersteres bei der Angleichung der Verführung Adams an die Verführung Evas (vgl. Apc Mos 21,1–5), letzteres bei der Erzählung vom Eid Evas (Apc Mos 19,1–3). Hier wird gewissermaßen das Lemma nachgereicht – bezeichnenderweise in der Septuagintafassung, von der aus die beiden exegetischen Erzählungen nicht möglich gewesen wären. Wie schon im Zusammenhang mit dem Nacktheitsmotiv (Apc Mos 23,3 // Apc Mos 20,1–2; 21,5–6) ist ein Nebeneinander von Lemma und exegetischer Erzählung, von Literalsinn und narrativer Textauslegung zu konstatieren, wobei der Literalsinn jeweils in dieser Perikope zum Tragen kommt.

X,9. Verurteilung Adams (Apc Mos 24)

24,1 ^{A(26,4)} ''^b ^cΛέγει^c ὁ θεὸς ^dτῷ 'Αδάμ^d·
'Επειδὴ ^eπαρήκουσας ^fτὴν ἐντολήν^f μου
καὶ ἤκουσας τῆς γυναικός σου^e,
ἐπικατάρατος ἡ γῆ
^Gἕνεκα σοῦ.
24,2 ἐργάσῃ αὐτήν,
καὶ οὐ δώσει ^aσοι^a τὴν ἰσχὺν αὐτῆς^G.
^B'Ακάνθας καὶ τριβόλους
ἀνατελεῖ σοι,
καὶ ἐν ^cἱδρώτητι^c τοῦ προσώπου σου
^dφάγῃ^d τὸν ἄρτον σου ''^e.
^F'Έσῃ δὲ
ἐν καμάτοις πολυτρόποις·
^{gh}κάμῃ^h
καὶ μὴ ⁱἀναπαύσῃ^{ig},
θλιβεὶς ἀπὸ πικρίας,
^{KM}καὶ μὴ γεύσῃ γλυκύτητος,
24,3 ^aθλιβεὶς ἀπὸ καύματος^{aM}
καὶ στενωθεὶς ἀπὸ ψύξεως^K,
^bκαὶ κοπιάσεις πολλὰ
καὶ ^cμὴ^c πλουτήσεις,
καὶ ^dπαχυνθήσῃ^d
καὶ εἰς τέλος μὴ ὑπάρξεις^b.
''^e Καὶ ^fτῶν^f ἐκυρίευες θηρίων,
ἐπαναστήσονταί σοι
ἐν ἀκαταστασίᾳ,
ὅτι τὴν ἐντολήν μου οὐκ ἐφύλαξας.^{FB}

24,1 Gott spricht zu Adam:
»Weil du mein Gebot nicht beachtet
und auf deine Frau gehört hast,
soll die Erde verflucht sein
um deinetwillen.
24,2 Du wirst sie bearbeiten,
und sie wird dir ihre Kraft nicht geben.
Dornen und Disteln
wird sie dir hervorbringen,
und im Schweiße deines Angesichtes
sollst du dein Brot essen.
Du wirst aber
unter vielfältigen Mühsalen leiden:
Du wirst dich mühen,
und keine Ruhe finden,
bedrängt von Bitternis,
und du wirst Süße nicht schmecken,
24,3 bedrängt von Hitze
und beengt von Kälte,
und du wirst viel arbeiten
und nicht reich werden,
und du wirst wohlgenährt werden
und doch nicht bis zum Ende leben.
Und derer du Herr warst, die Tiere
werden sich gegen dich
in Unbotmäßigkeit erheben,
weil du mein Gebot nicht eingehalten hast.«

- Zeugen: St AV Pa An₂ B A AC Ath VitAd(arm) VitAd(georg) VitAd(lat^p) P² J² J³ ApcMos(arm)^(S. 12) Br S¹ J¹ E¹ E².
- Es fehlen: D AH C VitAd(lat^{me}) Va P¹ LibAd(slav) An₁ S³ AD.

Zum Text

24,1/26,4A P²-J²-J³ ApcMos(arm) J¹-E¹-E²: trsp. (24,1–2; 26;25); Br-S¹ (=*IIIa *III): 24,1–2; 25; 26 (vgl. *I!) (vgl. NAGEL III, 174ff, speziell 179₁). **24,1b** St AV Pa-An₂: καί; B A-(AC)-Ath (=*Ia) (VitAd[arm]) VitAd(georg) VitAd(lat^p): txt; P²-J²-J³ (=*III) ApcMos(arm) Br-S¹ (=*IIIa) J¹ E¹-E²: τότε. **24,1c** J¹-E¹-E²: εἶπε. **24,1d** St AV Pa-An₂ B A-AC-Ath (=*Ia): τῷ 'Αδάμ; P²-J²-J³ (=*III) (ApcMos[arm]) Br-S¹ (=*IIIa): τῷ πατρὶ ὑμῶν; J¹-E¹-E²: om. **24,1e** (E¹)-E²: ἤκουσας τῆς γυναικός σου καὶ οὐκ ἐφύλαξας τὴν ἐντολήν μου. **24,1f** St AV Pa B A-AC-Ath (=*Ia) S¹ (=*IIIa *III): τὴν ἐντολήν (vgl. °25,1g); An₂ P²-J²-J³ Br J¹: τῆς ἐντολῆς; E¹ E²: def. **24,1/2G** St AV (B): ἕνεκα σοῦ· ἐργάσῃ δὲ αὐτήν, καὶ οὐ δώσει τὴν ἰσχὺν αὐτῆς (ba); An₂-Pa | Br-S¹ (=*IIIa) E²: ἐν τοῖς ἔργοις σου (cba|ca); (A)-(AC)-(Ath) (=*Ia) (VitAd[arm]) (VitAd[georg]) (VitAd [lat^p]): ^aἐν τοῖς ἔργοις σου^a, ^{bc}ἡνίκα ἐργάζῃ αὐτήν^c. ^dκαὶ οὐ δώσει σοι τὴν ἰσχὺν αὐτῆς[db1] (da); P²-J²-J³ (=*III): ἕνεκα σοῦ· ἐργάσῃ αὐτὴν καὶ οὐ δώσει τὴν ἰσχὺν αὐτῆς (sq. BERTRAND, NAGEL) (a); ApcMos(arm): »in deinen Werken, denn du wirst sie bearbeiten, und sie wird nicht ihre Kraft geben« (ea); J¹-E¹: ἐν τοῖς ἔργοις σου, καὶ οὐ δώσει τὴν ἰσχὺν αὐτῆς (fa). Die Varianten (cba|ca), (da), (ea) und (fa) revidieren auf unterschiedliche Weise den Text nach Gen 3,17 ⑥. Vgl. die Diskussion dieser Variante in E II,5 (S. 86). **24,2a** St AV B A P²-J²-J³ (=*IIIb *III⁷) J¹-E¹: om. (hapl.:ΔΩϹΕΙϹΟΙ); AC (=*Ia) VitAd(arm) VitAd(georg): σοι (vgl. Gen 4,12: καὶ οὐ προσθήσει τὴν ἰσχὺν αὐτῆς δοῦναί σοι; ℳ: לְךָ תֵת־כֹּחָהּ תֹסֵף־לֹא; 4Q 423, Fragm II₃: לכך תתן לא וכוחה – der in der Exegese nachzuweisende Konnex mit Gen 4,12 ist nicht ohne weiteres zu erkennen; daher dürften Varianten, die dem Text von Gen 4,12 ähnlicher sind, nicht von den Schreibern stammen); Ath: δέ (< σε < σοι); An₂ Pa VitAd(lat^P) Br S¹ E²: def. Nur zweimal wird σοι ausgefallen sein, nämlich in *Ib und A. In Ath ist es über *σε zu δέ transformiert worden. **24,2/3B** AV: καὶ ἐπαναστήσονταί σοι τὰ θηρία. **24,2c** St (Pa) AC (=*Ia) P²-J²-J³ (=*III) ApcMos(arm): ἱδρώτητι; An₂ A (Ath) (S¹) (E²): ὑδρότητι (sq BERTRAND, NAGEL); B J¹-(E¹): ἡδρότητι; Br^cod: ὕδρωτϊ (=ἱδρῶτι, vgl. Gen 3,18 ⑥); AV: def. Zwar ist schwer zu entscheiden, was die einzelnen Handschriften je intendieren, da die Aussprache beider Wörter in der Zeit der Kopisten identisch gewesen sein dürfte; es ergibt sich aber ein gewisses Übergewicht zugunsten von ἱδρώτητι. Dieses ist auch als Variante zu ἱδρῶτι in Gen 3,18 ⑥ häufig belegt, ὑδρότητι hingegen nur in einem Zeugen zu Gen 3,18 ⑥ – der Minuskel 82. Wahrscheinlich handelt es sich bei ἱδρώτητι um eine dittographische Variante zu ἱδρῶτι, die der Verfasser von Apc Mos 24 in seinem Septuagintatext vorfand. Ὑδρότητι hingegen ist sowohl in Gen 3,18 ⑥ als auch in Apc Mos 24,2 sekundäre Glättung. **24,2d** An₂-Pa (B) E¹-E²: φάγῃς; AC Br-S¹ (=*IIIa): φαγεῖν. **24,2e** Br: ἕως τοῦ ἀποστρέψαι σε εἰς γῆν, ἐξ ἧς ἐλήφθης; S¹: ἕως τοῦ ἀποστρέψαι σε εἰς γῆν, ἐξ ἧς ἐλήφθης, ὅτι γῆ εἶ, καὶ εἰς γῆν πορεύσῃ. Vgl. Gen 3,19b ⑥. **24,2/3F** P²-J²-J³ (=*III) ApcMos(arm) Br-S¹ (=*IIIa) J¹-E¹-E²: om. (nach der biblischen Vorlage). **24,2g** St An₂-Pa B Ath: om. (schien überflüssig wegen des vorhergehenden καμάτοις) (sq. BERTRAND); (A)-(AC) (=*Ia) (VitAd[arm]) VitAd(georg): κάμῃ καὶ μὴ ἀναπαύσῃ (sq. NAGEL) (liegt Apc Mos 9–14 zugrunde, vgl. K IX); AV VitAd(lat^P) P² J² J³ ApcMos(arm) Br S¹ J¹ E¹ E²: def. **24,2h** AC VitAd(arm): om. (hapl. ΚΑΜΗΚΑΙΜΗ); A VitAd(georg): txt; rell: def. (vgl. °24,2g). **24,2i** A: ἀναπαύου (< ἀναπαύσυ < ἀναπαύσῃ); AC: ἀναπαύῃ (< ἀναπαύσῃ); rell: def. (vgl. °24,2g). **24,2/3K** St (An₂)-(Pa) (B) A-Ath (=*Ia): txt; AC: om; rell: def. (vgl. °24,2/3b °24,2/3F). **24,2/3M** St (B) A-Ath (=*Ia): txt; An₂-Pa: om; rell: def. (vgl. °24,2/3K). **24,3a** St A-Ath (=*Ia): txt; B: om; rell: def. (vgl. °24,2/3M). **24,3b** St An₂-Pa B: om. (sq. BERTRAND) (homioiarkton); A-(AC)-(Ath) (=*Ia) (VitAd[arm]) (VitAd [georg]): txt; AV P² J² J³ ApcMos(arm) Br S¹ J¹ E¹ E²: def. **24,3c** A (=*Ia): μή (sq. BERTRAND [App.], NAGEL) (vgl. nachfolgendes μὴ ὑπάρξεις); AC Ath: οὐ μή. **24,3d** A-AC (=*Ia) VitAd(arm) VitAd(georg): παχυνθήσῃ; Ath: ταχυνθήσῃ. **24,3e** An dieser Stelle setzt BERTRAND 24,4 an. **24,3f** St An₂-Pa A-Ath (=*Ia): τῶν; B: ὧν (sq. BERTRAND, NAGEL); AV AC P² J² J³ Br S¹ J¹ E¹ E²: def. In der volkssprachlichen Koine sind nicht selten Relativpronomina mit anlautendem τ- belegt (Angleichung an den Artikel in Analogie an die Übereinstimmungen im Anlaut bei den Nominativformen οἱ/οἵ, αἱ/αἵ), vgl. hierzu DIETERICH 198.

---

[1] Varianten: **a-a** A-AC-Ath VitAd(georg) VitAd(lat^P): ἐν τοῖς ἔργοις σου; VitAd(arm): »auf der Erde«. **b-b** VitAd(lat^P): om.. **c-c** A-AC: ἡνίκα γὰρ ἐργάζῃ αὐτήν; Ath VitAd(georg): ἡνίκα ἐργάζῃ αὐτήν; VitAd(arm): »du wirst auf ihr arbeiten«. **d-d** A: καὶ οὐ δώσει τὴν ἰσχὺν αὐτῆς; AC VitAd(arm): καὶ οὐ δώσει σοι τὴν ἰσχὺν αὐτῆς; Ath: οὐ δώσει δὲ τὴν ἰσχὺν αὐτῆς; VitAd(georg): »elle ne produira pour toi aucun fruit«.

Anders als in der biblischen Überlieferung sind die nachfolgenden Flüche Gottes (Apc Mos 24–26) durch den Kontext als Urteilssprüche ausgewiesen (vgl. Apc Mos 23).[2] Die Reihenfolge der Flüche weicht ebenfalls von der Vorlage ab: Zuerst wird Adam angesprochen, dann Eva, dann die Schlange – in Gen 3,14–19 verhält es sich umgekehrt. Zu dieser Umstellung dürfte sich der Erzähler durch das Verhör in Gen 3,8–13 (//Apc Mos 23) legitimiert gesehen haben; dort ist die Reihenfolge die gleiche wie in Apc Mos 24–26. Doch wird diese Neugestaltung nicht ohne erzählerische Absicht vorgenommen worden sein: Das Gericht nähert sich damit sukzessive dem Ausgangspunkt des verurteilten Geschehens, dem Teufel; dieser wird zwar nicht selber belangt, findet aber im letzten Fluch wenigstens indirekt Erwähnung, wenn dort die Schlange als σκεῦος ἀχάριστον bezeichnet wird (Apc Mos 26,1 – vgl. die Exegese). Für Apc Mos 15–26 ergibt sich auf diese Weise eine konzentrische Struktur: Das Böse geht vom Teufel aus, das Gericht führt zum Teufel hin.

Dieser Konzentrik entspricht eine parallele Gestaltung der drei Perikopen in Apc Mos 24–26, die mit den Parallelstrukturen in den Verführungsszenen korrelieren dürfte: Zu Beginn wird jeweils mitgeteilt, daß Gott redet und zu wem er redet (24,1a // 25,1a // 26,1a). Dadurch wird – wie in der biblischen Vorlage – der Zusammenhang mit dem narrativen Makrokontext gewahrt. Es folgt eine Urteilsbegründung (24,1b // 25,1b // 26,1b), die jeweils mit ἐπειδή eingeleitet ist. In 24,1b und 25,1b werden darüber hinaus ἤκουσας und παρήκουσας gegenübergestellt: Sowohl Adam als auch Eva haben auf Gottes Gebot nicht gehört, wohl aber auf jemanden, der sie verführt hat. Auch die Urteilsbegründung in Apc Mos 26,1b hat eine solche antithetische Strukturierung, wie die Exegese erweisen wird; sie verbirgt sich hinter der Bezeichnung der Schlange als »undankbares Gefäß/Werkzeug« (σκεῦος ἀχάριστον). An die Urteilsbegründung schließen sich Strafurteile an, für die fast durchgängig ein Nebeneinander von allgemeiner gefaßten Obersätzen und Spezifikationen kennzeichnend ist. So fungiert etwa ἐπικατάρατος ἡ γῆ ἕνεκα σοῦ (24,1c) im Urteil über Adam als Obersatz, während in ἐργάσῃ αὐτὴν κτλ. Spezifikationen beigebracht werden; ähnlich wird in Apc Mos 26 ein Fluchsatz (26,1c) durch Spezifikationen erläutert. Gelegentlich schließen sich mehrere allgemeinere Obersätze zu komplexeren Kopfteilen zusammen (so in 24,2b; 25,1c–2a). Während Apc Mos 25 und 26 nur ein Kopfteil bzw. einen Obersatz haben, weist

---

[2] Die Urteilssprüche beziehen sich inhaltlich notwendigerweise auf die Zukunft, daher dominieren Futurformen. Neben den Futura erscheinen jedoch in funktionsgleicher Verwendung Konjunktive des Aorists (24,2: φάγῃ; κάμῃ; 25,2: ἔλθῃς; 25,4: στραφῇς; 26,2: φάγῃ). Die Vermengung beider Kategorien hat wohl damit zu tun, daß Futur und Konj. Aor. sehr häufig morphematisch nicht unterscheidbar sind und zumindest in ihrer prospektiven Bedeutung einander sehr nahestehen.

Apc Mos 24 – wie noch zu erläutern sein wird – mehrere auf. Zu beachten ist, daß gerade die Kopfteile mehrfach aufeinander bezogen sind, vgl. v.a. Apc Mos 24,2b (ἔσῃ δὲ ἐν καμάτοις πολυτρόποις) und Apc Mos 25,1c (ἔσῃ δὲ ἐν καμάτοις ματαίοις κτλ.).

Derart parallel sind die biblischen Flüche noch nicht gestaltet. So fällt dort beispielsweise der Fluch über die Frau (Gen 3,16) insofern aus dem Rahmen, als er – anders als derjenige über die Schlange und Adam – keine Urteilsbegründung enthält. Auch im Jubiläenbuch, das, wie sich zeigen wird, auch in diesem Abschnitt von Apc Mos 15–30 eine gewisse Rolle spielt, findet sich eine derart konsequent durchgeführte Parallelisierung nicht.

Die Gerichtsurteile Gottes kündigen zukünftiges an, stellen aber zugleich eine Setzung Gottes dar. Dieses Nebeneinander des prospektiven und des präskriptiven Moments könnte vielleicht auch die Ursache dafür sein, daß Futur und Konjunktiv Aorist in Apc Mos 24–26 promiscue gebraucht werden. Die Übersetzung versucht den Formen gerecht zu werden, aber es ist zweifelhaft, ob der Verfasser von Apc Mos 24–26 zwischen beiden grammatischen Kategorien unterschied.

1. Gliederung und Inhalt

Wie im vorhergehenden Abschnitt angedeutet, beginnt die Verurteilung Adams mit einer Redeeinleitung (24,1a: Λέγει ὁ θεὸς τῷ ᾿Αδάμ: »Gott spricht zu Adam«). Besonders auffällig ist dieser Einstieg nicht; noch nicht einmal ein δέ sorgt für die Abgrenzung vom vorhergehenden Kontext. Der Übergang vom Verhör zum Gerichtsurteil ist damit so gut wie gar nicht markiert.

Der Urteilsspruch über Adam gliedert sich in eine Urteilsbegründung (Apc Mos 24,1b: ἐπειδή ... γυναικός σου) und ein Strafurteil (24,1c–3), das in sich komplexer strukturiert ist. Der erste Satz ist eine generelle Verfluchung der Erde um Adams willen. Die in 24,2a nachfolgenden Sätze erörtern diese Verfluchung im einzelnen: Die Erde wird Adam, wenn er sie bearbeitet, ihre Kraft nicht geben, Dornen und Disteln wird sie ihm hervorbringen, und er wird sein Brot im Schweiße seines Angesichts essen. Daß diese Sätze in der Tat den Fluch über die Erde näher entfalten, ergibt sich aus makrosyntaktischen Signalen: Gliederungssignale wie δέ, die für Diskontinuität sorgen, lassen sich nicht ausmachen (nur in Varianten, vgl. °24,1/2G). Dafür sind Signale der Kontinuität um so auffälliger: Der erste Satz in 24,2a ist durch αὐτήν auf ἡ γῆ in 24,1c bezogen, der zweite Satz hat ἡ γῆ (vermittelt durch αὐτήν) dann als Subjekt, und der dritte Satz schließt sich an den zweiten dadurch näher an, daß er derselben Quelle entstammt (mittelbar oder unittelbar dem Bibeltext, s.u.); diese Art von Kontinuität nimmt jeder Leser wahr, der über die Hintergründe von Apc Mos 24 Bescheid weiß.

Dieses Kontinuum wird in 24,2b durchbrochen. Durch δέ markiert beginnt ein neuer Abschnitt, der sich als ein in Kopfteil und Spezifikationen gegliedertes Strafurteil erweist. Der Satz ἔσῃ δὲ ἐν καμάτοις πολυτρόποις verrät sich dabei schon durch seinen allgemeinen Inhalt als Obersatz: Adam wird viele Mühsalen durchzustehen haben. Dieser Obersatz wird durch das nachfolgende κάμῃ καὶ μὴ ἀναπαύῃ eher bestätigt als erläutert: Adam wird sich mühen und keine Ruhe bzw. keine Erquickung finden (ἀναπαύω hat beide Konnotationen). Dieser Satz gehört damit zum Obersatz hinzu und ergibt mit ihm zusammen einen komplexer strukturierten Kopfteil, der nicht zuletzt durch die Paronomasie καμάτοις – κάμῃ in besonderer Weise stilisiert ist. Erst jetzt folgen Spezifikationen, die – wie schon der Kopfteil – stark rhetorisch gestaltet sind (v.a. durch Antithesen und Parallelismen) und in zwei Einheiten zerfallen. Die erste Einheit (24,2c–24,3a: θλιβεὶς ἀπὸ πικρίας, καὶ μὴ γεύσῃ γλυκύτητος, θλιβεὶς ἀπὸ καύματος καὶ στενωθεὶς ἀπὸ ψύξεως) wird von Partizipien dominiert und ist damit an den Kopfteil auch syntaktisch enger angeschlossen. In ihr wird die Mühsal von Adams Leben durch Sinneswahrnehmungen negativer Art illustriert; es geht um Zustände und Empfindungen, die in der partizipialen Konstruktion ihr Gegenstück finden. Die zweite Einheit (24,3b: καὶ κοπιάσεις πολλὰ καὶ μὴ πλουτήσεις, καὶ παχυνθήσῃ καὶ εἰς τέλος μὴ ὑπάρξεις) hat vier selbständige Prädikate und ist damit nicht nur sprachräumlich vom Kopfteil stärker abgesetzt. Dem syntaktischen Wandel entspricht auch eine inhaltliche Verschiebung: Es geht nun – in Ansätzen – um eine Geschichte, nämlich die Lebensgeschichte Adams: Er wird sich vielfältig abmühen (vgl. καμάτοις πολυτρόποις) und (dennoch) nicht reich werden; er wird (aber) fett / wohlgenährt werden, und (doch nicht) bis zum Ende leben. Das Leben Adams stellt sich also durchaus differenziert dar: Reichtum bringt ihm seine Arbeit nicht ein, aber immerhin Körperfülle (die der Autor wohl kaum als Problem angesehen haben wird), doch mit der Körperfülle ist noch nicht gegeben, daß Adam »bis zum Ende« (εἰς τέλος) leben wird (zu ὑπάρχειν im Sinne von »leben« vgl. Ps 146,2 𝔊).

Diese letzte Information ist schwer zu entschlüsseln, weil nicht ganz klar ist, was mit τέλος gemeint sein wird. Um den Tod Adams überhaupt wird es nicht gehen, denn dann müßte der τέλος das Problem sein, nicht aber die Tatsache, daß Adam ihn nicht erreicht. Vielmehr wird es dem Erzähler wohl darum zu tun sein, daß Adam sein Leben nicht bis zu einem ihm theoretisch möglichen Ende führen wird, daß er also kürzer leben wird als eigentlich zu erwarten ist. Für diese Deutung gibt es in der Tat einen Anhaltspunkt, nämlich im Jubiläenbuch, das in Apc Mos 15–30 auch sonst eine Rolle spielt und daher dem (vom Autor imaginierten) Leser wohl bekannt gewesen sein wird: In Lib Jub 4,30 wird die biblisch vorgegebene Lebensspanne Adams (930 Jahre, vgl. Gen 5,3) mit der Strafandrohung in Gen 2,15 in Verbindung gebracht, derzufolge Adam im Fall der Gebotsübertretung noch an demselben Tage sterben solle. Dieses sei auch wirklich geschehen, denn tausend Jahre seien »nach dem Zeugnis der Himmel« ein Tag (vgl. Ps 90,4). Aus diesem Grunde, so wird nun besonders hervorgehoben, habe Adam »die Jahre dieses Tages nicht vollendet« (ኢ.ፈጸመ ፡ ዓመታተ ፡ ዛቲ ፡ ዕለተ), und dies ist auch die Aussage, auf die es hier alleine ankommt. Man konnte ihr entnehmen, daß Adam vorzeitig starb.

Das Wort τέλος könnte dabei durchaus der Vorlage geschuldet sein: Äthiopisch ፈጸመ steht laut DILLMANN (Lexicon, 1387) in Ex 29,9.29.35; Lev 16,32 für τελειόω.

Ein weiterer Kontinuitätsbruch ereignet sich mit dem abschließenden Satz in 24,3c, insofern dieser die syntaktisch-rhetorische Gestaltung von 24,2b nicht fortführt. Wir haben es hier mit einem weiteren Obersatz zu tun, der indes nicht mehr spezifiziert wird, dafür aber eine für die Kontextverortung der Perikope gewichtige Begründung erhält.

Adam wird die Unbotmäßigkeit der Tiere angekündigt. Über diese ist er zuvor Herr gewesen, nun erheben sie sich gegen ihn. Sie tun es, weil Adam Gottes Gebot nicht bewahrt hat (ὅτι τὴν ἐντολήν μου οὐκ ἐφύλαξας). Damit wird nicht nur der Beginn der Gottesrede wieder aufgenommen, sondern auch ein Apc Mos 15–30 kennzeichnendes Schlüsselwort (φυλάττω), vgl. 15,2; 17,4; 23,3; 28,4; 30,1. Ein spezieller Rückbezug dürfte auch zu Apc Mos 15,2–3 vorliegen, der allerdings nicht nur durch den abschließenden Begründungssatz hergestellt wird: In Apc Mos 15,2–3 war – unter Verwendung des Schlüsselwortes φυλάττω – von einem Verhältnis zwischen Adam bzw. Eva und den Tieren die Rede, dessen Ende hier angekündigt wird, mit dem deutlichen Hinweis darauf, daß Adam die Tiere einmal beherrschte. Das ist in 15,2–3 nicht gesagt worden, aber die dort geschilderte Bewachung der Tiere durch Adam und Eva kann durchaus so verstanden werden.

2. Exegetische Hintergründe[3]

Für die Bestimmung der exegetischen Hintergründe bereitet die Redeeinleitung (24,1a) und die Urteilsbegründung (24,1b) wenig Komplikationen. Erstere entspricht bis auf die Hinzufügung von ὁ θεός (gegen ℼ und 𝕲) weitgehend dem Bibeltext (Gen 3,17a), letztere leistet sich gegenüber der Vorlage (Gen 3,17b) einige Freiheiten. So ist die Reihenfolge der Syntagmen in Apc Mos 24,1b eine andere als in Gen 3,17: In Apc Mos 24,1 wird zuerst die Gebotsübertretung moniert, danach die Bereitschaft Adams, auf seine Frau zu hören; in Gen 3,17b

---

[3] Über die exegetischen Hintergründe von Apc Mos 24 vgl. J. DOCHHORN: »Sie wird dir nicht ihre Kraft geben« – Adam, Kain und der Ackerbau in 4Q 423 2₃ und Apc Mos 24, in: C. HEMPEL et al (Hrsgg.): The Wisdom Texts from Qumran and the Development of Sapiential Thought (Bibliotheca Ephemeridum Lovaniensium 159), Louvain 2002, 351–364. Der Aufsatz gibt allerdings in vielem einen älteren Erkenntnisstand wider.

verhält es sich umgekehrt. Darüber hinaus wird im Bibeltext der Verzehr der Frucht verurteilt, während hier abstrakt von Gebotsübertretung die Rede ist, vgl. Apc Mos 23,3, wo der Erzähler ebenfalls vom Gebot Gottes spricht, nicht aber, wie die biblische Vorlage, von der konkreten Tat. Allerdings steht hier nicht wie in 23,3 ἐγκατέλιπας, sondern παρήκουσας; damit ist es möglich geworden, den Ungehorsam Adams gegen Gottes Gebot und sein Folgeleisten gegenüber Eva plastisch zu kontrastieren (παρήκουσας – ἤκουσας). Die Wendung καὶ ἤκουσας τῆς γυναικός σου entspricht weitgehend der Septuaginta, allerdings fehlt τῆς φωνῆς vor τῆς γυναικός σου. Diese Lesart, die durch 𝔐 nicht verursacht sein kann, begegnet auch in der Überlieferung zu 𝕲, beispielsweise bei Adamantius; möglicherweise bezeugt auch der ursprüngliche Text der bohairischen Übersetzung eine solche Auslassung.[4]

Die nachfolgenden Strafurteile über Adam stellen, was die Rekonstruktion der exegetischen Grundlagen betrifft, eine besondere Herausforderung dar. Dies gilt vor allem deshalb, weil es ab 24,2b (ἔση δὲ ἐν καμάτοις πολυτρόποις κτλ.) kein biblisches Korrelat mehr zu geben scheint. Dafür sind in 24,1c–24,2a Zitationen – und zwar aus dem Fluch über Adam (Gen 3,17–19) – um so leichter zu erkennen. Wie schon in anderen Fällen wird man auch hier dem Exegeten am allerehesten auf die Spur kommen, wenn man genauer erfaßt, was er zitiert und was er – augenscheinlich – übergeht; gerade auf dem, was er nicht wörtlich aufnimmt, können die freieren Gestaltungen beruhen. Und hier ergibt sich folgendes Bild: Vom Fluch über Adam werden in Apc Mos 24,1c–2a Passagen aus Gen 3,17c–19a aufgenommen; der Hinweis auf Adams Tod in Gen 3,19b bleibt völlig unberücksichtigt. Doch auch von Gen 3,17c–19a wird nicht alles zitiert. Von den fünf Sätzen werden lediglich drei mehr oder weniger wörtlich wiedergegeben, wie der nachfolgende Überblick zeigt, der – ausgehend von der Beobachtung, daß als Zitationsgrundlage in Apc Mos 15–30 zumeist die Septuaginta fungiert – die Septuagintafassung von Gen 3,17c–19a präsentiert:

---

[4] Die neueste Ausgabe (PETERS) liest ⲀⲔⲤⲰⲦⲈⲘ ⲚⲤⲀ ⲦⲤⲘⲎ ⲚⲦⲈⲔⲤ̇ⲒⲘⲒ (»du hast auf die Stimme deiner Frau gehört«), aber ein Blick in den Apparat zeigt, daß PETERS damit Papyrus Bodmer III (ed. KASSER) gefolgt ist, was methodisch problematisch ist, da es Anlaß zu der Annahme gibt, daß dieser – ungewöhnlich alte – bohairische Text eine Sonderüberlieferung darstellt, die nicht mit der bohairischen Bibelübersetzung zusammenhängt (so NAGEL, Coptology 244). Alle anderen Zeugen lesen ⲀⲔⲤⲰⲦⲈⲘ ⲚⲤⲀ ⲦⲈⲔⲤ̇ⲒⲘⲒ (»du hast auf deine Frau gehört«), nicht ⲀⲔⲤⲰⲦⲈⲘ ⲚⲤⲀ ⲠⲈⲔⲤ̇ⲒⲘⲒ, wie bei PETERS fehlerhaft angegeben wird, vgl. den Text bei LAGARDE.

Gen 3,17c–19a ɢ	Apc Mos
A ἐπικατάρατος ἡ γῆ ἐν τοῖς ἔργοις σου (17c)	24,1c
B ἐν λύπαις φάγῃ αὐτὴν πάσας τὰς ἡμέρας τῆς ζωῆς σου (17d)	–
C ἀκάνθας καὶ τριβόλους ἀνατελεῖ σοι (18a)	24,2αβ
D καὶ φάγῃ τὸν χόρτον τοῦ ἀγροῦ (18b)	–
E ἐν ἱδρῶτι τοῦ προσώπου σου φάγῃ τὸν ἄρτον σου (19a)	24,2αγ

Wörtliche Aufnahme haben also in der Apc Mos die Sätze A, C und E gefunden, unter diesen A mit einer charakteristischen Abweichung (ἕνεκα σοῦ statt ἐν τοῖς ἔργοις σου), die noch zu diskutieren sein wird. B und D sind nicht wiedergegeben worden. Dasselbe Muster findet sich – übrigens auch mit der Abweichung in A – in Lib Jub 3,25a; dort heißt es: ርግምት ፡ ትኩን ፡ ምድር ፡ በእንቲአክ ። አስዋክ ፡ ወአሜከላ ፡ ይብቴልክ ፡ ወብላዕ ፡ ኅብስተክ ፡ በሃፈ ፡ ገጽክ (»Verflucht sei die Erde *um deinetwillen*; Dornen und Disteln soll sie dir hervorbringen, und iß dein Brot im Schweiße deines Angesichts«). Es scheint, daß die Apc Mos sich von einer Kurzfassung hat inspirieren lassen, die das Jubiläenbuch aus dem Fluch über Adam gebildet hat. Daß dies tatsächlich der Fall gewesen ist, wird angesichts der schon öfter festgestellten Bedeutung des Lib Jub für Apc Mos 15–30 um so wahrscheinlicher.

Offenbleiben muß dabei allerdings, ob die Apc Mos Lib Jub (gr) auch direkt zitiert: Bei ἕνεκα σοῦ ist dies noch denkbar (s.u.), aber die recht eigentümliche Wortfolge im letzten Satz von Lib Jub (äth) 3,25a (»und iß dein Brot im Schweiße deines Angesichts«) spricht eher dagegen. Sowohl ɢ und ℳ als auch Apc Mos 24,2αγ haben hier die Wortfolge »[und] im Schweiß edeines Angesichtes sollst du dein Brot essen«. Diese Sonderheit von Lib Jub (äth) könnte allerdings auch auf den äthiopischen Übersetzer zurückgehen. Auf jeden Fall aber wird sich zeigen, daß der Verfasser von Apc Mos 24 nicht nur Lib Jub 3,25a im Auge hatte, sondern auch biblische Überlieferung.

Lib Jub dürfte die Sätze B und D ausgelassen haben, weil sie Lektürewiderstände boten: Sie handeln wie E vom Essen, erscheinen also als unnötige Doppelung. B enthält darüber hinaus die rätselhafte Formulierung »du sollst sie [sc. die Erde]« essen. D stört v.a. im Verhältnis zu E, weil hier Adam Gras als Nahrung zugewiesen wird, während in E von Brot als Nahrung Adams die Rede ist. Vit Ad 1–21 und Ber R 20,10 haben aus diesem Widerspruch eine Erzählung von einer Buße Adams nach dem Ausgang aus dem Paradies gemacht (vgl. E III,5d). Es ist kaum wahrscheinlich, daß Apc Mos 15–30 unabhängig vom Lib Jub auf diese Kurzfassung gekommen ist. Dann müßten in beiden Texten vergleichbare hermeneutische Strategien vorliegen. Aber Apc Mos 15–30 interessiert sich für die negativen Folgen der Gebotsübertretung, Lib Jub nicht, und Apc Mos sucht Lektürewiderstände gezielt auf, während Lib Jub Gen 3 nur sehr selektiv wahrnimmt.

Mit der Konvergenz zwischen Apc Mos 24,1c–2a und Lib Jub 3,25a ist der Nukleus benannt, um den sich die exegetische Arbeit in Apc Mos 24,1c ff. konstelliert. Wie dies geschieht, ist nachfolgend im Einzelnen darzulegen.

Wie schon dargelegt, geht die als Obersatz fungierende Verfluchung der Erde in 24,1c (ἐπικατάρατος ἡ γῆ ἕνεκα σοῦ) im Wesentlichen mit Gen 3,17c 𝔊 konform, allerdings nicht in der zweiten Hälfte, wo Apc Mos 24,1c ἕνεκα σοῦ statt ἐν τοῖς ἔργοις σου liest. Eine vollständige Übereinstimmung könnte allerdings mit Lib Jub (gr) bestanden haben, vgl. Lib Jub (äth) ርግምት ፡ ትኩን ፡ ምድር ፡ በእንቲአከ (»verflucht sei die Erde *um deinetwillen*«). Doch der Autor von Apc Mos 24 hat nachweislich nicht nur Lib Jub 3,25a im Auge gehabt. Dies zeigt die Fortsetzung in 24,2aα. Dort folgt nämlich ein Satz (ἐργάσῃ δὲ αὐτὴν καὶ οὐ δώσει τὴν ἰσχὺν αὐτῆς), der schon durch Stichwortassoziation (ἐργάσῃ) zu erkennen gibt, daß er die Wendung ἐν τοῖς ἔργοις σου in Gen 3,17b 𝔊 aufnimmt. Das aber bedeutet, daß hier zwei Varianten ein und derselben Überlieferung erzählerisch kombiniert werden.

Doch ist es tatsächlich vorrangig das Nebeneinander von Lib Jub (gr) und Genesis-Septuaginta, das bei dieser Kombinatorik eine Rolle spielt? Schon mehrfach ist aufgezeigt worden, daß der Autor von Apc Mos 15–30 ein guter Kenner der hebräischen Bibelüberlieferung war. Angesichts dessen dürfte ihm kaum entgangen sein, daß ἕνεκα σοῦ, das er möglicherweise in Lib Jub (gr) vorgefunden hat, eine wörtliche Wiedergabe des hebräischen בעבורך darstellt.[5] Wahrscheinlich wird er ebenfalls gewußt haben, daß dem Nebeneinander von ἕνεκα σοῦ (Lib Jub [gr]) und ἐν τοῖς ἔργοις σου (𝔊) im Hebräischen das Variantenpaar בעבורך (»um deinetwillen«) und בעבודך(י) (»in deinen Arbeiten / bei deiner Arbeit«) entspricht; in Apc Mos 25 jedenfalls läßt sich ein solches Spiel mit graphematisch ähnlichen hebräischen Varianten (תשוקתך und תשובתך) unschwer nachweisen. Liegt ein solches Wissen auch hier zugrunde, dann wäre die in Apc Mos 24,1c–24,2aα narrativ umgesetzte exegetische Operation folgendermaßen nachzuzeichnen: In Lib Jub (gr) 3,25a ist davon die Rede, daß die Erde »um Adams willen« verflucht worden sei. Das entspricht dem בעבורך der hebräischen Überlieferung. Für dieses kann jedoch – mit der Septuaginta – בעבודך(י) gelesen werden. Damit ergibt sich für den Text ein neues Bedeutungspotential. Wir erfahren jetzt, worauf sich der Fluch über die Erde genau bezieht, nämlich auf Adams Arbeit. Diese andere Sinn wird nun jedoch – anders als in der modernen Exegese – als ein zusätzlicher Sinn angesehen und neben den mit der Ausgangslesart בעבורך gegebenen Sinn gestellt: Die Erde wurde wegen Adams verflucht und der Fluch bezieht sich auf Adams Arbeit an der Erde. Der in Apc Mos 24 tätige Exeget hat Varianten also nicht in erster Linie als Überlieferungsproblem gesehen, sondern wußte sie als Bereicherung des Ausdruckspotentials eines Textes zu nehmen.

---

[5] Vgl. ἕνεκεν σοῦ bei Aquila [WEVERS, App.], der hier allerdings genausowenig wie sonst im Hintergrund stehen dürfte.

Doch mit der Nebeneinanderstellung der Varianten läßt es der Erzähler in Apc Mos 24,1c–2aα nicht bewenden. Er nutzt auch eine Möglichkeit, die sich speziell mit der durch die Septuaginta bezeugte Variante ἐν τοῖς ἔργοις σου bzw. בעבודך ergibt. Sie liefert nämlich ein Stichwort, das es erlaubt, Gen 3,17c mit einem anderen Bibeltext zu assoziieren. Bei diesem handelt es sich – wie unschwer zu erkennen ist – um den Fluch über Kain in Gen 4,12. Dieser lautet in Gen 4,12 𝔐 כי תעבד את־האדמה לא־תסף תת־כחה לך (»denn du wirst die Erde bearbeiten, und sie wird dir fürderhin nicht ihre Kraft geben«) und in Gen 4,12 𝔊 ὅτι ἐργᾷ τὴν γῆν, καὶ οὐ προσθήσει τὴν ἰσχὺν αὐτῆς δοῦναί σοι (dito). Der Grund für die Kombination besteht in dem gemeinsamen Stichwort »Arbeit« (בעבודך [Gen 3,17c var] // תעבד [Gen 4,12]). Der theologische Ertrag besteht wohl darin, daß zwei Flüche Gottes stärker aufeinander bezogen und dadurch auch interpretiert werden: Sowohl der erste Mensch als auch der erste Mörder wurden mit Mißerfolgen bei der Landarbeit bestraft. An der Bedeutung des Ausgangstextes ändert diese kombinatorische Lektüre wenig, aber sie läßt ein stärkeres Interesse am Thema Landwirtschaft erkennen, das in den Adamdiegesen auch sonst durchscheint (vgl. E III,5d).

Die Übereinstimmung zwischen Apc Mos 24,2aα und Gen 4,12 ist freilich nicht wörtlich; weder mit der Septuagintaversion noch mit der durch 𝔐 bezeugten hebräischen Überlieferung stimmt Apc Mos 24,2aα genau überein. Es liegt vielmehr eine eigenartige Kurzform vor, die durch die Erfordernisse des Kontextes bedingt sein dürfte: Der Fluch über Kain setzt voraus, daß dieser zuvor als Landwirt tätig war (vgl. Gen 4,2). Dies kann für Adam, wie ihn Apc Mos 15–30 darstellt, nicht zutreffen; nirgendwo in Apc Mos 15–30 wird Adam als Bauer dargestellt, der etwa – wie der Adam des Jubiläenbuchs – im Paradies Landbau betrieben hätte. Daher fehlt in Apc Mos 24,2aα ein Korrelat zu προσθήσει bzw. תסף. Eine überraschende Parallele findet diese Kurzform in einem Weisheitstext aus Qumran (4Q 423 2₃). Dort findet sich der folgende Satz: קוץ ודרדר תצמיח לכה וכוחה לא תתן לכה (»Dornen und Disteln soll sie [sc. die Scholle] dir sprießen lassen, *und ihre Kraft soll sie dir nicht geben*«). Ein Unterschied besteht freilich darin, daß hier die betreffende Wendung von Gen 3,17c durch Gen 3,18a getrennt ist. Sofern die gleiche exegetische Maßnahme wie in Apc Mos 24,2a vorliegt (mit der hebräischen Vorlage von Gen 3,17b 𝔊?), sind damit in 4Q 423 2₃ die exegetischen Hintergründe verwischt. Dies mag damit zusammenhängen, daß 4Q 423 kein exegetischer Text wie Apc Mos 15–30 ist.

4Q 423 2₃ kann als Beleg dafür gelten, daß die kombinatorische Lektüre der Flüche über Adam und Kain auf relativ alter Tradition beruht. In diese Richtung weist auch ein analoger Befund, der in noch älterer Zeit anzusetzen ist: Schon sehr früh nämlich – vor der Entstehung der Septuaginta – hat man Gen 3 und 4 miteinander assoziiert, wie der Satz לפתח חטאת רבץ ואליך תשוקתו ואתה תמשל־בו (»Vor dem Tore lagert der Chattât, und nach dir ist sein Verlangen, *du aber herrsche über ihn*«) in Gen 4,7 erkennen lassen dürfte, in dem das Syntagma ואתה תמשל־בו deutlich an den Fluch über Eva (Gen 3,16: והוא ימשל בך) gemahnt. Wahrscheinlich wurde es aufgrund der Stichwortassoziation über das gemeinsame Wort תשוקה hinzugefügt.

Die Variante ἐν τοῖς ἔργοις σου in Gen 3,17c ⅁ könnte (im Anschluß daran?) durch das Bestreben bedingt sein, eine vergleichbare Brücke zwischen Gen 3,17 und Gen 4,12 zu bauen: Der Übersetzer mußte nur statt בעב(ו)רך im hebräischen Text בעב(ו)דך lesen. Ob er sich – geprägt durch theologische Tradition – unwillkürlich verlas, ob er konjizierte, ob er den Text bereits so vorfand oder ob er sich auf eine exegetische Tradition stützte, wird kaum zu klären sein. Wichtig ist hier vor allem, daß die durch Gen 3,17c ⅁ bezeugte Variantenbildung wahrscheinlich mit Intentionen verbunden war, die mit den in Apc Mos 24,1b–2a manifest gewordenen in etwa übereinstimmen. Apc Mos 24,1b–2a kann somit gewissermaßen als narratives Gegenstück zur hermeneutischen Arbeit des Septuagintaübersetzers oder aber von dessen Vorlage gelesen werden.

Die in 24,2aβ und 24,2aγ anschließenden Sätze sind, wie angedeutet, Zitate. Sie können sowohl Lib Jub (gr) 3,25a als auch Gen 3,17d.18 entstammen, wie bereits erörtert wurde (s.o.). Eine Abweichung gegenüber ⅁ stellt das καί vor ἐν ἱδρῶτι dar; dieses findet eine Entsprechung in Lib Jub 3,25a (ወበላዕ ፡ ኅብስተከ ፡ በላዕ ፡ ገጸከ (»*und iß dein Brot im Schweiße deines Angesichts*«). Die Entsprechung ist allerdings unsicher, weil – wie angesprochen – die Wortfolge in Lib Jub (äth) abweicht. Auch das Wort ἱδρῶτι ist eine Abweichung gegenüber ⅁, vgl. hierzu °24,2c.

Auf die Zitate folgt, durch δέ markiert, ein neuer Abschnitt (24,2b–3a), der im Unterschied zu 24,1c–2a keine Bibelzitate mehr aufweist. Dennoch kann auch für diesen Abschnitt eine exegetische Grundlage ausgemacht werden. Sie läßt sich anhand des Obersatzes (ἔση δὲ ἐν καμάτοις πολυτρόποις [»du wirst unter vielfältigen Mühsalen leiden«]) bestimmen. Dieser ähnelt dem Obersatz in Apc Mos 25,1c (ἔση δὲ ἐν καμάτοις ματαίοις καὶ ἐν πόνοις ἀφορήτοις), der, wie sich zeigen wird, Gen 3,16b als Grundlage hat. Dort heißt es: הרבה ארבה עצבונך וחרנך (»ich werde zahlreich machen deine Mühe und Schwangerschaft«). Die Übereinstimmung legt es nahe, im Fluch über Adam nach einer biblischen Referenzpassage zu suchen, die Ähnlichkeiten mit Gen 3,16b aufweist, und hier bietet sich Gen 3,17d an (בעצבון תאכלנה כל ימי חייך [»mit Mühe sollst du sie {sc. die Erde} essen alle Tage deines Lebens«]), welches mit Gen 3,16b das Schlüsselwort עצבון teilt.

Dies ist aber nun einer derjenigen Sätze, die im Anschluß an Lib Jub (gr) 3,25a in Apc Mos 24,1c–2a nicht zitiert wurden, nämlich Satz B. Die Methode unseres Exegeten ist also unschwer nachzuvollziehen: Einen Satz des Bibeltextes, den Lib Jub (gr) 3,25a – warum auch immer – unberücksichtigt ließ, macht er zum Anknüpfungspunkt für eine erzählerische Neugestaltung, die er an sein Zitat nach Lib Jub (gr) 3,25a anschließt.

Und in der Tat läßt sich 24,2b–3a gut als eine narrative Umsetzung von Gen 3,17d verstehen: So findet sich das Wort עצבון in καμάτοις wieder. Seiner beherrschenden Stellung im hebräischen Bezugstext entspricht hier die Positionierung im Kopfsatz und die Abstützung durch das etymologisch verwandte κάμῃ. Inhaltlich gibt es das hebräische Wort besser wieder als λύπαις in Gen 3,17c ⑥. Der Plural καμάτοις dürfte einer (spielerischen?) Umdeutung von עצבון zu עצבין zu verdanken sein, die auch in Apc Mos 25 zugrundeliegt und in Apc Mos 5,4–6,3 wieder aufgenommen wird, vgl. auch Apc 9,2 (δι᾽ ἐμὲ ἐν καμάτοις τυγχάνεις), das von dieser Stelle abhängig sein dürfte. Das Wort πολυτρόποις hebt den Plural semantisch hervor. Der gleiche Vorgang dürfte auch dem Plural λύπαις in Gen 3,16.17 ⑥ zugrundeliegen.

Auch die Spezifikationen zu 24,2b lassen sich von Gen 3,17d herleiten. So dürfte in 24,2c–23,4a (θλιβεὶς ἀπὸ πικρίας, καὶ μὴ γεύσῃ γλυκύτητος, θλιβεὶς ἀπὸ καύματος καὶ στενωθεὶς ἀπὸ ψύξεως) das Wort γεύσῃ – das einzige finite Verb – auf das Bezugswort תאכלנה verweisen. Die nachfolgende Einheit (24,3b: καὶ κοπιάσεις πολλὰ καὶ μὴ πλουτήσεις, καὶ παχυνθήσῃ καὶ εἰς τέλος μὴ ὑπάρξεις) hingegen dürfte v.a. durch כל ימי חייך inspiriert sein, insofern sie überblicksartig das Leben Adams skizziert. Speziell die Idee, daß Adam gewissermaßen vor der Zeit stirbt, dürfte durch diese Wendung angeregt sein; daß der Autor es von Lib Jub 4,30 her weiß, war schon in der Analyse des Inhalts erörtert worden.

Wenn die mit ἔσῃ δὲ ἐν καμάτοις κτλ. eingeleitete Einheit den in Lib Jub 3,25a // Apc Mos 24,1c–2a nicht berücksichtigten Satz B (3,17d) umsetzt, dann legt sich die Vermutung nahe, daß der in 24,3c angekündigte Aufstand der Tiere auf Satz D (3,18b) beruht. Dieser kündigt Adam an, daß er das Gras des Feldes essen werde (𝔐: ואכלת את עשב השׂדה, ⑥: καὶ φάγῃ τὸν χόρτον τοῦ ἀγροῦ).

Und in der Tat kann die Vorstellung vom Aufstand der Tiere durch diesen Satz evoziert sein. Das entscheidende Stichwort ist hier השׂדה (»das Feld«). Dieses Wort begegnet auch in Gen 3,1 und hat dementsprechend auch schon in Apc Mos 16 eine Rolle gespielt. Es hat dort Aussagen begründet, die auf eine Minderrangigkeit der Schlange im Vergleich zu Adam hinausliefen, und zwar beidesmal aufgrund einer kombinatorischen Lektüre mit Gen 3,18b: Als ein Tier »des Feldes« (השׂדה) lebte die Schlange – anders als Adam – außerhalb des Paradieses, nämlich an dem Ort, an welchem Adam sich laut Gen 3,18b später ernähren mußte. Außerdem mußte sie essen, was Adam erst nach seiner Vertreibung zur Nahrung dienen sollte: den »Lolch Adams«, gemeint ist das »Gras des Feldes« (עשׂב השׂדה) von Gen 3,18b (vgl. K X,3). Hier nun wird dasselbe Stichwort noch einmal verwendet, und zwar erneut mit dem Ziel, Aussagen über das Verhältnis zwischen Adam und den Tieren zu gewinnen, diesmal aber zum Nachteil Adams: Die Tiere erheben sich gegen ihn, denn nun befindet er sich ja an ihrem Ort und ernährt sich da, wo sich auch die Tiere ernähren. Damit schließt sich der Kreis zum Anfang der Versuchungsgeschichte, und passend dazu wird hier an Adams vormalige Herrschaft über die Tiere erinnert. Sicher wird hier der Leser nicht zuletzt an die in Apc Mos 15,2–3 geschilderte Bewachung der Tiere durch Adam und Eva denken, auch wenn Herrschaftsvokabular dort nicht verwendet wird.

Mit der Vorstellung von einer ursprünglichen Herrschaft Adams über die Tiere ist ein Vorstellungskomplex in die Paradiesüberlieferung eingetragen worden, der seinen ursprünglichen Ort in dem ersten Menschenschöpfungsbericht (Gen 1,26–28) hat, aber auch in Ps 8,7–8. Letztere Stelle ist hier von besonderer Bedeutung, weil dort die Herrschaft des Menschen durch das Verb משל (8,7: תמשילהו) bezeichnet wird; hier erscheint κυριεύειν, das zumindest in Apc Mos 25,4b ein Äquivalent zu משל ist. Eine frühe Parallele zu dieser Interpretation der Überlieferung vom ersten Menschen im Garten Eden (im Lichte von Ps 8,7?) dürfte die bereits zu Apc Mos 24,2 erwähnte Weisheitsschrift aus Qumran sein; es ist sicherlich der Beachtung wert, daß es nun – im unmittelbaren Kontext von Apc Mos 24,2 – nochmals Berührungspunkte zwischen beiden Texten gibt. Dort, in 4Q 423 2₂, heißt es nämlich: ובו המשילכה לעבדו ולשמרו (»und in ihm [sc. dem Garten] hat er dich zum Herrscher gemacht, ihn zu bearbeiten und zu bewachen«). Das ist deutlich eine Anspielung an die Nachricht von der Einsetzung des Menschen in den Garten Eden in Gen 2,15, doch anders als in Gen 2,15 wird diese als eine Einsetzung in ein Herrscheramt verstanden, indem den beiden Verben עבד und שמר eine Form von משל übergeordnet ist, was an Ps 8,7 gemahnt und in dem Wort ἐκυρίευες in Apc Mos 24,3b eine Parallele findet.[7]

Der biblischen Vorlage (Gen 3,17–19) entsprechend kündigt Gott in Apc Mos 24 Adam erschwerte Lebensbedingungen an, die aus einem Fluch über die Erde resultieren. Der biblische Fluch endet indessen mit einem Hinweis auf den Tod (3,19b), der ursprünglich wohl nicht selbst als Strafe gedacht war, sondern lediglich die zeitliche Erstreckung des Fluches andeutete: Er sollte lebenslänglich gelten. Dieser Hinweis auf den Tod wird hier nicht aufgenommen, wahrscheinlich sah man ihn – wie die biblische Vorlage – nicht als Fluchfolge. Als solche wird er in Apc Mos 15–30 auch sonst nicht angesprochen. Erst im Zusammenhang mit der Vertreibung Adams aus dem Paradies wird – wie in der biblischen Erzählung – der Tod zum Thema gemacht (vgl. Apc Mos 28 // Gen 3,22–23 und K X,12 [S. 428]).

---

[6] Zu den Suffixen vgl. DOCHHORN: Kraft, Anm. 11.

[7] Zur Vorstellung vom Menschen als Herrscher über die Tiere vgl. den Kommentar zu Apc Mos 10–12.

X,10. Verurteilung Evas (Apc Mos 25)

25,1 ᵃΣτραφεὶς δὲᵃ ᵇᶜπρός μεᶜ
ὁ κύριοςᵇ λέγει ''ᵈ·
Ἐπειδὴ ᶜἤκουσαςᵉ ᶠσὺᶠ τοῦ ὄφεως
καὶ παρήκουσας ᵍτὴν ἐντολήνᵍ μου,
ἔσῃ ἐν ʰ‹καμάτοις› ματαίοιςʰ
καὶ ἐν πόνοις ἀφορήτοις.
25,2 Τέξῃ τέκνα
ἐν πολλοῖς τρόποις.
καὶ ἐν μίᾳ ὥρᾳ ᵃἔλθῃς τοῦ τεκεῖνᵃ
καὶ ἀπολέσῃς τὴν ζωήν σου
ἐκ τῆς ἀνάγκης σου τῆς μεγάλης
καὶ τῶν ᵇὠδινῶνᵇ.
25,3 ᴬᵇἐξομολογήσῃᵇ δὲ καὶ εἴπῃς·
κύριε, κύριε, σῶσόν με,
καὶ οὐ μὴ ἐπιστρέψω
ᶜεἰςᶜ τὴν ἁμαρτίαν τῆς σαρκός ''ᵈ.
25,4 ''ᵃ ᵇδιὰ τοῦτο
ᶜἐκ τῶν λόγωνᶜ σου κρινῶ σε
ᵈᵉδιὰ τὴν ἔχθραν,
ἣν ἔθετο ὁ ἐχθρὸς ἐν σοίᵉᵇᴬ.
ᶠστραφῇςᶠ δὲ ᵍπάλινᵍ
πρὸς τὸν ἄνδρα σου,
καὶ αὐτός σου κυριεύσειᵈ.

25,1 Zu mir gewandt aber
spricht der Herr:
»Und du, weil du auf die Schlange gehört
und mein Gebot nicht beachtet hast,
wirst du unter nichtigen Mühsalen leiden,
und unerträglichen Qualen.
25,2 Du wirst Kinder gebären
auf vielfältige Art.
Und in einer Stunde sollst du niederkommen
und dein Leben (beinahe) verlieren
aufgrund deiner großen Not
und der Wehen.
25,3 Du aber sollst bekennen und sagen:
„Herr, Herr, rette mich,
ich werde auch nicht zurückkehren
zur Sünde des Fleisches".
25,4 Deshalb werde ich dich
nach deinen Worten richten
wegen der Feindschaft,
die der Feind in dich hineingesetzt hat.
Du sollst dich aber wieder
deinem Manne zuwenden,
und er wird dein Herr sein«.

- Zeugen: St AV An₂ Pa B A AC Ath C⁽ᵃᵇ ²⁵,²⁾ VitAd(arm) VitAd(georg) P² J² J³
ApcMos(arm)⁽ˢ·¹²/¹³⁾ Br S¹ J¹ E¹ E².
- Es fehlen: D AH C⁽ᵇⁱˢ ²⁵,²⁾ VitAd(latᵖ) VitAd(latᵐᵉ) Va P¹ LibAd(slav) An₁ S³ AD.

Zum Text

25,1a St B A-AC-Ath (=*Ia) P²-J²-J³ (=*III) J¹: στραφεὶς δέ; An₂-Pa Br-S¹ (=*IIIa) E²: καὶ
στραφείς; E¹: καὶ εὐθέως ἐστράφη; AV: def. **25,1b** St Ath: ὁ κύριος πρός με; AV B A (=*Ia)
P²-J²-J³ (=*III) J¹: πρός με ὁ κύριος; An₂-Pa AC (Br)-(S¹) ([=*IIIa]) E²: πρός με; E¹: ὁ κύριος.
25,1c Br-S¹ (=*IIIa) πρὸς ἐμέ (sq. BERTRAND, vgl. °5,2e). **25,1d** St AV B | AC | P²-J²-J³ (=*III)
Br-S¹ (=*IIIa) J¹: txt. (a|aba|a); An₂ A-Ath (=*Iaᵃ⁷) VitAd(arm) VitAd(georg) ApcMos(arm) E¹-E²:
μοι (ba). **25,1e** St AV An₂-Pa B A-(AC) S¹ E¹-E²: ἐπήκουσας¹ (sq. NAGEL, BERTRAND); Ath
(=*Ia) P²-J²-J³ (=*III) Br (=*IIIa) J¹: ἤκουσας (vgl. ἤκουσας in Apc Mos 24,1; außerdem lag es
nahe, ἐπ- zu präfigieren, da ἐπειδή vorangeht). **25,1f** St A (=*Ia) P²-J²-J³ (=*III) J¹: σύ; AV An₂-
Pa B Ath Br-S¹ (=*IIIa) E¹-E²: om. (sq. BERTRAND, NAGEL); AC: def. **25,1g** St AV An₂ B A-Ath
(=*Ia) | S¹: τὴν ἐντολήν μου (vgl. °24,1f) (a|aba); Pa P²-J²-J³ (=*III) Br (=*IIIa): τῆς ἐντολῆς
μου (ba); AC: μου (ca); J¹: τῆς ἐμῆς ἐντολῆς (dba); E¹-E²: τῆς ἐμῆς φωνῆς (edba). **25,1h** St
B A-AC (=*Ia): ματαίοις (a); An₂-Pa: ματαιότητι (ba); Ath: καμάτοις (sq. BERTRAND,
NAGEL) (ca); VitAd(arm): »lijir dou i vastaks eu i c'aus« (»du wirst in *Arbeiten/Mühen* und

---

¹ AC liest ἐπειδέ παρήκουσας, das dürfte auf *ἐπειδ- ἐ[πήκουσας τοῦ ὄφεως καὶ]
παρήκουσας zurückgehen.

Schmerzen sein«) für ἔση ἐν ματαίοις καὶ πόνοις ἀφορήτοις (da); VitAd(georg): »puisses-tu être dans les *peines* et les douleurs?« für ἔση κτλ. (ea); P²-J²-J³ (=*III) ApcMos(arm) Br-S¹ (=*IIIa) J¹-E¹: ματαίοις κόποις (fa); AV E²: def. TROMP: Edition, 199–200 cj. μαλακίαις. Wenn καμάτοις ursprünglich wäre, müßte dieses Wort, das in Apc Mos 9,2 und 24,2 durchaus stabil bezeugt ist, mehrmals zu ματαίοις geworden sein. Eher wird im Archetyp *MATAIOIC gestanden haben, das aus *K<u>AMAT</u>OIC<u>MAT</u>AIOIC verderbt wurde; vgl. Apc Mos 24,2b: ἔση δὲ ἐν καμάτοις πολυτρόποις (ebenfalls καμάτοις + Adj.). **25,2a** A: ἔλθῃς; AC: ἐλθεῖν; Ath (=*Ia) et rell: ἔλθῃς τοῦ τεκεῖν. **25,2b** BERTRAND: ὠδυνῶν (Fehler?). **25,3/4A** AV: om. **25,3b** Pa C Br-S¹ (=*IIIa) E¹-E²: ἐξομολογήσεις. **25,3c** St: ἐπί. **25,3d** St An₂-Pa B | C | P²-J²-J³ (=*III) ApcMos(arm) J¹: txt. (a|aba|a); (A)-(AC)-Ath =(*Ia⁷) (VitAd[arm]) (VitAd[georg]): ἀλλὰ πάλιν ἐπιστρέψεις (ba); Br-S¹ (*IIIa): τεκοῦσα δὲ πάλιν ἐπιστρέψεις (ca); E¹-E²: καὶ πάλιν ἐπιθυμεῖς (da); AV: def. Die Varianten nehmen 25,4b (στραφῇς δὲ πάλιν κτλ.) vorweg. **25,4a** A-AC-Ath-C: καί; VitAd(arm) VitAd (georg) et rell: txt. **25,4b** J¹-E¹-E²: om. **25,4c** St B Ath (=*Ia) P²-J²-J³ (=*III): ἐκ τῶν λόγων; An₂-Pa: ἐκ τοῦ λόγου, A-AC: εἰς τὸν λόγον; C: ἐπὶ τὸν λόγον; AV J¹ Br S¹ E¹ E²: def. **25,4d** Br-S¹ (=*IIIa): om. **25,4e** C: στραφεῖσα (sq. BERTRAND); NAGEL cj. στραφήσει. **25,4g** St (AV) An₂ A-(AC)-Ath (=*Ia) | J¹: πάλιν (a|aba); Pa C P²-J²-J³ (=*III) E¹-E²: om. (ba); Br S¹: def.

1. Zum Inhalt

Wie die Perikope über die Verurteilung Adams gliedert sich auch die Perikope über die Verurteilung Evas in eine Redeeinleitung (25,1a), eine Urteilsbegründung (25,1b) und ein Strafurteil (25,1c–4). Das Strafurteil wiederum besteht aus einem Kopfteil (25,1c–2a) und einer Explikation (25,2b–4); die mehrteilige Struktur der Verurteilung Adams (mit drei Kopfteilen bzw. Obersätzen in 24,1c, 24,2b und 24,3c) findet also keine Fortsetzung.

Zu Beginn wendet Gott sich Eva zu; dieses gestische Moment fehlt im Verhör Adams (24,1a) und der Schlange (26,1a), kommt aber auch im Verhör Evas vor, vgl. Apc Mos 23,5. Die Urteilsbegründung ist parallel zu der in Apc Mos 24,1a strukturiert: Eva wird bestraft, weil sie auf die Schlange gehört hat, nicht aber auf das Gebot Gottes.

Der Kopfteil des Strafurteils (Apc Mos 25,1c–2a) ist wie das Kopfteil in Apc Mos 24,2b in zwei Sätze gegliedert, einen allgemeinen Obersatz (25,1c) und eine beigeordnete Ergänzung (25,2a), die inhaltlich ebenfalls allgemein bleibt.

Der Obersatz (25,1c) kennzeichnet das künftige Leben Evas durch zwei einander parallelstehende Nominalkomplexe (ἐν καμάτοις ματαίοις // ἐν πόνοις ἀφορήτοις). Mit ἔση ἐν καμάτοις ματαίοις klingt er an den zweiten Kopfteil im Strafurteil über Adam an (vgl. Apc Mos 24,2b: ἔση δὲ ἐν καμάτοις πολυτρόποις). Die πόνοι ἀφορήτοι finden dort allerdings keine Entsprechung. Diese Diskongruenz fällt wegen der gleichzeitigen Kongruenz besonders ins Auge und verweist auf die exegetische Subtsruktur der Perikope (s.u.).

Der Obersatz gibt zunächst einmal nicht mehr zu verstehen, als daß Evas Leben alles andere als angenehm sein wird. Dies geht vor allem aus dem ohne weiteres verständlichen ἐν πόνοις ἀφορήτοις hervor. Etwas rätselhaft erscheint hingegen ἐν καμάτοις ματαίοις. Inwiefern werden die »Mühen« Evas »nichtig« sein? Das Problem verschärft sich angesichts der Tatsache, daß ἐν καμάτοις ματαίοις ganz am Anfang des gesamten Strafurteils steht und durch den Fernbezug zu 24,2b weiteres Gewicht bekommt; wenn dort ματαίοις nicht steht, so liegt darüber hinaus ein Moment der Diskontinuität vor, durch das diesem Adjektiv noch einmal verstärkte Aufmerksamkeit zukommt. Irgendetwas wollte der Autor gerade mit ihm zum Ausdruck bringen, aber es bleibt zunächst einmal unklar, worin dies bestanden haben könnte. Eine weitere Analyse des Kontextes und seiner exegetischen Hintergründe wird hier Klärung verschaffen.

Daß 25,2a den Obersatz ergänzt und ebenfalls zum Kopfteil gehört, wird dadurch angedeutet, daß ἐν πολλοῖς τρόποις die Nominalkomplexe von 25,1c (ἐν καμάτοις ματαίοις // ἐν πόνοις ἀφορήτοις) in formaler Hinsicht fortführt. Sind damit 25,1c und 25,2a enger miteinander verklammert, so legt sich die Annahme nahe, daß 25,2a nicht eine zweite Botschaft neben 25,1c bietet, sondern 25,1c expliziert und zugleich eingrenzt: Die nichtigen Mühen und die unerträglichen Qualen Evas haben etwas mit ihren Schwangerschaften zu tun. Diese Textauffassung legt sich auch aufgrund des biblischen Subtextes nahe (Gen 3,16), der den Lesern vertraut gewesen sein dürfte. Mit ἐν πολλοῖς τρόποις wird auch ein Fernbezug zu dem Kopfteil in Apc Mos 24,2c hergestellt (vgl. πολυτρόποις!). Welche Ratio diesem Fernbezug zugrundeliegt, wird in der Analyse der exegetischen Hintergründe zu erläutern sein.

Was auf den Kopfteil folgt (25,2b–4), erschließt sich nur dann, wenn man die Wendung ἐν μίᾳ ὥρᾳ nicht außer Acht läßt: Es wird nicht generell über die Geburtsnöte der Frau oder auch nur Evas gesprochen, vielmehr wird ein bestimmter Vorgang angekündigt, der sich einmal im Leben Evas ereignen und inhaltlich etwas mit dem zu tun haben wird, wovon im Kopfteil die Rede war: Eva wird auf vielfache Art Kinder gebären, aber »in einer Stunde« wird die Geburt derart schmerzhaft sein, daß sie Gefahr läuft, ihr Leben dabei zu verlieren (ἀπολέσῃς: ingressiver Aorist). In dem Moment wird sie »Buße leisten« (ἐξομολογήσῃ)[2]. Diese Buße besteht in einer Bitte um Rettung und dem Versprechen einer Verhaltensänderung, mit dem ein implizites Schuldbekenntnis verbunden ist: Eva wird geloben, daß sie nicht zur »Sünde des Fleisches« (ἁμαρτία τῆς σαρκός) »zurückzukehren« (ἐπιστρέφειν) werde (25,3). Mit ἁμαρ-

---

[2] Ἐξομολογεῖσθαι kann durchaus auf eine Buße hinweisen, vgl. Dan 9,4; Ps Sal 9,6; Jos, Bell V,415 (parallel mit μετανοέω), ferner Mt 3,6; Jac 5,16 (ἐξομολογεῖν τὰς ἁμαρτίας). Vgl. auch O. MICHEL: Art. ὁμολογέω, ἐξομολογέω κτλ., Theologisches Wörterbuch zum Neuen Testament 5 (Stuttgart 1954), 199–220, speziell 201₂₇ (pagangriechischer Sprachgebrauch), 204–205 (Frühjudentum), 215 (Neues Testament), 218–219 (apostolische Väter).

τία τῆς σαρκός haben wir – neben dem Adjektiv μάταιος in 25,1c – einen weiteren rätselhaften Begriff, der einer inhaltlichen Explikation bedarf. Wahrscheinlich ist die rätselhafte Wirkung auch schon vom Autor beabsichtigt; nicht umsonst bleibt er wohl ohne Parallele in der Apc Mos wie in der frühjüdischen und frühchristlichen Literatur überhaupt.[3] Auch in dieser Sache wird nur eine genauere Untersuchung des Kontextes und seiner exegetischen Hintergründe weiterhelfen.

Auf Evas Buße reagiert Gott mit einem Gerichtsakt (25,4). Das Moment der Reaktion wird durch διὰ τοῦτο zum Ausdruck gebracht: Weil Eva Buße tut, wird Gott sie richten. Das Gericht wird sich an den Worten Evas orientieren (ἐκ τῶν λόγων σου κρινῶ σε), d.h. es wird an etwas anknüpfen, was Eva in ihrer Buße zu Gott gesagt hat.

Dieses Verfahren ist nicht ganz unbekannt, vgl. etwa Lk 19,22, wo der Herr den unnützen Knecht mit den Worten ἐκ τοῦ στόματός σου κρινῶ σε (»nach deinem Munde werde ich dich richten«) verurteilt: Der Knecht hatte dem Herrn gesagt, daß er ihn für ungnädig (αὐστηρός) halte (Lk 19,21); dementsprechend empfängt er nun ein ungnädiges Urteil.

Für die Tatsache, daß Gottes Gericht sich an Evas eigenen Worten orientiert, wird auch ein Grund angegeben, der – etwas hölzern – erneut mit διά + Akkusativ angeschlossen wird. Der Grund ist die Feindschaft (ἔχθρα), die der Feind in Eva hineingesetzt hat (ἣν ἔθετο ὁ ἐχθρὸς ἐν σοί). Es dürfte hiermit die Vergiftung der Frucht gemeint sein, durch die Eva die »Begierde nach jeglicher Sünde« vermittelt wurde (19,3). Wir erfahren damit implizit an dieser Stelle, daß

---

[3] Die Wendung ἁμαρτία τῆς σαρκός erinnert an die paulinische Rede von der Sünde im Fleisch. Ein Zusammenhang zwischen beiden Konzeptionen ist allerdings nicht zu erkennen. Für Paulus ist die σάρξ der Bereich, in dem die Sündenmacht (ἁμαρτία) wirkt; in Apc Mos 25,3 grenzt das Wort σάρξ den generellen Begriff ἁμαρτία ein (s.u.). J. FREY hat gezeigt, daß der paulinische Sprachgebrauch auf einer dualistischen Weisheitstradition beruht, die in essenischen Schriften Niederschlag gefunden hat, aber auch vor- und außeressenisch belegt ist; sie habe ihren Ursprung in Palästina. Die von FREY genannten Belege lassen nirgends eine Eingrenzung speziell auf das Sexuelle erkennen – genausowenig wie bei Paulus. Dies gilt auch für relativ nahestehende Wendungen wie עוון בשר in 1Q S 11,11, vgl. J. FREY: The Notion of Flesh in 4Q Instruction and the Background of Pauline Usage, in: D.K. FALK et al. (Edd.): Sapiential Liturgical and Poetical Texts from Qumran. Proceedings of the Third Meeting of the International Organization for Qumran Studies, Oslo 1998, Leiden 2000, 197–226, speziell 208 (zu 1Q S 11,11). Wir haben es hier also mit einem ungewöhnlichen Sprachgebrauch zu tun.

ELRIDGE (S. 49–50) hebt hervor, daß ἁμαρτία τῆς σαρκός sich generell erst in christlichen Schriften ab dem 6. Jh. belegen lasse. Als ältesten Beleg führt er Athanasius, Orationes Contra Arianos II,56 an, freilich zu Unrecht. Es heißt dort: οὕτω δὲ ἡμῶν ὄντων, οὐδὲν ἧττον πάλιν ἡ ἁμαρτία τῆς σαρκὸς ἐβασίλευσεν ἐμμένουσα καὶ μὴ ἐκβληθεῖσα ἐξ αὐτῆς (THILO 402). Hier muß τῆς σαρκός natürlich auf ἐβασίλευσεν bezogen werden, sonst bleibt ἐξ αὐτῆς ohne Referenz. Von ἁμαρτία τῆς σαρκός ist also nicht die Rede.

Sünde »Feindschaft« ist – wahrscheinlich Feindschaft gegen Gott (vgl. die ganz ähnliche Aussage in 28,4, wo vom Krieg die Rede ist, den »der Feind« in Adam hineingelegt hat). Weiterhin erfahren wir, daß die in 19,3 der Frucht beigelegte »Begierde nach jeglicher Sünde« tatsächlich eine Macht ist, die in Evas Leben eine andauernde Wirksamkeit entfaltet. Doch warum dieser Umstand nun auch eine Rolle für das Gericht Gottes spielen soll, und zwar im Hinblick auf den Inhalt des Urteils, bleibt vorerst rätselhaft. Auch hier werden Tiefenstrukturen angedeutet, die sich erst durch die Analyse der exegetischen Hintergründe erschließen.

Die Ankündigung eines Gottesgerichts, speziell aber die Andeutung, daß sich das Urteil inhaltlich an den Worten Evas orientieren werde, läßt erwarten, daß nun eine Eva betreffende richterliche Anordnung folgt. Und in diesem Sinne wird die nachfolgende Mitteilung über Evas weiteres Ergehen auch wohl verstanden werden müssen. Es heißt dort, Eva werde (oder solle, der Unterschied ist marginal, s. K X,9 [S. 381]) »zu ihrem Gatten zurückkehren« (στραφῇς δὲ πάλιν πρὸς τὸν ἄνδρα σου), und dieser werde sie beherrschen. Wichtig ist zunächst einmal die »Rückkehr«, denn hiermit fällt ein Wort, dem tatsächlich entnommen werden kann, daß Gott Eva nach ihren Worten richten werde. Eva hatte versprochen, nicht zur Sünde des Fleisches »zurückzukehren« (25,3: ἐπιστρέψω), nun aber »kehrt« sie zu ihrem Manne »zurück« (στραφῇς) bzw. soll dieses tun. Was sie also nach dem Willen Gottes tun wird, entspricht im gegenteiligen Sinne dem, was sie vorher versprochen hatte: Sie wird – auf eine für sie nicht erwartbare Weise – nach ihren eigenen Worten gerichtet. Die Partikel δέ gibt dieser Antithese zwischen Evas Versprechen und der ihr von Gott verordneten Handlungsweise Ausdruck; es liegt hier also ein Fernbezug vor.

Mit der Rückkehr zum Manne ist verbunden, daß dieser Eva »beherrschen wird« (κυριεύσει). Hiermit wird Gen 3,16 𝔊 aufgenommen (s.u.). Unklar bleibt, ob Adam nicht auch schon vorher Eva beherrscht hat: In 21,3 jedenfalls nennt Eva ihn »Herr«.

Einige Momente des Textes sind, wie bei der Kommentierung festgestellt wurde, rätselhaft geblieben. Dies kann, wenn es nicht mit der Unkenntnis des realen Lesers zu tun hat, auf gezielter Leserlenkung seitens des Autors beruhen: Der Leser sollte mit der Erwartung weiterlesen, daß die ihm aufkommenden Fragen beantwortet werden. Dies aber bedeutet: Die rätselhaften Momente sind deshalb rätselhaft, weil sie sich vom Folgekontext her erschließen.

In der Tat wird nun – am Ende der Perikope – einiges klarer. Wenn etwa die Rückkehr Evas zu ihrem Manne der Rückkehr zur »Sünde des Fleisches« (ἁμαρτία τῆς σαρκός) entspricht, so läßt sich schlußfolgern, daß die »Sünde des Fleisches« der Geschlechtsakt ist. Die Wendung wird dann dahingehend aufzulösen sein, daß es sich beim Geschlechtsakt eben um eine bestimmte Sünde handelt, die mit dem Fleisch assoziert ist, und zwar näherhin dadurch, daß sie dort ihr Betätigungsfeld hat. Daß mit der »Sünde des Fleisches« tatsächlich der Geschlechtsakt gemeint ist, ergibt sich auch aus dem Anlaß der Buße Evas: Sie versprach, von der »Sünde des Fleisches« Abstand zu nehmen, als sie sich wegen ihrer Geburtsnöte in Lebensgefahr befand. Zu diesen Geburtsnöten wäre es aber ohne einen Geschlechtsakt nicht gekommen, und es liegt nahe, in der Stunde der Not ein Verhalten zu bereuen, das die Not verursacht hat.

Es wird nun auch verständlich, warum das an die Buße Evas anschließende Urteil Gottes inhaltlich durch die vom »Feind« in Eva erzeugte »Feindschaft« bestimmt ist: Gott verordnet Eva mit der Wiederholung des Geschlechtsakts eine Sünde; diese aber kommt ohne die »Begierde nach jeglicher Sünde«, die Eva vermittels der verbotenen Frucht injiziert wurde (19,3), gar nicht zustande. Der letztlich vom Teufel verursachte Hang zur Sünde wirkt in Eva ohnehin, und das Urteil Gottes knüpft daran an, indem es Eva zu einer bestimmten Art von Sünde verurteilt, eben derjenigen, die im Bereich des Fleisches stattfindet.[4]

Jetzt läßt sich auch erklären, warum in 25,1c von »nichtigen Mühen« (κάμα-τοι μάταιοι) Evas die Rede war. Aus dem Folgekontext (25,2a) wissen wir, daß mit den nichtigen Mühen Evas die Schmerzen ihrer zahlreichen Geburten gemeint sind, und »nichtig« sind sie – wie wir nun rekonstruieren können – deshalb, weil sie notwendigerweise durch eine Sünde verursacht sind. Die Konnotation des Sündhaften oder zumindest moralisch Verwerflichen kann das Adjektiv μάταιος tatsächlich haben; dies zeigen Belege wie 2. Clem 19,2 und Herm, Mand 12,6,5, wo von »nichtigen Begierden« (μάταιαι ἐπιθυμίαι) die Rede ist.

Was sich auf diese Weise im Rückblick erschließt, ist eine sehr komplexe Konzeptualisierung der Sexualität, speziell derjenigen Evas: Der Geschlechts-akt ist eine Sünde von vielen, zu denen Eva durch die »Feindschaft des Fein-des« stimuliert wird, seitdem sie die mit der »Begierde nach jeglicher Sünde« vergiftete Frucht gegessen hatte. Aus diesem Grunde wird er als die »Sünde

---

[4] Eine vergleichbare Struktur findet sich auch in Röm 1,18ff, wenn dort negativ beurteilte Verhaltensweisen als Folge eines göttlichen Strafhandelns begriffen werden: Gott hat die zum Götzendienst abgefallenen Menschen diesen Verhaltensweisen »ausgeliefert« (παρέδωκεν: Röm 1,24.26.28). Eine Parallele zu Apc Mos 25 besteht auch darin, daß dieser Zusammenhang speziell die Sexualität betrifft, vgl. Röm 1,26.27. Insbesondere homosexuelles Verhalten von Männern qualifiziert Paulus in 1,27 explizit als eine (durch Gott bewirkte) »Vergeltung« (ἀντι-μισθία) für eine »Verirrung« (πλάνη), wohl die des Götzendienstes (so LIETZMANN: Römer ,34 - anders KÄSEMANN: Römer, 45, der die πλάνη als die »Ausschweifung« identifiziert und die ἀντιμισθία als »deren verwüstende Folge«, was auch immer damit gemeint sein soll).

des Fleisches« bezeichnet; die Zuordnung zum »Fleisch« unterscheidet ihn von anderen Sünden, die anderen Wirklichkeitsbereichen zugeordnet sind. Doch damit ist noch nicht alles gesagt: Der Geschlechtsakt entspricht, obgleich er eine Sünde ist, auch einer Anordnung Gottes. Gott will, daß Eva auch nach einer beinahe tödlichen Geburtsnot erneut »zu ihrem Manne zurückkehrt«. Der Grund für diese Anordnung ist wiederum die in Eva wirksame Feindschaft des Feindes: Weil diese Eva zur Sünde verleitet, soll Eva nun eine bestimmte Sünde auch tatsächlich (immer wieder) nach Gottes Willen tun. Gottes Urteil nimmt damit auf die Lebenswirklichkeit Evas Bezug, zu der die Tendenz zur Sünde nun einmal dazugehört. Doch im Sinne einer Schonung ist dies wohl nicht zu verstehen: Evas Leben ist durch eine ständige Wiederholung von Zeugungsakt und Geburt geprägt, die erst recht da kein Ende findet, wo sie es am sehnlichsten wünscht. Und was sich in ihrem Leben da ständig wiederholt, ist dabei auch noch von Sünde bestimmt und steht unter dem Vorzeichen des Nichtigen. Nicht zuletzt hat dies alles unter der Herrschaft ihres Mannes stattzufinden, über die in Apc Mos 25 freilich nichts gesagt wird, was über den Bibeltext hinausginge.

In Apc Mos 25 ist nur von der Sexualität Evas die Rede. Dennoch dürften die hier getroffenen Aussagen kennzeichnend sein für die generelle Beurteilung der Sexualität in Apc Mos 15–30. Auch Apc Mos 15,2–3 (räumliche Trennung von Mann und Frau sowie von männlichen und weiblichen Tieren im Paradies), 20,4–5 (Eva bedeckt ihre Scham vor der Verführung Adams) und die Vermeidung des Gedankens, daß die Menschen ursprünglich nackt waren (Apc Mos 20,1; 21,5), weisen nämlich darauf hin, daß die Sexualität in Apc Mos 15–30 als etwas Negatives gesehen wird.

Auffällig ist dann natürlich, daß auch die Geburt unter dieses Negativurteil subsumiert wird, indem auch sie unter dem Vorzeichen des »Nichtigen« steht (vgl. ἔσῃ ἐν καμάτοις ματαίοις in 25,1c). Diese Einschätzung bleibt in der frühjüdischen Literatur nicht ohne Parallelen, vgl. v.a. 2. Bar 56,6 wo die Schwangerschaft (ܪܒܕܐ ܡܒܐ) gleichermaßen wie die sexuelle Erregung der Eltern (ܐܘܬܐ ܕܐܪܟܡܗܐ) als Folge von Adams Fehltritt genannt werden.

2. Exegetische Hintergründe

Als Bezugstext zu Apc Mos 25 kommt vor allem Gen 3,16 in Frage, sowohl in der Septuagintaversion als auch im hebräischen Text. Doch wie beim Fluch über Adam könnte auch die Parallele in Lib Jub 3,23–24 eine Rolle gespielt haben. Was den hebräischen Text betrifft, so darf – wie auch sonst – nicht von vornherein von der masoretischen Überlieferung ausgegangen werden. Die drei Bezugstexte werden im Folgenden synoptisch nebeneinandergestellt. Für die hebräische Überlieferung wird 𝔐 wiedergegeben; hebräische Varianten (ausschließlich aus der samaritanischen Überlieferung) werden in Anmerkungen notiert. Das gleiche gilt für Varianten der späteren Septuagintaübersetzer. Von Lib Jub hat sich hier nur der äthiopische Text gehalten, der mit deutscher Übersetzung wiedergegeben wird.

Gen 3,16a 𝔐 אֶל־הָאִשָּׁה אָמַר

Gen 3,16a 𝔊 καὶ τῇ γυναικὶ εἶπεν·

Lib Jub 3,23b ወለብእሲት፡ ተምዕዐ፡ እስመ፡ ሰምዐት፡ ቃለ፡ አርዌ፡ ምድር፡ ወበሶት ወይቤላ፡

Lib Jub 3,23b Und auch der Frau zürnte er, weil sie auf die Stimme der Schlange gehört hatte und sagte ihr:

Gen 3,16b 𝔐 הַרְבָּה אַרְבֶּה עִצְּבוֹנֵךְ וְהֵרֹנֵךְ

Gen 3,16b 𝔊 Πληθύνων πληθυνῶ τὰς λύπας σου καὶ τὸν στεναγμόν σου[6].

Lib Jub 3,24 ኡብዝኀ፡ አበዝኀ፡ ሕዘነኪ[7]፡ ወፀዐርኪ[8]፡

Lib Jub 3,24 Ich werde viel machen deine Drangsal und deinen Schmerz.

Gen 3,16c 𝔐 בְּעֶצֶב[9] תֵּלְדִי בָנִים

Gen 3,16c 𝔊 ἐν λύπαις τέξῃ τέκνα

Lib Jub 3,24 በሕዘን፡ ለዲ፡ ውሉደ፡

Lib Jub 3,24 In Drangsal gebier Kinder!

Gen 3,16d 𝔐 וְאֶל־אִישֵׁךְ תְּשׁוּקָתֵךְ

Gen 3,16d 𝔊 καὶ πρὸς τὸν ἄνδρα σου ἡ ἀποστροφή[10] σου

Lib Jub 3,24 ወኀበ፡ ምትኪ፡ ምግባእኪ፡

Lib Jub 3,24 Und zu deinem Mann soll deine Rückkehr sein,

Gen 3,16e 𝔐 וְהוּא יִמְשָׁל־בָּךְ

Gen 3,16e 𝔊 καὶ αὐτός σου κυριεύσει

Lib Jub 3,24 ወውእቱ፡ ይኂጥኪ።

Lib Jub 3,24 Und er wird dich beherrschen!

Die vorhergehende Synopse zeigt, daß Lib Jub – von kleineren Abweichungen abgesehen – denselben Text bietet wie Gen 3,16. Dies läßt erwarten, daß die exegetische Arbeit hier anders geartet sein wird als in Apc Mos 24, wo die Differenz zwischen einem Kurztext des Lib Jub und dem längeren Text von Gen 3,16 zum Ausgangspunkt exegetisch-narrativer Gestaltungen wurde, die den Aufriß des biblischen Textes kaum wiedererkennen ließen.

---

[5] Samaritanus: ואל (so auch 𝔊, 𝔳 und Lib Jub?).

[6] τόν στεναγμόν σου] Aquila: τὰς συλλήψεις σου; Symmachus, Theodotion: τὰς (< 344') κυήσεις σου (M 344').

[7] ሕዘነኪ. und ፀዐርኪ. sind wie Akkusative konstruiert, sehen aber wie Nominative aus; ሕዘንኪ. und ፀዐርኪ. (besser noch ፀዐርኪ., vgl. Anm. 8) wären eher zu erwarten gewesen. Zu diesen irregulären Bildungen vgl. A. DILLMANN: Grammatik der äthiopischen Sprache, Leipzig 1957, § 154bβ (S. 272).

[8] Lies ፀዐርኪ. (der hier gemeinte Nominalstamm wird gewöhnlich ፀዐር geschrieben [DILLMANN: Wörterbuch, Sp. 1304]).

[9] Samaritanus: בעצבון (so auch 𝔊, 𝔖, Lib Jub?).

[10] ἀποστροφή] Aquila: συνάφεια nach 344' (Cod: συναφία), *societatem* nach Hieronymus Symmachus: ὁρμή nach 344', *appetitum vel impetum* nach Hieronymus.

In der Tat verhält es sich hier anders: Die Perikope lehnt sich – wie hier zunächst einmal überblicksartig skizziert werden soll – eng an die Struktur des biblischen Bezugstextes an: Die Redeeinleitung in 3,16a findet sich in 25,1a wieder, der erste Teil des Fluches (3,16b [nach 𝔊]: πληθυνῶν πληθυνῶ τὰς λύπας σου καὶ τὸν στεναγμόν σου) in 25,1c (ἔση ἐν καμάτοις ματαίοις καὶ ἐν πόνοις ἀφορήτοις), der zweite Teil des Fluches (3,16c [nach 𝔊]: ἐν λύπαις τέξῃ τέκνα) in 25,2a (τέξῃ τέκνα ἐν πόλλοις τρόποις), der dritte und vierte Teil (3,16c.d [nach 𝔊]: καὶ πρὸς τὸν ἄνδρα σου ἡ ἐπιστροφή σου, καὶ αὐτός σου κυριεύσει) in 25,4b (στραφῇς δὲ πάλιν πρὸς τὸν ἄνδρα σου, καὶ αὐτός σου κυριεύσει).

Es gibt nur wenig, was sich in diesem Aufriß nicht ohne weiteres unterbringen ließe. Dazu gehört die Urteilsbegründung (25,1b:ἐπειδὴ ἤκουσας κτλ.), die allerdings in Lib Jub 3,23b eine Entsprechung findet. Vor allem aber bereitet die kurze Erzählung in 25,2b–25,4a Probleme. Von der Stellung im Text her müßte sie etwas mit Gen 3,16c zu tun haben (nach 𝔊: καὶ πρὸς τὸν ἄνδρα σου ἡ ἀποστροφή σου), das in 25,4b ja etwas frei wiedergegeben wird. Es wird sich zeigen, daß dies tatsächlich der Fall ist. 25,2b–4a ist damit eine narrative Amplifikation, wie sie auch im palästinischen Targum begegnet, dort übrigens nicht selten ebenfalls in unmittelbarer Nähe zum mehr oder weniger wörtlich wiedergegebenen Bezugstext.

Das Verhältnis zwischen Bezugstext und Apc Mos 25 ist – von den Amplifikationen abgesehen – weitgehend das der freien Paraphrase. Nur selten begegnen Zitate, die klar erkennbar mit der Septuaginta übereinstimmen (τέξῃ τέκνα; καὶ αὐτός σου κυριεύσει), der sie wohl – wie auch sonst – entstammen, auch wenn eine Übereinstimmung mit *Lib Jub (gr) nicht auszuschließen ist. Die Zitate helfen dem Leser, die Korrelation zwischen Bezugstext und exegetischer Narration nachzuvollziehen. Ansonsten hat es den Anschein, daß auch in den paraphrasierenden Passagen der Septuagintawortlaut gezielt gemieden wird. Offenbar soll die Nacherzählung den nacherzählten Text in eigenen Worten wiedergeben. Aber welcher Text wird nacherzählt und wie wird dabei im Einzelnen verfahren? Dies wird im Folgenden zu zeigen sein.

Die Redeeinleitung in 25,1a enthält, wie bereits in der Inhaltsanalyse gezeigt, ein gestisches Element, das wahrscheinlich nach 23,5 gebildet wurde. Lib Jub 3,23b ist hier eindeutig nicht aufgenommen worden. Dort wird gesagt, daß Gott der Frau zürnte (wie zuvor der Schlange: 3,23a); davon verlautet hier nichts. Dies ist nicht ganz ohne Bedeutung, denn vom Zorn Gottes über die Schlange weiß auch die Apc Mos zu berichten (26,1), und der Lib Jub ist schon im nachfolgenden Satz wieder berücksichtigt worden. Offenbar soll Eva hier an die Seite Adams und nicht an die der Schlange gestellt werden; von einem besonderen Zorn über Adam weiß weder die Apc Mos noch das Jubiläenbuch zu berichten (vgl. Lib Jub 3,24). Eine gewisse Tendenz, Eva zu entlasten, läßt sich hier nicht verkennen.

Die nachfolgende Urteilsbegründung (25,1b) entbehrt – anders als die in Apc Mos 24,1a – einer biblischen Grundlage (in Gen 3,16a heißt es nur, daß Gott zur Frau sprach). Da Apc Mos 25,1a ähnlich wie 24,1a strukturiert ist, könnte hier eine Übertragung *per analogiam* vorliegen. Wahrscheinlich hat hier aber auch der Lib Jub Einfluß genommen, vgl. Lib Jub 3,23b ወለብእሲት.ተዛ ፡ ተምዕዓ ፡ እስመ ፡ ለምዖት ፡ ቃለ ፡ አርዌ ፡ ምድር ፡ ወበልዖት ፡ ።(»und der Frau zürnte er, weil sie auf die Stimme der Schlange gehört und gegessen hatte«), wo die Urteilsbegründung allerdings nicht dialogisch präsentiert wird; wie auch schon sonst könnte hier also Narration in Dialog umgesetzt worden sein.

Der Obersatz des Strafurteils (Apc Mos 25,1c: ἔσῃ ἐν καμάτοις ματαίοις καὶ πόνοις ἀφορήτοις) ähnelt, wie bereits angedeutet (s. K X,9 [S. 381]), dem zweiten Obersatz des Urteils über Adam in Apc Mos 24,2b (ἔσῃ δὲ ἐν καμάτοις πολυτρόποις). Eine Tendenz zur analogen Gestaltung der Urteile war schon im Hinblick auf die Urteilsbegründung festgestellt worden (vgl. K X,9 [S. 380]), um so stärker muß auffallen, daß hier die Brücke nicht zum ersten Obersatz im Urteil über Adam geschlagen wird, sondern zum zweiten. Es steht zu vermuten, daß der Autor auf diese Weise gezielt eine Spur legen wollte, die zum biblischen Bezugstext führt. Als ein solcher kommt am ehesten Gen 3,16b in Frage (nach 𝕸: הרבה ארבה עצבונך והרנך). Dieser Satz müßte in der Auslegung ohnehin folgen, und er bildet – wie Apc Mos 25,1c in Apc Mos 25 – in Gen 3,16 den Obersatz des Fluches. Besonders wichtig ist in diesem Zusammenhang aber die Tatsache, daß er auch ein Merkmal aufweist, welches ihn speziell mit dem biblischen Korrelat von Apc Mos 24,2b verbindet, als welches Gen 3,17d ausgemacht worden war (nach 𝕸: בעצבון תאכלנה כל ימי חייך), vgl. K X,9 (S. 388–389). Beide Texte haben mit עצבון (=λύπαις) ein Schlüsselwort gemeinsam, und dieses dürfte den Anlaß zu der analogen Gestaltung von Apc Mos 25,1c gegeben haben. Diese analoge Gestaltung hat – von dem leserlenkenden Effekt abgesehen auch – eine stärker ins inhaltliche gehende Folgewirkung: Im Vergleich zum biblischen Text (und zum Lib Jub!) tritt Gott als Handelnder zurück, und Eva ist in derselben Lage wie Adam. Wie dieser wird sie sich in »Mühsalen« befinden, ohne daß besonders hervorgehoben würde, daß Gott diese »Mühsalen« verursacht hat. Ein Korrelat findet allerdings immerhin die große Zahl der »Mühsalen« Evas, welche im biblischen Text prononciert zur Sprache gebracht wird – durch הרבה ארבה (mit paronomastischem Infinitivus absolutus!). In Apc Mos 25,1 entspricht dem eine Häufung von Pluralen – verbunden mit mehrsilbigen Adjektiven, die den Ausdruck intensivieren.

Entsprechend dem gemeinsamen Stichwort der Bezugstexte (עצבון) teilen Apc Mos 25,1c und 24,2b das Wort κάματοι, welches demzufolge für עצבון stehen dürfte, vgl. hierzu schon K X,9. Κάματοι gibt עצבון besser wieder als das Septuagintakorrelat λύπαι; es dürfte aus diesem Grunde hier (und in 24,2b) mit Absicht gewählt sein (dem Septuagintawortschatz entstammt es übrigens nicht!). Mit dem Septuagintakorrelat λύπαι hat es allerdings den Plural gemeinsam; das hebräische עצבון ist ein Singular. Der Plural war bereits in K X,9 damit erklärt worden, daß עצבון spielerisch zu עצבי verlesen wurde. Auch hier wird der Plural so zu deuten sein. Möglicherweise ist Gen 3,16bα 𝔐 auch der Ausgangspunkt für die Lesung עצבי, da unmittelbar vorher הרבה ארבה (»ich werde stark vermehren«) steht, das eine pluralische Lesung nahelegt. Ein Einfluß des Lib Jub ist hier weder nachweisbar, noch zu widerlegen, da ሕማ in Lib Jub (äth) 3,24 bedeutungsoffen genug ist, um theoretisch auch für κάματοι zu stehen, aber auch für λύπαι (so in 1. Petr [äth] 2,19, vgl. DILLMANN: Wörterbuch, 123); nicht ohne Grund findet es sich auch in Gen 3,16 𝔄, wo λύπας im HIntergrund stehen dürfte, da die äthiopische Bibelübersetzung gewöhnlich auf der Septuaginta basiert.

Es gibt auch sonst eine Tendenz, עצבון pluralisch wiederzugeben; abgesehen von 𝔊 (λύπαις) ist Targ Ps-Jon zu Gen 3,16 (סיגופיך [»deine Pein«]) zu nennen sowie 𝔙 (aerumnas – allerdings ein Plurale tantum) und 𝔖 (ܟܐܒܝܟܝ – von ܟܐܒܐ [»Schmerz, Krankheit«]). Vgl. auch Hieronymus, Quaestiones Hebraicae ad Genesim zu Gen 3,16 (MPL 23,991C), der das altlateinische Lemma multiplicans multiplicabo tristitias tuas et gemitus tuos folgendermaßen erläutert: pro tristitia et gemitu in Hebraeo dolores et conceptus habet (»für „Traurigkeiten" und „Seufzen" steht im Hebräischen „Schmerzen" und „Empfängnisse").

Die »Mühsalen« Evas werden in Apc Mos 25,1c als »nichtig« (μάταιοι) qualifiziert. Wie in der Inhaltsanalyse gezeigt wurde, wird damit der Zusammenhang von Geschlechtsakt und Geburt, der Evas Leben von nun an ständig begleiten wird, vorausweisend negativ qualifiziert. Aber wie konnte man gerade auf das Wort μάταιος kommen? Ein Grund läßt sich schwer nachweisen, aber wenigstens eine Möglichkeit sollte hier genannt werden: Es könnte sein, daß man mit dem Fluch über Eva als ganzem, um den es hier ja – gewissermaßen wie in einer Überschrift – geht, das Wort חבל/חבלים (»Geburtswehen«) assoziierte. Dieses wiederum weist eine starke Ähnlichkeit mit הבל/הבלים (»Nichtigkeit«) auf. Daß genau dieses Wort den Ansatzpunkt gebildet haben könnte[11], zeigt sich vielleicht auch an 25,2b: Dort ist von den ὠδῖνες (»Geburtswehen«) Evas die Rede. Ὠδίν/ὠδίς ist in der Septuaginta des öfteren Äquivalent für חבל (vgl. 2. Sam 22,6; Hiob 21,17; 39,3; Ps 18 [17],4 etc.).[12]

---

[11] Ich greife hier eine Idee von FUCHS auf, der freilich von einer Verwechslung von חבלים und הבלים bei der Übersetzung der Apc Mos aus dem Griechischen ausging (s. idem, S. 511).

[12] Eine vergleichbare exegetische Operation könnte auch Röm 8,20–21 zugrundeliegen, wo es heißt: Τῇ γὰρ ματαιότητι ἡ κτίσις ὑπετάγη, οὐχ ἑκοῦσα ἀλλὰ διὰ τὸν ὑποτάξαντα, ἐφ᾽ ἐλπίδι, 21 ὅτι καὶ αὐτὴ ἡ κτίσις ἐλευθερωθήσεται ἀπὸ τῆς δουλείας τῆς φθορᾶς

חבל (»Wehen«) wurde auch sonst gerne mit einem anderen Wort »verwechselt«, nämlich mit
חבל (»Strick«). So sind aus »Stricken des Todes« in der Septuaginta mehrfach »Wehen des Todes«
(ὠδῖνες τοῦ θανάτου) geworden, vgl. Ps 17,6 ⅗ mit Ps 18,6 ᛉ (Ps 17,6 ᴅ [iuxta Hebraeos]:
funes inferi; Ps 17,6 ᴅ [iuxta LXX]: *dolores inferi*) oder Ps 114,3 ⅗ / 116,3 ᛉ. Auch in Apg 2,24
wirkt ein solches Wortspiel nach. Einen beeindruckenden Beleg für das Spiel mit orthographisch
ähnlichen Lexemen aus dem Wortfeld »Schwangerschaft« findet sich in 1Q H 9₇₋₁₂.

Wenn καμάτοις ματαίοις das hebräische עצבונך wiedergibt, dann dürfte πόνοις
ἀφορήτοις für das hebräische הרנך stehen. Auch dieses Wort ist also mit einem
Nominalkomplex aus Substantiv und Adjektiv wiedergegeben worden – eine
klare Analogiebildung. Auffällig ist allerdings, daß πόνοι ἀφόρητοι sein Bezugswort הרנך (»Schwangerschaften«) kaum wörtlich wiedergibt. Vielleicht ist
diese Übersetzung durch den Lib Jub inspiriert. Das Korrelat in Lib Jub (aeth)
3,24 lautet ⲑⲟⲥ̄ⲏ̄. (besser: ⲕⲟⲥ̄ⲏ̄. [s. Anm.8]) und kann allgemein »Schmerzen«
oder »Qualen« bedeuten, doch bezeichnet es auch die Schmerzen der Gebären-
den (vgl. Gen 35,18 ᛦ; 4. Esra [äth] 10,17 – so DILLMANN: Wörterbuch, 1304).
Es paßt damit gut zu πόνοις ἀφορήτοις in Apc Mos 25,1c. Vielleicht hat in Lib
Jub (gr) 3,24 *πόνους oder πόνον gestanden, aber ein Nachweis fällt natürlich
schwer.

Auf jeden Fall aber zeigt sich in der Apc Mos und in Lib Jub (aeth) 3,24
gleichermaßen wie in der Septuaginta, daß die hebräische Wendung עצבונך וחרנך
Schwierigkeiten bereitete. Wahrscheinlich ist וחרנך dem vorhergehenden עצבונך
trotz syntaktischer Gleichordnung logisch unterzuordnen, aber dies war offenbar
nicht ohne weiteres nachvollziehbar. Standen hier für die Leser aber zwei Begriffe ohne Hierarchisierung nebeneinander, dann mußte für ihn חרן mit עצבון auf
einer Bedeutungsebene stehen, also wie dieses etwas Unangenehmes zum
Ausdruck bringen. Man behalf sich damit, irgendetwas Qualvolles zu finden,

---

κτλ. (»der Nichtigkeit nämlich ist die Schöpfung untergeordnet, nicht aufgrund eigenen Ent-
schlusses, sondern durch den bedingt, der sie untergeordnet hat – auf Hoffnung, 21 daß auch sie,
die Schöpfung, befreit werde von der Knechtschaft der Vergänglichkeit...«). Freilich fällt es
schwer, dies mit letzter Sicherheit zu behaupten, da Röm 8,20–21 kein exegetischer Text ist.
Geht man davon aus, daß die Unterordnung der Schöpfung unter die Nichtigkeit in der Urzeit
geschehen sein müsse, dann bietet sich als biblischer Anknüpfungspunkt Gen 3,17 an, wo die
Erde um Adams willen verflucht wird. Dort begegnet auch das Wort עצבון, das zum Anlaß
gedient haben könnte, Motivik in den Text einzulesen, die mit Gen 3,16 im Zusammenhang
stand – in diesem Falle Spiel mit חבלים/הבלים, wie es sich in Apc Mos 25,1c manifestiert. Die
kosmische Ausweitung des ματαιότης-Motivs bei Paulus verdankt sich dabei dem Kontext in
Gen 3,17, wo עצבון mit אדמה in Zusammenhang steht, also im Sinne einer Veränderung sämtlicher natürlicher Lebensbedingungen und damit der gesamten Schöpfung verstanden werden
konnte. Offen muß an dieser Stelle bleiben, ob eine solche exegetische Maßnahme von Paulus
selbst vorgenommen wurde oder ob er hier eine Überlieferung aufnimmt.

das auch mit Schwangerschaft zu tun haben konnte und kam dabei zu je unterschiedlichen Lösungen.

Wie עצבון findet auch הרן in Apc Mos 25,1c ein pluralisches Korrelat. Dies kann dadurch verursacht sein, daß beide Wörter dieselbe Endung /ôn/ haben, die spielerisch mit der Endung /în/ (ין-) verwechselt werden konnte, vor allem, wenn in der hebräischen Vorlage Plene-Schreibung praktiziert wurde (so daß dort also חרון stand). Im Unterschied zu עצבין* ist allerdings ein substantivischer Plural חרין* nicht denkbar; hier müßte das Spiel also gegen die Grammatik fortgesetzt worden sein.

Generell gibt es allerdings auch eine Tendenz, חרן in Gen 3,16 pluralisch wiederzugeben, vgl. עידויך (»Schwangerschaften«) in Targ Ps-Jon zu Gen 3,16, ܒܛܢܝܟܝ (»Empfängnisse«) in S und *conceptus* (»Empfängnisse«) in ᴅ (dazu vgl. Hier, Qu Gen [MPL 23,991C] [s.o.]). Der Plural *gemitus* in der Vetus Latina (so schon bei Cyprian, Ad Quirinum III,32 [CCSL 3,125]) dürfte eine sekundäre Bildung nach στεναγμόν in ᴕ sein; der Plural lag eben semantisch nahe.

Ein Anklang an die Septuaginta (τέξῃ τέκνα) läßt erkennen, daß Apc Mos 25,2a für Gen 3,16c steht. Die Zitation legt aber auch noch etwas anderes offen, nämlich daß ἐν πολλοῖς τρόποις (Apc Mos 25,2a) mit ἐν λύπαις (Gen 3,16c ᴕ) korreliert. Hier liegt eine klare Bedeutungsverschiebung vor, die einer Erklärung bedarf. Für ἐν λύπαις wird in ᴍ בעצב geboten; es findet sich dort also mit עצב ein Wort, das mit dem vorhergehenden עצבון etymologisch verwandt ist, mit dem es wohl sogar identifiziert wurde, indem man das vorhergehende עצבון spielerisch zu עצבין verlas (s.o.). Dieser Umstand aber vermag es auch zu erklären, warum hier ἐν πολλοῖς τρόποις steht. Man muß nur beachten, daß damit ein zweites Mal ein Bezug zu Apc Mos 24,2b geschaffen wird (nach 25,1c – s.o.). In Apc Mos 24,2b sagt Gott zu Adam: ἔσῃ δὲ ἐν καμάτοις πολυτρόποις. Hinter κάματοι πολύτροποι steht nun aber genau das Stichwort עצבון, das auch hier eine Rolle spielt, und darum wird hier πολυτρόποις mit πολλοῖς τρόποις aufgenommen.

Dieser Fernbezug ist freilich eher denkbar, wenn im hebräischen Referenztext der Apc Mos nicht – wie in ᴍ – בעצב gestanden hat, sondern בעצבון, das man – wie gesagt – leichter als Plural lesen konnte. Die besondere Hervorhebung des Pluralischen in Apc Mos 25,2a läßt diese Annahme schon beinahe geboten erscheinen. Und die Lesart בעצבון ist ja auch tatsächlich bezeugt, nämlich im samaritanischen Pentateuch, und sie könnte darüber hinaus auch hinter der Septuaginta stehen, die in Gen 3,16c genauso den Plural ἐν λύπαις in wie in 3,16b. Auch die Peschitta bezeugt einen Plural (ܒܟܐܒܝܟܝ), aber hier hängt alles an den diakritischen Punkten, die sicher ohne weiteres auch einmal hinzugefügt werden können. Unsicher ist die Situation im Jubiläenbuch; der äthiopische

Text hat in der Parallele zu Gen 3,16c genauso wie in der zu Gen 3,16b den Singular ⲁⲩⲱ (dazu s.o.).

Die nachfolgende Erzählung von der gefahrvollen Geburt Evas, ihrer anschließenden Buße und dem darauffolgenden Gerichtsurteil Gottes findet ihren Platz genau zwischen Gen 3,16c und Gen 3,16d (nach ᗢ: καὶ πρὸς τὸν ἄνδρα σου ἡ ἀποστροφή σου), das in 25,4b Aufnahme gefunden hat (στραφῇς δὲ πάλιν πρὸς τὸν ἄνδρα σου), wenn auch nicht ganz wörtlich. Dieser Umstand läßt vermuten, daß sie in der Tat eine Lücke schließen soll, die nach Meinung des Verfassers von Apc Mos 15–30 zwischen 3,16c und 3,16d bestanden hat. Offenbar war der Übergang zwischen der Geburt zahlreicher Kinder (so ᗢ und Apc Mos 25,2b, in ℳ sind es Söhne [בנים]) und der Aussage, daß Eva zu ihrem Manne zurückkehren solle (so Apc Mos 25,4b in freier Aufnahme von ᗢ), zu abrupt; es mußte irgendwie erklärt werden, wie es zu Gen 3,16d gekommen sein mag. Und die in Apc Mos 25,2b–4a erzählte Geschichte erklärt diesen Satz im Wesentlichen folgendermaßen: Gott sagt zu Eva, daß sie zu ihrem Manne zurückkehren solle, weil sie genau das einmal nicht gewollt hat. Von Gen 3,16c her legt sich nahe, wann das der Fall gewesen ist, nämlich bei einer der zahlreichen Geburten. Aber wie konnte man darauf kommen, daß Eva nicht zu ihrem Manne zurückkehren wollte?

An dieser Stelle greift nun eine hermeneutische Operation, die sehr kennzeichnend für Apc Mos 15–30 ist: Man konnte Gen 3,16d nämlich noch *etwas anderes* entnehmen als den Wortsinn. Dieses andere aber war eine Buße Evas, in 25,3 durch das Schlüsselwort ἐξομολογέω angedeutet, bei der Eva ihre dem Wortlaut von Gen 3,16d widersprechende Absicht zum Ausdruck bringt. Auf eine solche Buße Evas aber konnte man kommen, wenn man das in der Septuaginta entscheidende Stichwort ἀποστροφή, das – leicht abgewandelt – auch in Apc Mos 25,2b–4 eine wichtige Rolle spielt (in Gestalt der Verben ἐπιστρέψω und στραφῇς), ins Hebräische zurückübersetzt: In ℳ korreliert mit ἡ ἀποστροφή σου das Wort תְּשׁוּקָתֵךְ (»dein Verlangen«). Doch dieses weicht semantisch sehr stark von ἡ ἀποστροφή σου ab, so daß eine andere Vorlage zu supponieren ist, die תשׁוקתך irgendwie ähnelt, und da bietet sich תשׁובתך an, im übrigen schon allein deshalb, weil ἀποστρέφω in der Septuaginta sehr oft hebr. שׁוב wiedergibt (vgl. v.a. Gen 3,19 ℳ und ᗢ)[13]. Das Wort תשׁובה aber bedeutet nicht nur »Rückkehr«, sondern auch »Buße«![14] Der Erzähler hat hier also ein hebräi-

---

[13] So auch Lust, Lexicon s.v. ἀποστροφή (I,56–57).

[14] Dieses Spiel mit dem Wort תשׁובה setzt voraus, daß jenes bereits Terminus technicus für die Buße geworden ist. Dies ist im AT noch nicht der Fall, wohl aber bei den Rabbinen, vgl. hierzu J. Behm: Art. μετάνοια, μετανοέω D (die Umkehr in der rabbinischen Literatur), in: Theologisches Wörterbuch zum Neuen Testament IV (Stuttgart 1942), 991–994, der diesen Sprach-

sches Wort umgesetzt, das er als Vorlage der Septuaginta ansah, und dabei ist zumindest der semantische Aspekt der Buße in der Septuaginta nicht zum mindesten erkennbar!

Von dieser Buße wiederum konnte man sehr leicht darauf kommen, daß Eva sich in irgendeiner Notsituation befunden haben muß, denn Momente der Gefahr sind ja in der religiösen Praxis Israels des öfteren Anlaß zur Buße gewesen (vgl. etwa 2. Sam 12,13–23; 2. Kön 19,1ff; Esther 4,16.17; 17a–h.i.k–z 𝔊). Aufgrund von Gen 3,16c aber wußte man, daß diese Notsituation eigentlich nur eine Geburt gewesen sein konnte, bei der Eva sich eben auf besonders gefahrvolle Weise quälte.

Es wird hier also aus zwei unterschiedlichen Bedeutungsnuancen des Wortes תשובה eine neue Geschichte gemacht: Eva tat »Buße« und kündigte dabei an, nicht »zurückkehren« zu wollen, aber Gott will genau das von ihr: eine »Rückkehr«. Dabei fällt auf, daß der Wortbedeutung »Rückkehr« nicht mit dem in der Septuaginta gewählten Pendant ἀποστροφή bzw. ἀποστρέφω entsprochen wird, sondern mit ἐπιστρέφω. Die Verbalwurzel στρέφ- ist zwar die gleiche, aber es wird ein anderes Kompositum bevorzugt. Dieses findet in der Septuaginta gleichfalls als Äquivalent für die Wurzel שוב Verwendung, und zwar schon in der Thora (vgl. Gen 8,12 𝔐 und 𝔊). Vielleicht erschien dem Verfasser von Apc Mos 15–30 ἐπιστρέφω als das passendere Korrelat zu תשובה.

Das Wort ἀποστροφή läßt sich in der Tat nur mit einigem Aufwand im Sinne von »Rückkehr« verstehen; eher bedeutet es »Zuflucht«, vgl. PASSOW s.v. ἀποστροφή (I,1,361b), und so scheint es auch in der Catene aufgefaßt zu werden (vgl. Nr. 410 [PETIT 270], wo es – wahrscheinlich auf ἀποστροφή bezogen – heißt: τούτεστι καταφυγὴ καὶ λιμὴν καὶ ἀσφάλεια). Freilich ist ἀποστροφή oft auch im Sinne von »Rückkehr« verstanden worden (vgl. Gen 3,16 Boh: ⲡⲓϫⲓⲛⲧⲁⲥⲑⲟ [»die Rückkehr«] [PETERS 10]; Vetus Latina: conversio – nach Cyprian, Ad Quirinum III,32 [CCSL 3,125]; ⲑ: ꝑⲙⲁⲗ. h. [»deine Rückkehr« / »deine Zuflucht« – beides! Vgl. DILLMANN: Wörterbuch, 1173 s.v. ꝑⲙⲁⲗ]), wahrscheinlich, weil ἀποστρέφω »zurückkehren« bedeuten kann.

Das Spiel mit den unterschiedlichen Bedeutungsaspekten des hebräischen Worts תשובה erklärt noch nicht alles, was in dieser Geschichte erzählt wird. Es ist nämlich etwas ganz bestimmtes, zu dem Eva nicht zurückkehren will, indem sie nicht zu ihrem Mann zurückkehren will. Dieses wird in Apc Mos 25,3 ἁμαρτία τῆς σαρκός (»Sünde des Fleisches«) genannt und bezeichnet dort den Ge-

---

gebrauch, da er bei den Rabbinen fest etabliert ist, für sehr alt hält. Er verweist u.a. auf Šemone 'Esre (palästinische Rezension) 5 (ברוך אתה יי הרוצה בתשובה). Dem kann CD 19,16 zur Seite gestellt werden, wo von einem ברית תשובה die Rede ist. Ansonsten dominiert in den qumranischen Schriften der verbale Sprachgebrauch (mit שוב); dies läßt sich anhand der von MAIER s.v. »Umkehr« gesammelten Belege nachvollziehen (Qumran-Essener, III,336).

schlechtsakt. Damit aber trifft es ziemlich genau das Bedeutungsfeld des hebräischen Wortes תשוקה (»Verlangen«) das in ℳ für ἀποστροφή steht und – wie es scheint – auch dem Verfasser von Apc Mos 15–30 vorgelegen hat. Es kommt hinzu, daß dieses Wort in Gen 4,7 ℳ auch noch näher mit »Sünde« assoziiert ist, so daß auch die Verwendung des Wortes ἁμαρτία an dieser Stelle eine Erklärung findet (vgl. Gen 4,7 ℳ: לפתח חטאת רבץ ואליך תשוקתו ואתה תמשל־בו [»An der Tür lauert die Sünde, und nach Dir ist ihr Verlangen. Du aber herrsche über sie«]). Es ist durchaus denkbar, daß diese Stelle hier eingelesen wurde. Dies legt sich schon deshalb nahe, weil sie seit alter Zeit mit Gen 3,16 assoziiert ist – durch die Wendung ואתה תמשל־בו (»Du aber herrsche über sie«) , die man vielleicht in Gen 4,7 eingefügt hat, um eine solche Assoziation mit Gen 3,16 zu ermöglichen (vgl. K X,9 [S. 387–388]).

Die in Apc Mos 25,2b–4 erzählte Geschichte erklärt also die Aussage von Gen 3,16d 𝕲 insgesamt mit dem Satz selbst. Wenn man, so die hier umgesetzte exegetische Überlegung, wissen will, warum der biblische Erzähler vom Kindergebären auf die Rückkehr Evas zu ihrem Manne kommt, muß man um die hebräischen Hintergründe der Septuaginta wissen. Dann wird man feststellen, daß ἀποστροφή auf Hebräisch תשובה heißt, das sowohl »Rückkehr« als auch »Buße« bedeuten kann, und daß mit diesem Wort ein anderes konkurriert, nämlich תשוקה, das auf geschlechtliches Verlangen hindeutet und in der Geschichte von Kain etwas mit Sünde zu tun hat. Das ist das Material, auf dem Apc Mos 25,2b–4 basiert.

Die Rekonstruktion der exegetischen Arbeit in Apc Mos 25,2b–4 ist von einem Gegenüber von Septuaginta und hebräischer Überlieferung ausgegangen. Nur nebenbei sei erwähnt, daß die Vorgänge die gleichen gewesen wären, wenn Lib Jub (gr) 3,24 an der Stelle der Septuaginta gestanden hätte. Nach Lib Jub (äth) müßte der Wortlaut dort derselbe gewesen sein wie in der Septuaginta. Wichtig ist vor allem, daß Lib Jub (äth) mit መግባእ፡ eindeutig ein Wort für תשובה hat, wahrscheinlich liegt dem ἀποστροφή zugrunde. Gen 3,16 𝔄 jedenfalls hat dasselbe Wort, und dort wird es für ἀποστροφή stehen.

Abschließend bleibt zu klären, ob der Verfasser von Apc Mos 15–30 anhand der Septuaginta auf eine Lesart תשובתך geschlossen hat oder ob er eine solche Lesart auch aus der von ihm nachweislich wahrgenommenen hebräischen Überlieferung kannte bzw. ob zu dem hebräischen תוקתשך die graphematisch sehr ähnliche Variante תשובתך tatsächlich existierte. Die Problematik ist hier ähnlich gelagert wie in Apc Mos 24,1c–2a, wo ebenfalls mit Varianten gespielt wurde (im Griechischen ἕνεκα σοῦ und ἐν τοῖς ἔργοις σου), deren hebräische Korrelate (בעברך und ך[י]בעבד) vom Schriftbild her beinahe identisch waren. Für Apc Mos läßt sich nun aber etwas leichter wahrscheinlich machen, daß ein solches Variantenpaar nicht nur aus dem Versionenvergleich erschlossen wurde, denn es existiert in

Ber R 20,7 eine Überlieferung zu Gen 3,16, die Apc Mos 25 sehr nahesteht und erkennbar die hebräischen Varianten תשוקתך und תשוקתך im Blick hat.

ואל אישך	*Und nach deinem Manne*
תשוקתך	*wird dein Verlangen sein* (Gen 3,16):
בשעה	In der Stunde,
שהאשה יושבת על המשבר	da die Frau auf dem Gebärstuhl sitzt,
אומרת	sagt sie:
איני נזקקת לביתי עוד מעתה	»Ich werde meinem Gatten von jetzt an nicht mehr beiwohnen!«
והקב״ה אומר לה	Und der Heilige, gepriesen sei er, sagt zu ihr:
תשובי לתשוקתך	»Kehre zurück *zu* deinem Verlangen,
תשובי לתשוקתך אישך	kehre zurück *zu* deinem Verlangen, deinem Mann.«

Diese exegetische Narration kann geradezu als das hebräische Gergenstück zu Apc Mos 25,2b–4 aufgefaßt werden. Das Grundgerüst der Erzählung besteht analog zu Apc Mos 25,2b–4 in dem Gegenüber der Varianten תשוקתך und תשובתך, Von diesen wird die letztere nur verbal umgesetzt; das gleiche ist in Apc Mos 25 der Fall, vgl. speziell Apc Mos 25,3 (οὐ μὴ ἐπιστρέψω) und 25,4b (στραφῇς δὲ πάλιν). Genauso wie in Apc Mos 25 ist hier die Rückkehr zum Manne die Rückkehr zum Geschlechtlichen; der Korrelation von εἰς τὴν ἁμαρτίαν τῆς σαρκός (25,3) und πρὸς τὸν ἄνδρα σου (25,4) entspricht hier eine appositionelle Ergänzung von תשוקתך durch אישך. Anders als in Apc Mos 25,3 fehlt allerdings ein Fernbezug zu Gen 4,7, aufgrund das Geschlechtliche als Sünde hätte qualifiziert werden können. Anders als in der Apc Mos ist auch ein Spiel mit den beiden Bedeutungen von תשובה nicht intendiert. Erkennbar umgesetzt ist nur die Bedeutung »Rückkehr«, für eine Wahrnehmung der Bedeutung »Buße« durch die Rabbinen gibt es kein Signal. Dadurch bleibt die Absichtserklärung der Frau, ihrem Gatten zukünftig nicht mehr beiwohnen zu wollen, ohne exegetische Motivation. Bezeichnenderweise gibt es denn auch – anders als in Apc Mos 25 – keine wörtlichen Entsprechungen zwischen dieser Absichtserkärung und dem, was Gott danach von Gott verordnet wird (ein Derivat von שוב fehlt in dem hebräischen Satz, vgl. aber ἐπιστρέψω in Apc Mos 25,3, das mit στραφῇς korrespondiert). Ansonsten sind die Ähnlichkeiten aber derart frappierend, daß eine genetische Beziehung zwischen beiden Überlieferungen sich wirklich nahelegt.

Die Rückkehr zum Manne ist in Apc Mos 25,4b damit verbunden, daß dieser über Eva herrschen soll. Hier wird, wie in der Inhaltsanalyse angedeutet, einfach nur Bibeltext zitiert, wahrscheinlich die Septuaginta; in Lib Jub (gr) dürfte der Verfasser nichts von der Septuaginta Abweichendes vorgefunden haben. Es ist vielleicht nicht ganz ohne Bedeutung, daß die biblisch vorgegebene Erwähnung der Herrschaft des Mannes hier keine exegetischen Innovationen angeregt hat; in Apc Mos 2,1–3,1, das einer späteren Schicht angehört und von diesem Text abhängig sein dürfte, ist das deutlich anders.

X,11. Verurteilung der Schlange (Apc Mos 26)

26,1 ᵃΜετὰ δὲ τὸ εἰπεῖν μοι ταῦτα
εἶπε τῷ ὄφει ἐν ὀργῇ μεγάλῃ
ᵇλέγωνᵇᵃ·
Ἐπειδὴ ᶜἐποίησας τοῦτοᶜ
ᵈᵉκαὶ ἐγένου
σκεῦος ᶠἀχάριστονᶠᵉ,
ᵍᵉ̓ως ἂν πλανήσῃςᵍ
τοὺς παρειμένους τῇ καρδίᾳᵈ,
ἐπικατάρατος ʰσὺʰ
ἐκ πάντων τῶν κτηνῶν ᶜ⟩ⁱ.
26,2 ᵃΣτερηθήσῃᵃ ᶜ⟩ᵇ τῆς τροφῆς σου,
ᶜἧς ἤσθιεςᶜ,
καὶ ᵈχοῦνᵈ ᵉφάγῃᵉ
πάσας τὰς ἡμέρας τῆς ζωῆς σου.
ᶠἐπὶ τῷ στήθει καὶ τῇ κοιλίᾳ ᶜ⟩ᵍ
πορεύσῃ,
ʰⁱὑστερηθεὶςⁱ ᵏκαὶ χειρῶν καὶ ποδῶν σουᵏʰᶠ.
26,3 ᵃοὐκ ἀφεθήσεταί σοι ὠτίον,
οὔτε πτέρυξ,
οὔτε ἕν μέλος ᵇτούτωνᵇ,
ᶜὧν σὺ ἐδελέασαςᶜ
ἐν τῇ κακίᾳ σου
καὶ ἐποίησας
αὐτοὺς ἐκβληθῆναι
ἐκ τοῦ παραδείσουᵃ.
26,4 καὶ θήσω ἔχθραν
ἀνὰ μέσον σοῦ
καὶ ἀνὰ μέσον τοῦ σπέρματος ᵃαὐτῶνᵃ.
αὐτός σου τηρήσει κεφαλήν,
καὶ σὺ ᵇἐκείνουᵇ πτέρναν
ἕως τῆς ἡμέρας τῆς κρίσεως.

26,1 Nachdem er mir das gesagt hatte,
sagte er zur Schlange in großem Zorn
und sprach:
»Weil du das getan hast
und ein undankbares Gefäß
geworden bist,
um die zu verführen,
die im Herzen träge waren
sollst du verflucht sein
vor allem Vieh.
26,2 Du wirst der Nahrung beraubt sein,
die du aßest,
und wirst Staub essen
alle Tage deines Lebens;
Auf der Brust und dem Bauche
wirst du dich bewegen,
deiner Hände und Füße ermangelnd.
26,3 Kein Ohr wird dir gelassen werden,
auch kein Flügel,
oder überhaupt eines der Glieder
mit denen du sie geködert hast
in deiner Schlechtigkeit
und dafür gesorgt hast,
daß sie vertrieben werden
aus dem Paradies.
26,4 Und ich werde Feindschaft setzen
zwischen dich
und ihren (sc. Adams und Evas) Samen.
Dieser wird es auf deinen Kopf absehen
und du auf seine Ferse
bis zum Tag des Gerichts.«

- Zeugen: St AV An₂ Pa B A AC Ath C VitAd(arm) VitAd(georg) P² J² J³ ApcMos(arm)[(S. 12/13)] Br S¹ J¹ E¹ E².
- Es fehlen: D AH VitAd(latᵖ) VitAd(latᵐᵉ) Va P¹ LibAd(slav) An₁ S³ AD.

Zum Text
26,1a B: στραφεὶς δὲ πρὸς τὸν ὄφιν ἐν ὀργῇ μεγάλῃ; P²-J²-J³ (=*III) ApcMos(arm) (Br)-(S¹) (=*IIIa) J¹-(E¹)-(E²): καὶ ᵃστραφεὶςᵃ ᵇπρὸςᵇ τὸν ὄφιν εἶπε¹ (nach 25,1). **26,1b** St (VitAd [arm]) (=*Ia): λέγων (zu λέγων als Zitationsmarker im Anschluß an ein mit Objekt erweitertes Hauptprädikat vgl. 16,1; 23,1; 37,4; 43,2) (VitAd[arm]) hat »eu asê« [»und er sprach«]) ; AV: λέγει; An₂ A-Ath-C: λέγων αὐτῷ; Pa B AC: om; rell: def. (vgl. °26,1a). **26,1c** An₂-Pa: ἐπήκουσας τῷ διαβόλῳ (Parallelstruktur zu Apc Mos 24,1; 25,1!). **26,1d** AV: om. **26,1e** B: om. **26,1f**

---

¹ Varianten: **a-a** Br-S¹ (=*IIIa): om. **b-b** E¹-E²: om.

St A-AC-Ath-C (=*Ia) P²-J²-J³ (=*III): ἀχάριστον; An₂-Pa Br-S¹ (=*IIIa) J¹-E¹-E²: ἄχρηστον; AV B: def. (vgl. °26,1d.e). **26,1g** St A-Ath (=*Ia): ἕως ἄν πλανήσης; An₂-Pa: ἕως οὗ ἐπλάνησας; B C: καὶ ἐπλάνησας; P²-J²-J³ (=*III) Br-S¹ (=*IIIa): πλανήσας; AV AC J¹ E¹ E²: def. **26,1h** (St) AV Pa A (=*Ia) P² (=*III) (J¹): σύ (a); An₂: om. (ba); B AC Ath-C J²-J³ Br-S¹ (=*IIIa): εἶ (hapl: ἐπικατάρατὸς̲ σ̲υ) (ca); E¹⁽ᶜᵒᵈ⁾: ἔσοι (= ἐσύ [neugr. für σύ, vgl. Thumb §135]) (da); E²⁽ᶜᵒᵈ⁾: ἔση (=ἔση?) (eda). **26,1i** P²-J²-J³ (=*III) ApcMos(arm) Br-S¹ (=*III) J¹-E¹-E²: καὶ τῶν θηρίων (nach Gen 3,14 𝕲). **26,2a** St AV Ath-C (=*Ia) P²-J²-J³ (=*III) Br-S¹ (=*IIIa) J¹-E¹-E²: στερηθήσῃ; An₂-Pa B A-AC: στερηθείς (mit ἐπικατάρατος gleichgestellt!). **26,2b** An₂-Pa C: καί; B Ath: δὲ καί. **26,2c** C: 1. ἦν δὲ ἡ Εὔα ιβ̅ ἐτῶν, ὅτε αὐτὴν ἠπάτησεν ὁ ᵃδαίμονοςᵃ καὶ ἐποίησεν αὐτοῦ τὴν ἐπιθυμίαν. 2. ὅτι ἡμέρας εἶχε μελετῶν τὸ σκεῦος αὐτῆς, καὶ ᵇνύκτανᵇ καὶ ἡμέραν οὐκ ἐπαύετο ζήλῳ φορούμενος κατ' αὐτῶν. 3. ὅτι τὸ πρότερον, ᶜ{ὃ}ᶜ ἦν αὐτὸς ἐν τῷ παραδείσῳ· 4. καὶ διὰ τοῦτο ἐπέρνισεν αὐτοὺς, ὅτι οὐκ ᵈἠδύνατοᵈ θεωρεῖν αὐτοὺς ἐν τῷ παραδείσῳ ᵉ{καὶ διὰ τοῦτο ἐπέρνισεν αὐτούς}ᵉ, 5. μᾶλλον ᶠ‹δὲ›ᶠ διὰ τῶν ἀγγέλων τὴν προσκύνησιν καὶ τῶν θηρίων τὴν ὁμιλίαν. 6. καὶ διὰ τοῦτο καὶ ὁ θεὸς εἶπεν τῷ ὄφει, ὅτι ἐπικατάρατος ἦν ἐκ πάντων τῶν θηρίων καὶ τῶν κτηνῶν· καὶ τῆς δόξης, ἧς ἔσχε πρὸ τούτου, ᵍἐστερήθηᵍ· 7. καὶ στερηθήσῃ ποδῶν καὶ χειρῶν καὶ τῆς τρυφῆς, ʰἧ‹ς›ʰ ἐκ τοῦ παραδείσου ἤσθιες.² (»1. Eva aber war zwölf Jahre alt, als sie der Dämon verführte und tat, was er begehrte. 2. Denn tagelang stellte er ihrem Körper nach, und Nacht und Tag ruhte er nicht, getrieben von Neid gegen sie [sc. Adam und Eva]. 3. Denn es war zuerst er, der im Paradies war. 4. Und deshalb legte er sie herein, weil er [nämlich] nicht ansehen konnte, wie sie im Paradies waren {...}, 5. mehr noch <aber> wegen der Anbetung durch die Engel und des Umgangs mit den Tieren. 6. Und deshalb auch sagte Gott zur Schlange, denn sie war verflucht vor allen Tieren und dem Vieh und <wurde> der Herrlichkeit, die sie vormals hatte, <beraubt>: 7. „Und du wirst der Füße, der Hände und der üppigen Nahrung beraubt werden, die du aus dem Paradies aßest"«). Die Rede Gottes an die Schlange wird gestört durch eine Passage, die vom Hergang der Verführung Evas (§1–2) und der Motivation ihres Verführers (§3–5) handelt. §6 lenkt zum Kontext zurück, in §7 setzt die Gottesrede wieder ein (erweitert durch Kontextmaterial, vgl. °26,2h). Mit Nagel (III,187) ist anzunehmen, daß hier eine Marginalglosse in den Text eingearbeitet wurde. Zur Traditionsgeschichte: §1–2 weist Affinitäten zu Prot Ev Jac 13,1 auf, insofern die Verführung Evas offenbar sexuell konnotiert ist³, v.a. aber zu Prot Ev Jac 8,2 (Maria war 12 Jahre, als sie Joseph anvertraut wurde) – hier wirkt die Eva-Maria-Typologie ein. Die Beweggründe des »Dämons« erinnern stark an die Teufelsfallsgeschichte in Vit Ad 11–17 (Proskynese der Engel vor Adam) sowie Vit Ad 44 (16) (Umgang

---

² Vgl. hierzu J. Dochhorn: Warum der Dämon Eva verführte. Über eine Variante in Apc Mos 26,2 – mit einem Seitenblick auf Narr Zos (gr) 18–23, in: H. Lichtenberger / G.S. Oegema (Hrsgg.): Jüdische Schriften in ihrem antik-jüdischen und frühchristlichen Kontext (Studien zu den jüdischen Schriften aus hellenistisch-römischer Zeit 1), Gütersloh 2002, 347–364. Dort sind Details einzusehen, die im Folgenden nur gestreift werden. Die Partition des Textes stammt von mir; weitere Erläuterungen: **a-a** C⁽ᶜᵒᵈ⁾: δαίμον-; Bertrand: δαίμων (durch den Kodex wird aber die metaplastische Form δαίμονος nahegelegt). **b-b** C⁽ᶜᵒᵈ⁾: νύκταν; Bertrand: νύκτα (auch hier ist die metaplastische Form vorzuziehen, vgl. °a-a). **c-c** delendum (mit Bertrand). **d-d** C⁽ᶜᵒᵈ⁾: ἱδύναντω; Bertrand: ἐδύνατο (Glättung der Morphematik – typisch für Bertrand, vgl. °a-a, °b-b). **e-e** delevi; Cod: καὶ διὰ τοῦτο ἐπέρνισεν αὐτούς (Aberratio oculi, verursacht durch die Doppelung von ἐν τῷ παραδείσῳ. **f-f** inserui; Cod: om. (hapl.). **g-g** inserui; Cod: om. (hapl.). **h-h** C⁽ᶜᵒᵈ⁾: †ἧ†, zu korrigieren nach A-AC-Ath, die wie alle anderen Zeugen ἧς lesen.

³ Prot Ev Jac 13,1 hat wohl auch in der Überlieferung zu Apc Mos 7,2 Spuren hinterlassen, vgl. °7,2a; °7,2d.

Adams mit den Tieren – Proskynese der Tiere, Fütterung der Tiere durch Adam). Ähnlich wird eine Aktion des Teufels gegen Zosimus und seine Intrige gegen Adam in Narr Zos (gr) 20,2–6 begründet. Wahrscheinlich zeigen sich hier Spuren einer Rezeption der VitAd(gr) in der griechischen Kirche, vgl. °29,6k, wo der Subarchetyp *II VitAd(gr) 1–10 aufnimmt. **26,2d** St B A-AC-Ath (=*Ia): χοῦν; AV An₂-Pa C P²-J²-J³ (=*III) Br-S¹ (=*IIIa) J¹-E¹-E²: γῆν (nach Gen 3,14 𝕲). **26,2e** St A-C (=*Ia) P²-J²-J³ (=*III) S¹ (=*IIIa) J¹: φάγῃ; AV AC: φαγεῖν; An₂-Pa B Ath Br E¹-E²: φαγεῖς. **26,2f** An₂-Pa: om. (ht.). **26,2g** P²-J²-J³ ApcMos(arm): σου; Br-S¹ (=*IIIa *III) J¹-E¹-E² et rell: txt. **26,2h** C: om. (vgl. °26,2c – § 7 in der Interpolation!). **26,2i** St AV Ath (=*Ia): ὑστερηθείς (sq. NAGEL) (a); B: στερηθείς (ba); A: καὶ ὑστερηθήσῃ (ca); AC Br-S¹ (=*IIIa *III): στερηθήσῃ (sq. BERTRAND: στερηθήσει) (nach vorhergehendem στερηθήσῃ) (da); (C) P²-J²-J³ (=*IIIb) J¹-E¹-E²: καὶ στερηθήσῃ (eda); An₂ Pa: def. **26,2k** St: καὶ ποδῶν σου (hapl: καὶ ... καί) (ba); AV: καὶ χειρῶν καὶ τῶν ποδῶν σου (ca); B: χειρῶν τε καὶ ποδῶν (da); A-AC-(Ath) (=*Ia): καὶ χειρῶν καὶ ποδῶν σου (a); P²-J²-J³ (=*III) (Br)-(S¹) ([=*IIIa]) J¹: τῶν χειρῶν καὶ τῶν ποδῶν σου (sq. BERTRAND) (ea); (E¹)-E²: καὶ τῶν χειρῶν καὶ τῶν ποδῶν σου (fea). **26,3a** AV: om. **26,3b** St An₂-Pa B P²-J²-J³ (=*III) (Br)-(S¹) ([=*IIIa]) J¹: τούτων; A-Ath: τῶν ἀπάντων; C E¹-E²: om; AV AC VitAd(arm) VitAd(georg): def. **26,3c** St An₂-(Pa) (B) A-Ath-(C) (=*Ia): ὧν σὺ ἐδελέασας; P²-J²-J³ (=*III) (ApcMos[arm]) (Br)-(S¹) (J¹)-E¹-E²: ὃν ᵃνῦνᵃ κέκτησαι· ὃν τρόπον ᵇσὺᵇ ἐδελέασας τούτους⁴. **26,4a** St An₂ B Ath (=*Ia) P²-J²-J³ (=*III) E²: αὐτῶν; AV Pa C: †σου†; A Br-S¹ (=*IIIa) E¹: αὐτοῦ (sc. Adam), AC J¹: αὐτῆς (sc. Eva, nach Gen 3,15 𝕲). **26,4b** St AV An₂-Pa Ath (=*Ia) P²-J²-J³ (=*III): ἐκείνου; B AC C (Br)-(S¹) (=[*IIIa]) J¹: τηρήσεις αὐτοῦ (nach Gen 3,15 𝕲); A C E²: αὐτοῦ; E¹: def.

1. Zum Inhalt

Die Perikope beginnt mit einer Regieanweisung des Erzählers: Nachdem Gott zu Eva geredet hatte, spricht er nun »in großem Zorn« zur Schlange (Apc Mos 26,1a). Ein solcher Zorn ist nur der Schlange vorbehalten; bei der Verurteilung Adams und Evas war der Zorn Gottes nicht erwähnt worden, obwohl auch Adam und Eva – wie die Schlange – bei ihrer Verführung Furcht vor dem Zorn Gottes geäußert hatten (vgl. 16,4; 18,2; 21,4). Die Gottesrede setzt wie schon in 24,1b und 25,1b mit einer Begründung des nachfolgenden Gerichtsurteils ein (26,1b). Es folgt der Fluch (Apc Mos 26,1c: ἐπικατάρατος σὺ ἐκ πάντων τῶν θηρίων).

Apc Mos 26,2a bietet die erste Entfaltung dieses Fluches: Die Nahrung der Schlange wird eine schlechtere werden. Damit wird – wie schon hier zu vermerken ist – die Abfolge des biblischen Textes geändert. In jenem wird der Schlange nämlich zunächst angekündigt, daß sie sich fortan auf primitivere Art fortzubewegen habe. In dieser Umstellung mag sich das spezielle Interesse des Verfassers an der Ernährungsthematik äußern, vgl. Apc Mos 16,3a, wo der Teufel die Schlange fragt, warum sie die ζιζάνια τοῦ Ἀδάμ zu sich nehme und nicht paradiesische Nahrung. Hier zeigt sich nun, daß sich die Schlange durch ihre Folgsamkeit gegen den Teufel eine noch weit minderwertigere Nahrung eingehandelt hat.

---

⁴ Varianten: **a-a** Br-S¹ (=*IIIa) J¹: om. **b-b** Br-S¹ (=*IIIa) J¹: om.

Apc Mos 26,2b bietet die zweite Entfaltung: Die Schlange wird sich künftig auf Brust und Bauch fortbewegen, also in Ermangelung ihrer Hände und Füße, wie erläuternd im Anschluß an πορεύσῃ nachgetragen wird. Apc Mos 26,3 führt diesen Gedanken weiter: Der Schlange sollen auch andere Körperteile fortgenommen werden, schlichtweg alle, mittels derer sie Adam und Eva geködert hatte; damit ist dem Gedanken der Strukturanalogie von Strafe und bestraften Vergehen Rechnung getragen, der in der Rechtsprechung epochenübergreifend immer wieder beliebt war.

Die dritte Entfaltung des Fluches besteht in einer von Gott verordneten Feindschaft zwischen der Schlange und den Nachkommen des Menschen (Apc Mos 26,4), die bis zum »Tag des Gerichts« fortdauern soll. Mit dieser eschatologischen Terminierung deutet sich innerhalb von Apc Mos 15–30 erstmalig eine Perspektive an, die über die Gegenwart Adams (und implizit die des Lesers) hinausreicht. Dieses Moment wird sich in der nachfolgenden Perikope (Apc Mos 27–29) verstärken.

2. Exegetische Hintergründe

Der Aufbau folgt im wesentlichen dem biblischen Bezugstext; Passagen relativ wortgetreuer Zitation (wie gewöhnlich i.d.R. auf Septuagintabasis) sind verwoben mit Interpretamenten; die Textgestaltung ähnelt damit weitgehend der des palästinischen Targums.

Die Hinführung zur Gerichtsrede Gottes geht – speziell in ihrem ersten Teil (μετὰ δὲ τὸ εἰπεῖν μοι ταῦτα) – notwendigerweise über die biblische Vorlage (Gen 3,14 𝔊: καὶ εἶπεν κύριος ὁ θεὸς τῷ ὄφει) hinaus, weil dort der Fluch über die Schlange an erster, nicht an dritter Stelle steht. Auch das Motiv des Gotteszorns begegnet dort nicht, übrigens auch nicht in Apc Mos 24,1a; 25,1a. Es findet allerdings eine Entsprechung in Lib Jub 3,23a (ወረገሞ ፡ እግዚአብሔር ፡ ለአርዌ ፡ ምድር ፡ ወተምዕዖ ፡ ለዓለም [»Und Gott verfluchte die Schlange und zürnte ihr in Ewigkeit«]). Wahrscheinlich ist hier in der Tat – nach dem Vorgang von Apc Mos 24 und 25 – Einfluß des Lib Jub auszumachen, doch dabei bleibt es hier dann auch: Der zitierte Satz ist nämlich alles, was der Lib Jub zum Fluch über die Schlange zu berichten weiß! Außerdem ist – wie in K X,10 erwähnt (vgl. S. 399–400) – der Zorn Gottes dort nicht auf die Schlange beschränkt: Auch die Verfluchung der Frau geschah in Zorn (Lib Jub 3,23b). Daß hingegen hier vom Zorn Gottes ausschließlich im Zusammenhang mit der Schlange die Rede ist, könnte darauf hinweisen, daß man ihr Vergehen besonders gravierend fand. Der biblische Text läßt eine solche Differenzierung noch nicht erkennen.

Die nachfolgende Urteilsbegründung (Apc Mos 26,1aβ) gliedert sich in eine verhältnismäßig wörtliche Zitation aus Gen 3,14 𝔊 (ἐπειδὴ ἐποίησας τοῦτο) und ein Interpretament (καὶ ἐγένου σκεῦος ἀχάριστον ἕως ἂν πλανήσῃς τοὺς παρειμένους τῇ καρδίᾳ). Daß im Zitat ἐπειδή steht (für ὅτι in ⑤), ist auf das darstellerische Interesse des Erzählers zurückzuführen: Alle drei Urteilsbegründungen sollten mit dem gleichen Wort beginnen, vgl. hierzu K X,9 (S. 380). Was das Interpretament betrifft, haben schon die Ausführungen zu Apc Mos 16,5 gezeigt, daß die Bezeichnung der Schlange als σκεῦος auf dem hebräischen עשׂית (»du hast getan«) beruht, also auf dem hebräischen Äquivalent zu dem zuvor zitierten Septuagintatext (speziell ἐποίησας), der hier den »Literalsinn« vertritt. Die Stichwortübereinstimmung mit Gen 3,1 (dort begegnet ebenfalls im Zusammenhang mit der Schlange das Verb עשׂה) wurde zum Anlaß genommen, hier die in Gen 3,1 angedeutete Geschöpflichkeit der Schlange in den Text einzulesen und diese mit der von der Schlange begangenen Tat zu kontrastieren. Die Schlange, welche »dieses getan hat« (Literalsinn), ist als »Geschöpf« (σκεῦος √ σκευάζειν = עשׂה) »undankbar« (ἀχάριστον) geworden. Was mit der Undankbarkeit gemeint ist, läßt sich aus Apc Mos 16,5 ersehen, das auf Gen 3,1 basiert: Dort wird die Schlange als »Gefäß/Werkzeug« (σκεῦος) des Teufels bezeichnet. Die Undankbarkeit der Schlange äußert sich also darin, daß sie als σκεῦος Gottes ein σκεῦος des Teufels geworden ist. Der Rückbezug auf Apc Mos 16,5 wird verstärkt durch ἕως ἂν πλανήσῃς κτλ., vgl. πρὸς τὸ ἐξαπατῆσαι αὐτούς dort. Der Hinweis auf die Herzensträgheit der Verführten beruht dabei nicht auf exegetischer Detailarbeit, sondern auf der Apc Mos 15–30 als Ganzem zugrundeliegenden »Theorie der Verführung« (vgl. K Xa [S. 288–289; 291–292]).

Ist die Schlange damit, daß sie Gefäß/Werkzeug des Teufels geworden ist, ein »undankbares« Geschöpf, so ist impliziert, daß rechtes Handeln etwas mit Dankbarkeit gegenüber dem Schöpfer zu tun hat. Diese Vorstellung könnte sich auch in Lk 6,35 andeuten: Dort heißt es über »den Höchsten«: χρηστός ἐστιν ἐπὶ τοὺς ἀχαρίστους καὶ πονηρούς (»er ist gütig gegen die *Undankbaren* und Bösen«), d.h. Undankbarkeit und Bosheit sind nebeneinandergestellt – und beides wird in die Perspektive der Gottesbeziehung eingeordnet. Ein explizit schöpfungstheologischer Bezug fehlt allerdings, kann aber mitschwingen, zumal der Satz stark an das eindeutig schöpfungstheologische Logion Mt 5,45 anklingt. Miteinander verschmolzen sind Mt 5,45 und Lk 6,35 bei Justin, Dial 96,3, wo Gott folgendermaßen prädiziert wird: τὸν ἥλιον αὐτοῦ ἀνατέλλοντα ἐπὶ ἀχαρίστους καὶ δικαίους (»der seine Sonne über Undankbare und Gerechte aufgehen läßt«). Hier ist wohl eindeutig Undankbarkeit gegen den Schöpfer (als gegenwärtig Handelnden) und gerechtes Tun gegenübergestellt, d.h. für diese Stelle kann eine schöpfungstheologisch motivierte Ethik der Dankbarkeit mit Sicherheit als theologischer Hintergrund angenommen werden. Eine schöpfungstheologische Begründung der Ethik findet sich auch an prominenter Stelle in der Zwei-Wege-Lehre der Didache (Did 1–5) und des Barnabasbriefes (Barn 19–20), für die des öfteren eine gemeinsame jüdische Vorlage angenommen wird.[5] Der betreffende Satz ist Did 1,2: ἀγαπήσεις τὸν θεὸν τὸν ποιήσαντά σε

---

[5] Zur Zwei-Wege Lehre vgl. jetzt F.R. PROSTMEIER: Der Barnabasbrief (Kommentar zu den Apostolischen Vätern 8), Göttingen 1999, 106–111.

(»du sollst Gott, der dich erschaffen hat, lieben«). Er steht an der Spitze eines Katalogs von Grundwerten, die den »Weg des Lichts« ausmachen (Did 1,2–2,7; vgl. Barn 19,2–12, speziell 19,2). Auch hier könnte das Motiv der Dankbarkeit konnotiert sein, ohne daß dieses freilich manifest würde.

Der Fluch in 26,1c ist ein Septuagintazitat, allerdings in stark verkürzter und modifizierter Form: Für ἀπὸ πάντων τῶν κτηνῶν καὶ ἀπὸ πάντων τῶν θηρίων τῆς γῆς (Gen 3,14 𝔊) steht ἐκ πάντων κτηνῶν. Der Grund für die Verkürzung mag darin liegen, daß dem Erzähler eine Differenzierung zwischen κτήνη und θηρία nicht sinnvoll erschien, zum anderen, daß τῆς γῆς in 𝔊 gegenüber 𝔐 und möglicherweise der hebräischen Texttradition überhaupt eine Erweiterung darstellt, die hier revidiert werden sollte; in gleicher Weise kann ἐκ für ἀπό in 𝔊 eine Korrektur nach dem Hebräischen sein (es gibt die Präposition מן korrekter wieder).

Die erste Entfaltung des Fluches (Apc Mos 26,2a) beginnt mit einem Interpretament (στηρηθήσῃ τῆς τροφῆς σου, ἧς ἤσθιες [»du wirst der Nahrung beraubt sein, die du aßest«]). Es wird vorangestellt, um die nachfolgende (biblische) Ankündigung, daß die Schlange Staub werde essen müssen, transparent zu machen. Es ist ohne Zweifel aus dieser gefolgert.

Hier deutet sich eine hermeneutische Strategie an, die für die Auslegung des Fluches über die Schlange (Gen 3,14–15) in Apc Mos 26 konstitutiv ist: Die biblische Vorlage spricht nur die Befindlichkeit der Schlange nach der Urzeitkatastrophe an – offenbar weil es vorrangig darum ging, zu erklären, was an der empirisch vorfindlichen Schlange verwunderlich schien (sie kroch auf der Erde, woraus man folgern konnte, daß sie Staub fraß; beides ist ungewöhnlich). Apc Mos 26 nun zieht aus diesen Angaben Schlüsse auf den Zustand vor der Katastrophe (die Schlange hatte Beine und Hände und fraß etwas anderes als Staub) und gibt den Fluch als Ankündigung einer radikalen Veränderung dieses Zustandes wieder. Das widerspricht nicht dem Wortlaut des biblischen Textes, deutet aber einen Wandel der Perspektive an, was für rezeptionsgeschichtliche Prozesse geradezu typisch ist: Leser, speziell solche aus späterer Zeit, stellen Fragen, die der Autor nicht beantwortet hatte, weil es ihm um etwas anderes ging.

Dem Interpretament folgt – wie angedeutet – ein Septuagintazitat, doch hat der Erzähler γῆν durch χοῦν ersetzt – offenbar eine Korrektur nach dem hebräischen Text (עפר = Staub), die in der handschriftlichen Überlieferung (vgl. °26,2d) teilweise wieder zurückgenommen worden ist.[6]

Die zweite Entfaltung des Fluches (26,2b–3) beginnt mit einem Schriftzitat (Gen 3,14 𝔊). In Übereinstimmung mit zahlreichen Septuagintazeugen fehlt σου nach στήθει. Ob daraus Schlüsse auf die Vorlage der Apc Mos gezogen werden können, ist indes fraglich. Bedeutsamer ist der Befund, daß eine gewichtige »Ab-

---

[6] Χοῦν hat nach Marginalnotizen in M und 344 auch Aquila gelesen, vgl. WEVERS App.

weichung« der Septuaginta gegenüber der hebräischen Überlieferung vom Verfasser übernommen wurde: Während 𝔐 die Schlange sich auf dem גחן (wörtl. »Krümmung«) fortbewegen läßt, hat hier 𝔊 zwei Wörter (στῆθος und κοιλία); eins hat offenbar zur Wiedergabe des hebräischen Äquivalents nicht ausgereicht. Der Verfasser von Apc Mos 15–30 war möglicherweise derselben Meinung. Von der oft pedantischen Wörtlichkeit mancher griechischer Übersetzer (etwa des Aquila) ist die Revisionstätigkeit des Autors von Apc Mos 15–30 um einiges entfernt.

Das anschließende Interpretament (26,2bβ; 26,3) beruht auf dem zitierten Text, und zwar in genau der Weise, wie es zu Apc Mos 26,2a erörtert wurde: Daraus, daß sich die Schlange auf Brust und Bauch fortbewegen soll, wird gefolgert, daß sie zuvor Hände und Füße (26,2bβ) hatte. 26,3 setzt dem Flügel und Ohren hinzu – ist erst einmal die kreative Phantasie angeregt, ist sie schwer wieder in die Schranken zu verweisen.[7] 26,3 erklärt auch, warum der Schlange all dieses abgenommen wurde: Mit diesen Körperteilen hat sie Adam und Eva »geködert«.

Da wir nun über den urzeitlichen Körperbau der Schlange orientiert sind, fällt es auf, daß der Erzähler sich in Apc Mos 15–20 wenig Mühe gibt, sie dementsprechend agieren zu lassen. Dies gilt insbesondere für Apc Mos 17,1a: Daß sich die Schlange dort durch die Mauer hindurchhangelt, paßt eher zu ihrer postlapsarischen Schwundform. Nur in Apc Mos 19,1 bekommt man den Eindruck, daß sie zumindest Beine gehabt haben könnte; das Verb περιπατεῖν ist etwas ungewöhnlich für ein Kriechtier. Besonders wenig Resonanz im Kontext hat Apc Mos 26,3. Sollte der Grundsatz, daß der Schlange alles abgenommen wurde, womit sie die Stammeltern verführte, wirklich ernsthaft durchgeführt werden, so hätte man ihr insbesondere den Mund und die giftige Zunge entziehen müssen. Daß sie aber zu ihrem bösen Werk gerade der Flügel bedurft hätte, ist in Apc Mos 15–20 nirgends zu erkennen. Derlei Unstimmigkeiten sind typisch für den Erzähler von Apc Mos 15–30: Er hatte in 15–20 andere exegetische Probleme zu bewältigen als in Apc Mos 26, und hauptsächlich um diese ging es ihm. Imaginative Stimmigkeit war ihm demgegenüber nicht so wichtig.

Die dritte Entfaltung des Fluches (Apc Mos 26,4) ist eine verkürzte und modifizierte Wiedergabe von Gen 3,15 𝔊. Die Bearbeitung der Vorlage besteht darin, daß hier aus zwei Kontrahentenpaaren des Bibeltextes (Schlange : Frau, Samen der Schlange : Samen der Frau) eines wird (Schlange : Samen der *Menschen*), d.h. die Frau und der Samen der Schlange ist gestrichen worden, und statt vom Samen der Frau ist nun vom Samen der Menschen die Rede. Diese Vereinfachung ist v.a. durch den explikativen Satz αὐτός σου τηρήσει κεφαλήν, καὶ

---

[7] Die prälapsarische Gestalt der Schlange gemahnt etwas an einen Drachen. In der Tat wurde sie gelegentlich mit einem Drachen assoziiert, freilich ohne daß unbedingt von einem Verlust der Drachengestalt die Rede wäre. So ist der Drache von Apc Joh 12 zugleich die »Urzeitschlange« (12,9: ὁ ὄφις ὁ ἀρχαῖος), vgl. auch das Nebeneinander von ὄφις und δράκων in 12,13–17. Vgl. auch Act Thom 31–33, wo ein Drache sich folgendermaßen vorstellt: »ich bin der, welcher durch den Zaun ins Paradies eingegangen ist und mit Eva alles geredet hat, was mir mein Vater auftrug« (Übersetzung: DRIJVERS 316).

σὺ τηρήσεις αὐτοῦ πτέρναν (»er wird es auf deinen Kopf abgesehen haben, und du wirst es auf seine Ferse abgesehen haben«) bedingt, hier ist nur von der Schlange und dem Samen der Frau die Rede. Es wird also eine Unebenheit im biblischen Text ausgeglichen – die gerade in der modernen Exegese nicht unbeliebte »Rekonstruktion« glatter Texte hat also ihre Vorgänger. Die Aussparung der Frau macht es dabei auch möglich, die einseitige Ableitung der männlichen Nachkommenschaft von der Mutter in Gen 3,15a zu vermeiden; statt vom σπέρμα αὐτῆς ist vom σπέρμα αὐτῶν die Rede.

Das einzige Interpretament in Apc Mos 26,4 ist die Terminierung der Feindschaft zwischen der Schlange und der Nachkommenschaft Adams und Evas auf die Zeit bis zum Gericht (26,4b: ἕως τῆς ἡμέρας τῆς κρίσεως). Es ist nicht auszuschließen, daß hier der Verfasser von Apc Mos 15–30 einfach dem apokalyptischen Weltbild Rechnung trug – mit dem Ende der Strafurteile läßt er durchblicken, daß die bitteren Folgen des urzeitlichen Fehltritts unter dem Vorbehalt einer besseren »nachgeschichtlichen« Zukunft stehen. Doch wahrscheinlich beruht auch dieses Textmerkmal auf exegetischen Grundlagen. Dies legt zumindest Targ Onk z.St. nahe, wo Gen 3,15b folgendermaßen übersetzt wird:

𝔐	𝔗
הוא ישופך ראש	הוא יהי דכיר מא דעבדת ליה מלקדמין
ואתה תשופנו עקב	ואת תהי נטר ליה לסופא

Statt נטר (vokalisiert: nāṭar = Part. Akt.) liest eine Minderheit der Zeugen (b d n) נטיר (nĕṭīr = Part. Pass.); je nachdem ist entweder »Er wird dessen eingedenk sein, was du ihm im Anfang angetan hast, und du wirst ihm *bis zum Ende nachtragend sein*[8]« oder – mit b d n – »Er wird dessen eingedenk sein, was du ihm im Anfang angetan hast, und du wirst ihm *aufbewahrt werden zum Ende*« zu übersetzen; der erstgenannte Text dürfte der ältere sein, da er sich von der Vorlage her besser erklären läßt, während der letztere unter dem Einfluß der Tradition vom endzeitlichen Verzehr Leviathans durch die Frommen (2. Bar 29,4 u.a.) entstanden sein dürfte.[9]

Entscheidend für den Vergleich mit Apc Mos 26,4b ist die Tatsache, daß hier עקב »Ferse« mit »Ende (der Zeit)« wiedergegeben worden ist; legt man den wohl ursprünglichen Text mit נטר zugrunde, so bedeutet dies, daß עקב als Signal für eine eschatologische Terminierung der Feindseligkeiten der Schlange gegen die Nachkommenschaft der Frau genommen wurde. Genau diese Auffassung könnte auch Apc Mos 26,4b zugrundeliegen.

---

[8] Statt »nachtragend sein« ist auch die Übersetzung »auflauern« denkbar.

[9] Vgl. K. KOCH: »Adam was hast du getan ?« Erkenntnis und Fall in der zwischentestamentlichen Literatur, in: T. RENDTORFF (Hrsg.): Glaube und Toleranz. Das theologische Erbe der Aufklärung, Gütersloh 1982, 211-242, der Targ Onk zu Gen 3,15 diskutiert (227-228, allerdings von der Lesart נטיר ausgehend) und mit der eschatologischen Terminierung in Apc Mos 26,4 zusammenbringt (230-231).

X,12. Ausweisung Adams und Evas aus dem Paradies (Apc Mos 27–29)

27,1 '·ᵃ Ταῦτα εἰπὼν
ᵇκελεύει ᵇ ᶜτοῖς ἀγγέλοις αὐτοῦᶜ
ᵈἐκβληθῆναιᵈ ἡμᾶς ἐκ τοῦ παραδείσου '·ᵉ.

27,2 Ἐλαυνομένων δὲ ἡμῶν
καὶ ὀδυρομένων
παρεκάλεσεν ὁ πατὴρ ὑμῶν ᵃ·'Αδὰμᵃ
τοὺς ἀγγέλους λέγων·
ἐάσατέ με μικρόν,
ὅπως παρακαλέσω τὸν '·ᵇ θεὸν
καὶ '·ᶜ ᵈσπλαγχνισθῇ
καὶ ἐλεήσῃᵈ ᵉμεᵉ,
ὅτι ἐγὼ μόνος ἥμαρτον.

27,3 ᵃαὐτοὶ δὲ ἐπαύσαντο
τοῦ ἐλαύνειν αὐτόνᵃ.
ἐβόησεν δὲ 'Αδὰμ
μετὰ κλαυθμοῦ ᵇλέγων ᵇ·
συγχώρησόν μοι, κύριε, ὃ ἐποίησα.

27,4 τότε λέγει ὁ κύριος
τοῖς ἀγγέλοις ᵃαὐτοῦᵃ·
τί ἐπαύσασθε
ᵇἐκβάλλοντες ᵇ ᶜτὸν 'Αδὰμᶜ
ἐκ τοῦ παραδείσου;
μὴ ἐμόν ἐστι τὸ ἁμάρτημα,
ᴰ⁽²⁸,¹⁾ἢ κακῶς ἔκρινα;

27,5 τότε οἱ ἄγγελοι ᵃπεσόντες
ἐπὶ τὴν γῆν
προσεκύνησανᵃ τῷ κυρίῳ
λέγοντες·
δίκαιος εἶ, κύριε,
καὶ εὐθύτητας κρίνεις.

28,1 ᴬ⁽²⁹,¹⁾στραφεὶς δὲ '·ᵇ πρὸς τὸν 'Αδὰμ
εἶπεν·
οὐκ ἀφήσω σε ἀπὸ τοῦ νῦν
ᶜεἶναιᶜ ἐν τῷ παραδείσῳᴰ⁽²⁷,⁴⁾.

28,2 Καὶ ἀποκριθεὶς ὁ 'Αδὰμ εἶπεν·
κύριε, δός μοι ἐκ τοῦ φυτοῦ τῆς ζωῆς,
ἵνα φάγω,
πρὶν ᵃἢᵃ ἐκβληθῆναί με.

28,3 τότε ὁ κύριος ἐλάλησε πρὸς
ᵃτὸν 'Αδάμᵃ·
ᵇοὐ λήψῃ ᶜνῦνᶜ ἀπ' αὐτοῦ ᵇ,
ᵈᵉὁρίσθηᵉ γὰρ ᵈ
ᶠτὰ χερουβὶμ
καὶ τὴν ῥομφαίαν τὴν στρεφομένην ᶠ
ᵍφυλάττειν ᵍ αὐτὸ διὰ σέ,

27,1 Als er dies gesagt hatte,
weist er seine Engel an,
uns aus dem Paradies herauszuwerfen.

27,2 Wie wir aber getrieben wurden
und jammerten,
bat euer Vater Adam
die Engel und sprach:
„Lasset ein wenig ab von mir,
damit ich Gott bitten kann,
und er Mitleid empfinde
und sich meiner erbarme,
denn ich allein habe gesündigt."

27,3 Sie aber hörten auf,
ihn zu treiben.
Adam aber rief
unter Tränen und sprach:
„Verzeih mir, Herr, was ich getan habe!"

27,4 Da sagt der Herr
zu seinen Engeln:
„Was habt ihr aufgehört,
Adam aus dem Paradies
herauszuwerfen?
Habe etwa ich gesündigt?
Oder habe ich schlecht gerichtet?"

27,5 Da warfen sich die Engel
auf den Boden
und knieten vor dem Herrn nieder
und sprachen:
„Gerecht bist du, Herr,
und du richtest Gerechtigkeiten!"

28,1 Und zu Adam wandte er sich
und sprach:
„Ich werde dich fortan
nicht im Paradiese lassen."

28,2 Und Adam antwortete und sprach:
„Herr, gib mir vom Baume des Lebens,
damit ich (davon) esse,
bevor ich herausgeworfen werde."

28,3 Da sprach der Herr
zu Adam:
„Du wirst nicht jetzt davon empfangen;
es ist nämlich angeordnet,
daß die Cherubim
und das sich wendende Schwert
diesen um deinetwillen bewachen,

ᴴὅπως μὴ γεύσῃ ἀπ' αὐτοῦ
καὶ ἀθάνατος ἔσῃ εἰς τὸν αἰῶνα.

damit du nicht von ihm kostest
und unsterblich seiest in Ewigkeit.

28,4 ᵃἔχῃς δὲ τὸν πόλεμον,
ὃν ἔθετο ὁ ἐχθρὸς ἐν σοί ᵃ·
'' ᵇ ᶜᵈἀλλ' ᵈ ἐξερχομένου σου
ἐκ τοῦ παραδείσου ᶜ,
ἐὰν φυλάξῃς ᵉἑαυτὸν ᵉ
ἀπὸ παντὸς κακοῦ
ὡς βουλόμενος ἀποθανεῖν '' ᶠ,
ἀναστάσεως πάλιν ᵍγενομένης ᵍ
ἀναστήσω σε,
καὶ '' ʰ δοθήσεταί σοι
ἐκ τοῦ ξύλου τῆς ζωῆς,
καὶ ἀθάνατος ἔσῃ εἰς τὸν αἰῶνα. ᴴ

28,4 Du sollst aber den Krieg haben,
den der Feind in dich gelegt hat;
aber nach deinem Ausgang
aus dem Paradies,
wenn du dich hütest
vor allem Schlechten
wie einer, der sterben will,
werde ich dich bei der Wiederauferstehung
auferstehen lassen –
und dir wird
vom Baume des Lebens gegeben werden,
und du wirst unsterblich sein in Ewigkeit."

29,1 Ταῦτα εἰπὼν ὁ κύριος
ἐκέλευσε ᵃτοῖς ἀγγέλοις αὐτοῦ ᵃ
ἐκβληθῆναι ἡμᾶς
ἐκ τοῦ παραδείσου '' ᵇᴬ⁽²⁸,¹⁾.
29,2 ἔκλαυσε ᵃδὲ ᵃ ὁ πατὴρ ὑμῶν
ἔμπροσθεν τῶν ἀγγέλων
ᵇἔτι ὢν ἐν τῷ παραδείσῳ ᵇ,
ᶜκαὶ λέγουσιν ᵈοἱ ἄγγελοι αὐτῷ ᵈ·
τί θέλεις, ποιήσωμέν σοι, '' ᵉ Ἀδάμ;
29,3 ᵃἀποκριθεὶς δὲ ᵃ ὁ πατὴρ ὑμῶν
εἶπε τοῖς ἀγγέλοις·
ἰδού, '' ᵇ ᶜἐκβάλλετέ ᶜ με ᶜ·
δέομαι ὑμῶν·
ἄφετέ με ἆραι εὐωδίας
ἐκ τοῦ παραδείσου,
ἵνα μετὰ τὸ ᵈἐξελθεῖν ᵈ με
ᵉἀνενέγκω ᵉ θυσίαν τῷ θεῷ,
ᶠὅπως εἰσακούσεταί μου ὁ θεός ᶠ.
29,4 ᵃκαὶ προσελθόντες
ᵇεἶπον οἱ ἄγγελοι ᵇᵃ τῷ κυρίῳ·
ᶜϊαήλ ᶜ, αἰώνιε βασιλεῦ,
κέλευσον δοθῆναι τῷ Ἀδὰμ
ᵈθυμιάματα ᵈ εὐωδίας
ᵉἐκ τοῦ παραδείσου ᵉ.
29,5 καὶ ἐκέλευσεν ὁ θεὸς
ᵃἐαθῆναι ᵃ τὸν Ἀδάμ,
ᵇἵνα λάβῃ εὐωδίας
ᶜκαὶ σπέρματα ᶜ εἰς διατροφὴν αὐτοῦ ᵇ.
29,6 καὶ ἀφέντες αὐτὸν οἱ ἄγγελοι
ᵃἤνεγκαν ᵃ ᵇτέσσαρα ᵇ γένη·
κρόκον
καὶ νάρδον
καὶ κάλαμον
καὶ κινάμωμον

29,1 Als der Herr dies gesagt hatte,
wies er seine Engel an,
uns aus dem Paradies
herauszuwerfen.
29,2 Euer Vater aber weinte
vor den Engeln –
er war noch im Paradies –,
und die Engel sagen zu ihm:
„Was sollen wir für dich tun, Adam?"
29,3 Euer Vater aber antwortete
und sagte zu den Engeln:
„Siehe, ihr werfet mich heraus;
ich erbitte von euch:
Erlaubet mir, Wohlgerüche mitzunehmen
aus dem Paradies,
damit ich, nachdem ich herausgegangen bin,
Gott ein Opfer darbringen kann,
auf daß Gott mich erhöre."
29,4 Und die Engel traten hinzu
und sprachen zum Herrn:
„Jael, ewiger König,
befiehl, daß Adam
Räucherwerk des Wohlgeruchs
aus dem Paradies gegeben werde."
29,5 Und Gott befahl,
daß von Adam abgelassen werde,
damit er Wohlgerüche empfange
und Samen zu seiner Ernährung.
29,6 Und die Engel ließen von ihm ab
und brachten vier Sorten:
Krokos,
Narde,
Rohr
und Zimt

ᶜᵈκαὶᵈ ᵉᵍἕτεραᵉ ᶠσπέρματαᶠ	und andere Samen
εἰς διατροφὴν αὐτοῦᶜ.	zu seiner Ernährung.
ᵍκαὶ λαβὼν ταῦτα	Und nachdem er sie empfangen hatte,
ἐξῆλθεν ἐκ τοῦ παραδείσου,	ging er aus dem Paradies,
''ʰ καὶ ἐγενόμεθα ἐπὶ τῆς γῆςᵍ ''ⁱ ''ᵏ.	und wir kamen auf die Erde.

- Zeugen: St AV An₂⁽ᵇⁱˢ ²⁸,⁴⁾ Pa AH⁽ᵃᵇ ²⁹,³⁾ B A AC Ath C VitAd(arm) VitAd(georg) VitAd(latᵖ)⁽²⁹,¹⁻⁶⁾ Fajj⁽²⁸,³⁻²⁹,⁶⁾ Va P¹ LibAd(slav) P² J² J³ ApcMos(arm)⁽ˢ· ¹³⁻¹⁵⁾ Br S¹ J¹ E¹ E².

- Es fehlen: D An₂⁽ᵃᵇ ²⁸,⁴⁾ AH⁽ᵇⁱˢ ²⁹,³⁾ VitAd(latᵖ)⁽²⁷⁻²⁸⁾ VitAd(latᵐᵉ) An₁ S³ AD.

Zum Text

27,1a St An₂-Pa A-AC (=*Ia) P²-J²-J³ (=*III) S¹ (=*IIIa) J¹-E¹-E²: txt; AV B Ath-C Va-P¹ (=*II) Br: καί. **27,1b** St AV Pa A-AC-Ath (=*Ia) (P¹) (=*II) P²-J²-J³ (=*III) J¹: κελεύει; B Br-S¹ (=*IIIa) E¹-E²: ἐκέλευσε (sq. BERTRAND); An₂: †καὶ λέγει† (« και λευει); C Va: λέγει. **27,1c** St AV An₂ B A-AC-Ath-C (=*Ia) Va (=*II) Br-S¹ (=*IIIa *III): τοῖς ἀγγέλοις αὐτοῦ (a); Pa P¹: τοὺς ἀγγέλους (ba); P²-J²-J³: τοῖς ἁγίοις αὐτοῦ ἀγγέλοις τοῦ (cga); ApcMos(arm) Aᵃ: »seinen Engeln« (decga); ApcMos(arm) Cᵃ: »seinen heiligen Engeln« (vgl. Yov. 13₁) (ecga); J¹: τοῖς ἀγγέλοις τοῖς ἁγίοις (fga); E¹ (=*IIIb): τοῖς ἁγίοις ἀγγέλοις τοῦ (ga); E²: τοῖς ἀγγέλοις (hga). **27,1d** St AV (An₂)-Pa B A-AC-Ath-(C) (=*Ia) Va-P¹ (=*II) J¹-E¹-E² (=*III): ἐκβληθῆναι; P²-J²-J³ (Br)-S¹ (=*IIIa): ἐκβαλεῖν. **27,1e** Br-S¹ (=*IIIa): καὶ ἔταξεν τὴν φλογίνην ῥομφαίαν τὴν στρεφομένην φυλάττειν τὸν παράδεισον (nach Gen 3,24 ⑯). **27,2a** St AV A-AC (=*Ia) P²-J²-J³ (=*III) (ApcMos[arm]): Ἀδάμ; An₂-Pa B Ath-C (Va)-(P¹) (=[*II]) Br-S¹ (=*IIIa) J¹-E¹-E²: om. **27,2b** P²-J²-J³ (=*III) ApcMos(arm) Br-S¹ (=*IIIa) J¹-E¹-E²: φιλάνθρωπον. **27,2c** St AV An₂-Pa B A-AC-Ath-C (=*Ia) Va-P¹ (=*II) | E¹-E²: txt. (a|aba); P²-J²-J³ (=*III) ApcMos(arm) Br-S¹ (=*IIIa) J¹: ἴσως (ba). **27,2d** St (B) J¹: σπλαγχνισθεὶς ἐλεήσῃ (ba); An₂-Pa A-AC-Ath-C (=*Ia) Br (=*IIIa *III) (E¹)-E² (=*IIIb): σπλαγχνισθῇ καὶ ἐλεήσῃ (a); Va: σπλαγχνισθῇ ὁ θεὸς ἐπ' ἐμοὶ καὶ ἐλεήσῃ (ca); P¹: σπλαγχνισθῇ τοῦ ἐλεῆσαι (da); P²-J²-J³ S¹: σπλαγχνισθῇ ἐλεήσῃ (ea); AV: def. *II = *I. **27,2e** St: μοι (sq. BERTRAND); AV An₂ B AC-Ath-C (=*Ia) Va (=*II) P²-J²-J³ (=*III) Br-S¹ (=*IIIa) J¹-E¹-E²: με (sq. NAGEL) (ἐλεέω + Akk. ist ganz gewöhnlich, vgl. BAUER s.v. ἐλεέω [Sp. 503–504]); Pa A: μ-; P¹: ἡμᾶς. **27,3a** St AV (A)-(AC)-Ath (=*Ia): αὐτοὶ δὲ ἐπαύσαντο τοῦ ἐλαύνειν αὐτόν; An₂-(Pa): αὐτοὶ δὲ ἐπαύσαντο ἐλαύνειν ἡμᾶς; B: καὶ παυσάμενοι τοῦ ἐλαύνειν αὐτόν; C: αὐτοὶ δὲ ἔπαυσαν ἐλαύνοντες ἡμῶν; Va: καὶ ἐπαύσαντο ἐλαύνειν ἡμᾶς; P¹: αὐτοὶ δὲ ἐλαυνόμενοι ἡμᾶς ἐπαύσαντο; P²-J²-J³ (=*III) ApcMos(arm) (Br)-(S¹) (=[*IIIa]): καὶ ἐπαύσαντο οἱ ἄγγελοι τοῦ ἐλαύνειν αὐτόν; J¹: om; E¹-(E²): καὶ ἔασαν αὐτὸν ὀλίγον. **27,3b** St AC: om. **27,4a** AV An₂-Pa B Va Br-S¹ (=*IIIa): om. **27,4b** (St) (An₂) (Br) E¹-E²: ἐκβαλεῖν (ba); AV | Ath | P²-J²-J³ (=*III) S¹ (=*IIIa) J¹: ἐκβάλλοντες (a|ada|a); Pa B: ἐκβάλετε (ca); A-AC-C (=*Ia) Va-P¹ (=*II): ἐλαύνοντες (nach 27,3: ἐπαύσαντο τοῦ ἐλαύνειν αὐτόν) (da). **27,4c** St AV An₂-Pa A-AC-(Ath) (=*Ia) (P¹) (=*II): τὸν Ἀδάμ; B Va P²-J²-J³ (=*III) Br-S¹ (=*IIIa) J¹-E¹-E²: αὐτόν; C ApcMos(arm): αὐτούς. **27,4/28,1D** J¹-E¹-E²: om. **27,5a** AV: προσέπεσαν; B: προσέπεσαν ἐπὶ τὴν γῆν. **28,1/29,1A** Va-P¹ (=*II): om. **28,1b** St A-AC (=*Ia) P²-J²-J³ (=*III) Br-S¹ (=*IIIa): txt; (AV) B Ath-C ApcMos(arm): ὁ κύριος (sq. BERTRAND); An₂-Pa: πάλιν; Va P¹ J¹ E¹ E²: def. **28,1c** An₂-Pa B C: om. (hapl.). **28,2a** St An₂ A-Ath (=*Ia) | S¹: ἢ (sq. BERTRAND, NAGEL) (a|aba); AV Pa B AC P²-J²-J³ (=*III) Br (=Rez IIIa) J¹-E¹-E²: om. (ba); Va P¹: def. **28,3a** St An₂ A-AC-Ath (=*Ia) | ApcMos(arm) E²: τὸν Ἀδάμ (a|aca); Pa (B) Br-S¹ (=*IIIa): αὐτόν (ba); P²-J²-J³ (=*III) J¹-E¹: τὸν πατέρα ὑμῶν Ἀδάμ (ca); AV C Va P¹: def. **28,3b** J¹: νῦν οὐ λήψῃ ἀπ' αὐτοῦ; (E¹)-(E²): ᵃνῦνᵃ, ᵇὦ Ἀδάμᵇ, διὰ σὲ ταῦτα ᶜπάνταᶜ ἐποίησα, ᵈδιὰ ᶜσὲ ᵉτὴν χάριν καὶ δόξαν τὴν τοιαύτην ἐχάρισα^d· σὺ δὲ ἠθέτησάς με. ἄρατε αὐτὸν ἔξω¹ (»Für jetzt [?], o Adam, um deinetwillen habe ich dies alles gemacht, um deinetwillen habe ich derartige Gnade und Herrlichkeit geschenkt; du aber hast mich geringgeschätzt. Schafft ihn raus!«). **28,3c** St AV B (Ath)-(C) (=*Ia) P²-J²-J³ (=*III) ApcMos(arm) Br-S¹ (=*IIIa) (J¹)-(E¹): νῦν; An₂-Pa A-AC E²: om; Va P¹: def. **28,3d** St: ὁ. νῦν (nach οὐ λήψει νῦν, vgl. °28,3c); AV A-AC-Ath-C (=*Ia) P²-J²-J³ (=*III) (ApcMos[arm]): ὁ. γάρ; An₂-Pa B: ὁ. δέ; J¹-E¹-E²: καὶ ὁ.; Va P¹ Br S¹: def. **28,3e** St (AV): ὅρισται (3. Sg. Perf. Med/Pass., regulär: ὥρισται); An₂-Pa (A)-Ath-(C) (=*Ia) P²-J²-J³ (=*III) J¹-(E¹)-(E²): ὁρίσθη (A: ὡρίσθη; C^[cod]: ὁρήστοι). Ὅρισται dürfte auf ein aus ΟΡΙΣΘΗ verderbtes *ΟΡΙΣΤΗ zurückgehen (statt θ wurde gelegentlich fehlerhaft τ geschrieben, vgl. DIETERICH 100, vgl. auch C!). BERTRAND liest reguläres ὡρίσθη, doch das temporale Augment ist nur in A belegt (zum Schwund des temporalen Augments vgl. DIETERICH 210 und HATZIDA-KIS 68). **28,3f** St: τῷ χερουβὶμ καὶ τὴν φλογίνην ῥομφαίαν τὴν στρεφομένην (ba); AV: τῷ χερουβὶμ καὶ τῇ φλογίνῃ ῥομφαίᾳ (cba); An₂-Pa: τὸ σεραφὶμ καὶ ἡ φλογίνη ῥομφαία ἡ στρεφομένη (dba); B: τὰ χερουβὶμ καὶ τῇ φλογίνῃ ῥομφαίᾳ τῇ στρεφομένῃ (eba); A^(cod): τῶν χερουβὶμ καὶ τῇ φλογίνῃ ῥομφαία τῇ στρεφομένη (fa); AC-(Ath)-(C) (=*Ia): τὰ χερουβὶμ καὶ τὴν φλογίνην ῥομφαίαν τὴν στρεφομένην (a); P²-J²-J³ (=*III) J¹-E¹: τὰ χερουβὶμ καὶ ἡ φλογίνη ῥομφαία ἡ στρεφομένη (ga); E²: τὰ χερουβὶμ καὶ τὴν †φλογίνη ῥομφαία† (hga). Der Grund der Variantenbildung besteht darin, daß man nach ὁρίσθη entweder einen Dativ (ba) oder einen Nominativ (fa) erwartete, nicht aber den ursprünglichen AcI, der ὁρίζειν im Sinne von »bestimmen, anordnen« zwar ungewöhnlich, aber möglich ist, vgl. Euripides, Ion 1222 und 3. Mkk 5,42. BERTRAND liest τῷ χερουβὶμ καὶ τῇ φλογίνῃ ῥομφαίᾳ τῇ στρεφομένῃ - eher an St orientiert. Mit dieser Rekonstruktion müßte man annehmen, daß der Verfasser - gegen Gen 3,24 𝔐𝔊 – vor dem Paradies nur einen Cherub stehen sieht, zudem müßte er χερουβίμ irregulär für einen Singular halten; noch in Apc Mos 19,2 wird aber χερουβίμ als Plural aufgefaßt. Eine Parallele zu dieser Lesart findet sich in Gen 3,24 (boh/pap.bodm.III), dort steht ⲁϥⲭⲱ ⲛ̄ⲛⲟⲩⲭⲉⲣⲟⲩⲃⲓⲛ (»er postierte einen ‚Cherubin'«) (KASSER [CSCO 177] 52). **28,3g** St Ath-(C) P²-J²-J³ (=*III) J¹-E¹-E²: φυλάσσειν; AV B A-AC (=*Ia): φυλάττειν (vgl. °15,2b.d.h.; °17,3d); An₂-Pa: φρουρεῖν; Va P¹ Br S¹: def. **28,3/4H** J¹-E¹-E²: om. **28,4a** Fajj^(r1): om. **28,4b** An dieser Stelle setzt BERTRAND 28,4 an. **28,4c** Fajj^(r1): 11 ⲁⲗⲁ ⲣⲓ 12 ... ⲛ ⲁⲕ-ϣⲁⲛⲓ ⲉⲃⲁⲗ 13 ... ⲙⲡⲉⲓⲙⲉ ⲛⲕϣⲟ[. .] 14 [.. ϩⲓⲭⲉⲛ [ⲡ]ⲕⲉϩⲓ (»aber ... gehst du fort von diesem Ort und [..] auf der Erde«) (die Ergänzungen stammen von mir). **28,4d** St Ath: ἀλλά (ba); AV Pa A-AC-C (=*Ia): ἀλλ' (a); B Br-S¹ (=*IIIa *III): om. (wegen des vorhergehenden δέ) (ca); P²-J²-J³ (=*IIIb⁷) ApcMos(arm): καί (da); Va P¹ J¹ E¹ E²: def. **28,4e** St AV Pa B A-(AC)-Ath-C (=*Ia) Br-S¹ (=*IIIa *III): ἑαυτόν; P²-J²-J³: σεαυτόν (sq. BERTRAND); Va P¹ J¹ E¹ E²: def. **28,4f** Pa: μετὰ θάνατον; Ath: καὶ μετὰ θάνατον; P²-J²-J³ (=*III) (ApcMos[arm]) (Br)-(S¹) (=[*IIIa]): μετὰ τὸ ἀποθανεῖν σε (*IIIa: σε [ht: ἀποθανεῖν... ἀποθανεῖν]). **28,4g** St B A-AC-C (=*Ia) Br-S¹ (=*IIIa *III): γενομένης; AV Pa Ath: γεναμένης; P²-J²-J³: γινομένης; Va P¹ J¹ E¹ E²: def. **28,4h**: St AV Pa A-AC-Ath-C (=*Ia) Br-S¹ (=*IIIa *III): txt (a); B: τότε (ba); P²-J²-J³: ἔκτοτε (ca); ApcMos(arm): »yaynžam« (»zu der Zeit«) (da); Va P¹ J¹ E¹ E²: def. **29,1a** St Ath (=*Ia) P²-J²-J³ (=*III) Br-S¹ (=*IIIa): τοῖς ἀγγέλοις αὐτοῦ; AV: τοῖς ἀγγέλοις; Pa: τοὺς ἀγγέλους; A: τοὺς ἀγγέλους αὐτοῦ; B AC C J¹-E¹: om; Va P¹ E²: def. **29,1b** Fajj^(r2): 4 ⲁⲩⲱϣ 5 ⲉⲃⲁⲗ ⲉⲩⲭⲱ· ⲛ̄ϩⲉⲛ 6 ⲥⲙⲏ ⲛϩⲁ† ϫⲉ ⲙⲁⲁϣ 7 ⲉⲃⲁⲗ ⲕⲁⲧⲁⲧⲕⲉⲗⲉⲩϭⲓⲥ 8 ⲙ̄ⲫ̄ⲧ̄ (»Und sie schrien und sprachen mit fürchterlichen Stimmen: Geht heraus, wie Gott befohlen hat!«). **29,2a** P²-J²-J³ E²: om; Br-S¹ (*IIIa *III) J¹-E¹ et rell: δέ. **29,2b** St: ἔτι ὢν ἐν τῷ παραδείσῳ (a); Pa | VitAd(arm) VitAd(georg) VitAd(lat^p) Fajj^(r2) | J¹-E¹-E²: om. (ba|bda|bca); B P²-J²-J³ (=*III)

---

¹ Varianten: **a-a**: E¹: νῦν (vgl. J¹); E²: om. **b-b** E¹: ὤτ̓ντ̓ 'Αδάμ; E²: om. **c-c** E²: om. **d-d** E¹: txt; E²: σὲ δὲ ταῦτα ἐχαρίσθη. **e-e** E¹: σοι; E²: σε.

ApcMos(arm): ἐν τῷ παραδείσῳ (sq. BERTRAND) (haplographischer Ausfall von ἔτι ὤν) (ca); A-AC-Ath (=*Ia) P¹ (=*II): ἀπέναντι τοῦ παραδείσου (sq. NAGEL) (nach Gen 3,24 𝕲) (da); AV C Va Br S¹: def. Daß *Ia nicht ursprünglich sein kann, zeigt Apc Mos 29,3: Dort ist vorausgesetzt, daß Adam noch im Paradies ist (ἵνα μετὰ τὸ ἐξελθεῖν με!). **29,2/3C** Va-P¹ (=*II): λέγων. **29,2d** St (B) A-Ath (=*Ia): οἱ ἄγγελοι αὐτῷ; (Pa) AC (C) P²-J²-J³ (=*III) Br-S¹ (=*IIIa) E¹: αὐτῷ οἱ ἄγγελοι; AV J¹ E²: οἱ ἄγγελοι; Va P¹: def. **29,2e** St Pa J¹: ὦ. **29,3a** St J²-J³: καὶ ἀποκριθείς; (Pa) B A-AC-Ath-C (=*Ia) P² (=*III) J¹: ἀποκριθεὶς δέ; E¹-(E²): ὅδε ἀποκριθείς; AV Va P¹ Br S¹: def. **29,3b** P²-J²-J³ (=*IIIb *III⁷) ApcMos(arm) J¹-E¹-E²: ἀπαρτί; Br S¹: def. **29,3c** St Pa B AC C E¹-E²: ἐκβάλετε; A-Ath (=*Ia) P²-J²-J³ (=*III) J¹: ἐκβάλλετε; AV Va P¹ Br S¹: def. **29,3d** St AV: ἐξελθῆναι – ähnlich ἐλθῆναι in °21,3a (Pa) und °29,5a (A). **29,3e** St AV P²-J²-J³ (=*III) Br-S¹ (=*IIIa) J¹-E¹-E²: ἀνενέγκω; Pa-AH A-AC-Ath: ἐνέγκω; Va-(P¹) (=*II): προσενέγκω; B C: def. *Ia = *I? **29,3f** Br-S¹ (=*IIIa): ὅπως εἰσακούσεταί μου, λάβω δὲ καὶ σπέρματα εἰς διατροφήν μου (vgl. 29,5); J¹-E¹-E²: om. **29,4a** E¹: ἀφέντες τὸν Ἀδὰμ οἱ ἄγγελοι ἐπὶ τὴν πύλην †τῆς† ἔσωθεν τοῦ παραδείσου ἦλθον καὶ εἶπον; (E²) et rell: txt (vgl. °29,4b). Für den Interpolator hat der Dialog zwischen Adam und den Engeln (28,2-3) außerhalb des Paradieses stattgefunden. **29,4b** St AV A-AC (=*Ia) P²-J²-J³ (=*III) (Br)-(S¹) (=*IIIa) J¹: εἶπον οἱ ἄγγελοι; Pa-AH B Ath-C (Va)-P¹ (=*II) E²: οἱ ἄγγελοι εἶπον; E¹: def. **29,4c** St (AV) A-AC (=*Ia) P²-J²-J³ (=*III) J¹: Ἰαήλ (a); Pa Ath P¹: om. (ba); AH⁽ᶜᵒᵈ⁾: †ταΰλε† (ca); C Va E¹-E²: Ἰωήλ (da); ApcMos(arm): »Ayil, Ayil« (ea); Br (=*IIIa): Ἰῆλ (fa); S¹: Ἰστραήλ (gfa). **29,4d** AV P²-J²-J³ (=*III) Br-S¹ (=*IIIa) J¹-E¹-E²: θυμίαμα; Pa-AH (B) A-Ath (=*Ia) Va-(P¹) (=*II): θυμιάματα (wegen der Pluralformen im Kontext [29,5: εὐωδίας, σπέρματα] vorzuziehen); St AC C: def. **29,4e** St A B A-Ath-C (=*Ia) P¹ (=*II) P²-J²-J³ (=*III) ApcMos[arm]): txt; Pa-AH AC Va Br-S¹ (=*IIIa) J¹-E¹-E²: om; St: def. **29,5a** AV (=*III) ἐλθεῖν (< ἐλθῆναι < ἑαθῆναι [vgl. A]) (ba); A: ἐλθῆναι (Λ < Α) (ca); Ath (=*Ia) P²-J²-J³ (=*III): ἑαθῆναι (a); Va: δοθῆναι (da); ApcMos(arm): »acel zAdam arâji iur« (»daß Adam vor ihn [sc. Gott] geführt werde«) statt ἑαθῆναι τὸν Ἀδάμ (ea); St Pa AH AC C P¹ Br S¹ J¹ E¹ E²: def.Ἐλθεῖν/ἐλθῆναι sind auszuschließen, da in 29,6 berichtet wird, daß die Engel das erbetene Räucherwerk brachten – dann kann Adam nicht selbst gegangen sein. **29,5b** Va-P¹ (=*II) (LibAd[slav]): om. (vgl. °29,6c). **29,5c** St AV Pa-AH B P²-J²-J³ (=*III) Br-S¹ (=*IIIa) (J¹): καὶ σπέρματα (a); A (=*Ia²/²): ἀρώματα ἐκ τοῦ παραδείσου (bca); AC: ἀρωμάτων ἐκ τοῦ παραδείσου (dbca); Ath: om. (ebca); C: ἐκ τοῦ παραδείσου (fbca); Va P¹ E¹ E²: def. *Ia: καὶ σπέρματα ἐκ τοῦ παραδείσου (ca). **29,6a** St Pa-AH (P¹) (=*II *Ia): ἤνεγκαν (P¹: ἔνεγκαν) (a); B: ἔλαβε (sq. BERTRAND, NAGEL) (ca); A-(AC)-Ath-(C): ἐπεσύναξεν (da); VitAd(arm): »er nahm« (eda); VitAd(georg): »prit« (fda); VitAd(latᵖ): *tulit secum* (gda); P²-J²-J³ (=*IIIb) J¹-E¹: εἰσῆλθε καὶ ἔλαβε (ha); Br-S¹ (=*IIIa): δέδωκαν αὐτῷ (ia); Va: def. *III = *I? Das vorhergehende ἀφέντες konnte leicht dahingehend verstanden werden, daß die Engel Adam gehen ließen, damit er sich die erwünschten Güter hole, daher die Varianten (außer derjenigen von *IIIa). Aber hier bedeutet es wohl eher, daß die Engel von Adam abließen (damit sie sich selber auf den Weg machen können, um Adam Räucherwerk und Samen zu bringen). **29,6b** St Pa-AH B VitAd(georg) (=*Ia) VitAd(latᵖ) P²-J²-J³ (=*III) ApcMos(arm) Br-S¹ (=*IIIa) J¹-E¹-E²: τέσσαρα (a); A-AC-Ath-C: †ἀμφότερα† (ba); Va: τρεῖς (ca); AV VitAd(arm) P¹ LibAd(slav): def. **29,6c** VitAd(arm.georg.latᵖ) Va-P¹ (=*II) Lib Ad(slav): om. VitAd unterdrückt den Hinweis auf Samen aus dem Paradies in Kap 29, weil Adam in VitAd diese erst aufgrund einer Buße nach der Vertreibung erhält, vgl. VitAd (arm.georg.lat) 1-20(22) und speziell VitAd(arm.georg) 20,1 // VitAd(lat) 22,2. Aus einem ähnlichen Grund wird auch *II das Motiv hier aussparen (vgl. auch °29,5b): Sie interpoliert ein Korrelat zu VitAd 1-10 im Anschluß an 29,6 (vgl. °29,6k), und aus diesem geht hervor, daß Adam und Eva nach ihrer Vertreibung nichts zu essen hatten. **29,6d** St Pa-AH A-AC-Ath-C (=*Ia) | J¹-E¹-E²: καί (a|aba); P²-J²-J³ (=*III) Br-S¹ (=*IIIa): ἔλαβε δὲ καί (nach °29,6a *III) (ba); ApcMos(arm): »eu ayl« (cba). **29,6e** A-AC-Ath: λοιπά; C⁽ᶜᵒᵈ⁾: ἀλλάτην (nach NAGEL III,215₁ ist

ἄλλα τίνα gemeint); Va P¹: def. **29,6f** J¹-E¹-E²: εἴδη. **29,6g** Br-S¹ (=*IIIa): καὶ τηνικαύτα
γεγόναμεν ἐπὶ τὴν γῆν; J¹-E¹-E²: om. **29,6h** BERTRAND setzt an dieser Stelle 29,7 an. **29,6i** J¹:
καὶ πεσὼν ἐπὶ πρόσωπον ἔκλαυσα ἐξερχομένου τοῦ Ἀδὰμ ἐκ τοῦ παραδείσου (a); E¹: καὶ
πεσὼν ἐπὶ πρόσωπον ἔκλαυσεν πικρῶς, ὥστε ἐκ τῶν ὀφθαλμῶν αὐτοῦ ἀντὶ δακρύων αἷμα
ἔρεεν, ἐξερχομένου αὐτοῦ ἐκ τοῦ παραδείσου. συνέκλαιον δὲ αὐτὸν καὶ οἱ ἄγγελοι ἐπὶ
τὸ ἐξαίσιον πάθος, οἷον συνέβη αὐτῷ (ba); E²: καὶ πεσῶν ἐπὶ πρόσωπον ἔκλαυσε πικρῶς.
συνέκλαιον δὲ αὐτῷ καὶ οἱ ἄγγελοι ἐπὶ τὸ ἐξαίσιον πάθος, οἷον συνέβη αὐτῷ. ἐξελ-
θόντων ἡμῶν ἔταξεν τὴν φλογίνην ῥομφαίαν τὴν στρεφομένην φυλάττειν τὴν πύλην τῆς
Ἐδέμ (cba). **29,6k** Va-P¹ (=*II): 7 Ἐγένετο δὲ ἡμᾶς ᵃπενθῆσαιᵃ ᵇἡμέρας ἑπτάᵇ, ᶜκαὶ μετὰᶜ
‘‘ᵈ ἑπτὰ ἡμέρας ἐπεινάσαμεν. καὶ εἶπον ᵉτῷ Ἀδάμ· ᶠἀνάστα καὶᶠ ᵍφρόντισονᵍ ἡμῖν
βρώματα, ἵνα φάγωμεν καὶ ʰζήσωμεν, ἵναʰ μὴ ἀποθάνωμεν· ἐγερθῶμεν καὶ ⁱκυκλώσωμενⁱ
τὴν γῆν, ᵏἵνα ἰδῶμεν›ᵏ, ᵐεἴᵐ οὕτως ⁿεἰσακούσηⁿ ᵒἡμῖνᵒ ὁ θεός. καὶ ἀνέστημεν καὶ
διωδεύσαμεν πᾶσαν τὴν γῆν ᴾἐκείνηνᴾ καὶ οὐχ εὕρομεν. 8 ᵃΕἶπεν ἡ Εὖα τῷ Ἀδάμ·ᵃ
ἀνάστα, κύριε, ᵇκαὶ ἀνάλωσόν μεᵇ, ἵνα ἀναπαύσωμαι ἀπὸ ᶜπροσώπου σουᶜ καὶ ἀπὸ ‘‘ᵈ
τοῦ θεοῦ καὶ ἀπὸ τῶν ‘‘ᵉ ἀγγέλων, ὅπως παύσωνται ᶠὀργίζεσθαίᶠᵍοιςᵍ ᵈιᵈ ἐμοῦʰ. 9 τότε
ᵃἀποκριθεὶς ὁᵃ Ἀδὰμ εἶπε ᵇτῇ Εὖα·ᵇ ᶜτίᶜ ἐμνήσθης τῆς ‘‘ᵈ κακίας ταύτης, ἵνα ᵉφόνον
ποιήσωᵉ καὶ ἐνέγκω ‘‘ᶠ ᵍθάνατονᵍ τῇ ʰἐμῇ ⁱπλευρᾷⁱ; ᵏἤ πῶςᵏ ᵐἐκτείνωᵐ χεῖρα τῇ εἰκόνι
ⁿτ‹οῦ› θεοῦ, ἥν ἔπλασενⁿ; ἀλλὰ ᵒμετανοήσωμεν ἡμέρας τεσσαράκονταᵒ, ᴾὅπως
σπλαγχνισθῇ ἡμῖν ὁ θεὸς καὶ δώσῃ ἡμῖν τροφὴν ᑫκρείσσον‹α τῆς› τῶνᑫ θηρίων. 10 ἐγὼ
μὲν ποιήσω ἡμέρας ᵃτεσσαράκονταᵃᴾ, σὺ δὲ ‘‘ᵇ ᶜτριάκοντα τέσσαρεςᶜ, ᵈὅτι σὺ οὐκ
ἐπλάσθης τῇ ἡμέρᾳ τῇ ἕκτῃ, ἐν ᾗ ᵉἐτέλεσεν›ᵉ ὁ θεὸς τὴν κτίσιν αὐτοῦ. ἀλλὰ ἀνάστα
καὶ πορεύου εἰς τὸν Τίγριν ποταμὸνᵈ καὶ λαβὲ ᶠλίθονᶠ καὶ ᵍθὲς ὑπὸ τοὺς πόδας σουᵍ καὶ
στῆθι ἐνδεδυμένη ʰτῷ ὕδατιʰ τοῦ τραχήλου. καὶ μὴ ἐξέλθῃ λόγος ἐκ τοῦ στόματός
σου· ⁱἀνάξιοι γάρ ἐσμε, καὶ τὰ χείλη ἡμῶν οὐκ ᵏἔστιᵏ καθαρά, ᵐἀλλὰ σιγοῦσα βόησον
τῷ θεῷ - βεβαπτισμένη ἐν τῷ ὕδατι - ἐξ ὅλης τῆς καρδίας σουᵐ. 11 Ἐπορεύθη δὲ Ἀδὰμ
ᵃεἰς τὸν Ἰορδάνην ποταμόνᵃ ‘‘ᵇ, ᶜκαὶ ἡ θρὶξ τῆς κεφαλῆς αὐτοῦ ἠπλοῦτο ᵈεὐχομέν‹ου›ᵈ
ἐν τῷ ὕδατιᶜ. καὶ ἔκραξε φωνῇ μεγάλῃ λέγων· σοὶ λέγω, ᵉτὸ ὕδωρᵉ τοῦ Ἰορδάνου ‘‘ᶠ.
στῆθι ᵍκαὶ εὔχου, ὁμοῦᵍ ʰκαὶ πάντα τὰ θηρίαʰ καὶ πάντα τὰ πετεινὰ καὶ ⁱπάντα τὰ
ἑρπετὰⁱ ᵏἐν τ‹ῇ› γῇ καὶ θαλάσσῃᵏ. καὶ πάντες οἱ ἄγγελοι καὶ πάντα τὰ ποιήματα τοῦ
θεοῦ ἐκύκλωσαν τὸν Ἀδὰμ ὡς τεῖχος κύκλῳ αὐτοῦ ᵐκλαίοντεςᵐ καὶ προσευχόμενοι ⁿτῷ
θεῷⁿ ὑπὲρ τοῦ Ἀδάμ, ὅπως ᵒεἰσακούσηταιᵒ ᴾαὐτοῦᴾ ὁ θεός. 12 Ὁ δὲ διάβολος ᵃμὴᵃ
εὑρὼν ᵇτόπον εἰς τὸν Ἀδὰμᵇ ἐπορεύθη εἰς τὸν Τίγριν ποταμὸν ᶜπρὸςᶜ ᵈτὴν Εὖανᵈ ᵉκαὶ
λαβὼνᵉ ᶠσχῆμαᶠ ᵍἀγγέλουςᵍ ‘‘ʰ ἔστη ⁱἐνώπιον αὐτῆςⁱ κλαίων, καὶ τὰ δάκρυα αὐτοῦ ᵏἔρεενᵏ
ἐπὶ τὴν γῆν ᵐκαὶ ἐπὶ τὴν στολὴν αὐτοῦᵐ ἐκ τοῦ πλήθους, καὶ ἐφαίνετο αὐτῇ ὡς
ἄγγελοςⁿ. καὶ λέγει ᵒτῇ Εὖα·ᵒ ᴾἀνελθὲᴾ ἐκ τοῦ ὕδατος καὶ παῦσαι ᑫτοῦ κλαυθμοῦᑫ·
ʳἤκουσε γὰρ ˢὁ θεὸςˢ τῆς δεήσεώς σου, ᵗὅτι ᵘκαὶᵘ ἡμεῖς οἱ ἄγγελοι καὶ ᵛπάνταᵛ τὰ
ποιήματα ‘‘ʷ ˣπαρε‹κ›αλέσαμενˣ τὸν θεὸν ʸπερὶ τῆς δεήσεως ὑμῶνʸ. 13 ᵃΚαὶ ταῦτα
εἰπὼν δεύτερονᵃ ᵇἠπάτησεν ἡμᾶς ὁ ἐχθρόςᵇ, ᶜκαὶ ἐξέβην ἀπὸ τοῦ ὕδατοςᶜ² (»7. Es

---

² Die Partition des Textes stammt von NAGEL. Da Va und P¹ auch unabhängig voneinander
stark kürzen, sind ihre Texte eher zu addieren als auf den gemeinsamen Grundbestand zu
reduzieren. Dies Verfahren wird durch Parallelen aus VitAd 1–10 und aus dem LibAd(slav)
bestätigt. Dabei kann ein insgesamt konsistenter Text rekonstruiert werden, der weitgehend dem
von NAGEL (bei DENIS 815–818 bzw. ANDERSON/STONE 1–8) und BERTRAND (92–94) entspricht. Die bei MEISER/MERK 841 an BERTRAND und NAGEL geäußerte implizite Kritik (sie
sprechen von einer »einheitlichen und geglätteten Fassung«) kann damit zurückgewiesen werden.
Varianten (in wichtigen Fällen werden Entscheidungen BERTRANDs und NAGELs notiert): **29,7a**
Va: πένθος μέγα; P¹: πενθῆσαι. **29,7b** Va: ἕως ἡμέρας ζ; P¹: ἡμέρας ἑπτά (vgl. LibAd[slav]

28–29: »und [Adam] weinte durch – sieben Tage und sieben Nächte«; VitAd[lat^{me}] 1,1: *fuerunt vii dies lugentes*). **29,7c** Va: καὶ μετά (sq. NAGEL); P¹: μετὰ δέ (sq. BERTRAND). **29,7d** Va: txt (sq. NAGEL); P¹: τάς (sq. BERTRAND). **29,7e** Va: τοῦ; P¹: τῷ (Cod: το). **29,7f** Va: ἀνάστα καί; P¹: †ἄμα δέ†. **29,7g** Va: φρόντισον; P¹: φέρον (metaplastisch nach ἄρον). **29,7h** Va: om. (sq. BERTRAND); P¹: ζήσωμεν ἵνα (sq. NAGEL) (vgl. VitAd[arm] 2,2: »damit wir *leben/gerettet werden*« statt ἵνα φάγωμεν καὶ ζήσωμεν ἵνα μὴ ἀποθάνωμεν; VitAd[georg]: »pour que nous mangions, *en attendant que nous essayions*« für dasselbe). **29,7i** Va: κυκλώσωμεν (vgl. VitAd [arm.georg.lat] 3,1); P¹: κλαύσωμεν ἐπί. **29,7k** Zu ergänzen nach VitAd(lat^p) 2,2: *quoadusque uideamus si forte miserebitur* für ⟨ἵνα ἰδῶμεν⟩ εἰ οὕτως εἰσακούσῃ, vgl. VitAd(arm) 2,2: »eu gitasc'ouk'« (»und [damit] wir wissen«) und VitAd(georg) 2,2: »qui sait«. VitAd(arm.georg) haben ἰδῶμεν mit οἶδα assoziiert. **29,7m** Va: ἦν; P¹: εἰ. **29,7n** Va: εἰσακούσῃ; P¹: ὑπακούσῃ. **29,7o** Va: ἡμῖν; P¹: ἡμᾶς. **29,7p** Va: ἐκείνην (sq. NAGEL) (vgl. VitAd[lat^{me}] 3,1: *omnem terram illam*); P¹: om. (sq. BERTRAND). **29,8a** Va: εἶπε πάλιν ἡ Εὔα; P¹: καὶ ἀποκριθεὶς εἶπον τῷ Ἀδάμ (sq. BERTRAND); NAGEL cj.: καὶ ἀποκριθεῖσα κτλ. Gegen NAGEL und BERTRAND ist an der kontextwidrigen 3. Sg. festzuhalten: Va und P¹ haben in Apc Mos 15ff. die Eva-Perspektive getreu überliefert, wenn sie hier anders verfahren, muß es also an ihrem Archetyp liegen: *II dürfte diesen Fehler unachtsam aus einer Vorlage übernommen haben, die nicht aus der Eva-Perspektive erzählte, am ehesten aus VitAd(gr). Analog ist in °29,9b; °29,12d; °29,12i; °29,12n; °29,12o zu verfahren, nur daß Va und P¹ dort nicht immer übereinstimmen. **29,8b** Va: ἐπαναλεύσομαι; P¹: καὶ ἀνάλωσόν μοι (vgl. VitAd[lat] 3,2: *fac me, utinam moriar*; LibAd[slav] 28–29: »Dann sagte Adam zu mir: Eva, es befällt mein Gemüt, daß ich dich dem Tod übergebe«, vgl. ferner 29,9: ἵνα φόνον ποιήσω κτλ.). ›Mε ist noch in ἐπαναλεύσομαι (Va) zu erkennen. **29,8c** Va: προσώπου σου; P¹: σοῦ; **29,8d** Va: txt; P¹: προσώπου. **29,8e** Va: txt; P¹ ἁγίων; **29,8f** Va: τοῦ ὀργισθῆναι; P¹: ὀργίζεσθαι. **29,8g** Va: σοι; P¹: σ-. **29,8h** Va: om; P¹: δι' ἐμοῦ (vgl. VitAd[lat^{me}] 3,2: *quia propter meam causam expulsus es inde*; ähnlich VitAd[arm.georg]). **29,9a** Va: om.; P¹: ἀποκριθεὶς ὁ (vgl. VitAd[lat^{me}] 3,3: *respondit Adam*; ähnlich VitAd[georg]). **29,9b** Va: μοι (sq. BERTRAND, NAGEL); P¹: τῇ Εὔα (vgl. °29,8a). **29,9c** Va: διὰ τί; P¹: τί. **29,9d** Va: txt; P¹: ἐνθυμήσεως καί. **29,9e** Va: φόνον ποιήσω; P¹: ποιήσω φόνον. **29,9f** Va: σοι; P¹: txt. **29,9g** Va: θάνατον; P¹: †θανάτῳ†. **29,9h** Va: ἐμαυτοῦ; P¹: ἐμῇ. **29,9i** Va: †πλευράν†; P¹: πλευρᾷ. **29,9k** Va: ὅπως; P¹: ἢ πῶς. **29,9m** Va: ἐνέγκω; P¹: ἐκτείνω; NAGEL cj. ἐπενέγκω; BERTRAND cj. ἐκτενῶ, doch an ἐκτείνω (Konj. Aor. in futurischer Verwendung) ist nichts auszusetzen. **29,9n** Va: †τῇ† θεοῦ, ἣν ἔπλασεν (vgl. Apc Mos 33,5 [Va]-[P¹] [=*II]: συγχώρησον τῷ πλάσματι σου, ὅτι εἰκὼν σού ἐστι καὶ ποίημα τῶν ἀχράντων χειρῶν σου [allerdings ist dies über Adam gesagt!] – ähnlich Apc Mos 33,5 txt und VitAd[georg] 45[33],5); P¹: ᾗ ἐποίησεν ὁ θεός. **29,9o** Va: μετανόησον ἡμέρας $\overline{μ}$; P¹: μετανοήσωμεν καὶ ποιήσωμεν προσευχὰς καὶ μετανοίας ἐπὶ ἡμέρας τεσσαράκοντα. **29,9/10P** Va: ὅπως σπλαγχνίσθη ἡμῖν ὁ θεὸς καὶ δώσῃ ἡμῖν τροφὴν †κρείσσων τῶν θηρίων†. ἐγὼ μὲν ποιήσω ἡμέρας μδ' (zum Vergleich der Nahrung der Menschen mit derjenigen der Tiere vgl. VitAd[arm.georg.lat] 4,1–3); P¹: om. (hapl.). **29,9q** Va: κρείσσων τῶν; P¹: def. (vgl. °29,9/10P); NAGEL cj. κρείσσονα τῆς τῶν. **29,10a** Va: μδ'; P¹: def, doch die haplographische Omission (°29,9/10P) läßt auf *τεσσαράκοντα schließen, dies wird durch VitAd(lat.georg) 6,1 gestützt. **29,10b** Va: txt; P¹: νήστευσον ἡμέρας. **29,10c** Va: $\overline{μ}$; P¹: τριάκοντα τέσσαρας (vgl. VitAd[georg] 6,1). **29,10d** Va: om.; P¹: ὅτι σὺ οὐκ ἐπλάσθης τῇ ἡμέρᾳ τῇ ἕκτῃ, ἐν ᾗ ἐποίησεν ὁ θεὸς τὴν κτίσιν αὐτοῦ. ἀλλὰ ἀνάστα καὶ πορεύου εἰς τὸν Τίγριν ποταμόν (vgl. VitAd[georg] 6,1: »Aussi bien, n'as-tu pas été créée le sixième jour, lorsque Dieu acheva de créer toute créature? Maintenant lève toi et va jusqu' au fleuve du Tigre«; ähnlich VitAd[arm]; VitAd[lat^{me}]: *tu autem surge et vade ad Tigris fluvium*; VitAd[lat^p] 6,1: *quoniam non es plasmata sextimo uel septimo die,* *sed ego plasmatus sum in qua die consummauit deus omnia. Surge ergo et vade ad Tygris fluuium*). **29,10e** Va: def. (vgl. °29,10d); P¹: ἐποίησεν (sq. BERTRAND); NAGEL cj. ἐτέλεσεν, vgl. VitAd(georg) 6,1: »acheva« und VitAd(latᴾ) 6,1: *consummauit*. **29,10f** Va: τὸν λίθον τοῦτον; P¹: λίθον. **29,10g** Va: ὑποθὲς ὑπὸ τῶν ποδῶν σου; P¹: θὲς ὑπὸ τοὺς πόδας σου. **29,10h** Va: τοῦ ὕδατος; P¹: ἐν τῷ ὕδατι. **29,10i** Va: ἀνάξιοι γάρ ἐσμεν, καὶ τὰ χείλη ἡμῶν οὐκ †εἴσι† καθαρά (vgl. VitAd(lat) 6,1: *quia indigni sumus rogare dominum, quia labia nostra inmunda sunt*; ähnlich VitAd[arm.georg] 6,1); P¹: om. **29,10k** Va: †εἴσι† (sq. BERTRAND); P¹: def. (vgl. °29,10i); NAGEL cj. ἔστι, vgl. 29,12 Va: τὰ δάκρυα ἔρρεε (vgl. °29,12k). **29,10m** Va: ἀλλὰ σιγοῦσα βόησον τῷ θεῷ· ὁ θεὸς ἱλάσθητί μοι (sq. BERTRAND); P¹: καὶ προσευχομένη τῷ θεῷ, καὶ τὰ χείλη †σϋγὰν†, βεβαπτισμένη ἐν τῷ ὕδατι, ἐξ ὅλης τῆς καρδίας σου; NAGEL. Zum Motiv des Schweigens vgl. VitAd(arm) 6,2, zu βόησον LibAd(slav) 35–37: »ich werde aus meinem ganzen Herzen zu Gott rufen«, zu βεβαπτισμένη ἐν τῷ ὕδατι Vit Ad(arm.georg.lat) 6,2 und zu ἐξ ὅλης τῆς καρδίας LibAd(slav) (ibidem) sowie VitAd(georg) 6,2: »de tout ton coeur«. **29,11a** Va: εἰς τὸν Ἰορδάνην ποταμόν; P¹: ἐν τῷ Ἰορδάνι ποταμῷ. **29,11b** Va: τὸν ἐξερχόμενον ἐκ τοῦ †τίγρη†; P¹: om. Zu der Va-Lesart existieren weder in den Adamviten noch in LibAd(slav) Parallelen, NAGEL und BERTRAND übernehmen sie nicht. Sie verbindet den Ort der Buße Adams stärker mit dem Evas. Damit assoziiert sie Adams Buße mit den Paradiesflüssen, vgl. PRE 20,3 (vgl. GINZBERG: Haggada, 217–218), wo Adam im Gichon büßt. **29,11c** Va: καὶ ἡ θρὶξ τῆς κεφαλῆς αὐτοῦ ἡπλοῦτο εὐχομέν†ω† ἐν τῷ ὕδατι (vgl. VitAd[latᴾ] 7,2: *et capilli capitis sui exparsi super aquas*, ähnlich VitAd [latᵐᵒ] 7,2; VitAd [georg] 7,2); P¹: om. **29,11d** Va: †εὐχομένῳ†; P¹: om. (vgl. °29,11c); NAGEL und BERTRAND cj. εὐχομένου. **29,11e** Va: τῷ ὕδατι (sq. NAGEL, BERTRAND); P¹: τὸ ὕδωρ (vokativisch). **29,11f** Va: ποταμοῦ (sq. BERTRAND); P¹: txt. (sq. NAGEL). In VitAd[arm.georg.lat] 8,1 fehlt ein Korrelat zu ποταμοῦ, daher ist P¹ zu folgen. **29,11g** Va: om; P¹: καὶ εὔχου, ὁμοῦ (vgl. VitAd[latᴾ] 8,1: *condole mihi, et congrega*; ähnlich VitAd[arm.georg] 8,1; VitAd[latᵐᵉ] 8,1: *condole mihi et segrega*). **29,11h** Va: καὶ πάντα τὰ θηρία; P¹: om. **29,11i** Va: πάντα τὰ ἑρπετά; P¹: τὰ ἑρπετὰ πάντα. **29,11k** Va: ἐν †τε† γῆ καὶ θαλάσσῃ; P¹: ἡ γῆ καὶ ἡ θάλασσα; NAGEL und BERTRAND cj. τῇ. **29,11m** Va: κλαίοντες; P¹: κλαίονται. **29,11n** Va: τῷ θεῷ; P¹: τοῦ θεοῦ. **29,11o** Va: εἰσακούσηται; P¹: εἰσακούσεται. **29,11p** Va: αὐτοῦ; P¹⁽ᶜᵒᵈ⁾: αὐτῶν (=αὐτόν?). **29,12a** Va: μή; P¹⁽ᶜᵒᵈ⁾: μὲ. **29,12b** Va: εἰς τὸν Ἀδὰμ τόπον; P¹: τόπον εἰς τὸν Ἀδάμ. **29,12c** Va: εἰς; P¹: πρός. **29,12d** Va-P¹: τὴν Εὔαν; BERTRAND cj. ἐμέ und NAGEL cj. με (vgl. °29,8a). **29,12e** Va: καὶ λαβών; P¹: λαβών. **29,12f** Va: σχῆμα; P¹: σχήματι. **29,12g** Va: ἀγγελικόν; P¹: ἀγγέλου. **29,12h** Va: txt; P¹: καί. **29,12i** Va: om. (sq. BERTRAND); P¹: ἐνώπιον αὐτῆς; NAGEL cj. ἐνώπιόν μου (vgl. °29,8a). **29,12k** Va: ἔρεεν; P¹⁽ᶜᵒᵈ⁾: ῥρεύον. **29,12m** Va: om. (sq. NAGEL); P¹: καὶ ἐπὶ τὴν στολὴν αὐτοῦ (sq. BERTRAND) – zum Gewandmotiv vgl. VitAd [georg] 9,2. **29,12n** Va: ἐκ τοῦ πλήθους, καὶ ἐφαίνετο αὐτῇ ὡς ἄγγελος (zu αὐτῇ vgl. °29,8a); P¹: om. (sq. BERTRAND, NAGEL). **29,12o** Va: μοι (sq. BERTRAND, NAGEL); P¹: τῇ Εὔα (vgl. °29,8a). **29,12p** Va: ἔξελθε ἐπὶ τὴν γῆν; P¹: ἄνελθε. **29,12q** Va: τοῦ κλαυθμοῦ (vgl. VitAd[latᴾ] 9,2: *et amplius non plores*); P¹: om. **29,12r** Va: ἤκουσε γάρ; P¹: ὅτι ἤκουσε. **29,12s** Va: ὁ θεός; P¹: ὁ κύριος. **29,12t** Va: διότι; P¹: ὅτι. **29,12u** Va: om; P¹: καί (vgl. VitAd [latᴾ] 9,3: *unde nos et omnes angeli*; ähnlich VitAd[georg] 9,3). **29,12v** Va: om; P¹: πάντα. **29,12w** Va: txt; P¹: αὐτοῦ. **29,12x** Va: παρακαλοῦμεν (sq. BERTRAND); P¹: ἐπαρακαλέσαμεν; NAGEL: παρεκαλέσαμεν. **29,12y** Va: ὑπὲρ ὑμῶν (sq. BERTRAND, NAGEL) (vgl. LibAd[slav] 38–39: »die wir für euch beteten«); P¹: περὶ τῆς δεήσεως ὑμῶν (vgl. VitAd[latᴾ] 9,3: *propter afflictionem uestram* und VitAd[georg]: »à cause de vos chagrins« [= *περὶ τῆς θλίψεως ὑμῶν?*]). **29,13a** Va: καὶ ταῦτα εἰπὼν δεύτερον (zu δεύτερον vgl. VitAd[latᵐᵉ] 10,3: *quomodo iterum seducta es ab adversario nostro*; ähnlich VitAd[georg] 10,3); P¹⁽ᶜᵒᵈ⁾: †ὦπῶς†. **29,13b**

geschah aber, daß wir sieben Tage trauerten. Und nach sieben Tagen bekamen wir Hunger. Und ich sagte zu Adam: „Steh auf und besorge uns Nahrung, damit wir essen und leben, damit wir nicht sterben. Erheben wir uns und durchstreifen wir rings[3] das Land,[4] <damit wir wissen>, ob Gott uns so Gehör schenken wird." Und wir erhoben uns und durchwanderten jenes Land ganz – und fanden nichts. 8. Eva sagte zu Adam: „Steh auf, Herr, und töte mich, damit ich abscheide von dir und Gott und den Engeln, damit sie aufhören, dir um meinetwillen zu zürnen". 9. Da antwortete Adam und sprach zu Eva: „Wie bist du auf diesen schlechten Gedanken gekommen, daß ich einen Mord begehen und meiner Rippe den Tod bringen soll? Oder soll ich etwa meine Hand gegen das Ebenbild Gottes richten, das er (mit seiner Hand) geformt hat?[5] Vielmehr lasset uns 40 Tage Buße tun, damit sich Gott unser erbarmt und uns Nahrung gibt, die besser ist als die der Tiere. 10. Ich werde 40 Tage ableisten, du aber 34, denn du wurdest nicht am sechsten Tage erschaffen, an dem Gott seine Schöpfung <vollendet hat>. Aber steh auf, begib dich zum Fluß Tigris, nimm einen Stein, leg ihn unter deine Füße und stehe – mit dem Wasser bekleidet bis zum Hals. Und kein Wort soll aus deinem Munde herausgehen, denn wir sind unwürdig, und unsere Lippen sind nicht rein, sondern schweigend rufe zu Gott, eingetaucht ins Wasser, aus vollem Herzen." 11. Adam aber ging zum Fluß Jordan, und sein Haupthaar breitete sich (auf dem Wasser) aus, während er im Wasser betete. Und er rief mit lauter Stimme: „Ich sage dir, Wasser des Jordans, stehe und bete, gleichermaßen[6] auch alle Tiere und alle Vögel und alle Kriechtiere auf der Erde und im Meer". Und alle Engel und alle Geschöpfe Gottes umringten Adam wie eine Mauer rings um ihn, dabei weinten sie und beteten zu Gott für Adam, damit Gott ihn erhöre. 12 Der Teufel aber begab sich, da er keinen Zugang zu Adam gefunden hatte, an den Fluß Tigris zu Eva; und nachdem er die Gestalt eines Engels angenommen hatte, stand er

---

Va: ἠπάτησεν ἡμᾶς ὁ ἐχθρός (sq. BERTRAND) (vgl. Apc Mos 15,1 Va-P¹ et txt: πῶς ἠπάτησε ἡμᾶς ὁ ἐχθρός und VitAd[lat^me] 10,3: *seducta es ab adversario nostro*); P¹: ἐξηπάτησέ μοι; NAGEL cj. ἐξηπάτησέν με. **29,13c** Va: om.; P¹: καὶ ἐξέβην ἀπὸ τοῦ ὕδατος (vgl. VitAd[lat] 10,1: *Exivit de aqua fluminis*).

[3] Zur Übersetzung von κυκλόω mit »rings durchstreifen« vgl. PASSOW s.v. κυκλόω §3 (I/2, Sp.1853a); sie erweist sich als nötig, weil die gleiche Tätigkeit im Folgenden mit διοδεύω bezeichnet wird. Außerdem kann man in einem größeren Gebiet nichts finden, wenn man es nur umkreist.

[4] Γῆ bedeutet hier »Land«, denn etwas weiter unten folgt die Wendung τὴν γῆν ἐκείνην, die darauf schließen läßt, daß Adam und Eva nicht die ganze Erde abgesucht haben, sondern das Land, in das sie aus dem Paradies vertrieben wurden. Dies paßt nicht zu καὶ ἐγενόμεθα ἐπὶ τὴν γῆν in Apc Mos 29,6 (auch *II so), wo γῆ eindeutig im Sinne von »Erde« zu verstehen ist. Auch an diesem Punkt zeigt sich, daß Apc Mos 29,7–13 eine Interpolation ist.

[5] Mit dem Wort πλάσσω ist in Apc Mos 33,2–37,6, worauf hier Bezug genommen wird (vgl. °29,9n), die Vorstellung von der Formung Adams durch die Hand Gottes verbunden. Daß diese hier wirklich aktiv ist, zeigt sich daran, daß Adam von seiner eigenen Hand spricht: Er möchte sie nicht erheben – gegen etwas, das Gottes Hand geformt hat. Ἔπλασεν muß hier also sehr konkret gefaßt werden, darum die erläuternde Ergänzung.

[6] Ὁμοῦ kann als das gleichlautende Adverb mit der Bedeutung »gleichermaßen«, aber auch als 2. Sg. Imp. von ὁμόω (»versammle«) identifiziert werden. Letztere Auffassung liegt offenbar in VitAd(arm.georg.lat) 8,1 zugrunde (vgl. °29,11g). Welche die ursprünglich richtige ist, hängt davon ab, welche Wesen sich ursprünglich um Adam versammeln sollten. Wenn es – wie in VitAd(arm.georg.lat) 8 – ursprünglich nur die Fische des Jordans waren, dann kann auch das Wasser sie versammeln. Für die Tiere, Vögel und Kriechtiere kann dies jedoch kaum zutreffen, daher dürfte zumindest in Apc Mos 29,11 (*II) das Adverb ὁμοῦ intendiert sein.

weinend vor ihr, und seine Tränen rannen auf die Erde und sein Gewand, so viele waren es, und er sah für sie wie ein Engel aus. Und er sagt zu Eva: „Steig aus dem Wasser und hör mit dem Weinen auf, denn Gott hat deine Bitte erhört, weil auch wir Engel und alle Geschöpfe Gott um eurer Bitte willen angefleht haben." 13. Und mit diesen Worten täuschte uns der Feind ein zweites Mal, und ich ging aus dem Wasser.«

Apc Mos 29,7–13 (*II) ist eine synoptische Parallele zu Vit Ad 1–10, also dem ersten Teil von Vit Ad 1–21, das die Adamviten der Apc Mos voraus haben. Man könnte annehmen, daß *II hier eine Textform repräsentiere, von der Vit Ad (gr) abhängig wäre – dahingehend, daß sie ursprünglich hinter Apc Mos 29 angesiedeltes Material an den Anfang gestellt hätte. Doch zwei Indizien weisen darauf hin, daß umgekehrt *II auf Vit Ad zurückgegriffen hat[7]: Zum ersten müßte dem Kontext entsprechend Apc Mos 29,7–13 eine Ich-Erzählung Evas sein, doch mehrfach wird Eva in der 3. Sg. erwähnt. Apc Mos 29,7–13 wird also ursprünglich einem anderen Kontext angehört haben, in dem nicht Eva erzählt, sondern über Eva erzählt wird – das trifft auf Vit Ad 1–21 zu. Zum zweiten wird der Hunger Adams und Evas zwar angesprochen, aber das Motiv wird nicht weitergeführt – anders in Vit Ad 1–21: VitAd (arm.georg) 20,1 // Vit Ad (lat) 22,2 berichten, daß Adam während seiner Buße im Jordan in den Techniken des Ackerbaus unterwiesen wird.

Es läßt sich auch ein Grund finden, warum *II Vit Ad 1–21 nicht vollständig übernommen hat: Apc Mos 29,13 kennzeichnet die Unterbrechung der Buße Evas durch den Teufel als »zweite Täuschung« der Erzeltern durch den Feind; der Anklang an die Einleitung von Apc Mos 15–30 (Apc Mos 15,1) ist deutlich (vgl. °29,13b).[8] Es soll also einer ersten Täuschung durch den Teufel (Apc Mos 15–30) eine zweite beigesellt werden. Dementsprechend wird ausgespart, daß Adam den Teufel sofort erkennt (Vit Ad 10,3) und daß er die Buße erfolgreich zuendeführt (Vit Ad 17ff.); erst recht natürlich paßte die Teufelsfallsgeschichte nicht in diesen Rahmen. Auch daß einiges in Apc Mos 29,7–13 knapper ausfällt als in Vit Ad 1–10, läßt sich so erklären: Die Nahrungssuche Adams und Evas wird angesprochen (29,7), aber die wiederholte Suche in Vit Ad 4,1–3 findet keine Entsprechung – die Buße ist wichtiger. Auch der falsche Hinweis des Teufels, daß für eine angemessene Ernährung nun gesorgt sei (Vit Ad 9,3), findet aus diesem Grunde in Apc Mos 29,7–13 keine Entsprechung. *II hat das übernommene Material also gekürzt – zur Kürzung neigt dieser Subarchetyp auch sonst.

Ist Apc Mos 29,7–13 somit von Vit Ad 1–10 abhängig, so kommt ihm natürlich Bedeutung für deren Textgeschichte zu – ansonsten haben sich ja kaum Passagen aus der Vit Ad (gr) erhalten. Dem nachzugehen würde freilich den Rahmen dieser Arbeit sprengen.

Unmittelbar im Anschluß an das Gottesgericht folgt die Vertreibung aus dem Paradies; der Hinweis auf den Tod Adams in Gen 3,19b, die Benennung Evas durch Adam in Gen 3,20 und die Bekleidung der beiden ersten Menschen durch Gott (Gen 3,21) bleiben also ausgespart, desgleichen die Feststellung Gottes in 3,22a, daß Adam »wie unsereiner« geworden sei. Nur selten wird in Apc Mos 15–30 die biblische Vorlage derart unberücksichtigt gelassen. Ursachen lassen

---

[7] Damit ist Apc Mos 29,7–13 natürlich auch eine Interpolation, wie ja schon die Bezeugung nahelegt. NAGEL hat es freilich in den für DENIS erstellten Text aufgenommen, doch auch er hat es – zumindest in seiner Dissertation – für ein Interpolat gehalten (vgl. das Stemma bei NAGEL I,198).

[8] Im Zusammenhang mit diesem Rückbezug auf Apc Mos 15,1 ist der Rekurs von *II auf Apc Mos 14,3 im nachfolgenden Kapitel zu sehen (vgl. °30,1b).

sich schwer finden. Das Jubiläenbuch jedenfalls kann als eine solche nicht herhalten; Gen 3,19b findet in Lib Jub 3,25 und Gen 3,21 in Lib Jub 3,26–27 eine Parallele; Gen 3,20 und 3,22a bleiben allerdings auch dort ohne Gegenstück.

Für die Unterdrückung von Gen 3,19b läßt sich ein Grund in Apc Mos 28 erkennen. Dort schlägt Gott Adam die Bitte ab, vom Baum des Lebens essen zu dürfen. Eine Ätiologie des Todes gibt es in Apc Mos 15–30 ausschließlich im Zusammenhang mit der (vorläufigen) Verweigerung der Frucht des Lebensbaumes; diese ist sein eigentlicher Grund. Gen 3,19b hingegen wird offenbar nicht als eine solche Ätiologie begriffen; auch der Hinweis auf die verkürzte Lebensspanne Adams in Apc Mos 24,3 hat mit Gen 3,19b nichts zu tun, abgesehen davon, daß es dabei ohnehin nicht um eine Herleitung des Todes als Gegebenheit geht (vgl. K X,9 [S. 382–383]).

Für die Nichtberücksichtigung von Gen 3,20–21 läßt sich keine Ursache benennen (vgl. hierzu K X,5 [S. 339]). Ähnlich verhält es sich mit Gen 3,22a. Möglicherweise nahm man an dem Satz dogmatischen Anstoß, wußte ihm aber nicht beizukommen.[9]

1. Zum Inhalt

Apc Mos 27–29 gliedert sich in zwei Teile (27,1–28,4; 29,1–6), die beide mit der Mitteilung eingeleitet werden, daß Gott seinen Engeln befahl, Adam und Eva aus dem Paradies zu vertreiben (27,1; 29,1). In beiden Teilen folgt auf den Befehl Gottes an die Engel eine Interaktion zwischen Adam und Gott, die jeweils durch die Engel vermittelt wird. Die Parallelität in der Personenkonstellation wird dabei durch Parallelen in der Handlung verdeutlicht: Beidesmal

---

[9] Auch Lib Jub 3 läßt die Feststellung Gottes unerwähnt, daß Adam »wie unsereiner« geworden sei. In Ber R 21 findet sie hingegen reichlich Berücksichtigung, dabei gibt es durchaus auch Deutungen, die eine Ähnlichkeit zwischen Adam und Gott nicht in Abrede stellen, so etwa die Auslegung R. Simons in Ber R 21,5, der das Wort אחד in Gen 3,22 mit אחד in Dtn 6,4 assoziiert und Adam mit dem »Einzigen der Welt« (יחידי שלעולם) vergleicht – möglicherweise für die Zeit vor der Austreibung, denn das היה von Gen 3,22 könnte dort vielleicht so verstanden worden sein, daß Adam *vorher* »wie einer von uns« *war*. Auf jeden Fall ist dies Verständnis in Ber R 21,3 vorauszusetzen, in der von einer einstmalig weltumfassenden Größe Adams die Rede ist. Belegt sind aber auch Deutungen, die einen Vergleich Adams mit Gott vermeiden, so etwa die Auslegung der Rabbanin in Ber R 21,5, die אחד mit Dan 9,2 assoziieren, wo Gabriel אחד genannt wird – dann ist wohl gemeint, daß Adam vor der Vertreibung wie Gabriel war. Ebenfalls in Ber R 21,5 ist eine Auslegung des Rabbi פפיים (VL: פפייס; פפוס) bezeugt, derzufolge Adam wie einer der Dienstengel war (wohl ebenfalls auf den Status quo ante zu beziehen), doch R. Aqiba hält ihm die geistreiche Interpretation entgegen, Adam sei »geworden« wie »einer« der beiden ihm »von uns«, d.h. von Gott vorgelegten Wege (vgl. Jer 31,8): Er habe sich für den des Todes entschieden.

erhalten die Engel den göttlichen Befehl (27,1; 29,1), beidesmal lassen sie von dessen Ausführung zwischenzeitlich ab (27,3; 29,3–4), weil Adam einen Wunsch äußert (27,2; 29,2–3); beidesmal führt dies zu einem Gespräch zwischen den Engeln und Gott (27,4–5; 29,4–5)[10], das auf eine gewisse Geneigtheit gerade der Engel[11] gegenüber den Anliegen Adams schließen läßt, insbesondere im zweiten Fall, wo die Engel eindeutig als Fürsprecher Adams[12] auftreten.

Mit den Parallelstrukturen in beiden Abschnitten gehen auch Unterschiede einher: Die erste Interaktion zwischen Adam und Gott läuft darauf hinaus, daß

---

[10] Im ersten Abschnitt kritisiert Gott die Engel, weil sie aufgehört haben, Adam aus dem Paradies zu vertreiben (27,4). Er macht ihnen den Vorwurf, ihr Handeln impliziere, daß nicht Adam, sondern er gefehlt habe (μὴ ἐμόν ἐστι τὸ ἁμάρτημα), bzw. daß Gott ungerecht gerichtet habe. »Sünde« (ἁμάρτημα) ist hier klar als falsches Handeln verstanden, welches freilich Gott unmöglich vorgeworfen werden kann – daher dürfen die Engel auch nicht eigenwillig einen Beschluß Gottes revidieren. Die Engel reagieren auf die Kritik Gottes mit einem in Unterwerfungshaltung (Proskynese) gesprochenen Gebet, das Gott Gerechtigkeit zuspricht (27,5). Im zweiten Abschnitt leisten die Engel Fürbitte für Adam (29,4), woraufhin sie einen der Bitte entsprechenden Befehl Gottes erhalten (29,5), den sie in 29,6 ausführen. Die Kommunikation zwischen Gott und den Engeln ist im ersten Abschnitt also irregulär und im zweiten Abschnitt regulär. Mit dieser Differenz kongruiert die Behandlung der von Adam vorgebrachten Anliegen: Im ersten Abschnitt wird der in 27,2 vorgebrachte Wunsch zurückgewiesen, desgleichen der in 28,2 geäußerte, im zweiten Abschnitt wird Adams Wunsch bewilligt. Daß das Verhalten der Engel die Ursache wäre, wird indes nirgends behauptet, der Korrelation eignet keine Kausalität.

[11] Die Engel stehen in Apc Mos 27–29 eindeutig auf der Seite des Menschen. Dies ist auch in Apc Mos 33,2–37,6 der Fall, und es gibt weder in der Apc Mos noch in der Vit Ad Hinweise für eine andere Sicht des Verhältnisses zwischen Mensch und Engeln. Auch in der Teufelsfallsgeschichte (Vit Ad 11–17) wird offenbar vorausgesetzt, daß sie dem Befehl Gottes, vor Adam niederzuknien, Folge leisten. Der Teufel hingegen, damals noch Engel, weigert sich und führt sich damit als Rivale des Menschen auf (Vit Ad 14). Er wird daher aus der Gemeinschaft mit Gott und den Engeln ausgestoßen (Vit Ad 12.16). Sind Engel also Gegner des Menschen, so entfremden sie sich nach Meinung der Vit Ad auch Gott und hören auf, Engel zu sein. Dies verhält sich in vielen rabbinischen Texten anders: Diese kennen eine ausgeprägte Rivalität zwischen Engeln und Menschen, die nicht auf eine Verstoßung der Engel durch Gott hinausläuft, gewöhnlich aber eine Parteinahme Gottes für die Menschen hervorruft, vgl. SCHÄFER, Rivalität. Der dem Menschen gegenüber geneigtere Gesprächspartner ist dort also Gott, nicht – wie hier – die Engel.

[12] Die Engel rufen dabei Gott unter dem Namen Ἰαήλ an. Eine Affinität zum Tetragramm ist nicht zu verkennen, dies gibt dem mit dieser Anrufung verbundenen Fürbittgebet eine besondere Solennität. Wenn gleichzeitig Identität mit dem Tetragramm vermieden wird, so ist damit der für das frühe Judentum und das frühe Christentum breit belegten Scheu vor der Nennung des Gottesnamens Rechnung getragen. Der Name Ἰαήλ ist ansonsten nur in Apc Mos 33,5 belegt. Der Name Iaoel für den Engel Gottes in Apc Abr stellt keine wirkliche Parallele dar, weil er sich nicht auf Gott bezieht. Eine Ausnahme ist freilich Apc Abr 17,13, wo Gott selbst, nachdem er vierfach mit El tituliert wurde (Tetragramm!), Iaoel genannt wird (so auch BERTRAND 132). Doch wie sicher ist hier der Text?

Adams Anliegen abgewiesen werden: Adam wird, obwohl er Gott eigentlich um Erbarmen und die Rücknahme seines Beschlusses bitten wollte (27,2), aus dem Paradies vertrieben (28,1). Auch die anschließende Bitte Adams, dann wenigstens vom Baum des Lebens essen zu dürfen (28,2), wird von Gott abgelehnt (28,3). Dafür wird ihm die Frucht des Lebensbaums für die Zeit nach der Auferstehung versprochen, unter der Bedingung, daß er sich in seinem Leben vor dem Bösen hüte (28,4). Das im zweiten Teil von Adam vorgebrachte Anliegen hingegen wird positiv beschieden, dafür bleibt allerdings eine eschatologische Verheißung aus: Adam bittet darum, Spezereien aus dem Paradies mitnehmen zu dürfen, damit er nach seiner Vertreibung, die er inzwischen akzeptiert, Gott ein Räucheropfer darbringen könne, so daß Gott ihn erhöre (29,3). Dieser Bitte leistet Gott Folge, ja sie wird sogar übererfüllt: Adam bekommt nicht nur Spezereien, sondern auch Samen zu seiner Ernährung. Denkbar ist, daß mit dieser Übererfüllung der Wunsch Adams, die Gottesbeziehung aufrechtzuerhalten, belohnt werden soll, doch gibt der Text keine explizite Begründung.

Eine zweite Differenz zwischen beiden Interaktionen besteht darin, daß die erste im Gegensatz zur zweiten auf eine direkte Kommunikation zwischen Adam und Gott hinausläuft: Das Gespräch über den Lebensbaum, eingeleitet in 28,1, entfaltet in 28,2–4, findet zwischen Adam und Gott direkt statt. Dies hebt den Inhalt des Gesprächs besonders hervor, und in der Tat ist er auch von entscheidender Bedeutung: Erstmalig in Apc Mos 15–30 wird hier die Situation Adams nach der Vertreibung aus dem Paradies im Hinblick auf die Problematik des Todes erörtert. Zugleich geschieht dies explizit in endzeitlicher Perspektive. Diese war zwar schon in 26,4 angesprochen worden, doch eine ausdrückliche Heilsverheißung erscheint, was Apc Mos 15–30 betrifft, erst hier. Die Verweigerung des ewigen Lebens für die Gegenwart wird korrigiert durch eine Verheißung ewigen Lebens in der Zukunft. Freilich ist diese konditioniert: Adam muß sich in der Zeit nach der Vertreibung bewähren, indem er sich von dem Bösen fernhält, und dies ist insofern eine schwere Aufgabe, als er in sich den »Krieg« hat, den der »Feind« in ihn »hineingelegt« hat – aus dem in Apc Mos 15ff Erzählten wissen wir, daß dieser gerade bestrebt ist, den Menschen zum Bösen zu verleiten.[13]

---

[13] Zum Krieg, den der Teufel in Adam hineingelegt hat, vgl. Apc Mos 25,4; dort wird dasselbe über Eva gesagt (nur steht dort ἐχθράν statt πόλεμον). Im Hintergrund steht die Vergiftung der Frucht des verbotenen Baumes durch die Schlange, vgl. Apc Mos 19,3; diese hat ja auch Adam gegessen (Apc Mos 21,5). Der Krieg (πόλεμος) wird hier nicht – wie in Apc Mos 2,4, das einer anderen Schicht angehört – als eine Aktion des Teufels gegen den Menschen verstanden, sondern als eine Regung innerhalb des Menschen, die gegen Gott gerichtet und durch den Teufel verursacht ist.

Apc Mos 27–29 endet mit dem Vermerk, daß Adam und Eva auf die Erde kamen (29,6). Erst hier erscheint also der in 27,1 ergangene Befehl Gottes an die Engel, Adam zu vertreiben, umgesetzt; alles, was zwischen Apc Mos 27,1 und Apc Mos 29,6 berichtet wurde, ist damit als retardierendes Moment zu werten. Räumlich dazu paßt es, wenn all dieses auch innerhalb des Paradieses geschieht, und in der von mir vorgelegten Rekonstruktion und Übersetzung von Apc Mos 27–29 ist dies auch der Fall. Doch soll nicht verschwiegen werden, daß diese Textgestaltung textkritischer und philologischer Begründung bedarf. Gegen sie steht nämlich die Variante des Subarchetypen *Ia in °29,2b, derzufolge Adam seine Bitte um Räucherwerk *vor* dem Paradiese (ἀπέναντι τοῦ παραδείσου) geäußert habe. Wollte man ihr mit NAGEL folgen, müßte κέλευσον ἐαθῆναι τὸν ᾿Αδὰμ ἵνα λάβῃ ... ἐκ τοῦ παραδείσου (29,5) dahingehend verstanden werden, daß Adam ins Paradies hineingelassen werden soll, um die erbetenen Spezereien zu holen; mit dieser Auffassung geht auch die Lesart ἐλθεῖν/ἐλθῆναι zu ἐαθῆναι konform (vgl. °29,5a), vgl. auch die Varianten zu ἤνεγκαν in °29,6a. Doch um ein solches Textverständnis zu verwirklichen, müßte man an den genannten drei Stellen auf eher unwahrscheinliche Varianten zurückgreifen, und so liegt doch eine andere Lösung näher: ᾿Εαθῆναι in 29,5 ist nicht dahingehend aufzufassen, daß Adam geschickt wird (etwa wieder zurück ins Paradies), sondern in dem Sinne, daß die Engel von Adam ablassen, also mit der Vertreibung aufhören, so daß er erst einmal die erbetenen Spezereien in Empfang nehmen kann. Dieses Verständnis wird durch 27,2 gestützt: Dort bittet Adam die Engel mit den Worten ἐάσατέ με μικρόν; dieser Bitte wird damit entsprochen, daß die Engel aufhörten, Adam zu treiben (27,3: ἐπαύσαντο τοῦ ἐλαύνειν αὐτόν). ᾿Εᾶν bedeutet hier also klar »von jmd. ablassen«.

2. Exegetische Hintergründe

Apc Mos 27–29 basiert auf Gen 3,22b–24; es lassen sich Spuren der Septuagintaversion nachweisen, vgl. etwa ἐκβληθῆναι (27,1; 28,2; 29,1 etc.), vgl. Gen 3,24 𝔊), λήψῃ (28,3, vgl. Gen 3,22 𝔊) und vor allem τὰ χερουβὶμ καὶ τὴν ρομφαίαν τὴν στρεφομένην φυλάττειν (28,3, vgl. Gen 3,24 𝔊).

Die Perikope gibt Gen 3,22b–24 jedoch in freier Umgestaltung wieder, die v.a. auf eine Dialogisierung des Erzählstoffs hinausläuft: Vieles, was in Gen 3,22b–24 berichtet wird, etwa die Aufstellung der Cherubim und des sich wendenden Schwertes, wird hier in dialogischer Form dargeboten und diskutiert (vgl. 28,3). Darüber hinaus kann der Hinweis auf ein Räucheropfer nach der Vertreibung nicht aus dem Bibeltext stammen. Es wird von einem solchen in Lib Jub 3,27 berichtet; und da Lib Jub auch sonst in Apc Mos 15–30 aufgenommen wird, dürfte er von dort herkommen. Bezeichnend ist, daß auch das Räucheropfer nicht (wie im Lib Jub) vor Augen geführt bzw. vollzogen wird, sondern lediglich im »Diskursmodus« vorhanden ist.

Von Gesprächen zwischen Gott und Adam läßt der Bibeltext wenig erkennen, doch bietet er einen Anhaltspunkt, den der Verfasser von Apc Mos 15–30 als Anlaß für diese Neugestaltung genommen haben dürfte. Auf diesen weist eine auffällige Strukturparallele zwischen Gen 3,22–24 und Apc Mos 27–29 hin: Im Bibeltext ist zweimal davon die Rede, daß Gott Adam aus dem Garten hinausschickt; damit korreliert in Apc Mos 27–29 eine Doppelung des dementsprechenden Befehls Gottes an die Engel (27,1; 29,1), die zugleich das entscheidende Gliederungsmerkmal der Perikope darstellt. Unzweifelhaft hat der in Apc Mos 15–30 tätige Erzähler-Exeget also dieses Merkmal des biblischen Textes wahrgenommen – und er hat es offenbar dahingehend verstanden, daß es bei der Vertreibung etwas gegeben haben muß, das diesen Prozeß verzögerte, verkomplizierte. Und so kam er auf den – wohl auch naheliegenden – Gedanken, daß Adam versucht hat, Gott umzustimmen. So brachte er das Moment des Dialogs zwischen Adam und Gott in den Text.

Abgesehen von der Interaktion zwischen Adam und Gott ist der Text gegenüber seiner Vorlage auch durch die Präsenz der Engel unterschieden. Der Grund wird darin liegen, daß es dem Erzähler nicht möglich war, das in Gen 3,22–24 erzählte Handeln Gottes anders denn als durch Engel vermittelt zu denken, vgl. die angelologische Deutung von Gen 3,8 in Apc Mos 22.

Von eminenter theologischer Bedeutung ist die narrative Umsetzung des Lebensbaummotivs aus Gen 3,22.24 in Apc Mos 28,2–4: Zum einen wird die Bewachung des Lebensbaumes durch Cherubim und das sich wendende Schwert damit motiviert, daß Adam nicht unsterblich werden soll, indem er von der Frucht des Baumes ißt, zum anderen wird diese Verweigerung gegen den biblischen Text mit einer Verheißung korrigiert: Nach der Totenauferstehung wird Adam, wenn er sich im postparadiesischen Leben bewährt hat, von der Frucht des Lebensbaums essen dürfen und damit unsterblich sein.

Die Begründung für die Bewachung des Lebensbaums durch die Cherubim ist insofern bezeichnend, als hier erstmalig in Apc Mos 15–30 explizit der Tod als Gegebenheit an sich thematisiert wird (s.o. zur Inhaltsanalyse). Und dabei wird bezeichnenderweise gerade nicht gesagt, daß Adam infolge seiner Gebotsübertretung nun anders als vorher sterblich sein solle, vielmehr sagt Gott explizit, er solle *nicht auch noch unsterblich* sein. Also ist Adam nicht unsterblich erschaffen worden, wie dies in Sap Sal 2,23 behauptet wird. Auch wird damit der Tod in Apc Mos 15–30 nicht als Folge der Sünde wie in Röm 5,12; 6,23 und 2. Bar 23,4; 54,15 prädiziert. Genau dies aber geschieht in Apc Mos 14,2, wo der Bericht Evas in Apc Mos 15–30 angekündigt wird! Doch Apc Mos 14,2 gehört zum sekundären Rahmen von Apc Mos 15–30; es ist der Endredaktion der Apc Mos zuzuschreiben.

Im Hinblick auf die Ätiologie des Todes hat es also im Verlaufe der Entstehungsgeschichte der Apc Mos einen Auffassungswandel in Richtung auf die in Sap Sal, bei Paulus und in den »klassischen« frühjüdischen Apokalypsen belegte Sicht des Todes gegeben. Apc Mos 15–30 hingegen als Teil der ältesten Schicht weiß offenbar noch nichts von einer ursprünglichen Unsterblichkeit des Menschen. Dies bedeutet freilich nicht, daß in dieser Erzählung der Unsterblichkeitsgedanke selbst unbekannt wäre – wie etwa in der älteren jüdisch-apokalyptischen Literatur (vgl. etwa 1. Hen 5,7–9). Eine Unsterblichkeit nach einer endzeitlichen Totenauferstehung wird ja in Apc Mos 28,4b explizit verheißen! Das Leben der Endzeit geht also in dieser Hinsicht über das paradiesische hinaus, von einer bloßen Rekapitulation der Urzeit in der Endzeit kann also für Apc Mos 15–30 nicht die Rede sein. Der Rekapitulationsgedanke spielt dafür in einer anderen Quellenschrift der Apc Mos (der Grablegungserzählung in 32; 38ff.) eine entscheidende Rolle.

Die Verheißung eines ewigen Lebens in der Endzeit wird formal als eine Correctio an die dem Bibeltext entnomme Aussage angeschlossen, daß Adam die Frucht des Lebensbaums für die Gegenwart verwehrt bleibt: Nach der Auferstehung wird er von dieser essen und unsterblich sein.[14] Eine solche Technik ist auch für die Grablegungsgeschichte belegt, vgl. Apc Mos 41, dort wird freilich der Hinweis auf den Tod in Gen 3,19b korrigiert – ebenfalls durch einen Hinweis auf das endzeitliche Leben.

Aufschlußreich ist auch die Umsetzung des Motivs von einem Räucheropfer Adams nach Verlassen des Paradieses, das Lib Jub 3,27 entnommen ist. Im Lib Jub gehört dieses Motiv zu einer Reihe von Amplifikationen der biblischen Erzählung, die den Ausgang Adams aus dem Paradies mit späteren Ereignissen der Urzeit assoziieren; so gemahnt das Opfer Adams an das Opfer Noahs nach der Sintflut (vgl. Lib Jub 6,1 ff // Gen 8,20ff)[15], und dementsprechend läßt der Verlust der Sprache bei den Tieren und deren Vertreibung aus dem Paradies an die Folgen des Turmbaus zu Babel denken, vgl. Lib Jub 10,24–25 // Gen 11,7–8. Darüber hinaus ist das Räucheropfer in Lib Jub exegetisch mit der Bekleidung Adams durch Gott assoziiert (Gen 3,21, vgl. Lib Jub 3,26!): Diese wird, angeregt durch Ex 28,40–43 in Lib Jub als Investitur Adams zum Hohepriester verstanden[16]; wenn Adam das Räucheropfer vor dem Paradies vollzieht, entspricht dies der im Lib Jub konsequent durchgeführten Identifikation von Paradies und Allerheiligstem: Auch der Räucheraltar des Tempels steht vor dem Allerheiligsten.[17]

---

[14] Die nächste Parallele zu dieser Verheißung bietet Apc Joh 22,2.14.19 (vgl. auch Apc Joh 2,7), insofern auch dort nach einer Totenauferstehung (20,11–15) denjenigen, die am endzeitlichen Heil teilhaben, die Frucht des Lebensbaums zum ewigen Leben gegeben wird. Schon in 1. Hen 25 steht die Frucht des Lebensbaums den Gerechten zu, die Vorstellung ist also durchaus alt.

[15] Deutlicher noch ist diese Verbindung in Targ Ps-Jon zu Gen 8,20, wo der Altar Noahs mit dem identifiziert wird, den Adam nach seiner Vertreibung aus dem Paradies errichtete – auf ihm haben auch Kain und Abel geopfert. Von einem Räucheropfer Adams ist an der genannten Stelle freilich nicht die Rede.

[16] Vgl. hierzu B. EGO: Heilige Zeit – heiliger Raum – heiliger Mensch. Beobachtungen zur Struktur der Gesetzesbegründung in der Schöpfungs- und Paradiesgeschichte des Jubiläenbuches, in: M. ALBANI / J. FREY / A. LANGE (Edd.): Studies in the Books of Jubilees (Texte und Studien zum Antiken Judentum 65), Tübingen 1997, 208–219, speziell 215–216.

[17] So J. FREY: Zum Weltbild im Jubiläenbuch, in: M. ALBANI etc.: Studies (vorh. Anm.), 261–292, speziell 273[46]. Zur tempeltheologischen Deutung des Paradieses und zu Adams Priestertum im Lib Jub s. J. VAN RUITEN.: The Garden of Eden and Jubilees 3,1–31, Bijdragen

Von dieser Begründung für Adams Räucheropfer in Lib Jub 3 ist hier nichts zu spüren. Adam wird nicht als Priester prädiziert, auch eine Allusion an die Sintflut läßt sich nicht erkennen. Vielmehr geht es offenbar um die Kontinuität der Gottesbeziehung Adams auch nach der Vertreibung aus dem Paradies: Adam möchte auch nach der Vertreibung damit rechnen können, daß Gott ihn erhört, und daher bittet er um Materialien für das Räucheropfer, die er dann auch erhält (29,6).

Genannt werden 4 Spezereien: Safran (κρόκος), Narde (νάρδος), Rohr (κάλαμος) und Zimt (κιννάμωμον); daß es 4 sind, wird besonders hervorgehoben (Apc Mos 29,6: τέσσαρα γένη). Auch in Lib Jub 3,27 sind 4 Spezereien genannt (Weihrauch?, Galbanum, Stakte, Narde?)[18], doch sind es wohl kaum dieselben. Die Vierzahl findet auch eine Entsprechung in der biblischen Anweisung für das Räucheropfer (Ex 30,34), doch auch mit den dort genannten Räucherstoffen (Harztropfen, Räucherklaue, Galbanumharz, reiner Weihrauch) läßt sich vielleicht die in der äthiopischen Übersetzung undeutlich gewordene Liste in Lib Jub 3,27 in Verbindung bringen,[19] mit Sicherheit jedoch nicht die in Apc Mos 29,6. Dagegen findet diese eine wörtlich genaue Entsprechung in Cant 4,14 𝔊, mit dem einen Unterschied freilich, daß die beiden ersten Glieder dort in anderer Reihenfolge erscheinen – es heißt dort: νάρδος καὶ κρόκος, κάλαμος καὶ κιννάμωμον, vgl. Cant 4,14 𝔐: נרד וכרכם קנה וקנמון. Daß der Erzähler diese Liste in der Tat übernommen haben wird, erweist der Kontext der Passage in Cant 4,14. Dieser läßt nämlich eine Motivation für ihre Aufnahme in Apc Mos

---

57 (1996), 305–317, speziell 310–312 und J.M. BAUMGARTEN: Purification after Childbirth and the Sacred Garden in 4 Q 265 and Jubilees, in: G.J. BROOKE, (Hrsg.): New Qumran Texts and Studies. Proceedings of the First Meeting of the International Organization for Qumran Studies Paris 1992 (Studies on the Texts of the Desert of Judah 15), Leiden etc 1994, 3–10 sowie G.A. ANDERSON: Celibacy or Consummation in the Garden. Reflections on Early Jewish and Christian Interpretations of the Garden of Eden, Harvard Theological Review 82 (1989), 121–148, speziell 129–131.

[18] Folgende Namen begegnen in Lib Jub (aeth) 3,27: 1) ዕጣነ ስኂነ = »odoramentum«, »thus« in specie« (DILLMANN: Lexicon 1018); ስኂነ bedeutet »incensum«, »thus« (DILLMANN 368 s.v. ሰኒነ); 2) ቀኖት = »galbanum«, »stactes species« (DILLMANN 446 s.v. ቀነት); 3) ማየ ልብነ = »stacte« (DILLMANN 42/43); 4) ሰንበላት = »spica« (Bedeutung unklar, vielleicht »Narde«) (DILLMANN 356 s.v. ሰንበላ, vgl. den Querverweis s.v. ሰንበላት in Sp. 369.

[19] Dafür spricht ein Indiz, das freilich nur indirekt von Bedeutung ist: Lib Jub (äth) 3,27 deckt sich teilweise mit Ex 30,34 𝔊 (BOYD 101). Dort heißt es: ንሣእ ፡ ለከ ፡ አፈጥተ ፡ ማየ ፡ ልብነ ፡ ወቀኖተ ፡ ቅድወ ፡ ለይኵን ፡ ወስሒነ ፡ ዘየበርህ ፡ ወኵሉ ፡ ዕሩየ ፡ ለይኵን ፡ ድልወቱ ፡፡ (»Nimm dir Stakte und Galbanum, rein sei es, und Weihrauch, der glänzen soll; und bei allem soll sein Gewicht gleich sein«). Übereinstimmungen mit Lib Jub 3,27 sind in der Übersetzung kursiviert, im äthiopischen Text unterstrichen. Der äthiopische Text weist erhebliche Verderbnisse auf; das vierte Glied fehlt, das erste ለይኵን dürfte, durch das zweite bedingt, fehlerhaft in den Text geraten sein; statt ቀኖተ (so BOYD) ist wohl (mit einigen Textzeugen) ቀኖት oder ቀኖተ zu lesen.

29,6 erkennen: In Cant 4,13 ist von einem Paradies ($\mathfrak{G}$: παράδεισος; $\mathfrak{M}$: פרדס)
die Rede! Es darf freilich nicht übersehen werden, daß dort auch noch mehr
Spezereien aufgeführt werden (so in 4,13 und in 4,14b), doch die Vierergruppe,
auf die es hier ankommt, ist syntaktisch auffällig als eine solche gestaltet:
Anders als im Kontext sind hier sowohl im hebräischen als auch im griechischen Text jeweils zwei Glieder durch καί bzw. ו zu zwei Paaren verbunden, die
dadurch nebeneinandergeordnet erscheinen – zu einem Komplex aus vier Gliedern. Diese Vierzahl aber war, wie aus Apc Mos 29,6 hervorgeht, offenkundig
wichtig, sicherlich aufgrund der Vorlage in Lib Jub.

Die Supplementation der Viererliste in Lib Jub 3,27 durch die in Cant 4,14
mag spielerischen Charakter haben, doch stellt sich die Frage, ob nicht auch eine
inhaltliche Motivation zugrundeliegt. Man wird indes ausschließen können, daß
hier die Rezeptur des Räucheropfers im Tempel als Vorbild diente: Diese war in
nachalttestamentlicher Zeit weit komplexer als die Angaben in Ex 30,34 vermuten ließen. Schon Josephus spricht in Bell V,218 von 13 Substanzen (vgl. Jos
Ant 12,1), und mit dieser Angabe kongruiert mindestens teilweise eine in bKer
6a // jJoma 41d$_{27-36}$ überlieferte Liste, die im Folgenden nach der Übersetzung
des Traktates jJoma von AVEMARIE erläutert werden soll[20]: Sie hat die Zu-
sammensetzung des Räucherwerks für ein ganzes Jahr zum Inhalt. Dabei ergeben 11 Substanzen 368 Minen für die 365 Tage des Jahres zuzüglich dreier
gesondert für den Versöhnungstag. Daneben werden 4 weitere Substanzen
(Ervenlauge, Zypernwein oder alter Weißwein, sodomitisches Salz und Rauch-
treiber) genannt, von denen ausweislich jJoma 41d$_{36-46}$ zwei (Ervenlauge und
Zypernwein bzw. alter Weißwein) nur der Bearbeitung der Räucherklaue dienen; zieht man diese zwei ab, so hat man wie bei Josephus 13 Substanzen,
vielleicht ein Hinweis darauf, daß die Rezeptur mindestens in die Zeit des
Josephus zurückreicht (und damit etwas mit den Realitäten im Tempelkult zu
tun haben könnte). Doch ob dies nun zutrifft oder nicht, auf jeden Fall gibt es
keine Handhabe dafür, daß das Räucherwerk des zweiten Tempels (oder seines
Korrelats in der Erinnerung nach der Zerstörung des Tempels im Jahre 70 n.
Chr.) nur 4 Substanzen umfaßte, und dann auch noch andere als die in Ex 30,34
genannten. Dementsprechend scheinen die 4 Spezereien von Ex 30,34 in den 4
ersten Substanzen der in bKer 6a // jJoma 31d überlieferten Liste ein Korrelat zu
haben (genannt werden Stakte, Räucherklaue, Galbanum und Weihrauch); sie
machen mengenmäßig den größten Teil der Rezeptur aus. Für die vier in Cant
4,14 // Apc Mos 29,6 genannten Spezereien kann dagegen kein Korrelat in der
rabbinischen Rezeptur ausgemacht werden, auch wenn zumindest drei (Narde,

---

[20] FR. AVEMARIE (Übers.): Yoma. Versöhnungstag (Übersetzung des Talmud Yerushalmi
2,4), Tübingen 1995, 116–117.

Kurkuma/Safran[21] [hebr. כרכם, vgl. jJoma 41d$_{29}$] und Zimt) auch dort begegnen, doch nicht in einer Reihe.

Ist damit eine Bezugnahme auf die reale Kultpraxis am Jerusalemer Tempel auszuschließen, so kann immer noch eine gegenteilige Motivation möglich sein: Wird gerade eine Vierzahl von Gewürzstoffen verwendet, die mit den in Ex 30,34 keine Übereinstimmungen aufweist, dann könnte dem ja auch die Absicht zugrundeliegen, das Räucheropfer Adams dem des Tempels zu verunähnlichen. Immerhin wird nach Ex 30,38 mit der Ausrottung bestraft, wer das Räucherwerk des Tempels zum Räuchern benutzt – gemeint ist wohl ein profaner Gebrauch des Tempelräucherwerks, doch vielleicht konnte man diese Bestimmung auch auf kultische Handlungen außerhalb des Tempels beziehen. Sollte diese Auffassung zutreffen, dann wäre die priesterliche Sicht der Gestalt Adams, die der Lib Jub bezeugt, in Apc Mos 29 noch gründlicher revidiert, als dies ohnehin schon der Fall ist. Doch leider bietet der Text keine Handhabe, diese Deutung zu sichern.

Sicher ist immerhin, daß hier Cant 4,14 zitiert wird, und zwar nach einer Methodik, die in der Apc Mos ansonsten für die Zitation kanonischer Texte belegt ist (Import einer Schriftstelle aufgrund von Stichwortübereinstimmung, hier bedingt durch das Stichwort »Paradies« in Cant 4,13). Dies ist sowohl für die Rezeptionsgeschichte des Hoheliedes als auch für die zeitliche Verortung der Apc Mos ein wichtiges Indiz. Das Hohelied war hinsichtlich seiner Kanonizität umstritten,[22] dies geht etwa aus ARN 1,5 hervor. Aqiba soll es mit durchschlagendem Erfolg

---

[21] Nach I. LÖW: Die Flora der Juden II, Wien / Leipzig 1924 (Nachdruck: Hildesheim 1967), 7–28 kann hebr. כרכם genauso wie arab. *kurkum* sowohl »Safran« (Crocus sativus) als auch »Kurkuma« bzw. »Gilbwurz« (Curcuma longa) bedeuten. In Cant 4,14 und in der rabbinischen Räucherwerkrezeptur ist nach seinem Dafürhalten Kurkuma gemeint, weil das Wort dort im Zusammenhang mit indischen Gewürzen erscheine – Safran, freilich nicht die edlen Sorten (DALMAN: Sitte II,301), wird auch in Palästina angebaut (LÖW II,11). Die jüdische Tradition indessen hat das biblische gleichermaßen wie das rabbinische Wort כרכם im Sinne von »Safran« verstanden (LÖW II,9), und dieses Verständnis bezeugt bereits die Septuagintaversion von Cant 4,14 (auch κρόκος bedeutet »Safran«, vgl. LIDDLE-SCOTT-JONES 998a, allerdings meint LÖW [II,8], daß zumindest mit dem in Periplus 61 und 141 genannten κρόκος gleichfalls Kurkuma gemeint sei, aber warum?). Bedenkt man dieses Zeugnis der Tradition und zieht zudem in Betracht, daß כרכם etymologisch auf ein Wort zurückgehen muß, das »Safran« bedeutet – vgl. u.a. gr. κρόκος und sanskr. *kuṇkuma* (nicht *kurkum*, wie KÖHLER-BAUMGARTNER 474 schreibt, vgl. C. CAPELLER: Sanskrit-Wörterbuch, Straßburg 1887 [Nachdruck: Berlin 1966], 85a) –, dann regt sich ein gewisser Zweifel daran, daß in Cant 4,14 und in der rabbinischen Rezeptur tatsächlich Kurkuma gemeint ist. Bedenklich stimmt aber vor allem, daß zumindest bei LÖW sich keine älteren Belege für eine Benennung des Gelbwurzes mit dem Wort כרכם finden, die – anders als Cant 4,14 und bKer 6a und jJoma 41d – eindeutig wären. Für die rabbinische Liste kommt hinzu, daß keineswegs alle dort genannten Spezereien indischer Herkunft oder auch nur importiert sind. Zur Etymologie des Wortes κρόκος s. H. FRISK: Griechisches etymologisches Wörterbuch II: Κρ-Ω, Heidelberg 1970, 23 (s.v. κρόκος).

[22] Vgl. KUHL: Deutung, 143; GERLEMAN: Hohelied, 43; REVENTLOW: Verständnis, 77.

verteidigt haben, vgl. bJad 3,5. Eindeutig belegt ist es in Qumran (4Q 106.107.108; 6Q 6). Möglicherweise wird es schon von Josephus (Ap 1,8) zu den kanonischen Schriften gerechnet (Josephus zählt 22), doch ist zu bedenken, daß es von Josephus nicht namentlich genannt wird. Das gleiche gilt vom 4. Esra, wo von 24 kanonischen Schriften die Rede ist (4. Esra 14,44–46); in 4. Esra 5,24–26 begegnen möglicherweise auch Allusionen an Cant 2,1 und 6,9, doch dies ist höchst unsicher. Vielleicht kann 2. Joh 1 als Spur einer allegorischen Auslegung des Hoheliedes gedeutet werden: Wenn dort von der Gemeinde als ἐκλεκτὴ κυρία apostrophiert wird, kann Cant 6,9 im Hintergrund stehen und damit indirekt auch die rabbinisch belegte Ausdeutung des Liebespaars in Cant auf Jahwe (Bräutigam) und Israel (Braut).[23] Zu diesen Belegen einer frühen Akzeptanz des Hoheliedes wird man auch Apc Mos 29,6 zählen dürfen.

Unsicher ist, was dies für die historische Verortung von Apc Mos 15–30 und dann auch der Apc Mos als ganzer bedeutet. Es kann nicht ausgeschlossen werden, daß das Hohelied schon früh in quasi-kanonischer Geltung stand. Dies trifft insbesondere dann zu, wenn es etwa in Qumran schon allegorisch gedeutet wurde, wofür es Indizien gibt, wenn auch schwache.[24] Doch tendenziell spricht die Zitation des Hoheliedes an dieser Stelle wohl eher gegen eine allzu frühe Verortung von Apc Mos 15–30. Dies gilt insbesondere dann, wenn in Apc Mos 29,6 die Septuagintaversion von Cant 4,14 aufgenommen worden sein sollte. Diese weist Merkmale der Καίγε-Theodotion-Gruppe auf und ist insgesamt ziemlich wörtlich, stammt also aus späterer Zeit (1. Jh. n. Chr.?).[25] Doch es kann kaum mit Sicherheit gesagt werden, daß hier Cant 4,14 ⅏ zitiert wird, denn die hebräischen Namen der 4 Spezereien lassen sich wohl kaum anders übersetzen als dies in Cant 4,14 ⅏ geschehen ist.[26] Außerdem ist auch nicht sicher, ob nicht die uns überlieferte griechische Version von Cant eine jüngere Revision einer älteren Textform ist, die an dieser Stelle zitiert würde (die Revision hätte dann in Cant 4,14 keine Veränderung vorgenommen). Über die Geschichte von Cant ⅏ läßt sich ohnehin nur wenig sagen, solange nicht eine brauchbare kritische Edition vorliegt.

Adam bittet um Spezereien für ein Räucheropfer, doch er erhält mehr: Er bekommt auch »Samen für seine Ernährung«. Dieses Moment überrascht, kann aber vom biblischen Bezugstext her erklärt werden: Nach Gen 3,23 wird Adam aus dem Paradies gewiesen, um die Erde bzw. den Acker (hebr. אדמה) zu bearbeiten, von der er genommen wurde. Adam sollte also als Bauer tätig sein, doch dafür braucht er Saatgut, das für den Verfasser von Apc Mos 15–30 offenbar auf der Erde außerhalb des Paradieses nicht vorhanden war. Auch Lib Jub 3,35 könnte von Bedeutung gewesen sein. Dort wird erzählt, daß Adam nach

---

[23] Vgl. hierzu HENGEL: Frage, 136.

[24] Vgl. hierzu KEEL: Hohelied, 16.

[25] Zur Übersetzungstechnik der griechischen Version von Cant s. GERLEMAN: Hohelied 77–82, zur Einordnung in die καίγε-Gruppe s. M. HARL: La version LXX du Cantique des Cantiques et le groupe Kaige-Theodotion – quelques remarques lexicales, Textus 18 (1995), 101–120. Früher war eine Verortung der griechischen Version des Hohelieds in der Zeit nach Aquila angeregt worden, so P. KATZ: Frühe hebraisierende Rezensionen der Septuaginta, Zeitschrift für die alttestamentliche Wissenschaft 69 (1957), 77–84, speziell 83/84, doch durch die Forschungen von BARTHÉLEMY zu den Septuagintarevisoren und die nachfolgende Arbeit zu diesem Thema hat sich die Sicht der Dinge gründlich geändert; zu KATZ vgl. auch GERLEMAN, Hohelied 81–82.

[26] Allenfalls für כרכם mag dies gelten, sofern dies tatsächlich einmal (oder sogar ursprünglich) im Sinne von »Gelbwurz« zu verstehen war, vgl. hierzu Anm. 21.

seiner Vertreibung aus dem Paradies im Land seiner Erschaffung die Erde
bearbeitete – wie er es im Garten Eden gelernt hatte.

Auch Vit Ad 1–21 teilt die Auffassung, daß es Adam außerhalb des Paradieses an Saatgut fehlte,
seine Ätiologie des Ackerbaus läuft darauf hinaus, daß Adam Saatgut aus dem Paradies erhält
(Vit Ad [arm.georg] 20 // Vit Ad [lat] 22). Dementsprechend unterdrückt Vit Ad die Erwähnung
des Saatguts in Apc Mos 29, vgl. °29,6c. Näheres hierzu s. in E III,5d und DOCHHORN: Bauer,
338–339. Auch das Jubiläenbuch dürfte in Vit Ad 1–21 eine Rolle spielen, insofern dort mit dem
Moment der Unterweisung Adams durch einen Engel (Vit Ad [arm.georg] 20 // Vit Ad [lat] 22)
ein Motiv aus Lib Jub 3,35 (vgl. Lib Jub 3,15) aufgenommen wird.

X,13. Schlußparänese (Apc Mos 30)

30,1 ᵃNῦν οὖν, τεκνία μου,   Nun, meine Kinder
ἐδήλωσα ὑμῖν ᵇτὸν τρόπονᵇ,   habe ich euch die Art dargelegt,
ᶜἐν ᾧᶜ ἠπατήθημεν.   wie wir betrogen wurden.
ᵈὙμεῖς δὲ φυλάξατε ἑαυτούς,   Ihr aber hütet euch
ᵉμὴ ᶠἐγκαταλιπεῖνᶠ τὸ ἀγαθόνᵉᵈᵃ.   daß ihr das Gute nicht verlasset.«

- Zeugen: St AV Pa AH B A AC Ath C VitAd(arm) VitAd(georg) VitAd(latᴾ) Va P¹ P² J² J³
ApcMos(arm)⁽ˢ·¹⁵⁾ Br S¹ J¹ E¹ E²
- Es fehlen: D An₂ LibAd(slav) An₁ S³ AD

Zum Text
30,1a J¹-E¹-E²: om. **30,1b** Va-(P¹) (=*II): τὸν τρόπον τῆς παραβάσεως ἡμῶν, vgl. Apc Mos
14,3. Einen ähnlichen Rückbezug hat *II in 29,13 (dort auf 15,1 rekurrierend), vgl. °29,6k
(Anm. 8). **30,1c** St AV A-AC-Ath-C (=*Ia): ἐν ᾧ; Pa-AH: οὗ; B: πῶς; P¹: καὶ πῶς; P²-J²-J³
(=*III) Br-S¹ (=*IIIa): καθ᾽ ὄν; Va J¹ E¹ E²: def. **30,1d** Va-P¹ (=*II): om. **30,1e** Br-S¹ (=*IIIa):
om. **30,1f** St (AV) A-C (=*Ia) P²-J²-J³ (=*III): ἐγκαταλείπειν oder ἐγκαταλιπεῖν (so BER-
TRAND); Pa-AH: ἐγκαταλίπατε; B: παραβαίνειν; Ath: ἐγκαταλιμπάνειν; AC Va P¹ Br S¹ J¹ E¹
E²: def. Wegen des ingressiven Moments ist ἐγκαταλιπεῖν vorzuziehen: Das Böse bahnt sich,
wie Apc Mos 15–30 zeigt, unauffällig an, also muß man den Anfängen wehren.

Das Resumée nimmt die Einleitung (Apc Mos 15,1) auf: Eva hat nun erzählt,
was sie dort zu erzählen angekündigt hat; ihre Nachkommen haben erfahren,
wie der Feind ihre Eltern verführt hat. Anschließend daran gibt die Erzählerin
dem Erzählten eine paränetische Wendung: Die Kinder und Kindeskinder sollen
sich vor dem Bösen in Acht nehmen (φυλάξατε ἑαυτούς). Mit φυλάττειν wird
ein Leitwort von Apc Mos 15–30 aufgenommen (vgl. Apc Mos 15,2; 17,3; 24,3;
28,4). Auch im Test Hiob wird der Lebensbericht des sterbenden Protagonisten
mit einer paränetischen Wendung abgeschlossen (Test Hiob 45,1–3, vgl. auch
Test Hiob 27,7, wo die Paränese einen Einschnitt in der Erzählung markiert). An
diesem Formmerkmal zeigt sich der paränetische Zug der Testamentliteratur,
der auch dort nicht ganz zu leugnen ist, wo mehr erzählt als moralisiert wird.

XI. Der Tod Adams und Evas (Apc Mos 31–43)

XIa. Hinführung

An den Bericht Evas über das Geschehen im Paradies (Apc Mos 15–30) schließt der in Apc Mos 13,6 angekündigte Tod Adams an, danach folgt der Tod Evas (42,3ff). Dieser wird freilich schon in 31,2–3a angesprochen; der Tod Evas rahmt damit die sehr viel umfangreichere Erzählung vom Tod Adams. Apc Mos 31–43 ist, wie in E III,5a dargelegt wurde, im wesentlichen aus zwei Quellenschriften komponiert, nämlich 31,2–3a; 38ff (die Grablegungserzählung) und 33,2–37,6 (die Aufnahme Adams in den Himmel [aus dem Test Eva]). Beide behandelten ursprünglich das leibliche Ergehen Adams und Evas nach dem Tode, ohne daß an eine Dichotomie von Leib (σῶμα) und Seele (ψυχή/πνεῦμα) gedacht gewesen wäre; allein in 42,8 läßt die Grablegungserzählung Anklänge an eine solche Vorstellung erkennen – freilich bleiben es auch nur Anklänge.

Die Zusammenfügung beider Quellenschriften geht auf die Endredaktion zurück. Diese hat den Bericht von der Aufnahme Adams in den Himmel als Aufstieg seines πνεῦμα gelesen (vgl. 31,4; 32,4) und damit die Grablegungserzählung ausschließlich auf den Leib bezogen. Das Bindeglied zwischen beiden ursprünglich konkurrierenden Erzählungen ist also eine dichotomistische Anthropologie. Für ihre Zwecke hat die Endredaktion Apc Mos 31,1–33,1 und 38,1 gestaltet; in 31,1–33,1 hat sie allerdings Material der alten Grablegungserzählung übernommen, das sich in 31,2–3a findet. Diese Passage behandelt den Tod Evas und verweist damit auf 42,3ff; außerdem läßt sie kein Interesse an einer Trennung von Leib und Seele erkennen; sie wird also der Grablegungserzählung entstammen. Damit hat die Endredaktion auch deren zirkuläre Struktur aufgenommen (Rahmung durch den Tod Evas); sie hat ihre zweite Quelle und ihr Sondergut also insgesamt in die Grablegungserzählung eingepaßt.

Allerdings wurde die Grablegungserzählung nicht vollständig verarbeitet: In den von ihr erhaltenen Passagen fehlt ein Hinweis auf das Verscheiden Adams, wie wir ihn in 32,4 finden, das der Endredaktion angehört. Auch 33,2–37,6 gibt sich als Teil eines ursprünglich umfassenderen Textes zu erkennen; dies zeigen Blindmotive wie die Aufforderung Evas an Seth, sich vom Leibe seines Vaters zu erheben (34,1).

Methodisch wird der folgende Kommentar nach den in E III,5e erläuterten Grundsätzen verfahren: Wo nicht die Endredaktion selbst aktiv war, wird vorrangig nach den Intentionen der Quellenschriften gefragt; die Funktion solcher Passagen im Endtext kann nur ausnahmsweise bestimmt werden.

XI,1. Dialog zwischen Adam und Eva am Sterbebett (Apc Mos 31)

31,1 ^{A(31,4)}Ταῦτα ʿ⁾ᵇ εἰποῦσα | Als sie das gesagt hatte
ἐν μέσῳ τῶν υἱῶν αὐτῆς | inmitten ihrer Söhne,
ʿκοιμωμένου τοῦ ᾿Αδὰμ | während Adam
ἐν τῇ νόσῳ αὐτοῦᶜ, | in seiner Krankheit daniederlag
ᵈἄλλην δὲ εἶχε μίαν ἡμέραν | (er hatte aber noch einen Tag,
ἐξελθεῖν ἐκ τοῦ σώματος ᵉαὐτοῦᵉᵈ, | aus seinem Körper herauszugehen),

31,2 ʿ⁾ᵃ λέγει ᵇτῷ ᾿Αδὰμᵇ ἡ Εὔα· | 31,2 spricht Eva zu Adam:
διὰ τί ἀποθνῄσκεις ʿ⁾ᶜ, | »Warum stirbst du,
κἀγὼ ζῶ; | und ich lebe?
ᵈ ̇ηᵈ ᵉπόσον χρόνονᵉ ᶠἔχω ποιῆσαιᶠ | Wieviel Zeit muß ich verbringen
ᵍμετὰ ʰθάνατόν σου; | nach deinem Tod?
ἢ τί μοι ⁱἔστ‹αι›ⁱ | Was wird mir geschehen,
μετὰʰ τὸ ἀποθανεῖν σε; | nachdem du gestorben bist?
ἀνάγγειλόν μοιᵍ. | Teile es mir mit!«
31,3 Τότε λέγει ὁ ᾿Αδὰμ τῇ Εὔα· | 31,3 Da spricht Adam zu Eva:
ᵃμὴ θέλε φροντίζειν | »Mach dir nicht
ᵇπερὶ πραγμάτωνᵇ· | unnötig Gedanken,
ᶜοὐ γὰρ ᵈβραδυνεῖςᵈ | denn du wirst nicht
ἀπ᾽ ᵉἐμοῦᶜᵉ, | hinter mir zurückbleiben,
ἀλλ᾽ ᶠἴσαᶠ ἀποθνῄσκομεν | sondern wir werden beide
ἀμφότεροι, | nach dem gleichen Zeitmaß sterben,
καὶ αὐτὴ τεθήσῃ | und auch du wirst
εἰς τὸν τόπον τὸν ἐμόνᵃ. | an meinen Ort gebracht werden;

ᵍΚἂνᵍ ἀποθάνω, | und wenn ich sterbe,
ʰⁱκατάλειψόνⁱ με, | laß mich zurück,
καὶ μηδείς ᵏμουᵏ ᵐἅψηταιᵐʰ, | und niemand soll mich berühren,
ⁿἕως οὗ ἄγγελος | bis ein Engel
λαλήσει τι περὶ ἐμοῦⁿ· | etwas über mich sagen wird,
31,4 οὐ γὰρ ἐπιλήσεταί μου ᵃὁ θεόςᵃ, | 31,4 denn Gott wird meiner nicht vergessen,
ἀλλὰ ζητήσει ᵇτὸ ἴδιον ᶜσκεῦοςᶜ, | sondern sein Gefäß suchen,
ὃ ἔπλασεν ʿ⁾ᵈ. | das er selbst geschaffen hat.

ᵉ᾿Ανάστα, | Steh auf,
μᾶλλον εὖξαιᵉ τῷ θεῷ, | und bete lieber zu Gott,
ἕως οὗ ἀποδώσω τὸ πνεῦμά μου ʿ⁾ᶠ | bis ich meinen Geist abgeben werde
εἰς τὰς χεῖρας | in die Hände dessen,
τοῦ δεδωκότος ᵍμοιᵍ αὐτόᵇ, | der ihn mir gegeben hat,
ʰⁱδιότι οὐκⁱ ᵏοἴδαμενᵏ, | denn wir wissen nicht,
πῶς ἀπαντήσωμεν | wie wir unserem Schöpfer
ᵐτοῦ ποιήσαντος ἡμᾶςᵐ, | begegnen sollen,
ἢ ὀργισθῇ ⁿἡμῖνⁿ | ob er uns zürnt,
ἢ ᵒἐπιστρέψῃ | oder ob er sich umwendet,
ἐλεῆσαιᵒ ᴾἡμᾶςᴾʰᴬ⁽³¹,¹⁾. | sich unser zu erbarmen«.

- Zeugen: St AV Pa AH⁽ᵇⁱˢ ³¹,³⁾ B A AC Ath C VitAd(arm) VitAd(georg) VitAd(latᴾ) Sah⁽ᵃᵇ ³¹,²⁾
Va P¹ LibAd(slav) P² J² J³ ApcMos(arm)⁽ˢ·¹⁵⁾ Br S¹ J¹ E¹ E²
- Es fehlen: D An₂ AH⁽ᵃᵇ ³¹,³⁾ VitAd(latᵐᵉ) An₁ S³ AD

Zum Text

31,1/4A (Va)-(P¹) (=*II) (LibAd[slav]): ᵃτότε λέγει ὁ ’Αδὰμ τῇ Εὔᾳ· ἀνάστα, ''ᵇ εὖξου, ᶜἕως οὖᶜ ἀποδώσω τὸ πνεῦμά μου ᵈτῷ κυρίῳᵈᵃ¹. **31,1b** St AV Pa-AH B A-AC Br: δέ; Ath-C (=*Ia) P²-J²-J³ (=*III) S¹ (=*IIIa) J¹-E¹-E²: txt; Va P¹: def. **31,1c** Br-S¹ (=*IIIa) J¹-E¹-E²: om.

31,1d B: μετὰ ἡμέραν μίαν, ὀφείλοντος αὐτοῦ ἀποθνήσκειν; (P²)-(J²)-(J³) (=*III) (ApcMos [arm]) (Br)-(S¹) (=*IIIa) (J¹)-(E¹)-(E²): ''ᵃ ᵇἔκλαυσεν, ὁμοίως δὲ καὶ οἱ υἱοὶ αὐτῆς μετ’ αὐτῆςᵇ. ᶜκαὶ μετὰ τὸ ἡσυχάσαι αὐτοὺς διυπνίσθη ὁ ’Αδάμᶜ². **31,1e** St AV Pa-AH Ath (=*Ia) VitAd(arm.georg): txt; A C VitAd(latᵖ): om; B AC Va P¹ P² J² J³ Br S¹ J¹ E¹ E²: def. **31,2a** St AV Pa-AH VitAd(arm.latᵖ) P²-J²-J³ (=*III) ApcMos(arm) Br-S¹ (=*IIIa): καί (sq. BERTRAND, NAGEL) (ba); A-AC-(Ath)-C (=*Ia) VitAd(georg) | B J¹-E¹-E²: txt (a|aba). Nur ohne καί ergibt sich in 31,1–2 eine konsistente Syntax, die aber aufgrund ihrer hypotaktischen Struktur für die meisten Schreiber nicht mehr nachvollziehbar war. **31,2b** St AV Pa-AH A-Ath (=*Ia) Vit Ad(arm.georg.latᵖ): τῷ ’Αδάμ; (B) AC C P²-J²-J³ ApcMos(arm) Br (=*IIIa) J¹-E¹-E²: αὐτῷ; Va P¹ S¹: def. **31,2c** P²-J²-J³ (=*III) ApcMos(arm) Br-S¹ (=*IIIa) J¹-E¹-E²: σύ. **31,2d** St Br-S¹ (=*IIIa) E¹-E²: om; AV AH B A-Ath-C (=*Ia) P²-J²-J³ (=*III) ApcMos(arm) J¹: ἤ; Pa: καί; AC: διά. **31,2e** Sah⁽ʳ³⁾: [Ο]ΥΗΡ ΝΡΟΜΠΕ (»wieviele Jahre«). **31,2f** St Ath: ἔχω ποιήσειν (ba); AV AH A-AC (=*Ia) P²-J²-J³ (=*III) Br-(S¹) (=*IIIa): ἔχω ποιῆσαι (sq. BERTRAND, NAGEL) (a); Pa: †ἔχω θέλω ποιῆσαι (ca); B: θέλω ζῆσαι (da); C: ἔχω ζῆσαι (ea); E¹-E²: ποιήσω (fa). **31,2g** St AV Pa-AH (C) (VitAd[arm]) P²-J²-(J³) (=*III) (ApcMos[arm]) (J¹)-(E¹)-(E²): μετὰ θάνατόν σου, ἀνάγγειλόν μοι (Auslassung von ἤ τί μοι ἔσται μετὰ τὸ ἀποθανεῖν σε – man sah nicht mehr, daß hier eine inhaltlich weiterführende Frage gestellt wurde) (sq. BERTRAND, NAGEL) (ba); B: ἀνάγγειλόν μοι (cba); A-(AC): μετὰ τὸ ἀποθανεῖν σε (Auslassung von θανατόν σου, ἀνάγγειλόν μοι. ἤ τί μοι ἔστ<αι> [vgl. Ath] durch ht.) (dea); Ath: μετὰ θάνατόν σου, ἀνάγγειλόν μοι. ἤ τί μοι ἔστ<αι> μετὰ τὸ ἀποθανεῖν σε (Umstellung von ἀνάγγειλόν μοι) (ea); VitAd(georg): »et qu’adviendra-t-il de moi après ta mort? Apprends le moi« (Auslassung von μετὰ θανατόν μου) (fa); VitAd(latᵖ): *quare ergo non uado per quam mors data est?* (ga); Sahʳ⁴⁻⁸: ΜΠΡϨΕΠ[Π]ϨⲰΒ ΕΡΟΙ ΠΑ[Χ]ΟΕΙϹ ΑⲆΑΜ [Π]ϹⲰΤΠ ΝΤΕ[Π]ΝΟΥΤΕ (»verbirg mir die Sache nicht, Adam, Erwählter Gottes!«) (ha); Br-S¹ (=*IIIa): μετὰ τὸν θάνατόν σου (iba); *Ia: μετὰ θάνατόν σου; ἤ τί μοι ἔσται μετὰ τὸ ἀποθανεῖν σε; ἀνάγγειλόν μοι (vgl. 31,3, wo καὶ αὐτὴ τεθήσῃ κτλ. auf ἤ τί μοι ἔσται κτλ. antwortet) (a). Va P¹: def. **31,2h** A-AC om. (ht.); (Ath) (=*Ia) (VitAd[georg]): txt; C et rell: def. (vgl. °31,2g). **31,2i** Ath: ἔστιν; rell: def. (vgl. °31,2g.h); ἔσται conjeci (vgl. 31,3: τεθήσῃ [Futur!]). **31,3a** Sah⁽ʳ¹⁰⁾: om. **31,3b** St AV A-AC-Ath (=*Ia): περὶ πραγμάτων (a); Pa-(AH): περὶ ἐμέ (ba); B | J¹ E¹-E²: περὶ τούτου

---

¹ Varianten: **a-a** LibAd(slav): Da rief Adam *mit großer Stimme: »Höre auf zu sprechen, Eva, schon ist der Geist in mir verringert (schon trennt sich mein Geist von meinerm Körper), sondern* erhebe dich, *gehe hinaus* und bete zu Gott, bis ich meinen Geist Gott gegeben habe. (Abweichungen von *II in Kursive). **b** Va: καί; P¹: txt. **c-c** Va: ὅπως; P¹: ἕως οὗ (=*Ia *I); **d-d** Va LibAd(slav): τῷ κυρίῳ (vgl. *Ia *I: εἰς τὰς χεῖρας τοῦ δεδωκότος μοι αὐτό); P¹: om.

² Varianten: **a** P²-J²-J³: πάλιν; Br-S¹ (*IIIa) ApcMos(arm) J¹: txt; E¹: καὶ εἰπὼν αὐτῆς πρὸς αὐτοὺς τὰ τοιαῦτα καὶ μνησθεὶς τοῦ παραδείσου; E²: καὶ μνησθεὶς τοῦ παραδείσου (Kongruenzfehler in E¹ und E²!). **b-b** P²-J²-J³: ἔκλαυσεν, ὁμοίως δὲ καὶ οἱ υἱοὶ αὐτῆς μετ’ αὐτῆς (a); ApcMos(arm): »aber Eva und ihre Söhne fingen an zu weinen und zu jammern« (ba); Br-S¹ (=*IIIa): ἔκλαυσε σὺν αὐτοῖς (ca); J¹: ἔκλαυσαν πάντες πικρῶς (da); E¹: ἔκλαυσε καὶ αὐτῇ τῇ ὥρᾳ πικρῶς, ὥστε καὶ ἡ ψυχὴ αὐτῆς ὀλιγόρησεν (ea); E²: ὀλιγόρησεν αὐτῆς ἡ ψυχὴ (fa). **c-c** P²-J²-J³ ApcMos(arm) (Br)-(S¹) (=[*IIIa]): καὶ μετὰ τὸ ἡσυχάσαι αὐτοὺς διυπνίσθη ὁ ’Αδάμ; J¹-E¹-E²: ἔξυπνος δὲ γενόμενος ὁ ’Αδάμ.

(ca| cea); C: διὰ πολλῶν πραγμάτων (da); P²-J²-J³ (=*III): περὶ πραγμάτων τοιούτων (ea); (Br)-S¹ (=*IIIa): περὶ τοιούτων πραγμάτων (fea); Va P¹: def. **31,3c** Pa-AH B: om. (ht. – B: τούτου – ἐμοῦ; Pa-AH: ἐμέ – ἐμέ). **31,3d** Codd: βραδύνεις (sq. TISCHENDORF); NAGEL, BERTRAND: βραδυνεῖς (wohl richtig, vgl. ποιήσειν, τεθήσῃ etc.; ἀποθνήσκομεν gehört zu einer prinzipiellen Aussage, daher das Präsens). **31,3e** St AV (B) Ath (=*Ia) J³ (=*III) J¹-E¹-E²: ἐμοῦ; (Pa)-(AH) A-(AC) P² J²: ἐμέ (zu ἀπό + Acc. vgl. HATZIDAKIS 224) ; Va P¹ Br S¹: def. Zu Pa-AH B vgl. °31,3c. **31,3f** St: ἴσον; C: ὅμου, J¹-E¹: ἴσως. **31,3g** St P²-J²-J³ (=*III): κἂν (a); Pa: καὶ ἄν (ba); B: ὅτε δέ (ca); A: καὶ ὅτε (dea); AC-Ath (=*Ia⁷): καὶ ὅταν (ea); C: ὅταν δέ (fea); Sah⁽ʳ¹²⁾: ЄΙϢΑΝΜΟΥ (»wenn ich sterbe«) für κἂν ἀποθάνω (gea?); J¹-E¹: καὶ ἐάν (ha); AV Va P¹ Br S¹ E²: def. **31,3h** Sah⁽ʳ¹³⁻¹⁵⁾: ΜΠΡΧΩ2 13 ЄΡΟΙ ΜΠΑΜΑ 15 {ΠΑΜΑ} (»berühre mich nicht an meinem Ort {meinem Ort}«) (Entstanden aus einer Haplographie: καταλείψατε/αι – ἄψητε/αι; vorausgesetzt ist die Lesart von *Ia in °31,3i!). **31,3i** St (=*Ib) AV P²-J²-J³ (=*III) J¹: κατάλειψ-ον (der Singular von *Ib paßt besser zum Makrokontext; vgl. v.a. 32,1, wo Eva von Adam weggeht) (a); Pa: καταλείψομαι (‹ κατάλειψόν με, vgl. St etc) (ba); B Ath-C (=*Ia²/² *Ia⁷): καταλείψατε (Anpassung an das unmittelbar nachfolgende καὶ μηδείς μου ἄψηται) (ca); A-AC: καλύψατε (dca); ApcMos(arm) Br-S¹ (=*IIIa) E¹: κάλυψον (ea); Va P¹ E²: def. **31,3k** St AC: με, Ath: μοι. **31,3m** St Pa B A-Ath (=*Ia) J¹-E¹ (=*III): ἄψηται; AV AC P²-J²-J³: ἄψεται; Br-S¹ (=*IIIa): ἅλται (der Sinn in *IIIa ist dann: »niemand meide mich«!); C Va P¹ E²: def. Zu Sah vgl. °31,3h. **31,3n** Sah⁽ʳ¹⁵⁻¹⁹⁾: ϢΑΝΤЄ ΠΧΟЄΙϹ ΤΝΝΟΥ ΝϤϢΑΧЄ ΝΜΜΗΤΝ ЄΤΒΗΗΤ (»bis daß der Herr [jmd.] sende, damit er mit euch in meiner Sache rede«). **31,4a** Sah⁽ʳ²⁰⁾: om. (vgl. °31,3n). **31,4b** Sah⁽ʳ²¹/ᵛ¹⁾: ΝΤΑΜΟ ЄΡΟΙ (»mich zu unterweisen«). CRUM schlägt ΝΤΑΑϹ für ΝΤΑΜΟ vor (Korrelat zu τοῦ δεδωκότος μοι αὐτό), eher aber wird *ΤΑΜΙΟ (»Geschöpf« für *σκεῦος oder »schaffen« für ἔπλασεν) zugrundeliegen, das – nach Textausfall – zu ΤΑΜΟ verderbt wurde; anschließend wurde dem entstellten Text ein neuer Sinn abgewonnen. **31,4c** B AC Br-S¹ (=*IIIa) J¹-E¹: πλάσμα. **31,4d** C: ἤκουσα γὰρ ἐγὼ τοῦ κυρίου λέγοντος, ὅτι τὸν ἐρχόμενον πρός με οὐ μὴ ἐκβάλω ἔξω – vgl. Joh 6,37 (dazu s. BERTRAND 135 und NAGEL II,100). **31,4e** St AV Pa A-(AC)-Ath (=*Ia): ἀνάστα, μᾶλλον εὖξαι; B: καὶ ἀνάστα, μᾶλλον καὶ εὖξου; C: ἀλλὰ ἀναστὰς μόνον εὖξαι; Va: ἀνάστα καὶ εὖξου (vgl. °31,1/4A); P¹: ἀνά-στα, εὖξου (vgl. °31,1/4A); P²-J²-J³ (=*III) Br-S¹ (=*IIIa) J¹: ἀνάστα δὲ μᾶλλον καὶ εὖξαι; E¹: σὺ οὖν ἀνάστα καὶ εὖξαι; E²: καὶ ἀνάστα καὶ εὖξαι. **31,4f** St AV Pa B A-AC-Ath-C (=*Ia) Va (=*II) | ApcMos(arm) E¹-E²: txt (zu Va vgl. °31,1/4A) (a|aba); P²-J²-J³ (=*III) Br-S¹ (=*IIIa) J¹: σήμερον (ba); P¹: def. **31,4g** St AV B Ath-C (=*Ia) Br-S¹ (=*IIIa *III): txt; Pa A-AC J¹-E¹-E²: om; P²-J²-J³: μου (vulgärsprachlich). **31,4h** J¹-E¹-E²: om. **31,4i** St Pa B A-AC-C (=*Ia) P² (=*III): διότι οὐκ (a); Ath: ὅτι οὐκ (ba); J²-J³: οὐκ (ca); Br-S¹ (=*IIIa): οὐ γάρ (da); AV Va P¹ J¹ E¹ E²: def. **31,4k** VitAd(arm.georg.lat^p): »ich weiß«; Sah⁽ᵛ¹⁻²⁾: †ϹΟΟΥΝ (»ich weiß«); ApcMos(arm): gitem (»ich weiß«). Hier ist ein Indiz, daß Sah von *VitAd deriviert. **31,4m** St A-Ath-C (=*Ia) P²-J²-J³ (=*III): τοῦ ποιήσαντος ἡμᾶς; AV: τὸν ποιήσαντα ἡμᾶς; Pa: αὐτῷ; B: τούτῳ; AC: om. (ht: *τοῦ ποιήσαντος ἡμᾶς τοῦ μὴ ὀργισθῆναι); VitAd(arm): »haurn amenayni« (»dem Vater von allem«); VitAd(georg): »près du créateur de toute«; VitAd(lat^p): dominus deus et pater; Sah⁽ᵛ⁴⁻⁶⁾: ЄΠΔЄϹΠΟΤΗϹ ΜΠΤΗΡϤ (»dem Herrn der ganzen Welt«); Br-S¹ (=*IIIa): τῷ ποιήσαντι ἡμᾶς; Va P¹ J¹ E¹ E²: def. Auch hier ein Indiz, daß Sah von VitAd deriviert, vgl. °31,4k. **31,4n** Sah⁽ᵛ⁷⁾: ΝΑΙ (»mir«) – nach °31,4k. **31,4o** St Ath-C: ἐπιστρέψει τοῦ ἐλεῆσαι (sq. BERTRAND) (ba); AV: ἐπιστρέψας ἐλεήσει (ca); Pa AC: ἐπιστρέψει καὶ ἐλεήσει (da); B: σπλαγχνίζεται καὶ μέλλει ἐλεῆσαι (ea); A (=*Ia) (P²)-J²-J³ (=*III): ἐπιστρέψει ἐλεῆσαι (a); Br-S¹ (=*IIIa): ἐπιστρέψει καὶ σώσει (fa); Va P¹ J¹ E¹ E²: def. **31,4p** Sah⁽ᵛ⁹⁾: 2ΑΡΟΙ (»meiner«), vgl. °31,4k.n.

Apc Mos 31 ist insgesamt von der Endredaktion gestaltet, nur 31,2–3a entstammen der älteren Grablegungsgeschichte. Im folgenden wird zuerst Apc Mos
31 als Ganzes und danach Apc Mos 31,2–3a untersucht.

1. Apc Mos 31 als Produkt der Endredaktion: Zum Inhalt

Der Perikope kommt in mehrfacher Hinsicht die Funktion eines Scharniers zu:
31,1 leitet von dem Rückblick Evas auf das Paradiesgeschehen (Apc Mos 15–30)
auf die Erzählung vom Tod Adams und Evas über (Apc Mos 31–43), indem es
die Aufmerksamkeit des Lesers wieder zurück auf die Szenerie am Sterbebett
Adams richtet, die schon in 9–14 die Erzählung strukturierte. 31,2ff bereiten dann
den Tod Adams und Evas nähergehend vor. Dabei verweist 31,2–3a mit dem Tod
Evas auf den Schluß der Erzählung (Apc Mos 42,3–43,3). So entsteht eine Ringkonstruktion, die Apc Mos 31–43 als geschlossenes Ganzes erscheinen läßt.
31,3b–4 leiten dann zu dem in Apc Mos 32,1–33,1 Berichteten über: Adam
gebietet Eva, ihn, wenn er sterbe, nicht zu berühren, bis ein Engel Anweisungen
erteile (31,3b); außerdem soll sie beten, bis er seinen Geist Gott übergebe (31,4).
Dementsprechend geht Eva danach heraus (bleibt also nicht in der Nähe Adams!)
und betet (32,1–2), bis ein Engel kommt, der sie auf den Aufstieg Adams aus
seinem Leibe hinweist (32,3–4). Daraufhin legt Eva ihre Hand auf das Gesicht
Adams, denn mit der Intervention des Engels ist, obgleich dies nicht ausgesprochen wird, die Bedingung für das in 31,3b ausgesprochene Berührungsverbot
aufgehoben (zur Perikopenabgrenzung vgl. K XI,3 [S. 454]).

Apc Mos 31,1 lenkt – wie angesprochen – den Leser zur Szenerie am Sterbebett Adams zurück. Dabei wird mit dem Hinweis, daß Adam noch einen Tag zu
leben hat, die Terminierung von Adams Tod in 13,6 aufgenommen (dort sind es
noch drei Tage). Wenn in 31,1b Adams Tod mit den Worten angekündigt wird,
daß er aus seinem Körper heraustrete werde, so deutet sich hier eine in Apc
Mos 13,6 noch nicht so klar ausgesprochene Identifikation der personalen
Identität Adams mit seinem nichtkörperlichen Wesensbestandteil an; dieser Zug
wird sich in den endredaktionellen Passagen durchhalten (vgl. Apc Mos 32,4b).
Auffällig ist die stark hypotaktische Struktur von 31,1.

Apc Mos 31,2–3a setzt eine Unterredung zwischen Adam und Eva ein. Eva
fragt Adam nach dem Zeitpunkt ihres Todes und ihrem Ergehen nach seinem
Tod (31,2) und Adam beantwortet diese Fragen (31,3a); die Einzelheiten werden
gegen Ende des Kommentars von Apc Mos 31 erörtert, da diese Passage der
vorredaktionellen Schicht angehört. Indem Eva fragt und Adam antwortet,
deutet sich ein Kompetenzgefälle zwischen Adam und Eva an, welches die
Redaktion in 31,3b–4 wahrt und ausbaut, indem Adam dort Anweisungen an
Eva erteilt. Diese haben im übrigen mit den Fragen Evas in Apc Mos 31,2 nichts
zu tun – auch diese Spannung verrät die Arbeit der Redaktion.

Die erste Anweisung Adams betrifft den Umgang mit ihm bei seinem Tod: Zu dem Zeitpunkt, da er stirbt (ἀποθάνω), soll Eva ihn »zurücklassen« (κατά-λειψον) (31,3bα). Die beiden Aoriste sind nicht zufällig gewählt: Es geht nicht darum, daß Eva den Toten nie wieder aufsuchen soll, sondern daß sie in einem bestimmten Moment, dem Augenblick des Sterbens, nicht bei ihm bleibt. Was gemeint ist, ergibt sich aus dem Folgenden: In 32,1 »geht« Eva »heraus« (ἐξῆλθεν ἔξω), läßt also Adam in einem Raum zurück, in dem sie sich vorher zusammen mit ihm aufhielt.

Welche Ratio dieser Weisung Adams zugrundeliegt, ergibt sich dem nach-folgenden Befehl Adams, der stärker ins Prinzipielle geht: Niemand soll ihn berühren (μηδείς μου ἅψηται), bis ein Engel Anweisungen über ihn erteile (31,3bβ). Wenn Eva Adam im Moment seines Todes sich selbst überläßt, dann berührt sie ihn nicht, und überhaupt soll niemand das tun.

Eine Begründung für das Berührungsverbot wird nicht gegeben, doch man wird sie aus dem Inhalt der Worte des Engels in 32,4 erschließen dürfen, mit denen das Verbot wieder außer Kraft tritt (vgl. 33,1). Dort teilt der Engel Eva mit, ihr Mann habe seinen Leib verlassen (ὁ Ἀδάμ, ὁ ἀνήρ σου, ἐξῆλθεν ἀπὸ τοῦ σώματος αὐτοῦ). Das Berührungsverbot wird also etwas mit der Trennung von Leib und Seele beim Tod zu tun haben (wobei letztere mit der Person identifiziert ist). Inwiefern die Trennung von Leib und Seele das Verbot begrün-det, zeigt möglicherweise eine Parallele in Ev Joh 20,17. Dort verbietet der gerade auferstandene Jesus der Maria Magdalena, ihn zu berühren (μή μου ἅπτου), und zwar mit der Begründung, er sei noch nicht zu seinem Vater hin-aufgegangen (οὔπω γὰρ ἀναβέβηκα πρὸς τὸν πατέρα). Offenbar gehört Jesus in diesem Moment zur Sphäre Gottes, ist also für Menschen »tabu«. Ähnliches könnte auch hier für Adam gelten: Auch er bzw. sein πνεῦμα gehört Gott (vgl. v.a. 31,4).

Anders als in Apc Mos 31,1–33,1 spielt in Joh 20,17 eine Seelenvorstellung wohl keine Rolle. Das verbindende Moment ist also etwas anderes, nämlich die Zugehörigkeit des demnächst zum Himmel aufsteigenden zu Gott. Gemeinsam ist beiden Texten wieder, daß es die Person Adam bzw. Jesus ist, die zu Gott gehört und demnächst zum Himmel aufsteigt. In Apc Mos 31,1–33,1 ist die Person Adam identisch mit dessen Pneuma (vgl. 31,4 und 32,4), im Ev Joh 20 ist es die Person des leiblich Auferstandenen, die zu Gott gehört.[3]

---

[3] Ein wesentlicher weiterer Unterschied zwischen Apc Mos 32,1–33,1 und Ev Joh 20,17 besteht darin, daß in Ev Joh 20 das Berührungsverbot schon in 20,19ff keine Rolle mehr spielt, vgl. speziell 20,27. Warum dies so ist, kann hier nicht erörtert werden, doch vgl. M.R. D'ANGELO: A Critical Note: John 20,17 and Apocalypse of Moses 31, The Journal of Theological Studies 41 (1990), 529–536, die als erste Apc Mos 31ff und Joh 20,17 aufeinander bezogen hat.

Die von Adam geäußerte Zuversicht, daß ein Engel über den Umgang mit seiner Leiche Anweisungen erteilen werde, ist schöpfungstheologisch begründet: Gott wird das σκεῦος, das er selbst geformt hat, nicht »vergessen«, sondern »aufsuchen« (31,4a). Wie in Apc Mos 16,4 und 26,1 fällt hier das Wort σκεῦος in einem schöpfungstheologischen Zusammenhang; vielleicht lehnt sich die Redaktion an diese Verse an. An beiden Stellen konstituiert das Gegenüber von Schöpfer und Geschöpf eine Beziehung, aus der sich auf beiden Seiten Konsequenzen ergeben: Gott wendet sich seinem Geschöpf zu (so hier), sein Geschöpf wiederum ist ihm moralisch verpflichtet – so in Apc Mos 26,1, wo ein Fehlverhalten der Schlange dahingehend qualifiziert wird, daß sie als Geschöpf undankbar geworden ist. Eine schöpfungstheologische Argumentation ist der Grablegungserzählung fremd; diese begründet den Tod gleichermaßen wie die über ihn hinausweisende Hoffnung ausschließlich mit dem Gedanken der Rekapitulation (das zeigt sich schon an 31,2–3a, s.u.). Umso mehr ist 33–37 schöpfungstheologisch geprägt (vgl. etwa 37,2); die Endredaktion setzt hier also Signale, welche die zweite Quellenschrift einbetten helfen.

Die nachfolgende Aufforderung Adams an Eva, herauszugehen und zu beten (31,4b), korreliert mit dem Berührungsverbot: Eva soll während seines Todes und danach nicht anwesend sein. Ferner beleuchtet sie das Thema der Geschöpflichkeit von der anderen Seite, und zwar in ihren Konsequenzen für das Geschöpf. Adam hält ein Gebet nämlich für notwendig, weil er nicht weiß, wie er und seine Frau ihrem Schöpfer entgegentreten sollen. Dies hat mit ihrer Gebotsübertretung zu tun, sonst würde nicht erörtert, ob Gott mit Zorn oder Gnade auf sie eingehen werde. Daß Gott hier gerade in seiner Eigenschaft als Schöpfer erwähnt wird, dürfte kein Zufall sein: Indem Adam und Eva das Gebot Gottes übertreten haben, haben sie sich nicht ihrer Geschöpflichkeit entsprechend verhalten.

Interessant ist, daß Adam Eva in die Ungewißheit der Situation vor Gott nach dem Tod einbezieht, obgleich zunächst nur er selbst stirbt. Hier scheint der Redaktor mit der von der Grablegungserzählung vorgegebenen Tatsache, daß Eva nur wenig länger als Adam leben wird, Ernst zu machen. Übrigens äußert sich auch hier ein Unwissen Adams, welches freilich nicht so weit reicht, daß er nicht Anordnungen treffen könnte.

Es ist unwahrscheinlich, daß das Gebet Evas als Fürbitte in dem Sinne zu verstehen ist, daß Eva als Gerechte für Adam etwas bewirken könnte, denn in ihrem nachfolgenden Bußgebet (Apc Mos 32,1–2) hebt Eva gerade ihre eigene Sünde hervor.

Apc Mos 31,4b setzt neue anthropologische Akzente. Hat Adam in 31,3b noch von seinem Leib geredet, spricht er hier von seinem πνεῦμα und äußert die Erwartung, daß er es mit dem Tode in die Hände dessen zurückgeben werde, der es ihm gegeben hatte, gemeint ist Gott. Diese Aussage ist von erheblicher Tragweite für das theologische Profil der Redaktion. Zum einen zeigt sie, wie schon in 31,1, eine dichotomistische Sicht des Menschen, zum anderen wird – bezogen auf das πνεῦμα – der Tod als Wiederherstellung des ursprünglichen Zustandes vor der Erschaffung des Menschen, als *recapitulatio*, aufgefaßt: Wie Gott das πνεῦμα gegeben hatte, als er den Menschen erschuf, so gibt es ihm nun der Mensch zurück. Wie noch auszuführen sein wird, ist die Vorstellung vom Tod als *recapitulatio* auch schon in Apc Mos 31,2–3a angeklungen, dort allerdings nicht explizit-konzeptionell, sondern implizit-erzählerisch. Überhaupt wird sich zeigen, daß die Grablegungserzählung in 31.38ff als ganze vom Rekapitulationsschema tiefgehend geprägt ist, der Redaktor hat dieses also aus seiner Quelle übernommen und im Sinne seiner Leib / Seele-Anthropologie ausgebaut. Ähnlich ist er schon mit der Aufnahme der schöpfungstheologischen Argumentationslinie verfahren, die in 33,2–37,6 zum Tragen kommt (freilich ist der Rekapitulationsgedanke auch 33,2–37,6 wirksam, vgl. K XI,4 [S. 494]). Der Redaktor setzt in zentralen Punkten die Tendenzen seiner Quellen fort, er steht diesen also durchaus nahe.

2. Apc Mos 31 als Produkt der Endredaktion: Hintergründe

Der traditionsgeschichtliche Hintergrund des Leib-Seele-Dualismus der Endredaktion ist allgemein das Vordringen einer entsprechenden Sicht des Menschen im frühen Judentum (s. E IV,4 [S. 170–171]). Der anthropologische Dualismus hat hier aber auch eine spezielle Vorgeschichte, die anhand des redaktionsgeschichtlichen Befundes rekonstruiert werden kann: In Apc Mos 42,8 fordert Eva in ihrer Todesstunde Gott auf, ihren Geist zu nehmen (δέξαι τὸ πνεῦμά μου), danach heißt es: καὶ παρέδωκε τὸ πνεῦμα αὐτῆς. In E III,5a (S. 132, vgl. K XI,15 [S. 558–559]) wurde gezeigt, daß diese Wendungen wohl schon der Grablegungserzählung angehörten; da diese ansonsten keinen anthropologischen Dichotomismus erkennen läßt, dürften sie dort weniger Ausdruck eines anthropologischen Konzepts als vielmehr eines frommen Vertrauens auf Gott in der Sterbestunde sein. Sie konnten aber von der Endredaktion durchaus im Sinne ihres Leib-Seele-Dualismus gelesen werden; und zumindest 31,4b, das deutliche Anklänge an 42,8 aufweist, läßt erkennen, daß sie 42,8 auch zum Ausgangspunkt für eigene Gestaltungen gemacht hat. Nun findet Apc Mos 42,8 eine wörtliche Parallele in Apg 7,59 – dort sagt Stephanus in der Todesstunde: δέξαι τὸ πνεῦμά μου. Apg 7,59 wiederum steht im Zusammenhang mit Lk 23,46, wo Jesus in der Todesstunde Ps 31,6 (30,6 𝔊) zitiert. Stark an Ps 31,6 (30,6 𝔊: εἰς χεῖράς σου παραθήσομαι τὸ πνεῦμά μου) erinnert aber auch Apc Mos 31,4b, d.h. der Zusammenhang zwischen Lk 23,46 und Apg 7,59 findet eine Entsprechung in Apc Mos 31,4 und 42,8. Dies läßt annehmen, daß im Hintergrund eine gemeinsame Tradition steht – nämlich die einer Applikation

von Ps 31,6 auf die Stunde des Todes.[4] Daß es eine solche tatsächlich in frühjüdischer Zeit gegeben hat, zeigt auch Sap Sal 3,1, wo es heißt, die Seelen der
Gerechten befänden sich in der Hand Gottes (δικαίων δὲ ψυχαὶ ἐν χειρὶ θεοῦ)
– im Gegensatz zu denen, die zum Los des Teufels gehören; sie müssen den Tod
über sich ergehen lassen (Sap Sal 2,24). In Sap Sal 3,1 wird Ps 31,6 übrigens –
wie der Kontext erkennen läßt – klar im dichotomistischen Sinne verstanden;
darin bildet dieser Text eine Parallele zu Apc Mos 31,4 – anders als Lk 23,46 und
Apg 7,59, die nicht unbedingt auf einen Leib-Seele-Dualismus referieren.

Apc Mos 31,4b – und überhaupt die Endredaktion – steht im übrigen auch in
einer erstaunlichen gedanklichen Nähe zu Qoh 12,7. Dort wird der Tod folgendermaßen umschrieben (𝕲: ...καὶ ἐπιστρέψῃ ὁ χοῦς ἐπὶ τὴν γῆν, ὡς ἦν, καὶ
τὸ πνεῦμα ἐπιστρέψῃ πρὸς τὸν θεόν, ὃς ἔδωκεν αὐτό »...und der Staub
kehrt zurück zur Erde, wie er war, und der Geist kehrt zurück zu Gott, der ihn
gegeben hatte«). Wir haben es hier mit einer doppelten Rekapitulation zu tun:
Der Staub wird wieder zu Staub, der Geist kehrt wieder zu Gott zurück. Das
gleiche Konzept ist in Apc Mos 31,4b verwirklicht, indem dort der Rekapitulationsgedanke der Grablegungsgeschichte (Staub zu Staub, vgl. insbesondere
Apc Mos 40,6) durch die Vorstellung einer Rückkehr des Geistes (πνεῦμα) zu
Gott ergänzt ist. Qoh 12,7 und Apc Mos 31–43 (diesmal mit den Augen der
Endredaktion gesehen) haben auch ein sehr wichtiges Signalwort gemeinsam:
ἐπιστρέψω. Dieses ist in Qoh 12,7 ein Korrelat zu hebr. שׁוּב, desgleichen in Apc
Mos 31–43 (Apc Mos 39; 41, vgl. שׁוּב in Gen 3,19b 𝔐).

Auch in der Entstehungsgeschichte könnte der Dichotomismus von Qoh 12,7 dem von Apc Mos
31–43 gleichen: Es gibt Anlaß zu der Vermutung, daß der Rekurs auf den Geist (πνεῦμα / רוח) in
Qoh 12,7 sekundär ist; er steht nämlich Qoh 3,21 entgegen, wo ein Aufstieg des Geistes der Menschen in Frage gestellt wird, vgl. 𝕲: καὶ τίς οἶδεν πνεῦμα υἱῶν τοῦ ἀνθρώπου, εἰ ἀναβαίνει
αὐτὸ εἰς ἄνω, καὶ πνεῦμα τοῦ κτήνους, εἰ καταβαίνει αὐτὸ κάτω εἰς γῆν (»Und wer kennt
den Geist der Menschenkinder, ob er hinaufsteigt nach oben, und den Geist des Viehs, ob er
hinunterfährt in die Erde«). Der von 𝔐 überlieferte Konsonantentext hat dieselbe Bedeutung, aber
die Masoreten haben den Zweifel am Aufstieg des menschlichen Geistes neutralisiert, indem sie
statt der Hê-interrogativa jeweils einen Artikel lasen; mit masoretischer Punktation bedeutet מי יודע
רוח בני־האדם העלה היא למעלה ורוח הבהמה הירדת היא למטה לארץ: »wer kennt den Geist der Menschenkinder, der hinaufsteigt nach oben, und den Geist des Viehs, der hinunterfährt in die Erde«, vgl.
hierzu LAUHA: Kohelet, 77; 214–215.

3. Das Material aus der Grablegungserzählung (Apc Mos 31,2–3a)

Der Dialog zwischen Adam und Eva in 31,2–3a kreist um das Problem, warum
Eva nicht gleichzeitig mit Adam stirbt. Das geht schon aus den Fragen Evas an

---

[4] Nach BILLERBECK II,269 fand Ps 31,6 im Judentum auch als Abendgebet Verwendung;
dem kann hier nicht nachgegangen werden.

Adam hervor (Apc Mos 31,2): Zunächst fragt sie, warum Adam sterbe und nicht sie. Man könnte versucht sein, hier ein Schuldbewußtsein Evas zu vermuten, und zwar dahingehend, daß schließlich nicht Adam, sondern sie den Tod in die Welt gebracht habe. Davon verlautet jedoch nichts, und die beiden nachfolgenden Fragen, welche die erste präzisieren[5], weisen auch in eine ganz andere Richtung: Eva will zum ersten wissen, wie lange sie noch nach Adam zu leben habe, und zum zweiten, was mit ihr nach Adams Tod geschehen werde. Hier geht es nicht um die Frage, ob Eva überhaupt das Recht auf ein Adam überdauerndes Leben habe, sondern um das Schicksal der Hinterbliebenen. Äußerlich ähneln sich die beiden Fragen, deswegen wurde die zweite auch in *Ib unterdrückt (vgl. °31,2g), aber inhaltlich heben sie, wie sich im Folgenden zeigt, auf unterschiedliche Sachverhalte ab.

Die Antwort Adams zielt auch auf die beiden präzisierenden Fragen Evas, weil nur diese einen konkreten Inhalt aufweisen. So nimmt οὐ γὰρ βραδύνεις ἀπ᾽ ἐμοῦ eindeutig auf das Problem der Dauer des Lebens Evas nach dem Tod Adams Bezug: Eva wird nicht mehr lange zu leben haben. Diese Voraussage wird durch einen nachfolgenden Satz antithetisch erläutert: Ἀλλ᾽ ἴσα ἀποθνῄσκομεν ἀμφότεροι. Er hat seinen Bedeutungsschwerpunkt in dem Wort ἴσα, doch gerade dieses ist nicht leicht zu verstehen. Übersetzt man es wie MERK / MEISER (S. 845) mit »in gleicher Weise«, trifft man sicher die Grundbedeutung, verfehlt aber die durch den Kontext gebotene Nuancierung. Denn daß Eva gleichermaßen wie Adam dem Tod unterworfen sein würde, stand gar nicht zur Debatte; und sollte mit ἴσα gemeint sein, daß der Vorgang des Sterbens bei Eva der gleiche sein werde wie bei Adam, so läge der Satz wohl ebenfalls außerhalb dessen, was gerade zur Rede steht. Wenn ἀλλ᾽ ἴσα ἀποθνῄσκομεν ἀμφότεροι die Voraussage erläutern soll, daß Eva nur kurze Zeit nach Adam sterben werde, dann muß ἴσα in irgendeiner Weise auf den Zeitpunkt ihres Todes deuten. Da an eine Gleichzeitigkeit ihres Todes mit dem Adams nicht zu denken ist, muß etwas anderes »gleich« sein, das mit dem Zeitpunkt des Todes zu tun hat.

Was dies andere ist, kann an dieser Stelle nicht bestimmt werden, läßt sich aber vom Fernkontext und von einem wichtigen Referenztext der Apc Mos her ermitteln: In Apc Mos 42,1.3 erfahren wir, daß nach dem Tode Adams sechs Tage abliefen, bis Eva starb. Kombiniert man diese Angabe mit Lib Jub 3,1–5, dem zu entnehmen ist, daß Eva am sechsten Tage der zweiten Schöpfungswoche aus der Rippe Adams geformt wurde, so ergibt sich in der Tat eine Übereinstimmung hinsichtlich des Zeitmaßes: Zwischen der Erschaffung Adams und der Evas liegt eine Woche, und das gleiche gilt auch für deren Tod. Beide haben

---

[5] Zur Funktion des ἤ vgl. BAUER s.v. ἤ, § 1dβ (Sp. 694).

also exakt die gleiche Lebenszeit, bzw. hinsichtlich ihres Sterbetermins existiert ein Analogieverhältnis, das durch ἴσα zum Ausdruck gebracht wird.

Erörterungsbedürftig ist, ob der Leser den durch das Wort ἴσα angedeuteten Sachverhalt schon in Apc Mos 31,3 bemerken sollte, oder ob ihm erst in Apc Mos 42,1.3 klar werden sollte, was Adam mit seiner Voraussage meinte. Im letzteren Falle wäre die Ausdrucksweise des Erzählers mit Absicht unverständlich (was bei Prophezeiungen durchaus vorkommt), im ersteren wäre die Dunkelheit seiner Ausdrucksweise eher auf ein hohes Zutrauen in das Vorwissen der Leserschaft zurückzuführen. Dagegen, daß hier mit Absicht unverständlich gesprochen würde, spricht der Befund, daß die Sechs-Tage-Frist in Apc Mos 42,1 als bekannt vorausgesetzt wird – es steht dort ἐν ταῖς ἐξ ἡμέραις (man weist nicht mit einem bestimmtem Artikel auf eine Tatsache, die gerade entdeckt werden soll, also bisher unbekannt ist). Es scheint also, daß der Erzähler mit einem Wissen der Leserschaft um die Datierung der Erschaffung Evas in Lib Jub 3 rechnet – und das paßt recht gut zu dem, was bisher über die exegetische Arbeit in der Apc Mos und das Verhältnis zwischen Autor und Leser festgestellt werden konnte. Auch in Apc Mos 15–30 und in anderen Passagen ließ sich nachweisen, daß der Verfasser durchweg mit einem exegetisch kundigen Leser rechnete, vielleicht ja schon allein deshalb, weil es eine Möglichkeit der wiederholten Lektüre gab, zumal in einem »Schulzusammenhang« (dazu vgl. E III,5c–d). Der unbestreitbar hohen exegetischen Kompetenz des Autors entspricht allerdings sein Sprachvermögen nicht immer, so auch hier: Der mit ἴσα verbundene Gedanke hätte sprachlich besser profiliert werden können.

Auch die Frage Evas nach ihrem Ergehen nach dem Tod Adams findet eine Antwort: Eva wird an seiner Seite beigesetzt werden (31,3aβ). Welchen Hintergrund diese Verheißung hat, ergibt sich gleichfalls aus dem Fernkontext und einem Referenztext der Apc Mos: In Apc Mos 42,1 wird in Bezug auf den Tod Evas von einer Rückkehr der »Rippe/Seite« (πλευρά) Adams zu Adam gesprochen. Damit wird erkennbar auf die biblische Überlieferung zur Erschaffung Evas angespielt – auch in Gen 2,22 𝔊 begegnet das Wort πλευρά. Aus diesem Zusammenhang läßt sich kombinieren, daß in Apc Mos 31,3aβ der Tod Evas als Wiederherstellung des ursprünglichen Zustandes gedacht ist: Wie Eva mit ihrer Erschaffung aus Adam hervorgegangen ist, soll sie mit ihrem Tode auch zu ihm zurückkehren. Der Tod ist also eine *recapitulatio* des bei der Schöpfung gegebenen Zustandes. Daß hier in der Tat dieser Gedanke zugrundeliegt, erweist sich schon anhand der vorhergehenden Verheißung zum Zeitpunkt des Todes Evas: Auch diese beruht auf einem Rekurs auf ihre Erschaffung. Der Gedanke der Rekapitulation des bei der Schöpfung gegebenen Zustandes im Tod spielt damit eine wichtige Rolle in 31,2–3a, und es läßt sich schon hier absehen, daß er auch für die in 31,2–3a vorbereitete Grablegungserzählung von erheblicher Bedeutung sein wird.

Es wird sich im Folgenden zeigen, daß der Kernbestand der Grablegungserzählung in der Tat auf der Idee beruht, daß der Tod der Protoplasten eine *recapitulatio* bzw. eine Rückkehr zu dem Zustand vor ihrer Erschaffung bedeutet. Dementsprechend haben in dieser Erzählung Stichwörter aus dem semantischen Feld »Rückkehr« eine starke Position (ἐπιστρέφω [39,2], πάλιν [41,2], ἀποστρέφειν [42,1]). Die Rückkehrmotivik spielt im übrigen auch in Apc Mos

33,2–37,6 eine entscheidende Rolle, vgl. den Kommentar zu diesem Abschnitt, und ist – wie bereits besprochen – auch von der Redaktion aufgenommen und weiterentwickelt worden.

Abschließend ist zu vermerken, daß der Dialog zwischen Adam und Eva über den Tod Evas nicht nur die Zukunft Evas thematisiert, sondern auch deutlich die Position Evas vor ihrem Gatten erkennen läßt: Sie ist die Fragende, er der Antwortende. Die Antworten Adams zeigen dabei eine beachtliche Kompetenz Adams – immerhin ist er es, der das in der Grablegungserzählung (31,2–3a; 38ff) entscheidende Motiv der *recapitulatio* anklingen läßt. Alles, was in Apc Mos 31 auf eine Unwissenheit Adams hindeutet, stammt von der Redaktion.

Was Eva betrifft, hat die Redaktion freilich die vom redigierten Material vorgegebene Tendenz nicht korrigiert: Das Kompetenzgefälle gegenüber dem Gatten bleibt bestehen; in Apc Mos 31,3b–4 empfängt sie mehrere Anweisungen von ihm. Adam gibt Eva in diesen zwar auch zu verstehen, daß er nicht Bescheid weiß, aber anders als Eva weiß er, was angesichts dieser Kenntnislosigkeit zu tun ist.

XI,2. Sündenbekenntnis Evas (Apc Mos 32,1–2)

32,1 Τότε [a]ἀνέστη[a] [b]ἡ Εὔα[b]
καὶ ἐξῆλθεν ἔξω
καὶ πεσοῦσα ἐπὶ τὴν γῆν [c]ἔλεγεν[c]·
32,2 Ἥμαρτον,
[a]ὁ[a] θεός,
ἥμαρτον *[b] ‘’[c],
[d]ὁ πατὴρ[d] [e]τῶν ἁπάντων[e],
ἥμαρτόν [f]σοι[f]·
ἥμαρτον ‘’[g]
εἰς τοὺς ἐκλεκτούς σου ἀγγέλους ‘’[h],
ἥμαρτον ‘’[i]
[k]εἰς[k] τὰ χερουβίμ ‘’[m],
ἥμαρτον
‘’[n] εἰς τὸν ἀσάλευτόν [o]σου θρόνον[o]·
ἥμαρτον, κύριε,
[p]ἥμαρτον πολλά,
ἥμαρτον ἐναντίον σοῦ[p]·
[q]καὶ πᾶσα ἁμαρτία [r]δι’ [s]ἐμοῦ[s] γέγονεν[r]
ἐν τῇ κτίσει[q].

32,1 Da stand Eva auf,
ging hinaus,
fiel auf die Erde und sprach:
32,1 »Ich habe gesündigt,
o Gott,
ich habe gesündigt,
o Vater des Alls,
ich habe an dir gesündigt;
ich habe gegen deine erwählten Engel
gesündigt,
ich habe gegen die Cherubim
gesündigt,
ich habe gegen deinen unerschütterbaren Thron
gesündigt;
ich habe gesündigt, Herr
ich habe viel gesündigt,
ich habe vor dir gesündigt –
und alle Sünde ist durch mich entstanden
in der Schöpfung.«

- Zeugen: St AV Pa$^{(bis 32,2)}$ B A AC Ath C VitAd(arm.georg.lat^{P}) Sah Va P^{1} LibAd(slav) P^{2} J^{2} J^{3} ApcMos(arm)$^{(S. 15/16)}$ Br S^{1} J^{1} E^{1} E^{2}.
- Es fehlen: D An$_{2}$ Pa$^{(ab 32,2)}$ AH VitAd(lat^{me}) An$_{1}$ S^{3} AD.

Zum Text

32,1a AV: ἀνέστην (»ich stand auf«). AV gestaltet Apc Mos 32–37 zu einer Ich-Erzählung Evas um (vgl. °32,1b; °32,1c; °32,3e; °32,3g; °33,1b; °33,1d; °33,1e; °33,2b; °35,1b; °36,3a; °37,1b), allerdings nicht konsequent – schon die nächste Verbform (auch in AV ἐξῆλθεν) fällt aus dem

Rahmen. Ausgangspunkt dieser Umgestaltung dürfte Apc Mos 33,3–34,1 sein, wo Eva (kontextwidrig) in der 1. Sg. berichtet. Allerdings lassen dort zumindest die sekundären Zeugen das Bestreben erkennen, die störende Ich-Perspektive zu unterdrücken (vgl. °33,3d). AV dagegen weitet die Ich-Erzählung nach vorne aus, aber auch nach hinten. Zu analogen Vorgängen in P¹ vgl. °32,3/4F. **32,1b** St AV Pa Sah$^{(v10-11)}$: om. (zu AV vgl. °32,1a); B A Va-P¹ (=*II) S¹ J¹: Εὔα; AC-Ath-C (=*Ia) P²-J²-J³ (=*III) Br (=*IIIa) (E¹)-(E²): ἡ Εὔα. **32,1c** AV: ἔλεγον (vgl. °32,1a). **32,2a** Codd: ὁ; BERTRAND: ὦ. Nach frühjüdisch-frühchristlichem Sprachgebrauch kann an die Stelle des Vokativs Artikel + Nominativ treten, vgl. BLASS-DEBRUNNER-REHKOPF § 147,2. Im Hintergrund steht die analoge hebräische Konstruktion aus Artikel + Nomen, vgl. MEYER § 96,4b. **32,2b** Pa setzt aus (p. 131v des Codex); auf p. 136v des Codex findet sich der Vermerk: τὸ ὑπόλοιπον ζήτει εἰς τὴν ταφὴν τοῦ ’Αδὰμ ὄπισθεν (orthographisch normalisiert), vgl. NAGEL III,234₁. **32,2c** AV C Va-P¹ (=*II) ApcMos(arm) Br: σοι. **32,2d** Codd: ὁ πατήρ; BERTRAND: ὦ πάτερ. Vgl. °32,2a. **32,2e** Va-P¹ (=*II): τῶν οἰκτιρμῶν; E¹-E²: πάντων. **32,2f** St: om. **32,2g** St: καί. **32,2h** P²-J²-J³ (=*III) (ApcMos[arm]) (Br)-(S¹) (=*IIIa) (J¹)-(E¹)-(E²): ‘‘^{a} ἥμαρτον, δέσποτα, ^{b}ἥμαρτον, φιλάνθρωπε^b, ‘‘^{c} ‘‘^{d1}. **32,2i** St: καί (vgl. °32,2g). **32,2k** P²-J²-J³ J¹: om. **32,2m** St B A-AC-Ath VitAd(georg) P²-J²-J³ (=*III) J¹: txt; C (=*Ia) VitAd(arm) (VitAd[lat^p]) Va-(P¹) (=*II) (LibAd [slav]) Br-S¹ (=*IIIa) (ApcMos[arm]) E¹-E²: ἥμαρτον εἰς τὰ σεραφίμ; AV: def. Vgl. E II,5 (S. 81–82). **32,2n** St: καί (vgl. °32,2g; 32,2i). **32,2o** St A-Ath (=*Ia) P¹ (=*II) P²-J²-J³ (=*III) E¹-E²: σου θρόνον; B Br-S¹ (=*IIIa) J¹: θρόνον σου; AC C Va: θρόνον; AV: def. **32,2p** St A-Ath (=*Ia): ἥμαρτον πολλά, ἥμαρτον ἐναντίον σου (a); (AV) B C: ἥμαρτον ἐναντίον σου (ba); Va: ἥμαρτόν σοι (ca); P²-J²-J³ (=*III) (ApcMos[arm]) (Br)-(S¹) (=*IIIa) J¹: ἥμαρτον, ἅγιε, ἥμαρτον πολλὰ ἐναντίον σου· ἥμαρτον (da); E¹-E²: ἥμαρτον, ἅγιε, ἐναντίον σου· ἥμαρτον, βασιλεῦ οὐράνιε, ἐνώπιόν σου· ἥμαρτον (eda); P¹: def. **32,2q** J¹: καὶ πᾶσαν ἁμαρτίαν διεπραξάμην, καὶ δι’ ἐμοῦ γέγονεν; E¹: πᾶσαν ἁμαρτίαν διεπραξάμην, καὶ δι’ ἐμοῦ γέγονε θάνατος καὶ ἁμαρτία καὶ πάντα τὰ γινόμενα καὶ εἰσερχόμενα ἁμαρτήματα; E²: πᾶσαν ἁμαρτίαν διεπραξάμην· δι’ ἐμοῦ γέγονε θάνατος καὶ ἁμαρτία. **32,2r** St: γέγονε δι’ ἐμέ. **32,2s** (St) AV A-AC P²-J²-J³: ἐμέ; B Ath-C (=*Ia) P¹ (=*II) Br-S¹ (=*IIIa *III) J¹-E¹-E²: ἐμοῦ; Va: def.

1. Redaktionsgeschichte

Wie bereits festgestellt wurde, ist das Gebet der Eva in Apc Mos 32,1–2 auf die Endredaktion der Apc Mos zurückzuführen. Es ist dementsprechend stark mit anderen Passagen verwoben, die dieser Schicht angehören. Dies gilt insbesondere für Apc Mos 31,4b, wo es gewissermaßen vorbereitet wird. Auf die Endredaktion wird auch der Vatertitel für Gott zurückgehen, der nur in der von der Endredaktion eingebauten Erzählung von der συγχώρησις Adams (Apc Mos 33,2–37,6) belegt ist (vgl. Apc Mos 35,2; 36,3; 37,4) sowie in 38,1; 43,4 (redaktionell) und dem wohl redaktionell beeinflußten Apc Mos 38,2. Dabei ist zu vermerken, daß der Titel πατὴρ τῶν ἁπάντων sich immerhin sprachlich von dem durch die Quelle vorgegebenen πατὴρ τῶν ὅλων (Apc Mos 35,2; 37,4) abhebt. Ein inhaltlicher Unterschied ist indessen kaum anzunehmen.

---

[1] Varianten: **a** J¹: ἥμαρτον, ὁ θεός, ὁ πατὴρ πάντων. **b-b** E²: om. **c**: P²-J²-J³: ἥμαρτόν σοι; ApcMos(arm) Br-S¹ (=*IIIa) J¹-E¹-E²: txt. **d** E¹: ἥμαρτον, ἐλεήμων· ἥμαρτον, ἀνεξίκακε· ἥμαρτον, μακρόθυμε.

Der Vatertitel erregt bei einem christlichen Exegeten sicher mehr Aufmerksamkeit, als es seiner Funktion im vorliegenden Text entspricht: An keiner der Belegstellen (Apc Mos 32,2; 35,2; 36,3; 37,4; 38,1.2; 43,4) hat er etwas mit Gottessohnschaft zu tun, genausowenig weist er auf ein besonders inniges Gottesverhältnis. Er wird durchgehend – auch in Apc Mos 36,3 und 37,4 – in Gebeten oder im Zusammenhang mit liturgischen Handlungen verwendet. Speziell die Titel πατὴρ τῶν ὅλων und πατὴρ τῶν ἁπάντων lassen erkennen, daß er auf die Herrschergewalt Gottes abhebt, seine Verwendung Apc Mos 37,4 zeigt fernerhin eine besondere Affinität zu Gottes Rolle als Schöpfer, insofern es dort um eine *recapitulatio* der Erschaffung des Menschen geht. Die religionsgeschichtlichen Hintergründe des Vaterttitels für Gott können hier nicht erörtert werden, vgl. hierzu G. SCHRENK: Art. πατήρ, A: Der Vaterbegriff im Indogermanischen und in der griechisch-römischen Antike, in: Theologisches Wörterbuch zum Neuen Testament 5 (Stuttgart 1954), 948–959, speziell 951–959; G. QUELL: Art. πατήρ, B: Der Vaterbegriff im AT, ibidem 959–974, speziell 971–974; G. SCHRENK: Art. πατήρ, C: Der Vaterbegriff im Spätjudentum, ibidem 974–981, speziell 977–981.

Mit anderen von der Endredaktion formulierten Passagen verbindet Apc Mos 32,1–2 auch eine Tendenz, die Schuld Evas in besonderem Maße hervorzuheben. Diese fehlt in nichtredaktionellen Texten wie Apc Mos 15–30 oder der Grablegungserzählung, tritt aber in der redaktionellen Einleitung der Eva-Erzählung in Apc Mos 15–30 (also 14,2–3) genauso hervor wie in der Rede des wilden Tiers an Eva (Apc Mos 11). Mit dem letztgenannten Text ist Apc Mos 32,1–2 insbesondere durch den Schlußsatz verbunden (»und alle Sünde ist um meinetwillen entstanden in der Schöpfung [κτίσις]«). Die Verwendung des Wortes κτίσις läßt nämlich vermuten, daß Sünde hier nicht nur als eine Angelegenheit menschlichen Handelns betrachtet wird, sondern als ein Phänomen, das auch andere Schöpfungsbereiche betrifft; und dem entspricht in Apc Mos 11,2 der Vorwurf des wilden Tieres an Eva, durch ihre Gebotsübertretung sei die Natur der Tiere dahingehend verändert worden, daß sie sich aggressiv gegen das Ebenbild Gottes verhielten.

Die Fokussierung der Schuld auf Eva, wie sie die Endredaktion vornimmt, stellt eine besondere Ausprägung des frühjüdischen bzw. frühchristlichen Diskurses über die Schuld der Erzeltern dar, die keineswegs typisch ist. Paulus sowie 4. Esra und 2. Baruch haben v.a. Adam im Visier (vgl. 4. Esra 3,21; 2. Bar 23,4; 54,15; Röm 5,12), während in 1. Tim 2,14 wie in der Endredaktion der Apc Mos Eva im Vordergrund steht.

2. Inhalt und Gliederung

Apc Mos 32,1–2 gliedert sich in eine erzählerische Einleitung (32,1) und ein Gebet Evas (32,2). Die Einleitung teilt mit, daß Eva sich, um ihr Gebet zu verrichten, räumlich von Adam trennt; dieser wird dann auch, wie aus Apc Mos 32,3–4 und dem nachfolgend Erzählten hervorgeht, in ihrer Abwesenheit sterben und auf Gottes Weisung ins Paradies verbracht (Apc Mos 33–37) bzw. bestattet (38ff.) werden. Damit ist sichergestellt, daß Eva Adam nach seinem Tode nicht mehr anrührt – entsprechend der in 31,3b erteilten Weisung. Daraus, daß Eva hinausgeht, kann man schließen, daß Adam sich in einem Raum befindet, vgl. hierzu Apc Mos 14,1, wo von einem »Zelt« (σκηνή) die Rede ist, in dem Adam krank daniederliegt.

Auf ein Zelt Adams weisen ausschließlich Texte der Endredaktion. Sowohl in der Erzählung von der συγχώρησις Adams (Apc Mos 33–37) als auch in der Grablegungserzählung (31; 38ff.) scheint dagegen vorausgesetzt zu werden, daß Adam sich unter freiem Himmel befindet, jedenfalls funktioniert die in 33,4; 38,3; 39,1 imaginierte Szenerie so besser.

Apc Mos 32,2 ist ein Bußgebet. Dies wird bestätigt durch Apc Mos 32,4, wo von einer μετάνοια Evas die Rede ist; aus 31,4b geht ferner hervor, daß es als Gebet um Gottes Erbarmen gedacht ist. Ein markantes Merkmal des Gebets ist seine im Wortsinne theologische Entfaltung des Sündenbekenntnisses: Nicht die einzelne Verfehlung wird benannt, sondern die Tatsache, daß gesündigt worden ist, und zwar in Bezug auf Gott. Zweimal hebt Eva hervor, daß ihre Sünde Gott betrifft (ἥμαρτόν σοι, ἥμαρτον ἐναντίον σοῦ). Aus den Gottesprädikaten (ὁ πατὴρ τῶν ἁπάντων, κύριε) kann ferner geschlossen werden, daß im Hinblick auf Gott vor allem an den Aspekt der Macht gedacht ist. In die gleiche Richtung weist die Erwähnung der Engel, der Cherubim und des Thrones: Die Reihe Engel – Cherubim – Thron führt vom äußeren Rand der göttlichen Machtsphäre bis in deren Zentrum; die wichtigsten Instanzen des Hofstaates werden also wohl vorrangig als Manifestationen göttlicher Macht angesprochen – einem imposanten Herrscher entspricht eben eine imposante Schar von Würdenträgern.

Nicht ganz auszuschließen ist, daß zumindest die Cherubim und der Thron auch in Anknüpfung an den fatalen Eid der Eva in Apc Mos 19,2 erwähnt werden. In diesem Falle wäre auch hier ein Bemühen der Endredaktion namhaft zu machen, die verschiedenen Erzählungen der Apc Mos aufeinander zu beziehen.

XI,3. Intervention des Engels der Menschheit (Apc Mos 32,3–33,1)

32,3 ᵃ᾿Ἔτιᵃ εὐχομένης ᵇτῆς Εὔαςᵇ ᶜᶜ,
ᵈἰδού ᵈ, ἦλθε πρὸς ᵉαὐτὴνᵉ
ὁ ἄγγελος τῆς ἀνθρωπότητος
καὶ ᶠἀνέστησεν ᵍαὐτὴνᵍ λέγων·
32,4 ἀνάσταᶠ, Εὔα,
ἐκ τῆς μετανοίας σου·
ἰδοὺ γάρ,
ᵃὁᵃ ᾿Αδάμ, ὁ ἀνήρ σου,
ἐξῆλθεν ᵇἀπὸᵇ τοῦ ᶜσώματοςᶜ αὐτοῦ·
ἀνάστα καὶ ᵈἴδεᵈ τὸ πνεῦμα αὐτοῦ
ἀναφερόμενον

32,3 Und wie Eva noch beim Gebet war,
siehe, da kam zu ihr
der Engel der Menschheit
und richtete sie auf und sprach:
32,4 »Steh auf, Eva,
aus deiner Buße,
denn siehe:
Adam, dein Mann,
ist aus seinem Körper herausgegangen;
steh auf und sieh seinen Geist
wie er hinaufgehoben wird

εἰς τὸν ᵉποιήσαντα ᶠαὐτόνᶠᵉ,
ᵍτοῦ ἀπαντῆσαι ʰαὐτῷʰᵍ.
33,1 ᴬ’Αναστᾶσα δὲ ᵇΕὖαᵇ
ᶜᵈἐπέβαλεᵈ τὴν χεῖρα ᵉαὐτῆςᵉ
ᶠἐπὶᶠ τὸ πρόσωπον ᵍαὐτοῦᵍᶜ ‘’ʰ ‘’ⁱ.

zu seinem (Adams!) Schöpfer,
ihm zu begegnen.«
33,1 Eva aber stand auf
und legte ihre Hand
auf sein Gesicht.

- Zeugen: St AV B A AC Ath C VitAd(arm) VitAd(georg) VitAd(latᵖ) Va P¹ LibAd(slav) P² J² J³ ApcMos(arm)(S. 16) Br S¹ J¹ E¹ E²
- Es fehlen: D An₂ Pa AH VitAd(latᵐᵉ/ᵐᵒ) An₁ S³ AD

Zum Text

32,3a St AV | P¹: ἔτι (a|aca); B: καὶ οὕτως (ba); A-AC-Ath-C (=*Ia) Va (=*II): ἔτι δέ (ca); P²-J²-J³ (=*III) Br-S¹ (=*IIIa) J¹-(E¹)-(E²): ταῦτα (da). **32,3b** St Va-P¹ (=*II) (E¹)-(E²): αὐτῆς; AV: μου (vgl. °32,1a); B A-AC-Ath-C (=*Ia) P²-J²-J³ (=*III) ApcMos(arm) Br-S¹ (=*IIIa): τῆς Εὖας. **32,3c** St AV B Va-P¹ (=*II *Ia) P²-J²-J³ (=*III) Br-S¹ (=*IIIa): txt; A-(AC)-Ath-(C) (=*Ia²) VitAd(arm.georg): ‘’ᵃ ἐπὶ τὰ γόνατα αὐτῆς ᵇοὖσαᵇ¹ (das inkonzinne οὖσα zeigt, daß der Interpolator den Kontext nicht hinreichend im Blick hatte); VitAd(latᵖ) J¹ E¹ E²: def. **32,3d** St A-AC-Ath (=*Ia) VitAd(arm.georg.latᵖ): ἰδού; AV B C Va-P¹ (=*II) P²-J²-J³ (=*III) ApcMos(arm) Br-S¹ (=*IIIa) J¹-E¹-E²: om. vgl. °37,3b, wo ἰδού in vergleichbarer syntaktischer Position begegnet und wie hier von *III ausgelassen wird. **32,3e** AV: με, vgl. °32,1a. **32,3/4F** P¹: καὶ ἀνάστα μοι ἔφη. Hier führt P¹ sekundär die Eva-Perspektive wieder ein, so auch in °33,1/2A; °33,3b (mit Va, also auf *II zurückgehend); °35,1a. Schwankungen in der Erzählperspektive weisen die *II-Zeugen auch in ihrer langen Interpolation aus VitAd 1–10 in °29,6k auf. **32,3g** AV: με, vgl. °32,1a. **32,4a** St B P²-J² E²: om; AV A-AC-Ath-C (=*Ia) Va (=*II) J³ (=*III) Br-S¹ (=*IIIa) J¹-E¹: ὁ; P¹: def. **32,4b** St AV B | Ath | P²-J²-J³ (=*III) J¹: ἀπό (a|aba|a); A-AC-C (=*Ia) Va-P¹ (=*II) Br-S¹ (=*IIIa): ἐκ (nach ἐξῆλθεν) (ba); E¹ E²: def. **32,4c** P²-J²-J³: σκηνώματος (gängig für »Körper«, s. LAMPE 1237b/1238a s.v. σκήνωμα, §2; vgl. auch Apc Mos 42,6; 2. Petr 1,13.14); Br-S¹ (=*IIIa *III) J¹ et rell: txt. **32,4d** Codd: ἴδε. **32,4e** J¹-E¹: οὐρανόν; rell: txt; E²: def. **32,4f** St AV B AC-Ath (=*Ia) Va-P¹ (=*II) J²-J³ (=*III) Br-S¹ (=*IIIa): αὐτόν; A-C VitAd(latᵖ) P² ApcMos(arm): αὐτό. Zuvor ist gesagt worden, Adam sei aus seinem Körper herausgegangen. Adam und sein Pneuma sind also identisch. Das wirkt hier nach. **32,4g** (St) (AV) A-AC-(C) (=*Ia) P²-J²-J³ (=*III) ApcMos(arm): txt cum varr; B Ath Va-P¹ (=*II) Br-S¹ (=*IIIa): om. (ht.?); J¹ E¹ E²: def. **32,4h** St AV C: αὐτόν; A-AC (=*Ia) P²-J²-J³ (=*III): αὐτῷ; B Ath Va P¹ Br S¹ J¹ E¹ E²: def. **33,1/2A** Va: om; P¹: ἀναστᾶσα δὲ ἐγώ, ἐποίησα ὥσπερ εἴρηκέ μοι ὁ ἄγγελος. Zur Ich-Perspektive in den *II-Zeugen vgl. °32,3/4F. **33,1b** AV: ἐγώ (vgl. °32,1a). **33,1c** J¹-E¹-E²: om. **33,1d** AV: ἐπέβαλον (vgl. °32,1a). **33,1e** AV: μου (vgl. °32,1a). **33,1f** St AV: εἰς; A-AC-Ath-C (=*Ia) P²-J²-J³ (=*III) Br-S¹ (=*IIIa): ἐπί; B Va P¹ J¹ E¹ E²: def. **33,1g** St AC-Ath (=*Ia) VitAd(georg) VitAd(latᵖ): αὐτοῦ (sq. NAGEL) (a); AH: τοῦ ’Αδάμ (ba); A C P²-J²-J³ (=*III): αὐτῆς (sq. BERTRAND) (ca); ApcMos(arm) Br-S¹ (=*IIIa) J¹-E¹-E² bestätigen αὐτῆς indirekt, vgl. °33,1i; AV B Va P¹: def. Mit αὐτῆς legt Eva ihre Hand auf ihr eigenes Gesicht, um den Glanz des zu Schauenden besser zu ertragen, mit αὐτοῦ ist die pronominale Referenz undeutlich; deshalb wohl die Korrektur zu αὐτῆς. Gemeint ist Adam, dem Eva einem Trauerbrauch entsprechend die Hand aufs Gesicht legt, vgl. MEISER/MERK 847 (Anm. 33,1b) und

---

¹ Varianten: **a** AC: καί; **b-b** C: οὔσης (grammatisch korrekt).

S. 454, Anm. 4. **33,1h** (A)-(AC)-(Ath)-(C) (=*Ia² *Ia⁷) (VitAd[georg]) (VitAd[latᵖ]): ᵃκαὶ λέγει ᵇαὐτῇᵇ ὁ ἄγγελος· ἆρον ᶜκαὶ αὐτὴᶜ ἀπὸ τῶν ᵈγηΐνωνᵈᵃ² (»Und der Engel sagt zu ihr: Erhebe auch du dich vom Irdischen«); Va Pⁱ: def. Der Sinn der Aufforderung des Engels in *Ia² (vielleicht auch *Ia) ist der folgende: Eva soll sich genauso wie zuvor ihr Mann durch seinen Aufstieg zum Himmel von dem als »irdisch« (γήϊνος) qualifizierten Leib Adams (dem sie gerade die Hand auflegt) »erheben« bzw. »distanzieren« (αἴρομαι). Zum übertragenen Sprachgebrauch von αἴρομαι im Zusammenhang mit γήϊνος vgl. Justin, Apologia Prima 58,3 (GOODSPEED 68): καὶ τοὺς ... τῆς γῆς μὴ ἐπαίρεσθαι δυναμένους τοῖς γηΐνοις καὶ χειροποιήτοις προσήλωσαν καὶ προσηλοῦσι (»und diejenigen ..., die sich von der Erde nicht erheben können, nagelten [sc. die Dämonen] an den irdischen und von Händen gemachten Dingen fest und tun es weiterhin«); dort wird freilich nicht das Simplex gebraucht. Zur Verwendung von γήϊνος mit Referenz auf den Körper in seiner erdhaften Materialität vgl. Hiob 4,19 σ und Clemens Alexandrinus, Stromata V,14,4 (STÄHLIN / FRÜCHTEL [GCS] 392,7): ἐπί τε τῆς τοῦ ἀνθρώπου ἐκ χοὸς διαπλάσεως ἱστάμενοι γήϊνον ... οἱ φιλόσοφοι παρ' ἕκαστα τὸ σῶμα ἀναγορευουσιν (»mit Bezug auf die Erschaffung des Menschen aus Staub bezeichnen die Philosophen mehr als alles andere den Leib als irdisch«). Das Adjektiv γήϊνος ist untypisch für die biblische Überlieferung; es ist in der Septuaginta, im NT, bei den Apostolischen Vätern und fast durchgängig auch in den griechischen »Pseudepigraphen« nicht bezeugt. Erst bei Philo und verstärkt ab dem 2. Jh. häufen sich die Belege in der jüdischen und christlichen Literatur, vgl. (neben den zahlreichen Belegen bei Philo [LEISEGANG: Index, 164]) Hiob 4,19 σ; Test Hiob 36,3; Justin, Apologia Prima 58,1.3; Athenagoras, Supplicatio 20,4; weitere Belege s. bei LAMPE s.v. γήϊνος (S. 314b). Die hier zur Rede stehende Sonderlesart von *Ia² (vielleicht auch *Ia) ist aus mehreren Gründen nicht ursprünglich: *1.* In 32,4 fordert der Engel Eva auf, sich zu erheben und Adams Aufstieg anzusehen. Beides tut sie in 33,1 (ἀναστᾶσα δέ κτλ.) und 33,2 (καὶ ἀτενίσασα κτλ.). Diese Ereignisfolge wird durch eine zusätzliche Intervention des Engels nur gestört. *2.* Die Aufforderung an Eva, sich von Adams Leib abzuwenden, wird durch καί in Analogie zu Adams Tod gesetzt. Diese Analogie überzeugt nicht, jedenfalls nicht auf den ersten Blick. Die Endredaktion der Apc Mos hätte sie wohl umfänglicher zum Ausdruck gebracht als in einem derart kurzen Sätzchen. Dies ist eher das Verfahren von *Ia! *3.* Auch für die Apc Mos ist die Verwendung des Adjektivs γήϊνος untypisch. *4.* Speziell diesem eignet hier auch ein pejoratives Moment (vgl. hierzu Philo, Leg All I,90; Justin, Apol Prima 58,3; Athen, Suppl 20,4; als Sachparallele vgl. auch Kol 3,2: τὰ ἄνω φρονεῖτε, μὴ τὰ ἐπὶ τῆς γῆς [»Denkt an das Obere, nicht an das Irdische!«]). Doch eine negative Wertung von Bestattungsriten ist in der Apc Mos ansonsten nicht bezeugt. Gleichwohl steht dieser Zusatz der Apc Mos ideologisch nahe, vgl. allgemein den Dichotomismus der Endredaktion sowie Apc Mos 43,3 (Freude der Engel über die gerechte Seele, die von der Erde abscheidet [μεθίστημι]), das einer noch späteren Redaktion entstammt. **33,1i** (P²)-J²-J³ (=*III) (ApcMos[arm]) (Br)-(S¹) ([=*IIIa]) (J¹)-(E¹)-(E²): ᵃᵇκαὶ ἀπέμαξεν αὐτόᵇ· ἦν γὰρ ἀπὸ ᶜᶜ πολλῶν δακρύων ᵈκατάβροχον ᵉκαὶ οἱᵉ ὀφθαλμοὶ αὐτῆς πεφυσιωμένοιᵈᵃ³

---

² Varianten: **a-a** VitAd(georg): Et l'ange remonta en disant à Ève: »Élève tes yeux et sors des soucis de la terre«; VitAd(latᵖ): *cui angelus inquit: Eua faciem tuam ad caelos extende.* **b-b** A-Ath: αὐτῇ; AC: αὐτῆς; C: πρὸς αὐτήν. **c-c** A: καὶ αὐτήν (sq. NAGEL); AC-Ath: καὶ αὐτή; C: σεαυτόν; **d-d** NAGEL emendiert γονάτων (III,243₂), wohl nach °32,3c, doch schon VitAd(georg) setzt γηΐνων voraus.

³ Varianten: **a-a** ApcMos(arm): »sie reinigte ihr Gesicht von den vielen Tränen, denn es waren ihre Augen auch geschwollen vom Weinen« (nach Aᵃ, gegen Bᵃ Cᵃ, vgl. YOV. 16₃); J¹-E¹-(E²): ἀπέμαξεν αὐτῆς τὰ δάκρυα. **b-b** P²-J²-J³: καὶ ἀπέμαξεν αὐτό; ApcMos(arm): »sie

(»und sie wischte es [sc. das Gesicht] ab. Es war nämlich von vielen Tränen benetzt, und ihre Augen [waren] geschwollen«).

Wie in E III,5a dargelegt wurde, ist Apc Mos 32,3–33,1 von der Endredaktion verfaßt. Es knüpft an die gleichfalls redaktionelle Rede Adams in 31,3b an. Der dort angekündigte Engel, der laut Adam »etwas über ihn sagen wird«, erscheint hier, teilt Eva Adams Tod mit und fordert sie auf, die Aufnahme von Adams Pneuma bei Gott zu beobachten. Indirekt läßt sich daraus schließen, daß Adam in Abwesenheit Evas gestorben ist – während sie ihre Buße (32,1–2) verrichtete.

Der in 31,3b angekündigte Engel wurde von Adam im Zusammenhang mit einem Berührungsverbot erwähnt. Niemand solle ihn, wenn er sterbe, berühren, bis ein Engel komme, der über ihn Mitteilung mache (s. 31,3bβ). Da dies in 32,3–4 eingetroffen ist, wird nun auch das Berührungsverbot hinfällig. Darum legt Eva ihre Hand auf Adams Gesicht (33,1) – ein in der Totenpflege geläufiger Gestus.[4] Freilich wird nicht mitgeteilt, wie sie wieder zu ihm hineingeht (vgl. 32,1, wo es heißt, daß Eva hinausgegangen sei: ἐξῆλθεν ἔξω). An so viel Anschaulichkeit ist dem Erzähler nicht gelegen. Da 33,1 sich derart eng an das Vorhergehende anschließt, wird es gleichfalls auf die Endredaktion zurückzuführen sein. Es wird darum auch dieser Perikope und nicht 33,2ff zugeordnet. Auf eine Revision der Kapitelzählung habe ich aus praktischen Gründen verzichtet.

Ein typisch redaktionelles Anliegen äußert sich auch in dem, was der Engel Eva über den Tod ihres Mannes wörtlich sagt: Er spricht davon, daß Adam »aus seinem Körper herausgegangen« sei (ἐξῆλθεν ἀπὸ τοῦ σώματος αὐτοῦ) und weist Eva darauf hin, daß sie beobachten könne, wie sein πνεῦμα zu seinem Schöpfer emporgetragen wird. Damit ist die nachfolgende Verbringung Adams ins Paradies gemeint (Apc Mos 33,2–37,6), die ursprünglich nicht dem πνεῦμα, sondern dem σῶμα Adams galt (vgl. etwa 34,1; 35,2). Auf diese Weise steuert die Rede des Engels an Eva die Lektüre von Apc Mos 33,2–37,6 im Sinne der dichotomistischen Anthropologie des Redaktors. Ἀδάμ und πνεῦμα Ἀδάμ sind dabei geradezu synonym verwendet, die Gleichsetzung von πνεῦμα und Personalität hat sogar zur Folge, daß der pronominale Rückbezug nicht immer eindeutig ist: In der Wendung εἰς τὸν ποιήσαντα αὐτόν wäre αὐτό eher zu erwarten gewesen, weil unmittelbar zuvor vom πνεῦμα die Rede war (vgl. hierzu °32,4f).

Der dichotomistischen Anthropologie der Endredaktor eignet hier – ähnlich wie schon in Apc Mos 13,6 – auch ein spatiales Moment. War dort von einem

---

reinigte ihr Gesicht«; Br-S¹ (=*IIIa): om; J¹-E¹-(E²): ἀπέμαξεν αὐτῆς τὰ δάκρυα. c P² S¹: τῶν; **d-d** Br: κατάβροχοι αὐτῆς οἱ ὀφθαλμοί. **e-e** S¹: οἱ δέ.

[4] Nach Eintritt des Todes war es üblich, daß ein Angehöriger dem Toten die Augen zudrückte und den Mund verschloß, vgl. S. KRAUSS: Talmudische Archäologie II, Leipzig 1911, 55.

»Aufstieg« (ἄνοδος) der Seele Adams die Rede, so wird hier gesagt, daß Adams Pneuma zu seinem Schöpfer »emporgetragen« werde (ἀναφερόμενον). Der Zielort von Adams »höherem Selbst« ist also »oben«, und damit kann hier nur eine himmlische Region gemeint sein (zur Verwendung von ἀναφέρεσθαι im Sinne einer Aufnahme in den Himmel vgl. Lk 24,51).. Passend dazu läuft denn auch Apc Mos 33,2–37,6 auf eine Verbringung Adams in das Paradies im dritten Himmel hinaus. Die Endredaktion knüpft hier an die Vorstellung vom Himmel als postmortalen Bestimmungsort der Seele an, die wohl schon in Qoh 12,7 angedeutet ist und auch in Apc Mos 43,3 zum Ausdruck kommt.

Rätselhaft ist der Titel, den der Engel führt: ὁ ἄγγελος τῆς ἀνθρωπότητος. Das Wort ἀνθρωπότης ist in den Pseudepigrapha graeca, im Neuen Testament und bei den apostolischen Vätern ansonsten nirgends belegt, es bezeichnet die Menschheit im abstrakten oder kollektiven Sinne (bei den Kirchenschriftstellern auch die menschliche Natur Jesu Christi), vgl. LAMPE 143b–144a. Es wird sich also um einen Engel handeln, der in besonderer Weise der Menschheit zugeordnet ist. BERTRAND (S. 136) identifiziert ihn mit Michael – unter Hinweis auf 1. Hen (gr) 20,5, wo Michael als »der mit dem Wohl des Volkes beauftragte« (ὁ ἐπὶ τῶν τοῦ λαοῦ ἀγαθῶν τεταγμένος) prädiziert wird. Mag auch das Volk – gemeint ist wohl Israel – etwas anderes sein als die Menschheit, so ist doch der Weg vom Volk zur Menschheit nicht weit, insbesondere in der Apc Mos, die durchaus universalistische Tendenzen aufweist (vgl. etwa Apc Mos 13,3–5). Für eine Identifikation dieses Engels mit Michael spricht fernerhin der Befund, daß in der Apc Mos ansonsten nur Michael Botschaften übermittelt, vgl. Apc Mos 3,2; 13,2 und 43,1. Dennoch muß eine solche Gleichsetzung spekulativ bleiben, abgesehen davon, daß derlei Überlegungen sich gerade mit dem befassen, was der Autor *nicht* sagt – und sei es auch nur, weil er bei seinen Lesern eine Kenntnis voraussetzt, die wir auch gerne hätten.

Seine Aussageabsicht dürfte eher mit dem verbunden sein, was er sagt, also mit dem rätselhaften Titel. Da er leider nur hier begegnet, ist eine Rekonstruktion seiner Bedeutung nur aufgrund von Schlußfolgerungen aus dem Kontext möglich: Das vorhergehende Gebet Evas soll bewirken, daß Gott sich Adams und Evas angesichts des Todes erbarmt. Wenn nun ein Engel der ἀνθρωπότης erscheint, könnte dies eine Erfüllung der Bitte andeuten. Der Titel bringt also zum Ausdruck, daß Gott sich der beiden Menschen Adam und Eva erbarmt, indem er den für sie zuständigen Engel sendet; wenn dabei dessen Zuständigkeit für die Menschheit allgemein hervorgehoben wird, so könnte damit auch ein Signal an den Leser verbunden sein, der ja gleichfalls einmal sterben wird.

XI, 4. Synchoresis Adams (Apc Mos 33,2–37,6)

33,2 ᵃΚαὶ ἀτενίσασα
εἰς τὸν οὐρανὸνᵃ
ᵇεἶδενᵇ ἅρμα φωτός
ᶜαἰρόμενονᶜ
ὑπὸ τεσσάρων ἀετῶν λαμπρῶν,
ᵈᵉὧνᵉ ᶠοὐκ ἦν δυνατὸνᶠ
γεννηθῆναι ἀπὸ κοιλίας
ἢ εἰπεῖν τὴν δόξαν ᵍαὐτῶνᵍ
ἢ ἰδεῖν τὸ πρόσωπον ʰαὐτῶνʰᵈ,
ⁱκαὶ ἀγγέλους ᵏπροάγονταςᵏ ᵐτὸ ἅρμαᵐᴬ.
   33,3 ᵃΚαὶ ὅτεᵃ ᵇἦλθονᵇ ᶜ'ᶜ,
ὅπου ἔκειτο ᵈὁ πατὴρ ὑμῶν Ἀδάμᵈᴵ,
ᵉᶠἔστη τὸ ἅρμα
καὶ τὰ σεραφὶμ
ἀνὰ μέσον τοῦ ᵍπατρὸςᵍᶠ
καὶ τοῦ ἅρματοςᶜ.

33,4 ᵃΕἶδον δὲ ἐγὼᵃ θυμιατήρια χρυσᾶ
καὶ τρεῖς φιάλας·
καὶ ἰδού·
πάντες οἱ ἄγγελοι
ᵇμετα‹λάβοντες› λίβανον
καὶ τὰ θυμιατήριαᵇ ᶜ'ᶜ
ἦλθον ᵈἐν σπουδῇᵈ
ἐπὶ τὸ θυσιαστήριον ᶜ'ᶜ
καὶ ᶠἐνεφύσουνᶠ αὐτά,
καὶ ἡ ἀτμὶς τοῦ θυμιάματος
ᵍἐκάλυψεᵍ ʰτὰ στερεώματαʰ.
33,5 καὶ προσέπεσαν οἱ ἄγγελοι ᶜ'ᵃ
τῷ θεῷ
βοῶντες καὶ λέγοντες·
ᵇΙαὴλᵇ· ἅγιε,
συγχώρησον,
ὅτι ᶜεἰκὼνᶜ σού ἐστι
καὶ ποίημα
ᵈτῶν ἀχράντων χειρῶν σουᵈ.

34,1 ᵃΕἶδον δὲ ἐγὼ Εὔαᵃ
ᵇδύοᵇ μεγάλα καὶ φοβερὰ μυστήρια
ᶜ'ᶜ ἐνώπιον τοῦ θεοῦ
καὶ ᵈἔκλαυσαᵈ ἐκ τοῦ φόβου
καὶ ᵉἐβόησαᵉ πρὸς τὸν υἱόν ᶠμουᶠ Σὴθ
λέγουσα·
ἀνάστα, ᶜ'ᵍ Σήθ,
ἐκ τοῦ σώματος τοῦ πατρός σου
καὶ ἐλθὲ ʰπρός μεʰ
ⁱκαὶ ἰδέⁱ,
ἃ ᵏοὐκ εἶδεν ὀφθαλμὸς ᵐπώποτέᵐ τινοςᵏ,
ⁿκαὶ πῶςⁿ δέονται
ὑπὲρ τοῦ πατρός σου Ἀδάμ ᶜ'ᵒ.

33,2 Und wie sie
(sc. Eva) zum Himmel schaute
sah sie einen Lichtwagen,
getragen
von vier glänzenden Adlern,
bei denen es nicht möglich gewesen wäre,
von einer Mutter geboren zu werden
oder ihre Doxa zu beschreiben
oder ihr Angesicht zu sehen,
und (sie sah) Engel, die den Wagen anführten.
   33,3 »Als sie aber (dahin) kamen,
wo euer Vater Adam lag,
blieb der Wagen stehen
und die Seraphim
zwischen dem Vater
und dem Wagen.

33,4 Ich aber sah goldene Räuchergefäße
und drei Schalen,
und siehe:
Alle Engel
nahmen Weihrauch
und die Räuchergefäße
und kamen in Eile
zum Altar,
und fachten sie an,
und der Rauch des Räucherwerks
bedeckte die Himmelsfesten.
33,5 Und die Engel fielen
vor Gott nieder
und riefen aus und sprachen:
„Jael, heiliger,
bewillige die Bitte,
denn er ist dein Ebenbild
und das Geschöpf
deiner unbefleckten Hände!".

34,1 Ich, Eva, sah
zwei große und furchtbare Geheimnisse
vor Gott
und weinte vor Furcht
und rief zu meinem Sohn Seth
und sprach:
„Steh auf, Seth
vom Körper deines Vaters
und komm zu mir
und siehe,
was nie jemandes Auge gesehen hat,
und wie sie bitten
für deinen Vater Adam!".

35,1 Τότε ἀνέστη Σὴθ
καὶ ἦλθε πρὸς τὴν ᵃμητέρα αὐτοῦᵃ
καὶ λέγει ᵇαὐτῇᵇ ''ᶜ·
διὰ τί κλαίεις;
35,2 ᵃκαὶ λέγει αὐτῷᵃ·
ᵇἀνάβλεψονᵇ τοῖς ὀφθαλμοῖς σου
καὶ ἰδὲ
ᶜτὰ ἑπτὰ στερεώματα
ᵈἀνεῳγμέναᶜ,
ᵉκαὶᵉ πῶς
κεῖται ᶠτὸ σῶμαᵈ τοῦ πατρός σου
ἐπὶ πρόσωπονᶠ
ᵍκαὶ πάντες οἱ ''ʰ ἄγγελοι
ⁱμετ' αὐτοῦⁱ εὐχόμενοι ὑπὲρ αὐτοῦ
καὶ λέγοντεςᵍ·
συγχώρησον ᵏαὐτῷᵏ,
ᵐὁ πατὴρᵐ τῶν ὅλων,
ὅτι ⁿεἰκὼνⁿ σού ἐστιν.
35,3 ᴬ⁽³⁶,³⁾ᵇἄρα ᶜδέᶜ,
τέκνον μου ᴰΣήθ,
ᵉτί ἐστί;
μήποτεᵉ παραδοθήσεται
εἰς τὰς χεῖρας
τοῦ ἀοράτου θεοῦ ἡμῶνᵇ;
35,4 τίνες ᵃδέᵃ εἰσιν,
ᵇυἱέ μουᴰ Σήθᵇ,
οἱ δύο Αἰθίοπες,
οἱ παριστάμενοι ἐπὶ ᶜτὴν προσευχὴνᶜ
τοῦ πατρός σου ''ᵈ;
36,1 λέγει δὲ ᵃΣὴθ τῇ μητρὶ αὐτοῦᵃ,
ᵇοὗτοιᵇ εἰσὶν ὁ ἥλιος καὶ ἡ σελήνη
καὶ ᶜαὐτοὶ προσπίπτοντες
καὶ εὐχόμενοιᶜ
ὑπὲρ τοῦ πατρός μου Ἀδάμ.
36,2 λέγει αὐτῷ ἡ Εὖα·
καὶ ποῦ ἐστι τὸ φῶς αὐτῶν,
ᵃκαὶ διὰ τί
γεγόνασιᵃ μελανοειδεῖς;
36,3 ᵃκαὶ λέγει αὐτῇ Σήθᵃ·
οὐκ ἀπέστη τὸ φῶς ᵇαὐτῶνᵇ,
ἀλλ' οὐ ᶜδύναταιᶜ φαίνειν
ἐνώπιον ᵈτοῦ φωτὸς τῶν ὅλων
τοῦ πατρὸς τῶν φώτωνᵈ,
''ᵉ ᶠδιὰ τοῦτο
ἐκρύβη τὸ φῶς ᵍαὐτῶνᵍᶠᴬ⁽³⁵,³⁾.

37,1 Λέγοντος ᵃδὲᵃ τοῦ Σὴθ ταῦτα
πρὸς ᵇτὴν μητέρα αὐτοῦ Εὖανᶜᵇ,
ᵈἰδούᵈ, ἐσάλπισεν ᶜὁ ἄγγελοςᶜ,
καὶ ἀνέστησαν πάντες οἱ ἄγγελοι,
ᶠοἷᶠ ἐπ' ὄψεσι κείμενοι,
καὶ ἐβόησαν
φωνὴν φοβερὰν λέγοντες·

35,1 Da stand Seth auf
und kam zu seiner Mutter
und sagt zu ihr:
»Weswegen weinst du?«
35,2 Und sie sagt zu ihm:
»Richte deine Augen aufwärts
und siehe,
wie die sieben Himmelsfesten
offen sind,
und wie
der Körper deines Vaters
auf dem Gesicht liegt,
und alle Engel
die mit ihm für ihn beten
und sprechen:
„Bewillige ihm (die Bitte),
o Vater des Alls,
denn er ist dein Ebenbild!"
35,3 Aber,
mein Kind Seth –
was ist (das)?
Wird er etwa übergeben
in die Hände
unseres unsichtbaren Gottes?
35,4 Wer aber sind,
mein Sohn Seth,
die zwei Äthiopen,
die dem Gebet
deines Vaters zur Seite stehen?«.
36,1 Seth aber sagt zu seiner Mutter:
»Diese sind die Sonne und der Mond,
die ebenfalls niederfallen
und beten
für meinen Vater Adam«.
36,2 Eva sagt zu ihm:
»Und wo ist ihr Licht,
und weswegen
sind sie schwarz geworden?«
36,3 Und Seth sagt zu ihr:
»Ihr Licht ist nicht abhanden gekommen,
vielmehr können sie nicht leuchten
vor dem Licht des Alls
des Vaters der Lichter;
deswegen
wurde ihr Licht verborgen.«

37,1 Als aber Seth dies sagte
zu seiner Mutter Eva,
siehe, da trompetete der Engel,
und alle Engel standen auf,
die auf den Gesichtern gelegen hatten,
und riefen
mit schrecklicher Stimme:

37,2 εὐλογημένη
ἡ δόξα κυρίου
ἀπὸ ⁰ʾᵃ ποιημάτων αὐτοῦ,
ὅτι ᵇἠλέησεᵇ
τὸ πλάσμα τῶν χειρῶν αὐτοῦ, ᶜʾΑδάμᶜ.

37,2 »Gepriesen sei
die Herrlichkeit des Herrn
von seinen Geschöpfen,
denn er hat sich erbarmt
des Gebildes seiner Hände, Adams!«.

37,3 ᵃʺΟτε δὲᵃ εἶπον
τὰς φωνὰς ταύτας οἱ ἄγγελοι,
ᵇἰδούᵇ, ἦλθεν ἕν τῶν σεραφὶμ
ἑξαπτερύγων
καὶ ἥρπασε τὸν Ἀδὰμ
ᶜκαὶ ἀπήγαγεν αὐτὸνᶜ
εἰς τὴν Ἀχερουσίαν ⁰ᵈ λίμνην
καὶ ἀπέλουσεν αὐτὸν τρίτον
καὶ ἤγαγεν αὐτὸν ἐνώπιον τοῦ θεοῦ·
37,4 ᵃἐποίησε δὲ τρεῖς ὥρας
κείμενοςᵃ.

37,3 Als aber die Engel
diese Stimmen hatten erklingen lassen,
siehe, da kam einer der Seraphim,
der sechsflügligen,
und nahm Adam mit
und brachte ihn
in den Acherusischen See,
wusch ihn dreimal ab
und führte ihn vor Gott;
37,4 er aber verbrachte drei Stunden
liegend.

ᵇΚαὶ μετὰᵇ ταῦτα ἐξέτεινε
τὴν χεῖρα αὐτοῦ ὁ πατὴρ τῶν ὅλων,
καθήμενος ἐπὶ ⁰ᶜ θρόνου αὐτοῦ,
καὶ ἦρε τὸν Ἀδὰμ
καὶ παρέδωκεν αὐτὸν
ᵈτῷ ἀρχαγγέλῳ Μιχαὴλᵈ
ᵉλέγων·ᵉ
37,5 ᴬ⁽³⁸,²⁾ᵇἆρονᵇ ᶜαὐτὸνᶜ
εἰς τὸν παράδεισον
ᵈᵘ̲ἕως τρίτου οὐρανοῦᵈ *ᵉₘg
καὶ ἄφες αὐτὸν ἐκεῖ
ἕως τῆς ἡμέρας ἐκείνης ᶠτῆς μεγάληςᶠ
τῆς οἰκονομίας ⁰ᵍ,
ἧς ποιήσω εἰς τὸν κόσμον.
37,6 τότε ᵃὁ Μιχαὴλᵃ
ἦρε τὸν Ἀδὰμ
καὶ ἀφῆκεν αὐτόν,
ὅπου εἶπεν αὐτῷ ὁ θεός·
ᴮ⁽³⁹,³⁾ᶜ⁽³⁸,⁴⁾ᵈκαὶ πάντες οἱ ἄγγελοι
ὑμνοῦντες ὕμνον ἀγγελικὸν
θαυμάζοντεςᵈ
ἐπὶ τῇ συγχωρήσει τοῦ Ἀδάμ
ᵉκαὶ ᶠτῶν ἐσομένωνᶠ ἐξ αὐτοῦᵉ.

Und danach streckte
der Vater des Alls seine Hand aus –
auf seinem Throne sitzend –,
nahm Adam
und übergab ihn
dem Erzengel Michael
und sprach:
37,5 »Bringe ihn
ins Paradies
bis zum dritten Himmel
und laß ihn dort
bis zu jenem schrecklichen Tag,
der Abrechnung,
die ich an der Welt vollziehen werde«.
37,6 Da nahm Michael
Adam
und legte ihn nieder,
wo Gott es ihm gesagt hatte,
und (mit ihm) alle Engel,
einen englischen Lobgesang singend
und staunend
über die Vergebung für Adam
und seine Nachfahren.

- Zeugen: D⁽ᵃᵇ³⁶,¹⁾ St AV An₂⁽ᵃᵇ ³⁴,¹⁾ AH⁽ᵃᵇ ³³,²⁾ B A⁽ᵇⁱˢ ³⁶,³⁾ AC⁽ᵇⁱˢ ³⁶,³⁾ Ath VitAd(georg) Vit
Ad(latᴾ)⁽³³.³⁷⁾ Va P¹ LibAd(slav) P² J² J³ ApcMos(arm)⁽ᵖ· ¹⁶⁻¹⁸⁾ Br S¹ J¹ E¹ E²
- Es fehlen: D⁽ᵇⁱˢ ³⁶,¹⁾ AH⁽ᵇⁱˢ ³³,¹⁾ An₂⁽ᵇⁱˢ ³³,⁵⁾ A⁽ᵃᵇ ³⁶,³⁾ AC⁽ᵃᵇ ³⁶,³⁾ C VitAd(arm) VitAd(latᴾ)⁽³⁴⁻³⁶⁾
VitAd(latᵐᵉ) An₂ S³ AD.
- VitAd(latᵐᵉ) kann nur an sehr wenigen Stellen berücksichtigt werden.

Zum Text

33,2a A-AC-Ath (=*Ia⁷): Εὖα δέ ἠτένισεν εἰς τὸν οὐρανὸν καί (Renominalisierung, durch
den Zusatz in °33,1h nahegelegt); Va P¹: def. **33,2b** AV: εἶδον, vgl. °32,1a. **33,2c** St AV AH B
A-AC-Ath: ἐρχόμενον (sq. NAGEL) (‹ EPOMENON ‹ AIPOMENON); (VitAd[georg]) (=*Ia) P²-J²-J³

(=*III) (ApcMos[arm]) Br-S¹ (=*IIIa) J¹-E¹-E²: αἰρόμενον (sq. BERTRAND); Va P¹: def. Ἔρχεσ-θαι ist das gewöhnlichere Verb im Zusammenhang mit ἅρμα, daher wurde es zweimal (in *Ib¹ und *Ia²ᐟ²) unwillkürlich geschrieben. **33,2d** P²-J²-J³ (ApcMos[arm]) (Br)-(S¹) (=*IIIa) (J¹)-(E¹): ᵃῶνᵃ τὸ κάλλος καὶ τὴν δόξαν ᵇἀδυνατεῖᵇ γλῶσσα ἀνθρώπου ἐξειπεῖν¹; E²: om. **33,2e** St AV AH A: ὅ; B: ἅ; AC-Ath (=*Ia) (VitAd[georg]) (VitAd[latᴾ]) P²-J²-J³ (=*III): ὧν; ApcMos (arm) Br-S¹ (=*IIIa) J¹-E¹: οὗ; Va P¹ E²: def. Mit ὅ ist der Relativsatz auf den Wagen bezogen, das ist aber durch das zweifache αὐτῶν (vgl. °33,2g; °33,2h), das ein pluralisches Beziehungswort voraussetzt, ausgeschlossen. **33,2f** St (AV) B A (=*Ia): οὐκ ἦν δυνατόν; AH AC: ἠδύνατο; Ath: οὐκ †ἦν†; P²-J²-J³ (=*III) J¹: ἀδυνατεῖ; Br-S¹ (=*IIIa) E¹: ἀδύνατον; Va P¹ E²: def. **33,2g** St B A-AC-Ath (=*Ia) VitAd(latᴾ): αὐτῶν; AV AH: αὐτοῦ (Korrektur nach der Variante ὅ, vgl. °33,2e); Va P¹ P² J² J³ Br S¹ J¹ E¹ E²: def. **33,2h** St AV B A-Ath (=*Ia): αὐτῶν; AH: αὐτοῦ (vgl. °33,2g); rell: def. (vgl. °33,2g). **33,2/3I** (P²)-(J²)-(J³) (=*III) (ApcMos[arm]) (Br)-(S¹) (=*IIIa) (J¹) (E¹): ᵃ ''ᵇ ᶜκαὶ ἀγγέλους προάγοντας τοῦ ἅρματοςᶜ. ᵈκαὶ ὅτε ἦλθον πλησίον, ὅπου ἔκειτο τὸ σῶμα τοῦ Ἀδάμᵈ ''ᵉᵃ ². **33,2k** St (AH) A-AC: προσάγοντας; AV B Ath (=*Ia) P²-J²-J³ (=*III) (Br)-(S¹) (=*IIIa): προάγοντας (vgl. ApcMos 38,3 – freilich eine andere Schicht!); Va P¹ J¹ E¹ E²: def. **33,2m** P²-J²-J³ (=*III) (Br)-(S¹) (=*IIIa): τοῦ ἅρματος; J¹ E¹ E²: def. **33,3a** St: ὅταν δέ; AV AH AC: ὅτε δέ; A: ὅτε; Ath (=*Ia) P²-J²-J³ (=*III) J¹-E¹: καὶ ὅτε; (Va)-(P¹) (=*II) ApcMos(arm) Br-S¹ (=*IIIa): καί; E²: def. **33,3b** St AV A-Ath (=*Ia) P²-J²-J³ (=*III) (ApcMos [arm]): ἦλθον; AH AC Br-S¹ (=*IIIa) J¹-E¹: ἦλθε; Va-P¹ (=*II): ἀπελθοῦσα (vgl. °32,3/4F: Ich-Perspektive – ἦλθον wurde als 1. Sg. verstanden). **33,3c** A-AC-Ath (=*Ia²) VitAd(georg) Vit Ad(latᴾ): ἐπὶ τὸν τόπον; Va-P¹ (=*II *Ia) et rell: txt. **33,3d** St (AV) A-AC-(Ath) (=*Ia) (VitAd [georg]): ὁ πατὴρ ὑμῶν Ἀδάμ (a); AH P¹ (P²)-(J²)-(J³) (ApcMos[arm]) Br-S¹ (=*IIIa *III): τὸ σῶμα τοῦ Ἀδάμ (P²-J²-J³: trsp.) (sq. BERTRAND) (ba); Va: τὸ σῶμα τοῦ πατρὸς ὑμῶν (ca); J¹-E¹: πλησίον τοῦ Ἀδάμ für ὅπου ἔκειτο ὁ πατὴρ ὑμῶν Ἀδάμ; B E²: def. *II* = *Ia. Wenn Adam »euer Vater« genannt wird, setzt dies voraus, daß Eva – wie in Apc Mos 15–30 – ihren Kindern berichtet. Diese neue Erzählsituation wird durch nichts vorbereitet, wird auch nur in Apc Mos 33,3–34,1 durchgehalten, doch in diesem Abschnitt weisen mehrere Signale darauf hin, die in der Textüberlieferung nicht unangefochten bleiben und von BERTRAND sämtlich

---

¹ Varianten: **a-a** P²-J²-J³: ὧν (=*I, vgl. °33,2e); ApcMos(arm) Br-S¹ (=*IIIa) J¹-E¹: οὗ (ApcMos[arm] hat *zoroy ... nora*, das ist klar singularisch). In *IIIa und *IIIb² wird die unsagbare Doxa dem Wagen und nicht mehr den Adlern zugesprochen Die Umgestaltung des Textes durch *III machte eine solche Glättung leichter möglich, die in anderer Form auch in St AV AH A belegt ist (s. °33,2e). **b-b** P²-J²-J³ J¹: ἀδυνατεῖ; Br-S¹ (=*IIIa) E¹: ἀδύνατον.

² Varianten: **a-a:** P²-J²-J³: καὶ ἀγόμενον, ὅπου ἔκειτο τὸ σῶμα τοῦ Ἀδάμ καὶ ἀγγέλους προάγοντας τοῦ ἅρματος. καὶ ὅτε ἦλθον πλησίον (ba); ApcMos(arm): »Und sie †führten seinen Geist† an die Stelle, *wo Adam mit dem Leibe lag.* Und die Engel gingen vor ihm mit dem Wagen. Und als sie sich jener Stelle näherten« (nach Cᵃ [YOV. 16₅] und Bᵃ [YOV. 16₆] zu korrigieren) (cba); Br-(S¹) (=*IIIa): καὶ ἦλθεν, ὅπου ἔκειτο τὸ σῶμα τοῦ Ἀδάμ. καὶ ὁ ἄγγελος προάγων τοῦ ἅρματος. καὶ ὅτε ἦλθον πλησίον (da); J¹: καὶ ὅτε ἦλθε πλησίον τοῦ Ἀδάμ (ea); E¹: καὶ ὅτε ἦλθεν ἡ Εὔα πλησίον τοῦ Ἀδάμ (fea). **b-b** P²-J²-J³ (ApcMos[arm]): καὶ ἀγόμενον, ὅπου ἔκειτο τὸ σῶμα τοῦ Ἀδάμ (ὅπου ἔκειτο κτλ. ist umgestellt, καὶ ἀγόμενον ergänzt); Br-S¹ (=*IIIa): txt. (vgl. *I); J¹ E¹: def. **c-c** P²-J²-J³ ApcMos(arm): txt. (vgl. *I); Br-S¹ (=Rez IIIa): trsp; J¹ E¹: def. **d-d** P²-J²-J³ (ApcMos[arm]): καὶ ὅτε ἦλθον πλησίον; Br-S¹ (=*IIIa): καὶ ἦλθεν, ὅπου ἔκειτο τὸ σῶμα τοῦ Ἀδάμ; J¹-(E¹): καὶ ὅτε ἦλθε πλησίον τοῦ Ἀδάμ. *IIIa steht *I am nächsten. Sie bestätigt auch πλησίον nach *ἦλθον, freilich nicht hier, sondern nachfolgend, vgl. °e-e. **e-e** Br-S¹ (=*IIIa): καὶ ὁ ἄγγελος προάγων τοῦ ἅρματος· καὶ ὅτε ἦλθον πλησίον (trsp.).

getilgt werden, vgl. °33,3g; °33,4a; °34,1a; °34,1d; °34,1e; °34,1f. **33,3e** Va-P¹ (=*II): om. **33,3f** J¹-E¹-(E²): om. (ht. – vgl. °33,2/3I und °33,3g). **33,3g** St (AH) A-AC-Ath (=*Ia): πατρός; AV (P²)-(J²)-(J³) (ApcMos[arm]) Br-S¹ (=*IIIa *III): Ἀδάμ (P²-J²-J³: trsp.) (sq. BERTRAND, vgl. °33,3d); B E²: def. **33,4a** St AH A-AC-Ath (=*Ia): εἶδον δὲ ἐγώ (a); AV Br-S¹ (=*IIIa *III): εἶδον δέ (ba); B: καὶ ἰδού (ca); VitAd(georg): »et je vis, moi, Ève« (da); Va-P¹ (=*II): εἶδον (1. Sg., vgl. °33,3b) (ea); P²: εἶδε καί (fgba); J²-J³: εἶδε δὲ καί (gba); ApcMos(arm): »sie sah auch« (hgba); J¹-E¹: εἶδε (igba); E²: καὶ εἶδε (kigba). BERTRAND: εἶδε δέ (vgl. °33,3d). **33,4b** St A (=*Ia): μετὰ λιβάνων καὶ τὰ θυμιατήρια (a); AV AH (B): μετὰ λιβάνων καὶ θυμιατηρίων (ba); AC: μετὰ λιβάνων καὶ θυμιατήρια (sq. NAGEL, doch er liest: μετὰ λίβανον καὶ θυμιατήρια) (ca); Ath: μετὰ λιβάνου μετὰ θυμιατήρια (da); Va: μετὰ θυμιαμάτων καὶ θυμιατῶν (ea); P¹: om. (fa); P²-J²-J³ (=*III) (Br)-(S¹) (=[*IIIa]): μετὰ λιβάνων. καὶ ἔλαβον τὰ θυμιατήρια καί (ga); (J¹)-(E¹): μετελάμβανον ἐξ αὐτοῦ (hga); E²: def. BERTRAND cj. μεταλαβόντες τὰ θυμιατήρια. Im Ausgangstext folgt auf μετά in der Bedeutung »mit« zuerst ein korrekter Gen pl., dann ein fehlerhafter Akk. pl.. Μετά wird in der Apc Mos aber ansonsten korrekt konstruiert (vgl. μετά + Gen in Apc Mos 9,3). Außerdem wird λίβανος i.d.R. singularisch gebraucht (mit Ausnahme von 1. Hen [gr] 29,2). Daher dürfte hier der Archetyp verderbt sein, wohl am ehesten aus *μετα‹λάβο̲ν̲τε̲ς› λίβα̲ν̲ο̲ν καὶ τὰ θυμιατήρια (mit haplographisch ausgefallenem -λάβοντες). **33,4c** A-(AC)-Ath (=*Ia²ᐟ² *Ia²ᐟ *Ia⁷): καὶ τὰς φιάλας (ergänzt nach τρεῖς φιάλας– aber die Engel brauchen zum Räuchern über dem Altar keine Schalen, da sich das Räucherwerk in den θυμιατήρια befindet); VitAd(georg) VitAd(latᵖ) Va P¹: def. **33,4d** St A-AC-Ath: om; AV AH B VitAd(georg) (=*Ia) P²-J²-J³ (=*III) ApcMos(arm) Br-S¹ (=*IIIa): ἐν σπουδῇ (sq. NAGEL, BERTRAND); Va P¹ J¹ E¹ E²: def. **33,4e** (A)-(Ath) VitAd(georg) VitAd(latᵖ) (= *Ia² *Ia⁷): καὶ ἔλαβον ἄνθρακας³ (deutlich sekundär, da es den Rückbezug von αὐτά auf θυμιατήρια stört); rell: txt. (sq. BERTRAND, NAGEL, TISCHENDORF); AC Va P¹: def. **33,4f** AV: ἐνεφύ- (Kollationsfehler bei NAGEL?); A (=*Ia) P²-J²-J³ (=*III) S¹ (=*IIIa): ἐνεφύσουν (metaplastisch für ἐνεφύσων) (sq. NAGEL, sed emendavit ἐνεφύσων); AH B: ἐφύσουν; Ath: ἐνεφύσησαν (sq. BERTRAND); Va: ἐθυμίουν; P¹: ἐθυμίαζαν; St AC Br J¹ E¹ E²: def. **33,4g** St AV AH B A-AC-Ath (=*Ia): ἐκάλυψε (a); Va P²-J²-J³ (=*III) (S¹) (=[*IIIa]): ἐκάλυπτε (*IIIa: trsp.) (ba); P¹: ἐκάλυψαν (bezogen auf ἀτμοί) (ca); Br: ἐκάλυπτον (bezogen auf ἀτμή [=ἀτμοί?]) (trsp.) (dba); J¹ E¹ E²: def. *II = *Ia. **33,4h** (St) AC: τὸ στερέωμα; Va: τὸν οὐρανόν; P¹ (=*II?): τὰ στερεώματα τῶν οὐρανῶν. **33,5a** A-AC-Ath (=*Ia) (VitAd[georg.latᵖ]) Va-P¹ (=*II): καὶ προσεκύνησαν (sekundär – vgl. 36,1, wo mit καὶ αὐτοὶ προσπίπτοντες nur προσέπεσαν aufgenommen wird). **33,5b** AH: τὸ ἰῆλ; (Va)-(P¹) (=*II) E¹-E²: ἰωῆλ; Br: ἰῆλ; S¹: ἰστρωήλ. Vgl. °29,4c. **33,5c** AH: οἰκίον, P¹ E¹-E²: οἶκος (der Mensch als Tempel Gottes – aus 1. Kor 3,16.17; 6,19? Vgl. °35,2n); Br: ποίημα. **33,5d** St: τῶν ἁγίων χειρῶν σου (ba); AV AH B: τῶν χειρῶν σου τῶν ἁγίων (sq. BERTRAND) (cba); A-AC VitAd(georg) LibAd(slav) Br E²: τῶν χειρῶν σου (da); Ath: χειρῶν σού ἐστιν τῶν ἁγίων σου (eda); Va: τῶν ἀχράντων σου χειρῶν καὶ προνοητικῶν δυνάμεων (fa); P¹ (=*II *Ia) P²-J²-J³ (=*III) ApcMos(arm) (S¹) (=*IIIa) J¹-E¹: τῶν ἀχράντων χειρῶν σου (a). Die Lesart von *II und *III ist vorzuziehen, weil ἄχραντος gut zu der in Apc Mos 33–37 stark entfalteten Reinheitsthematik paßt, vgl. insbesondere 37,3.4: Adam wird von einem Seraph im Acherusischen See gewaschen, bevor Gott ihn in die Hand nimmt. Das Wort ist in gleicher Verwendung wie hier in Apc Esdrae 2,10–11 bezeugt: 10 καὶ εἶπεν ὁ

---

³ Varianten: A-Ath: καὶ ἔλαβον †εἰς θάρσος† – TISCHENDORF (S. 18ₐₚₚ.) rekonstruiert *καὶ ἔβαλον εἰς ἐσχάρας (»und sie warfen [sc. Räucherwerk] in die Feuerstellen«), doch dagegen steht die Überlieferung der Adamviten: VitAd(georg): »Ces anges prirent du charbon ardent«; VitAd(latᵖ): *carbonesque tulerunt.*

προφήτης· τὸν πρωτόπλαστον Ἀδὰμ τίς ἐποίησεν; 11 καὶ εἶπεν ὁ θεός· αἱ χεῖρές μου αἱ ἄχρανται (»10 Und der Prophet [sc. Esra] sprach: „Adam, den erstgeformten, wer hat ihn erschaffen?" 11 Und Gott sprach: „Meine unbefleckten Hände"«) und ferner in Apc Sedr 4,3 (WAHL 39): διὰ τί ἐκοπίασας τὰς ἀχράντους σοῦ χεῖρας καὶ ἔπλασας τὸν ἄνθρωπον, ἐπεὶ οὐκ ἤθελες ἐλεῆσαι αὐτόν; (»Weswegen hast du deine unbefleckten Hände abgemüht und den Menschen geformt, wo du dich seiner nicht erbarmen wolltest?«). Beide Stellen können von Apc Mos 33,5 abhängig und damit indirekte Textzeugen sein, doch dem kann hier nicht nachgegangen werden. Ansonsten ist ἄχραντος in der biblischen und parabiblischen Literatur ungebräuchlich (nur noch Ex 17,16 im Codex Alexandrinus; Threni 4,7 σ; Test Abr A 20,13).

34,1a St: εἶδον ἐγὼ Εὖα (ba); An₂: εἶδον δὲ ἐγὼ Εὖα (a), AH: εἶδον δὲ ἐγὼ ἡ Εὖα (ca), B: ἐγὼ δὲ ἡ Εὖα εἶδον (da), A-AC-(Ath): καὶ αὖθις εἶδον ἐγὼ Εὖα (sq. NAGEL) (ea), Va-P¹ (=*II): εἶδον δε ἐγώ (fa), P²-J²-J³ (=*III) Br-S¹ (=*IIIa): εἶδε δέ (zur Intention vgl. °33,3d) (ga); (ApcMos[arm]) J¹-E¹-(E²): εἶδεν ἡ Εὖα (sq. BERTRAND, vgl. °33,3d) (hga); AV: def. *Ia = *I. **34,1b** St An₂-AH B A-Ath (=*Ia) Va (=*II): δύο; AC: ἄλλα; P¹: τά; P²-J²-J³ (=*III) ApcMos(arm): καὶ ἕτερα; Br-S¹ (=*IIIa): καὶ ἄλλα; AV J¹ E¹ E²: def. **34,1c** A-AC-Ath (=*Ia) Va (=*II): ἑστῶτα (paßt nicht zu 36,1: καὶ αὐτοὶ προσπίπτοντες); P¹: def. **34,1d** St An₂-AH (B) A-AC-Ath (=*Ia) Va-P¹ (=*II): ἔκλαυσα; P²-J²-J³ (=*III) ApcMos(arm) Br-S¹ (=*IIIa): ἔκλαυσε (sq. BERTRAND, vgl. °33,3d); AV J¹ E¹ E²: def. **34,1e** St AV AH B A-AC-Ath (=*Ia) Va-P¹ (=*II): ἐβόησα; P²-J²-J³ (=*III) (ApcMos[arm]) Br-S¹ (=*IIIa): ἐβόησε (sq. BERTRAND, vgl. °33,3d); J¹-E¹-E²: λέγει; An₂: def. **34,1f** St (AV) An₂-AH B A-AC-Ath (=*Ia) (Va)-P¹ (=*II): μου; P²-J²-J³ (=*III) ApcMos(arm) Br-S¹ (=*IIIa) J¹-E¹-E²: αὐτῆς (sq. BERTRAND, vgl. °33,3d). **34,1g** P²-J²-J³ (=*III) ApcMos(arm) Br-S¹ (=*IIIa) J¹-E¹-E²: υἱέ μου. **34,1h** St An₂-AH B P²-J²-J³ (=*III) Br (=*IIIa) J¹-E¹: πρός με; A-AC-Ath (=*Ia) Va-(P¹) (=*II): ἕως ἐμοῦ; S¹: πρὸς ἐμέ (sq. BERTRAND, vgl. °5,2e); AV E²: def. Die Lesart von *Ia ist vermutlich ein Verderbnis: ἔρχεσθαι + ἕως ist in der Apc Mos ansonsten nirgends belegt, wohl aber ἔρχεσθαι + πρός (vgl. 5,2; 16,1.2; 21,1; 32,3; 39,1). **34,1i** St An₂-AH P²-J²-J³ (=*III) Br-S¹ (=*IIIa) J¹-E¹-E²: καὶ ἰδέ; B Va: καὶ θέασαι; A-AC-(Ath) (=*Ia) (P¹) (=*II): ὅπως ἴδῃς; VitAd(georg): »et vois«; VitAd(lat^me) 46,3: *et vide* (doch vgl. VitAd[lat^mo] und VitAd[lat^me] in der zweiten und dritten Rezension [MEYER 241 App.]: *ut videas*, ähnlich Codex Parisinus 5327 [Rez IV bei MEYER], vgl. MEYER 250: *videasque*); AV: def. **34,1k** NAGEL (S. 254) zufolge fehlt ὀφθαλμός in St An₂-AH B A; damit entstünde dort ein sinnloser Satz (den MEISER/MERK [S. 849] gleichwohl übersetzen, allerdings fehlerhaft). Doch in B (p316₄) ist es durchaus nachzuweisen, für A läßt sich das Wort aus den Angaben TISCHENDORFs erschließen (S. 19), wahrscheinlich haben es auch die anderen Zeugen. Ganze Textblöcke hat NAGEL auch in °16,3b; °21,1h vergessen. St: οὐκ εἶδε † † πώποτέ τινος; An₂-AH: οὐκ εἶδέ † † ποτέ τινος; B: οὐκ εἶδεν ὀφθαλμός τινος; A-Ath: εἶδεν ὀφθαλμός ποτέ τινός; AC: οὐκ εἶδεν ὁ ὀφθαλμός ποτε καὶ οὓς οὐκ ἤκουσε (vgl. 1. Kor 2,9); Va: ὀφθαλμὸς οὐκ ἰδεῖν δύναται οὔτε οὓς ἀκοῦσαι (vgl. 1. Kor 2,9); P¹: ὀφθαλμὸς οὐκ εἶδε πώποτε; (P²)-J²-J³ (=*III) J¹: οὐκ εἶδεν ὀφθαλμός τινος πώποτε; Br: οὐκ εἶδον οἱ ὀφθαλμοὶ σού ποτε; S¹ (=*IIIa): οὐκ εἶδεν ὀφθαλμὸς πώποτε; E¹-(E²): ὀφθαλμὸς οὐκ εἶδε καὶ οὓς οὐκ ἤκουσέ ποτε (vgl. 1. Kor 2,9); AV: def. **34,1m** St P¹ (=*II *Ia) P²-J²-J³ (=*III) S¹ (=*IIIa) J¹: πώποτε; An₂-AH A-AC-Ath Br: ποτε; B: om; AV Va E¹ E²: def. **34,1n** St A-AC-Ath: καί (ba); An₂-AH: πῶς (ca); P²-J²-J³: καὶ ὅπως (da); Br-S¹ (=*IIIa): καὶ ἰδέ, πῶς (ea); J¹ (=*III): καὶ πῶς (sq. BERTRAND, NAGEL), vgl. die analoge Konstruktion in 35,2 (καὶ ἰδὲ τὰ ἑπτὰ στερεώματα ἀνεῳγμένα, καὶ πῶς κεῖται κτλ.) (a); AV B Va P¹ E¹ E²: def. **34,1o** P²-J²-J³ (=*III) ApcMos(arm) Br-S¹ (=*IIIa) (J¹): πάντες οἱ ἄγγελοι; E¹ E²: def. **35,1a** P¹: με (vgl. °32,3/4F); AV: def. **35,1b** AV: μοι (vgl. °32,1a). **35,1c** A-AC: τί σοί ἐστιν. **35,2a** P²-(J²)-(J³) (ApcMos[arm]): ἀπεκρίθη ἐκείνη καὶ λέγει αὐτῷ (ba); Br-S¹ (=*IIIa): καὶ λέγει αὐτῷ ἡ μητὴρ αὐτοῦ (ca); E¹-(E²) (=*III) et rell: καὶ λέγει αὐτῷ (a); J¹: def. **35,2b** St AV An₂-AH B A-

AC-Ath (=*Ia) Va (=*II) | ApcMos(arm): ἀνάβλεψον (a|aba); P²-J²-J³ (=*III) Br-S¹ (=*IIIa): ἀνάβλεψον, τέκνον (ba); J¹: θεωρῆσαι (cdba); E¹-E²: θεώρησον (dba); P¹: def. **35,2c** St AV An₂-AH A-AC-Ath (=*Ia) Va (=*II): τὰ ἑπτὰ στερεώματα ἀνεῳγμένα; P¹ (ApcMos[arm]) Br-S¹ (=*IIIa *III): τὰ ἑπτὰ στερεώματα τοῦ οὐρανοῦ ἀνεῳγμένα; B P²-J²-J³ J¹-E¹-(E²): om. **35,2d** Br-S¹ (=*IIIa): ἀνεωγμένα ὑπεράνωθεν τοῦ σώματος. **35,2e** St (P¹) (VitAd[georg]) (=*Ia²): καὶ ἰδέ (ba); AV An₂-(AH) Va (=*II *Ia) ApcMos(arm) (=*III): καί (ApcMos[arm]): »und die Seele deines Vaters, wie sie liegt« für καὶ πῶς κεῖται τὸ σῶμα τοῦ πατρός σου [so Aᵃ – dagegen Bᵃ: »und *siehe* die Seele etc.«, vgl. YOV. 17₅]) (a); A-AC-Ath: καὶ ἰδὲ τοῖς ὀφθαλμοῖς σου (cba); B P² J² J³ Br S¹ J¹ E¹ E²: def. (vgl. °35,2c; °35,2d). **35,2f** (St) AV An₂-AH B A-AC-(Ath) (=*Ia) Va-(P¹) (=*II) P²-J²-J³ (=*III) (Br)-(S¹) (=[*IIIa]) J¹-E¹: τὸ σῶμα τοῦ πατρός σου ἐπὶ πρόσωπον; VitAd(georg): »la resemblance du père, Adam, comme elle est devant Dieu«; ApcMos(arm): »die *Seele* deines Vaters, wie sie dahingestreckt liegt vor Gott auf ihrem Gesicht«; E²: ὁ πατήρ σου ἐπὶ πρόσωπον τοῦ θεοῦ. BERTRAND cj: ὁ πατήρ σου. BERTRAND tilgt ein wichtiges Signal, welches darauf hinweist, daß die Synchoresis Adams ursprünglich nicht sein πνεῦμα oder seine Seele, sondern sein σῶμα betraf. Seines Erachtens geht es nämlich in Apc Mos 33–37 um das postmortale Ergehen der Seele und in Apc Mos 38–43 um das des Leibes Adams, vgl. hierzu seinen Aufsatz zum Straßburger Kolloquium 1983: »... cette distinction entre les deux aspects du destin posthume d'Adam fournit un critère pour l'établissement du texte de la VGAE [=Vie grecque d'Adam et Ève]. A l'assomption convient en effet la terminologie de l'*âme* ou de l'*esprit*, du *pardon*..., et aux funérailles celle du *corps*, de la *résurrection*, etc. Faute d'avoir toujours compris la spécifité de chaque épisode, les scribes anciens (voire les critiques modernes) ont parfois embrouillé les données; toutefois la bonne leçon subsiste en général dans au moins un manuscrit«.[4] Über die spezielle Eigenheit der jeweiligen Perikope urteilt BERTRAND also weniger anhand des Überlieferungsbestandes als vielmehr aufgrund religionsgeschichtlicher Parallelen. Ein solches Vorgehen ist zweifelsohne indiskutabel und gefährdet den religionsgeschichtlichen Quellenwert des Textes – er muß ja von Anfang an das Raster passen. Das Interessante aber ist, daß er eben nicht paßt; er erweist sich damit als archaisch im Vergleich zu dem dichotomistischen Menschenbild der Endredaktion, vgl. hierzu die Exegese. **35,2g** (P²)-(J²)-(J³) (=*III) (ApcMos[arm]) (Br)-(S¹) (=[*IIIa]) (J¹)-(E¹)-(E²): ᵃκαὶ τοὺς ἀγγέλους ᶜᵇ ᶜπάντας ᶜ ᵈεὐχομένους ᵈ ᵉὑπὲρ αὐτοῦᵉ ᶠκαὶ λέγοντας ᶠᵃ.[5] **35,2h** St AV A-AC Va: ἅγιοι; An₂-AH B Ath (=*Ia) VitAd(georg) P¹ (=*II) P²-J²-J³ (=*III) ApcMos(arm) Br-S¹ (=*IIIa) J¹-E¹-E²: txt. (zu *III vgl. °35,2g). **35,2i** St AV An₂-AH A-AC (=*Ia): μετ' αὐτοῦ; B VitAd(georg) Va-P¹ (=*II) P²-J²-J³ (=*III) ApcMos (arm) Br-S¹ (=*IIIa) J¹-E¹-E²: om. (zu *III vgl. °35,2g); Ath: αὐτοῦ. **35,2k** St AV (An₂) B AC-Ath (=*Ia) P²-J²-J³ (=*III) Br (=*IIIa) J¹: αὐτῷ; AH A Va-P¹ (=*II) (S¹) E¹-E²: αὐτόν. **35,2m** BERTRAND cj: ὦ πάτερ, vgl. hierzu °32,2d. **35,2n** AH P¹: οἶκος (zu den Hintergründen vgl. °33,5c, Hauptursache der Variante sind freilich itazistische Schreibungen wie οἰκόν

---

[4] D.A. BERTRAND: Le destin 'post mortem' des Protoplastes selon la 'Vie grecque d'Adam et Ève', in: La Littérature intertestamentaire. Colloque de Strasbourg (17–19 octobre 1983), 109–118, speziell 111.

[5] Varianten: **a-a** ApcMos(arm): »und alle Engel, die den Herrn anflehten seinetwegen, indem sie folgendermaßen sprachen« (nach Bᵃ, vgl. YOV. 17₆); E²: καὶ οἱ ἄγγελοι εὔχονται περὶ αὐτοῦ λέγοντες. **b** P²-J²-J³ E¹: τοῦ θεοῦ. **c-c** P²-J²-J³ ApcMos(arm) Br-S¹ (=*IIIa): πάντας; J¹-E¹-E²: om. **d-d** P²-J²-J³ Br (=*IIIa) J¹-E¹: εὐχομένους; S¹: †εὐχόμενοι†; E²: εὔχονται. **e-e** P²-J²-(J³) J¹: ὑπὲρ αὐτοῦ; Br-S¹ (=*IIIa): ἐπάνω αὐτοῦ; E¹-E²: περὶ αὐτοῦ. **f-f** P²-J²-J³ Br (=*IIIa) J¹: καὶ λέγοντας; S¹ E¹: καὶ λέγοντες (in E¹: Akk. Pl. auf -ες, vgl. DIETERICH 156; auch im Neugriechischen begegnet diese Endung, vgl. THUMB § 64ff.); E²: λέγοντες.

[An₂ – aus derselben Familie wie AH!]); AC: υἱός (vgl. Lk 3,38); E¹: σκηνή. **35,3/36,3A** J¹-E¹-E²: om. **35,3b** AV Va-P¹ (=*II): om. (wohl aufgrund von Verständnisproblemen). **35,3c** St AH (B) Ath (=*Ia) P²-J²-J³ (=*III): δέ (a); An₂ A-AC: om. (ba); Br-S¹ (=*IIIa): εἶδες (ca); AV Va P¹ J¹ E¹ E²: def. **35,3/4D** A-AC: om. (ht.). **35,3e** St: τί ἐστί μοι; πότε δέ (cba); An₂-AH: πότε (dba); B: τί ἔσται τοῦτο; πότε δέ (ecba); Ath (=*Ia) (VitAd[georg]): τί ἔστι; μήποτε⁶ (a); (P²)-(J²)-(J³) (=*III) (Br)-(S¹) ([=*IIIa]): τί ᵃἔστιᵃ ᵇμοιᵇ; καὶ πότε⁷ (fba); AV A AC Va P¹ J¹ E¹ E²: def. *Ib: τί ἐστί μοι, πότε (ba). **35,4a** St AV An₂-AH B Ath (=*Ia) Br-S¹ (=*IIIa *III): δέ; Va-P¹ (=*II) P²-J²-J³: om; A AC J¹ E¹ E²: def. **35,4b** St AV Ath (=*Ia) P²-J²-J³ (=*III): υἱέ μου Σήθ; An₂ Va Br-S¹ (=*IIIa): υἱέ μου (sq. BERTRAND); AH B P¹ ApcMos(arm): om; A AC J¹ E¹ E²: def. (A-AC bezeugen immerhin Σήθ, vgl. °35,3/4D). **35,4c** St An₂ B A-AC (=*Ia) Va-P¹ (=*II) P²-J²-J³ (=*III): τὴν προσευχήν; AV AH Ath Br-S¹ (=*IIIa): τῇ προσευχῇ; J¹ E¹ E²: def. **35,4d** A-AC: τίνες εἰσί (Folgekorrektur zu °35,3/4D). **36,1a** P²-(J²)-(J³) (=*III) ApcMos(arm) Br-S¹ (=*IIIa): αὐτῇ Σήθ; J¹ E¹ E²: def. **36,1b** D-St AH Ath: ὅτι (sq. NAGEL); AV An₂ A-AC (=*Ia) P²-J²-J³ (=*III) Br-S¹ (=*IIIa): οὗτοι (sq. BERTRAND); B: ὅτι οὗτοι; P¹: ἰδού, οὗτοι; Va J¹ E¹ E²: def. **36,1c** D-St An₂-AH B (A)-Ath (=*Ia): αὐτοί προσπίπτοντες καὶ εὐχόμενοι (a); AV: αὐτοὶ προσευχόμενοι (ba); AC: †ταὐτοί† (ca); Va: αὐτοὶ προσπίπτουσιν (da); P¹: προσφέρουσιν εὐχήν (ea); P²-J²-J³ (=*III) (ApcMos[arm]): δέονται τοῦ θεοῦ προσπίπτοντες (fa); Br-S¹ (=*IIa): δέονται τοῦ θεοῦ (gfa); J¹ E¹ E²: def. *II = txt. **36,2a** D-St An₂ A-(AC) (=*Ia) Va-P¹ (=*II): καὶ διὰ τί γεγόνασι (a); AV: om. (ba); (AH) Ath (ApcMos[arm]): διὰ τί γεγόνασι (ca); P²-J²-J³: ὅτι οὕτως γεγόνασι (da); Br-S¹ (=*IIIa): καὶ γεγόνασι τοιοῦτοι (ea); J¹ E¹ E²: def. *III = *I. **36,3a** D-St (An₂)-(AH) A-Ath (=*Ia): καὶ λέγει αὐτῇ Σήθ; AV: ὁδὲ λέγει μοι (vgl. °32,1a); B: λέγει αὐτῇ; AC: λέγει δὲ Σήθ; Va-(P¹) (=*II): καὶ λέγει Σήθ; P²-J²-J³ (=*III) (ApcMos[arm]) (Br)-(S¹) (=[*IIIa]): ἀπεκρίθη αὐτῇ Σήθ καὶ εἶπεν; J¹ E¹ E²: def. **36,3b** P²-J²-J³ (=*III) (ApcMos[arm]) (Br)-(S¹) (=*IIIa): ᵃαὐτῶνᵃ ᵇἀπ' αὐτῶνᵇ; J¹ E¹ E²: def. **36,3c** D A: δύνονται (metaplastisch); St AC-Ath (=*Ia) P²-J²-J³ (=*III) Br (=*IIIa): δύνανται; AV An₂ B S¹: δύναται (Subjekt: φῶς); Va: φαίνουσι statt δυν.- φαίνειν; AH P¹ J¹ E¹ E²: def. **36,3d** D AV Ath (=*Ia): τοῦ φωτὸς τῶν ὅλων τοῦ πατρὸς τῶν φώτων (a); St: τοῦ πατρὸς καὶ φωτὸς τῶν ὅλων (ba); An₂ B Va: τοῦ φωτὸς τῶν ὅλων (ca); A-(AC): τοῦ φωτὸς τῶν ὅλων τοῦ πατρὸς καὶ τοῦ υἱοῦ καὶ τοῦ ἁγίου πνεύματος· νῦν καὶ ἀεὶ καὶ εἰς τοὺς αἰῶνας τῶν αἰώνων, ἀμήν (A und AC brechen hier ab, Ath ist fortan die einzige primäre *Ia-Zeuge) (da); P²-J²-J³ (=*III) ApcMos(arm) Br-S¹ (=*IIIa): τοῦ πατρὸς τῶν φώτων (ea); AH P¹ J¹ E¹ E²: def. **36,3e** D-St B: καὶ; AV An₂: txt; rell: def. (vgl. °36,3f). **36,3f** (D)-(St) AV An₂ (B): διὰ τοῦτο ἐκρύβη τὸ φῶς αὐτῶν (a); Ath Va (=*II) | Br: om. (ba|beda); VitAd(georg): »et sa lumière est devenue sombre par crainte de Dieu« (ca); P²-J²-J³ (=*III) (ApcMos[arm]): διὰ τὸ καλύπτεσθαι τὴν λαμπρότητα αὐτῶν ὑπὸ τῆς δόξης καὶ λαμπρότητος τοῦ προσώπου αὐτοῦ (da); S¹ (=*IIIa⁷): διὰ τὸ καλύπτεσθαι τὴν λαμπρότητα αὐτῶν (eda); AH P¹ J¹ E¹ E²: def. *Ia dürfte ausweislich VitAd(georg) ähnlich oder genauso wie *I gelesen haben. **36,3g** D-St B: ἀπ' αὐτῶν (sq. NAGEL); AV An₂: αὐτῶν (sq. BERTRAND); rell: def. (vgl. °36,3e). **37,1a** D: οὖν. **37,1b** AV: με. **37,1c** D An₂-AH B Va: om; (St) Ath (=*Ia) VitAd(georg) P²-J²-J³ (=*III) ApcMos(arm): Εὔαν; AV P¹ Br S¹ J¹ E¹ E²: def. **37,1d** D-St AH Ath (=*Ia) Va-P¹ (=*II): ἰδού; An₂ B P²-J²-J³

---

⁶ VitAd(georg): »Qu'est ce donc, fils Seth, est-ce que«.

⁷ Varianten: **a-a** P²-J²-J³: ἔσται; Br-S¹ (=*IIIa): ἔστι. **b-b** P²-J²-J³: μοι; Br-S¹ (=*IIIa): ἡμῖν.

⁸ Varianten: P²-J²-J³: ἀπεκρίθη αὐτῇ Σήθ καὶ εἶπεν; ApcMos(arm): Seth gab Antwort und sprach; Br-S¹ (=*IIIa): ἀποκριθεὶς δὲ Σήθ εἶπεν αὐτῇ.

⁹ Varianten: **a-a** ApcMos(arm) Br: om (ht.); **b-b** S¹: om. (ht.). Die Übereinstimmung von S¹ mit dem Haupttext ist zufällig, Rez IIIa hat wie Rez III gelesen.

(=*III) Br-S¹ (=*IIIa): om. (ba); VitAd(georg): »aussitôt« (ca); ApcMos(arm): »sogleich« (dba); J¹-E¹-(E²): εὐθέως οὖν (nach einer längeren Omission, vgl. °35,3/36,3A) (eba); AV: def. **37,1e** D-St AH Ath (=*Ia) Va (=*II): ὁ ἄγγελος; An₂ P¹: ἄγγελος (sq. BERTRAND); P²-J²-J³ (=*III) ApcMos(arm) Br-S¹ (=*IIIa) J¹-E¹-E²: εἰς τῶν ἀγγέλων; AV B: def. **37,1f** D An₂-AH B J²-J³ Br-S¹ (=*IIIa): om. (hapl.) (sq. BERTRAND); St Ath (=*Ia) VitAd(georg) P¹ (=*II) P² (=*III) Apc Mos(arm): οἱ (sq. NAGEL); AV Va J¹ E¹ E²: def. **37,2a** D-St AH Ath (=*Ia) Va (=*II) P²-J²-J³ (=*III): txt. (sq. NAGEL); An₂ B P¹ Br-S¹ (=*IIIa) J¹-(E¹)-(E²): τῶν (sq. BERTRAND); AV: def. **37,2b** An₂ Ath P²: ἐλέησε (mit falschem syllabischen Augment!). **37,2c** D AH Ath (=*Ia²) VitAd(georg) VitAd(latᵖ) J¹-E¹-E²: om. (sq. BERTRAND); St B P²-J²-J³ (=*III) ApcMos(arm) Br-S¹ (=*IIIa): Ἀδάμ (sq. NAGEL); (An₂) Va-P¹ (=*II): τὸν Ἀδάμ; AV: def. *Ia = *I oder wie *II. **37,3a** D-St AV An₂-AH (B) Ath (=*Ia): ὅτε δέ; Va-P¹ (=*II) E¹-E²: καί (verbunden mit Umgestaltungen im Kontext); P²-J²-J³ (=*III) (ApcMos[arm]) J¹: καὶ ὅτε; Br-S¹ (=*IIIa): καὶ αὐτὴ τῇ ὥρᾳ. **37,3b** D-St AV An₂-AH Ath (=*Ia) VitAd(latᵖ) Va-P¹ (=*II): ἰδού; B P²-J²-J³ (=*IIIb *III⁷) ApcMos(arm) J¹: om; Br S¹ E¹ E²: def. **37,3c** D-St VitAd(latᵖ) (=*Ia) (Va)-(P¹) (=*II) ApcMos (arm) (=*III): καὶ ἀπήγαγεν αὐτόν¹⁰ (sq. NAGEL) (a); AV An₂-AH B Ath VitAd(georg) P²-J²-J³ J¹-E¹-E²: om. (sq. BERTRAND) (ba); Br-S¹ (=*IIIa): καὶ ἔβαλεν αὐτόν (ca). **37,3d** AV Ath Va: τήν; P¹ (=*II *Ia) et rell: txt. **37,4a** D-St AV An₂-AH Ath (=*Ia) (Va)-(P¹) (=[*II]): ἐποίησεν δὲ τρεῖς ὥρας κείμενος; B: ἐποίησεν δὲ ὥρας τρεῖς κείμενος; P²-J²-J³ (=*III) (ApcMos[arm]) (Br)-(S¹) (=[*IIIa]): ἐποίησεν δὲ ᵃὥσειᵃ ὥρας τρεῖς ᵇκείμενοςᵇ ἐπὶ πρόσωπον ᶜεἰςᶜ τὴν γῆν¹¹; J¹-E¹-E²: om. **37,4b** D-St An₂-AH P²-J²-J³ (=*III): καὶ μετά; AV Va-P¹ (=*II) (ApcMos [arm]): μετὰ δέ; Ath (=*Ia² *Ia⁷) VitAd(georg) VitAd(latᵖ): μετά; B Br S¹ J¹ E¹ E²: def. **37,4c** AV (An₂)-AH: τοῦ; B (P¹): τοῦ ἁγίου; Va: τοῦ πυριμόρφου. **37,4d** D-St AV An₂-(AH) B (P¹) (=*II *Ia): τῷ ἀρχαγγέλῳ Μιχαήλ; Va J¹-E¹-E²: Μιχαὴλ τῷ ἀρχαγγέλῳ; P²-J²-J³: τῷ ἀρχιστρατηγῷ Μιχαήλ; Ath Br S¹: def. *III = *I. **37,4e** D-St AV AH: λέγων (a); An₂ J¹-E¹-E²: om. (ba); B Va: λέγων αὐτῷ (ca); VitAd(georg): »et lui dit« (da); VitAd(latᵖ): *dicens* (ea); P¹: καὶ λέγων (fa); P²-J²-J³: εἰπών (ga); ApcMos(arm): »aselow c'na« (»indem er zu ihm sagte«) (ha?/hga?); Ath Br S¹: def. *Ia / *II = *I. Wie *III gelesen hat, bleibt unklar. **37,5/38,2A** AV: ἀποκατάστησον αὐτὸν πλησίον τοῦ παραδείσου καὶ ἄφες αὐτὸν ἐκεῖ (»führ ihn zurück in die Nähe des Paradieses und laß ihn dort«). Damit wird in AV Adam in die Nähe des Paradieses gebracht, dort erscheint dann Gott mitsamt Hofstaat und beerdigt ihn. So ist der zwischen Apc Mos 33,2–37,6 und Apc Mos 38,ff wahrnehmbare Widerspruch aufgehoben, daß Adam zum einen ins Paradies im dritten Himmel aufgenommen (Apc Mos 37,5), zum anderen jedoch im »Gebiet des Paradieses« (εἰς τὰ μέρη τοῦ παραδείσου) auf der Erde begraben wird (vgl. Apc Mos 40,6). **37,5b** D-St (B) P²-J²-J³ (=*III): ἆρον; An₂-AH Va-P¹ (=*II): ἆραι; Ath Br S¹ J¹ E¹ E²: def. *Ia: non liquet. **37,5c** D-St: om. **37,5d** D-St (An₂)-(AH) B Ath (=*Ia) VitAd(georg) VitAd(latᵖ) P¹ (=*II) P²-J²-J³ (=*III) ApcMos(arm): ἕως τρίτου οὐρανοῦ; AV Va: om. Beide Auslassungen stehen im Zusammenhang mit umfangreichen redaktionellen Maßnahmen, die den Hinweis auf das Paradies im dritten Himmel streichen und die Überlieferungen zum postmortalen Schicksal Adams vereinheitlichen, zu AV vgl. °37,5/38,2A, zu Va °37,5e und °37,6/39,3B. BERTRAND athetiert den Hinweis auf den dritten Himmel mit der Begründung (S. 139–140), daß es in der Apc Mos nur ein irdisches Paradies gebe. Wie schon im Falle des unvermittelten Ich-Berichtes der Eva (Apc Mos 33,3–34,1, vgl. °33,3d) und bei den Hinweisen auf die Leiblichkeit Adams (vgl. °35,2f) tilgt BERTRAND hier Signale, die für eine Schichtenanalyse und für eine

---

¹⁰ Varianten: VitAd(latᵖ): *duxitque eum*; ApcMos(arm): eu tarau zna (»und führte ihn«).
¹¹ Varianten: **a-a** ApcMos(arm): om; **b-b** P²-J²-J³ ApcMos(arm): κείμενος (=*I); Br-S¹ (=*IIIa): κοιμώμενος; **c-c** P²-J²-J³: εἰς; Br-S¹ (=*IIIa): ἐπί.

religionsgeschichtliche Verortung des Textes gleichermaßen von Bedeutung sein können. **37,5e** Va hat eine Marginalnotiz zu παράδεισον, nämlich: ἤγουν ἐν δ[ευτέρῳ] παραδείσῳ, [τοῦ]τ᾽ ἐστιν ἐν ἐπι[γείῳ] τόπῳ (»also im zweiten Paradies, d.h. an einem irdischen Ort«). Zur Intention vgl. °37,6/39,3B, zu den Marginalnotizen in Va vgl. °41,1c, wo ebenfalls eine interpretierende Randglosse mit ἤγουν begegnet. **37,5f** D: τῆς φοβερᾶς (bca); St: τῆς φοβερᾶς τῆς μεγάλης (ca); An₂-AH Va-P¹ (=*II): om. (da); B: τῆς μεγάλης καὶ φοβερᾶς (sq. BERTRAND) (eca); Ath (=*Ia) P²-J²-J³ (=*III) ApcMos(arm): τῆς μεγάλης (sq. NAGEL) (a); AV Br S¹ J¹ E¹ E²: def. **37,5g** D Va-P¹ (=*II): μου (sq. BERTRAND); St (An₂)-(AH) Ath (=*Ia) Vit Ad(georg) VitAd(latᵖ) VitAd(latᵐᵉ) P²-J²-J³ (=*III) ApcMos(arm): txt. (vgl. VitAd[latᵐᵉ] 48,2); AV Br S¹ J¹ E¹ E²: def. **37,6a** D-St Ath (=*Ia): ὁ Μιχαήλ; An₂-AH: Μιχαήλ; B Va-P¹ (=*II): Μιχαὴλ ὁ ἀρχάγγελος; P²-J²-J³ (=*III) (ApcMos[arm]): ὁ ἀρχάγγελος Μιχαήλ; AV Br S¹ J¹ E¹ E²: def. **37,6/39,3B** Va-P¹ (=*II): om. *II versucht, die Überlieferung vom postmortalen Schicksal Adams zu vereinheitlichen, daher läßt sie auch ἐν τῷ τρίτῳ οὐρανῷ in 40,1 (°40,1d) aus. Va hat diese Tendenz weitergeführt, indem es dieselbe Wendung auch in 37,5 unterdrückt (°37,5d) und durch eine Marginalglosse das Paradies in 37,5e eindeutig als ein irdisches kennzeichnet (°37,5e). **37,6/38,4C** J¹-E¹-E²: om. (ht.: Der Text vor der Omission endet bei diesen Zeugen mit εἰς τὸν παράδεισον, vgl. 38,4). **37,6d** D-St (VitAd[georg]) (=*Ia): καὶ πάντες οἱ ἄγγελοι ὑμνοῦντες ὕμνον ἀγγελικὸν θαυμάζοντες¹² (a); An₂-(AH): πάντες δέ οἱ ἄγγελοι ὕμνουν ἀγγελικῶς καὶ ἐθαύμαζον (AH: †θαυμάζοντα† statt ἐθαύμαζον) (ba); B: om. (ca); Ath: οἱ δὲ ἄγγελοι πάντες ἦσαν ὑμνοῦντες καὶ ψάλλοντες ὕμνον ἀγγελικὸν καὶ ἐθαύμαζον πάντες (da); P²-J²-J³ (=*III) (ApcMos[arm]) Br-S¹ (=*IIIa): πάντες δὲ οἱ ἄγγελοι ἀνέπεμψαν ὕμνον ἀγγελικὸν τῷ θεῷ θαυμάζοντες (ea); AV Va P¹ J¹ E¹ E²: def. BERTRAND: πάντες δὲ οἱ ἄγγελοι ὕμνουν ὕμνον ἀγγελικὸν θαυμάζοντες; NAGEL: καὶ πάντες οἱ ἄγγελοι ὕμνουν ὕμνον ἀγγελικὸν θαυμάζοντες. BERTRAND und NAGEL rekonstruieren Sätze mit finiten Hauptprädikaten, aber die partizipiale Konstruktion von D-St ist aus mehreren Gründen vorzuziehen: *1.* Die Zeugen mit unabhängigen Verbalsätzen differieren sehr stark voneinander, ohne daß ein Grund dafür erkennbar wäre, es sei denn, daß sie alle auf je unterschiedliche Weise eine schwierige Vorlage korrigieren – eben eine mit partizipialer Rektion. *2.* Ath läßt eine solche Vorlage mit partizipialer Rektion auch noch erkennen. *3.* VitAd(georg) bezeugt eine Junktur mit καί, die für den Anschluß der Partizipien wohl erforderlich ist. Das Syntagma steht in Analogie zu anderen nominalen und partizipialen Syntagmen in Apc Mos 33,2–37,6, die sich locker an ein vorhergehendes Hauptprädikat anschließen und schon beinahe selbständige Nominalsätze sind, vgl. καὶ τὰ σεραφὶμ ἀνὰ μέσον τοῦ πατρὸς καὶ τοῦ ἅρματος im Anschluß an ἔστη τὸ ἅρμα (33,3) sowie καὶ πάντες οἱ ἄγγελοι μετ᾽ αὐτοῦ εὐχόμενοι ὑπὲρ αὐτοῦ καὶ λέγοντες im Anschluß an πῶς κεῖται τὸ σῶμα τοῦ πατρός σου ἐπὶ πρόσωπον (35,2) und καὶ αὐτοὶ προσπίπτοντες καὶ εὐχόμενοι ὑπὲρ τοῦ πατρός μου ᾿Αδάμ im Anschluß an οὗτοι εἰσὶν ὁ ἥλιος καὶ ἡ σελήνη (36,1). **37,6e** (Ath) (=*Ia) (VitAd[georg]): καὶ τῶν ἐσομένων ἐξ αὐτοῦ (VitAd[georg]: »la promesse d᾽une [vie] future«); VitAd(latᵖ) et rell: om; Va P¹: def. **37,6f** Ath: τοὺς ἐσομένους, cj. τῶν ἐσομένων; rell: def. Diese Sonderlesart von *Ia steht in Analogie zu anderen eschatologischen Ausblicken, die in der Apc Mos vorzugsweise in den Schlußabschnitten größerer narrativer Einheiten gegeben werden, vgl. die Auferstehungsverheißungen in Apc Mos 28,4 (zu Apc Mos 15–30 gehörig) und 41,2 (zur Grablegungserzählung gehörig) sowie vor allem Apc Mos 13,3–5, das ebenfalls nur in *Ia bezeugt ist (vgl. °13,3/5A). Wahrscheinlich hat *Ib hier wie dort gekürzt, um heilsuniversalistische Aussagen zu vermeiden.

---

¹² VitAd(georg): »et tous les anges psalmodaient la psalmodie des anges; ils célébraient ce prodige«.

1. Einleitung

Apc Mos 33,2–37,6 ist die erzählerische Umsetzung dessen, was der Engel Eva in Apc Mos 32,4b sagt: Sie wird von ihm angewiesen, den Aufstieg von Adams πνεῦμα zu seinem Schöpfer zu schauen, und dementsprechend ist Apc Mos 33,2–37,6 als Bericht von einer Schau Evas konzipiert. Vordergründig scheint, was Eva sieht, auch zu dem zu passen, was der Engel ihr ankündigt: Alles läuft darauf hinaus, daß Gott Adam, das Geschöpf seiner Hände (37,2), in die Hand nimmt und Michael übergibt (37,4), damit dieser ihn in das Paradies im dritten Himmel bringe, also in eine höhere Region. Ein postmortaler Aufstieg zu Gott, dem Schöpfer, findet also tatsächlich statt.

Bei genauerem Hinsehen erweist sich freilich, daß Apc Mos 33,2–37,6 ursprünglich kaum dem πνεῦμα Adams gegolten haben kann. Dies wird am deutlichsten in Apc Mos 35,2, wo Eva Seth mitteilt, daß der Leib (σῶμα) Adams auf dem Gesicht liege. Doch auch schon der Hinweis in 33,3, daß der Lichtwagen Gottes an die Stelle kam, an der Adam *lag*, läßt sich viel eher auf Adam als σῶμα denn auf sein πνεῦμα beziehen. Das gleiche gilt für die an Adam vollzogenen Tätigkeiten: Er wird im Acherusischen See gebadet (37,3), von Gott in die Hand genommen (37,4) und von Michael ins Paradies im dritten Himmel gebracht (37,6) – all das läßt sich leichter über einen Körper sagen als über einen Geist. Auch die Bezeichnung Adams als Geschöpf der Hände Gottes (Apc Mos 33,5; 37,2) weist in diese Richtung, dazu s.u.

Apc Mos 33,2–37,6 hat also ursprünglich nicht vom πνεῦμα Adams gehandelt; so will es erst die Redaktion verstanden wissen, die in Apc Mos 33,2–37,6 Eva den Aufstieg von Adams πνεῦμα beobachten läßt und sodann (38,1–42,2) einen Bericht darüber anschließen läßt, was mit Adams Körper geschah. Bevor Apc Mos 33,2–37,6 jedoch von der Redaktion derart kontextualisiert wurde, berichtete es von der leiblichen Aufnahme Adams in das Paradies im dritten Himmel. Daß diese Erzählung sekundär auf den nichtkörperlichen Wesensbestandteil Adams bezogen werden konnte, dürfte vor allem damit zu tun haben, daß Adam in den *Himmel* aufgenommen wird (vgl. K XI,3 [S. 454–455]) – anders als in der Grablegungserzählung (31,2–3a; 38ff), die von seiner Beisetzung in einem irdischen Grab berichtet.

Es gibt weitere Spannungen zwischen Apc Mos 33,2–37,6 und dem vorhergehend Erzählten, welche Apc Mos 33,2–37,6 als ein ursprünglich selbständiges Quellenstück ausweisen: So fordert in Apc Mos 34,1 Eva Seth auf, sich vom Leichnam seines Vaters zu entfernen. Diese Aufforderung ist in keiner Weise vorbereitet; wahrscheinlich weist sie auf einen verlorengegangenen Kontext zurück. Eine Spannung besteht auch insofern, als der redaktionelle Rahmen voraussetzt, daß Adam in einem Raum (wahrscheinlich in dem in Apc Mos 14,1 genannten Zelt) lag, als er starb, während in 33,2–37,6 nichts darauf hinweist, im Gegenteil: Die Vorgänge lassen sich besser verstehen, wenn man annimmt, daß Adams σῶμα unter freiem Himmel lag. Dies gilt v.a. für Apc Mos 33,3, wo eigens die Seraphim dafür sorgen, daß zwischen der Leiche Adams und dem Thronwagen Distanz gewahrt wird. Ein Zelt Adams würde in dieser Szenerie nur stören. Eine Unstimmigkeit ergibt sich auch mit der Erwähnung des Räucheraltars in Apc Mos 33,4: Er wird offenbar als bekannt vorausgesetzt, wurde aber zuvor nicht erwähnt.

Was die Kohärenz von Apc Mos 33,2–37,6 für sich genommen betrifft, stehen wir vor dem merkwürdigen Befund, daß in 33,3–34,1 unvermittelt jemand anders erzählt als vorher und nachher. Ohne daß dieser Wechsel signalisiert würde, berichtet plötzlich Eva in einer Ich-Erzählung, während zuvor ein neutraler Erzähler berichtete; und genauso unvermittelt geht die Erzählung dann wieder mit Apc Mos 35,1 in die 3. Person über. Dabei fällt zusätzlich auf, daß dem Wechsel keine Diskontinuität in der Handlung entspricht, im Gegenteil: 33,2 teilt mit, daß der Lichtwagen Gottes sich in Bewegung befindet, in 33,3 geht es dann um seine Ankunft auf der Erde am Leichnam Adams. Genauso setzt auch 35,1 das vorhergehend von Eva Berichtete bruchlos fort: Zuvor hatte sie von zwei schrecklichen Geheimnissen erzählt und Seth aufgefordert, sich anzusehen, was noch nie ein Auge gesehen habe; in 35,1 heißt es dann folgerichtig: Τότε ἀνέστη Σὴθ καὶ ἀνῆλθε πρὸς τὴν μητέρα αὐτοῦ (statt τότε ανέστη Σὴθ ... πρός με). Damit erscheint es unmöglich, den Ich-Bericht vom Kontext als eigenständige Schicht abzugrenzen. Der Wechsel des Erzählers muß also etwas anderes andeuten, als eine diachrone Verwerfung innerhalb von Apc Mos 33,2–37,6.

Eine Erklärung bietet sich anhand des bereits angedeuteten Phänomens an, daß Apc Mos 33,2–37,6 auch da, wo nicht Eva selbst erzählt, als eine Schau Evas konzipiert ist. Schon zu Beginn heißt es, daß Eva etwas »sieht« (33,2: εἶδεν). Damit weist der Text eine gewisse Nähe zu Visionserzählungen auf (etwa den Visionen des 4. Esra oder Apc Joh 12), die gewöhnlich aus der Perspektive eines Visionärs berichtet werden. Freilich ist zu bedenken, daß Apc Mos 33,2–37,6 von vielen Visionsberichten insofern abweicht, als hier nicht etwas geschaut wird, das Verweischarakter hätte; es geht vielmehr um reale Ereignisse. Außerdem geht die Perspektive der Schauenden im Verlaufe der Erzählung verloren (spätestens ab 37,1). Doch insgesamt ist Apc Mos 33,2–37,6 in der Perspektive Evas geschrieben; und wenn nun auch noch hinzukommt, daß partienweise unvermittelt Eva selbst berichtet, legt es sich doch nahe, daß einmal der ganze Abschnitt von ihr berichtet wurde. Dann aber müßte Eva sekundär durch einen neutralen Erzähler ersetzt worden sein, sicher mit der Absicht, Apc Mos 33,2–37,6 an den Kontext anzupassen, wo in der 3. P. Sg. berichtet wird. Freilich ist diese Anpassung nur unvollständig vorgenommen

worden – und auch hierfür gibt es eine Erklärung: Schon die anderen Spannungen zwischen Apc Mos 33,2–37,6 zeigen, daß es dem Redaktor an Gestaltungs-
kraft mangelte, und dies gilt denn auch in dieser Sache. Passend dazu läßt der
Wechsel des Erzählers nichts Absichtsvolles erkennen: Der Wechsel setzt
nämlich nicht mit einem Hauptverb in der 1. P. Sg. ein, sondern ereignet sich
beinahe unbemerkt: Adam wird ὁ πατὴρ ὑμῶν genannt (33,3). Das setzt den
Bericht eines Ich-Erzählers an ein Publikum voraus, und zwar an die Kinder
Adams. Erst in 33,4 folgt dann ein Hauptverb in der 1. P. Sg (εἶδον δὲ ἐγώ).
Daß dieses »ich« Eva ist, kann man sich denken, wird aber erst in 34,1 bestätigt
(εἶδον δὲ ἐγὼ Εὔα). Der Übergang vom neutralen Erzähler zu Eva als Erzählerin ist also gleitend, beinahe unwillkürlich, denn sonst hätte eine Wendung wie
εἶδον δὲ ἐγὼ Εὔα gleich am Anfang gestanden. Die Wendung ὁ πατὴρ ὑμῶν
’Αδάμ wirkte offenbar so suggestiv, daß der Redaktor unwillkürlich wieder auf
die Ich-Erzählung einschwenkte. In 35,1 konnte er sich dann auf sein ursprüng-
liches Vorhaben besinnen, weil statt Eva nun Seth in den Vordergrund tritt.
Nach dem Dialog zwischen Eva und Seth stehen dann schließlich die geschauten Vorgänge derart im Zentrum der Aufmerksamkeit, daß der Erzähler bzw. die
Erzählerin ohnehin in den Hintergrund tritt (auch ein Ich-Bericht der Eva kann
hier nicht anders gelautet haben – bis auf πρὸς τὴν μητέρα αὐτοῦ in 37,1).

Problematisch an dieser Annahme mag erscheinen, daß sie Unaufmerksamkeit des Redaktors
voraussetzt. Doch so weit hergeholt ist eine solche Annahme nicht. Der Redaktor griff offenbar
kaum gestaltend in seine Quellen ein, sonst hätte er Apc Mos 33,2–37,6 besser auf die Linie
seiner Anthropologie gebracht. Zudem ist zu bedenken, daß er auch derjenige gewesen sein
dürfte, der die Verschriftung des »Endtextes« der Apc Mos besorgt hat. Schreiben war damals
nicht so einfach wie heute: Es ging langsam voran, ein Blick nach vorne (zwecks Kontext-
abgleichung) bereitete weit mehr Mühe. So konnte, was vorher geschrieben wurde, leichter der
Aufmerksamkeit entgehen.

Daß es so gewesen sein könnte, macht gerade im Falle der Ich-Erzählung die Textüberlieferung anschaulich: Die Handschrift AV hat den Ich-Bericht der Eva wieder nach vorne ausgedehnt, und zwar über Apc Mos 33 hinaus: Er beginnt in AV schon in Apc Mos 32,1 (vgl.
°32,1a). Hinter dieser Umgestaltung muß eine textgestalterische Absicht stehen; ein einfacher
Schreiber hätte in 32,1 noch nicht gewußt, daß in 33,3 ein Ich-Bericht beginnt. So wohlbedacht
man also die Vorlage umgestaltete, an einer Stelle hat sie sich nun doch gegen die Absichten der
hinter AV stehenden Rezension durchgesetzt: In 32,1 AV folgt unmittelbar auf das Verb
ἀνέστην eine fehlerhafte, der Vorlage geschuldete 3. P. Sg. (ἐξῆλθεν).

Eine interessante Analogie zum unvermittelten Wechsel des Erzählers in Apc Mos 33,2–37,6
findet sich auch in °29,6k. Dort hat *II Passagen aus Vit Ad (gr) 1–10 eingearbeitet, die ursprünglich in der dritten Person erzählt worden waren. Dabei sind sie teilweise an die vorangehende Ich-Erzählung Evas (Apc Mos 15–30) angepaßt worden, doch eben nur teilweise.

Ist Apc Mos 33,2–37,6 ursprünglich als Ich-Erzählung Evas konzipiert, so
ergeben sich erstaunliche Parallelen zu Apc Mos 15–30, das ebenfalls ein von
der Redaktion eingearbeitetes älteres Quellenstück ist: Beide Erzählungen sind

(ursprünglich) Ich-Erzählungen der Eva, und beide haben auch das gleiche Publikum: Die Kinder Adams (es war bereits darauf hingewiesen worden, daß in Apc Mos 33,3 Adam ὁ πατὴρ ὑμῶν genannt wurde und damit die Kinder Adams als Publikum Evas gedacht sind). Auch sonst weisen Apc Mos 15–30 und 33,2–37,6 Affinitäten auf: Beide berichten an zentraler Stelle von einer Ankunft Gottes auf dem Thronwagen (Apc Mos 22,3; Apc Mos 33,2), in beiden folgt ein Rechtshandeln Gottes, einmal mehrere Bestrafungen (Apc Mos 23–29), das andere Mal eine Begnadigung (Apc Mos 33,2–37,6). In beiden Fällen leisten die Engel Fürbitte für den Menschen (Apc Mos 27–29; Apc Mos 33,2–37,6). In beiden Texten ist schließlich von Räucheropfern die Rede (Apc Mos 29; 33,4), übrigens die einzigen Opfer, von denen in der Apc Mos berichtet wird. Und so stellt sich die Frage, ob beide Texte nicht auch schon in einer früheren Phase der Entstehungsgeschichte der Apokalypse des Mose aufeinander bezogen gewesen sein können: Es ist immerhin denkbar, daß sie einmal einem gleichfalls schriftlich verfaßten Text angehört haben, aus dem die Endredaktion der Apc Mos umfängliche Passagen übernommen hat. Da in beiden Texten Eva als Erzählerin fungiert, könnte es sich dabei um ein Testament der Eva gehandelt haben.

Ein Indiz für die Existenz eines solchen Eva-Testamentes ist die Beobachtung, daß es in Apc Mos 33,2–37,6 einige, bereits angesprochene Momente gibt, die auf einen Kontext verweisen, der in der Apc Mos selbst nicht zu finden ist: So fordert in Apc Mos 34,1 Eva Seth recht unvermittelt auf, sich vom Leichnam seines Vaters zu entfernen. Daß er sich dort aufgehalten hatte, war zuvor nicht berichtet worden. Zudem ist in Apc Mos 33,4 überraschend von einem Räucheraltar die Rede, der offenbar als bekannt vorausgesetzt wird. Man ist geneigt, ihn mit dem von Adam in Apc Mos 29 angekündigten Räucheropfer in Verbindung zu bringen, das ebenfalls ohne Kontext bleibt, insofern von einer Ausführung dieses Versprechens in der Apc Mos nirgends berichtet wird. Die Vermutung liegt nahe, daß in einem Text, der sowohl Apc Mos 15–30 als auch Apc Mos 33,2–37,6 umfaßte, von einem solchen Opfer Adams erzählt wurde, und daß es in Apc Mos 33,4 dann um den Räucheraltar geht, den Adam für sein Opfer errichtete. Aber das muß natürlich Vermutung bleiben; im gegenwärtigen Kontext jedenfalls kann Apc Mos 33,4 nicht als eine Bezugnahme auf Apc Mos 29 gelesen werden.

Wahrscheinlich hat Apc Mos 33,2–37,6 also einmal einen anderen literarischen Kontext gehabt; die Affinitäten und möglichen Rückbezüge zu Apc Mos 15–30 lassen annehmen, daß es sich um eine umfangreichere Erzählung Evas vor ihren Nachkommen handelt.

Zu Apc Mos 15–30 war an anderem Ort festgestellt worden, daß es theologisch nicht völlig aus dem Rahmen der anderen Überlieferungen in der Apc Mos fällt, sondern gewissermaßen ein frühes Produkt der Schule darstellt, aus der schließlich die Apc Mos und die Vit Ad hervorgegangen sind (vgl. E III,4b; III,5c.d). Für Apc Mos 33,2–37,6 müßte dann das Gleiche gelten. Und in der Tat weist dieser Text, wie noch ausführlicher zu zeigen sein wird, starke Berührungspunkte gerade mit der Grablegungserzählung in Apc Mos 31; 38ff auf: In beiden Texten erscheint Gott auf dem Thronwagen vor Adam und kümmert sich um sein postmortales Ergehen. In beiden Texten geht es dabei nicht etwa um die Seele Adams, sondern um seinen Leib (vgl. Apc Mos 33,3; 35,2 etc. und Apc Mos 38,3ff.); es verbindet sie damit also ein anthropologischer Konservatismus, von dem erst die Endredaktion Abstand nimmt. Es besteht auch eine signifikante Übereinstimmung hinsichtlich der Gottesbeziehung post mortem, vgl. hierzu den Kommentar zu 35,2. In beiden Texten schließlich wird nur ein Zwischenzustand etabliert: In Apc Mos 37,5 wird Adams Leib in das Paradies im dritten Himmel verbracht, in Apc Mos 40,6ff wird er in der Nähe des Paradieses beerdigt – doch beidesmal geschieht dies in der Perspektive einer endzeitlichen Totalrevision der Geschichte (vgl. Apc Mos 37,5 und 39;41), die im übrigen schon in Apc Mos 28,4 angekündigt wird. So ist also Apc Mos 33,2–37,6 innerhalb der Apc Mos-Überlieferung genausowenig ein Fremdkörper wie Apc Mos 15–30. Für das hypothetische Test Eva, das Apc Mos 15–30 und Apc Mos 33,2–37,6 umfaßt haben könnte, bedeutet dies gleichfalls, daß es nicht etwa einem theologisch völlig andersartigen Milieu angehört hat, sondern eher eine Frühschrift desjenigen Kreises gewesen sein muß, dem wir schließlich die Apc Mos und die Vit Ad verdanken.

Daß in dieser Schrift Eva eine noch zentralere Rolle gespielt haben mag als in der Apc Mos, regt natürlich in den Zeiten der Gender-Forschung die Phantasie an. Doch die Kontinuitäten zwischen der älteren Schicht und der Apc Mos sind stärker als die Diskontinuitäten. Für einen eklatanten Wandel der Perspektive etwa von einer »frauenfreundlichen« zu einer »patriarchalen« Sicht der Dinge gibt es keinen Anhaltspunkt, zumal auch in Apc Mos 33,2–37,6 Eva eine rangmäßig niedrigere Position einnimmt als ihr männlicher Gesprächspartner Seth, insofern Eva sich ohne ihn zumindest einen Teil ihrer Vision nicht erklären kann.

Eine Differenz hinsichtlich des Geschlechterverhältnisses ist freilich doch festzustellen: Die beiden Berichte Evas in Apc Mos 15–30 und Apc Mos 33,2–37,6 stehen in einem Kontext, der stark auf die besondere Schuld Evas abhebt (vgl. Apc Mos 14,2–3 und 32). Doch dieser Kontext ist redaktionell, die Berichte Evas selber lassen eine solche Sicht kaum erkennen: Es hat eher den Anschein, daß Eva hier deshalb die Erzählerin ist, weil sie am besten Bescheid weiß: Was Apc Mos 15–30 betrifft, ist sie immerhin die Hauptbeteiligte des von Gen 3 her bekannten Geschehens im Paradies, und in Apc Mos 33,2–37,6 bietet sie sich als Erzählerin an, weil Adam ja schon tot ist. Vorausgesetzt ist damit freilich, daß Eva Adam überlebt; möglicherweise greift das hypothetische Testament der Eva hier gleichermaßen wie die Grablegungserzählung in 31; 38ff. auf Lib Jub 3,1–5 zurück (vgl. K XI,1 [S. 446–447]) – wieder ein Hinweis darauf, daß beide Erzählungen derselben Schule entstammen.

2. Zum Inhalt

Inhaltlich gliedert sich Apc Mos 33,2–37,6 in sechs Abschnitte. Abschnitt 1 (33,2–3) berichtet von der Ankunft eines Lichtwagens am σῶμα Adams. In Abschnitt 2 (33,4–5) ist von einem durch Engel vollzogenen Räucheropfer die Rede, verbunden mit einer Fürbitte der Engel für Adam. Abschnitt 3 (34,1–36,3) entfaltet die Schilderung des Fürbittgottesdienstes, und zwar in Gestalt eines Gespräches zwischen Eva und Seth, in dem Seth die Aufgabe zukommt, das von Eva Geschaute zu deuten. Im Mittelpunkt dieses Abschnittes steht die Beobachtung, daß auch Sonne und Mond betend für Adam eintreten; besonderer Nachdruck liegt dabei auf der Tatsache, daß ihr Glanz vor dem der Lichtsphäre Gottes so dunkel erscheint wie die Haut von Äthiopen. Abschnitt 4 (37,1–2) berichtet von der Bewilligung der Fürbitte durch Gott. Abschnitt 5 (37,3–4a) und 6 (37,4b–6) schildern dann die Umsetzung dieses göttlichen Beschlusses: Zunächst wird Adam im acherusischen See von einem Seraph gereinigt (Abschnitt 5) und dann von Gott in die Hand genommen und dem Erzengel Michael übergeben, damit ihn dieser in das Paradies im dritten Himmel verbringe, wo er bleiben soll bis zum »Tag der Abrechnung« (Abschnitt 6). Abschließend wird von einem Lobgesang der Engel über die συγχώρησις Adams und seiner Nachfahren erzählt.

Den eindeutigen Höhepunkt dieses Geschehens stellt die Aufnahme Adams durch die Hand Gottes dar. Sie ist die einzige Handlung in der insgesamt ganz selbstverständlich von Gott dominierten Ereignisfolge, die ausdrücklich als eine Aktion Gottes mitgeteilt wird; auf sie arbeiten, wie zu zeigen sein wird, mehrere Momente im Text hin. Im Folgenden soll dieser inhaltlich detailliert erfaßt und in seinem theologischem Profil dargestellt werden. In einem weiteren Schritt werden dann die exegetischen Hintergründe diskutiert.

Abschnitt 1 (33,2–3)

Indem Eva zum Himmel blickt, sieht sie einen Lichtwagen (ἅρμα φωτός), der von vier glänzenden Adlern »getragen« (αἰρόμενον) und von Engeln »angeführt« (προάγοντας) wird (33,2).

Wer auf dem Wagen sitzt, wird nicht gesagt, auch die Identität des Wagens wird nicht explizit mitgeteilt, doch der Leser (auch der des Test Eva!) dürfte aus der Erinnerung (Apc Mos 22,3), sicher auch aus der Tradition wissen (vgl. Hes 1ff; Sir 49,8 etc.), daß Gottes Wagen gemeint ist; spätestens die Erwähnung der aus Jes 6 bekannten Seraphim im Zusammenhang mit dem Wagen (33,3) wird ihn davon überzeugt haben, daß hier Gott kommt. Daß der auf dem Wagen Sitzende nicht direkt erwähnt wird, ist kaum erzählerische Nachlässigkeit: Apc Mos 33,2–37,6 unterläßt es keinesfalls, Gott als Akteur zu nennen; ihn aber ausdrücklich vor Augen zu führen, verbietet die Scheu vor seiner Person. Dazu paßt, daß Gott in Apc Mos 35,3 ausdrücklich als »unsichtbar« (ἀόρατος) prädiziert wird, obgleich in demselben Vers – durchaus anthropomorph – von einer Hand Gottes die Rede ist. Gott ist also nicht gestaltlos, aber dem menschlichen Blick entzogen; zumindest wird er nicht visualisiert wie etwa sein Wagen und die ihn umgebenden himmlischen Wesen.

Eine besondere Bewandtnis hat es mit den vier Adlern: Sie tragen den Lichtwagen und befinden sich damit wohl unter ihm; dies und ihre Vierzahl macht es wahrscheinlich, daß sie den vier Tieren (חיות) neben den Rädern des Thronwagens in Hes 1,5ff entsprechen. Diese sind in Hes 1ff freilich nicht als Adler dargestellt, sondern haben vier Gesichter (Hes 1,10), von denen nur eines, das zuletztgenannte, ein Adlergesicht ist (ופני־נשר לארבעתן = »und ein Adlergesicht hatten alle vier«). Mit diesem ist allerdings die Besonderheit verbunden, daß es als einziges von den je vier Gesichtern nicht eindeutig lokalisiert ist: Das Menschen- und Löwengesicht befindet sich auf der rechten Seite der Tiere, das Rindergesicht auf der linken; man ist geneigt, dies auch für das Adlergesicht anzunehmen, doch das steht nicht explizit im Text. Damit mag sich ein Ansatzpunkt im biblischen Text finden, der es ermöglichte, die חיות als Adler zu sehen, doch läßt sich in diesem Fall wohl kaum eine bewußt exegetische Maßnahme nachweisen, die dazu geführt hätte, daß die Tiere des Thronwagens zu Adlern wurden. Man ist in der Tradition allgemein recht frei mit den חיות der Vision des Hesekiel umgegangen; schon in Hes 10,1–17.20 werden sie mit den Cheruben identifiziert; in Apc Joh 4,6b–7 ist die Überlieferung von ihren vier Gesichtern dahingehend verändert, daß statt vier viergesichtigen Tieren sich nun ein löwenähnliches, ein rindähnliches, eines menschgesichtiges und adlerartiges Tier um den Thron Gottes herum aufhalten. Auch nehmen sie gelegentlich Eigenschaften der Seraphim aus Jes 6 an, so in Apc Joh 4,6–8, wo sie sechs Flügel haben und das Sanctus singen (vgl. Jes 6,3) und wohl mit den Seraphim identifiziert sind (ähnlich Apc Abr 18). Eine Identifikation mit den Seraphim findet in Apc Mos 33,2–37,6 indes mit Sicherheit nicht statt, denn Seraphim werden mehrfach eigens erwähnt (33,4; 37,3). Wohl aber ist denkbar, daß mit den Adlern in 33,2 auch die Cherubim gemeint sind, denn von Cherubim ist in Apc Mos 33,2–37,6 sonst nicht die Rede. Eine Identifikation von Cherubim und חיות ist nicht nur in Hes 10,1–17.20, sondern implizit und explizit in mehreren Texten bezeugt (vgl. etwa Sir 49,8; Scala Jacob 2,8; 3. Hen 21–22), so daß sie hier durchaus traditionell vorgegeben sein kann, also nicht Folge einer exegetischen Invention sein muß.

Sind damit die vier Adler als die Tiere bzw. die Cherubim um den Thron Gottes aufzufassen, so ist damit freilich noch nicht erklärt, welche Assoziationen damit verbunden sind, daß die Cherubim und Tiere hier gerade als Adler geschaut werden. In diesem Zusammenhang könnte die Beobachtung von Belang sein, daß der Wagen Gottes als ein Lichtwagen dargestellt wird. Auf die besondere Helligkeit dessen, was Eva sieht, wird auch sonst abgehoben, das Interesse daran geht bis in die Gottestitulatur hinein – in Apc Mos 36,3 heißt Gott »Vater der Lichter« (πατὴρ τῶν φώτων). Hier zeigt sich ein speziell astraltheologisches Interesse; Gott werden die Gestirne zu- und untergeordnet. Die Unterordnung betrifft v.a. Sonne und Mond, und zwar nicht nur dem Range nach (sie beten vor Gott – 36,1), sondern auch hinsichtlich der Qualität ihres Lichtes: Sie sehen vor dem Glanz der Phänomene um den »Vater der Lichter« wie die sprichwörtlich dunkelhäutigen Äthiopen[12] aus (36,3). Dies alles läßt an die solaren Konnotationen denken, die mit der Thronwagenvorstellung traditionell seit je verbunden sind und nie ganz in Vergessenheit gerieten[13]; wenn in

---

[12] Schon das Wort Αἰθίοψ hebt auf die Dunkelhäutigkeit ab (vgl. αἴθω »brennen«, αἰθός »brandfarben, dunkel«); die Etymologie blieb auch in späten Zeiten erkennbar, vgl. die bei LAMPE s.v. Αἰθίοψ (S. 48) gesammelten Belege.

[13] Auch in israelitisch-jüdischer Tradition ist bekannt, daß die Sonne einen Wagen hat. Dies zeigt sich schon 2. Kön 23,11, wo berichtet wird, daß Josia die »Wagen des Šæmæš« (מרכבות השמש) verbrannt habe. Von einem Sonnenwagen ist auch später noch die Rede, vgl. 1. Hen 72 (speziell 72,5: ሰረገላት ፡ በዘ ፡ የዐርግ ፡ ነፋስ ፡ ይነፍኅ »den Wagen, mit dem sie aufsteigt, bläst der Wind«); 2. Hen 11; 3. Bar 6–8, speziell 6,2; weitere Belege finden sich bei J. MAIER: Die Sonne im religiösen Denken des antiken Judentums, in: Aufstieg und Niedergang der römischen Welt II,19,1, Berlin etc. 1979, 346–412, speziell 374–385. Besonders hinzuweisen ist auf die von MAIER ausführlich zitierte und besprochene Sonnenbeschwörung in Sefer ha-Razim IV,25–72 (Text: MAIER 375–376 [dort Anm. 136], Übersetzung: ibidem 377–379), wo schon ganz zu Beginn die Sonne als יושב במרכבה prädiziert wird, sowie auf die Heliosdarstellungen auf den Mosaikfußböden von Synagogen aus der byzantinischen Zeit. Besonders gut erhalten ist das Mosaik von Beth-Alpha (MAIER 383–385), weitere Mosaiken dieser Art werden besprochen bei G. STEMBERGER: Die Bedeutung des Tierkreises auf Mosaikfußböden spätantiker Synagogen, Kairos 17 (1975), 23–56, speziell 52ff.
Die Präsenz der Vorstellung vom Sonnenwagen in der israelitisch-jüdischen Religion läßt von vornherein vermuten, daß der Überlieferungskomplex um den Thronwagen Gottes solare Hintergründe hat. Das zeigt sich vielleicht schon in der starken Hevorhebung des Lichthaften an der Thophanie in Hes 1ff, vgl. etwa Hes 1,4 (ähnlich noch 1. Hen 14). Bei Hesekiel wird der Thronwagen allerdings nicht מרכבה genannt, vielleicht gerade deshalb, weil diese Bezeichnung damals noch stark mit dem Sonnenwagen assoziiert war (vgl. 2. Kön 23,11, dort ist allerdings von מרכבות [Pl.!] die Rede, vgl. hierzu ሰረገላት in 1. Hen 72,5, das zumindest formal ein Plural ist). Doch die Bezeichnung מרכבה ist bald auch auf den Thronwagen JHWHs übergegangen, vgl. 1. Chr. 28,18 und Sir 49,8 hebr; das in Sir 49,8 𝔊 gewählte Äquivalent ἅρμα ist dann später die allgemein die Bezeichnung für den Thronwagen (vgl. Test Abr A 9,8; 10,1.12etc), so auch mehrfach in Apc Mos 33,2–37,6 wie auch in Apc Mos 22,3. Solaren Konnotationen der Thronwagenvorstellung ist es vielleicht auch zu verdanken, daß in 2. Hen 19,6 die Phönixe neben den Cherubim und den Seraphim die Qeduša singen (die Phönixe [Pl!] sind im 2. Henoch ansonsten mit der Sonne verbunden, vgl. 2. Hen 12.15). Die gleiche Ursache mag es haben, wenn in Apc Mos 38,3 vier Winde »Gott ziehen«, nachdem dieser »aufgestiegen ist« (ἐπέβη –

Apc Mos 34,1–36,3 so nachdrücklich auf die Andersartigkeit des mit der Theophanie verbundenen Lichtes hingewiesen wird, so spricht dies sogar dafür, daß der Verfasser diese solaren Konnotationen nicht nur kannte, sondern bewußt aufnahm und sie nutzte, um den auf dem Wagen einherziehenden Gott gegenüber der Sonne zu profilieren. Mit der Sonne aber ist traditionell auch der Adler assoziiert[14], so daß wohl auch die Präsentation der Cheruben bzw. der Chajjoth als Adler dazu dazu dient, die solaren Bezüge der Thronwagenvorstellung herauszuarbeiten und – wie sich nachher in 34,1–36,3 zeigt – dem monotheistischen Schöpfungsglauben entsprechend umzudeuten.[15]

---

gemeint ist sicher, daß Gott seinen Thronwagen besteigt): In 1. Hen 72,5 treibt ein Wind den Sonnenwagen an (s.o.). Nebenbei sei vermerkt, daß solare Attribute resp. Metaphern auch immer mit JHWH oder seiner כבוד selbst verbunden wurden, vgl. etwa 1Q 27 1,6–7; 1QH 7,25; Od Sal 15,1–2; näheres zum Verhältnis von JHWH zur Sonne findet sich bei E. Lipiński: Art. Shemesh, in: Dictionary of Deities and Demons in the Bible (DDD), Leiden etc. 1995, 1445–1452. Eine Solarisierung von Hochgöttern läßt sich übrigens auch außerhalb der israelitischen Religion beobachten, so wird in der Stoa die Sonne mit Zeus und der Weltseele assoziiert, vgl. D.E. Aune: Art. Helios, in: DDD, 750–765, speziell 756–757; als später Beleg für den phönizisch-syrischen Bereich soll hier Philo, Φοινικικὴ Ἱστορία bei Euseb, Praep Ev 1,10,7 genügen, wo es über die Sonnenverehrung in der Urzeit heißt: Τοῦτον γὰρ (φησί) θεὸν ἐνόμιζον μόνον οὐρανοῦ κύριον, Βεελσάμην καλοῦντες, ὅ ἐστι παρὰ Φοίνιξι κύριος οὐρανοῦ, Ζεὺς δὲ παρ' Ἕλλησιν. Hier wird die Sonne mit dem Hochgott Baal-Šamajim und zugleich mit Zeus identifiziert.

[14] Zum Adler vgl. Th. Schneider / E. Stemplinger: Art. Adler, in: Reallexikon für Antike und Christentum 1 (1950), 87–94. In der griechisch-römischen Welt war die Vorstellung verbreitet, daß der Adler in die Sonne schauen und sich bis zu deren unmittelbarer Nähe aufschwingen könne (ibidem 87–88). Er war in besonderer Weise mit Zeus und Juppiter assoziiert (ibidem 88). Die Belege für eine Verbindung des Adlers mit der Sonne bzw. dem Sonnengott weisen in den syrischen Bereich (ibidem 89–90), vgl. auch R. Dussaud: Notes de mythologie syrienne §3: L'aigle symbole du dieu solaire, Revue Archéologique 4 (1903), 134–142.

[15] Adler kommen im Zusammenhang mit dem Thron des jüdisch-christlichen Gottes sonst nur in späteren Texten vor, so ist in 3. Hen 2,1 von Adlern des Thronwagens die Rede, vgl. 3. Hen, Appendix 24,11. Daneben ist auf Rossis »gnostischen« Traktat, p. 15,16–20 (Kropp, Zaubertexte I,74) zu verweisen: †ⲡⲁⲣⲁⲕⲁⲗⲓ ⲙⲙⲟⲕ ⲅⲁϥⲣⲓⲏⲗ / ⲙⲡⲙⲟⲩ ⲛ̄ⲃⲉⲉⲃⲉ ⲉⲧϩⲁⲧⲉ ⲉⲃⲟⲗ / ϩⲓⲭⲛ̄ ⲧⲁⲡⲉ ⲙ̄ⲡⲓⲕⲱⲧ· ⲙⲛ̄ ⲡⲛⲟϭ / ⲛⲁⲉⲧⲟⲥ ⲉⲣⲉ ⲡⲉϥⲧⲉⲛⲁϩ ⲡⲟⲣϣ // ⲉⲃⲟⲗ ϩⲓⲭⲛ̄ ⲧⲁⲡⲉ ⲙⲡⲓⲕⲱⲧ (»ich bitte dich, Gabriel, bei dem Regen, der sich über dem Haupt des Vaters ergießt, und bei dem großen Adler, dessen Flügel ausgebreitet ist über dem Haupt des Vaters«). Der Vater wird in Rossis Traktat als »Thronender« dargestellt. Der Adler hat hier dieselbe Position wie die Seraphim nach Jes 6,2 𝔐 (sie stehen oberhalb JHWHs: שׂרפים עמדים ממעל לו). Ob hier ein traditionsgeschichtlicher Zusammenhang besteht (etwa über die Verwandschaft der Seraphim mit der Uräusschlange, vgl. T.N.D. Mettinger: Art. Seraphim, in: Dictionary of Deities and Demons in the Bible [DDD], Leiden 1995, 1402–1404), kann hier nicht geklärt werden. Auf jeden Fall liegt eine deutlich andere Vorstellung vor als in Apc Mos 33,2. Mit den 12 Thronen der Apostel sind Adler im Liber Bartholomaei de Resurrectione Iesu Christi (hierzu Geerard: Clavis, 80) assoziiert, vgl. Codex C (ed. Budge), S. 36: ⲉⲣⲉ ⲕⲉ ⲙⲛ̄ⲧⲥⲛⲟⲩⲥ ⲛ̄ⲁⲉⲧⲟⲥ ⲛ̄ϩⲓ̈[ⲟ] ⲛ̄ⲣⲱⲙⲉ ⲡⲟⲣϣ ⲉⲃⲟⲗ ⲉ.ⲭⲱⲟⲩ ϩⲛ̄ ⲛⲉⲩⲧⲛ̄ϩ· ⲟⲩⲁⲉⲧⲟⲥ ⲕⲁⲧⲁ ⲑⲣⲟⲛⲟⲥ (»dabei breiten sich

In ihrer äußeren Gestalt entsprechen die Adler der lichtvollen Erscheinung des Wagens. Sie sind glänzend (λαμπροί). Der Relativsatz, der sie nachfolgend qualifiziert, hebt – vorzugsweise mit der Wendung οὐκ ἦν δυνατόν – hervor, wie sehr sie alles gewöhnlich Erfahrbare transzendieren: Sie sind nicht von einem Mutterleib hervorgebracht worden, das heißt, sie entstammen nicht dem Bereich des irdisch Lebendigen, das sein Dasein der Fortpflanzung verdankt[16]; ihr Glanz kann nicht beschrieben und ihr Antlitz (wohl aufgrund ihrer Helligkeit) nicht betrachtet werden, hier schließt sich der Kreis zu der Prädikation der Adler als »glänzend«. Mit diesen Angaben wird dem Leser bedeutet, daß es sich keinesfalls um irdische Adler handelt, sondern vielmehr um himmlische Wesen – u.a. wird es ihm damit möglich, in ihnen die Cherubim bzw. die Tiere um den Thron Gottes wiederzuerkennen.

Neben den Adlern sieht Eva Engel, die den Wagen anführen (προάγοντας). Wie in der parallelen, mit Apc Mos 33,2–37,6 ursprünglich nicht zusammenhängenden Theophanieszene in 38,2–39,1a wird der Thronwagen also von Engeln geleitet; das verleiht der Hoheit dessen, der auf dem Wagen sitzt, zusätzlich Ausdruck. Das Engelgeleit steht wie in Apc Mos 22,3 im Zusammenhang mit dem Motiv der Anbetung Gottes durch die Engel. Daneben ist möglicherweise von Bedeutung, daß eine Begleitung durch Engel in der frühjüdischen Literatur auch für den Sonnenwagen bezeugt ist, vgl. 2. Hen 11,4; 3 Bar 8,1. Auch hier könnte also ein Moment vorliegen, das auf den solaren Hintergrund der Thronwagenvorstellung verweist und vielleicht auch verweisen soll.

Apc Mos 33,3 schildert die Ankunft des Wagens am σῶμα Adams. Daß sich die Seraphim, die vorher nicht erwähnt wurden, zwischen dem Wagen und der Leiche Adams postieren, hat den Effekt, daß zwischen Adam und der Sphäre Gottes eine Distanz geschaffen wird. Der Sinn dieser Maßnahme erschließt sich aufgrund von 37,3ff: Dort wird berichtet, daß einer der Seraphim Adam im Acherusischen See wusch, bevor Gott seine Hand ausstreckte und Adam Michael übergab. Man kann daraus schließen, daß Adam zuvor unrein war. Daß sich die Seraphim zwischen ihn und Gott stellten, ist also aufgrund der Unreinheit

---

auch 12 menschengesichtige Adler über ihnen mit ihren Flügeln, ein Adler je Thron«), vgl. hierzu KROPP: Zaubertexte III, 43.

[16] Es scheint vorausgesetzt, daß bestimmte Wesen (wahrscheinlich alle himmlischen Wesen) zwar erschaffen, aber nicht geboren sind. Ich kenne keinen frühjüdischen oder frühchristlichen Text, der diesen für die »Angelologie« wahrscheinlich selbstverständlichen Grundgedanken explizit formuliert. Vergleichbar ist immerhin Gal 4,5 (ἐξαπέστειλεν ὁ θεὸς τὸν υἱὸν αὐτοῦ, γενόμενον ἐκ γυναικός); hier scheint eine Opposition »‚Sohn Gottes' *versus* ‚von einer Frau geboren'« vorzuliegen, doch werden hier (höchstwahrscheinlich) nicht verschiedene Formen des Kreatürlichen gegenübergestellt.

Adams notwendig, erst durch einen Reinigungsritus kann ein Zustand geschaffen werden, der es möglich macht, daß Gott die Distanz aufhebt und Adam in die Hand nimmt. Die Seraphim stehen somit gleichermaßen für die Grenze zwischen Gott und dem unreinen Verstorbenen wie auch für deren Aufhebung, denn es ist ja auch ein Seraph, der mit der Unreinheit Adams ein Ende macht. Warum gerade den Seraphim diese Aufgabe zukommt, ist im Kommentar zu 37,3–4a zu erklären.

Abschnitt 2 (33,4–5)

Nach der Ankunft des Thronwagens am σῶμα Adams sieht Eva, wie von den Engeln ein Räucheropfer vollzogen wird (33,4). Im Zusammenhang damit fallen die Engel vor Gott nieder und leisten Fürbitte für Adam.

Die Szenerie für das Räucherwerk wird langsam aufgebaut – bis zu dem dramatischen Höhepunkt, da der Rauch die Himmelsfesten (στερεώματα) bedeckt. Am Anfang sieht Eva die Kultgegenstände (Räuchergefäße und drei Schalen), dann nehmen die Engel Weihrauch (wohl aus den Schalen) und begeben sich zum Altar, der offenbar als bekannt vorausgesetzt wird; hier ist – wie in der Einleitung dieses Kommentarabschnittes angedeutet – mit Kontextverlust zu rechnen. Es ist dort auch die Erwägung angestellt worden, daß der hier erwähnte Räucheraltar einmal mit dem in Apc Mos 29,3ff. angekündigten Räucheropfer zusammengehangen haben mag; in dem Falle wäre der Altar ursprünglich als ein Altar Adams gedacht. Der gegenwärtige Kontext läßt freilich nicht mehr als die Festlegung zu, daß es sich um einen Räucheraltar handelt und daß dieser sich auf der Erde befinden muß, da sonst der Rauch nicht die στερεώματα bedecken würde; außerdem sind die Engel ja gerade zusammen mit dem Wagen Gottes auf die Erde gekommen. Dem Plural στερεώματα dürfen wir entnehmen, daß es mehrere Himmel gibt; dies wird 35,2 deutlich.

Daß hier ein Räucheropfer dargebracht wird und nicht etwa ein Brandopfer, wird wie in Apc Mos 29 darin begründet sein, daß in der Thora erst mit der Sintflut die Tiere zur Schlachtung und damit zur Opferung freigegeben werden (Gen 8,20; 9,3). Daß fernerhin Engel als Priester fungieren, entspricht einem durchaus geläufigen Analogieverhältnis zwischen Engeln und Priestern, das letztlich in der schon altorientalisch belegten Analogisierung irdischer und himmlischer Vorgänge begründet ist.[17] Freilich ist an dieser Stelle nicht von

---

[17] Die Analogisierung irdischer und himmlischer Vorgänge manifestiert sich frühjüdisch etwa in der Völkerengelvorstellung und gehört hier in den weiteren Bereich einer dämonologischen Interpretation der Wirklichkeit, vgl. hierzu K Xa. Zur Analogie von irdischem Kult und dem himmlischen Kult der Engel finden sich bei EGO, Himmel 62–72 rabbinische Belege. Bei W. LUEKEN: Michael. Eine Darstellung und Vergleichung der jüdischen und der morgenlän-

einem himmlischen Gottesdienst die Rede, sondern gewissermaßen von einem himmlischen Gottesdienst auf der Erde. Gott und die himmlische Welt kommen auf die Erde, weil es dort wichtige Rechtssetzungen um den ersten Menschen zu treffen gilt.

Eine gewisse Aufmerksamkeit verdienen die drei Schalen, die Eva sieht. Ihre Funktion bleibt unklar, möglicherweise befindet sich in ihnen das Räucherwerk. Warum es gerade drei sein müssen, wird auch nicht explizit gesagt. Wird etwa dreimal geräuchert? Apc Mos 33,2–37,6 läßt nichts dergleichen erkennen. Dennoch fällt eine Vorliebe für die Zahl 3 in Apc Mos 33,2–37,6 auf: Drei Räucherschalen sind auf dem Altar (33,4), dreimal wird ein Gebet der Engel im Wortlaut mitgeteilt, bevor Gott Adam in die Hand nimmt (33,5; 35,2; 37,1), dreimal wird Adam im Acherusischen See gewaschen (37,3), drei Stunden liegt er dann vor Gott (37,4a), bis ihn Gott in die Hand nimmt und Michael übergibt, damit dieser ihn in das Paradies im dritten Himmel verbringe (37,5). Diese Vorliebe für die Zahl drei ist ja auch anderswo und in ganz anderen Kulturen belegt; in Apc Mos 33,2–37,6 hat es mit ihr eine spezielle Bewandtnis, die noch zu erörtern sein wird (s.u. zu 37,3–4a). Hier kann vorweggenommen werden, daß auf diese Weise mehrere Handlungen, die um Adams willen oder an Adam vollzogen werden, auf den Fluchtpunkt der Gesamthandlung bezogen werden: die Unterbringung Adams im Paradies des dritten Himmels.

Das an das Räucheropfer anschließende Fürbittgebet ist verbunden mit einer auch sonst nicht unbekannten Geste: Die Engel fallen vor Gott nieder (vgl. Apc Mos 27,5) – vermutlich vor dem Wagen, der auf der Erde steht, sofern man in dieser Weise ergänzen darf, was der Erzähler an Anschaulichkeit vermissen läßt. Die Geste des Niederfallens wird im Folgenden mit einer besonderen Bedeutung belegt, s.u. zu 35,2; 37,1.

Die Engel sprechen Gott mit dem Namen Ἰαήλ an, der dem traditionell vermiedenen Gottesnamen ähnelt, aber doch abweicht; er ist sonst nur selten belegt[18], in der Apc Mos nur in Apc Mos 29,4, das bezeichnenderweise der

---

disch-christlichen Tradition vom Erzengel Michael, Göttingen 1898 sind rabbinische (30–32) und christliche Belege (91–100) zum Hohepriestertum Michaels gesammelt.

[18] Eine Parallele findet sich möglicherweise in einem Pariser magischen Papyrus (Paris, BNF, Suppl. Graec. 574 [PREISENDANZ, PGM IV]). Dieser enthält in den Zeilen 3007–3086 einen ursprünglich jüdischen Abschnitt (er wird übrigens in Z. 3084/3085 als λόγος / ... Ἑβραϊκὸς καὶ φυλασσόμενος παρὰ καθαροῖς ἀνδράσιν bezeichnet). In den Zeilen 3030–3033 heißt es (nach PREISENDANZ I,170): ὁρκίζω σε, λαβρια Ἰακούθ· αβλαναθαναλβα· ακραμμ· (λόγος) Ἀώθ· ιαθαβαθρα· χαχθαβραθα· χαμυν χελ· αβρωωθ· ουαβρασιλωθ ἀλληλοῦ ϊελωσαϊ Ἰαήλ. ὁρκίζω σε τὸν ὀπτασθέντα τῷ Ὀσραὴλ (lege Ἰσραήλ) ἐν στύλῳ φωτίνῳ κτλ. Wenn man mit DEIßMANN (vgl. PREISENDANZ I,171 App.) σὺ Ἀβρασιλωθ statt ουαβρασιλωθ liest, kann man die nachfolgenden Worte und damit auch Ἰαήλ mit einiger Not als Namen auffassen;

gleichen literarischen Schicht angehört – auch dort im Munde der Engel. Er ähnelt formal stark einem Engelnamen auf -ηλ; offenbar hat diese Ähnlichkeit nicht gestört.

Die Engel versuchen, Gott zu einer positiven Haltung gegenüber Adam zu bewegen, das dabei verwendete Verb συγχωρεῖν ist ein Schlüsselwort in Apc Mos 33,2–37,6 – vgl. 35,2 und insbesondere 37,6, wo der ganze in Apc Mos 33,2–37,6 geschilderte Vorgang als συγχώρησις τοῦ ᾿Αδάμ bezeichnet wird. Außerhalb dieser Passage kommt συγχωρεῖν in der Apc Mos nur noch in Apc Mos 27,3 vor, das wiederum der gleichen Schicht angehört. Es scheint für Sündenvergebung und Erbarmen Gottes zu stehen, wie insbesondere aus Apc Mos 27,3 hervorgeht, wo Adam zu Gott sagt: Συγχώρησόν μοι, κύριε, ὃ ἐποίησα (»vergib mir, Herr, was ich getan habe«), vgl. auch Apc Mos 37,2, wo konstatiert wird, daß Gott der Bitte der Engel gefolgt ist – und zwar unter Verwendung des Verbs ἐλεεῖν (ἠλέησε τὸ πλάσμα τῶν χειρῶν αὐτοῦ »er [sc. Gott] erbarmte sich des Geschöpfes seiner Hände«).

In dieser Verwendung ist das Verb, das ein sehr breites Bedeutungsspektrum hat (mit den ‚Eckpunkten' »zusammengehen/vereinbaren, Platz machen/zugestehen/gestatten«) in der Septuaginta, im Neuen Testament, in den Apostolischen Vätern und bei den Apologeten nicht belegt, erst die griechischen Kirchenschriftsteller gebrauchen es im Zusammenhang mit Sündenvergebung, vgl. LAMPE s.v. συγχωρέω, §5cd (Sp. 1277a), vgl. dort auch die Derivate, v.a. in Sp. 1277b das Lemma συγχώρησις (dort speziell §4); vgl. auch neugriechisch συγχωρῶ (»verzeihen«) sowie ὁ συγχωρέμενος (»der Verstorbene«, wörtlich »der, dem Gott verzeihen möge«) (THUMB, S. 345 [Glossar]). Bei den griechischen Pseudepigraphen wird es immerhin an zwei Stellen im Sinne der Sündenvergebung durch Gott verwendet, vgl. Test Abr A 14,12 und Apc Sedr 15,8; der zweite Beleg ist allerdings eindeutig christlich. Dieser Befund ist ziemlich erstaunlich, zeigt er doch, daß Apc Mos 15–30 und 33,2–37,6, deren jüdischer Charakter kaum in Frage stehen kann, damit einen Sprachgebrauch bezeugen, der ansonsten erst bei den griechischen Kirchenvätern begegnet.

Ihre Bitte um Vergebung für Adam begründen die Engel mit einem Hinweis auf Wesenseigenschaften Adams, die ihm von Gott her zugekommen sind, und zwar bei seiner Erschaffung: Adam ist das Ebenbild Gottes (vgl. Gen 1,26–27) und das Werk seiner Hände, eine Prädikation, die wohl, wie noch im Zusammenhang mit den exegetischen Hintergründen zu erörtern sein wird, auf einer Anreicherung von Gen 2,7 durch Vorstellungen beruht, die in Hiob 10,8 und Ps

---

der Kontext zeigt, daß dann der Gott Israels gemeint sein müßte. Aber bei Formulae magicae ist die semantische Referenz grundsätzlich problematisch, so daß hier nicht mit Sicherheit ein Beleg für einen Gottesnamen ᾿Ιαήλ vorliegt. Die von PREISENDANZ im Apparat (I,171) genannten Parallelen zum Namen ᾿Ιαήλ (2. Esra 10,26.43) tragen leider nichts aus. PGM IV, 3007–3086 ist untersucht bei L. BLAU: Das altjüdische Zauberwesen, Budapest 1898, 112–115 und abgedruckt bei DENIS, Fragmenta Pseudepigraphorum 237–238.

119,73 Niederschlag gefunden haben.[19] Der Sinn zumindest der zweiten Prädikation ergibt sich aus dem Folgenden: Weil Adam Geschöpf der Hände Gottes
ist, nimmt ihn Gott schließlich in die Hand (37,4) und läßt ihn daraufhin ins
Paradies bringen. Die Ebenbildprädikation hingegen bleibt ohne Entsprechung
im Folgekontext, doch aufgrund ihrer Verbindung mit der Bezeichnung Adams
als »Händewerk« ist unzweifelhaft, daß auch sie eine spezielle Beziehung zwischen Gott und Adam andeutet, die Gott zum Einlenken gegenüber der Bitte um
Vergebung bewegen soll.

Beide Prädikationen heben auf die Geschöpflichkeit Adams ab; wie in den
redaktionellen Passagen vor Apc Mos 33,2–37,6 (insbesondere Apc Mos 31,4)
ist also auch hier die Geschöpflichkeit Unterpfand für eine positive Bezogenheit
Gottes auf sein Geschöpf. Es war bereits mehrfach festgestellt worden, daß eine
derartig relationale Umsetzung des Schöpfungsgedankens in der Apc Mos
geläufig ist (vgl. 31,4; 32,4), auch in den älteren Schichten (vgl. Apc Mos 26,1).
Zu beachten ist freilich, daß hier nicht vorrangig die bloße Tatsache der Geschöpflichkeit Adams in den Blick genommen ist, sondern vorrangig deren
speziellen Attribute: Adam ist Ebenbild Gottes und Geschöpf seiner Hände. Daß
diese Attribute ihn von anderen Geschöpfen unterscheiden, wird jedoch nicht
gesondert hervorgehoben; es ist nicht Absicht der Erzählung von der συγχώρησις Adams, diesem eine höhere Würde als etwa den Engeln zuzusprechen.[20]
Sie hebt vielmehr darauf ab, daß Gottes Erbarmen strukturell der Geschöpflichkeit Adams in ihren besonderen Ausprägungen entspricht: Weil Adam Geschöpf
der Hände Gottes ist, nimmt ihn Gott schließlich in die Hand (37,4) und läßt ihn
daraufhin ins Paradies bringen.

Der Ebenbildtitel wird an dieser Stelle signifikant anders verwendet als in Apc Mos 10,3; 12,2.
Während er dort dem Herrschaftsanspruch des Menschen über die Tiere zum Ausdruck bringt,
deutet er hier eine spezielle, schöpfungsbedingte Bezogenheit zwischen Gott und Adam an.

Abschnitt 3 (34,1–36,3)

Abschnitt 3 ist in erster Linie ein Exkurs über die Beteiligung von Sonne und
Mond am Fürbittgebet für Adam und über die Leuchtkraft ihres Lichtes im
Vergleich zu dem der Theophanie, führt aber zugleich die in Abschnitt 2 geschilderte Fürbitte weiter. Beide Momente sind kunstvoll miteinander verschachtelt: Am Anfang sieht Eva zwei »große und furchtbare Geheimnisse«

---

[19] Die Tradition von Adam als Werk der Hände Gottes ist weit verbreitet, vgl. CHR. BÖT-
TRICH: Gottes »Händewerk« bei Adams Erschaffung – zu einem nachbiblischen Anthropomorphismus, Mitteilungen und Beiträge / Forschungsstelle Judentum / Theologische Fakultät
Leipzig 7 (1993), 43–55.
[20] Gegen CHR. BÖTTRICH: Händewerk, 47.

(34,1), doch erst am Ende (35,4–36,3) kommen dann die zwei Gestalten zur Sprache, die damit gemeint sind, nämlich Sonne und Mond. In den Passagen dazwischen geht es vorrangig um das Fürbittgebet allgemein. So entsteht eine Ringkonstruktion.

Die zwei »großen und fruchtbaren Geheimnisse« ihrer Schau versetzen Eva in Furcht. Sie ruft daher ihren Sohn Seth zu sich (34,1). Unvermittelt erfahren wir, daß er sich bei dem Leib bzw. dem Leichnam (σῶμα) seines Vaters befindet. Warum er sich dort aufhält, kann nicht mehr geklärt werden, da der Kontext verlorengegangen ist, in dem wahrscheinlich mehr über das Verhalten Seths bei seines Vaters Tod mitgeteilt worden ist, vgl. hierzu weiter oben die Ausführungen zur Redaktionsgeschichte.

Eva erläutert ihre Bitte an Seth, daß er sich zu ihr begeben möge, mit einem stark appelativen und natürlich auch die Neugierde erregenden Hinweis auf die von ihr erlebte Schau; es scheint, daß Seth von der Leiche Adams aus nichts derartiges beobachten kann, doch auch hier bleiben wir mangels Kontext auf Vermutungen angewiesen. Seth solle, so sagt sie ihm, »sehe(n), was nie jemandes Auge gesehen hat« (καὶ ἰδέ, ἃ οὐκ εἶδεν ὀφθαλμός ποτέ τινος). Da zuvor von zwei großen Geheimnissen die Rede war, liegt die Annahme nahe, daß vor allem diese gemeint sind, aber die Ankündigung dürfte sich auch auf die Szenerie als ganze beziehen, immerhin sieht Eva ja den Wagen Gottes.

Der Satz findet eine Parallele in 1. Kor 2,9, die schon einigen mittelalterlichen Kopisten aufgefallen ist (vgl. °34,1k). Dort führt Paulus ein Schriftzitat an, das freilich in den kanonischen Schriften nicht begegnet (vgl. allerdings Jes 64,3; 52,15): Ἃ ὀφθαλμὸς οὐκ εἶδεν καὶ οὖς οὐκ ἤκουσεν καὶ ἐπὶ καρδίαν ἀνθρώπου οὐκ ἀνέβη, ἃ ἡτοίμασεν ὁ θεὸς τοῖς ἀγαπῶσιν αὐτόν (»Was kein Auge je gesehen, kein Ohr je gehört und in keines Menschen Herz je gekommen ist, was Gott denen bereitet hat, die ihn lieben«). Laut Origenes, Commentariorum in Matthaeum Series 117 zu Mt 27,9 und ibidem 28 zu Mt 23,37 stammt dieses Zitat aus einer Apokalypse des Elia. Die koptische Elia-Apokalypse (ediert von STEINDORFF und PIETERSMA / CORMSTOCK), die freilich nicht vollständig erhalten ist, bietet eine entsprechende Passage nicht. Es kann aber auch eine andere, verlorengegangene Elia-Apokalpyse gemeint sein. Das apokryphe Zitat ist auch sonst weit verbreitet, vgl. die Dokumentation bei A. OEPKE: Art. κρύπτω, C. Beilage: Kanonisch und apokryph, in: Theologisches Wörterbuch zum Neuen Testament 3 (Stuttgart 1938), 979–999, speziell 989–990. Vermutlich steht fast immer 1. Kor 2,9 im Hintergrund, so wohl ziemlich sicher bei 1. Clem 34,8 (leicht abgewandelt) und Visio Isaiae (lat.slav) 11,34.[21] Cle-

---

[21] Die Visio Isaiae entspricht im wesentlichen Ascensio Isaiae 6–11 und ist in einer altkirchenslavischen und in einer lateinischen Version überliefert, letztere eindeutig im katharischen Kontext. Vielleicht stand die mit 2. Kor 2,9 parallele Passage auch in der Asc Isa, so bezeugt es Hieronymus, Commentatio ad Isaiam 760–761 zu Jes 64,4 (MPL 24,646b–647a). In Asc Isa (äth) 11,34 freilich fehlt sie. Das Besondere an dem Beleg in der Vis Isa besteht darin, daß er nicht als Zitat gekennzeichnet ist. Als Vorlage für Paulus entfällt er dennoch, da Asc Isa und erst recht die von ihr abhängige Vis Isa mit Sicherheit christlich ist. Zur Asc Isa vgl. demnächst meine Einleitung in Jüdische Schriften aus hellenistisch-römischer Zeit VI,2.

mens Alexandrinus, Protrepticus X,94,4 könnte nach OEPKE (S. 989) indes eine von 1. Kor 2,9 unabhängige Tradition wiedergeben. In neuerer Zeit hat es eine umfängliche Diskussion um eine Parallele in der bohairischen Version vom Testament Jakobs gegeben, vgl. die Literatur bei A. LINDEMANN: Der Erste Korintherbrief (Handbuch zum Neuen Testament 9/1), Tübingen 2000, 66.

Apc Mos 34,1 kann bei dieser Problematik wenig weiterhelfen. Genausowenig freilich läßt sich von 1. Kor 2,9 her Sicheres über Apc Mos 34,1 sagen. Immerhin deutet hier nichts darauf hin, daß ein kanonischer Text zitiert worden wäre, eine wörtliche Übereinstimmung mit dem ‚Schriftwort' in 1. Kor 2,9 läßt sich ja auch nicht aufweisen. Wenn derselbe (unbekannte) Text wie in 1. Kor 2,9 im Hintergrund stehen sollte, dann klingt er an dieser Stelle jedenfalls nur an, aber keinesfalls so, daß Apc Mos 34,1 notwendig von ihm abhängig sein müßte. Der Verfasser von Apc Mos 33,2–37,6 könnte auch von selbst auf diese Wendung gekommen sein, um der Erfahrungsjenseitigkeit der Theophanie Ausdruck zu geben.

Mit dem Hinweis auf die Fürbitte für Adam (34,1) spezifiziert Eva ihre Ankündigung an Seth, zugleich lenkt sie damit auf ein Thema hin, das zunächst das Gespräch zwischen Eva und Seth beherrschen wird. Indem so das zuletzt genannte zuerst behandelt wird, entsteht eine andeutungsweise chiastische Struktur, die mit der o.g. Ringkonstruktion korreliert. In der Tat geht es, nachdem in 35,1 Seth der Aufforderung Evas Folge geleistet hat, in 35,2–3 erst einmal um den »Fürbittgottesdienst«:

Als erstes ist zu beobachten, daß die sieben Himmelsfesten (τὰ ἑπτὰ στερεώματα) geöffnet sind (35,2), und zwar wohl deshalb, weil der Thronwagen zuvor auf die Erde herabgekommen war (33,2–3). Beiläufig erfahren wir, daß es für den Verfasser sieben Himmel gibt; dem damaligen Leser ist dies bekannt, daher der bestimmte Artikel und die Beiläufigkeit. Die Vorstellung von sieben Himmeln ist in der Tat breit belegt, etwa im 2. Hen, 3. Hen, im Test Levi und in Asc Isa 6–11; die religionsgeschichtlichen Hintergründe sind hier nicht zu diskutieren.

Anschließend berichtet Eva, daß der Leib Adams auf dem Angesicht (ἐπὶ πρόσωπον) liege. Was das bedeutet, geht aus dem Nachfolgenden hervor: Die Engel beten *mit* Adam *für* ihn (καὶ πάντες οἱ ἅγιοι ἄγγελοι μετ᾽ αὐτοῦ εὐχόμενοι ὑπὲρ αὐτοῦ). Das aber heißt: Auch das σῶμα Adams betet! Eine Bestätigung findet diese Textauffassung in 37,1, wo sicher nicht ohne Grund gesagt wird, daß die Engel bei ihrem Gebet auf ihren Gesichtern gelegen hätten (οἱ ἐπ᾽ ὄψεσι κείμενοι). Schon die ausdrückliche Erwähnung der Gebetsgeste in 33,5 (καὶ προσέπεσαν οἱ ἄγγελοι τῷ θεῷ »und die Engel fielen vor Gott nieder«) ist in diesem Zusammenhang zu sehen. Die Engel beten also auf die gleiche Weise wie Adam bzw. Adams σῶμα. Für den Toten bedeutet dies, daß er trotz des Todes nicht der Bezogenheit auf Gott ledig ist, für die Engel hingegen, daß ihre Gebetsgeste die eines Toten ist – schließlich beten sie ja auch für einen Toten!

Damit ist Fürbitte recht augenfällig im Sinne einer Identifikation mit dem Schicksal dessen aufgefaßt, dem die Bitte gilt. Zugleich wird – ethologisch wohl durchaus zutreffend – die Selbstminderungsgeste beim Niederfallen als Vorwegnahme des eigenen Todes angesichts der Überlegegenheit des Angebeteten gedeutet. Wenn schließlich Adam, der doch gerade gestorben ist, nun als Betender gesehen wird, so wird dies kaum bedeuten, daß eine Wiederbelebung stattgefunden hat, denn davon war zuvor nichts berichtet worden. Deshalb ist eher zu vermuten, daß hier ein Paradoxon erzählt wird, das nur »bei Gott« möglich ist. Die nächste Parallele hierzu ist Apc Mos 41,1, wo der Leichnam Adams aus der Erde auf Gottes Zuruf mit den Worten ἰδού, ἐγώ, κύριε reagiert. Damit liegt in Apc Mos 33,2–37,6 und in der Grablegungserzählung in Apc Mos 31;38ff im Grunde die gleiche Auffassung vom Tod vor: Mit dem Tod stirbt der ganze Mensch als σῶμα (»Leib« / »Leichnam«!), doch auch als einem Toten bleibt ihm eine Gottesbeziehung möglich.

Der Inhalt der Fürbitte entspricht weitgehend dem in 33,5; der Gottestitel ist freilich ein anderer: πατὴρ τῶν ὅλων, er erscheint hier innerhalb von Apc Mos 33,2–37,6 erstmalig, doch vgl. 37,4 und den Titel πατὴρ τῶν φώτων in 36,3. Der Kontext des Vatertitels ist hier genauso ein schöpfungstheologischer wie bei den anderen Belegstellen in Apc Mos 33,2–37,6: Hier wird Gott an die Geschöpflichkeit Adams erinnert, in 37,4 entspricht er dieser, und in 36,3 geht es um die Geschöpflichkeit der Gestirne.

Eine Abweichung von der Fürbitte in 33,5 besteht darin, daß die Engel wohl auf die Ebenbildlichkeit Adams verweisen, auf die Erschaffung durch die Hand Gottes aber nicht. Dieses Motiv wird hier anders umgesetzt: Eva stellt die staunend-ungläubige (μήποτε!) Frage, ob Adam etwa in die Hände des unsichtbaren Gottes übergeben werde. Genau das wird nachfolgend geschehen (vgl. 37,4). Daß dies den Erwartungen Evas nicht entspricht, unterstreicht das Außerordentliche des Vorgangs.

Besonders hervorzuheben ist, daß hier erstmalig Gott explizit als Akteur genannt wird, wenn auch noch im Rahmen einer Frage. Wie schon im Kommentar zu 33,2 aufgezeigt wurde, verzichtet Apc Mos 33,2–37,6 darauf, ausdrücklich zu berichten, daß Eva Gott gesehen hätte. Eine ähnliche Scheu steht im Hintergrund, wenn Gott erst hier indirekt als Handelnder eingeführt wird, doch damit ist auch eine narrativ-theologische Absicht verbunden: Daß Gott höchstselbst aktiv wird, ist etwas »Hochheiliges« und kann nur der Höhepunkt der Erzählung sein, der hier vorbereitet wird: Wie Eva gar nicht glauben will, nimmt Gott später (in 37,4) Adam wirklich in die Hand.

Es ist nicht ganz ohne Bedeutung, daß ausgerechnet hier (in 35,3), wo Gott – wenn auch noch indirekt – als Subjekt der Handlung genannt wird, diesem die Prädikation ἀόρατος (»unsichtbar«) beigefügt wird, obwohl sogar von seiner Hand die Rede ist: Damit steht alles, was nachfolgend von seinem Tun berichtet wird, unter dem Vorzeichen seiner Unsichtbarkeit. Wie es dann Gegenstand eines Visionsberichtes werden konnte, sollte man wohl nicht fragen; damit würde man dem Desinteresse des Erzählers an narrativer Anschaulichkeit wohl kaum gerecht.

Im Folgenden (35,3–36,3) geht es um zwei Teilnehmer des Fürbittgebetes, die Eva schon in 34,1 besonders aufgefallen sind: zwei Äthiopen, also Dunkel-häutige, die dem Gebet Adams »zur Seite stehen« (παριστάμενοι) – was nicht im Sinne einer Körperhaltung sondern vielmehr übertragen im Sinne von »Bei-stand« zu verstehen ist (35,4), denn später heißt es, daß auch sie zum Fürbitt-gebet niederfallen (προσπίπτοντες: 36,1). Seth gibt Eva die Auskunft, daß es sich bei diesen Dunkelhäutigen um Sonne und Mond handele (36,1). Auf die Frage Evas, wo ihr Licht geblieben sei (36,2), teilt er ihr mit, daß ihr Licht nicht abhandengekommen (οὐκ ἀπέστη: 36,3), sondern vielmehr aktuell verborgen sei (ἐκρύβη: Aorist! [36,3]), da sie »vor dem Licht des Ganzen des Vaters der Lichter« (ἐνώπιον τοῦ φωτὸς τῶν ὅλων τοῦ πατρὸς τῶν φώτων) nicht leuchten könnten. Diese Wendung wirkt etwas überladen, entspricht damit allerdings auch dem besonderen Gewicht des Aussagegegenstandes.

Ein Grund für die etwas umständliche Häufung von Genitiven dürfte viel-leicht darin liegen, daß das Sonne und Mond überstrahlende Licht nicht un-mittelbar als Licht Gottes und damit als ein Wesensbestandteil Gottes gedacht sein sollte, sondern als ein Licht »all dessen« (τῶν ὅλων), was Gott bei der Theophanie umgibt. Gott ist also nicht selber Licht, sondern von Licht umgeben; wohl nicht umsonst wird er in 35,3 als »unsichtbar« bezeichnet und bleibt dem Auge des Lesers in Apc Mos 33,2–37,6 insgesamt verborgen. Eine vergleich-bare Konzeption liegt in 1. Tim 6,16 vor. Dort heißt es zunächst, daß Gott »ein unzugängliches Licht *bewohn(e)*« (φῶς οἰκῶν ἀπρόσιτον), und danach wird hervorgehoben, daß Gott für Menschen unsichtbar sei (ὃν εἶδεν οὐδεὶς ἀνθρώπων οὐδὲ ἰδεῖν δύναται »den keiner der Menschen gesehen hat und auch keiner sehen kann«).

Theologische Aussagen, die »Licht« unmittelbar mit dem Wesen Gottes verbinden, gibt es freilich ebenfalls, man denke nur an das φῶς ἐκ φωτός des Nizäno-Konstantinopolitanums. In den Excerpta ex Theodoto des Clemens Alexandrinus § 12,3 wird das Wesen Gottes ausgerechnet als φῶς ἀπρόσι-τον bestimmt; genau dieselbe Wendung bezeichnete in 1. Tim 6,16 Gottes Umgebung! Interessant ist in diesem Zusammenhang auch der ambivalente Befund des 1. Joh: Dieser sagt in 1,5, daß Gott »Licht« sei (ὁ θεὸς φῶς ἐστιν) und in 1,7, daß Gott »im Licht« sei (ὡς αὐτός ἐστιν ἐν τῷ φωτί); zwischen Umgebung und Wesen Gottes wird hier also nicht trennscharf unterschieden.

Mit dem Titel »Vater der Lichter«, durch den sich die Genitivkonstruktion nicht eben übersichtlicher gestaltet, wird eine weitere Nuancierung erreicht: Das Licht der Umgebung Gottes überstrahlt das von Sonne und Mond, weil Gott ihnen als ihr »Vater« irgendwie übergeordnet ist (zur Bezeichnung von Sonne, Mond und

Sternen als φῶτα vgl. Bauer, s.v. φῶς, § 1b [Sp. 1738]). Freilich bleibt offen, wie der Vatertitel hier genau zu verstehen ist. Vielleicht schwingt ein Wissen um die Erschaffung der Gestirne durch Gott mit, vgl. etwa Gen 1,14–19 und Ps 136,7ff; denkbar ist aber auch, daß mit dieser Titulatur eine gewissermaßen polemische Absicht verbunden ist: Bei dem Karpokratianer Epiphanes heißt die Sonne πατὴρ τοῦ φωτός, vgl. Clemens Alexandrinus, Stromateis III,6,1. Zwar ist die Sonne hier Vater des Lichts, nicht Vater der Gestirne, aber es könnte an diese oder ähnliche Prädikationen für die Sonne gedacht sein, wenn hier ein solcher Titel auf Gott übertragen wird. Damit würde dann zum Ausdruck gebracht, daß nicht der Sonne, sondern Gott (als deren Schöpfer) die Primatstellung des »Vaters« zukommt. Zu den solaren Momenten in Apc Mos 33,2–37,6 würde dies gut passen.

Der Titel πατὴρ τῶν φώτων begegnet auch in Jak 1,17, dort heißt es: πᾶσα δόσις ἀγαθὴ καὶ πᾶν δώρημα τέλειον ἄνωθέν ἐστιν καταβαῖνον ἀπὸ τοῦ πατρὸς τῶν φώτων, παρ᾽ ᾧ οὐκ ἔνι παραλλαγὴ ἢ τροπῆς ἀποσκίασμα (»jede gute Gabe und jedes gute Geschenk kommt von oben herab, vom Vater der Lichter, bei dem kein Wandel oder Verdunkelung durch Umwendung ist«). Παραλλαγὴ ἡ τροπῆς ἀποσκίασμα ist unsicher überliefert und nicht ganz klar verständlich, möglicherweise liegt hier ein Textverderbnis vor. Mit einiger Wahrscheinlichkeit aber ist die Wendung dahingehend zu verstehen, daß bei Gott etwas nicht vorhanden ist (nämlich die »Verdunkelung« [ἀποσκίασμα]), was es bei »den Lichtern« – vielleicht auch hier vor allem bei der Sonne – durchaus gibt. Damit könnte auch in Jak 1,17 ein astraler oder speziell solarer Bezug vorliegen.

Aus dem Exkurs über Sonne und Mond vor dem Thronwagen Gottes erklären sich, wie angedeutet (siehe den Kommentar zu 33,2), die solaren Motive, die in Apc Mos 33,2–37,6 bisher ausgemacht wurden. Der Verfasser hat die mit der Thronwagenvorstellung seit je verbundenen solaren Konnotationen (vgl. Anm. 13) aufgenommen, um schließlich die Sonne in das richtige Verhältnis zu Gott zu setzen. Daß er dies gleichermaßen auch für den Mond unternimmt, erklärt sich sicherlich aus Gen 1,14–19 als Locus classicus für die Geschöpflichkeit der in der Umwelt Israels als göttlich angesehenen Zentralgestirne; möglicherweise hat daneben eine Rolle gespielt, daß der Mond wie die Sonne traditionell einen Wagen hat – auch in der frühjüdischen Astronomie, vgl. 1. Hen 73,2 und 3. Bar 9,3. Daß damit ein apologetisches Anliegen verfolgt würde (etwa gegen heidnischen Gestirnskult oder eine quasi-kultische Zuwendung zur Sonne in der jüdischen Magie[22]), ist nicht notwendigerweise anzunehmen: Die starken Affinitäten zwischen dem Gott Israels und der Sonne (vgl. Anm. 13) sind Anlaß

---

[22] Ein Beispiel für die Beschwörung der Sonne findet sich bei MAIER: Sonne, 376ff (Beschwörung des Shamash im Sefer Ha-Razim), vgl. hierzu auch Anm. 13.

genug, zumal wenn auch noch die stark solar konnotierte Thronwagenvorstellung aufgenommen wird.

Eine inhaltlich sehr nahestehende Parallele findet die Episode von der Verdunkelung der Sonne
und des Mondes vor dem Licht Gottes in einem Gedicht des Eleazar Ha-Qillir (7. Jh.), dort heißt
es: »Jeden Tag wenden sie sich und huldigen ihm, ihr Gesicht verdunkelt sich durch den Glanz
seiner Gegenwart (שכינתו), zum Schein seines Blitzstrahls«.[23] Ein Unterschied besteht freilich
darin, daß bei dem mittelalterlichen Dichter anders als in Apc Mos 33,2–37,6 das Licht von
einer sichtbaren Manifestation Gottes (hier: שכינה) ausgeht. Überhaupt läßt Apc Mos 33,2–37,6
die auch schon in frühjüdischen Texten belegte Tendenz vermissen, die gerade bei Thron- bzw.
Thronwagenvisionen gefährdete Jenseitigkeit Gottes durch eine Differenzierung zwischen Gott
und einer »Hypostase« (יקרא/כבוד/δόξα, שכינה etc.) seiner selbst zu schützen (doch vgl. Apc Mos
37,2!).

Eine zeitlich nähere Parallele bietet die Erzählung über den Glanz auf dem Angesicht des
Mose nach dem Offenbarungsgespräch mit Gott in Lib Ant Bib 12,1, vgl. Ex 34,29–35: Offenbar hat die vorherige Unterredung zwischen Mose und Gott (Lib Ant Bib 11,15, vgl. Ex
20,22–34,28) für den Erzähler nicht einfach nur auf dem Berg Sinai, sondern in einer himmlischen Region stattgefunden, denn zu Beginn von 12,1, in der hier entscheidenden Passage,
heißt es: *Et descendit Moyses. Et cum perfusus esset lumine invisibili, descendit in locum, ubi
lumen solis et lune est; vicit lumen faciei sue splendorem solis et lune...* (»Und Mose stieg herab.
Und nachdem er mit unsichtbarem Lichte überströmt worden war, stieg er an den Ort herab, wo
das Licht der Sonne und des Mondes ist; es besiegte das Licht seines Antlitzes den Glanz der
Sonne und des Mondes...«). Es ist anzunehmen, daß Mose mit dem unsichtbaren Licht dort
überströmt wurde, wo er vor dem Abstieg war: bei Gott. Es ist also Licht aus der Umgebung
Gottes (Licht Gottes selbst?), das, auf seinem Angesichte glänzend, das Licht von Sonne und
Mond besiegt. Wie in Apc Mos 35,4–36,3 ist also ein der Sphäre Gottes zugeordnetes Licht dem
von Sonne und Mond überlegen; anders als in der Apc Mos wird freilich ausdrücklich ein
qualitativer Unterschied zwischen dem einen und dem anderen Licht gemacht: Das Licht aus der
Sphäre Gottes ist unsichtbar. Damit ist es dem Verfasser des Lib Ant Bib anders als dem von
Apc Mos 33,2–37,6 gelungen, das Konzept der Unsichtbarkeit Gottes und das vom Licht um
Gott bzw. vom Licht Gottes in einer paradoxen Terminologie explizit miteinander zu verbinden.
Was Apc Mos 33,2–37,6 narrativ darzustellen versucht, wird damit in Lib Ant Bib 12,1 begriff-
lich zum Ausdruck gebracht: Gott ist unsichtbar und ist zugleich von einem Glanz umgeben, der
den von Sonne und Mond übertrifft.

Abschnitt 4 (37,1–2)

Unmittelbar im Anschluß an das Fürbittengebet erklingt die Trompete *des*
Engels (ἐσάλπισεν ὁ ἄγγελος), woraufhin sich alle Engel erheben und eine
Benediktion[24] ausrufen, durch welche der Leser erfährt, daß Gott sich seines

---

[23] MAIER: Sonne, 407. In Anm. 308 zitiert MAIER den hebräischen Text (nach J. MARCUS:
Liturgical and Secular Poetry of the Foremost Mediaeval Poets, New York 1933, 39–40 [Buch-
stabe פ-ע]).

[24] Lobsprüche auf Gott sind in biblischer, jüdischer und christlicher Tradition weit verbreitet;
ihnen ist auch der Mischnatraktat Berakhot (Seder 1, Traktat 1) gewidmet. Vgl. hierzu H.W.
BEYER: Art. εὐλογέω, εὐλογία, in: Theologisches Wörterbuch zum Neuen Testament 2 (Stutt-

Geschöpfes erbarmt habe. Der Engel scheint bekannt zu sein; da in Apc Mos 22,1, das derselben Schicht angehört, der Erzengel Michael trompetet, könnte auch hier Michael gemeint sein. Er ist der einzige Engel in der Apc Mos, der individuelle Züge gewinnt; daher ist gut möglich, daß er auch in diesem Millieu als der Engel par excellence angesehen wurde. Inwiefern er dann mit dem alttestamentlichen מלאך־יהוה in Zusammenhang steht – theologisch oder auch theologiegeschichtlich – kann hier nicht erörtert werden.[25]

Daß sich die Engel aus ihrer Gebetsposition mit dem Gesicht zur Erde erheben, deutet gestisch die Beendigung ihres Fürbittgebetes an. Zur Fürbitte hatten sie dieselbe Position wie Adam eingenommen und sich damit seinem Tode konform gemacht (vgl. den Kommentar zu 35,2 [S. 481–482]), nun können sie sich zum Lob erheben.

Der Grund dafür wird mit dem Lob selber mitgeteilt: Gott hat sich seines Geschöpfes erbarmt. Wie das vonstatten gegangen sein mag (hat Gott ein Urteil ausgesprochen?), erfährt man nicht. Gottes Handeln wird also höchst indirekt mitgeteilt, man fühlt sich an die Teichoskopie in antiken Dramen erinnert. Der Grund liegt sicher in der schon öfter erwähnten Scheu, Gott dem Leser (und der Visionärin) direkt vor Augen treten zu lassen, aber wohl genauso wichtig ist die erzählerische Dramaturgie: Gottes einzige erkennbar vor Augen geführte Aktion besteht darin, daß er Adam in die Hand nimmt (37,4b), und dies ist zugleich der Höhepunkt der Erzählung!

Die argumentative Struktur der Benediktion weist eine interessante Korrelation auf: Die Engel fordern die Geschöpfe Gottes zum Lob ihres Schöpfers auf, weil dieser sich des Geschöpfes seiner Hände erbarmt habe. Mit den Geschöpfen Gottes sind sicher v.a. die Engel selber gemeint, denn sie äußern ja gerade das Lob, möglicherweise ist auch an Sonne und Mond zu denken, deren Teilnahme an der Fürbitte im vorhergehenden Abschnitt so deutlich hervorgehoben worden war. Das aber bedeutet: Wie in der Fürbitte wird auch im Lob eine Gleichartigkeit der Situation der Engel und Adams zum Ausdruck gebracht: In der Fürbitte haben sich die Engel mit dem Tod Adams gemein gemacht, jetzt wird auf die gemeinsame Geschöpflichkeit verwiesen: Da Gott sich des Geschöpfes seiner Hände erbarmt hat, sollen alle Geschöpfe Gott loben. Dies aber

---

gart 1935), 751–761, speziell 757–759 (Judentum), 759–761 (frühes Christentum) und idem: Art. εὐλογητός, ibidem 761–762.

[25] Daß Michael mit dem מלאך־יהוה im Zusammenhang steht, könnte man auch angesichts von Jud 9 annehmen, insofern Michael dort etwas sagt, was in Sach 3,2 der מלאך־יהוה sagt, allerdings nur in der Peschitta: Der masoretische Text, die Septuaginta, die Vulgata und der Targum bezeugen alle יהוה, das von ELLIGER (dem Herausgeber von Sacharja in der Biblia Hebraica Stuttgartensis) indes für sekundär gehalten wird (vgl. den Apparat) – mit guten Gründen (vgl. die erwähnung des מלאך in Sach 3,3).

bedeutet auch, daß der Prädikation Adams als »Händewerk« Gottes nicht die Funktion zukommt, Adam gegenüber den Engeln hervorzuheben, vgl. hierzu den Kommentar zu 33,5 (S. 479).

Eine Eigentümlichkeit des Gebetsrufs der Engel besteht darin, daß die Adresse die δόξα κυρίου ist. Dies überrascht insofern, als die δόξα Gottes, die von Hes 1ff. her durchaus zu einer Ankunft des göttlichen Wagens auf der Erde gepaßt hätte (כבוד / δόξα als sichtbare Manifestation Gottes), in Apc Mos 33,2–37,6 bisher keine Rolle gespielt hat. Wenn sie hier nun erwähnt wird, kann damit eine besondere Absicht verbunden sein. Von der δόξα τοῦ θεοῦ war nämlich schon einmal die Rede: in Apc Mos 21,6, das derselben Schicht wie Apc Mos 33,2–37,6 angehört. In Apc Mos 21,6 beklagt Adam, daß Eva ihn der Doxa Gottes entfremdet habe (ἀπηλλοτρίωσάς με τῆς δόξης τοῦ θεοῦ). Die Erwähnung der δόξα im Gebetsruf der Engel könnte die Erinnerung an diese Stelle wachrufen und somit die Erwartung des Lesers dahingehend steuern, daß im Folgenden der mit der Verführung Adams durch Eva zerstörte Zustand wiederhergestellt wird. Daß die Aufnahme Adams durch die Hand Gottes in der Tat so verstanden werden kann, läßt sich in der Tat zeigen, s.u. zu 37,4b–6. Doch auch in Bezug auf den Folgekontext hat diese Erwähnung der δοξα κυρίου Verweischarakter: Es wird sich zeigem daß dort Jes 6 eine tragende Rolle spielt, und im Zusammenhang damit auch das Trishagion von Jes 6,3, an den diese Benediktion mit der Aufnahme des Begriffs δόξα gemahnt.

Abschnitt 5 (37,3–4a)

Im Anschluß an den Lobgesang der Engel wird Adam von einem der Seraphim in den Acherusischen See verbracht. Das dabei verwendete Verb ἁρπάζειν deutet wohl die Überwindung einer größeren räumlichen Distanz an, die möglicherweise auch qualitativ aufzufassen ist in dem Sinne, daß der Zielort in einer normalerweise erfahrungsjenseitigen Region (Himmel, Ränder der Erde etc.) liegt (ähnlich: Apc Joh 12,5). Wo sich der Acherusische See befindet, erfahren wir freilich nicht; die Leser werden es gewußt haben.[26] In diesem See wird

---

[26] Der Acherusische See ist eine Variante der griechischen Vorstellung vom Unterweltfluß Acheron. Man dachte sich den Acheron als Fluß neben den drei anderen Flüssen Styx, Kokytos und Pyriphlegethon oder als See, in den Kokytos und Pyriphlegethon einmündeten. Lokalisiert wurde er im Westen. Die Toten mußten über ihn schwimmen oder wurden von Charon, dem Fergen, in einem Nachen übergesetzt, um zu ihrem Bestimmungsort, z.B. den elysischen Gefilden, zu gelangen. Das Judentum hat die Vorstellung vom Acheron offenbar schon früh aufgenommen (was ihm schon deshalb leichtgefallen sein dürfte, da der Religion Israels Ströme der Unterwelt nicht unbekannt waren, vgl. etwa 2. Sam 22,5; Ps 18,5): In 1.Hen (gr) 17,5 wird im Rahmen einer Unterweltsreise Henochs ein »Feuerstrom« (ποταμὸς πυρός) erwähnt, der sich »in ein großes westliches Meer« (εἰς θάλασσαν μεγάλην δύσεως) ergießt

Adam von dem Seraph dreimal gewaschen und sodann vor den Thron Gottes gebracht, dort muß er drei Stunden liegen, bis ihn – im folgenden Abschnitt – Gott in die Hand nimmt und schließlich ins Paradies im dritten Himmel bringen läßt – die Häufung der Zahl drei fällt auf.

Bevor also Adam von Gott in die Hand genommen werden kann, muß er gereinigt werden. Offen bleibt allerdings, warum er gereinigt werden muß. Eine rein kultisch/rituelle Begründung könnte ausreichen: Der anstehende enge Kontakt zwischen Adam und Gott erfordert aufgrund der Heiligkeit Gottes wohl in jedem Fall Reinigung auf Seiten des Menschen, denn Adam ist ein Toter. Denkbar ist freilich auch, daß im Hintergrund die Vorstellung von einer Verunreinigung durch Sünde steht. Immerhin mußte Gott sich zuvor Adams erbarmen (37,2); es war bereits darauf hingewiesen worden, daß das Schlüsselwort συγχωρεῖν in Apc Mos 33–37 im Sinne der Sündenvergebung verstanden werden muß (s.o. zu 33,5). Andererseits *hat* sich Gott Adams bereits erbarmt; es ist also denkbar, daß die Reinigung Adams nicht mehr die Entsündung bewirkt, sondern sich an diese anschließt.

Angesichts dieser Unsicherheit verbietet es sich, Apc Mos 33,2–37,6 als Zeugen für eine ethische bzw. hamartiologische Ausweitung des Reinheitsgedankens zu benennen, genausowenig kann der Text freilich für ein rein rituelles Verständnis von Reinheit bzw. Unreinheit einstehen.

Der Akteur der Reinigung Adams ist »einer der Seraphim, der sechsflügligen« (ἓν τῶν σεραφὶμ ἑξαπτερύγων). Diese Mitteilung muß im Zusammenhang mit Apc Mos 33,3 gesehen werden: Dort stellen sich die Seraphim zwischen den Wagen Gottes und Adam. Sorgen sie dort also für Distanz zwischen Gott und dem Toten, so sorgt dementsprechend hier ein Seraph für deren Aufhebung durch eine rituelle Reinigung. In einer solchen Funktion sind Seraphim in der frühjüdischen Literatur ansonsten nicht belegt; wir haben es hier wahrscheinlich mit einer Besonderheit von Apc Mos 33,2–37,6 zu tun.

Es existiert freilich ein kanonischer Text, in dem Seraphim mit Reinigung in Zusammenhang stehen: Jes 6, speziell Jes 6,6–7. Dort wird »einer der Seraphim« (𝕲: ἓν τῶν σεραφίμ) zu Jesaja geschickt; er reinigt seine Lippen mit einer glühenden Kohle vom Altar. Das Mittel der Reinigung ist ein anderes, aber die

---

– vielleicht sind der Pyriphlegethon und der Acherousische See gemeint. Vom Acheron ist auch in Or Sib I,301 die Rede; allerdings gehört der Text nicht zu den unbestritten jüdischen Passagen (sie fehlt in der Auswahl von BLAß bei KAUTZSCH II,177–217). Weitere Angaben finden sich bei WENTZEL: Art. Acheron 6, in: Paulys Real-Encyclopädie der classischen Altertumswissenschaft 1 (Stuttgart 1894), 218–219; K. SCHNEIDER: Art. Acheron, in: Reallexikon für Antike und Christentum 1 (Stuttgart 1950), 71–72 und E. KIRSTEN: Art. Acheron 2, in: der kleine Pauly (Stuttgart 1979), 45–46.

Übereinstimmung wird dennoch kaum zufällig sein, zumal eine Allusion an die Thronvision in Jes 6 im Zusammenhang einer Thronwagentheophanie wie Apc Mos 33,2–37,6 durchaus passend erscheint (vgl. etwa Apc Joh 4,6–8). Die Reinigung Adams durch einen Seraphen dürfte also auf Jes 6,6–7 zurückzuführen sein.

Daß die Rolle des Seraphen in Apc Mos 33,3–4a sich von Jes 6 her erklären läßt, wird durch die Erzählung von der Buße Adams und Evas im Jordan bzw. im Tigris (Vit Ad 4–10; Apc Mos [*II] 29,7ff) indirekt bestätigt. Bevor die Buße beginnt, fordert Adam dort Eva auf, diese im Tigris schweigend zu vollbringen, und zwar mit der Begründung, daß ihrer beider Lippen unrein seien (Vit Ad 6; Apc Mos [*II] 29,10). Damit liegt ein deutlicher Anklang an Jes 6, speziell Jes 6,5 vor; dort beklagt Jesaja angesichts seiner Gottesschau, daß er verstummen müsse, denn er habe unreine Lippen. Sowohl das von Adam geforderte Schweigen bei der Buße als auch die Unreinheit der Lippen lassen sich somit von Jes 6,5 herleiten, ersteres übrigens von der hebräischen Textüberlieferung (נדמיתי: »ich muß verstummen«), nicht von der Septuaginta (κατανένυγμαι: »ich bin von Reue durchbohrt«). In beiden Texten wird also im Zusammenhang mit einem Reinigungsritus Bezug auf Jes 6 genommen, in der Bußerzählung übrigens deutlich mit hamartiologischer Zuspitzung. Vit Ad 4,3–10,3 dürfte später entstanden sein als Apc Mos 33,2–37,6, gehört aber zu demselben Milieu (vgl. E III,5d).

Daß die Reinigung Adams nicht durch eine glühende Kohle, sondern durch das Wasser des Acherusischen Sees erfolgt, ist im Grunde einfach zu erklären. Die Situation Adams ist eine andere als die Jesajas: Er ist tot. Die Unreinheit von Leichen ist mit Waschungen assoziiert, wenngleich diese eigentlich nicht die Leiche, sondern die Menschen betreffen, die mit ihr in Berührung kommen (vgl. z.B. Num 19). Aber dennoch legt sich der Gedanke einer Waschung Adams nahe, zumal es im Folgenden ja durchaus darum geht, daß Adam berührt wird, und zwar durch die Hand Gottes, der ihn aufnimmt und schließlich Michael zwecks Überbringung in das himmlische Paradies übergibt (37,4b–6). Es geht also darum, daß mit der Waschung ein Trennendes überwunden wird. Genau darum geht es auch beim Acheron bzw. dem Acherusischen See: Er trennt die Toten von ihrem postmortalen Bestimmungsort, sei es der Hades, seien es die elysischen Gefilde (vgl. Anm. 26). Kombiniert man nun die Totenwaschung und die Vorstellung vom Acherusischen See, so ergibt sich eine Waschung im Acherusischen See, die eine Adam von Gott trennende Unreinheit aufhebt und zugleich mittelbar dafür sorgt, daß Adam ins Paradies im Himmel gelangen kann.

Es mag verwundern, daß mit dem Acherusischen See ein Motiv aus den griechischen Überlieferungen über die Vorgänge nach dem Tod in einem frühjüdischen Text erscheint, doch gerade Vorstellungen, die das Dasein nach dem Tode betreffen, hat das Judentum aus den ihm benachbarten Kulturen übernommen.[27] Der Acherusische See oder Acheron ist möglicherweise schon in 1. Hen 17,5ff. gemeint, klar belegt ist er dann in Or Sib 1,301–2 (vgl. Anm. 26), an beiden Stellen freilich nicht als Reinigungsbad.

Exkurs: Christliche Parallelen zur Waschung im Acherusischen See

Zur Waschung Adams im Acherusischen See gibt es christliche Parallelen[28], in denen es freilich nicht um Adam geht, sondern allgemein um Menschen. Sie sind gesammelt bei E. PETERSON: Die Taufe im Acherusischen See, Vigiliae Christianae 8 (1954), 1–20. An erster Stelle ist Apc Petri (gr) 14 (nach dem Fragment der Sammlung Erzherzog Rainer) zu nennen.[29] Dort heißt es: ‹παρ›έξομαι τοῖς κλητοῖς μου καὶ ἐκλεκτοῖς μου, ὃν ἐὰν αἰτήσωνταί[30] με ἐκ τῆς κολάσεως. καὶ δώσω αὐτοῖς καλὸν βάπτισμα ἐν σωτηρίᾳ Ἀχερουσίας λίμνης, ἣν καλοῦσιν ἐν τῷ Ἠλυσίῳ πεδίῳ, μέρος δικαιοσύνης μετὰ τῶν ἁγίων μου (»ich werde meinen Berufenen und Auserwählten aus der Verdammnis darreichen, um wen auch immer sie mich bitten. Und ich werde ihnen [sc. den ehemalig Verdammten] eine gute Taufe in der Rettung des Acherusischen Sees geben, von dem es heißt, er liege in der elysischen Ebene, ein Anteil an der Gerechtigkeit mit meinen Heiligen.«). Hier geht es um ein Recht der »Berufenen und Auserwählten«, um die Befreiung von Menschen aus der

---

[27] Zur Rezeption außerjüdischer Vorstellungen über das Dasein nach dem Tode im Judentum vgl. HENGEL, Judentum und Hellenismus, 357–369. Das Judentum war wohl gerade hier besonders assimilationsfreudig, weil der Bereich des Todes im AT theologisch kaum besetzt war, vgl. hierzu E. ZENGER: Das alttestamentliche Israel und seine Toten, in: K. RICHTER (Hrsg): Der Umgang mit den Toten. Tod undBestattung in der christlichen Gemeinde (Quaestiones Disputatae 123), Freiburg etc. 1990, 132–152, speziell 141–145.

[28] Die Tatsache, daß es nur christliche Parallelen gibt, nicht aber jüdische, nehmen DE JONGE und WHITE zum Anlaß, Apc Mos 37,3 als Beleg für eine christliche Provenienz der Apc Mos zu werten, vgl. M. DE JONGE / M. WHITE: The Washing of Adam in the Acherusian Lake (Greek Life of Adam and Eve 37:3) in the Context of Early Christian Notions of the Afterlife, in: M. DE JONGE (Hrsg. / Autor): Pseudepigrapha of the Old Testament as Part of Christian Literature (Studia in Veteris Testamenti Pseudepigrapha 18), Leiden 2003, 201–227. Diese Argumentation überzeugt nicht. Es müßte schon nachgewiesen werden, daß die Tradition von der Waschung im Acherusischen See nicht jüdisch sein *kann*.

Im übrigen läßt DE JONGE ansonsten den »Parallelstellenbeweis« gerade nicht gelten – wenn nämlich in einer von ihm für christlich gehaltenen Schrift Motive auftauchen, die ansonsten nur jüdische Parallelen finden, vgl. M. DE JONGE / J. TROMP: The Life of Adam and Eve and Related Literature (Guides to Apocrypha and Pseudepigrapha o.Z.), Sheffield 1997, 68: »Even if a certain image or concept in GLAE (sc. Greek life of Adam and Eve) could be paralleled only in Jewish writings, that still would be no proof of the Jewish origin of GLAE«.

[29] Edition und Diskussion: M.R. JAMES: The Rainer-Fragment of the Apocalypse of Peter, Journal of Theological Studies 32 (1931), 270–279.

[30] Statt des sinnlosen θεὸν ἐὰν †στέσωνται† (»wenn sie nach Gott seufzen«?) liest JAMES, gestützt auf Or Sib III, 331–333 ὃν ἐὰν αἰτήσωνται.

Verdammnis zu bitten. Diese werden in dem Acherusischen See getauft und können dann am Leben der Heiligen partizipieren. Abhängig von Apc Petri 14 ist Or Sib III,330–358; dort liegt im wesentlichen dieselbe Schilderung vor (vgl. PETERSON 2). Apc Petri (äth) 14 läßt den »Erwählten und Gerechten« die Taufe im Acherusischen See zuteil werden; vielleicht beruht sie auf dem in Anm. 30 diskutierten Verderbnis, doch Apc Petri (äth) paraphrasiert generell eher als daß sie übersetzt.[31] Daneben ist Apc Pauli (lat) 22 zu erwähnen (hier wie bei PETER-SON 7 nach Paris, BNF Nouv. Acquis. lat 1631 zitiert)[32]: *... et si quis est fornicator et impius, et conversus penituerit et fecerit fructum dignum penitentiae, primum quidem, cum exierit de corpore, ducitur et adorat deum et inde iussu domini traditur Michaelo angelo, et baptizat eum in Acerosium lacum. sic inducit eum in civitatem Christi iuxta eos, qui nihil peccaverunt* (»... und wenn jemand ein Hurer und Unfrommer ist und sich bekehrt und büßt sowie eine Frucht, die der Buße würdig ist, hervorbringt, dann wird er zunächst, nachdem er aus dem Körper herausgegangen ist, herbeigeführt. Und er betet Gott an und wird daraufhin auf Befehl des Herrn dem Engel Michael übergeben; und der tauft ihn im Acherusischen See. So führt er ihn in die Bürgerschaft Christi neben denen, die keine Sünden begangen haben«). Eine besondere Ähnlichkeit mit Apc Petri (gr) 14 läßt sich m.E. nicht beobachten, dafür aber findet Apc Pauli 22 eine Parallele im Liber Bartholomaei de Resurrectione Iesu Christi (nach London, Brit. Libri., Or. 6804, S. 36, ed. BUDGE [vgl. GEERARD, Clavis 80/3]): ⲁϥⲭⲓⲧ ⲉϩⲣⲁⲓ ⲉⲝⲛ̄ ⲧⲁⲭⲉⲣⲟⲩⲥⲓⲁ ⲛ̄ⲗⲩⲙⲛⲏ· ⲁϥⲭⲟ[ⲕ]ⲙⲉⲧ ⲛ̄ϩⲏⲧϥ̄ ⲛ̄ϣⲟⲙⲛ̄ⲧ ⲛ̄ⲥⲟⲡ· ⲙⲛ̄ⲛ̄ⲥⲱⲥ ⲁⲩ ⲟⲩⲥⲙⲏ [ ] ⲉⲃⲟⲗ ϩⲙ̄ ⲡⲭⲓⲥⲉ· ϫⲉ ⲱ̄ ⲛ̄ⲁⲅⲅⲉ-ⲗⲟⲥ ⲛ̄ϥⲁⲓϣⲙ̄ⲛⲟⲩϥⲉ· ϫⲓ ⲛ̄ⲧⲉⲓⲯⲩⲭⲏ ⲉⲛⲧⲟⲡⲟⲥ ⲛ̄ⲧⲙⲛ̄ⲧⲁⲧⲙⲟⲩ (»[Siophanes spricht]: Er [sc. Michael] nahm mich in den Acherusischen See und wusch mich in ihm dreimal. Danach {Lücke} eine Stimme aus der Höhe: Ihr Engel, die ihr frohe Botschaft bringt, nehmt diese Seele mit zu den Orten der Unsterblichkeit«). Hier ist es wie in Apc Pauli Michael, der die Seele im Acherusischen See wäscht.

---

[31] Einen Überblick zur Überlieferung der Apc Petri bietet C.D.G. MÜLLER: Offenbarung des Petrus, in: W. SCHNEEMELCHER (Hrsg): Neutestamentliche Apokryphen II, Tübingen [5]1989, 562–578, speziell 562–566. Bei E. KLOSTERMANN (Ed.): Apocrypha I: Reste des Petrusevange-liums, der Petrusapokalypse und des Kerygma Petri (Kleine Texte für Vorlesungen und Übungen 3), Berlin 1933 fehlt das Fragment.

[32] Die Überlieferungssituation der Apc Pauli ist sehr unübersichtlich; ein Überblick findet sich bei GEERARD: Clavis, Nr. 325 (S. 203–209). Gut zugänglich und im allgemeinen zuverläs-sig ist der bei M.R. JAMES: Apocrypha Anecdota (Texts and Studies II,3), Cambridge 1893, 11–42 edierte Text aus dem oben erwähnten Codex Paris, BNF Nouv. Acquis. lat 1631 – er stellt eine der zahlreichen Rezensionen von Apc Pauli (lat[1]) dar, vgl. das Stemma bei GEERARD, Clavis 205 (er hat dort das Sigel P).

Es ist schwer zu klären, wie sich die drei Texte zu Apc Mos 37 verhalten. Am nächsten steht ihm der Liber Bartholomaei (Lib Barth): Der Verstorbene (die Seele) wird wie in Apc Mos 37,3 »gewaschen« (Apc Mos: ἀπολούω; Lib Barth: ⲭⲱⲕⲙ), nicht wie in Apc Pauli und Apc Petri »getauft« (Apc Petri: βαπτίζω; Apc Pauli: *baptizare*), außerdem ist das dreimalige Untertauchen neben der Apc Mos nur im Lib Barth belegt. An die Stelle des Seraphen ist dort indessen Michael getreten. Lib Barth könnte hier insgesamt jedoch ohne weiteres von der Apc Mos abhängig sein. Die besondere Nähe zwischen Lib Barth und Apc Pauli wiederum läßt vermuten, daß auch jene von Apc Mos beeinflußt ist; hierfür spricht zusätzlich, daß Apc Pauli erkennen läßt, warum Michael an die Stelle des Seraphen treten konnte: Es heißt dort *traditur Michaelo angelo*; das erinnert an Apc Mos 37,4. Vielleicht haben Lib Barth und Apc Pauli eine gemeinsame, von Apc Mos herrührende Vorlage, die – durch Apc Mos 37,4 inspiriert – Michael an die Stelle des Seraphen von Apc Mos 37,3 gesetzt hat. Am fernsten steht der Apc Mos die Apc Petri; für diese läßt sich eine Abhängigkeit von der Apc Mos nicht nachweisen.

PETERSON (S. 8) führt einen weiteren Text an, der ebenfalls den Acherusischen See erwähnt, m.E. aber weder zur Interpretation der genannten christlichen Apokalypsen noch der Apc Mos etwas beitragen kann. In einem von der Oratio Mariae ad Barthos abhängigen Exorzismus (London, British Library, Or. 5987 = KROPP D)[33] heißt es in Z. 22–24 über den Acherusischen See (ⲧⲁⲭⲉⲗⲟⲩⲥⲓⲁ ⲗⲓⲙⲛⲏ): ⲧⲁⲓ ⲉⲑⲁⲧⲉ ⲃⲟⲗ ϩⲁ ⲡⲉⲑⲣⲟⲛⲟⲥ ⲛ̄ⲓ̈ⲁⲱ ⲥⲁⲃⲁⲱⲑ / ⲡⲉ̣ⲓⲱϩⲉ ⲙⲡⲙⲁ ⲉⲧⲙⲙⲁⲩ ⲉⲩⲙⲟⲩⲧⲉ ⲉⲡⲉϥⲣⲁⲛ / ϫⲉ ⲥⲁⲗⲱⲙⲓⲧⲓⲥ ⲧⲡⲓⲥⲧⲓⲥ ⲛ̄ⲓ̈ⲁⲱ ⲥⲁⲃⲁⲱⲑ (»[der Acherusische See], der hervorströmt unter dem Throne des Jao Sabaoth, während man den Namen des Ackers jenes Ortes nennt Salomitis, die Pistis von Jao Sabaoth[34]«). PETERSON (S. 12–13) bringt den unter dem Thron Jao Sabaoths hervorströmenden Acherusischen See mit Apc Joh 22,1 (ἔδειξέν μοι ποταμὸν ὕδατος ζωῆς λαμπρὸν ... ἐκπορευόμενον ἐκ τοῦ θρόνου τοῦ θεοῦ καὶ τοῦ ἀρνίου) in Verbindung, ferner mit Hes 47,1 und Sach 14,8, wo vom Jerusalemer Tempel bzw. von Jerusalem ein Wasserstrom ausgeht. Darin ist PETERSON kaum zu widersprechen: Ein Anklang an den Vorstellungskomplex um den Gottesthron und den Jerusalemer Tempel ist in der Tat unverkennbar (vgl. u.a. den Ortsnamen ⲥⲁⲗⲱⲙⲓⲧⲓⲥ). Problematisch wird es jedoch, wenn er daraus Schlußfolgerungen für Apc Mos, Apc Petri etc.

---

[33] Edition: A.M. KROPP O.P.: Ausgewählte koptische Zaubertexte I: Textpublikation, Brüssel 1931, 22–28; Übersetzung: Idem: Ausgewählte koptische Zaubertexte II: Übersetzungen und Anmerkungen 149–160.

[34] Übersetzung von KROPP (vgl. Anm. 33), doch dieser schreibt fälschlich »Solomitis«.

ableitet. Wenn der Acherusische See hier mit der Tempeltheologie assoziiert ist, heißt dies nämlich nicht notwendigerweise, daß dies auch in Apc Mos, Apc Petri etc. der Fall sein müßte (gegen PETERSON 12ff); es läßt sich in den betreffenden Texten jedenfalls nicht der geringste Anhaltspunkt dafür finden. Damit ist nicht gesagt, daß der Zaubertext hier nicht alte Traditionen bewahrt hätte, doch dem kann in diesem Rahmen nicht nachgegangen werden.

Im Anschluß an die Waschung im Acherusischen See bringt der Seraph Adam vor den Thron Gottes. Dort bleibt Adam drei Stunden lang liegen. Damit wird nicht nur für den Leser ein retardierendes Moment eingeschaltet: Zwar sind alle Voraussetzungen für die nachfolgende Szene geschaffen, doch es ist eben keine Selbstverständlichkeit, zu der sich Gott herbeiläßt, wenn er auf seinem Thron sitzend seine Hand nach Adam ausstreckt.

Die Pause aber dauert nicht beliebig lange, sondern drei Stunden. Damit wird gerade in diesem Abschnitt eine beachtliche Häufung der Zahl 3 erreicht. Es war schon im Kommentar zu Apc Mos 33,3 darauf verwiesen worden, daß die vielen Triaden in Apc Mos 33,2–37,6 auf den Fluchtpunkt der Erzählung verweisen, nämlich auf das Paradies im dritten Himmel als vorläufiger Aufenthaltsort Adams.

Doch die Tatsache, daß gerade dieser Abschnitt so stark durch Triaden geprägt ist, könnte ein Anzeichen dafür sein, daß die Triaden in Apc Mos 33,2–37,6 auch noch eine andere Funktion erfüllen. Abschnitt 4 (Apc Mos 37,3–4a) fußt, wie in der vorhergehenden Kommentierung gezeigt wurde, in starkem Maße auf Jes 6. Dort aber erscheint eine der einflußreichsten und bekanntesten Triaden der biblischen Überlieferung: die dreifache Qedušā (Jes 6,3), das Sanctus der christlichen Tradition.[35] Es ist somit durchaus denkbar, daß die häufige Erwähnung der Zahl 3 in Apc Mos 33,2–37,6 auf den in Jes 6 geschauten Gottesdienst verweisen soll. Dann aber ist nicht nur Abschnitt 4, sondern Apc Mos 33,2–37,6 als Ganzes von Jes 6 her konstruiert, und zwar mit der speziellen Aussageabsicht, daß hier wie dort ein Mensch im Rahmen eines von himmlischen Wesen vollzogenen Gottesdienstes, der um die Heiligkeit Gottes zentriert ist, aus einem unheiligen Zustand in einen Zustand gebracht wird, welcher zu der Heiligkeit Gottes nicht mehr im Widerspruch steht.

---

[35] Zur Liturgiegeschichte des Sanctus vgl. CHR. BÖTTRICH: Das »Sanctus« in der Liturgie der hellenistischen Synagoge, Jahrbuch für Liturgik und Hymnologie 35 (1994–1995), 10–36. Die frühe Geschichte des Sanctus als Bestandteil der Liturge liegt weitgehend im Dunkel (BÖTTRICH 11); es gibt aber immerhin einige Belege für seine Rezeption in Schriften, die gemeinhin als frühjüdisch gelten oder zumindest einen frühjüdischen Grundbestand haben, so 1. Hen 39,12 (schwer datierbar, weil zu den Bilderreden gehörend); Test Abr A 3,3; 4. Bar 9,3; Scala Jacob 2,18–20. Auch in der Apc Mos ist das Sanctus nicht unbekannt (Apc Mos 43,4).

Abschnitt 6 (37,4b–6)

Der letzte Abschnitt enthält den mehrfach vorbereiteten Höhepunkt der Erzählung: Gott nimmt Adam in die Hand. Das ist – wie angedeutet – die einzige göttliche Aktion, die ausdrücklich vor Augen geführt wird. Sie verwirklicht die von den Engeln zweimal ausgesprochene Prädikation Adams als »Händewerk« Gottes (33,5; 37,2). Damit aber entspricht die Adam widerfahrende »Aufnahme« durch Gott auch seinem Wesen als Geschöpf. Zugleich findet in seinem postmortalen Ergehen eine *recapitulatio* seiner Erschaffung statt: Mit seiner Begnadigung nach dem Tode geschieht etwas, das an den Vorgang seiner Formung durch Gottes Hand (Gen 2,7) erinnert. Es wird sich zeigen, daß der Rekapitulationsgedanke auch für die Grablegungserzählung in Apc Mos 31; 38ff bestimmend ist, ebenso hat er auch in den redaktionellen Rahmenkapiteln eine Rolle gespielt (vgl. 314; 32,4). Auch in diesem Punkt also haben die unterschiedlichen Schichten und Quellen der Apc Mos eine narrativ-theologische Struktur gemeinsam. Speziell mit der redaktionellen Schicht verbindet Apc Mos 33,2–37,6 eine Theologie der Geschöpflichkeit, die in der Schöpfer-Geschöpf-Beziehung ein Unterpfand für eine positive Haltung Gottes gegenüber seinem sündigen Geschöpf sieht (vgl. K XI,1 [S. 442–443]).

Gott streckt seine Hand nach Adam aus, während er auf seinem Thron sitzt. Damit wird gezeigt, daß Gott dies in seiner Eigenschaft als Herrscher tut. Die Wortwahl mag überraschen, ansonsten ist in Apc Mos 33,2–37,6 nur von dem Wagen Gottes die Rede. Doch schon in Apc Mos 22 stehen die Termini »Wagen« (22,3) und »Thron« (22,4) nebeneinander.

Nachdem Gott Adam in die Hand genommen hat, übergibt er ihn Michael, damit ihn dieser in das Paradies im dritten Himmel bringe. Es wird nicht gesagt, in welchem Zustand sich Adam dort befinden wird, ob als Lebender oder als Toter; wichtig ist v.a. der Aufenthaltsort. Dieser ist durch die Zahl 3 mit den vorhergehenden Geschehnissen im Zusammenhang mit der Begnadigung Adams symbolisch verbunden; damit erweist sich dieser Ortswechsel als deren keineswegs zufällige Konsequenz. Gleichfalls wird Wert darauf gelegt, daß er das Paradies im dritten Himmel nicht für immer bewohnt, der Aufenthalt ist eschatologisch terminiert auf den »Tag ... der Abrechnung« (ἡμέρα ... τῆς οἰκονομίας). Apc Mos 33,2–37,6 partizipiert darin an dem im frühen Judentum recht weit verbreiteten endzeitorientierten Geschichtsbild mit einem göttlichen Weltgericht als Perspektivpunkt – es steht auch in Apc Mos 33,2–37,6 am Ende.

Mit dem Paradies im dritten Himmel ist das Problem verbunden, daß von ihm ansonsten in der Apc Mos nirgends die Rede ist. An allen anderen Stellen ist das Paradies ein Ort auf der Erde; dies gilt auch für Apc Mos 15–30, auch wenn das Paradies dort an einer Stelle (29,6) scheinbar von der Erde unterschieden wird. Daß aber in Apc Mos 15–30, welches derselben Quelle wie Apc Mos 33,2–37,6 angehört, das Paradies auf der Erde liegt, ist dennoch unbezweifelbar, vgl. insbesondere Apc Mos 15,2–17,1a und 19,1. Die Tatsache aber, daß der Ortswechsel in den dritten Himmel so gut vorbereitet ist, läßt es nicht zu, die Wendung ἕως τρίτου οὐρανοῦ einfach als Glosse auszuscheiden, zumal dies textkritisch kaum Anhalt findet (vgl. °37,5d): Sie ist integraler Bestandteil von Apc Mos 33,2–37,6. Zugleich aber ist nicht zu erkennen, daß hier die Absicht verfolgt würde, eine andere Auffassung vom Paradies zu etablieren als etwa in Apc Mos 15–30: Es wird einfach vorausgesetzt, daß sich ein Paradies im dritten Himmel befindet; Nachdruck wird nur auf die Tatsache gelegt, daß Adam in dieses gebracht wird.

Die sicherlich einfachste Erklärung dieses Befundes lautet dahingehend, daß ein anderes Paradies gemeint sei als in Apc Mos 15–30 und daß der Wendung ἕως τρίτου οὐρανοῦ damit auch die Aufgabe zukommt, sicherzustellen, daß es sich eben um ein anderes handelt als jenes Paradies, welches Adam verlassen mußte. Eine solche Auffassung ist im frühen Judentum durchaus denkbar: Auch das 2. Henochbuch kennt zwei Paradiese, ein irdisches und ein himmlisches; das himmlische liegt im dritten Himmel (vgl. 2. Hen 8–9). Mit der Vorstellung von einem Paradies im dritten Himmel ist die von einer Siebenzahl von Himmeln im Zusammenhang zu sehen, die in Apc Mos 35,2 zum Ausdruck gekommen war. Auch diese ist im 2. Henochbuch belegt; sie wird dort, anders als hier, ausführlich entfaltet (2. Hen 3–22). Apc Mos 33,2–37,6 zeigt allerdings anders als der 2. Hen kein ausdrückliches Interesse an der Topographie des Himmels. Was dort Gegenstand eingehender Belehrungen in Gestalt eines Visionsberichtes wird, ist hier nur als allgemeines Wissen vorausgesetzt.

Der Aufforderung Gottes kommt Michael nach, indem er Adam dort niederlegt, »wo Gott es ihm gesagt hatte« (ὅπου εἶπεν αὐτῷ ὁ θεός [37,6]. Als Akteur steht hier Michael ganz im Vordergrund, doch er ist nicht der einzige, der Adam ins Paradies bringt. An τότε ὁ Μιχαὴλ ἦρε τὸν ᾿Αδάμ schließt sich καὶ πάντες οἱ ἄγγελοι syntaktisch locker an. Es sind also auch die Engel, die Adam in das Paradies schaffen (vgl. Test Abr A 20,14, wo der Befehl ἄρατε οὖν τὸν φίλον μου τὸν ᾿Αβραὰμ εἰς τὸν παράδεισον [»bringt nun meinen Freund Abraham ins Paradies«] an die Engel ergeht). Doch in der Hauptsache tun sie etwas anderes: Sie lobpreisen Gott, voller Verwunderung über die συγχώρησις Adams. So endet der ganze Vorgang mit einem Chorschluß und es wird ihm – abschließend – der passende Name gegeben.

Das Verb θαυμάζειν erinnert an die in den Evangelien oftmals berichtete Reaktion der Volksmenge auf Machttaten Jesu, welche die gleiche narrative Funktion hat: Sie unterstreicht die Eindrücklichkeit dessen, was der Leser gerade erfahren hat.

Der Lobpreis der Engel hat allerdings nicht nur das Ergehen Adams zum Thema: Ganz am Ende von Apc Mos 33,2–37,6 wird der Blick von Adam auf seine Nachkommen geweitet. Die συνχώρησις betrifft neben Adam nämlich auch die ἐσόμενοι ἐξ αὐτοῦ. Dieser Perspektivwechsel geschieht relativ abrupt, aber auch nicht ganz unvorbereitet: Immerhin war schon vorher der Tag des Endgerichts erwähnt worden (37,5), das heißt, es wurde eine Zukunft vor Augen geführt, die auch den impliziten Leser der Apc Mos angehen mußte. Nun kann er sich direkt angesprochen fühlen.

Es wird nicht gesagt, warum die συγχώρησις Adams auch seine Nachfahren betrifft; eine zugrundeliegende Theorie wird wohl auch kaum zu eruieren sein, denn weder Apc Mos 33,2–37,6 noch die Apc Mos oder die Adamdiegesen insgesamt geben einen Anhaltspunkt.[36] Es läßt sich lediglich feststellen, daß in der Apc Mos allgemein die Tendenz besteht, die Nachfahren Adams gewissermaßen *en passant* in eine bessere Zukunft einzubeziehen, die zunächst einmal Adam gilt (vgl. Apc Mos 41,2 für die Grablegungserzählung und Apc Mos 13,3–5 für die Endredaktion).

Mit der Unterbringung Adams im Himmel endet die συγχώρησις Adams. Von einer Rückkehr des Thronwagens und des Hofstaates in den Himmel wird nicht mehr berichtet; das wird vorausgesetzt, zumindest auf der Ebene des Endtextes der Apc Mos (in Kap 38 befinden sich Gott und seine Engel wieder im Himmel). Auch in Apc Mos 15–30 war eine Rückkehr Gottes nach dem Gericht im Paradies nicht mehr erzählt worden.

---

[36] Es scheint mir auch nicht ratsam, hier eine Theorie von Adam als Kollektivpersönlichkeit einzutragen. Dann wäre Apc Mos 37,6 folgendermaßen zu verstehen: »Weil Adam für alle Menschen steht, sind alle Menschen von seiner Begnadigung erfaßt«. Doch es wird ja nichts gesagt, was eine derartige Explikation erlauben würde. Die These von der Kollektivpersönlichkeit spielt v.a. bei der Auslegung von Röm 5,12–21 eine Rolle; markant zum Ausdruck gebracht ist sie bei J. DE FRAINE: Adam und seine Nachkommen. Der Begriff der kollektiven Persönlichkeit in der Heiligen Schrift, Köln 1962, 134ff. Doch gerade dort erscheint sie zweifelhaft, v.a. wegen ἐφ' ᾧ πάντες ἥμαρτον in 5,12d (vgl. die Diskussion bei KÄSEMANN, Römer 139ff). Speziell diese Wendung ist freilich im Abendland zum Anknüpfungspunkt für eine Theorie geworden, die der von der Kollektivpersönlichkeit zumindest ähnelt. Eine solche Exegese wurde möglich, weil man ἐφ' ᾧ mit *in quo* übersetzte und dieses auf Adam bezog (etwas anderes ist im lateinischen Text nicht möglich!). Als Beispiel mag hier Ambrosiaster zu Röm 5,12 angeführt werden: *,In quo' – id est Adam – ,omnes peccaverunt'. Ideo dixit ,in quo', cum de mulieri loquatur, quia non ad speciem retulit, sed ad genus. Manifestum itaque est in Adam omnes pecasse quasi in massa...* (»*in dem* – gemeint ist Adam – *alle sündigten.* Obgleich im Hinblick auf die Frau geredet wird, sagt er darum *in dem*, weil er nicht auf die Unterart Bezug nimmt, sondern auf die Gattung. Damit ist klar, daß in Adam alle wie in einem Klumpen gesündigt haben...«). Dieselbe Exegese von Röm 5,12 hat bekanntlich auch Augustin vertreten, vgl. F. LOOFS: Leitfaden zum Studium der Dogmengeschichte, 1. und 2. Teil: Alte Kirche, Mittelalter und Katholizismus, hrsg. von K ALAND, Tübingen ⁷1968, 306 (Belege!).

3. Die exegetischen Hintergründe von Apc Mos 33,2–37,6

Apc Mos 33,2–37,6 ist nicht in dem Maße exegetische Erzählung wie Apc Mos 15–30, dessen Textbehandlung streckenweise an ein Targum gemahnt. Anders als Apc Mos 15–30 ist dieser Abschnitt keiner Perikope gewidmet, die fortschreitend ausgelegt würde. Doch schon Apc Mos 15–30 betreibt nicht einfach nur narrative Auslegung einer Perikope; zumindest in Apc Mos 27–29 ist der Grundtextbezug deutlich gelockert: An die Stelle einer narrativen Exegese, die an Auffälligkeiten des Bezugstextes orientiert wäre, trat schon hier ein relativ freies Spiel mit dessen Motiven.

Was die Freiheit gegenüber einer Vorlage betrifft, geht Apc Mos 33,2–37,6 sicher noch ein Stück weiter, v.a. insofern hier auf den ersten Blick eine solche nicht erkennbar ist. Doch eine narrative Invention ohne Rückbindung an kanonische Texte ist auch Apc Mos 33,2–37,6 nicht.

Einiges ist bereits angesprochen worden: Die Thronwagentheophanie vor Adams Leiche beruht auf Traditionen, die von Hes 1 herrühren; konkrete exegetische Arbeit konnte hier aber nicht ausgemacht werden. Feststellbar ist aber auf jeden Fall, daß auf Jes 6 Bezug genommen wird. Vor allem die Rolle der Seraphim läßt sich von dort her problemlos erklären: Wie in Jes 6 hebt eine Vielzahl von Seraphim die Heiligkeit Gottes hervor (dort durch die Qedušā, hier indem sie sich trennend zwischen Adam und dem Wagen aufstellen), und anschließend sorgt einer der Seraphim dafür, daß der Mensch in die Sphäre Gottes integriert wird (dort durch die Reinigung von Jesajas Lippen, hier durch die Waschung im Acherusischen See). Auch die konsequente Durchformung der Perikope nach dem Motiv der Dreizahl dürfte an Jes 6 anknüpfen.

Damit sind die wesentlichen Züge der Theophanie erklärt, auch im Hinblick auf die exegetischen Hintergründe. Allerdings wurde noch nicht erörtert, warum der Thronwagen überhaupt vor Adam erscheint und warum damit letztlich eine Verbringung Adams in den Himmel verbunden ist. Außerdem muß noch geklärt werden, welche exegetischen Hintergründe hinter dem entscheidenden Argument für die Begnadigung Adams zu suchen sind, nämlich daß dieser Ebenbild und Händewerk Gottes sei. Es liegt nahe, hier eine Anknüpfung an Material aus Gen 3 zu vermuten. Dieser Vermutung wird im Folgenden an erster Stelle nachzugehen sein.

Adam als Händewerk Gottes

Daß Adam von Gottes Hand erschaffen wurde, wird in Apc Mos 33,2–37,6 nicht erarbeitet, sondern vorausgesetzt. Eine exegetische Operation, welche dieses Ergebnis zu Tage brächte, wird nicht vorgenommen. Offenbar greift der

Erzähler auf ein bereits etabliertes Wissen zurück, und in der Tat ist das Motiv von Adam als Händewerk Gottes mindestens ab dem 2. Jh. ziemlich breit belegt, so daß es sich auch für den Verfasser von Apc Mos 33,2–37,6 um eine gängige Vorstellung gehandelt haben kann (vgl. 2. Hen 44,1; 4. Esra 3,4–5; christliche Belege: Theophil, Ad Autolycum II,18; Tertullian, De Resurrectione Mortuorum 5,6; Tertullian, Adversus Marcionem II,4,4).

Dennoch ist es wahrscheinlich, daß er einen bestimmten Bibeltext im Auge hatte, als er dieses Motiv aufnahm. Immerhin kommt er auf die Erschaffung des Menschen durch die Hand Gottes hier nicht einfach *en passant* zu sprechen, sondern im Rahmen einer speziell dem ersten Menschen gewidmeten Abhandlung. In Gen 1–3 kommt als Bezugstext v.a. Gen 2,7 in Frage, denn dort wird im Zusammenhang mit der Erschaffung des Menschen davon gesprochen, daß Gott Adam aus »Staub« (עפר) »formte« (וייצר), was unmittelbar an Handarbeit denken läßt, wenngleich nicht explizit auf die Hand Gottes verwiesen wird. Von der Hand Gottes ist im Zusammanhang mit der Erschaffung von Menschen nur in Ps 119,73 und Hiob 10,8 die Rede, an beiden Stellen jedoch nicht vorrangig im anthropogonischen Sinne, da v.a. das Individuum im Blick ist. Doch speziell in Hiob 10,8 schwingt wohl auch Bezug auf die Erschaffung des Menschen überhaupt mit; jedenfalls kann er leicht hergestellt werden, denn es folgt unmittelbar darauf ein Vers, der deutliche Affinitäten an Gen 3,19 und damit auch Gen 2,7 aufweist (beide Verse sind schon in Gen 2–3 aufeinander bezogen). Es heißt dort: זכר־נא כי־כחמר עשׂיתני ואל עפר תשׁיבני (»Gedenke, daß du mich wie Lehm erschaffen hast / und zum Staub lässest du mich zurückkehren« [Hiob 10,9]). Man brauchte nur Hiob 10,8–9 im Zusammenhang zu lesen, und schon war man dazu angeregt, Hiob 10,8 mit Gen 2,7 zu assoziieren. War also Gen 2,7 nicht selber Anlaß genug, hier speziell die Hand Gottes am Werk zu sehen, mit Hiob 10,8–9 hatte man sicher die Möglichkeit, den Text so zu lesen. Und so überrascht es nicht, daß Gen 2,7 an vielen Stellen im Sinne einer Erschaffung Adams durch die Hände Gottes wiedergegeben wird.

Sollte auch in Apc Mos 33,2–37,6 v.a. an Gen 2,7 gedacht sein, so hätte das eine gewisse exegesegeschichtliche Relevanz: Die Prädikation ποίημα τῶν χειρῶν (sc. τοῦ θεοῦ) folgt nämlich in Apc Mos 33,5 unmittelbar auf die Prädikation εἰκὼν (sc. τοῦ θεοῦ). Damit sind zwei Aussagen aus beiden biblischen Menschenschöpfungserzählungen nebeneinandergesetzt (Ebenbild: Gen 1,26–27; Händewerk: Gen 2,7), und das bedeutet für den Verfasser: Für ihn wird in Gen 1,26–27 und Gen 2,7 dasselbe berichtet. Genau diese Auffassung liegt auch Vit Ad 13 zugrunde, wenn dort der Teufel berichtet, mit der Anhauchung durch Gott (Gen 2,7) sei Adam zum Ebenbild Gottes geworden

(Gen 1,26–27). Philo von Alexandrien dagegen hat zwischen beiden Texten streng unterschieden.[37]

Thronwagentheophanie und Assumptio Adams

Apc Mos 33,2–37,6 weist eine interessante Strukturparallele zu Hesekiel auf, insofern in beiden Texten nicht vor allem der im Himmel thronende, sondern der kommende, der gehende, der sich bewegende Gott gemeint ist. Dies Moment fehlt in den meisten Thronvisionen (vgl. 1. Hen 14; Apc Joh 4 etc). Doch in Apc Mos 33,2–37,6 kommt der auf dem Wagen Einherfahrende zu einem Toten. Das hat mit Hesekiel wenig zu tun.

Worin dieses Moment begründet ist, zeigt ein Blick auf die Auswirkungen der Ankunft des Wagens: Adam liegt zuvor auf der Erde, danach ist er im Himmel. Vergleichbares geschieht mit Elia (2. Kön 2,11, vgl. Sir 48,9): Auch zu diesem *kommt* ein Wagen, dessen Identität allerdings nicht genannt wird. Elia ist zuvor auf der Erde und danach an einem oberen, ungenannten Ort. Allerdings betrifft ihn dieser Vorgang nicht als Toten, sondern als Lebenden. Eine Übertragung ist dennoch denkbar, denn was Elia widerfährt, steht an der Stelle des gewöhnlichen Todesschicksals. Wohl kaum zufällig wurde Elia schon früh mit dem Augenblick des Todes assoziiert (vgl. Sir [gr] 48,11). Zudem blieb der Aufenthaltsort des Elia nicht immer ungenannt; relativ verbreitet ist die Tradition von Elia im Paradies (1. Hen 89,52; Apc Soph 9,4; Apc Esra 5,22; Desc Inf 3, vgl. die Überlieferung vom Paradies als Wohnstatt der Gerechten, z.B. 4. Esra 7,36; 2. Bar 51,11; 2. Hen 65,10; Test Abr A 20,14). Nicht zuletzt sind noch zwei weitere Übereinstimmungen von Interesse: Wie bei Adam wird auch hinsichtlich Elias in 1. Kön 2,11 nicht gesagt, daß er *auf dem Wagen* »hinaufgefahren« sei (anders freilich in Sir 48,8 ⑥); Elia fährt im Sturmwind auf (2. Kön 2,11 𝔐: בסערה ... ויעל; 4. Reg 2,11 ⑥: καὶ ἀνελήμφθη ... ἐν συσσεισμῷ), Adam wird von einem Seraphen »entrückt« (37,3) und schließlich vom Erzengel Michael in den Himmel verbracht (37,4–6). Außerdem ist sowohl bei Adam als auch bei Elia das Lichthafte des Wagens in besonderem Maße hervorgehoben (Apc Mos 33,3: ἅρμα φωτός; 2. Kön 2,11: ein feuriger Wagen); auch bei Elia wird eventuell der Sonnenwagen

---

[37] Vgl. Philo, Op Mundi 134 zu Gen 2,7: Διαφορὰ παμμεγέθης ἐστὶ τοῦ τε νῦν πλασθέντος ἀνθρώπου καὶ τοῦ κατὰ τὴν εἰκόνα θεοῦ γεγονότος πρότερον (»Ein großer Unterschied besteht zwischen dem nun erschaffenen Menschen und dem zuvor nach dem Ebenbild Gottes entstandenen«). Der »nach dem Ebenbild Gottes entstandene« wird hernach als ἰδέα τις ἢ γένος ἢ σφραγίς, νοητός, ἀσώματος, οὔτ' ἄρρεν οὔτε θῆλυ, ἄφθαρτος φύσει (»eine Idee, Gattung oder Siegel [im Sinne von Archetyp!], intelligibel, unkörperlich, weder männlich noch weiblich, von unsterblicher Natur«) bezeichnet.

traditionsgeschichtlich im Hintergrund stehen. So gibt es gute Gründe für die Annahme, daß in Apc Mos 33,2–37,6 das Geschehen um Adams Tod in Anlehnung an die Entrückung des Elia geschildert ist.

Insbesondere ein Moment könnte von 2. Kön 2,11 her noch zusätzlich erhellt werden: In Apc Mos 33,3 wird berichtet, daß die Seraphim sich zwischen Adam und dem Wagen postierten und dadurch beide voneinander trennten. Auch in 2. Kön 2,11 findet eine Trennung statt – es heißt dort im hebräischen Text: ויפרדו בין שניהם (»und sie machten eine Trennung zwischen den beiden«). Gemeint sind die Feuerrosse und möglicherweise auch der Wagen, und getrennt werden Elia und Elisa, aber man kann, wenn man den Kontext ausblendet, die Phrase auch dahingehend verstehen, daß namentlich nicht genannte Gestalten zwei andere Gegebenheiten voneinander trennten, nämlich Elia und den Wagen. Wer aber diese Gestalten sind, kann man dem Text mit einiger Phantasie ebenfalls entnehmen. Man muß nur den Wagen mit dem Thronwagen assoziieren (was nicht selbstverständlich ist, wohl aber möglich) und wiederum den Thronwagen mit der Vision des Jesaja in Jes 6 (vgl. Apc Joh 4 etc), und schon ist der Assoziationshintergrund dafür geschaffen, die Seraphim in 2. Kön 2,11 wiederzufinden. Es ist nämlich durchaus denkbar, daß man statt ויפרדו (*wajjapridu*) nach Art einer spielerischen אל־תקרא-Lesung ויפר(י)שו (*wajjaprišu*) las (ohne Differenzierung zwischen שׁ und שׂ), was – im späteren Hebräisch – gleichfalls »und sie trennten« heißt (vgl. JASTROW s.v. פרשׁ, speziell das Hip'il [1241–1242]). Dieses Wort aber hat die gleichen Radikale wie שרף! Eine solche exegetische Maßnahme ist umso wahrscheinlicher, als sie auch dem Zweck gedient haben könnte, den merkwürdigen Ausruf Elisas in 2. Kön 2,12 zu erklären (אבי אבי רכב ישׂראל ופרשׁיו »Mein Vater, mein Vater! Wagen Israels und seine Reiter!«).

Die exegetische Arbeit, die Apc Mos 33,2–37,6 zugrundeliegt, wird damit folgendermaßen nachgezeichnet werden können: Man war überzeugt, daß Adam aufgrund seines Status als Geschöpf der Hände Gottes und als Gottes Ebenbild mit dem Tod etwas Besseres zuteil geworden sein müßte als einfach nur der Tod. Eine in Bezug auf das postmortale Ergehen wichtige Gestalt war damals Elia (vgl. Sir 48,11); dieser war lebendig in den Himmel aufgefahren, und dabei war ein feuriger Wagen erschienen. So applizierte man das Schicksal Elias auf das Adams, freilich mit dem Unterschied, daß Adam gestorben sein mußte (vgl. Gen 5,5). Daher nahm man 2. Kön 2,11 in Augenschein, und zwar, wie gewohnt, den hebräischen Text. Dort fand man das etwas rätselhafte Verb ויפרדו vor und zugleich den merkwürdigen Ausruf Elisas (s.o.). Beide Lektürewiderstände bezog man aufeinander und hatte dann – auf dem Wege einer אל־תקרא-Lesung – einen Ansatzpunkt dafür, in 2. Kön 2,11 die Seraphim wiederzufinden. Damit aber war gesichert, daß es sich bei dem Wagen um den Thronwagen handeln mußte (sofern dies nicht ohnehin schon klar war), und man war dazu legitimiert, auch Jes 6 in dem Geschehen unterzubringen. Vielleicht war dies ein Ansatzpunkt für den Gottesdienst an der Leiche Adams, auf jeden Fall aber hat es die Einarbeitung von Motiven aus Jes 6 in Apc Mos 33,2–37,6 ermöglicht.

Eine gewisse Rolle wird bei der Thronwagentheophanie in Apc Mos 33,2–37,6 auch die Tatsache gespielt haben, daß auch in Apc Mos 22,3ff Gott auf dem Thronwagen ins Paradies gekommen war, dort jedoch, um Adam und Eva zu verurteilen. Auch die vielen Parallelen zwischen Apc Mos 27–29 und Apc Mos 33,2–37,6 sprechen nicht nur dafür, daß Apc Mos 15–30 und 33,2–37,6 einmal derselben Quelle angehörten (ohne notwendigerweise gleich alt zu sein!), sondern lassen auch vermuten, daß man bei der Abfassung von Apc Mos 33,2–37,6 auch Apc Mos 22,3ff im Auge hatte.

Exkurs: Parallelen zu Apc Mos 33,2–37,6

Es gibt in zahlreichen De-morte-Erzählungen (vgl. E III,4a) Parallelen zu Apc Mos 33,2–37,6, die zeigen, daß 2. Kön 2,11 im frühen Judentum eine gewisse Bedeutung als Paradigma für den Tod beispielhafter Gestalten der biblischen Überlieferung hatte und zugleich bei der Ausbildung einer der altisraelitischen Religion ursprünglich fremden Unsterblichkeitshoffnung (vgl. Anm. 27) beteiligt war.

An erster Stelle ist Test Hiob 52 zu nennen. Hier wird berichtet, daß Hiob nach einer Krankheit ohne Schmerz und Leiden (52,1) diejenigen sah, »die um seiner Seele willen kommen« (52,2: τοὺς ἐλθόντας ἐπὶ τὴν ψυχὴν αὐτοῦ). Danach ist von »Lichtwagen« die Rede, »die um seiner Seele willen kommen« (52,6: φωτεινὰ ἅρματα τὰ ἐλθόντα ἐπὶ τὴν ψυχὴν αὐτοῦ); sie werden auch von den Töchtern Hiobs wahrgenommen. In 52,8 »geht« der »auf dem großen Wagen Sitzende« (ὁ ἐπικαθήμενος τῷ μεγάλῳ ἅρματι) »hinaus« (ἐξῆλθεν) – vermutlich ist gemeint, daß er den Wagen verläßt –, »küßt« (ἠσπάσατο) Hiob, nimmt seine Seele, steigt auf den Wagen und fährt gegen Osten. Hiobs Leichnam hingegen wird »zur Bestattung bereitet« (περισταλέν) und in ein Grab verbracht (52,11); aus 53,5 geht hervor, daß die Bestattung von Menschen vollzogen wurde. In 52,9 wird mitgeteilt, daß nur Hiob und seine Töchter sahen, wie »der auf dem großen Wagen Sitzende« hinaustrat. Diese Schilderung geht mehrfach mit Apc Mos 33,2–37,6 konform, interessant sind aber auch ihre Abweichungen. Rätselhaft ist zunächst der Plural φωτεινὰ ἅρματα, der mit der Vielzahl der um der Seele Hiobs willen Kommenden korrespondiert. Daß dieser Plural tatsächlich auf eine Vielzahl von Wagen deutet, läßt die Rede von dem einen großen Wagen vermuten. Dieses Problem kann hier nicht gelöst werden. Interessant ist vor allem, was über den großen Wagen gesagt wird. Auf diesem sitzt jemand – offenbar habituell, nicht aktuell, wie das Präsens ἐπικαθήμενος andeutet. Wer das ist, wird nicht gesagt; doch das taktvolle Schweigen und das allgemeine Wissen, daß auf dem Thronwagen Gott sitzt, läßt vermuten, daß Gott gemeint ist. Dazu paßt, daß nur von wenigen geschaut wird, wie er den Wagen verläßt (zum Motiv der Exklusivvision vgl. Apc Mos 38,3; 42,3). Daß er Hiob küßt, ist den Überlieferungen um den Tod des Mose geschuldet[38] und findet in Apc Mos 33,2–37,6 keine Parallele. Bedeutsamer für Apc Mos 33,2–37,6 ist, daß er nur die Seele Hiobs nimmt; der Leib bleibt auf der Erde und wird dort bestattet. Damit steht Test Hiob der dichotomistischen Endredaktion der Apc Mos nahe, nicht jedoch Apc Mos 33,2–37,6. Test Hiob bezeugt damit eine fortgeschrittene Anthropologie, die sich in der Apc Mos erst noch durchsetzen mußte. Signifikant ist auch, daß die Seele Hiobs offenbar auf dem Wagen transportiert wird; dies ist in Apc Mos 33,2–37,6 genausowenig der Fall wie in 2. Kön 2,11. Möglicherweise ist Test Hiob hier von einer Elia-Haggada beeinflußt, die sich größere Freiheiten von der biblischen Vorlage erlaubte, vgl. Sir 48,9 𝕲 (ὁ ἀναλημφθεὶς ἐν λαίλαπι πυρός, ἐν ἅρματι ἵππων πυρίνων »der aufgenommen wurde im Feuerwind, in einem Wagen feuriger Pferde«), wo die Auffahrt im Sturmwind und die Wagenerscheinung, die in 2. Kön 2,11 nebeneinanderstehen, in einem synonymen Parallelismus identifiziert sind. Insgesamt entsteht der Eindruck, daß Test Hiob auf eine offenbar schon etablierte Vorstellung zurückgreift, während in Apc Mos nicht zuletzt die Differenzen in der Anthropologie ahnen lassen, daß man sich hier Neues erarbeitete.

Der Bericht vom Tod Abrahams in Test Abr A 20 läßt eine Wagenerscheinung vermissen. Dies erstaunt insofern, als der Thronwagen in Test Abr A durchaus bekannt ist (vgl. Test Abr A 10); außerdem werden »Wagen Gottes« in der Parallelversion immerhin in knapper Form erwähnt (Test Abr B 14,6: ἦλθον δὲ ἅρματα κυρίου τοῦ θεοῦ καὶ ἦραν τὴν ψυχὴν αὐτοῦ εἰς τοὺς οὐρανούς, εὐλογοῦντες τὸν φίλον κυρίου· εἰσήνεγκαν δὲ αὐτὸν εἰς τὴν ἀνάπαυσιν »es kamen aber Wagen Gottes, des Herrn; und sie [sc. die Engel] nahmen seine Seele mit in die Himmel, den Freund des Herrn lobpreisend; und sie brachten ihn in die ‚Ruhe'«). Erst recht wird der Thronwagen im Zusammenhang mit dem Tod jedoch in den Testamenten Isaaks und Jakobs erwähnt, die vielleicht erst in der koptischen Kirche entstanden sind und vom Test Abr abhängig sein dürften (vgl. STINESPRING 905; idem 913). Damit erheben sich

---

[38] Die Überlieferung, daß Mose durch den Kuß Gottes starb, basiert auf עַל־פִּי יהוה ... וימת in Gen 34,5 𝔐 und ist u.a. in Targ Ps Jon zu Gen 34,5 belegt, vgl. K. HAACKER / P. SCHÄFER: Nachbiblische Traditionen vom Tod des Mose, in O. BETZ et al. (Hrsgg.): Josephus-Studien. Untersuchungen zu Josephus, dem antiken Judentum und dem Neuen Testament. Otto Michel zum 70. Geburtstag gewidmet, Göttingen 1974, 147–174.

Zweifel an der Ursprünglichkeit der Schilderung in Test Abr A 20, doch diesen kann hier nicht nachgegangen werden. Hier interessieren nur die mit Apc Mos 33,2–37,6 vergleichbaren Momente, die auch in Test Abr A 20 nicht fehlen. So findet wie in Test Hiob und der Endredaktion der Apc Mos eine Trennung zwischen Leib und Seele statt: Die Seele wird von Michael, der von zahlreichen Engeln geleitet wird, in die Hand genommen (20,10) und in den Himmel gebracht; dort kniet sie vor Gott nieder (20,12), der schließlich den Befehl erteilt, Abrahams Seele ins Paradies zu versetzen (20,14). Der Leib Adams hingegen wird bei der Eiche Mamres beerdigt (20,11), und zwar offenbar von den Engeln (in Test Abr B 14,7 indes beerdigt Isaak seinen Vater). Interessant ist, daß hier Michael als Psychopompos[39] fungiert; in Apc Mos 33,2–37,6 wird er erst nach der Aufnahme Adams in den Himmel damit betraut, Adam (nicht etwa nur seine Seele!) an seinen Ort zu bringen. Doch schon die vermutlich von Apc Mos 33,2–37,6 abhängige christliche Parallele in Apc Pauli (lat) 22 zeigt eine Tendenz, die Rolle Michaels auszuweiten (Michael tauft Adam im acherusischen See), mit dieser geht Test Abr A konform. Inwieweit Test Abr A 20 christlich oder christianisiert ist, muß hier leider offen bleiben.

Eine sehr große Nähe zu Apc Mos 33,2–37,6 weist hingegen Test Isaak 6,24–28; 7,1–2 auf.[40] Die Szene setzt ein mit einem Trishagion. Daraufhin weist Gott »von dem heiligen Ort aus« (ЄΒΟΛ ϨⲘⲠⲘⲀ ЄⲦΟΥⲀⲀⲂ) Michael an, die Engel und alle »Heiligen« (ⲚЄⲦΟΥⲀⲀⲂ) rasch zu versammeln, daß sie zu Issak herabgehen sollen. In dem Augenblick »trompetet« (ⲤⲀⲖⲠⲓⲌЄ) Michael und erfüllt den Auftrag. Gott »steigt auf« seinen Wagen (ⲦⲀⲖЄ ЄⲠЄϤϨⲀⲢⲘⲀ), die Seraphim ziehen ihn zusammen mit den Engeln und kommen zu dem Ort, wo Isaak im Sterben liegt; dieser begrüßt Gott und Michael. In 7,1–2 wird dann berichtet, daß Gott die Seele Isaaks aus dessen Körper nimmt (ЄÏⲚЄ ⲚⲦЄϤΨΥⲬⲎ ЄΒΟΛ ϨⲚⲤⲰⲘⲀ), sie »küßt« (ⲀⲤⲠⲀ-

---

[39] Zu Michael als Psychopompos vgl. LUEKEN: Michael, 43–46; 122–127.

[40] Das Test Isaak ist in Sahidisch, Bohairisch, Arabisch und Äthiopisch überliefert; ins Englische übersetzt hat es STINESPRING bei CHARLESWORTH I, 905–911, von ihm stammt auch die Verseinteilung. Er hat seiner Übersetzung allerdings ohne nähere Begründung die arabische Version zugrundegelegt; älter dürfte indes die sahidische sein, da die Übersetzungsgeschichte des koptischen Schrifttums i.d.R. vom Sahidischen über das Bohairische zum Arabischen und schließlich zum Äthiopischen führt (dies kann an der Liste äthiopischer Apocrypha aus dem Arabischen bei P. PIONAVELLI: Les adventures des Apocryphes en Éthiopie, Apocrypha 4 (1993), 197–224, speziell 213–215 nachvollzogen werden). Daher ist auch hier von der sahidischen Version auszugehen – Edition: K.H. KUHN: The Sahidic Version of the Testament of Isaac, The Journal of Theological Studies N.S. 7 (1956), 225–239, speziell 236–237.

ⲍⲉ),auf den Wagen hebt und in den Himmel verbringt. Die Anklänge an Apc
Mos 33,2–37,6 und 22,3 sowie 38,2 sind unübersehbar; eine Abhängigkeit ist
nicht auszuschließen. Wie in den anderen Parallelen hat sich hier aber selbstverständlich eine dichotomistische Anthropologie durchgesetzt. Abgesehen
davon sind es hier die Seraphim, nicht vier Adler, die den Wagen anführen. Ob
die starke Präsenz des Trishagion auf die Apc Mos zurückverweist, muß offen
bleiben. Es kann im übrigen nicht ausgeschlossen werden, daß eine echte
Parallele vorliegt.

Im Vergleich zum Test Isaac ist der Tod des Protagonisten im Test Jacob[41]
eher sparsam ausgestaltet. Der betreffende Text lautet in Überstzung (nach der
Ausgabe des bohairischen Textes von GUIDI [S. 254–255]): »Als Jakob dieses
zu sagen aufgehört hatte, streckte er seine Füße in die Höhe auf seinem Bett
und ging aus dem Körper wie jeder Mensch. Da kam der Herr aus dem Himmel, und Michael, Gabriel und Raphael gingen mit ihm sowie viele Legionen
von Engeln, die vor ihm Hymnen sangen. Sie brachten die Seele Jakobs,
Israels, in ‚Zelte aus Licht‘ (ⲉ2ⲁⲛⲥⲕ γⲛⲏ ⲛⲟγⲱⲓⲛⲓ) zu den heiligen Vätern
Abraham und Isaak«.

Auch in den bei TISCHENDORF, Apocalypses veröffentlichten Erzählungen
vom Tod der Maria (Dorm Mar; Trans Mar A und B) gibt es Parallelen zu Apc
Mos 33,2–37,6, so v.a. die Thronwagenchristophanien in Dorm Mar 26–27; 38
und die Aufnahme der Seele Mariens durch die χεῖρες ἄχραντοι des Herrn in
Dorm Mar 44. Zu vergleichen ist auch die Zusage Christi, daß der Körper
Mariens ins Paradies aufgenommen werden soll (Dorm Mar 39), die Seele
hingegen in die Schatzkammern Gottes, des Vaters.

---

[41] Das Test Jacob ist nur in Bohairisch, Arabisch und Äthiopisch überliefert. Anspruch auf
Ursprünglichkeit kann wohl v.a. die bohairische Version erheben, doch der Übersetzer STINE-
SPRING (bei CHARLESWORTH I,913–918) folgt wie beim Test Isaac der arabischen Version (vgl.
Anm. 40). Dort aber fehlt die Sterbeszene; sie wird von STINESPRING nur knapp referiert.
Diesem Mangel ist oben durch eine Übersetzung nach dem bohairischen Text abgeholfen.
Edition: I. GUIDI: Il Testamento di Isacco e il Testamento di Giacobbe (Rendiconti della reale
accademia dei lincei. Classe di scienze morali, storiche e filologiche V,9), Roma 1900, 223–264,
speziell 245ff.

XI,5. Interzession Michaels (Apc Mos 38,1)

38,1 ᵃΜετὰ δὲ τὴν ᵇἐσομένηνᵇ
χαρὰν τοῦ Ἀδὰμ
ἐβόησε πρὸς τὸν πατέρα ''ᶜ
ᵈὁ ἀρχάγγελος Μιχαὴλᵈ
ᵉδιὰ τὸν Ἀδάμᵉᵃ.

Nachdem nun Adam
künftige Freude (zuteil) geworden war,
rief der Erzengel Michael
zum Vater
um Adams willen.

- Zeugen: D St An₂ AH B Ath VitAd(georg) P² J² J³ ApcMos(arm)^(S. 19) Br S¹
- Es fehlen: AV Pa A AC C VitAd(arm) VitAd(latᵖ) VitAd(latᵐᶜ) Va P¹ LibAd(slav) An₁ J¹ E¹ S³
AD E²

Zum Text

38,1a An₂-AH: om; B: μετὰ οὖν ταῦτα πάντα ᵃἐδεήθηνᵃ ὁ ἀρχάγγελος περὶ τῆς ᵇκαρδίαςᵇ
τοῦ λειψάνου¹. **38,1b** (D)-St: γενησομένην (sq. BERTRAND); Ath (=*Ia) P²-J²-J³ (=*III):
ἐσομένην; An₂ AH B Br S¹: def. NAGEL: γεγενομένην (sic! – vgl. auch NAGEL II,9₂₅.18₄₆;
γεγενημένην wäre eher zu erwarten). **38,1c** P²-J²-J³ (=*III) ApcMos(arm) Br-S¹ (=*IIIa): τῶν
φώτων (nach 36,3). **38,1d** D-St: Μιχαὴλ ὁ ἀρχάγγελος (sq. BERTRAND); B: ὁ ἀρχάγγελος;
Ath (=*Ia) P²-J²-J³ (=*III) (Br)-(S¹) (=[*IIIa]): ὁ ἀρχάγγελος Μιχαήλ (sq. NAGEL); An₂ AH:
def. **38,1e** D Br-S¹ (=*IIIa): om.

Nachdem Michael Adam ins Paradies im dritten Himmel gebracht hatte (37,6),
leistet nun derselbe Michael Fürbitte für Adam und initiiert damit eine zweite
Ankunft des Thronwagens auf der Erde, und zwar – wie in 33,3 – an der Stelle,
an welcher der Leib Adams liegt (vgl. 38,3; 39,1). Das irritiert, denn man hätte
von Apc Mos 33,2–37,6 her erwartet, daß der Leib Adams dort nicht mehr
vorzufinden ist; auch schien mit Apc Mos 37,6 das Geschehen um den Tod
Adams zu einem sinnvollen Abschluß gekommen zu sein. Abgesehen davon
war gar nicht berichtet worden, daß der Thronwagen wieder in den Himmel
zurückgekehrt wäre.

Die Spannung erklärt sich damit, daß die Endredaktion der Apc Mos zwei
Texte miteinander verschweißt hat, die ursprünglich beide das postmortale
Schicksal Adams zum Gegenstand hatten. Beide hatten dabei ursprünglich den
»Leib« bzw. »Leichnam« (σῶμα) Adams im Blick, aber die erste (Apc Mos
33,2–37,6) wurde von der Endredaktion auf das πνεῦμα Adams bezogen (vgl.
Apc Mos 31,1.3b–4; 32,1–4), freilich ohne daß die Spuren der ursprünglichen
Textauffassung beseitigt worden wären. Der zweite beider Texte, in dieser Arbeit
als Grablegungserzählung bezeichnet, hat sich in Apc Mos 31,2–3a; 38,1–43,4
erhalten; er wurde an einigen Stellen erweitert, und zwar von der Endredaktion,

---

¹ Varianten: **a-a**: 3. Sg. Aor. Pass., vgl. DIETERICH 249. **b-b** TISCHENDORF (S. 20) cj.
κηδείας.

die 43,4b formuliert und in 42,8 Einfluß genommen hat, sowie von einer späteren Redaktion, die 42,5–7 und 43,3 hinzugefügt hat, vgl. E III,5a (S. 132–133).

Es ist durchaus wahrscheinlich, daß diese Erzählung, die anders als Apc Mos 33,2–37,6 auf ein Begräbnis Adams (und Evas) auf der Erde hinausläuft, von einer Fürbitte Michaels berichtete, denn dieser Engel ist auch in Apc Mos 38ff stark mit dem postmortalen Schicksal Adams und Evas befaßt (vgl. 40,1; 43,1); er ist also für Adam zuständig. Apc Mos 38,1 wird also insofern Teil der ursprünglichen Grablegungserzählung sein – von daher erklärt sich auch die etwas unorganische Doppelung des Auftretens von Michael in Apc Mos 37,6 und 38,1.

Auf der anderen Seite ist gerade an dieser Nahtstelle zwischen zwei ursprünglich selbständigen Quellenstücken redaktioneller Einfluß zu vermuten. Diesem ist wohl v.a. das einleitende adverbielle Syntagma μετὰ δὲ τὴν ἐσομένην χαρὰν τοῦ 'Αδάμ zu verdanken. Daß eine Entscheidung für eine künftige χαρὰ 'Αδάμ (»Freude Adams«) gefallen ist, kann man nämlich nur von Apc Mos 33,2–37,6 her wissen. Auffälligerweise wird diese »Freude Adams« hier aber als eine »künftige« (ἐσομένη) bezeichnet, ein derartiger »eschatologischer Vorbehalt« war in Apc Mos 33,2ff, das in der Hauptsache von der gegenwärtigen »Begnadigung« (συγχώρησις) Adams handelt, nur insofern zu bemerken, als dort der Aufenthalt Adams im Paradies des dritten Himmels als ein zwischenzeitlicher gedacht wurde – eine endgültige Klärung seines Ergehens erfolgt erst mit dem »Tag der Abrechnung« (37,5). Doch das wird dort nur implizit mitgeteilt; es kann lediglich aus dem relativ komfortablen Zwischenzustand auf den Endzustand geschlossen werden. Genau dies aber hat, wie es scheint, die Endredaktion unternommen; sie hat diesen Endzustand als »künftige Freude« (ἐσομένη χαρά) charakterisiert. Das Wort ἐσομένη kann dabei durch ἐσομένους in 37,6 angeregt sein, χαρά hingegen wird der Grablegungserzählung entnommen sein: In Apc Mos 39,2 ist von einer endzeitlichen χαρά Adams die Rede. Überhaupt ist Apc Mos 38ff stark von Ausblicken auf die Endzeit geprägt (Apc Mos 39; 41; 43,2); dieses Moment hat offenbar auch die Endredaktion interessiert.

Redaktioneller Einfluß zeigt sich möglicherweise auch in der Verwendung des Vatertitels für Gott. Dieser begegnet ansonsten nur in redaktionellen Passagen (Apc Mos 32,2) und in Apc Mos 33,2–37,6, vgl. auch 43,4, das redaktionell sein dürfte. Der Titel πατήρ für Gott kommt ansonsten in der Grablegungserzählung (31,2–3a; 38ff) nur noch in Apc Mos 38,2 vor, das freilich direkt an Apc Mos 38,1 anknüpft und damit ebenfalls redaktionell beeinflußt sein kann.

XI,6. Theophanie vor der Leiche Adams (Apc Mos 38,2–39,1a)

38,2 ^aΚαὶ ἐλάλησεν ὁ ^bπατὴρ^b
πρὸς ^cαὐτόν^{caA(37,5)},
ἵνα ^dσυναχθῶσι^d πάντες οἱ ἄγγελοι
ἐνώπιον τοῦ θεοῦ,
ἕκαστος κατὰ τὴν τάξιν αὐτοῦ ''^e,
^fτίνες μὲν^f ἔχοντες θυμιατήρια
ἐν ^gχερσὶν^g αὐτῶν,
^hἄλλοι δὲ^h ⁱκιθάρας
καὶ φιάλας καὶ σαλπίγγαςⁱ.
38,3 Καὶ ἰδού,
''^a ^bκύριος ^cστρατιῶν^c ἐπέβη^b,
καὶ τέσσαρες ^dἄνεμοι^d ^eεἷλκον^e αὐτόν
καὶ τὰ χερουβίμ
ἐπέχοντα τοῖς ἀνέμοις
καὶ οἱ ἄγγελοι
ἐκ τοῦ οὐρανοῦ
^fπροάγοντες^f ^gαὐτόν^g
καὶ ^hἐλθόντες^h ἐπὶ τὴν γῆν,
ὅπου ἦν τὸ σῶμα τοῦ Ἀδάμ ''ⁱ.

38,4 ''^a ^bΚαὶ ἦλθον^b εἰς τὸν παράδεισον^{C(37,6)} –
^{cd}καὶ^d ^eἐκινήθησαν^e
πάντα τὰ ^fφυτὰ^f τοῦ παραδείσου^c,
ὡς πάντας ἀνθρώπους
γεγεννημένους ἐκ τοῦ Ἀδὰμ
νυστάξαι ἀπὸ τῆς εὐωδίας
χωρὶς τοῦ Σὴθ μόνου,
ὅτι ἐγένετο ^gκα(θ)ορῶν^g τοῦ θεοῦ· –

39,1 ^{ab}ἐκεῖθεν^b
πρὸς τὸ σῶμα τοῦ Ἀδάμ^a ''^c.

38,2 Und der Vater sagte
zu ihm,
daß sich alle Engel
vor Gott versammeln sollten,
ein jeder nach seiner Ordnung,
einige mit Räuchergefäßen
in ihren Händen,
andere mit Zithern
und Schalen und Trompeten.
38,3 Und siehe,
der Herr der Heerscharen stieg auf,
und vier Winde zogen ihn
und die Cherubim,
die sich zu den Winden hielten,
und die Engel,
die aus dem Himmel (kommend)
ihm voran gingen
und auf die Erde kamen,
wo der Leib Adams war.

38,4 Und sie kamen ins Paradies –
und es wurden alle
Pflanzen des Paradieses bewegt,
so daß alle Menschen,
die aus Adam geboren worden waren
schläfrig wurden von dem Wohlgeruch,
außer Seth allein,
denn er wurde ein Beobachter Gottes –

39,1 und von dort (sc. dem Paradies)
zum Leib Adams.

- Zeugen: D St AV An₂ AH B Ath VitAd(arm) VitAd(georg) P² J² J³ ApcMos(arm)^(S.19) Br S¹ J¹(ab 38,4) E¹(ab 38,4) E²(ab 38,4)
- Es fehlen: Pa A AC C VitAd(lat^me) VitAd(lat^p) Va P¹ LibAd(slav) An₁ J¹(bis 38,4) E¹(bis 38,4) S³ AD E²(bis 38,4)

Zum Text

38,2a D Br-S¹ (=*IIIa): om. (der nachfolgende ἵνα-Satz gibt damit nicht den Befehl Gottes, sondern die Bitte des Erzengels wieder); ApcMos(arm): »und er sprach: Herr!« (vgl. D etc.); P²-J²-J³ (=*III) et rell: txt. **38,2b** St (Ath) (=*Ia) P²-J²-J³ (=*III): πατήρ; An₂-AH B: θεός; D ApcMos(arm) Br S¹: def. (vgl. °38,2a). **38,2c** An₂: τὸν ἀρχάγγελον; AH: τὸν ἀρχιστρατηγόν. **38,2d** Ath: συναχθήσονται. **38,2e** AV: καὶ κατὰ τὸν ὁρισμὸν τοῦ θεοῦ. συνῆξε Μιχαὴλ τοὺς ἀγγέλους; B: καὶ συνήχθησαν πάντες οἱ ἄγγελοι; P²-J²-J³: συνήχθησαν οὖν; (Apc Mos[arm]) Br-S¹ (=*IIIa *III): συνήχθησαν οὖν πάντες. **38,2f** D-St An₂-AH Ath (=*Ia) P²-J²-J³ (=*III) ApcMos(arm): τίνες μέν; AV: καί τινες μέν (sq. BERTRAND); B: οἱ; Br-S¹ (=*IIIa): οἱ μέν. **38,2g** D-St (AV) Ath (=*Ia) P² (=*III): χερσίν; An₂-AH J²-J³ Br-S¹ (=*IIIa): ταῖς χερσίν. In ApcMos(arm) ist mit Bᵃ »jeŕs« (pl.) statt »jeŕn« (sg.) zu lesen (vgl. YOV. 19₄). **38,2h** Hier ist ein Kollationsfehler NAGELs zu vermerken: Für D notiert er [..καὶ ἄλ]λοι. Die Klammern geben an, daß der Text hier nach CERIANIs Edition ergänzt ist (vgl. E II,3 [S. 30]), aber bei CERIANI steht (wie in den anderen Zeugen) ἄλλοι δέ. **38,2i** D: σαλπίγγας καὶ φιάλας (bcda); St: σαλπίγγας ἔχοντες καὶ φιάλας (cda), AV (=*Ib¹) An₂-(AH): κιθάρας ἔχοντες καὶ φιάλας καὶ σαλπίγγας (da); B: σάλπιγγες (ecda); Ath (=*Ia) P²-J²-J³ (=*III) (Br)-S¹ (=*IIIa): κιθάρας καὶ φιάλας καὶ σαλπίγγας (a); ApcMos(arm): »Zithern und Trompeten« (nach Bᵃ Cᵃ zu lesen, vgl. YOV. 19₅) (fa). **38,3a** D-St AV An₂-AH B Ath (=*Ia) P² (=*III): txt; J²-J³ Br-S¹ (=*IIIa): ὁ. **38,3b** Br-S¹ (=*IIIa): ὁ κύριος τῆς δόξης, ἐπιβεβηκὼς ἐπὶ τῶν στρατιῶν τοῦ οὐρανοῦ. **38,3c** D-(St): κραταιός; AV B Ath (=*Ia) P²-J²-J³ (=*III) (Br)-(S¹) (=[*IIIa]): στρατιῶν; An₂-AH: μετὰ στρατίας ἀγγέλων. **38,3d** An₂-AH: ἄγγελοι. **38,3e** J²-J³: †ἦλθον†. **38,3f** D-St AV Ath (=*Ia): προάγοντες; An₂-AH: παράγοντες; B Br-S¹ (=*IIIa *III): προηγοῦντο; P²-J²-J³: προῆγον. **38,3g** D-St AV B: αὐτῷ, An₂-AH Ath (=*Ia): αὐτόν, P²-J²-J³ (=*III) Br-S¹ (=*IIIa): αὐτοῦ. Προάγω im Sinne von »jmd. vorangehen« führt einen Akkusativ mit sich, vgl. 2. Mkk 10,1; Jos, Bell VI,1,6; Mt 2,9; 21,9; 26,32; Mk 10,32; 14,28; Ign Rom 9,3; der Dativ in D etc. soll wohl die Vorstellung vermeiden, daß die Engel den Wagen vorwärtstrieben.¹ **38,3h** D-St AV An₂-AH B Ath (=*Ia) | J³: ἐλθόντες (a|aba); P²-J² (=*III): διελθόντες (ba); Br-S¹ (=*IIIa): διῆλθον (cba).**38,3i** P²-J²-J³ (=*III) (ApcMos[arm]) Br-S¹ (=*IIIa): κείμενον. **38,4a** Ath (=*Ia² *Ia⁷) (VitAd[arm]) (VitAd[georg]): ᵃκαὶ πάντες οἱ ἄγγελοι ᵇπροήγοντοᵇᵃ². Diese Lesart ist deutlich eine Glosse: Das Material ist dem unmittelbar vorhergehenden Nahkontext entnommen. Der Interpolator wollte das Subjekt zu ἦλθον in 38,4 nachliefern, hat damit aber doch nur eine unnötige Doppelung geschaffen. **38,4b** D-St B Ath (=*Ia): καὶ ἦλθον (sq. NAGEL) (a); AV: ἦλθον (ba); An₂-AH: καὶ ἐλθόντες (ca); P²: κατῆλθε (dea); J²-J³: κατῆλθον (=*III) (sq. BERTRAND) (ea); Apc Mos(arm): »und von dort gehend begab sich Gott« (*καὶ κατελθών?) (fea); Br S¹: def. **38,4c** ApcMos(arm): »da brachten Frucht, indem sie aufblühten, die Pflanzen und Bäume des Paradieses insgesamt, und Wohlgeruch verströmte« (zu korrigieren nach Bᵃ, vgl. YOV. 19₉); Br-S¹ (=*IIIa): τότε ἐξήνθησαν πάντα τοῦ παραδείσου τὰ φυτὰ καὶ ἔδωκαν εὐωδίαν μεγάλην. **38,4d** D-St AV B VitAd(arm) (=*Ia) VitAd(georg) | J¹-E¹-E²: καί (a|ada); An₂-AH: om. (in An₂ entsteht so ein Nom. abs: καὶ ἐλθόντες εἰς τὸν παράδεισον ἐκινήθησαν πάντα κτλ. [»und als sie ins Paradies kamen, bewegten sich alle usw.«]) (ba); Ath: καὶ ἅμα τὸ ἐλθεῖν αὐτούς (ca); P²-J²-J³ (=*III) ApcMos(arm) Br-S¹ (=*IIIa): τότε (sq. BERTRAND) (da). J¹⁽ᵉᵗᶜ⁾ setzen hier nach einer längeren Omission wieder ein (vgl. °37,6/38,4C); ihr καί dürfte auf rezensionelle Arbeit zurückgehen. **38,4e** (ApcMos[arm]) Br-S¹ (=*IIIa): ἐξήνθησαν (nach 22,3); (J¹)-E¹-E²: εὐφράνθησαν; P²-J²-J³ (=*III) et rell: ἐκινήθησαν. **38,4f** D-(St): φύλλα. **38,4g** D⁽ᶜᵒᵈ⁾: †καθυρών†; St⁽ᶜᵒᵈ⁾: †κατορòν†; AV: προσετάγη ἀπὸ τοῦ θεοῦ *καθορᾶν* τὰ γινόμενα statt ἐγένετο καθορῶν τοῦ θεοῦ; An₂: κατὰ τὸν ὅρον (»entsprechend dem Gesetz [Gottes]« – zu dieser Bedeutung von ὅρος vgl. LAMPE s.v. ὅρος, § C4 [Sp. 975a]); AH⁽ᶜᵒᵈ⁾: †κάταρον†; Ath⁽ᶜᵒᵈ⁾: †κατòρον†; B⁽ᶜᵒᵈ⁾: †κατόρων†; P²: καθ' ὁρῶν (vgl. An₂); J²-J³: κατ' ὁρῶν (=*III); Br-S¹ (=*IIIa): καθαρός; J¹ E¹ E²: def. Die vielen verderbten Varianten mit -τ- lassen *ΚΑΤΟΡΩΝ als Ausgangslesart vermuten (Verwechslung von θ und τ, vgl. DIETERICH, Untersuchungen 84–85);

---

¹ Προάγω + Akk. im Sinne von »jmd. vorangehen« ist grundsätzlich eher ungebräuchlich. Viel geläufiger ist eine transitive Verwendung des Verbs in der Bedeutung »vorwärtsbringen« (LIDDLE-SCOTT-JONES s.v. §1–6 [p. 1466]) und eine intransitive mit der Bedeutung »vorange-hen« – ohne nominale Ergänzung (ibidem §7).

² Varianten: **a-a** VitAd(arm): Aᵛ: »eu amenayn hreštakkʻ aurhnoutʻeamb araǰi nora« (»und alle Engel mit Lobpreis vor ihm«); (Bᵛ) (Cᵛ): »eu amenayn hreštakkʻn gnayin araǰi nora« (»und alle Engel gingen vor ihm«) (sic lege); **b-b** Ath: προήγοντο; VitAd(georg): »chantaient ses louanges«.

dieses dürfte für καθορῶν gestanden haben. Eine Korrektur fiel u.a. wohl deshalb schwer, weil ein Titel καθορῶν τοῦ θεοῦ nicht geläufig war, ich habe keine Belege gefunden. Allerdings ist zu vermerken, daß das Wort καθοράω im Zusammenhang mit der Rede um die Wahrnehmbarkeit Gottes durchaus geläufig ist, vgl. 3. Mkk 3,11; Or Sib 4,12; Röm 1,20. **39,1a** B: καὶ ἦλθεν ὁ θεὸς πρὸς τὸ σῶμα τοῦ Ἀδὰμ ἐπὶ τὴν γῆν ἐν τῷ παραδείσῳ. Das Paradies ist hier Zielort der Fahrt Gottes vom Himmel, nicht Ort der Durchreise. Adam liegt im Paradies auf dem Erdboden. **39,1b** D-St P²-J²-J³ (=*III): ἐκεῖθεν (a); B: ἔκειτο οὖν (ba); Ath (=*Ia) VitAd(arm) VitAd(georg): καὶ ἦλθεν ὁ θεός (sq. BERTRAND, NAGEL) (ca); Br-S¹ (=*IIIa): ἦλθεν οὖν ὁ θεός (da); AV An₂ AH J¹ E¹ E²: def. Ἐκεῖθεν ist inhaltlich adäquater als die Varianten von *Ia und *IIIa. Um zum Leichnam Adams zu gelangen, muß Gott das Paradies wieder verlassen, denn der Verstorbene liegt nicht im Paradies. *Ia und *IIIa haben übersehen, daß καὶ ἐκινήθησαν ... κα‹θ›ορῶν τοῦ θεοῦ in Parenthese stehen. **39,1c** Ath (=*Ia² *Ia⁷) (VitAd[arm]) (VitAd[georg]): ὃ ἦν ῥερυμένον³ (»der schon flüssig geworden war [sc. der Leichnam]«). Ῥερυμένον ist Part. Perf. Med.-Pass. von ῥέω. Ein Perfekt von ῥέω wird in den Wörterbüchern (PASSOW, LIDDLE-SCOTT, BAUER) und im Thesaurus von STEPHANUS nicht aufgeführt, auch TLG-Recherchen erbrachten kein positives Resultat. Wahrscheinlich hatten die Übersetzer von VitAd(arm) und VitAd(georg) Schwierigkeiten, die Form zu identifzieren, und haben deshalb eher geraten als übersetzt. Zur Semantik: Ῥέω bedeutet im allgemeinen »fließen«, kann aber auch »dahinschwinden« und »vergehen« heißen, vgl. Hesychius Alexandrinus, Lexicon P, 215 (SCHMIDT III,426), wo ῥέοιτο durch φθείροιτο erläutert wird, sowie Plato, Phaidon 87c: εἰ γὰρ ῥέοι τὸ σῶμα καὶ ἀπολλύοιτο ἔτι ζῶντος τοῦ ἀνθρώπου (»wenn nämlich dahinschwinde der Leib und verderbe, auch wenn der Mensch noch lebt«). Vielleicht geht es an dieser Stelle jedoch primär um das Phänomen des Leichenflusses: Das Perfekt soll dann zum Ausdruck bringen, daß dieser schon eingetreten sei, die Leiche also schon Wasser abgesondert habe. Die Lesart dürfte sekundär sein: In 39,1b–3 beklagt Gott, daß Adam auf der Erde liegt, nicht aber dessen Verweslichkeit. Vielleicht hat beim Glossator Erinnerung an Apc Mos 33,3 und 35,2 eingewirkt. Schon dort wurde erzählt, daß Adam auf dem Boden lag, und nun schon wieder – in der Zwischenzeit wird er, so dachte sich wohl der Glossator, den üblichen Zersetzungsprozessen ausgeliefert gewesen sein.

Im Anschluß an die Fürbitte Michaels für Adam (38,1) erscheint nun Gott mit seinen Engeln vor dem Leib Adams. Der Thronwagen Gottes wird nicht explizit erwähnt, aber wenn in 38,3 gesagt wird, daß Gott etwas »besteigt« (ἐπέβη) und daß er »gezogen« wird (εἷλκον), dann ist vorausgesetzt, daß Gott auf einem Wagen fährt. Wir haben es also wie in Apc Mos 33,2–37,6 mit einer Thronwagentheophanie zu tun; beide Texte sind, da ursprünglich voneinander unabhängig, als Parallelen zu betrachten. Auf dem Wege zu Adam durchqueren Gott und seine Engel das Paradies (38,4) – mit der Folge, daß die Pflanzen des Paradieses Wohlgerüche verströmen, welche alle Menschen außer Seth in den Schlaf versetzen. Damit ist Seth der einzige, der das nachfolgend Erzählte verbürgen kann, und so wird die Grablegungserzählung implizit auf ihn zurückgeführt.

---

³ Varianten: Ath: ὃ ἦν ῥερυμένον; VitAd(arm): »our kayr meṙeal« (»der tot dalag«); Vit Ad(georg): »tombé (à terre)«.

Apc Mos 38,2

Auf die Fürbitte Michaels reagiert Gott mit einer Aufforderung an denselben, daß er sämtliche Engel zusammenrufen solle (38,2). Weder die Übermittlung der Aufforderung noch deren Umsetzung durch die Engel wird anschließend berichtet, sie wird vorausgesetzt. Michael kommt hier die gleiche exponierte Stellung wie in Apc Mos 22,1 zu: Er ist der einzige, der von Gott angesprochen wird; er übermittelt die Befehle Gottes an die Engel. Es ist wahrscheinlich, daß er als der oberste der Engel gedacht ist. Gott trägt wie in 38,1 den Titel »Vater«, hier zeigt sich wohl Einfluß der Endredaktion, vgl. den Kommentar zu 38,1.

Der Befehl hat im einzelnen zum Inhalt, daß die Engel sich je nach ihrer Ordnung (τάξις) versammeln sollen. Hier begegnet ein militärisches Moment, das im nachfolgenden Gottestitel κύριος στρατιῶν (38,3) eine Entsprechung findet. Dieses hatte in Apc Mos 33,2–37,6 gefehlt. Dafür hat diese Theophanie mit der in Apc Mos 33,2–37,6 die kultische Motivik gemeinsam: Wie in Apc Mos 33,4 hantieren die Engel mit dem für ein Räucheropfer notwendigen Kultinventar, zusätzlich mit Trompeten und Zithern. Daß es auch hier ein Räucheropfer ist, dürfte denselben Grund haben wie dort: Vor der Sintflut war der Verzehr von Tieren und damit auch rituelle Schlachtung noch nicht erlaubt (vgl. Gen 1,29; 9,3). Eine weitere Parallele zu Apc Mos 33,2–37,6 besteht darin, daß das Opfer Gott gewissermaßen zu seiner Epiphanie auf Erden begleitet. Anders als in 33,2ff wird allerdings hier und im Folgenden nicht erzählt, wie es vollzogen wird.

Apc Mos 38,3

Nachdem der Hofstaat versammelt ist, »steigt« Gott »auf« (ἐπέβη), das gleiche Wort begegnet auch in Apc Mos 22,3 (ἐπιβεβηκὼς ἐπὶ ἅρματος χερουβίμ). Auch hier – in 38,3a – ist von Cherubim die Rede; es dürfte dieselbe Sache gemeint sein wie in Apc Mos 22,3: Gott steigt auf den Cherubenwagen. Auch der biblische Hintergrund dürfte ein ähnlicher sein, nämlich Hes 10,18 und Ps 18,11 (𝔊: 17,11). Der Wagen wird indes von Winden gezogen; die Cherubim halten sich zu den Winden; d.h. die eigentliche Bewegung geht von den Winden aus. Diese Aussage findet weder in Apc Mos 22,3 noch in 33,2–37,6 eine Parallele.

Ihr Hintergrund dürfte in Ps 18,11 (𝔊: 17,11), vielleicht eher noch in Hes 1,12 zu suchen sein: In Ps 17,11 𝔊 heißt es: καὶ ἐπέβη ἐπὶ χερουβιν καὶ ἐπετάσθη, ἐπετάσθη ἐπὶ πτερύγων ἀνέμων (»und er [sc. Gott] stieg auf die Cheruben und flog, er flog auf den Flügeln der Winde«); der masoretische Text bietet Entsprechendes. Mögen hier eigentlich Cherubim und die Flügel der Winde dasselbe meinen (sicher ist das nicht), man kann den Text doch eben auch im

Sinne eines Nebeneinanders von Cherubim und Winden lesen. In Hes 1,12 wird mitgeteilt, daß die Tiere (ζῷα / חיות), die in Hes 10 mit den Cherubim identifiziert werden, sich in ihren Bewegungen nach der רוח richten bzw. dem πνεῦμα in ⑤. Das Wort ἐπέχοντα begegnet dabei nicht, doch etwas weiter unten, in Hes 1,19, steht ἐχόμενοι αὐτῶν (𝔐: אצלם), um zum Ausdruck zu bringen, daß die Bewegungen der »Räder« (τροχοί / אופנים) auf die der Tiere abgestimmt sind. Es ist denkbar, daß die Erwähnung der Winde in Apc Mos 38,3 damit auf einer Exegese von Hes 1,12 beruht, welche diese Stelle dahingehend verstand, daß die eigentliche Hauptantriebskraft des Thronwagens der Wind war; das Verhältnis des Windes zu den Tieren (Cherubim) stellte der Exeget sich dann in Analogie zu dem zwischen den Tieren und den Rädern in Hes 1,19 vor. Eine Bestätigung dieser Exegese dürfte das Nebeneinander von Winden und Cherubim in Ps 18 (17),11 geboten haben; von dort her mag auch das Moment stammen, daß es mehrere Winde sind, die den Wagen ziehen. Daneben können die Winde hier auch der Tradition geschuldet sein: Auch im frühen Judentum ist die Anschauung nicht unbekannt, daß der Wagen der Sonne und des Mondes vom Wind gezogen wird (vgl. 1. Hen 72,5). Schon in Apc Mos 33,2–37,6 war der solare Hintergrund der Thronwagenvorstellung manifest geworden; wahrscheinlich zeigt er sich auch hier. Anders als in Apc Mos 33,2–37,6 wird hier solare Motivik allerdings kaum gezielt ins Spiel gebracht.

Der Wagen wird nicht nur von Winden und Cherubim gezogen, ihm gehen auch Engel voran (προάγοντες) – wie in Apc Mos 33,2; zu den Hintergründen der Vorstellung vom Engelgeleit siehe die Kommentierung zur Stelle.

Über die Engel wird dann auch gesagt, daß sie zu Adam auf die Erde kamen (καὶ ἐλθόντες κτλ.). Es ist dann aber Gott, der in 39,1b–3 eine Rede an Adam hält, also kommt auch Gott zu Adam. Wahrscheinlich sind hier erst einmal nur die Engel im Blick, weil sie vorangehen. Vielleicht soll so auch Gott den Augen des Lesers entzogen werden; dies ist, wie ein Vergleich mit 33,2–37,6 zeigt, für Theophanieschilderungen nicht untypisch.

Die Syntagmen καὶ τὰ χερουβίμ, ἐπέχοντα τοῖς ἀνέμοις und καὶ οἱ ἄγγελοι ... προάγοντες καὶ ἐλθόντες κτλ. schließen an εἷλκον an, aber spätestens bei den Engeln ist zweifelhaft, daß sie den Wagen ziehen. Wahrscheinlich ist mindestens das zweite partizipiale Syntagma schon weitgehend autonom. Ähnlich autonome Nominal- und Partizipialsyntagmen finden sich auch in 33,3; 35,2; 36,1; 37,6; vgl. hierzu °37,6d. Möglicherweise sind sie für Theophanieschilderungen typisch, vermutlich liegt auch ein Einfluß semitisierender Syntax vor, für die partizipiale Hauptverben nichts Ungewöhnliches sind, vgl. zum Hebräischen MEYER § 104,3b.

Apc Mos 38,4–39,1a

Der Bewegungsablauf wird in 38,4 scheinbar gestört: Nun heißt es auf einmal, daß die Engel (und mit ihnen alle anderen, nicht zuletzt Gott) ins Paradies gegangen seien (καὶ ἦλθον εἰς τὸν παράδεισον). Nachdem dann parenthetisch über die Auswirkung der Theophanie auf die Pflanzen des Paradieses berichtet wurde, heißt es dann in 39,1: Ἐκεῖθεν πρὸς τὸ σῶμα τοῦ ᾿Αδάμ (»von dort zum Leib Adams«). Der Bezug dieses Syntagmas ist schwer zu finden; es muß auf τὸν παράδεισον zurückweisen; es überspringt also die Parenthese. Auf diese Weise wird freilich – wie es scheint – zweimal über die Ankunft der dem Wagen vorausgehenden am Leib Adams berichtet, vgl. die Doppelung der Wendung σῶμα τοῦ ᾿Αδάμ in Apc Mos 38,3 und 39,1a. Klar ist allerdings, daß nur eine Ankunft intendiert ist; die Durchquerung des Paradieses geschieht auf dem Wege vom Himmel zum Leib Adams.

Dennoch bleibt die Doppelung auffällig: man ist versucht, sie auf eine sekundäre Einarbeitung der Paradiesepisode zurückzuführen. Dafür könnte sprechen, daß auch in 42,3, wo diese Episode noch einmal aufgenommen wird, der Text unübersichtlich wird. Doch empfiehlt es sich gerade bei einer Erzählung wie der Apc Mos nicht, jegliche Unebenheit literarkritisch zu erklären: Erzählerisches Ungeschick begegnet in diesem Text allenthalben; dem Verfasser der Grablegungserzählung mag einfach auch das Material über den Kopf gewachsen sein. Relativ sicher ist jedenfalls, daß Apc Mos 38,4 und die damit verbundenen Unebenheiten nicht auf die Endredaktion zurückgeführt werden können, siehe hierzu die Ausführungen zur Rolle Seths in Apc Mos 31,2–3a; 38ff etwas weiter unten.

Das Erscheinen Gottes im Paradies hat eine Reaktion der Pflanzen des Paradieses zur Folge: Sie bewegen sich und sondern einen Wohlgeruch (εὐωδία) ab, der alle Menschen außer Seth einschläfert. Vorausgesetzt ist dabei möglicherweise, daß sich die Menschen in der Nähe des Paradieses befinden.[4] »Wohlgerüche« (εὐωδίαι) des Paradieses spielen auch in Apc Mos 29,3–6 eine Rolle, dort freilich als Ingredienzien für das von Adam geplante Räucheropfer. Hier wird ein anderes mit εὐωδία konnotiertes Moment aktiviert, nämlich eine narkotische Wirkung.

Daß Seth davon nicht betroffen wird, hat mit der ihm zugedachten Funktion zu tun: Er ist καθορῶν τοῦ θεοῦ (»Beobachter Gottes«), d. h. er ist der einzige, der das nachfolgend erzählte direkte Eingreifen Gottes im Zusammenhang mit der Bestattung und Beerdigung Adams schauen darf. Ihm wird auf diese Weise

---

[4] Daß Adam und Eva nach der Vertreibung aus dem Paradies mit ihren Nachkommen in dessen Nähe gewohnt haben, ist eine speziell in der syrischen Kirche (Ephraem, Schatzhöhle) weit verbreitete Vorstellung, vgl. L. VAN ROMPAY: Memories of Paradise. The Greek Life of Adam and Eve and Early Syriac Tradition, Aram Periodical 5 (1993), 555–570, speziell 558–563. VAN ROMPAY sieht hier einen traditionsgeschichtlichen Zusammenhang zwischen der Apc Mos und der syrischen Kirche. Es wird allerdings in der Apc Mos nirgends explizit gesagt, daß die ersten Menschen sich in der Nähe des Paradieses aufgehalten haben.

eine exklusive Vision gewährt. Diese Exklusivität hat ihren Grund sicher in dem, was schon der Titel »Beobachter Gottes« andeutet: Gott selbst tritt auf; das ist ein Vorgang, den nicht jeder wahrnehmen darf (vgl. Test Hiob 52,9). Seth ist auf diese Weise allerdings auch der einzige Zeuge des postmortalen Schicksals sowohl Adams als auch Evas – vgl. 42,3 und 43,1, wo allein er eine Anweisung Michaels hinsichtlich der Bestattung von Verstorbenen erhält.

Damit ist aber auch er es, der das in der Grablegungserzählung in Apc Mos 31; 38ff vermittelte Wissen autorisiert. In dieser Eigenschaft konkurriert er auf der Endtextebene mit Mose (vgl. die Superscriptio). Es ist daher unwahrscheinlich, daß die Endredaktion Seth derart als Mittler geheimen Wissens aufgebaut hat wie dies in Apc Mos 31; 38ff geschieht; damit verbietet es sich, in dem etwas problematischen Kontextverhältnis von Apc Mos 38,3 (und 42,3!) Spuren eines Eingriffs der Endredaktion zu sehen. Außerdem ist Seth in dieser Funktion innerhalb der Grablegungserzählung fest verankert; speziell 43,1 kann nicht aus der Erzählung herausgelöst werden. Ist aber Seth in der Grablegungserzählung faktisch Offenbarungsmittler, so weist diese Tendenzen zu einer Seth-Pseudepigraphie auf, die in anderen Schichten der Apc Mos nicht bezeugt ist, aber immerhin Entsprechungen findet, insofern auch in Apc Mos 33,2–37,6 und in Apc Mos 5–14 Seth eine wichtige Rolle spielt, ganz zu schweigen von Apc Mos 3,2.

Mit der Reaktion der Pflanzen des Paradieses auf das Erscheinen Gottes weist Apc Mos 38,4 auch eine gewisse Affinität zu Apc Mos 22,3b auf: Auch dort hat die Ankunft Gottes im Paradies Auswirkungen auf die Vegetation des Paradieses: Sie schlägt aus (ἐξήνθησαν), d. h. sie bekommt wieder Blätter (siehe den Kommentar zur Stelle). Es waren schon mehrere Affinitäten zwischen Apc Mos 38,2–39,1 und Apc Mos 22 festgestellt worden, so hinsichtlich der Funktion Michaels und der Thronwagenvorstellung (in beiden Texten Bezugnahme auf Ps 18,11 und Hes 10,18). Aufgrund einer solchen Häufung ist es unwahrscheinlich, daß diese Anklänge zufällig sind: Eher wird es sich um gezielte Allusionen handeln – und zwar mit dem Ziel, das für Adam und Eva negative Gerichtshandeln in Apc Mos 22ff mit einem positiven zu kontrastieren: Während Gott damals im Paradies erschien, um Adam (und Eva) zu verurteilen, hat sein Erscheinen nun etwas mit einer hoffnungsvollen Aussicht zu tun, die in Apc Mos 41,2 explizit wird: Dort wird Adam die Auferstehung von den Toten prophezeit.

Für die Entstehungsgeschichte der Grablegungserzählung bedeutet dies, daß diese im Hinblick auf die in Apc Mos 15–30 erhaltene Erzählung Evas von den Vorgängen im Paradies abgefaßt wurde. Nochmals erweist sich, daß dieser Block zur ältesten Schicht in der Apc Mos gehört.

XI,7. Rede Gottes vor dem unbestatteten Leichnam Adams (Apc Mos 39,1–3)

Καὶ ἐλυπήθη σφόδρα ἐπ᾽ ᵈαὐτῷᵈ | Und Gott wurde sehr traurig über ihn
καὶ λέγει ᶜαὐτῷᵉ ὁ θεός· | und spricht zu ihm:
Ἀδάμ, τί τοῦτο ἐποίησας; | »Adam, warum hast du das getan?
εἰ ἐφύλαξας τὴν ἐντολήν μου, | Hättest du mein Gebot eingehalten,
οὐκ ἂν ᶠἐχαίροντοᶠ | dann würden sich nicht freuen,
οἱ ᵍκατ‹αγ›αγόντεςᵍ σε | die dich heruntergebracht haben
εἰς τὸν τόπον τοῦτον. | zu diesem Ort.
39,2 Πλὴν λέγω σοι, | 39,2 Allein ich sage dir,
ὅτι τὴν χαρὰν αὐτῶν | daß ich ihre Freude
ἐπιστρέψω εἰς λύπην, | wieder in Trauer wenden werde
ᵃτὴν δὲᵃ ᵇλύπην σουᵇ | und deine Trauer
ἐπιστρέψω εἰς χαράν· | wieder in Freude;
καὶ ᶜᵈἐπιστρέψωᵈ σε | und ich werde dich wieder
εἰς τὴν ἀρχήν σουᶜ | zu deiner ursprünglichen Herrschaft bringen
ᵉκαὶ καθί‹σω›ᵉ σε | und werde dich
ᶠεἰςᶠ τὸν θρόνον τοῦ ἀπατήσαντός σε, | auf den Thron deines Verführers setzen,
39,3 ᵃ᾽Εκεῖνος δὲᵃ ᵇεἰσβληθήσεταιᵇ | 39,3 Jener aber wird geworfen werden
εἰς τὸν τόπον τοῦτον, | an diesen Ort,
ἵνα ἴδῃ σε καθήμενον ἐπάνω ᶜᵈαὐτοῦ. | damit er dich über ihm sitzen sieht;
τότε κατακριθήσεται αὐτὸς | dann wird er selbst verurteilt werden
καὶ οἱ ἀκουσάντες αὐτοῦ ᶜᶜᵉ, | und die auf ihn gehört haben,
καὶ λυπηθήσεται | und er wird trauern,
ὁρῶν σε καθήμενον | da er dich auf seinem Thron
ἐπὶᶜ τοῦ θρόνουᵈ αὐτοῦᴬ⁽³⁷,⁶⁾. | sitzen sehen wird«.

- Zeugen: D St AV An₂ AH B Ath VitAd(arm) VitAd(georg) P² J² J³ ApcMos(arm)⁽ˢ· ¹⁹/²⁰⁾ Br S¹ J¹ E¹ E²

- Es fehlen: Pa A AC C VitAd(latᵐᵉ) VitAd(latᵖ) Va P¹ LibAd(slav) An₁ S³ AD

Zum Text

39,1d Ath: αὐτόν. **39,1e** (J¹)-E¹-(E²): πρὸς τὸ πνεῦμα τοῦ Ἀδάμ (ein Gespräch mit einem Leichnam schien nicht mehr vorstellbar). **39,1f** D: ἐχαίρονται; St AV P²-J²-J³ (=*III) Br-(S¹) (=*IIIa): ἐχαίροντο (χαίρειν ist im Präsensstamm gewöhnlich aktivisch, doch vgl. Acta Apost 3,8 D [χαιρόμενος] und Test Abr A 11,8 AQ [χαίρεται]; im Neugriechischen hat sich das Deponens χαίρομαι durchgesetzt [THUMB § 177,1]. Vgl. auch BL-DEBR-REHK § 307₄); An₂: ἐχάρουντο; AH⁽ᶜᵒᵈ⁾: †ἐχορούντων†; Ath (=*Iaʔ): ἔχαιρον (reguläre Form). **39,1g** D-St AV An₂-AH B Ath (=*Ia) P² (=*III): κατάγοντες (sq. NAGEL); J²-J³: καταγαγόντες (sq. BERTRAND); Br-S¹ (=*IIIa): κατηγοροῦντες (vgl. Apc Joh 12,10, wo der Teufel κατήγορος/κατήγωρ genannt wird). Der Archetyp hatte ΚΑΤΑΓΟΝΤΕΣ, doch dies dürfte aus *ΚΑΤΑΓΑΓΟΝΤΕΣ verderbt sein (wiederhergestellt in J²-J³). **39,2a** D-St: καὶ τήν. **39,2b** B⁽ᶜᵒᵈ⁾: σὺν λείπην; Ath⁽ᶜᵒᵈ⁾: σὺν λύπην. Beide Varianten gehen auf σοῦ λύπην zurück. **39,2c** P²-J²-J³ (=*III) (ApcMos[arm]) Br-S¹ (=*IIIa): ἐνέγκω σε πάλιν εἰς τὴν ἀρχαίαν σου τιμήν; J¹ E¹ E²: def. **39,2d** D-St AV (An₂)-AH (B) Ath (=*Ia): ἐπιστρέψω; P²-J²-J³ (=*III) Br-S¹ (=*IIIa): ἐνέγκω (vgl. °39,2c); ApcMos(arm): »darjouc῾anem« (»ich bringe/wende zurück« – 1. Sg. Präs.) (Zuvor war ἐπιστρέψω mit demselben Verb wiedergegeben worden, aber in einer anderen Form [»darjouc῾ic῾« – 1. Sg. Aor. Konj.]. Hier müßte das Korrelat freilich nicht wie in *I ἐπιστρέψω sein, sondern ἐνέγκω πάλιν [so P²-J²-J³ und *IIIa]. Deutet vielleicht der (ansonsten unerklärliche) Tempus-wechsel den Wechsel des Korrelats an?); J¹ E¹ E²: def. **39,2e** D-St AV An₂-AH Ath (=*Ia): καὶ καθήσω (sic!) (a); P²-J²-J³ (=*III) Br-S¹ (=*IIIa): καὶ θήσω (hapl.) (ba); J¹-E¹-E²: θήσω (cba); B: def. Der Archetyp hatte einen Itazismus! **39,2f** D-St B: ἐπί. **39,3a** (Ath) (=*Ia) (VitAd[georg]): ᵃᵇἐκεῖνος δὲ ὁ καθίσας ᵇ ἐπ' ᶜαὐτῷ ᶜ πρὶν γενέσθαι αὐτὸν ἐν ὑπερηφανίᾳ ᵃ¹ (»jener aber, der auf ihm [sc. dem Thron] saß, bevor er hochmütig wurde«) (sq. NAGEL: ἐκεῖνος δὲ τὸν καθίσαν-τα ἐπ' αὐτῷ πρὶν γενέσθαι αὐτὸν ἐν ὑπερηφανίᾳ). Da nichts im Kontext darauf hindeutet, daß der Thron des Teufels gegenwärtig vakant sei, ist diese Passage als Interpolation zu werten. Sie weist Affinitäten zu Vit Ad 11–17 auf, das freilich später entstanden ist. **39,3b** D | J¹: ἐμβληθήσεται (ba|bcea); St AV Ath (=*Ia): εἰσβληθήσεται (a), An₂-AH | E¹-E²: ἐκβληθήσεται (sq. BERTRAND) (vgl. Joh 12,31) (ca|cea); B: βληθήσεται (da); P²-J²-J³ (=*III) (Br)-(S¹) (=[*IIIa]): καταβληθήσεται (ea). **39,3c** Ath: om. (ht.); (VitAd[georg]) (=*Ia) et rell: txt. **39,3d** AV: om. (ht.). **39,3e** P²-J²-J³ (=*III) (ApcMos[arm]) Br-S¹ (=*IIIa) (J¹)-(E¹)-(E²): ἐν πυρὶ γεέννης. Der Teufel wird in *III zuerst auf die Erde geworfen und dann in das Feuer der Gehenna. Vgl. die Apc Joh, die den Teufel zuerst auf die Erde stürzen sieht (Apc Joh 12) und ihm am Ende die ewige Feuerstrafe angedeihen läßt (Apc Joh 20,10).

1. Zum Inhalt

Unmittelbar nach seiner Ankunft an der Leiche Adams äußert Gott seine Trauer in einer Ansprache vor Adam; die Thronwagenszenerie spielt keine Rolle mehr und wird auch im Folgenden keine Beachtung mehr finden – anders als in Apc Mos 33,2–37,6, wo sie bis zum Ende eine konstitutive Rolle für die Erzählung spielt. Zu beachten ist, daß Gott selbst die Ansprache hält; er wird sich auch künftig in eigener Person für Adam engagieren; so läßt er zwar die Engel die Bestattung besorgen (Apc Mos 40), aber er selbst hält die Grabesrede (41) und versiegelt das Grab (42,1). Funktional kommt dieser persönliche Einsatz Gottes der Aufnahme Adams durch die Hand Gottes in Apc Mos 37,4 gleich.

Der Situation nach entspricht die Ansprache Gottes einer Totenklage.[2] Dazu paßt der Hinweis auf die starke Trauer Gottes (ἐλυπήθη σφόδρα). Doch das Moment der Totenklage ist lediglich Anknüpfungspunkt, nicht aber das eigentli-che Thema der Rede Gottes. Im Zentrum steht vielmehr eine auf die Endzeit bezogene Verheißung, die das Mißliche der gegenwärtigen Situation als etwas

---

[1] Varianten: **a-a**: VitAd(georg): »là où il s'était assis, près d'où fut découverte sa rébellion«; **b-b** Ath: ἐκεῖνον δὲ τὸν καθίσαντα (Analogiebildung nach καθίσω σε); **c-c** Ath: αὐτόν; NAGEL cj. αὐτῷ.

[2] Die Totenklage fand in talmudischer Zeit v.a. während des Leichenzuges statt, dabei kam Frauen eher das Klagen, Männern eher das Lob des Toten zu, vgl. KRAUSS: Talmudische Archäologie II, 62–69. Dazu gab es eine oder mehrere Leichenreden, vgl. KRAUSS II, 68–69. Dafür, daß wie in der Apc Mos eine Person vor der Leichenpflege (Apc Mos 39) und nach der Bestattung (Apc Mos 41) eine Rede an den Toten hält, habe ich keine Parallele gefunden. Dieses Moment ist, wie noch nachzuweisen ist, exegetisch begründet. Die Grablegungserzählung scheint nicht die Absicht zu verfolgen, eine typische Bestattungsfeier vor Augen zu führen oder zu ätiologisieren.

Vorläufiges kennzeichnet. Auch damit manifestiert sich in Apc Mos 39 eine Tendenz, die im Folgenden fortgesetzt werden wird: Die an Adam vollzogenen Handlungen entsprechen zwar den Gepflogenheiten der Totenpflege und laufen auf seine Beerdigung hinaus, sie verweisen aber zugleich auf eine Zukunft, in welcher der Tod aufgehoben sein wird: Gott selbst klagt vor dem Leichnam Adams, doch dabei redet er in erster Linie von einer Endzeit, die das Gegenteil dessen sein wird, was gegenwärtig zu beklagen ist (Apc Mos 39). Auch die Wohlgerüche aus dem Paradies, die Adam als Grabbeigaben mitgegeben werden, konterkarieren die gegenwärtige Wirklichkeit des Todes (40,7). Das gleiche gilt schließlich für die Grabrede Gottes, die zwar den Tod Adams unter Hinweis auf Gen 3,19b konstatiert, im Anschluß daran aber denselben Vers auf eine Auferstehung Adams von den Toten hin auslegt.

Die Frage τί τοῦτο ἐποίησας hat den gleichen Wortlaut wie die, welche Gott in Apc Mos 23,5 an Eva gestellt hatte – in Übereinstimmung mit Gen 3,13 ᅭ. Daß damit auf die Erzählung der Eva in Apc Mos 15–30 angeknüpft wird, ist sehr wahrscheinlich, denn auch andere Indizien weisen ja darauf hin, daß Apc Mos 39 – wie die Grablegungserzählung überhaupt – auf die Eva-Erzählung Bezug nimmt. Auf jeden Fall wird aber, wie aus dem nachfolgenden Satz εἰ ἐφύλαξας τὴν ἐντολήν μου hervorgeht, mit dieser Frage die Übertretung des Gebotes im Paradies in Erinnerung gerufen. Das ist theologisch stimmig, denn die Mißachtung des göttlichen Gebotes ist die Ursache für den gegenwärtig zu beklagenden Mißstand, doch narrativ erweist es sich als einigermaßen problematisch: Immerhin liegt dieses Ereignis etwa 900 Jahre zurück – und doch wird hier darauf mit dem einfachen Demonstrativpronomen τοῦτο geradezu so verwiesen, als hätte man die Sache unmittelbar vor Augen! Auch hier ist die theologische Idee wichtiger als die erzählte Handlung.

Wenn Gott vor der Leiche Adams Trauer zeigt, so wäre anzunehmen, daß er im Folgenden auf den Tod Adams zu sprechen kommt. Doch genau das geschieht nicht. Beklagt wird nicht der Tod, sondern die Tatsache, daß sich Adam nun an »diesem Ort« (τὸν τόπον τοῦτον) befindet, also – wie aus 38,3 hervorgeht – auf der Erde. Daß es ihn dorthin verschlagen hat, ist Folge eines Abstiegs – andere haben ihn dorthin »heruntergebracht« (καταγαγόντες) und sich darüber gefreut (ἐχαίροντο). Καταγαγόντες wird hier genausowenig im räumlichen Sinne zu verstehen sein wie in Apc Mos 21,2; eher ist an eine Statusminderung zu denken. Auf keinen Fall aber wird der Abstieg aus einer himmlischen Region gemeint sein, denn dafür, daß Adam sich vor seiner Gebotsübertretung im himmlischen Paradies aufgehalten hätte, gibt es in der Apc Mos nirgends einen Anhaltpunkt. Wahrscheinlicher ist, daß hier Paradies und Erde genauso gegenübergestellt werden wie in Apc Mos 29,6 (καὶ ἐγενόμεθα ἐπὶ τῆς γῆς »und wir kamen auf die Erde«). Auch hier ist die Erde eine andere

Region als das Paradies – wahrscheinlich eher im qualitativen denn im topographischen Sinne, denn Apc Mos 15–30 verortet das Paradies eindeutig auf der Erde und erweckt zudem nicht den Eindruck, daß es räumlich erhaben wäre (wie etwa in der syrischen Überlieferung)[3]. Da schon die Eingangsfrage an Apc Mos 15–30 anknüpfte, ist es sehr wahrscheinlich, daß auch hier auf dieses Quellenstück Bezug genommen wird. Ein solcher Rekurs ergibt auch auf der Endtextebene einen guten Sinn.

Der Abstieg auf die Erde wird begriffen als Folge einer Intrige: Andere haben Adam auf die Erde gebracht und darüber Freude empfunden. Das hätten sie nicht geschafft, wenn Adam nicht das Gebot Gottes übertreten hätte. Die Gebotsübertretung steht damit im größeren Zusammenhang eines gegen Adam gerichteten Handelns feindseliger Mächte. Wer diese Mächte sind, wird hier nicht gesagt (Teufel und Schlange?), aber im Folgenden (39,2–3) wird klar, daß an erster Stelle der Teufel steht, der Adam irregeführt hat (ἀπαντήσαντος), dazu s.u.

Mit dem Wort πλήν (39,2) wird eine entscheidende Wendung signalisiert. Bei der Freude derjenigen, die Adam auf die Erde gebracht haben, wird es nicht bleiben, es wird vielmehr eine Umkehrung der Verhältnisse geben. Das Schlüsselwort für diese Umkehrung ist ἐπιστρέφειν. Gott wird die Freude (χαρά) der Gegner Adams in Trauer (λύπη) verwandeln und umgekehrt die Trauer Adams in Freude. Die gegenwärtige Trauer Adams korreliert mit Gottes Trauer (39,1: ἐλυπήθη); Gott steht auf der Seite Adams.

Die Umkehrung der Verhältnisse auf dem Gebiet der Emotionen hat einen gewissermaßen machtpolitischen Hintergrund: Adam wird wieder zu seiner ἀρχή zurückgebracht (auch hier ἐπιστρέψω). Das Wort ἀρχή im Zusammenhang mit ἐπιστρέψω evoziert den Gedanken einer *recapitulatio* – es wird die ἀρχή Adams im Sinne seines ursprüngliche Zustandes wiederhergestellt. Doch der Nachsatz καὶ καθί‹σ›ω σε εἰς τὸν θρόνον τοῦ ἀπαντήσαντός σε ruft noch einen anderen Gedanken wach: Es geht auch um die Wiederherstellung der (ursprünglichen) Machtverhältnisse. Wir haben hier also ein Spiel mit dem Wort ἀρχή (»Anfang, Herrschaft«), das übrigens so nur im Griechischen möglich ist – der Verfasser war durchaus in der Lage, sich von der griechischen Sprache inspirieren zu lassen; dafür gibt es in der Apc Mos auch sonst Anhaltspunkte

---

[3] Zur syrischen Überlieferung über das Paradies vgl. G.A. ANDERSON: The Cosmic Mountain. Eden and its Early Interpreters in Syriac Christianity, in: G.A. ROBBINS: Genesis 1–3 in the History of Exegesis. Intrigue in the Garden (Studies in Women and Religion 27), Lewiston etc 1988, 187–224, zu Eden als kosmischem Berg vgl. speziell 199ff; ein impressiver Beleg ist Ephraem, Hymn Par 1,4 (vgl. ANDERSON 201), wo berichtet wird, die Flut der Sintflut habe das Paradies nicht erreicht, sondern ihm nur verehrend die Füße geküßt (vgl. 3. Bar [gr] 4,10, wo es heißt, das Wasser der Sintflut sei in das Paradies eingedrungen und habe von dort den Weinstock auf die Erde geschwemmt).

(vgl. etwa Apc Mos 16,5 und 26,1!). Inhaltlich wird auf diese Weise in fast klassischer Form die mit dem Begriff Revolution ursprünglich verbundene Idee zum Ausdruck gebracht: Gott verheißt Adam eine Rekapitulation der ursprünglichen (und damit legitimen) Machtverhältnisse – ἐπιστρέφω entspricht im übrigen fast wörtlich dem lateinischen *revolvere*.

Die von Gott verheißene »Revolution« läuft darauf hinaus, daß Adam auf den Thron dessen gesetzt wird, der ihn verführt hat. An dieser Stelle wird erstmalig in Apc Mos 39,1b–3 deutlich, daß hinter der urzeitlichen Intrige gegen Adam vor allem *eine* Person steckt. Diese wird hier ἀπατήσας genannt, »derjenige, der Adam irregeführt hat«. Damit ist auch schon klar, wer gemeint ist: ἀπατᾶν ist ein Schlüsselwort in Apc Mos 15–30 (vgl. 15,1; 16,5 [ἐξαπατᾶν]; 23,4.5; 30,1) und ist bezeichnet dort insgesamt ein Betrugsmanöver gegen Adam und Eva, hinter dem letztlich der Teufel steckt, vgl. 15,1; 16,5; 30,1. Besonders deutlich ist 15,1 (κἀγὼ ἀναγγελῶ ὑμῖν πῶς ἠπάτησεν ἡμᾶς ὁ ἐχθρός), wo die gesamte Geschichte von gen 3 letztlich auf einen Betrug des Teufels zurückgeführt. Es ist also hier der Teufel gemeint, und zwar wohl erneut unter Bezugnahme auf Apc Mos 15–30 – wie auch sonst in Apc Mos 39,1b–3.

Der Struktur des Rekapitulationsmotivs müßte entsprechen, daß Adam auch in der Urzeit auf diesem Thron residiert hat, doch ist fraglich, ob man dem Text eine solche Mitteilung entnehmen darf. In der Apc Mos, speziell in Apc Mos 15–30, wird Adam an keiner Stelle als Thronender präsentiert. Freilich ist immerhin an einer Stelle explizit von einer urzeitlichen Herrschaft Adams die Rede (24,3), dort allerdings nur auf das Verhältnis Adams zu den Tieren bezogen. Man wird es hier wohl insgesamt bei der Vorstellung belassen müssen, daß Adam an die Stelle des Teufels tritt.

Der Umkehrung der Machtverhältnisse entspricht, daß der eine zugunsten des anderen entmachtet wird. Neben den Revolutionsgedanken tritt damit der Gedanke der Substitution; dieser hat schon in Apc Mos 16,3 eine Rolle gespielt, wo der Teufel gegenüber der Schlange die Absicht äußert, Adam genauso aus dem Paradies zu vertreiben wie zuvor die Schlange und er selbst um Adams willen aus dem Paradies vertrieben wurde. Es findet offenbar nur einer von beiden Platz in einer jeweils vorteilhaften Position, entweder Adam oder der Teufel (und die mit ihm assoziierte Schlange). In dieser Struktur manifestiert sich ein ideologisches Schema, das in der frühjüdischen und in der frühchristlichen Literatur des öfteren im Zusammenhang mit dem Verhältnis zwischen Mensch und Teufel in Anwendung gebracht wurde; es soll hier *Substitutionsschema* genannt werden.[4]

---

[4] Charakteristisch für das Substitutionsschema ist, daß ein Kollektiv, mit dem sich der implizite Leser identifiziert (die Menschen, das Volk Israel, die Gerechten etc), bzw. dessen Repräsentant mit einem Gegner oder einem Kollektiv von Gegnern um eine Vorzugsstellung bei

Wird Adam dereinst auf dem Thron des Teufels Platz nehmen, so ist vorausgesetzt, daß es gegenwärtig einen Thron des Teufels gibt. Wo dieser sich befindet, wird nicht gesagt. Denkbar ist ein himmlischer Ort; es gibt einige mehr oder weniger zeitgenössische Texte, die dem Teufel für die Zeit vor der Endzeit eine Position im Himmel zuweisen.[5] Bedeutsamer für die Interpretation dieses

---

Gott konkurriert, in der Regel dahingehend, daß ursprünglich der Gegner diese Stellung innehat und durch die Identifikationsfigur ersetzt wird. Subjekt dieses Substitutionsvorganges ist Gott, der zwar nominell neutral ist, aber gewöhnlich mit der Identifikationsfigur sympathisiert. Vorausgesetzt ist die Vorstellung, daß Gott ähnlich wie ein Großkönig an der Spitze eines hierarchischen Gefüges steht. Das Substitutionsschema findet insbesondere Anwendung, wenn es um die endzeitliche Erlösung geht; darin manifestiert sich ein machtpolitisches Verständnis von Erlösung.

Als Beispiel für dieses Schema kann neben Apc Mos 16,3 und 39 (s.o) 1 QM 17,5–7 aufgeführt werden. Dort wird eine Demütigung des »Fürsten der Herrschaft des Frevels« (שר ממשלת רשעה) angekündigt; mit dieser korrespondiert eine Hilfe, die der »Herrschaft Michaels« (משרת מיכאל) durch die Macht des »herrlichen Engels« (מלאך האדיר) zukommt; diese führt zu einer Erhöhung Michaels unter den El-Wesen (אלים) und einer Erhöhung Israels »bei allem Fleisch« (בכל בשר) – gemeint sind wahrscheinlich die Völker der Menschheit. Hier steht Michael deutlich für Israel (als sein Völkerengel). Zu beachten ist seine Passivität: Er wird erhöht, während ein anderer, der »Fürst der Herrschaft des Frevels«, erniedrigt wird. Subjekt des Substitutionsvorganges ist klar erkennbar Gott, hier vertreten durch den מלאך האדיר. Ähnlich funktioniert der endzeitliche Satanssturz in Apc Joh 12: Der Messiasknabe wird zur Rechten Gottes erhöht (12,5), damit korrespondierend verliert der Teufel seine Position vor Gott, die es ihm ermöglicht hatte, die »Brüder« (ἀδελφοί) der Engel (?) zu verklagen (12,7–10). Identifikationsfigur ist hier der Messias, Subjekt des Machtwechsels wiederum Gott, hier vetreten durch den Erzengel Michael (12,7–9). Folge des Machtwechsels in der himmlischen Hierarchie ist ein ungestörtes Verhältnis der zuvor verklagten »Brüder« (gemeint sind die Adressaten der Apc Joh) zu Gott: Sie können nicht mehr verklagt werden. Die Wiederherstellung des Gottesverhältnisses ist also letztlich machtpolitisch begründet. Es gibt noch wesentlich mehr Texte, in denen sich das Substitutionsschema manifestiert, doch dem kann hier nicht im Einzelnen nachgegangen werden; es ist hierfür auf eine im Entstehen begriffene Arbeit des Verfassers über den Mythos vom Teufelsfall zu verweisen.

[5] Daß der Teufel bzw. Drache vor einem endzeitlichen Fall einen Platz im Himmel hatte, ist in Apc Joh 12,7–9 vorausgesetzt, vgl. auch Lk 10,18 und Joh 12,31, letztere Stelle allerdings mit der Einschränkung, daß hier nicht explizit von einem Sturz des Teufels *aus dem Himmel* die Rede ist. Illustrativ ist in diesem Zusammenhang die Asc Isa. Dort wird zwar von einem endzeitlichen Teufelsfall nicht erzählt, wohl aber von einer endzeitlichen Vernichtung der gegenwärtigen Welt, die sich der Verfasser als vom Bösen beherrscht vorstellt. Nach Asc Isa 7,9–12 hausen Sammael und seine Scharen am Firmament im Firmament unter den 7 Himmeln bekriegen dort einander – den irdischen Völkern entsprechend –, bis Christus kommt.

Häufiger als ein eschatologischer Teufelsfall ist indessen ein urzeitlicher Teufelsfall, bei dem der Teufel eine Position im Himmel verliert, vgl. etwa Vit Ad 11–17; 2. Hen 29,4–5 (christliche Interpolation? Dieser Teufelsfall konkurriert mit dem nachfolgend aufgeführten); 2. Hen 31,3–6; Origenes, Princ I,5,2–5 (vgl. 2. Hen 29,4–5: Unklar ist, welcher der beiden Texte hier eher an seinem ursprünglichen Ort ist). Weitere urzeitliche Teufelsstürze, die nicht immer explizit eine himmlische Position des Teufels erwähnen, finden sich in 3. Bar 4,8; Joh 8,44; 1. Joh 3,8; Justin,

Textes ist freilich der Befund, daß der Teufel überhaupt eine solche Macht-stellung innehat – wo auch immer sein Thron steht. Er hat sie gegenwärtig inne, wird ihrer aber in der Endzeit verlustig gehen; wir haben es also mit der Vor-stellung von einem *endzeitlichen* Sturz des Teufels zu tun.

Ein *urzeitlicher* Teufelsfall (wohl in Gestalt einer Vertreibung aus dem Paradies) ist in Apc Mos 16,3 vorausgesetzt. Damit läßt die Apc Mos eine Dissonanz in der Satanologie erkennen, doch ist zu bedenken, daß 16,3 einer älteren Schicht angehört (Apc Mos 15–30). Der Sub-archetyp *Ia hat die vorliegende Perikope im Sinne eines urzeitlichen Teufelsfalles ergänzt (vgl. °39,3a); er setzt damit voraus, daß der Thron des Teufels gegenwärtig vakant sei, wofür es im Kontext allerdings keine Parallele gibt. Möglicherweise hat *Ia Apc Mos 39 in der Absicht interpoliert, die Spannung zu Apc Mos 16,3 auszugleichen; dafür spricht, daß sie für Apc Mos 16 ein unverkennbares Interesse zeigt (vgl. °16,1e; °16,2a; °16,2d; °16,2f; °16,3e). Von einem urzeitlichen Teufelsfall weiß dann auch die Teufelsfallsgeschichte in Vit Ad 11–17 zu berichten, die von *Ia abhängig ist und eine enorme Wirkung – bis in den Koran hinein – entfaltet hat (vgl. hierzu E II,3, Anm. 39 [S. 52–53]).

Die Wendung ἐκεῖνος δέ (39,3) deutet eine Verlagerung des Interesses auf den Teufel an: Dieser wird an den Ort versetzt, an dem sich gegenwärtig Adam aufhalten muß: auf die Erde. Dies hat zur Folge, daß er Adam ἐπάνω αὐτοῦ sitzen sehen wird. Αὐτοῦ ist wohl eher auf den Teufel als auf den Thron zu beziehen, denn ἐκεῖνος ist das nächste denkbare Bezugswort. Außerdem wäre für den Thron das Pronomen ἐπί das natürlichere gewesen (vgl weiter unten ἐπὶ τοῦ θρόνου αὐτοῦ); ἐπάνω bringt dagegen eher zum Ausdruck, daß Adam sich in einer im Vergleich zum Teufel räumlich erhabeneren Position befinden wird. Natürlich ist dabei vom Kontext her klar, daß Adam auf dem Thron des Teufels sitzen wird (vgl. 39,2: καὶ καθίσω σε ἐπὶ τὸν θρόνον τοῦ ἀπατήσαντός σε). Wichtig ist hier indes vor allem, daß der Teufel *sehen*[6] wird, wie Adam über ihm sitzt. Die »Revolution« wäre nämlich kaum ganz zufriedenstellend, wenn der Entmachtete seine Demütigung nicht auch spüren würde.

Dies scheint dem Verfasser derart wichtig zu sein, daß er es noch einmal ausdrücklich hervorhebt: Mit τότε κατακριθήσεται wird ein Satz eingeleitet,

---

Dial Tryph 124,3; Tatian, Oratio ad Graecos 7,2–3; Athenagoras, Supplicatio 24; Theophil, Ad Autolycum II,28b; Irenaeus, Adv Haer V,24,3–4; 40,3; Origenes, Princ, Praefatio § 6; Methodi-us, De Resurrectione I,37,1–5; Tertullian, De Patientia 5,5,7; Adv Marc II,10; Cyprian, De Zelo et Livore 5.

[6] Daß der Teufel nach seiner Bestrafung ansehen muß, wie es sein Opponent besser haben haben wird als er, ist eine für die damalige Zeit typische Rachephantasie. So ist der postmortale Zwischenzustand im 4. Esra für die Ungerechten u.a. dadurch gekennzeichnet, daß sie sehen müssen, wie gut es den Gerechten geht (4. Esra 7,83.85). Ebenso lebt das Gleichnis vom reichen Mann und dem armen Lazarus geradezu davon, daß der Reiche, selbst in den Flammen des Hades gequält, den armen Mann im Schoße Abrahams sieht (Lk 16,23).

der den bereits erwähnten Teufelsfall abschließend als Gericht über den Teufel qualifiziert und wiederholt die Folge benennt: Jener wird trauern müssen (wie gegenwärtig Adam), weil er Adam auf seinem Thron sitzen sehen wird.

Doch das Gericht wird nicht nur den Teufel treffen, sondern auch »diejenigen, die auf ihn gehört haben« (οἱ ἀκούσαντες αὐτοῦ). Diese Angabe ist sicher bewußt offengehalten; es geht nicht etwa nur um die Schlange. Vielmehr öffnet sich hier der Text auf den Leser hin: Er kann hier ein Warnung hören, aber auch einen Trost: Denjenigen, die er in seiner Gegenwart als »Hörer des Teufels« anzusehen geneigt ist, wird es dereinst nicht sehr gut gehen. Damit befindet sich Adam freilich auch strukturell in der Situation derer, die nicht auf den Teufel hören, sich also an Gottes Gebote halten: Adam ist – jedenfalls jetzt – ein Gerechter.

2. Exegetische Hintergründe

Für die Suche nach den exegetischen Hintergründen von Apc Mos 39 ist eine Auffälligkeit des Textes entscheidend, die schon im Kommentar zu Apc Mos 39,1 vermerkt wurde: Die Rede Gottes geschieht zwar vor der Leiche Adams, beklagt aber nicht dessen Tod, sondern den ihm aufgenötigten Ortswechsel zur Erde – und das konsequent; auch der Zukunftsausblick in 39,2.3 setzt nicht an die Stelle des Todes das Leben sondern läßt einen offenbar als Entmachtung empfundenen Erdenaufenthalt durch eine endzeitliche Inthronisation Adams auf dem Thron des Teufels abgelöst sein. Das Thema der Rede korreliert mit der Situation insofern, als Adam auf der Erde liegt (vgl. 38,3); daß die Einbettung des Textes tatsächlich so zu denken ist, zeigt sich an dem, was nachfolgend erzählt wird: Adam wird beerdigt (Apc Mos 40), und darauf hält Gott eine Rede, die sich dementsprechend dem Tod Adams widmet.

Apc Mos 39–41 ist also strukturiert durch das Nacheinander der Themen »Liegen auf der Erde / Erdenaufenthalt« und »Begräbnis / Tod«. Die gleiche Sequenz nun läßt sich einem Bibelvers entnehmen, der sich in Apc Mos 40 und erst recht in Apc Mos 41 als der eigentliche Anknüpfungspunkt der gesamten Grablegungserzählung erweisen wird: Gen 3,19b. Allerdings gilt dies nur für den hebräischen Text; der Septuagintatext läßt eine solche Lektüre nicht zu. Sie seien nachfolgend nebeneinandergestellt:

3,19bα	עד שׁובך אל־האדמה	ἕως τοῦ ἀποστρέψαι σε εἰς τὴν γῆν,
	כי ממנה לקחת	ἐξ ἧς ἐλήμφθης·
3,19bβ	כי־עפר אתה	ὅτι γῆ εἶ,
	ואל־עפר תשׁוב	καὶ εἰς γῆν ἀπελεύσῃ

In 𝔊 wird sowohl אדמה als auch עפר mit γῆ wiedergegeben; es ist damit unmöglich, Gen 3,19b eine Abfolge zu entnehmen. Der hebräische Text aber läßt sich ohne weiteres dahingehend lesen, daß Adam zuerst auf die אדמה (»Erde«) zurückkehren werde und dann zum Staub, sobald man nicht geneigt ist, אדמה als Sinnparallele zu עפר aufzufassen, wie es augenscheinlich der Septuagintaübersetzer getan hat. Jedenfalls wird von einer solchen Lektüre her klar, warum in Apc Mos 39–41 Adam zuerst auf der Erde liegt (39,1) und dann beerdigt wird (40,1ff).

Noch deutlicher erscheint diese Abfolge in den Ansprachen Gottes: Apc Mos 39 thematisiert das durch Gen 3,19bα angedeutete Liegen auf der Erde, Apc Mos 41 die Rückkehr zum Staub (Gen 3,19bβ), die zuvor (40,6–7) erzählerisch umgesetzt wurde. Dabei ist Apc Mos 41 eindeutig eine erweiterte Form von Gen 3,19bβ. Gott nimmt dort seinen eigenen Fluch wieder auf und ergänzt ihn durch einen Ausblick auf die Zukunft, der die Fluchfolgen wieder aufhebt. In Analogie dazu kann auch Apc Mos 39 als eine durch einen positiven Ausblick erweiterte Fassung des Gottesfluches in Gen 3,19bα identifiziert werden, der in den Augen des Verfassers Adam die Rückkehr zur Erde ankündigt und nun, da Adam tatsächlich zur Erde zurückgekehrt ist, von Gott selbst in eine Klagerede umgesetzt wird, die den Fluch in Verheißung verwandelt.

Doch wo hat man die Verheißung hergenommen? Sie findet sich schon im Text: Das zentrale Signalwort der Verheißung in Apc Mos 39 ist ἐπιστρέφω. Dieses Wort hat schon in Apc Mos 25,3 als Korrelat zu שׁוב gedient, und dürfte diesem auch an dieser Stelle entsprechen – es ist angesichts der zahlreichen Hinweise auf eine Abhängigkeit der Rede Gottes in Apc Mos 39 von Apc Mos 15–30 durchaus denkbar, daß auch hier ein bewußter Rückgriff auf diese Quelle geschieht. Dieses Wort nun dürfte es gewesen sein, dem der Exeget und Autor der Gottesrede die Hoffnung entnahm: שׁוב drückt für ihn nicht nur die Rückkehr zur Erde aus sondern auch die Rückkehr von dieser Rückkehr; es wird sich zeigen, daß in Apc Mos 41 mit dem gleichen Wort in Gen 3,19bβ analog verfahren wird.

Vom Teufel steht freilich nichts in Gen 3,19bα. Doch für den Verfasser von Apc Mos 39,1–3 ist offenbar klar, daß die Rückkehr zur Erde vor allem eine Niederlage Adams im Machtkampf gegen den Teufel bedeutet. Ist aber die Rückkehr zur Erde reversibel, weil das Moment der Reversibilität schon dem Begriff der Rückkehr innewohnt, so gilt dies auch für die Niederlage im Machtkampf gegen Teufel. Auf diese Weise wird der biblische Text im Sinne eines dämonologisch geprägten Weltbildes neu gelesen.

XI,8. Vorbereitungen zur Bestattung Adams (Apc Mos 40,1–2)

40,1 $^{A(40,3)b}$Μετὰ ταῦτα εἶπεν ὁ θεὸς^b
τῷ ἀρχαγγέλῳ Μιχαήλ·
^{c}ἄπελθε εἰς τὸν παράδεισον
^{d}ἐν τῷ τρίτῳ οὐρανῷ^d
καὶ ^{e}ἔνεγκε^e τρεῖς σινδόνας
βυσσίνας καὶ ^{f}συρικάς^f.
40,2 Καὶ ''^{a} ^{b}προσέταξεν^b ὁ θεὸς
^{c}τῷ Μιχαὴλ καὶ τῷ Γαβριὴλ καὶ τῷ Οὐριὴλ^{cc}
^{d}τοῦ κηδεῦσαι τὸ σῶμα τοῦ Ἀδάμ,
καὶ εἶπεν ὁ θεός^d·
^{e}στρώσατε^e ^{f}τὰς^f σινδόνας
καὶ σκεπάσατε τὸ σῶμα τοῦ Ἀδάμ·
καὶ ^{g}ἐνέγκαντες^g ^{h}ἔλαιον
ἐκ τοῦ ἐλαίου^h τῆς εὐωδίας
ἐκχέατε ^{i}ἐπ᾽ ^{k}αὐτῷ^{ki}.
^{m}καὶ ἐκήδευσαν αὐτὸν
οἱ τρεῖς μεγάλοι ἄγγελοι$^{mA(40,1)}$.

40,1 Danach sprach Gott
zum Erzengel Michael:
»Gehe in das Paradies
im dritten Himmel
und bringe drei Sindonen,
leinenweiße und syrisch-rote.«
40,2 Und Gott wies
Michael und Gabriel und Uriel an,
den Leib Adams zuzurüsten,
und Gott sprach:
»Breitet die Sindonen aus
und bedecket den Leib Adams,
und bringet Öl
von wohlriechendem Öl,
und gießt (es) über ihm aus!«
Und es rüsteten ihn
die drei großen Engel zu.

- Zeugen: D St AV An$_2$ AH B Ath VitAd(arm) VitAd(georg) VitAd(lat^p) VitAd(lat$^{me/mo}$) Va P^1
LibAd(slav) P^2 J^2 J^3 ApcMos(arm)$^{(S. 20)}$ Br S^1 J^1 E^1 E^2
- Es fehlen: Pa A AC C An$_1$ S^3 AD

Zum Text

40,1/3A J^1: ταῦτα εἰπὼν ὁ θεὸς τῷ Ἀδάμ προσέταξεν τῷ ἀρχαγγέλῳ Μιχαήλ, καὶ ἤνεγκε
τρεῖς σινδόνας καὶ ἐκήδευσε καὶ κατέθηκε τὸ σῶμα τοῦ Ἀδάμ; E^1: μετὰ ταῦτα εἰπὼν ὁ
θεὸς Μιχαὴλ τὸν ἀρχάγγελον ἤνεγκε τὴν σινδόνα καὶ ἐκήδευσε καὶ κατέθηκε τὸ σῶμα
τοῦ Ἀδάμ; E^2: καὶ ἐλθὼν ὁ ἀρχάγγελος Μιχαὴλ ἤνεγκε τὴν σινδόνα καὶ ἐκήδευσε τὸ
σῶμα τοῦ Ἀδάμ. **40,1b** D-St (An$_2$)-(AH) Ath (=*Ia): μετὰ ταῦτα εἶπεν ὁ θεὸς; AV: μετὰ
ταῦτα λέγει; Va-(P^1) (=*II) (LibAd[slav]): καὶ ''^{a} μετὰ ταῦτα λέγει ^{b}κύριος^{b1}; P^2-J^2-J^3
(=*III) (ApcMos[arm]) (Br)-(S^1) (=*IIIa) (J^1) (E^1): ''^{a} ταῦτα εἰπὼν ὁ θεὸς ^{bc}πρὸς ^{d}τὸν^c
Ἀδάμ^d λέγει^{eb2}; E^2: def. (vgl. °40,1/3A). **40,1/2C** D-St: om. (ht.) (sq. MEISER/MERK [S. 857]).
40,1d AV An$_2$-AH B Ath (=*Ia) (VitAd[arm]) Vit Ad(georg): ἐν τῷ τρίτῳ οὐρανῷ; Va-P^1
(=*II) LibAd(slav) Br-S^1 (=*IIIa): om. (sq. BERTRAND) (zur Motivation in *II vgl. °37,6/39,3B,
zu BERTRAND °37,5d); P^2-J^2-J^3: ἕως τρίτῳ οὐρανῷ; ApcMos(arm): *»im dritten Himmel« (YOV:
»im Himmel«; CONYBEARE [S. 232]): »im zweiten Himmel« – innerarmenische Korruptele:
»erkrord« [»zweiter«] ‹ »errord« [»dritter«]); D St J^1 E^1 E^2: def. *III = *I (vgl. ApcMos[arm]).
40,1e AV Va: ἀνένεγκε; (An$_2$) B (Ath) (=*Ia) P^2-J^2-(J^3) (=*III): ἔνεγκε (Ath: ἤνεγκε); AH:
εὔρηση; P^1: φέρε; Br-(S^1): κόμισαι; D St J^1 E^1 E^2: def. **40,1f** AV An$_2$-AH (B) Ath (=*Ia) J^2
(=*III): συρικάς (sq. TISCHENDORF, cf. LAMPE s.v. συρικός [Sp 1346a]); P^2 J^3: σηρικάς (sq.
BERTRAND, NAGEL); D St Va P^1 Br S^1 J^1 E^1 E^2: def. Σηρικός bedeutet »aus Seide«, συρικός
bezeichnet einen rötlichen Farbton (in der Übersetzung »syrisch-rot« genannt), vgl. Isidor, Etym
XIX,17,6: *Sericum lana est quam Seres mittunt; Syricum vero pigmentum quod Syrii Phoenices*

---

[1] Varianten: **a** Va: txt. (=*I); P^1 LibAd(slav): πάλιν. **b-b** Va LibAd(slav): κύριος; P^1: om.
[2] Varianten: **a** P^2-J^2-J^3 J^1: txt; ApcMos(arm): »und wiederum«; Br-S^1 (=*IIIa): καί; E^1: μετά.
b-b E^1: om. **c-c** J^1: τῷ. **d-d** Br-S^1 (=*IIIa): τὸ σῶμα τοῦ Ἀδάμ. **e-e** J^1: προσέταξεν.

in Rubri maris litoribus colligunt (vgl. LAMPE s.v. σηρικός [Sp. 1232a]); nach LSJ s.v. συρικός (Sp. 1731b) ist τὸ συρικόν identisch mit σάνδυξ, einer hellroten Farbe, die aus gekochtem Bleiweiß (ψιμύθιον) oder aus einer Pflanze (Pterocarpus santalinus) gewonnen wird (vgl. LSJ s.v. σάνδυξ [Sp. 1583a]); mit ihr hat man auch Kleider gefärbt (die fleischfarbenen Kleider der syrischen Frauen, vgl. ibidem). M.E. ist derselbe Farbton auch mit τὸ σιρικόν in Apc Joh 18,12 gemeint, weil es dort in einer Reihung von Wörtern begegnet, die gefärbte Stoffe bezeichnen (gegen BAUER s.v. σιρικός [Sp. 1502]); der gleiche Fall liegt auch in Prot Ev Jac 10,2 vor (in Pap. Bodmer 5, S. 22, Z. 1 steht τὸ σιρικόν [vgl. STRYCKER 112], bei TISCHENDORF: Evangelia, 21 τὸ σηρικόν). **40,2a** AV: μετὰ τὸ ἐνεχθῆναι; An₂-AH B Ath (=*Ia) P¹ (=*II): txt; Vit Ad(arm): »als er brachte«; P²-J²-J³: ἐνέγκαντος αὐτοῦ τὰς σινδόνας; ApcMos(arm): »er ging und führte aus, was von Gott befohlen war«; D St Va Br S¹ J¹ E¹ E²: def. **40,2b** AV An₂-AH B Ath Vit Ad(arm) Vit Ad(georg) VitAd(latᴾ): εἶπε³ (sq. BERTRAND, NAGEL); P¹ (=*II *Ia) P²-J²-J³ (=*III): προσέταξε (vgl. Apc Mos 40,6). **40,2c** AV: τῷ Μιχαὴλ καὶ τῷ Γαβριὴλ καὶ τῷ Ῥαφαήλ⁴ (ba); An₂: τοῖς ἀγγέλοις καὶ τοῖς ἀρχαγγέλοις Μιχαήλ, Γαβριήλ, Οὐριήλ (cka); AH: τοῖς ἀρχαγγέλοις Μιχαὴλ καὶ Γαβριὴλ καὶ Ῥαφαήλ (dka); B: τῷ Μιχαήλ, τῷ Γαβριήλ, τῷ Οὐριὴλ καὶ Ῥαφαήλ (ea); Ath (=*Ia) (VitAd[arm]): τῷ Μιχαὴλ καὶ τῷ Γαβριὴλ καὶ τῷ Οὐριήλ (a); VitAd(georg): »à Michel et à Gabriel« (fa); VitAd(latᵐᵉ): *ad Michahel et Urihel angelos* (ga); P¹: τὸν ἀρχάγγελον Μιχαὴλ καὶ Γαβριήλ, Ῥαφαὴλ καὶ Οὐριήλ (ha); P²-J²-J³ (=*III) ApcMos (arm): τῷ ἀρχαγγέλῳ Μιχαὴλ καὶ τῷ ἀρχαγγέλῳ Γαβριὴλ καὶ τῷ ἀρχαγγέλῳ Οὐριήλ (ApcMos[arm] ist nach Bᵃ zu lesen, vgl. YOV. 20₅) (ia); D St VitAd(latᴾ) Va LibAd(slav) Br S¹ J¹ E¹ E²: def. Die An₂ und AH zugrundeliegende Variante (ka) lautet: τοῖς ἀρχαγγέλοις Μιχαὴλ καὶ Γαβριὴλ καὶ Οὐριήλ. Wegen καὶ ἐκήδευσαν αὐτὸν οἱ τρεῖς μεγάλοι ἄγγελοι kann nur eine Dreierliste ursprünglich sein, und die mit Michael, Gabriel, Uriel ist am besten bezeugt. Was die Syntax betrifft, gibt die Übereinstimmung von AV und Ath den Ausschlag. Vgl. NAGEL II,17–18. **40,2d** D-St AV An₂-AH B Ath (=*Ia) VitAd(arm) Vit Ad(georg) VitAd (latᵐᵉ): om. (auch D-St lassen hier aus anderen Gründen Text aus als aus dem für °40,1/2C erkennbaren); P¹ (=*II *Ia) (P²)-(J²)-(J³) (=[*III]) (ApcMos[arm]): τοῦ κηδεῦσαι τὸ σῶμα τοῦ Ἀδάμ, ᵃκαὶ εἶπεν ὁ θεόςᵃ⁵ (vgl. καὶ ἐκήδευσαν αὐτόν weiter unten!); Va Br S¹ J¹ E¹ E²: def. **40,2e** D-St AH: στρώσετε; AV An₂ P¹ (=*II *Ia) P²-J²-J³ (=*III): στρώσατε; Ath: ἀπλώσατε; B Va Br S¹ J¹ E¹ E²: def. **40,2f** D-St AV Ath: om. (hapl: ⲤⲦⲢⲰⲤⲀⲦⲀⲒⲦⲀⲤⲤⲒⲚⲆⲟⲚⲀⲤ); An₂-AH P¹ (=*II *Ia) P²-J²-J³ (=*III): τάς; B Va Br S¹ J¹ E¹ E²: def. **40,2g** D-St AH: ἐνέγκοντες; AV An₂-AH P¹ (=*II *Ia) P²-J²-J³ (=*III): ἐνέγκαντες (vgl. 40,3e); Va: ἔνεγκον; Br-S¹ (=*IIIa): ἐνέγκατε; J¹ E¹ E²: def. **40,2h** D-St AV B Ath (=*Ia) Va-P¹ (=*II): ἔλαιον ἐκ τοῦ ἐλαίου (a); An₂-AH: ἐκ τοῦ ἐλαίου (ba); P²-J²-J³ (=*III): τὸ ἔλαιον τοῦ ἐλαίου (ca); ApcMos(arm): »von dem Öl der Salbung (dca); Br-(S¹) (=*IIIa): τὸ ἔλεος τοῦ ἐλαίου (eca); J¹ E¹ E²: def. **40,2i** (D) (AV) B Va-(P¹) (=*II *Ia) (ApcMos[arm]) (=*III) Br-S¹ (=*IIIa): ἐπ᾽ αὐτόν; (St) Ath: αὐτὸ ἐπ᾽ αὐτόν; An₂-AH: ἐνώπιον αὐτοῦ; P²-J²-J³: αὐτῷ; J¹ E¹ E²: def. BERTRAND: ἐπ᾽ αὐτό (sc. τὸ σῶμα). **40,2k** D-St AV: αὐτῷ; B Ath (=*Ia) Va (=*II) Br-S¹ (=*IIIa *III): αὐτόν; An₂ AH P¹ P² J² J³ J¹ E¹ E²: def. (vgl. °40,2i). **40,2m** D-St AV (An₂)-(AH) (Ath) (=*Ia): καὶ ἐκήδευσαν αὐτὸν οἱ τρεῖς μεγάλοι ἄγγελοι (a); B: καὶ οὕτως ποιήσαντες ἐκήδευσαν τὸ σῶμα αὐτοῦ (ba); P¹: καὶ ἐποίησαν ὡς προσέταξεν κύριος ὁ θεός (ca); P²-J²-J³:

---

³ VitAd(arm): »asê« (er sagt«); VitAd(georg): »dit«; VitAd(latᴾ): ⲀⲒⲦ.

⁴ So nach NAGEL II,17; in seiner Kollationsliste (III, 297) hat er Ῥαφαήλ einzutragen vergessen (typischer Kollationsfehler bei NAGEL, bedingt durch Seitenwechsel).

⁵ Varianten: **a-a** P¹ (=*II *Ia): καὶ εἶπεν ὁ θεός; P²-J²-J³ (=*III) ApcMos(arm): εἰπὼν οὕτως.

τότε ἐποίησαν πάντα οἱ ἅγιοι ἄγγελοι καθῶς προσετάχθησαν ὑπὸ τοῦ θεοῦ καὶ ἐκήδευσαν αὐτῷ (da); ApcMos(arm): »und die Erzengel taten, wie ihnen der Herr befohlen hatte« (eda); (Br)-(S¹) (=*IIIa): καὶ ᵃκηδεύσατεᵃ αὐτῷ ᵇοἱ γ᾿ᵇ ἄγγελοι⁶ (fa). *III = *I. Va J¹ E¹ E²: def.

Apc Mos 40,1–2 handelt von der Zurichtung der Leiche Adams für die Beerdigung. Das Schlüsselwort hierfür ist das Verb κηδεύω (40,2, vgl. 40,6), das in der Apc Mos aber auch die Bestattung als ganze bezeichnen kann (40,3: ἀκήδευτος; 42,3). Die Leichenpflege setzt damit ein, daß Gott den Erzengel Michael auffordert, aus dem Paradies im dritten Himmel drei Sindonen von zweierlei Farbe zu holen; beide Farben lassen die Sindonen als kostbar erkennen (zum besonderen Wert von βύσσος und Stoffen aus βύσσος vgl. Lk 16,19 und Apc Joh 18,12.16, zu dem von syrisch-roten Stoffen Apc Joh 18,12).[7] Eine Bekleidung von Toten war im Judentum allgemein üblich, vgl. Tob 12,13; Hes 29,5 𝕲 und Apg 5,6.10. Speziell Sindonen spielen dabei eine Rolle (vgl. KRAUSS: Talmudische Archäologie II,55). Der hebräische Begriff dafür ist סדין; dieses Wort ist schon im AT belegt (Richter 14,12.13; Jes 3,23; Prov 31,24) und wird in der Septuaginta mit – dem möglicherweise etymologisch verwandten – σινδών wiedergegeben (vgl. Richter 14,12 𝕲; 14,13 [Cod. Alex.]; Prov 31,24 𝕲); es bezeichnet dort allerdings nur ein linnenes Unterkleid (vgl. σινδών in Mk 14,51). Im NT wird die Bekleidung eines Leichnams mit einer Sindone im Zusammenhang der Bestattung Jesu erwähnt (Mk 15,46 // Lk 23,53 // Mt 27,59); dort ist allerdings nur von *einer* Sindone die Rede, hier von dreien.

Die Bekleidung von Adams Leichnam ist also weniger aufsehenerregend, anders verhält es sich jedoch mit der Herkunft der Kleider: Sie stammen aus dem Paradies im dritten Himmel. Hier wird eindeutig ein Signal gesetzt. Das Paradies im dritten Himmel ist aus Apc Mos 37,5–6 als zwischenzeitlicher Aufenthaltsort Adams nach seinem Tode bekannt, doch dieser Text gehört einer anderen Schicht an. Der implizite Leser der Apc Mos könnte diese Parallele jedoch in Erinnerung haben und dabei mit der Endredaktion den dritten Himmel in Apc Mos 37,5–6 als Ruheort von Adams πνεῦμα verstehen. Auf der Endtextebene ist hier also möglich, die Bekleidung von Adams σῶμα mit der himmlischen Wohnung von Adams πνεῦμα zu assoziieren. Freilich ist nicht sicher, ob der Redaktor eine solche Assoziation beabsichtigt hat. Genauso wenig ist man

---

⁶ Varianten: **a-a** Br: κηδεύσατε (auch im Kontext Imperative!); S¹: κηδεύσωσι. **b-b** Br: ἑβδομήκοντα τρεῖς (‹ ογ᾿ ‹ οἱ γ᾿); S¹: οἱ (‹ οἱ γ᾿).

⁷ Daß die Adjektive βυσσινός und συρικός hier auf Farbtöne (»leinenweiß«, syrisch-rot«) abheben, geht aus dem zweiten Glied der Reihe hervor. Auch in Apc Joh 18,12 deutet τὸ βυσσινόν eher auf die Farbe des Leinens, da das Wort dort in einer Reihung von Wörtern begegnet, die auf gefärbte Stoffe referieren. Das Gleiche gilt für τὴν βύσσον καὶ τὸ σιρικόν in Prot Ev Jac 10,2. Vgl. auch °40,1f.

zu der Annahme gezwungen, er habe den Verweis auf den dritten Himmel eingefügt, um den Leser derart zu lenken. Auf der Ebene der Grablegungserzählung wird v.a. der Statusaspekt der Kleider von Bedeutung sein. Sie gehören der himmlischen Welt an[8] und heben damit gewissermaßen auch den Verstorbenen in diese Sphäre. Dies läßt für den weiteren Verlauf der Erzählung Gutes erwarten. Diese Erwartung erfüllt sich, wenn Adam in Apc Mos 41,2 die endzeitliche Auferstehung verheißen wird.

Es wird nicht eigens berichtet, daß Michael die drei Sindonen bringt, doch die nachfolgende Schilderung (40,2) setzt dies voraus (vgl. die Ergänzungen in °40,2a). Gott weist nun die Engel Michael, Gabriel und Raphael an, Adams Leichnam »für die Bestattung vorzubereiten« (κηδεῦσαι). Die Dreizahl der Engel wird den drei Sindonen entsprechen; zusammen mit dem Hinweis auf den dritten Himmel haben wir wie schon in Apc Mos 33,2–37,6 eine interessante Präferenz für die Zahl Drei, die wohl v.a. den Bezug zum dritten Himmel verstärken soll. Die drei genannten Engel sind wohl die prominentesten; sie haben den anderen voraus, daß von allen Engelnamen nur die ihrigen in den Schriften der Septuaginta vorkommen (Michael und Gabriel im Buch Daniel, Raphael im Tobitbuch). Der Titel Erzengel wird ihnen nicht zugeteilt; dieser bleibt in der Apc Mos offenbar für Michael reserviert (vgl. Apc Mos 40,1), der abgesehen von dieser Stelle der einzige in der Apc Mos namentlich genannte Engel bleibt. Triaden hochrangiger Engel sind ansonsten ungewöhnlich, erklären sich hier aber von den Triaden im Kontext her. Zahlreiche Textzeugen haben eine Tetrade (mit Uriel) an die Stelle gesetzt, vgl. °40,2c.

Auf die generelle Anweisung folgt eine Ausführungsbestimmung: Die drei Engel sollen die Sindonen ausbreiten und Adams Leichnam bedecken. Man wird sich das so vorstellen müssen, daß sie Adam zuerst auf den Sindonen plazieren und dann diese von den Seiten her über ihm zusammenlegen. In Mk 15,46 wird Jesus in die Sindone »fest verpackt« (ἐνειλέω), vgl. Ev Petri 24 (dort steht allerdings nur εἴλησε, das VON GEBHARDT und BLASS nach Mk 15,46 zu ἐνείλησε ergänzen, vgl. KLOSTERMANN: Apocrypha I, 5 App.), in Lk 23,53 // Mt 27,59 »eingewickelt« (ἐντυλίσσω). Ob hier dasselbe gemeint ist, mag dahingestellt sein; nach der Beschreibung eines Wickelvorgangs sieht Apc Mos 40,2 eigentlich nicht aus.

Nachdem die Leiche mit Sindonen umgeben ist, soll wohlriechendes Öl über ihr ausgegossen werden. Über die Herkunft des Öls erfahren wir nichts. Man ist versucht, eine Verbindung zu Apc Mos 9–14 zu vermuten, wo von einem Ölbaum im (irdischen) Paradies die Rede ist (vgl. 9,3; 13,1.2), doch die Grable-

---

[8] Zu den himmlischen Kleidern Adams findet sich eine Parallele in Asc Isa (äth) 8,26. Dort ist von Kleidern im siebten Himmel die Rede, die dort für die Gerechten aufbewahrt sind.

gungserzählung gehört auch einer anderen Schicht an. Offenbar ist mit den Sindonen genug dafür getan, daß Adam als Toter symbolisch in die himmlische Sphäre gehoben ist. Eine Waschung und Salbung von Toten bei der Leichenpflege ist im Judentum üblich (vgl. KRAUSS: Talmudische Archäologie II,55).

Aus den Evangelien kann als Parallele Joh 19,39–40 genannt werden. Dort heißt es, Nikodemos habe eine Mischung aus Myrrhe und Aloe gebracht; danach sei der Leichnam der jüdischen Begräbnissitte entsprechend zusammen mit den Aromata in Leinenbinden gebunden worden (καὶ ἔδησαν αὐτὸ ὀθονίοις μετὰ τῶν ἀρωμάτων, καθὼς ἔθος ἐστὶν τοῖς Ἰουδαίοις ἐνταφιάζειν). Von der Grablegung wird erst in 19,42 berichtet, so dürfte hier von der Leichenpflege die Rede sein. Auch Mk 14,3–9 (//Mt 26,6–13), speziell 14,8 (// Mt 26,12) kann als Parallele angeführt werden, wenn προέλαβεν μυρίσαι τὸ σῶμά μου εἰς τὸν ἐνταφιασμόν (Mk 14,8) dahingehend zu verstehen ist, daß die anonyme Frau die für die Vorbereitung des nachherigen Begräbnisses notwendige Salbung vorweggenommen hat. Denkbar ist aber auch, daß ἐνταφιασμός wie ἐνταφιάζειν in Joh 19,40 alles meint, was mit der Bestattung zusammenhängt (also auch die Leichenpflege); dann liegt hier eine begriffliche Unschärfe vor, die in der mit dem Wort κηδεύειν verbundenen Ambiguität in der Grablegungserzählung eine Entsprechung findet (s.o. S. 525).

Nach der Einbettung in Sindonen und der Ausgießung des Öls wird noch einmal zusammenfassend berichtet, daß »die drei großen Engel« an Adam die Leichenpflege vollzogen hätten. Möglicherweise soll damit angedeutet werden, daß auch alles weitere, was sonst noch zur Leichenpflege gehört, von den Engeln vorgenommen wurde; daneben wird aber auch eine zirkuläre Struktur geschaffen (vgl. κηδεῦσαι zu Beginn von 40,2), durch die Apc Mos 40,1–2 abgerundet wird.

XI,9. Die Leiche Abels (Apc Mos 40,3–5)

40,3 A(42,2) "Ὅτε δὲ ᵇἐτέλεσανᵇ κηδεύοντες τὸν ᾿Αδάμ, ᶜεἶπενᶜ ὁ θεὸς ἐνεχθῆναι καὶ ᵈτὸ σῶμα τοῦ ῎Αβελᵈ· καὶ ᵉἐνέγκαντεςᵉ ἄλλας σινδόνας ''ᶠ ἐκήδευσαν ᵍκαὶᵍ ʰαὐτόνʰ.	40,3 Als sie aber die Zurüstung Adams beendet hatten, sagte Gott, daß auch der Leib Abels gebracht werden solle, und sie brachten andere Sindonen und rüsteten auch ihn zu.
40,4 Ἐπειδὴ ᵃἀκήδευτοςᵃ ἦν ᵇἀφ' ἧς ἡμέραςᵇ ἐφόνευσεν αὐτὸν ᶜΚάϊν ὁ ἀδελφὸς αὐτοῦᶜ. ᵈκαὶ πολλὰ ‹ἐ›θέλησε κρύψαι αὐτὸν ''ᵉ Κάϊν, ᶠἀλλ'ᶠ οὐκ ᵍἠδυνήθηᵍᵈ, ὅτι ἀνεπήδα τὸ σῶμα αὐτοῦ	40,4 Denn er war unbestattet[1], von dem Tage an, da ihn Kain, sein Bruder, getötet hatte. Und mehrfach wollte Kain ihn verbergen, aber er konnte es nicht, denn sein Leib sprang

---

[1] Zur Übersetzung von ἀκήδευτος mit »unbestattet« vgl. S. 344.

ἀπὸ τῆς γῆς,   von der Erde,
ʰκαὶ ἐξήρχετοʰ φωνὴ ⁱᵏἀπὸᵏ τῆς γῆςⁱ   und es ging eine Stimme aus von der Erde
λέγουσα·   und sprach:
40,5 οὐ κρυβήσεται ªεἰς τὴν γῆνª   40,5 »Es wird in der Erde
ἕτερον πλάσμα   kein anderes Gebilde verborgen werden,
ἕως οὗ ᵇἀφιέναιᵇ ᶜμοιᶜ   bis daß mir,
τὸ πρῶτον πλάσμα,   das erste Gebilde
τὸ ἀρθὲν ἀπ' ἐμοῦ,   das von mir fortgenommen wurde,
ᵈτὸν χοῦν,   den Staub überlasse,
ἐξ ἧς ἐλήφθηᵈ.   aus der es genommen wurde«.
ἔλαβον ºδὲᵉ ʼ·ᶠοἱ ἄγγελοι ʼʼᵍ   Es hatten ihn aber die Engel genommen
ʰἐν τῷ καιρῷ ἐκείνῳʰ   zu jener Zeit
καὶ ἔθεντο ⁱαὐτὸνⁱ ᵏἐπὶ τὴν πέτρανᵏ,   und auf den Felsen gelegt,
ᵐἕως οὖᵐ ἐτάφη Ἀδὰμ ὁ πατὴρ αὐτοῦ ʼʼⁿ.   bis daß Adam, sein Vater, beerdigt würde.

- Zeugen: D St AV An₂ AH B Ath VitAd(arm) VitAd(georg) VitAd(latᵖ) Va P¹ P² J² J³ ApcMos(arm)⁽ˢ· ²⁰/²¹⁾ Br S¹
- Es fehlen: Pa A AC C VitAd(latᵐᵉ) LibAd(slav) An₁ J¹ S³ AD E¹ E² (zu J¹ E¹ E² vgl. °40,3/42,2A)

Zum Text

40,3/42,2A J¹-E¹-E²: om. **40,3b** D: †ἐτέλευσεν†. **40,3c** P²-J²-J³ ApcMos(arm): ἐκέλευσε; Br-S¹ (=*IIIa *III) et rell: txt. **40,3d** D-St B (Va)-(P¹) (=[*II] *Ia) P²-J²-J³ (=*III) Br-S¹ (=*IIIa): τὸ σῶμα τοῦ Ἄβελ; AV An₂-AH Ath: τοῦ Ἄβελ τὸ σῶμα. **40,3e** D-St: ἐνεγκόντες (sq. NAGEL) (ba); An₂ B Ath (=*Ia): ἐνέγκαντες (a); AH⁽ᶜᵒᵈ⁾: ἔνεγκαν αὐτὸν (ca); P²-J²-J³: ἐνεχθέντος αὐτοῦ προσέταξεν ὁ θεός ἐνεχθῆναι (da); Br-S¹ (=*IIIa): ἐνέγκατε (Kontext umformuliert) (ea); AV Va P¹: def. *III = *I. **40,3f** P²-J²-J³: πρὸς ἐνταφιασμὸν αὐτοῦ καὶ τούτων ἐνεχθέντων; Br-S¹ (=*IIIa *III) et rell: txt; ApcMos(arm): def. **40,3g** D-St AH Ath Br-S¹ (=*IIIa): om. (sq. BERTRAND, NAGEL); AV An₂ B VitAd(georg) (=*Ia) P²-J²-J³ (=*III): καί (VitAd [georg]: »lui aussi«); Va P¹: def. **40,3h** D-St AH B Ath (=*Ia) P²-J²-J³ (=*III) Br (=*IIIa): αὐτόν; AV: αὐτὸ μετὰ τοῦ Ἀδάμ; An₂ S¹: αὐτό; P¹: τὸ σῶμα τοῦ Ἄβελ; Va: def. Vgl. °40,4a. **40,4a** D (AH) B Va: ἀκήδευτον; An₂ Ath (=*Ia) P²-J²-J³ (=*III) Br (=*IIIa): ἀκήδευτος; St S¹: ἀκήδευτο-; AV P¹: def. Das vorhergehende αὐτόν (masc.) erfordert ἀκήδευτος. Vgl. °40,3h. **40,4b** P²-J²-J³ (=*III) Br (=*IIIa): ἀπὸ τῆς ἡμέρας, ἧς; S¹: ἡμέρᾳ, ᾗ. **40,4c** D-St: Κάϊν ὁ ἀδελφὸς αὐτοῦ ὁ πονηρός (sq. BERTRAND) (ba); An₂-AH B Ath (=*Ia) (Va) (=*II) ApcMos (arm) (=*III): Κάϊν ὁ ἀδελφὸς αὐτοῦ (sq. NAGEL) (a); P¹: Κάϊν ἐκ συνεργείας τοῦ πονηροῦ (ca); P²-J²-J³: Κάϊν ὁ ἀδελφός (da); Br-S¹ (=*IIIa): Κάϊν ὁ πονηρός (ea); AV: def. *III = *I. **40,4d** D: καὶ πολλὰ ἠθέλησεν †ἑαυτὸν† κρύψαι αὐτὸν ὁ Κάϊν, ἀλλ' οὐκ ἐδυνήθη (sq. BER-TRAND, doch ohne †ἑαυτόν†) (boa); St: καὶ πολλὰ θελήσας κρύψαι αὐτὸν ὁ Κάϊν οὐκ ἠδυνήθη (coa); AV: πολλάκις ἐβουλεύθη Κάϊν ὁ φονεύσας αὐτὸν θάψαι τὸ σῶμα αὐτοῦ, ἀλλ' οὐκ ἠδυνήθη (doa); An₂: καὶ πολλὰ θελήσας Κάϊν κρύψαι τὸ σῶμα αὐτοῦ, καὶ οὐκ ἠδυνήθη (efoa); AH: καὶ πολλὰ θελήσας Κάϊν ªκρύψαι αὐτόνª, ἀλλ' οὐκ ἠδυνήθην² (foa); B: πολλὰ γὰρ φροντίσας ὁ πονηρὸς Κάϊν κρύψαι αὐτὸν οὐκ†ην† ἠδυνήθην (gcoa); Ath: καὶ πολλὰ†ς† θελήσας †ἑαυτὸν† κρύψαι αὐτὸν Κάϊν, ἀλλ' οὐκ ἠδυνήθη (ha); VitAd(arm): »und er wollte ihn verbergen und konnte es nicht« (ipa); VitAd(georg): »or, il avait voulu l'ensevelir dans la terre et il n'avait pu« (kpa); P²-J²-J³ (ApcMos[arm]): ὅστις Κάϊν πολλὰ θελήσας

---

² Varianten: **a-a** Cod: κρίψε †έ†αὐτὸν (ditt.).

κρύψαι αὐτὸν οὐκ ἠδυνήθη (ma); (Br)-S¹ (=*IIIa): ἠθέλησεν κρύψαι αὐτὸν ἐν τῇ γῇ, ἀλλ᾿ οὐκ ἠδυνήθη (na); VitAd(latᵖ)Va P¹: def. *Ib: καὶ πολλὰ θελήσας κρύψαι αὐτὸν Κάϊν, ἀλλ᾿ οὐκ ἠδυνήθη (oa); die griechische Vorlage von VitAd(arm.georg): καὶ ἐθέλησε κρύψαι αὐτὸν καὶ οὐκ ἠδυνήθη (unsicher) (pa). *I: καὶ πολλὰ ‹ε›θέλησε κρύψαι αὐτὸν Κάϊν, ἀλλ᾿ οὐκ ἠδυνήθη (a). NAGEL: καὶ πολλὰ ἐθέλησε κρύψαι αὐτὸν ὁ Κάϊν, ἀλλ᾿ οὐκ ἐδυνήθη. In der Majuskelschrift sind -σ- und -ε- leicht zu verwechseln, daher wird πολλὰ†σ† θελήσας in Ath auf *πολλὰ ἐθέλησε (ΠΟΛΛΑϹΘΕΛΗϹΑϹ ‹ ΠΟΛΛΑΕΘΕΛΗϹΕ) zurückgehen; die *Ib-Variante erklärt sich vielleicht genauso. **40,4e** D-St: ὁ (sq. BERTRAND, NAGEL); (AV) (An₂)-(AH) (B) Ath (=*Ia) (P²)-(J²)-(J³) (=*III): txt. (die eingeklammerten Zeugen haben Umstellungen, vgl. °40,4d); Va P¹ Br S¹: def. **40,4f** D AV AH Ath (=*Ia) Br-S¹ (=*IIIa *III): ἀλλ᾿; St B P²-J²-J³: om; An₂: καί; Va P¹: def. **40,4g** D: ἐδυνήθη (sq. NAGEL); rell: ἠδυνήθη (sq. BERTRAND). **40,4h** P²-J²-J³: ἐξήρχετο δὲ καὶ (ba); ApcMos(arm): »aber es geschah« (cba?/cda?); Br-S¹ (=*IIIa): καὶ ἐγένετο (da); rell: καὶ ἐξήρχετο (a). *III = *I. **40,4i** P²-J²-J³: ἀπ᾿ αὐτῆς; ApcMos(arm) (=*III) et rell: ἀπὸ τῆς γῆς (ApcMos[arm] ist nach Cᵃ zu rekonstruieren, vgl. YOV. 21₂); Br-S¹ (=*IIIa): om. **40,4k** Ath: ἐκ (nach ἐξήρχετο). **40,5a** D-St AV Ath (=*Ia): εἰς τὴν γῆν; An₂-AH: ἀπὸ τῆς γῆς; P²-J²-J³: ἐν ἐμοί; Br-S¹ (=*IIIa): εἰς γῆν; B Va P¹: def. *III hat vermutlich wie *I gelesen. **40,5b** D-St An₂-AH Ath (=*Ia): ἀφιέναι; P²-J²-J³: ταφῇ; ApcMos(arm): »yafaǰ kʿan zmarmin naxastelcin« (»vor dem Leichnam des Ersterschaffenen«) statt ἕως οὗ ἀφιέναι μοι τὸ πρῶτον πλάσμα; B Va P¹ Br S¹: def. **40,5c** D-St An₂ Ath (=*Ia): μοι; AV AH: om.; B Va P¹ P² J² J³ Br S¹: def. **40,5d** D-St (AV) (An₂)-(AH) Ath (=*Ia): τὸν χοῦν, ἐξ ἧς ἐλήφθη; P²-J²-J³: om; (ApcMos[arm]) Br-S¹ (=*IIIa *III): ἐξ ἧς ἐλήφθη; B Va P¹: def. **40,5e** P²-J²-J³: οὖν; Br-S¹ (=*IIIa *III) et rell: δέ. **40,5f** Ath: αὐτό (sc. τὸ σῶμα τοῦ ῎Αβελ); VitAd(arm): αὐτό/ν (Genusindifferenz im Arm!); VitAd(georg) (=*Ia² *Ia²ʼ, vgl. °40,5i) Br-S¹ (=*IIIa): αὐτόν. *IIIa hat αὐτόν aus °40,5i transponiert, *Ia² oder *Ia hat es vielleicht von dort übernommen – es lag nahe, hier ein Objekt zu ergänzen. **40,5g** P²-J²-J³ ApcMos(arm): τὸ σῶμα τοῦ ῎Αβελ; Br-S¹ (=*IIIa *III) et rell: txt. **40,5h** P²-J²-J³ ApcMos(arm): om; Br-S¹ (=*IIIa) et rell: txt. **40,5i** D-St An₂-AH VitAd(georg) (=*Ia) (Br)-(S¹) ([=*IIIa] *III): αὐτόν (zu *IIIa vgl. °40,5f; VitAd[georg]:: »ainsi les angels le prirent et le revêtirent *comme son père*« – das sagt man nicht über einen Leichnam, sondern über eine Person!); Ath P²-J²-J³: αὐτό (vgl. °40,5f zu Ath und °40,5g zu P²⁽ᶜᵗᶜ⁾); AV B Va P¹: def. **40,5k** D-St: ἐν τῇ πέτρα. **40,5m** D-St: ἕως (sq. BERTRAND); An₂-AH B Ath (=*Ia) P²-J²-J³ (=*III): ἕως οὗ (sq. NAGEL); AV Va P¹ Br S¹: def. Bloßes ἕως ist als Konjunktion in der Apc Mos unüblich; in dieser Funktion erscheint es kombiniert mit ἄν (26,1) oder οὗ (31,3; 31,4; 40,5; 42,1; 42,3). **40,5n** Br-S¹ (=*IIIa): μετὰ δὲ ταῦτα ἤνεγκαν αὐτὸν καὶ ἐποίησαν ὃν τρόπον ἐποίησαν ᾿Αδὰμ τῷ πατρὶ αὐτοῦ.

1. Zum Inhalt

Nachdem die Pflege der Leiche Adams beendet ist, ordnet Gott eine solche Leichenpflege auch für Abel an; die Engel leisten Folge: Sie schaffen die Leiche herbei, holen Sindonen und rüsten die Leiche zur Bestattung zu (Apc Mos 40,3). Von wohlriechenden Öl (vgl. 40,2) ist nicht die Rede, das mag an einer Ausnahmestellung Adams liegen, kann aber auch einfach darin begründet sein, daß der Erzähler nicht noch einmal den ganzen in Apc Mos 40,1–2 geschilderten Vorgang repetieren wollte. Soweit zur erzählten Gegenwart.

Ein Rückblick in die Vergangenheit (Apc Mos) 40,4–5 erläutert, warum die Leiche Abels überhaupt noch versorgt werden mußte, obgleich Abel, wie ja aus

Gen 4 klar hervorgeht, schon zu Lebzeiten Adams getötet worden war. Der Grund liegt darin, daß Abel bisher »unbestattet« (40,4: ἀκήδευτος) war.

Aus 40,4–5 geht hervor, daß Abel nicht nur nicht mit Sindonen bedeckt war, sondern überhaupt unbestattet, daher dürfte ἀκήδευτος hier allgemein auf das Ausbleiben eines Begräbnisses hindeuten. Es war bereits in K XI,8 darauf hingewiesen worden, daß κηδεύω in Apc Mos 38ff zwischen den beiden Nuancen »Leichenpflege vor dem Begräbnis« und »Bestattung allgemein« changiert. Die semantische Verschiebung mag dem Erzähler unbewußt geblieben sein; vielleicht sorgte dafür auch die Tatsache, daß ἀκήδευτος als ein separates Lexem empfunden wurde.

Daß Abel bisher nicht bestattet wurde, wird damit erklärt, daß es Kain nicht gelang, ihn unter die Erde zu bringen, genauer zu »verbergen« (κρύψαι). Es fällt auf, daß auch für den gescheiterten Versuch nicht die Begriffe verwendet werden, die in Apc Mos 38ff für die Totenpflege stehen (κηδεύω, θάπτω). Damit wird die Begrifflichkeit einer regulären Bestattung für die erzählte Gegenwart von Apc Mos 38ff reserviert: Erst mit dem Tod Adams gab es eine Bestattung, die diesen Namen verdient.

Kains Scheitern lag daran, daß die Erde Abel nicht aufnehmen wollte, so daß sein Leichnam (σῶμα) immer wieder an die Erdoberfläche »zurücksprang« (ἀναπηδᾶν). Die Begründung dafür gibt eine Stimme, die »von der Erde« (ἀπὸ τῆς γῆς) ausgeht – aus dem Wortlaut geht hervor, daß die Erde selbst spricht.[3] Diese Begründung weist auf die erzählte Gegenwart zurück: In der Erde soll kein anderes »Gebilde« (πλάσμα) verborgen werden, ehe nicht »das erste Gebilde« (τὸ πρῶτον πλάσμα)[4] ihr den Staub zurückgebe, denn aus ihr, der Erde,

---

[3] Die Erde ist hier personal gedacht, und zwar in ihrer Eigenschaft als diejenige, die Staub für die Erschaffung Adams bereitgestellt hat. Dies gemahnt an die Vorstellung von der Erde als Mutter (speziell der Menschen), die gemeinsemitisch ist, vgl. TH. NÖLDEKE: Mutter Erde und Verwandtes bei den Semiten, Archiv für Religionswissenschaft 8 (1905), 161–166, aber auch bei Griechen und Römern begegnet, vgl. I. OPELT: Art. Erde, Reallexikon für Antike und Christentum 5 (Stuttgart 1962), 1113–1179, speziell 1147–1150. Für das AT ist sie andeutungsweise in Hiob 1,21; Ps 139,15 und Qoh 5,14 bezeugt; sie wirkt auch in der Schöpfungsgeschichte nach, wenn dort von einem »Hervorbringen« der Erde die Rede ist, so z.B. in Gen 1,11.12. Zur *terra mater* im AT vgl. L. KÖHLER: Biblische Spuren des Glaubens an die Mutter Erde? Zeitschrift für die Neutestamentliche Wissenschaft 9 (1908), 77–80 und H. SCHMID: Die »Mutter Erde« in der Schöpfungsgeschichte der Priesterschrift, Judaica 22 (1966), 237–243. In der frühjüdischen Literatur gewann die Vorstellung von der Erdmutter Farbe, wahrscheinlich deshalb, weil man allgemein personale Entitäten außer Gott und Mensch nicht mehr als Konkurrenten Gottes sah und daher recht bedenkenlos in das religiöse System integrierte, vgl. Sir 40,1 und 4. Esra 5,45–55.

[4] Mit der Bezeichnung πρῶτον πλάσμα für Adam ist gemeint, daß Adam der erste ist, den Gott »gebildet hat« (Apc Mos 40,6: ἔπλασε). Im Hintergrund steht Gen 2,7. Wahrscheinlich ist in der Grablegungserzählung genauso wie in Apc Mos 33,2–37,6 die Vorstellung von Adam als Werk der Hände Gottes aktiv. Vielleicht war er auch der Endredaktion geläufig, die Adam und Eva in der Superscriptio als πρωτόπλαστοι bezeichnet.

sei dieser Staub genommen.[5] Dieses Argument baut auf dem auch biblisch wie außerbiblisch weitverbreiteten Gedanken auf, daß der Mensch aus der Erde stamme, also auch zu ihr zurückkehren müsse[6], aber entscheidend ist die Differenz: Zwar weist die Erde darauf hin, daß mit der Bildung Adams ihr Staub entnommen wurde, den Adam ihr mit seinem Tod wiedergeben müsse, aber in der Hauptsache geht es darum, daß Adam als »erstes Gebilde« (gewissermaßen als der erste »Schuldner« in dieser Sache) ihr auch als erster den Staub zurückgeben müsse. So erklärt es sich, warum man sich erst jetzt um Abels Leiche kümmern kann.

Dennoch ist Abel nicht einfach unbeachtet geblieben: Die Engel haben ihn »auf den Felsen« (ἐπὶ τὴν[7] πέτραν) gelegt, dort lag er bis zur Beerdigung Adams. Die Wendung ἐν τῷ καιρῷ ἐκείνῳ (»zu jener Zeit«) macht klar, daß dieser Vorgang sich damals, nicht in der erzählten Gegenwart, abspielte. Damit ist der Felsen aber auch nicht mehr als ein intermediärer Ort; eine Bestattung wurde damals nicht vorgenommen. Die ist, wie aus dem Kontext (40,6–7) hervorgeht, erst dann gegeben, wenn sich der Leichnam unter der Erde befindet.

2. Exegetische Hintergründe

Apc Mos 40,3–5 und speziell 40,4–5 ist ein Exkurs, der eine angesichts des bisher Erzählten offengebliebene Frage klären soll: Was weiß man eigentlich über die Bestattung Abels, dessen Tod sich doch viel früher ereignet hat? Die Antwort ist kompliziert, läuft aber auf einen zentralen Fluchtpunkt hinaus, der in der Erzählung eindrucksvoll markiert ist – als eine Stimme, die von der Erde ausgeht und mit der die Erde begründet, weswegen sie Abel nicht aufnimmt: »Es wird in der Erde kein anderes Gebilde verborgen werden, bis daß mir das erste Gebilde, das von mir fortgenommen wurde, den Staub überlasse, aus der es genommen wurde« (40,5). Diese Begründung gibt eine Information zu Abel,

---

[5] Daß die Erde sich weigert, einen Leichnam aufzunehmen, könnte ein Motiv volkstümlicher Erzählliteratur sein, doch als solches ist es anscheinend nur in der irischen Volksliteratur bezeugt, vgl. Atlantis: A Register of Literature and Science IV, 173f. und speziell T.P. CROSS: Motif-Index of Early Irish Literature (Indiana University Publications. Folklore Series 7), O.J. (Nachdruck: New York 1969), 216 (Nr. E 411.0.6: Earth rejetcs dead body).

[6] Der Gedanke, daß der Mensch aus Erde ist und wieder zu Erde wird, ist schon in Gen 3,19 belegt, das hier zugrundeliegen dürfte, vgl. auch Ps 104,29; Hiob 10,9; 34,15; Qoh 12,7; Sir 40,11. Auch bei den Griechen und Römern ist er bekannt, vgl. etwa Cicero, Nat Deor II,66 (AX 75): *et recidunt omnia in terris et oriuntur e terris*, ferner die Belege bei OPELT, Erde 1147–1150 (der Verweis auf Plato, Nomoi 12,958e ist allerdings irrig). Vgl. auch die christlich-römischen Belege ibidem 1166.

[7] Den Artikel vermag ich nicht zu erklären.

aber auch zu Adam: Abel kann erst jetzt bestattet werden, weil Adam der erste ist, der unter die Erde gebracht werden soll. Doch woher stammt wieder dieser Grundsatz?

Aus Gen 3,19b läßt er sich nicht ableiten. Zwar klingt die Stelle hier deutlich an (χοῦς, ἐλήφθη) – mit χοῦς begegnet übrigens ein Wort, das in 3,19 𝕲 nicht anzutreffen ist, wohl aber gut zu hebr. עפר paßt (Gen 3,19b 𝔐!) –, aber die entscheidende Nuance, daß Adam *als erster* zur Erde zurückkehren soll, läßt sich dort nicht erheben. Es gibt jedoch einen Text, der Gen 3,19b in dieser Weise umsetzt und zugleich für den Verfasser dieser Perikope ein kanonischer Text gewesen sein könnte: Lib Jub 4,29. Dort heißt es:

ወበፍጻሜሁ ፡ ለ፱ሩC ፡ ወታስዕ ፡ ኢ.ዮቤልዉ.	Und am Ende des 19. Jubiläums,
በሱባዔ ፡ ሳብዕ ፡ በሳድስ ፡ ዓመቱ ፡ ሎቱ ፡	in der 7. Jahrwoche, in deren 6. Jahr
ሞተ ፡ አዳም	starb Adam;
ወቀበርዖ ፡ ኵሎሙ ፡ ደቂቁ ፡	und es begruben ihn alle seine Kinder
ወስተ ፡ ምድረ ፡ ፍጥረቱ ።	im Land seiner Erschaffung.
ወውእቱ ፡ መቅድሙ ፡	*Und er wurde als erster*
ተቀብረ ፡ ወስተ ፡ ምድC ።	*in der Erde begraben.*

Daß Adam in dem Land seiner Erschaffung beigesetzt wurde, ist eine narrative Umsetzung der Korrespondenz zwischen Gen 2,7 und Gen 3,19b, die auch noch in Apc Mos 40,6 nachwirken wird (vgl. K. XI,10). Entscheidend ist an dieser Stelle jedoch der Nachsatz, der hervorhebt, daß Adam der erste ist, an dem eine Erdbestattung vollzogen wurde. Dies weiß dann auch Apc Mos 40,4–5 zu berichten, mit dem Unterschied allerdings, daß hier auch ein Problem bewußt geworden ist, um das man sich im Lib Jub noch keine Gedanken gemacht hat. Was ist mit Abel geschehen, wenn das erste Begräbnis beim Tod Adams stattgefunden hat?

Es bleibt nur die Lösung übrig, daß Abel zwischenzeitlich unbestattet blieb. In dem Falle aber ist sein Leichnam unbedecktes Blut, das als offenliegendes Zeichen einer Untat gerächt werden muß – eine in biblischer Tradition nicht ungeläufige Vorstellung (vgl. Jes 26,21; Hes 24,7–8; Hiob 16,18, zu Hes 24,7–8 s.u.), die gut zum Mord Kains paßt. Und dafür, daß Abels Blut unbedeckt blieb, gibt es denn in der Tat auch einen biblischen Anhaltspunkt – in Gen 4,10 sagt Gott zu Kain nach dem Mord:

Gen 4,10 𝔐	Gen 4,10 𝕲
מה עשׂיתה	Τί ἐποίησας;
קול דמי־אחיך	φωνὴ αἵματος τοῦ ἀδελφοῦ σου
צעקים אלי מן־האדמה	βοᾷ πρός με ἐκ τῆς γῆς

Man kann angesichts der Wendung מן־האדמה auf die Idee kommen, daß Abels Blut nicht aus der Erde heraus schrie, sondern *von deren Oberfläche* her, und damit unbedeckt blieb. Das aber heißt: Abels Leiche blieb unbestattet, denn daß »Blut« hier metonymistisch für den Leichnam als ganzen verstanden werden kann, bedarf wohl keiner weiteren Erklärung. Blieb aber Abel unbestattet, so hat auch der Lib Jub mit seiner Aussage recht, daß Adam als erster in der Erde begraben wurde.

Mit der Septuaginta ist eine derartige Textauffassung kaum denkbar. Sie übersetzt מִן־הָאֲדָמָה mit ἐκ τῆς γῆς und läßt damit wohl keinen anderen Gedanken zu, als daß sich das Blut innerhalb der Erde befindet (freilich gibt es bei Basilius Seleuciensis [† 468] und im Vaticanus gr. 746 [11.–12. Jh.] auch die Variante ἀπὸ γῆς, vgl. WEVERS, App.).

Daß hier in der Tat auf eine solche exegetische Operation vorgenommen wurde, verrät schon ein nicht ganz unwichtiges Detail. In Apc Mos 40,4 ist von einer »Stimme« (φωνή) die Rede, die »von der Erde« (ἀπὸ τῆς γῆς) ausgeht. Es handelt sich, wie nachfolgend klar wird, um die Stimme der Erde selbst, nicht des Blutes. Dennoch ist wahrscheinlich, daß an dieser Stelle Gen 4,10 aufgenommen wird. Immerhin geht sowohl hier als auch in Gen 4,10 eine *Stimme von der Erde* aus; wohl nicht zufällig wird für diese in Apc Mos 40,4 dasselbe Wort verwendet wie in Gen 4,10 𝔊: φωνή. Daß hier ἀπὸ τῆς γῆς steht und nicht ἐκ τῆς γῆς wie in der Septuaginta, könnte Ergebnis einer ad-hoc-Revision der Septuaginta sein, da ἀπό מִן besser widergibt als ἐκ; dieses Verfahren ist in der Apc Mos auch sonst belegt (vgl. 16,1)

Bei der Tatsache, daß hier die Erde redet und nicht – wie im biblischen Text – das Blut, wird man noch ein wenig verweilen müssen. In der Inhaltsanalyse war angedeutet worden, daß hier eine personale Vorstellung von der Erde eine Rolle spielt, aber wir haben es doch auch mit einer bestimmten Form exegetisch-narrativen Arbeitens zu tun: Es werden spielerisch die Akteure ausgewechselt. Genau dieses Verfahren läßt sich auch in Apc Mos 2,1–3,1 beobachten, wo die in Apc Mos 40,3–5 geleistete exegetische Arbeit fortgeführt wird (vgl. K IV). Dort trinkt nicht – wie im Bibeltext – die Erde Abels Blut (vgl. Gen 4,11), sondern Kain (Apc Mos 2,2).

Relevant ist nun vor allem der mit dieser Maßnahme verbundene Effekt: Dadurch, daß die Erde redet, wird die Aufmerksamkeit des Lesers auf den entscheidenden Grund für das bisherige Ausbleiben für die Bestattung Abels gelenkt. Die Worte der Erde aber beruhen – wie gezeugt wurde – inhaltlich auf genau der Wendung, die zuvor in der (leicht revidierten) griechischen Version zitiert wurde, nämlich מִן־הָאֲדָמָה (bzw. ἀπὸ τῆς γῆς). Sie schaffen zugleich eine Querverbindung zu Lib Jub 4,29 und damit zum zweiten zentralen Bezugspunkt dieser Geschichte. Wie so oft folgt also auf ein mehr oder weniger deutliches Zitat aus griechischer Bibelüberlieferung eine narrative Umsetzung des Zitats, die hier von einer Sprecher besonderer Art vorgetragen wird.

Wenn die Erde schon einmal redet, fällt es nicht schwer, auch andere Momente einer personalen Vorstellung von der Erde zu importieren. Darum bleibt es nicht dabei, daß die Leiche Abels nicht aufgenommen werden kann: Die Erde weigert sich, es zu tun, und zwar dadurch, daß sie den Leichnam immer wieder an die Oberfläche treten läßt.

Wenn Abels Blut unbedecktes Blut und sein Leichnam unbestattet war, dann ergibt sich natürlich die Frage, wie dieses Unbestattetsein denn ganau ausgesehen haben mag. Und da gibt nun unsere Geschichte die Erklärung, daß die Engel den Leichnam Abels auf einen Felsen legten (40,5b). Dieses Motiv wird verständlich aufgrund einer der wichtigsten biblischen Belegtexte für die Vorstellung vom unbedeckten Blut, das Rache erfordert – Hes 24,7–8:

Hes 24,7–8 𝔐	Hes 24,7–8 𝔊
7 כי דמה בתוכה היה	ὅτι αἷμα αὐτῆς ἐν μέσῳ αὐτῆς ἐστιν·
על־צחיח סלע שמתהו	ἐπὶ λεωπετρίαν τέταχα αὐτό.
לא שפכתהו על־הארץ	οὐκ ἐκκέχυκα αὐτὸ ἐπὶ τὴν γῆν,
לכסות עליו עפר	τοῦ καλύψαι ἐπ' αὐτὸ γῆν·
8 להעלות חמה לנקם נקם	τοῦ ἀναβῆναι θυμὸν εἰς ἐκδίκησιν ἐκδικηθῆναι
נתתי את־דמה	δέδωκα τὸ αἷμα αὐτῆς
על־צחיח סלע	ἐπὶ λεωπετρίαν,
לבלתי הכסות	τοῦ μὴ καλύψαι αὐτό.

Hier verkündet in prophetischer Rede Gott, daß er das in Jerusalem vergossene Blut nicht auf die Erde, sondern auf den Felsen gegossen habe, damit es nicht bedeckt werde. In Apc Mos 40,5b wird dementsprechend Abels Leichnam auf einen Felsen gebracht, mit dem Unterschied, daß der Wille Gottes hier durch Engel vollzogen wird.

So »folkloristisch« Apc Mos 40,3–5 auf den ersten Blick anmutet, gerade dieser Text läßt sich mühelos auf durchaus rationale exegetische Überlegungen zurückführen. Sein Verfasser hat es geschafft, aus Gen 4,10 nachzuweisen, daß Abels Blut unbedeckt blieb und damit Adam in der Tat – wie in Lib Jub 4,29 behauptet – der erste Mensch ist, der begraben wurde.

Doch dieser Nachweis hat ihm ein Folgeproblem eingetragen: Der biblische Text ist nämlich für die Auffassung, daß Abels Blut nach seiner Ermordung unbedeckt auf der Erde blieb, gar nicht so zugänglich, wie bisher dargestellt, wenn man nur den Kontext berücksichtigt. Nun ist die Exegese in der Apc Mos generell wenig kontextorientiert, aber hier ist der Widerspruch, der sich von dem unmittelbar nachfolgenden Vers her ergibt, kaum zu übersehen. Dort wird Kain verflucht, und zwar soll er von der Erde (𝔐: אדמה // 𝔊: γῆ) vertrieben werden, da diese ihren Mund geöffnet habe (פצתה את־פיה), um Abels Blut aufzunehmen. Also befindet sich das Blut *in* der Erde! Die von der Septuaginta gewählte Übersetzung von מִן־הָאֲדָמָה (ἐκ τῆς γῆς) wird auf genau diesen Kontextbefund hin formuliert worden sein. Aber genau diese Sicht ist für den Verfasser von Apc Mos 40,4–5 schlechthin unmöglich. Für ihn müßte, sofern er denn das Problem nicht übersehen hat, פָּצְתָה אֶת־פִּיהָ in Gen 4,11 etwas anderes bedeuten. Es gibt ein Indiz dafür, daß dieses Problem durchaus wahrgenommen wurde: Wie bereits nachgewiesen wurde, nimmt die Überlieferung vom Brudermord in Apc Mos 2,1–3,1 gerade diese Wendung auf – und bezieht sie (mittels einer אֶל־תִקְרָא-Lesung) auf Kain! In Apc Mos 2,1–3,1 wird damit genau die exegetische Arbeit weitergeführt, die in Apc Mos 40,3–5 liegengeblieben war.

Exkurs: Parallelen zu Apc Mos 40,3–5:

Da Abel der erste Erschlagene und zugleich der erste Tote war, hat sich eine umfängliche Überlieferung über die Leiche Abels entwickelt; speziell an Abel knüpfen sich zahlreiche Ätiologien des Begräbnisses. Akteure der Grablegung können Kain, Adam (und Eva), Engel oder Tiere (Raben, reine Vögel etc.) sein. Die Traditionen sind gesammelt bei V. Aptowitzer: Kain und Abel in der Agada, den Apokryphen, der hellenistischen, christlichen und muhammedanischen Literatur (Veröffentlichungen der Alexander-Kohut Memorial Foundation 1), Wien etc 1922, 52–55 sowie bei Chr. Böttrich: »Die Vögel des Himmels haben ihn begraben«. Überlieferungen zu Abels Bestattung und zur Ätiologie des Grabes (Schriften des Institutum Judaicum Delitzschianum 3), Göttingen 1995. Sie können hier nicht im vollen Umfang diskutiert werden, doch wenigstens einige ältere Überlieferungen sind in den Blick zu nehmen:

Zu verweisen ist zunächst auf Jos, Ant I,55: Ἔνθεν ὁ Κάϊς παροξυνθεὶς ἐπὶ τῷ προτετιμῆσθαι τὸν Ἄβελον ὑπὸ τοῦ θεοῦ κτείνει τὸν ἀδελφὸν καὶ τὸν νεκρὸν αὐτοῦ ποιήσας ἀφανῆ λήσειν ὑπέλαβεν. Ὁ δὲ θεὸς συνεὶς τὸ ἔργον ἧκε πρὸς τὸν Κάϊν περὶ τἀδελφοῦ πυνθανόμενος, ποῖ ποτ' εἴη (»Daraufhin tötete Kain aus Zorn wegen der Bevorzugung Abels durch Gott seinen Bruder und meinte, er könne unentdeckt bleiben, indem er dessen Leichnam unsichtbar mache. Gott aber erkannte das Werk, kam zu Kain und erkundigte sich hinsichtlich seines Bruders, wo er denn sei«). Mit Apc Mos 40,3–5 teilt Josephus das Bemühen Kains, Abels Leichnam zu verstecken; der Apc Mos hat er freilich die geistreiche Begründung voraus, daß Kain sich damit gewissermaßen selbst in seiner Eigenschaft als Mörder verstecken wollte.

Interessantere Parallelen zu Apc Mos 40,3–5 sind Texte, die erkennen lassen, daß sie ebenfalls auf exegetischer Arbeit an Gen 4,10 basieren. Hier ist an erster Stelle 1. Hen 22,5–7 zu nennen: Henoch sieht auf einer Unterweltsreise Abel bzw. das πνεῦμα Abels (vgl. 22,7: τὸ πνεῦμά ἐστιν τὸ ἐξελθὸν ἀπὸ Ἄβελ ..., καὶ Ἄβελ ἐντυγχάνει κτλ.), wie seine Stimme um die Vernichtung der Nachkommen Kains fleht und dabei bis zum Himmel reicht (vgl. 22,5: Καὶ ἡ φωνὴ αὐτοῦ μέχρι τοῦ οὐρανοῦ προέβαινεν καὶ ἐνετύγχανεν). Hier ist, was in Gen 4,10 über das Blut Abels gesagt wird, auf dessen Pneuma bzw. ihn selbst übergegangen. Daß die Stimme aus der Unterwelt kommt, harmoniert mit Gen 4,11, wo es heißt, die Erde habe Abels Blut getrunken, d.h. eine Diastase zwischen Gen 4,10 und 4,11, wie sie in der Apc Mos zu überwinden war (Apc Mos 2,1–3,1 / 40,3–5), existiert nicht.

Auf Gen 4,10 basiert mittelbar auch die interessante Überlieferung in Test Abr A 13,2–8, derzufolge Abel in der Unterwelt als Totenrichter fungiert. Dies geht aus der Begründung für dieses Amt Abels in 13,3–4 hervor: 3... διότι εἶπεν ὁ θεός, ὅτι οὐκ ἐγὼ κρίνω τὸν κόσμον, ἀλλὰ πᾶς ἄνθρωπος ἐξ ἀνθρώπου κρίνεται. 4. Τούτου χάριν αὐτῷ ἔδωκε κρίσιν κρῖναι τὸν κόσμον (»3 ... denn Gott sprach: ‚Nicht ich richte die Welt, sondern jeder Mensch wird von einem Menschen gerichtet.' 4. Deswegen hat er diesem [sc. Abel] verliehen, das Gericht über die Welt auszuüben«). Hier wird Gen 8,21 (der Vorsatz Gottes, die Welt nicht mehr zu bestrafen) und die postdiluviale Gerichtsordnung in Gen 9,6 referiert, letztere wohl eher nach dem hebräischen Text (שֹׁפֵךְ דַּם הָאָדָם בָּאָדָם דָּמוֹ יִשָּׁפֵךְ), der ganz gut zu einem – auch strafenden! – Richter Abel paßt, wenn man ב in בָּאָדָם instrumental auffaßt (die Übersetzung wäre dann: »wer das Blut eines Menschen vergießt, dessen Blut soll *durch einen Menschen* vergossen werden«). Die Septuaginta hat ב in בָּאָדָם als ב-pretii aufgefaßt und schließt damit eine solche Umsetzung von Gen 9,6 aus (𝕲: ὁ ἐκχέων αἷμα ἀνθρώπου ἀντὶ τοῦ αἵματος αὐτοῦ ἐκχυθήσεται [»wer Blut eines Menschen vergießt, für sein Blut soll vergossen werden«]). Offenbar hat man Gen 9,6 entnommen, daß ein bestimmter Mensch der Rächer sein soll; und daß dies Abel sein müsse, dürfte man daraus geschlossen haben, daß es in Gen 4,10 gleichermaßen wie in Gen 9,6 um vergossenes Blut geht. Wie in 1. Hen 22,5–7 hat Abel dabei ganz selbstverständlich seinen Platz in der Unterwelt gefunden.[8]

Das Motiv des vergossenen Blutes spielt auch eine tragende Rolle bei der in Mt 23,35 // Lk 11,51 belegten Abel-Tradition. In transformierter Gestalt erscheint es in Hebr 11,4, wo über Abel gesagt wird, daß er auch noch »nach dem Tode rede« (ἀποθανὼν ἔτι λαλεῖ). In Hebr 12,24 heißt es dann über den Mittler des neuen Bundes, Jesus, daß sein Blut »kräftiger rede als Abel« (κρεῖττον λαλοῦντι παρὰ τὸν Ἄβελ). Auffällig ist an beiden Stellen, daß nicht Abels Blut redet, sondern Abel selbst (doch vgl. die Variante .... παρὰ τὸ Ἄβελ »im

---

[8] Zu Test Abr A 13,2–8 vergleiche meinen Aufsatz »About Abel and the Three Stages of Postmortal Judgement. A Text Critical and Redaction Critical Study Concerning the Christian Elements in Test Abr A 13,2–8«, der demnächst in einem von Ger OEGEMA und Ian HENDERSON herausgegebenen Sammelband erscheinen wird.

Vergleich zu dem [Blut] Abels«). Diesen Zug teilt Hebr mit Apc Mos 40,3–5, wo ebenfalls die Mitteilungen über das Blut Abels in Gen 4,10 auf Abel bzw. dessen Leichnam bezogen sind.

Auf Gen 4,10 ist basiert auch die Tradition in Midrasch Tanchuma § 10, demzufolge Kain von zwei reinen Vögeln lernte, daß er Abel zu begraben hatte, und »deswegen werden die Vögel der Bedeckung ihres Blutes gewürdigt«. Aus der Ätiologie der Bedeckung des Blutes der Vögel (vgl. Lev 17,13) ergibt sich die Logik dieser Haggada: Es erschien erörterungsbedürftig, weswegen in dem Gebot, das Blut erjagter Tiere zu bedecken (Lev 17,13), neben dem der Tiere scheinbar unnötig das der Vögel erwähnt wird; und man fand die Erklärung, daß diese als Vorbild fungierten, als mit der Ermordung Abels erstmalig Blut vergossen worden war. Damit war auch die Frage beantwortet, wie Kain darauf kommen konnte, Abel zu beerdigen.

Eine ähnliche exegetische Grundlage läßt auch Ber R 22,8 erkennen (hier wird Abel von den reinen Tieren beerdigt). Es bleibt zu prüfen, ob vielleicht auch der Großteil der von BÖTTRICH (s.o.) gesammelten Traditionen zur Bestattung Abels letztlich auf einer kombinatorischen Lektüre von Gen 4,10(−11) und Lev 17,13 beruhen, freilich nicht notwendigerweise unmittelbar; die Haggada kann sich auch von ihren exegetischen Grundlagen verselbständigen.

Abschließend sind zwei Texte zu besprechen, die von Apc Mos 40,3–5 abhängig sein könnten. Schon 1939 hat ALBECK darauf hingewiesen, daß Ber R 22,9 von Apc Mos 40,3–5 her zu erklären sei[9]; es heißt dort:

קול דמי אחיך	‚Die Stimme von deines Bruders Blut
צועקים אלי מן האדמה	schreit zu mir vom Erdboden'
לעלות למעלה לא היתה יכולה	Nach oben aufsteigen konnte sie nicht,
שעדיין לא עלתה שם נשמה	denn noch war dorthin kein Lebenshauch aufgestiegen,
ולמטה לא היתה יכולה	und nach unten (sc. herabsteigen) konnte sie nicht.
שעדיין לא נקבר שם	denn noch war dort
אדם (וחוה + :VL)	kein Mensch begraben (VL: Adam und Eva nicht begraben).
והיה דמו מושלך	Und sein Blut war ausgegossen
על העצים ועל האבנים	auf den Hölzern und den Steinen.

Diese Überlieferung könnte in der Tat auf den Gedanken zurückgehen, der auch Apc Mos 40,3–5 zugrundeliegt (sie verhielte sich damit zu den Adamdiegesen wie Ber R 20,7 zu Apc Mos 25,2–4 [vgl. K X,10] oder Ber R 20,10 zu Vit Ad 1–21 [vgl. E III,5d]). Dann müßte freilich ursprünglich statt allgemein vom Menschen von Adam die Rede gewesen sein; weil dieser noch nicht

---

[9] Vgl. CH. ALBECK: Agadot im Lichte der Pseudepigraphen, Monatsschrift für Geschichte und Wissenschaft des Judentums 83 (1939), 162–169, speziell 165–166.

begraben gewesen sei, habe die Stimme des Blutes, ursprünglich wohl eher das Blut, nicht in die Erde eindringen können. Darum sei dieses, so wird über Apc Mos 40,3–5 hinausgehend argumentiert, über Hölzer und Steine verteilt gewesen, die bekanntlich kein Blut aufsaugen können; damit vermochte man auch für die Pluralform דמי eine Erklärung beizubringen.[10] Dieser Kernbestand ist im Laufe der Zeit im Sinne einer dichotomistischen Anthropologie überarbeitet worden. Doch die alte Vorlage schimmert noch durch, insofern dem Lebenshauch nicht etwa ein Leichnam, sondern אדם gegenübersteht; abgesehen davon paßt die mit dem Lebenshauch verbundene Aussage auch gar nicht zum zitierten Bibeltext, denn die Stimme mußte doch nach oben steigen, um Gott zu erreichen! Die Varia lectio beruht möglicherweise auf Kenntnis der älteren Überlieferung.

Von Apc Mos 40,3–5 dürfte auch der Conflictus Adae et Evae cum Satana (HAELEWYCK, Clavis, Nr. 14) abhängig sein; dort wird über die Leiche Abels berichtet, die Erde hätte sie dreimal »ausgespien« (äth. ተፍአ), das erste Mal, weil er nicht das erste Geschöpf gewesen sei, das zweite Mal, weil er als Gerechter und Guter umsonst getötet worden sei, und das dritte Mal, damit es einen Zeugen gegen seinen Bruder gebe.[11] Der arabische Text, den TRUMPP (s. Anm. 11) zum Vergleich herangezogen hat, enthält interessanterweise ein Glossem, das die Spannungen zwischen dieser Tradition und Gen 4,11 thematisiert, allerdings auf recht verworrene Weise (vgl. ibidem 89, Anm. 8).

XI,10. Aushebung des Grabes für Adam und Abel in der Gegend des Paradieses (Apc Mos 40,6)

40,6 ᵃΚαὶ προσέταξεν ὁ θεὸς	Und Gott ordnete an,
μετὰ τὸ κηδεῦσαι	nachdem Adam und Abel
ᵇτὸν Ἀδὰμ καὶ τὸν Ἄβελᵇᵃ	zugerüstet worden waren,
ἆραι ᶜτοὺς δύοᶜ	daß die beiden

---

[10] Der Satz והיה דמו משלך על העצים ועל האבנים wird auch in mSanh 4,5d zitiert; auch dort dient er der Erklärung der Pluralform דמי in Gen 4,10. Der Rest der in Ber R 22,9 belegten Haggada fehlt. M.E. ist die von mSanh 4,5d belegte Kurzform sekundär, da in ihr nicht ersichtlich ist, warum es gerade Hölzer und Steine sein müssen, über die sich das Blut verteilt, so daß mehrere »Blutflecken« (דמים) entstehen.

[11] Vgl. E. TRUMPP: ገድለ ፡ አዳም ፡ Der Kampf Adams (gegen die Versuchungen des Satans) oder das christliche Adambuch des Morgenlandes. Äthiopischer Text, verglichen mit dem arabischen Originaltext (Abhandlungen der philosophisch-historischen Classe der königlich bayrischen Akademie der Wissenschaften 15,3), München 1881, 89–90. Deutsche Übersetzung (allerdings auf einem älteren Forschungsstand beruhend): A. DILLMANN: Das äthiopische Adambuch des Morgenlandes. Aus dem Äthiopischen mit Bemerkungen übersetzt, Göttingen 1853, 72–73.

εἰς τὰ μέρη τοῦ παραδείσου,
εἰς τὸν τόπον,
ὅπου ᵈἦρεᵈ χοῦν ὁ θεὸς
καὶ ἔπλασε τὸν ᾿Αδάμ.
καὶ ἐποίησεν
ᵉὀρυγῆναιᵉ ᶠτῶνᶠ δύο ᵍτὸν τόπονᵍ.

in die Gegend des Paradieses gebracht würden,
an den Ort,
wo Gott Staub genommen
und Adam gebildet hatte.
Und er ließ
den Ort für die beiden ausheben.

- Zeugen: D St AV An₂ AH B Ath VitAd(arm) VitAd(georg) P² J² J³ ApcMos(arm)⁽ˢ· ²¹⁾ Br S¹
- Es fehlen: Pa A AC C VitAd(latᴾ) VitAd(latᵐᵉ) Va P¹ LibAd(slav) An₁ J¹ S³ AD E¹ E²

Zum Text

40,6a P²-J²-J³: καὶ μετὰ τὸ κηδεῦσαι τὸν ᾿Αδὰμ καὶ τὸν ῎Αβελ προσέταξεν ὁ θεός (ba); ApcMos(arm): »aber Gott, der Herr, befahl den Engeln nach der Zurüstung ihrer Leichname« (nach Bᵃ, vgl. YOV. 21₅) (ca); Br-S¹ (=*IIIa): καὶ προσέταξεν ὁ θεὸς μετὰ τὸ κηδεῦσαι αὐτούς (da); rell: txt. (a). *III = *I. **40,6b** D: τὸν ῎Αβελ (bca); St: καὶ τὸν ῎Αβελ (ca); An₂-(AH)¹ Ath (=*Ia) (P²)-(J²)-(J³) (=*III): τὸν ᾿Αδάμ καὶ τὸν ῎Αβελ (P²[etc]: trsp, vgl. °40,6a) (a); ApcMos(arm): »ihres [pl.] Leibes« (nach Bᵃ, vgl. °40,6a) (ea); Br-S¹ (=*IIIa): αὐτούς (fa); AV B: def. **40,6c** D-St An₂-AH P²-J²-J³ ApcMos(arm): αὐτούς (sq. BERTRAND, NAGEL); Ath (=*Ia) VitAd(arm) VitAd(georg) Br-S¹ (=*IIIa *III): τοὺς δύο (vgl. unten τῶν δύο). **40,6d** D: εὗρε (sq. BERTRAND) (aus *εῖρε, vgl. εῖρεν in Bᶜᵒᵈ² Athᶜᵒᵈ). **40,4e** Ath (=*Iaˀ): ἐκεῖ ὀρυγῆναι; Br-S¹ (=*IIIa): ὄρυξαν ἐκεῖ statt ἐποίησεν ὀρυγῆναι; VitAd(arm) VitAd (georg): def. **40,6f** D-St: εἰς (sq. BERTRAND, NAGEL); AV (An₂)-AH Ath (=*Ia) P²-J²-J³ (=*III): τῶν; B Br S¹: def. **40,6g** Ath (=*Iaˀ): τὸ μνῆμα; VitAd(arm) VitAd(georg): def.

Nachdem sowohl Adams als auch Abels Leiche für die Bestattung hergerichtet sind, kann nun ihr Begräbnis erfolgen, zunächst die Aushebung des Grabes für die beiden Toten. Der Ort des Grabes wird in der Gegend des Paradieses (εἰς τὰ μέρη τοῦ παραδείσου) lokalisiert. Damit dürfte nicht das Paradies selbst gemeint sein, sondern dessen nähere Umgebung, vgl. Apc Mos 10,1, wo die gleiche Wendung erscheint. Seth und Eva gelangen dort nicht *in* das Paradies, sondern in dessen Nähe (vgl. die Anweisung Adams in 9,3 und schließlich 13,1).

Das Grab befindet sich an genau der Stelle, an der Gott Staub »aufgenommen« (ἦρε) und Adam »gebildet« (ἔπλασε) hat; der Korrespondenz der Orte entspricht die der Verben ἆραι und ἦρε. Die Worte αἴρω und πλάσσω lassen beide an das Motiv der Erschaffung Adams durch die Hand Gottes denken; ausgeführt wird es hier zwar nicht, doch vgl. 40,5, wo Adam als πρῶτον

---

[1] In 40,5–6 liest AH: 40,5 ....ἕως οὗ ἐτάφη ὁ ᾿Αδάμ 40,6 καὶ τὸν ῎Αβελ, An₂ hingegen 40,5 ... ἕως οὗ ἐτάφη ὁ ᾿Αδάμ [ὁ πατὴρ αὐτοῦ]. 40,6 καὶ προσέταξεν ὁ θεὸς μετὰ τὸ κη-δεῦσαι τὸν ᾿Αδάμ] καὶ τὸν ῎Αβελ. Der eingeklammerte Text dürfte in AH durch Haplogra-phie verlorengegangen sein.

[2] TISCHENDORF, dessen Ausgabe ab Apc Mos 36,3 fast ausschließlich auf B beruht (freilich führt er ihn versehentlich unter dem Sigel C, vgl. E II,2), hat in B fälschlich εὗρεν gelesen, vgl. TISCHENDORF 19.

πλάσμα bezeichnet wird. Zu beachten ist daneben, daß αἴρω auch in Apc Mos 37,4 mit diesem Motiv assoziiert ist, insofern Gott dort den zuvor als Gottes »Händewerk« (πλάσμα τῶν χειρῶν [sc. θεοῦ]: Apc Mos 37,2) bezeichneten Adam in sein Hand nimmt (ἦρε) und damit eine Rekapitulatio der Erschaffung Adams durch die Hand Gottes bewirkt. Die Übereinstimmung mit Apc Mos 37 ist wohl nicht literarisch verursacht, da beide Texte unterschiedlichen Schichten angehören; vielmehr zeigt sich auch hier die Milieuverwandschaft von Apc Mos 33,2–37,6 und 31,2–3a; 38ff.

Die Raumidentität von Begräbnisort und Ort der Erschaffung Adams wird ähnlich in Lib Jub 4,29 vertreten, wo mitgeteilt wird, daß Adam im »Land seiner Erschaffung« begraben wurde – im äthiopischen Text steht ወስተ ፡ ምድረ ፡ ፍጥረቱ, wobei äth. ምድር wohl griechisch γῆ und hebräisch אדמה entspricht (vgl. Gen 3,19bα), also ursprünglich vielleicht eher ein Stück Land bezeichnet als eine geographische Region. Damit ist die Affinität zwischen Apc Mos und LIb Jub noch größer. Wahrscheinlich ist Lib Jub 4,29 die exegetische Voraussetzung dieser Stelle, zumal es auch in Apc Mos 40,3–5 im Hintergrund stand. Im Lib Jub wird Adam freilich nicht nur an der Stelle beerdigt, an der er erschaffen wurde, er hat dort auch gewohnt. Das aber steht nicht in Lib Jub 4,29, sondern im entfernteren Kontext (Lib Jub 3,32 – vgl. Gen 3,23).

Ist somit Lib Jub 4,29 als exegetische Grundlage benannt, so ist es doch nicht unwahrscheinlich, daß der Erzähler auch um den Anknüpfungspunkt in Gen 3,19b gewußt hat. Schon in Apc Mos 40,3–5, das Lib Jub 4,29 ebenfalls voraussetzt, waren Anklänge an Gen 3,19b gesichtet worden, und die Gottesreden in Apc Mos 39 und 41 beruhen gleichfalls auf Gen 3,19b. Insgesamt wird man wohl sagen können: Die dem Begräbnis vorausgehende Gottesrede, das Begräbnis selbst wie auch die nachfolgende Gottesrede fußen allesamt auf Gen 3,19b; sie setzen diesen Vers in Handlung und verheißende Prohetie um.

Joachim JEREMIAS (Golgotha 39) sieht Apc Mos 40,6 zusammen mit Lib Jub 4,29 als Beleg für eine jüdische Tradition von einem Adamgrab auf dem Tempelberg. Tatsächlich ist jedoch weder hier noch anderswo in jüdischen Quellen davon die Rede, daß Adam auf dem Tempelberg begraben sei; es wäre auch kaum zu erklären, wie dies mit jüdischen Reinheitsvorstellungen vereinbar wäre. PRE 20,4 ist nur eine scheinbare Ausnahme. Dort plant Adam die Errichtung seines Grabes auf dem Berg Moria (also auf dem Tempelberg), nimmt davon aber Abstand, weil er befürchtet, die Menschen könnten durch sein Grab zum Götzendienst veranlaßt werden. Daraufhin legt er sich ein Grab in der Höhle Machpela an. Diese Überlieferung ist im Zusammenhang mit der Tradition zu sehen, daß Adam nach seiner Vertreibung aus dem Paradies auf dem Tempelberg lebte (PRE 20,1, vgl. Targ Ps-Jon zu Gen 3,23): Es liegt nahe, daß man ein Grab an seinem Wohnort anlegt. Entscheidend ist nun aber die Tatsache, daß genau dies schließlich nicht geschah.

Jüdische Quellen bringen – abgesehen von seinem nachparadiesischen Wohnort (s.o.) – nur die Erschaffung Adams mit dem Ort des Tempels bzw. dessen Brandopferaltar in Verbindung (vgl. z.B. Targ Ps-Jon zu Gen 2,7; Ber R 14,8; jNazir 7,56b; MHG zu Gen 25,9; PRE 11,2; 12,1).

XI,11. Grabbeigaben und Beerdigung Adams und Abels (Apc Mos 40,7)

40,7 ^{ab}Καὶ^b ἀπέστειλεν ὁ θεὸς
ἑπτὰ ἀγγέλους
εἰς τὸν παράδεισον,
^{c}καὶ ἤγαγον εὐωδίας πολλὰς^c
καὶ ^{d}ἔθεντο^d ^{c}αὐτὰς^e ἐν τῇ γῇ ^{cf}.
Καὶ μετὰ ταῦτα ἔλαβον
τὰ δύο σώματα ^{cg}
καὶ ^{h}ἔθαψαν^h αὐτὰ εἰς τὸν τόπον,
εἰς ὃν ὤρυξαν
^{i}καὶ ᾠκοδόμησαν αὐτοί^{ia}.

40,7 Und Gott sandte
sieben Engel
ins Paradies,
und sie brachten viele Parfüme
und legten sie in die Erde.
Und danach nahmen sie
die zwei Leiber
und begruben sie an dem Ort,
den sie selbst ausgehoben
und ausgebaut hatten.

- Zeugen: D St AV An$_2$ AH B Ath VitAd(arm) VitAd(georg) P^1 P^2 J^2 J^3 ApcMos(arm)$^{(S. 21)}$ Br S^1
- Es fehlen: Pa A AC C VitAd(lat^p) VitAd(lat^{me}) Va LibAd(slav) An$_1$ J^1 S^3 AD E^1 E^2

Zum Text
40,7a P^1: καὶ οὕτως ἐκατετέθησαν τὰ δύο σώματα τοῦ Ἀδὰμ καὶ τοῦ Ἄβελ. **40,7b** Ath: ὀρυξάντων δὲ τὸν τόπον; VitAd(arm) (=*Ia) VitAd(georg) et rell: txt. **40,7c** Laut NAGEL läßt D das Lemma aus, doch CERIANI ist bezeugt es, so liegt bei NAGEL wohl ein Kollationsfehler vor. **40,7d** D: θάπτον (bca); St: ἔθηκαν (sq. BERTRAND) (ca); AV: ἔθαψαν (da); An$_2$: ἔθαψε (eda); AH: †ἐθαύμασαν† (fda); B: ἐτίθουν (ga); Ath (=*Ia) P^2-J^2-J^3 (=*III) (Br)-(S^1) (=[*IIIa]): ἔθεντο (sq. NAGEL) (a); P^1: def. **40,7e** D AH: αὐτούς (Rückbezug auf Adam und Abel, bedingt durch die Varianten in °40,7d); St: αὐτά. **40,7f** P^2-J^2-J^3 (ApcMos[arm]): ὅπου ἔμελλον καταθέσθαι τὰ σώματα αὐτῶν; Br-S^1 (=*IIIa) et rell: txt. **40,7g** J^2-J^3: αὐτῶν. **40,7h** D: ἔθηκαν (vgl. St in °40,7d!). **40,7i** Ath: om; (VitAd[arm]) (=*Ia) (VitAd[georg]) et rell: txt.

Während »die drei großen Engel« mit der Herrichtung der Leiche Adams befaßt waren (Apc Mos 40,2), kommt nun sieben Engeln die Aufgabe zu, Grabbeigaben aus dem Paradies zu holen. Wer die sieben Engel sind, wird nicht gesagt; nicht unbekannt ist in frühjüdischer Überlieferung eine Heptade von Erzengeln, vgl. 1. Hen 20; ob diese gemeint sind, ist indes nicht zu klären. Sicher ist nur, daß die sieben Engel eine Auswahl darstellen; Gott betraut nicht irgendwelche »Mitarbeiter«, denn er hat an Adam ein ganz spezielles Interesse.

Daß Adam mit Grabbeigaben beerdigt wird, ist nichts Ungewöhnliches; diese Sitte war sowohl im alten Israel als auch im älteren Judentum üblich.[1] Aufsehenerregend ist auch nicht, daß dem Grab »Wohlgerüche« beigelegt werden, auch rabbinische Quellen nennen Kosmetika als Grabbeigaben (vgl. BROCKE [Anm. 1], 739). Um so mehr Aufmerksamkeit gebührt indessen ihrer Herkunft, denn es handelt sich um »Wohlgerüche aus dem Paradies«. Von

---

[1] Zu Grabbeigaben im alten Israel vgl. P. WELTEN: Art. Bestattung II (Altes Testament), Theologische Realenzyklopädie 5 (Berlin etc 1980), 734–738, zu Grabbeigaben im Judentum vgl. M. BROCKE: Art. Bestattung III (Judentum), ibidem 738–743, speziell 739.

solchen war auch im Zusammenhang mit dem in Apc Mos 29 angekündigten Opfer Adams die Rede, sie sollten dessen Zutaten darstellen. Möglicherweise sollen sie hier, daran anknüpfend, eine Bezogenheit Adams auf Gott *post mortem* signalisieren; eine solche Bezogenheit deutet sich auch in Apc Mos 41,1 an (vgl. K XI,12). Wahrscheinlich evozieren sie darüber hinaus die in den Gottesreden in Apc Mos 39 und 41 zum Ausdruck gebrachte Perspektive künftigen Lebens; schließlich läßt das Paradies über das Lebensbaummotiv generell an Leben, auch an künftiges Leben denken (vgl. Apc Mos 28,4). So werden nicht nur in den Reden zum Tod Adams sondern auch mit der Bestattung Adams Signale gesetzt, welche die gegenwärtige Todesrealität als zukünftig ungültig kennzeichnen.

Nach den Grabbeigaben werden die beiden Leichname beerdigt, das Wort οἰκοδομέω läßt erkennen, daß das Grab mit einem Grabdenkmal ausgestattet war, vgl. die Verbindung von οἰκοδομέω und μνημεῖον in Lk 11,47; zu Grabdenkmälern im frühen Judentum s. KRAUSS: Talmudische Archäologie, 80–82. Auch auf diese Weise wird Adam gewürdigt.

XI,12. Grabrede Gottes für Adam (Apc Mos 41)

41,1 ᵃ᾽Εκάλεσε δὲᵃ ὁ θεὸς ᵇτὸν ᾽Αδὰμᵇ *ᶜ_mg ᵈκαὶ εἶπεν·	41,1 Gott aber rief Adam und sprach:
ᵉ᾽Αδάμ, ᾽Αδάμᵉ.	»Adam, Adam!«
ἀπεκρίθη τὸ σῶμα ἐκ τῆς γῆςᵈ	Der Leichnam antwortete aus der Erde
καὶ εἶπεν·	und sprach:
ἰδού, ἐγώ, κύριε.	»Siehe, hier bin ich, Herr!«
41,2 καὶ ᵃλέγειᵃ αὐτῷ ᵇὁ κύριοςᵇ,	41,2 Und Gott sagt zu ihm:
ᶜὅτιᶜ εἶπόν σοι,	»Ich habe dir gesagt,
ὅτι γῆ εἶ	daß du Erde bist
καὶ εἰς γῆν ἀπελεύσῃ·	und in die Erde fortgehen wirst.
ᶜᵈ πάλιν ᵉτὴν ἀνάστασιν	Hinwiederum verheiße ich Dir
ᶠἐπαγγέλλ‹›ομαίᶠ σοι·	die Auferstehung;
ἀναστήσω σε	ich werde dich auferstehen lassen
ἐν τῇ ἀναστάσειᵉ	in der Auferstehung
μετὰ παντὸς ᵍγένους ἀνθρώπωνᵍ,	mit dem ganzen Menschengeschlecht
ʰοῦʰ ἐκ τοῦ σπέρματός σου.	das aus deinem Samen kommt.«

- Zeugen: D St AV An₂ AH B Ath VitAd(arm) VitAd(georg) Va P¹ LibAd(slav) P² J² J³ ApcMos(arm)⁽ˢ·²¹⁾ Br S¹
- Es fehlen: Pa A AC C VitAd(latᵖ) VitAd(latᵐᵉ) An₁ J¹ S³ AD E¹ E²

Zum Text
41,1a D-St AV B P²-J²-J³ (=*III) S¹ (=*IIIa): ἐκάλεσε δέ (sq. BERTRAND, NAGEL); An₂-AH: ἐκάλεσε; Ath (=*Ia) Va-(P¹) (=*II) ApcMos(arm) Br: καὶ ἐκάλεσε. **41,1b** D-St Ath: om. (ba); AV An₂-AH B Va-P¹ (=*II *Ia) Br-S¹ (=*IIIa *III): τὸν ᾽Αδάμ (sq. BERTRAND, NAGEL) (a);

VitAd(arm) P²-J²-J³ ApcMos(arm): τὸ σῶμα τοῦ ᾽Αδάμ (ca). **41,1c** Va notiert am Rande: ἤγουν τὴν ψυχὴν αὐτοῦ (»d.h. [Gott rief] Adams Seele«). Unmittelbar folgend wird Text ausgelassen (°41,1d), der dieser Auffassung entgegenstünde. Eine Marginalnotiz mit ἤγουν hat Va auch in °37,5e, ebenfalls verbunden mit der Omission einer Wendung, die der Marginalnotiz inhaltlich entgegensteht (°37,5d). Hat der Schreiber seinen Text kritisch begleitet? Dagegen könnte an dieser Stelle sprechen, daß die Omission in °41,1d auch haplographisch bedingt sein könnte. **41,1d** Va: om. (ht.?), vgl. °41,1c. **41,1e** D-St AV An₂-AH B Ath (=*Ia) VitAd(arm) P²-J²-J³ (=*III) ApcMos(arm): ᾽Αδάμ, ᾽Αδάμ; P¹ Br-S¹ (=*IIIa): ᾽Αδάμ, ποῦ εἶ (vgl. Gen 3,9 ⑹); Va: def. **41,2a** D-St An₂-AH Va-P¹ (=*II): εἶπε (sq. BERTRAND, NAGEL) (Anpassung an vorhergehende Aoriste); AV B Ath (=*Ia) P²-J²-J³ (=*III) Br-S¹ (=*IIIa): λέγει. **41,2b** D-St An₂-AH P¹ Br-S¹ (=*IIIa): ὁ θεός (sq. BERTRAND, NAGEL; AV B Ath (=*Ia) VitAd(arm) VitAd(georg) Va (=*II) (P²)-(J²)-J³ (=*III) ApcMos(arm): ὁ κύριος. **41,2c** D-St AV Ath (=*Ia) P¹ (=*II): ὅτι; An₂-AH: γινώσκεις, ὅτι; B Va: om; P²-J²-J³ (ApcMos[arm]): πρώην μέν; (Br)-S¹ (=*IIIa): μέμνησαι, ὁ ᾽Αδάμ, ὅτι. *III = *I. **41,2d** P²-J²-J³ (=*III?) (ApcMos[arm]): νῦν δέ (In ApcMos[arm] lesen die Codd. »yoyž« [»sehr«,], doch ist mit YOV. 21₇ »ayžm« [»nun«] zu lesen); Br S¹: def. **41,2e** D-St AV (An₂) (B): τὴν ἀνάστασιν ἐπαγγέλομαί σοι· ἀναστήσω σε ἐν τῇ ἀναστάσει (a); AH: ἐν τῇ ἀναστάσει ἀναστήσω σε (ba); Ath (=*Ia): ἐν τῇ ἀναστάσει ἀπαγγέλομαι σοι· ἀναστήσω σε ἐν τῇ ἀναστάσει (ca); Va (=*II): εἰς τὴν ἀνάστασιν ἐπαγγέλω σοι· ἀναστήσω δέ σε (dca); P¹: ἀπαγγέλω σοι τὴν ἀνάστασιν, ὅτι ἀναστήσεσθε (edca); P²-J²-J³ (=*III) (ApcMos[arm]) (Br)-(S¹) (=[*IIIa]): ᵃἐπαγγέλομαι σοι τὴν ἀνάστασινᵃ ᵎᵇ, ᶜἀναστήσω ᶜᵎᵈ σε ἐν τῇ ἀναστάσειᶜ¹ (fa). **41,2f** D-St (P²)-(J²)-(J³): ἐπαγγέλομαι; AV: ἐπαγγέλλωμαι; An₂: ἐξαγγέλομαι; B Ath: ἀπαγγέλομαι; Va: ἐπαγγέλω; (P¹): ἀπαγγέλω; S¹: ἐπηγγειλάμην; AH Br: def. Nur AV hat -λλ-. **41,2g** D-St AV Va (=*II *Ia): γένους ἀνθρώπων; An₂-AH: γένους; B P¹: ἀνθρώπου; Ath: γένους τῶν ἀνθρώπων; P²-J²-J³ (=*III?): τοῦ γένους τῶν ἀνθρώπων; Br S¹: def. **41,2h** D-St Ath (=*Ia): οὗ; AV: τῶν; An₂-AH: om; B P²-J²-J³ (=*III?): τοῦ; Va P¹ Br S¹: def. Das Relativpronomen ist sperriger, da der nachfolgende Relativsatz dann ohne verbales Prädikat bleibt (möglicherweise Hebraismus, vgl. Gen 2,11 ℳ: אֲשֶׁר שָׁם הַזָּהָב).

1. Zum Inhalt

Nach der Beerdigung, vor der Versiegelung des Grabes hält Gott eine zweite Rede an Adam. Abel ist nicht mehr im Blick; die Auseinandersetzung mit seinem postmortalen Ergehen war nur exkursartig.

Gott leitet seine Rede ein mit einer Anrufung Adams, zur Doppelung des Namens (᾽Αδάμ, ᾽Αδάμ) vgl. 1. Sam 3,4.6. Die Antwort Adams bringt Bereitschaft und Verfügbarkeit des Angeredeten zum Ausdruck, speziell ἰδού, ἐγώ (hebr. הִנֵּנִי); auch sie erinnert an 1. Sam 3,4.6, dort sagt Samuel – allerdings zu

---

[1] Varianten: **a-a** P²-J²-J³ (ApcMos[arm]): ἐπαγγέλομαί σοι τὴν ἀνάστασιν (ApcMos[arm]: Bᵃ »auetaranem k῾ez zyarout῾iun« [»ich verkündige dir die Auferstehung], Aᵃ: »auetaranem k῾ez zzôrout῾iun im« [»ich verkündige dir meine Wundermacht«], vgl. YOV. 21₈ – die Angaben dort sind freilich etwas unklar); Br: om; S¹: †ḟ† ἐπηγγειλάμην σοι (referiert auf γῆν). **b** Br-S¹ (=*IIIa): πάλιν (trsp, vgl. *I – in *IIIb *III noch am richtigen Ort); **c-c** P²-J²-J³: ἀναστήσω γάρ σε ἐν τῇ ἀναστάσει; ApcMos(arm): om. (hapl. – der ausgelassene Text muß dem von P²⁽ᵉᵗᶜ⁾ ähnlich gewesen sein); Br-S¹ (=*IIIa): ἀναστήσω σε ἐν αὐτῇ (sc. τῇ γῇ, vgl. °a-a). **d** P²-J²-J³: γάρ; Br-S¹: txt. (=*I!); ApcMos(arm): def. (vgl. °c-c).

Eli: Ἰδού, ἐγώ, ὅτι κέκληκάς με. Mehr als eine Formparallele liegt hier aber wohl nicht vor.

Daß Adam als Leichnam von Gott angeredet wird und auch antwortet, dürfte wie die in 40,7 erwähnten Grabbeigaben eine Bezogenheit Adams auf Gott über den Tod hinaus signalisieren. Vielleicht soll auch zum Ausdruck gebracht werden, daß der Tote in gewisser Hinsicht eben doch der Sphäre des Lebens angehört; dies zeigen schließlich auch die Grabbeigaben aus dem Paradies (40,7). Eine Sachparallele findet sich in Apc Mos 33,2–37,6, wenn dort der verstorbene Adam indirekt als betend dargestellt wird (35,2). Die nachfolgende Gottesrede bringt die Verortung Adams in der Sphäre des Lebens jedenfalls konkret zum Ausdruck, indem sie Adam zukünftiges Leben verheißt.

Der Dialog zwischen dem Verstorbenen und Gott in 41,1 könnte auch durch Vorstellungen über eine gewisse Wahrnehmungsfähigkeit des Toten bei den Bestattungsfeierlichkeiten angeregt sein. In bSchabb 152b streiten sich Rabbi Ḥijjā und Rabbi Šimʿôn, bis zu welchem Zeitpunkt der Tote noch hören kann, was man vor ihm redet, ersterer glaubt, bis zur Verschließung des Grabes, letzterer, bis zur Verwesung (vgl. STRACK-BILLERBECK IV,586).

Die Gottesrede spricht zunächst unter expliziter Bezugnahme auf Gen 3,19bβ die gegenwärtige Realität des Todes an, setzt dieser jedoch, signalisiert durch das – in diesem Falle – adversative πάλιν (vgl. BAUER s.v § 4 [Sp. 1228]), eine Verheißung auf Auferstehung entgegen, die nicht nur Adam, sondern alle seine Nachfahren erfassen wird; wie in Apc Mos 39 wird also – gegen Ende der Rede – die Leserschaft in die Verheißung einbezogen (vgl. 39,3b: Diejenigen, die auf den Teufel gehört haben, werden verurteilt werden). Die Grablegungserzählung lehrt somit eine Auferstehung aller Menschen, doch einige werden gerichtet werden (39,3b).

2. Exegetische Hintergründe

Der exegetische Hintergrund der Grabrede Gottes in Apc Mos 41 ist Gen 3,19bβ. Sie setzt die mit der Leichenrede Gottes in Apc Mos 39 vorgenommene Transformation des Gottesfluchs von Gen 3,19b fort; letzterer hatte Gen 3,19bα zugrundegelegen. Das Verfahren ist dabei prinzipiell das gleiche: Die durch den biblischen Gottesspruch gesetzte Wirklichkeit wird aufgenommen (42,2a // 39,1b) und anschließend durch eine endzeitbezogene Verheißung kontrastiert, die dem Bibeltext durch exegetische Arbeit entnommen wurde (42,2b // 39,2–3). War dort die Verheißung durch πλήν (39,2) eingeleitet worden, so signalisiert hier πάλιν (42,2) die Wende zu einem positiven Ausblick auf die Endzeit.

Zunächst wird der Fluch zitiert: Ὅτι γῆ εἶ καὶ εἰς γῆν ἀπελεύσῃ. Das Zitat entspricht der Septuagintafassung von Gen 3,19bβ wörtlich (𝕲: Ὅτι γῆ εἶ καὶ εἰς γῆν ἀπελεύσῃ; ℳ: כי־עפר אתה ואל־עפר תשוב), freilich ist aus dem ὅτι-causale der Vorlage ein ὅτι-recitativum geworden.

Doch an den dergestalt zitierten Fluch schließt sich die Verheißung an, daß Adam von den Toten auferstehen wird. Diese wird wie in der Auslegung von Gen 3,19bα in Apc Mos 39 dadurch ermöglicht sein, daß man im Wortlaut des Fluches ein Moment der Verheißung fand. Und in der Tat läßt sich Gen 3,19bβ ein solches Verheißungsmoment entnehmen, aber nur dem hebräischen Text: Es ist die gleiche Verbalwurzel, die auch in Apc Mos 39 zum Anknüpfungspunkt der Verheißung wurde: שוב (hier in der Form תשוב). Diese hat die Grundbedeutung »wiederkehren«; gemeint ist im biblischen Text eine Rückkehr zum Staub, aber das semantische Potential des Wortes kann eben – wie in Apc Mos 39 – auch im positiven Sinne umgemünzt werden.

Daß hebr. שוב den Anknüpfungspunkt für die Umwendung des Fluches in Verheißung darstellt, soll möglicherweise durch das Signalwort für die Verheißung, πάλιν, angedeutet werden, da dieses von seiner Grundbedeutung her (»wiederum«) mit »Wiederkehr« assoziiert werden kann. Auch das Zitat aus Gen 3,19bβ dürfte einen solchen Hinweischarakter haben.

Auffälligerweise wird jedoch ausgerechnet derjenige Bibeltext zitiert, dem man die nachfolgende Interpretation gerade nicht entnehmen kann – die Septuaginta: Deren Korrelat zu תשוב, in Apc Mos 41,2 aufgenommen (ἀπελεύσῃ), ist nicht geeignet, einen Rückschluß auf eine »Wiederkehr« zu ermöglichen. Vielleicht ist nicht nur eine Abfolge von Text und Interpretament angestrebt, sondern auch eine Kontrastierung oder gar eine implizite Korrektur der Septuaginta, vgl. hierzu die exegetische Arbeit in Apc Mos 5,4–6,3.

Eine Auslegungsparallele zu Apc Mos 41,2 findet sich in Ber R 20,10. Diese ist besonders interessant, da vielleicht auch hier 𝔊 und ℳ kontrastiert werden, nur daß das Sprachgewand ein hebräisches ist:

כי עפר אתה ואל עפר וגו'	*„Denn Staub bist du und zum Staub etc."*
אמר ר' שמעון בן יוחי	Rabbi Šim'on Ben Joḥai sagte:
מיכן רמז לתחיית המיתים	»Hier ist eine Andeutung auf die Auferstehung der Toten
מן התורה	aus der Thora:
כי עפר אתה ואל עפר תלך	*„Denn Staub bist du und zum Staub sollst du fortgehen* (תלך)"
אינו אומר	sagt sie [sc. die Schrift] NICHT,
אלא	sondern:
תשוב	*„du sollst zurückkehren* [תשוב]"*.«

תלך kann als Übersetzung von ἀπελεύσῃ in Gen 3,19bβ 𝔊 aufgefaßt werden. Indem hier konstatiert wird, daß תלך nicht in der Thora stehe, wird vielleicht der Septuagintaübersetzer kritisiert.

Auch die palästinischen Targumim verfahren mit Gen 3,19bβ ähnlich wie Apc Mos 41. Als Beispiel sei hier Targum Ps-Jon zu Gen 3,19bβ zitiert:

ארום עפרא אנת	*»Denn Staub bist du*
ולעפרא תתוב	*und zum Staub sollst du zurückkehren.«*
ומן עפרא אנת עתיד למיקום	Und vom Staub wirst du auferstehen
למיתן דינא וחושבנא	um Rechenschaft abzulegen
על כל מה דעבדת	wegen all dessen, was du getan hast,
ביום דינא רבא	am Tag des großen Gerichts.

Targ Ps-Jon zu Gen 3,19bβ ist eine geradezu vollkommene Formparallele zu Apc Mos 41,2. Wie dort steht am Anfang ein (in diesem Falle völlig wörtliches) Zitat in Übersetzung (in Apc Mos 41,2a wird die Septuagintaversion zitiert!), und es folgt ein Interpretament, das dem im biblischen Text angekündigten Tod einen Ausblick auf die endzeitliche Auferstehung zur Seite stellt. Auch inhaltlich läuft der Targum im wesentlichen auf dasselbe hinaus wie Apc Mos 41,2; wenn hier anders als in Apc Mos 41,2 auch vom Endgericht die Rede ist, dann besteht kein wirklicher Unterschied, insofern auch die Grablegungserzählung diese Perspektive kennt (vgl. Apc Mos 39,3).

XI,13. Versiegelung des Grabmals durch Gott (Apc Mos 42,1)

42,1 Μετὰ δὲ τὰ ῥήματα ταῦτα	42,1 Nach diesen Worten
ἐποίησεν ὁ θεὸς σφραγῖδα ᵃτρίγωνονᵃ	machte Gott ein dreieckiges Siegel
καὶ ἐσφράγισε τὸ μνημεῖον,	und versiegelte das Grabmal,
ἵνα μηδείς τι ποιήσῃ αὐτῷ	damit niemand daran etwas verändere
ἐν ταῖς ἐξ ἡμέραις,	in den sechs Tagen,
ἕως οὗ ἀποστραφῇ	bis seine Rippe
ἡ πλευρὰ αὐτοῦ πρὸς αὐτόν.	zu ihm zurückkehre.

- Zeugen: D St AV An₂ AH B Ath VitAd(arm) VitAd(georg) Va P¹ LibAd(slav) P² J² J³ ApcMos(arm)[S. 21-22] Br S¹
- Es fehlen: Pa A AC C VitAd(latᵖ) VitAd(latᵐᵉ) An₁ J¹ S³ AD E¹ E²

Zum Text
42,1a D: om.

1. Zum Inhalt

Mit der zweiten Grabrede Gottes ist die Bestattung vorläufig abgeschlossen. Daher wird das Grabmal versiegelt, damit es gegen Übergriffe geschützt sei (zu dieser Sitte vgl. Matth 27,66; Ev Petr 33). Interessanterweise betrifft dieser Schutz nur die Zeit zwischen Adams und Evas Tod; offenkundig geht es dem Erzähler v.a. darum, das Beisammensein Adams und Evas im Grab in jeglicher Hinsicht zu garantieren. Damit wird die zu Beginn der Grablegungserzählung (31,2–3a) bereits angekündigte Rückkehr Evas zu ihrem Mann (42,3ff) vorbereitet. Auffällig ist, daß Gott die Versiegelung selbst vornimmt: Waren auch die Bestattungsarbeiten auf Gottes Weisung von Engeln vorgenommen worden, wo Gott nun selbst das Siegel aufsetzt, zeigt sich, daß Adams Grab »Chefsache«

ist. Damit ist deutlich zum Ausdruck gebracht, daß Adam nach seinem Tode als Toter in den Bereich Gottes aufgenommen ist.

Das Siegel Gottes ist dreieckig. Dieses Moment hat zu zahlreichen Überlegungen Anlaß gegeben. So wurde es, etwa bei DE JONGE / TROMP: Greek Life, 27–73 als Hinweis auf eine christliche Herkunft der Apc Mos gedeutet – sowohl Versiegelung als auch Trinitätstheologie sind bekanntlich in starkem Maße mit der christlichen Taufe assoziiert, und es liegt in der Tat nicht fern, Taufe und Tod miteinander in Verbindung zu bringen (vgl. Röm 6,1–11). Aber das Dreieck ist als Symbol Gottes in der frühen Kirche ungebräuchlich, als Symbol der Trinität ist es erst seit dem 15. Jh. üblich geworden.[1] Wenig überzeugend ist auch der Versuch, das dreieckige Siegel in Anknüpfung an hellenistische Symbolik als Sexualsymbol mit apotropäischer Kraft zu deuten (gegen STUIBER: Dreieck, 311), die Apc Mos bzw. ihr Entstehungsgsmilieu hat eine völlig gegenläufige Auffassung von der Sexualität (vgl. Apc Mos 25!). Auch als Unsterblichkeitssymbol kann das dreieckige Siegel nicht gedeutet werden (gegen BERTRAND 34–35), obschon es Hinweise zumindest auf ein Leben in der Endzeit im Kontext gibt: Was hätte es dann zu bedeuten, daß es nach sechs Tagen – mit dem Begräbnis Evas – wieder aufgebrochen wird? Wenig ergiebig erscheint auch der Versuch STONEs (in CSCO 430,20), unter Verweis auf bSchabb 55a das dreieckige Siegel mit dem biblischen Zeichen תו (=dem letzten Buchstaben des Alphabeths) in Verbindung zu bringen; dieses kann abgesehen von seiner Verwendung als Beglaubigungszeichen (Hiob 31,35, vgl. HÖLSCHER: Hiob, 81) zwar apotropäische Funktion haben (so in Hes 9,4.6), war aber zumindest in biblischer Zeit kreuzförmig, nicht dreieckig (vgl. FOHRER-GALLING: Ezechiel, 54); auch in der zur Abfassungszeit der Apc Mos dominierenden aramäischen Quadratschrift hat es nicht wirklich diese Form (wenn etwa in den Handschriften von Qumran irgendein Buchstabe dreieckig ist, dann ו oder י).

Die Particula veri der trinitätstheologischen Deutung besteht darin, daß sie die Funktionsbestimmung ernst nimmt, die der Text selbst dem Siegel gibt: Es soll das Grab sichern. Da Gott selbst es anbringt, übt es vermutlich gerade dadurch seine schützende Funktion aus, daß es seine Herkunft von Gott erkennen läßt – eben durch seine Dreiecksgestalt. Diese konnte im frühen Christentum nicht auf Gott verweisen, doch wie steht es mit dem frühen Judentum, dem die Apc Mos bisher mit einigem Erfolg zugeordnet werden konnte?

---

[1] Vgl. A. STUIBER: Art. Dreieck, in: Reallexikon für Antike und Christentum 4 (1954), 310–313, speziell 312–313.

Die Situation gestaltet sich hier nicht einfacher. PUECH[2] verweist darauf, daß im hellenistischen Judentum das Tetragramm mit ιαω wiedergegeben wird (drei Buchstaben). Er nennt auch das in hebräischen Handschriften nicht ungeläufige ״״ als Substitut für den Gottesnamen. Schon der Buchstabe ׳ habe in herodianisch-hasmonäischer Zeit dreieckige Form gehabt. Auch führt er in diesem Zusammenhang die merkwürdige Wendung יוד ישפטי משפטי (»Gerichtshandeln des 'Yôd') in 4Q 511, Fragm 10, Z.12 (Sabbatlieder) auf. Diese Belege beeindrukken, doch sie nähern sich dem zu erklärenden Phänomen allenfalls an: Drei Buchstaben sind etwas anderes als ein Dreieck, bei dem Yôd der hasmonäischherodianischen Handschriften fehlt (selbstverständlich) der untere Bogen, und משפטי יוד ist ein höchst unsicherer Beleg: Unmittelbar danach bricht der Text des Fragmentes ab, so daß die Bedeutung unklar bleibt; zudem könnte es sich um ein Textverderbnis handeln (MARTINEZ /TIGCHELAAR schlagen die Lesung ידי statt ייד vor [II, 1032]). Es bleibt daher wohl nicht viel anderes übrig, als auf die Entdeckung einer etwas illustrativeren Parallele zu hoffen.

Zu beachten ist immerhin, daß gerade in der Erzählung vom Tod Adams und Evas (Apc Mos 31–43) die Zahl drei gehäuft vorkommt. In Apc Mos 33,2–37,6 steht sie dabei klar erkennbar mit der Qeduša im Zusammenhang. Diese deutet sich auch in Apc Mos 43,4 an, dort verbunden mit dem dreifachen Halleluja. Apc Mos 33,2–37,6 gehört zum Test Eva, Apc Mos 43,4 zur Endredaktion, aber auch in der Grablegungserzählung spielt die Dreizahl eine gewisse Rolle. So wird Adam vor der Bestattung in drei Sindonen gehüllt, die aus dem Paradies im dritten Himmel kommen (40,1), und die Leichenpflege Adams wird von »den drei großen Engeln« vorgenommen (40,2); Eva wiederum wird von drei Engeln an der Seite Adams begraben (43,1). Sollte auch im Falle der Grablegungserzählung bei der Häufung der Zahl drei assoziativ an die Qeduša gedacht sein, so könnte man an dieser Stelle möglicherweise leichter vorankommen: Ein apotropäisches Zeichen, das auf Gott verweisen soll, könnte dieser Bestimmung gut nachkommen, wenn es auch an die Qeduša erinnert, die ebenfalls auf Gott hinweist und der – als einem prominenten Element der Liturgie – auch eine gewisse Macht innewohnt. Freilich bleibt auch dieser Erklärungsversuch spekulativ.

2. Exegetische Hintergründe

Das Siegel soll das Grab verwahren, bis daß die »Rippe« (πλευρά) Adams zu ihm zurückkehre (ἀποστραφῇ). Mit dem Wort ἀποστραφῇ wird ein semantisches Feld aktiviert, das auch im Kontext der Grablegungsgeschichte eine entscheidende Rolle spielt, der Vorstellungsbereich der »Rückkehr« (vgl. etwa Apc Mos 39; 41). Dieser hat in der Grablegungsgeschichte, was die exegetischen Hintergründe betrifft, durchgängig mit der hebräischen Wurzel שוב zu tun,

---

[2] É. PUCËH: Rezension zu: D.A. BERTRAND: La vie grecque d' Adam et Ève. Intruduction, texte, traduction et commentaire (Recherches intertestamentaires 1), Paris 1987, Revue biblique 95 (1988), 584–585, speziell 585.

das in Gen 3,19b ⑹ – im Zusammenhang mit dem Tod – mit ἀποστρέφω wie-dergegeben wird.[3] Da ἀποστρέφω auch hier begegnet, wird an dieser Stelle gleichfalls das hebräische Bezugswort שוב im Hintergrund stehen. Wie im Kontext wird also der Tod unter Referenz auf die Wurzel שוב als Rückkehr, als Wiederherstellung (*recapitulatio*) eines ursprünglichen Zustandes bezeichnet. Hier wird nun allerdings etwas ganz bestimmtes wiederhergestellt, und dies deutet das Wort πλευρά (»Rippe«) an: Eva ist aus der Rippe Adams geformt worden (Gen 2,22 ⑹: μία τῶν πλευρῶν); mit ihrem Tode kehrt sie zu ihm zurück.

Auch diese spezielle Anwendung der mit der Wurzel שוב assoziierten Rück-kehrthematik auf Eva bleibt nicht ohne biblischen Hintergrund: Es ist schon vermerkt worden, daß hier hebr. שוב durch ἀποστρέφω repräsentiert wird, doch gewöhnlich wird in der Apc Mos – im Unterschied zur Septuaginta – das Verb ἐπιστρέφω als Korrelat bevorzugt (vgl. Apc Mos 25,3; 39). Wenn hier der Septuagintatext aufgenommen wird, dann könnte dies mit der Absicht gesche-hen, dem Leser die Suche nach dem exegetischen Hintergrund zu erleichtern: Ein mit ἀποστρέφω verwandtes Wort begegnet nämlich auch an einer anderen Stelle in der Septuaginta – und dort in Verbindung mit Eva: In Gen 3,16 heißt es im Fluch über diese: Καὶ πρὸς τὸν ἄνδρα σου ἡ ἀποστροφή σου (»und zu deinem Manne wird deine Rückkehr sein«). Für ἀποστροφή steht in der masoreti-schen Überlieferung תשוקה; es wurde bereits darauf hingewiesen, daß dem griechischen Wort die Variante oder אל־תקרא-Lesart תשובה zugrundeliegt. Mit dieser Lesart aber, die dem Ursprungsmilieu der Apc Mos, wie sich schon in Apc Mos 25 gezeigt hatte, bekannt gewesen sein mußte, wird eine kombinatori-sche Lektüre von Gen 3,16.19b möglich, welche die Wurzel שוב in Gen 3,16 var bzw. deren Derivat תשובה im Sinne des Todes als »Rückkehr« versteht. ואל־אישך תשובתך (»Und zu deinem Manne wird deine Rückkehr sein«) ist dann also, wenn man diese kombinatorische Lektüre vornimmt, auf folgende Weise zu verstehen: »Du wirst mit deinem Tode zu deinem Manne zurückkehren, denn von ihm bist du genommen worden, vgl. Gen 3,19b«.

Daß hier sowohl mit hebräischer als auch mit griechischer Textüberlieferung gearbeitet wird, entspricht dem allgemeinen Befund in der Apc Mos. Eine Besonderheit besteht darin, daß Gen 3,16 hier ganz anders ausgewertet wird als in Apc Mos 25. Dort war תשובה nicht im Sinne von »Tod als Rückkehr« sondern im Sinne einer Rückkehr zur Sünde aufgefaßt worden. Diese Differenz kann literarkritisch erklärt werden (Apc Mos 25 und 42,1 gehören unterschiedlichen

---

[3] Die Wurzel שוב begegnet zweimal in Gen 3,19b. Nur in 3,19bα wird sie von der Septuagin-ta mit ἀποστρέφω wiedergegeben, in 3,19bβ steht für שוב dann ἀπελεύσῃ, das in Apc Mos 41,2a im Zitat aufgenommen wird, aber im nachfolgenden Interpretament wahrscheinlich implizit als unzureichende Übersetzung kritisiert wird, vgl. K XI,12.

Schichten an), deutet aber vielleicht auch auf eine Hermeneutik, nach der mehrere Auslegungen ein- und desselben kanonischen Textes nebeneinander bestehen können. In rabbinischen Texten wird diese selbstverständlich praktiziert.

XI,14. Abschluß der Theophanie (Apc Mos 42,2)

42,2 ᵃΤότε ὁ κύριος καὶ οἱ ἄγγελοι ''ᵇ ἐπορεύθησαν εἰς τὸν ᶜτόπον αὐτῶνᶜᵃᴬ⁽⁴⁰,³⁾.	42,2 Daraufhin begaben sich der Herr und die Engel an ihren Ort.

- Zeugen: D St AV An₂ AH B Ath VitAd(arm) VitAd(georg) P² J² J³ ApcMos(arm)⁽ˢ·²²⁾ Br S¹
- Es fehlen: Pa A AC C VitAd(latᵖ) VitAd(latᵐᵉ) Va P¹ LibAd(slav) An₁ J¹ S³ AD E¹ E²

Zum Text

42,2a (P²)-(J²)-(J³) (=*III) ApcMos(arm) Br-S¹ (=*IIIa): ᵃτότεᵃ ᵇὁ κύριος ἀνῆλθενᵇ εἰς ᶜτὸν οὐρανὸνᶜ ᵈμετὰ τῶν ἀγγέλων αὐτοῦᵈ¹. **42,2b** D-St AV Ath (=*Ia): txt; An₂-AH B (Br)-(S¹) (=[*IIIa] [*III]): αὐτοῦ; P² J² J³: def. **42,2c** D-St AV B Ath (=*Ia): τόπον αὐτῶν; An₂-AH (Br)-(S¹) (=[*IIIa] [*III]): τὸν οὐρανόν; P²-J²-J³: τοὺς οὐρανούς.

Apc Mos 42,2 vermeldet die Rückkehr Gottes und der Engel an ihren Ort, also in den Himmel. Eine solche Notiz hatte es bei der Theophanie in Apc Mos 33,2ff nicht gegeben. Für die Grablegungsgeschichte ist sie offenbar weniger entbehrlich, wahrscheinlich deshalb, weil sie auch ansonsten eine durchweg zirkuläres Gepräge aufweist, sowohl thematisch (שׁוּב / »Rückkehr«!) als auch formal, wie die Ringkonstruktion aus Apc Mos 31,2–3a und 42,1.3–43,3 (Tod Evas) zeigt. Auch hier schließt sich ein Kreis: Wie Gott und seine Engel in Apc Mos 38,2–39,1a gekommen sind, so gehen sie nun auch wieder. Dadurch wird auch der zweite Kreis, der sich mit dem Tod Evas schließt, in seiner architektonischen Bedeutung ausbalanciert: Der Tod Evas rundet die Erzählung ab, wird aber dadurch zugleich zum Appendix gemacht.

Inhaltlich entspricht dem die Tatsache, daß der Tod Evas bei weitem nicht so feierlich begangen wird wie der Adams: Gott erscheint nicht ein zweites Mal, die Beerdigung Evas wird ohne direkte Teilnahme Gottes von drei Engeln vollzogen (43,1b). Hier zeigt sich eine Rangabstufung zwischen Adam und Eva. Auch die Empathie des Erzählers ist eher auf Adam gerichtet: Um sein postmortales Ergehen ist es ihm in der Hauptsache zu tun.

---

¹ Varianten: **a-a** (P²)-J²-J³ (ApcMos[arm]): καὶ τούτων πάντων τελεσθέντων, πάλιν; Br-S¹ (=*IIIa): τότε (=*I!). **b-b** P²-J²-J³: ἀνῆλθεν ὁ κύριος; Br-S¹ (=*IIIa): ὁ κύριος ἀνῆλθεν (Wortstellung von *I!). **c-c** P²-J²-J³: τοὺς οὐρανούς; Br-S¹ (=*IIIa): τὸν οὐρανόν (vgl. *I: τὸν τόπον αὐτῶν – Sg.!). **d-d** P²-J²-J³ om; ApcMos(arm): »pʿaṙôkʿ« (»in Herrlichkeit«); Br-S¹ (=*IIIa): μετὰ τῶν ἀγγέλων αὐτοῦ (vgl. *I!).

XI,15. Tod Evas (Apc Mos 42,3–8)

42,3 ^{A(42,8)bc}Εὖα δὲ καὶ αὐτὴ^c
πληρωθέντων ^dτῶν^d ἓξ ἡμέρων
ἐκοιμήθη.

42,3 Eva aber entschlief,
als die sechs Tage um waren,
ebenfalls.

Ἔτι δὲ ζώσης αὐτῆς
ἔκλαυσε
περὶ τῆς κοιμήσεως τοῦ ᾿Αδάμ·
οὐ γὰρ ^eἐγίνωσκεν^e,
ποῦ ἐτέθη,

Als sie aber noch lebte,
weinte sie
über das Entschlafen Adams,
denn sie wußte nicht,
wo er hingelegt worden war,

ἐπειδὴ ἐν τῷ ἐλθεῖν τὸν κύριον
^fἐπὶ τὸν παράδεισον^f
πρὸς τὸ κηδεῦσαι τὸν ᾿Αδὰμ
^{gh}ἐκινήθησαν
ⁱπάνταⁱ τὰ ^kφυτὰ^k ^mτοῦ^m παραδείσου 'ⁿ,
καὶ^h ^oἐκοιμήθησαν^o ἅπαντες,
^pἕως οὗ^p ^qἐτέλεσε
κηδεύσας› τὸν ᾿Αδάμ^{qg},
^rπλὴν '^s τοῦ Σὴθ μόνου^r·
καὶ οὐδεὶς ^tἔγνωκεν^t
ἐπὶ ^uτῆς^u γῆς
^vεἰ μὴ μόνος Σὴθ τοῦ υἱοῦ αὐτοῦ^{vb}.

denn als der Herr
auf das Paradies herabkam,
um Adam zu bestatten,
wurden alle Pflanzen
des Paradieses bewegt,
und alle schliefen ein,
bis er die Bestattung Adams
abgeschlossen hatte,
außer Seth allein;
und niemand erfuhr (es)
auf der Erde,
abgesehen allein von seinem Sohn Seth.

42,4 ^aΚαὶ προσηύξατο Εὖα^a
^bκλαίουσα^b,
^cἵνα ταφῇ εἰς τὸν τόπον,
ὅπου ἦν '^d ᾿Αδὰμ ὁ ἀνὴρ αὐτῆς.

42,4 Und Eva betete
weinend,
daß sie beerdigt werde an dem Ort,
wo ihr Mann Adam war.

^{Efg}Μετὰ δὲ^g τὸ τελέσαι ^hαὐτὴν^h
τὴν εὐχὴν
λέγει^{fc}.
42,5 ^aκύριε, δέσποτα,
θεὲ^a πάσης ἀρετῆς^E,
μὴ ἀπαλλοτριώσῃς ^bμε^b '^c
τοῦ σώματος '^d ᾿Αδάμ,
^e‹οὗ γὰρ ἔ‹κτ›η ‹ἡμέρα›^e ^fἦρές^f με
ἐκ τῶν μέλων αὐτοῦ,
42,6 ^aἀλλὰ^a ἀξίωσον
^bκἀμὲ^b τὴν ἀναξίαν
καὶ ἁμαρτωλὴν
εἰσελθεῖν
μετὰ τοῦ σκηνώματος αὐτοῦ·
^cὥσπερ ἤμην μετ' αὐτοῦ
ἐν τῷ παραδείσῳ^c,
^dἀμφότεροι
μὴ χωρισθέντες ἀπ' ἀλλήλων^d,
42,7 ὥσπερ ἐν τῇ παραβάσει
πλανηθέντες
παρέβημεν τὴν ἐντολήν σου,
μὴ χωρισθέντες '^a,

Nachdem sie aber
ihr Gebet abgeschlossen hatte,
sagt sie:
42,5 *»Herr, Gebieter,*
Gott aller Tugend,
entfremde mich nicht
von dem Leibe Adams,
aus dessen Gliedern du mich
am sechsten Tag genommen hast,
42,6 *sondern würdige*
auch mich, die unwürdige
und sündige,
einzugehen
mit seinem Zelt;
wie ich mit ihm war
im Paradies,
beide
voneinander nicht getrennt,
42,7 *wie wir bei der Übertretung*
aufgrund einer Täuschung
dein Gebot übertraten,
ohne getrennt zu sein,

^bοὕτως καὶ νῦν, κύριε,   *so trenne uns, Herr,*
μὴ χωρίσῃς ἡμᾶς^b.   *auch jetzt nicht!«*

42,8 ^aΜετὰ δὲ τὸ εὔξασθαι ^bαὐτήν^{b ‹›c}   *42,8 Nach ihrem Gebet aber*
ἀναβλέψασα εἰς τὸν οὐρανὸν   blickte sie hinauf zum Himmel,
^dἀνεστέναξε   seufzte,
τύπτουσα τὸ στῆθος αὐτῆς   schlug sich an die Brust
καὶ λέγουσα^d·   und sagte:
^eὦ θεὲ^e τῶν ἁπάντων,   »O Gott des Alls,
δέξαι τὸ πνεῦμά μου.   nimm meinen Geist!«
^fκαὶ ‹›^{g h}παρέδωκε^h   Und sie übergab
ⁱτὸ πνεῦμα^{i k}αὐτῆς^{kfaA(42,3) ‹›m}.   ihren Geist.

- Zeugen: D St AV An₂ AH B Ath Va P¹ LibAd(slav) P² J² J³ ApcMos(arm)^(p. 22) Br S¹ J¹ E¹ E²
- Es fehlen: Pa A AC C VitAd(lat^p) VitAd(lat^{me}) An₁ S³ AD

Zum Text

42,3/8A Va: πληρωθέντων δὲ τῶν ἓξ ἡμερῶν καὶ προσευχομένης τῆς Εὔας τύπτουσα τὸ στῆθος λέγουσα οὕτως· ὁ θεὸς τῶν ἁπάντων, δέξαι τὸ πνεῦμά μου. καὶ εὐθὺς παρέδωκε τὸ πνεῦμα αὐτῆς τῷ θεῷ; **P¹** πληρωθέντων δὲ τῶν ἓξ ἡμερῶν ἐκοιμήθη δὲ καὶ ἡ Εὔα. καὶ προσηύξατο καὶ αὐτὴ ἡ Εὔα λέγουσα καὶ κλαίουσα, ἵνα ταφῇ εἰς τὸν τόπον, ὅπου ὁ ἀνὴρ αὐτῆς. καὶ ἦν τύπτουσα καὶ τὸ στῆθος αὐτῆς κλαίουσα καὶ λέγουσα· Ὁ θεὸς τῶν ἁπάντων, δέξαι τὸ πνεῦμά μου. καὶ εὐθέως παρέδωκε τὸ πνεῦμα αὐτῆς κυρίῳ τῷ θεῷ. **42,3b** P²-J²-J²: ἡ οὖν Εὔα μὴ γινώσκουσα, τί γέγονε τῷ ᾿Αδάμ, ἢ ποῦ ἐτάφη τὸ σῶμα αὐτοῦ, ἐν λύπῃ ‹›^a μεγάλῃ ὑπῆρχε καὶ ἔκλαιε σφοδρῶς περὶ τῆς κοιμήσεως αὐτοῦ. τοῦτο δὲ συνέβη αὐτῇ διὰ τό, ὡς προείρηται, πάντας ἀνθρώπους ὕπνῳ κατενεχθῆναι, ὅταν ὁ κύριος εἰς τὸν παράδεισον παρεγένετο πρὸς τὸ κηδεῦσαι τὸν ᾿Αδάμ. ^bκαὶ^b οὐδεὶς ἔγνωκεν τῶν ἐπὶ ^cτῆς^c γῆς ἀνθρώπων ^dτὰ^d παρακολουθήσαντα εἰς τὴν τούτου κηδείαν πλὴν ^eτοῦ^e Σήθ. ὅτε δὲ ἔμελλεν τὴν ψυχὴν ἀποτίθεσθαι ἐκ τοῦ σκηνώματος αὐτῆς¹; ApcMos(arm): »Aber Eva, da sie nicht wußte, was mit Adam geschehen oder wo sein Leichnam hingelegt worden war, ^awurde voll mit großer Trauer^a, und sie weinte bitterlich wegen seines Todes, und fernerhin, weil sie (über) seinen Leichnam nicht wußte, was er geworden war. Denn, wie wir zuvor gesagt haben, alle waren mit Eva eingeschlafen in jener Zeit, da der Herr in den Garten des Genusses um des Leichnams Adams willen herabkam. Und da geschahen alle diese Wunder, und niemand wußte (es) von ihnen außer allein Seth, ihr (pl.) Sohn. Und danach, als die Zeit des Endes der Eva gekommen war«² (nach B^a zu korrigieren, vgl. Yov. 22₁) (*Εὔα δὲ μὴ γινώσκουσα, τί γέγονε τῷ ᾿Αδάμ ἢ ποῦ ἐτέθη τὸ σῶμα αὐτοῦ, ἐν λύπῃ μεγάλῃ ὑπῆρχε καὶ ^aἔκλαιε^a σφοδρῶς περὶ τῆς κοιμήσεως αὐτοῦ καὶ *πάλιν* διὰ τὸ μὴ γινώσκειν, τί *ἐγενήθη*. ᾿Επειδὴ, ὡς προείρηται, ^bἅπαντες ὕπνῳ *κατενεχθησαν*^b μετὰ τῆς Εὔας *ἐν τῷ καιρῷ*, ὅτε ὁ κύριος εἰς τὸν παράδεισον παρεγένετο πρὸς τὸ κηδεῦσαι τὸν ᾿Αδάμ. Καὶ *τότε ἐγενήθησαν* πάντα τὰ *θαυμάσια*, καὶ οὐδεὶς ἔγνω, εἰ μὴ μόνος Σὴθ ὁ υἱὸς

---

¹ Varianten: **a** P²: txt; J²-J³: γάρ. **b-b** P²: καί (=*I); J²-J³: om. **c-c** P²: τῆς (=*I); J²-J³: om. **d-d** P²: om; J²-J³: τά. **e-e** P²: om. (Papierschaden?); J²-J³: τοῦ.

² **a-a** Arm: »<u>li</u> linêr trtmout‘eamb mecau«. Nimmt man an, daß das freilich nicht sinnentstellende »li« (»voll«) am Anfang sich einer Dittographie verdankt, kommt man auf ursprüngliches *»linêr trtmout‘eamb mecau«, das ziemlich genau ἐν λύπῃ μεγάλῃ ὑπῆρχε (P² etc.) entspricht.

αὐτῶν. Ὅτε δὲ ἔμελλεν τὴν ψυχὴν ἀποτίθεσθαι ἐκ τοῦ σκηνώματος αὐτῆς [Sondergut kursiv – hier könnten auch Interpretamente des Übersetzers vorliegen; in dem Falle gab es kein griechisches Korrelat])³; Br-S¹ (=*IIIa): Εὖα δὲ ᵃπληρῶσα ἦνᵃ τὴν οἰκονομίαν αὐτῆς. ἔκλαυσε δὲ γνῶναι ᵇθέλουσαᵇ, ποῦ ἦν ᶜὁᶜ Ἀδάμ, ἐπειδὴ οὐκ ἐγίνωσκεν. ὅτε δὲ ἦλθεν ὁ θεὸς ἐπὶ τῆς γῆς, ἐκινήθησαν τὰ φυτὰ ᵈτοῦᵈ παραδείσου, καὶ ᵉἐφύπνωσανᵉ ἅπαντες, ἕως οὗ ἐτέλεσαν ʼʼᶠ κηδεύσαντες ᵍτὸνᵍ Ἀδάμ. καὶ οὐδεὶς ἔγνω τὸν ἐπὶ τῆς γῆς τόπον, ʰποῦʰ ἰἐτέθηⁱ ὁ Ἀδάμ, εἰ μὴ μόνος Σήθ⁴; Jⁱ-Eⁱ-E²: ᵃἔζησε δὲ ᵇὁᵇ Ἀδὰμ τὰ ἔτη αὐτοῦ πάντα ⅄λʼᵃ. πληρωθείσης ᶜδὲᶜ τῆς ᵈκηδεύσεωςᵈ Ἀδάμ, ᵉὅτεᵉ ᶠοὖνᶠ ἔμελλεᶠ ʼʼᵍ καὶ αὐτὴ ʰἡʰ Εὖα τὴν ψυχὴν ʼʼⁱ ᵏἀποτίθεσθαι ἐκ τοῦ σκηνώματος αὐτῆςᵏˢ; *III: ʼʼᵃ ᵇΕὖα δὲ καὶ αὐτὴᵇ ᶜᵈπληρωθέντων τῶν ἐξ ἡμερῶν ἐκοιμήθη. ἔτι δὲ ζώσης αὐτῆςᵈ, ʼʼᵉ ᶠἔκλαυσεᶠ ʼʼᵍ ʰπερὶ τῆς κοιμήσεως ⁱαὐτοῦⁱʰ. ᵏοὐ γὰρ ἐγίνωσκε, ποῦ ἐτέθηᵏ, ᵐἐπειδήᵐ, ⁿᵒὅτε ἦλθεν ὁ κύριος εἰς τὸν παράδεισονᵒ ᵖπρὸς τὸ κηδεῦσαι τὸν Ἀδάμᵖ, ᵍἐκινήθησαν τὰ φυτὰ τοῦ παραδείσου καὶ ʳἐφύπνωσανʳ ἅπαντεςⁿ, ἕως οὗ ἐτέλεσε κηδεύσας τὸν Ἀδάμᵍ. καὶ οὐδεὶς ˢἔγνωκενˢ ᵗτῶν ἐπὶ τῆς γῆςᵗ, ᵘεἰ μὴ μόνος Σὴθ τοῦ υἱοῦ αὐτοῦᵘᶜ. ὅτε δὲ ἔμελλεν τὴν ψυχὴν ἀποτίθεσθαι ἐκ τοῦ σκηνώματος αὐτῆς⁶. **42,3c** D-St AV An₂-AH: Εὖα δὲ καὶ αὐτή

---

³ **a-a** »layr« (»sie weinte«) ist Imperfekt. **b-b** Arm. »amenekʻin tʻmbrealkʻ êin« (sic lege, nicht amenekʻi ntʻmbrealkʻ êin« [Druckfehler bei YOV.]) – die periphrastische Konstruktion legt nahe, daß auch in der Vorlage eine etwas kompliziertere Wendung stand – ähnlich wie ὕπνῳ κατενεχθῆναι.

⁴ Varianten: **a-a** Br-S¹: †πληρῶσαν†. **b-b** Br: θέλων; S¹: θέλουσα. **c-c** Br: om; S¹: ὁ. **d-d** Br: ††τῆς†; S¹: τοῦ. **e-e** Br: ἀφύπνωσαν; S¹: ἐφύπνωσαν. **f**: Br: ἅπαντα; S¹: txt. **g-g** Br: τόν; S¹: ††τῷ†. **h-h** Br: ὅπου; S¹: ποῦ. **i-i** Br: ἐτέθη; S¹⁽ᶜᵒᵈ⁾: τέθητε.

⁵ Varianten: **a-a** J¹: om; E¹-(E²): ἔζησε δὲ ὁ Ἀδὰμ τὰ ἔτη αὐτοῦ πάντα ⅄λ'. **b-b** E¹: txt; E²: om; J¹: def. **c-c** J¹: om. **d-d** J¹: κοιμήσεως; E¹-E²: κηδεύσεως. **e-e** E²: om. **f-f** J¹: οὖν ἤμελλε; E¹-E²: συνέμελλε. **g** E²: δέ. **h-h** E²: om. **i** J¹ E¹: αὐτῆς; E²: txt (vgl. P²-J²-J³!). **k-k** J¹: ἀποτίθεσθαι ἐκ τοῦ σκηνώματος αὐτῆς; E¹: χωρισθῆναι ἀπὸ τοῦ σώματος; E²: χωρισθῆναι.

⁶ Diese Rekonstruktion von *III bleibt hypothetisch. Varianten (Es werden nur Familien verglichen, zu Einzelheiten vgl. die Anmerkungen zu den vorhergehenden rekonstruierten Texten. Jⁱ⁽ᵉᵗᶜ⁾ entfallen i.d.R. als Zeugen, dies wird nicht im Einzelnen verzeichnet): **a** Jⁱ⁽ᵉᵗᶜ⁾: ἔζησε δὲ ὁ Ἀδὰμ τὰ ἔτη αὐτοῦ πάντα ⅄λ' (vgl. Gen 5,3–5 ⑹); **b-b** P²⁽ᵉᵗᶜ⁾: ἡ οὖν Εὖα; ApcMos(arm) *IIIa: Εὖα δέ; Jⁱ⁽ᵉᵗᶜ⁾: καὶ αὐτὴ ἡ Εὖα; *I: Εὖα δὲ καὶ αὐτή (=*III). **c-c** Jⁱ⁽ᵉᵗᶜ⁾: πληρωθείσης δὲ τῆς κηδεύσεως Ἀδάμ. In der Vorlage dieses Textes muß eine Form von πληρόω gestanden haben, wahrscheinlich auch ἐτέλεσαν κηδεύσαντες τὸν Ἀδάμ. **d-d** So*I. Daß so auch *III gelesen hat, legt πληρῶσα ἦν τὴν οἰκονομίαν αὐτῆς in *IIIa und πληρωθείσης in Jⁱ⁽ᵉᵗᶜ⁾ nahe. Der Ausfall der Wendung in P²⁽ᵉᵗᶜ⁾ und ApcMos(arm) ist haplographisch bedingt. **e** (P²⁽ᵉᵗᶜ⁾) ApcMos(arm): μὴ γινώσκουσα, τί γέγονε τῷ Ἀδὰμ ἢ ποῦ ἐτέθη τὸ σῶμα αὐτοῦ, ἐν λύπῃ μεγάλῃ ὑπῆρχε καί. Aus *ἐτέθη (bezeugt durch ApcMos[arm]) wurde in P²⁽ᵉᵗᶜ⁾ ἐτάφη. Die Wendung ποῦ ἐτέθη τὸ σῶμα αὐτοῦ ist aus nachfolgendem *οὐ γὰρ ἔγνωκε, ποῦ ἐτέθη von *III (=*I) entwickelt (vgl. °k-k). **f** P²⁽ᵉᵗᶜ⁾ ApcMos(arm): ἔκλαιε; *IIIa: ἔκλαυσε (=*I). **g** P²⁽ᵉᵗᶜ⁾ ApcMos(arm): σφοδρῶς; *IIIa: txt. (=*I). **h-h** P²⁽ᵉᵗᶜ⁾ ApcMos(arm): περὶ τῆς κοιμήσεως αὐτοῦ (vgl. *I); *IIIa: om. **i-i** P²⁽ᵉᵗᶜ⁾ ApcMos(arm): αὐτοῦ (*I: τοῦ Ἀδάμ); *IIIa: om. **k-k** P²⁽ᵉᵗᶜ⁾: om; ApcMos(arm): διὰ τὸ μὴ γινώσκειν, τί ἐγενήθη (τί ἐγενήθη < ποῦ ἐτέθη); *IIIa: γνῶναι θέλων, ποῦ ἦν ὁ Ἀδάμ. Den Varianten wird der Text von *I (οὐ γὰρ ἐγίνωσκε, ποῦ ἐτέθη) zugrundegelegen haben, zumal ποῦ ἐτέθη ὁ Ἀδάμ weiter unten in *IIIa (°s-s), οὐκ ἐγίνωσκεν in *IIIa (°n-n) und μὴ γινώσκουσα, ... ποῦ ἐτέθη τὸ σῶμα αὐτοῦ in P²⁽ᵉᵗᶜ⁾ ApcMos(arm) auf diese Wendung zurückgehen werden (vgl. °e). Obwohl sie damit an der mit °e bezeichneten Stelle von *IIIb¹ bereits verwendet war, ist sie in

(a); Ath (=*Ia² *Ia⁷) (VitAd[georg]) ApcMos(arm) Br-S¹ (=*IIIa): Εὔα δέ (ba); P²-J²-J³: ἡ οὖν Εὔα (ca); J¹-E¹-(E²): καὶ αὐτὴ ἡ Εὔα (da); B Va P¹: def. *III = *I (vgl. °43,2b). **42,3d** D-St: om. (hapl.). **42,3e** D-St: ἔγνωκεν; AV An₂-AH (B) Ath (=*Ia): ἐγίνωσκεν; Va P¹: def. *III = *I, vgl. °43,2b. **42,3f** D P²-J²-J³: εἰς τὸν παράδεισον, St AV An₂-AH Ath (=*Ia): ἐπὶ τὸν παράδεισον (sq. NAGEL); B: ἐν τῷ παραδείσῳ; Br-S¹ (=*IIIa): ἐπὶ τῆς γῆς (sq. BERTRAND, doch das nachfolgende ἐκοιμήθησαν ἅπαντες weist auf Apc Mos 38,4 zurück, wo vom Paradiese die Rede ist); Va P¹ J¹ E¹ E²: def. **42,3g** An₂-AH P²-J²-J³: om. (ht.); (D)-(St) (AV) (B) (Ath) (=*Ia) VitAd(arm) (VitAd[georg]) (ApcMos[arm]) (Br)-(S¹) ([=*IIIa] *III): txt; Va P¹ J¹ E¹ E²: def. **42,3h** D-St AV B: om; (Ath) (=*Ia) VitAd(arm) (VitAd[georg]) (ApcMos[arm]) (Br)-(S¹) (=[*IIIa] *III): ἐκινήθησαν πάντα τὰ φυτὰ τοῦ παραδείσου καί; An₂ AH Va P¹ P² J² J³ J¹ E¹ E²: def. In 38,4 erscheint dieselbe Wendung wie die hier von *Ia *IIIa bezeugte. Sie wird hier haplographisch bedingt (ἐκινήθησαν – ἐκοιμήθησαν sind ähnlich) in den meisten Zeugen ausgefallen sein. Es ist unwahrscheinlich, daß *Ia und *IIIa sie unabhängig voneinander aus 38,4 hier eingetragen haben, zumal gerade *IIIa dort eine abweichende Textform bezeugte (vgl. °38,4c). **42,3i** Ath (=*Ia) VitAd(arm) VitAd(georg): πάντα; Br-S¹ (=*IIIa): om; rell: def. (vgl. °42,3h). **42,3k** Ath: om; VitAd(arm) (=*Ia) VitAd(georg) Br-S¹ (=*IIIa *III): φυτά; rell: def. (vgl. °42,3h). **42,3m** Br: †τῆς†. Zu ApcMos(arm) s. °42,3b. rell: def. (vgl. °42,3h). **42,3n** Ath:

---

*IIIb¹ hier ursprünglich dennoch nicht gestrichen worden; dies beweist ApcMos(arm), die allerdings einen entstellten Text bezeugt. P²(etc) hat sie dann entfernt. **m-m** P²(etc): τοῦτο δὲ συνέβη αὐτῇ διὰ τό; ApcMos(arm) *IIIa: ἐπειδή (=*I). **n-n** P²(etc): ὡς προείρηται, πάντας ἀνθρώπους ὕπνῳ κατενεχθῆναι, ὅταν ὁ κύριος εἰς τὸν παράδεισον παρεγένετο πρὸς τὸ κηδεῦσαι τὸν Ἀδάμ; ApcMos(arm): ὡς προείρηται, ἅπαντες ὕπνῳ κατενέχθησαν μετὰ τῆς Εὔας ἐν τῷ καιρῷ, ὅτε ὁ κύριος εἰς τὸν παράδεισον παρεγένετο; *IIIa: οὐκ ἐγίνωσκεν. ὅτε δὲ ἦλθεν ὁ θεὸς ἐπὶ τῆς γῆς, ἐκινήθησαν τὰ φυτὰ τοῦ παραδείσου καὶ ἐφύπνωσαν ἅπαντες. Den Varianten wird bis auf eine Abweichung (vgl. °r-r) der Text von *I zugrundeliegen. Besonders zu beachten ist, daß *IIIa (und damit *III) hier Passagen bezeugt, die auch in der anderen Überlieferung kaum belegt sind, aber durchaus zum ursprünglichen Text gehört haben dürften. **o-o** P²(etc): ὅταν ὁ κύριος εἰς τὸν παράδεισον παρεγένετο; ApcMos(arm): ἐν τῷ καιρῷ, ὅτε ὁ κύριος εἰς τὸν παράδεισον παρεγένετο; *IIIa: ὅτε δὲ ἦλθεν ὁ θεὸς ἐπὶ τῆς γῆς. *I: ἐν τῷ ἐλθεῖν τὸν κύριον εἰς τὸν παράδεισον. Daß *III die Infinitivkonstruktion in einen ὅτε-Satz umgewandelt hat, scheint gesichert. **p-p** P²(etc) ApcMos(arm): πρὸς τὸ κηδεῦσαι τὸν Ἀδάμ (=*I); *IIIa: om. **q-q** P²(etc): om. (hapl.); ApcMos(arm): τότε ἐγενήθησαν πάντα †τὰ θαυμάσια† (ἐγενήθησαν ‹ ἐκινήθησαν; τὰ θαυμάσια dürfte eine Abbreviatur für das in *IIIa und *I berichtete Geschehen sein, vielleicht wurde es nicht übersetzt, weil durch den Lesefehler †ἐγενήθησαν† der Text unverständlich geworden war); *IIIa: ἐκινήθησαν τὰ φυτὰ τοῦ παραδείσου καὶ ἀφύπνωσαν ἅπαντες ἕως οὗ ἐτέλεσαν κηδεύσαντες τὸν Ἀδάμ. *IIIa liest also ganz ähnlich wie *I. Ob *III genauso wie *I oder eher wie *IIIa gelesen hat, ist schwer zu entscheiden. **r-r** *IIIa: ἐφύπνωσαν; *I: ἐκοιμήθησαν. P²(etc) haben an etwas anderer Stelle (vgl. °n-n) ὕπνῳ κατενεχθῆναι (ähnlich wohl die Vorlage von ApcMos[arm]; das gemahnt mehr an ἐφύπνωσαν denn an ἐκοιμήθησαν, das zu ändern übrigens nahelag, da der Stamm κοιμε- hier sonst für das Entschlafen, nicht aber für den Schlaf steht. **s-s** P²(etc): ἔγνωκε (=*I); *IIIa: ἔγνω. **t-t** P²(etc): τῶν ἐπὶ τῆς γῆς ἀνθρώπων τὰ παρακολουθήσαντα εἰς τὴν τούτου κηδείαν; ApcMos(arm): om; *IIIa: τὸν ἐπὶ τῆς γῆς τόπον, ποῦ ἐτέθη ὁ Ἀδάμ (ποῦ ἐτέθη ὁ Ἀδάμ stammt aus ποῦ ἐτέθη in °k-k). **u-u** P²(etc): πλὴν τοῦ Σήθ; ApcMos(arm): εἰ μὴ μόνος Σήθ τοῦ υἱοῦ αὐτῶν oder πλὴν τοῦ Σὴθ τοῦ υἱοῦ αὐτῶν; *IIIa: εἰ μὴ μόνος Σήθ (vgl. *Ia [=*I]). Aus ApcMos(arm) und *IIIa kann geschlossen werden, daß *III den Text von *Ia = *I hatte (εἰ μὴ μόνος Σὴθ τοῦ υἱοῦ αὐτοῦ).

μετὰ πολλῆς εὐωδίας; VitAd(arm) (=*Ia) Br-S¹ (=*IIIa *III): txt; rell: def. (vgl. °42,3h) **42,3o**
D-St AV (B) Ath (=*Ia): ἐκοιμήθησαν (vorzuziehen, weil es Textausfall in °42,3h erklären
kann); Br-(S¹) (=*IIIa): ἐφύπνωσαν. **42,3p** D Br-S¹ (=*IIIa *III): ἕως οὗ (vgl. °40,5m); St AV
Ath: ἕως; An₂-AH B Va P¹ P² J² J³ J¹ E¹ E²: def. **42,3q** D-St AV: ἐκέλευσε τοῦ κηδεῦσαι τὸν
Ἀδάμ; Ath: ἐκέλευσε τὸν Ἀδάμ κηδεύων; VitAd(arm): »bis sie Adam bekleidet hatten«;
VitAd(georg): »l'enveloppement et la mise au tombeau d'Adam«; Br-S¹ (=*IIIa): ἐτέλεσαν
κηδεύσαντες τὸν Ἀδάμ (sq. BERTRAND, NAGEL); An₂ AH B Va P¹ P² J² J³ J¹ E¹ E²: def. Hätten
die Erdbewohner nur geschlafen, bis Gott den Befehl zur Bestattung Adams erteilte, dann hätten
sie den Ort des Grabes in Erfahrung bringen können. Daher ist *ἐτέλεσε anzusetzen. Wie das
Verderbnis entstehen konnte, zeigt die Lesart ἐτέλευσαν für ἐτέλεσαν in °40,3b (D). Von dort
her läßt sich auch die partizipiale Konstruktion (Aor. Akt. von τελέω + Part Aor. Akt. von
κηδεύω) begründen. Anders als in 40,3 darf hier freilich nicht – *IIIa folgend – ἐτέλεσαν
κηδεύσαντες gelesen werden, dazu ist der Singular zu gut bezeugt. Außerdem ist hier sachlich
nicht dasselbe gemeint wie in Apc Mos 40,3: Dort geht es um die Zurüstung, hier um die
Bestattung Adams (zweifellos eine begriffliche Unschärfe in der Apc Mos!). **42,3r** D An₂-AH
*III: om. (vgl. °42,3b); St AV (B) (Ath) (=*Ia): πλὴν τοῦ Σήθ μόνου; Va P¹: def. **42,3s** Ath:
τοῦ υἱοῦ αὐτοῦ (vgl. °42,3r). **42,3t** D-St AV An₂: ἐγίνωσκε; AH: ἐπέγνω; Ath (=*Ia) P²-J²-J³
(=*III): ἔγνωκε; Br-S¹ (=*IIIa): ἔγνω. Die Lesart ἐγίνωσκε ist durch das vorhergehende
ἐγίνωσκε (vgl. °42,3e) verursacht. **42,3u** D-St AV (An₂)-AH P² (=*III) Br-S¹ (=*IIIa): τῆς; Ath
J²-J³: om; B Va P¹ J¹ E¹ E²: def. **42,3v** D St (AV): πλὴν τοῦ υἱοῦ αὐτοῦ Σήθ (bca); (An₂)-(AH):
πλὴν τοῦ Σήθ μόνου τοῦ υἱοῦ αὐτοῦ (ca); Ath (=*Ia): εἰ μὴ μόνος Σήθ τοῦ υἱοῦ αὐτοῦ (a);
VitAd(arm): »außer Seth allein« (da); VitAd(georg): »sauf Seth« (eda); P²-J²-J³: πλὴν τοῦ Σήθ
(fga); Br-S¹ (=*IIIa *III): εἰ μὴ μόνος Σήθ (ga); B Va P¹ J¹ E¹ E²: om. Die Wendungen mit πλήν
dürften durch das vorhergehende πλὴν τοῦ Σήθ verursacht sein (freilich nicht in P²(etc), weil
jenes in *III fehlte). **42,4a** D-St AV An₂-(AH): καὶ προσηύξατο Εὔα (a); B: παρεκάλεσεν δὲ
ἡ Εὔα ἐν τῇ ὥρᾳ τῆς τελευτῆς αὐτῆς (ba); Ath: καὶ προσηύξατο (ca); VitAd(arm): »abermals begann Eva zu weinen« (da); VitAd(georg): »donc Ève priait (et) pleurait« (ea); Va: καὶ
προσευχομένης τῆς Εὔας (fa); P¹: καὶ προσηύξατο καὶ αὐτὴ ἡ Εὔα (ga); P²-(J²)-(J³):
ἀναστᾶσα προσηύξατο ἡ Εὔα (ha); ApcMos(arm): »sie aber erhob sich selbst und warf sich auf
die Knie unter Tränen« (*ἀναστᾶσα δὲ καὶ αὐτὴ προσηύξατο κλαίουσα (iha); Br: τότε
προσηύξατο Εὔα (ka); S¹: καὶ ἡ Εὔα †Εὔα† προσηύξατο (ma); J¹-E¹-E²: ἀναστὰς προσηύξατο (nha). *IIIa = *III = *I. **42,4b** D Va: om. (ba); St AV An₂-AH Ath (=*Ia): κλαίουσα (a); P¹:
λέγουσα καὶ κλαίουσα (ca); P²-J²-J³ (=*III): κλαίουσα καὶ λέγουσα (da); Br-S¹ (=*IIIa):
λέγουσα (eda); J¹: κλαίουσα καὶ λέγουσα οὕτως (fda); E¹: καὶ λέγουσα οὕτως (gfda); B E²:
def. **42,4c** P²-J²-J³ (=*III) ApcMos(arm) Br-S¹ (=*IIIa) J¹-E¹-E²: om. **42,4d** D-St B Ath (=*Ia):
txt; AV An₂-AH: ὁ; Va P¹ et rell. (vgl. 42,4c): def. **42,4/5E** Ath: om. (ht.: ὁ ἀνὴρ αὐτῆς ...
ἀρετῆς); (VitAd[arm]) (=*Ia) (VitAd[georg]) et rell. (ohne *III-Zeugen, vgl. °42,4c): txt. **42,4f**
(D)-(St) AV (An₂)-(AH) (VitAd[arm]) (=*Ia) (VitAd[georg]): txt; B: λέγουσα οὕτως; Ath Va
P¹ rell.: def. (vgl. °42,4c; °42,4/5E). **42,4g** D-St AV: μετὰ δέ; An₂-AH: καὶ μετά; rell: def. (vgl.
°42,4f). **42,4h** D-St: αὐτῆς (ba), AV: αὐτήν (a), An₂-AH: om. (hapl.) (ca); rell: def. (vgl.
°42,4f). Μετά + substantivierter AcI ist in der Apc Mos auch sonst belegt (1,1; 42,8; 43,3).
42,5a D-St AV P²-J²-J³ (=*III) J¹: κύριε, δέσποτα, θεέ (a); An₂-AH: κύριε καὶ θεέ (ba); B:
δέσποτά μου, κύριε καὶ θεέ (ca); VitAd(arm) (≈*Ia): »ᵃtêrᵃ astouac im ᵇastouacᵇ«⁷ (»Herr, mein
Gott, Gott«) (da); Vit Ad(georg): »seigneur« für κύριε, δέσποτα, θεὲ πάσης ἀρετῆς (eda); Br:

---

⁷ Varianten: **a-a** Aᵛ: om; Bᵛ Cᵛ: »têr« (»Herr«) (= κύριε in*I). **b-b** Aᵛ: »astouac« (»Gott«) (=
θεέ² in *I); Bᵛ Cᵛ: om.

κύριε καὶ δέσποτα (fga); S¹ (=*IIIa): κύριε, δέσποτα (ga); E¹-E²: κύριε καὶ δέσποτα, θεέ (ha); Va P¹: def. **42,5b** Ath: μοι. **42,5c** Ath: ὁ θεός (Folgekorrektur zu °42,4/5E). **42,5d** D-St B Ath (=Rez Ia): txt; An₂-AH P²-J²-J³ (=*III) J¹-E¹-E²: τοῦ; AV Va P¹ Br S¹: def. **42,5e** D: ἐξ οὗ (sq. BERTRAND, NAGEL) (bca); St An₂-AH Ath (=*Ia): ἐξ †ῆς† (ca); P²-J²-J³ (=*III) ApcMos (arm) J¹-E¹-E²: σὺ γάρ (da); AV B Va P¹ Br S¹: def. Textgeschichte: ΟΥ ΓΑΡ ΕΚΤΗ ΗΜΕΡΑ (Urtext) › ΟΥ ΓΑΡ ΕΚΤΗ (hapl.) (a = Archetyp) › СΥ ΓΑΡ (da) / ΕΞ ΗС (ca) (ΟΥ ΓΑΡ wurde beidesmal als οὐ γάρ mißverstanden und daher gestrichen oder geändert). Inhaltlich liegt der Konjektur die Beobachtung zugrunde, daß die Überlieferung vom Tod Evas auf Lib Jub 3,1–5 basiert (Erschaffung Evas am sechsten Tag der zweiten Jahrwoche), vgl. die Exegese, insbesondere zu Apc Mos 42,1.3 und 31,3. Vgl. die Diskussion dieser Variante in E II,5. **42,5f** D-St An₂-AH Ath (=*Ia): ἦρες (metaplastisch – Einfluß aus dem starken Aorist, vgl. DIETERICH 239)[8]; P²-J²-J³ (=*III) J¹-E¹-E²: ἦρας (sq. BERTRAND); AV B Va P¹ Br S¹: def. **42,6a** D-St AV An₂ B Ath (=*Ia) P²-J² (=*III) E¹-E²: ἀλλά (mit Hiat!); AH J³: ἀλλ' (sq. BERTRAND); Va P¹ Br S¹: def. **42,6b** D-St B Ath (=*Ia): κάμέ; AV An₂-AH P²-J²-J³ (=*III) Br-S¹ (=*IIIa) E¹-E²: με; Va P¹ J¹: def. **42,6c** Ath: om; VitAd(arm) (=*Ia) VitAd(georg) et rell: txt. **42,6d** D-St (AV) (Ath) (=*Ia) VitAd(arm) VitAd(georg) (Br)-(S¹) (=[*IIIa] *III): ἀμφότεροι μὴ χωρισθέντες ἀπ' ἀλλήλων; An₂-(AH): μὴ χωρισθέντες ἀπ' ἀλλήλων; B P²-J²-J³ J¹: om. (zu P²⁽ᵉᵗᶜ⁾ vgl. °42,7a); Va P¹ ApcMos(arm) E¹ E²: def. **42,7a** P²-J²-J³ ApcMos(arm): ἀπ' ἀλλήλων (aus °42,6d). **42,7b** D-St (AV) An₂-(AH) (B) Ath (=*Ia) ApcMos (arm) (=*III) J¹-E¹-(E²): οὕτως καὶ νῦν, κύριε, μὴ χωρίσῃς ἡμᾶς (ApcMos[arm]: nach Bᵃ, vgl. YOV. 22₂); P²-J²-J³: om; Br-S¹ (=*IIIa): οὕτως καὶ μετὰ τὸν θάνατον δὸς κάμοὶ ἔγγιστα αὐτοῦ ταφῆναι; Va P¹: def. **42,8a** Br-S¹ (=*IIIa): καὶ μετὰ τὸ εὔξασθαι αὐτὴν παρέδωκε τὸ πνεῦμα. **42,8b** D-St B: om; AV An₂-(AH) Ath (=*Ia) P²-J²-J³ (=*III) Br-S¹ (=*IIIa): αὐτήν; Va P¹ J¹ E¹ E²: def. **42,8c** P²-J²-J³ (=*III) ApcMos(arm): ταῦτα; Br-S¹ (=*IIIa *III) et rell: txt. **42,8d** D-St (AV) An₂-AH (B) Ath (=*Ia) (Va)-(P¹) (=*II) (ApcMos[arm]) (=*III): ἀνεστέναξε τύπτουσα τὸ στῆθος αὐτῆς καὶ λέγουσα; P²-J²-J³: εἶπε; Br S¹ J¹ E¹ E²: def. **42,8e** D-St B: θεέ (sq. BERTRAND, NAGEL); AV Ath (=*Ia): ὦ θεέ; An₂-AH Va-P¹ (=*II): ὁ θεός; P²-J²-J³ (=*IIIb¹ *IIIb⁷ *III⁷) ApcMos(arm): ὦ κύριέ μου καὶ θεέ; Br S¹ J¹ E¹ E²: def. **42,8f** D-St AV Ath: om; (An₂)-(AH) (B) (VitAd[arm]) (=*Ia) (VitAd[georg]) (Va)-(P¹) (=[*II]) (P²)-(J²)-(J³) (=[*III]) (Br)-(S¹) (=[*IIIa]) (J¹)-(E¹)-(E²): txt. cum varr. **42,8g** An₂-AH: txt. (sq. BERTRAND, NAGEL) (a); B Va-(P¹) (=*II) E²: εὐθύς (ba); VitAd(arm): »als sie dies unter Flehen gesagt hatte« (ca); VitAd(georg): »après cette prière« (da); P²-J²-J³ (=*IIIb *III⁷) (Apc Mos[arm]) (J¹)-(E¹): ταῦτα εἰποῦσα (ea); D St AV Ath Br S¹: def. (vgl. °48,2f; zu Br S¹ vgl. °42,8a). **42,8h** An₂-AH: ἀπέδωκε (sq. NAGEL) (ba); B Va-P¹ (=*II *Ia) Br-S¹ (=*IIIa *III) J¹-E¹-E²: παρέδωκε (sq. BERTRAND) (a); P²-J²-J³ ApcMos(arm): ἐκοιμήθη παραδοῦσα (ca); D St AV Ath: def. (vgl. °42,8f). **42,8i** An₂-AH P²-J²-J³: τὴν ψυχὴν (sq. NAGEL); B Va-P¹ (=*II *Ia) Br-S¹ (=*IIIa *III) J¹-E¹-E²: τὸ πνεῦμα (sq. BERTRAND); D St AV Ath: def. (vgl. °42,8f). **42,8k** An₂-AH B Va-P¹ (=*II *Ia) P²-J²-J³ (=*III) ApcMos(arm): αὐτῆς; Br-S¹ (=*IIIa) J¹-E¹-E²: om; D St AV Ath: def. (vgl. °42,8f). **42,8m** An₂-AH: ἐν εἰρήνῃ; B VitAd(arm) (=*Ia) VitAd(georg) Br-S¹ (=*IIIa *III) J¹-E¹-E²: txt; Va: τῷ θεῷ; P¹: κυρίῳ τῷ θεῷ; P²-J²-J³ ApcMos(arm): τοῖς ἀπάγουσιν ἀγγέλοις; D St AV Ath: def. (vgl. °42,8f).

Nachdem der Tod Evas in Apc Mos 31,2–3a von Adam angekündigt und in Apc Mos 42,1 vorbereitet worden war, wird jetzt näher von ihm berichtet.

---

[8] Im Neugriechischen hat sich in der 2. Sg. der Vergangenheitstempora allgemein der Themavokal -ε- durchgesetzt, vgl. Formen wie die 2. Sg. Aor. ἔδεσες, 2. Sg. Impf. ἔδενες, 2. Sg. Aor. Pass. ἐδέθηκες (THUMB §214; §221).

Apc Mos 42,3a nimmt Apc Mos 42,1 auf: Summarisch wird festgestellt, daß Eva nach den dort erwähnten sechs Tagen entschlief (ἐκοιμήθη). Im Sinne von »sterben« wird κοιμάομαι in der Apc Mos nur an dieser Stelle verwendet, schon in Apc Mos 42,3b bedeutet es »einschlafen«, in Apc Mos 2,1 bezeichnet es den Beischlaf, in 31,1 das Dahindämmern bei einer Krankheit. Nicht in allen Fällen ist die Apc Mos an terminologischer Präzision interessiert.

Die nachfolgenden Abschnitte entfalten die summarische Feststellung in Apc Mos 42,3a. Apc Mos 42,3b handelt von der Trauer Evas über das »Entschlafen« (κοίμησις, s. zu 42,3a) Adams und begründet diese näherhin damit, daß sie über seinen Verbleib nicht Bescheid wußte.

Apc Mos 42,3c erklärt dieses Unwissen mit der schon in 38,4 erzählten Theophanie im Paradies – mit der Aufnahme dieses Abschnittes zeigt sich wieder ein Interesse an zirkulärer Textarchitektonik. Infolge dieser Theophanie waren »alle Menschen« außer Seth »eingeschlafen« (ἐκοιμήθησαν ἅπαντες), so daß Seth als einziger Zeuge der Beisetzung Adams übrig geblieben war; an dieser Stelle wird festgehalten, wie lange dieser Zustand angedauert hatte, nämlich bis zur Beendigung der Bestattung Adams. Für »Bestattung« steht hier κηδεῦσαι – wie in Apc Mos 43,2. An anderen Stellen (40,2.3) steht dieses Verb allein für die Leichenpflege; zu dieser terminologischen Unschärfe vgl. K XI,8 (S. 525) und K XI,9 (S. 530).

Apc Mos 42,4 schließt thematisch an das Unwissen Evas an, indem sie nun Gott darum bittet, an den »Ort« (τόπος) Adams verbracht zu werden, zur Bezeichnung τόπος für die Grabstätte vgl. 31,3a; 40,6.7. Diesem Anliegen Evas hat sich die Erzählung sukzessive genähert; zunächst war von allgemeiner Trauer Evas um den Tod Adams die Rede (42,3bα), dann wurde diese mit ihrem Unwissen um seinen Verbleib begründet (42,3bβ.c), jetzt geht es um den Wunsch, genau dahin zu gelangen, wo Adam liegt. Schon in Apc Mos 31,3a war Eva von Adam angedeutet worden, daß sie an seinem »Ort« beigesetzt werde; hier nun bittet Eva darum. Warum sie an derselben Stelle wie Adam bestattet werden muß, ist schon im Kommentar zu Apc Mos 42,1 geklärt worden, wo dies dem Leser bereits angekündigt wurde: Der Erzähler entnahm dies dem Satz ואל אישׁך תשׁובתך in Gen 3,16 var im Zusammenhang mit Gen 3,19. Evas Beisetzung an der Seite ihres Mannes ist eine »Rückkehr« zu ihrem Mann; eine Rückkehr ist sie insofern, als sie von ihm genommen wurde (Gen 2,22).

Daß sie diese Rückkehr selber wünscht, könnte auf ein Spiel mit der Variante תשוקה (»Begehren«) zurückgehen; schon in Apc Mos 25 waren die Varianten תשוקה und תשובה in Gen 3,16 narrativ umgesetzt worden.

Das Gebet Evas um Beisetzung an der Seite ihres Mannes wird nachfolgend durch ein Gebet illustriert (42,5–7), das jedoch dem Einleitungssatz (42,4b) zufolge nicht das Gebet selber darstellt, sondern sich an dieses anschließt. Mag man sich Apc Mos 42,5–7 auch als Peroratio vorstellen, die das Anliegen des vorher erwähnten, jedoch nicht zitierten Gebets noch einmal am Ende in nachdrücklicher Form zur Sprache bringt, so ist dennoch nicht zu leugnen, daß eine gewisse Unstimmigkeit vorliegt. Da das Gebet in 42,5–7 zumindest mit der Bezeichnung des Leibes als σκήνωμα Spuren einer im Milieu der Apc Mos erst spät belegten dichotomistischen Anthropologie aufweist[9], legt sich die Lösung nahe, es als einen späteren Zusatz zu identifizieren. Die Endredaktion dafür verantwortlich zu machen, bietet sich freilich nicht an, da sie nicht solche Unstimmigkeiten zu hinterlassen pflegt wie an dieser Stelle auszumachen sind.

Der Umfang des Zusatzes ist durch Kursive in der Übersetzung gekennzeichnet. Bevor er eingefügt wurde, bezog sich μετὰ δὲ τὸ τελέσαι αὐτὴν τὴν εὐχήν auf Apc Mos 42,8. Der Interpolator hat μετὰ δὲ τὸ εὔξασθαι als Bindeglied zwischen seiner Ergänzung und dem nachfolgenden Kontext formuliert und sein Interpolat nach vorne hin durch λέγει angeschlossen. Da es eindeutig zum Grundtext der handschriftlichen Überlieferung gehört, muß es dem Milieu angehören, aus dem die Apc Mos und später die Vit Ad hervorgegangen ist.

Affinitäten weist das Gebet v.a. zur Endredaktion auf, zum einen in der schon angesprochenen Anthropologie, zum anderen durch die Selbstbezichtigungen der Eva (sie nennt sich »unwürdig« [ἀναξίαν] und »Sünderin« [ἁμαρτωλήν]), vgl. Apc Mos 10,2 und 32,1–2 (beide redaktionell). Mit der Grablegungserzählung hat es den Verweis auf die Herkunft Evas aus Adam gemein (vgl. Apc Mos 42,2) und daneben die Überzeugung, daß Eva 6 Tage nach Adam erschaffen wurde. Diese wird in der Grablegungserzählung freilich nur implizit zum Ausdruck gebracht (vgl. 31,2–3; 42,2.3). Sie lebt aber noch in der Vit Ad 6 weiter, gehört also zum Grundwissen des Entstehungsmilieus der Apc Mos; der Ausgangspunkt ist Lib Jub 3,1–5, vgl. K XI,1.

Ein Spezifikum des Gebets besteht darin, daß Eva den Wunsch, an der Seite ihres Mannes begraben zu werden, auch mit einem Hinweis auf ihr Ungetrenntsein im Paradies und bei der Übertretung begründet. Dies läuft v.a. der Darstellung in Apc Mos 15–30, aber auch derjenigen der Endredaktion in Apc Mos 7–8 zuwider. Dort sind nämlich Adam und Eva unterschiedliche Regionen des Paradieses zugeteilt (Apc Mos 15,2–3), und bei der Übertretung des Gebotes sind sie nicht beieinander (vgl. Apc Mos 7,2; 20,4–21,6).

Im Anschluß an ihr Gebet (42,4a!) blickt Eva zum Himmel, schlägt sich auf die Brust und fordert Gott seufzend auf, ihren Geist entgegenzunehmen. Dies gemahnt stark an die Szenerie in Apc Mos 31–33 die erst durch redaktionelles Arrangement zustandegekommen ist: Auch dort blickt Eva im Anschluß an ein

---

[9] Die Bezeichnung σκήνωμα für den Körper als Aufenthaltsort der Seele ist in hellenistischer Zeit vereinzelt bezeugt, vgl. Sextus, Sent 320 (pythagoräisch), weitere Belege bei W. MICHAE-LIS: Art. σκήνωμα, in: Theologisches Wörterbuch zum Neuen Testament 7 (Stuttgart 1964), 385–386, speziell 385, Z. 8–10. Es finden sich auch Belege aus der christlichen Literatur, vgl. 2. Petr 1,13.14 und Diogn 6,8.

Gebet in den Himmel (Gebet: 32,1–2; Blick in den Himmel: 33,2), und zwar in der Erwartung, den Aufstieg von ihres Mannes Pneuma zu beobachten (32,4). Auch hier ist vom Pneuma die Rede: Eva bittet Gott, es entgegenzunehmen; Anklänge an Apc Mos 31,4 (ἕως οὗ ἀποδώσω τὸ πνεῦμά μου εἰς τὰς χεῖρας τοῦ δεδωκότος μοι αὐτό) sind nicht zu leugnen. Doch während wir dort eine ausformulierte anthropologische Theorie haben, liegt hier nur ein Stoßgebet vor, das überdies traditionell sein dürfte: In Act Ap 7,59 betet Stephanus im Moment seines Todes beinahe das Gleiche: Κύριε ᾿Ιησοῦ, δέξαι τὸ πνεῦμά μου (»Herr Jesus, nimm meinen Geist!«), auch dort findet sich im übrigen der Blick in den Himmel (7,55). So ist schwer zu entscheiden, ob das Gebet Evas in der Todesstunde eine dichotomistische Anthropologie zum Ausdruck bringen soll oder ob sich hier nicht vielleicht eine an Ps 31,6 anschließende Tradition des sich Anbefehlens in der Todesstunde manifestiert (vgl. K XI,1 [S. 444–445]), die nicht notwendigerweise anthropologisch reflektiert werden mußte.

Von einer Entscheidung dieser Frage hängt eine Zuweisung von Apc Mos 42,8 ab. Sicher ist wohl, daß die auffälligen Übereinstimmungen zwischen Apc Mos 42,8 und redaktionellen Passagen in 31–33 der Redaktion zu verdanken sind. Doch sie können auch damit erklärt werden, daß 31–33 weitgehend redaktionell sind; die Redaktion könnte Apc Mos 42,8 ganz oder teilweise schon so vorgefunden haben, wie es jetzt vorliegt. Dafür spricht, daß die Sterbeszene sich durchaus in die Handlung der Grablegungserzählung einfügt. Außerdem könnte man so vielleicht auch eine weitere Erklärung dafür finden, warum die Endredaktion ein so starkes Interesse an der Differenzierung von σῶμα und πνεῦμα hat: Sie hatte nicht nur zwei Überlieferungen über das postmortale Schicksal Adams zu verbinden (33,2–37,6 und 31,2–3a; 38ff), sondern fand auch in ihrem Quellenmaterial – an dieser Stelle – eine Passage vor, die zum Nachdenken über das Verhältnis von σῶμα und πνεῦμα anregte.

Auf die Endredaktion könnte vielleicht die Wendung τύπτουσα τὸ στῆθος αὐτῆς zurückgehen, da das Schlagen auf die Brust als Bußgestus belegt ist (vgl. Jos As 10,15; Lk 18,13; 23,48) und somit gut zu der Darstellung Evas als Büßerin in 32,1–2 paßt. Freilich ist der Vorbehalt anzumelden, daß diese Sitte nicht allein auf Buße oder Reue verweist, vgl. hierzu G. STÄHLIN: Art. τύπτω, Theologisches Wörterbuch zum Neuen Testament 8 (Stuttgart 1969), 260–269, speziell 262, Anm. 17, der auf Menander, Dyscolus 674 (LLOYD-JONES 674) verweist, wo sich jemand auf die Brust schlägt (ἔτυπτε τὸ στῆθος σφόδρα), weil ein anderer in den Brunnen gefallen ist. Die Endredaktion könnte also auch dieses Moment bereits in der Grablegungserzählung vorgefunden haben; es wäre dann wohl eher Ausdruck der Bestürzung, da die Grablegungserzählung an Bußhandlungen Evas kein Interesse zeigt.

XI,16. Bestattung Evas (Apc Mos 43,1–2)

43,1 ᴬ⁽⁴³,⁴⁾ᵇᶜΚαὶ ἦλθε Μιχαὴλᶜ
καὶ ᵈἐδίδαξε τὸν Σήθᵈ,
πῶς κηδεύσει ᵉτὴν Εὔανᵉ.

43,1 Und Michael kam
und lehrte Seth,
wie er Evas Leichnam pflegen solle.

Καὶ ᶠἦλθανᶠ τρεῖς ἄγγελοι
ᵍκαὶ ἦραν τὸ σῶμα αὐτῆςᵍ
καὶ ἔθαψαν αὐτό,
ὅπου ἦν τὸ σῶμα τοῦ Ἀδάμᵇ.

Und es kamen drei Engel
und nahmen ihren Leib
und beerdigten ihn,
wo der Leib Adams war.

43,2 Καὶ μετὰ ταῦτα ἐλάλησε ᵃΜιχαὴλᵃ
τῷ Σὴθ λέγων·
οὕτως κήδευσον
πάντα ἄνθρωπον ἀποθνήσκοντα
ἕως ᵇτῆςᵇ ἡμέρας τῆς ἀναστάσεως ''ᶜ.

Und danach sagte Michael
zu Seth:
»So pflege den Leichnam
jedes Menschen, der stirbt,
bis zum Tage der Auferstehung!«.

- Zeugen: D St AV An₂ AH B Ath VitAd(arm) VitAd(georg) VitAd(latᵐᵉ) Va P¹ LibAd(slav) P²
J² J³ ApcMos (arm)⁽ˢ·²²/²³⁾ Br S¹
- Es fehlen: Pa A AC C VitAd(latᵖ) An₁ J¹ E¹ S³ AD E² (zu J¹ E¹ E² vgl. °43,1/4A)

Zum Text
43,1/4A (J¹)-(E¹)-(E²): καὶ κλαύσαντες οἱ υἱοὶ αὐτῆς κατέθηκαν τὸ σῶμα αὐτῆς μετὰ τοῦ
Ἀδάμ τοῦ πατρὸς αὐτῶν ἐντίμως μετὰ ἐπιστασίας τοῦ ἀρχαγγέλου Μιχαήλ. **43,1b** P²-J²-
J³ (ApcMos[arm]): τότε ἦλθε Μιχαὴλ ὁ ἀρχιστρατηγὸς καὶ ἕτεροι τρεῖς ἄγγελοι μετ'
αὐτοῦ, καὶ ἦραν τὸ σῶμα αὐτῆς καὶ ἀπηνέγκαντες (sic!) ἔθαψαν αὐτό, ὅπου ἦν τὸ σῶμα
τοῦ Ἀδάμ καὶ τοῦ Ἄβελ; Br-S¹ (=*IIIa): καὶ κατελθὼν ὁ ἀρχάγγελος ἐκήδευσε τὴν Εὔαν
καὶ κατέθετο τὸ σῶμα αὐτῆς πλησίον τοῦ Ἀδάμ καὶ τοῦ Ἄβελ; *III: ᵃᵇκαὶ ἦλθεᵇ ᶜΜι-
χαὴλ ὁ ἀρχάγγελοςᶜ ᵈκαὶ ἐδίδαξεν τὸν Σήθ, πῶς κηδεύσῃ τὴν Εὔανᵈ. ᵉκαὶ ἦλθαν ἕτεροι
τρεῖς ἄγγελοι μετ' αὐτοῦᵃ καὶ ἦραν τὸ σῶμα αὐτῆς καὶ ἀπηνέγκαντες ἔθαψαν αὐτόᵉ,
ᶠὅπου ἦν τὸ σῶμαᶠ τοῦ Ἀδάμ καὶ τοῦ Ἄβελ¹. **43,1c** D-St AV Ath (=*Ia): καὶ ἦλθε Μιχαήλ;
An₂-AH: ἦλθε δὲ ὁ ἀρχιστρατηγὸς Μιχαήλ; B: τελευτήσασα δὲ παρεγένετο ὁ ἀρχιστρατηγὸς
Μιχαήλ; Va: ἀποστεῖλας δὲ ὁ θεὸς Μιχαὴλ τὸν ἀρχάγγελον; P¹: καὶ ἦλθε Μιχαὴλ ὁ
ἀρχάγγελος; P²-J²-J³: τότε ἦλθε Μιχαὴλ ὁ ἀρχιστρατηγός; Br-S¹ (=*IIIa): καὶ κατελθὼν ὁ
ἀρχάγγελος. **43,1d** D-St AV An₂-(AH) | VitAd(georg) (Va): καὶ ἐδίδαξε τὸν Σήθ (a|aba); Ath
(VitAd[arm]) (P¹): καὶ ἐλάλησε τῷ Σὴθ καὶ ἐδίδαξεν αὐτόν (ba); P² J² J³ Br S¹: def. **43,1e** D-
St AV (VitAd [arm]) VitAd(georg) (=*Ia) Br-S¹ (=*IIIa *III): τὴν Εὔαν; An₂: τὴν Εὔαν,
μητέρα αὐτοῦ; AH Ath: τὸ σῶμα τῆς Εὔας; Va-P¹ (=*II): τὴν μητέρα αὐτοῦ; B P² J² J³

---

¹ Varianten: **a-a** ApcMos(arm): »Aber danach (begruben) der Erzengel Michael mit den drei
Erzengeln«. **b-b** P²-J²-J³ (ApcMos[arm]): τότε ἦλθεν; Br-S¹ (=*IIIa): καὶ κατελθών; *I: καὶ
ἦλθε. **c-c** P²-J²-J³: Μιχαὴλ ὁ ἀρχιστρατηγός; ApcMos(arm): »der Erzengel Michael«; Br-S¹: ὁ
ἀρχάγγελος. Vgl. An₂-AH: ὁ ἀρχιστρατηγὸς Μιχαήλ und B: ὁ ἀρχάγγελος Μιχαήλ. **d-d** P²-
J²-J³ ApcMos(arm): om; Br-S¹: καὶ ἐκήδευσε τὴν Εὔαν; *I: καὶ ἐδίδαξεν τὸν Σήθ, πῶς
κηδεύσῃ τὴν Εὔαν. *III wird wie *I gelesen haben. **e-e** P²-J²-J³ (ApcMos[arm]): καὶ ἕτεροι
τρεῖς ἄγγελοι μετ' αὐτοῦ, καὶ ἦραν τὸ σῶμα αὐτῆς καὶ ἀπηνέγκαντες ἔθαψαν αὐτό; Br-
S¹ (=*IIIa): καὶ κατέθετο τὸ σῶμα αὐτῆς. *III = *I. **f-f** P²-J²-J³ ApcMos(arm): txt. (=*I); Br-S¹
(=*IIIa): πλησίον; *I: ὅπου ἦν τὸ σῶμα.

ApcMos(arm): def. **43,1f** D-St AV AH Ath (=*Ia): ἦλθαν, An₂ Va-P¹ (=*II?): ἦλθον (sq. BER-
TRAND); B P² J² J³ Br S¹: def. **43,1g** D: om. **43,2a** D Ath (=*Ia) Va (=*II): Μιχαήλ (sq. NAGEL);
St AV: ὁ Μιχαήλ (sq. BERTRAND); An₂: ἄγγελος; AH: ὁ ἄγγελος; B Br-S¹ (=*IIIa): ὁ
ἀρχάγγελος Μιχαήλ; P¹: Μιχαὴλ ὁ ἀρχάγγελος; P²-J²-J³: ὁ ἀρχιστρατηγὸς Μιχαήλ. **43,2b**
D-St AV AH P²: om; An₂ Ath (=*Ia) P¹ (=*II) J²-J³ (=*III) Br-S¹ (=*IIIa): τῆς (vgl. Apc Mos
12,1). **43,2c** Br-S¹: ἐν καιρῷ τῆς ἀνθρωπότητος.

Mit diesem Abschnitt endet im Wesentlichen das Erzählkorpus der Apc Mos
sowie der Grablegungserzählung; 43,3 ist ein späterer Zusatz (vgl. K XI,17).
Dieser Position entspricht der abschließende Hinweis auf die Auferstehung der
Toten, der in besonderer Weise den Leser einbezieht.

Der Tod Evas wird – anders als bei Adam in 38ff – nicht zum Anlaß einer
Theophanie, es erscheint nur Michael, der Seth über die Leichenpflege Evas
unterweist, sowie drei Engel, die sie beerdigen. Dadurch ist eine Abstufung
zwischen Adam und Eva gegeben. Passend dazu werden die drei Engel anders
als die »drei großen Engel«, die in 40,2 mit der Leichenpflege Adams befaßt
waren, namentlich nicht genannt und auch nicht als »groß« (μέγας) bezeichnet.
Es wird sich also um niederrangige Engel handeln, zumal zu den »drei großen
Engeln« in 40,2 auch Michael selbst gehört, was bei den drei Engeln in 43,1b
kaum der Fall sein dürfte.

Die Perikope ist zirkulär strukturiert. Die Nachricht von der Beerdigung Evas
durch drei Engel wird gerahmt durch Unterabschnitte, welche die Totenpflege
betreffen; aus dem Nebeneinander von κηδεύω und θάπτω wird man schließen
müssen, daß κηδεύω hier nicht wie in 42,3 die Bestattung als ganzes, sondern
wie in 40,2.6 die Zurichtung des Toten für das Begräbnis meint. Auf dem
Moment der Totenpflege liegt, durch die Doppelung bedingt, ein besonderer
Nachdruck. Gedanklich ist damit keinesfalls ein Stillstand verbunden. So wird
zu Beginn summarisch erwähnt, daß Michael Seth unterwies, und abschließend
wird diese Unterweisung durch eine wörtliche Rede Michaels bekräftigt. Darüber hinaus wird sie universalisiert: So, wie Seth Eva für die Bestattung zuzurüsten hat, soll mit jedem Verstorbenen bis zum Tag der Auferstehung verfahren werden. Damit wird die Leserschaft in das Geschehen einbezogen und
zugleich ein Ausblick auf die kommende Auferstehung geboten; dies ist schon
einmal in 41,2 geschehen, gewinnt hier aber zusätzliches Gewicht, weil hier
ursprünglich das Corpus der Grablegungserzählung wie auch der Apc Mos
abschloß (s.o.).

Die Bedeutung des Themas Totenpflege wird auch hervorgehoben durch die
Tatsache, daß sie von Michael inauguriert wird, während die Beerdigung Evas
nur drei namentlich nicht genannten Engeln obliegt. Offensichtlich war dem
Erzähler daran gelegen, daß Seth von einer durchaus hochrangigen himmlischen
Persönlichkeit über die Gepflogenheiten der Totenpflege erfuhr und daß die

damalige Unterweisung Seths auch für die Leichenpflege in der Gegenwart des Lesers konstitutiv ist. Freilich wird nicht mitgeteilt, welchen Inhalt die Belehrung hatte. Daran zeigt sich, daß es dem Erzähler nicht um die Durchsetzung bisher unbekannter Bräuche ging (gegen COUSIN: Sépulture, 384–386), sondern vielmehr um eine Ätiologie von Konventionen, die er weder beschreibt noch hinterfragt. Diese dürften eine gewisse Ähnlichkeit mit den in 40,1–2 geschilderten Vorgängen gehabt haben, zumal sich für diese durchaus zeitgenössische Parallelen aufweisen lassen (vgl. K XI,8), doch werden sie kaum dieselben gewesen sein, denn in 40,1–2 geht es dem Erzähler erkennbar darum, daß Adam eine Sonderbehandlung zuteil wird.

Indem Michael den Brauch der Totenpflege begründet, fungiert er als Kulturbringer. In dieser Funktion begegnet Michael auch in Vit Ad 20, wo er Adam in die Fertigkeiten des Ackerbaus einweist. In der frühjüdischen Literatur ist die Vorstellung von Engeln als Kulturbringern hauptsächlich mit der Wächterengeltradition verbunden (vgl. v.a. 1. Hen 6–11), dort allerdings in zivilisationskritischer Wendung. Doch auch eine positive Sicht eines kulturstiftenden Handelns von Engeln kommt vor, vgl. etwa Lib Jub 3,15.35, wo der Ackerbau auf Unterweisungen von Engeln an Adam zurückgeführt wird; wahrscheinlich hat diese Stelle in Vit Ad 20,1 Einfluß ausgeübt.

Die Vorstellung von Engeln als Kulturheroen geht parallel mit entsprechenden griechischen Überlieferungen über Götter, kann aber nicht als Transformation griechischer Ätiologien zivilisatorischer Errungenschaften aufgefaßt werden, da Götter als Kulturheroen auch im westsemitischen Bereich belegt sind, vgl. Philo von Byblos bei Euseb, Praep Ev I,9,20–10,55. Bei Philo von Byblos sind freilich aus den Göttern menschliche Erfinder (oder Herrscher) geworden; im Hintergrund steht eine Religionstheorie, die mit dem Namen des Vorsokratikers Prodikos verbunden ist, assoziiert mit Elementen der euhemeristischen Religionstheorie, vgl. J. DOCHHORN: Vegetationskult in der Urzeit. Euseb, P.E. 1,10,6–7 und die Anfänge der Kultur- und Religionsgeschichte bei Philo von Byblos, Rheinisches Museum für Philologie 144 (2001), 397–429 und idem: Zur Entstehungsgeschichte der Religion bei Euhemeros – mit einem Ausblick auf Philo von Byblos, Zeitschrift für Religions- und Geistesgeschichte 53 (2001), 289–301, speziell 298–301. An der Stelle der Angelologie steht damit in der hellenistisch-phönizischen Parallele historisierende Mythenauslegung.

Bei allem Interesse an der Leichenpflege fällt auf, daß diese in einer Hinsicht dem Begräbnis nachgeordnet ist: Die Unterweisung stammt zwar von Michael, vollzogen wird sie aber von einem Menschen, ganz im Gegenteil zur Beerdigung, die Engeln zukommt. Der Grund dafür dürfte kaum darin gelegen haben, daß es dem Verfasser darum gegangen wäre, für die Beerdigung von Menschen durch Menschen explizit keine Ätiologie zu bieten. Vielmehr soll auf diese Weise das Grab Adams weiterhin dem Zugriff von Menschen entzogen sein. Das Begräbnis Evas durch Engel steht damit in einer Linie mit der Versiegelung des Grabes in 42,1. An dieser Stelle wird klar, daß das Grab auch nach dem Tod Evas der Sphäre Gottes angehören soll; möglicherweise wird hiermit ein Motiv aus den Überlieferungen um das Grab des Mose aufgenommen, vgl. Dtn 34,6 𝔐:

Gott begräbt Mose und niemand weiß den Ort seines Grabes bis auf den heutigen Tag. Eine exegetische Auseinandersetzung mit dieser Stelle oder eine explizite Reflektion der von ihr ausgehenden Traditionen ist allerdings nicht zu konstatieren.

XI,17. Anweisung zur sechstägigen Trauer (Apc Mos 43,3)

43,3 ᴬ⁽⁴³,⁴⁾Μετὰ δὲ	*Nachdem er aber*
τὸ δοῦναι ᵇαὐτὸν νόμονᵇ *ᶜmg	*das Gesetz gegeben hatte,*
εἶπεν ᵈαὐτῷᵈ·	*sagte er zu ihm:*
ᵉᶠπάρεξ ἡμερῶν ἓξᶠ	*»Mehr als sechs Tage*
μὴ ᵍπενθήσητεᵍᵉ·	*sollt ihr nicht trauern,*
τῇ δὲ ἑβδόμῃ ἡμέρᾳ κατάπαυσον	*am siebten Tage aber ruhe dich aus*
καὶ ʰεὐφράνθητιʰ ἐπ᾽ αὐτῇ,	*und freue dich an ihm,*
ὅτι ἐν αὐτῇ	*denn an ihm*
ⁱκαὶ ὁⁱ θεὸς	*freuen sich sowohl Gott*
καὶ ᵏοἱ ἄγγελοι ἡμεῖςᵏ	*als auch wir,*
εὐφραινόμεθα	*die Engel,*
μετὰ τῆς δικαίας ψυχῆς,	*mit der gerechten Seele,*
τῆς μεταστάσης ἀπὸ ᵐτῆςᵐ γῆς.	*die von der Erde abgeschieden ist.*

- Zeugen: D St An₂ AH B Ath VitAd(arm) VitAd(georg) VitAd(latᵐᵉ) Va⁽ᵇⁱˢ ⁴³,²⁾ P¹ LibAd(slav) P²
J² J³ ApcMos (arm)⁽ˢ·²³⁾ Br S¹
- Es fehlen: AV⁽ᵛᵍˡ·°⁴³,³/⁴ᴬ⁾ Pa A AC C VitAd(latᵖ) Va⁽ᵃᵇ ⁴³,²⁾ An₁ J¹ S³ AD E¹ E²

Zum Text

43,3/4A AV: om. **43,3b** D-St: αὐτὸν νόμον (sq. NAGEL) (a); An₂⁽ᶜᵒᵈ⁾: αὐτὸν ο νόμον (ditt.) (bca); AHᶜᵒᵈ: αὐτὸ νόμον (=αὐτῷ νόμον?) (ca); Athᶜᵒᵈ: αὐτὸν ὁμοῦ (=αὐτῷ νόμον?) (da); Va: αὐτοῖς ἀγγελίαν (ea); P¹: αὐτοῦ τὸν νόμον (fa); P²-J²-J³ (=*III) Br-S¹ (=*IIIa): αὐτῷ τὸν νόμον (ga); B: def. *II = *Ia = *I. BERTRAND liest αὐτὸν τὸν νόμον, aber νόμον wird als inneres Objekt zu δοῦναι aufzufassen sein. **43,3c** Va notiert zu ἀγγελίαν am Rande ἤγουν παραγγολήν. Marginalnotizen mit ἤγουν finden sich auch sonst in Va – durchweg in Verbindung mit Varianten (vgl. °37,5e und °41,1c). **43,3d** D-St P²-J²-J³ (=*III): πρὸς αὐτόν (ba); An₂-AH P¹ (=*II *Ia) Br-S¹ (=*IIIa *III): αὐτῷ (a); Ath: πάλιν αὐτῷ (ca); Va: αὐτόν (da); B: def. **43,3e** P²-J²-J³ ApcMos(arm): om; Br-S¹ (=*IIIa): πλὴν ἓξ ἡμερῶν μὴ πενθήσῃς νεκρόν. *III las wie *I oder ähnlich. **43,3f** D P¹: παρ᾽ ἓξ ἡμερῶν (sq. NAGEL) (ba); St: πάρεξ ἡμερῶν ἓξ (a); An₂: ἄνευ ἡμερῶν ἓξ (ca); AH: πάρεξ ἡμερῶν δύο (da); B: ἕως ἡμερῶν ζ᾽ (ea); Ath: παρ᾽ ἡμερῶν ἓξ (fa); Br-S¹ (=*IIIa *III?): πλὴν ἓξ ἡμερῶν (ga); P²-J²-J³ ApcMos(arm): def. Der Ausgangstext hatte zweimal ΕΞ, das irritierte. Daher wurde er nur in St beibehalten. **43,3g** D B Ath (=*Ia) P¹ (=*II): πενθήσητε (B ist bei NAGEL unterschlagen, doch vgl. im Codex S. 318₂₋₃); St An₂: πενθήσετε; AH: †πενθήσοντε ἤ† statt πενθήσητε, τῇ (πενθησον, τῇ?); Br-S¹ (=*IIIa) πενθήσῃς; P²-J²-J³: def. **43,3h** D-St P²-J²-J³ (=*III): εὐφράνθητι (a); An₂: εὐφράνθητε (ba); AH | Ath (=*Ia) VitAd(georg) P¹ (=*II): εὐφρανθήσετε (in Anlehnung an πενθήσετε, doch vgl. κατάπαυσον, das nicht verändert wurde!) (cba|ca); ApcMos(arm): »freue dich« (dca); Br-S¹ (=*IIIa): εὐφρανθήσῃ (ea); B: def. **43,3i** D-St An₂-(AH): ὁ (ba); B Ath: καὶ ὁ (a); P¹: ἦν ὁ (ca); P²-J²-J³ (=*III): ὅτε (‹ ὅ τε) (da); Br S¹: def. **43,3k** D-St P²-J²-J³ (=*III): οἱ ἄγγελοι ἡμεῖς; An₂-

AH Ath: ἡμεῖς; B P¹: ἡμεῖς οἱ ἄγγελοι; Br S¹: def. **43,3m** D AH P²-J²-J³ (=*III): τῆς; St B Ath: om. (hapl.); An₂ P¹ Br S¹: def.

Apc Mos 43,3 geht auf dieselbe Hand zurück wie Apc Mos 42,5–7 (vgl. E III,5a [S. 132–133]); dies wird durch die Kursive in der Übersetzung angedeutet. Die Verbindung zum Kontext ist freilich genauso locker wie unproblematisch: An die Instruktionen zur Bestattung Evas wie aller Menschen überhaupt schließt Michael eine generelle Anweisung für die Trauer um die Toten an. Sie soll nicht länger als sechs Tage dauern (παρὲξ ἡμέρων ἓξ μὴ πενθήσητε), am siebten Tage aber soll der Mensch ruhen (κατάπαυσον) und sich freuen (εὐφράνθητι). Der Wechsel im Numerus fällt auf; er ist damit zu erklären, daß mit κατάπαυσον und εὐφράνθητι die singularische Anrede des Dekalogs übernommen wird – eine Allusion an das Gebot der Sabbatheiligung (Ex 20,8–11; Dtn 5,12–15), das hier eindeutig im Hintergrund steht. Den sechs Arbeitstagen der jüdischen Woche entsprechen sechs Trauertage, der Ruhe am siebten entspricht eine Umkehr von der Trauer zur Freude. So wird die traditionell vorgegebene Trauerperiode von sieben Tagen (vgl. Gen 50,10; 1. Sam 31,13; Judith 16,24; Sir 22,12; rabbinisches bei STRACK-BILLERBECK IV,596) vor dem Hintergrund der Sabbatkonzeption gedeutet und auf diese Weise in einen theologischen Bezugsrahmen integriert. Auch die mit der Erschaffung Evas assoziierte Zeitspanne von sechs Tagen, welche dieselbe Hand schon in Apc Mos 42,5 aufgenommen hat, wird damit erneut ausgewertet.

Mit der Abfolge von Trauer und Freude auf der Erde korreliert die gleiche Abfolge im Himmel. Am siebten Tage freuen sich Gott und die Engel[1] über eine gerechte Seele, »die von der Erde abgeschieden ist« (τῆς μεταστάσης ἀπὸ τῆς γῆς). Μεθιστάναι (τοῦ) βίου ist eine geläufige Umschreibung für den Tod, hier scheint diese Redewendung jedoch transformiert, und zwar im Sinne der Vorstellung von der Seele als Personzentrum: Es geht darum, daß eine Seele die Erde verläßt. Wenn die Freude darüber erst nach sechs Tagen im Himmel anbrechen kann, so wird die Ursache darin liegen, daß die Seele die vorhergehenden sechs Tage noch nicht im Himmel war. Eine solche Vorstellung hat es im frühen Judentum in der Tat gegeben: In 4. Esra 7,110–111 wird Esra mitgeteilt, daß die Seelen nach ihrer Trennung vom Körper (*postquam separatae fuerint de corporibus*) sieben Tage frei sind, bis sie in ihre Wohnungen (*habitacula*) gelangen. Im Kontext (4. Esra 7,78ff) wird eine scharfe Differenzierung zwischen dem Schicksal der Seelen von Gerechten und der Seelen von Unge-

---

[1] Zur Freude der Engel im Himmel beim Tod einer gerechten Seele kann vielleicht Poimandres (CH I), 26 als Parallele gelten, vgl. hierzu K IX, Anm. 22. Lk 15,7.10 handelt zwar von einer Freude der Engel im Himmel, doch der Anlaß ist nicht der Tod eines Gerechten, sondern die Buße eines Sünders.

rechten vorgenommen; eine vergleichbare Unterscheidung könnte auch hier
vorausgesetzt sein, denn die Freude im Himmel wird auf die Gerechten eingegrenzt.

XI,18. Abschluß (Apc Mos 43,4)

43,4 `ᵃ` ᵇΤαῦτα εἰπὼν
ὁ ᶜἄγγελοςᶜ
ᵈἀνῆλθενᵈ εἰς ᵉτὸν οὐρανὸνᵉ
ᶠδοξάζωνᶠ ᵍκαὶᵍ λέγων·
ʰἀλληλούϊα, ἀλληλούϊα, ἀλληλούϊαʰᴬ⁽⁴³,³⁾ᴬ⁽⁴³,¹⁾.
ⁱἄγιος, ἄγιος, ἄγιος κύριος
εἰς δόξαν θεοῦ πατρός,
ἀμήνⁱᵇ.

43,4 Nachdem der Engel
dies gesagt hatte,
ging er hinauf in den Himmel
und lobsang mit den Worten
»Halleluja, Halleluja, Halleluja!
Heilig, heilig, heilig ist der Herr«
zur Ehre Gottes, des Vaters,
Amen.

- Zeugen: D St AV An₂ AH B Ath VitAd(georg) P¹ LibAd(slav) P² J² J³ApcMos(arm)⁽ˢ·²³⁾ Br S¹
J¹ E¹ E²
- Es fehlen: Pa A AC C VitAd(latᵖ) VitAd(latᵐᵉ) Va An₁ S³ AD
- Zu AV vgl. °43,3/4A, zu J¹⁽ᵉᵗᶜ⁾ °43,1/4A

Zum Text
43,4a D-St: καί (sq. BERTRAND). **43,4b** VitAd(georg): »a lui (sc. le Seigneur) la gloire et
l'honneur et l'adoration, avec le Père et l'Esprit-Saint, maintenant et toujours, et de siècle en
siècle, Amen.«; LibAd(slav): »dann verherrlichte der Erzengel Ioel Gott mit den Worten: „Heilig,
heilig, heilig, Aleluia, heilig ist der Herr, Himmel und Erde sind voll seines Ruhmes."« (nach der
christlichen Fassung des Sanctus, vgl. BÖTTRICH: Sanctus, 12ff). **43,4c** D-St An₂-AH Ath (=*Ia)
(P¹) (=*II): ἄγγελος; B: ἀρχάγγελος Μιχαήλ; P²-J²-J³ (ApcMos[arm]): ἀρχιστρατηγὸς Μιχαὴλ πρὸς τὸν Σήθ; Br S¹: def. **43,4d** D P²-J²-J³: ἀπῆλθεν; St An₂-AH B Ath (=*Ia) (P¹) (=*II)
ApcMos(arm) (=*III): ἀνῆλθεν; Br S¹: def. **43,4e** D-St An₂-AH B P²-J²-J³ (=*III): τὸν οὐρανόν
(vgl. Apc Mos 38,3: ἐκ τοῦ οὐρανοῦ); Ath (=*Ia) P¹ (=*II): τοὺς οὐρανούς. **43,4f** D-St An₂-AH
B Ath (=*Ia): δοξάζων (δοξάζειν mit der Bedeutung »lobpreisen« ist in absoluter Stellung
ungewöhnlich, doch vgl. Test Hiob 52,8); P¹ LibAd(slav): δοξάζων τὸν θεόν (δοξάζειν
τὸν θεόν ist konventionell, vgl. Mk 2,12; Lk 5,25.26; 7,16; 13,13; Act 4,21; 11,18; Röm 1,21;
15,6 etc); P²-J²-J³ (=*III) ApcMos(arm): δοξάζων καὶ αἰνῶν τὸν θεόν (vgl. Lk 2,20: δοξάζοντες καὶ αἰνοῦντες τὸν θεόν [von den himmlischen Heerscharen!]); Br S¹: def. **43,4g** J²-J³: om;
P² (=*III) et rell: txt. **43,4h** D-St AH (B): ἀλληλούϊα (sq. BERTRAND, NAGEL) (ba); An₂ P¹ (=*II
*Ia) P²-J²-J³ (=*III) ApcMos(arm): ἀλληλούϊα, ἀλληλούϊα, ἀλληλούϊα (a); Ath: ἀμήν, ἀλληλούϊα (ca); Br S¹: def. Das dreifache Halleluja paßt zum dreifachen ἄγιος. **43,4i** D J¹ (E¹) (E²):
ᾧ ἡ δόξα καὶ τὸ κράτος ᵃ' εἰς τοὺς αἰῶναςᵇ ᵇτῶν αἰώνωνᵇ, ἀμήν¹ (konventionelle Schlußdoxologie, ähnlich: Act Just [jüngere Textform] 6 [KRÜGER / RUHBACH 129]); St (An₂)-AH (B)
Ath (=*Ia) (P¹) (=*II) P²-J²-J³ (=*III) (ApcMos[arm]): ἄγιος, ἄγιος, ἄγιος ᵃᵇκύριοςᵇ εἰς
δόξαν θεοῦ πατρός, ἀμήν ᵃ'ᶜᵃ² (in J¹⁽ᵉᵗᶜ⁾ gilt die Doxologie – wohl versehentlich – Michael,

---

¹ Varianten: **a** E¹: καὶ ἡ τιμὴ καὶ ἡ προσκύνησις σὺν τῷ ἀνάρχῳ αὐτοῦ πατρὶ καὶ τῷ
παναγίῳ καὶ ἀγαθῷ καὶ ζῳοποιῷ (Cod.: ζωοπῄον) πνεύματι νῦν καὶ ἀεὶ καὶ. **b-b** E²: om.
² Varianten: **a-a** ApcMos(arm): »der Herr der Heerscharen«. **b-b** P¹: om. **c-c** An₂: ἀμήν; B:

vgl. °43,1/4A); AV: τῷ δὲ θεῷ ἡμῶν, ᾧ ἡ δόξα εἰς τοὺς αἰῶνας τῶν αἰώνων, ἀμήν; Br-(S¹)
(=*IIIa): αὐτῷ ἡ δόξα καὶ τὸ κράτος εἰς τοὺς αἰῶνας ᵃτῶν αἰώνωνᵃ, ἀμήν³.

1. Zum Inhalt

Die letzte Perikope berichtet zunächst, wie Michael wieder in den Himmel
hinaufsteigt. Damit wird der Bogen zu 43,1 (καὶ ἦλθε Μιχαήλ) geschlossen;
eine Parallele findet sich in 42,2, wo es nach der Bestattung Adams heißt, Gott
und die Engel seien »an ihren Ort« gegangen.

Bei der Rückkehr in den Himmel läßt Michael einen »Lobgesang« (vgl.
δοξάζων) erklingen. Dieser hat an erster Stelle ein dreifaches »Halleluja« und
daraufhin den Nominalsatz ἅγιος, ἅγιος, ἅγιος κύριος (»heilig, heilig, heilig
ist der Herr«) zum Inhalt. Letzterer ist eindeutig an die Qeduša von Jes 6,3
angelehnt und erinnert damit vor allem an die Theophanie in Apc Mos
33,2–37,6, bei der Adam anläßlich seines Todes durch Gott angenommen wurde
– im Rahmen eines durch Qeduša-Reminiszenzen geprägten liturgischen Geschehens. Aber auch die Grablegungsgeschichte weist Momente auf, die an die
Qeduša erinnern (40,2; 42,1); auch diese stehen im Zusammenhang mit einer
postmortalen Integration Adams in die Sphäre Gottes. So wird hier noch einmal
abschließend auf die Umwertung des Todes durch den heiligen Gott verwiesen,
die für die gesamte Erzählung vom Tod Adams und Evas kennzeichnend war –
in allen literarischen Schichten.

Die anschließende Wendung εἰς δόξαν θεοῦ πατρός ist einfacher auf
δοξάζων καὶ λέγων zu beziehen als auf den vorhergehenden Nominalsatz, ist
also nicht Teil des Lobgesangs, sondern deutet an, mit welcher Zielbestimmung
er gesungen wird. Zu klären bleibt, ob mit θεὸς πάτηρ jemand anders gemeint
ist als mit κύριος. Dies ist angesichts der Tatsache, daß die Qeduša in der Apc
Mos vorhergehend immer auf Gott bezogen war, unwahrscheinlich, doch wird
dies im Einzelnen weiter unten zu erörtern sein (s. S. 567ff.).

Ein bestätigendes ἀμήν schließt die Perikope und die Apc Mos als ganze ab.
Dies mag durch die vorhergehenden liturgischen Elemente angeregt sein, muß
aber nicht dahingehend verstanden werden, daß ein Gebet vorausging, denn εἰς
δόξαν θεοῦ πατρός dürfte kaum zum Lobgesang Michaels gehören (s.o.). Ein
abschließendes ἀμήν ist – textkritisch freilich nicht ganz sicher – am Ende von
frühjüdischen Texten auch sonst belegt; nicht immer geht ein Gebet voran (vgl.
Judith 16,25 BL; Tobit 14,15 B; Test Hiob 53,8 P).

ὅτι αὐτῷ πρέπει δόξα, τιμὴ καὶ προσκύνησις σὺν τῷ ἀνάρχῳ καὶ ζωοποιῷ αὐτοῦ πνεύματι νῦν καὶ ἀεὶ καὶ εἰς τοὺς αἰῶνας τῶν αἰώνων, ἀμήν.
³ Varianten: **a-a** S¹: om.

2. Authentizität, Herkunft und Intention von Apc Mos 43,4 und speziell 43,4b

Wie beim Incipit, so erhebt sich auch beim Explicit (Abschluß) handschriftlich überlieferter Texte die Vermutung, daß hier der Einfluß der Schreiberkonventionen besonders stark gewirkt habe. Aus diesem Grunde steht vor allem der stark mit liturgischen Elementen durchsetzte Schlußteil in Apc Mos 43,4b (ἀλληλούϊα κτλ.) unter dem Verdacht, ein der Apc Mos von Schreibern nachträglich hinzugefügter Appendix zu sein. Und in der Tat ist Apc Mos 43,4b in einigen Textzeugen nach dem Stil der u.a. in martyrologischen und hagiographischen Texten üblichen Schlußdoxologien umgestaltet worden (vgl. °43,4i – dort v.a. D AV Br S¹ J¹⁽ᵉᵗᶜ⁾). Vergleichbare Schlußdoxologien lassen sich auch für andere Pseudepigraphen nachweisen (vgl. Test Abr A 20,15; Test Abr B 14,7; Apc Sedr 16,10; Apc Esra 7,16).

In Abweichung von den genannten Pseudepigraphen läßt sich für die Apc Mos in Vers 43,4b allerdings ein durchaus unkonventionelles Explicit rekonstruieren, und zwar nach den gleichen Regeln, die auch für die Rekonstruktion des Textkorpus gelten. So wird sich kaum bestreiten lassen, daß der oben ermittelte Text von 43,4b auch im Archetyp gestanden hat. Der Archetyp aber gehört, wie in E II,7 und E III,5c–d beschrieben wurde, dem Milieu an, das auch die Apc Mos hervorgebracht hat. Da dieses nach E IV ein jüdisches gewesen ist, müßte also auch dieser Abschnitt als ein Text jüdischer Provenienz zu bestimmen sein.

Nun liegt aber die Versuchung nahe, Apc Mos 43,4b als ein christliches Elaborat aufzufassen – mit der Folge, daß dann die jüdische Identität zumindest des Archetyps auf dem Spiel stünde, wo doch an der Zugehörigkeit von Apc Mos 43,4b zum Archetyp kaum gezweifelt werden kann. Eine solche Verortung von Apc Mos 43,4b im christlichen Milieu bietet sich v.a. wegen der Wendung θεοῦ πατρός an. Wollte man ἀλληλούϊα κτλ. derart verstehen, müßte man es dahingehend lesen, daß der Erzengel Michael dem κύριος Christus in Anlehnung an das Trishagion die Heiligkeit zur Ehre Gottes, des Vaters, zuspräche. Eine nahe Parallele wäre dann Phil 2,11, wo das Bekenntnis κύριος Ἰησοῦς Χριστός »zur Ehre Gottes des Vaters« (εἰς δόξαν θεοῦ πατρός) geschieht. Die Applikation des Trishagion auf Christus fände dann eine Entsprechung in Joh 12,41, wo die Vision des Jesaja in Jes 6 als eine Schau Christi interpretiert wird; freilich wird dort nicht explizit gesagt, daß Christus auch das Dreimalheilig gesungen wurde.

So suggestiv eine solche Deutung erscheinen mag, sie bleibt am Ende doch nur eine wenig plausible Spekulation. Die Auslegung von Jes 6 in Joh 12,41 ist im frühen Christentum, dem der Archetyp dann zuzuordnen wäre, nicht gerade gängig, erst recht aber läßt sich eine Applikation des Trishagion auf Christus nicht belegen, auch nicht mit der Einschränkung »zur Ehre Gottes, des Vaters«.

Ein christlicher Schreiber würde hier also ein durchaus eigenwilliges theologisches Konzept verwirklichen; dann aber wäre es für ihn doch zumindest naheliegend gewesen, dieses etwas klarer zu entfalten. Erst recht müßte verwundern, daß er nirgends sonst in den Text eingegriffen hätte, um seine »Qedušā-Christologie« vorzubereiten. Die Schwierigkeiten, die mit einer Verortung von Apc Mos 43,4b im frühen Christentum verbunden wären, sind also keineswegs unbeträchtlich.

Vergleichsweise einfach erscheint dafür eine Herleitung dieses Textes aus dem Milieu der Apc Mos, das bisher als ein rein jüdisches qualifiziert wurde und auch weiterhin als ein solches zu qualifizieren ist. So ist der Titel κύριος in der Apc Mos für Gott durchaus gebräuchlich, vgl. 6,2; 7,2; 22,2; 23,2; 25,1 etc.; an keiner der Stellen ist an Christus zu denken. Auch ohne Artikel findet κύριος als Gottesbezeichnung Verwendung, vgl. Apc Mos 6,2; 22,2; 38,3; vor allem 37,2 (εὐλογημένη ἡ δόξα κυρίου) ist wegen der gemeinsamen liturgischen Kontextualisierung als Parallele zu nennen. Überhaupt findet der abschließende Lobgesang Michaels in Apc Mos 33,2–37,6 eine wichtige Entsprechung. Nicht nur Apc Mos 43,4b, auch 33,2–37,6 beruht nämlich, wie in K XI,4 nachgewiesen wurde, in starkem Maße auf Jes 6, speziell Jes 6,3; dies zeigt sich v.a. an den vielen Triaden, denen in 43,4b das dreifache ἀλληλούϊα und ἅγιος entsprechen. So läßt sich durchaus vermuten, daß der Lobgesang Michaels mit voller Absicht nach Jes 6,3 gestaltet wurde, und zwar mit dem Ziel, das gute Ende des Lebens und Sterbens von Adam und Eva genauso mit einem doxologischen Hinweis auf die Heiligkeit Gottes zu vertiefen, wie dies anläßlich der Begnadigung Adams in Apc Mos 33,2–37,6 geschehen war, die sich im Rahmen eines an der Qedušā orientierten Gottesdienstes ereignete.

Das Subjekt dieses gestalterischen Vorgangs ist nicht ohne weiteres zu bestimmen, doch legt sich angesichts der Position des Textes von vornherein die Endredaktion nahe. Diese hat freilich Apc Mos 33,2–37,6 allem Anschein nach nicht genau gelesen (sonst hätte sie den Abschnitt besser auf den Kontext abgestimmt), doch könnte sie durchaus den Bezug zu Jes 6 bemerkt haben. Dieser Text war nämlich im Entstehungsmilieu der Adamdiegesen auch sonst präsent, und zwar vor allem in Vit Ad 6, was deutlich ein fortgesetztes Interesse an Jes 6 in diesem Kreise anzeigt. Für die Endredaktion spricht auch, daß nur sie – neben Apc Mos 33,2–37,6 – den Vatertitel für Gott verwenden (vgl. Apc Mos 32,2; daneben 35,2; 36,3; 37,4). Somit spricht einiges dafür, daß Apc Mos 43,4b von der Endredaktion gestaltet wurde.

Doch auch in 43,4a lassen sich Spuren der Endredaktion ausmachen: So ist rückbezügliches ὁ ἄγγελος für Michael, wie es in 43,4a vorliegt, sonst nur in Texten der Endredaktion belegt (3,3; 9,3; 13,1; 14,1). Daneben findet die Eingangsphrase in 43,4a (ταῦτα εἰπὼν ὁ ἄγγελος) die deutlichste Entsprechung in 14,1 (εἰπὼν δὲ ταῦτα ὁ ἄγγελος), doch darauf wird man nicht allzuviel setzen dürfen. Es spricht aber auch ein gewichtiges Moment gegen eine volle Zuordnung von 43,4a zur Endredaktion: Die Rückkehr Michaels in den Himmel hat, wie angedeutet, in 42,2 eine Parallele; sie entspricht einer Tendenz der Grablegungsgeschichte zu zirkulären Strukturen. Insgesamt wird man Apc Mos 43,4 dann als einen überwiegend von der Endredaktion gestalteten Text werten können, der seine Ursprünge in der Grablegungsgeschichte hat.

3. Zur Formgeschichte: Apc Mos 43,4b und die literarische Schlußdoxologie in hagiographischen und homiletischen Texten

Ist Apc Mos 43,4b damit als ein integraler Teil der Apc Mos bestimmt, so ergeben sich beträchtliche Möglichkeiten für die formgeschichtliche Arbeit. Unbestreitbar haben wir hier dann nämlich einen frühes Beispiel für ein bewußt mit liturgischen Elementen gestaltetes Explicit vorliegen. Schon damit ist dieser Text eine interessante formgeschichtliche Parallele zu den zahllosen konventionellen Doxologien, die gewöhnlich den Abschluß hagiographischer und homiletischer Texte in der kirchlichen Literatur bilden. Mit diesen weist Apc Mos 43,4 auch terminologische Berührungspunkte auf; sowohl in Apc Mos 43,4 als auch in den meisten literarischen Schlußdoxologien spielt der Hinweis auf die δόξα Gottes eine wichtige Rolle. Solche literarischen Schlußdoxologien sind ja auch in einigen Textzeugen der Apc Mos an die Stelle dieses vergleichsweise individuellen Explicits getreten (vgl. °43,4i), was immerhin bedeuten kann, daß einigen Schreibern die Nähe dieses Textes zu den konventionellen Schlußdoxologien nicht entgangen ist.

Literarische Schlußdoxologien sind auf Gott, Christus oder die drei Personen der Trinität bezogene Doxa-Akklamationen im Explicit literarischer Texte des Christentums. Im NT ist eine solche nur in Jud 24–25 originär, möglicherweise auch in Röm 16,25–27. Relativ gattungstypisch sind vier Elemente, einmal der Adressat der Doxa-Akklamation (Gott, Christus etc), der gewöhnlich im Dativ genannt wird, daneben die dem Adressaten zugesprochene Gegebenheit (am häufigsten δόξα), sodann eine Zeitbestimmung (meistens εἰς τὸν αἰῶνα; beliebt ist auch die triadische Formel νῦν καὶ ἀεὶ καὶ εἰς τὸν αἰῶνα τῶν αἰώνων) und schließlich das bestätigende ἀμήν. Eine gewisse Ambiguität besteht dabei in der Regel hinsichtlich der Frage, ob die dem Adressaten zugesprochenen Gegebenheiten diesem von Natur aus angehören oder ob gewünscht wird, daß der Adressat sie empfängt. Abgesehen von diesen typischen Elementen variiert der Wortlaut beträchtlich.[4]

---

[4] Die literarische Schlußdoxologie ist eine Unterart der Doxologie, für die im wesentlichen ebenfalls das oben zur literarischen Schlußdoxologie Gesagte gilt, nur daß diese eben auch in anderen Zusammenhängen begegnen können, vgl. etwa Röm 11,36; Gal 1,5; Phil 4,20; Eph 3,21; 1 Tim 1,17; 2 Tim 4,18. Eine Übersicht zur Doxologie findet sich bei A. STUIBER: Art. Doxologie, in: Reallexikon für Antike und Christentum 4 (Stuttgart 1959), 210–226.
Der Sprachgebrauch bei STUIBER ist allerdings weiter als hier, insofern hier der Begriff

Was läßt sich nun anhand von Apc Mos 43,4, speziell Apc Mos 43,4b, für die Vorgeschichte dieser Art von konventionalisierten Explicits gewinnen? Die formgeschichtliche Auswertung von Apc Mos 43,4 wird von einer Bestimmung der gattungsgeschichtlichen Hintergründe dieses Textes ausgehen müssen. Und hier ist an erster Stelle das Bemühen zu erkennen, einem literarischen Text einen liturgisch gearteten Ausklang zu geben. In diesem Zusammenhang aber ist speziell das Wort δοξάζειν von Bedeutung, das in 43,4a den Lobgesang Michaels ankündigt. Dieses bezeichnet sehr häufig eine Eulogie bzw. Berakha, also einen situationsgebundenen Lobspruch (vgl. etwa Test Abr A 14,9; 15,5; Mk 2,12; Lk 7,16; 13,13; 17,15; 18,43 etc.). Daher legt sich die Vermutung nahe, daß auch das dreifache »Halleluja« und das dreifache »Heilig« des Michael in Apc Mos 43,4 als eine solche Eulogie zu denken ist. Damit aber läuft die Erzählung in Apc Mos 43,4 auf eine abschließende Eulogie Michaels hinaus, die aus dem dreifachen Halleluja und dem dreifachen Hagios besteht und zur »Ehre« (δόξα) »Gottes, des Vaters« gesprochen wird.

Bedeutsam ist dabei zum einen, daß diese Eulogie nicht ganz am Ende steht, und zum anderen, daß sie sich nicht an die Erzählung anschließt, sondern Teil der Erzählung ist: Die Eulogie wird von Michael auf dem Rückweg in den Himmel gesprochen. Der erste Punkt markiert einen klaren Unterschied zur literarischen Schlußdoxologie, die ganz am Ende steht; beim zweiten Punkt gibt es zuweilen auch Analogien bei den Schlußdoxologien, vgl. etwa Test Abr B 14,7: ἔθαψεν δὲ Ἰσαὰκ τὸν πατέρα αὐτοῦ Ἀβραὰμ πλησίον τῆς μητρὸς αὐτοῦ δοξάζων τὸν ὕψιστον θεόν, ᾧ ἡ δόξα εἰς τοὺς αἰῶνας τῶν αἰώνων· ἀμήν. (»Isaak aber beerdigte seinen Vater Abraham bei seiner Mutter und lobte dabei Gott, den Höchsten, dem die Ehre [sei/ist] in alle Ewigkeit, Amen«).

Doxologie allein auf Doxa-Akklamationen wie in Jud 24–25 oder etwa auch Röm 11,36 beschränkt wird, während STUIBER auch die Eulogien unter diesen Begriff faßt. Vgl. hierzu Sp. 211, wo STUIBER eine Unterscheidung zwischen Doxologie und Eulogie, die ihm von der Redaktion des Lexikons offenbar vorgegeben war, nach einem erklärtermaßen rein pragmatischen Verfahren vornimmt: Alle »Doxologien«, die auf Gegenstände referieren, etwa Tischgebete, werden im Artikel »Eulogie« oder »Eucharistia« diskutiert, während »Doxologien« ohne Gegenstandsbezug unter »Doxologie« erörtert werden.

Der Begriff Eulogie soll in dieser Arbeit einen situationsgebundenen Lobspruch bezeichnen, der allerdings auch an das Ende von Gebeten, Texteinheiten oder Texten treten kann (s.u.). Eulogien sind damit weitgehend funktionsidentisch mit Doxologien, aber eine Differenzierung zwischen beiden Begrifen ist dennoch sinnvoll: Zum einen referiert der Terminus Eulogie auf die Funktion, der Terminus Doxologie hingegen auf die Form, und zum anderen ist eine Doxologie zwar gewöhnlich auch eine Eulogie, aber nicht jede Eulogie ist auch eine Doxologie. Das Schlüsselwort frühjüdischer und alttestamentlicher Eulogien ist fast durchgängig nicht δόξα, sondern ברך bzw. εὐλογέω, vgl. etwa die Schlußeulogien im Psalter (Ps. 41,4; 72,18–19; 89,53; 106,48).

Ihre nächste Analogie findet das Explicit der Apc Mos aber zweifellos nicht bei den Schlußdoxologien. Viel näher steht ihr das Explicit einer christlichen Erzählung, die ebenfalls darauf hinausläuft, daß die Akteure am Ende Gott lobpreisen: In Lk 24,52 wird erzählt, daß die Jünger im Anschluß an Jesu Himmelfahrt nach Jerusalem zurückkehrten, sich alle Zeit im Tempel aufhielten und dort – so heißt es ganz am Ende – Gott lobten (εὐλογοῦντες τὸν θεόν). Auch hier endet die Erzählung damit, daß von einem liturgischen Geschehen berichtet wird. Freilich wird der Wortlaut des Lobpreises nicht mitgeteilt. Auch geht es nicht um eine einzige liturgische Handlung, sondern um sich regelmäßig wiederholende Vorgänge. Und schließlich dürfte es sich bei dem regelmäßigen Lobpreis im Tempel wohl nicht nur um Berakhôt gehandelt haben.

Mit ihrem Bestreben, die Erzählung auf eine Eulogie hinauslaufen zu lassen, erweist sich die Apc Mos als Teil einer Tradition. Schon im Alten Testament konnte eine Eulogie gelegentlich an das Ende von Texten treten, allerdings nur im Psalter, dessen erste vier Bücher durch eine Eulogie abgeschlossen werden (Ps 41,4; 72,18–19; 89,53; 106,48); für das letzte Buch übernimmt Ps 150 diese Funktion. Diese Gepflogenheit findet eine Fortsetzung in den Psalmen Salomos, wo einzelne Gebete in Eulogien ausmünden (vgl. Ps Sal 2,37; 5,19; 6,6; 8,34), vergleichbar ist auch das 18-Bitten Gebet, dessen Bitten jeweils mit Berakhôt enden. Und nicht zuletzt gibt es dann auch im frühen Judentum Bücher, die in der handschriftlichen Überlieferung durch Eulogien abgeschlossen werden, so daß es durchaus Anhaltspunkte dafür gibt, daß schon das Judentum eine Praxis der literarischen Schluß-Eulogie kannte. Die Belege stehen allerdings häufig unter dem textkritischem Vorbehalt, relativ sicher ist 3. Mkk 7,23 (εὐλογητὸς ὁ ῥύστης Ἰσραὴλ εἰς τοὺς ἀεὶ χρόνους, ἀμήν); daneben ist Tob 14,15 ℵ zu nennen, das vor allem auch deshalb interessant ist, da dort wie Apc Mos 43,4 die Schluß-Eulogie – wenn auch eher locker – an die Handlung angeschlossen wird (ἐχάρη πρὶν τοῦ ἀποθανεῖν ἐπὶ Νινευῇ καὶ εὐλόγησεν κύριον τὸν θεὸν εἰς τοὺς αἰῶνας τῶν αἰώνων). Kaum in diesen Zusammenhang gehört 4. Mkk 18,24; diese ganz und gar konventionelle Schlußdoxologie dürfte wohl christlichen Ursprungs sein.

Doch nicht nur die Zitation einer Eulogie am Ende ist charakteristisch für das Explicit der Apc Mos. Kennzeichnend ist auch die Tatsache, daß diese Eulogie inhaltlich an die Qedušā von Jes 6,3 anknüpft. Eulogie und Sanctus verschmelzen hier zu einer höchst individuellen Einheit, für die – in diesem Wortlaut – bisher keine Parallelen bekannt sind. Immerhin gibt es aber doch einen Text, der ebenfalls mit einer inhaltlich am Sanctus orientierten Eulogie abschließt. Das zweite Buch der Psalmen endet nämlich mit einer Eulogie (Ps 71 [72], 18–19), die in der Septuaginta folgenden Wortlaut hat: 18 Εὐλογητὸς κύριος ὁ θεὸς Ἰσραὴλ ὁ ποιῶν θαυμάσια μόνος 19 καὶ εὐλογητὸς τὸ ὄνομα τῆς δόξης

αὐτοῦ εἰς τὸν αἰῶνα τοῦ αἰῶνος, καὶ πληρωθήσεται τῆς δόξης αὐτοῦ
πᾶσα ἡ γῆ. γένοιτο γένοιτο (»18 Gelobt sei der Herr, der Gott Israels, der
allein Wunder tut, 19 und gelobt sei sein herrlicher Name in alle Ewigkeit, und
es wird die ganze Erde seiner Herrlichkeit voll sein. Amen, Amen«).

Es ist die inhaltliche Ausgestaltung der Schlußeulogie mit Elementen des
Sanctus, durch die das Explicit der Apc Mos nun auch für die Vorgeschichte der
literarischen Schlußdoxologie von Bedeutung sein dürfte. Denn auch diese weist
eine assoziative Nähe zum Sanctus auf, insofern sie das Lexem δόξα, in der
Regel das Schlüsselwort in einer literarischen Schlußdoxologie, mit dem
Sanctus gemeinsam hat. Freilich klingt die Schlußdoxologie damit gerade an die
Hälfte des Sanctus an, die in Apc Mos 43,4b nicht zitiert wird (πλήρης πᾶσα ἡ
γῆ τῆς δόξης αὐτοῦ). Doch das Stichwort δόξα begegnet immerhin auch in
Apc Mos 43,4b, wenn auch nur im narrativen Kontext. Deutlichere Anklänge an
die Schlußdoxologie hat dennoch sicherlich die Apc Mos 43,4b so nahestehende
Schlußeulogie des zweiten Psalterbuchs, die nicht nur die zweite Hälfte des
Sanctus deutlich aufnimmt, sondern auch noch die für Schlußdoxologien so
typische Ewigkeitsformel hat.

Gleichwohl dürfte die Apc Mos, wollte man eine formgeschichtliche Untersuchung zur literarischen Schlußdoxologie beginnen, eine gewisse Bedeutung
für die Vorgeschichte dieser so typisch-christlichen Form des Explicit haben.
Sie bezeugt eine Assoziation von Eulogie und Sanctus am Ende einer Erzählung, die in anderer Form vielleicht auch bei der literarischen Schlußdoxologie
im Hintergrund steht.

Anhang

Schlüssel zur Primärliteratur

Vorbemerkung: Der Schlüssel zur Primärliteratur löst Kürzel auf und verweist auf Textausgaben und Übersetzungen. Die Sigel der alt- und neutestamentlichen Schriften wird der Leser ohne Erläuterung verstehen; sie werden hier nicht aufgeführt. Nicht zu allen Quellen werden Übersetzungen genannt, v.a. nicht für lateinische und griechische. Die Kürzel orientieren sich gemeinhin an der Konvention. Ist eine Schrift in mehreren Sprachen überliefert, so wird die jeweils zitierte Version durch in Klammern nachgestellte Kürzel bezeichnet, so etwa in Apc Mos (arm), wo (arm) für die armenische Version steht. Folgende Sigel werden dabei verwendet: achm (achmimisch), äth (altäthiopisch), ar (arabisch), arm (altarmenisch), boh (bohairisch), fajj (fajjumisch), georg (altgeorgisch), gr (altgriechisch), hebr (hebräisch), lat (lateinisch), sah (sahidisch), slav (altkirchenslavisch), syr syrisch.

Act Thom	Acta Thomae → BONNET (Text); DRIJVERS (Übersetzung)
Ambrosiaster	VOGELS (Text)
Apc Abr	Apokalypse Abrahams → RUBINKIEWICZ (Übersetzung)
Apc Eliae	Apocalypse Elias → STEINDORFF (Text / Übersetzung); PIETERSMA / CORMSTOCK (Text)
Apc Esdrae	Apocalypsis Esdrae graeca → WAHL (Text)
Apc Mos	Apocalypsis Mosis / Apokalypse des Mose → griechischer Text: BERTRAND, CERIANI, NAGEL, TISCHENDORF, diese Arbeit; armenischer Text: YÔVSÊP'EANC', MARR, Übersetzung des armenischen Textes: CONYBEAREJSSAVERDENS, PREUSCHEN, Synopse der Adamdiegesen: ANDERSON / STONE; Übersetzungen des griechischen Textes: FERNÁNDEZ MARCOS; FUCHS; HAMMERSHAIMB; JOHNSON; MEISER/MERK; SACCHI; WALKER; WELLS
Apc Pauli	Apokalypis Pauli → TISCHENDORF: Apocalypses (lateinischer Text)
Apc Petri	Apocalypsis Petri → KLOSTERMANN (Text); MÜLLER (Übersetzung); VON GEBHARDT (Text / Facsimile)
Apc Sedr	Apocalypsis Sedrach → WAHL (Text)
Apc Soph	Apokalypsis Sophoniae (Apokalypse des Zephania) → STEINDORFF (Text / Übersetzung)
Apkr Joh	Apokryphon des Johannes → WALDSTEIN (Text / Übersetzung)
ARN	Abot de Rabbi Natan → SCHECHTER (Text); POLLAK (Übersetzung, nach ihr richtet sich die Partition)
Asc Isa	Ascensio Isaiae → BETTIOLO (Texte sämtlicher bekannter Versionen mit italienischen Übersetzungen)
Ass Mos	Assumptio Mosis → TROMP (Text / Übersetzung / Kommentar)
Ath, Or Ar	Athanasius, Orationes Contra Arianos → THILO: Opera Dogmatica (Text)
Athen, Suppl	Athenagoras, Supplicatio pro Christianis → GOODSPEED (Editio minor)
Aug, Civ Dei	Augustin, De Civitate Dei → DOMBART (Text)
Awesta	GELDNER (Text)

bAbZar	Talmud babli, Traktat Aboda Zara → תלמוד (Text); GOLDSCHMIDT (Übersetzung)
2. Bar	2. Baruch / syrischer Baruch (ungeeignete Bezeichnung, da Syrisch nicht die Originalsprache ist) → KMOSKO (Text / Übersetzung)
3. Bar	3. Baruch / griechische Baruchapokypse (ungeeignete Bezeichnung, da es auch eine slavische Version gibt) → PICARD (griechischer Text)
4. Bar	4. Baruch / Paralipomena Jeremiae → KRAFT / PURINTUN (griechischer Text / Übersetzung); DILLMANN: Chrestomathia (äthiopischer Text)
Barn	Barnabasbrief → WENGST (Text / Übersetzung)
Ber R	Berešit Rabba → SHERRY (Facsimile des Codex Vaticanus Ebr. 60); SOKOLOFF (Facsimile des Codex Vaticanus Ebr. 30); THEODOR / ALBECK (kritische Edition); ספר מדרש רבה (traditionelle Ausgabe); WÜNSCHE (Übersetzung)
Berešit Rabbati	ALBECK (Text)
bErub	Talmud babli, Traktat Erubin → תלמוד (Text); GOLDSCHMIDT (Übers.)
bJad	Talmud babli, Traktat Jadajim → תלמוד (Text); GOLDSCHMIDT (Übers.)
bJeb	Talmud babli, Traktat Jebamot → תלמוד (Text); GOLDSCHMIDT (Übers.)
bKer	Talmud babli, Traktat Keritot → תלמוד (Text); GOLDSCHMIDT (Übers.)
bMenaḥot	Talmud babli, Traktat Menaḥot → תלמוד (Text); GOLDSCHMIDT (Übers.)
bNegaim	Talmud babli, Traktat Nega'im → תלמוד (Text); GOLDSCHMIDT (Übers.)
bŠabb	Talmud babli, Traktat Šabbat → תלמוד (Text); GOLDSCHMIDT (Übers.)
bSanh	Talmud babli, Traktat Sanhedrin → תלמוד (Text); GOLDSCHMIDT (Übersetzung)
bSoṭa	Talmud babli, Traktat Soṭa → תלמוד (Text); GOLDSCHMIDT (Übers.)
Catena ad Gen	Genesiskatene → PETIT (Text)
Cav Thes	Caverna Thesaurorum / Caverne of Treasures / Schatzhöhle → Su-Min RI (Text / Partition); BEZOLD (Übersetzung)
CD	Damaskusdokument → GARCÍA MARTÍNEZ (Text); MAIER, Qumran-Essener (Übersetzung)
CH	Corpus Hermeticum → NOCK / FESTUGIÈRE (Text / Übersetzung)
Cicero, Nat Deor	Cicero, De Natura Deorum → AX (Text)
Clemens Alex	Clemens Alexandrinus
- Paed	Paedagogus → STÄHLIN (Text)
- Prot	Protrepticus → STÄHLIN (Text)
- Stromateis	STÄHLIN (Text)
1. Clem	1. Klemensbrief → J.A. FISCHER (Text / Übersetzung); SCHMIDT, Leipzig 1908 (achmimischer Text)
2. Clem	2. Klemensbrief → WENGST (Text / Übersetzung)
Comm, Instr	Commodianus, Instructiones → I. MARTIN (Text)
Confl Adae	Conflictus Adae et Evae cum Satana / Äthiopisches Adambuch des Morgenlandes (dieser Titel ist veraltet, da inzwischen eine arabische Vorlage bekannt geworden ist) → TRUMPP (äthiopischer Text, verglichen mit dem arabischen); DILLMANN: Adambuch (Übersetzung)
Cyprian	
- Ad Quirinum	WEBER: Ad Quirinum (Text)
- De Zel	De Zelo et Livore → SIMONETTI (Text)

Decr Gel	Decretum Gelasianum de Libris Recipiendis et non Recipiendis → VON DOBSCHÜTZ (Text)
Desc Inf	Descensus ad Inferos (vgl. Ev Nik)→ TISCHENDORF: Evangelia (Text)
Diab Jes Contr	Diaboli et Jesu Christi Contradictio → CASEY / THOMSON (griechischer Text / slavischer Text in Übersetzung)
Did	Didache → WENGST (Text / Übersetzung)
Did Chr	Didascalia Christi → NAU (Text)
Stel Seth	Die drei Stelen des Seth → GOEHRING (Text / Übersetzung)
Disc Abb	Discourse of Abbaton → s. Lib Inst Abb
Dorm Mar	Dormitio Mariae → TISCHENDORF: Apocalypses (Text)
Eldad Ha-Dani	EPSTEIN (Text)
Ephr, Hymn Par	Ephraemus Syrus, Hymni de Paradiso → E. BECK (Text); E. BECK (Übersetzung)
Epiph, Haer	Epiphanius, Adversus Haereses / Epiphanius, Panarion → HOLL (Text)
4. Esra	CERIANI (syrischer Text); DILLMANN: Vetus Testamentum (äthiopischer Text); WEBER (lateinischer Text im Appendix zur Vulgata)
Et Magn	Etymologicum Magnum → GAISFORD (Text)
Euhemeros	WINIARCZYK (Text)
Euseb, Praep Ev	Euseb, Praeparatio Evangelica → MRAS (Text)
Ev Nik	Evangelium des Nikodemus → TISCHENDORF: Evangelia (Text)
Ev Petri	Evangelium Petri → KLOSTERMANN (Text)
Ev Phil	Evangelium des Philippus → TILL (ältere Textausgabe mit Übersetzung); LAYTON / ISENBERG (jüngere Textausgabe mit Übersetzung); SCHENKE, Tübingen ⁶1990 (Übersetzung); SCHENKE, Berlin 1997 (Text / Übersetzung / Kommentar)
Fajj	Fajjumisches Fragment zur Apc Mos (bzw. Vit Ad) → LEIPOLDT (Text); diese Arbeit (S. 55–57)
Fragmententargum	GINSBURGER (Text)
Geoponica	BECKH (Text)
Ginza	LIDZBARSKI (Übersetzung)
1. Hen	1. Henoch / äthiopisches Henochbuch (ungeeignete Bezeichnung) → BLACK (griechischer Text); FLEMING (äthiopischer Text)
2. Hen	2. Henoch / slavischer Henoch (ungeeignete Bezeichnung) → BONWETSCH(Übersetzung); BÖTTRICH (Übersetzung); kr = Kurzrezension
3. Hen	3. Henoch / hebräischer Henoch → ODEBERG (Text); ALEXANDER (Übersetzung)
Herm	Hirt des Hermas → FUNK (ältere Textausgabe mit lateinischer Übersetzung); LEUTZSCH (neuere Textausgabe mit deutscher Übersetzung)
Hesychius	(alexandrinischer Lexikograph) → LATTE (Text)
Hier, Ep	Hieronymus, Epistulae → HILBERG (Text)
Hier, Comm Mt	Hieronymus, Matthäuskommentar → HURST / ADRIAEN (Text)
Hist Sed Sat	Historia Seditionis Satanae→ VAN LANTSCHOOT: Palimpseste (Text / Übersetzung)
Hist Melch	Historia de Melchisedech → DOCHHORN: Historia (Text)
Hyp Arch	Hypostase der Archonten → BULLARD, Patristische Texte und Stu-

dien 10 (ältere Textausgabe mit Übersetzung und Kommentar); BUL-
LARD, Nag Hammadi Studies 20 (jüngere Textausgabe mit Übers.)

Ign	Ignatius von Antiochien → J.A. FISCHER (Text / Übersetzung)
- Magn	Brief an die Magnesier
- Phil	Brief an die Philadelphier
- Trall	Brief an die Trallianer
Ir, Adv Haer	Irenaeus, Adversus Haereses → STIEREN (Text)
Joh Par, De Mich	Johannes von Parallos, de Michael → VAN LANTSCHOOT: Jean (Text / Übersetzung)
jJom	Talmud jeruschalmi, Traktat Joma → AVEMARIE (Übersetzung)
Jos As	Joseph und Aseneth → BURCHARD (Text)
Jos	Josephus → NIESE (Text)
- Ant	Antiquitates
- Ap	Contra Apionem
- Bell	Bellum Judaicum
- Vit	Josephus, Vita
Justin, Ap Pr	Justin, Apologia Prima → GOODSPEED (Editio minor)
Justin, Dial Tryph	Justin, Dialogus cum Tryphone → GOODSPEED (Editio minor)
Koran	PARET (Übersetzung)
Lact, Div Inst	Laktanz, Divinae Institutiones → BRANDT (Text)
Lib Ad (slav)	slavisches Adambuch → JAGIČ (Text / Übersetzung)
Lib Ant Bib	Pseudo-Philo, Liber Antiquitatum Biblicarum → HARRINGTON / CAZEAUX (Text / Übersetzung)
Lib Barth	Liber Bartholomaei de Resurrectione Iesu Christi → BUDGE: Apocrypha (Text / Übersetzung)
Lib Inst Abb	Liber Institutionis Abbaton → BUDGE: Martyrdoms (Text / Übersetzung)
Lib Inst Gabr	Liber Institutionis Gabriel → C.D.G. MÜLLER, CSCO 225 (Text); idem, CSCO 226 (Übersetzung)
Lib Inst Mich	Liber Institutionis Michael → C.D.G. MÜLLER, CSCO 225 (Text); idem, CSCO 226 (Übersetzung); BROWNE (altnubisches Fragment)
Lib Jub	Liber Jubilaeorum / Jubiläenbuch → VANDERKAM (äthiopischer Text); BERGER (Übersetzung); WINTERMUTE (Übersetzung)
Lob Mich	Lobpreis des Erzengels Michael → KROPP: Lobpreis (Text / Übers.)
Mart Paul Jul	Das Martyrium von Paulus und Juliana → TRAUTMANN (Text)
Mel, Hom Pasch	Melito, Passahhomilie → LOHSE (Text)
MHG	Midrasch Haggadol → SCHECHTER, Cambridge 1902 (Text)
mKil	Mischna, Traktat Kil'ajim → ALBRECHT (Text / Übers. / Kommentar)
3. Mkk	3. Makkabäerbuch → RAHLFS: Septuaginta (Text)
4. Mkk	4. Makkabäerbuch → RAHLFS: Septuaginta (Text)
mSanh	Mischna, Traktat Sanhedrin → KRAUß: Sanhedrin-Makkōt (Text / Übersetzung / Kommentar)
Myst Joh	Mysteria Johannis → BUDGE: Apocrypha (Text / Übersetzung)
Narr Jos	Narratio Joseph → ZANDEE (Facsimile / Text / Übersetzung)

Narr Zos	Narratio Zosimi / History of the Rechabites (ungeeignete Bezeichnung) → CHARLESWORTH (Text der griechischen Version mit Übersetzung)
Od Sal	Oden Salomons → CHARLESWORTH (Text)
Or, De Princ	Origenes, De Principiis → KOETSCHAU (Text)
Orig Mundi	Tractatus de Origine Mundi / titellose Schrift vom Ursprung der Welt → LAYTON / BETHGE (Text / Übersetzung)
Or Sib	Oracula Sibyllinica → GEFFCKEN (Text); BLAß (Übersetzung)
Palaea Hist	Palaea Historica → VASSILIEV (Text)
Peter Alex, Cont	Peter von Alexandrien, De Contemptu Rerum Mundanarum → CRUM: Peter (Text / Übersetzung)
PGM	Papyri Graecae Magicae → PREISENDANZ (Text / Übersetzung)
Philo	Philo von Alexandrien → COHN / WENDLAND (Text)
- De Cher	De Cherubim
- Leg All	Legum Allegoriae
- Op Mundi	De Opificio Mundi
- Vit Mos	Vita Mosis
Plato	BURNET (4 Bände, Text); DUKE (Text)
Porph, De Abst	Porphyrius, De Abstinentia → NAUCK (Text)
PRE	Pirqe de Rabbi Eliezer → BRODA (Text); FERNÁNDEZ (Übersetzung – nach ihr richtet sich die Partition)
Prot Ev Jac	Protevangelium Jacobi → STRYCKER (Text); TISCHENDORF: Evangelia (Text)
Ps-Chrys, In Mich	Pseudo-Chrysostomus, In Michael → CRUM: Peter (Übersetzung)
Ps-Cypr, Mont	Pseudo Cyprian, De Montibus Sina et Sion → HARTEL: Opera Spuria (Text)
Ps-Greg, In Mich	Pseudo-Gregor v. Nazianz, Homilie über Michael → LAFONTAINE (Text / Übersetzung)
Ps-Kais, Er	Pseudo-Kaisarios, Erotapokriseis → RIEDINGER (Text)
Ps-Phoc	Pseudo-Phokylides → YOUNG (Text)
Ps Sal	Psalmen Salomos → RAHLFS: Septuaginta (Text)
1Q GenApokr	1 Q Genesis-Apokryphon → GARCIA MARTÍNEZ (Editio minor); MAIER: Qumran Essener (Übersetzung)
1Q M	1 Q Milḥama / Kriegsrolle → GARCIA MARTÍNEZ (Editio minor), MAIER: Qumran Essener (Übersetzung)
1Q pHab	1 Q Pešær Ḥabaqquq → GARCIA MARTÍNEZ (Editio minor); MAIER: Qumran Essener (Übersetzung)
4Q pPs 37	4 Q Pešær zu Ps 37 → GARCIA MARTÍNEZ (Editio minor); MAIER: Qumran Essener (Übersetzung)
1Q S	1 Seræk Hajjaḥad / Sektenrolle → GARCIA MARTÍNEZ (Editio minor); MAIER: Qumran Essener (Übersetzung)
4Q 106.107.108	GARCIA MARTÍNEZ (Editio minor); MAIER: Qumran Essener (Übersetzung)
6Q 6	GARCIA MARTÍNEZ (Editio minor); MAIER: Qumran Essener (Übersetzung)
Qu Barth	Quaestiones Bartholomaei → BONWETSCH (Text / altkirchenslavischer Text in Übersetzung)

Rossi	Rossis gnostischer Traktat → KROPP: Zaubertexte (Text / Übersetzung)
Sah	sahidisches Fragment zur Apc Mos (bzw. Vit Ad) → CRUM: Catalogue (Text / Übersetzung); diese Arbeit (S. 58–60)
Sap Sal	Sapientia Salomonis (Weisheit Salomons) → ZIEGLER (Text)
Scala Jacob	Jakobsleiter / Ladder of Jacob → LUNT (Übersetzung)
Seder Eliahu Rabba	FRIEDMANN (Text)
Šemone 'Esre	Achtzehnbittengebet → STAERK (Text)
Sifra	I.H. WEISS (Text)
Suda	ADLER (Text).
Sync, Ecl Chron	Syncellus, Ecloga Chronographica → MOSSHAMMER (Text)
Targum Onkelos	SPERBER (Text)
Targ Ps-Jon	Targum Pseudo-Jonathan → GINSBURGER, Berlin 1903 (Text)
Tatian, Or Graec	Tatian, Oratio ad Graecos → GOODSPEED (Editio minor); MARCOVICH (Editio maior)
Tert	Tertullian
- Adv Iud	Adversus Iudaeos → KROYMANN (Text)
- Adv Marc	Adversus Marcionem → KROYMANN (Text)
- An	De Anima → WASZINK (Text)
- Pat	De Patientia → BORLEFFS (Text)
- Pud	De Pudicitia → DEKKERS (Text)
- Res	De Resurrectione Mortuorum → BORLEFFS (Text)
Test XII	Testamenta Duodecem Patriarcharum → DE JONGE: Testaments (Text)
Test Abr	Testamentum Abrahae; unterschieden werden die Rezensionen A und B → F. Schmidt (griechische Texte); GUIDI, S. 157–180 (bohairischer Text)
Test Hiob	Testament Hiobs → BROCK (Text)
Test Isaac	Testamentum Isaac → GUIDI, S. 223–264 (bohairischer Text); KUHN (sahidischer Text); STINESPRING (Übersetzung des arabischen Textes)
Test Jac	Testamentum Jacob → GUIDI, S. 223–264 (bohairischer Text); STINE-SPRING (Übersetzung des arabischen Textes)
Test Ver	Testimonium Veritatis / Testimony of Truth → PEARSON / GIVERSEN (Text / Übersetzung)
Theod, Mich	Theodosius, De Michael → BUDGE: Miscellaneous Texts (Text / Übersetzung)
Theophil, Ad Aut	Theophilus Antiochenus, Ad Autolycum → MARCOVICH (Text)
Theophr, Hist Plant	Theophrastus, Historia Plantarum → HORT (Text / Übersetzung)
Trans Mar A	Transitus Mariae A → TISCHENDORF: Apocalypses (Text)
Trans Mar B	Transitus Mariae B → TISCHENDORF: Apocalypses (Text)
Verg, Ecl	Vergil, Eclogae → MYNORS (Text)
Vis Isa	Visio Isaiae (=Asc Isa 6–11) → s. Asc Isa
Vit Ad	Vita Adae et Evae → Vit Ad (arm): STONE, CSCO 429 (Text); idem, CSCO 430 (Übersetzung); Vit Ad (georg): K'URCIK'IDZE (Text); KURTSIKIDZE (dieselbe!) (Text); MAHÉ (Übersetzung); Rezensionen von Vit Ad (lat): EIS; KATONA; MEYER; MOZLEY; PETORELLI (2x); THOMSON; Übersetzungen von Vit Ad (lat): FERNÁNDEZ MARCOS; FUCHS; HAMMERSHAIMB; JOHNSON; MEISER / MERK; SACCHI; WELLS

Literaturverzeichnis

ADLER, A. (Ed.): Suidae Lexicon, Leipzig 1928–1938.

ALAND, K. / ALAND , B.: Der Text des Neuen Testaments, Stuttgart ²1989.

ALBECK, CH.: Agadot im Lichte der Pseudepigraphen, Monatsschrift für Geschichte und Wissenschaft des Judentums 83 (1939), 162–169.

ALBECK, CH. (Ed.): Midrash Bereshit Rabbati ex Libro R. Mosis Haddarschan Collectus e Codice Pragensi, Jerusalem 1940 (Nachdruck: Jerusalem 1967).

ALBERT, M. (Ed.): Le Candélabre du Sanctuaire de Grégoire Abou'lfarag dit Barhebraeus (Patrologia Orientalis 30), Paris 1961.

ALBRECHT, K.: Neuhebräische Grammatik (Clavis Linguarum Semiticarum 5), München 1913.

ALBRECHT, K. (Ed. / Übers.): Kil'ajim (Verbotene Mischgattungen). Text, Übersetzung und Erklärung (Die Mischna. Text, Übersetzung und ausführliche Erklärung 1,4), Gießen 1914.

ALEXANDER, P.S. (Übers.): The Book of Enoch by Rabbi Ishmael the High Priest, in: J.H. CHARLESWORTH (Hrsg.): The Old Testament Pseudepigrapha, Vol 1: Apocalyptic Literature and Testaments, New York etc. 1983, 223–315.

ALLISON, D.C. JR.: Testament of Abraham (Commentaries on Early Jewish Literature o.Z.), Berlin, New York 2003.

ANASYAN, H.S.: Haykakan Matenagitout'iun (= Armenische Bibliographie), Vol 1, Erevan 1959. (non vidi)

ANDERSON, G.A.: The Cosmic Mountain. Eden and its Early Interpreters in Syriac Christianity, in: G.A. ROBBINS: Genesis 1–3 in the History of Exegesis. Intrigue in the Garden (Studies in Women and Religion 27), New York / Queenston 1988, 187–224.

–: Celibacy or Consummation in the Garden? Reflections on Early Jewish and Christian Interpretations of the Garden of Eden, Harvard Theological Review 82 (1989), 121–148.

–: The Penitence Narrative in the Life of Adam and Eve, Hebrew Union College Annual 63 (1992), 1–38.

–: The Exaltation of Adam and the Fall of Satan, Journal of Jewish Thought and Philosophy 6 (1997), 105–134 = idem et al. (Hrsgg.): Literature on Adam and Eve. Collected Essays (Studia in Veteris Testamenti Pseudepigrapha 15), Leiden etc. 2000, 83–110.

–: Ezekiel 28, the Fall of Satan, and the Adam Books, in: idem et al. (Hrsgg.): Literature on Adam and Eve. Collected Essays (Studia in Veteris Testamenti Pseudepigrapha 15), Leiden etc. 2000, 133–147.

–: The Original Form of the Life of Adam and Eve. A Proposal, in: idem et al. (Hrsgg.): Literature on Adam and Eve. Collected Essays (Studia in Veteris Testamenti Pseudepigrapha 15), Leiden etc. 2000, 215–231.

ANDERSON, G.A. / STONE, M.E. (Edd.): A Synopsis of the Books of Adam and Eve (Society of Biblical Literature, Early Judaism and its Literature 5), Atlanta, GA 1994.

APTOWITZER, V.: Kain und Abel in der Agada, den Apokryphen, der hellenistischen, christlichen und muhammedanischen Literatur (Veröffentlichungen der Alexander Kohut Memorial Foundation 1) Wien / Leipzig 1922.

AßFALG, J. / KRÜGER, P. (Hrsgg.): Kleines Wörterbuch des christlichen Orients, Wiesbaden 1975.

AUBINEAU, M. (Ed.): Zoticos de Constantinople nourricier des pauvres et serviteur des lépreux, Analecta Bollandiana 93 (1975), 67–108.

AUNE, D.E.: Art. Helios, in: K. VAN DER TOORN / B. BECKING / P.W. VAN DER HORST (Hrsgg.): Dictionary of Deities and Demons in the Bible (DDD), Leiden etc. 1995, 750–765.

AVEMARIE, FR. (Übers.): Yoma. Versöhnungstag (Übersetzung des Talmud Yeruschalmi 2,4), Tübingen 1995.

AX, W. (Ed.): M. Tulli Ciceronis Scripta Quae Manserunt Omnia, Fasc. 45: De Natura Deorum (Bibliotheca Scriptorum Graecorum et Romanorum Teubneriana o.Z.), Leipzig ²1933 (Nachdruck: Stuttgart 1980).

BACHMANN, F.: Die beiden Versionen des mittelenglischen Canticum de Creatione: Eine Untersuchung über Sprache, Dialekt, Metrik und Verhältnis der beiden Versionen zu einander und zu ihrer Quelle, Hamburg 1891.

BALAESTRI, I. / HYVERNAT, H. (Edd.): Acta Martyrum 2 (Corpus Scriptorum Christianorum Orientalium 86, Scriptores Coptici 6), Louvain 1924.

BALAESTRI, I. / HYVERNAT, H. (Überss.): Acta Martyrum 2 (Corpus Scriptorum Christianorum Orientalium 125, Scriptores Coptici 15), Louvain 1950.

BARTHÉLEMY, D. : Les devanciers d'Aquila. Première publication intégrale du texte des fragments du ‚Dodécapropheton' trouvés dans le desert de Juda, précédée d'une étude sur les traductions et recensions grecques de la Bible réalisées au premier siècle de notre ère sous l'influence du rabbinat palestinien (Supplementa to Vetus Testamentum 10), Leiden 1963. (Rezenion: R.A. KRAFT, Gnomon 37 [1965], 474–483)

BARTHOLOMAE, C.: Altiranisches Wörterbuch, Straßburg 1904 (Nachdruck: Berlin 1979).

BAUER, W.: Griechisch-deutsches Wörterbuch zu den Schriften des Neuen Testaments und der frühchristlichen Literatur. 6., völlig neu bearbeitete Auflage, im Institut für neutestamentliche Textforschung, Münster, unter besonderer Mitwirkung von V. REICHMANN hrsg. von K. ALAND / B. ALAND, Berlin etc. 1988.

BAUMGARTEN, A.I.: The Phoenician History of Philo of Byblos (Études préliminaires aux religions orientales dans l'empire romain 429), Leiden etc. 1981.

BAUMGARTEN, J.M.: Purification after Childbirth and the Sacred Garden in 4 Q 265 and Jubilees, in: G. J. BROOKE (Hrsg.): New Qumran Texts and Studies. Proceedings of the First Meeting of the International Organization for Qumran Studies, Paris 1992 (Studies on the Texts of the Desert of Judah 15), Leiden etc. 1994, 3–10.

BECK, E. (Ed.): Des heiligen Ephraem des Syrers Hymnen de Paradiso und Contra Julianum (Corpus Scriptorum Christianorum Orientalium 174, Scriptores Syri 78), Louvain 1957.

BECK, E. (Übers.): Des heiligen Ephraem des Syrers Hymnen de Paradiso und Contra Julianum (Corpus Scriptorum Christianorum Orientalium 175, Scriptores Syri 79), Louvain 1957.

BECK, H.-G.: Kirche und theologische Literatur im byzantinischen Reich (Byzantinisches Handbuch im Rahmen des Handbuchs der Altertumswissenschaft 2,1), München 1959.

BECKER, H.-J.: Die großen rabbinischen Sammelwerke Palästinas. Zur literarischen Genese von Talmud Yeruschalmi und Midrasch Bereschit Rabba (Texte und Studien zum antiken Judentum 70), Tübingen 1999.

BECKH, H. (Ed.): Geoponica sive Cassiani Bassi Scholastici de Re Rustica Eclogae, Leipzig 1895.

BEHM, J.: Art. μετάνοια, μετανοέω, D: Die Umkehr in der rabbinischen Literatur, in: Theologisches Wörterbuch zum Neuen Testament 4 (Stuttgart 1942), 991–994.

BENEŠEVIĆ, V.-N.: Catalogus Codicum Manuscriptorum Graecorum qui in Monasterio Sanctae Catherinae in Monte Sina Asservantur, Tom. 3, Pars 1: Codices Numeris 1224–2150 Signati, St. Petersburg 1917 (Nachdruck: Hildesheim 1965).

BERGER, K. (Übers.): Das Buch der Jubiläen (Jüdische Schriften aus hellenistisch-römischer Zeit 2,4), Gütersloh 1983.

BERNABÒ, M.: Pseudepigrapha and Medieval Illustrated Manuscripts of the Septuagint. Prolegomenous Reflections, Journal for the Study of the Pseudepigrapha 14 (1996), 85–90.

BERNARD, E. (Ed.): La création du monde. Mystère Breton, Revue Celtique 9 (1888), 149–207; 322–353; 10 (1889), 192–211; 414–455; 11 (1890), 254–317. (non vidi)

BERTRAND, D.A.: Le destin »post mortem« des Protoplastes selon la »Vie grecque d'Adam et Ève«, in: La Littérature intertestamentaire. Colloque de Strasbourg (17–19 octobre 1983), 109–118.

BERTRAND, D.A. (Ed. / Übers.): La vie grecque d' Adam et Ève. Intruduction, texte, traduction et commentaire (Recherches intertestamentaires 1), Paris 1987.

BETTIOLO, P. et al. (Edd. / Überss.): Ascensio Isaiae. Textus (Corpus Christianorum, Series Apocryphorum 7), Turnhout 1995.

BEYER, K. (Ed.): Die aramäischen Texte vom Toten Meer samt den Inschriften aus Palästina, dem Testament Levis aus der Kairoer Geniza, der Fastenrolle und den alten talmudischen Zitaten, Göttingen 1984–1994. (2 Bände)

BEZOLD, C. (Ed. / Übers.): Die Schatzhöhle, Leipzig 1888.

BICKERMAN, E.: The Colophon of the Greek Book of Esther, in: idem: Studies in Jewish and Christian History, Part One (Arbeiten zur Geschichte des antiken Judentums und des Urchristentums 9), Leiden 1976, 224–245.

–: Notes on the Greek Book of Esther, in: idem: Studies in Jewish and Christian History, Part One (Arbeiten zur Geschichte des antiken Judentums und des Urchristentums 9), Leiden 1976, 246–274.

BIEDER, W.: Die Vorstellung von der Höllenfahrt Christi, Zürich 1949.

BLACK, M. (Ed.): Apocalypsis Henochi Graece, in: M. BLACK (Ed.): Apocalypsis Henochi Graece / A.-M. DENIS (Ed.): Fragmenta Pseudepigraphorum Quae Supersunt Graeca (Pseudepigrapha Veteris Testamenti Graece 3), Leiden 1970.

BLAKE, N.F.: Middle English Religious Prose, London 1972.

BLAß, F. (Übers.): Die Sibyllinen, in: E. KAUTZSCH (Hrsg.): Die Apokryphen und Pseudepigraphen des Alten Testaments, Band 2: Die Pseudepigraphen des Alten Testaments, Tübingen 1900, 177–217.

BLASS, F. / DEBRUNNER, A.: Grammatik des neutestamentlichen Griechisch, bearbeitet von FR. REHKOPF, Göttingen [17]1990.

BLAU, L.: Das altjüdische Zauberwesen, Budapest 1898.

BONNET, M. (Ed.): Acta Philippi et Acta Thomae (Acta Apostolorum Apocrypha 2), Leipzig 1903.

BONWETSCH, N. (Ed.): Die apokryphen Fragen des Bartholomäus (Nachrichten der königlichen Gesellschaft der Wissenschaften zu Göttingen, Philologisch-historische Klasse, Jahrgang 1897, Abh. 1), Göttingen 1897.

BONWETSCH, G.N. (Übers.): Die Bücher der Geheimnisse Henochs. Das sogenannte slavische Henochbuch (Texte und Untersuchungen zur Geschichte der altchristlichen Literatur 44,2), Leipzig 1922.

BORGNET, A. (Ed.): Ly Myreur des histors. Chronique de Jean des Preis, dit d'Outremeuse (Collection de chroniques Belges inédites o.Z.) Brüssel 1864, 308–322.

BORLEFFS, J.G.PH. (Ed.): Q.S.Fl. Tertulliani De Resurrectione Mortuorum, in: Quinti Septimi Florentis Tertulliani Opera, Pars II: Opera Montanistica (Corpus Christianorum, Series Latinorum 2), Turnhout 1954, 919–1012.

BORLEFFS, J.G.PH. (Ed.): Q.S.Fl. Tertulliani De Patientia, in: Quinti Septimi Florentis Tertulliani Opera, Pars 1 (Corpus Christianorum, Series Latina 1), Turnhout 1956, 297–317.

BÖTTRICH, CHR.: Adam als Mikrokosmos. Eine Untersuchung zum slavischen Henochbuch (Judentum und Umwelt. Realms of Judaism 59), Frankfurt a.M. etc. 1995.

–: Gottes »Händewerk« bei Adams Erschaffung – zu einem nachbiblischen Anthropomorphismus, Mitteilungen und Beiträge / Forschungsstelle Judentum / Theologische Fakultät Leipzig 7 (1993), 43–55.

–: Das »Sanctus« in der Liturgie der hellenistischen Synagoge, Jahrbuch für Liturgik und Hymnologie 35 (1994–1995), 10–36.

–: »Die Vögel des Himmels haben ihn begraben«. Überlieferungen zu Abels Bestattung und zur Ätiologie des Grabes (Schriften des Institutum Judaicum Delitzschianum 3), Göttingen 1995.

BÖTTRICH, CHR. (Übers.): Das slavische Henochbuch (Jüdische Schruften aus hellenistisch-römischer Zeit 5,7), Gütersloh 1995.

BOYD, J.O. (Ed.): The Octateuch in Ethiopic According to the Text of the Paris Codex, with the Variants of Five Other Manuscripts, Part 2: Exodus and Leviticus (Bibliotheca Abessinica. Studies Concerning the Languages, Literature and History of Abyssinia 4), Leiden / Princeton 1911.

BRANDT, S. (Ed.): L. Caeli Firmiani Lactanti Opera Omnia, Pars I: Divinae Institutiones et Epitome Divinarum Institutionum (Corpus Scriptorum Ecclesiasticorum Latinorum 19), Wien 1893.

BROCK, S.P. (Ed.): Testamentum Iobi, in: S. P. BROCK / J. -C. PICARD (Edd.): Testamentum Iobi, Apocalypsis Baruchi Graece (Pseudepigrapha Veteris Testamenti Graece 2), Leiden 1967, 1–59.

BROCK, S.: Jewish Traditions in Syriac Sources, Journal of Jewish Studies 29 (1978), 212–232.

BROCKE, M.: Art. Bestattung III (Judentum), in: Theologische Realenzyklopädie 5 (Berlin etc. 1980), 738–743.

BROCKELMANN, C.: Lexicon Syriacum, Halle ²1928.

–: Syrische Grammatik, Leipzig 1960.

BRODA, A.A. (Ed.): ספר פרקי דרבי אליעזר, Tel Aviv 5723 (1962–1963). (Nachdruck der Ausgabe Warschau 1852)

BROWNE, G.M. (Ed.): An Old Nubian Version of the Liber Institutionis Michael, in: W. GODLEWSKI (Hrsg.): Coptic Studies. Acts of the Third International Congress of Coptic Studies, Warsaw, 20–25 August 1984, Varsovie 1990, 75–79.

BUDGE, E.A.W. (Ed. / Übers.): Coptic Apocrypha in the Dialect of Upper Egypt, London 1913, XXXII–XLI (Einleitung); 59–74 (Text); 241–257 (Übersetzung). (Myst Joh)

BUDGE, E.A.W. (Ed. / Übers.): Coptic Apocrypha in the Dialect of Upper Egypt, London 1913, XV–XXIX (Einleitung); 1–48 (Text), Plate I–XLVIII (Facsimile). (Liber Bartholomaei de Resurrectione Iesu Christi, Codex C)

BUDGE, E.A.W. (Ed. / Übers.): Coptic Martyrdoms etc. in the Dialect of Upper Egypt, London 1914, 225–249 (Text), 474–496 (Übersetzung). (Lib Inst Abb)

BUDGE, E.A.W. (Ed. / Übers.): Miscellaneous Coptic Texts in the Dialect of Upper Egypt, London 1915, 321-431 (Text), 893-947 (Übersetzung). (Theodosius, De Michael)

BULLARD, R.A. (Ed. / Übers.): The Hypostasis of the Archons. The Coptic Text with Translation and Commentary (Patristische Texte und Studien 10), Berlin 1970.

BULLARD, R.A. (Ed. / Übers.): The Hypostasis of the Archons, in: B. LAYTON: (Hrsg.): Nag Hammadi Codex II,2–7 Together with XIII,2, Brit. Lib. Or. 4926(1), and P. Oxy 1, 654, 655, Vol. 1: Gospel According to Thomas, Gospel According to Philip, Hypostasis of the Archons, and Indexes (Nag Hammadi Studies 20), Leiden 1989, 219–259.

BURCHARD, CHR.: Untersuchungen zu Joseph und Aseneth. Überlieferung – Ortsbestimmung (Wissenschaftliche Untersuchungen zum Neuen Testament 8), Tübingen 1965.

BURCHARD, CHR. (Ed.): Ein vorläufiger griechischer Text von Joseph und Aseneth, Diehlheimer Blätter zum Alten Testament 14 (1979), 2–53.

BURCHARD, CHR. (Ed.): Joseph und Aseneth (Pseudepigrapha Veteris Testamenti Graece 5), Leiden etc. 2003.

BURMESTER, O.H.E. KHS: Koptische Handschriften 1: Die Handschriftenfragmente der Staats- und Universitätsbibliothek Hamburg 1 (Verzeichnis der Orientalischen Handschriften in Deutschland 21,1), Wiesbaden 1975.

BURNET, I. (Ed.): Platonis Opera, Tomus II Tetralogias III–IV Continens (Scriptorum Classicorum Bibliotheca Oxoniensis o.Z.), Oxford 1901.

BURNET, I. (Ed.): Platonis Opera, Tomus III Tetralogias V–VII Continens (Scriptorum Classicorum Bibliotheca Oxoniensis o.Z.), Oxford 1903.

BURNET, I. (Ed.): Platonis Opera, Tomus IV Tetralogiam VIII Continens (Scriptorum Classicorum Bibliotheca Oxoniensis o.Z.), Oxford 1902.

BURNET, I. (Ed.): Platonis Opera, Tomus V Tetralogiam IX, Definitiones et Spuria Continens (Scriptorum Classicorum Bibliotheca Oxoniensis o.Z.), Oxford 1907.

BUTTENWIESER, M. (Ed. / Übers.): Die hebräische Elias-Apokalypse und ihre Stellung in der apokalyptischen Litteratur des rabbinischen Schrifttums und der Kirche, 1. Hälfte: Kritische Ausgabe mit Erläuterungen, sprachlichen Untersuchungen, und einer Einleitung, nebst Übersetzung und Untersuchung der Abfassungszeit, Leipzig 1897. (Eine Fortsetzung ist nicht erschienen)

CANART, P. / PERI, V.: Sussidi bibliografici per i manoscritti greci della Biblioteca Vaticana (Studi e testi 261), Città del Vaticano 1970.

CAPELLER, C.: Sanskrit-Wörterbuch, Straßburg 1887. (Nachdruck: Berlin 1966)

CARDONA, G.R.: Sur le Gnosticisme en Arménie: Les livres d'Adam, in: U. BIANCHI (Hrsg.): Le Origini dello Gnosticismo. Colloquio di Messina 13–18 Aprile 1966, Leiden 1967, 645–648.

CASEY, R. / THOMSON, A. (Edd.): A Dialogue Between Christ and Devil, The Journal of Theological Studies, N.S. 6 (1955), 49–65.

CERIANI, A.M. (Ed.): Monumenta Sacra et Profana ex Codicibus Praesertim Bibliothecae Ambrosianae, Tom. 5, Mailand 1868, 19–24. (Apc Mos, Codex D)

CERIANI, A.M. (Ed.): Monumenta Sacra et Profana ex Codicibus Praesertim Bibliothecae Ambrosianae, Tom. 5, Mailand 1868, 39–110. (4. Esra syriace)

CHABOT, I.B. (Ed.): Chronicon ad A.C. 1234 Pertinens, 1. Praemissum est Chronicon Anonymum ad A.D. 819 Pertinens, Curante Barsaum (Corpus Scriptorum Christianorum Orientalium 81, Scriptores Syri 36), Louvain 1920.

CHABOT, I.B. (Übers.): Anonymi Auctoris Chronicon ad A.C. 1234 Pertinens, 1. Praemissum est Chronicon Anonymum ad A.D. 819 Pertinens (Corpus Scriptorum Christianorum Orientalium 109, Scriptores Syri 56), Louvain 1937.

CHARLESWORTH, J.H. (Ed. / Übers.): The History of the Rechabites, Vol I: The Greek Recension (Society of Biblical Literature, Text and Translations 17. Pseudepigrapha Series 10), Chico, CA 1982.

CHARLESWORTH, J.H. (Ed. / Übers.): The Odes of Solomon, Oxford 1973.

CHARLESWORTH, J.H. (Hrsg.): The Old Testament Pseudepigrapha, Vol. 1-2, New York etc. 1983–1985.

(PSEUDO-) CHRYSOSTOMUS: Λόγος εἰς τὴν ἀρχὴν τῆς ἁγίας Τεσσαρακοστῆς καὶ εἰς ἐξορίαν τοῦ ᾿Αδὰμ καὶ περὶ πονηρῶν γυναικῶν (In Genesim Sermo 3), Patrologiae Cursus Completus, Series Graeca Accurante J.-P. Migne (=MPG) 56, Paris 1859, 525–538.

PSEUDO-CHRYSOSTOMUS: Homiliae in Hiob, Patrologiae Cursus Completus, Series Graeca Accurante J.-P. Migne (=MPG) 56, Paris 1859, 563–582.

CLARK, K.W.: Checklist of Manuscripts in the Libraries of the Greek and Armenian Patriarchates in Jerusalem Microfilmed for the Library of Congress, 1949–1959, Washington 1953.

COHN, L. / WENDLAND, P. (Edd.): Philonis Alexandrini Opera Quae Supersunt, Berlin 1896–1930. (7 Bände)

COLLINS, J.: A Syntactical Note (Genesis 3,15): Is the Woman's Seed Singular or Plural? Tyndale Bulletin 48 (1997), 139–148.

CONYBEARE, F.C.: On the Apocalypse of Mose, The Jewish Quarterly Review 7 (1895), 216–235.

COWLEY, R.W.: Ethiopian Biblical Interpretation (University of Cambridge Oriental Publica tions 38), Cambridge 1988.

CROSS, T.P.: Motif-Index of Early Irish Literature (Indiana University Publications. Folklore Series 7), O.J. (Nachdruck: New York 1969)

CRUM, W.E. (Ed.): Texts Attributed to Peter of Alexandria, The Journal of Theological Studies 4 (1903), 395–397.

CRUM, W.E.: Catalogue of the Coptic Manuscripts in the Collection of the John Rylands Library, Manchester / London 1909.

DALMAN, G.H.: Grammatik des jüdisch-palästinischen Aramäisch, Leipzig 1894.

–: Arbeit und Sitte in Palästina, Gütersloh 1928–1942. (7 Bände)

–: Aramäisch-neuhebräisches Handwörterbuch zu Targum, Talmud und Midrasch, Göttingen 1938. (Nachdruck: Hildesheim 1987)

D'ANGELO, M.R.: A Critical Note: John 20,17 and Apocalypse of Moses 31, The Journal of Theological Studies 41 (1990), 529–536.

DAY, M. (Ed.): The Wheatley Manuscript, London 1921, 76–99.

DE BARTHOLOMAEIS, V. (Ed.): Laude drammatiche e rappresentazioni sacre, Tom. 3, Florenz 1943, 191–208. (non vidi)

DE BOCK, W.: Matériaux pour servir à l' archéologie chrétienne, St. Petersburg 1901. (non vidi)

DEBRUNNER, A.: Rez. zu J. HUMBERT: La disparution du datif grec (du Ier au Xe siècle), Paris 1930, Indogermanische Forschungen 51 (1933), 221–224.

–: Geschichte der griechischen Sprache, Band 2: Grundfragen und Grundzüge des nachklassischen Griechisch (Sammlung Göschen 114), Berlin 1954.

DE GEBHARDT, O. / HARNACK, A.: Hermae Pastor Graece Addita Versione Latina Recentiore e Codice Palatino (Patrum Apostolorum Opera 3), Lipsiae 1877.

DE JONGE, M. / TROMP, J.: The Life of Adam and Eve (Guides to Apocrypha and Pseudepigrapha o.Z.), Sheffield 1997.

DE JONGE, M.: The Christian Origin of the Greek Life of Adam and Eve, in: G.A. ANDERSON et al. (Hrsgg.): Literature on Adam and Eve. Collected Essays (Studia in Veteris Testamenti Pseudepigrapha 15), Leiden etc. 2000, 347–363.

DEKKERS, E. (Ed.): Q.S.Fl. Tertulliani De Pudicitia, in: Quinti Septimi Florentis Tertulliani Opera, Pars 2 (Corpus Christianorum, Series Latina 2), Turnhout 1954, 1279–1330.

DE LAGARDE, P: (Ed.): Aegyptiaca, Göttingen 1883, 1–37.

DE LAGARDE, P. (Ed.): Der Pentateuch koptisch, Osnabrück 1967. (Nachdruck der Ausgabe von 1867)

DELCOR, M.: Le Testament de Job, la prière de Nabonide et les traditions targoumiques, in: S. WAGNER (Hrsg.): Bibel und Qumran. Beiträge zur Erforschung der Beziehungen zwischen Bibel- und Qumranwissenschaft, Hans Bardtke zum 22.9.1966, Berlin 1968, 57–74.

DELLING, G.: Art. πλεονέκτης, πλεονεκτέω, πλεονεξία, in: Theologisches Wörterbuch zum Neuen Testament 6 (Stuttgart 1959), 266–274.

–: Bibliographie zur jüdisch-hellenistischen und intertestamentarischen Literatur (Texte und Untersuchungen zur Geschichte der altchristlichen Literatur 106), Berlin 1969.

DENIS , A.-M. / JANSSENS, Y.: Concordance Grecque des Pseudépigraphes d'Ancien Testament, Louvain 1987.

DENIS, A.-M. (Ed.): Fragmenta Pseudepigraphorum Quae Supersunt Graeca, in: M. BLACK (Ed.): Apocalypsis Henochi Graece / A.-M. DENIS (Ed.): Fragmenta Pseudepigraphorum Quae Supersunt Graeca (Pseudepigrapha Veteris Testamenti Graece 3), Leiden 1970.

DETORAKIS, TH. (Ed.): Vie inédite de Cosmas le Mélode (BHG 394b), Analecta Bollandiana 99 (1981), 101–116.

DIETERICH, K.: Untersuchungen zur Geschichte der griechischen Sprache von der hellenistischen Zeit bis zum 10. Jh. n. Chr. (Byzantinisches Archiv 1), Leipzig 1898.

DILLMANN, A.: Über den Umfang des Bibelcanons der abyssinischen Kirche, Jahrbücher der biblischen Wissenschaft 5 (1852–1853), 144–151.

DILLMANN, A. (Übers.): Das äthiopische Adambuch des Morgenlandes. Aus dem Äthiopischen mit Bemerkungen übersetzt, Göttingen 1853, 72–73.

DILLMANN, A.: Grammatik der äthiopischen Sprache, Leipzig 1857. (älteste Auflage)

DILLMANN, A. (Ed.): Chrestomathia Aethiopica, Leipzig 1866.

DILLMANN, A. (Ed.): Veteris Testamenti Aethiopici Tomus Quintus, quo Continentur Libri Apocryphi Baruch, Epistola Jeremiae, Tobith, Judith, Ecclesiasticus, Sapientia, Esdrae Apocalypsis, Esdrae Graecus, Berlin 1894.

DILLMANN, CHR. FR. A.: Lexicon Linguae Aethiopicae, Leipzig 1862–1865. (Nachdruck: Osnabrück 1970) (derselbe wie A. DILLMANN)

DOCHHORN, J.: Warum gab es kein Getreide im Paradies? Eine jüdische Ätiologie des Akkerbaus in Ev Phil 15, Zeitschrift für die neutestamentliche Wissenschaft und die Kunde der älteren Kirche 89 (1998), 125–133.

–: Auferstehung am dritten Tag? Eine problematische Parallele zu Hos 6,2, Zeitschrift für Althebraistik 11 (1998), 200–204.

–: Die Menschen als »Kinder der Mutter der Lebenden«. Eine etymologische Parallele zu אם כל־חי aus dem Altäthiopischen? Zeitschrift für Althebraistik 12 (1999), 2–20.

–: Adam als Bauer oder: die Ätiologie des Ackerbaus in Vita Adae 1–21 und die Redaktionsgeschichte der Adamviten, in: G.A. ANDERSON et al. (Hrsgg.): Literature on Adam and Eve. Collected Essays (Studia in Veteris Testamenti Pseudepigrapha 15), Leiden etc. 2000, 315–346.

–: Vegetationskult in der Urzeit. Euseb, P.E. 1,10,6–7 und die Anfänge der Kultur- und Religionsgeschichte bei Philo von Byblos, Rheinisches Museum für Philologie 144 (2001), 397–429.

–: Zur Entstehungsgeschichte der Religion bei Euhemeros – mit einem Ausblick auf Philo von Byblos, Zeitschrift für Religions- und Geistesgeschichte 53 (2001), 289–301.

–: »Sie wird dir nicht ihre Kraft geben«. Adam, Kain und der Ackerbau in 4Q 423 2₃ und Apc Mos 24, in: C. HEMPEL etc. (Hrsgg.): The Wisdom Texts from Qumran and the Development of Sapiential Thought (Bibliotheca Ephemeridum Lovaniensium 149), Leuven 2002, 351–364.

–: Warum der Dämon Eva verführte. Über eine Variante in Apc Mos 26,2 – mit einem Seiten blick auf Narr Zos (gr) 18–23, in: H. LICHTENBERGER / G.S. OEGEMA (Hrsgg.): Jüdische Schriften in ihrem antik-jüdischen und urchristlichen Kontext (Studien zu den jüdischen Schriften aus hellenistisch-römischer Zeit 1), Gütersloh 2002, 347–364.

DOCHHORN, J.: Die Historia de Melchisedech (Hist Melch) – Einführung, editorischer Vorbericht und Editiones praeliminares, Le Muséon 117 (2004), 7–48.

DOCHHORN, J. / PETERSEN, A.K.: Narratio Ioseph: A Coptic Joseph-Apocryphon, Journal for the Study of Judaism 30 (1999), 431–463.

DOGNIEZ, C.: Bibliography of the Septuagint. Bibliographie de la Septante (1970–1993) (Supplements to Vetus Testamentum 60), Leiden etc. 1995.

DOMBART, B. / KALB, A. (Edd.): Augustinus, De Civitate Dei (Corpus Christianorum, Series Latina 47–48), Turnhout 1955. (2 Bände)

DRIJVERS, H.J.W. (Übers.): Thomasakten, in: W. SCHNEEMELCHER (Hrsg.): Neutestamentliche Apokryphen in deutscher Übersetzung, 2. Band: Apostolisches, Apokalypsen und Verwandtes, Tübingen 1989, 289–367.

DUKE, E.A. et al. (Edd.): Platonis Opera, Tomus I Tetralogias I–II Continens (Scriptorum Classicorum Bibliotheca Oxoniensis o.Z.), Oxford 1995.

DUSSAUD, R.: Notes de Mythologie Syrienne § 3: L'aigle symbole du dieu solaire, Revue Archéologique 4 (1903), 134–142.

EAKIN, F.: Aorists and Perfects in First Century Papyri, The American Journal of Theology 20 (1916), 266–273.

EGO, B.: Im Himmel wie auf Erden. Studien zum Verhältnis von himmlischer und irdischer Welt im rabbinischen Judentum (Wissenschaftliche Untersuchungen zum Neuen Testament, Reihe 34), Tübingen 1989.

–: Heilige Zeit – heiliger Raum – heiliger Mensch. Beobachtungen zur Struktur der Gesetzesbegründung in der Schöpfungs- und Paradiesgeschichte des Jubiläenbuches, in: M. ALBANI / J. FREY / A. LANGE (Hrsgg.): Studies in the Books of Jubiliees (Texte und Studien zum Antiken Judentum 65), Tübingen 1997, 208–219.

EHRHARD, A.: Die Legendensammlung des Symeon Metaphrastes und ihr ursprünglicher Bestand, in: St. EHSES (Hrsg.): Festschrift zum 11hundertjährigen Jubiläum des Deutschen Campo Santo in Rom, dem derzeitigen Rector Monsignore De Waal gewidmet von Mitgliedern und Freunden des Collegiums, Freiburg i. Br. 1897, 46–82.

–: Überlieferung und Bestand der hagiographischen und homiletischen Literatur der griechischen Kirche von den Anfängen bis zum Ende des 16. Jahrhunderts (Texte und Untersuchungen 50–52), Leipzig / Berlin 1937–1952. (3 Bände)

EIS, G. (Ed.): Beiträge zur mittelhochdeutschen Legende und Mystik. Untersuchungen und Texte (Germanische Studien 161), Berlin 1935, 241–255. (Vit Ad [lat])

EIßFELDT, O.: Einleitung in das Alte Testament unter Einschluß der Apokryphen und Pseudepigraphen sowie der apokryphen und pseudepigraphenartigen Qumran-Schriften. Entstehungsgeschichte des Alten Testaments (Neue Theologische Grundrisse o.Z.), Tübingen ³1964.

ELRIDGE, M.D.: Dying Adam with his Multhiethnic Familiy. Understanding the Greek Life of Adam and Eve (Studia in Veteris Testamenti Pseudepigrapha 16), Leiden etc. 2001.

EPP, E.J. / FEE, G.D. (Hrsgg.): Studies in the Theory and Method of New Testament Textual Criticism (Studies and Documents 45), Grand Rapids, Michigan 1993.

EPSTEIN, A. (Ed.): Eldad Ha-Dani. Seine Berichte über die X Stämme und deren Ritus in verschiedenen Versionen, nach Handschriften und alten Drucken mit Einleitung und Anmerkungen nebst einem Excurse über die Falascha und deren Gebräuche, Wien 1891.

ERBICEANU, C.: Manuscrise vechi aflate in biblioteca sf. Metropolii a Moldovei, Revista Teologica 3 (1885/6), 14–16; 19–24; 27–31; 41–46; 49–52; 55bis–58; 68–72; 75–80; 81–84 (codd. I–X. XII–XIX. XXI–XLVII. XLIX–LX). (non vidi)

EUSTRATIADES, S. / ARCADIOS VATOPEDINOS: Catalogue of the Greek Manuscripts in the Library of the Monastery of Vatopedi on Mt. Athos (Harvard Theological Studies 11), Cambridge 1924.

FAÏTLOVITCH, J. (Ed. / Übers.): Mota Musê (La mort de Moïse). Texte éthiopien, traduit en Hébreu et en Francais, annoté et accompagné d'extraits arabes, Paris 1906.

FERNÁNDEZ MARCOS, N. (Übers.): Vida de Adán y Eva (Apocalipsis de Moisés), in: A. DÍEZ MACHO et al. (Hrsgg.): Los apócrifos del Antiguo Tesrtamento, Vol. 2, Madrid 1983, 317–352.

FISCHER, H. (Ed.): Die Buße Adams und Evas, Germania 22 (1877), 316–341.

FISCHER, H. (Ed.): Hans Folz, die Reimpaarsprüche, München 1961, 150–163.

FISCHER, J.A. (Ed. / Übers.): Die Apostolischen Väter (Schriften des Urchristentums 1), Darmstadt ⁹1986.

FLEMING, J. (Ed.): Das Buch Henoch. Äthiopischer Text (Texte und Untersuchungen zur Geschichte der altchristlichen Literatur, Neue Folge 7,1), Leipzig 1902.

FLUSSER, D.: Palaea Historica. An Unknown Source of Biblical Legends, in: J. HEINEMANN / D. NOY (Hrsgg.): Studies in Aggadah and Folk Literature (Scripta Hierosolymitana 22), Jerusalem 1971, 48–79.

FOHRER, G.: Ezechiel. Mit einem Beitrag von K. GALLING (Handbuch zum Alten Testament, Erste Reihe 13), Tübingen 1955.

FÖRSTER, M.: Adams Erschaffung und Namengebung. Ein lateinisches Fragment des s.g. slawischen Henoch, Archiv für Religionswissenschaft 11 (1908), 477–529.

FOSSUM, J.E.: The Name of God and the Angel of the Lord (Wissenschaftliche Untersuchungen zum Neuen Testamnent 36), Tübingen 1985.

–: Art. Glory, in: K. VAN DER TOORN / B. BECKING / P.W. VAN DER HORST (Hrsgg.): Dictionary of Deities and Demons in the Bible (DDD), Leiden etc. 1995, 659–668.

FREY, J.: Zum Weltbild im Jubiläenbuch, in: M. ALBANI / J. FREY / A. LANGE (Hrsgg.): Studies in the Book of Jubilees (Texte und Studien zum antiken Judentum 65), Tübingen 1997, 261–292.

–: The Notion of Flesh in 4Q Instruction and the Background of Pauline Usage, in: D.K. FALK et al. (Hrsgg.): Sapiential Liturgical and Poetical Texts from Qumran. Proceedings of the Third Meeting of the International Organization for Qumran Studies, Oslo 1998, Leiden 2000, 197–226.

FRIEDMANN, M. (Ed.): Seder Eliahu Rabba and Seder Eliahu Zuta (Tana d'be Eliahu). Pseudo-Seder Eliahu Zuta According to a Ms. Edited with Commentaries and Additions, Jerusalem ²1960.

FRISK, H.: Griechisches etymologisches Wörterbuch (Indogermanische Bibliothek 2), Heidelberg 1970–1979. (3 Bände)

FUCHS, C. (Übers.): Das Leben Adams und Evas, in: E. KAUTZSCH (Hrsg.): Die Apokryphen und Pseudepigraphen des Alten Testaments, Band 2: Die Pseudepigraphen des Alten Testaments, Tübingen 1900, 506–528.

FUNK, F.X. (Ed.): Opera Patrum Apostolicorum, Vol. 1, Tübingen 1887, CIX–CXXXI (Einleitung); 334–563 (Text). (Hirt des Hermas)

GAFFRON, H.G.: Studien zum koptischen Philippusevangelium unter besonderer Berücksichtigung der Sakramente, Diss. Bonn 1969. (non vidi)

GAISFORD, TH. (Ed.): Etymologicon Magnum seu Verius Lexicon saepissime Vocabulorum Origines Indagans ex Pluribus Lexicis Scholasticis et Grammaticis Anonymi Cuiusdam Opera Concinnatum, Oxford 1848.

GARDTHAUSEN, V.: Catalogus Codicum Graecorum Sinaïticorum, Oxford 1886.

GEERARD, M.: Clavis Apocryphorum Novi Testamenti (Corpus Christianorum o.Z.), Turnhout 1992. (Kürzel: CANT)

GEFFCKEN, J. (Ed.): Die Oracula Sibyllina (Die griechischen christlichen Schriftsteller der ersten drei Jahrhunderte 8), Leipzig 1902.

GELDNER, K.F. (Ed.): Avesta. Die heiligen Bücher der Parsen, Stuttgart 1886–1895. (3 Bände)

GERLEMAN, G.: Ruth. Das Hohelied (Biblischer Kommentar, Altes Testament 18), Neukirchen-Vluyn 1963.

GINSBURGER, M. (Ed.): Pseudo-Jonathan (Thargum Jonathan ben Usiël zum Pentateuch). Nach der Londoner Handschrift (Brit. Mus. add. 27031), Berlin 1903. (Nachdruck: Hildesheim 1971)

GINSBURGER, M. (Ed.): Das Fragmententhargum (Targum jeruschalmi zum Pentateuch), Berlin 1899.

GINZBERG, L.: Die Haggada bei den Kirchenvätern und in der apokryphischen Literatur, Monatsschrift für Geschichte und Wissenschaft des Judenthums 42 (1998), 537–550; 43 (1899), 17–22; 61–75; 117–125; 149–159; 217–231; 293–303; 409–416; 461–470; 485–504; 529–547.

–: The Legends of the Jews, Philadelphia 1909–1955. (7 Bände)

GOEHRING, J.E. (Introduction / Ed. / Transl.) / ROBINSON, J.M. (Ed. / Transl.): NHC VII,5: The Three Steles of Seth, in: B.A. PEARSON (Hrsg.): Nag Hammadi Codices VII (Nag Hammadi and Manichaean Studies 30), Leiden etc. 1996, 371–419.

GOLDSCHMIDT, L.: (Übers.): Der babylonische Talmud, Berlin ²1964–1967. (Nachdruck: Königstein 1980–1981) (12 Bände)

GOODENOUGH, E.R.: Jewish Symbols in the Greco–Roman Period, New York 1953–1964. (10 Bände)

GOODSPEED, E.J.: Index Apologeticus sive Clavis Iustini Martyris Operum Aliorumque Apologetarum Pristinorum, Leipzig 1912.

GOODSPEED, E.J. (Ed.): Die ältesten Apologeten. Texte mit kurzen Einleitungen, Göttingen 1914. (Nachdruck: Göttingen 1984)

GREENE, D. / KELLY, F. (Ed. / Transl): The Irish Adam and Eve Story from Saltair na Rann, Vol. 1: Text and Translation, Dublin 1976.

GRIFFITHS, J.G.: The Egyptian Derivation of the Name Moses, Journal of Near Eastern Studies 12 (1953), 225–231.

GRÜNBAUM, M.: Beiträge zur vergleichenden Mythologie der Haggada, Zeitschrift der Deutschen Morgenländischen Gesellschaft 31 (1877), 183–359.

GUIDI, I. (Ed.): Il testo copto del Testamento di Abramo (Rendiconti della Reale Accademia dei Lincei. Classe di szienze morali, storiche e filologiche, Serie 5, Vol. 9), Rom 1900, 157–180.

GUIDI, I. (Ed): Il Testamento di Isaaco e il Testamento di Giacobbe (Rendiconti della Reale Accademia dei Lincei. Classe di szienze morali, storiche e filologiche, Serie 5, Vol. 9), Rom 1900, 223–264.

K. HAACKER / P. SCHÄFER: Nachbiblische Traditionen vom Tod des Mose, in O. BETZ et al. (Hrsgg.): Josephus-Studien. Untersuchungen zu Josephus, dem antiken Judentum und dem Neuen Testament. Otto Michel zum 70. Geburtstag gewidmet, Göttingen 1974, 147–174.

HAELEWYCK, J.-C.: Clavis Apocryphorum Veteris Testamenti (Corpus Christianorum o.Z.), Turnhout 1998. (Kürzel: CAVT)

HAGIOGRAPHI BOLLANDIANI / DE CAVALIERI, P.F.: Catalogus Codicum Hagiographicorum Graecorum Bibliothecae Vaticanae, Brüssel 1899.

HALKIN, F.: Bibliotheca Hagiographica Graeca (Subsidia Hagiographica), Brüssel ³1957. (drei Bände; Kurztitel: HALKIN, BHG)

HALKIN, F. (Ed): Les Actes apocryphes de Saint Héraclide de Chypre disciple de l'apotre Barnabé, Analecta Bollandiana 82 (1964), 133–169.

HALKIN, F. (Ed.): La vie abrégée de Saint Pachome dans le Ménologe impérial (BHG 1401b), Analecta Bollandiana 96 (1978), 367–381.

HALKIN, F.: Manuscrits grecs de Paris. Inventaire hagiographique (Subsidia Hagiographica 44), Brüssel 1968.

HALKIN, F. (Ed.): Une vie inédite de Saint Pachome (BHG 1401a), Analecta Bollandiana 97 (1979), 5–55, 241–287.

HALKIN, F. (Ed.): La Passion ancienne des Saints Julien et Basilisse (BHG 970–971), Analecta Bollandiana 98 (1980), 241–296.

HALKIN, F.: Catalogue des manuscrits hagiographiques de la Bibliothèque nationale d'Athènes (Subsidia Hagiographica 66), Brüssel 1983

HAMMERSHAIMB, E. (Übers.): Adamsbøgerne, in: idem (Hrsg.): Gammeltestamentlige Pseudepigrafer, Vol. 2, Kopenhagen 1970, 509–547.

HARFLINGER, D. / WIESNER, J.: Die griechischen Handschriften des Aristoteles und seiner Kommentatoren, Scriptorium 18 (1964), 238–257.

HARL, M.: La version LXX du Cantique des Cantiques et le groupe Kaige-Theodotion – quelques remarques lexicales, Textus 18 (1995), 101–120.

HARNACK, A., Geschichte der altchristlichen Literatur bis Eusebius, Leipzig ²1958.

HARRINGTON, D.J. (Introduction / Ed.) / CAZEUX, J. (Übers.): Pseudo-Philon. Les Antiquités Bibliques (Sources Chrétiennes 229–230), Paris 1976. (2 Bände)

HARTEL, GU. (Ed.): S. Thasci Caecili CyprianiOpera Omnia , Pars III: Opera Spuria, Indices, Praefatio, Wien 1871.

HATCH, E. / REDPATH, H.A.: A Concordance to the Septuagint and the Other Greek Versions of the Old Testaments (Including the Apocryphal Books), Oxford 1897. (Nachdruck: Graz 1975)

HATZIDAKIS, G.N. : Einleitung in die neugriechische Grammatik (Bibliothek indogermanischer Grammatiken 5), Leipzig 1892. (Nachdruck Hildesheim / Wiesbaden 1977)

HENGEL, M.: Judentum und Hellenismus. Studien zu ihrer Begegnung unter besonderer Berücksichtigung Palästinas bis zur Mitte des 2.Jh.s v. Chr. (Wissenschaftliche Untersuchungen zum Neuen Testament 10), Tübingen ²1973.

–: Die Evangelienüberschriften. Vorgetragen am 18. Oktober 1981 (Sitzungsberichte der Heidelberger Akademie der Wissenschaften. Philosophisch-historische Klasse, Jahrgang 1984, Abhandlung 3), Heidelberg 1984.

–: Die johanneische Frage. Ein Lösungsversuch (Wissenschaftliche Untersuchungen zum Neuen Testament 67), Tübingen 1993.

HERRMANN, J. : Art. κλῆρος, in: Theologisches Wörterbuch zum Neuen Testament 3 (Stuttgart 1938), 757–763.

HILBERG, I. (Ed.): Sancti Eusebii Hieronymi Epistulae, Pars I: Epistulae I–LXX (Corpus Scriptorum Ecclesiasticorum Latinorum 54), Wien etc. 1910.

HILBERG, I. (Ed.): Sancti Eusebii Hieronymi Epistulae, Pars II: Epistulae LXXI–CXX. Editio Altera Supplementis Aucta (Corpus Scriptorum Ecclesiasticorum Latinorum 55), Wien 1996.

HOFMANN, J. (Ed): Die äthiopische Übersetzung der Johannes-Apokalypse (Corpus Scriptorum Christianorum Orientalium 281, Scriptores Aethiopici 55), Louvain 1967.

HOLL, K. (Ed.): Epiphanius (Die griechischen christlichen Schriftsteller der ersten drei Jahrhunderte [GCS] 25; 31; 37), Leipzig 1915; 1922; 1933. (zu GCS 25 [1922] und 37 [1933] existieren von J. DUMMER ergänzte zweite Auflagen: GCS 25 [Berlin ²1980] und GCS 37 [Berlin ²1985]) (3 Bände)

HÖLSCHER, G.: Das Buch Hiob (Handbuch zum Alten Testament, Erste Reihe 17), Tübingen 1952.

HORSTMANN, C. (Ed.): Canticum de Creatione, Anglia 1 (1878), 287–331.

HORSTMANN, C. (Ed.): Sammlung altenglischer Legenden, Heilbronn 1878, 124–138.

HORSTMANN, C. (Ed.): Nachträge zu den Legenden 3, Archiv 74 (1885), 345–365.

HORSTMANN, C. (Ed.): Nachträge zu den Legenden 10, Archiv 79 (1887), 459–470.

HORT, A. (Ed.): Theophrastus. Enquiry into Plants and Minor Works on Odours and Weather Signs, London etc. 1959. (2 Bände)

HÜBNER, H.: An Philemon. An die Kolosser. An die Epheser (Handbuch zum Neuen Testament 12), Tübingen 1997.

HUMBERT, J.: La disparution du datif grec (du Iᵉʳ au Xᵉ siècle), Paris 1930. (Rezension: A. DEBRUNNER, Indogermanische Forschungen 51 [1933], 221–224).

HUNGER, H.: Katalog der griechischen Handschriften der Österreichischen Nationalbibliothek, Teil I: Codices Historici, Codices Philosophici et Philologici (Museion. Veröffentlichungen der Österreichischen Nationalbibliothek, 4. Reihe 1), Wien 1961.

HUNGER, H. / LACKER, W. / HANNICK, C.: Codices Theologici 201–337 (Katalog der griechischen Handschriften der Österreichischen Nationalbibliothek, Teil 3/3; Museion. Veröffentlichungen der Österreichischen Nationalbibliothek, Neue Folge 1), Wien 1992.

HURST, D. / ADRIAEN, M. (Edd.): S. Hieronymi Presbyteri Opera, Pars I: Opera Exegetica 7: Commentariorum in Matthaeum Libri IV (Corpus Christianorum, Series Latina 77), Turnhout 1969.

ISSAVERDENS, J. (Übers.): The Uncanonical Writings of the O.T. found in the Armenian Mss. of the Library of St. Lazarus, Venedig 1901, 21–42.

JAGIČ, V. (Ed. / Übers.): Slavische Beiträge zu den biblischen Apokryphen, in: Denkschriften der kaiserlich-österreichischen Akademie der Wissenschaften. Philosophisch-historische Clas-se 42 (Wien 1893), 1–104.

JAMES, M.R. (Ed.): The Rainer-Fragment of the Apocalypse of Peter, Journal of Theological Studies 32 (1931), 270–279.

JAMES, M.R. (Ed.) Apocrypha Anecdota (Texts and Studies 2,3), Cambridge 1893.

JASTROW, M.: A Dictionary of the Targumim, the Talmud Babli and Yerushalmi, and the Midrashic Literature, Philadelphia 1903. (Nachdruck: New York 1992) (2 Bände, der Nachdruck 2 Bände in einem)

JENSEN, H.: Altarmenische Chrestomathie. Mit einem Glossar (Indogermanische Bibliothek 1), Heidelberg 1964.

JEREMIAS, J.: Golgotha (ΑΓΓΕΛΟΣ. Archiv für neutestamentliche Zeitgeschichte und Kulturkunde 1), Leipzig 1926.

JOANNOU, P. (Ed.): Vie de S. Germain l'hagiorite par son contemporain le patriarche Philothée de Constantinople, Analecta Bollandiana 75 (1952), 35–115.

JOHANNESSON, P.: Der Gebrauch der Präpositionen in der Septuaginta (Mitteilungen des Septuaginta-Unternehmens 3,3 = Nachrichten der Gesellschaft der Wissenschaft zu Göttingen, philologisch-historische Klasse, Jahrgang 1925. Beiheft), Berlin 1926.

JOHNSON, M.D. (Übers.): Life of Adam and Eve, in: J.H. CHARLESWORTH (Ed.): The Old Testament Pseudepigrapha, Vol. 2: Expansions of the »Old Testament« and Legends, Wisdom and Philosophical Literature, Prayers, Psalms, and Odes, Fragments of Lost Judaeo-Hellenistic Works , New York etc. 1985, 249–295.

JUNACK, K.: Abschreibpraktiken und Schreibergewohnheiten in ihrer Auswirkung auf die Textüberlieferung, in: E.J. EPP / G.D. FEE (Hrsgg.): New Testament Textual Criticism, Essays in Honour of B.M. METZGER, Oxford 1981, 277–295.

KABISCH, R.: Die Entstehungszeit der Apokalypse Mose, Zeitschrift für die neutestamentliche Wissenschaft und die Kunde der älteren Kirche 6 (1905), 109–134.

KÄSEMANN, E.: An die Römer (Handbuch zum Neuen Testament 8a), Tübingen 1980.

KARRER, M.: Die Johannesoffenbarung als Brief. Studien zu ihrem literarischen, historischen und theologischen Ort (Forschungen zur Religion und Literatur des Alten und Neuen Testaments 140), Göttingen 1986.

KASSER, R. (Ed.): Papyrus Bodmer III. Évangile de Jean et Genèse I–IV,2 (Corpus Scriptorum Christianorum Orientalium 177, Scriptores Coptici 25), Louvain 1971.

KATONA, L. (Ed.): Vita Adae et Evae, Magyar tudomanyos akademia 18,10, Budapest 1904. (non vidi)

KATZ, P.: Frühe hebraisierende Rezensionen der Septuaginta, Zeitschrift für die alttestamentliche Wissenschaft 69 (1957), 77–84.

KAUFMANN, J.: Art. Adambuch, in: Encyclopedia Judaica 1 (Berlin 1932), 788–792.

KEEL, O.: Das Hohelied (Zürcher Bibelkommentar zum Alten Testament 16), Zürich 1986.

KIRSTEN, E.: Art. Acheron 2, in: der kleine Pauly 1 (Stuttgart 1979), 45–46.

KLOSTERMANN, E. (Ed.): Eusebius. Das Onomastikon der biblischen Ortsnamen (Die griechischen christlichen Schriftsteller der ersten drei Jahrhunderte 11,1), Leipzig 1904. (Nachdruck: Hildesheim 1966) (Enthält neben dem Text des Euseb auch die lateinische Übersetzung des Hieronymus)

KLOSTERMANN, E. (Ed.): Apocrypha 1: Reste des Petrusevangeliums, der Petrusapokalypse und des Kerygma Petri (Kleine Texte für Vorlesungen und Übungen 3), Berlin 1933.

KMOSKO, M. (Ed.): Liber Apocalypseos Baruchi Filii Neriae. Translatus de Graeco in Syriacum, in: Patrologia Syriaca 2 (Paris 1907), 1056–1306.

KOCH, D.-A.: Die Schrift als Zeuge des Evangeliums. Untersuchungen zur Verwendung und zum Verständnis der Schrift bei Paulus (Beiträge zur historischen Theologie 69), Tübingen 1986.

KOCH, K.: »Adam, was hast du getan?« – Erkenntnis und Fall in der zwischentestamentlichen Literatur, in: T. RENDTORF (Hrsg.): Glaube und Toleranz. Das theologische Erbe der Aufklärung, Gütersloh 1982, 211–242.

KOETSCHAU, P. (Ed.): Origenes Werke, fünfter Band: De Principiis (ΠΕΡΙ ΑΡΧΩΝ) (Die griechischen christlichen Schriftsteller der ersten drei Jahrhunderte o.Z.), Leipzig 1913.

KÖHLER, L. / BAUMGARTNER, W.: Hebräisches und Aramäisches Lexikon zum Alten Testament, Leiden 1967–1996. (4 Bände)

KÖHLER, L.: Biblische Spuren des Glaubens an die Mutter Erde? Zeitschrift für die neutestamentliche Wissenschaft 9 (1908), 77–80.

KOWALSKI, A.: »Rivestíti di Gloria«. Adamo ed Eva nel commento di sant'Efrem a Gen 2,25, Cristianesimo nella storia 3 (1982), 41–60.

KRAFT, H. / FRÜCHTEL, U.: Clavis Patrum Apostolicorum, Darmstadt 1964.

KRAFT, R.A.: Rez. zu D. BARTHÉLEMY: Les devanciers d'Aquila. Première publication intégrale du texte des fragments du ‚Dodécapropheton' trouvés dans le desert de Juda, précédée d'une étude sur les traductions et recensions grecques de la Bible réalisées au premier siècle de notre ère sous l'influence du rabbinat palestinien (Supplementa to Vetus Testamentum 10), Leiden 1963, Gnomon 37 (1965), 474–483.

KRAFT, R.A. / PURINTUN, A.E.: Paraleipomena Jeremiou (Society of Biblical Literature. Texts and Translations; Pseudepigrapha Series 1), Missoula, Montana 1972.

KRAUSS, S.: Griechische und lateinische Lehnwörter im Talmud, Midrasch und Targum. Mit Bemerkungen von I. LÖW, Berlin 1898–1899. (Nachdruck: Hildesheim 1987) (2 Bände)

–: Talmudische Archäologie, Leipzig 1910–1912. (Nachdruck: Hildesheim 1966) (3 Bände)

KRAUß, S. (Ed. / Übers.): Sanhedrin (Hoher Rat) / Makkōt (Prügelstrafe). Text, Übersetzung und Erklärung (Die Mischna. Text, Übersetzung und ausführliche Erklärung 4,4–5), Gießen 1933.

KROLL, J.: Gott und Hölle (Studien der Bibliothek Warburg 20), Berlin 1932.

KROPP, A.M. (Ed. / Übers.): Ausgewählte koptische Zaubertexte, Brüssel 1931. (3 Bände)

KROPP, A. (Ed. / Übers.): Der Lobpreis des Erzengels Michael, Brüssel 1966.

KROYMANN, A. (Ed.): Q.S.Fl. Tertulliani Adversus Iudaeos, in: Quinti Septimi Florentis Tertulliani Opera, Pars II: Opera Montanistica (Corpus Christianorum, Series Latinorum 2), Turnhout 1954, 1337–1396

KROYMANN, A. (Ed.): Q.S.Fl. Tertulliani Adversus Marcionem, in: Quinti Septimi Florentis Tertulliani Opera, Pars 1 (Corpus Christianorum, Series Latina 1), Turnhout 1954, 437–726.

KUHN, K.H. (Ed.): The Sahidic Version of the Testament of Isaac, The Journal of Theological Studies, N.S. 7 (1956), 225–239.

KÜHNER, R. / GERTH, B.: Ausführliche Grammatik der griechischen Sprache, II. Teil: Satzlehre, Hannover etc. 1898–1904. (2 Bände)

K'URCIK'IDZE, C.: Adamis Ap'ok'rip'uli Chovrebis K'art'veli Versia, P'ilologiuri Dziebani 1 (1964), 97–136.

KURTSIKIDZE, Tsiala (dieselbe!): Georgian Version of "Life of Adam" (Old Georgian Apocryphal Texts 1), Tiflis 2003.

LAFONTAINE, G. (Ed.): Une homélie copte sur le diable et sur Michel attribuée à Grégoire le Théologien, Le Muséon 92 (1979), 37–69.

Petri LAMBECII Hamburgensis Commentariorum de Augustissima Bibliotheca Caesarea Vindobonensi Liber Quintus. Editio Altera Studio et Opera Adami Francisci Kollarii Equitis Hungarii de Keresztény, Consiliarii Actualis Aulici, Aug. Bibliothecae Directoris et Academiae Scientiarum Elegantiorumque Literarum Theodoro-Palatinae Socii Extraordinarii, Wien 1778.

Petri LAMBECII Hamburgensis Commentariorum de Augustissima Bibliotheca Caesarea Vindobonensi Liber Octavus. Editio Altera Studio et Opera Adami Francisci Kollarii Equitis Hungarii de Keresztény, Consiliarii Actualis Aulici, Aug. Bibliothecae Directoris et Academiae Scientiarum Elegantiorumque Literarum Theodoro-Palatinae Socii Extraordinarii, Wien 1782.

LAMBROS, Sp.-P.: Catalogue of the Greek Manuscripts on Mount Athos I, Cambridge 1895.

–: Κατάλογος τῶν κωδίκων τῶν ἐν Ἀθήναις βιβλιοθηκῶν πλὴν τῆς Ἐθνικῆς Γ'· Κώδικες τῆς βιβλιοθήκης Ἀλεξίου Κολυβᾶ, Νέος Ἑλληνομνήμων 15 (1921), 272–289.

LAMPE, G.W.H.: A Patristic Greek Lexicon, Oxford 1961.

LANE, E.W.: An Arabic-English Lexicon, London etc. 1867–1893. (mehrere Bände)

LATTE, K. (Ed.): Hesychii Alexandrini Lexicon, Kopenhagen 1953–1966. (2 Bände, umfaßt A–Χ)

LAUHA, A.: Kohelet (Biblischer Kommentar, Altes Testament 19), Neukirchen-Vluyn 1978.

LAYTON, B. (Ed.) / ISENBERG, W.W. (Übers.): The Gospel According to Philipp, in: B. LAYTON (Hrsg.): Nag Hammadi Codex II,2–7 together with XIII,2*, Brit. Lib. Or. 4926(1), and P. Oxy. 1, 654, 655, Vol 1 (Nag Hammadi Studies 20), Leiden etc. 1989, 142–215.

LAYTON, B. (Ed.) / BETHGE, H.-G. (Einleitung / Übers.): Treatise without Title on the Origin of the World, in: B. LAYTON (Hrsg.): Nag Hammadi Codex II,2–7 together with XIII,2*, Brit. Lib. Or. 4926(1), and P. Oxy. 1, 654, 655, Vol. 2 (Nag Hammadi Studies 21), Leiden 1989, 12–134.

LE BRAZ, A.: La théatre Celtique, Paris 1905.

LEHNARDT, A.: Bibliographie zu den Jüdischen Schriften aus hellenistisch-römischer Zeit (Jüdische Schriften aus hellenistisch-römischer Zeit 6,2), Gütersloh 1999.

LEIPOLDT, J. (Ed.): Ägyptische Urkunden aus den königlichen Museen zu Berlin, herausgegeben von der Generalverwaltung. Koptische Urkunden, Band 1, Berlin 1904, 171. (Editio praeliminaris von Fajj)

LEUTZSCH, M. (Ed.): Hirt des Hermas, in: U.H.J. KÖRTNER / M. LEUTZSCH (Edd.): Papiasfragmente, Hirt des Hermas (Schriften des Urchristentums 3), Darmstadt 1998, 105–510.

LEVISON, J.: Is Eve to Blame? A Contextual Analysis of Sirach 25,24, The Catholic Biblical Quarterly 47 (1985), 617–623.

LEWY, H.: Die semitischen Fremdwörter im Griechischen, Berlin 1895. (Nachdruck: Hildesheim 1970)

LIDDLE, H.G. / SCOTT, R. / JONES:, H.ST.: A Greek-English Lexicon. With a Supplement, Oxford ²1940.

LIDZBARSKI, M. (Übers.): Ginzâ. Der Schatz oder das grosse Buch der Mandäer (Quellen der Religionsgeschichte 13,4), Göttingen-Leipzig 1925. (Nachdruck: Göttingen 1978)

LIETZMANN, H.: An die Römer (Handbuch zum Neuen Testament 8), Tübingen 1928.

–: An die Korinther I/II. Ergänzt von Dr. Werner Georg KÜMMEL. Fünfte, durch einen Literaturnachtrag erweiterte Auflage (Handbuch zum Neuen Testament 9), Tübingen 1969.

LINDEMANN, A.: Der Erste Korintherbrief (Handbuch zum Neuen Testament 9/1), Tübingen 2000.

LIPIŃSKI, E.: Art. Shemesh, in: K. VAN DER TOORN / B. BECKING / P.W. VAN DER HORST (Hrsgg): Dictionary of Deities and Demons in the Bible (DDD), Leiden etc. 1995, 1445–1452.

LIPSCOMB, W.L. (Ed.): The Armenian Apocryphal Adam Literature (Armenian Texts and Studies 8), University of Pennsylvania 1990.

LOEWENSTAMM, S.E.: The Death of Moses, in: G.W.E. NICKELSBURG (Hrsg.): Studies in the Testament of Abraham (Society of Biblical Literature, Septuagint and Cognate Studies 6), Missoula, Montana 1972, 185–217.

–: The Testament of Abraham and the Texts concerning Moses' Death, in: G.W.E. NICKELSBURG (Hrsg.): Studies in the Testament of Abraham (Society of Biblical Literature, Septuagint and Cognate Studies 6), Missoula, Montana 1972, 219–225.

LOHSE, B. (Ed.): Die Passa-Homilie des Bischofs Meliton von Sardes (Textus Minores 24), Leiden 1958.

LOHSE, E. (Ed. / Übers.): Die Texte aus Qumran, Hebräisch und Deutsch. Mit masoretischer Punktation, Übersetzung, Einführung und Anmerkungen, Darmstadt ⁴1986.

LÖW, I.: Die Flora der Juden, Wien etc. 1924–1934. (Nachdruck: Hildesheim 1967) (4 Bände)

LÜDTKE, W.: Georgische Adam-Bücher, Zeitschrift für die alttestamentliche Wissenschaft 38 (1919/20), 155–168.

LUEKEN, W.: Michael. Eine Darstellung und Vergleichung der jüdischen und der morgenländisch-christlichen Tradition vom Erzengel Michael, Göttingen 1898.

LÜHRMANN, D.: Alttestamentliche Pseudepigraphen bei Didymos von Alexandrien, Zeitschrift für die Alttestamentliche Wissenschaft 104 (1992), 231–249.

LUNDGREEN, F.: Die Benutzung der Pflanzenwelt in der alttestamentlichen Religion (Beihefte zur Zeitschrift für die alttestamentliche Wissenschaft 14), Gießen 1908.

LUNT, H.G. (Übers.): Ladder of Jacob (c. First Century A.D.). A New Translation and Introduction, in: J.H. CHARLESWORTH (Hrsg.): The Old Testament Pseudepigrapha, Vol. 2, New York etc. 1985, 401–411.

LUST, J. / EYNIKEL, E. / HAUSPIE, K.: A Greek-English Lexicon of the Septuagint, Stuttgart 1992–1996.

MAAS, P. (Ed.): Frühbyzantinische Kirchenpoesie, Bd. 1: Anonyme Hymnen des V.–VI. Jahrhunderts (Kleine Texte für Vorlesungen und Übungen 52), Berlin 1931.

MACUCH, R.: Handbook of Classical and Modern Mandaic, Berlin 1965.

MAHÉ, J.-P. (Übers.): Le Livre d'Adam Georgien, in: R. VAN DEN BROEK / M.J. VERMASEREN (Hrsgg.): Studies in Gnosticism and Hellenistic Religions Presented to Gilles Quispel on the Occasion of his 65th Birthday (Études préliminaires aux religions orientales dans l'empire Romain 91), Leiden 1981, 227–260.

MAHÉ, J.-P.: Notes philologiques sur la version géorgienne de la Vita Adae, Bedi Kartisla 41 (1983), 50–65.

MAIER, J.: Die Sonne im religiösen Denken des antiken Judentums, in: Aufstieg und Niedergang der römischen Welt II,19,1 (Berlin etc. 1979), 346–412.

–: Zwischen den Testamenten. Geschichte und Religion in der Zeit des zweiten Tempels (Die neue Echter Bibel, Ergänzungsreihe zum Alten Testament 3), Würzburg 1990.

MAIER, J. (Übers.): Die Qumran-Essener: Die Texte vom Toten Meer (Uni-Taschenbücher 1862; 1863; 1916), München 1995–1996. (3 Bände)

MARCUS, J.: Liturgical and Secular Poetry of the Foremost Mediaeval Poets, New York 1933.

MARIÈS, L. / MERCIER, CH. (Ed. / Übers.): Eznik de Kolb, De Deo (Patrologia Orientalis 28), Paris 1959.

MARR, N.: Iz lĕtnej poĕzdki v Armeniju. Zemĕtki i izvlečenija iz armjanskich rukopisej, in: Zapiski vostočnago otdelenija imperatorskago russkago archeologičeskago obščestva 5 (1890), 227–236. (non vidi)

MARTIN, I. (Ed.): Commodiani Carmina (Corpus Christianorum, Series Latina 128), Turnhout 1960.

MARTIN, R.: Pugio Fidei Adversus Mauros et Judaeos, Leipzig 1667.

MARTIN, R.A.: The Earliest Messianic Interpretation of Genesis 3,15, Journal of Biblical Literature 84 (1965), 425–427.

MARTINI, A. / BASSI, D.: Catalogus Codicum Graecorum Bibliothecae Ambrosianae, Tomus II, Mailand 1906.

MARTINEZ, F.G. / TIGCHELAAR, E.J.C. (Edd. / Übers.): The Dead Sea Scrolls Study Edition, Leiden etc. 1997–1998. (2 Bände)

MASON, ST.: An Essay in Character: The Aim and Audience of Josephus' Vita, in: F. SIEGERT / U. KALMS (Hrsgg.): Internationales Josephus-Kolloquium Münster 1997 (Münsteraner Judaistische Studien 2), Münster 1998, 31–77.

MAYSER, E.: Grammatik der griechischen Papyri aus der Ptolmäerzeit. Mit Einschluß der gleichzeitigen Ostraka und der in Ägypten vefaßten Inschriften, Berlin etc. 1926–1938. (2 Bände zu je 3 Teilen)

MCNAMARA, M.: The Apocrypha in the Irish Church, Dublin 1975.

MEGAS, G.: Das χειρόγραφον Adams. Ein Beitrag zu Col 2,13–15, Zeitschrift für die neutestamentliche Wissenschaft und die Kunde der älteren Kirche 27 (1928), 305–320.

MEILLET, A.: Altarmenisches Elementarbuch (Indogermanische Bibliothek : Reihe 1, Grammatiken o.Z.), Heidelberg ²1980.

MEISER, M. / MERK, O. (Übers.): Das Leben Adams und Evas (Jüdische Schriften aus hellenistisch-römischer Zeit 2,5), Gütersloh 1998.

MERZDORF, TH.: Die deutschen Historienbibeln des Mittelalters (Bibliothek des Litterarischen Vereins in Stuttgart o.Z.), Tübingen 1870. (2 Bände)

METTINGER, T.N.D.: Art. Seraphim, in: K. VAN DER TOORN / B. BECKING / P.W. VAN DER HORST (Hrsgg.): Dictionary of Deities and Demons in the Bible (DDD), Leiden etc. 1995, 1402–1404.

METZGER, B.M. (Übers.): The Forth Book of Ezra, in: J.H. CHARLESWORTH (Hrsg.): The Old Testament Pseudepigrapha, Vol 1: Apocalyptic Literature and Testaments, New York etc. 1983, 517–559.

MEYER, H.A.W.: Brief an die Kolosser und an Philemon (Kritisch exegetischer Kommentar über das Neue Testament 9,2), Göttingen 1848.

MEYER, W. (Ed.): Vita Adae et Evae, in: Abhandlungen der königlich-bayrischen Akademie der Wissenschaften. Philosophisch-philologische Classe 14 (München 1878), 185–250.

MEYER, W. / HOFMANN, K. (Ed.): Lutwins Adam und Eva, Tübingen 1881.

MICHAELIS, W.: Art. σκήνωμα, in: Theologisches Wörterbuch 7 (Stuttgart 1964), 385–386.

MICHEL, O.: Art. ὁμολογέω, ἐξομολογέω κτλ., in: Theologisches Wörterbuch zum Neuen Testament 5 (Stuttgart 1954), 199–220.

MICHL, J.: Der Weibessame (Gen 3,15) in spätjüdischer und frühchristlicher Auffassung, Biblica 33 (1952), 371–401; 476–505.

Midrash Bereshit Rabba. Codex Vatican 60 (Ms. Vat. Ebr. 60). A Previously Unknown Manuscript, Recently Established as the Earliest and Most Important Version of Bereshit Rabba. A Limited Facsimile Edition of 160 Copies, by Special Permission of the Bibliotheca Apostolica Vaticana. A Page Index by Rabbi A.P. SHERRY, Jerusalem 1972.

MILIKOWSKY, C.: The Status Quaestionis of Research in Rabbinic Literature, Journal of Jewish Studies 39 (1988), 201–211.

MILNE, H.J.M.: A New Fragment of the Apology of Aristides, The Journal of Theological Studies 25 (1924), 73–77.

MINASEAN, M. / BOUZANDAC^HI, N.N.: Nor Baŕgirk' Haykazean Lezoui / Nouveau dictionnaire d'Armenien ancien, Genf ²1990.

MINGARELLI, J.A.: Graeci Codices Manu Scripti apud Nanios Patricios Venetos Asservati, Bologna 1784.

MORAUX, P.: Bibliothéque de la Société Turque d'Histoire. Catalogue des manuscrits grecs (Fonds du Syllogos) (Türk Tarih Kurumu Yayinlarindan 12, Reihe 4), Ankara 1964. (non vidi)

MORRIS, R. (Ed.): Legends of the Holy Rood, Symbols of the Passion and Cross Poems (Early English Text Society, Original Series 46), London 1871.

MOSSHAMMER, A.A. (Ed.): Georgii Syncelli Ecloga Chronographica (Bibliotheca Scriptorum Graecorum et Romanorum Teubneriana o.Z.), Leipzig 1984.

MOULTON, J.H.: Einleitung in die Sprache des Neuen Testaments. Auf Grund der vom Verfasser neu bearbeiteten 3. englischen Auflage übersetzte deutsche Ausgabe (Indogermanische Bibliothek 9), Heidelberg 1911.

MOZLEY, J.H. (Ed.): The Vita Adae et Evae, Journal of Theological Studies 30 (1929), 121–149.

MPROUMPOULIDIS, PH.K.: Παλαιογραφικά. Οἱ κώδικες 'Αλεξ. κολυβᾶ, Ἀθηνᾶ 65 (1961), 244–248.

MRAS, K. (Ed.): Eusebius Werke, achter Band: Die Praeparatio Evangelica (Die griechischen christlichen Schriftsteller der ersten Jahrhunderte 43,1–2), Berlin 1954–1956. (1 Band in 2 Teilen)

MÜLLER, C.D.G.: Die Engellehre der koptischen Kirche, Wiesbaden 1959.

MÜLLER, C.D.G. (Übers.): Offenbarung des Petrus, in: W. SCHNEEMELCHER (Hrsg.): Neutestamentliche Apokryphen, Bd. 2: Apostolisches, Apokalpypsen und Verwandtes, Tübingen ⁵1989, 562–578.

MÜLLER, C.D.G. (Ed.): Die Bücher der Einsetzung der Erzengel Michael und Gabriel (Corpus Scriptorum Christianorum Orientalium 225, Scriptores Coptici 31), Louvain 1962.

MÜLLER, C.D.G. (Übers.): Die Bücher der Einsetzung der Erzengel Michael und Gabriel (Corpus Scriptorum Christianorum Orientalium 226, Scriptores Coptici 32), Louvain 1962.

MURDOCH, B.O.: The Irish Adam and Eve Story from Saltair na Rann, Vol. 2: Commentary, Dublin 1976.

MYNORS, R.A.B. (Ed.): P. Vergili Maronis Opera (Scriptorum Classicorum Bibliotheca Oxoniensis o.Z.), Oxford 1969.

NAGEL, M.: La vie grecque d'Adam et d' Ève. Apocalypse de Moïse. Diss. Strassbourg 1972. (3 Bände, maschinenschriftlich vervielfältigt in Lille 1974, nicht veröffentlicht)

NAGEL, P.: Coptology and Biblical Text Research (1980–1988), in: M. RASSART-DEBERGH / J. RIES (Hrsgg.): Actes du IVᵉ Congrès Copte. Louvain-la-Neuve, 5–10 Septembre 1988, II: De la Linguistique au Gnosticisme (Publications de l'Institut Orientaliste de Louvain 41), Louvain-la-Neuve 1992, 237–244.

NAU, F. (Ed.): Une didascalie de Notre-Seigneur Jésus-Christ (ou: Constitutions des Saints Apotres), Revue de l'Orient Chrétien 12 (1907), 225–254.

NAUCK, A. (Ed.): Porphyrii Philosophi Platonici Opuscula Selecta, Leipzig 1886.

E. NESTLE (Ed.): Novum Testamentum Graece cum Apparatu Critico ex Editionibus et Libris Manu Scriptis Collecto, Stuttgart ⁹1912.

NESTLE, EBERHARD / NESTLE, ERWIN / ALAND, B. / ALAND, K. et al. (Edd.): Novum Testamentum Graece et Latine, Stuttgart ³1999. (Griechischer Text nach Nestle-Aland²⁷)

NESTLE, W.: Legenden vom Tod der Gottesverächter, Archiv für Religionswissenschaft 33 (1936), 246–269.

NIESE, B. (Ed.): Flavii Iosephi Opera, Berlin 1887–1895. (Nachdruck: Berlin 1955) (Editio maior, 7 Bände)

NOCK, A.D. (Ed.) / A.-J. FESTUGIÈRE (Übers..): Corpus Hermeticum, Paris ⁷1991–⁵1992 (2 Bände)

NORBERG, M. (Ed.): Codex Nasareus, Lund 1815–1816.

ODEBERG, H. (Ed.): 3 Enoch. Cambridge 1928. (Nachdruck: New York 1973)

OEPKE, A.: Art. ἀποκαλύπτω, in: Theologisches Wörterbuch zum Neuen Testament 3 (Stuttgart 1938), 565–597.

–: Art. κρύπτω, C. Beilage: Kanonisch und apokryph, in: Theologisches Wörterbuch zum Neuen Testament 3 (Stuttgart 1938), 979–999.

OLIVIER, J.-M.: Répertoire des bibliothèques et des catalogues de manuscrits grecs de Marcel Richard (Corpus Christianorum o.Z.), Turnhout ¹³1995.

OMONT, H.: Inventaire sommaire des manuscrits grecs de la Bibliothèque Nationale, Tom. 1, Paris 1886.

OPELT, I.: Art. Erde, in: Reallexikon für Antike und Christentum 5 (Stuttgart 1962), 1113–1179.

OSTMEYER, K.-H.: Satan und Passa in 1. Korinther 5, Zeitschrift für Neues Testament 9 (2002), 38–45.

PAPADOPOULOS-KERAMEUS, A.: Ἱεροσολυμιτικὴ βιβλιοθήκη ἤτοι κατάλογος τῶν ἐν ταῖς βιβλιοθήκαις τοῦ Ἁγιωτάτου Ἀποστολικοῦ τε καὶ Ὀρθοδόξου Πατριαρχικοῦ Θρόνου τῶν Ἱεροσολύμων καὶ Πάσης Παλαιστίνης ἀποκειμένων ἑλληνικῶν κωδίκων, Band II: Κατάλογος κωδίκων ἐκ τῆς λαύρας μετενεχθέντων Σάβα τοῦ ἡγιασμένου καὶ νῦν ἐν τῇ πατριαρχικῇ τῶν Ἱεροσολύμων βιβλιοθήκῃ κατακειμένων, ἐν τόπῳ κεχωρισμένῳ, St. Petersburg 1894.

PAPADOPOULOS-KERAMEUS, A.: Ἱεροσολυμιτικὴ βιβλιοθήκη ἤτοι κατάλογος τῶν ἐν ταῖς βιβλιοθήκαις τοῦ Ἁγιωτάτου Ἀποστολικοῦ τε καὶ Ὀρθοδόξου Πατριαρχικοῦ Θρόνου τῶν Ἱεροσολύμων καὶ Πάσης Παλαιστίνης ἀποκειμένων ἑλληνικῶν κωδίκων, Band III: Κατάλογος τῶν ἐκ τοῦ Μοναστηρίου τοῦ τιμίου Σταυροῦ μετακομισθέντων κωδίκων εἰς τὴν ἐν Ἱεροσολύμοις βιβλιοθήκην, St. Petersburg 1897.

PARET, R. (Übers.): Der Koran, Stuttgart ⁶1993.

PASSOW, F.: Handwörterbuch der griechischen Sprache. Neu bearbeitet und zeitgemäß umgestaltet von V.C.F ROST und F. PALM, Leipzig ⁵1841–1857 (Nachdruck: Darmstadt 1993). (2 Bände zu je zwei Teilen)

PAUPHILET, A.: La vie terrestre d'Adam et d'Ève, Revue de Paris 5 (1912), 213–224. (non vidi)

PAYNE SMITH, J.: A Compendious Syriac Dictionary Founded upon the Thesaurus Syriacus of R. Payne-Smith, D.D., Oxford 1903. (Nachdruck: Oxford 1967)

PEARSON, B.A. (Einleitung / Ed. / Übers. / Anm.) / GIVERSEN, S. (Ed. / Übers.): NHC IX,3: The Testimony of Truth, in: B.A. PEARSON (Hrsg.): Nag Hammadi Codices IX and X (Nag Hammadi Studies 15), Leiden etc. 1981, 101–203.

PEETERS, M.KH. (Ed.): A Critical Edition of the Coptic (Bohairic) Pentateuch, Vol. I: Genesis (Society of Biblical Literature, Septuagint and Cognate Studies 19), Atlanta, GA 1985.

PÉREZ FERNÁNDEZ, M. (Übers.): Los Capítulos de Rabbí Eliezer. Pirqê Rabbî 'Eli'ezer. Versión crítica sobre la edición de David Luria, Varsovia 1852 (Biblioteca Midrásica 1), Valencia 1984.

PERTUSI, A. (Ed.): L'encomio di S. Anastasio martire persiano, Analecta Bollandiana 76 (1958), 5–63.

PETERSON, E.: Die Taufe im Acherusischen See, Vigiliae Christianae 8 (1954), 1–20.

PETIT, F. (Ed.): La Chaîne sur la Genèse. Édition Intégrale, Tom. 2: Chapitres 4 à 11 (Traditio Exegetica Graeca 2), Louvain 1993.

PETORELLI, J-P. (Ed.): La Vie Latine d'Adam et Ève, Archivum Latinitatis Medii Aevi 56 (1998), 5–104.

PETORELLI, J.-P. (Ed.): Vie latine d'Adam et d'Ève. La recension de Paris, lat. 3832, Archivum Latinitatis Medii Aevi 57 (1999), 5–52.

PICARD, J.C. (Ed.): Apocalypsis Baruchi Graece, in: S.P. BROCK (Ed.): Testamentum Iobi / J.C. PICARD (Ed.): Apocalypsis Baruchi Graece (Pseudepigrapha Veteris Testamenti Pseudepigrapha 2), Leiden etc. 1967, 61–96.

PIETERSMA, A. / CORMSTOCK, S.T. (Edd. / Übers.): The Apocalypse of Elijah Based on P. Chester Beatty 2018 (Society of Biblical Literature. Texts and Translations 19, Pseudepigrapha Series 9), Chico, California 1981.

PLATER, W.E. / WHITE, H.J.: A Grammar of the Vulgate Being an Introduction to the Study of the Latinity of the Vulgate Bible, Oxford 1926.

PÖHLMANN, E.: Einführung in die Überlieferungsgeschichte und in die Textkritik der antiken Literatur, Band 1: Altertum, Darmstadt 1994.

POKORNY, J.: Indogermanisches etymologisches Wörterbuch, Bern / München 1959-1969. (2 Bände)

POLLAK, K. (Übers.): Rabbi Nathans System der Ethik und Moral. Zum erstenmale übersetzt und mit Anmerkungen versehen, Budapest 1905.

POPOV, A.: Livre de la création du ciel et de la terre (en russe), Moskau 1881. (non vidi)

PREISENDANZ, K. (Ed. / Übers.): Papyri Graecae Magicae. Die griechischen Zauberpapyri (Sammlung wissenschaftlicher Commentare o.Z.), Stuttgart ²1973–1974. (2 Bände)

PREUSCHEN, E. (Übers.): Die apokryphen gnostischen Adamschriften aus dem Armenischen übersetzt und untersucht, in: W. DIEHL et al. (Hrsgg.): Festgruß B. STADE zur Feier seiner 25jährigen Wirksamkeit als Professor, Gießen 1900, 165–252.

PROSTMEIER, F.R.: Der Barnabasbrief (Kommentar zu den Apostolischen Vätern 8), Göttingen 1999.

PSICHARI, J.: Essai sur le grec de la Septante, Revue des Etudes Juives 55 (1908), 161–208.

PUECH, É.: Rez. zu D.A. BERTRAND (Ed. / Übers.): La vie grecque d' Adam et Ève. Introduction, texte, traduction et commentaire (Recherches intertestamentaires 1), Paris 1987, Revue biblique 95 (1988), 584–585.

QUELL, G.: Art. πατήρ, B: Der Vaterbegriff im AT, in: Theologisches Wörterbuch zum Neuen Testament 5 (Stuttgart 1954), 959–974.

QUISPEL, G.: African Christianity before Minucius Felix and Tertullian, in: J. DEN BOEFT / A.H.M. KESSELS (Hrsgg.): ACTVS. Studies in Honour of H.L.W. NELSON, Utrecht 1982, 257–335.

RAHLFS, A. (Ed.): Septuaginta. Id est Vetus Testamentum Graece iuxta LXX Interpretes, Stuttgart 1935.

REDONDO, J.: The Greek Literary Language of the Hebrew Historian Josephus, Hermes 128 (2000), 420–434.

REIDER, J. / TURNER, N.: An Index to Aquila (Vetus Testamentum, Supplementum 12), Leiden 1966.

REINHOLD, H.: De Graecitate Patrum Apostolicorum Librorumque Apocryphorum Novi Testamenti Quaestiones Grammaticae, Diss. Phil. Halle (Nr. 14,1) 1898.

RIEDINGER, R. (Ed.): Pseudo-Kaisarios. Die Erotapokriseis (Die griechischen christlichen Schriftsteller der ersten Jahrhunderte o.Z.), Berlin 1989.

RÖSEL, M.: Übersetzung als Vollendung der Auslegung. Studien zur Genesis-Septuaginta (Beihefte zur Zeitschrift für die alttestamentliche Wissenschaft 223), Berlin 1994.

ROSENSTIEHL, J.-M.: La Chute de l'Ange. Origines et Développement d'une Légende. Ses Attestations dans la Littérature Copte, in: J.É. MÉNARD (Hrsg.): Ècritures et traditions dans la littérature Copte. Journée d'Études Coptes, Strassbourg 28. Mai 1982 (Cahiers de la Bibliothèque Copte 1), Louvain 1983, 37–60.

RUBINKIEWICZ, R. (Übers.): Apocalypse of Abraham (First to Second Century A.D.). A New Translation and Introduction, in: J.H. CHARLESWORTH (Hrsg.): The Old Testament Pseudepigrapha, Vol 1, New York etc. 1983, 681–705.

SACCHI, P. (Übers.): Apocalisse di Moisè e vita di Adamo ed Eva, in: Apocrifi dell'Antico Testamento, Classici delle Religioni 2, Torino 1989, 281–475.

SAKKELION, J.: Πατμιακὴ βιβλιοθήκη, ἤτοι ἀναγραφὴ τῶν ἐν τῇ βιβλιοθήκῃ τῆς κατὰ τὴν νῆσον Πάτμον γεραρᾶς καὶ βασιλικῆς μονῆς τοῦ Ἁγίου Ἀποστόλου καὶ Εὐαγγελίστου Ἰωάννου τοῦ Θεολόγου τεθησαυρισμένων χειρογράφων τευχῶν, Athen 1890.

SARROS, D.-M.: Κατάλογος τῶν χειρογράφων τοῦ ἐν Κωνσταντινουπόλει Ἑλληνικοῦ Φιλολογικοῦ Συλλόγου, Ἐπετηρὶς Ἑταιρείας Βυζαντινῶν Σπουδῶν 8 (1931), 173–177.

SCHÄFER, P.: Rivalität zwischen Engeln und Menschen (Studia Judaica 8), Berlin 1983.

–: Adam in der jüdischen Überlieferung, in: W. STROLZ (Hrsg.): Vom alten zum neuen Adam. Urzeitmythos und Heilsgeschichte (Veröffentlichungen der Stiftung Oratio Dominica 13), Freiburg etc. 1986, 69–93.

–: Research into Rabbinic Literature: An Attempt to Define the Status Quaestionis, Journal of Jewish Studies 37 (1986), 139–152.

–: Once again the Status Quaestionis of Research in Rabbinic Literature: An Answer to Chaim Milikowsky, Journal of Jewish Studies 40 (1989), 89–94.

–: Text, Auslegung und Kommentar im rabbinischen Judentum, in: J. ASSMANN / B. GLADIGOW (Hrsgg.): Text und Kommentar (Beiträge zur Archäologie der literarischen Kommunikation 4), München 1995, 163–186.

SCHECHTER, S. (Ed.): Aboth de Rabbi Nathan, Wien 1887. (Nachdruck: Hildesheim 1979)

SCHECHTER, S. (Ed.): Midrash Ha-Gadol Being a Collection of Ancient Rabbinic Homilies to the Pentateuch Edited for the First Time from Various Yemen Manuscripts and Provided with Notes and Preface. Genesis, Cambridge 1902.

SCHENKE, H.-M. (Übers.): Das Evangelium nach Philippus, in: W. SCHEEMELCHER (Hrsg.): Neutestamentliche Apokryphen, Band 1: Evangelien, Tübingen ⁶1990, 148–173.

SCHENKE, H.-M. (Ed. / Übers.): Das Philippus-Evangelium (Nag-Hammadi-Codex II,3). Neu herausgegeben, übersetzt und erklärt (Texte und Untersuchungen zur Geschichte der altchristlichen Literatur 143), Berlin 1997.

SCHERMANN, TH. (Ed.): Prophetarum Vitae Fabulosae (Bibliotheca Scriptorum Graecorum et Romanorum Teubneriani o.Z.), Leipzig 1907.

SCHMID, H.: Die »Mutter Erde« in der Schöpfungsgeschichte der Priesterschrift, Judaica 22 (1966), 237–243.

SCHMIDT, C. (Ed.): Der erste Clemensbrief in altkoptischer Übersetzung (Texte und Untersuchungen zur Geschichte der altchristlichen Literatur 32), Leipzig 1908.

SCHMIDT, F. (Ed.): Le Testament grec d' Abraham (Texte und Studien zum antiken Judentum 11), Tübingen 1986.

SCHMIDT, M. (Ed.): ΗΣΥΧΙΟΣ. Hesychii Alexandrini Lexicon post Ioannem Albertum Recensuit, Volumen Tertium: Λ–Ρ, Jena 1861.

SCHMITT, C.: Gespräche Jesu mit seinen Jüngern nach der Auferstehung (Texte und Untersuchungen 43), Leipzig 1919.

SCHMOLLER, A.: Handkonkordanz zum griechischen Neuen Testament, Stuttgart ²1989.

SCHNEIDER, K.: Art. Acheron, in: Reallexikon für Antike und Christentum 1 (Stuttgart 1950), 71–72.

SCHNEIDER, TH. / STEMPLINGER, E.: Art. Adler, in: Reallexikon für Antike und Christentum 1 (Stuttgart 1950), 87–94.

SCHRENK, G.: Art. πατήρ, A. Der Vaterbegriff im Indogermanischen und in der griechisch-römischen Antike, in: Theologisches Wörterbuch zum Neuen Testament 5 (Stuttgart 1954), 948–959.

SCHRENK, G.: Art. πατήρ, C. Der Vaterbegriff im Spätjudentum, in: Theologisches Wörterbuch zum Neuen Testament 5 (Stuttgart 1954), 974–981, speziell 977–981.

SCHRÖTER, R. (Ed.): Erster Brief Jakob's von Edessa an Johannes den Styliten, Zeitschrift der deutschen Morgenländischen Gesellschaft 24 (1870), 261–300.

SCHUBART, W.: Das Buch bei den Griechen und Römern Berlin / Leipzig [2]1921.

SCHÜRER, E.: The History of the Jewish People in the Age of Jesus Christ (175 B.C.–A.D. 135). A New English Version Revised and Edited by G. VERMES / F. MILLAR / M. BLACK, Edinburgh 1973–1987. (3 Bände in 4 Teilen)

SCHULTHESS, F.: Aramäisches, Zeitschrift für Assyriologie 24 (1910), 47–58.

SCHULZE, W.A.: Der Heilige und die wilden Tiere, Zeitschrift für die neutestamentliche Wissenschaft und die Kunde der älteren Kirche 46 (1955), 280–283.

SCHWYZER, E.: Griechische Grammatik auf der Grundlage von KARL BRUGMANNS Griechischer Grammatik, Band 1: Allgemeiner Teil. Lautlehre, Wortbildung, Flexion (Handbuch der Altertumswissenschaft Abt. 2, Teil 1, Band 1), München [5]1977.

SCOTT, J.M.: The Division of the Earth in Jubilees 8,11–9,15 and Early Christian Chronography, in: M. ALBANI / J. FREY / A. LANGE (Hrsgg.): Studies in the Book of Jubilees (Texte und Studien zum antiken Judentum 65), Tübingen 1997, 295–323.

SEGAL, M.: A Grammar of Mishnaic Hebrew, Oxford [2]1958.

SHARPE, J.L.: Prolegomena to the Establishment of the Critical Text of the Greek Apocalypse of Moses, Diss. Ann Arbor, Michigan 1969. (non vidi)

SIMONETTI, M. (Ed.): Sancti Cypriani De Zelo et Livore, in: C. MORESCHINI / M. SIMONETTI (Hrsgg.): Sancti Cypriani Episcopi Opera (Corpus Christianorum, Series Latina 3a), Turnhout 1976, 73–86.

SOKOLOFF. M. (Ed.): Midrash Bereshit Rabba. Ms. Vat. Ebr. 30 with an Introduction and Index, Jerusalem 1971. (Facsimile-Edition)

SOKOLOFF, M.: A Dictionary of Jewish Palestinian Aramaic of the Byzantine Period, Ramat-Gan 1990.

SPARKS, H.F.D.: The Apocryphal Old Testament, Oxford 1984.

SPERBER, A. (Ed.): The Bible in Aramaic Based on Old Manuscripts, Vol 1: The Pentateuch According to Targum Onkelos, Leiden etc. [2]1992.

SPITTLER, R.P. (Übers.): Testament of Job, in: J. H. CHARLESWORTH (Hrsg.): The Old Testament Pseudepigrapha, Vol. 1: Apocalyptic Literature and Testaments, New York etc. 1983, 829–868.

SPRENGER, Pastor Dr.: Jesu Säe- und Erntegleichnisse, Palästinajahrbuch des Deutschen evangelischen Instituts für Altertumswissenschaft des heiligen Landes zu Jerusalem 9 (1913), 79–97.

STAERK, D.W. (Ed.): Altjüdische liturgische Gebete (Kleine Texte für Vorlesungen und Übungen 58), Berlin 1930.

STÄHLIN, O. (Ed.): Clemens Alexandrinus, erster Band: Protrepticus und Paedagogus. Dritte durchgesehene Auflage von U. TREU (Die griechischen christlichen Schriftsteller der ersten Jahrhunderte o.Z.), Berlin [3]1972.

STÄHLIN, O. (Ed.): Clemens Alexandrinus, zweiter Band: Stromata, Buch I–VI. Neu herausgegeben von Ludwig FRÜCHTEL. 4. Auflage mit Nachträgen von Ursula TREU (Die griechischen christlichen Schriftsteller der ersten Jahrhunderte o.Z.), Berlin 1985.

STÄHLIN, G.: Art. τύπτω, in: Theologisches Wörterbuch zum Neuen Testament 8 (Stuttgart 1969), 260–269.

STEGMÜLLER, F.: Repertorium Biblicum Medii Aevi, Tom. 1, Madrid 1940.

STEINDORFF, G.: Die Apokalypse des Elias. Eine unbekannte Apokalypse und Bruchstücke der Sophonias-Apokalypse. Koptische Texte, Übersetzung, Glossar (Texte und Untersuchungen zur Geschichte der altchristlichen Literatur, Neue Folge 2, Heft 3a), Leipzig 1899.

STEMBERGER, G.: Die Bedeutung des Tierkreises auf Mosaikfußböden spätantiker Synagogen, Kairos 17 (1975), 23–56.

–: Der Talmud, München ²1987.

–: Einleitung in Talmud und Midrasch, München ⁸1992.

STEPHANUS, H.: Thesaurus Linguae Graecae, Paris 1831–1865. (8 Bände)

STICHEL, R.: Die Verführung der Stammeltern durch Satanael nach der Kurzfassung der slavischen Baruch-Apokalypse, in: R. LAUER / P. SCHREINER (Hrsgg.): Kulturelle Traditionen in Bulgarien. Bericht über das Kolloquium der Südosteuropa-Kommission, 16.–18. Juni 1987 (Abhandlungen der Akademie der Wissenschaften in Göttingen, Philologisch-Historische Klasse, 3. Folge 177), Göttingen 1989, 116–128.

STIEREN, A. (Ed.): Sancti Irenaei Episcopi Lugdunensis Detectionis et Eversionis Falso Cognominatae Agnitionis seu Contra Omnes Haereses Libri Quinque, 2 Bände, Leipzig 1853.

STINESPRING, W.F. (Übers.): Testament of Isaac (Second Century A.D.). A New Translation and Introduction, in: J.H. CHARLESWORTH (Hrsg.): The Old Testament Pseudepigrapha, Vol. 1, New York etc. 1983, 903–911.

STINESPRING, W.F. (Übers.): Testament of Jacob (Second o Third Century A.D.). A New Translation and Introduction, in: J.H. CHARLESWORTH (Hrsg.): The Old Testament Pseudepigrapha, Vol. 1, New York etc. 1983, 913–918.

STONE, M.E. (Ed.): The Penitence of Adam (Corpus Scriptorum Christianorum Orientalium 429, Scriptores Armeniaci 13), Louvain 1981.

STONE, M.E. (Übers.): The Penitence of Adam, Translated (Corpus Scriptorum Christianorum Orientalium 430, Scriptores Armeniaci 14), Louvain 1981.

STONE, M.E.: A History of the Literature of Adam and Eve (Society of Biblical Literature, Early Judaism and its Literature 3), Atlanta, GA 1992.

–: The Angelic Prediction in the Primary Adam Books, in: G.A. ANDERSON et al. (Hrsgg.): Literature on Adam and Eve. Collected Essays (Studia in Veteris Testamenti Pseudepigrapha 15), Leiden etc. 2000, 111–131.

–: The Legend of the Cheirograph of Adam, in: G.A. ANDERSON et al. (Hrsgg.): Literature on Adam and Eve (Studia in Veteris Testamenti Pseudepigrapha 15), Leiden etc. 2000, 149–166.

STRACK, H.L. / BILLERBECK, P.: Kommentar zum Neuen Testament aus Talmud und Midrasch, München 1922–1928. (4 Bände)

STRATHMANN, H.: Art. λαός A–C, in: Theologisches Wörterbuch zum Neuen Testament 4 (Stuttgart 1942), 29–39.

DE STRYCKER, È. (Ed.): La forme la plus ancienne du Protévangile de Jacques. Recherches sur le Papyrus Bodmer 5 avec une édition critique du texte grec et une traduction annotée. En appendice: les versions arméniennes traduites en Latin par H. QUECKE (Subsidia Hagiographica 33), Brüssel 1961.

STUIBER, A.: Art. Dreieck, in: Reallexikon für Antike und Christentum 4 (Stuttgart 1954), 310–313.

–: Art. Doxologie, in: Reallexikon für Antike und Christentum 4 (Stuttgart 1959), 210–226.

Su-Min Ri (Ed.): La Caverne des Trésors. Les deux recensions syriaques (Corpus Scriptorum Christianorum Orientalium 486, Scriptores Syri 207), Louvain 1987.

Su-Min Ri (Übers.): Le Caverne des Trésors. Les deux recensions syriaques (Corpus Scriptorum Christianorum Orientalium 487, Scriptores Syri 208), Louvain 1987.

Sweet, A.M. OSB: A Religio-Historical Study of the Greek Life of Adam and Eve, Diss. Notre Dame, Indiana 1992.

תלמוד בבלי, ווילנא התר"ם-התרמ"ו / Talmûd Babli, Wilna 5640–5646 (1880–1886). (Nachdruck: Jerusalem 1981)

Tambornino, J.: De Antiquorum Daemonismo (Religionsgeschichtliche Versuche und Vorarbeiten 7,3), Gießen 1909.

Thackeray, H.St.J.: A Grammar of the Old Testament in Greek according to the Septuagint, Vol.1: Introduction, Orthography and Accidence, Cambridge 1909 (Nachdruck: Hildesheim 1987). (Mehr als Vol. 1 ist nicht erschienen)

Theodor, J. / Albeck, Ch. (Edd.): Midrash Bereshit Rabba. Critical Edition with Notes and Commentary, Jerusalem ²1965. (3 Bände; Nachdruck: Jerusalem 1996)

Thilo, I.C. (Ed.): Codex Apocryphus Novi Testamenti, Tom. 1, Leipzig 1832.

Thilo, I.C. (Ed.): Sancti Athanasii Archiepiscopi Alexandrini Opera Dogmatica Selecta ex Recensione Bern. De Montfaucon, Leipzig 1853.

Thomson, S.H. (Ed.): A Fifth Recension of the Latin Vita Adae et Evae, Studi Medievali 6 (1933), 271–278.

Thumb, A.: Handbuch der neugriechischen Volkssprache. Grammatik. Texte. Glossar, Straßburg ²1910. (Nachdruck: Berlin etc. 1974)

–: Untersuchungen über den Spiritus asper im Griechischen, Straßburg 1888.

Thurneysen, R.: Saltair na Rann, Revue Celtique 6 (1883–1885), 96–109.

Till, W.C.: Koptische Dialektgrammatik. Mit Lesestücken und Wörterbuch, München ²1961.

Till, W.C. (Ed. / Übers.): Das Evangelium nach Philippus (Patristische Texte und Studien 2), Berlin 1963.

Tischendorf, C. (Ed.): Apocalypses Apocryphae Mosis, Esdrae, Pauli, Iohannis, item Mariae Dormitio Additis Evangeliorum et Actuum Apocryphorum Supplementis, Leipzig 1865.

de Tischendorf, C. (Ed.): Evangelia Apocrypha, Leipzig ²1876.

Tov, E. / Palm, S.J.: The Dead Sea Scrolls on Microfiche. A Comprehensive Facsimile Edition of the Texts from the Judean Desert. Companion Volume, Leiden 1993.

Trautmann, R. / Klostermann, R. (Edd.): Drei griechische Texte zum Codex Suprasliensis 1: Das Martyrium von Paulus und Juliana, Zeitschrift für slavische Philologie 11 (1934), 1–21.

Treu, K.: Die Bedeutung des Griechischen für die Juden im römischen Reich, Kairos 15 (1973), 125–144.

Τριώδιον κατανυκτικὸν περιέχον ἅπασαν τὴν ἀνήκουσαν αὐτῷ ἀκολουθίαν τῆς ἁγίας καὶ μεγάλης Τεσσαρακοστῆς ἀπὸ τῆς κυριακῆς τοῦ τελώνου καὶ τοῦ φαρισαίου μέχρι τοῦ ἁγίου καὶ μεγάλου Σαββάτου μετὰ τῶν κατ' ἦχον τριαδικῶν ὕμνων καὶ φωταγωγικῶν στιχερῶν τε καὶ καθισμάτων διαφόρων ἐν τῷ τέλει, Ἔκδοσις τῆς Ἀποστολικῆς Διακονίας τῆς Ἐκκλησίας τῆς Ἑλλάδος, Athen 1960, 65–72.

Troje, L.: ΑΔΑΜ und ΖΩΗ. Eine Szene der altchristlichen Kunst in ihrem religionsgeschichtlichen Zusammenhange (Sitzungsberichte der Heidelberger Akademie der Wissenschaften, Philosophisch-historische Klasse, Jahrgang 1916, Abh. 17), Heidelberg 1916.

Tromp, J. (Ed.): The Assumption of Moses. A Critical Edition with Commentary (Studia in Veteris Testamenti Pseudepigrapha 10), Leiden 1993.

Tromp, J.: Literary and Exegetical Issues in the Story of Adam's Death and Burial, in: J. Frish-

MAN / L. VAN ROMPAY (Edd.): The Book of Genesis in Jewish and Oriental Christian Interpretation. A Collection of Essays (Traditio Exegetica Graeca 5), Louvain 1997, 25–41.

–: Cain and Abel in the Greek and Armenian / Georgian Recensions of the Life of Adam and Eve, in: G.A. ANDERSON et al. (Edd.): Literature on Adam and Eve. Collected Essays (Studia in Veteris Testamenti Pseudepigrapha 15), Leiden etc. 2000, 277–296. (Kurztitel: TROMP, Cain)

–: Zur Edition apokrypher Texte: am Beispiel des griechischen Lebens Adams und Evas, in: W. WEREN / D.A. KOCH (Hrsgg.): Recent Developments in Textual Criticism (Studies in Theology and Religion 8), Assen 2003, 189–205.

TRUMPP, E. (Ed.): ገድለ ፡ አዳም ፡ Der Kampf Adams (gegen die Versuchungen des Satans) oder das christliche Adambuch des Morgenlandes. Äthiopischer Text, verglichen mit dem arabischen Originaltext (Abhandlungen der philosophisch-historischen Classe der königlich bayrischen Akademie der Wissenschaften 15,3), München 1881.

TSCHUSCHKE, A.: De πρίν Particulae apud Scriptores Aetatis Augusteae Prosaicos Usu, Diss. Breslau 1913.

TURDEANU, É: Apocryphes Slaves et Roumains de l'Ancien Testament (Studia in Veteris Testamenti Pseudepigrapha 5), Leiden 1981, 75–144.

UTHEMANN, K.-H. / REGTUIT, R.F. / TEVEL, J.M. (Edd.): Homiliae Pseudo-Chrysostomicae. Instrumentum Studiorum, Vol. 1, Brepols 1994.

VAN DER HORST, P.W.: Images of Women in the Testament of Job, in: M. A. KNIBB / IDEM (Hrsgg.): Studies in the Testament of Job (Society for New Testament Studies, Monograph Series 66), Cambridge 1989, 93–116.

VANDERKAM, J.C.: The Origins and Purposes of the Book of Jubilees, in: M. ALBANI / J. FREY / A. LANGE (Hrsgg.): Studies in the Books of Jubilees (Texte und Studien zum Antiken Judentum 65), Tübingen 1997, 3–24.

VANDERKAM, J.C. (Ed.): The Book of Jubilees. A Critical Text (Corpus Scriptorum Christianorum Orientalium 510, Scriptores Aethiopici 87), Louvain 1989.

VANDERKAM, J.C. (Übers.): The Book of Jubilees. A Critical Text (Corpus Scriptorum Christianorum Orientalium 511, Scriptores Aethiopici 88), Louvain 1989.

VAN DER VLIETH, J.: Satan's Fall in Coptic Magic, in: M. MEYER / P. MIRECKI (Hrsgg.): Ancient Magic and Ritual Power (Religions in the Graeco-Roman World 129), Leiden etc. 1995, 401–418.

VAN DE VORST, C. / DELEHAYE, H.: Catalogus Codicum Hagiographicorum Graecorum Germaniae Belgii Angliae (Subsidia Hagiographica 13), Brüssel 1913.

VAN HENTEN, J.W. (Hrsg.): Die Entstehung der jüdischen Martyrologie (Studia Post-Biblica 38), Leiden 1989.

VAN LANTSCHOOT, A. (Ed.): Fragments coptes d'une homélie de Jean de Parallos contre les hérétiques, in: Miscellanea Giovanni Mercati, Vol 1 (Studi e testi 121), Città del Vaticano 1946.

VAN LANTSCHOOT, A. (Ed.): Un Texte Palimpseste de Vat. Copte 65, Le Muséon 60 (1947), 261–268.

VAN OTTERLO, A.A.: Untersuchungen über Begriff, Anwendung und Entstehung der griechischen Ringkomposition (Mededeelingen der Koninklijke Akademie van Wetenschappen, Afdeeling Letterkunde, N.R. 7), Amsterdam 1944, 131–176.

VAN ROMPAY. L.: Memories of Paradise. The Greek »Life of Adam and Eve« and Early Syriac Tradition, Aram 5 (1993), 555–570.

VAN RUITEN, J.: The Garden of Eden and Jubilees 3,1–31, Bijdragen 57 (1996), 305–317.

VASSILIEV, A. (Ed.): Anecdota Graeco-Byzantina, Moskau 1893, 188–292.

VOGELS, H.I. (Ed.): Ambrosiatri Qui Dicitur Commentarius in Epistulas Paulinas, Pars Prima: In Epistulam ad Romanos (Corpus Scriptorum Ecclesiasticorum Latinorum 81), Wien 1966.

VOLLMER, H. (Ed.): Ein deutsches Adambuch (Gelehrtenschule des Johanneums zu Hamburg, Progr. Nr. 951), Hamburg 1908.

VON DER HAGEN, F. (Ed.): Gesamtabenteuer, Tübingen / Stuttgart 1850. (Nachdruck: Darmstadt 1961)

VON DOBSCHÜTZ, E. (Ed.): Das Decretum Gelasianum de Libris Recipiendis et non Recipiendis (Texte und Untersuchungen 38,4), Leipzig 1912.

VON GEBHARDT, O. (Ed.): Das Evangelium und die Apokalypse des Petrus. Die neuentdeckten Bruchstücke nach einer Photographie der Handschrift zu Gizeh in Lichtdruck herausgegeben, Leipzig 1893.

VON NORDHEIM, E.: Die Lehre der Alten, Bd 1–2 (Arbeiten zur Literatur und Geschichte des hellenistischen Judentums 13.18), Leiden 1980–1985.

VOß, J.: Die Menorah. Gestalt und Funktion des Leuchters im Tempel zu Jerusalem (Orbis Biblicus et Orientalis 128), Freiburg etc. 1993.

WAHL, O. (Ed.): Apocalypsis Esdrae, Apocalypsis Sedrach, Visio Beati Esdrae (Pseudepigrapha Veteris Testamenti Graece 8), Leiden 1977.

WALDSTEIN, M. / WISSE, FR. (Edd. / Überss.): The Apocryphon of John. Synopsis of Nag Hammadi, Codices II,1; III,1; and IV,1 with BG 8502,2 (Nag Hammadi and Manichaean Studies 33), Leiden 1995, 136–141.

WALKER, A. (Übers.): Revelation of Moses, in: A. ROBERTS / J. DONALDSON (Hrsgg.): The Ante Nicene Fathers. Translations of the Writings of the Fathers down to A.D. 325, Vol. 7: The Twelve Patriarchs, Excerpts, and Epistles, the Clementina, Apocrypha, Decretals, Memoirs of Edessa and Syriac Documents, Remains of the First Ages, Edinburgh 1871 (Nachdruck: Grand Rapids, Michigan 1989), 565–570.

WASZINK, J.H. (Ed.): Q.S.Fl. Tertulliani De Anima, in: Quinti Septimi Florentis Tertulliani Opera (Corpus Christianorum, Series Latina 2), Turnhout 1954, 779–869

WEBER, R. (Ed.): Ad Quirinum, in: Sancti Cypriani Episcopi Opera (Corpus Christianorum, Series Latina 3), Turnhut 1872, 1–179

WEBER, R.: (Ed.): Biblia Sacra Vulgata iuxta Vulgatam Versionem. Editio Tertia Emendata quam Paravit Bonifatius Fischer OSB, Stuttgart ³1983.

WEIß, I.H. (Ed.): ספרא דבי רב. הוא ספר תורת כהנים, Wien 1862.

WEIß, J.: Der erste Korintherbrief. Zweiter Neudruck der völlig neubearbeiteten Auflage 1910, Göttingen 1977.

WELLS, L.S.A (Übers.): The Books of Adam and Eve, in: R. CHARLES (Ed.): Apocrypha and Pseudepigrapha of the Old Testament in English, Vol. 2, Oxford 1913, 123–154.

WELTEN, P.: Art. Bestattung 2 (Altes Testament), in: Theologische Realenzyklopädie 5 (Berlin etc. 1980), 734–738.

WELZ, C.: Descriptio Codicum Graecorum (Katalog der kaiserlichen Universitäts- und Landesbibliothek in Strassburg), Straßburg 1913

WENGST, K. (Ed. / Übers.): Didache (Apostellehre), Barnabasbrief, Zweiter Klemensbrief, Schrift an Diognet (Schriften des Urchristentums 2), Darmstadt 1984.

WENTZEL: Art. Acheron 6, in: Paulys Real-Encyclopädie der classischen Altertumswissenschaft 1 (Stuttgart 1894), 218–219.

WESTERMANN, C.: Genesis. 1. Teilband: Genesis 1–11 (Biblischer Kommentar, Altes Testament 1,1), Neukirchen-Vluyn ³1983.

WEVERS, J.W. (Ed.): Genesis (Septuaginta. Vetus Testamentum Graecum Auctoritate Academiae Scientiarum Gottingensis Editum 1), Göttingen 1974.

WICKERSHEIMER, E.: Strasbourg (Catalogue général des manuscrits des bibliothèques publiques. Départements 47), Paris 1923.

WINER, G.B.: Grammatik des neutestamentlichen Sprachidioms, Leipzig ⁵1844.

WINIARCZYK, M. (Ed.): Euhemeri Messenii Reliquiae (Bibliotheca Scriptorum Graecorum et Romanorum Teubneriana o.Z.), Stuttgart / Leipzig 1991.

WINTERMUTE, O.S. (Übers.): Jubilees, in: J.H. CHARLESWORTH (Hrsg.): The Old Testament Pseudepigrapha, Vol. 2: Expansions of the »Old Testament« and Legends, Wisdom and Philosophical Literature, Prayers, Psalms, and Odes, Fragments of Lost Judaeo-Hellenistic Works, New York etc. 1985, 35–142.

WIRGIN, W.: The Menorah as Symbol of After-Life, Israel Exploration Journal 14 (1964), 102–104.

WIRGIN, W.: The Menorah as Symbol of Judaism, Israel Exploration Journal 12 (1962), 140–142.

WRIGHT, TH. (Ed.): The Chester Plays: A Collection of Mysteries, Vol. 1 (Publications of the Shakespeare-Society, Jahrgang 1843, Abh. 4), London 1843.

WRIGHT, TH. (Ed.): The Chester Plays: A Collection of Mysteries, Vol. 2 (Publications of the Shakespeare-Society, Jahrgang 1847, Abh. 2), London 1847.

WÜNSCHE, A. (Übers.): Der Midrasch Bereschit Rabba, Leipzig 1881 (Nachdruck: Hildesheim 1967)

YOUNG, D. (Ed.): Theognis.Ps.-Pythagoras, Ps-Phocylides, Chares, Anonymi Aulodia, Fragmentum Teliambicum post E. DIEHL iterum Edidit Indicibus ad Theognidem Adiectis (Bibliotheca Scriptorum Graecorum et Romanorum Teubneriana o.Z.), Leipzig 1971.

YOVSÊPHEANCH, S. (Ed.): Ankanon girk' č'in ktakaranoy (T'angaran č'in eu nor naxneac' 1) (= Apokryphe Bücher des alten Testaments [Schatz alter und neuer Väter 1]), Venedig 1896, 1–23. (Kürzel: YOV.)

ZANDEE, J. (Ed.): Iosephus Contra Apionem. An Apocryphal Story of Joseph in Coptic, Vigiliae Christianae 15 (1961), 193–213.

ZIEGLER, J. (Ed.): Sapientia Salomonis (Septuaginta. Vetus Testamentum Graecum Auctoritate Academiae Scientiarum Gottingensis Editum 12,1), Göttingen 1980.

ZUNTZ, G.: On the Opening Sentence of Melito's Paschal Homily, Harvard Theological Review 36 (1943), 299–315.

Stellenregister

Das Stellenregister gliedert sich in 16 Sparten, innerhalb derer die zitierten Quellen gewöhnlich alphabetisch geordnet werden. In § 2 (AT) und § 3 (Apokryphen des AT) ist die Reihenfolge diejenige der Lutherbibel, in § 8 (NT) gilt die Ordnung des griechischen Kanons. Die Bücher des Josephus werden in der Anordnung bei NIESE zitiert (vgl. § 6), die Schriften Philos analog nach der Anordnung bei COHN / WENDLAND (vgl. § 6). Talmud-Traktate werden in der traditionellen Reihenfolge aufgeführt; in Klammern erscheint die Angabe von Sedær und Traktat (vgl. § 14). Für die Qumran-Funde ist die Anordnung der Schriften bei MEYER: Qumran-Essener maßgeblich (vgl. § 7). Unter § 4 (parabiblische Literatur zum Alten Testament) finden sich die meisten der gewöhnlich als »Apokryphen« oder »Pseudepigraphen des Alten Testaments« bezeichneten Schriften; in Klammern wird jeweils die Ordnungsnummer bei HAELEWYCK: Clavis (CAVT) angegeben. Entsprechend finden sich unter § 10 (parabiblische Literatur zum Neuen Testament) die »Apokryphen des NT«; in Klammern steht die Ordnungsnummer bei GEERARD: Clavis (CANT).

1. Adamdiegesen

Apokalypse des Mose – Verse		10,1	539
Superscriptio	138	10,2	170, 354
1,2	117	10,3	30, 144, 171, 265, 305, 479
2,1–3,1	138, 163, 535	11,2	350
2,1	190	11,3	30
2,2	30, 190	12,1	30, 97, 144, 171, 265
2,2–3	116-117		
2,4	190, 291, 428_{13}	12,2	144, 171, 265, 479
3,2–4,2	246	13,1.2	526
3,2	270, 341	13,3–6	35, 263_{16}
3,3	99–100	13,3–5	9_{17}, 171, 455
4,2	118	13,3	30
5	114	13,6	30, 97, 154, 170, 248
5,2	125		
5,4	137	14,2	135, 213–214, 341
5,4–6,3	127–128, 164	14,3	125, 190
6,1–6,3a	119, 127–128, 139	15,1	125, 204, 291, 421_2 (424), 425_8
6,2	30		
6,3	30, 137	15,2–3	122, 195_5, 383, 397, 558
7-8	114, 125-126, 137, 287_1	15–30	45, 124–126, 140, 145, 169, 170 (bis)
7,1	135, 213		
7,2	18_6 (19), 30, 97, 143, 204, 291, 318, 323	15–16	91, 92
		16	91, 141, 143
9–14	126, 134–135, 137	16,1–17,1a	162
9,1	125, 213	16,2	118-119, 280
9,3	190, 526		

2. Altes Testament

3. Apokryphen des Alten Testaments

4. Parabiblische Literatur zum Alten Testament

5. Pseudo-Auctores Hellenistae

6. Jüdische Autorenliteratur aus hellenistisch-römischer Zeit

7. Qumran, Funde in der judäischen Wüste, Inschriften

8. Neues Testament

9. Apostolische Väter

Barnabas	
19–20	412
19,2–12	413

1. Clemens	
3,4	287_1
6,3	332
14,2	332
34,8	480

2. Clemens	
19,2	396

Didache	
1–5	412
1,2–2,7	413
1,2	412–413
3,2	214_8

Diognet	
6,8	558_9

Hirt des Hermas	
Vis 4,1	256_4
Mand 4,2–3	318_{19}
Mand 12,6,5	396
Sim 8,7,3	315_{16}
Sim 8,8,3	315_{16}
Sim 9,16,5	50_{36} (51)

Ignatius, Epistula ad Magnesianos	
9,2	50_{36}

Ignatius, Epistula ad Trallianos	
9,1	50_{36}

Ignatius, Epistula ad Romanos	
9,3	508

Ignatius, Epistula ad Philadelphienss	
9,1	50_{36}

10. Parabiblische Literatur zum Neuen Testament

Acta Thomae (gr) (CANT 249 II)	
31–33	414_4
32	287_1 (288), 311_{12}
108,9–10	363
113,97–99	363

Apokalypse des Petrus (CANT 317)	
allgemein	491_{31}
gr 14	490–491

Apokalypse des Paulus (CANT 325)	
allgemein	491_{32}
lat 22	491, 503

De Morte Josephi = Historia Josephi Fabri Lignarii (CANT 60)

allgemein	113, 113_9

Descensus ad Inferos (aus Ev Nic B - CANT 62 II)

3	39, 263_{16}, 285, 499
5	316_{18}

5,3	50_{36} (51)

Didascalia Christi	
22–25	52_{39}

Dormitio Mariae (CANT 101)	
allgemein	113, 113_8
5ff.	113_8
26–27	504
26	113_8
38	113_8, 504
39	504
44	504

Evangelium Petri (CANT 13)	
24	526
33	546
41–42	50_{36} (50–51)

Iesu Contentio cum Diabolo (CANT 87)	
3	52_{39}

11. Kirchenschriftsteller

12. Koptische Literatur

13. Gnostische Literatur

14. Rabbinische Literatur

15. Pagane Autoren

16. Sachliteratur

Sachregister

Philologischer Index

1. Altarmenische Wörter

xorhourd 212$_6$

2. Altäthiopische Wörter

3. Aramäische Wörter

4. Griechische Wörter

5. Hebräische Wörter

6. Koptische Wörter

7. Lateinische Wörter

8. Syrische Wörter

Autorenregister

Apokalypse des Mose: Lesetext

Διήγησις καὶ πολιτεία Ἀδὰμ καὶ Εὔας, τῶν πρωτοπλάστων ἀποκαλυφθεῖσα παρὰ θεοῦ Μωυσῇ τῷ θεράποντι αὐτοῦ, ὅτε τὰς πλάκας τοῦ νόμου τῆς διαθήκης ἐδέξατο ἐκ χειρὸς αὐτοῦ, διδαχθεῖσα ὑπὸ τοῦ ἀρχαγγέλου Μιχαήλ· Κύριε εὐλόγησον.

1,1 Αὕτη ἡ διήγησις Ἀδὰμ καὶ Εὔας.

Μετὰ τὸ ἐξελθεῖν αὐτοὺς ἐκ τοῦ παραδείσου 1,2 ἔλαβεν Ἀδὰμ Εὔαν, τὴν γυναῖκα αὐτοῦ, καὶ ἀνῆλθεν εἰς τὴν ἀνατολὴν καὶ ἔμεινεν ἐκεῖ ἔτη δέκα καὶ ὀκτὼ καὶ μῆνας δύο.
1,3 Καὶ ἐν γαστρὶ εἴληφεν Εὔα καὶ ἐγέννησε δύο υἱούς, τὸν †Διάφωτον†, τὸν καλούμενον Κάϊν, καὶ τὸν †Ἀμιλαβές†, τὸν καλούμενον Ἄβελ.
2,1 Καὶ μετὰ ταῦτα ἐγένοντο μετ᾽ ἀλλήλων Ἀδὰμ καὶ Εὔα· κοιμωμένων δὲ αὐτῶν εἶπεν Εὔα τῷ κυρίῳ αὐτῆς Ἀδάμ· 2,2 κύριέ μου, εἶδον ἐγὼ κατ᾽ ὄναρ τῇ νυκτὶ ταύτῃ τὸ αἷμα τοῦ υἱοῦ μου Ἀμιλαβές, τοῦ ἐπιλεγομένου Ἄβελ, βαλλόμενον εἰς τὸ στόμα Κάϊν, τοῦ ἀδελφοῦ αὐτοῦ, καὶ ἔπιεν αὐτὸ ἀνελεημόνως. παρεκάλει δὲ αὐτὸν συγχωρῆσαι αὐτῷ ὀλίγον ἐξ αὐτοῦ. 2,3 αὐτὸς δὲ οὐκ ἤκουσεν αὐτοῦ, ἀλλ᾽ ὅλον κατέπιεν αὐτό. καὶ οὐκ ἔμεινεν ἐπὶ τὴν κοιλίαν αὐτοῦ, ἀλλ᾽ ἐξῆλθεν ἔξω τοῦ στόματος αὐτοῦ. 2,4 εἶπε δὲ Ἀδάμ· ἀναστάντες πορευθῶμεν καὶ ἴδωμεν, τί ἐστι τὸ γεγονὸς αὐτοῖς, μήποτε ὁ ἐχθρὸς πολεμῇ τι πρὸς αὐτούς. 3,1 πορευθέντες δὲ ἀμφότεροι εὗρον πεφονευμένον τὸν Ἄβελ ἀπὸ χειρὸς Κάϊν τοῦ ἀδελφοῦ αὐτοῦ.
3,2 Καὶ λέγει ὁ θεὸς Μιχαὴλ τῷ ἀρχαγγέλῳ· εἰπὲ τῷ Ἀδάμ, ὅτι τὸ μυστήριον, ὃ οἶδας, μὴ ἀναγγείλῃς Κάϊν, τῷ υἱῷ σου, ὅτι ὀργῆς υἱός ἐστιν. ἀλλὰ μὴ λυποῦ, δώσω σοι γὰρ ἀντ᾽ αὐτοῦ ἕτερον υἱόν. ‹τούτῳ δηλώσ‹ῃς› πάντα, ὅσα ποι‹ή›σῃς. σὺ δὲ μὴ εἴπῃς αὐτῷ μηδέν. 3,3 ταῦτα εἶπεν ὁ θεὸς τῷ ἀγγέλῳ αὐτοῦ. Ἀδὰμ δὲ ἐφύλαξε τὸ ῥῆμα ἐν τῇ καρδίᾳ αὐτοῦ, μετ᾽ αὐτοῦ καὶ ἡ Εὔα, ἔχοντες τὴν λύπην περὶ Ἄβελ, τοῦ υἱοῦ αὐτῶν. 4,1 Μετὰ δὲ ταῦτα ἔγνω Ἀδὰμ τὴν γυναῖκα αὐτοῦ. καὶ ἐν γαστρὶ ἔσχε καὶ ἐγέννησε τὸν Σήθ. 4,2 καὶ λέγει ὁ Ἀδὰμ τῇ Εὔᾳ· ἰδού, ἐγεννήσαμεν υἱὸν ἀντὶ Ἄβελ, ὃν ἀπέκτεινε Κάϊν· δώσωμεν δόξαν καὶ θυσίαν τῷ θεῷ.
5,1 Ἐποίησε δὲ Ἀδὰμ υἱοὺς τριάκοντα καὶ θυγατέρας τριάκοντα. ἔζησε δὲ Ἀδὰμ ἔτη ἐνακόσια τριάκοντα. 5,2 καὶ περιπεσὼν εἰς νόσον ἐβόησε φωνῇ μεγάλῃ λέγων· ἐλθέτωσαν πρός με οἱ υἱοί μου πάντες, ὅπως ὄψομαι αὐτοὺς πρὶν ἀποθανεῖν με. 5,3 καὶ συνήχθησαν πάντες, ἦν γὰρ οἰκισθεῖσα ἡ γῆ εἰς τρία μέρη.

5,4 Εἶπε δὲ αὐτῷ Σήθ, ὁ υἱὸς αὐτοῦ· πάτερ Ἀδάμ, τί σοί ἐστι νόσος; 5,5
Καὶ λέγει· τεκνία μου, πόνος πολὺς συνέχει με. καὶ λέγουσιν αὐτῷ· τί
ἐστι πόνος καὶ νόσος; 6,1 Καὶ ἀποκριθεὶς Σὴθ λέγει αὐτῷ· μὴ ἐμνήσθης,
πάτερ, τοῦ παραδείσου, ἐξ ὧν ἤσθιες ‹καρπῶν›, καὶ ἐλυπήθης ἐπιθυμήσας
αὐτῶν; 6,2 ἐὰν οὕτως ἐστίν, ἀνάγγειλόν μοι, καὶ ἐγὼ πορεύσομαι καὶ
ἐνέγκω σοι καρπὸν ἀπὸ τοῦ παραδείσου. ἐπιθήσω γὰρ κόπρον ἐπὶ τὴν
κεφαλήν μου καὶ κλαύσομαι καὶ προσεύξομαι· καὶ εἰσακούσεταί μου
κύριος καὶ ἀποστείλῃ τὸν ἄγγελον αὐτοῦ, καὶ ἐνέγκω σοι, ἵνα καταπαύσῃ
ὁ πόνος ἀπὸ σοῦ. 6,3 λέγει αὐτῷ ὁ Ἀδάμ· οὐχί, υἱέ μου Σήθ, ἀλλὰ νόσον
καὶ πόνους ἔχω. Λέγει αὐτῷ Σήθ· καὶ πῶς σοι ἐγένοντο;
7,1 Εἶπε δὲ αὐτῷ ὁ Ἀδάμ· ὅτε ἐποίησεν ἡμᾶς ὁ θεός, ἐμέ τε καὶ τὴν
μητέρα ὑμῶν, [δι' ἧς καὶ ἀποθνήσκομεν], ἔδωκεν ἡμῖν πᾶν φυτὸν ἐν τῷ
παραδείσῳ· περὶ ἑνὸς δὲ ἐνετείλατο ἡμῖν μὴ ἐσθίειν ἐξ αὐτοῦ, [δι' ἧς
καὶ ἀποθνήσκομεν]. 7,2 Ἤγγισε δὲ ἡ ὥρα τῶν ἀγγέλων τῶν διατηρούντων
τὴν μητέρα ὑμῶν τοῦ ἀναβῆναι καὶ προσκυνῆσαι τὸν κύριον, καὶ ἔδωκεν
αὐτῇ ὁ ἐχθρός, καὶ ἔφαγεν ἀπὸ τοῦ ξύλου, ἐγνωκώς, ὅτι οὐκ ἤμην
ἔγγιστα αὐτῆς, οὔτε οἱ ἅγιοι ἄγγελοι. 7,3 ἔπειτα ἔδωκε κἀμοὶ φαγεῖν.
8,1 Καὶ ὠργίσθη ἡμῖν ὁ θεός, καὶ ἐλθὼν ἐν τῷ παραδείσῳ ὁ δεσπότης
ἔθηκε τὸν θρόνον αὐτοῦ καὶ ἐκάλεσέ με φωνῇ φοβερᾷ λέγων·'Αδάμ, ποῦ
εἶ, καὶ ἵνα τί κρύβεσ‹θ›ε ἀπὸ προσώπου μου; μὴ δυνήσεται κρυβῆναι
οἰκία τῷ οἰκοδομήσαντι αὐτήν; 8,2 καὶ λέγει· ἐπεὶ ἐγκατέλιπας τὴν
διαθήκην μου καὶ τὴν ἐντολήν μου παρήκουσας, ὑπήνεγκα τῷ σώματί σου
ἑβδομήκοντα πληγάς· πρώτη νόσος πληγῆς ὁ βιασμὸς τῶν ὀφθαλμῶν,
δεύτερον πληγῆς τῆς ἀκοῆς ὁ πόνος, καὶ οὕτως καθεξῆς πᾶσαι αἱ πληγαὶ
παρακολουθοῦσαι τῷ σώματί σου.
9,1 Ταῦτα δὲ λέγων ὁ Ἀδὰμ τοῖς υἱοῖς αὐτοῦ ἀνεστέναξε μέγα καὶ
εἶπεν· τί ποιήσω, ὅτι ἐν μεγάλῃ λύπῃ εἰμί; 9,2 Ἔκλαυσε δὲ ἡ Εὔα λέγου-
σα· κύριέ μου Ἀδάμ, ἀναστὰς δός μοι τὸ ἥμισυ τῆς νόσου σου, καὶ
ὑπενέγκω αὐτήν, ὅτι δι' ἐμὲ τοῦτό σοι γέγονεν, δι' ἐμὲ ἐν καμάτοις
τυγχάνεις. 9,3 Εἶπε δὲ Ἀδὰμ τῇ Εὔᾳ· ἀνάστα καὶ πορεύου μετὰ τοῦ
υἱοῦ ἡμῶν Σὴθ πλησίον τοῦ παραδείσουκαὶ ἐπίθετε γῆν ἐπὶ τὰς κεφαλὰς
ὑμῶν καὶ κλαύσατε δεόμενοι τοῦ θεοῦ, ὅπως σπλαγχνισθῇ ἐπ' ἐμοὶ καὶ
ἀποστείλῃ τὸν ἄγγελον αὐτοῦ εἰς τὸν παράδεισον καὶ δώσῃ μοι ἐκ τοῦ
δένδρου, ἐν ᾧ ῥέει τὸ ἔλαιον ἐξ αὐτοῦ, καὶ ἐνέγκῃς μοι, καὶ ἀλείψωμαι
καὶ ἀναπαύσωμαι ἀπὸ τῆς νόσου μου· καὶ δηλώσ‹ῃς› τὸν τρόπον, ἐν ᾧ
ἠπατήθημεν τὸ πρότερον.
10,1 Ἐπορεύθη δὲ Σὴθ καὶ ἡ Εὔα εἰς τὰ μέρη τοῦ παραδείσου. καὶ εἶδεν
ἡ Εὔα τὸν υἱὸν αὐτῆς καὶ θηρίον πολεμοῦντα αὐτόν. 10,2 ἔκλαυσε δὲ Εὔα
λέγουσα· οἴμμοι, οἴμμοι, ὅτι ἐὰν ἔλθω εἰς τὴν ἡμέραν τῆς ἀναστάσεως,
πάντες οἱ ἁμαρτήσαντες καταράσονταί με λέγοντες· ἐπικατάρατος ἡ
Εὔα, ὅτι οὐκ ἐφύλαξεν τὴν ἐντολὴν τοῦ θεοῦ. 10,3 καὶ εἶπε πρὸς τὸ
θηρίον· ὦ θηρίον πονηρόν, οὐ φοβήσῃ τὴν εἰκόνα τοῦ θεοῦ, πολεμῆσαι
αὐτήν; πῶς ἠνοίγη τὸ στόμα σου; πῶς ἐνίσχυσαν οἱ ὀδόντες σου; πῶς
οὐκ ἐμνήσθης τῆς ὑποταγῆς σου, ὅτι πρότερον ὑπετάγης τῇ εἰκόνι τοῦ
θεοῦ; 11,1 Τότε τὸ θηρίον ἐβόησε λέγων· ὦ Εὔα, οὐ πρὸς ἡμᾶς ἡ

πλεονεξία σου οὔτε ὁ κλαυθμός, ἀλλὰ πρὸς σέ, ἐπειδὴ ἡ ἀρχὴ τῶν θηρίων ἐκ σοῦ ἐγένετο. 11,2 πῶς ἠνοίγη τὸ στόμα σου, φαγεῖν ἀπὸ τοῦ ξύλου, περὶ οὗ ἐνετείλατό σοι ὁ θεός, μὴ φαγεῖν ἐξ αὐτοῦ; διὰ τοῦτο καὶ ἡμῶν αἱ φύσεις μετηλλάγησαν. 11,3 νῦν οὖν οὐ δυνήσῃ ὑπενεγκεῖν, ἐὰν ἀπάρξωμαι ἐλέγχειν σε. 12,1 Λέγει ὁ Σὴθ πρὸς τὸ θηρίον· κλεῖσαί σου τὸ στόμα καὶ σίγα καὶ ἀπόστηθι ἀπὸ τῆς εἰκόνος τοῦ θεοῦ ἕως τῆς ἡμέρας τῆς κρίσεως. 12,2 Τότε λέγει τὸ θηρίον τῷ Σήθ·Ἰδού, ἀφίσταμαι ἀπὸ τῆς εἰκόνος τοῦ θεοῦ. Τότε ἔφυγε τὸ θηρίον καὶ ἀφῆκεν αὐτὸν πεπληγμένον καὶ ἐπορεύθη εἰς τὴν σκηνὴν αὐτοῦ.

13,1 Ἐπορεύθη δὲ Σὴθ μετὰ τῆς μητρὸς αὐτοῦ Εὔας πλησίον τοῦ παραδείσου, καὶ ἔκλαυσαν δεόμενοι τοῦ θεοῦ, ὅπως ἀποστείλῃ τὸν ἄγγελον αὐτοῦ καὶ δώσῃ αὐτοῖς τὸ ἔλαιον τοῦ ἐλέου. 13,2 Καὶ ἀπέστειλεν ὁ θεὸς Μιχαήλ, τὸν ἀρχάγγελον, καὶ εἶπεν αὐτῷ· Σήθ, ἄνθρωπε τοῦ θεοῦ,μὴ κάμῃς εὐχόμενος ἐπὶ τῇ ἱκεσίᾳ ταύτῃ περὶ τοῦ ξύλου, ἐν ᾧ ῥέει τὸ ἔλαιον, ἀλεῖψαι τὸν πατέρα σου Ἀδάμ. 13,3 οὐ γενήσεταί σοι νῦν, ἀλλ' ἐπ' ἐσχάτων τῶν καιρῶν, ὅτε ἀναστήσεται πᾶσα σὰρξ ἀπὸ Ἀδὰμ ἕως τῆς ἡμέρας ἐκείνης τῆς μεγάλης, ὅσοι ἔσονται λαὸς ἅγιος. 13,4 τότε αὐτοῖς δοθήσεται πᾶσα εὐφροσύνη τοῦ παραδείσου, καὶ ἔσται ὁ θεὸς ἐν μέσῳ αὐτῶν. 13,5 καὶ οὐκ ἔσονται ἔτι ἐξαμαρτάνοντες ἐνώπιον αὐτοῦ, ὅτι ἀρθήσεται ἀπ' αὐτῶν ἡ καρδία ἡ πονηρά, καὶ δοθήσεται αὐτοῖς καρδία συνετιζομένη τὸ ἀγαθὸν καὶ λατρεύειν θεῷ μόνῳ. 13,6 σὺ δὲ πάλιν πορεύου πρὸς τὸν πατέρα σου, ἐπειδὴ ἐπληρώθη τὸ μέτρον τῆς ζωῆς αὐτοῦ ἴσον τριῶν ἡμερῶν· ἐξερχομένης δὲ τῆς ψυχῆς αὐτοῦ μέλλεις θεάσασθαι τὴν ἄνοδον αὐτῆς φοβεράν.

14,1 Εἰπὼν δὲ ταῦτα ὁ ἄγγελος ἀπῆλθεν ἀπ' αὐτῶν.Ἦλθε δὲ Σὴθ καὶ ἡ Εὔα εἰς τὴν σκηνήν, ὅπου ἔκειτο ὁ Ἀδάμ. 14,2 Λέγει δὲ Ἀδὰμ τῇ Εὔᾳ· ὦ Εὔα, τί κατειργάσω ἐν ἡμῖν; ἐπήνεγκας ἐφ' ἡμᾶς ὀργὴν μεγάλην, ἥτις ἐστὶ θάνατος κατακυριεύων παντὸς τοῦ γένους ἡμῶν. 14,3 Λέγει Ἀδὰμ τῇ Εὔᾳ· κάλεσον πάντα τὰ τέκνα ἡμῶν καὶ τὰ τέκνα τῶν τέκνων ἡμῶν καὶ ἀνάγγειλον αὐτοῖς τὸν τρόπον τῆς παραβάσεως ἡμῶν.

15,1 Τότε λέγει ἡ Εὔα πρὸς αὐτούς· ἀκούσατε, πάντα τὰ τέκνα μου καὶ τὰ τέκνα τῶν τέκνων μου, κἀγὼ ἀναγγελῶ ὑμῖν, πῶς ἠπάτησεν ἡμᾶς ὁ ἐχθρός.

15,2 Ἐγένετο ἐν τῷ φυλάττειν ἡμᾶς τὸν παράδεισον – ἐφυλάττομεν ἕκαστος ἡμῶν τὸ λαχόν τι αὐτῷ μέρος ἀπὸ τοῦ θεοῦ, ἐγὼ δὲ ἐφύλαττον ἐν τῷ κλήρῳ μου νότον καὶ δύσιν. 15,3 Ἐπορεύθη δὲ ὁ διάβολος εἰς τὸν κλῆρον τοῦ Ἀδάμ, ὅπου ἦν τὰ θηρία, ἐπειδὴ τὰ θηρία ἐμέρισεν ἡμῖν ὁ θεός – τὰ ἀρσενικὰ πάντα δέδωκε τῷ πατρὶ ὑμῶν καὶ τὰ θηλυκὰ πάντα δέδωκεν ἐμοί.

16,1 Καὶ ἐλάλησε τῷ ὄφει ὁ διάβολος λέγων· ἀνάστα, ἐλθὲ πρός με· 16,2 καὶ ἀναστὰς ἦλθε πρὸς αὐτόν. Καὶ λέγει αὐτῷ ὁ διάβολος· ἀκούω, ὅτι φρονιμώτερος εἶ ὑπὲρ πάντα τὰ θηρία καὶ ὁμιλῶ σοι· 16,3 διὰ τί ἐσθίεις ἐκ τῶν ζιζανίων τοῦ Ἀδὰμ καὶ οὐχὶ ἐκ τοῦ παραδείσου; ἀνάστα καὶ δεῦρο, καὶ ποιήσωμεν αὐτὸν ἐκβληθῆναι ἐκ τοῦ παραδείσου, ὡς καὶ ἡμεῖς ἐξεβλήθημεν δι᾽ αὐτοῦ. 16,4 Λέγει αὐτῷ ὁ ὄφις· φοβοῦμαι, μήποτε ὀργισθῇ μοι ὁ θεός. 16,5 Λέγει αὐτῷ ὁ διάβολος· μὴ φοβοῦ, γενοῦ μοι σκεῦος, κἀγὼ λαλήσω διὰ στόματός σου ῥήματα πρὸς τὸ ἐξαπατῆσαι αὐτούς. 17,1 Καὶ εὐθέως ἐκρεμάσθη διὰ τῶν τείχεων τοῦ παραδείσου.

[Καὶ ὅτε ἀνῆλθον οἱ ἄγγελοι τοῦ θεοῦ προσκυνῆσαι, τότε ὁ Σατανᾶς ἐγένετο ἐν εἴδει ἀγγέλου καὶ ὕμνει τὸν θεὸν καθάπερ οἱ ἄγγελοι.] 17,2 Καὶ παρέκυψεν ἐκ τοῦ τείχους, [καὶ εἶδον αὐτὸν ὅμοιον ἀγγέλου.]

Καὶ λέγει μοι· σὺ εἶ ἡ Εὔα; καὶ εἶπον αὐτῷ· ἐγώ εἰμι. καὶ λέγει μοι· τί ποιεῖς ἐν τῷ παραδείσῳ; 17,3 καὶ εἶπον αὐτῷ· ὁ θεὸς ἔθετο ἡμᾶς, ὥστε φυλάττειν καὶ ἐσθίειν ἐξ αὐτοῦ.

17,4 Ἀπεκρίθη ὁ διάβολος διὰ στόματος τοῦ ὄφεως· καλῶς ποιεῖτε, ἀλλ᾽ οὐκ ἐσθίετε ἀπὸ παντὸς φυτοῦ; 17,5 κἀγὼ εἶπον· ναί· ἀπὸ πάντων ἐσθίομεν, πάρεξ ἑνὸς μόνου, ὅ ἐστι ἐν μέσῳ τοῦ παραδείσου περὶ οὗ ἐνετείλατο ἡμῖν ὁ θεός, μὴ ἐσθίειν ἐξ αὐτου ἐπὶ θανάτῳ ἀποθανεῖσθαι. 18,1 τότε λέγει μοι ὁ ὄφις· ζῇ ὁ θεός, ὅτι λυποῦμαι περὶ ὑμῶν· οὐ γὰρ θέλω ὑμᾶς ἀγνοεῖν. δεῦρο οὖν καὶ φάγε καὶ νόησον τὴν τιμὴν τοῦ ξύλου.

18,2 ἐγὼ δὲ εἶπον αὐτῷ· φοβοῦμαι, μήποτε ὀργισθῇ μοι ὁ θεός, καθὼς εἶπεν ἡμῖν. 18,3 Καὶ λέγει μοι· μὴ φοβοῦ, ἅμα γὰρ φάγῃς, ἀνεωχθήσονταί σου οἱ ὀφθαλμοί, καὶ ἔσεσθε ὡς θεοί, γινώσκοντες, τί ἀγαθὸν καὶ τί πονηρόν. 18,4 τοῦτο δὲ γινώσκων ὁ θεός, ὅτι ἔσεσθε ὅμοιοι αὐτοῦ, ἐφθόνησεν ὑμῖν καὶ εἶπεν· οὐ φάγεσθε ἐξ αὐτοῦ. 18,5 σὺ δὲ πρόσχες τῷ φυτῷ καὶ ὄψῃ δόξαν μεγάλην.

Ἐφοβήθην δὲ λαβεῖν ἀπὸ τοῦ καρποῦ. καὶ λέγει μοι· δεῦρο, δώσω σοι, ἀκολούθει μοι. 19,1 ἤνοιξα δέ, καὶ εἰσῆλθεν ἔσω εἰς τὸν παράδεισον καὶ διώδευσεν ἔμπροσθέν μου. καὶ περιπατήσας ὀλίγον ἐστράφη καὶ λέγει μοι· μεταμεληθεὶς οὐ δώσω σοι φαγεῖν, ἐὰν μὴ ὀμόσῃς μοι, ὅτι δίδεις καὶ τῷ ἀνδρί σου. 19,2 ἐγὼ δὲ εἶπον αὐτω ὅτι οὐ γινώσκω, ποίῳ ὅρκῳ ὀμόσω σοι· πλὴν, ὃ οἶδα, λέγω σοι· μὰ τὸν θρόνον τοῦ δεσπότου καὶ τὰ χερουβὶμ καὶ τὸ ξύλον τῆς ζωῆς, ὅτι δώσω καὶ τῷ ἀνδρί μου. 19,3 ὅτε δὲ ἔλαβεν ἀπ᾽ ἐμοῦ τὸν ὅρκον, τότε ἦλθε καὶ ἔθετο ἐπὶ τὸν καρπόν, ὃν ἔδωκέ μοι φαγεῖν, τὸν ἰὸν τῆς κακίας αὐτοῦ, τοῦτ᾽ ἐστὶ τῆς ἐπιθυμίας, ἐπιθυμία γάρ ἐστι πάσης ἁμαρτίας. καὶ κλίνας τὸν κλάδον ἐπὶ τὴν γῆν ἔλαβον ἀπὸ τοῦ καρποῦ καὶ ἔφαγον.

20,1 Καὶ ἐν αὐτῇ τῇ ὥρᾳ ἠνεώχθησαν οἱ ὀφθαλμοί μου καὶ ἔγνων, ὅτι γυμνὴ ἤμην τῆς δικαιοσύνης, ἧς ἤμην ἐνδεδυμένη. 20,2 καὶ ἔκλαυσα λέγουσα· τί τοῦτο ἐποίησας, ὅτι ἀπηλλοτριώθην τῆς δόξης μου; 20,3 ἔκλαιον δὲ καὶ περὶ τοῦ ὅρκου. ἐκεῖνος δὲ κατῆλθεν ἐκ τοῦ φυτοῦ καὶ ἄφαντος ἐγένετο.

20,4 Ἐγὼ δὲ ἐζήτουν ἐν τῷ μέρει μου φύλλα, ὅπως καλύψω τὴν αἰσχύνην μου, καὶ οὐχ εὖρον ἀπὸ τῶν φυτῶν τοῦ παραδείσου, ἐπειδή, ἅμα ἔφαγον, ‹ἀπὸ› πάντων τῶν φυτῶν τοῦ ἐμοῦ μέρους κατερρύη τὰ φύλλα, παρὲξ τοῦ σύκου μόνου. 20,5 λαβοῦσα δὲ φύλλα ἐξ αὐτοῦ ἐποίησα ἐμαυτῇ περιζώματα.

Καὶ ἔστην παρὰ τὸ φύτον, ἐξ οὗ ἔφαγον 21,1 καὶ ἐβόησα φωνὴν μεγάλην λέγουσα· Ἀδάμ, Ἀδάμ, ποῦ εἶ; ἀνάστα, ἐλθὲ πρός με, καὶ δείξω σοι μέγα μυστήριον. 21,2 Ὅτε δὲ ἦλθεν ὁ πατὴρ ὑμῶν, εἶπον αὐτῷ λόγους παρανομίας, οἵτινες κατήγαγον ἡμᾶς ἀπὸ μεγάλης δόξης. 21,3 ἅμα γὰρ ἦλθεν, ἤνοιξα τὸ στόμα μου, καὶ ὁ διάβολος ἐλάλει. Καὶ ἠρξάμην νουθετεῖν αὐτὸν λέγουσα· δεῦρο, κύριέ μου Ἀδάμ, ἐπάκουσόν μου καὶ φάγε ἀπὸ τοῦ καρποῦ τοῦ δένδρου, οὗ εἶπεν ἡμῖν ὁ θεός, τοῦ μὴ φαγεῖν ἀπ' αὐτοῦ, καὶ ἔσῃ ὡς θεός. 21,4 Καὶ ἀποκριθεὶς ὁ πατὴρ ὑμῶν εἶπεν· φοβοῦμαι, μήποτε ὀργισθῇ μοι ὁ θεός. Ἐγὼ δὲ εἶπον· μὴ φοβοῦ, ἅμα γὰρ φάγῃς, ἔσῃ γινώσκων καλὸν καὶ πονηρόν. 21,5 Καὶ τότε ταχέως πείσασα αὐτὸν ἔφαγεν.

Καὶ ἠνεῴχθησαν αὐτοῦ οἱ ὀφθαλμοί, καὶ ἔγνω τὴν γύμνωσιν αὐτοῦ. 21,6 καὶ λέγει μοι· ὦ γύναι πονηρά,τί κατειργάσω ἐν ἡμῖν; ἀπηλλοτρίωσάς με τῆς δόξης τοῦ θεοῦ.

22,1 Καὶ αὐτῇ τῇ ὥρᾳ ἠκούσαμεν τοῦ ἀρχαγγέλου Μιχαὴλ σαλπίζοντος ἐν τῇ σάλπιγγι αὐτοῦ καλῶν τοὺς ἀγγέλους λέγων· 22,2 τάδε λέγει κύριος· ἔλθατε μετ' ἐμοῦ εἰς τὸν παράδεισον καὶ ἀκούσατε τοῦ κρίματος, ἐν ᾧ κρινῶ τὸν Ἀδάμ. Καὶ ὡς ἠκούσαμεν τοῦ ἀρχαγγέλου σαλπίζοντος, εἴπομεν· ἰδού, ὁ θεὸς εἰς τὸν παράδεισον ἔρχεται κρῖναι ἡμᾶς. ἐφοβή-θημεν δε καὶ ἐκρύβημεν. 22,3 Καὶ ἦλθεν ὁ θεὸς εἰς τὸν παράδεισον ἐπιβεβηκὼς ἐπὶ ἄρματος χερουβίμ καὶ οἱ ἄγγελοι, ὑμνοῦντες αὐτόν. ἐν ᾧ δὲ ἦλθεν ὁ θεός, ἐξήνθησαν τὰ φυτὰ τοῦ κλήρου τοῦ Ἀδὰμ καὶ τὰ ἐμὰ πάντα. 22,4 Καὶ ὁ θρόνος τοῦ θεοῦ ἐστηρίζετο, ὅπου ἦν τὸ ξύλον τῆς ζωῆς.

23,1 Καὶ ἐκάλεσεν ὁ θεὸς τὸν Ἀδὰμ λέγων· Ἀδάμ, ποῦ ἐκρύβης νομίζων, ὅτι οὐχ εὑρίσκω σε; μὴ κρυβήσεται οἶκος τῷ οἰκοδομήσαντι αὐτόν; 23,2 Τότε ἀποκριθεὶς ὁ πατὴρ ὑμῶν εἶπεν· οὐχί, κύριέ μου, οὐ κρυβόμεθά σε ὡς νομίζοντες, ὅτι οὐχ εὑρισκόμεθα ὑπὸ σοῦ, ἀλλὰ φοβοῦμαι, ὅτι γυμνός εἰμι, καὶ ᾐδέσθην τὸ κράτος σου, δέσποτα. 23,3 Λέγει αὐτῷ ὁ θεός· τίς σοι ὑπέδειξεν, ὅτι γυμνὸς εἶ, εἰ μὴ ὅτι ἐγκατέλιπας τὴν ἐντολήν μου, ἣν παρέδωκά σοι τοῦ φυλάξαι αὐτήν; 23,4 Τότε Ἀδὰμ ἐμνήσθη τοῦ λόγου, οὗ ἐλάλησα αὐτῷ, ὅτι ἀκίνδυνόν σε ποιήσω παρὰ τοῦ θεοῦ. 23,5 Καὶ στραφεὶς πρός με εἶπεν· τί τοῦτο ἐποίησας; Ἐμνήσθην δὲ κἀγὼ τοῦ ῥήματος τοῦ ὄφεως καὶ εἶπον· ὅτι ὁ ὄφις ἠπάτησέ με.

24,1 Λέγει ὁ θεὸς τῷ Ἀδάμ· Ἐπειδὴ παρήκουσας τὴν ἐντολήν μου καὶ ἤκουσας τῆς γυναικός σου, ἐπικατάρατος ἡ γῆ ἕνεκα σοῦ. 24,2 ἐργάσῃ αὐτήν, καὶ οὐ δώσει σοι τὴν ἰσχὺν αὐτῆς. Ἀκάνθας καὶ τριβόλους ἀνατελεῖ σοι, καὶ ἐν ἱδρῶτι τοῦ προσώπου σου φάγῃ τὸν ἄρτον σου. Ἔσῃ δὲ ἐν καμάτοις πολυτρόποις· κάμῃ καὶ μὴ ἀναπαύσῃ, θλιβεὶς ἀπὸ πικρίας, καὶ μὴ γεύσῃ γλυκύτητος, 24,3 θλιβεὶς ἀπὸ καύματος καὶ στενωθεὶς ἀπὸ ψύξεως, καὶ κοπιάσεις πολλὰ καὶ μὴ πλουτήσεις, καὶ παχυνθήσῃ καὶ εἰς τέλος μὴ ὑπάρξεις. Καὶ τῶν ἐκυρίευες θηρίων, ἐπαναστήσονταί σοι ἐν ἀκαταστασίᾳ, ὅτι τὴν ἐντολήν μου οὐκ ἐφύλαξας.

25,1 Στραφεὶς δὲ πρός με ὁ κύριος λέγει· Ἐπειδὴ ἤκουσας σὺ τοῦ ὄφεως καὶ παρήκουσας τὴν ἐντολήν μου, ἔσῃ ἐν ‹καμάτοις› ματαίοις καὶ ἐν πόνοις ἀφορήτοις. 25,2 Τέξῃ τέκνα ἐν πολλοῖς τρόποις. καὶ ἐν μίᾳ ὥρᾳ ἔλθῃς τοῦ τεκεῖν καὶ ἀπολέσῃς τὴν ζωήν σου ἐκ τῆς ἀνάγκης σου τῆς μεγάλης καὶ τῶν ὠδινῶν. 25,3 ἐξομολογήσῃ δὲ καὶ εἴπῃς· κύριε, κύριε, σῶσόν με, καὶ οὐ μὴ ἐπιστρέψω εἰς τὴν ἁμαρτίαν τῆς σαρκός. 25,4 διὰ τοῦτο ἐκ τῶν λόγων σου κρινῶ σε διὰ τὴν ἔχθραν, ἣν ἔθετο ὁ ἐχθρὸς ἐν σοί. στραφῇς δὲ πάλιν πρὸς τὸν ἄνδρα σου, καὶ αὐτός σου κυριεύσει.

26,1 Μετὰ δὲ τὸ εἰπεῖν μοι ταῦτα εἶπε τῷ ὄφει ἐν ὀργῇ μεγάλῃ λέγων· Ἐπειδὴ ἐποίησας τοῦτο καὶ ἐγένου σκεῦος ἀχάριστον, ἕως ἂν πλανήσῃς τοὺς παρειμένους τῇ καρδίᾳ, ἐπικατάρατος σὺ ἐκ πάντων τῶν κτηνῶν. 26,2 Στερηθήσῃ τῆς τροφῆς σου, ἧς ἤσθιες, καὶ χοῦν φάγῃ πάσας τὰς ἡμέρας τῆς ζωῆς σου. ἐπὶ τῷ στήθει καὶ τῇ κοιλίᾳ πορεύσῃ, ὑστερηθεὶς καὶ χειρῶν καὶ ποδῶν σου. 26,3 οὐκ ἀφεθήσεταί σοι ὠτίον, οὔτε πτέρυξ, οὔτε ἕν μέλος τούτων, ὧν σὺ ἐδελέασας ἐν τῇ κακίᾳ σου καὶ ἐποίησας αὐτοὺς ἐκβληθῆναι ἐκ τοῦ παραδείσου. 26,4 καὶ θήσω ἔχθραν ἀνὰ μέσον σοῦ καὶ ἀνὰ μέσον τοῦ σπέρματος αὐτῶν. αὐτός σου τηρήσει κεφαλήν, καὶ σὺ ἐκείνου πτέρναν ἕως τῆς ἡμέρας τῆς κρίσεως.

27,1 Ταῦτα εἰπὼν κελεύει τοῖς ἀγγέλοις αὐτοῦ ἐκβληθῆναι ἡμᾶς ἐκ τοῦ παραδείσου. 27,2 Ἐλαυνομένων δὲ ἡμῶν καὶ ὀδυρομένων παρεκάλεσεν ὁ πατὴρ ὑμῶν Ἀδὰμ τοὺς ἀγγέλους λέγων· ἐάσατέ με μικρόν, ὅπως παρακαλέσω τὸν θεὸν καὶ σπλαγχνισθῇ καὶ ἐλεήσῃ με, ὅτι ἐγὼ μόνος ἥμαρτον. 27,3 αὐτοὶ δὲ ἐπαύσαντο τοῦ ἐλαύνειν αὐτόν. ἐβόησεν δὲ Ἀδὰμ μετὰ κλαυθμοῦ λέγων· συγχώρησόν μοι, κύριε, ὃ ἐποίησα. 27,4 τότε λέγει ὁ κύριος τοῖς ἀγγέλοις αὐτοῦ· τί ἐπαύσασθε ἐκβάλλοντες τὸν Ἀδὰμ ἐκ τοῦ παραδείσου; μὴ ἐμόν ἐστι τὸ ἁμάρτημα, ἢ κακῶς ἔκρινα; 27,5 τότε οἱ ἄγγελοι πεσόντες ἐπὶ τὴν γῆν προσεκύνησαν τῷ κυρίῳ λέγοντες· δίκαιος εἶ, κύριε, καὶ εὐθύτητας κρίνεις. 28,1 στραφεὶς δὲ πρὸς τὸν Ἀδὰμ εἶπεν· οὐκ ἀφήσω σε ἀπὸ τοῦ νῦν εἶναι ἐν τῷ παραδείσῳ. 28,2 Καὶ ἀποκριθεὶς ὁ Ἀδὰμ εἶπεν· κύριε, δός μοι ἐκ τοῦ φυτοῦ τῆς ζωῆς, ἵνα φάγω, πρὶν ἢ ἐκβληθῆναί με. 28,3 τότε ὁ κύριος ἐλάλησε πρὸς τὸν Ἀδάμ· οὐ λήψῃ νῦν ἀπ' αὐτοῦ, ὁρίσθη γὰρ τὰ χερουβὶμ καὶ τὴν ῥομφαίαν τὴν στρεφομένην φυλάττειν αὐτὸ διὰ σέ, ὅπως μὴ γεύσῃ ἀπ' αὐτοῦ καὶ ἀθάνατος ἔσῃ εἰς τὸν αἰῶνα. 28,4 ἔχῃς δὲ τὸν πόλεμον, ὃν ἔθετο ὁ ἐχθρὸς ἐν σοί· ἀλλ' ἐξερχομένου σου ἐκ τοῦ παραδείσου, ἐὰν φυλάξῃς ἑαυτὸν ἀπὸ παντὸς κακοῦ ὡς βουλόμενος ἀποθανεῖν, ἀναστάσεως πάλιν γενομένης ἀναστήσω σε, καὶ δοθήσεταί σοι ἐκ τοῦ ξύλου τῆς ζωῆς, καὶ ἀθάνατος ἔσῃ εἰς τὸν αἰῶνα.

29,1 Ταῦτα εἰπὼν ὁ κύριος ἐκέλευσε τοῖς ἀγγέλοις αὐτοῦ ἐκβληθῆναι ἡμᾶς ἐκ τοῦ παραδείσου. 29,2 ἔκλαυσε δὲ ὁ πατὴρ ὑμῶν ἔμπροσθεν τῶν ἀγγέλων ἔτι ὢν ἐν τῷ παραδείσῳ, καὶ λέγουσιν οἱ ἄγγελοι αὐτῷ· τί θέλεις, ποιήσωμέν σοι, Ἀδάμ; 29,3 ἀποκριθεὶς δὲ ὁ πατὴρ ὑμῶν εἶπε τοῖς ἀγγέλοις· ἰδού, ἐκβάλετέ με· δέομαι ὑμῶν· ἄφετέ με ἆραι εὐωδίας ἐκ τοῦ παραδείσου, ἵνα μετὰ τὸ ἐξελθεῖν με ἀνενέγκω θυσίαν τῷ θεῷ, ὅπως εἰσακούσεταί μου ὁ θεός. 29,4 καὶ προσελθόντες εἶπον οἱ ἄγγελοι τῷ κυρίῳ· Ἰαήλ, αἰώνιε βασιλεῦ, κέλευσον δοθῆναι τῷ Ἀδὰμ θυμιάματα εὐωδίας ἐκ τοῦ παραδείσου. 29,5 καὶ ἐκέλευσεν ὁ θεὸς ἐαθῆναι τὸν Ἀδάμ, ἵνα λάβη εὐωδίας καὶ σπέρματα εἰς διατροφὴν αὐτοῦ. 29,6 καὶ ἀφέντες αὐτὸν οἱ ἄγγελοι ἤνεγκαν τέσσαρα γένη· κρόκον καὶ νάρδον καὶ κάλαμον καὶ κινάμωμον καὶ ἕτερα σπέρματα εἰς διατροφὴν αὐτοῦ. καὶ λαβὼν ταῦτα ἐξῆλθεν ἐκ τοῦ παραδείσου, καὶ ἐγενόμεθα ἐπὶ τῆς γῆς. 30,1 Νῦν οὖν, τεκνία μου, ἐδήλωσα ὑμῖν τὸν τρόπον, ἐν ᾧ ἠπατήθημεν. Ὑμεῖς δὲ φυλάξατε ἑαυτούς, μὴ ἐγκαταλιπεῖν τὸ ἀγαθόν.

31,1 Ταῦτα εἰποῦσα ἐν μέσῳ τῶν υἱῶν αὐτῆς κοιμωμένου τοῦ Ἀδάμ ἐν τῇ νόσῳ αὐτοῦ, ἄλλην δὲ εἶχε μίαν ἡμέραν ἐξελθεῖν ἐκ τοῦ σώματος αὐτοῦ, 31,2 λέγει τῷ Ἀδὰμ ἡ Εὔα· διὰ τί ἀποθνῄσκεις, κἀγὼ ζῶ; ἢ πόσον χρόνον ἔχω ποιῆσαι μετὰ θάνατόν σου; ἢ τί μοι ἔστ‹αι› μετὰ τὸ ἀποθανεῖν σε; ἀνάγγειλόν μοι. 31,3 Τότε λέγει ὁ Ἀδὰμ τῇ Εὔᾳ· μὴ θέλε φροντίζειν περὶ πραγμάτων· οὐ γὰρ βραδυνεῖς ἀπ’ ἐμοῦ, ἀλλ’ ἴσα ἀποθνῄσκομεν ἀμφότεροι, καὶ αὐτὴ τεθήσῃ εἰς τὸν τόπον τὸν ἐμόν. Κἂν ἀποθάνω, κατάλειψόν με, καὶ μηδείς μου ἅψηται, ἕως οὗ ἄγγελος λαλήσει τι περὶ ἐμοῦ· 31,4 οὐ γὰρ ἐπιλήσεταί μου ὁ θεός, ἀλλὰ ζητήσει τὸ ἴδιον σκεῦος, ὃ ἔπλασεν. Ἀνάστα, μᾶλλον εὖξαι τῷ θεῷ, ἕως οὗ ἀποδώσω τὸ πνεῦμά μου εἰς τὰς χεῖρας τοῦ δεδωκότος μοι αὐτό, διότι οὐκ οἴδαμεν, πῶς ἀπαντήσωμεν τοῦ ποιήσαντος ἡμᾶς, ἢ ὀργισθῇ ἡμῖν ἢ ἐπιστρέψῃ ἐλεῆσαι ἡμᾶς. 32,1 Τότε ἀνέστη ἡ Εὔα καὶ ἐξῆλθεν ἔξω καὶ πεσοῦσα ἐπὶ τὴν γῆν ἔλεγεν· 32,2 Ἥμαρτον, ὁ θεός, ἥμαρτον, ὁ πατὴρ τῶν ἁπάντων, ἥμαρτόν σοι· ἥμαρτον εἰς τοὺς ἐκλεκτούς σου ἀγγέλους, ἥμαρτον εἰς τὰ χερου- βίμ, ἥμαρτον εἰς τὸν ἀσάλευτόν σου θρόνον· ἥμαρτον, κύριε, ἥμαρτον πολλά, ἥμαρτον ἐναντίον σοῦ· καὶ πᾶσα ἁμαρτία δι’ ἐμοῦ γέγονεν ἐν τῇ κτίσει. 32,3 Ἔτι εὐχομένης τῆς Εὔας, ἰδού, ἦλθε πρὸς αὐτὴν ὁ ἄγγελος τῆς ἀνθρωπότητος καὶ ἀνέστησεν αὐτὴν λέγων· 32,4 ἀνάστα, Εὔα, ἐκ τῆς μετανοίας σου· ἰδοὺ γάρ, ὁ Ἀδάμ, ὁ ἀνήρ σου, ἐξῆλθεν ἀπὸ τοῦ σώματος αὐτοῦ· ἀνάστα καὶ ἰδὲ τὸ πνεῦμα αὐτοῦ ἀναφερόμενον εἰς τὸν ποιή- σαντα αὐτόν, τοῦ ἀπαντῆσαι αὐτῷ. 33,1 Ἀναστᾶσα δὲ Εὔα ἐπέβαλε τὴν χεῖρα αὐτῆς ἐπὶ τὸ πρόσωπον αὐτοῦ. 33,2 Καὶ ἀτενίσασα εἰς τὸν οὐρανὸν εἶδεν ἅρμα φωτὸς αἰρόμενον ὑπὸ τεσσάρων ἀετῶν λαμπρῶν, ὧν οὐκ ἦν δυνατὸν γεννηθῆναι ἀπὸ κοιλίας ἢ εἰπεῖν τὴν δόξαν αὐτῶν ἢ ἰδεῖν τὸ πρόσωπον αὐτῶν, καὶ ἀγγέλους προάγοντας τὸ ἅρμα. 33,3 Καὶ ὅτε ἦλθον, ὅπου ἔκειτο ὁ πατὴρ ὑμῶν Ἀδάμ, ἔστη τὸ ἅρμα, καὶ τὰ σεραφὶμ ἀνὰ μέσον τοῦ πατρὸς καὶ τοῦ ἅρματος. 33,4 Εἶδον δὲ ἐγὼ θυμιατήρια χρυσᾶ καὶ τρεῖς φιάλας· καὶ ἰδού· πάντες οἱ ἄγγελοι μετα‹λαβόντες› λίβανον καὶ τὰ θυμιατήρια ἦλθον ἐν σπουδῇ ἐπὶ τὸ θυσιαστήριον καὶ ἐνεφύσουν αὐτά, καὶ ἡ ἀτμὶς τοῦ θυμιάματος ἐκάλυψε τὰ στερεώματα. 33,5 καὶ προσέπεσαν οἱ ἄγγελοι τῷ θεῷ βοῶντες καὶ λέγοντες· Ἰαήλ, ἅγιε, συγχώρησον, ὅτι εἰκὼν σού ἐστι καὶ ποίημα τῶν ἀχράντων χειρῶν σου.

34,1 Εἶδον δὲ ἐγὼ Εὔα δύο μεγάλα καὶ φοβερὰ μυστήρια ἐνώπιον τοῦ θεοῦ καὶ ἔκλαυσα ἐκ τοῦ φόβου καὶ ἐβόησα πρὸς τὸν υἱόν μου Σὴθ λέγουσα· ἀνάστα, Σήθ, ἐκ τοῦ σώματος τοῦ πατρός σου καὶ ἐλθὲ πρός με καὶ ἰδέ, ἃ οὐκ εἶδεν ὀφθαλμὸς πώποτέ τινος, καὶ πῶς δέονται ὑπὲρ τοῦ πατρός σου Ἀδάμ. 35,1 Τότε ἀνέστη Σὴθ καὶ ἦλθε πρὸς τὴν μητέρα αὐτοῦ καὶ λέγει αὐτῇ· διὰ τί κλαίεις; 35,2 καὶ λέγει αὐτῷ· ἀνάβλεψον τοῖς ὀφθαλμοῖς σου καὶ ἰδὲ τὰ ἑπτὰ στερεώματα ἀνεωγμένα, καὶ πῶς κεῖται τὸ σῶμα τοῦ πατρός σου ἐπὶ πρόσωπον καὶ πάντες οἱ ἄγγελοι μετ' αὐτοῦ εὐχόμενοι ὑπὲρ αὐτοῦ καὶ λέγοντες· συγχώρησον αὐτῷ, ὁ πατὴρ τῶν ὅλων, ὅτι εἰκὼν σού ἐστιν. 35,3 ἄρα δέ, τέκνον μου Σήθ, τί ἐστί; μήποτε παραδοθήσεται εἰς τὰς χεῖρας τοῦ ἀοράτου θεοῦ ἡμῶν; 35,4 τίνες δέ εἰσιν, υἱέ μου Σήθ, οἱ δύο Αἰθίοπες, οἱ παριστάμενοι ἐπὶ τὴν προσευχὴν τοῦ πατρός σου; 36,1 λέγει δὲ Σὴθ τῇ μητρὶ αὐτοῦ, οὗτοι εἰσιν ὁ ἥλιος καὶ ἡ σελήνη καὶ αὐτοὶ προσπίπτοντες καὶ εὐχόμενοι ὑπὲρ τοῦ πατρός μου Ἀδάμ. 36,2 λέγει αὐτῷ ἡ Εὔα· καὶ ποῦ ἐστι τὸ φῶς αὐτῶν, καὶ διὰ τί γεγόνασι μελανοειδεῖς; 36,3 καὶ λέγει αὐτῇ Σήθ· οὐκ ἀπέστη τὸ φῶς αὐτῶν, ἀλλ' οὐ δύνανται φαίνειν ἐνώπιον τοῦ φωτὸς τῶν ὅλων τοῦ πατρὸς τῶν φώτων, διὰ τοῦτο ἐκρύβη τὸ φῶς αὐτῶν.

37,1 Λέγοντος δὲ τοῦ Σὴθ ταῦτα πρὸς τὴν μητέρα αὐτοῦ Εὔαν, ἰδού, ἐσάλπισεν ὁ ἄγγελος, καὶ ἀνέστησαν πάντες οἱ ἄγγελοι, οἱ ἐπ' ὄψεσι κείμενοι, καὶ ἐβόησαν φωνὴν φοβερὰν λέγοντες· 37,2 εὐλογημένη ἡ δόξα κυρίου ἀπὸ ποιημάτων αὐτοῦ, ὅτι ἠλέησε τὸ πλάσμα τῶν χειρῶν αὐτοῦ, Ἀδάμ.

37,3 Ὅτε δὲ εἶπον τὰς φωνὰς ταύτας οἱ ἄγγελοι, ἰδού, ἦλθεν ἓν τῶν σεραφὶμ ἑξαπτερύγων καὶ ἥρπασε τὸν Ἀδὰμ καὶ ἀπήγαγεν αὐτὸν εἰς τὴν Ἀχερουσίαν λίμνην καὶ ἀπέλουσεν αὐτὸν τρίτον καὶ ἤγαγεν αὐτὸν ἐνώπιον τοῦ θεοῦ· 37,4 ἐποίησε δὲ τρεῖς ὥρας κείμενος. Καὶ μετὰ ταῦτα ἐξέτεινε τὴν χεῖρα αὐτοῦ ὁ πατὴρ τῶν ὅλων, καθήμενος ἐπὶ θρόνου αὐτοῦ, καὶ ἦρε τὸν Ἀδὰμ καὶ παρέδωκεν αὐτὸν τῷ ἀρχαγγέλῳ Μιχαὴλ λέγων· 37,5 ἆρον αὐτὸν εἰς τὸν παράδεισον ἕως τρίτου οὐρανοῦ καὶ ἄφες αὐτὸν ἐκεῖ ἕως τῆς ἡμέρας ἐκείνης τῆς μεγάλης τῆς οἰκονομίας, ἧς ποιήσω εἰς τὸν κόσμον. 37,6 τότε ὁ Μιχαὴλ ἦρε τὸν Ἀδὰμ καὶ ἀφῆκεν αὐτόν, ὅπου εἶπεν αὐτῷ ὁ θεός· καὶ πάντες οἱ ἄγγελοι ὑμνοῦντες ὕμνον ἀγγελικὸν θαυμάζοντες ἐπὶ τῇ συγχωρήσει τοῦ Ἀδάμ καὶ τῶν ἐσομένων ἐξ αὐτοῦ.

38,1 Μετὰ δὲ τὴν ἐσομένην χαρὰν τοῦ Ἀδὰμ ἐβόησε πρὸς τὸν πατέρα ὁ ἀρχάγγελος Μιχαὴλ διὰ τὸν Ἀδάμ.

38,2 Καὶ ἐλάλησεν ὁ πατὴρ πρὸς αὐτόν, ἵνα συναχθῶσι πάντες οἱ ἄγγελοι ἐνώπιον τοῦ θεοῦ, ἕκαστος κατὰ τὴν τάξιν αὐτοῦ, τίνες μὲν ἔχοντες θυμιατήρια ἐν χερσὶν αὐτῶν, ἄλλοι δὲ κιθάρας καὶ φιάλας καὶ σάλπιγγας. 38,3 Καὶ ἰδού, κύριος στρατιῶν ἐπέβη, καὶ τέσσαρες ἄνεμοι εἷλκον αὐτὸν καὶ τὰ χερουβίμ ἐπέχοντα τοῖς ἀνέμοις καὶ οἱ ἄγγελοι ἐκ τοῦ οὐρανοῦ προάγοντες αὐτὸν καὶ ἐλθόντες ἐπὶ τὴν γῆν, ὅπου ἦν τὸ σῶμα τοῦ ᾿Αδάμ. 38,4 Καὶ ἦλθον εἰς τὸν παράδεισον – καὶ ἐκινήθησαν πάντα τὰ φυτὰ τοῦ παραδείσου, ὡς πάντας ἀνθρώπους γεγεννημένους ἐκ τοῦ ᾿Αδὰμ νυστάξαι ἀπὸ τῆς εὐωδίας χωρὶς τοῦ Σὴθ μόνου, ὅτι ἐγένετο κα‹θ›ορῶν τοῦ θεοῦ – 39,1 ἐκεῖθεν πρὸς τὸ σῶμα τοῦ ᾿Αδάμ.

Καὶ ἐλυπήθη σφόδρα ἐπ᾿ αὐτῷ καὶ λέγει αὐτῷ ὁ θεός· ᾿Αδάμ, τί τοῦτο ἐποίησας; εἰ ἐφύλαξας τὴν ἐντολήν μου, οὐκ ἄν ἐχαίροντο οἱ κατ‹αγ›αγόντες σε εἰς τὸν τόπον τοῦτον. 39,2 Πλὴν λέγω σοι, ὅτι τὴν χαρὰν αὐτῶν ἐπιστρέψω εἰς λύπην, τὴν δὲ λύπην σου ἐπιστρέψω εἰς χαράν· καὶ ἐπιστρέψω σε εἰς τὴν ἀρχήν σου καὶ καθ‹ί›σω σε εἰς τὸν θρόνον τοῦ ἀπατήσαντός σε, 39,3 ᾿Εκεῖνος δὲ εἰσβληθήσεται εἰς τὸν τόπον τοῦτον, ἵνα ἴδη σε καθήμενον ἐπάνω αὐτοῦ. τότε κατακριθήσεται αὐτὸς καὶ οἱ ἀκούσαντες αὐτοῦ, καὶ λυπηθήσεται ὁρῶν σε καθήμενον ἐπὶ τοῦ θρόνου αὐτοῦ.

40,1 Μετὰ ταῦτα εἶπεν ὁ θεὸς τῷ ἀρχαγγέλῳ Μιχαήλ· ἄπελθε εἰς τὸν παράδεισον ἐν τῷ τρίτῳ οὐρανῷ καὶ ἔνεγκε τρεῖς σινδόνας βυσσίνας καὶ συρικάς. 40,2 Καὶ προσέταξεν ὁ θεὸς τῷ Μιχαὴλ καὶ τῷ Γαβριὴλ καὶ τῷ Οὐριὴλ τοῦ κηδεῦσαι τὸ σῶμα τοῦ ᾿Αδάμ, καὶ εἶπεν ὁ θεός· στρώσατε τὰς σινδόνας καὶ σκεπάσατε τὸ σῶμα τοῦ ᾿Αδάμ· καὶ ἐνέγκαντες ἔλαιον ἐκ τοῦ ἐλαίου τῆς εὐωδίας ἐκχέατε ἐπ᾿ αὐτῷ. καὶ ἐκήδευσαν αὐτὸν οἱ τρεῖς μεγάλοι ἄγγελοι.

40,3 Ὅτε δὲ ἐτέλεσαν κηδεύοντες τὸν ᾿Αδάμ, εἶπεν ὁ θεὸς ἐνεχθῆναι καὶ τὸ σῶμα τοῦ ῎Αβελ· καὶ ἐνέγκαντες ἄλλας σινδόνας ἐκήδευσαν καὶ αὐτόν. 40,4 ᾿Επειδὴ ἀκήδευτος ἦν ἀφ᾿ ἧς ἡμέρας ἐφόνευσεν αὐτὸν Κάϊν ὁ ἀδελφὸς αὐτοῦ. καὶ πολλὰ ‹ἐ›θέλησε κρύψαι αὐτὸν Κάϊν, ἀλλ᾿ οὐκ ἠδυνήθη, ὅτι ἀνεπήδα τὸ σῶμα αὐτοῦ ἀπὸ τῆς γῆς, καὶ ἐξήρχετο φωνὴ ἀπὸ τῆς γῆς λέγουσα· 40,5 οὐ κρυβήσεται εἰς τὴν γῆν ἕτερον πλάσμα ἕως οὗ ἀφιέναι μοι τὸ πρῶτον πλάσμα, τὸ ἀρθὲν ἀπ᾿ ἐμοῦ, τὸν χοῦν, ἐξ ἧς ἐλήφθη. ἔλαβον δὲ οἱ ἄγγελοι ἐν τῷ καιρῷ ἐκείνῳ καὶ ἔθεντο αὐτὸν ἐπὶ τὴν πέτραν, ἕως οὗ ἐτάφη ᾿Αδὰμ ὁ πατὴρ αὐτοῦ.

40,6 Καὶ προσέταξεν ὁ θεὸς μετὰ τὸ κηδεῦσαι τὸν ᾿Αδὰμ καὶ τὸν ῎Αβελ ἆραι τοὺς δύο εἰς τὰ μέρη τοῦ παραδείσου εἰς τὸν τόπον, ὅπου ἦρε χοῦν ὁ θεὸς καὶ ἔπλασε τὸν ᾿Αδάμ. καὶ ἐποίησεν ὀρυγῆναι τῶν δύο τὸν τόπον.

40,7 Καὶ ἀπέστειλεν ὁ θεὸς ἑπτὰ ἀγγέλους εἰς τὸν παράδεισον καὶ ἤγαγον εὐωδίας πολλὰς καὶ ἔθεντο αὐτὰς ἐν τῇ γῇ. Καὶ μετὰ ταῦτα ἔλαβον τὰ δύο σώματα καὶ ἔθαψαν αὐτὰ εἰς τὸν τόπον, εἰς ὃν ὤρυξαν καὶ ᾠκοδόμησαν αὐτοί.

41,1 ᾿Εκάλεσε δὲ ὁ θεὸς τὸν ᾿Αδὰμ καὶ εἶπεν· ᾿Αδάμ, ᾿Αδάμ. ἀπεκρίθη τὸ σῶμα ἐκ τῆς γῆς καὶ εἶπεν· ἰδού, ἐγώ, κύριε. 41,2 καὶ λέγει αὐτῷ ὁ κύριος, ὅτι εἶπόν σοι, ὅτι γῆ εἶ καὶ εἰς γῆν ἀπελεύσῃ· πάλιν τὴν ἀνάστασιν ἐπαγγέλ‹λ›ομαί σοι· ἀναστήσω σε ἐν τῇ ἀναστάσει μετὰ παντὸς γένους ἀνθρώπων, οὗ ἐκ τοῦ σπέρματός σου.

42,1 Μετὰ δὲ τὰ ῥήματα ταῦτα ἐποίησεν ὁ θεὸς σφραγῖδα τρίγωνον καὶ ἐσφράγισε τὸ μνημεῖον, ἵνα μηδείς τι ποιήσῃ αὐτῷ ἐν ταῖς ἓξ ἡμέραις, ἕως οὗ ἀποστραφῇ ἡ πλευρὰ αὐτοῦ πρὸς αὐτόν.

42,2 Τότε ὁ κύριος καὶ οἱ ἄγγελοι ἐπορεύθησαν εἰς τὸν τόπον αὐτῶν.
42,3 Εὔα δὲ καὶ αὐτὴ πληρωθέντων τῶν ἓξ ἡμέρων ἐκοιμήθη. Ἔτι δὲ
ζώσης αὐτῆς ἔκλαυσε περὶ τῆς κοιμήσεως τοῦ Ἀδάμ· οὐ γὰρ ἐγίνωσκεν,
ποῦ ἐτέθη, ἐπειδὴ ἐν τῷ ἐλθεῖν τὸν κύριον ἐπὶ τὸν παράδεισον πρὸς τὸ
κηδεῦσαι τὸν Ἀδὰμ ἐκινήθησαν πάντα τὰ φυτὰ τοῦ παραδείσου, καὶ
ἐκοιμήθησαν ἅπαντες, ἕως οὗ ‹ἐτέλεσε κηδεύσας› τὸν Ἀδάμ, πλὴν τοῦ
Σὴθ μόνου· καὶ οὐδεὶς ἔγνωκεν ἐπὶ τῆς γῆς εἰ μὴ μόνος Σὴθ τοῦ υἱοῦ
αὐτοῦ 42,4 Καὶ προσηύξατο Εὔα κλαίουσα, ἵνα ταφῇ εἰς τὸν τόπον, ὅπου
ἦν Ἀδὰμ ὁ ἀνὴρ αὐτῆς.
Μετὰ δὲ τὸ τελέσαι αὐτὴν τὴν εὐχὴν λέγει· 42,5 κύριε, δέσποτα, θεὲ
πάσης ἀρετῆς, μὴ ἀπαλλοτριώσῃς με τοῦ σώματος Ἀδάμ, ‹οὗ γὰρ ἔ‹κτ›η
‹ἡμέρα› ᾑρές με ἐκ τῶν μέλων αὐτοῦ, 42,6 ἀλλὰ ἀξίωσον κἀμὲ τὴν ἀναξίαν
καὶ ἁμαρτωλὴν εἰσελθεῖν μετὰ τοῦ σκηνώματος αὐτοῦ· ὥσπερ ἤμην μετ'
αὐτοῦ ἐν τῷ παραδείσῳ, ἀμφότεροι μὴ χωρισθέντες ἀπ' ἀλλήλων, 42,7
ὥσπερ ἐν τῇ παραβάσει πλανηθέντες παρέβημεν τὴν ἐντολήν σου, μὴ
χωρισθέντες, οὕτως καὶ νῦν, κύριε, μὴ χωρίσῃς ἡμᾶς.
42,8 Μετὰ δὲ τὸ εὔξασθαι αὐτὴν ἀναβλέψασα εἰς τὸν οὐρανὸν
ἀνεστέναξε τύπτουσα τὸ στῆθος αὐτῆς καὶ λέγουσα· ὦ θεὲ τῶν ἁπάντων
δέξαι τὸ πνεῦμά μου. καὶ παρέδωκε τὸ πνεῦμα αὐτῆς.
43,1 Καὶ ἦλθε Μιχαὴλ καὶ ἐδίδαξε τὸν Σήθ, πῶς κηδεύσει τὴν Εὔαν. Καὶ
ἦλθαν τρεῖς ἄγγελοι καὶ ἦραν τὸ σῶμα αὐτῆς καὶ ἔθαψαν αὐτό, ὅπου ἦν
τὸ σῶμα τοῦ Ἀδάμ. 43,2 Καὶ μετὰ ταῦτα ἐλάλησε Μιχαὴλ τῷ Σὴθ
λέγων· οὕτως κήδευσον πάντα ἄνθρωπον ἀποθνήσκοντα ἕως τῆς ἡμέρας
τῆς ἀναστάσεως.
43,3 Μετὰ δὲ τὸ δοῦναι αὐτὸν νόμον εἶπεν αὐτῷ· πάρεξ ἡμερῶν ἓξ μὴ
πενθήσητε· τῇ δὲ ἑβδόμῃ ἡμέρᾳ κατάπαυσον καὶ εὐφράνθητι ἐπ' αὐτῇ,
ὅτι ἐν αὐτῇ καὶ ὁ θεὸς καὶ οἱ ἄγγελοι ἡμεῖς εὐφραινόμεθα μετὰ τῆς
δικαίας ψυχῆς, τῆς μεταστάσης ἀπὸ τῆς γῆς.
43,4 Ταῦτα εἰπὼν ὁ ἄγγελος ἀνῆλθεν εἰς τὸν οὐρανὸν δοξάζων καὶ
λέγων· ἀλληλούϊα, ἀλληλούϊα, ἀλληλούϊα· ἅγιος, ἅγιος, ἅγιος κύριος εἰς
δόξαν θεοῦ πατρός, ἀμήν.

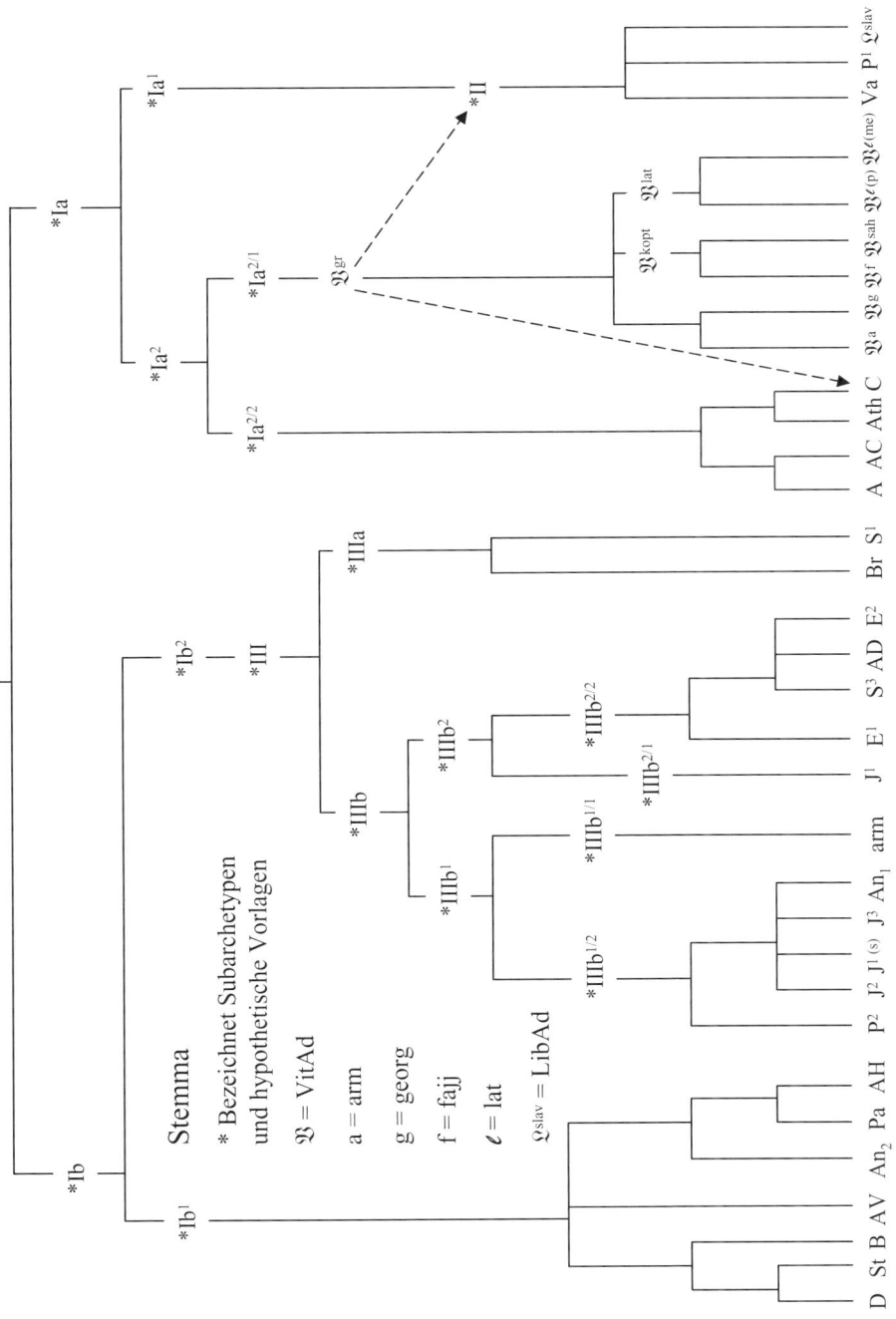

Stemma

* Bezeichnet Subarchetypen
   und hypothetische Vorlagen

$\mathfrak{V}$ = VitAd

a = arm

g = georg

f = fajj

ℓ = lat

$\mathfrak{Q}^{slav}$ = LibAd

Texts and Studies in Ancient Judaism
Alphabetische Übersicht

Albani, M., J. Frey, A. Lange (Ed.): Studies in the Book of Jubilees. 1997. *Band 65.*

Ameling, Walter: Inscriptiones Iudaicae Orientis. Band 2: Kleinasien. 2004. *Band 99.*

Avemarie, Friedrich: Tora und Leben. 1996. *Band 55.*

Becker, A. H., A. Y. Reed (Ed.): The Ways that Never Parted. 2003. *Band 95.*

Becker, Hans-Jürgen: Die großen rabbinischen Sammelwerke Palästinas. 1999. *Band 70.*

– siehe *Schäfer, Peter*

Bloedhorn, Hanswulf: siehe *Noy, David*

Cansdale, Lena: Qumran and the Essenes. 1997. *Band 60.*

Chester, Andrew: Divine Revelation and Divine Titles in the Pentateuchal Targumim. 1986. *Band 14.*

Cohen, Martin Samuel: The Shi ur Qomah: Texts and Recensions. 1985. *Band 9.*

Crown, Alan D.: Samaritan Scribes and Manuscripts. 2001. *Band 80.*

Dochhorn, Jan: Die Apokalypse des Mose. 2005. *Band 106.*

Doering, Lutz: Schabbat. 1999. *Band 78.*

Ego, Beate: Targum Scheni zu Ester. 1996. *Band 54.*

Ehrlich, Uri: The Nonverbal Language of Prayer. 2004. *Band 105.*

Engel, Anja: siehe *Schäfer, Peter*

Frey, J.: siehe *Albani, M.*

Frick, Peter: Divine Providence in Philo of Alexandria. 1999. *Band 77.*

Gibson, E. Leigh: The Jewish Manumission Inscriptions of the Bosporus Kingdom. 1999. *Band 75.*

Gleßmer, Uwe: Einleitung in die Targume zum Pentateuch. 1995. *Band 48.*

Goldberg, Arnold: Mystik und Theologie des rabbinischen Judentums. Gesammelte Studien I. Hrsg. von *M. Schlüter* und *P. Schäfer.* 1997. *Band 61.*

– Rabbinische Texte als Gegenstand der Auslegung. Gesammelte Studien II. Hrsg. von *M. Schlüter* und *P. Schäfer.* 1999. *Band 73.*

Goodblatt, David: The Monarchic Principle. 1994. *Band 38.*

Grözinger, Karl: Musik und Gesang in der Theologie der frühen jüdischen Literatur. 1982. *Band 3.*

Gruenwald, I., Sh. Shaked and *G.G. Stroumsa* (Ed.): Messiah and Christos. Presented to David Flusser. 1992. *Band 32.*

Halperin, David J.: The Faces of the Chariot. 1988. *Band 16.*

Hayman, A. Peter: Sefer Yesira. 2004. *Band 104.*

Herrmann, Klaus (Hrsg.): Massekhet Hekhalot. 1994. *Band 39.*

– siehe *Schäfer, Peter*

Herzer, Jens: Die Paralipomena Jeremiae. 1994. *Band 43.*

Hezser, Catherine: Form, Function, and Historical Significance of the Rabbinic Story in Yerushalmi Neziqin. 1993. *Band 37.*

– The Social Structure of the Rabbinic Movement in Roman Palestine. 1997. *Band 66.*

– Jewish Literacy in Roman Palestine. 2001. *Band 81.*

– siehe *Schäfer, Peter*

Hezser, Catherine (Hrsg.): Rabbinic Law in its Roman and Near Eastern Context. 2003. *Band 97.*

Hirschfelder, Ulrike: siehe *Schäfer, Peter*

Horbury, W.: siehe *Krauss, Samuel*

Houtman, Alberdina: Mishnah und Tosefta. 1996. *Band 59.*

Ilan, Tal: Jewish Women in Greco-Roman Palestine. 1995. *Band 44.*

– Integrating Jewish Woman into Second Temple History. 1999. *Band 76.*

– Lexicon of Jewish Names in Late Antiquity. 2002. *Band 91.*

Instone Brewer, David: Techniques and Assumptions in Jewish Exegesis before 70 CE. 1992. *Band 30.*

Ipta, Kerstin: siehe *Schäfer, Peter*

Jacobs, Martin: Die Institution des jüdischen Patriarchen. 1995. *Band 52.*

Kasher, Aryeh: The Jews in Hellenistic and Roman Egypt. 1985. *Band 7.*
– Jews, Idumaeans, and Ancient Arabs. 1988. *Band 18.*
– Jews and Hellenistic Cities in Eretz-Israel. 1990. *Band 21.*
Knittel, Thomas: Das griechische ‚Leben Adams und Evas'. 2002. *Band 88.*
Krauss, Samuel: The Jewish-Christian Controversy from the earliest times to 1789. Vol. I. Hrsg. von *W. Horbury.* 1996. *Band 56.*
Kuhn, Peter: Offenbarungsstimmen im Antiken Judentum. 1989. *Band 20.*
Kuyt, Annelies: The ‚Descent' to the Chariot. 1995. *Band 45.*
Lange, A.: siehe *Albani, M.*
Lange, Nicholas de: Greek Jewish Texts from the Cairo Genizah. 1996. *Band 51.*
Lapin, Hayim: Economy, Geography, and Provincial History in Later Roman Galilee. 2001. *Band 85.*
Lehnardt, Andreas: Qaddish. 2002. *Band 87.*
Leonhardt, Jutta: Jewish Worship in Philo of Alexandria. 2001. *Band 84.*
Lohmann, Uta: siehe *Schäfer, Peter*
Loopik, M. van (Übers. u. komm.): The Ways of the Sages and the Way of the World. 1991. *Band 26.*
Luttikhuizen, Gerard P.: The Revelation of Elchasai. 1985. *Band 8.*
Mach, Michael: Entwicklungsstadien des jüdischen Engelglaubens in vorrabbinischer Zeit. 1992. *Band 34.*
Mendels, Doron: The Land of Israel as a Political Concept in Hasmonean Literature. 1987. *Band 15.*
Moscovitz, Leib: Talmudic Reasoning. 2002. *Band 89.*
Mutius, Georg von: siehe *Schäfer, Peter*
Necker, Gerold: siehe *Schäfer, Peter*
Niehoff, Maren: Philo on Jewish Identity and Culture. 2001. *Band 86.*
Noy, David / Panayotov, Alexander / Bloedhorn, Hanswulf: Inscriptiones Judaicae Orientis. Volume 1: Eastern Europe. 2004. *Band 101.*
– */ Bloedhorn, Hanswulf:* Inscriptiones Judaicae Orientis. Volume 3: Syria and Cyprus. 2004. *Band 102.*
Olyan, Saul M.: A Thousand Thousands Served Him. 1993. *Band 36.*
Otterbach, Rina: siehe *Schäfer, Peter*
Panayotov, Alexander: siehe *Noy, David*
Prigent, Pierre: Le Judaisme et l'image. 1990. *Band 24.*
Pucci Ben Zeev, Miriam: Jewish Rights in the Roman World. 1998. *Band 74.*
Pummer, Reinhard: Early Christian Authors on Samaritans and Samaritanism. 2002. *Band 92.*
Reed, A. Y.: siehe *Becker, A. H.*
Reeg, Gottfried (Hrsg.): Die Geschichte von den Zehn Märtyrern. 1985. *Band 10.*
– siehe *Schäfer, Peter*
Renner, Lucie: siehe *Schäfer, Peter*
Reichman, Ronen: Sifra und Mishna. 1998. *Band 68.*
Rohrbacher-Sticker, Claudia: siehe *Schäfer, Peter*
Salvesen, A. (Ed.): Origen's Hexapla and Fragments.1998. *Band 58.*
Samely, Alexander: The Interpretation of Speech in the Pentateuch Targums. 1992. *Band 27.*
Schäfer, Peter: Der Bar-Kokhba-Aufstand. 1981. *Band 1.*
– Hekhalot-Studien. 1988. *Band 19.*
Schäfer, Peter (Hrsg.): Geniza-Fragmente zur Hekhalot-Literatur. 1984. *Band 6.*
– siehe *Goldberg, Arnold*
– in Zusammenarbeit mit *Klaus Herrmann, Rina Otterbach, Gottfried Reeg, Claudia Rohrbacher-Sticker, Guido Weyer:* Konkordanz zur Hekhalot-Literatur. Band 1: 1986. *Band 12.*
– Band 2: 1988. *Band 13.*
Schäfer, Peter, Margarete Schlüter, Hans Georg von Mutius (Hrsg.): Synopse zur Hekhalot-Literatur. 1981. *Band 2.*
Schäfer, Peter (Hrsg.) in Zusammenarbeit mit *Hans-Jürgen Becker, Klaus Herrmann, Ulrike Hirschfelder, Gerold Necker, Lucie Renner, Claudia Rohrbacher-Sticker, Stefan Siebers:* Übersetzung der Hekhalot-Literatur. Band 1: §§ 1–80. 1995. *Band 46.*
– Band 2: §§ 81–334. 1987. *Band 17.*
– Band 3: §§ 335–597. 1989. *Band 22.*
– Band 4: §§ 598–985. 1991. *Band 29.*

Schäfer, Peter, und *Hans-Jürgen Becker* (Hrsg.) in Zusammenarbeit mit *Anja Engel, Kerstin Ipta, Gerold Necker, Uta Lohmann, Martina Urban, Gert Wildensee:* Synopse zum Talmud Yerushalmi. Band I/1–2: 1991. *Band 31.*
– Band I/3–5: 1992. *Band 33.*
– Band I/6–11: 1992. *Band 35.*
– Band III: 1998. *Band 67.*
– Band IV: 1995. *Band 47.*
Schäfer, Peter, und *Shaul Shaked* (Hrsg.): Magische Texte aus der Kairoer Geniza. Band 1: 1994. *Band 42*
– Band 2: 1997. *Band 64.*
– Band 3: 1999. *Band 72.*
Schäfer, Peter (Hrsg.): The Talmud Yerushalmi and Graeco-Roman Culture. 1998. *Band 71.*
– The Bar Kokhba War Reconsidered. 2003. *Band 100.*
Schäfer, Peter und *Hezser, Catherine* (Hrsg.): The Talmud Yerushalmi and Graeco-Roman Culture II. 2000. *Band 79.*
Schäfer, Peter (Hrsg.): The Talmud Yerushalmi and Graeco-Roman Culture III. 2003. *Band 93.*
Schlüter, Margarete: siehe *Goldberg, Arnold*
– siehe *Schäfer, Peter*
Schmidt, Francis: Le Testament Grec d'Abraham. 1986. *Band 11.*
Schröder, Bernd: Die ‚väterlichen Gesetze'. 1996. *Band 53.*
Schwartz, Daniel R.: Agrippa I. 1990. *Band 23.*
Schwemer, Anna Maria: Studien zu den frühjüdischen Prophetenlegenden. Vitae Prophetarum Band I: 1995. *Band 49.*
– Band II (mit Beiheft: Synopse zu den Vitae Prophetarum): 1996. *Band 50.*
Shahar, Yuval: Josephus Geographicus. 2004. *Band 98.*
Shaked, Shaul: siehe *Gruenwald, I.*
– siehe *Schäfer, Peter*
Shatzman, Israel: The Armies of the Hasmonaeans and Herod. 1991. *Band 25.*
Siebers, Stefan: siehe *Schäfer, Peter*
Sivertsev, Alexei: Private Households and Public Politics in 3rd – 5th Century Jewish Palestine. 2002. *Band 90.*
Spilsbury, Paul: The Image of the Jew in Flavius Josephus' Paraphrase of the Bible. 1998. *Band 69.*
Stroumsa, G.G.: siehe *Gruenwald, I.*
Stuckenbruck, Loren T.: The Book of Giants from Qumran. 1997. *Band 63.*
Swartz, Michael D.: Mystical Prayer in Ancient Judaism. 1992. *Band 28.*
Sysling, Harry: Tehiyyat Ha-Metim. 1996. *Band 57.*
Urban, Martina: siehe *Schäfer, Peter*
Veltri, Giuseppe: Eine Tora für den König Talmai. 1994. *Band 41.*
– Magie und Halakha. 1997. *Band 62.*
Visotzky, Burton L.: Golden Bells and Pomegranates. 2003. *Band 94.*
Wandrey, Irina: „Das Buch des Gewandes" und „Das Buch des Aufrechten". 2004. *Band 96.*
Weyer, Guido: siehe *Schäfer, Peter*
Wewers, Gerd A.: Probleme der Bavot-Traktate. 1984. *Band 5.*
Wildensee, Gert: siehe *Schäfer, Peter*
Wilson, Walter T.: The Mysteries of Rigtheousness. 1994. *Band 40.*

Einen Gesamtkatalog erhalten Sie gerne vom Verlag
Mohr Siebeck • Postfach 2040 • D-72010 Tübingen
Neueste Informationen im Internet unter www.mohr.de